ORGANIZADORES
WILSON TEIXEIRA · THOMAS RICH FAIRCHILD
M. CRISTINA MOTTA DE TOLEDO · FABIO TAIOLI

DECIFRANDO A TERRA

2ª edição

© Companhia Editora Nacional, 2009

Direção editorial
Antonio Nicolau Youssef

Gerência editorial
Célia de Assis

Assistência editorial
Caline Canata Devèze

Coordenação de iconografia
Maria do Céu Passuello

Assistência de iconografia
Luiz Fernando Botter

Produção editorial
José Antônio Ferraz

Projeto gráfico de capa e miolo
Alexandre Romão (Conexão Editorial)

Layout final da capa
Narjara Lara

Foto da capa
Ricardo Beltrame

Diagramação
Kleber de Messas, Carolina de Oliveira, Renato de Araujo e Vinicius Fernandes (Conexão Editorial)

Ilustração
Samuel Silva, Kleber Maurício, Renan Rodrigues e Alexandre Romão (Conexão Editorial)

Revisão de texto
Ana Maria Barbosa, Luiz Fernando Teixeira, Luciana Leopoldino, Patrizia Zagni, Renata Del Nero

Dados Internacionais de Catalogação na Publicação (CIP)
(Câmara Brasileira do Livro, SP, Brasil)

Decifrando a Terra / organizadores Wilson Teixeira...[et. al] . – 2. ed. – São Paulo : Companhia Editora Nacional, 2009.

Outros organizadores: Thomas Rich Fairchild, M. Cristina Motta de Toledo, Fabio Taioli.
Vários colaboradores.
Bibliografia.
ISBN 978-85-04-01439-6

1. Geociências - Estudo e ensino 2. Geologia histórica 3. Terra - Estrutura interna 4. Terra - História 5. Terra - Origem I. Teixeira, Wilson. II. Fairchild, Thomas Rich. III. Toledo, M. Cristina Motta de. IV. Taioli, Fabio.

09-00975   CDD-551.1

Índices para catálogo sistemático:
1. Terra : Geociências 551.1
796.3340608161

2ª edição – São Paulo – 2009
5ª Reimpressão Agosto 2021
Todos os direitos reservados

NACIONAL

Rua Gomes de Carvalho, 1306, 4º andar - Vila Olímpia
São Paulo - SP - 04547-005 - Brasil - Tel.: (11) 2799-7799
www.editoranacional.com.br - atendimento@grupoibep.com.br

CTP, Impressão e Acabamento: Gráfica Impress

organizadores

autores

Wilson Teixeira, Thomas Rich Fairchild, M. Cristina Motta de Toledo, Fabio Taioli

unidade 1

Colombo Celso Gaeta Tassinari
Coriolano de Marins e Dias Neto
Enos Picazzio
Ian McReath
Igor Ivory Gil Pacca
Leila Soares Marques

Márcia Ernesto
Naomi Ussami
Sonia Maria Barros de Oliveira
Thomas Rich Fairchild
Umberto Giuseppe Cordani

unidade 2

Adolpho José Melfi
Daniel Atencio
Fábio Ramos Dias de Andrade
Gergely Andres Julio Szabó
Ian McReath
Ivo Karmann
José Barbosa Madureira Filho

M. Cristina Motta de Toledo
Mário Sérgio de Melo
Marly Babinski
Paulo César Fonseca Giannini
Sonia Maria Barros de Oliveira
Wilson Teixeira

unidade 3

Antonio Carlos Rocha-Campos
Claudio Riccomini
Excelso Ruberti
Fernando Mancini
Gergely Andres Julio Szabó
Joel Barbujiani Sígolo
Marcos Egydio Silva
Marly Babinski
Michel Michaelovitch de Mahiques

Moysés Gonsalez Tessler
Paulo César Fonseca Giannini
Paulo Roberto dos Santos
Renato Paes de Almeida
Rômulo Machado
Thomas Rich Fairchild
Wilson Teixeira

unidade 4

Fabio Taioli
Haroldo Hirata
João Batista Moreschi
Jorge Silva Bettencourt
Juliana Baitz Viviani-Lima

M. Cristina Motta de Toledo
Ricardo Hirata
Thomas Rich Fairchild
Umberto Giuseppe Cordani

sumário

unidade 10

1 A Terra e suas origens — 18
- Estrutura do Universo — 20
- Como nasceu o Universo — 22
- Evolução estelar e formação dos elementos — 24
- Características e origem do Sistema Solar — 26
- Meteoritos — 32
- Planetologia comparada — 36
- A origem da hidrosfera e da atmosfera — 47

2 O interior da Terra — 50
- Origem do calor dos corpos do Sistema Solar — 52
- Sismologia — 54
- Gravidade — 60
- Geomagnetismo — 66
- Modelos de estrutura e composição — 71

3 Tectônica Global — 78
- Deriva Continental: nasce uma ideia revolucionária — 80
- Anos 1950: a retomada da teoria da Deriva Continental — 82
- Tectônica Global: paradigma das ciências geológicas — 84
- Placas tectônicas — 85
- O paradigma confirmado — 107

4 Atmosfera, clima e mudanças climáticas — 108
- Composição e estrutura vertical da atmosfera — 110
- Circulação atmosférica e oceânica de superfície — 112
- Balanço da radiação solar e efeito estufa — 114
- Clima atual e as zonas climáticas — 116
- Evolução da atmosfera e as grandes mudanças climáticas — 117
- Variações climáticas na Era Mesozoica e na Cenozoica — 120
- Ciclos glaciais e interglaciais do Quaternário — 122
- Aumento de temperatura no século XX — 124

unidade 2

5 A Terra sólida: minerais e rochas — 130
- Breve história da mineralogia — 132
- O que é um mineral? — 133
- Composição e simetria — 135
- Classificação de minerais — 141
- Como identificar minerais — 142
- Minerais formadores de rochas — 146
- Os minerais e sua utilidade — 148
- Origem e distribuição dos minerais — 149
- O ciclo das rochas — 150

6 Magma e seus produtos — 152
- Magma e suas propriedades — 154
- Rochas ígneas e suas características — 159
- Plutonismo — 164
- Vulcanismo — 168
- Magmatismo e Tectônica de Placas — 183

7 Água: ciclo e ação geológica — 186
- Movimento da água na Terra: o ciclo hidrológico — 188
- Água no subsolo — 191
- Ação geológica da água subterrânea — 200

8 Da rocha ao solo: intemperismo e pedogênese — 210
- Tipos de intemperismo — 212
- Intemperismo, erosão e sedimentação — 215
- Reações do intemperismo químico — 216
- Distribuição dos processos de alteração superficial — 219
- Fatores que controlam a alteração intempérica — 221
- Produtos do intemperismo — 226

9 Do grão à rocha sedimentar: erosão, deposição e diagênese — 240
- Sedimentação e formas resultantes — 242
- Biografia de um grão de areia — 245
- Grãos que vêm de explosões vulcânicas: vulcanoclastos — 248
- Grãos que não vêm da montanha: intraclastos — 249
- Sedimentos que não são grãos: o transporte químico — 251
- Como grão e fluido se relacionam? — 255
- Transformando sedimentos em rochas sedimentares — 268
- Importância da geologia sedimentar — 273

unidade 3

10 Geologia e a descoberta da magnitude do tempo — 280
O conceito de tempo e como surgiu a Geologia — 283
Espionando o abismo temporal — 288
Tentativas de quantificar o tempo geológico — 293
Datação absoluta — 296
A aferição da escala do tempo geológico — 305
O homem e o tempo geológico — 305

11 Processos fluviais e lacustres e seus registros — 306
Bacias de drenagem — 308
Rios — 310
Leques aluviais e deltaicos — 315
Depósitos aluviais no registro geológico — 317
Lagos — 329

12 Processos eólicos e produtos sedimentares — 334
Mecanismos de transporte e sedimentação — 336
Produtos geológicos do vento — 339
Características mineralógicas e físicas dos sedimentos eólicos — 347

13 Gelo sobre a Terra: processos e produtos — 348
Gelo e geleiras — 350
Ação glacial terrestre — 356
Ação glacial marinha — 372

14 Processos oceânicos e produtos sedimentares — 376
Relevo dos oceanos — 378
Origem e a constituição dos sedimentos nos fundos oceânicos atuais — 384
Distribuição dos sedimentos nos fundos marinhos — 386
Ocupação e exploração do litoral e da margem continental brasileira — 392
Perspectivas da exploração dos fundos oceânicos — 398

15 Metamorfismo: processos e produtos — 400
Distribuição das rochas metamórficas na crosta — 402
Fatores condicionantes do metamorfismo — 404
Processos físico-químicos do metamorfismo — 407
Tipos de metamorfismo — 409
Estudo de terrenos metamórficos — 412
Mineralogia, texturas e estruturas de rochas metamórficas — 415
Nomenclatura de rochas metamórficas — 417

16 Deformações de rochas: estruturas e processos — 420
Parâmetros mecânicos da deformação — 422
Como se formam as dobras? — 427
Como se formam as falhas? — 433
Regimes de deformação — 442

unidade 4

17 A água como recurso — 448
Distribuição de água no planeta — 450
Uso da água — 451
Disponibilidade de água no Brasil e no mundo — 454
Vulnerabilidade das águas subterrâneas — 459
Manejo — 477

18 Recursos energéticos e meio ambiente — 486
Recursos renováveis — 488
Recursos não renováveis — 492
E o futuro? — 506

19 Recursos minerais da Terra — 508
Recurso mineral: conceitos básicos — 510
Os principais tipos genéticos de depósitos minerais — 520
Tectônica Global e depósitos minerais — 524
Pesquisa de novos depósitos minerais — 526
Recursos minerais do Brasil — 528
Recursos minerais e desenvolvimento — 532

20 Planeta Terra: passado, presente e futuro — 536
O ritmo e o pulso da Terra — 538
As linhas-mestre da história da Terra — 543
Tendências seculares na história geológica — 544
Ciclos astronômicos e geológicos — 550
Eventos singulares e seus efeitos — 558
O amanhã e o depois — 563

21 As Ciências da Terra: sustentabilidade e desenvolvimento — 564
Como surgiu o conceito de desenvolvimento sustentável? — 568
Transição entre os séculos XX e XXI — 569
Papel das Geociências no século XXI — 571
Globalização *versus* sustentabilidade — 577

Apêndices — 578

Prefácio

Nosso planeta está em constante transformação, desde sua formação, como parte do Sistema Solar, há 4,56 bilhões de anos. Os processos geológicos internos, que constroem a crosta, e os externos, que a modificam, alteram continuamente a aparência da Terra. Daqui a alguns milhões de anos nosso mundo será completamente diferente.

Algumas mudanças são tão lentas que não as percebemos durante nossas vidas. Outras, contudo, são repentinas e violentas, como terremotos, avalanches e *tsunamis*. Por trás de todos esses processos geológicos está uma espécie de "motor" natural movido pelo calor interno planetário, pela irradiação do Sol e pela força gravitacional. Por isso os continentes se afastam ou se aproximam fazendo oceanos e continentes antigos desaparecerem, enquanto outros vão aparecendo ao longo do tempo geológico, para assim construir novos desenhos de massas continentais. Montanhas surgem nos ciclos geológicos para depois serem desgastadas, preenchendo bacias sedimentares com os materiais inconsolidados resultantes de sua erosão. Partículas e íons são carregados pelos rios até o mar, e as ondas modelam caprichosamente os litorais. Correntes oceânicas, frias e quentes, induzem alterações físicas, químicas e biológicas nos oceanos, afetando o clima ao mesmo tempo. Magma – literalmente rocha derretida – surge do interior da Terra alimentando vulcões, ou solidificando-se em profundidade na crosta. Nesse cenário de incessante mudança, a vida vai se adaptando e se diversificando há mais de 3,5 bilhões de anos, quando surgiram os primeiros organismos no mar primitivo. Os processos geológicos também controlam a evolução da Terra e condicionam o aparecimento de recursos naturais, tão necessários para a vida humana e para o desenvolvimento social. É no estudo dos fenômenos geológicos atuais que se buscam explicações para os eventos remotos registrados nas rochas e em fósseis: "o presente é a chave do passado". Esse lema, há mais de dois séculos, constitui talvez a principal contribuição da Geologia para decifrar a Terra.

As Ciências da Terra incluem as especialidades científicas que estudam a composição, estrutura e processos dinâmicos do nosso planeta ao longo de sua história. É a investigação geocientífica que permite compreender os fenômenos no presente e os que atuaram ao longo do tempo. Contudo, mais importante ainda, essas ciências oferecem um conhecimento integrado com implicações vitais para os bilhões de seres humanos que habitam a Terra. Entender as causas das mudanças locais e globais é fundamental para a sobrevivência da nossa espécie, já que a explosão demográfica e o consumo em ritmo crescente dos bens naturais do planeta têm chegado a níveis críticos. As Ciências da Terra possibilitam entender esse e outros fenômenos ligados às transformações da natureza, e são fundamentais para a construção de uma sociedade sustentável, seja no conhecimento especializado dos tomadores de decisões e agentes do desenvolvimento científico e tecnológico, seja no ensino básico e superior, para que a sociedade possa compartilhar da compreensão dos processos naturais.

O novo *Decifrando a Terra* é resultado do esforço de mais de 30 especialistas em vários campos das Ciências da Terra. Tem-se a expectativa de que a divulgação desse conhecimento sobre como funciona o planeta possa contribuir com a educação em diferentes níveis, em prol de novas atitudes para a sustentabilidade do desenvolvimento.

Passaram-se quase 10 anos da iniciativa pioneira de cientistas da Universidade de São Paulo de lançar um livro moderno de Geologia. A primeira edição do *Decifrando*

a Terra teve excelente aceitação tanto pela comunidade acadêmica como pelo meio editorial, que lhe conferiu a "Menção Honrosa" do prestigiado prêmio Jabuti, em 2001. A segunda edição do livro está agora a cargo da Companhia Editora Nacional. Trata-se de um produto didático completamente novo para os que pretendem conhecer e estudar a dinâmica do planeta Terra. O lançamento da segunda edição do *Decifrando a Terra* insere-se nas comemorações do Ano Internacional do Planeta Terra, no contexto das soluções que as Ciências da Terra oferecem para resolver os problemas que afetam atualmente a nossa civilização em decorrência do uso intensivo do meio ambiente, incluídos o solo, a água e os recursos minerais e energéticos.

A equipe de autores e colaboradores foi ampliada e os assuntos foram diversificados na presente obra, mantendo-se a ênfase original de valorizar exemplos sul-americanos, em especial do Brasil. Destaca-se nesta edição a completa reorganização do conteúdo ante os avanços do conhecimento científico na última década. Houve, ainda, acréscimo de novos capítulos e apêndices e a integração de abordagens, ilustrados por fotografias e infográficos, todos padronizados em atendimento ao mais alto nível de qualidade editorial e gráfica. A estrutura e concatenação dos capítulos, bem como a leitura crítica final da obra, foram de responsabilidade dos organizadores, em conjunto com os editores.

A nova estrutura do livro contempla o conteúdo dos capítulos em quatro unidades temáticas, em nível introdutório, valorizando a sequência lógica de assuntos e a análise em escalas global, continental, regional e local, com detalhamento de assuntos relevantes. A primeira unidade apresenta a origem do Universo e da Terra, os processos internos de grande escala, que influem na transformação da superfície terrestre, a caracterização da atmosfera e as mudanças climáticas atuais e remotas. A segunda destaca a composição da Terra sólida, a geração dos magmas e seus produtos, o ciclo da água, como também os processos geradores de rochas sedimentares, a formação dos solos e as consequentes mudanças da paisagem. A terceira unidade mostra como o conceito geológico de tempo revolucionou o pensamento científico sobre o planeta e sua evolução. Descreve também os processos superficiais e suas interações com a litosfera e hidrosfera no espaço e no tempo. A última unidade do livro aborda os recursos naturais da Terra e examina não apenas a dinâmica das mudanças geológicas no passado e presente, mas também contempla o futuro e a sustentabilidade das atividades humanas no planeta.

Todo esforço foi feito para tornar o conteúdo deste livro mais claro e acessível, com o propósito de contribuir para o ensino tanto da Geologia e das demais Ciências da Terra, como também para áreas de conhecimento correlatas. Interessa, portanto, não só aos estudantes universitários de diversas especialidades científicas, mas também a todas as pessoas que desejam compreender o funcionamento e a intrincada história geológica dos sistemas naturais e as transformações globais da Terra, que ocorrem há 4,56 bilhões de anos.

Nesta oportunidade, os autores agradecem à Universidade de São Paulo e a outras instituições, bem como aos colegas e pessoas que tornaram possível a conclusão do novo *Decifrando a Terra*. Agradecemos particularmente aos funcionários da biblioteca do Instituto de Geociências da USP pela normalização bibliográfica do livro e a todos os colaboradores pela participação nas diversas etapas de produção da obra.

Os organizadores

Agradecimentos

Colaboradores

Antonio Carlos Artur
Antonio José R. Nardy
Benjamin Bley de Brito Neves
Ely Borges Frazão
Fernando Mendes Valverde
João Henrique Grossi Sad
Jorge Valente
Liedi Bariani Bernucci
Marcelo Souza Assumpção
Maria Aparecida Ayello
Maria Helena Bezerra Maia de Holanda
Miguel Tupinambá
Paulo C. Boggiani
Ricardo Ivan Ferreira Trindade
Rita Yuri Ynoue
Valdecir de Assis Janasi
Wilson Scarpelli

Apoiadores

Francisco José Lázaro Medeiros
Marco Antonio Chamadoira
Sandra Andrade
Sonia Gomes Costa Vieira
Thelma Maria Collaço Samara
Valeria Cristina de Souza Reis Santos

Organizadores

Wilson Teixeira

Geólogo (1974), mestre (1978), doutor (1985), associado (1992) e professor-titular do Instituto de Geociências da Universidade de São Paulo (IGc-USP). Ex-diretor do IGc-USP. Ex-diretor da Estação Ciência – USP. Coordenador da área de Ciências da Terra da FAPESP. Membro titular da Academia Brasileira de Ciências e da Academia de Ciências do Estado de São Paulo. Comendador da Ordem Nacional do Mérito Científico, MCT. Co-organizador do livro *Decifrando a Terra* – 2000, 1ª edição [W. Teixeira; Toledo, M.C.M.; Fairchild, T.R.; Taioli, F. (orgs.), São Paulo: Editora Oficina de Textos, 576p]. Co-organizador e autor de três livros da "Série Tempos do Brasil". São Paulo, Terra Virgem Editora. Áreas de interesse: investigação geológica de terrenos primitivos da Terra, geocronologia, educação e divulgação em Geociências. Autor principal de mais de 80 publicações em periódicos científicos nacionais e estrangeiros.

Thomas Rich Fairchild

Natural dos Estados Unidos da América e radicado no Brasil desde 1976. Formado pela Stanford University (EUA) em Geologia (1966) e titulado pela Universidade da Califórnia em Los Angeles (UCLA) com Ph.D. em Geologia (1975). Área de especialização: paleontologia do Pré-Cambriano, principalmente das evidências mais antigas de vida no Brasil. Professor doutor no Instituto de Geociências da Universidade de São Paulo (IGc-USP) desde 1978, onde atua em disciplinas de Paleontologia, Paleobiologia do Pré-Cambriano e Geologia Histórica nos cursos de Geologia e licenciatura. Co-organizador do livro *Decifrando a Terra* – 2000, 1ª edição [W. Teixeira; Toledo, M.C.M.; Fairchild, T.R.; Taioli, F. (orgs.), São Paulo: Editora Oficina de Textos, 576p]. Autor de artigos nacionais e internacionais em periódicos científicos.

Maria Cristina Motta de Toledo

Geóloga (1977), mestre (1981), doutora (1986) e associada (1999) pelo Instituto de Geociências da Universidade de São Paulo (IGc-USP). Atualmente é professora-titular da Escola de Artes, Ciências e Humanidades da Universidade de São Paulo (EACH-USP), professora credenciada do programa de pós-graduação em geoquímica e geotectônica do IGc-USP e do programa de pós-graduação em História e ensino de Geociências da Unicamp. Presidente da comissão de graduação da EACH-USP e coordenadora do curso de licenciatura em Ciências da Natureza da EACH-USP. Membro da Sociedade Brasileira de Geologia e da Sociedade Brasileira de Geoquímica. Co-organizadora do livro *Decifrando a Terra* – 2000, 1ª edição [W. Teixeira; Toledo, M.C.M.; Fairchild, T.R.; Taioli, F. (orgs.), São Paulo: Editora Oficina de Textos, 576p]. Áreas de interesse: geoquímica e educação em Geociências com publicações em periódicos científicos nacionais e estrangeiros.

Fabio Taioli

Geólogo (1973) pelo Instituto de Geociências da Universidade de São Paulo (IGc-USP). Trabalhou como geofísico da Petrobras até 1975 quando se transferiu para o Instituto de Pesquisas Tecnológicas do Estado de São Paulo – IPT. *MSc* em *Mining Engineering pela The Pennsylvania State University* na área de geomecânica em 1987. Doutor pelo IGc-USP (1992) na área de Geofísica Aplicada. Ingressou no IGc-USP em 1995. Professor-associado do IGc-USP (1999). Co-organizador do livro *Decifrando a Terra* – 2000, 1ª edição [W. Teixeira; Toledo, M.C.M.; Fairchild, T.R.; Taioli, F. (orgs.), São Paulo: Editora Oficina de Textos, 576p]. Áreas de interesse: desenvolvimento e aplicação de métodos para investigação de detalhe em problemas de engenharia civil e de minas e meio ambiente.

Autores

INSTITUTO DE GEOCIÊNCIAS (IGc- USP)

Antonio Carlos Rocha-Campos

Doutor (1964), livre-docente (1969), professor-adjunto (1972), professor-titular (1980; colaborador sênior) do IGc-USP. Pós-doutorados na Universidade de Illinois (1964-65) e no U.S. Geological Survey (1965), EUA, e Universidade de Strasburg, França. Autor de mais de 150 artigos e capítulos de livros em publicações do Brasil e exterior, entre as quais, *Earth's pre-Pleistocene Glacial Record* (Cambridge, 1981), *Earth's Glacial Record* (Cambridge, 1982).

Membro titular da Academia Brasileira de Ciências, membro honorário da Geological Society of America e do Scientific Commitee on Antartic Research. Condecorado com a Grã-Cruz da Ordem Nacional do Mérito Científico (MCT, Brasil).

Claudio Riccomini

Geólogo (1977), professor-titular do departamento de Geologia Sedimentar e Ambiental do IGc-USP. Mestre em sensoriamento remoto (INPE, 1983), Doutor em geologia sedimentar (USP, 1989) e livre-docente em bacias sedimentares brasileiras (IGc-USP, 1995). Lidera o grupo de pesquisa sobre a origem e evolução de bacias sedimentares. Mais de 60 artigos publicados em periódicos arbitrados e mais de dez capítulos de livros publicados. Integra corpos consultivos e editoriais de periódicos nacionais e internacionais na área de Geociências. Ocupou vários cargos diretivos e de representação, destacando-se a presidência da Sociedade Brasileira de Geologia, de 1993 a 1995 e de 1997 a 1999.

Colombo Celso Gaeta Tassinari

Geólogo (1976) pela Universidade de São Paulo (IGc-USP). Diretor do IGc-USP.

Professor-titular do departamento de Mineralogia e Geotectônica do IGc-USP. Membro titular da Academia Brasileira de Ciências. Membro estrangeiro da Academia de Ciências de Lisboa, Portugal.

Coriolano de Marins e Dias Neto

Geólogo, mestre e doutor em Geologia pelo IGc-USP, onde é professor e pesquisador desde 1981, com trabalhos publicados em periódicos nacionais e internacionais e participação em livro sobre a sismicidade no Brasil (CNEN-IAG/USP) e no livro didático de geologia básica *Decifrando a Terra* (2000).

Daniel Atencio

Geólogo (1982) pela Universidade de São Paulo (IGc-USP). Livre-docente (1999). Autor do livro *Type Mineralogy of Brazil* (2000), autor de nove minerais novos (chernikovita, coutinhoíta, lindbergita, matioliíta, menezesita, ruifrancoíta, guimarãesita, footemineíta e bendadaíta). É representante brasileiro na *Commission on New Minerals, Nomenclature and Classification da International Mineralogical Association*.

Excelso Ruberti

Geólogo (1973). Mestre, doutor e livre-docente na área de mineralogia e petrologia, pela Universidade de São Paulo. Professor-titular do IGc-USP. Coordenador do curso de Geologia do IGc-USP. Professor das disciplinas de Mineralogia e Petrologia Ígnea do curso de bacharelado em Geologia da USP. Professor e orientador no programa de pós-graduação em mineralogia e petrologia do IGc-USP. Responsável pelo laboratório de microssonda eletrônica do departamento de Mineralogia e Geotectônica do IGc-USP. Pesquisa na área de petrologia e geoquímica de rochas alcalinas, carbo-

natitos e kimberlitos. Autor de sete capítulos de livros especializados e de mais de 60 publicações em revistas científicas nacionais e internacionais.

Fábio Ramos Dias de Andrade

Geólogo pela Universidade Federal do Paraná (1989), e doutor em Geociências pela Universidade Estadual Paulista (1998). Atualmente ocupa a função de professor-associado do departamento de Mineralogia e Geotectônica do IGc-USP. Publicado artigos em periódicos nacionais e internacionais na área de mineralogia e petrologia, além de livros infantis. Orienta alunos de graduação e pós-graduação na área de mineralogia aplicada.

Gergely Andres Julio Szabó

Geólogo (1981) pelo Instituto de Geociências e Ciências Exatas da UNESP - Rio Claro, mestre (1989) e doutor (1996) pelo IGc-USP. Atua nas áreas de mineralogia e petrologia, em especial no estudo de rochas metamórficas em terrenos pré-cambrianos e da origem de jazidas de talco.

Ian McReath

B.A. em Química com mineralogia suplementar pela Universidade de Oxford, Inglaterra, em 1963. Ph.D. em Ciências da Terra pela Universidade de Leeds, Inglaterra, em 1972. Participou da implantação do curso de pós-graduação em geoquímica na UFBA de 1974 a 1975, e do curso de Geologia da UFRN de 1976 a 1982. Professor-associado do IGc-USP. Coautor do livro *Petrologia Ígnea* (1984) e de dois capítulos do livro *Decifrando a Terra* (2000).

Ivo Karmann

Graduado em Geologia pelo IGc-USP (1982), mestrado em Geociências (geoquímica e geotectônica) pela USP (1987) e doutorado em Geociências (geoquímica e geotectônica) pela USP (1994). Realizou estágio e cursos de doutorado na McMaster University (Canadá), entre 1989 e 1992. É professor doutor da Universidade de São Paulo. Tem experiência na área de Geociências, com ênfase em hidrogeologia, atuando nos temas: geomorfologia e hidrologia do carste, geologia de cavernas e seus registros paleoclimáticos do Quaternário. Coordena o grupo de pesquisa em dinâmica de sistemas cársticos junto ao IGc-USP.

João Batista Moreschi

Graduado (1967) e doutorado (1973) em Geologia pela USP. Estágios de especialização pós-doutorado (1973/1974) na Escola Nacional Superior de Geologia Aplicada e Prospecção Mineira de Nancy. Como docente no IGc-USP, dedicou-se de modo especial ao ensino na área de recursos minerais. Atuou em pesquisa e estudos geológicos de depósitos minerais de ouro e de metais básicos. Atualmente, como professor colaborador sênior do IGc-USP atua nas disciplinas de graduação relativas à geologia e gênese de depósitos minerais.

Joel Barbujiani Sígolo

Graduado em Geologia pela Universidade Federal Rural do Rio de Janeiro (1973), mestrado (1979) e doutorado (1988) no programa de pós-graduação em Geologia Geral e de Aplicação pelo IGc-USP. Professor-titular do departamento de Geologia Sedimentar e Ambiental da Universidade de São Paulo. Desenvolve pesquisas em geoquímica de superfície, com os temas: metais potencialmente tóxicos associados a ambientes lacustres, fluviais e solos, provindos de atividades industriais e urbanas, mecanismos de remediação por aplicação de materiais naturais.

Jorge da Silva Bettencourt

Professor-titular (colaborador sênior) do IGc-USP. Doutor em geologia econômica na Universidade de São Paulo (1972). Fez estudos de pós-graduação no Laboratoire de Geochimie e Cosmochimie, Université Pierre e Marie Curie, Paris, França. Desenvolve pesquisa científica em metalogenia e exploração mineral. Autor e coautor de mais de 80 publicações e recipiente de vários prêmios nacionais e estrangeiros.

José Barbosa de Madureira Filho

Geólogo (1964) pelo IGc-USP. Professor doutor pela USP. Atua em disciplinas (graduação e pós-graduação) relacionadas à Mineralogia e Gemologia. Presidente do conselho do museu de Geociências deste Instituto.

Marcos Egydio Silva

Geólogo (1976) pelo IGc-USP. Mestre em geologia geral e de aplicação (1981) e doutor em Ciências (1987) pelo IGc-USP. Livre-docente (1996) e professor-titular (2006) do departamento de Mineralogia e Geotectônica do IGc-USP. Membro do corpo editorial do *Journal of Structural Geology*. Possui dois capítulos em livros e publicações em periódicos nacionais e internacionais.

Paulo César Fonseca Giannini

Geólogo (1982) e mestrado (1987) e doutorado (1993) pelo IGc-USP. É professor-associado. Trabalhou com caracterização de minerais para mineração, indústria e tecnologia na Paulo Abib Engenharia (São Paulo, 1984-1987). Foi professor do departamento de Geologia da Universidade Federal do Paraná (Curitiba, 1988-1997) e depois do IGc-USP (1997). Possui um livro e oito capítulos de livro publicados, além de dezenas de artigos científicos em periódicos nacionais e internacionais.

Paulo Roberto dos Santos

Professor-titular do IGc-USP (2008), livre-docente (1996) deste instituto. Pós-doutorado (1989-1990) no Glaciated Basins Research Group, Universidade de Toronto. Dedica-se à investigação da Geologia Glacial pré-pleistocência (Brasil, África Ocidental, Canadá) e Cenozoica (Alasca, meio oeste EUA, Montanhas Rochosas, Antártica, Inglaterra, Irlanda). Especialista com experiência em geologia glacial do Ártico e da Antártida. Publicou seis capítulos de livros sobre estratigrafia, sedimentologia e geologia glacial.

Renato Paes de Almeida

Geólogo (1997) pelo IGc-USP. Professor doutor do departamento de Geologia Sedimentar e Ambiental do IGc-USP, mestre em geotectônica (IGc-USP, 2001) e doutor em geologia sedimentar (IGc-USP, 2005). Desenvolve pesquisas em tectônica e sedimentação, com ênfase em sistemas deposicionais continentais, evolução de bacias sedimentares e sedimentação pré-cambriana.

Ricardo Hirata

Geólogo formado pela UNESP e professor do IGc-USP, com pós-doutorado pela Universidade de Waterloo (Canadá) e doutorado e mestrado pela USP. É membro do GWMATE (Banco Mundial) e assessor da Agência Internacional de Energia Atômica (IAEA) e da UNESCO. Trabalhou no CEPIS da Organização Pan-americana da Saúde, no DAEE e no Instituto Geológico da Secretaria do Meio Ambiente de São Paulo. Tem atuado em temas de águas subterrâneas, gestão de recursos hídricos e contaminação no Brasil e em mais de 25 países, ministrando cursos profissionais e prestando consultorias a empresas e governos.

Autores

Rômulo Machado

Geólogo pela Universidade Federal Rural do Rio de Janeiro (1973). Mestre, doutor e livre-docente em Geologia pela Universidade de São Paulo (1977, 1984 e 1997). Tem pós-doutorado pela Universidade de Paris VI, França (1988-1989), e foi professor visitante da Escola de Minas de Paris (1990-1991). Foi docente da UFRJ (1974-1979) e atualmente é professor-associado do IGc-USP. Publicou mais de 60 artigos em revistas e congressos nacionais e internacionais; é autor de dois capítulos de livro e coautor de um livro.

Marly Babinski

Geóloga pela Universidade do Vale do Rio dos Sinos (1984), com mestrado (1988) e doutorado (1993) em Tecnologia Nuclear pela Universidade de São Paulo. É docente do IGc-USP desde 1993. Suas pesquisas estão direcionadas à geoquimioestratigrafia isotópica de sequências sedimentares neoproterozoicas; estudos ambientais visando a caracterização isotópica da fonte de poluentes na atmosfera, solos, sedimentos e em águas; e estudos de evolução crustal e metalogênese.

Sonia Maria Barros de Oliveira

Geóloga (1968) pelo IGc-USP com mestrado (1973) e doutorado (1980) em geoquímica pela USP. Professora-titular do departamento de Geologia Sedimentar e Ambiental do IGc-USP. Realizou estágios de pós-doutoramento na Universidade de Poitiers e no Institute de Recherche pour le Developpment, França. Área de pesquisa: geoquímica de superfície, com ênfase no estudo dos problemas relacionados aos produtos do intemperismo sob clima tropical. Tem mais de 60 artigos publicados. E é autora de vários capítulos de livro.

Umberto Giuseppe Cordani

Geólogo pela Universidade de São Paulo (1960). Em 1963 fez estudos de especialização em geocronologia na Universidade da Califórnia, em Berkeley, e em seguida participou da instalação e funcionamento do centro de pesquisas geocronológicas USP. Ex-diretor do IGc-USP e do Instituto de Estudos Avançados da USP. Foi presidente da International Union of Geological Sciences (IUGS; 1988-1992), membro do Comitê Executivo do International Council for Science (ICSU) de 1990 a 1993. Integrou o comitê técnico-científico para a década internacional de redução de desastres naturais (1991-1995), das Nações Unidas. No ano 2000, presidiu o International Geological Congress, ocorrido no Rio de Janeiro, Brasil. Desenvolve pesquisas em geocronologia e suas aplicações em geotectônica. É autor de mais de 200 artigos, notas e monografias em livros e revistas especializadas nacionais e internacionais. É membro titular e foi diretor da Academia Brasileira de Ciências. Recebeu vários prêmios nacionais e internacionais, entre os quais a medalha de ouro José Bonifácio da Sociedade Brasileira de Geologia, e a Grã-Cruz do Mérito Científico do Ministério da Ciência e Tecnologia.

INSTITUTO DE ASTRONOMIA, GEOFÍSICA E CIÊNCIAS ATMOSFÉRICAS (IAG-USP)

Enos Picazzio

Professor doutor do Instituto de Astronomia, Geofísica e Ciências Atmosféricas da Universidade de São Paulo (IAG-USP). Bacharelado e licenciatura em Física pela Universidade Mackenzie (1972), mestrado (1977) e doutorado (1991) em Astronomia pelo IAG-USP. Pós-doutorado pelo observatório de Paris-Meudon (1994). Especialista em astrofísica do Sistema Solar e instrumentação astronômica. Atua na área de ensino e divulgação. É autor de um livro, dez capítulos em livros, quatro assessorias técnicas, vários artigos em revistas e páginas na internet.

Igor Ivory Gil Pacca

Bacharelado e licenciatura em Física pela FFCL-USP (1959). Doutorado em Física pela FFCL/USP (1969). Livre-docência em Geofísica pelo IAG-USP (1881). Professor-titular (colaborador sênior) do IAG-USP (1986). Diretor do IAG-USP (1993 a 1997). Presidente da Sociedade Brasileira de Geofísica e membro titular da Academia Brasileira de Ciências, membro da Ordem Nacional do Mérito Científico na classe Grã-Cruz.

Leila Soares Marques

Bacharel em Física pela Universidade de São Paulo, com doutorado em Geofísica, em 1988. Atualmente ocupa a função de professora-titular do departamento de Geofísica do IAG-USP. Publicou artigos em periódicos nacionais e internacionais arbitrados, capítulos de livros e trabalhos em anais de eventos científicos, no Brasil e no exterior. Tem orientado dissertações de mestrado e teses de doutorado, além de projetos de iniciação científica nas áreas de litogeoquímica, geologia isotópica e geofísica nuclear que são os seus campos de atuação na pesquisa científica.

Márcia Ernesto

Graduada em Física pela PUC-SP (1973), doutora em Geofísica (1985) pela Universidade de São Paulo e pós-doutorado nas universidades de Edimburgo (Escócia) e Munique (Alemanha), no período de 1985 a 1986. Pesquisadora visitante da Universidade da Califórnia (Berkeley, USA) em 1996, e professora-titular da USP em Geofísica desde 2001. É atualmente diretora do IAG-USP. Atua principalmente em geomagnetismo e manetismo de rochas. Publicou nove capítulos de livros.

Naomi Ussami

Graduada em Física pela USP (1977). Doutorado em Geofísica, University of Durham, Inglaterra (1986). Pós-doutorado em Geofísica, Cornell University, Estados Unidos (1995). Livre-docente na USP (1999). Professora-associada do IAG-USP desde 1999. Grupo de Pesquisa: gravimetria e geomagnetismo. Pesquisadora 1-C do CNPq. Tem publicações em periódicos científicos nacionais e estrangeiros e é autora e coautora de capítulos de livros.

INSTITUTO OCEANOGRÁFICO (IO)

Michel Michaelovitch de Mahiques

Geólogo (1983), mestre (1987), doutor (1992) e livre-docente (1998) em Oceanografia pela Universidade de São Paulo. Professor-titular (2005) do IO-USP. Trabalha com sedimentação e estratigrafia em margens continentais. Publicou mais de 40 trabalhos em revistas nacionais e internacionais, além de vários livros e capítulos de livros.

Moysés Gonsalez Tessler

Graduado em Geologia, 1975, pelo IGc-USP. Mestre (1982) e doutor (1988) em paleontologia e estratigrafia pelo IGc-USP. Professor livre-docente em geologia marinha pelo departamento de Oceanografia Física, Química e Geológica da USP. Principal área de atuação: sedimentação marinha - dinâmica sedimentar de áreas costeiras. Coautor de vários livros e capítulos de livro. Professor-associado e orientador do programa de pós-graduação em oceanografia química e geológica do IO-USP.

OUTRAS INSTITUIÇÕES

Adolpho José Melfi

Geólogo (1960) pela Faculdade de Filosofia Ciências e Letras da USP (FFLCH). Professor-titular (colaborador sênior) do departamento de Ciências do Solo da Escola Superior de Agricultura Luiz de Queiroz (ESALQ-USP). Ex-reitor da USP. Pós-doutoramento na França em Ciências do Solo. É especialista em geoquímica da superfície. Membro da Academia Brasileira de Ciências, da Academia de Agricultura da França e da Academia de Ciências da América Latina. Tem mais de uma centena de trabalhos publicados e é autor ou coautor de livros e capítulos de livros. É doutor honoris causa das Universidades francesas Pierre e Marie Curie (Paris VI), Aix-Marseille III e Nice-Sophie Antipolis e italiana Univertsitá deglli Studi di Trieste.

Mário Sérgio de Melo

Geólogo (1975) e pós-doutorado em Geologia Sedimentar pela IGc-USP (2004). Atuou por 20 anos (1976-1996) no IPT e há 11 anos transferiu-se para a UEPG - Universidade Estadual de Ponta Grossa, PR, onde atualmente é professor-associado. É autor de capítulos de livros nacionais, participou da elaboração de anais de eventos e é autor de quatro livros, o último deles intitulado *Formas rochosas do Parque Estadual de Vila Velha* (2006).

Juliana Baitz Viviani-Lima

Geóloga, formada pelo IGc-USP, e doutora em hidrogeologia pelo programa de pós-graduação em recursos minerais e hidrogeologia desta mesma instituição. Realizou estágio na University of Waterloo, Canadá. Atualmente é hidrogeóloga da AECOM no Canadá, onde tem atuado em projetos ambientais e em recursos hídricos. Seu interesse tem ênfase em hidrogeologia de áreas urbanas, em especial em avaliação de recarga e contaminação urbana, e em gerenciamento de recursos hídricos.

Fernando Mancini

Geólogo (1993), mestre (1995) em Geociências pelo IGc-USP. Professor de Geologia Geral nas universidades Mackenzie e São Judas Tadeu (1994-1998). Diretor-tesoureiro da SBG (1997-1999). Professor-assistente junto ao departamento de Geologia da UFPR desde 1999 nas áreas de estratigrafia e geologia histórica. Coordenador do curso de graduação em Geologia da UFPR (2005-2007). Atua nas áreas de estratigrafia, análise de bacias e geologia do petróleo.

Haroldo Hirata

Educador e historiador formado pela USP, com especialização em tecnologias interativas aplicadas à educação pela PUC-SP. Realizou curso de História da Arte pelo MUBE (Museu Brasileiro da Escultura). Tem atuado como docente em cursos pré-vestibulares e de Ensino Médio. Foi coordenador de projetos no Memorial do Imigrante de São Paulo. Foi professor do projeto "Rede do Saber", promovido pela Secretaria da Educação do Estado de São Paulo e no SENAC. Desenvolve sistemas de banco de dados para administração escolar e gerencia cursos presenciais e a distância por internet e outras tecnologias de comunicação.

unidade 1

1 A Terra e suas origens
Umberto Giuseppe Cordani
Enos Picazzio

2 O interior da Terra
Márcia Ernesto
Leila Soares Marques
Ian McReath
Naomi Ussami
Igor Ivory Gil Pacca

3 Tectônica Global
Colombo Celso Gaeta Tassinari
Coriolano de Marins e Dias Neto

4 Atmosfera, clima e mudanças climáticas
Sonia Maria Barros de Oliveira
Umberto Giuseppe Cordani
Thomas Rich Fairchild

Ilustração: Conexão Editorial

A Terra e suas origens

Umberto Giuseppe Cordani, Enos Picazzio

Sumário

1.1 Estrutura do Universo
1.2 Como nasceu o Universo
1.3 Evolução estelar e formação dos elementos
1.4 Características e origem do Sistema Solar
1.5 Meteoritos
1.6 Planetologia comparada
1.7 Origem da hidrosfera e da atmosfera

As ideias de eternidade e perfeição parecem fascinar o ser humano, talvez por isso nossos antepassados viam o Universo como uma manifestação divina. Para os gregos, tratava-se de uma obra perfeita cuja estrutura só poderia ser explicada por meio das formas geométricas perfeitas. Pitágoras (580-500 a.C.) o imaginou como um conjunto de esferas concêntricas e centradas no "fogo central", a fonte de energia que mantinha os planetas em movimento. A Terra estaria, assim, sobre a esfera mais interna, as estrelas ocupariam posições fixas na esfera mais externa, entre elas as esferas com os planetas conhecidos até então (Mercúrio, Vênus, Marte, Júpiter e Saturno), a Lua e o Sol.

Posteriormente, a Terra passou a ocupar o centro do Universo, uma visão claramente antropocêntrica. Eudoxus de Cnidus (século IV a.C), discípulo de Platão (427-347 a.C.), tentou explicar o movimento dos corpos celestes com uma série de 27 esferas transparentes e concêntricas. Aristóteles (384-322 a.C.), outro discípulo de Platão, imaginou o Universo composto de cinco elementos: Terra, Ar, Água, Fogo e Quintessência, ou Éter (substância transparente, inalterável e imponderável, geradora da matéria que formava todos os demais corpos). Os quatro primeiros elementos dominavam a região encerrada pela órbita lunar, e o último, a região à frente da órbita da Lua. Claudio Ptolomeu (85-160 d.C.), grego que viveu em Alexandria, desenvolveu um modelo matemático mais sofisticado para descrever o movimento planetário, adotando a concepção geocêntrica e a circularidade das órbitas. No entanto, foi Nicolau Copérnico, prelado polonês (1473-1543), quem recuperou a ideia heliocêntrica do grego Aristarco de Samos (300 a.C.) e a desenvolveu de forma elegante, concisa e coerente. Fervoroso defensor do heliocentrismo, o astrônomo alemão Johannes Kepler (1571-1630) explicou o movimento dos planetas através de órbitas elípticas com um dos focos centrado no Sol, utilizando para tanto as observações do astrônomo dinamarquês Ticho Brahe (1546-1601).

Com as leis de Kepler e as pesquisas da dinâmica dos corpos celestes do físico italiano Galileo Galilei (1564-1642), o físico inglês Isaac Newton (1643-1727) formalizou brilhantemente a teoria da gravitação. Entretanto, a aplicação da teoria newtoniana a um Universo infinito cria obstáculos intransponíveis. A solução desse impasse surgiu pela revolução

Com os restos mortais de Nicolau Copérnico encontrados em uma catedral em Frombork (Polônia), o Laboratório Forense Central reconstruiu a sua aparência, quando ele faleceu. Fonte: Capt. Dariusz Zajdel M.A., Central Forensic Laboratory of the Polish Police AFP. Getty Images.

das ideias até então concebidas, encerrada na teoria da Relatividade Geral, do físico alemão Albert Einstein (1879-1955). A Relatividade Geral prevê a possibilidade de um Universo em expansão, fato que acabou mais tarde evidenciado pelas observações do astrônomo americano Edwin Powell Hubble (1889-1953). Essa expansão sugere que no passado remoto o Universo esteve comprimido em um volume infinitamente pequeno e em condições físicas inimagináveis (Figura 1.1). Dessa forma, podemos dizer que há indícios de que o Universo teve um início, conforme pensavam alguns filósofos gregos, e que sua condição futura depende essencialmente da persistência ou não dessa expansão.

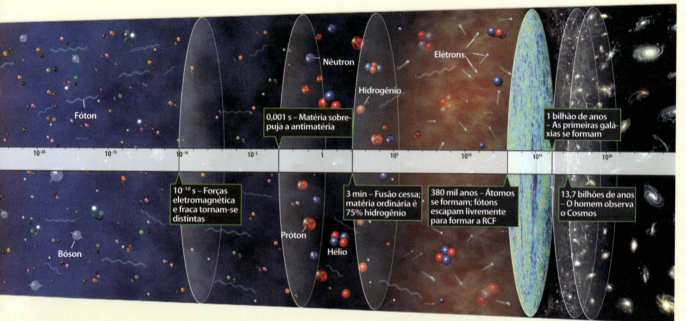

Figura 1.1 – A história do Universo começou há 13,7 bilhões de anos. Espaço, tempo e energia estavam concentrados em um ponto infinitamente quente e denso, conhecido como singularidade. Surge uma expansão radical, o Universo esfria e passa por diferentes eras. A radiação cósmica de fundo em micro-ondas corrobora esta visão. Fonte: Revista *Astronomy Brasil*, maio de 2007. Duetto Editorial.

Neste capítulo, vamos examinar os principais aspectos da origem da matéria, do Sistema Solar e do planeta Terra. Assim como a Geologia, a Astronomia é uma ciência histórica que pode nos fornecer informações, não só do passado muito remoto que iniciou nosso Universo, mas também sobre os processos de sua evolução química atual. Em um futuro não muito distante, teremos condições tecnológicas para a observação de planetas rochosos orbitando outras estrelas, o que mais nos ajudará a entender melhor o Sistema Solar e a própria Terra. Nosso planeta é formado pelo mesmo material que compõe os demais corpos do Sistema Solar e tudo o mais que faz parte de nosso Universo. Assim, a formação da Terra está ligada à do Sol, dos demais planetas do Sistema Solar e de todas as estrelas. Por isso, na investigação da origem e evolução de nosso planeta, é necessário recorrer a uma análise do espaço exterior mais longínquo e, ao mesmo tempo, às evidências que temos do passado mais remoto. Com base nas informações decorrentes de diversos campos da Ciência (Física, Química, Astronomia, Astrofísica, Meteorítica e Cosmoquímica), bem como estudando a natureza do material terrestre (composição química, fases minerais etc.), respostas adequadas foram obtidas para algumas das mais importantes questões que dizem respeito à nossa existência. Por exemplo, a idade da Terra e do Sistema Solar e como se formaram as estrelas, os planetas e os elementos químicos que constituem a matéria do próprio Universo.

Curiosidade

Em 1923, Edwin Powell Hubble (1889-1953), usando o telescópio de 2,5 m de diâmetro do Monte Wilson, na Califórnia, identificou estrelas individuais na galáxia de Andrômeda, conseguiu medir suas distâncias e demonstrou, conclusivamente, que nossa galáxia não é a única no Universo.

Capítulo I - A Terra e suas origens

1.1 Estrutura do Universo

A Astronomia nos ensina que existem incontáveis estrelas no céu. Elas podem ser solitárias, como o Sol, ou pertencer a duplas, trios, quartetos ou a grupos maiores, os aglomerados estelares, que podem conter até milhares delas.

Os espaços que as separam, meio interestelar, são enormes e preenchidos com gás, poeira, núcleos atômicos, raios cósmicos e campo magnético. Tudo isto, estrelas e matéria interestelar, encontra-se agregado em galáxias, que apesar de gigantescas na concepção humana, ainda assim são as menores estruturas cósmicas de grande escala. A maior parte delas tem forma aproximadamente regular que pode ser enquadrada em duas classes gerais: espirais e elípticas. Mas há muitas galáxias sem forma definida, por isso são classificadas como irregulares. Os três tipos básicos são ilustrados na figura 1.2, as galáxias espirais, como a Via Láctea e Andrômeda, que possuem núcleo, disco, braços espirais e halo. Nos braços das galáxias espirais, concentram-se o gás e a poeira interestelar, e as estrelas mais jovens. Aglomerados estelares pequenos e abertos, com dezenas a centenas de estrelas, são vistos nos braços, enquanto aglomerados globulares caracterizados por suas estruturas aproximadamente esféricas são compostos de centenas de milhares a milhões de estrelas e situam-se no halo galáctico. O Sol está situado em um dos braços da Via Láctea, a pouco menos de 30 mil anos-luz do seu centro. Um ano-luz é a distância percorrida pela luz em um ano e equivale a 9,5 quatrilhões de quilômetros.

As galáxias, sob influência de atração gravitacional mútua, se agrupam em aglomerados de galáxias, que podem conter entre algumas dezenas e alguns milhares de galáxias. A Via Láctea pertence ao chamado Grupo Local, com cerca de 40 membros conhecidos e diâmetro aproximado de 6 milhões de anos-luz. Os tamanhos dos aglomerados também variam muito. A massa do aglomerado de Virgem é tão grande que sua força faz com que o Grupo Local se mova em sua direção. Por outro lado, as maiores estruturas cósmicas individuais são os superaglomerados, formados por conjuntos de aglomerados de galáxias. O superaglomerado Local, que contém a Via Láctea, tem aproximadamente 100 milhões de anos-luz de diâmetro e acumula massa equi-

Figura 1.2 – Os três tipos básicos de galáxias: a) Andrômeda é do tipo espiral, muito parecida com a Via Láctea e fica na constelação do mesmo nome, cerca de dois milhões e novecentos mil anos-luz de distância. Fonte: Robert Gendler, <http://apod.gsfc.nasa.gov/apod/ap021021.html>. b) Messier 87 é uma galáxia elíptica da constelação de Virgem, maior que a Via Láctea, e encontra-se a 60 milhões de anos-luz da Terra. Fonte: Canada-France-Hawaii Telescope, J.-C. Cuillandre (CFHT), Coelum, <http://apod.nasa.gov/apod/ap040616.html>. c) Grande Nuvem de Magalhães é uma galáxia irregular e pequena da constelação de Dorado e é uma das mais próximas da Via Láctea, apenas 168 mil anos-luz. Fonte: ESO (European Southern Observatory) <http://physics.kent.edu/~gleeson/foi/pix/lmc_noao.big.jpg>.

valente a 1 quatrilhão de massas solares. As observações mostram que na escala maior as galáxias não estão distribuídas uniformemente, mas formam filamentos no espaço que lembram a estrutura de uma esponja. Esses filamentos são as maiores estruturas cósmicas.

As observações astronômicas nos conduzem a pelo menos duas reflexões relevantes para os temas da origem do Universo e da matéria nele concentrada:

- uma visão retrospectiva, visto que a observação das feições mais distantes nos leva à informação de épocas passadas, quando os objetos observados eram mais jovens. São as observações das regiões no limite do observável, que refletem eventos ocorridos há vários bilhões de anos (Figura 1.3).
- uma visão comparativa, que possibilita a reconstrução do ciclo de evolução estelar, visto que existe grande diversidade de tipologia nas estrelas, em relação à sua massa, tamanho, cor, temperatura, idade etc. Embora se saiba que a vida de uma estrela é muito longa para os padrões humanos, o grande número de estrelas disponíveis para observação faz com que seja possível verificar a existência de muitas delas em diferentes fases da evolução estelar, desde a sua formação até a sua morte. Isto ficará mais claro quando discutirmos o diagrama de Hertzsprung-Russel (ver figura 1.5).

Figura 1.3 – Nesta imagem de campo profundo, captada pelo telescópio espacial Hubble na direção da constelação da Ursa Maior, os objetos menos brilhantes são galáxias muito distantes e mostram a aparência que o Universo tinha no passado remoto, provavelmente com 1 bilhão de anos. Os objetos raiados são estrelas da Via Láctea. Fonte: NASA <http://hubblesite.org/newscenter/archive/releases/2007/31/image/b/>.

1.2 Como nasceu o Universo

Em 1842, o matemático austríaco Johann C. A. Doppler descobriu que a frequência das ondas emitidas por uma fonte em movimento relativo ao observador se alterava com a rapidez e sentido do movimento (efeito Doppler).

Um corpo luminoso que se afasta do observador torna-se avermelhado, e azulado quando se aproxima (Figura 1.4). Em 1912, o astrônomo norte-americano Vesto Melvin Slipher descobriu que as linhas espectrais das estrelas na galáxia de Andrômeda (M31) apresentavam um enorme deslocamento para o azul, indicando que essa galáxia está se aproximando do Sol, a uma velocidade de 300 km/s. Logo depois, verificou-se que a maioria das galáxias apresentava deslocamento espectral para o vermelho e que esse deslocamento era maior para as galáxias mais distantes. Depois de exaustivo trabalho observacional, Edwin Hubble demonstrou, em 1929, a existência de uma relação entre a velocidade de recessão de uma galáxia e a sua distância. Era a primeira evidência observacional de que o Universo estava em expansão. Essa expansão não se dá entre as estrelas de uma galáxia, nem entre as galáxias de um aglomerado, porque a ação gravitacional atrativa impede. Ela ocorre entre aglomerados de galáxias e galáxias do campo, porque o espaço cósmico está aumentando. A sua velocidade é dada pela constante de Hubble (H), que é aproximadamente 70 km/s/Mpc (1 Megaparsec = 3,09 10^{19} km), ou seja, a cada 1 Mpc (distância) a velocidade de recessão aumenta 70 km/s.

Pela constatação da expansão do Universo, e retroagindo no tempo, conclui-se que houve um momento que ele estava comprimido em um volume diminuto e em condições físicas inimagináveis. Nada existia fora desse volume, espaço e tempo eram nulos. Admitindo também que a constante de Hubble não mudou no tempo, o seu inverso representa o tempo necessário para que Universo retorne ao ponto inicial de máxima concentração, situado pelas estimativas mais confiáveis entre 13 e 14 bilhões de anos.

Subitamente surgiu a grande expansão, que pejorativamente foi denominada *Big Bang* (Grande Explosão) pelo astrônomo inglês Fred Hoyle, o qual defendia a teoria do Estado Estacionário. Para Hoyle, o Universo deveria ser eterno e similar em todas as direções, com produção contínua de matéria para contrabalançar a expansão observada e manter a densidade média constante.

Com o *Big Bang* (nome que foi finalmente consagrado) e o processo expansivo que persiste até hoje, a dúvida é se o Universo expandirá para sempre ou se a expansão cessará no futuro, podendo dar origem a um processo recessivo e novo colapso ao estado denso conhecido como *Big Crunch*. A princípio, a resposta estaria no valor da densidade média de matéria e das componentes do Universo. Havendo massa suficiente, a força gravitacional poderá frear a expansão. O valor crítico de densidade média é dado por $\rho_o = 3H^2/8\pi G$, onde H é a constante de Hubble e G, a constante gravitacional e corresponde a 5 átomos de hidrogênio por metro cúbico, ou 10^{-26} kg/m^3. Se a densidade média for menor que a crítica, ele expandirá eternamente (universo aberto). Se for igual, a expansão simplesmente cessará (universo plano), mas se for maior, haverá colapso gravitacional (universo fechado). As observações indicam que a densidade de matéria visível, detectada por radiação eletromagnética, incluindo o visual, é cerca de 100 vezes menor que o valor crítico. Por essa evidência, poderíamos concluir que o Universo continuará em expansão indefinida.

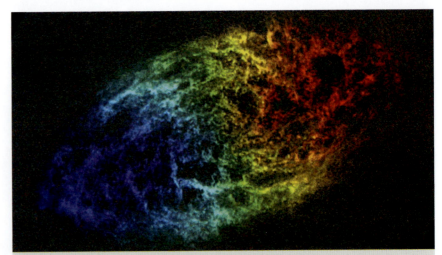

Figura 1.4 – Efeito Doppler – Galáxia M33 observada na luz de comprimento de onda de 21 cm, emitida pelo átomo de hidrogênio neutro. Com a rotação, as partes que se movimentam em nossa direção tornam-se azuladas, enquanto as que se afastam são avermelhadas. Fonte: National Radio Astronomy Observatory, EUA.

Ocorre que as acelerações das galáxias nos aglomerados de galáxias e as curvas de rotação das galáxias, ambas dependentes da massa, são elevadas demais para serem decorrentes apenas da ação gravitacional da matéria visível. Em outras palavras, essa matéria não está emitindo luz, por isso não a vemos, mas podemos medir seus efeitos gravitacionais nos demais objetos.

A primeira evidência da matéria escura foi relatada pelo astrônomo suíço Fritz Zwicky, em 1930. Parte dela está na forma de anãs marrons e negras, planetas e buracos negros, mas a forma predominante parece ser exótica, na forma de partículas teóricas que ainda não tiveram comprovação observacional.

No início da década de 1990, havia indícios para se acreditar que a densidade de energia do Universo era suficiente para frear sua expansão e provocar um colapso. O Universo era preenchido de matéria e a força atrativa da gravidade o manteria unido. Porém, no final dessa mesma década, observações de uma supernova distante com o telescópio espacial Hubble mostraram que a velocidade de expansão do Universo vem aumentando com o tempo. Em outras palavras,

sua expansão está sendo acelerada por um mecanismo ainda desconhecido. De início surgiram três hipóteses teóricas para explicar tal fato. A primeira resgata a versão original da teoria gravitacional de Einstein que continha uma "constante cosmológia", introduzida artificialmente por ele para evitar a expansão do Universo que, na época, era desconhecida. Outra possibilidade seria uma espécie estranha de energia de fluido que preenche todo o espaço. Finalmente, poderia ser um erro na teoria de Einstein, que deveria ser substituída por outra que incluisse alguma espécie de campo responsável por essa aceleração cósmica. Esse enigma ainda não foi solucionado, mas já tem nome: energia escura. Atualmente, as evidências apontam para um Universo composto, aproximadamente, de 70% de energia escura, 25% de matéria escura e 5% de matéria normal, e em expansão contínua (universo aberto).

Com os recursos observacionais e teóricos da física atuais é possível reconstituir as etapas sucessivas à Grande Explosão. A tabela 1.1 reúne essas etapas em ordem cronológica. A Ciência ainda não tem elementos para caracterizar o período Planckiano, isto é, período anterior aos 10^{-43} s

após o instante inicial (tempo necessário para a luz atravessar o "comprimento de Planck", $1,6 \times 10^{-35}$ m). A razão é que ainda não possuímos uma teoria que combine a mecânica quântica e a relatividade geral, em uma espécie de teoria quântica da gravidade. No início, as quatro forças fundamentais da natureza (gravidade, eletromagnética e as forças nucleares forte e fraca) estavam unificadas. Os físicos teóricos só conseguiram unificar as forças eletromagnética e nuclear fraca.

Durante os momentos iniciais após o *Big Bang*, a temperatura era alta demais para a matéria ser estável, tudo era radiação. Com a expansão e a criação contínua do espaço surgiram as quatro forças fundamentais da natureza (gravitacional, nuclear forte, nuclear fraca e eletromagnética). Por outro lado, para explicar a isotropia e a homogeneidade observadas na escala maior, foi necessário preconizar a teoria inflacionária, cuja primeira versão foi proposta pelo astrofísico americano Alan H. Guth, em 1980. Segundo ela, a fase inflacionária ocorreu entre 10^{-35} s e 10^{-32} s, quando houve um curto período de expansão extremamente rápida do Universo, incomparavelmente maior que a rapidez com que a luz se move, 300.000 km/s.

Tempo cósmico	Era	Evento
0	Singularidade	*Big Bang*
Até 10^{-43} s	Era de Planck	(Ainda desconhecida)
Até 10^{-7} s	Era dos Hádrons	Criação das partículas pesadas
Até 1 segundo	Era dos Léptons	Criação das partículas leves
1 minuto	Era da Radiação	Formação do Hélio e Deutério
10 mil anos	Era da Matéria	A matéria torna-se predominante
300 mil anos	Desacoplamento	O Universo torna-se transparente
1 bilhão de anos		Formação das galáxias e grandes estruturas
8,7 bilhões de anos		Inicio da formação do Sol
13,7 bilhões de anos		Época atual

Tabela 1.1 – As etapas iniciais da evolução do Universo. Fonte: Friaça, A.C.S., Dal Pino, E., Sodré Jr. L., Jatenco-Pereira, *Astronomia. Uma visão geral do Universo*. São Paulo: Edusp, 2003. p. 240.

Capítulo I - A Terra e suas origens

Com a expansão subsequente a energia do vácuo decaiu, e o Universo inteiro foi preenchido por matéria e radiação. A teoria inflacionária fornece previsões importantes, tais como (a) densidade média do Universo próxima à densidade crítica, (b) flutuações na densidade primordial com mesma amplitude em todas as escalas físicas, (c) flutuações na radiação de fundo em micro-ondas, por meio de zonas quentes e frias em quantidades iguais.

A temperatura extremamente elevada existente nos instantes iniciais foi caindo gradativamente com a expansão. Quando a temperatura atingiu cerca de 10^{14} k ($1\,°C = 273$ K), as partículas pesadas (*quarks* e *antiquarks*, prótons e antipró-tons) foram formadas, e as partículas leves (elétrons e pósitrons) só se formaram quando a temperatura ambiente decaiu para 10^{12} K. A nucleossíntese, era em que prótons e elétrons formaram nêutrons e reações nucleares formaram D e núcleos de He, só ocorreu quando a temperatura baixou para 10^{10} K. Finalmente, quando a temperatura atingiu cerca de 10^3 K (380.000 anos após o *Big Bang*), elétrons se combinaram com núcleos para formar átomos, o Universo ficou transparente e gerou a radiação cósmica de fundo em micro-ondas (conhecida como *Cosmic Microwave Background*, [CMB]), compatível com o espectro de um corpo negro aquecido a 2,7 K. A partir de então, começa o domínio da matéria sobre a radiação. Em massa, a matéria do Universo é constituída aproximadamente de 75% de hidrogênio, 24% de hélio e 1% dos demais elementos químicos. As estrelas e as galáxias só apareceram aos 300 milhões de anos, e o Sistema Solar surgiu aos 8,7 bilhões de anos. Aos 10 bilhões de anos surgiram as primeiras formas de vida na Terra, e os animais primitivos (águas vivas e conchas) apareceram 3 bilhões de anos mais tarde. Os primeiros mamíferos evoluíram a partir de répteis quando o Universo tinha 13,5 bilhões de anos. O *Homo sapiens* surgiu após 13,7 bilhões de anos da origem do universo. Se toda essa história ocorresse em um dia de 24 horas, o *Homo sapiens* só teria surgido nos últimos 4 segundos, ou seja, às 23h 59m 56s.

1.3 Evolução estelar e formação dos elementos

Átomos, gás e poeira são os constituintes básicos do espaço interestelar. Eles se apresentam na forma de nuvens difusas, extremamente rarefeitas e com dimensões gigantescas (cerca de 50 anos-luz).

Uma nuvem interestelar difusa típica tem massa equivalente a 400 massas solares ($M_\odot$) e temperatura menor que 100 K. As estrelas se formam a partir dessa matéria, em regiões com densidade bem maior que a típica: nas nuvens moleculares gigantes (Figura 1.5a). Ricas em grãos, a densidade nessas nuvens é cerca de 106 átomos/cm³, e a temperatura oscila entre 10 e 30 K. Por essa razão, os braços da Via Láctea são os locais mais propícios para a formação estelar.

Uma nuvem molecular entra em colapso quando a força gravitacional dela própria, referida como autogravitação, supera a força expansiva decorrente da temperatura. Baseado nesse raciocínio, o astrofísico britânico James H. Jeans mostrou, no início dos anos 1900, que uma nuvem com 1.000 $M_\odot$, temperatura de 50 K e encerrada em um volume com 6,52 anos-luz de raio perde sustentação, colapsa e forma várias estrelas.

Cada estrela em formação vai acumulando matéria por atração gravitacional, ao mesmo tempo que a contração provoca rotação e achatamento da nuvem. Durante o processo de acúmulo de massa, o embrião de estrela, denominado protoestrela, é circundado por um disco de matéria a partir do qual poderá se formar um sistema planetário. A concentração de massa nas partes centrais da protoestrela provoca aumento contínuo da temperatura, e quando esta atinge valores adequados para induzir a fusão nuclear, passa a gerar energia. Neste momento a pressão interna (gás aquecido) equilibra a externa (gravitacional), e o embrião torna-se uma estrela. Esta adquire equilíbrio hidrostático estável e passará a maior parte de sua vida neste estágio, fundindo hidrogênio e produzindo hélio. Estrelas com cerca de 30 $M_\odot$ atingem esse estágio em apenas 30 mil anos, enquanto as menores estrelas, com 0,2 $M_\odot$, demoram aproximadamente 1 bilhão de anos para chegar a esse ponto. O Sol, por esse raciocínio, deve ter-se formado em cerca de 30 milhões de anos.

A evolução das estrelas pode ser sintetizada no diagrama conhecido como de Hertzsprung-Russel (H-R),

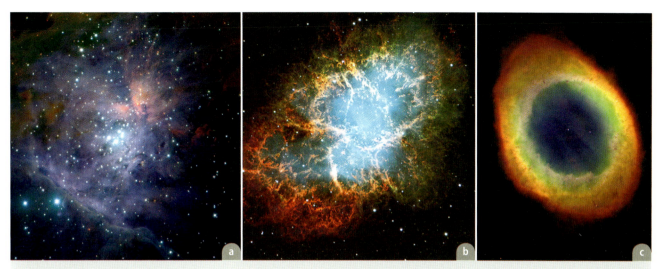

Figura 1.5 – Três tipos de nebulosa: a) Nebulosa de Órion: um berço estelar da parte central da nebulosa, onde se veem ao centro as estrelas do famoso Trapézio de Órion, cercado por milhares de estrelas. A região de Órion é um enorme berçário estelar. Fonte: ESO <http://www.eso.org/public/outreach/press-rel/pr-2001/phot-03-01.html>. b) Nebulosa do Caranguejo é uma remanescente de explosão de supernova, distante cerca de 6.000 anos-luz da Terra. Registros chineses apontam o ano de 1054 como o de descoberta. No centro da nebulosa está a estrela de nêutrons que restou da explosão. Fonte: ESO <http://www.eso.org/public/outreach/press-rel/pr-1999/pr-17-99.html>. c) Nebulosa do Anel, localizada na constelação da Lira há cerca de 2.300 anos-luz, é uma nebulosa planetária típica que, apesar do nome, nada tem a ver com planetas. Ela é composta de gás ejetado pela estrela central, não visível, em estágios finas de evolução. Fonte: ESO <http://www.eso.org/public/outreach/press-rel/pr-1998/phot-38-98.html>.

(Figura 1.6). Nesse diagrama, a maioria das estrelas situa-se na Sequência Principal (SP), que representa a fase de produção de hélio pela fusão do hidrogênio. A cada segundo, o Sol transforma 600 milhões de toneladas de H em 596 milhões de toneladas de He e converte 4 milhões de toneladas em energia. Para estrelas do tamanho do Sol, essa fase dura 9 bilhões de anos, mas para uma estrela com 30 $M_\odot$, esse período é de apenas 5 milhões de anos. Portanto, as estrelas de grande massa são as mais significativas no processo de evolução química do Universo.

A fusão do H no centro das estrelas produz um caroço crescente de He. Com o aumento da temperatura no núcleo da estrela, haverá um momento em que o He do centro também será fundido na produção do carbono (C). Nessa fase, a estrela sofre expansão e transforma-se em uma gigante vermelha (Figura 1.6). Enquanto a densidade do núcleo de He é da ordem de 100 mil g/cm³

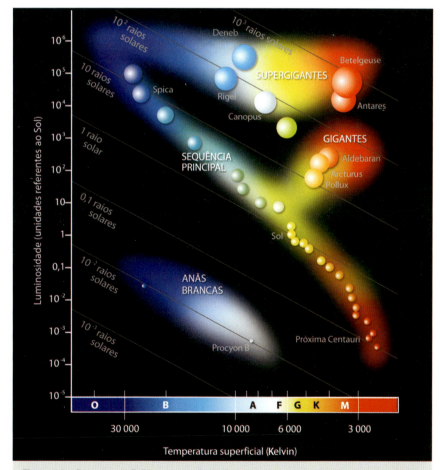

Figura 1.6 – Diagrama H-R (Hertzsprung-Russell), no qual as estrelas são dispostas de acordo com suas características e idades. O eixo das abscissas representa temperatura, tipo espectral ou cor das estrelas. O eixo das ordenadas representa luminosidade (que independe da distância) ou magnitude absoluta. No canto esquerdo superior estão as estrelas massivas, quentes e azuladas e, no canto direito inferior, as estrelas de pequena massa, frias e avermelhadas.

(no Sol é 150 g/cm³), nas camadas mais externas é de apenas 10^{-6} g/cm³. Betelgeuse (α de Órion) e Antares (α do Escorpião), ambas 400 vezes maiores do que o Sol, são dois desses exemplos. Quando isso acontecer com o Sol, sua superfície ultrapassará a órbita da Terra!

Estrelas do tamanho do Sol não conseguem fundir o C e chegam ao fim de sua vida produtiva expelindo suas camadas mais externas e formando uma nebulosa planetária com as dimensões do Sistema Solar (ver figura 1.5c). O material que restou da estrela entra em colapso gravitacional formando uma estrela pequena, muito densa e muito quente chamada anã branca, cujo destino é resfriar-se indefinidamente até tornar-se um objeto frio e denso, de dimensão planetária.

Estrelas com, no mínimo, oito massas solares conseguem fundir o C para produzir oxigênio (O), neônio (Ne), magnésio (Mg), silício (Si) e ferro (Fe). Essas reações ocorrem em camadas concêntricas (como numa cebola) em que, quanto mais internas as camadas, mais pesados são os elementos. Cada estágio sucessivo de queima, desde o H até o Fe, libera menos energia do que o anterior. Estrelas que chegam a essa fase morrem de forma catastrófica e são conhecidas como supernovas do tipo II (ver figura 1.5b). Em sistemas binários, uma das estrelas pode entrar em processo semelhante por influência de sua companheira. Nesse caso, tem-se uma supernova tipo I, com espectro diferente da tipo II. Na fase de supernova são produzidos todos os elementos químicos mais pesados que o ferro, durante reações nucleares envolvendo captura de nêutrons a temperatura extremamente elevada, que ocorrem em muito pouco tempo, nas camadas externas da estrela em explosão. O que resta da estrela acaba implodindo para formar um objeto extremamente compacto, conhecido como estrela de nêutrons, ou um buraco negro, se a massa residual for grande.

Assim, os elementos químicos no Universo teriam sido formados de duas maneiras. Os elementos primordiais (majoritariamente H e He) foram formados na nucleogênese, nos tempos que sucederam ao *Big Bang*. Posteriormente, esses elementos teriam sido utilizados na sintetização de elementos químicos mais densos no interior das estrelas pelas reações termonucleares, processo este denominado nucleossíntese. Ou seja, a nucleogênese ocorreu uma única vez, enquanto a nucleossíntese é um processo contínuo que ocorre sempre que uma estrela é formada.

As primeiras estrelas tinham a composição química primordial, apenas átomos de hidrogênio e hélio na proporção aproximada de 3:1. Com sua evolução, elas transformaram parte dos elementos primordiais em outros mais pesados por meio das reações termonucleares e os devolveram ao espaço, sobretudo pelas explosões de supernovas. A implicação dessa evolução química é que quanto mais jovem for a estrela, mais rica ela será em elementos pesados. Isto pode ser observado pelos espectros estelares, calculando-se a abundância de elementos pesados em relação aos mais leves.

1.4 Características e origem do Sistema Solar

Apesar de sua enormidade, o Sol é uma estrela-anã, amarela e da Sequência Principal. Formou-se há 4,6 bilhões de anos, quando o Universo já possuía entre 7 e 9 bilhões de anos de idade, a partir de material forjado por sucessivas gerações de estrelas: a nebulosa solar.

A abundância dos elementos químicos da nebulosa solar é mostrada na tabela 1.2, mais adiante. Todos os objetos que compõem o Sistema Solar foram formados da mesma matéria e na mesma época. Isto confere ao sistema uma organização harmônica no tocante à distribuição de sua massa e às trajetórias orbitais de seus corpos. A massa do sistema (99,8%) concentra-se no Sol, com os planetas girando ao seu redor, em órbitas elípticas de pequena excentricidade, virtualmente coplanares com a eclíptica (caminho aparente do Sol, ou órbita da Terra). Nesse plano estão assentadas, com pequenas inclinações, as órbitas de todos os planetas, e entre Marte e Júpiter orbitam também numerosos asteroides. Por sua vez, a maioria dos cometas (ver adiante) de curto período possui também suas órbitas próximas do plano da eclíptica. O movimento de todos

Figura 1.7 – Sistema Solar. Os quatro planetas próximos ao Sol são os terrestres, seguidos pelos quatro planetas jovianos. Entre Marte e Júpiter, situa-se o Cinturão de asteroides, onde também se localiza o planeta-anão Ceres. A região adiante de Netuno, conhecida como transnetuniana, é preenchida por corpos menores e congelados, assim como pelos planetas-anões Plutão e Eris. Fonte: adaptada de UAI (União Astronômica Internacional).

esses corpos ao redor do Sol concentra praticamente todo o momento angular do sistema.

Os principais parâmetros físicos dos planetas do Sistema Solar estão reunidos na tabela 1.3 adiante. Suas distâncias em relação ao Sol obedecem aproximadamente a uma relação empírica (lei de Titius-Bode): $d = (0,4 + 0,3 \times 2^n)$, onde d é a distância heliocêntrica média em unidade astronômica (UA ≈ 150.000.000 km, distância média entre a Terra e o Sol) e n é igual a $-\infty$ para Mercúrio, zero para Vênus, e entre 1 e 7 para os planetas (da Terra até Netuno), sendo 3 para os asteroides.

Os planetas do Sistema Solar podem ser classificados em terrestres ou telúricos, jovianos ou gasosos (ver figura 1.7). Embora não tenham as características físicas necessárias para serem planetas, há ainda os planetas-anões com composição química diferente da dos planetas terrestres ou jovianos. Os planetas terrestres possuem massa pequena e densidade média semelhante à da Terra, da ordem de 5 g/cm^3, enquanto os planetas jovianos possuem massa grande e densidade média próxima à do Sol. Os incontáveis corpos de dimensões menores, que orbitam no cinturão de asteroides, possuem características variáveis, porém mais assemelhadas àquelas dos planetas terrestres. Os planetas terrestres possuem poucos satélites, ou nenhum como Mercúrio e Vênus, e atmosferas compostas de elementos químicos densos, mas com características distintas. Já os planetas jovianos possuem muitos satélites e suas atmosferas são muito espessas, apresentam estrutura e dinâmica complexas e composição química muito parecida àquela do Sol. As diferenças fundamentais entre planetas terrestres e jovianos podem ser atribuídas à sua evolução química primitiva. Basicamente, estes últimos são gigantes gasosos, com constituição química

Capítulo I - A Terra e suas origens

Z	Elemento	Abundância	Z	Elemento	Abundância	Z	Elemento	Abundância
1	H	$2,72 \times 10^{10}$	29	Cu	514	58	Ce	1,16
2	He	$2,18 \times 10^{9}$	30	Zn	1260	59	Pr	0,174
3	Li	59,7	31	Ga	37,8	60	Nd	0,836
4	Be	0,78	32	Ge	118	62	Sm	0,261
5	B	24	33	As	6,79	63	Eu	0,0972
6	C	$1,21 \times 10^{7}$	34	Se	62,1	64	Gd	0,331
7	N	$2,48 \times 10^{6}$	35	Br	11,8	65	Tb	0,0589
8	O	$2,01 \times 10^{7}$	36	Kr	45,3	66	Dy	0,398
9	F	843	37	Rb	7,09	67	Ho	0,0875
10	Ne	$3,76 \times 10^{6}$	38	Sr	23,8	68	Er	0,253
11	Na	$5,70 \times 10^{4}$	39	Y	4,64	69	Tm	0,0386
12	Mg	$1,075 \times 10^{6}$	40	Zr	10,7	70	Yb	0,243
13	Al	$8,49 \times 10^{4}$	41	Nb	0,71	71	Lu	0,0369
14	Si	$1,00 \times 10^{6}$	42	Mo	2,52	72	Hf	0,176
15	P	$1,04 \times 10^{4}$	44	Ru	1,86	73	Ta	0,0226
16	S	$5,15 \times 10^{5}$	45	Rh	0,344	74	W	0,137
17	Cl	5240	46	Pd	1,39	75	Re	0,0507
18	Ar	$1,04 \times 10^{5}$	47	Ag	0,529	76	Os	0,717
19	K	3770	48	Cd	1,69	77	Ir	0,660
20	Ca	$6,11 \times 10^{4}$	49	In	0,184	78	Pt	1,37
21	Sc	33,8	50	Sn	3,82	79	Au	0,186
22	Ti	2400	51	Sb	0,352	80	Hg	0,52
23	V	295	52	Te	4,91	81	Ti	0,184
24	Cr	$1,34 \times 10^{4}$	53	I	0,90	82	Pb	3,15
25	Mn	9510	54	Xe	4,35	83	Bi	0,144
26	Fe	$9,00 \times 10^{5}$	55	Cs	0,372	90	Th	0,0335
27	Co	2250	56	Ba	4,36	92	U	0,0090
28	Ni	$4,93 \times 10^{4}$	57	La	0,448			

Tabela 1.2 – Abundância solar dos elementos. Embora existam diferenças de estrela para estrela, por causa da própria dinâmica interna, a abundância solar é tida como um valor médio representativo da constituição química do Universo, também chamada abundância cósmica (valores em átomos/10^{6} Si). Z é o número atômico (quantidade de prótons no núcleo).

Planeta	Mercúrio	Vênus	Terra	Marte	Júpiter	Saturno	Urano	Netuno
Raio equatorial ($R_\oplus$)	0,38	0,95	1,00	0,53	11,21	9,45	4,01	3,88
Massa ($M_\oplus$)	0,055	0,82	1,00	0,11	317,8	95,16	14,53	17,15
Densidade (g/cm³)	5,4	5,2	5,5	3,9	1,3	0,7	1,3	1,6
Atmosfera (%)	–	CO_2 (96) N (3)	N (78) O (21)	CO_2 (95) N (3)	H (78) He (20)	H (78) He (20)	H+He (15), H_2O, CH_4, NH_3 (60)	H+He (10)H_2O, CH_4, NH_3 (60)
Satélites (*)	–	–	1	2	63	60	27	13
Rotação (dia terrestre)	58,6	-243	0,997	1,03	0,41	0,44	-0,72	0,67
Distância (UA)	0,39	0,72	1	1,52	5,2	9,54	19,19	30,07
Ano (dia terrestre)	88,0	224,7	365,3	687,0	4,333	10,759	30,685	60,188
Excentricidade	0,21	0,01	0,02	0,09	0,05	0,05	0,05	0,01
Inclinação orbital	7,00	3,39	0	1,85	1,31	2,49	0,77	1,77

$R_\oplus$ e $M_\oplus$, respectivamente, raio (6.378 km) e massa (5,98x10²¹ ton) da Terra; UA (unidade astronômica) é a distância média da Terra ao Sol (149.600.000 km); (*) até a data de publicação do livro.

Tabela 1.3 – Parâmetros físicos e orbitais dos planetas do Sistema Solar.

similar à da nebulosa solar, enquanto os terrestres são constituídos de material mais denso.

As primeiras teorias para a formação de estrelas e planetas, e, portanto, do Sistema Solar, foram propostas por René Descartes (1644), antes mesmo de Isaac Newton formular a teoria da gravitação. Esse modelo, preconizando contração a partir de uma nebulosa, foi aperfeiçoado por Immanuel Kant (1775) e Pierre-Simon de Laplace (1796), mas os avanços mais significativos surgiram apenas neste século, com o aprimoramento da instrumentação astronômica e o início da era espacial, e o desenvolvimento teórico dos modelos de estrutura e evolução estelar. Embora o modelo atual ainda precise de aperfeiçoamento, ele explica razoavelmente bem as características mais genéricas. Como foi descrito no item 1.3, as estrelas são formadas nos centros de discos de acreção, desenvolvidos durante o colapso gravitacional da nuvem primordial. Na contração, a nuvem ganha rotação e forma-se um disco circunstelar de matéria na região equatorial da estrela em formação. Por causa do momento angular do sistema, a matéria do disco é forçada a girar em órbita em torno da protoestrela. Concentrações de massa localizadas em várias partes do disco podem formar estruturas que crescem gradativamente, acumulando matéria da região em torno de suas órbitas, como turbilhões sugando a matéria pelas laterais interna e externa. Dessas estruturas nascem os planetas. O Sistema Solar deve ter surgido de uma nebulosa de gás e poeira cósmica, com composição química correspondente à abundância solar dos elementos (Tabela 1.2) e temperatura aproximada de 50 K. O disco protoplanetário tinha cerca de 60 UA de diâmetro e aproximadamente 1 UA de espessura, no centro onde estava o protossol.

Nas proximidades do protossol a temperatura ambiente crescia rapidamente com a contração, assim como a densidade e a opacidade. A temperatura elevada dessa região, cerca de 2.000 K, vaporizava até grãos sólidos, e apenas os elementos refratários de elevado ponto de fusão teriam condições de resistir. Os sólidos constituídos de elementos menos densos, tais como gelo, amônia, metano e outros, seriam vaporizados nas regiões próximas do protossol.

Devido ao gradiente de temperatura do disco, as regiões mais frias, afastadas do centro, permitiriam a coexistência de elementos refratários com outros menos densos que sobrevivessem à temperatura ambiente local. Por outro lado, a cerca de 4 UA do protossol, o disco era praticamente destituído de elementos voláteis por conta da elevada temperatura ambiente. Esse processo, no início da evolução do Sistema Solar, seria o responsável pela falta de elementos voláteis em planetas terrestres.

A elevada densidade numérica de grãos no disco e a excentricidade de suas órbitas em torno do centro propiciaram colisões de baixas velocidades entre grãos, forçando-os a unirem-se por atração de forças eletrostáticas. Esse processo permitiu que corpos maiores pudessem surgir e, com o acúmulo de massa, a força gravitacional passou a atuar como um agente agregador de matéria. Assim foram formados os planetésimos, blocos de material com dimensões quilométricas, que se agregaram para formar blocos ainda maiores, os protoplanetas. Simulações teóricas indicam que em 100 mil anos pode-se chegar a um enxame de embriões planetários do tamanho da Lua em órbitas quase circulares. A fase posterior mais longa, podendo durar dezenas de milhões de anos, levaria à criação de corpos cada vez maiores, por meio de colisões.

Por outro lado, os planetas gigantes também se formaram por acreção de matéria, mas por processo diferente, nas regiões mais externas e frias do disco protoplanetário, onde "gelos" e grãos coexistiam. O gelo aumentaria a eficiência da "colagem", e nestas condições um planeta com várias massas terrestres pode ser formado em 10 milhões de anos. Como o meio é rico em gás, forma-se um planeta essencialmente gasoso, mas com um núcleo rochoso.

Quando o Sol tornou-se uma estrela, isto é, adquiriu condições de gerar energia por fusão nuclear, a radiação e o vento solar se encarregaram de arrastar a matéria gasosa remanescente para longe do disco. Os planetas terrestres que estavam mais próximos se aqueceram e suas atmosferas primitivas foram dissipadas. O degasamento posterior decorrente de atividades vulcânicas criou atmosferas secundárias. Contrariamente, os planetas jovianos, por possuírem massa elevada e terem se formado em região mais fria, portanto rica em gases leves, retiveram suas atmosferas primordiais, com composição química muito semelhante à solar (Figura 1.8).

Figura 1.8 – Ilustração do Sistema Solar já formado, visto de Saturno contra o plano da Via Láctea. Fonte: adaptada de <http://universe-review.ca/I07-02-SolarSystem.jpg>.

O processo de acreção planetária, por ser extremamente complexo, não é totalmente conhecido, de tal modo que os modelos não explicam adequadamente todas as particularidades observadas nos planetas e satélites do Sistema Solar. De qualquer forma, o estágio inicial da formação planetária corresponde à condensação da nebulosa em resfriamento, com os primeiros sólidos, minerais refratários aparecendo a uma temperatura da ordem de 1.700 K. O mecanismo para agregar as partículas, possivelmente relacionado com afinidade química, ainda é obscuro. Alguma evidência direta dos materiais existentes na fase de acreção será discutida mais adiante, na caracterização dos meteoritos condríticos. Para a formação dos planetas terrestres, é necessário postular que protoplanetas, de dimensões grandes e com apreciável campo gravitacional, puderam atrair e reter planetésimos. Segundo modelos teóricos, em cerca de 100 milhões de anos poderia ter-se acumulado 98% do material que constitui hoje o planeta Terra.

As diferenças nas densidades dos planetas terrestres (ver tabela 1.3), decrescendo na ordem Mercúrio--Terra-Vênus-Marte (e também Lua), são atribuídas à progressão da acreção, pois a composição química da nebulosa original foi uniforme e análoga à abundância solar dos elementos.

Finalmente, após os eventos relacionados com a sua acreção, os planetas terrestres passaram por um estágio de fusão, parcial ou total, condicionados pelo aumento de temperatura ocorrido em seu interior pela intensa produção de calor por parte dos isótopos radioativos existentes em quantidade relevante, nas épocas mais antigas da evolução planetária. Com seu material em grande parte no estado líquido, cada planeta sofreu diferenciação química, seus elementos agregaram-se de acordo com suas densidades e afinidades químicas, resultando em um núcleo metálico interno, denso, constituído essencialmente de ferro (Fe) e níquel (Ni), envolto por um espesso manto de composição silicática (ver capítulo 2). No caso dos planetas jovianos, além de possuírem H e He ao lado de outros compostos voláteis, em suas atmosferas exteriores, acredita-se que tenham núcleos interiores sólidos, em que predominam compostos silicáticos. Tanto no caso do episódio inicial da acreção planetária, como neste episódio posterior de diferenciação geoquímica, são cruciais os conhecimentos obtidos pela meteorítica, que serão vistos a seguir, no item 1.5.

Além dos planetas terrestres e jovianos, o Sistema Solar possui alguns planetas-anões, como Ceres, Eris e Plutão, e três regiões especiais em que se encontram miríades de corpos menores com tamanhos e formas variadas: o cinturão asteroidal, a região transnetuniana e a Nuvem de Oort. No cinturão asteroidal, situado entre as órbitas de Marte e Júpiter, encontra-se Ceres, além de inúmeros corpos menores de constituição rochosa. Cerca de 75% deles é formada de silicatos de Fe e Mg, material similar ao dos meteoritos condríticos. A massa total dos asteroides conhecida corresponde a cerca de 3% a 5% da massa da Lua. Simulações dinâmicas mostram que os asteroides não puderam reunir-se num único planeta, na época de acreção, por causa das perturbações de natureza gravitacional causadas pela proximidade de Júpiter. A região transnetuniana é uma espécie de terreno arqueolítico onde encontramos os corpos mais primitivos e preservados do Sistema Solar. Nela, além de Eris e Plutão, ocorrem muitos corpos similares, que no futuro poderão ascender à classe de planeta-anão.

Nessa região periférica do Sistema Solar, encontram-se ainda cometas, os corpos menores que mais se aproximam do Sol e, portanto, podem ser estudados mais de perto, sobretudo a composição química da matéria sublimada pelo calor solar. Diferentemente dos asteroides, os cometas são constituídos predominantemente por material gasoso congelado e poeira (ver figura 1.27), porque foram formados em regiões frias, ricas em gases e água. Os cometas de curto período provêm da região transnetuniana e têm órbitas próximas ao plano da eclíptica. Já os cometas de períodos muito longos, ou aperiódicos, provêm da Nuvem de Oort, uma bolha que circunda o Sistema Solar com raio que pode estender-se até 100 mil U A do Sol. Ao contrário dos periódicos, esses cometas apresentam órbitas distribuídas espacialmente e vêm de todas as direções.

Capítulo I - A Terra e suas origens

1.5 Meteoritos

Meteoritos são fragmentos de matéria sólida provenientes do espaço. A imensa maioria de meteoritos, de tamanho diminuto, é destruída e volatilizada pelo atrito, por ocasião de seu ingresso na atmosfera da Terra.

Figura 1.9 – Cratera do Arizona, EUA. Foi a primeira a ser identificada como de impacto de meteorito. Ela tem 1.200 m de diâmetro, 183 m de profundidade e um anel saliente com 83 m de altura em relação ao solo. Daniel M. Barringer, geólogo, ficou conhecido pela exploração dessa cratera, mas seu interesse não era científico, e sim comercial, pois imaginava encontrar no fundo da cratera um corpo metálico de Fe-Ni com milhões de toneladas, o que nunca ocorreu. Foto: C. O' Rear/Corbis/LatinStock.

Os meteoros (popularmente chamados de estrelas cadentes) – estrias luminosas que sulcam o céu e são observados em noites escuras e sem nuvens – são os efeitos visíveis de sua chegada. Apenas os meteoritos maiores conseguem atingir a superfície da Terra. Alguns, cuja massa alcança diversas toneladas, produziram crateras de grande impacto, que vez por outra são descobertas. Por exemplo, um meteorito com cerca de 150 mil toneladas chocou-se com a Terra há cerca de 50 mil anos, cavando a cratera do Arizona (Arizona, EUA), uma depressão com 1.200 metros de diâmetro e 183 metros de profundidade (Figura 1.9). Um impacto meteorítico ainda maior, ocorrido em época ainda não determinada, produziu uma cratera (cratera de Vargem Grande) com cerca de 3.000 metros de diâmetro, na Estação Colônia, Parelheiros, região sul do município de São Paulo, hoje preenchida por sedimentos (Figura 1.10).

Quando a observação foi possível, o estudo de algumas trajetórias indicou, como provável região de origem dos meteoritos, o cinturão de asteroides já referido, que se situa entre as órbitas de Marte e de Júpiter (ver figura 1.7). Comparações entre análises químicas de meteoritos e espectros de asteroides confirmam essa relação. A composição química de alguns meteoritos sugere uma proveniência da Lua e também de Marte, arrancados das superfícies desses corpos por grandes impactos.

As amostras de meteoritos conhecidas e estudadas pela meteorítica – o ramo da Ciência que estuda esses corpos – são aproximadamente de

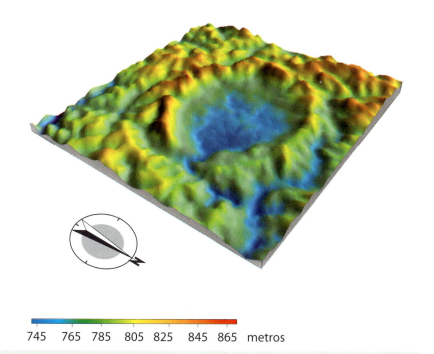

745 765 785 805 825 845 865 metros

Figura 1.10 – Modelo de elevação de terrenos da área da cratera de Colônia em Vargem Grande, a partir dos dados do Shuttle Radar Topography Mission (SRTM). Fonte: United States Geological Survey (USGS), 2002.

40 mil fragmentos. Porém, milhares de amostras adicionais continuam sendo coletadas por expedições na Antártica, já que a busca de meteoritos na superfície gelada é mais fácil. Nela, eles se concentram com o passar do tempo, por conta da sua alta densidade e pela redução do volume das geleiras. Essa redução é causada pela ação do vento combinada com a trajetória ascendente do fluxo do gelo quando este encontra elevações topográficas.

Os meteoritos subdividem-se em classes e subclasses, de acordo com suas estruturas internas, composições químicas e mineralógicas (Tabela 1.4).

Dois aspectos da meteorítica são importantes para o entendimento da evolução primitiva do Sistema Solar: a significação dos meteoritos condríticos para o processo de acreção planetária

Meteoritos rochosos (95%)	Condritos (86%)	Ordinários (81%)	**Características:** primitivos não diferenciados. Idades entre 4,5 e 4,6 bilhões de anos. Abundância solar (cósmica) dos elementos pesados. Possuem côndrulos, à exceção dos condritos carbonáceos tipo C1.
		Carbonáceos (5%)	**Composição:** minerais silicáticos (olivinas e piroxênios) de fases refratárias e material metálico (Fe e Ni). **Proveniência provável:** cinturão de asteroides.
	Acondritos (9%)		**Características:** diferenciados. Idades entre 4,4 e 4,6 bilhões de anos, à exceção daqueles do tipo SNC, com idade de aproximadamente 1 bilhão de anos. **Composição:** heterogênea, em muitos casos similar à dos basaltos terrestres. Minerais principais: olivina, piroxênio e plagioclásio. **Proveniência provável:** corpos diferenciados do cinturão de asteroides, muitos da superfície da Lua, alguns (do tipo SNC) da superfície de Marte (Shergottitos-Nakihlitos-Chanignitos).
Meteoritos ferro-pétreos (siderólitos) (1%)			**Composição:** mistura de minerais silicáticos e material metálico (Fe + Ni). **Proveniência provável:** interior de corpos diferenciados do cinturão de asteroides.
Meteoritos metálicos (sideritos) (4%)			**Composição:** mineral metálico (Fe + Ni). **Proveniência provável:** interior de corpos diferenciados do cinturão de asteroides.

Tabela 1.4 – Classificação simplificada dos meteoritos.

e a significação dos meteoritos diferenciados em relação à estrutura interna dos planetas terrestres.

Os meteoritos do tipo condrítico (Figura 1.11) correspondem a cerca de 86% do total, em relação às quedas de fato observadas, e 81% representam aos do tipo ordinário, enquanto os outros 5% são os assim chamados condritos carbonáceos (ver tabela 1.4).

Com exceção de alguns tipos de condritos carbonáceos, todos os demais tipos de condritos possuem côndrulos, pequenos glóbulos esféricos ou elipsoidais, com diâmetros normalmente submilimétricos (0,5-1 mm). Os côndrulos são constituídos de minerais silicáticos (Figura 1.11), principalmente olivina, piroxênios ou plagioclásios, minerais comuns do nosso planeta e que serão vistos no capítulo 2. Esses minerais, na Terra, originam-se pela cristalização de líquidos silicáticos de alta temperatura, existentes nas profundezas do planeta. Por analogia, os côndrulos formaram-se, com grande probabilidade, por cristalização de pequenas gotas quentes (temperatura da ordem de 2.000 °C), que vagavam no espaço em grandes quantidades, ao longo das órbitas planetárias.

Os condritos ordinários consistem em aglomerações de côndrulos. Nos interstícios entre os côndrulos, aparecem materiais metálicos, quase sempre ligas de ferro e níquel ou sulfetos desses elementos. Isto faz com que o conjunto tenha uma composição química global muito similar àquela preconizada para a própria nebulosa solar para quase todos os elementos, com exceção de H, He e alguns outros entre os mais voláteis. Em vista de sua composição, bem como as datações radiométricas muito antigas neles obtidas, os meteoritos condríticos são considerados como sendo corpos primitivos do Sistema Solar acessíveis para estudo científico. A interpretação de sua origem é a de que eles seriam fragmentos de corpos parentais maiores, mais ou menos homogêneos em composição, que existiam como planetésimos na região do espaço entre Marte e Júpiter, e que não chegaram a sofrer diferenciação química, permanecendo, portanto, sem transformações importantes em suas estruturas internas. A figura 1.12 ilustra a formação e a evolução primitiva dos corpos parentais dos meteoritos. Dentre os diversos tipos, os condritos carbonáceos do tipo C1 são considerados os mais primitivos e menos diferenciados, por conterem minerais hidratados e compostos orgânicos formados em temperaturas relativamente baixas e por não possuírem côndrulos. Suas características peculiares sugerem que seus corpos parentais foram menos aquecidos do que os que deram origem

Figura 1.11 – Meteorito condrítico (Chondritic Meteor) tem cerca de 10 cm. São fragmentos de asteroides, EUA, 2004. Fonte: NASA.

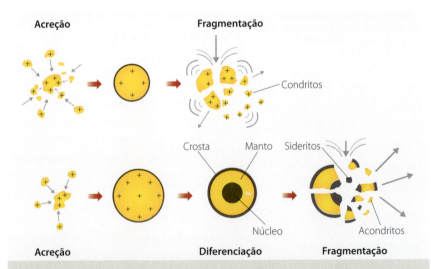

Figura 1.12 – Esquema simplificado da origem dos corpos parentais dos meteoritos. Grandes impactos no espaço causaram a fragmentação desses corpos parentais, originando diferentes tipos de meteoritos. Fonte: Massambani, O. e Mantovani, M. S. (Orgs). *Marte, novas descobertas*. Instituto Astronômico e Geofísico/ USP, 1997.

aos demais tipos, possivelmente por estarem situados a maior distância do Sol, na região orbital entre Marte e Júpiter.

Os acondritos, siderólitos e sideritos (Tabela 1.4) perfazem cerca de 14% das quedas recuperadas. A figura 1.13 mostra a estrutura interna típica de um siderito, formada pelo intercrescimento de suas fases minerais na época da sua formação, ainda no interior do núcleo do corpo parental. Esses meteoritos não condríticos correspondem a diversas categorias de sistemas químicos diferentes, formados em processos de diferenciação geoquímica, no interior de corpos parentais maiores do que aqueles que deram origem aos condritos, que teriam atingido dimensões superiores aos limites críticos para a ocorrência de fusão interna. A maior parte da energia necessária para essa fusão é proveniente do calor produzido pelas desintegrações dos isótopos radioativos existentes no material, que não consegue ser inteiramente dissipado pelos corpos maiores. A fusão do material levaria à separação entre as fases metálicas internas (fontes dos sideritos) e as fases silicáticas externas (fontes dos acondritos).

Na fase final da evolução dos corpos parentais, tanto os diferenciados como os não diferenciados colidiram entre si, fragmentando-se e produzindo objetos menores, como os atuais asteroides. Muitos dos fragmentos resultantes das inúmeras colisões acabariam cruzando eventualmente a órbita da Terra e seriam capturados por ela, como meteoritos, por causa da atração gravitacional.

A importância no estudo dos meteoritos está na possibilidade de estabelecimento, com certa precisão, da cronologia dos eventos ocorridos durante a evolução primitiva do Sistema Solar. Determinação de idade, obtida diretamente nos diversos tipos de meteoritos, tem revela-

Figura 1.13 – Siderito de Cooperstown, EUA. Face polida mostrando a estrutura típica de Widmanstätten, produzida pelo intercrescimento de lamelas de dois minerais diferentes, ambos constituídos de Fe e Ni. Fonte: <http://www.xtec.com>.

do uma quase totalidade de valores entre 4.600 e 4.400 milhões de anos, com definições de grande precisão em certos meteoritos rochosos (portanto diferenciados) por volta de 4.560 milhões de anos. A principal exceção refere-se ao grupo de meteoritos do tipo SNC (Shergottitos-Nakhlitos-Chassignitos), cujas idades de cristalização são de 1.000 milhões de anos. As idades mais jovens e a natureza e mineralogia basáltica (silicatos ferro-magnesianos principalmente) desses meteoritos apoiam sua proveniência de Marte, visto que este planeta teve uma evolução geológica suficientemente longa desde a sua formação no Sistema Solar.

Pela idade dos meteoritos diferenciados de 4.560 milhões de anos, é evidente que naquela época já ocorrera acúmulo de material em corpos parentais com dimensão suficiente para ensejar diferenciação geoquímica. Como corolário, os planetas terrestres também se formaram seguramente de acordo com esse cronograma. Mais ainda, a existência das assim chamadas "radioatividades extintas" permite colocar um limite de idade para aqueles eventos de nucleos-síntese que produziram, no interior de uma supernova que explodiu, grande parte dos elementos do Sistema Solar. O termo "radioatividades extintas" aplica-se a certos isótopos, como o ^{127}Xe, que se forma a partir da desintegração do isótopo radioativo ^{127}I, de meia-vida curta (ver capítulo 10), da ordem de 12 milhões de anos. Esse isótopo formado no interior da estrela foi lançado no espaço e produziu xenônio (Xe) até o seu desaparecimento, nas primeiras duas ou três centenas de milhões de anos a partir do evento de sua formação. O fato de ^{127}Xe em excesso ter sido encontrado e medido em muitos meteoritos indica que o isótopo 127 do iodo esteve presente no sistema durante os processos de acreção e diferenciação. A medida da quantidade de xenônio formado em excesso permitiu fixar um limite, da ordem de 200 milhões de anos, para o processo de nucleossíntese que formou a maioria dos elementos que hoje constituem o Sol e seus corpos planetários. Estes, por sua vez, descendem da explosão de uma supernova.

1.6 Planetologia comparada

Para a Terra, assim como para Mercúrio, Vênus e Marte, a existência de um núcleo denso já estava demonstrada há muito tempo, em virtude dos dados observados sobre seus momentos de inércia, bem como a determinação, pela Astronomia, de suas densidades médias.

Como os planetas telúricos tiveram evolução similar à dos corpos parentais dos meteoritos diferenciados, podemos concluir que eles possuem um núcleo metálico, análogo em composição aos sideritos, e um manto silicático, análogo em composição a certos acondritos. No caso da Terra, a separação entre esses dois sistemas quimicamente muito diferentes é caracterizada por uma clara descontinuidade nas propriedades sísmicas, situada a uma profundidade aproximada de 2.885 quilômetros (ver capítulo 2).

Resumiremos a seguir algumas características dos planetas e dos principais satélites do Sistema Solar, com ênfase naquelas que têm especial importância para a elucidação de determinados ambientes físico-químicos e processos evolutivos relevantes para a história do nosso planeta.

1.6.1 Planetas telúricos (ou rochosos)

A característica principal do planeta Terra é seu conjunto de condições únicas e extraordinárias que favorecem a existência e a tênue estabilidade de muitas formas de vida, no ambiente interativo entre a sua crosta, atmosfera e hidrosfera e na presença do campo magnético que nos protege do vento solar. Embora tenha perdido seus elementos voláteis na fase de acreção do Sistema Solar, a Terra apresenta uma atmosfera secundária, formada por emanações gasosas durante toda a história do planeta e enriquecida com matéria proveniente de corpos cadentes, sobretudo cometas, ricos em água e compostos orgânicos, e constituída hoje em dia principalmente por nitrogênio, oxigênio e argônio. A temperatura de sua superfície é suficientemente baixa para permitir a existência de água líquida, bem como vapor de água na atmosfera que, com outros gases, criam o efeito estufa natural regulador da temperatura, que permite a existência da biosfera. Por causa dos envoltórios fluidos que a recobrem, a Terra, quando vista do espaço, assume coloração azulada. Essa visão magnífica foi relatada por Yuri Gagarin, o primeiro astronauta a participar de uma missão aeroespacial.

A Terra possui importantes fontes de calor em seu interior, que fornecem energia para as atividades de sua dinâmica interna e condicionam a formação de magmas (ver capítulo 6) e as demais manifestações da assim chamada tectônica global (ver capítulo 3). Por outro lado, a superfície terrestre recebe energia do Sol, através da radiação solar incidente, a qual produz os movimentos na atmosfera (ver capítulo 4) e nos oceanos, que, por sua vez, produzem profundas transformações na superfície da Terra, modificando-a continuamente.

O satélite da Terra, a Lua, possui 1,25% da massa do planeta a que se relaciona, sendo, neste caso, um dos maiores satélites do Sistema Solar. Não possui atmosfera.

As maiores características geológicas da Lua são visíveis a olho nu (Figura 1.14).

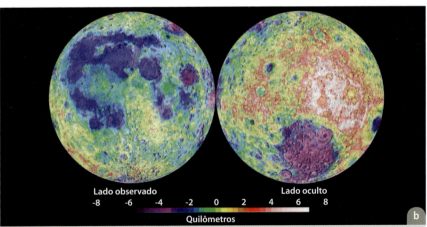

Figura 1.14 — a) Principais feições observáveis na superfície lunar a partir da Terra, destacando-se as planícies – os mares (áreas escuras) e as terras altas de relevo irregular com grande quantidade de crateras. (Observatório Lick NASA/divulgação <http://apod.nasa.gov/apod/ap990419.html>. b) Mapa topográfico da superfície lunar, produzido pela sonda Clementina em 1994, através de radarmetria. A crosta lunar é mais espessa no hemisfério invisível da Terra e mais fina nos terrenos onde prevalecem grandes bases multianeladas. Isto sugere que em algumas áreas o manto lunar pode estar a algumas dezenas de quilômetros da superfície. Fonte: NASA <http://www.spudislunarresources.com/Images_Maps.htm>.

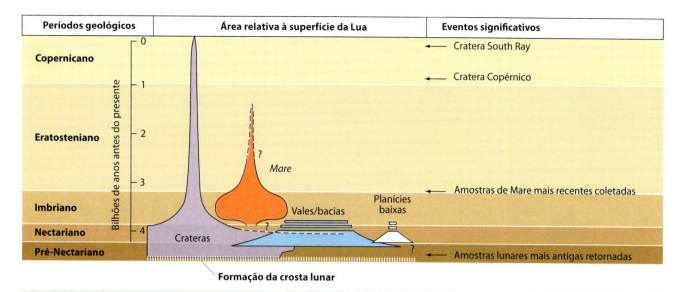

Figura 1.15 – Escala de tempo lunar, mostrando os principais eventos da evolução da Lua.
Fonte: Greeley, R., Batson, R. *The Compact NASA Atlas of the Solar System*. Cambridge University Press, 2001. p. 94.

Trata-se de áreas claras que circundam áreas mais escuras de contorno mais ou menos circular, conhecidas como mares (*maria*). As primeiras são regiões de terras altas (*highlands*), de relevo irregular, e apresentam grande quantidade de crateras de impacto, enquanto as segundas são vastas planícies, com muito menor quantidade de crateras.

As amostras de material lunar coletadas pelas missões Apollo permitiram esclarecer que nas terras altas predominam rochas claras de cor cinza, pouco comuns na Terra e denominadas anortositos, constituídas essencialmente de plagioclásios (ver capítulos 5 e 6), minerais muito comuns na crosta terrestre. Determinações de idade obtidas nessas rochas mostraram-se sempre acima de 4.000 milhões de anos. Alguns valores de idade ficaram próximos àqueles mais velhos obtidos em meteoritos, demonstrando que os materiais lunares foram também formados durante os primórdios da evolução do Sistema Solar. Por sua vez, as amostras coletadas nas regiões baixas (nos *maria*) revelaram uma composição basáltica, material de origem vulcânica muito comum na Terra e nos outros planetas telúricos. Suas idades resultaram em geral mais novas do que as das rochas anortosíticas, mas mesmo assim são muito antigas, por volta de 3.800 a 4.000 milhões de anos. As mais jovens ficaram próximas de 3.200 milhões de anos. A figura 1.15 resume os principais eventos registrados para a evolução lunar.

A análise das estruturas de impacto visíveis na superfície da Lua demonstra que o satélite foi submetido a um violento bombardeio por planetésimos e asteroides de todos os tamanhos, desde sua origem, como parte do próprio processo de acreção planetária. As crateras maiores possuem diâmetros superiores a 1.000 km (como, por exemplo, os assim denominados *Mare Imbrium*, *Mare Tranquilitatis*, ou a bacia Oriental, no lado distante da Lua), mas existem inúmeras, de todos os tamanhos (Figura 1.16). Seguramente a Terra também sofreu episódio similar na mesma época, entretanto os registros do intenso bombardeio

Figura 1.16 – Imagem da região do *Mare Imbrium*, uma cratera de impacto gigantesca, preenchida por lava, com cerca de 1.000 km de diâmetro, circundada por crateras menores e mais jovens. Fonte: NASA.

Capítulo I - A Terra e suas origens

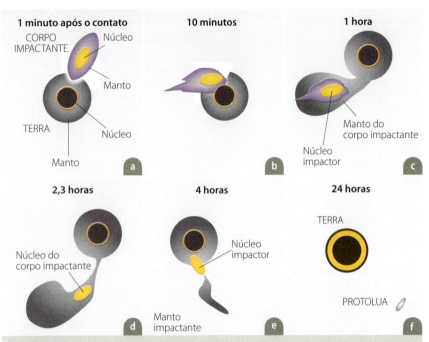

Figura 1.17 – Simulação computacional da origem da Lua. O impacto oblíquo de um objeto com cerca de 0,14 da massa terrestre e velocidade de 5 km/s teria colidido com a Terra nos primórdios, quando ambos os corpos já estariam diferenciados em núcleo metálico e manto silicático. Logo após a colisão, o corpo impactante e parte do manto terrestre teriam sido despedaçados, e muitos compostos voláteis foram vaporizados. Em seguida, grande parte do manto do objeto que colidiu teria sido ejetada para uma situação orbital e coalescida rapidamente formando uma Lua parcial ou totalmente fundida. Grande parte do material do núcleo do corpo impactante, mais pesado, teria sido incorporada à Terra. Fonte: Cameron A., Harvard University, in *Astronomy*, Sept. 1998.

foram apagados pela intensa dinâmica superficial de nosso planeta.

A origem do sistema Terra-Lua é assunto ainda em debate. A hipótese mais provável da origem da Lua é a que propõe a ocorrência do impacto de um corpo de dimensões de Marte, nos estágios finais da acreção planetária, ocasião em que a Terra já tinha praticamente seu tamanho atual e já estava diferenciada, com núcleo metálico e manto silicático (Figura 1.17). Parte do corpo impactante teria sido incorporado à Terra, enquanto outra, mesclada com material do manto terrestre, teria sido ejetada para uma situação orbital, formando a Lua. Essa hipótese é reforçada por três evidências:

1. Terra e Lua têm grande semelhança na composição química, o que não é comum no Sistema Solar entre planetas e seus satélites.

2. Terra e Lua têm composição isotópica similar para o oxigênio, diferente daquela de Marte e também daquelas dos meteoritos, que provêm de outras partes do sistema.

3. A densidade da Lua (3,4 g/cm^3) é muito menor que a da Terra (5,5 g/cm^3; ver tabela 1.3), indicando deficiência em ferro e núcleo interno relativamente pequeno (300 km).

• *Mercúrio* é o planeta mais interno do Sistema Solar. Sua massa é apenas 5,5% da Terra, mas sua densidade é pouco inferior à do nosso planeta. Seu núcleo metálico é, portanto, proporcionalmente muito maior que o terrestre. A existência de um núcleo importante parece explicar o fato de Mercúrio ter o campo magnético mais intenso dentre os planetas terrestres, depois da Terra.

Cerca de 2 mil imagens foram colhidas pela missão Mariner, mas apenas de uma única face. Mercúrio tornou-se geologicamente inativo bem cedo. Observações da sonda Mariner 10 revelaram que a superfície desse planeta é árida e preserva grande quantidade de crateras de impacto resultantes do bombardeio ocorrido nos primórdios da evolução do Sistema Solar (Figura 1.18), como na Lua. Proporcionalmente, as crateras mercurianas são maiores que as encontradas nos demais planetas sólidos, como, por exemplo, a maior delas (Base *Caloris*) com cerca de 1.300 km de diâmetro. A maioria das imagens de superfície inclui, além das crateras, cristas, planícies e depressões. Pelas datações efetuadas nas rochas lunares, as crateras de impacto foram produzidas predominantemente nos primeiros 600 milhões de anos de formação do Sistema Solar. A ausência de atmosfera densa fez com que a superfície não sofresse grandes transformações, sendo, portanto, muito antiga. O terreno plano observado entre as crateras maiores e mais antigas parece ser mais novo e ter origem vulcânica, e nas imagens da sonda Mariner, ele aparece com coloração diferente daquela encontrada nas crateras, provavelmente por conta de diferenças na composição química. Na superfície de Mercúrio, não há evidência de feições tectônicas, e muito menos de tectônica de placas.

• *Vênus* é o planeta que tem maior semelhança com a Terra, em tamanho, na sua herança de elementos químicos, e sua massa equivale a 81,5% da massa desta. Sua aparência externa, observada ao telescópio, é obscurecida por nuvens, refletindo a densa atmosfera (ver tabela 1.3), que esconde suas feições topográficas. Diversas sondas americanas e soviéticas estiveram em sua órbita. Em particular, as soviéticas Venera 9, 10, 13 e 14 nas décadas de 1970 e 1980 lograram pousar e analisar o material em sua superfície. A sonda norte-americana Magellan, orbitando o planeta na década de 1980, produziu excelente arquivo de imagens de radar de sua superfície (ver figura 1.19). Desde abril de 2006, encontra-se em curso o programa europeu Vênus Express, previsto para operar até 2009.

O relevo desse planeta é menos variado que o da Terra. A topografia é plana, com ondulações moderadas em cerca de 60% da área; além disso, possui terras baixas, onde as elevações não ultrapassam centenas de metros, em cerca de 30% e alguns planaltos com aproximadamente 2.500 km (Terra Ishtar e Terra Aphrodite), que foram interpretados como massas rochosas continentais. As análises obtidas pelas sondas soviéticas revelaram rochas com composição basáltica similar à de rochas terrestres. Foram observadas formas similares a vulcões, com grandes derrames similares aos da Terra, enxames de diques e também feições circulares gigantes parecidas com estruturas vulcânicas de colapso. Além disso, foram identificados sistemas lineares análogos às grandes falhas terrestres, mas sem evidências claras de feições extensionais. A convecção no manto de Vênus é deduzida pela existência atual de pelo menos dez grandes plumas mantélicas ativas (ver capítulo 3), trazendo magmas basálticos do interior sólido deste planeta, por fluxo vertical.

Crateras de impacto de tamanhos variados são comuns em Vênus e possuem distribuição uniforme. Esse fato permitiu inferir que o planeta passou por período em que a crosta do planeta e sua superfície inteira foram reconstituídas por material basáltico novo, formado pela ação de plumas mantélicas. Cálculos com base na frequência de crateras de impacto estimam esse episódio maior com idade entre 300 e 600 milhões de anos.

A atmosfera de Vênus, secundária como a da Terra, é formada basicamente por CO_2 e quantidades menores de N, SO_2 e outros gases (ver tabela 1.3). A pressão atmosférica na superfície do planeta é de cerca de 92 bars, e a enorme quantidade de gás carbônico existente gera um efeito estufa gigantesco, o que eleva a temperatura da superfície a cerca de 450°C! Por outro lado, a atmosfera possui menos de 100 ppm de H_2O, e a escassez de água parece ser uma característica do planeta, o que condiciona a sua dinâmica interna. Por exemplo, os magmas basálticos venusianos são secos, e a sua temperatura de formação, cerca de 1.300°C, é muito maior do que a dos basaltos terrestres.

Pelas semelhanças de tamanho e composição, Vênus deveria possuir regime térmico similar ao da Terra. Por outro lado, a grande quantidade de vulcões aponta a existência de regiões com elevada produção de calor (*hot spots*, plumas mantélicas na Terra; ver capítulos 3 e 6) no manto de Vênus, o que provavelmente reflete o produto final de uma dinâmica verticalista de dissipação superficial do calor interno do planeta. Não há evidências diretas de uma tectônica global do tipo terrestre, diferença essencial que está sendo atri-

Figura 1.18 – Imagem obtida em 1974 pela sonda Mariner 10, quando estava a 18.000 km do planeta Mercúrio. As crateras secundárias, formadas por dejetos provenientes da cratera principal, em Mercúrio estão bem mais próximas das crateras principais do que na Lua. Fonte: NASA.

buída à deficiência em água observada na constituição química de Vênus.

Resumidamente, os principais resultados científicos das missões espaciais em Vênus são os seguintes: a) rochas vulcânicas basálticas estão presentes em 85% da superfície; b) cerca de 80% da superfície é plana, com variação da ordem de 1 km, e, portanto a erosão é um processo lento e pouco eficiente; c) a crosta do planeta é relativamente jovem, tem entre 300 e 600 milhões anos; d) não há evidências de tectonismo de placas e; e) a atmosfera é densa, seca, constituída essencialmente de CO_2 e produz um efeito estufa de grandes proporções que condiciona uma temperatura de 450°C na superfície do planeta.

- *Marte*, o quarto planeta do Sistema Solar, é pequeno, com massa total de cerca de 11% da massa da Terra. As numerosas sondas espaciais, em especial as missões dos últimos anos das sondas Pathfinder, Mars Global Surveyor, Mars Odyssey, Mars Exploration Rovers (Spirit e Opportunity) e Mars Express produziram enorme quantidade de dados muito valiosos sobre o "planeta vermelho" (Figura 1.20).

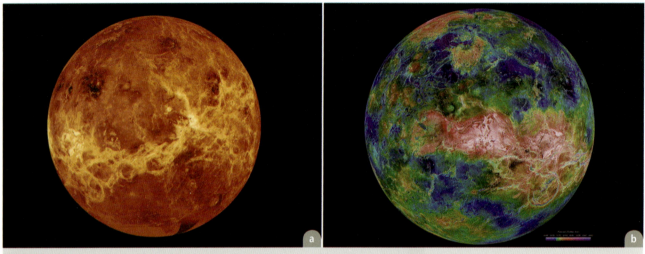

Figura 1.19 – A atmosfera espessa, opaca e ácida de Vênus encobre uma superfície extremamente quente e ambiente árido. a) Visão global da superfície de Vênus, sintetizada de dados radarmétricos colhidos pela sonda americana Magellan, na década de 1990. b) Mapa topográfico da superfície venusiana. Fonte: NASA <http://www2.jpl.nasa.gov/magellan/images.html>.

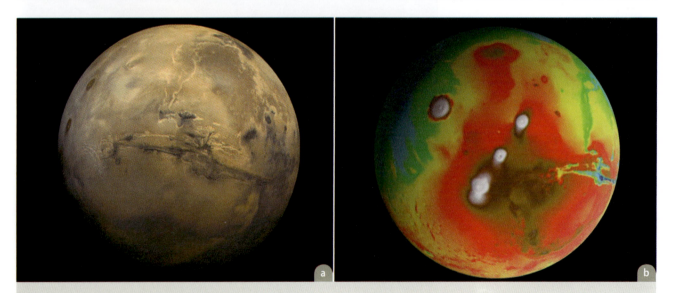

Figura 1.20 – a) Marte visto do espaço. Destacam-se três vulcões como manchas escuras circulares no setor ocidental, bem como uma estrutura enorme que cruza o planeta em sua porção equatorial. Trata-se de um cânion com 4.500 km de extensão, denominado *Valle Marineris*, feição esta semelhante às observadas na Terra e, possivelmente, formada por processos geológicos de Marte. Fonte: Dikinson, T. *The Universe and Beyond*, 3. ed., 1999 – NASA/JPL/divulgação. b) Mapa topográfico da superfície marciana: em azul, o mais profundo, em branco, o mais elevado topograficamente. Regiões em azul e verde são planícies, em vermelho e marrom, são montanhosas, e em branco os topos dos montes mais altos. Fonte: NASA <http://sos.noaa.gov/movies/mola_200x200.jpg>.

Marte possui uma atmosfera tênue (pressão na superfície de apenas 0,007 bar), constituída principalmente de CO_2, além de quantidades diminutas de N e do gás nobre argônio. Os processos geológicos superficiais do planeta são determinados pela ação do vento, e têm sido observados enormes campos de dunas, constantemente modificados por tempestades de areia. Marte também apresenta calotas polares que incluem gelos de água e gás carbônico.

Há uma grande diferença entre os dois hemisférios marcianos (Figura 1.20). O meridional tem relevo mais elevado e mais acidentado, enquanto o setentrional é formado por uma enorme planície pontilhada por enormes vulcões, entre os quais o Monte Olimpus, com mais de 600 km de base e 24 km de altura sobre a planície circundante (Figura 1.21). Este é o maior vulcão extinto do Sistema Solar. O hemisfério sul é repleto de crateras de impacto, e o panorama assemelha-se às terras altas lunares, de modo que a superfície do hemisfério sul deve ser analogamente muito antiga. Por outro lado, a superfície do hemisfério norte possui número bem menor de crateras, e sua superfície, portanto, deve ser relativamente mais jovem, embora ainda antiga se comparada com a de Vênus. Interpretações com base em determinações de idade dos meteoritos SNC sugerem que o material possivelmente proveniente dessa superfície teria cerca de 1.000 milhões de anos, o que teria terminado a fase de vulcanismo ativo no planeta.

Os melhores dados a respeito de rochas marcianas foram obtidos pela sonda Spirit, perto de seu sítio de pouso na grande cratera Gusev, onde realizou um percurso de cerca de 2.500 metros e coletou muitos dados geoquímicos em rochas e solos (ver figura 1.22). As rochas observadas foram variedades compactas e vesiculares de basaltos com olivina, mineral comum na Terra, com proporções maiores de Mg e menores de K, similares aos basaltos primitivos terrestres. Os solos apresentaram composições mais coerentes, como resultado da ação homogeneizadora do vento.

A litosfera, ou seja, a camada rígida superficial de Marte, deve ser relativamente espessa, para suportar o crescimento de estruturas vulcânicas tão altas como a do Monte Olimpus, numa posição fixa. A crosta de Marte, pelos dados da sonda Mars Global Surveyor, teria espessura diferente nos dois hemisférios: 40 km ao norte e 70 km ao sul.

Provavelmente, o planeta possuiu em seus primórdios uma evolução geológica interna importante, mas que deve ter cessado há muito tempo, visto que, pelo seu pequeno tamanho, muito do calor interno produzido teria escapado diretamente para o espaço. Presentemente, não se observam evidências de atividades geológicas oriundas de uma dinâmica interna em Marte. Além disso, suas feições superficiais indicam que o planeta provavelmente nunca teve uma tectônica global parecida com a que se desenvolve até hoje na Terra. Todavia, feições morfológicas lineares típicas de Marte, tais como o *Valles Marineris*, um grande cânion com cerca de 4.500 km de extensão

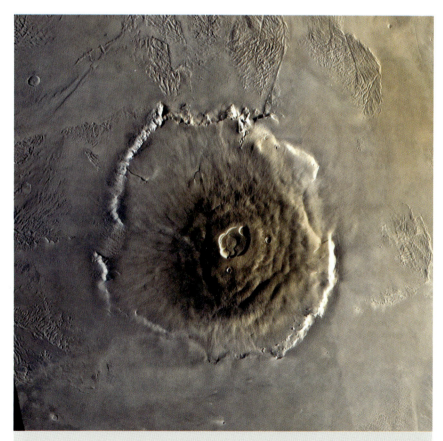

Figura 1.21 – O Monte Olimpus em Marte é o maior vulcão (inativo) do Sistema Solar. Ele possui 600 km de diâmetro na base e cerca de 24 km de altura, quase três vezes mais alto que o Monte Everest. Fonte: NASA/Marlin Space Science Systems.

(Figura 1.20), são semelhantes a certas estruturas terrestres de mesma magnitude, tais como a estrutura geológica que condicionou o aparecimento do Mar Vermelho.

Em vários lugares, a superfície de Marte aparece como dissecada e modificada por uma combinação de erosão aquosa e movimentos de massa. O próprio local de pouso da sonda Spirit na cratera Gusev foi escolhido porque era potencialmente um sítio de deposição aquosa de sedimentos (Figura 1.22). No entanto, em Gusev, lavas basálticas parecem que cobriram a possível sequência sedimentar, e algumas crateras de impacto modificaram o ambiente superficial com seus materiais ejetados. Finalmente, a ação do vento induziu as formas finais do relevo, muito similares às paisagens equivalentes aos desertos terrestres. De qualquer forma, em Marte, tendo em vista que a superfície é muito fria atualmente, com temperaturas normalmente abaixo de 0°C, a água somente poderia atuar como agente erosivo em episódios "quentes" de curta duração, como em decorrência de eventuais impactos meteoríticos. Em tais casos, ocorreria liquefação do gelo que deve existir de modo permanente na subsuperfície de Marte, em materiais porosos ou fraturados, em situação similar à dos terrenos congelados que existem na Terra nas regiões de altas latitudes. A ação superficial da água seria, portanto, restrita a tais episódios, localizados nas proximidades dos sítios dos impactos. Com efeito, há indícios de escorregamentos geologicamente recentes, observados em paredes de crateras de impacto pelas sondas Global Surveyor e Odyssey, em tudo similar aos deslizamentos que ocorrem em muitas encostas do relevo terrestre.

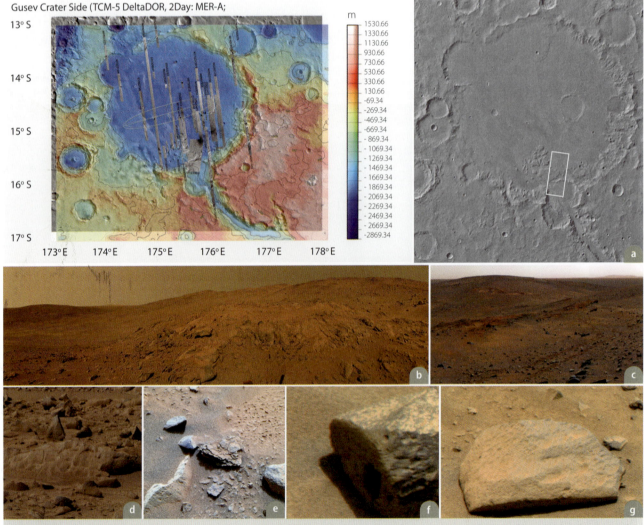

Figura 1.22 – a) A ilustração colorida mostra a região de descida da sonda Spirit na cratera Gusev que tem 160 km de diâmetro e localiza-se próximo ao equador marciano. Na imagem seguinte, o local do percurso. b) Afloramento rochoso "Longhom", atrás do qual se vê no horizonte parte da borda da cratera. c) Ao longe está a colina Columbia Hills, escalada pelo Spirit. d) Rochas "Mazatzal". e) Mimi. f) Sushi e g) Sashimi. Fonte: NASA/JPL/Cornell <http://marsrovers.jpl.nasa.gov/home/index.html>.

1.6.2 Planetas jovianos (ou gasosos)

Júpiter, Saturno, Urano e *Netuno* são muito diferentes dos planetas terrestres descritos até aqui e correspondem a enormes esferas de gás comprimido, de baixa densidade. Eles não possuem superfícies como os telúricos, mas podem apresentar, no máximo, uma camada de gás liquefeito. Júpiter e Saturno são gigantes gasosos formados principalmente por H e He, enquanto Urano e Netuno possuem cerca de 10% a 20% desses elementos. Eles também apresentam sólidos como gelos e materiais rochosos. De qualquer forma, é possível observar diretamente apenas as partes mais externas de suas atmosferas e especular a respeito da natureza e das condições de seus interiores, onde as pressões existentes são tão grandes que ainda desconhecemos detalhes da Física que neles prevalece. A missão Voyager 2, lançada em 1977, foi a que trouxe maior número de informações sobre Júpiter e Saturno, as primeiras explorações de Urano e Netuno e magníficas visões de seu "grande *tour*" pelo Sistema Solar, que ainda não terminou, visto que a sonda, bem como sua irmã Voyager 1, ainda permanecem transmitindo dados na fronteira do Sistema Solar.

Entretanto, foi a missão Galileo, iniciada em 1989, e que chegou a Júpiter em 1995, que obteve a maior quantidade de informações sobre este planeta gigante, seus anéis e seus satélites. Júpiter (Figura 1.23), pelo seu tamanho descomunal, agrega mais massa que todos os demais objetos do Sistema Solar juntos, excluindo o Sol. A energia interna de Júpiter é muito elevada e decorrente da contração gravitacional a

Figura 1.23 – Júpiter fotografado pela sonda Cassini, em cores reais. A estrutura atmosférica é bastante complexa, com cinturões de circulação praticamente paralelos ao equador, e a Grande Mancha Vermelha, uma zona tempestuosa de alta pressão que persiste desde sua descoberta, no início do século XVII, por Galileo Galilei. Fonte: Cassini/ESA <http://www.esa.int/esa-mmg/mmg.pl?b=b&topic=Solar%20System&subtopic=Jupiter&single=y&start=12>.

que ainda está submetido. Suas camadas externas são compostas de amônia congelada, hidrossulfeto de amônia, água congelada e gases de hidrogênio, hélio, metano, amônia e água. Nas partes mais internas, o hidrogênio torna-se líquido, e a cerca de 20.000 km de profundidade, a temperatura atinge 10.000 K e a pressão, 300 mil atmosferas, o suficiente para tornar o hidrogênio metálico. É possível também que ele tenha um núcleo rochoso.

• *Júpiter* possui alguns anéis finos, compostos de poeira, e muitos satélites, todos diferentes entre si e com superfícies sólidas. Os maiores, Io, Europa, Ganimedes e Calisto foram denominados satélites galileanos, em homenagem a quem os descobriu (ver figura 1.24). Io possui temperatura interna extremamente alta, de tal modo que produz continuamente violentas e gigantescas erupções vulcânicas, com jatos de matéria que podem atingir 200 km de altura acima da superfície (ver figura 1.25). Ele é o corpo que possui o mais intenso vulcanismo conhecido do Sistema Solar, e sua cor amarelada é decorrente das erupções continuadas que incluem enxofre líquido e compostos sulfurosos. A superfície de Europa apresenta poucas crateras, sendo, portanto, geologicamente jovem; além disso, apresenta-se recoberto de oceanos de água com topo congelado. Ganimedes e Calisto têm densidades menores, em torno de

Figura 1.24 – Io, Europa, Ganimedes e Calisto são os maiores satélites de Júpiter. A atividade vulcânica de Io é a maior do Sistema Solar, e Ganimedes é maior que Mercúrio. Galileo os descobriu, por isso em sua homenagem eles são conhecidos como satélites galileanos. Fonte: <http://photojournal.jpl.nasa.gov/cgi-bin/PIAGenCatalogPage.pl?PIA00601>.

2 g/cm³. Ganimedes é o maior satélite do Sistema Solar. Sua superfície lembra a da Lua, com gelo de água no lugar de rochas. Nela, há regiões escuras, como a conhecida por Galileo Regio, muito antiga e fortemente marcada por crateras de impacto, além de regiões claras com poucas crateras, geologicamente mais jovens. Estas devem ter sido formadas por impactos violentos que provocaram afloramento de água do interior do satélite, que preencheram as grandes depressões e cujo congelamento formou regiões planas. Calisto se parece muito com Ganimedes e apresenta maior quantidade de crateras, como a Lua e Mercúrio, sugerindo superfície com cerca de quatro bilhões de anos de idade.

- *Saturno* compartilha muitas das propriedades e da estrutura interna de Júpiter (Figura 1.26). O hidrogênio molecular está presente até cerca de 30.000 km de profundidade, onde a temperatura atinge 8.000 K e a pressão 300 mil bars. Abaixo dessa região, prevalece uma camada de hidrogênio metálico, que recobre um núcleo possivelmente rochoso. A característica mais típica de Saturno são seus anéis. Dos seis anéis principais, o mais largo é o B (25.500 km) e o mais estreito é o F (100 km). Eles são compostos de uma miríade de anéis finos, constituídos de partículas com dimensões que variam de fração de milímetro a dezenas de metros. Partículas rochosas predominam na região mais próxima de Saturno, enquanto partículas de gelo são mais abundantes na região mais externa do disco.

O maior satélite de Saturno, Titan, é o que desperta maior interesse científico. Ele é maior que Mercúrio, possui extensa atmosfera, rica em metano e etano, e superfície com relevo importante e lagos de metano. Durante o inverno, o metano atmosférico é parcialmente congelado nas partes altas e os lagos ficam com suas superfícies congeladas. No verão, o gelo de metano é derretido e escorre para as partes mais baixas como rios que desaguam nos lagos, num ciclo parecido com o da água na Terra. A atmosfera primitiva da Terra pode ter sido parecida com a de Titan, o

Figura 1.25 – Imagem de Io obtida pela sonda Voyager. Sua superfície é coberta por vulcões que expelem enxofre líquido e compostos sulfurosos. Setas brancas indicam crateras vulcânicas e a região de cor mais clara (2ª imagem da esquerda para a direita) mostra extensas áreas com cinzas vulcânicas. Fonte: NASA <http://www2.jpl.nasa.gov/galileo/education/slideset2/slide7.gif>.

Figura 1.26 – Saturno (Hubble Space Telescope) e seu maior satélite, Titan (Cassini). A estrutura atmosférica de Saturno é tão complexa quanto a de Júpiter, apresentando inclusive sistema de zonas de circulação. A figura mais marcante, no entanto, são seus anéis, que compõem uma estrutura complexa de partículas de tamanhos variados que giram em torno do planeta na região do equador. Titan tem uma atmosfera mais densa que a terrestre e composição química que lembra a da Terra primitiva. Fonte: NASA/JPL <http://terpsichore.stsci.edu/~summers/viz/princeton_montage/saturn_oct1998_hst_1000x500.jpg>.

que desperta grande interesse pela procura de vida nas suas formas mais simples.

Desde 2004, Saturno e seus satélites vêm sendo estudados pela sonda orbital Cassini, em detalhes até então inéditos.

• *Urano e Netuno* são espécies de transição entre os planetas gasosos, Júpiter e Saturno, e os rochosos como a Terra (ver figura 1.7). Eles compõem-se primariamente de rochas e gelos variados, cerca de 15% a 20% de hidrogênio e muito pouco hélio. Em suas atmosferas predomina uma mistura de hidrogênio (83%), hélio (15%) e traços de metano. Sua composição lembra a das regiões internas de Júpiter e Saturno, sem o envelope de hidrogênio metálico. Em seu núcleo pode existir uma região composta de rochas e gelos. O maior satélite de Netuno, Tritão, é muito parecido com Plutão, e acredita-se que ele seja um objeto capturado da região transnetuniana.

1.6.3 Planetas-anões e corpos menores

Em 24 de agosto de 2006, a União Astronômica Internacional reclassificou Ceres, Eris e Plutão em uma nova classe, a dos planetas-anões. Ceres, descoberto em 1801 pelo padre Giuseppe Piazzi, tem cerca de 950 km de diâmetro, é o maior corpo do cinturão asteroidal e concentra aproximadamente um terço da massa desse cinturão. A forma arredondada, a densidade e a rotação sugerem a de um corpo diferenciado em manto e núcleo. O manto concentra cerca de 25% da massa total e pode ser composto em sua maior parte de água congelada, enquanto seu núcleo deve ser rochoso. Medidas espectroscópicas sugerem uma superfície composta de minerais ricos em água e amônia.

Eris foi descoberto em 2006 como o maior objeto do Cinturão de Kuiper, localizado logo no início da região transnetuniana. Seu diâmetro é cerca de 3.000 km e a refletividade de sua superfície se assemelha à de Plutão. Embora muito distante do Sol, ele recebe calor suficiente para produzir fina camada atmosférica decorrente da vaporização de gelo superficial.

A descoberta de Plutão, pelo astrônomo americano Clyde W. Tombaugh, foi anunciada em 13 de março de 1930, como um "objeto aparentemente transnetuniano". Ele sempre foi considerado um planeta pequeno (cerca de 2.300 km de diâmetro), e com a descoberta do seu satélite Caronte, em 1978, foi possível verificar sua densidade média intermediária entre a dos planetas gasosos e a dos telúricos, compatível com a de um composto de rocha e gelos. Essas características, típicas dos objetos transnetunianos, tornaram difícil sustentar sua classificação como planeta.

Excetuando os satélites, os demais corpos pequenos que orbitam o Sol são classificados como corpos menores. Os asteroides, que ganharam fama como ameaças vindas do espaço, concentram-se majoritariamente no já definido cinturão de asteroides, localizado entre Marte e Júpiter. Milhões deles de tamanhos variados circulam nesse anel, e os maiores são Pallas (570 × 525 × 482 km) e Vesta (530 km). Como foi mencionado anteriormente, a maioria dos meteoritos que continuamente caem na superfície da Terra provêm desse cinturão. É provável que o material que os constitui não pôde reunir-se num único planeta, na época de acreção, devido às perturbações de natureza gravitacional causadas pela proximidade de Júpiter. A maioria dos asteroides consiste em silicatos de Fe e Mg, material similar ao dos meteoritos condríticos. Muitos se apresentam como misturas de material silicático e material metálico (Fe-Ni), semelhantes aos siderólitos, e cerca de 5% parecem ser totalmente metálicos, como os sideritos. A massa total dos asteroides conhecidos corresponde a cerca de 3% a 5% da massa da Lua.

Os objetos transnetunianos, conhecidos como TNO (*Trans-Neptunian Objects*), são aqueles que orbitam o Sol a distâncias maiores que Netuno (ver figura 1.7). Trata-se de uma região vastíssima que logo em seu começo possui um anel localizado praticamente no plano da eclíptica que se estende de 30 UA a 100 UA, conhecido por Cinturão de Kuiper. Os objetos desse cinturão são relativamente pequenos e muito ricos em água. Os cometas de curto período, com menos de 200 anos, também pertencem ao Cinturão de Kuiper, assim como Plutão e seus satélites, apesar de a órbita de Plutão estar fora do plano do cinturão.

Se comparados aos planetas, os objetos da região transnetuniana são muito menores e gélidos. A excentricidade e a inclinação das suas órbitas são extremamente diversificadas, o que impede uma classificação simples desses objetos, mas a importância da região TNO para o estudo da origem do Sistema Solar é inestimável, pois os corpos que aí estão mantêm a sua composição química primitiva, como testemunhos fósseis da Nebulosa Solar.

Os cometas, já citados brevemente no item 1.4, são corpos relativamente pequenos (cerca de 10 km de diâmetro), constituídos predominantemente por matéria volátil congelada e poeira (Figura 1.27), muito similares à matéria primordial da nebulosa solar e à das regiões frias e periféricas do Sistema Solar. Eles podem representar os planetésimos que se agregaram, formando os planetas maiores dessas regiões.

Além de conterem compostos de voláteis congelados, como H_2O, H_2CO, C, CO, CO_2, H, OH, CH, O, S, NH, NH_2, HCN, N_2, os cometas apresentam elementos mais pesados, como Na, K, Al, Mg, Si, Cr, Mn, Fe etc. Quando se aproximam do Sol, seus gases são vaporizados e parcialmente ionizados pela radiação solar. Com isso, seu núcleo físico fica envolto por uma atmosfera (coma), e podem surgir caudas de gases ionizados e de gases neutros e poeira. Eles também apresentam uma atmosfera bem mais extensa, aproximadamente esférica, de hidrogênio.

Como foi mencionado no item 1.4, há dois tipos de cometas: os de curto período, provenientes do Cinturão de Kuiper, e os de longo período, ou aperiódicos, vindos da Nuvem de Oort. As dimensões e massa total dessa nuvem ainda não foram bem estabelecidas.

Figura 1.27 – Cometa McNaught (2005 E2) foi um dos maiores cometas vistos nos últimos cinquenta anos, podendo ser visto a olho nu mesmo em cidades grandes. Os raios de sua cauda são formados por poeira e gás neutro expelidos do seu núcleo, por aquecimento solar. Fontes: Sebastian Deiries, Observatório ESO (European Southern Observatório) e Monte Paranal, Chile. <http://www.eso.org/esopia/images/archive/viewall/>.

Embora se admita que ela preencha a região entre 30.000 e 100.000 UA do Sol, há uma tendência atual de definir a região entre 40 e 100 UA, que inclui o Cinturão de Kuiper, como região interna da Nuvem de Oort. As estimativas da massa total apontam valores que vão de 1 a 100 massas terrestres. Como a densidade de matéria nessa região parece ser baixa demais para formar cometas nos 4,5 bilhões de anos de existência do Sistema Solar, especula-se que os planetésimos da região mais externa do sistema, que não foram incorporados aos grandes planetas gasosos, tenham sido lançados para longe, em todas as direções, formando a Nuvem de Oort.

1.7 Origem da hidrosfera e da atmosfera

A temperatura da superfície da Terra é compatível com a existência de oceanos e com o vapor de água na atmosfera que colabora com o efeito estufa natural, regulador da temperatura superficial. Essas condições são fundamentais para a existência da biosfera.

Água existe com relativa abundância no Sistema Solar, e não é privilégio só da Terra. Contudo, este é o único planeta que a tem em sua superfície no estado líquido. Como foi visto anteriormente, na fase de acreção do Sistema Solar, a radiação e o vento solar arrastaram a matéria gasosa para longe da estrela central, e os objetos próximos, até a órbita de Júpiter, aqueceram-se, foram derretidos e perderam quase todo seu material volátil que ainda retinham. Água constitui cerca de 0,1% da massa dos meteoritos condritos ordinários, que representam o material do cinturão de asteroides, além da órbita de Marte. Se a Terra fosse formada apenas desse material, ela teria começado com um estofo de água quatro vezes maior que a quantidade contida nos oceanos atuais. Isso indica que parte da água primordial pode ter sido retida no interior do planeta, mais especificamente no seu manto. Vênus, o mais próximo do Sol, está virtualmente desprovido de água, o que condiciona o comportamento muito diferente desse planeta na dinâmica manto-crosta e também na dinâmica de sua atmosfera.

A figura 1.28 mostra esquematicamente a interpretação a respeito da evolução primitiva da Terra. Por sua intensa dinâmica superficial, o planeta não apresenta registro direto de seu material crustal primitivo, e as rochas mais antigas conhecidas possuem idade de 4.040 milhões de anos. Os primeiros sedimentos encontrados são cerca de 200 milhões de anos mais jovens, e suas estruturas indicam que foram formados em situação similar à dos modernos, por

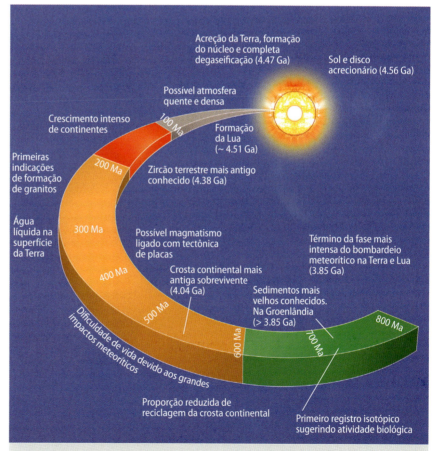

Figura 1.28 – Esquema da evolução primitiva da Terra, nos primeiros 800 milhões de anos (Ma), (Ga = bilhões de anos). Fonte: Modificado de Mark Harrison (Conferência, EUA, 2007).

Capítulo I - A Terra e suas origens

deposição em meio aquoso, nos oceanos da época. Por outro lado, de um metaconglomerado australiano, com 3.600 milhões de anos de idade, foram obtidos e estudados de todas as formas possíveis pequenos cristais de zircão (silicato de zircônio, ver capítulo 5), cuja idade revelou-se muito antiga, alguns deles próximos de 4.400 milhões de anos. Os exaustivos estudos nesses cristais antigos revelaram muitos aspectos sobre o período inicial da Terra, entre eles dois de grande importância: a) o teor em titânio, que indica a temperatura de cristalização do zircão, revelou valores próximos a 700ºC, compatíveis com magmas de composição granítica, indicando a possível existência de material crustal do tipo continental; b) a composição isotópica do oxigênio nesses cristais apresentou valores da razão $^{18}O/^{16}O$ compatíveis com participação de água líquida no seu processo formador, evidência de uma hidrosfera na superfície do planeta.

Pelo exposto, atmosfera e hidrosfera da Terra são secundárias. O manto possui minerais hidratados, carbonatados e contém material volátil de natureza diversa. Grande parte das camadas fluidas externas da Terra foi produzida pela emanação de gases do manto, através de vulcanismo e outros mecanismos indiretos, durante todo o tempo geológico. Então, é provável que parte importante de atmosfera e hidrosfera tenha origem extraterrestre, por agregação de cometas, asteroides e outros objetos que atingiram a Terra durante a fase de acreção planetária e, especialmente, durante o período de bombardeio pesado que se estendeu até 3,9 bilhões de anos atrás, conforme observado na superfície da Lua (Quadro 1.1). Embora ainda não saibamos exatamente de onde vieram os corpos que contribuíram com o reabastecimento da Terra com água, temos evidências suficientes para delinear as possibilidades mais prováveis. Os asteroides da região mais externa do cinturão, os mais próximos de Júpiter, são relativamente ricos em água. Além disso, na região transnetuniana há corpos com percentual ainda maior de água; entre estes, os cometas são os objetos mais ricos em água e os que mais se aproximam da Terra. Do ponto de vista dinâmico, são os cometas que se apresentam como os melhores candidatos de fornecimento de água, visto que suas órbitas alongadas forçam-os a passarem mais perto do Sol e, por consequência, aumentam a possibilidade de colisão com a Terra.

Deutério (D) é o isótopo do hidrogênio com massa igual a 2 e pode formar água (HDO). Na natureza, moléculas de H_2O e HDO na forma de vapor podem ser fotodissociadas pela radiação ultravioleta solar, liberando hidrogênio e deutério. Por ser mais leve, o hidrogênio abandona a atmosfera terrestre com mais facilidade que o deutério, portanto é esperada maior abundância de deutério nas águas oceânicas do que em corpos antigos ricos em água, como cometas e alguns tipos de asteroides. Observações recentes dos cometas Halley, Hyakutake e Hale-Bopp indicam uma abundância elevada de deutério em relação ao hidrogênio equivalente a cerca de duas vezes mais que a encon-

Quadro 1.1 – Planetologia comparada

Atualmente, os planetas do Sistema Solar deixaram de ser objeto de estudo exclusivo dos astrônomos, passando a ser foco de interesse também dos geocientistas. O novo campo da Ciência, a planetologia comparada, tem fornecido muitas lições que podem ser aplicadas à Terra, em especial quanto aos tópicos de sua origem e evolução primitiva, como, por exemplo:

- O estudo da Lua, Vênus, Marte e de muitos acondritos mostrou que o magmatismo de tipo basáltico é onipresente.
- Material primordial não transformado, próximo do encontrado na nebulosa solar, deve ser buscado apenas na periferia do sistema, onde são encontrados os cometas e os objetos transnetunianos.
- Embora alguns objetos primitivos das órbitas mais internas do sistema, tais como os condritos carbonáceos, tenham sobrevivido para indicar a idade do Sistema Solar, não há evidências da existência de material primordial não transformado nos planetas e em seus satélites.
- Os planetas telúricos, Mercúrio, Vênus, Terra e Marte, formaram-se quentes ou tornaram-se quentes logo após a sua origem. A sua estruturação química em manto e núcleo ocorreu numa fase precoce, provavelmente ainda no início da chamada acreção planetária.
- A evidência de grandes impactos pelo bombardeio de corpos de todos os tamanhos durante a acreção planetária, e que continuou pelo menos durante 700 milhões de anos, é observável nas superfícies antigas da Lua, Mercúrio e Marte.
- Aparentemente, o regime de tectônica global é, na atualidade, exclusivo do planeta Terra.
- As diferenças na composição das atmosferas dos planetas terrestres indicam que as composições originais de seus gases, a perda inicial dos compostos voláteis e os subsequentes processos de degaseificação para a formação das atuais atmosferas foram específicos e distintos para cada um deles.

trada nos oceanos, indicativo de que a água dos oceanos modernos não seria inteiramente de origem cometária. Por outro lado, a razão deutério-hidrogênio oceânica é compatível com a da água contida nos asteroides da parte externa do cinturão, mais próxima de Júpiter. Tendo em vista, além disso, a parcela de água que provém do próprio interior da Terra, a origem da água moderna dos oceanos permanece um problema ainda aberto.

A presença da água é importante não só para a existência da vida, mas também para manter a Terra em temperatura amena. A atmosfera atual compõe-se de nitrogênio, oxigênio, um pouco de argônio, água, CO_2 e quantidades muito pequenas de outros gases. A atmosfera primitiva deve ter sido muito mais rica em dióxido de carbono e metano, dois agentes eficientes na geração do efeito estufa. Com a presença da hidrosfera, o CO_2 atmosférico acaba sendo imobilizado nos oceanos nas interações entre mar e ar, posteriormente precipitando no fundo dos oceanos na forma de carbonato de cálcio. Os sedimentos calcários das plataformas marinhas carbonáticas são os maiores reservatórios do ciclo biogeoquímico do carbono na Terra (ver capítulo 4). Esse parece ter sido o mecanismo básico que diferenciou Vênus da Terra nas suas dinâmicas superficiais. A falta de oceanos em Vênus impediu o sequestro de CO_2 de sua atmosfera conforme explicado anteriormente. Como consequência vê-se o imenso efeito estufa predominante nesse planeta.

É difícil perceber, quando observarmos a paisagem harmoniosa terrestre que os elementos básicos para a formação do nosso planeta e da própria vida foram majoritariamente forjados durante eventos de extrema violência como a desintegração de uma estrela supernova, ou mesmo que o processo de formação de uma estrela e seus planetas também foi marcado por colisões catastróficas (Quadro 1.1). Nossos planetas vizinhos, Vênus e Marte, são dois extremos de locais inóspitos. Vênus é extremamente quente e ácido e Marte, extremamente frio e árido. Em ambos, o ar é irrespirável. Mas o cenário nem sempre foi este, tampouco continuará sendo. No passado, Marte teve água abundante e temperatura amena, quem sabe suficientes para abrigar vida, ainda que simples. Vênus pagou um preço caro por estar próximo do Sol; entrou em um ciclo incontrolado de aquecimento em decorrência do efeito estufa.

Quanto mais envelhece, mais quente o Sol se torna e chegará um momento que a temperatura na Terra será elevada demais para permitir a sobrevivência das espécies. Em um futuro bem longínquo, daqui a 4,5 bilhões de anos, o Sol expandirá e a Terra ficará imersa nas camadas solares mais externas aquecidas a milhares de graus Celsius. O futuro da Terra poderá ser parecido com o de Vênus atualmente. Quando isso acontecer, mundos mais distantes e gélidos como o dos satélites galileanos de Júpiter, ou mesmo de Saturno, poderão entrar em um ciclo mais ameno, talvez com a possibilidade de desenvolvimento de vida. Se isso ocorrer, a vida terá migrado para locais mais favoráveis. Será que algo parecido ocorreu ou está ocorrendo nos exoplanetas distribuídos nos inúmeros sistemas planetários que povoam a Via Láctea e tantas outras galáxias?

Se eventos como esses nos afligem, o que dizer daqueles relacionados com o Universo? Será que ele expandirá para sempre, tornando-se cada vez mais frio até que tudo atinja a escuridão gélida? Ou será que ele resistirá à expansão e voltará a se contrair comprimindo tudo novamente às condições de átomo primordial, como prevê o *Big Crunch*? A ciência pode responder de forma segura a algumas dessas indagações, mas as respostas nem sempre satisfazem às questões humanas. Por isso mesmo buscamos em outras áreas, como filosofia e religião, respostas que nos trazem um pouco de paz interna, mesmo que ilusória. O ato de pensar faz parte de nosso ser e ele pode explicar as atividades intelectuais a que nos dedicamos, entre elas a ciência. Mas também pode haver uma outra explicação complementar: pensar é uma forma de trocarmos informações com a natureza. Conhecendo-a melhor, teremos mais oportunidades de encontrar meios de sobrevivência, não eterna, mas por um prazo maior do que se ficássemos alheios e à mercê dos acontecimentos. Talvez essa seja uma das características da vida: persistir o quanto puder.

Leitura recomendada

CHAISSON, E.; MCMILLAN, S. *Astronomy today*. San Francisco: Benjamin-Cummings Pub Co., 2007. 825 p.

CROSWELL, K. *Magnificent universe*. New York: Simon & Schuster, 1999. 210 p.

GOMES, C. B.; KEIL, K. *Brazilian stone meteorites*. Albuquerque: University of New Mexico Press, 1980. 161 p.

GREELEY R.; BATSON, R. *The compact NASA: atlas of the solar system*. Cambridge: Cambridge University Press, 2001. 407 p.

LEWIS, J. S. *Physics and chemistry of the solar system*. San Diego: Academic Press, 2004. 608 p.

MASSAMBANI, O.; MANTOVANI, M. S. (Orgs.). *Marte, novas descobertas*. São Paulo: Instituto Astronômico e Geofísico/ USP, 1997. 243 p.

NORTON, O. R. *The cambridge encyclopedia of meteorites*. Cambridge: Cambridge University Press, 2002. 354 p.

Capítulo 2

O interior da Terra

Márcia Ernesto, Leila Soares Marques, Ian McReath, Naomi Ussami, Igor Ivory Gil Pacca

Sumário

2.1   Origem do calor dos corpos do Sistema Solar

2.2   Sismologia

2.3   Gravidade

2.4   Geomagnetismo

2.5   Modelos de estrutura e composição

Ao contrário do idealizado por Júlio Verne em sua obra *Viagem ao Centro da Terra*, o interior mais profundo da Terra é inacessível às observações diretas feitas pelo homem. Não é possível acessar as partes mais profundas em razão das limitações tecnológicas diante de altas pressões e temperaturas. O furo de sondagem mais profundo feito até hoje, situado em Kola, na Rússia, atingiu apenas 12 km, uma fração insignificante se comparada ao raio médio da Terra, que é de 6.370 km.

As primeiras ideias sobre o interior da Terra estão registradas em documentos antigos e mostram que reflexões de natureza mística e religiosa sobre nosso planeta já existiam nas civilizações antigas. Os gregos especulavam sobre o mundo subterrâneo, com bases em erupções vulcânicas nos mares Egeu e Mediterrâneo. Como mostrado na visão do interior da Terra de três séculos atrás (Figura 2.1), imaginava-se que esse local era constituído de material sólido fissurado por tubos de magma que conectavam os bolsões de gases profundos a vulcões na superfície terrestre. Com o surgimento da ciência moderna, após as ideias de Isaac Newton, a partir do século XVIII, estudiosos estimaram a densidade média da Terra em cerca de 4,5 g/cm^3, ou seja, quatro vezes e meia maior que a densidade da água e quase duas vezes maior que a densidade média das rochas que se encontram na superfície da Terra. Portanto, deveriam existir rochas mais densas em algum lugar no interior terrestre. Outra propriedade física do interior terrestre que se especulava desde o século XIX é a sua temperatura. As medidas de temperatura no interior de minas e túneis subterrâneos indicavam que a temperatura aumentava com a profundidade, cerca de 1°C a cada 30 metros (o chamado gradiente geotérmico). Com essa taxa, a 500 km de profundidade, a temperatura do interior da Terra alcançaria 10.000 °C.

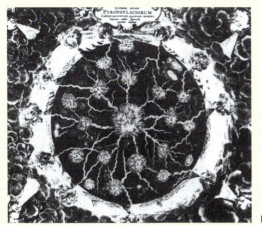

Figura 2.1 – Concepção da estrutura interna da Terra no fim do século XVIII. Fonte: Bolt, 1982.

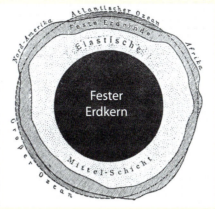

Figura 2.2 – Concepção da estrutura interna da Terra do início do século XX, publicada em Berlim, Alemanha. O círculo interno em preto representa o núcleo da Terra. Fonte: Bolt, 1982.

Figura 2.3 – Richard D. Oldham (1858-1936). Fonte: Bolt, 1982.

No início do século XX, já havia uma concepção mais avançada sobre o interior de um palneta, elaborada por cientistas alemães, baseada em determinação da densidade da Terra (Figura 2.2).

O grande avanço no conhecimento sobre o interior da Terra surgiu com a sismologia – a ciência que estuda os terremotos –, com a descoberta do núcleo da Terra pelo geólogo irlandês Richard D. Oldham. (Figura 2.3). Em 1906, ele publica um artigo sobre a possibilidade de se conhecer a constituição do interior terrestre por meio do estudo da propagação das ondas elásticas geradas por terremotos. Em 1909, o sismólogo da antiga Iugoslávia Andrija Mohorovičić define a camada mais externa da Terra, a crosta.

Figura 2.4 – Inge Lehmann (1888-1993). Fonte: Bolt, 1982.

Em 1936, a sismóloga dinamarquesa Inge Lehmann (Figura 2.4) propõe que a parte mais profunda da Terra era composta de um núcleo interno sólido. Portanto, em apenas 30 anos desde o trabalho pioneiro de Oldham, o modelo da Terra foi estabelecido, como mostrado na figura 2.5.

Neste capítulo são introduzidos os conceitos de calor interno da Terra, sismologia, gravidade, geomagnetismo, paleomagnetismo e, finalmente, a estrutura física e composição química. Os métodos geofísicos de investigação do interior da Terra, como sísmica, gravimetria e magnetometria, também podem ser utilizados para investigação rasa, tendo grande importância econômica e social na pesquisa e prospecção de petróleo, minerais, água e em estudos ambientais.

Figura 2.5 – Ilustração da estrutura interna da Terra. Composição de 2 imagens. Fonte: NOAA.

Curiosidade

Professor Lidenbrock e seu sobrinho Axel, guiados por Hans, são os personagens da fantástica aventura concebida pelo escritor francês Julio Verne, em 1864, no livro *Viagem ao centro da Terra*. Razão e fantasia, nos espíritos audaciosos de escritores e cientistas, sempre caminharam lado a lado para o avanço do conhecimento científico.

Capítulo 2 - O interior da Terra

2.1 Origem do calor dos corpos do Sistema Solar

O Sistema Solar, desde asteroides até os grandes planetas, foi formado a partir de uma nuvem de gás e poeira por acreção planetesimal. A energia cinética do impacto dos fragmentos agregados acabou se transformando em calor e elevando a temperatura do corpo-alvo.

Uma segunda fonte de energia térmica resultou de emissões de átomos radioativos que constituíram a matéria-prima original – a energia do decaimento radioativo também se transforma em calor. Isótopos de meia-vida curta tiveram papel importante no início do Sistema Solar, mas são os isótopos radioativos de elementos como o urânio, o tório e o potássio, com meias-vidas da mesma ordem que a idade do Sistema Solar, que contribuem significativamente para manter funcionando as máquinas térmicas responsáveis pela dinâmica interna dos planetas.

O calor gerado em ambos os processos depende da quantidade de material e, portanto, do volume do corpo: os corpos maiores, como os planetas, por exemplo, devem ter gerado maior quantidade de calor. Por outro lado, parte do calor do interior do corpo, chegando à superfície, pode ser perdida para o espaço por irradiação. Concluímos, então, que o calor produzido em um corpo do Sistema Solar é proporcional a seu volume, enquanto o calor que perdeu por irradiação é proporcional à sua superfície. Um corpo esférico de raio R conseguiria reter quantidade de calor proporcional ao quociente entre R^3 e R^2, portanto proporcional a R. Ou seja, os corpos maiores teriam retido grande quantidade de calor e foram capazes de desenvolver processos mais complexos, enquanto os corpos menores perderam praticamente todo o seu calor por irradiação. Outros fatores, como o grau de oxidação do material agregado, que variou com a distância em relação ao Sol, também devem ter sido importantes para a produção do calor que resultou na diferenciação dos planetas. A figura 2.6 ilustra a relação entre a dimensão dos corpos do Sistema Solar e sua evolução térmica.

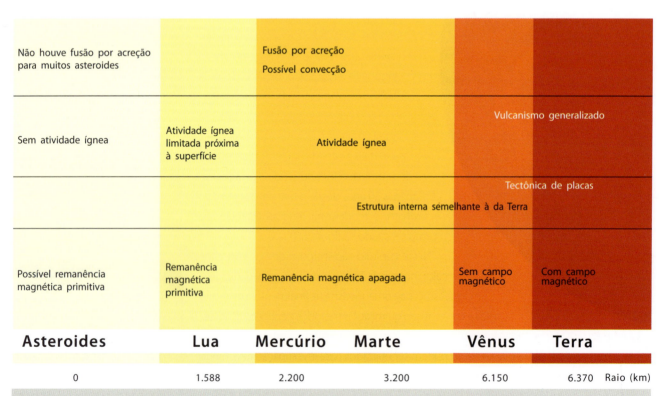

Figura 2.6 – A relação entre o tamanho do corpo planetário e alguns fenômenos que dependem de sua evolução térmica.

52

2.1.1 O calor interno da Terra

A radiação solar é a principal responsável pelos fenômenos que ocorrem na atmosfera e na superfície da Terra. Entretanto, a poucos metros de profundidade da superfície, seus efeitos diretos sobre a temperatura terrestre são praticamente desprezíveis e o aumento de temperatura que sentimos ao descer no interior de uma mina, por exemplo, deve-se ao fluxo do calor interno do planeta, chamado de fluxo geotérmico.

O fluxo geotérmico através de uma camada da Terra é calculado multiplicando-se a variação da temperatura com a profundidade, denominado gradiente geotérmico, pela condutividade térmica das rochas daquela camada. Para medi-lo, é necessário, portanto, conhecer as variações de temperatura no interior terrestre e efetuar medições da condutividade térmica da rocha em laboratório.

O fluxo geotérmico total corresponde a uma energia de $1,4 \times 10^{21}$ joules por ano, que é muito maior do que outras perdas de energia da Terra, como aquela da desaceleração da rotação pela ação das marés (10^{20} joules por ano) ou como a energia liberada pelos terremotos (10^{19} joules por ano). A energia para processos como a movimentação das placas tectônicas (ver capítulo 3), a geração do campo geomagnético ou qualquer outro processo dinâmico no interior da Terra provém do calor interno do planeta.

O conhecimento sobre a variação da temperatura com a profundidade é limitado quando comparado com o conhecimento das variações de densidade e de parâmetros elásticos, obtidos da sismologia, como será exposto na seção 2.2. O motivo é que só são conhecidas as temperaturas próximas à superfície da Terra. A condutividade térmica também é medida experimentalmente com rochas próximas à superfície, e os valores para maiores profundidades são inferidos a partir de outras propriedades físicas, obtidas principalmente pelo estudo da propagação de ondas sísmicas.

2.1.2 Como se dá o transporte de calor?

O transporte de calor no interior da Terra ocorre principalmente por condução e convecção (Figura 2.7). A condução é um processo mais lento, com transferência de energia de uma molécula para as vizinhas. Acontece nos sólidos e é importante nos primeiros 200 km do interior da Terra.

A convecção é um processo resultante do movimento de massa, quando o gradiente térmico excede um certo valor, o chamado gradiente adiabático, isto é, quando há variação de pressão e volume sem troca de calor. A convecção é o processo mais rápido e eficiente de transporte de calor e acontece em várias partes do interior terrestre. Algumas camadas, como o manto, se comportam como sólido na escala de tempo da propagação de ondas sísmicas (de segundos a horas), mas na escala de tempo geológico (dezenas de milhar a milhões de anos), as rochas do manto comportam-se como um fluido, o que explica sua convecção.

Nosso conhecimento direto sobre a temperatura limita-se aos dados obtidos em furos de sondagem na superfície da Terra. Neste caso, o gradiente geotérmico alcança valores entre 30°C e 40°C por quilômetro. É evidente que se esses gradientes continuassem com o mesmo valor para o interior da Terra, as temperaturas próximas ao centro seriam tão altas que todo o material estaria fundido. A sismologia informa, contudo, que o núcleo interno é sólido, como veremos a seguir.

Figura 2.7 – Formas de transporte de calor: radiação, condução e convecção. Destas, são as duas últimas que atuam no interior da Terra.

2.2 Sismologia

Quando ocorre um terremoto, vibrações propagam-se pelo planeta e são registradas por aparelhos chamados sismógrafos. A análise desses registros fornece modelos da estrutura interna da Terra.

O geofísico especialista nas análises desses registros é o sismólogo. Seu trabalho é similar ao de um radiologista na Medicina que, ao interpretar os padrões de tons de cinza e branco, obtém informações do interior do corpo humano.

2.2.1 O que é terremoto?

Embora a palavra "terremoto" seja mais utilizada para os grandes eventos destrutivos, e os menores sejam geralmente chamados de abalos ou tremores de terra, todos são resultados do mesmo processo geológico de acúmulo lento e liberação rápida de tensões. A diferença principal entre os grandes terremotos e os pequenos tremores é o tamanho da área de ruptura, o que determina a intensidade das vibrações emitidas.

O lento movimento da camada mais externa da Terra, cerca de alguns centímetros por ano, produz tensões que vão se acumulando em vários pontos. As tensões acumuladas podem ser compressivas ou expansivas, dependendo da direção de movimentação relativa entre as placas que compõem a camada externa da Terra. Quando essas tensões atingem o limite de resistência das rochas, ocorre uma ruptura (Figura 2.8). O movimento repentino entre os blocos de cada lado da ruptura gera vibrações que se propagam em todas as direções. O plano de ruptura forma o que se chama de falha geológica. Os terremotos podem ocorrer no contato entre duas placas (caso mais freqüente) ou no interior de uma delas, como indicado no exemplo da figura 2.8, sem que a ruptura atinja a superfície. O ponto onde se iniciam a ruptura e a liberação das tensões acumuladas chama-se hipocentro ou foco. Sua projeção na superfície é o epicentro, e a distância do foco à superfície é a profundidade focal. O tamanho do terremoto é medido por meio de uma escala de magnitude que será detalhada no capítulo 3.

2.2.2 Ondas sísmicas

Quando ocorre uma ruptura no interior da Terra, são geradas vibrações sísmicas que se propagam em todas as direções em forma de ondas. O mesmo ocorre, por exemplo, com uma detonação de explosivos numa pedreira, cujas vibrações, tanto no terreno como no ar (ondas sonoras), podem ser sentidas a grandes distâncias. São essas "ondas sísmicas" que causam danos perto do epicentro e podem ser registradas por sismógrafos em todo o mundo.

Em 23 de janeiro de 1997 ocorreu um terremoto na fronteira entre Argentina e Bolívia (Figura 2.9a), com profundidade focal de 280 km e magnitude 6,4. As ondas desse sismo tiveram amplitude

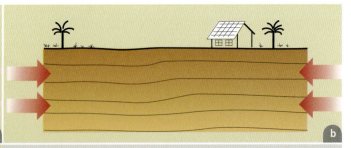

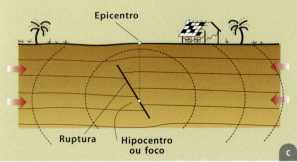

Figura 2.8 – Geração de um sismo por acúmulo e liberação de esforços em uma ruptura. As rochas que compõem a camada externa da Terra estão sujeitas a tensões (a) compressivas neste exemplo, que se acumulam lentamente, deformando as rochas (b); quando o limite de resistência das rochas é atingido, ocorre uma ruptura com deslocamento abrupto gerando vibrações que se propagam em todas as direções (c). Geralmente o deslocamento (ruptura) se dá em apenas uma parte de uma fratura maior preexistente (falha). O ponto inicial da ruptura é chamado hipocentro ou foco do tremor, de onde se propagam as vibrações. A projeção do foco na superfície é o epicentro. Nem todas as rupturas atingem a superfície.

suficiente para serem sentidas na cidade de São Paulo, nos andares superiores de prédios altos. Na verdade, as ondas sísmicas fizeram alguns prédios entrar em ressonância, aumentando a amplitude de oscilação nos andares mais altos A figura 2.9b mostra os sismogramas para os três componentes do movimento do chão: vertical, NS e EW, registrados naquela ocasião pela estação sismográfica de Valinhos, a 70 km de São Paulo.

2.2.3 Como vibra o chão com a passagem das ondas?

A ruptura que causou o terremoto mostrado na figura 2.9 foi muito rápida e durou por volta de 5 segundos apenas. No entanto foram geradas ondas sísmicas que passaram pela estação a 1.930 km de distância, durante mais de 20 minutos. Isto ocorre porque há vários tipos de ondas sísmicas com velocidades de propagação diferentes e que percorrem trajetórias distintas, como veremos a seguir.

A primeira movimentação do chão (chegando 230 s após a ocorrência do terremoto) é um deslocamento de 0,03 mm para cima e para Leste (Figura 2.9). Nesta primeira onda quase não há vibração na direção NS. Como as ondas estavam se propagando de Oeste para Leste (do epicentro para a estação) e chegaram à estação vindas de baixo para cima (porque as ondas são transmitidas pelo interior da Terra), vemos que as vibrações nessa primeira onda são paralelas à direção de propagação. Essa primeira onda é longitudinal e chama-se onda P. Quase 200 segundos depois da onda P, o chão sofre um deslocamento de 0,07 mm no sentido Norte. Essa segunda onda tem vibração perpendicular à direção de propagação, e é chamada onda transversal ou onda S.

Há, portanto, dois tipos de vibrações sísmicas em um meio sólido que se propagam em todas as direções: vibrações longitudinais e transversais. Nas ondas longitudinais (ondas P), partículas do meio vibram paralelamente em relação à direção de propagação; nas transversais (ondas S), as vibrações das partículas são perpendiculares em relação à direção de propagação da onda. As figuras 2.10a e b mostram

Figura 2.9 – Terremoto na Argentina abala São Paulo. a) Registro na estação sismográfica de Valinhos (SP), de um sismo ocorrido na fronteira Argentina/Bolívia (em 23/01/1997) com magnitude 6,4. b) O movimento do chão é descrito pelos três componentes: Z (vertical, positivo para cima), NS (positivo para o Norte) e EW (positivo para o Leste). As ondas P e S chegam 230 s e 410 s, respectivamente, após a ocorrência do terremoto.

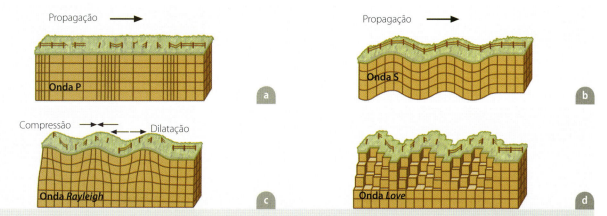

Figura 2.10 – Na passagem das ondas sísmicas, o meio se deforma elasticamente. Os dois modos principais de propagação das vibrações sísmicas são (a) a onda P, longitudinal (vibração paralela à direção de propagação) e (b) a onda S, transversal (vibração perpendicular à direção de propagação). Na superfície da Terra, propagam-se também as ondas superficiais *Rayleigh* (c), que é uma combinação de ondas P e S em que cada partícula oscila num movimento elíptico, e ondas *Love* (d), com oscilação horizontal transversal. Nas ondas de superfície, as amplitudes diminuem com a profundidade, como se pode ver pela ausência de deformação dos quadrados em profundidade em (c) e (d).

como um meio sólido se deforma com a passagem das ondas longitudinais e transversais. Numa onda sísmica, há transmissão não apenas de vibrações das partículas do meio, mas também de deformações. As ondas P correspondem a deformações de dilatação/compressão, ou seja, as partículas do meio deslocam-se para frente e para trás. As ondas S correspondem a deformações tangenciais (ou de cisalhamento), em que as partículas do meio descrevem um movimento circular. A velocidade de propagação da onda P é maior do que a da S. Por isso, a onda P é a primeira a chegar e a S é a segunda (daí o nome de P e S). O som que se propaga no ar também é uma onda P, da mesma forma que as vibrações em um meio líquido. As ondas S não se propagam em meios líquidos e gasosos, apenas nos sólidos.

As velocidades de propagação das ondas P e S dependem essencialmente do meio por onde elas passam, como mostrado na figura 2.11. É justamente essa propriedade que permite utilizar as ondas sísmicas para obter informações sobre a estrutura e a composição em grandes profundidades. Por exemplo, analisando-se as vibrações provocadas por explosões artificiais controladas, ou estudando a propagação de ondas geradas por terremotos e registradas em estações sismográficas próximas, podemos deduzir as estruturas das rochas depositadas em depressões chamadas bacias sedimentares. Assim, o método sísmico é de grande importância prática, por exemplo, na exploração de petróleo e na busca de água subterrânea. Em uma escala global, os registros dos terremotos em uma rede de estações sismográficas permitem também conhecer estrutura, composição e evolução atual do nosso planeta.

As vibrações P e S são chamadas ondas internas por se propagarem em todas as direções a partir de uma perturbação dentro de um meio. Além das ondas internas P e S, há uma maneira especial de propagação de vibrações junto à superfície da Terra: são as ondas superficiais, que podem ser de dois tipos: *Love* e *Rayleigh*. As ondas superficiais *Love* correspondem a superposições de ondas S com vibrações horizontais concentradas nas camadas mais externas da Terra. A onda superficial *Rayleigh* é uma combinação de vibrações P e S contidas no plano vertical (Figuras 2.10c e d). No sismograma da figura 2.12, podemos observar que as ondas superficiais aparecem como um "trem" (ou sequência) de ondas de maior duração e com pe-

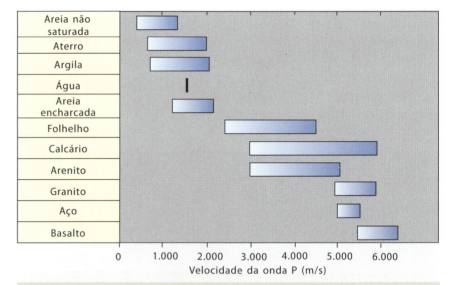

Figura 2.11 – Exemplos de intervalos de velocidades da onda P para alguns materiais e rochas mais comuns.

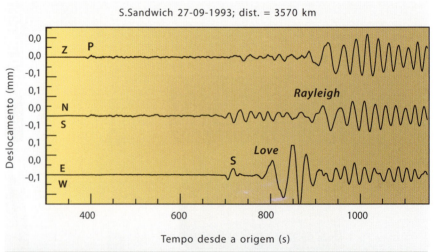

Figura 2.12 – Sismo da Ilhas Sandwich (Atlântico Sul) em 27/09/1993, registrado numa estação perto de Poços de Caldas (MG) (Brasil), a 3.570 km de distância. Na sequência de ondas superficiais *Rayleigh* (componentes Z e NS) e na sequência das ondas *Love* (componente EW), as oscilações com períodos maiores chegam antes por terem velocidades de propagação maiores.

ríodos diferentes. Uma característica das ondas superficiais é que a velocidade de propagação depende também do período da oscilação (no exemplo, vê-se que as oscilações de maior período chegam primeiro). As ondas *Love* geralmente têm velocidade de propagação maior do que as ondas *Rayleigh*.

2.2.4 Velocidade das ondas em rochas

A análise das ondas sísmicas, registradas na superfície, permite ao geofísico conhecer as características físicas e químicas das regiões percorridas pelas ondas. Alguns conceitos básicos de propagação de ondas sísmicas serão abordados a seguir, mostrando como as principais camadas e a composição do interior da Terra podem ser estudadas utilizando a sismologia (Quadro 2.1).

Como qualquer outro fenômeno ondulatório (por exemplo, a luz), a direção de propagação das ondas sísmicas muda (refrata) ao passar de um meio com velocidade V_1 para outro com velocidade diferente V_2.

Quadro 2.1 – Como as ondas se propagam nas rochas?

As ondas sísmicas sofrem refração e reflexão e também obedecem à lei de Snell (Figura 2.13). Numa interface separando dois meios diferentes, há também conversão de onda P para S e de onda S para P. Por exemplo, a figura 2.13c mostra uma onda P incidente, cuja energia é repartida entre P e S refletidas e P e S refratadas. A lei de Snell, neste caso, se aplica a cada tipo de raio.

Quando o meio é constituído de várias camadas horizontais, a lei de Snell define a variação da direção do raio sísmico como mostrado adiante na figura 2.14. No caso em que a velocidade aumenta gradualmente com a profundidade, equivalente a uma sucessão de infinitas camadas extremamente finas (ver figura 2.15a), as ondas percorrem uma trajetória curva (ver figura 2.15c) e o gráfico dos tempos de percurso em função da distância será uma curva como na figura 2.15b.

Imaginemos agora que haja uma descontinuidade ou mudança abrupta no interior da Terra separando dois meios diferentes (Figura 2.16a), e o material imediatamente abaixo da descontinuidade tem velocidade menor do que o material acima. Quando as ondas passam do meio com velocidade maior para o meio com velocidade menor (ponto P na Figura 2.16b), pela lei de Snell, a trajetória da onda se aproxima da normal à interface (Figura 2.13b). Isto faz o raio sísmico C se afastar muito do raio sísmico B, criando uma interrupção na curva tempo-distância (Figura 2.16c). Essa interrupção cria na superfície terrestre uma "zona de sombra" (Figura 2.17). As ondas que penetram na camada mais profunda formam um ramo mais atrasado com relação ao ramo mais raso (Figura 2.16c). O núcleo da Terra foi descoberto pela sua "zona de sombra", como se verá adiante.

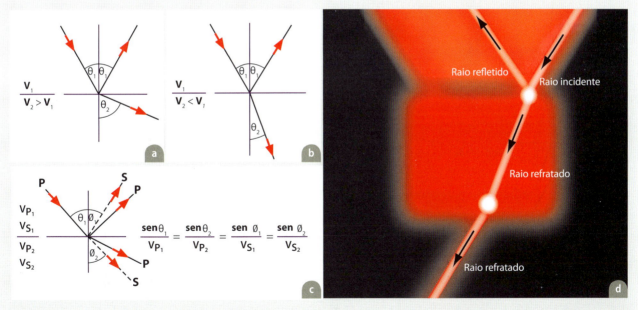

Figura 2.13 – Lei de Snell que rege a reflexão e refração das ondas. a) Quando a onda passa de um meio de menor velocidade para outro de maior velocidade, o raio da onda se afasta da normal à interface. b) Quando a onda passa para um meio com velocidade menor, ela se aproxima da normal à interface. c) No caso das ondas sísmicas, parte da energia da onda incidente P (ou S) pode se transformar em ondas S (ou P), sempre obedecendo à lei de Snell. Na figura (d) é mostrado o mesmo fenômeno da refração e reflexão, no caso da luz. Um feixe de *laser* incide em um cubo de vidro que tem propriedade óptica diferente da propriedade óptica do ar, a direção dos raios sofre mudança tal qual no caso das ondas elásticas.

2.2.5 As camadas da Terra

A análise de milhares de terremotos durante muitas décadas permitiu construir as curvas tempo-distância de todas as ondas refratadas e refletidas no interior da Terra (Figuras 2.17 e 2.18) e deduzir a sua estrutura principal: crosta, manto, núcleo externo e núcleo interno (ver figuras 2.19 e 2.20) assim como as propriedades físicas, como a velocidade das ondas P e S e densidade de cada uma das camadas principais.

A primeira camada mais superficial é a crosta, com espessura variando de 25 km a pelo menos 50 km nos continentes e de 5 km a 10 km nos oceanos. Na figura 2.17, a crosta não aparece por ter uma espessura comparável à grossura da linha que representa a superfície da Terra. A velocidade das ondas P varia entre 5,5 km/s na crosta superior e 7 km/s na crosta inferior.

A curvatura da primeira onda P (Figura 2.18) indica que as velocidades de propagação abaixo da crosta aumentam com a profundidade até 2.950 km. Nessa região, chamada de manto, as velocidades da onda P vão desde 8 km/s logo abaixo da crosta até 13,5 km/s (ver figura 2.19a). Nas curvas tempo-distância (Figura 2.18), a interrupção da onda P à distância de 105° e o atraso do ramo PKP entre 120° e 180°, com relação à tendência do ramo das ondas P, caracterizam uma "zona de sombra" em que não há registro de ondas P. Deduz-se disso que as ondas PKP atravessaram uma região de velocidade menor abaixo do manto. Essa região, a profundidades maiores que 2.950 km, é o núcleo da Terra (ver figura 2.19a). Dentro do núcleo existe um caroço central (núcleo

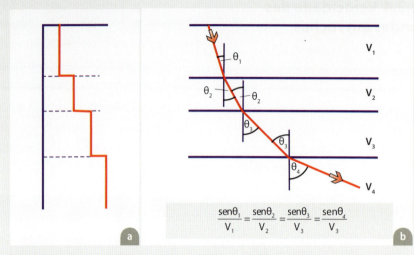

Figura 2.14 – Lei de Snell numa sucessão de camadas horizontais.

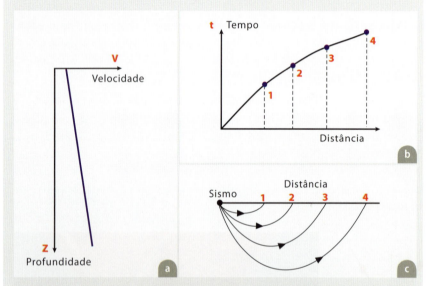

Figura 2.15 – Quando a velocidade aumenta linearmente com a profundidade (a), os tempos de percurso formam uma curva (b), e as trajetórias dos raios sísmicos são arcos de circunferência (c).

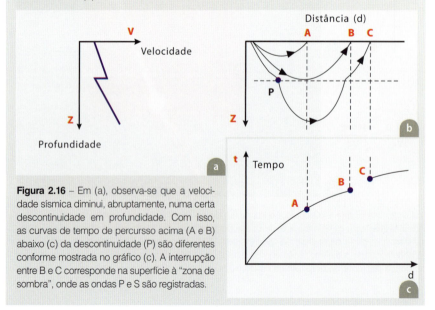

Figura 2.16 – Em (a), observa-se que a velocidade sísmica diminui, abruptamente, numa certa descontinuidade em profundidade. Com isso, as curvas de tempo de percursso acima (A e B) abaixo (c) da descontinuidade (P) são diferentes conforme mostrada no gráfico (c). A interrupção entre B e C corresponde na superfície à "zona de sombra", onde as ondas P e S são registradas.

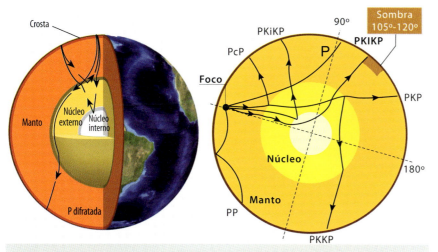

Figura 2.17 – Trajetórias de alguns tipos de onda no interior da Terra. a) O trecho do percurso da onda P no núcleo externo (líquido) é denominado "K". Assim, a onda PKP é a aquela que atravessa o manto como onda P, depois o núcleo externo, e volta pelo manto como onda P novamente. O percurso no núcleo interno (sólido) é chamado "I" para onda P. b) Letras minúsculas designam reflexões: "c" é reflexão do núcleo externo e "i", do núcleo interno.

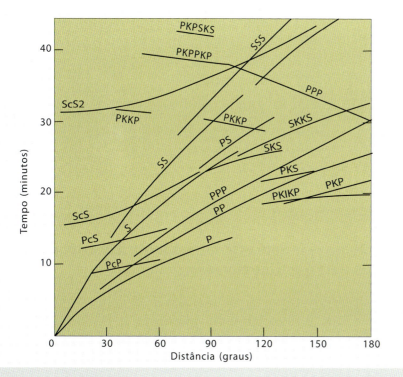

Figura 2.18 – Tempo de percurso das principais trajetórias pelo interior da Terra. A distância é medida pelo ângulo subentendido no centro da Terra. SKS, por exemplo, é a onda S pelo manto que se transforma em P durante a passagem pelo núcleo externo (percurso "K") e se transforma em P novamente ao voltar ao manto.

interno), com velocidades um pouco maiores do que no núcleo externo. No núcleo externo não há propagação de ondas S e a velocidade da onda P é bem menor do que a do manto sólido, o que mostra que ele deve estar em estado líquido. Em razão disso, existe uma ampla zona de sombra das ondas S, a partir de 103°, de mais de 150°.

Por outro lado, a densidade do núcleo é muito maior do que a do manto, condição esta deduzida de outras considerações geofísicas como a massa total da Terra e seu momento de inércia (ver seção 2.3). As características de velocidades sísmicas baixas e densidades altas indicam que o núcleo é composto predominantemente de ferro.

2.2.6 Litosfera e crosta

A grande diferença entre as velocidades sísmicas da crosta e do manto superior (ver figura 2.19b) indica uma mudança de composição química nas rochas. A descontinuidade crosta/manto é chamada de Moho (em homenagem a Mohorovičić que a descobriu em 1909). Abaixo da crosta, estudos mais detalhados em muitas regiões mostram que há uma ligeira diminuição nas velocidades sísmicas do manto ao redor de 100 km de profundidade, especialmente sob os oceanos. Contudo, a composição química das rochas do manto acima desta "zona de baixa velocidade" varia pouco se comparada com as da crosta. A diminuição da velocidade sísmica abaixo dos 100 km é causada pelo fato de as rochas conterem uma pequena quantidade de material fundido, resultado do processo de fusão parcial, reduzindo bastante a rigidez do material nessa profundidade. Assim, a crosta, com uma parte do manto superior acima da zona de baixa velocidade, forma uma camada íntegra mais dura e rígida, chamada litosfera. Abaixo da zona de baixa velocidade, a chamada astenosfera, as rochas do manto são mais maleáveis (plásticas). Enquanto a descontinuidade Moho é abrupta, indicando mudança de composição química do meio, o limite litosfera/astenosfera é mais gradual e indica mudança de propriedades físicas: aumento de temperatura, fusão parcial e grande diminuição da viscosidade. A verdadeira "casca" da Terra, portanto, é a litosfera. As placas litosféricas são fragmentos de que se movimentam sobre a astenosfera (ver capítulo 3).

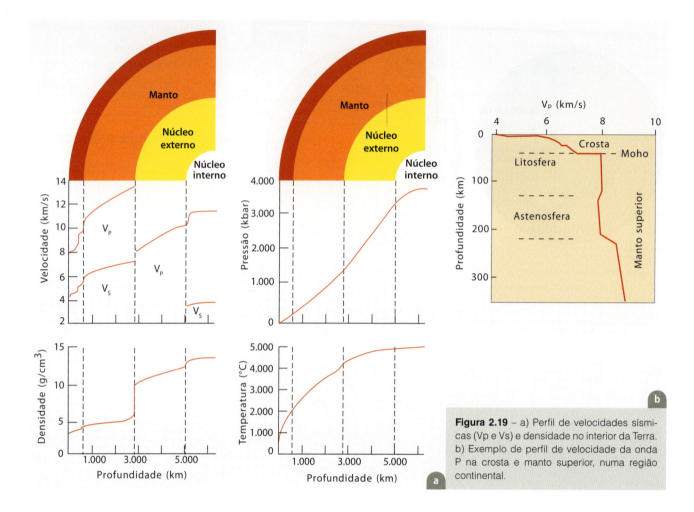

Figura 2.19 – a) Perfil de velocidades sísmicas (Vp e Vs) e densidade no interior da Terra. b) Exemplo de perfil de velocidade da onda P na crosta e manto superior, numa região continental.

2.3 Gravidade

Antes de estudos sismológicos, os geólogos já faziam estimativas sobre a distribuição da densidade da Terra, desde a sua superfície até o seu interior mais profundo.

As duas grandezas físicas que não são obtidas da Sismologia são a densidade média (5,52 g/cm³) da Terra (obtida dividindo-se a massa total pelo volume do planeta) e seu momento de inércia. Essa última grandeza é importante porque a distribuição de densidade no interior da esfera terrestre determina o momento de inércia da esfera em torno de seu eixo. Uma conclusão possível é que a densidade da Terra cresce de 2,5 g/cm³ na superfície até valores entre 10 e 15 g/cm³ no seu centro.

Vamos rever, de início, os fundamentos propostos por Newton, que permitiram refinar o conhecimento sobre a distribuição de densidade do interior da Terra e o surgimento da Gravimetria e suas aplicações.

Embora os estudos empíricos sobre o movimento de queda livre tenham sido iniciados e publicados por Galileu, no final do século XVI, a teoria da gravitação universal só apareceu um século depois, quando Newton publicou os seus estudos em 1687. Nessa época, o conhecimento de que a Terra possuía forma aproximadamente esférica já estava totalmente difundido, visto que no século XVI muitos navegadores já haviam completado a circunavegação.

A gravitação é uma propriedade fundamental da matéria, manifestando-se em qualquer escala de grandeza, desde a atômica até a cósmica. A lei de gravitação proposta por Newton estabelece que dois corpos de massas, cujas dimensões são menores que a distância que as separam, atraem-se na razão direta do produto de suas massas e na razão inversa do quadrado da distância entre os centros de massa, ou seja, matematicamente:

$$F = G\frac{m_1.m_2}{d^2} \quad (2.1)$$

onde m_1 e m_2 são as massas dos dois corpos, um deles podendo ser a Terra, d é a distância entre os corpos, F é a força gravitacional de atração que age sobre cada um dos corpos e G é a constante de gravitação universal (veja tabela de unidade no Apêndice XII no final do livro).

De acordo com a lei de Newton, se o corpo de massa m_1 estiver fixo e o corpo de massa m_2 puder movimentar-se, ele irá se deslocar em direção ao primeiro, devido à força F. Neste caso, sua aceleração a_g será igual a F/m_2 ou, substituindo-se na equação (2.1):

$$a_g = \frac{F}{m_2} = \frac{(G.m_1)}{d^2} \quad (2.2)$$

Portanto, a aceleração a_g depende apenas da distância entre os dois corpos e da massa fixa, que cria um campo de aceleração gravitacional ao seu redor. Esse campo é igual em todas as direções, ou seja, é isotrópico. Essas características fazem com que o corpo, mesmo possuindo massa muito elevada, produza um campo menos intenso do que um outro, com massa muito menor, porém situado mais próximo. Como exemplo, podemos citar a queda de meteoritos sobre a superfície terrestre. Embora sejam atraídos pelo Sol, muitos deles acabam caindo na Terra, de massa muito menor, ao passarem em órbita próxima.

Como o campo gravitacional é isotrópico, as forças de atração tendem a aglutinar massa em corpos esféricos. Isto explica a forma relativamente esférica do Sol e dos planetas que compõem o Sistema Solar, os quais foram formados a partir de uma nuvem de gás e poeira interestelares, há 4,6 bilhões de anos, durante o processo de acreção (ver capítulo 1).

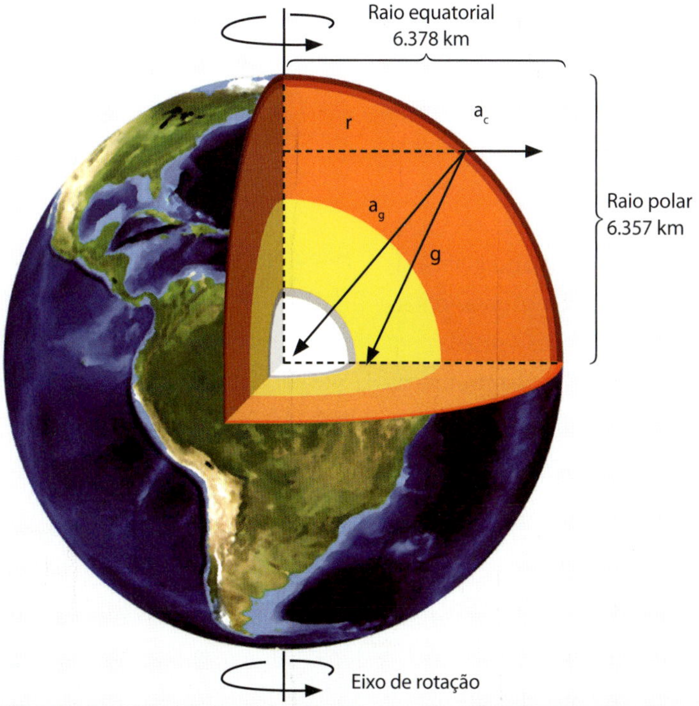

A Terra executa um movimento de rotação ao redor de si mesma com um período de 24 horas. Assim, qualquer ponto do seu interior ou de sua superfície sofre o efeito da força centrífuga resultante da aceleração centrípeta dada pela expressão:

$$a_c = \omega^2 r \quad (2.3)$$

onde $\omega = 2\pi/T$ é a velocidade angular de rotação, T é o período de rotação e r é a distância em relação ao eixo de rotação. Como a aceleração centrípeta é dirigida perpendicularmente em relação ao eixo de rotação, os únicos locais onde não há aceleração centrípeta ($a_c = 0$) são aqueles situados sobre o eixo de rotação, ou seja, nos polos. Todos os outros pontos da Terra, portanto, sofrem uma aceleração centrípeta cuja intensidade é diretamente proporcional à distância do eixo de rotação, atingindo valores máximos na linha do equador, como pode ser observado na figura 2.20.

A soma vetorial da aceleração gravitacional e da aceleração centrípeta é denominada aceleração de gravidade (Figura 2.20) ou simplesmente gravidade:

$$g = a_g + a_c$$

A aceleração centrípeta tem componente radial negativa, o que produz um decréscimo em g do polo para o equador.

Tanto a direção como a intensidade de g variam conforme a posição sobre a superfície terrestre. Embora o componente gravitacional a_g possua intensidade aproximadamente constante, sua direção é variável, sendo praticamente radial e apontando para o centro da

Figura 2.20 – A aceleração da gravidade varia de ponto para ponto sobre a superfície terrestre. A Terra é achatada nos polos e executa movimento de rotação, portanto a aceleração da gravidade em um dado local resulta da soma vetorial das acelerações gravitacional a_g (radial) e da centrípeta a_c (perpendicular ao eixo de rotação). A direção da aceleração de gravidade g não é radial e sua intensidade atinge valores máximos nos polos e mínimos na região equatorial.

Terra. Já o componente centrípeta a_c tem direção sempre perpendicular ao eixo de rotação terrestre, mas sua intensidade varia em função da latitude. Desta forma, a intensidade de g é máxima nos polos e igual ao componente a_g, diminuindo gradualmente em direção ao equador, onde atinge o valor mínimo. Como pode ser observado na figura 2.20, a direção de g só coincide com aquela do componente gravitacional a_g nos polos e no equador; nas demais latitudes ela não é radial.

Em virtude do movimento de rotação, a Terra não possui forma totalmente esférica, e o seu raio equatorial (6.378 km) é ligeiramente maior do que o raio polar (6.357 km). Portanto, a Terra possui a forma de um esferoide achatado nos polos, o que explica, por exemplo, por que um objeto é um pouco mais pesado nos polos do que no equador.

O achatamento terrestre forneceu informações fundamentais para o conhecimento do interior do nosso planeta. Partindo da hipótese de que a Terra possui densidade constante e é constituída por um fluido em perfeito equilíbrio hidrostático, Newton calculou um achatamento de 1/230. Com os conhecimentos atuais sobre a velocidade de rotação da Terra e de suas dimensões, o achatamento polar teórico é de 1/299,5, o qual é bastante próximo do valor aceito hoje, obtido por meio da observação precisa das órbitas de satélites artificiais.

Esse resultado indica que grande parte do interior da Terra comporta-se como um fluido. A princípio, isto parece contraditório, tendo em vista os resultados obtidos pela Sismologia, que indicam que a crosta, manto terrestre e núcleo interno são sólidos. A explicação para esse fato é que as rochas do manto terrestre comportam-se como um sólido elástico em curtos intervalos de tempo, durante a passagem das ondas sísmicas, e como um fluido viscoso na escala do tempo geológico. Considerando que a Terra formou-se há 4,6 bilhões de anos, houve tempo suficiente para ocorrer deformação plástica das rochas que compõem o manto terrestre, originando, assim, seu achatamento por causa do movimento de rotação.

2.3.1 Interpretando anomalias de gravidade

Em Gravimetria, em homenagem a Galileu, utiliza-se como unidade de aceleração o Gal (ver tabela de unidades no final do livro) ou, como é o mais usual em Geofísica, utiliza-se a milésima parte do Gal (mGal).

Na superfície terrestre, o valor médio da gravidade é de aproximadamente 9,80 m/s^2 ou 980 Gal. Com o movimento de rotação e o achatamento na região polar, o valor da gravidade diminui cerca de 5,3 Gal dos polos ao equador, o que representa uma variação aproximada de 0,5%. Além disso, a atração exercida pela Lua e pelo Sol, bem como as diferenças de altitude entre os pontos de medida, causam alteração no valor da gravidade. Como todas essas variações se superpõem, torna-se necessário quantificá-las e eliminá-las ao máximo para, então, estudar aquelas variações causadas por diferenças na composição e estrutura da crosta ou do manto superior da Terra.

A maior variação no valor de g é a latitudinal, causada pela rotação e achatamento terrestres e pode ser calculada utilizando fórmulas teóricas da gravidade, conhecendo-se a latitude do ponto de medida de g.

As variações da gravidade devido à ação da Lua e do Sol (efeitos de maré) são descritas por meio de tabelas publicadas periodicamente. As variações causadas por diferenças de altitude, devido à topografia do terreno, também podem ser eliminadas através de duas correções, denominadas de correção ar-livre e de correção Bouguer. O nome desta última foi dado em homenagem a Pierre Bouguer por seus estudos, no século XVIII, sobre a força de atração gravitacional exercida pela Terra.

A correção ar-livre é aplicada para eliminar o efeito causado pela diferença de altitude entre o ponto de observação e o nível do mar.

Como existem massas rochosas entre o ponto de medida e o nível do mar, em áreas continentais, aplica-se a correção Bouguer para eliminar o efeito gravitacional da massa topográfica, sendo conveniente conhecer a sua densidade com a melhor exatidão possível. A correção Bouguer é aplicada em conjunto com a correção ar-livre, restando apenas o efeito por causa da atração dos corpos ou estruturas geológicas situadas abaixo do nível do mar.

Se o interior da Terra fosse uniforme, os valores medidos da gravidade seriam iguais sobre todos os pontos da superfície, após todas essas correções mencionadas. Entretanto, como existem importantes variações laterais e verticais na composição e, portanto, na densidade das rochas que compõem o interior da Terra, os valores medidos da gravidade variam. Referimo-nos a essas variações em g como anomalias de gravidade.

Na figura 2.21 são apresentados os valores de densidade para as rochas comumente encontradas na superfície terrestre.

A representação de anomalias gravimétricas é feita por meio de mapas de curvas de isovalores, cujas linhas unem pontos com mesmos valores de anomalia. Nesses mapas, como no exemplo da figura 2.22, há altos e baixos gravimétricos causados por diferenças na densida-

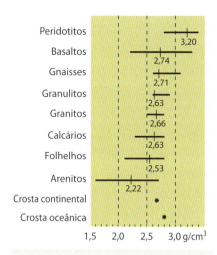

Figura 2.21 – Variação e média de densidade para algumas rochas encontradas na superfície terrestre. Para comparação, encontram-se também os valores médios da crosta continental e da crosta oceânica (ver quadro 2.5 – glossário – para definição das rochas mencionadas).

de dos materiais que ocorrem na crosta e no manto superior. As anomalias que possuem dimensões de até dezenas de quilômetros são denominadas de anomalias locais, e geralmente se associam a corpos rochosos relativamente pequenos, com densidade anômala, localizados próximo da superfície (na crosta superior). Por outro lado, as anomalias regionais possuem dimensões de até centenas de quilômetros e são, em geral, associadas a feições de grande escala. Por exemplo, os altos gravimétricos, de escala regional, que ocorrem em bacias oceânicas profundas, são causados pela proximidade das rochas do manto, uma vez que a crosta oceânica é pouco espessa (de 6 a 7 km). Note, no mapa gravimétrico da América do Sul, que predominam anomalias Bouguer com valores negativos, dentro do qual aparecem os altos e baixos gravimétricos que são referidos como anomalias positivas e negativas, respectivamente.

As anomalias de gravidade "negativas" são os baixos gravimétricos causados por rochas com densidade relativamente baixa ou sedimentos localizados em subsuperfície, em contato com outras rochas de maior densidade. Por exemplo, anomalias negativas são encontradas em cadeias montanhosas (que possuem raízes profundas constituídas por rochas com densidade relativamente baixa), ou ainda associadas à presença de corpos rochosos intrusivos de baixa densidade como no exemplo mostrado na figura 2.23.

As anomalias "negativas" são geradas também pela presença de domos de sal de baixa densidade, formados pela evaporação da água de antigos mares rasos. Como este ambiente é propício à deposição de matéria orgânica, anomalias gravimétricas negativas associadas a domos salinos podem indicar áreas potencialmente favoráveis à prospecção de petróleo e gás.

Anomalias "positivas" são altos gravimétricos locais e causadas por rochas com alta densidade na superfície ou em profundidade. Na região meridional do Brasil, há uma anomalia dessa natureza (ver figura 2.24), causada por uma das maiores manifestações de vulcanismo basáltico do planeta, que originou, há aproximadamente 135 milhões de anos, a Formação Serra Geral da bacia do Paraná.

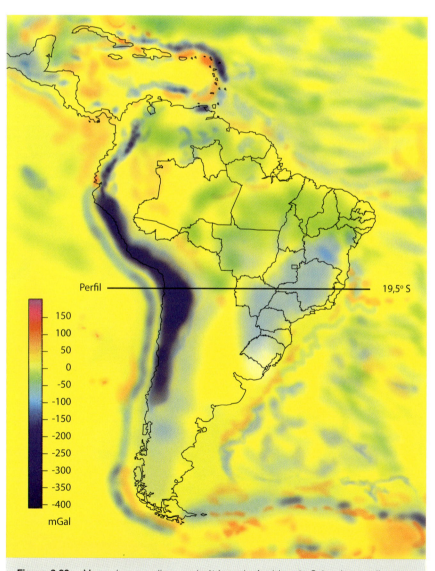

Figura 2.22 – Mapa de anomalias gravimétricas da América do Sul e áreas adjacentes (anomalias Bouguer no continente e ar-livre nos oceanos). O perfil indicado na latitude 19,5° S é apresentado na figura 2.27. Fonte: N. C. de Sá.

Depósitos de minerais metálicos de alta densidade, localizados em subsuperfície, podem também ser identificados em levantamentos gravimétricos de detalhe, por produzirem anomalias positivas ou altos gravimétricos.

2.3.2 O princípio da isostasia

Entre 1735 e 1745 foi realizada uma expedição francesa para o Peru, liderada por P. Bouguer, com o objetivo de determinar a forma da Terra. Nessa viagem, Bouguer notou que a Cordilheira dos Andes exerce uma força de atração gravitacional menor do que a esperada para o respectivo volume das massas topográficas. Após um século, G. Everest fez a mesma observação nos Himalaias, durante uma expedição à Índia. Na época, foi levantada a hipótese de que as montanhas teriam menor massa do que as áreas adjacentes, entretanto, não havia uma explicação geológica razoável para esse tipo de fenômeno comum nas duas regiões de montanhas.

A explicação viria em 1855, quando J. H. Pratt e G. Airy, dois geodesistas ingleses, propuseram, independentemente, hipóteses para explicar essas observações. Em 1889, o termo isostasia foi utilizado como o mecanismo para explicá-las. De acordo com o conceito de isostasia, há uma deficiência de massa abaixo das rochas da cordilheira, que é aproximadamente igual à massa das próprias montanhas.

O conceito de isostasia baseia-se no princípio de equilíbrio hidrostático de Arquimedes, no qual um corpo, ao flutuar, desloca uma massa de água equivalente à sua. Nesse caso, uma cadeia montanhosa poderia comportar-se como uma rolha de menor densidade flutuando na água de maior densidade. De acordo com esse princípio, a camada superficial da Terra relativamente rígida encontra-se

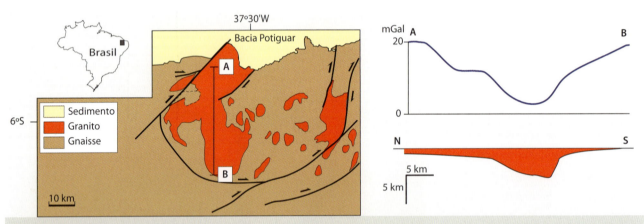

Figura 2.23 – Anomalia de gravidade causada pelo granito Tourão (Rio Grande do Norte, Brasil). O perfil A-B, indicado no mapa, mostra uma acentuada queda no valor de gravidade que coincide com o setor de maior profundidade do granito, menos denso que as rochas encaixantes. Note que a extensão horizontal do corpo intrusivo (~ 50 km) é cerca de dez vezes maior que a sua profundidade máxima (~ 5 km). Fonte: R.I.F. Trindade.

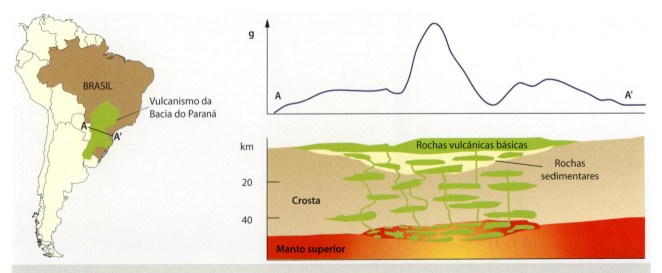

Figura 2.24 – Anomalias positivas de gravidade podem ser causadas pela presença de rochas de alta densidade próximas da superfície. Na bacia do Paraná, houve a extrusão de grande quantidade de magmas básicos, com pronunciada anomalia positiva de gravidade.

sobre um substrato mais denso. Sabemos, hoje, que essa camada superficial corresponde à crosta e à parte do manto superior, que integram a litosfera. O substrato denso é o manto sólido que, em escala de tempo geológico, comporta-se como um fluido viscoso, no qual ocorrem deformações plásticas.

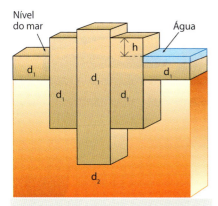

Figura 2.25 – Modelo de compensação isostática de Airy. A camada superior rígida possui densidade constante (d_1), mas inferior àquela do substrato plástico (d_2). A condição de equilíbrio isostático é atingida pela variação da espessura da camada superior, de modo que sob as montanhas a camada superior (crosta) atinge espessuras bastante expressivas.

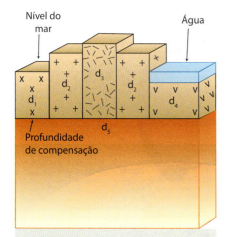

Figura 2.26 – Modelo de compensação isostática de Pratt. A camada superior rígida é composta de blocos de igual profundidade, mas com densidades diferentes e menores do que aquela do substrato plástico ($d_3 < d_2 < d_1 < d_4 < d_5$). A condição de equilíbrio isostático é atingida pela variação da densidade, de modo que as rochas sob as cadeias montanhosas seriam menos densas, enquanto as das bacias oceânicas seriam mais densas.

O equilíbrio isostático é atingido quando o acúmulo de carga ou a deficiência de massa são compensados por uma deficiência de massa ou excesso de carga em subsuperfície, respectivamente. Dependendo do caso, observam-se anomalias de gravidade Bouguer negativas, em regiões montanhosas, ou positivas, em regiões de depressão ou nos oceanos. Isto porque as anomalias Bouguer são corrigidas do efeito topográfico, evidenciando a contribuição das variações de massa em subsuperfície.

Nas duas hipóteses de compensação isostática, a superfície terrestre é considerada suficientemente rígida para preservar as feições topográficas e menos densa do que o substrato plástico. No modelo de Airy, as montanhas são mais altas por possuírem raízes profundas, da mesma forma que um imenso bloco de gelo flutuando no mar (Figura 2.25).

A profundidade z da camada superior no modelo de Airy, em relação à espessura da crosta continental no nível do mar, é estimada pela fórmula $z = (d_1 \times h)/(d_2 - d_1)$, onde h é a altitude topográfica em relação ao nível do mar.

Já no modelo de Pratt, as montanhas são elevadas por serem compostas de rochas de menor densidade do que as existentes nas regiões vizinhas (ver figura 2.26), havendo, neste caso, diferenças laterais na densidade.

Sabemos hoje que os dois modos de compensação isostática explicam as observações gravimétricas em cadeias de montanhas. As montanhas são mais altas, pois se projetam para as partes mais profundas do manto, conforme informações obtidas pela sismologia e anomalias Bouguer negativas (ver figura 2.27). Por outro lado, os continentes situam-se acima do

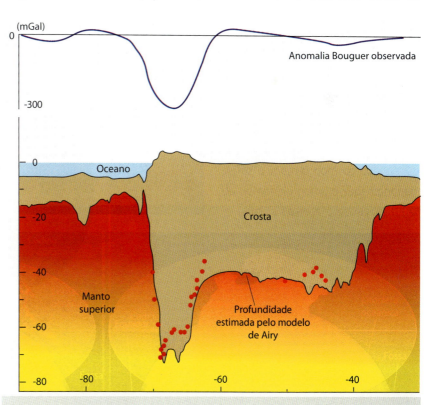

Figura 2.27 – Seção crustal ao longo do paralelo 19,5 graus sul (ver figura 2.22) obtida usando o modelo de compensação de Airy, o perfil indica a anomalia Bouguer observada. Nota-se que sob a região de topografia mais elevada, a anomalia Bouguer é negativa, refletindo o espessamento da crosta. Os pontos vermelhos indicam a profundidade da descontinuidade de Moho obtida por estudos sismológicos. Fonte: N. C. de Sá.

nível do mar em razão das diferenças de composição e densidade (ver figura 2.21) entre as rochas da crosta continental e a crosta oceânica (Figura 2.28). Mesmo após ter sofrido intemperismo e erosão intensos no decorrer do tempo geológico, a crosta continental situa-se acima do nível do mar por causa da isostasia, pois à medida que a erosão remove as camadas mais superficiais, ocorre lento soerguimento. Portanto, as rochas originadas em profundidades maiores acabam atingindo níveis superficiais. Confirma esse fato a ocorrência de rochas formadas em condições de alta pressão e temperatura, compatíveis com as existentes na base da crosta continental e que hoje se encontram expostas em várias regiões do planeta. No Brasil, essas rochas, chamadas granulitos (ver quadro 2.5), são vistas, por exemplo, no estado da Bahia.

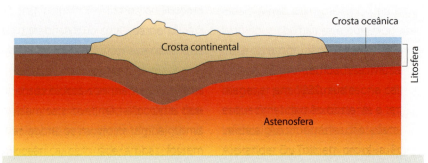

Figura 2.28 – Sabe-se hoje que os dois modelos de compensação isostática operam simultaneamente. As montanhas possuem raízes profundas, compostas de rochas com densidade relativamente baixa, fazendo com que a crosta e a litosfera sejam mais espessas nessas regiões, conforme previsto no modelo de Airy. Já a crosta oceânica situa-se em níveis topográficos mais baixos do que a crosta continental, em virtude de sua maior densidade, conforme previsto no modelo de Pratt.

2.4 Geomagnetismo

O magnetismo natural da Terra já era conhecido séculos atrás, pois bússolas eram utilizadas por volta de 1100 a.C. pelos chineses, a quem é atribuída sua descoberta.

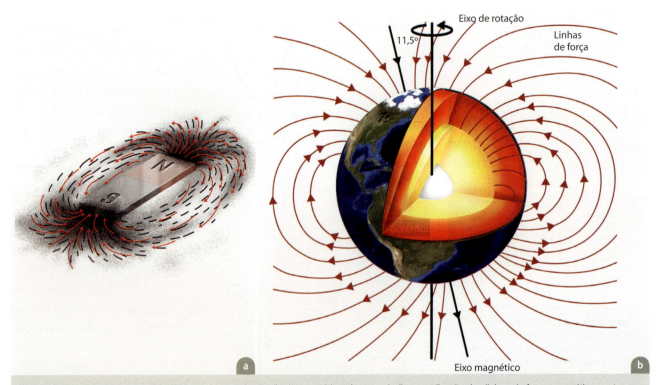

Figura 2.29 – a) O campo magnético de um ímã ou de um dipolo magnético. As setas indicam a direção das linhas de força magnética, os traços curtos e interrompidos representam a distribuição de limalhas de ferro jogadas no plano ao redor do ímã. Por convenção, as linhas de força saem do polo norte e entram no polo sul do ímã. Há uma maior concentração de limalhas de ferro nos extremos, norte e sul, do ímã, onde o campo é mais intenso. Campo magnético é o conjunto (distribuição espacial e intensidade) das forças magnéticas. b) Representação do campo magnético da Terra, ou campo geomagnético, onde 90% do campo tem natureza dipolar e similar ao campo produzido por um ímã localizado no centro da Terra e cujo eixo está inclinado 11,5° em relação ao eixo de rotação da Terra.

2.4.1 A Terra é um ímã?

Todos nós sabemos que é possível utilizar uma bússola para nossa orientação. A bússola é uma agulha imantada atraída pelo polo magnético. Isto demonstra que a Terra se comporta como um ímã, ou seja, tem magnetismo próprio. Isto já é conhecido há muito tempo, como também já se sabia desde 1600, a partir das experiências de Willian Gilbert e das anotações feitas pelos grandes navegantes, que a bússola era utilizada no século XIII na Europa. Na figura 2.29a são mostradas as linhas de força magnética produzidas por uma barra magnetizada ou ímã. Por convenção, o extremo da barra onde as linhas de força do campo magnético são direcionadas para fora é denominado polo "norte" e o outro extremo, onde as forças são direcionadas para fora, o polo "sul" do ímã. Em primeira aproximação, o campo magnético da Terra (Figura 2.29b) é um campo dipolar. Observe que se adotarmos a convenção de polos norte e sul, de acordo com aquela mostrada na figura 2.29a, então, no caso da Terra, o polo norte geomagnético é na realidade, o polo sul magnético e vice-versa. Entretanto, a forma do campo geomagnético é muito mais complexo do que aquele de um simples ímã ou dipolo. A seguir, vamos discutir um pouco mais sobre esse fato.

Se seguirmos a orientação da bússola para atingir o polo norte, o mais provável é que não cheguemos lá. Isso porque a localização dos polos magnéticos da Terra difere dos polos geográficos (Figura 2.30). Em 2005, o polo "norte" magnético encontrava-se próximo da costa norte da América do Norte (83,2° N 118,0°W) e o polo "sul", próximo da costa da Antártida (64,5°S 137,8°E). Aqui a designação de "norte e "sul" deve-se à proximidade desses polos aos respectivos polos geográficos, mas na realidade, fisicamente, estão invertidos como mencionado no parágrafo anterior.

Outra forma de caracterizar o campo magnético no espaço é por meio de três elementos como mostrado na figura 2.31. A intensidade da força (F), e dois ângulos, a Declinação (D), que é o ângulo entre o meridiano magnético (direção para onde a agulha da bússola aponta) e o norte geográfico, e a Inclinação (I), que é o ângulo entre a direção da força magnética e o plano horizontal. Desta forma, nos polos geomagnéticos a inclinação é máxima (90° no norte ou -90° no sul) e o componente vertical da força é máxima. No equador geomagnético, a inclinação e o componente vertical da força são nulos, e o componente horizontal da força, máximo.

Podemos representar a declinação magnética observada por toda a superfície terrestre num mapa e unir os pontos de mesmo valor e obteremos um mapa com linhas de isovalores (ver figura 2.32).

O que se vê nesse mapa é surpreendente. Ao contrário dos grandes círculos (meridianos magnéticos) como representado na figura 2.29, em que temos a ação exclusiva de um dipolo, vemos na figura 2.32 linhas irregulares que chegam até mesmo a se fechar, apesar de manterem uma distribuição geral semelhante àquela de dipolo. Então, podemos concluir que, na verdade, temos uma superposição de efeitos, em que cerca de 90% é de caráter dipolar e o restante é o que chamaremos de não-dipolar.

Agora compararemos as linhas de isovalores nos mapas de declinação obtidos em 1980 (ver figura 2.32) e 1800 (ver figura 2.33). A principal diferença entre elas é a linha de declinação zero que passava ao leste da América do Sul, sobre o Atlântico, em 1800, e em 1980 está na costa do Pacífico. Observe também que as linhas de isovalores não têm exatamente a mesma forma e todas estão um pouco deslocadas para oeste. Por que isto acontece? É que o

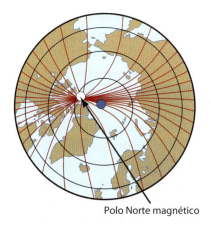

Polo Norte magnético

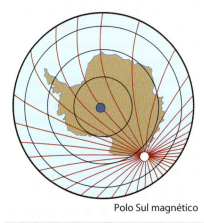

Polo Sul magnético

Figura 2.30 – Posição média dos Polos Norte e Sul geomagnéticos (círculos brancos) em relação aos Polos Norte e Sul geográficos (círculos azuis) em 2005. O Polo Norte magnético, na costa norte do Canadá, no oceano Ártico. O Polo Sul magnético está ao leste da Antártica, no oceano Pacífico. Os grandes círculos vermelhos que convergem nos polos magnéticos são as linhas do campo magnético (Figura 2.29) projetadas sobre a Terra.

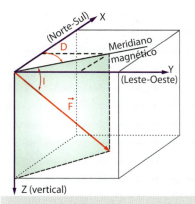

Figura 2.31 – Representação vetorial do campo geomagnético para cada ponto sobre a superfície da Terra. Os eixos X e Y coincidem com as direções geográficas e o eixo Z tem sentido positivo em direção ao centro da Terra. Os ângulos D e I são, respectivamente, a declinação e a inclinação magnéticas.

magnetismo da Terra não é estático como nos ímãs, e os polos magnéticos não são fixos. Eles se deslocam à velocidade média de aproximadamente 0,2°/ano, geralmente de leste para oeste.

Os polos magnéticos terrestres, apesar de se deslocarem continuamente, não se afastam muito dos polos geográficos, permanecendo a distâncias máximas de 30° a 40° em latitude. Entretanto, às vezes esse deslocamento é maior, atingindo latitudes equatoriais. Nesses casos, diz-se que o campo geomagnético realizou uma excursão magnética. Mas muitas vezes os polos magnéticos mudam de hemisfério e, nesse caso, diz-se que o campo sofreu uma inversão de polaridade ou reversão. Essa nova configuração de polaridade pode ter duração variável, desde alguns a várias dezenas de milhões de anos.

As inversões de polaridade ocorreram com frequência durante a história da Terra, embora nenhuma tenha acontecido nos últimos milênios, ou em épocas em que pudessem ser observadas. Essa informação, entretanto, fica gravada nas rochas na forma de um "magnetismo fóssil". A magnetização gravada pode ser medida com o uso de equipamentos sensíveis, os magnetômetros. O estudo sistemático das rochas, com a finalidade de recuperar a informação magnética nelas gravada, é chamado de paleomagnetismo (Quadro 2.2).

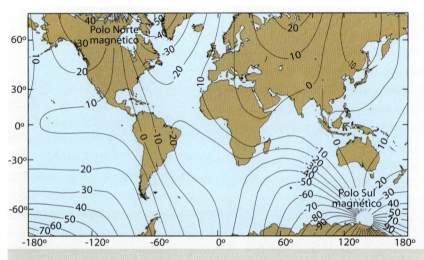

Figura 2.32 – Mapa de contorno de isovalores de declinação magnética sobre a superfície terrestre em 1980.

Figura 2.33 – Mapa de mesma declinação magnética no ano de 1800.

Quadro 2.2 – Montando quebra-cabeças: paleomagnetismo

Através do paleomagnetismo, é possível investigar o próprio magnetismo da Terra no passado, estudando suas variações em direção, polaridade e intensidade. É também fundamental na reconstrução dos antigos supercontinentes (quando um ou mais continentes estavam unidos) e na quantificação da "deriva continental". Vejamos como isto é possível.

Uma pequena porcentagem dos minerais que compõem as rochas tem a propriedade de adquirir magnetização quando estão sendo formados. Essa magnetização é chamada remanente, e os minerais que apresentam essa propriedade são do tipo ferrimagnéticos. Os principais minerais ferrimagnéticos presentes nas rochas são os óxidos de ferro, como, por exemplo, a magnetita (Fe_3O_4) e a hematita (Fe_2O_3). Essa magnetização

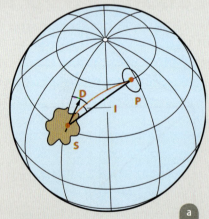

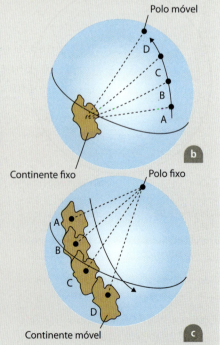

Figura 2.34 – (a) Correlação entre o vetor de magnetização de uma rocha (seta), definido pelos ângulos de declinação (D) e inclinação (I), obtido em um sítio (S), e a posição do polo paleomagnético (P). (b) Representação da deriva continental considerando polo móvel e continente fixo acima, ou polo fixo e continente móvel abaixo.

adquirida pode ser preservada por até bilhões de anos se a rocha, durante sua história geológica, não sofrer processos de aquecimento ou compressão intensos.

Rochas de mesma idade e localizadas em continentes diferentes adquiriram magnetização compatível com o mesmo polo magnético (vamos nos referir ao polo magnético norte) na época em que se formaram (Figura 2.34a). Isto quer dizer que os ângulos de declinação e inclinação magnéticas medidos nos dois casos devem corresponder ao mesmo polo paleomagnético (= polo antigo). Mas se isso não acontecer, então devemos concluir que um dos continentes deslocou-se em relação ao outro (Figura 2.35).

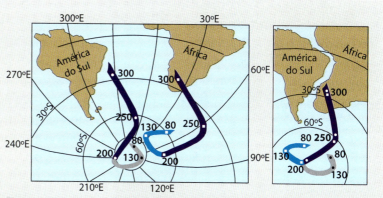

Figura 2.35 – Curvas de deriva polar para a América do Sul e África e reconstrução desses continentes, com a justaposição de parte dessas curvas. As curvas começaram a divergir entre 130 e 80 milhões de anos atrás, porque os dois continentes migraram independentemente.

Os continentes estão em contínuo movimento e, para representar seus deslocamentos, os polos paleomagnéticos são muito úteis. Afinal, é muito mais fácil representar a trajetória de um ponto sobre a superfície da Terra do que a trajetória de um continente (Figura 2.34b). A sequência de polos paleomagnéticos de idades distintas para um mesmo continente descreve o que chamamos de curva de deriva polar (Figura 2.35). Quando comparamos as curvas de deriva dos dois continentes e verificamos que elas podem ser superpostas, então estamos fazendo uma reconstrução paleogeográfica.

2.4.2 Um dínamo no interior da Terra

Mas como se explica que a Terra tenha um magnetismo de características tão complexas e dinâmicas? Certamente qualquer teoria baseada em "cargas" magnéticas fixas não é satisfatória. A teoria mais aceita atualmente é a proposta geofísica de um mecanismo de dínamo que atua no núcleo externo (Figura 2.36).

Nesse mecanismo de dínamo, o fluido metálico que compõe essa camada interna da Terra está em movimento na presença de um campo magnético já existente (o fraco campo magnético que permeia o sistema solar). Isto produz correntes elétricas pelo fenômeno de indução. Essas correntes elétricas, por sua vez, formam espirais conforme o movimento de rotação da Terra e os movimentos de convecção, gerando, desta forma, um campo magnético do tipo dipolar. Uma vez criado esse campo magnético, a ação do campo inicial deixa de ser necessária. Por isso, o dínamo geomagnético é dito dínamo autossustentável, ou seja, pode se manter sozinho, enquanto existir uma fonte de calor para manter o fluido em movimento.

2.4.3 Mapas magnéticos e anomalias magnéticas

O mapa da intensidade total do campo (ver figura 2.37) mostra que o campo magnético terrestre é mais complexo que o campo que seria associado a um simples dipolo geocêntrico. Se o campo fosse exatamente um campo dipolar, as linhas de mesmo valor da intensidade total seriam linhas paralelas ao equador magnético do dipolo (linha sobre a qual a in-

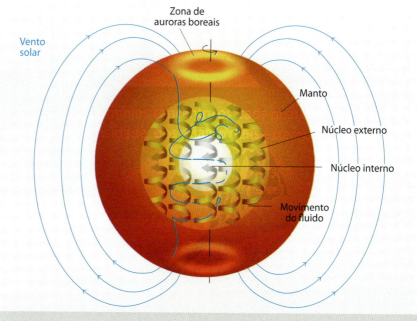

Figura 2.36 – Ilustração esquemática do movimento do fluido condutor do núcleo externo e geração do campo magnético dipolar, indicado pelas linhas de força. Fonte: Jeanloz, 1983.

69

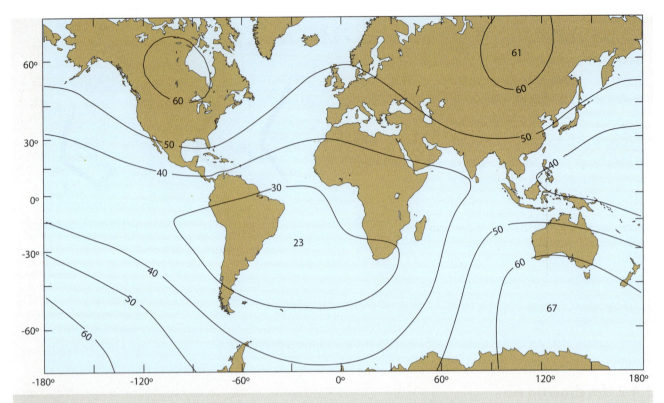

Figura 2.37 – Mapa de intensidade total do campo geomagnético em milhares de nanoTesla (nT), a unidade de indução magnética no Sistema Internacional.

clinação magnética é igual a zero). Isto é, exceto perto dos polos, elas seriam praticamente retas nesse mapa. Essa diferença é chamada de campo não dipolar ou anomalia geomagnética.

Quando as cartas isomagnéticas são construídas a partir de medidas mais pormenorizadas em uma região mais restrita da Terra, os contornos aparecem superpostos por campos localizados pela presença de fontes magnéticas na crosta da Terra. Essas anomalias com seções transversais de 1 a 100 km ou mais não podem ser representadas num mapa de escala global (Figura 2.38).

Concentração de minerais magnéticos em rochas e algumas correntes elétricas fracas na crosta ou nos oceanos são as principais fontes responsáveis pelos campos localizados. Essas irregularidades de superfície ou anomalias magnéticas podem ter intensidades correspondentes a uma pequena porcentagem do campo normal, mas, acima de jazidas de ferro ou depósitos magnéticos próximos à superfície, essas anomalias podem exceder o campo da Terra. É na busca e interpretação dessas anomalias que se baseia o método magnético em prospecção geofísica.

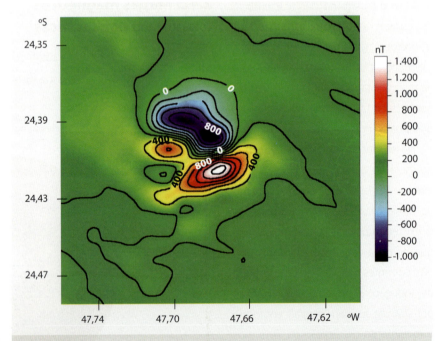

Figura 2.38 – Anomalia magnética de intensidade total gerada por concentração de minerais magnéticos em corpo ígneo intrusivo na região de Juquiá, estado de São Paulo. Fonte: W. Shukowsky.

2.5 Modelos de estrutura e composição

Com o desenvolvimento da rede sismográfica mundial e dos métodos de observação e análise, foram encontradas novas interfaces e zonas de transição no interior terrestre.

De acordo com esses dados, a crosta, o manto e o núcleo são domínios heterogêneos (Figura 2.39). Partindo das velocidades sísmicas, calculam-se as densidades das camadas principais e de suas subdivisões, para, em seguida, buscar a identificação das rochas presentes nessas camadas.

2.5.1 Crosta

Para alcançar as partes da crosta atualmente mais profundas, já foram feitas sondagens tanto nos oceanos como nos continentes. Tais sondagens têm alto custo e é necessário buscar outras evidências diretas para verificar os modelos obtidos por ondas sísmicas. Entre as rochas expostas na superfície dos continentes, encontram-se desde rochas sedimentares pouco ou não deformadas até rochas metamórficas que foram submetidas a condições de temperatura e pressão correspondentes às da crosta intermediária ou profunda a mais de 20 km. Podem estar presentes, também, rochas plutônicas que cristalizaram em níveis crustais desde rasos (de 1 a 3 km) até profundos. Atualmente tanto as rochas metamórficas como as plutônicas estão expostas pela ação combinada das forças geológicas internas que, entre outras coisas, são responsáveis pelo soerguimento das cadeias montanhosas (ver capítulo 3), e das forças geológicas externas, como a erosão, que, juntas, contribuem para o desgaste das montanhas, expondo suas raízes.

Essas mesmas forças geológicas são responsáveis pela colocação, por sobre os continentes, de segmentos da crosta oceânica chamados de ofiolitos, e pela exposição na superfície continental de partes da crosta continental profunda, expondo na horizontal seções que anteriormente ficavam na vertical. Observações diretas desses fragmentos crustais permitem a verificação dos modelos sísmicos.

A crosta continental apresenta espessura muito variável, desde cerca de 30 a 40 km nas regiões sismicamente estáveis mais antigas (os crátons) até 60 a 70 km nas cadeias de montanhas, tais como os Himalaias, na Ásia, e os Andes, da América do Sul. A evidência sísmica mostra que, em algumas regiões cratônicas, a crosta continental está dividida em duas partes maiores pela descontinuidade de Conrad (ver figura 2.40a) que assinala um pequeno aumento das velocidades sísmicas nessa profundidade, separando, assim, rochas

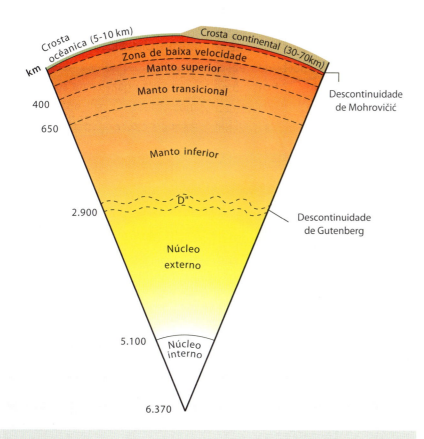

Figura 2.39 – Estrutura interna da Terra: o modelo clássico de primeira ordem, em camadas concêntricas, obtido a partir das velocidades das ondas sísmicas. As espessuras da crosta e da zona de baixa velocidade estão exageradas para fins ilustrativos. As linhas tracejadas representam limites irregulares.

71

de densidade menor na crosta superior de rochas de maior densidade na crosta inferior, enquanto as observações diretas sugerem que uma divisão em três partes pode ser mais adequada (Figura 2.40b).

O modelo geofísico para a crosta oceânica sugere a presença de três camadas de rochas sobre o manto (Figura 2.41a). Programas de sondagens do assoalho oceânico incluíram alguns furos mais profundos que penetraram até em torno de 1,5 km, permitindo, assim, a verificação direta de parte do modelo geofísico. A camada superior, mais fina, apresenta velocidades sísmicas baixíssimas e é composta principalmente de sedimentos inconsolidados com espessura variável. A camada intermediária (camada 2), de velocidades sísmicas mais altas, inclui rochas vulcânicas máficas no topo e diques subvulcânicos máficos na base. Infere-se que a camada inferior (camada 3) deve ser composta de rochas plutônicas predominantemente máficas. Abaixo da camada 3, ocorre o manto superior, às vezes denominado de camada 4. Confirma-se essa inferência nos ofiolitos (Figura 2.41b), que demonstram que a camada 3 é formada por rochas intrusivas máficas a ultramáficas. Há ampla variação das espessuras das camadas e, por consequência, da espessura total da crosta oceânica. Enquanto a crosta oceânica média apresenta espessura total em torno de 7,5 km, no oeste do oceano Pacífico se encontram alguns platôs oceânicos nos quais a espessura da crosta oceânica alcança de três a quatro vezes a espessura média.

2.5.2 Manto

O manto superior situa-se abaixo da descontinuidade de Mohorovičić até a primeira das descontinuidades mantélicas abruptas, que se manifesta a uma profundidade aproximada de 400 km (ver figura 2.39). No manto superior, a densidade, geralmente expressa em valores para pressão zero, varia desde 3,2 g/cm^3 no topo até em torno

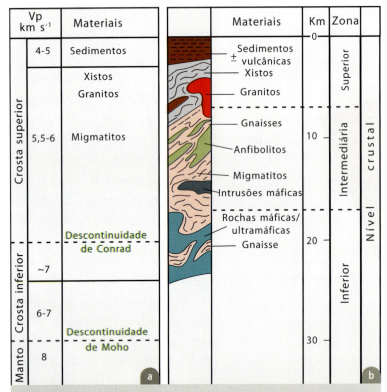

Figura 2.40 – a) Estrutura da crosta continental em regiões cratônicas ou escudos – regiões que permaneceram geologicamente estáveis durante longos períodos de tempo até os dias de hoje – sugerida pelas velocidades das ondas P, onde se nota a separação em duas partes sísmicas pela descontinuidade de Conrad em crosta superior, com rochas de Vp menores, e crosta inferior, com rochas de Vp maiores. b) Divisão da crosta continental em três partes petrologicamente diferentes como sugerida pelas observações de seções crustais expostas. A presença das rochas ígneas máficas e ultramáficas, nas partes inferiores e intermediárias, demonstra a contribuição de rochas ígneas à formação da crosta continental. A sismologia dificilmente distingue as rochas máficas ígneas das máficas metamórficas (anfibolitos) (ver quadro 2.5 no final do capítulo).

Figura 2.41 – a) Estrutura média da crosta oceânica sugerida pela velocidade das ondas P, com base em diversas perfilagens sísmicas. Nota-se a grande variação de espessuras das camadas. A partir das velocidades observadas, é possível propor que a camada 1 compõe-se de sedimentos; a camada 2, de rochas vulcânicas porosas com proporção pequena de sedimentos; a camada 3, de rochas máficas maciças; e a camada 4, de rochas ultramáficas. b) Estrutura da crosta oceânica observada no ofiolito (ver quadro 2.5) de Omã, Golfo Pérsico. Nota-se que, embora haja correspondência entre as composições das camadas superiores, nos ofiolitos é possível distinguir rochas vulcânicas maciças de rochas plutônicas, com e sem estruturas de acamamento (ver quadro 2.5).

de 3,6 a 3,7 g/cm³ a 400 km. Dentre as rochas terrestres conhecidas, são as ultramáficas ricas em olivina magnesiana (Mg_2SiO_4) e os piroxênios ($MgSiO_3$ e $CaMgSi_2O_6$) que apresentam densidades adequadas a esses parâmetros (ver tabela 2.1). Entre a Moho e ~400 km de profundidade, a velocidade de propagação das ondas sísmicas nas regiões oceânicas e em partes das regiões continentais sofre uma ligeira diminuição com aumento da profundidade (zona de baixa velocidade).

Um controle adicional sobre a provável composição do manto superior é dado pelas rochas máficas observadas na superfície terrestre, cuja origem se dá predominantemente ali (ver quadro 2.4). A petrologia experimental demonstra que, para o manto superior poder gerar essas rochas máficas, as rochas nele presentes devem ser, com maior probabilidade, o peridotito (olivina + piroxênios) ou o eclogito (granada + piroxênio). As densidades dos minerais presentes e as velocidades V_p nas rochas são apresentadas na tabela 2.1.

As rochas se fundem ao longo de um determinado intervalo de temperatura, uma vez que são compostas de vários minerais que possuem faixas de temperaturas de fusão diferentes. A temperatura do início de fusão – o primeiro aparecimento de líquido – determina o *solidus* da rocha, que, por sua vez, depende da pressão vigente, entre outros fatores (Figura 2.42). A curva do *solidus* de peridotito eleva-se de modo não linear com o aumento da pressão e da profundidade na Terra. A temperatura, outro parâmetro importante, também se eleva de maneira não linear, acompanhando o aumento da profundidade.

É possível comparar por experimentos (Quadro 2.3) os prováveis formatos da curva do *solidus* e da geoterma, que retratam a variação teórica da temperatura no interior do planeta (Figuras 2.42 e 2.43b). Verifica-se que a temperatura do *solidus* é superior à da geoterma sob

Quadro 2.3 – Produtos minerais em laboratório

A petrologia experimental representa uma ferramenta de estudo muito importante para a investigação das partes mais profundas e inacessíveis da Terra. Por meio de equipamentos especiais, em que se alcançam altas pressões e temperaturas correspondentes às condições vigentes desde a crosta até o núcleo externo, estudam-se pequenas cargas experimentais cujas composições iniciais são conhecidas. Investigam-se os produtos formados após cada experiência, conduzida a um determinado valor de temperatura e de pressão, e subsequentemente resfriada rapidamente até a temperatura ambiente. Assim, identificam-se os minerais estáveis presentes e a presença ou ausência de vidro (que representa o líquido fundido eventualmente formado à temperatura da experiência) a cada faixa de pressão e temperatura. A figura 2.43b apresenta, esquematicamente, os resultados de experiências para determinar o início da fusão (ou a curva do *solidus* de determinada rocha).

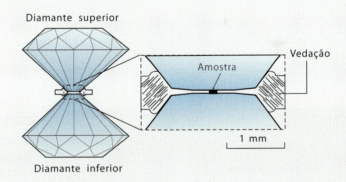

Figura 2.43a – À esquerda, as peças críticas da cela de diamante, para alcançar pressões ultra-altas, próximas a 1 Mbar, equivalentes à pressão vigente no núcleo externo. Os diamantes são colocados numa prensa de alta pressão e, devido a sua forma cônica, agem como ampliador de pressão. A amostra, muito pequena (à direita), é aquecida por raio *laser* e alcança temperaturas da ordem de 2.000 °C.

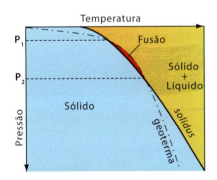

Figura 2.42 – Diagrama esquemático mostrando os formatos da geoterma e do *solidus* de peridotito, e a faixa de pressões ou profundidades onde deve ocorrer a fusão parcial. Na prática, o topo dessa zona de baixa velocidade deve ocorrer em torno de 75 km de profundidade sob os oceanos, e a 150-200 km sob os continentes. A espessura da zona de baixa velocidade deve alcançar cerca de 200 km abaixo dos oceanos.

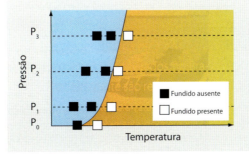

Figura 2.43b – Gráfico dos resultados de experiências para a determinar a curva do *solidus* de uma determinada rocha. A presença de vidro na amostra quando fria implica que líquido esteve presente na carga no momento da experiência a alta temperatura.

pressões baixas e altas. Nessa situação, o manto permanece sólido. Se a temperatura da geoterma excede a do *solidus*, ocorre fusão das rochas do manto. Esse intervalo de pressão e temperatura corresponde, no manto, à zona de baixa velocidade definida pelas propriedades sísmicas. Estima-se que a quantidade de líquido presente seja pequena, em torno de 2% no máximo, nessa zona. Essa quantidade de líquido, no entanto, é suficiente para tornar o manto mais plástico e mole do que o manto sobrejacente quando se considera a escala do tempo geológico.

A crosta e o topo do manto superior, acima da zona de baixa velocidade, são rígidos. Abaixo desse domínio, o manto é plástico. A parte rígida que inclui crosta e manto é denominada de litosfera, enquanto a parte dúctil, astenosfera. Abaixo da zona de baixa velocidade (mesosfera), o manto, a despeito de sua temperatura maior, está submetido a uma pressão tão alta que faz com que seja pouco plástico e totalmente sólido.

A geofísica revela que numa zona de transição no intervalo de 400 a 650 km (ver figura 2.39) há descontinuidades caracterizadas por pequenos aumentos de densidade, nítidos ou gradativos, que podem ser causadas por mudanças na

Quadro 2.4 – Rochas vulcânicas como sondas naturais

Outro meio indireto de estudar a possível composição das camadas internas do planeta é pelos fragmentos arrancados pelo magma (líquido quente produzido pela fusão parcial de rochas) das paredes do conduto magmático pelo qual o magma ascende. O magma transporta os fragmentos até a superfície, onde se solidifica para formar rocha vulcânica. Por serem, de modo geral, muito diferentes das rochas que os hospedam, os fragmentos chamam-se de xenólitos "rochas estranhas". Também são chamados de nódulos pelo formato geralmente subesférico. Entre as informações que o estudo detalhado de determinado fragmento pode fornecer, é a pressão em que se formou e, consequentemente, em que camada terrestre – crosta, manto – ele foi originado. Alguns tipos muito especiais e exóticos de rochas vulcânicas (por exemplo, os kimberlitos) são portadores de diamantes, cuja pressão mínima de formação corresponde a várias dezenas de km, portanto,

Figura 2.44a – Eclogito, rocha composta de granada e piroxênio sódico de alta pressão. Fonte: Museu de Geologia, IGc-USP.

Figura 2.44b – Nódulo de peridotito trazido à superfície por basalto (massa escura). O mineral verde-claro do nódulo é a olivina magnesiana e o mais escuro é o piroxênio. Fonte: Museu de Geologia, IGc-USP.

dentro do manto. Muitas vezes, os diamantes contêm pequenas inclusões de minerais que podem representar os minerais presentes no manto na região de formação dos diamantes. As rochas vulcânicas representam, portanto, sondas naturais da crosta e de parte do manto superior. Vários tipos de nódulos ultramáficos são encontrados em rochas vulcânicas, incluindo-se peridotito e eclogito, conforme esperado a partir dos dados sísmicos. Comparativamente, os nódulos peridotíticos são mais abundantes que os eclogíticos (Figuras 2.44a e b). A diversidade dos constituintes minerais dos nódulos demonstra que a composição do manto superior é heterogênea.

Mineral	Densidade (g/cm³)
Quartzo	2,65
Feldspato potássico	2,57
Plagioclásio	2,64
Olivina magnesiana	3,3
Clinopiroxênio	3,3
Ortopiroxênio	3,4
Granada	3,6
Rocha	**V_p (km/s)**
Granito	6
Gabro	7
Peridotito	8

Tabela 2.1 – Densidade de alguns minerais e velocidades de ondas P (V_p) em granito, gabro e peridotito.

Composição química dos minerais mencionados

Quartzo: dióxido de silício, SiO_2.

Feldspato potássico: aluminossilicato de potássio, $KAlSi_3O_8$. Contém também sódio e pouco cálcio.

Plagioclásio: aluminossilicato de cálcio e sódio, $Ca_{1-x}Na_xAl_xSi_{2+x}O_8$. x = fração molar, 0 ≤ x ≤ 1. O plagioclásio geralmente contém um pouco de potássio.

Olivina magnesiana: silicato de magnésio e ferro ferroso Fe^{2+}, $(Mg_xFe_{1-x})_2SiO_4$. x ≥ 0,5.

Clinopiroxênio: silicato complexo de cálcio, magnésio e ferro. Fórmula simplificada $Ca(Mg_xFe^{2+})_{1-x}Si_2O_6$. Geralmente, contém alumínio, ferro férrico, cromo, entre outros elementos.

Ortopiroxênio: silicato de magnésio e ferro ferroso, $(Mg_xFe_{1-x})SiO_3$. Geralmente contém alumínio, entre outros.

Granada: silicato com composição geral $M^{2+}_3M^{3+}_2(SiO_4)_3$, onde M^{2+} = Mg, Fe, Mn etc., e M^{3+} = Al, Cr, Fe etc. No manto predomina granada com M^{2+} = Mg, Fe e M^{3+} = Al, Cr.

composição química do manto para uma composição em que um ou outro elemento de maior peso atômico (por exemplo, o ferro) começa a predominar sobre os outros elementos de menor peso atômico (por exemplo, o magnésio). Igualmente, a composição química pode ser mantida, e os minerais mudam de estruturas cristalinas menos densas sob as pressões menores do manto superior para estruturas mais densas devido às pressões maiores do topo do manto inferior. Isto ocorre por meio de transformações polimórficas ou reações de decomposição promovidas pela crescente pressão em profundidade.

A petrologia experimental demonstra que, nesse intervalo de grande profundidade, os minerais presentes no topo do manto superior tornam-se instáveis e são substituídos por outros mais densos. Por exemplo, a olivina magnesiana transforma-se sucessivamente a ~400 km e a ~500 km em polimorfos que mantêm a fórmula $(Mg, Fe)_2SiO_4$, porém com estruturas mais densas. No mesmo intervalo, os piroxênios também possuem estruturas mais densas devido ao menor espaço entre os íons constituintes. A ~650 km de profundidade, a olivina decompõe-se, formando $(Mg,Fe)O$ e $(Mg, Fe)SiO_3$ com estrutura densa, adotada também pelos piroxênios. Todas as transformações citadas são acompanhadas por aumentos das densidades e das velocidades de propagação das ondas sísmicas, praticamente idênticos aos aumentos observados sismicamente.

Acredita-se que, desde ~650 km até em torno de 100 a 300 km da descontinuidade de Gutenberg a 2.900 km de profundidade (ver figura 2.39), o manto inferior seja composto predominantemente de silicatos ferromagnesianos com estrutura densa e, em menor quantidade, por silicatos cálcio-aluminosos

também densos, bem como óxidos de magnésio, ferro e alumínio. Tendo em vista o grande volume do manto inferior, um mineral ferromagnesiano com estrutura densa da perovskita, muito incomum nas rochas crustais, deve ser o silicato mais abundante da Terra.

Nesse intervalo de ~650 a 2600-2800 km, a densidade deve aumentar desde $4,0\,g/cm^3$ até perto dos $5,0\,g/cm^3$. Estudos recentes e ainda controversos sugerem que pode haver heterogeneidades importantes no manto inferior, conduzindo à presença de domínios químicos distintos separados por uma superfície bastante irregular, cuja profundidade pode variar desde 1.600 km até a descontinuidade de Gutenberg.

A zona entre aproximadamente 2.600 e 2.900 km da superfície apresenta propriedades sísmicas anômalas e variáveis. Junto a essa zona inferior do manto, denominada de "D", ocorre uma diminuição das velocidades sísmicas com a profundidade (ver figura 2.39). A origem e natureza da zona "D" é ainda objeto de discussão. Algumas das hipóteses são:

- uma zona herdada da época da aglutinação da Terra (embora seja difícil imaginar como ficou preservada ante as fortes segregações internas que ocorreram desde então);
- uma zona de acúmulo de bolsões de material gerado anteriormente a profundidades bem menores e atualmente em via de reciclagem no interior da Terra;
- uma zona que inclui material liberado do núcleo; ou
- uma zona de material do manto inferior, decomposto, na forma de óxidos densos.

Estudos sísmicos recentes demonstram que essa zona tem superfícies superior e inferior irregulares e que as

partes mais espessas podem acumular-se em volumes que se assemelham aos dos continentes.

2.5.3 Núcleo

Os aumentos da densidade e da velocidade Vp ao se atravessar a descontinuidade de Gutenberg são muito grandes e não podem ser gerados por transformações polimórficas dos materiais que compõem o manto inferior. As densidades calculadas para o núcleo terrestre deixam poucas dúvidas de que seja composto predominantemente de uma liga metálica de ferro e níquel, hipótese corroborada pela planetologia comparada e pelo estudo de meteoritos. Entretanto, a densidade calculada para o núcleo externo na descontinuidade de Gutenberg é um pouco menor do que $10\,g/cm^{-3}$, inferior à densidade de $11,5\,g/cm^{-3}$ determinada para essas ligas. Consequentemente, acredita-se que a liga deva incorporar algum elemento de número atômico baixo, de modo a diminuir a densidade, como hidrogênio, oxigênio, sódio, magnésio e enxofre. O núcleo interno, sólido, deve ser composto de liga ferro-níquel, uma vez que sua densidade corresponde à densidade calculada. O núcleo interno deve estar crescendo lentamente pela solidificação do núcleo externo. Estudos recentes sugerem que o núcleo interno comporta-se como uma estrutura cristalina gigante na qual a propagação das ondas sísmicas é mais rápida na direção N-S. O núcleo interno gira com velocidade maior que a do restante do planeta, o que sugere que, numa época anterior, todo o planeta girava com mais rapidez. Por estar isolado mecanicamente do restante do planeta pelo núcleo externo líquido, o núcleo interno mantém sua velocidade peculiar.

2.5.4 Estado térmico da Terra

O fluxo de calor varia e depende da composição, idade e natureza do material da litosfera e dos processos que ocorrem abaixo dela. A figura 2.45 mostra valores de fluxo geotérmico obtidos para áreas com diferentes características geológicas.

Um modelo de distribuição global do fluxo geotérmico está ilustrado na figura 2.46. De acordo com esse modelo, as regiões de fluxo térmico mais elevado estão associadas ao sistema de dorsais mesoceânicas. Aproximadamente a metade do fluxo total de calor da Terra é perdida no resfriamento de litosfera oceânica de idade cenozoica (menor do que 65 Ma).

Com base em sismologia, geomagnetismo e a possível distribuição de materiais radioativos, com os valores de fluxo térmico, elaboraram-se modelos de variação da temperatura no interior do planeta, como exemplificado em figura 2.47. Neste modelo, a temperatura de fusão do material considerado (liga de ferro) varia, não somente em função da profundidade, mas também com o tipo de material, como na interface manto-núcleo, e com a pressão, como na interface entre o núcleo externo e núcleo interno.

As características físicas, químicas e dinâmicas do interior da Terra têm papel fundamental na sua configuração como planeta dinâmico (ver capítulo 3). Tanto o campo magnético terrestre, que protege os frágeis tecidos vivos das radiações ionizantes do Sol, como o fluxo de calor interno, que se reflete na tectônica de placas e nas características evolutivas da crosta e atmosfera, são responsáveis pela manutenção de muitas das condições indispensáveis à vida.

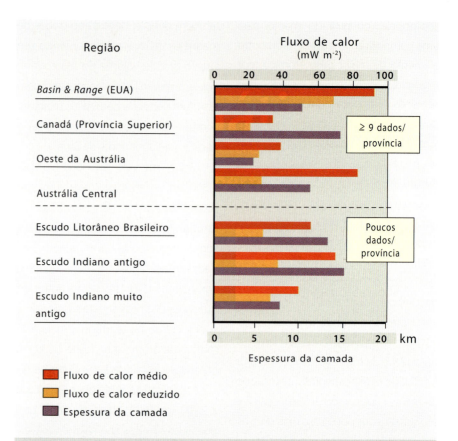

Figura 2.45 – Fluxo de calor médio, fluxo reduzido e espessura da camada que produz calor por meio de radioatividade em várias regiões. O fluxo de calor reduzido corresponde ao fluxo constante que vem do manto e crosta inferior, passando pela crosta superior, excluindo o componente do calor de origem radiogênica. A espessura da camada é a espessura efetiva da crosta superior. Fonte: Vitorello & Pollack, 1980.

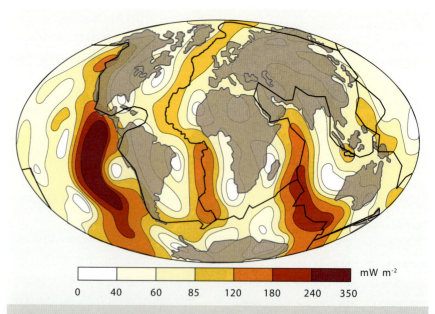

Figura 2.46 – Distribuição global do fluxo de calor na superfície da Terra. As linhas contínuas representam os limites de segmentos das placas litosféricas que incluem as dorsais meso-oceânicas, compostas de vulcões submarinos ativos ou recentemente ativos. Os fluxos de calor mais intensos (em tons de marrom) associam-se a essas dorsais, e as partes mais frias (em branco), às margens dos continentes. Fonte: Pollack et al., 1993.

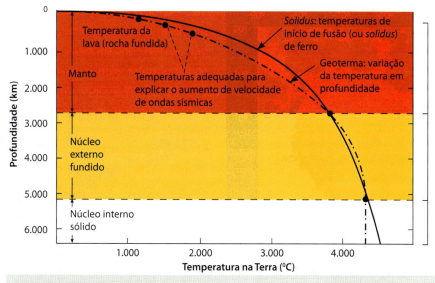

Figura 2.47 – Diagrama mostrando a relação entre a geoterma e o *solidus* para o ferro.

Quadro 2.5 – Glossário – Conceitos básicos de alguns materiais

Acamamento em rochas ígneas: separação em camadas dos minerais em função de suas densidades durante a cristalização do magma.

Anfibolito: rocha metamórfica com composição geralmente próxima à de basalto, com silicatos hidratados da família dos minerais anfibólios.

Areia: sedimento composto de fragmentos com dimensões de 0,06 a 2 mm.

Argila: sedimento composto de fragmentos com dimensões inferiores a 0,002 mm.

Arenito: rocha sedimentar composta de areia consolidada.

Argilito: rocha sedimentar composta de argila consolidada.

Basalto: rocha vulcânica menos rica em silício e elementos alcalinos, e mais rica em cálcio, magnésio e ferro que a composição do granito.

Calcário: rocha composta predominantemente de minerais da família de carbonatos, especialmente o carbonato de cálcio (calcita).

Folhelho: rocha sedimentar composta de fragmentos pequenos, incluindo argila e silte.

Gabro: rocha plutônica escura, de composição similar ao basalto.

Gnaisse: rocha metamórfica geralmente com segregação de bandas alternadas, composta de minerais claros e escuros.

Granito: rocha ígnea mais abundante na crosta continental, rica em silício, oxigênio, alumínio e elementos alcalinos.

Granulito: rocha metamórfica produzida por pressões e temperaturas muito elevadas.

Kimberlito: peridotito com composição rica em potássio (contido em silicatos complexos).

Ofiolito: associação de rochas ígneas (fragmentos de crosta oceânica ou manto superior) e sedimentos marinhos, que ocorre na zona de contato entre placas.

Migmatito: rocha metamórfica híbrida com feições metamórficas interdigitadas com feições ígneas.

Mineral: elemento ou composto químico no estado sólido, de origem inorgânica e propriedades cristalográficas (arranjo ordenado de átomos ou íons) únicas.

Peridotito: rocha ígnea do manto formada predominantemente por olivina e piroxênios.

Rocha ígnea: rocha gerada pela cristalização ou solidificação de magma, líquido quente formado por fusão parcial de rochas presentes no interior da Terra.

Rocha metamórfica: rocha transformada por mudanças, principalmente das condições de pressão e temperatura originais.

Rocha sedimentar: sedimento consolidado após deposição de materiais transportados por agentes geológicos.

Sedimento: depósitos inconsolidados de fragmentos.

Silte: Fragmentos de sedimentos com dimensões intermediárias entre argila (0,002 mm) e areia (0,006 mm).

Xisto: rocha metamórfica com minerais placoides orientados.

Leitura recomendada

ASSUMPÇÃO, M. S. Terremotos no Brasil. *Ciência Hoje*, Rio de Janeiro, v.1, n. 6, p. 13-20, 1983.

BOLT, B. A. *Inside the Earth*. San Francisco: W. H. Freeman & Co., 1982. 189 p.

BOLT, B. A. *Earthquakes*. 4nd ed. New York: W. H. Freeman & Co., 1999. 366 p.

ERNST, G. W. *Minerais e rochas*. São Paulo: Edgard Blücher, 1971. 162 p.

FOWLER, C. M. R. *The solid Earth: an introduction to global geophysics*. Cambridge: Cambridge University Press, 1990. 472 p.

JEANLOZ, R. The Earth's core. *Scientific American*, v. 249, n. 3, p. 56-65, 1983.

LAY, T.; WILLIAMS, Q. Dynamics of earth's interior. *Geotimes*. v. 43, n. 11, p. 26-30, nov. 1998.

PACCA, I. G. O Interior da terra. *Ciência Hoje*. Rio de Janeiro, v. 1, n. 5, p. 44-51, 1983.

POLLACK, H. N.; HURTER, S. J.; JOHNSON, J. R. Heat flow from the earth's interior: analysis of the global data set. *Reviews of Geophysics*, v. 31, n. 3, p. 267-80, 1993.

POWELL, C. S. Trends in geophysics; peering inward. *Scientific American*, New York: v. 264, n. 6, p. 72-81, june 1991.

VITORELLO, I.; POLLACK, H. N. On the variation of continental heat flow with age and the thermal evolution of continents. *Journal of Geophysical Research*, v. 85, n. B2, p. 983-95, 1980.

Capítulo 3

Tectônica Global
Colombo Celso Gaeta Tassinari, Coriolano de Marins e Dias Neto

Sumário
3.1 Deriva Continental: nasce uma ideia revolucionária
3.2 Anos 1950: a retomada da teoria da Deriva Continental
3.3 Tectônica Global: paradigma das ciências geológicas
3.4 Placas tectônicas
3.5 O paradigma confirmado

Oceano Pacífico

No dia 9 de dezembro de 2007, às 0h05, a comunidade rural de Caraíbas, a 32 km de Itacarambi, no norte de Minas Gerais, experimentou o gosto amargo da Tectônica Global. A terra tremeu, seis casas ruíram e outras 70 ficaram danificadas. Segundo os moradores, "teve um estrondo que parecia de baixo da terra. Foi um barulho que não tem filho de Deus que não ouviu. Saímos de casa correndo e nas ruas você só escutava choro, clamor." Mas o saldo trágico maior deste abalo sísmico de magnitude 4,9 na escala Richter foi a morte da menina Jesiqueli Oliveira da Silva, de 5 anos, o primeiro registro de morte por terremoto no Brasil.

Costuma-se ouvir que o Brasil é um país geologicamente estável, livre dos perigos da natureza como terremotos, vulcões e *tsunamis*, que ocorrem frequentemente nos países andinos vizinhos. Mas o evento relatado nos ensina que estabilidade é diferente de imobilidade e nos alerta a uma outra realidade, que envolve escalas de tempo e espaço fora da nossa perspectiva usual. Durante uma vida humana, por exemplo, pouco se notam as mudanças da Terra (planeta), assim como um inseto, cujo ciclo de vida é de apenas duas semanas, não pode acompanhar o crescimento da árvore onde habita. Guardadas as devidas proporções, assim se parece nosso planeta aos olhos humanos.

A Terra é um planeta dinâmico, em contínua transformação, resultado de processos que atuam em escala temporal de milhares, milhões e bilhões de anos e envolvem continentes, crosta e manto. Se ao longo de toda sua história a Terra tivesse sido fotografada do espaço a cada mil anos, e se estas imagens surrealistas fossem transformadas num filme, veríamos a superfície do planeta em constante mutação, com os continentes se deslocando, colidindo e se fragmentando, cadeias de montanhas se elevando e sendo erodidas e os mares avançando sobre os continentes para, logo em seguida, recuarem novamente.

Atualmente, sabe-se que a crosta da Terra é constituída por cerca de uma dúzia de placas litosféricas superficiais, delimitadas por uma teia de grandes falhas, profundas fossas oceânicas e extensas cadeias de montanhas submarinas. As placas se originam no meio dos oceanos em cadeias de montanhas conhecidas como dorsais ou cadeias meso-oceânicas (Figura 3.1) e se deslocam sobre a superfície, separando-se e chocando-se como resposta a processos atuantes no manto. Dependendo das características físicas das placas e do ângulo e da velocidade de impacto, o choque entre elas pode provocar o mergulho da placa mais densa sob a outra e a sua consequente reincorporação no manto (como a placa de Nazca debaixo da placa Sul-americana), o enrugamento e a elevação das bordas das duas placas (como na colisão das placas Indo-australiana e da Eurásia) ou o deslizamento lateral entre ambas (como entre as placas Pacífica e Norte-americana). Estes esforços também geram reflexos em maior ou menor grau, mais cedo ou mais tarde, em toda a extensão das placas, como comprova o abalo sísmico relatado no primeiro parágrafo.

Neste capítulo, será apresentado um breve histórico de como a teoria da Deriva Continental, rejeitada a princípio pela maioria dos cientistas durante meio século, transformou-se no maior paradigma da Geologia, o conceito de Tectônica Global – do grego *tektonikés*, "a arte de construir". Serão enfatizados aspectos da constituição das placas tectônicas, sua interação, as causas de seus movimentos, bem como os produtos e as feições fisiográficas gerados a partir da sua dinâmica e ainda os mecanismos de crescimento dos continentes. O capítulo também destaca o importante papel que a análise da atividade sísmica exerce para o entendimento da dinâmica e geometria das placas.

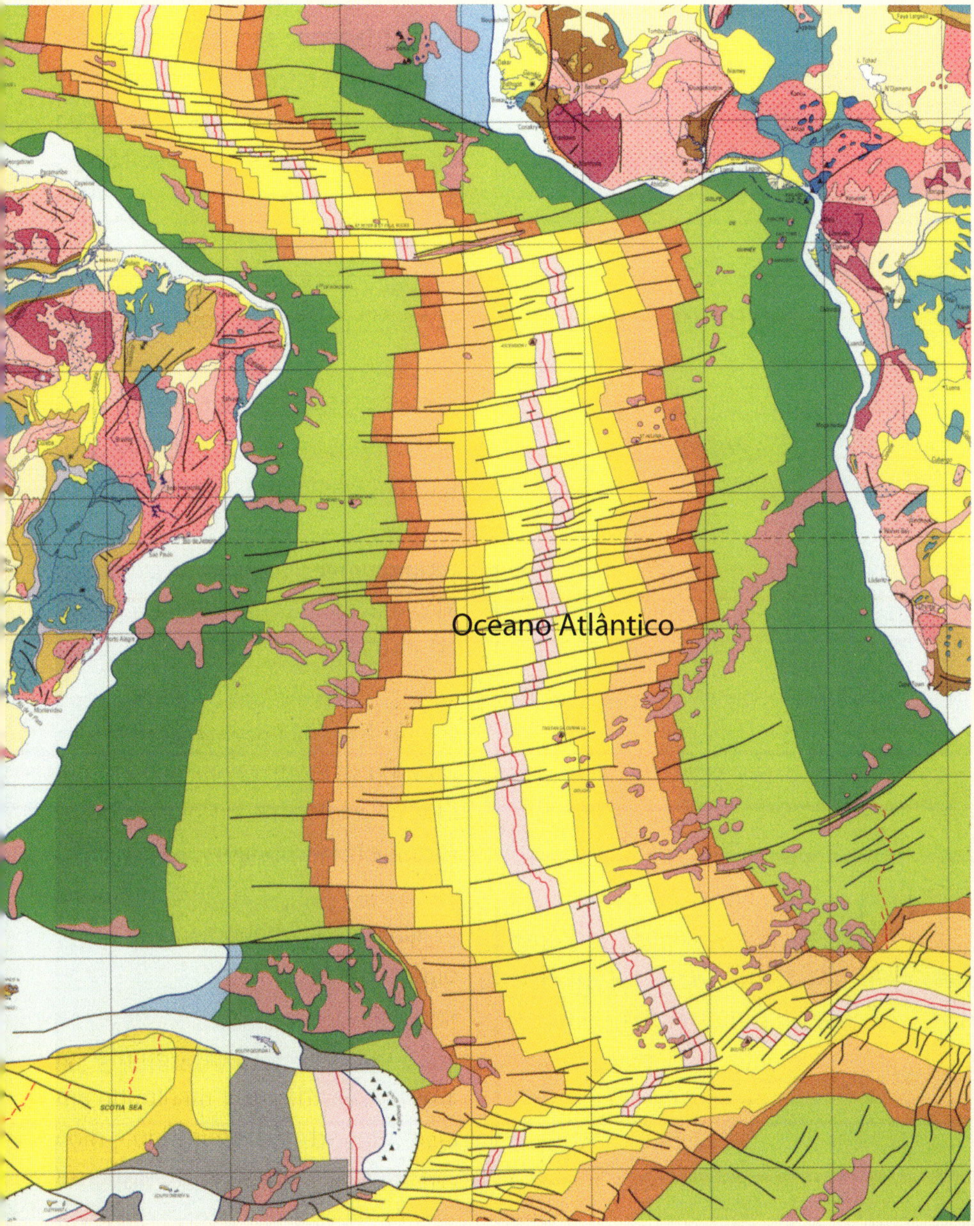

Figura 3.1 – Parte do mapa geológico da Terra, ilustrando o surpreendente mosaico de domínios que constitui o continente sul-americano e assoalho oceânico adjacente. As cores do fundo oceânico representam idades diferentes, que aumentam de ambos os lados da cadeia meso-oceânica em direção aos continentes. Fonte: Mapa geológico do mundo, escala 1:50.000.000. CGMW e Unesco, 2000.

O terremoto de São Paulo

Em 22 de abril de 2008, pouco depois das 21 horas, a cidade de São Paulo sofreu um terremoto que também foi percebido nas cidades do leste dos estados de São Paulo, Rio de Janeiro, Paraná, em especial as litorâneas. Seu epicentro foi localizado no mar, a cerca de 215 km da cidade de São Vicente e seu hipocentro a 10 km de profundidade, abaixo da bacia de Santos. A magnitude desse sismo foi de 5,2 na escala Richter (energia liberada).

3.1 Deriva Continental: nasce uma ideia revolucionária

A teoria da Tectônica Global revolucionou as Geociências do mesmo modo que a Seleção Natural modificou as Biociências e as teorias da Relatividade e da Gravitação Universal mudaram os conceitos da Física.

Figura 3.2 – O supercontinente Pangea constituído pelos supercontinentes Laurásia, ao norte, e Gondwana, ao sul da linha vermelha pontilhada. Este último supercontinente inclui os atuais continentes da América do Sul e África, entre outros.

A rigor, esta ideia nasceu com os primeiros mapas do Atlântico Sul a mostrar os contornos da América do Sul e da África. Já em 1620, Francis Bacon, filósofo inglês, apontava o perfeito encaixe entre estas duas costas e aventava, pela primeira vez, a hipótese da união destes continentes no passado. Nos séculos que se seguiram, esta ideia foi diversas vezes retomada, porém raramente apoiada em argumentos científicos.

A teoria da Deriva Continental propriamente dita remonta ao início do século XX, tendo surgido a partir das ideias visionárias e pouco convencionais do alemão Alfred Wegener, acadêmico e explorador, que se dedicava a estudos meteorológicos, astronômicos, geofísicos e paleontológicos, entre outros. Wegener participou de numerosas expedições para a gélida Groenlândia, onde fez importantes observações meteorológicas e geofísicas. Sua última expedição lhe custou a vida em 1930, aos cinquenta anos. Entretanto, sua verdadeira paixão, também inspirada pela observação do encaixe das linhas da costa da América do Sul e da África, era tentar explicar as coincidências geológicas evidentes entre os continentes. Todos os continentes poderiam ter estado juntos, no passado, como num quebra-cabeça gigante, formando um único supercontinente, que ele denominou de Pangea, do latim *pan*, "todo", e *gea*, "terra". Posteriormente, a Pangea teria se fragmentado, dando origem aos continentes e oceanos que conhecemos hoje. Atualmente, sabemos que este processo de fragmentação e deslocamento, que continua ativo, iniciou-se há cerca de 230 milhões de anos, quando os dinossauros começaram seu "reino". Assim, com a publicação do livro, *A Origem dos Continentes e Oceanos*, em 1915, estava criada a teoria da Deriva Continental. Poucas ideias no mundo científico pareceram tão fantásticas, enfrentaram tanta resistência ou foram tão revolucionárias quanto esta.

Alexander Du Toit, professor de geologia na Universidade de *Johannesburg* na África do Sul, refinou a hipótese de Wegener quando propôs que a Pangea teria se fragmentado, inicialmente, em duas grandes massas continentais: uma, no hemisfério norte, o supercontinente Laurásia (contração dos termos *Laurentia*, nome dado à América do Norte e Groenlândia, e *Ásia*); a outra, o continente do hemisfério sul, Gondwana, nome dado ao conjunto dos continentes sul-americano, africano, australiano, antártico, mais Nova Zelândia, Madagascar e Índia (Figura 3.2). Du Toit baseou-se em diversas evidências, entre as quais as semelhanças em idade dos extensos depósitos de carvão no Laurásia e das rochas sedimentares indicativas de ambientes glaciais no Gondwana.

Embora não tenha sido nem o primeiro nem o único de seu tempo a considerar a possibilidade de movimentos horizontais dos continentes, Wegener foi o pesquisador mais influente a investigar seriamente a teoria da Deriva Continental. Como evidências de sua teoria, Wegener enumerou várias coincidências geomorfológicas entre os continentes, além do encaixe das linhas de costa atuais de vários continentes. Por exemplo, para ele, a Serra do Cabo, uma cadeia de montanhas de orientação leste-oeste na África do Sul, seria a continuação da Sierra de la Ventana, com a mesma orientação, na Argentina; ou ainda, o planalto na Costa do Marfim, na África, teria continuidade no Brasil. Entretanto, entre as evidências mais impressionantes que Wegener apresentou estava a distribuição de fósseis, principalmente de plantas representativas de gimnospermas e samambaias extintas, conhecidas, coletivamente, como a flora de *Glossopteris*, na África e no Brasil (e também na Austrália, Índia e Antártica, entre outros lugares), que se correlacionava perfeitamente, ao juntar, hipoteticamente, os dois continentes (Figura 3.3).

Wegener também baseou-se em evidências paleoclimáticas, como aquelas que comprovam um importante e extenso evento de glaciação no sul e sudeste do Brasil, sul da África, Índia, Austrália e Antártica, há aproximadamente 300 milhões de anos (ver capítulo 13). Em todos esses lugares, estrias impressas nas rochas dessa época indicam as direções de movimento das antigas geleiras, mas só fazem sentido quando estas regiões são reconstituídas na configuração do supercontinente Gondwana. Assim, fica claro que, naquela época remota, grandes porções da Terra, situadas no hemisfério sul, estavam cobertas por calotas de gelo (Figura 3.4a), como as que recobrem as regiões polares atualmente. Quando se faz o mesmo com os continentes do hemisfério norte, o supercontinente Laurásia aparece a baixas latitudes,

Mesosaurus — Flora de *Glossopteris*

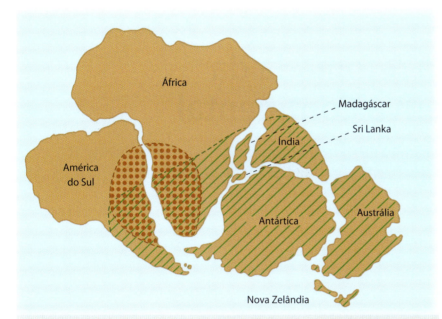

Figura 3.3 – Distribuição geográfica de fósseis da flora de *Glossopteris* e do réptil aquático *Mesosaurus* no antigo supercontinente Gondwana (há cerca de 250 milhões de anos no período Permiano).

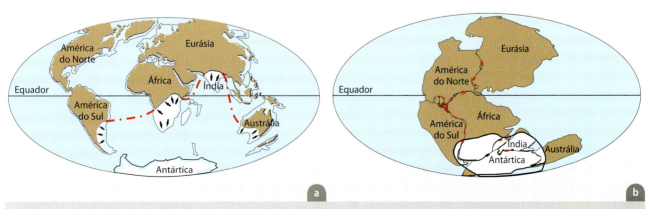

Figura 3.4 – a) Distribuição atual das evidências geológicas da glaciação ocorrida há 300 milhões de anos. As setas indicam a direção de movimento das geleiras. b) Reconstituição paleogeográfica do supercontinente Gondwana, mostrando a calota polar no hemisfério sul na época.

o que explica a ausência de geleiras no hemisfério norte nessa época e a presença das grandes florestas tropicais, que se transformaram, posteriormente, nos grandes depósitos de carvão da América do Norte e Europa (Figura 3.4b).

Em cada uma das quatro edições de seu livro *A Origem dos Continentes e Oceanos*, publicadas entre 1915 e 1929, Wegener acrescentou e refinou as evidências que para ele já seriam provas convincentes da teoria da Deriva Continental. Entretanto, ele nunca conseguiu responder adequadamente às questões fundamentais de seus críticos, como, por exemplo: Que forças seriam capazes de mover os imensos blocos continentais? Como a rígida crosta continental poderia deslizar sobre outra crosta rígida, como a oceânica, sem que ambas fossem quebradas pelo atrito? Infelizmente, naquela época não se conheciam as propriedades plásticas da crosta e do manto que forneceriam mais tarde as respostas satisfatórias a essas questões. Assim, seu livro foi considerado por parte dos cientistas, principalmente pelos geofísicos, como uma "poesia", uma obra que não deveria ser considerada relevante. Com a morte de Wegener em 1930, sua teoria caiu no esquecimento, não obstante a tentativa de alguns cientistas, notadamente Alexander Du Toit, em prová-la. Pouco a pouco, no entanto, mesmo esses seguidores descartaram a hipótese de Wegener, frustrados pela dificuldade de explicar o mecanismo responsável pelo deslocamento das imensas massas continentais no passado.

3.2 Anos 1950: a retomada da teoria da Deriva Continental

A chave para a compreensão da dinâmica da Terra, ao contrário do que muitos cientistas pensavam, não estava nas rochas continentais, mas sim no fundo dos oceanos.

Durante a Segunda Guerra Mundial, a necessidade militar de orientar o movimento de submarinos entre os obstáculos no fundo do mar levou ao desenvolvimento de equipamentos, como o sonar, que revelaram um fundo oceânico muito diferente da suposta planície monótona com alguns picos e planaltos isolados, que muitos imaginavam na época. Os mapas assim produzidos mostraram cadeias de montanhas, fendas e fossas muito profundas, evidentemente, o resultado de atividades geológicas muito mais intensas e complexas do que se pensavam possíveis naquela época.

A partir do final dos anos 1940, expedições oceânicas, conduzidas principalmente por pesquisadores das Universidades de Columbia e Princeton (EUA), continuaram a mapear o assoalho do oceano Atlântico, utilizando novos equipamentos e coletando milhares de amostras de rochas. Esses trabalhos permitiram cartografar um gigantesco sistema de cadeias de montanhas submarinas, denominadas de dorsais ou cadeias meso-oceânicas (Quadro 3.1), que dividem a crosta dos oceanos simetricamente. Essa descoberta foi de grande importância porque logo se percebeu que as cadeias meso-oceânicas submarinas poderiam representar a ruptura produzida durante a separação dos continente. Se assim fosse, isto contaria muito a favor da teoria da Deriva Continental.

Nos anos 1950 e início dos anos 1960, o aperfeiçoamento dos métodos de datar as rochas (ver capítulo 10) permitiu determinar a verdadeira idade das rochas do fundo oceânico, um assunto de muita especulação e poucos dados até então. Novamente, os resultados contrariaram as expectativas dos geólogos da época. Quem esperava encontrar rochas muito antigas e um registro sedimentar espesso, e praticamente contínuo desde muitos milhões de anos atrás, surpreendeu-se ao ver, primeiro, que a crosta oceânica era muito mais jovem do que se imaginava, composta de rochas que não ultrapassavam 200 milhões de anos. A surpresa foi ainda maior quando idades determinadas em rochas vulcânicas do assoalho do oceano Atlântico demonstraram um aumento simétrico dos dois lados da cadeia meso-oceânica, ou seja, ocorrem rochas mais jovens próximas à cadeia meso-oceânica e cada vez mais antigas à medida que se aproxima dos continentes conforme ilustrado na figura 3.9 mais adiante.

Quadro 3.1 – Cadeia meso-oceânica

A cadeia meso-oceânica é o local onde material da astenosfera (ver capítulo 2) ascende para a superfície, provoca entumescimento, distensão e fraturamento da própria litosfera oceânica. O processo leva à injecção de material ígneo básico derivado da fusão parcial de peridotito (da astenosfera) para formar novo assoalho oceânico. Este assoalho compreende uma associação litológica peculiar constituída por gabros, enxames de diques e lavas almofadadas capeados por sedimentos marinhos (ver capítulo 6), denominada de complexo ofiolítico, cujos restos têm sido reconhecidos acima do nível do mar em ambientes de colisão de placas. A cadeia meso-oceânica se estende por 84.000 km pelos fundos oceânicos (figuras 3.5 e 3.6). Ao longo do seu eixo ocorre um sistema de riftes (termo emprestado do inglês), que são vales longos e profundos, de 1 a 3 km de profundidade, ladeados por falhas (ver capítulo 16) onde ocorrem emanações vulcânicas por meio de fumarolas (ver capítulo 6). É uma clara indicação de que a litosfera oceânica nesta região está sofrendo estiramento sob regime distensivo (Figura 3.7). Portanto, a cadeia meso-oceânica é o limite entre placas tectônicas divergentes e uma zona de elevado fluxo térmico (vulcanismo) e com forte atividade sísmica. A cadeia meso-oceânica emerge na Islândia no Atlântico Norte (Figura 3.8).

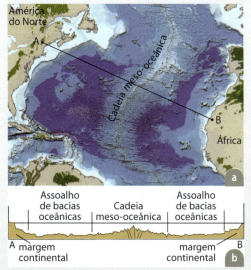

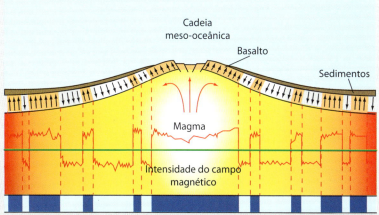

Figura 3.5 – Reconstituição do fundo oceânico Atlântico mostrando a cadeia meso-oceânica entre África e América do Sul. Inúmeras falhas cortam transversalmente o eixo da cadeia associadas ao crescimento da crosta oceânica. O perfil AB ilustra as irregularidades topográficas do assoalho oceânico.

Figura 3.6 – Perfil através de uma cadeia meso-oceânica. O alto fluxo térmico no local gera magmas e intumesce a litosfera oceânica até rompê-la. O magma penetra as fraturas e falhas, empurra as bordas das placas para os lados e produz nova litosfera oceânica. Este fenômeno magmático é periódico, deixando uma assinatura geomagnética, ilustrada pelo gráfico de intensidade do campo magnético terrestre (linha vermelha), pelo padrão zebrado e pelas setas que indicam a polaridade do campo magnético em cada episódio magmático. Fonte: Trompette R. *La Terre - une planète singulière*. Paris: Editións Belin, 2003. p. 125.

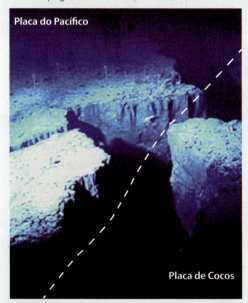

Figura 3.7 – A cadeia meso-oceânica do Pacífico Oriental vista de submersível. A fenda separa a placa do Pacífico, à esquerda, da placa de Cocos, à direita. Fonte: www.ifremer.fr/vulcanisme/index.

Figura 3.8 – Cadeia meso-oceânica emersa na Islândia. Uma estrada foi construída ao longo da depressão central da dorsal. Foto: Thingvellir National Park in Iceland. Photograph by C. Rodwell / Alamy, 2007, Nac. Geogr. Soc.

O estudo do magnetismo das rochas também contribuiu significativamente para tornar o conceito da Deriva Continental mais aceitável. Estudos paleomagnéticos (ver capítulo 2) revelaram posições dos pólos magnéticos do passado muito diferentes da posição atual. Isto criava uma situação inviável segundo os antigos modelos da evolução do planeta porque estes pressupunham que o eixo magnético devesse sempre coincidir com o eixo de rotação do planeta. Para explicar os dados paleomagnéticos obtidos, imaginou-se, então, que, em vez de deslocamentos do eixo magnético, poderia ter ocorrido movimentação relativa entre os continentes como também entre os continentes e o eixo magnético. Essas revelações levaram muitos geofísicos a considerar mais seriamente a ideia da Deriva Continental, e a partir também da determinação da idade das rochas dos oceanos (Figura 3.9).

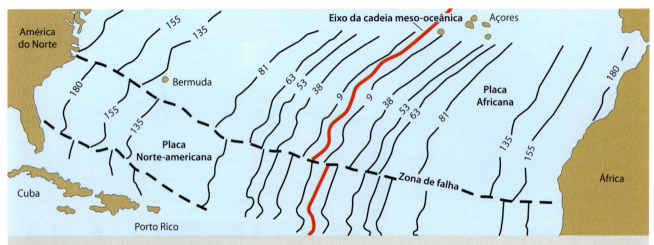

Figura 3.9 – Idade (em milhões de anos) do fundo oceânico do Atlântico Norte. A idade (em milhões de anos) das rochas aumenta, simetricamente, a partir do eixo da cadeia meso-oceânica, em direção aos continentes.

3.3 Tectônica Global: paradigma das ciências geológicas

No final dos anos 1950, estudos geofísicos das rochas do fundo oceânico no nordeste do oceano Pacífico mostraram desvios dos valores do campo magnético em relação à média calculada que exibiram, em mapa, um padrão alternado de anomalias magnéticas positiva e negativa.

Em 1963, F. J. Vine e D. H. Mathews, ambos da Universidade de Cambridge, sugeriram que essas bandas magnéticas observadas corresponderiam ao registro do campo magnético terrestre de faixas de lavas submarinas geradas sucessivamente durante a expansão do fundo oceânico na época de sua extrusão.

Esta interpretação, evidentemente, foi uma importante adição aos argumentos geológicos e geofísicos a favor do conceito de expansão do assoalho oceânico postulado por Harry Hess da Universidade de Princeton (EUA) no ano anterior. Segundo Hess, as estruturas do fundo oceânico estariam relacionadas a processos de convecção no manto. No eixo da cadeia meso-oceânica, porções mais quentes do manto, por serem menos densas, subiriam em direção à superfície. Ao chegar próximo da superfície, este material provocaria fraturas na crosta oceânica, que é fina, e produziria magmas que forçariam passagem por estas fraturas, afastando lateralmente os dois lados da parte central da cadeia antes de extravasar sobre a superfície como lavas submarinas. Desta maneira, formar-se-ia novo fundo oceânico. A maior parte do material aquecido do manto, porém, iria se movimentar lateralmente em maior profundidade, até resfriar-se e, agora mais frio e mais denso, afundar dentro do manto, onde poderia se aquecer de novo, iniciando um novo ciclo de convecção. A continuidade deste processo produziria, portanto, a expansão do assoalho oceânico. A Deriva Continental e a expansão do assoalho dos oceanos seriam, assim, consequências da circulação dessas correntes de convecção, conforme mostra a figura 3.10. Com a explicação de Hess, surgia, enfim, um mecanismo plausível para a Deriva Continental.

Portanto, em função da expansão dos fundos oceânicos, os continentes viajariam fixos em uma placa, como passageiros em uma esteira rolante. Contudo, se a crosta oceânica está sendo gerada continuamente nas cadeias, então, em algum outro lugar, deveria ocorrer sua destruição, a não ser que o próprio planeta estivesse em expansão contínua, uma hipótese que ninguém cogita seriamente. De fato, a crosta oceânica mais antiga está sendo consumida nas zonas de subducção, produzindo uma depressão morfológica denominada de fossa oceânica. Trata-se das depressões topográficas mais profundas dos oceanos, onde a placa litosférica carregando a crosta oceânica (e também sedimentos) mergulha no manto, entra em fusão parcial, perde sua rigidez e se reincorpora ao manto superior.

A constatação que o assoalho oceânico se movimentava revela que o termo "Deriva Continental" era, no mínimo, impreciso, senão incorreto, pois ficou claro que toda a superfície terrestre está envolvida neste processo, tanto os continentes como o fundo oceânico. No lugar da teoria da Deriva Continental surgiu, então, o conceito de Tectônica de Placas. Atualmente este conceito é mais conhecido como Tectônica Global, que se tornou o novo paradigma das ciências geológicas, porque explica melhor a formação, destruição e movimentação das placas litosféricas, dos continentes e do assoalho oceânico, além de processos superficiais.

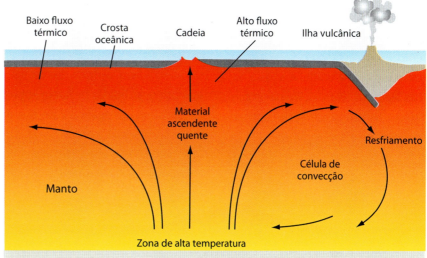

Figura 3.10 – Esquema de correntes de convecção na astenosfera (manto). A convecção é ascendente na cadeia meso-oceânica e descendente junto à ilha vulcânica.

3.4 Placas tectônicas

O planeta Terra está dividido, em seu interior, em domínios concêntricos, cada qual com suas próprias características de viscosidade, plasticidade e elasticidade, dos quais o mais externo é a litosfera.

A litosfera é constituída pela crosta e porção rígida da parte superior do manto. Estes dois componentes diferem entre si química e litologicamente. A espessura da litosfera varia de mais fina abaixo dos oceanos, onde pode atingir até 100 km, a mais espessa, até 400 km, debaixo dos continentes. Falhas e fraturas profundas retalham a litosfera no quebra-cabeça de placas ilustrado na figura 3.11.

3.4.1 Natureza das placas

A crosta da Terra é caracterizada por dois tipos – um continental, com composição média, grosso modo, granítica, e o outro oceânico, mais denso, composto essencialmente de rochas basálticas (ver capítulos 5 e 6). Esses dois tipos de crosta apresentam espessuras muito diferentes entre si, geralmente entre 25 e 50 km para a crosta continental, e entre 5 e 10 km para a crosta oceânica. Por uma questão de isostasia (ver capítulo 2), a crosta continental é mais espessa debaixo das cordilheiras nos continentes, chegando a quase 100 km debaixo dos Himalaias e do platô do Tibet. Mas essas dimensões são ínfimas quando comparadas às dimensões do planeta, representando não mais que 1,6% do raio da Terra, que é da ordem de 6.370 km. Portanto, na realidade, a crosta corresponde a uma película extremamente fina que recobre o planeta. Mesmo que a crosta terrestre, para nós, pareça tão acidentada e irregular, ela é muito mais fina e lisa proporcionalmente do que a casca de muitas frutas. Imagine, por exemplo, uma laranja com o diâmetro de uma bola de tênis (6,5 cm). Nesta escala, a crosta espessa de baixo do monte Everest mediria menos que meio milímetro e os maiores acidentes topográficos da Terra, como o próprio monte Everest (com quase 9 km de altitude) e a fossa das ilhas Marianas (com 11 km de profundidade), seriam quase imperceptíveis, destacando-se em torno de 1/20 de mm acima e abaixo, respectivamente, da superfície da laranja!

Abaixo da litosfera ocorre a astenosfera, uma zona do manto superior que se estende, em geral, até profundidades entre 100 e 350 km. Sabemos pela diminuição da velocidade das ondas sísmicas P e S (ver capítulo 2), especialmente em seu topo (na chamada "zona de baixa velocidade"), que a astenosfera é mais plástica do que a litosfera. Nas profundidades em que a astenosfera se situa, o gradiente geotérmico alcança temperaturas tais que se inicia a fusão parcial das rochas. Isto produz uma fina película líquida em torno dos grãos minerais, suficiente para diminuir a velocidade das ondas sísmicas e tornar a astenosfera plástica. Esta plasticidade permite que as placas litosféricas rígidas deslizem sobre a astenosfera, carregando com elas a crosta continental e a crosta oceânica.

As grandes placas litosféricas atuais, aquelas maiores que um milhão de km², podem ser constituídas tanto de crosta continental como de crosta oceânica, como, por exemplo, as placas Sul-americana, Africana e Norte-americana. A placa Pacífica é predominantemente de crosta oceânica, com uma pequena parte continental da Califórnia. Por outro lado, placas menores, geralmente, são ou oceânicas (como a placa Filipina) ou continentais (como a placa Arábica).

Os dois tipos de crosta – oceânica e continental – diferem entre si principalmente em relação à composição litológica e química, morfologia, estruturas, idade, espessura e dinâmica (ver capítulo 2). A crosta continental é muito variada, uma vez que é composta por uma variedade de rochas ígneas que lhe confere uma composição média análoga às das rochas granodioríticas a dioríticas (ver capítulo 6). A crosta oceânica, que é bem menos espessa, mas mais densa

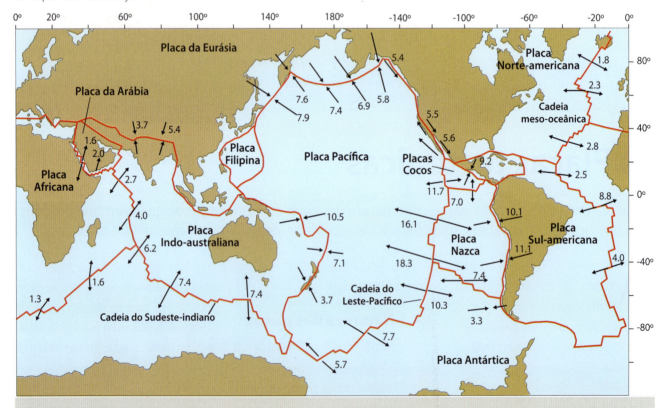

Figura 3.11 – Distribuição das placas litosféricas da Terra. As setas indicam o sentido do movimento, e os números, as velocidades relativas, em cm/ano, entre as placas. Por exemplo, a placa Sul-americana avança sobre a placa de Nazca a uma velocidade considerada alta, que varia de 10,1 a 11,1 cm por ano.

e litologicamente mais homogênea do que a crosta continental, é composta por rochas ígneas básicas do tipo basalto e gabro (ver capítulo 6), com uma cobertura de material sedimentar que aumenta de espessura das cadeias em direção aos continentes.

A parte superior da crosta continental é constituída por rochas sedimentares, ígneas e metamórficas de baixo a médio grau (ver capítulos 5 e 15), e a inferior por rochas metamórficas de alto grau de natureza básica a intermediária (ver capítulo 2, figura 2.34). A crosta continental existe há pelo menos 4,4 bilhões de anos, como mostram as idades calculadas para minerais em rochas da Austrália (ver capítulo 10). Por isso, a estrutura da crosta continental é complexa e muitas de suas características originais já foram obliteradas pelos diversos eventos geológicos que afetaram as rochas após sua formação.

3.4.2 Limites entre as placas

É nos limites entre placas que se encontra a mais intensa atividade geológica do planeta – vulcões ativos, falhas e abalos sísmicos frequentes, soerguimento de cadeias montanhosas e formação e destruição de placas e crosta. Há três tipos distintos de limites entre as placas litosféricas (Figura 3.12):

- *Limites divergentes* – ocorrem nas cadeias meso-oceânicas onde tensões tracionais afastam uma placa litosférica da outra, predominantemente por falhamento normal (ou gravitacional; ver capítulo 16), com a intrusão de magma derivado da astenosfera entre elas, que se transforma em nova crosta oceânica ao consolidar-se.
- *Limites convergentes* – ocorrem onde as placas litosféricas colidem frontalmente, com consequências que dependerão das diferenças de densidade entre as placas. Geralmente, a placa de maior densidade mergulha sob a outra, entra em fusão parcial em profundidade e gera grande volume de magma e lava, como, por exemplo, na margem pacífica da América do Sul, entre as placas de Nazca e Sul-americana. Quando as placas de densidades semelhantes colidem, como as placas Índico-australiana e da Eurásia, nos Himalaias, o processo é mais complexo, envolvendo intensas deformações compressivas e fenômenos associados, como dobramento, falhamento reverso (ver capítulo 16), cavalgamento de lascas de uma placa sobre a outra e, com isso, acentuado espessamento crustal.
- *Limites conservativos* – marcam o contato entre placas de densidades semelhantes que colidem obliquamente de modo que elas deslizam

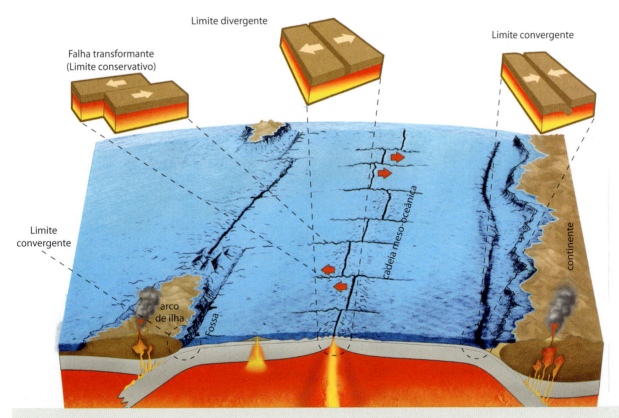

Figura 3.12 – As placas e os principais tipos de limites e estruturas associadas.

lateralmente entre si ao longo de falhas transformantes (ver capítulo 16), sem destruição das placas ou geração de crosta nova. O exemplo mais famoso de limite conservativo atual é a falha de San Andreas na Califórnia. Trata-se de uma zona com intensa atividade sísmica, onde a placa Pacífica, desloca-se para o norte enquanto a placa Norte-americana movimenta-se para o sul.

A seguir, será estudada a importante relação entre a atividade sísmica, a geometria e a dinâmica das placas.

Independentemente do tipo de limite, os terremotos aí gerados deformam as rochas, quebrando-as ou não. A figura 3.13 mostra, numa pista de atletismo, deformações semelhantes às que ocorrem nas rochas da litosfera.

3.4.3 As placas e a sismicidade

Como vimos no capítulo 2, a sismicidade, mais do que qualquer outro fenômeno natural, revela a estrutura e retrata o caráter dinâmico da Terra. Muito daquilo que se conhece sobre a forma e os limites das placas litosféricas provém da análise da atividade sísmica da Terra. Dependendo do movimento relativo entre as placas, normalmente da ordem de alguns centímetros por ano, tensões compressivas e/ou tracionais vão se acumulando em vários pontos dentro das placas, principalmente perto de suas bordas, até atingir o limite de resistência das rochas e provocar uma ruptura ao longo de um plano. O movimento repentino entre os blocos de cada lado da ruptura gera vibrações (ondas) que se propagam em todas as direções. Chamamos o ponto de ruptura inicial de foco ou hipocentro, a projeção desse ponto na superfície, de epicentro, e o plano de rompimento, de falha geológica.

As ondas longitudinais (as ondas P, para "primárias", mais rápidas) e ondas transversais (as ondas S, para "secundárias", mais lentas) geradas diretamente pelo abalo se propagam em todas as direções em um meio sólido. Essas ondas internas mais as ondas superficiais *Rayleigh* e *Love*, geradas nas camadas mais externas da Terra (ver capítulo 2 figura 2.10), são produzidas durante um terremoto.

Figura 3.13 – Efeitos de um terremoto ocorrido em Taiwan, em 1999. Foto: AFP.

O estudo destas vibrações permite avaliar seus efeitos, localizar o foco e o epicentro do abalo e calcular sua magnitude. Desta maneira, a sismologia praticamente produz uma "radiografia" das diversas camadas da crosta, manto e núcleo da Terra. Por isso, constitui-se na principal ferramenta de acesso indireto à estrutura interna do planeta.

A intensidade sísmica de um abalo é classificada pelos efeitos que as ondas sísmicas provocam em determinado lugar. Não é mensurada com instrumentos, mas, indiretamente, por meio de como as pessoas sentem e descrevem os efeitos de um terremoto em construções e objetos da natureza. A escala de intensidade mais usada é a Mercalli Modificada (MM), apresentada aqui com os valores aproximados da aceleração alcançada pelo movimento do solo, na tabela 3.1. Cada grau nesta escala corresponde a cerca de o dobro da aceleração do grau anterior. Naturalmente, quanto maior a distância do epicentro, menor será a intensidade. Os efeitos de terremotos podem ser representados em mapas por meio de linhas de igual intensidade, da mesma maneira que morros e vales são representados por curvas de nível de elevação igual em mapas topográficos.

Como a intensidade é apenas uma classificação, e não uma medida, ela está sujeita a muita incerteza e subjetividade quando se refere, por exemplo, a "poucas" ou "muitas" pessoas, da mesma maneira que os relatos de como as pessoas sentiram o tremor. Por isso, a maior utilidade desta escala de intensidade é no estudo de sismos antigos, ocorridos antes da existência de estações sismológicas, mas registrados em documentos históricos.

Em 1935, para comparar os tamanhos relativos dos sismos, Charles F. Richter, sismólogo americano, formulou uma escala de magnitude sísmica baseada na amplitude dos registros das estações sismológicas. Nesta escala as magnitudes são expressas em escala logarítmica, de maneira que cada ponto na escala corresponde a 10 vezes a amplitude das vibrações do ponto anterior. Pode-se calcular a magnitude Richter de várias maneiras, dependendo do tipo da onda sísmica no sismograma. Uma das fórmulas mais utilizadas para terremotos registrados a grandes distâncias é a da magnitude M_s, baseada em ondas superficiais (ondas *Rayleigh*). Essa escala só é aplicada para sismos com focos a profundidades de 50 km ou menos. Para sismos mais profundos, que geram relativamente poucas ondas superficiais, são empregadas outras fórmulas utilizando a onda P.

A magnitude M_s é calculada assim:

$$M_s = \log(A/T) + 1{,}66 \log(\Delta) + 3{,}3$$

Em que:

A = amplitude da onda superficial *Rayleigh* (em μm) registrada a distâncias (medidas em graus) entre 20° e 100°;

T = período da onda superficial (deve estar entre 18 e 22 s);

Δ = distância do epicentro (em graus); é o ângulo no centro da Terra entre o epicentro e a estação (1° = 111 km na superfície).

Não se pode utilizar a escala M_s para sismos pequenos e moderados no Brasil porque dificilmente são registrados a mais de 20° de distância (2.220 km) dos epicentros, e os períodos das ondas superficiais são inferiores a 20 s. Nestes casos, usa-se uma escala de magnitude regional, m_R, válida entre 200 e 1.500 km do epicentro, elaborada para as condições de atenuação das ondas sísmicas na litosfera brasileira, daí:

$$m_R = \log(V) + 2{,}3 \log(R) - 2{,}48$$

Em que:

V = velocidade de partícula da onda P, em μm/s ($V = 2\pi A/T$) e R = distância do epicentro (em km).

Da maneira como foi definida, a magnitude Richter não tem um limite inferior nem superior. Tremores muito pequenos (microtremores) podem ter magnitude negativa. O limite superior depende apenas da própria natureza. Tremores pequenos, sentidos num raio de poucos quilômetros sem causar danos, têm magnitudes da ordem 3 (Tabela 3.2). Sismos moderados, que podem causar algum dano (dependendo da profundidade do foco e das características de terreno na região do epicentro) têm magnitudes na faixa de 5 a 6. Terremotos com magnitudes acima de 7 têm grande poder de destruição. As maiores magnitudes já registradas chegaram a M_s 8,5 (terremotos nos Himalaias em 1920 e 1950 e no Chile em 1960).

É importante ressaltar que cada ponto na escala de magnitude (Tabelas 3.2 e 3.3) corresponde a um aumento de 30 vezes na energia liberada pelo sismo. Para se ter uma ideia dos efeitos de um terremoto de magnitude 9, imagine uma rachadura se abrindo desde Rio de Janeiro até São Paulo com deslocamento lateral de 10 metros entre os dois blocos!

A escala de magnitude Richter, por definição, não tem unidade e apenas compara os terremotos entre si. Atual-

Capítulo 3 - Tectônica Global

mente, os sismólogos usam uma nova escala de magnitude (M_w) que melhor reflete o tamanho absoluto dos terremotos, baseada nos processos físicos que ocorrem durante a ruptura. Esta magnitude é fundamentada no "momento sísmico", M_o:

$$M_o = \mu \, D \, S$$

Em que:

μ = módulo de rigidez da rocha que se rompeu; D = deslocamento médio na falha e S = área total da superfície de ruptura.

$$M_w = 2/3 \log M_o - 6$$

O maior terremoto já registrado nesta nova escala foi de magnitude 9,7 M_w e ocorreu em 1960 no sul do Chile quando se abriu uma ruptura de mais de 1.000 km de comprimento.

Grau	Descrição dos efeitos	Aceleração (g)
I	Não sentido. Leves efeitos de ondas de período longo de terremotos grandes e distantes.	
II	Sentido por poucas pessoas paradas, em andares superiores de prédios ou outros locais favoráveis.	< 0,003
III	Sentido dentro de casa. Alguns objetos pendurados oscilam. Vibração parecida à passagem de um caminhão leve. Pode não ser reconhecido como abalo sísmico.	0,004 – 0,008
IV	Objetos suspensos oscilam. Vibração parecida à de um caminhão pesado. Janelas, louças e portas fazem barulho. Paredes e estruturas de madeira rangem.	0,008 – 0,015
V	Sentido fora de casa; direção estimada. Pessoas dormindo acordam. Líquido em recipiente é perturbado. Objetos pequenos e instáveis são deslocados. Portas oscilam, fecham e abrem.	0,015 – 0,04
VI	Sentido por todos. Muitos se assustam e saem às ruas. Pessoas andam sem firmeza. Objetos e livros caem de prateleiras. Janelas e louças se quebram. Rachaduras em reboco fraco e construções de má qualidade.	0,04 – 0,08
VII	Difícil manter-se em pé. Objetos suspensos vibram. Móveis se quebram. Danos em construções de má qualidade e algumas trincas em construções normais. Queda de reboco, telhas e ladrilhos ou tijolos mal assentados. Ondas em piscinas. Pequenos escorregamentos de barrancos arenosos.	0,08 – 0,15
VIII	Danos em construções normais com colapso parcial. Alguns danos em construções reforçadas. Queda de estuque e alguns muros de alvenaria. Queda de chaminés, monumentos, torres e caixas-d'água. Galhos quebram-se das árvores. Trincas no chão.	0,15 – 0,30
IX	Pânico geral. Construções comuns bastante danificadas, às vezes com colapso total. Danos em construções reforçadas. Tubulação subterrânea quebrada. Rachaduras visíveis no solo.	0,30 – 0,60
X	Maioria das construções é destruída, até suas fundações. Danos sérios a barragens e diques. Grandes escorregamentos de terra. Água é jogada nas margens de rios e canais. Trilhos de trem são levemente entortados.	0,60 – 1,0
XI	Trilhos são bastante entortados. Tubulações subterrâneas são completamente destruídas.	~1 – 2
XII	Destruição quase total. Grandes blocos de rocha são deslocados. Linhas de visada e níveis topográficos são alterados. Objetos são atirados ao ar.	~ 2

Tabela 3.1 – Escala Mercalli modificada de intensidade sísmica (simplificada). Aceleração alcançada pelo movimento do solo é expressa como proporção da aceleração de gravidade (9,8 m/s²).

M_s	Amplitude a 50 km (A)	Comprimento da ruptura (L em km)	Deslocamento na falha (D)	Energia liberada (em Joules)	Tempo em que a hidrelétrica de Itaipu gera a mesma energia (12.000 MW)
3	0,1 µm	1	1 mm	$3,6 \times 10^9$	0,3 s
5	0,1 mm	5	1 cm	$2,8 \times 10^{12}$	4 min
7	1 cm	30	1 m	$2,1 \times 10^{15}$	2 dias
9	1 m	400	10 m	$1,6 \times 10^{18}$	4,5 anos

Tabela 3.2 – Relação entre magnitude (M_s), amplitude máxima do movimento do chão (A) a 50 km do epicentro, comprimento da ruptura (L), deslocamento médio ao longo da falha (D) e energia liberada.

Data	Local	Magnitude M_s M_w		Mortos	Observações
26 jan 1531	Portugal, Lisboa			30.000	
23 jan 1556	China, Shensi			830.000	Maior mortalidade da história
11 out 1737	Índia, Calcutá			300.000	
01 nov 1755	Portugal, Lisboa		8,7	70.000	*Tsunami* devastador; terremoto em crosta oceânica
16 dez 1811	EUA, Missouri, New Madrid	8,5	8,1	– –	Segundo maior terremoto intraplaca, intensidade X MM
07 fev 1812	EUA, Missouri, New Madrid	8,8	8,0	– –	Maior terremoto intraplaca, intensidade XI MM
16 ago 1868	Equador e Colômbia			70.000	
01 set 1886	EUA, Carolina do Sul	7,7	7,3	60	Intraplaca, margem continental Atlântica
18 abr 1906	EUA, Califórnia, São Francisco	7,8	7,9	700	Falha de San Andreas, com grande incêndio em San Francisco
28 dez 1908	Itália, Messina	~7		120.000	
16 dez 1920	China e Tibet	8,5	8,3	180.000	
11 nov 1922	Chile central	8,2	8,7	– –	
01 set 1923	Japão, Kwanto	8,2	8,5	143.000	Grande incêndio de Tóquio
18 nov 1929	Canadá, costa atlântica	7,1	6,5	– –	Margem atlântica; deslizamento de talude continental destruiu cabos submarinos. Intensidade X MM
15 ago 1950	Índia e Tibet	8,6	8,6	1.500	Um dos maiores nos Himalaias
22 mai 1960	Chile, sul	8,5	9,7	5.700	Maior terremoto do século XX
28 mar 1964	EUA, Alaska	8,4	9,2	131	Segundo maior terremoto
31 mai 1970	Peru	7,6	7,9	66.000	Grande avalanche
04 fev 1975	China, Liaoning	7,2	6,9	poucos	Único grande terremoto previsto com sucesso
27 jul 1976	China, Tangsham	7,8	7,4	250.000	Não foi possível prever
07 dez 1988	Armênia, Spitak	7,0	6,7	25.000	Limite das placas da Arábia e da Eurásia
20 jun 1990	Irã, norte	7,7	7,3	40.000	
28 jun 1992	EUA, Califórnia, Landers	7,5	7,3	1	Ruptura de mais de 70 km na superfície
29 set 1993	Índia central, Killari	6,4	6,1	10.000	Região intraplaca; falha nova gerada pelo sismo
16 jan 1995	Japão, Kobe	6,9	6,9	5.400	100.000 prédios destruídos
17 ago 1999	Turquia	7,8	7,5	15.000	Falha de Anatólia do Norte
26 dez 2004	Ilha de Sumatra		9,1	280.000	Borda da placa Indo-australiana. *Tsunami* devastou zona costeira do oceano Índico

Tabela 3.3 – Terremotos históricos mais importantes.

O retrato sísmico das placas

O registro preciso de centenas de milhares de sismos anuais permite emoldurar as peças do quebra-cabeça de placas litosféricas que compõem a casca rígida do planeta e distinguir o movimento relativo entre as partes. A distribuição mundial dos epicentros mostrada na figura 3.14 adiante, permite visualizar os limites das placas litosféricas. Atualmente, cerca de 75% da energia gerada anualmente por terremotos é liberada nas margens do oceano Pacífico, no chamado "Cinturão Circum-Pacífico" ou "Cinturão de Fogo do Pacífico" (ver figura 3.27 adiante), em alusão à associação íntima entre sismicidade e vulcanismo nesta região.

Dois padrões distintos ressaltam-se na distribuição dos epicentros de terremotos ilustrada na figura 3.14:

1) Um *padrão linear*, definido pela concentração dos epicentros, na escala global, ao longo de um fino traço no fundo dos oceanos, seguindo o eixo das cadeias meso-oceânicas. Este padrão se relaciona, portanto, ao regime de esforços tracionais nos limites divergentes de placas oceânicas onde os sismos costumam ocorrer a profundidades focais muito rasas, de poucos quilômetros.

2) Um *padrão em faixa* que caracteriza a distribuição dos sismos no Cinturão Circum-Pacífico, assim como a atividade sísmica na Europa e Ásia. Este padrão sísmico está associado aos regimes de esforços compressivos, especialmente nos limites convergentes entre placas. A profundidade focal dos sismos nestas faixas é geralmente rasa (menor que 50 km), mas pode atingir profundidades de até 670 km. É importante salientar que estes sismos também definem até que profundidade a placa que mergulha ainda se mantém sólida e rúptil (e não plástica) diante das forças atuantes nas profundezas do manto. Os grandes terremotos, com magnitudes maiores de 7 na escala Richter, geralmente acontecem nestas zonas, justamente no contato entre as placas o que podem inclusive gerar *tsunamis* (ver quadro 3.2).

O padrão em faixa é exemplificado na margem oeste do oceano Pacífico (Figura 3.14) e na costa andina da América do Sul (Figura 3.15), onde as profundidades focais dos sismos aumentam em direção ao continente. Quando observados em perfil, os focos dos sismos se alinham em uma zona inclinada geralmente entre 30° e 60° em direção ao continente, conhecida como zona de Benioff, em homenagem ao geofísico norte-americano, V. H. Benioff, que investigou esta relação nas décadas de 1940 e 1950. Esta distribuição revela a posição, em profundidade, da placa de Nazca, ainda rígida, que mergulha sob a placa Sul-americana (Figura 3.15).

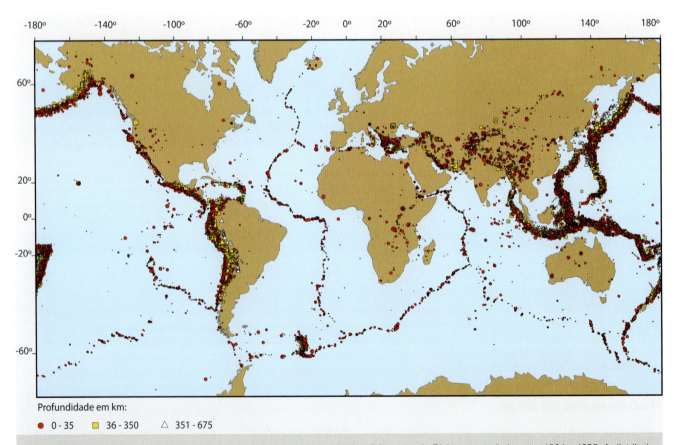

Figura 3.14 – Distribuição mundial de epicentros de sismos com magnitude ≥ 5,0 na escala Richter no período entre 1964 e 1995. A distribuição dos epicentros define os limites das placas litosféricas. Fonte: USGS.

Entretanto, uma porção do Cinturão Circum-Pacífico, na margem oeste da América do Norte, não apresenta os sismos intermediários e profundos típicos deste cinturão. Neste setor, os sismos são rasos, a maioria associada à falha de San Andreas, que representa o limite conservativo entre a placa Norte-americana, que se desloca para o sul, e a placa Pacífica, que se movimenta para o norte.

Sismicidade intraplaca

No interior das placas também ocorrem sismos, chamados sismos intraplaca, como reflexos das tensões compressivas e extensivas nas bordas. Este tipo de sismo normalmente ocorre em profundidades rasas, até 30/40 km, com magnitudes baixas a moderadas, quando comparada à sismicidade nas bordas das placas. Entretanto, há registros de sismos altamente destrutivos no interior das placas, como os dois que devastaram New Madrid, no vale do rio Mississippi, nos Estados Unidos, no fim de 1811 e início de 1812 (Tabelas 3.3 e 3.4), indicando que, apesar de remota, a possibilidade da ocorrência de fortes terremotos intraplaca não é nula.

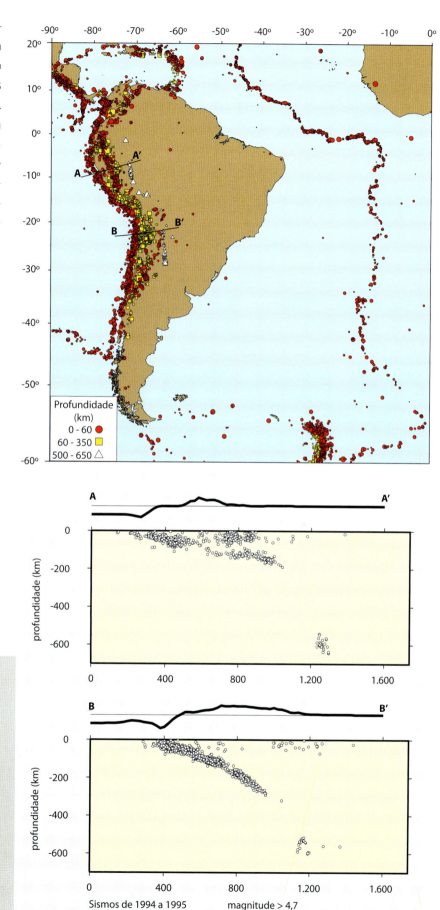

Figura 3.15 – Terremotos ocorridos na América do Sul com magnitude > 4,7 no período entre 1964 e 1995. Círculo vermelho, quadrado amarelo e triângulo branco indicam, respectivamente, os epicentros de sismos rasos (< 60), intermediários (de 60 a 350 km) e profundos (> 350 km). Os perfis AA' e BB' mostram a topografia (linha grossa) e a projeção, no plano do perfil, dos hipocentros (círculos) dos sismos ocorridos a distâncias de até 300 km em cada lado do perfil. No perfil AA' na região do Peru, os hipocentros se alinham horizontalmente, antes de mergulharem sob o continente. No perfil BB' o mergulho é mais acentuado, mostrando a complexidade dos esforços compressivos associados à subducção da placa de Nazca. Fontes: USGS, Engdahl.

Quadro 3.2 – *Tsunamis*

Em 22 de maio de 1960, pescadores da Ilha de Chiloé, sul do Chile, ao sentirem as fortes vibrações de um dos maiores terremotos já registrados, lançaram-se ao mar em suas embarcações, tentando se proteger. Em 15 minutos após o terremoto, o mar recuou muitas dezenas de metros e voltou logo a seguir em uma sucessão de ondas – um *tsunami*. As ondas destruíram tudo à sua frente e 200 pessoas morreram na Ilha de Chiloé e mais 60, no Havaí, a 10.000 km de distância.

Mais recentemente, na manhã de 26 de dezembro de 2004, o planeta presenciou um evento catastrófico de proporções inéditas para os tempos modernos. Um terremoto de magnitude 9,1, um dos cinco maiores dos últimos cem anos, com epicentro no mar a oeste da Ilha de Sumatra, na Indonésia, gerou ondas de até 30 m de altura que atingiram, em diferentes proporções, praticamente toda a zona litorânea do Oceano Índico, dizimando mais de 280.000 pessoas. Nas primeiras três horas após o abalo sísmico, este *tsunami* destruiu as costas da Indonésia, Sri Lanka, Índia e Tailândia, e, após seis horas, havia atravessado o Oceano Índico e causado destruição e morte na África Oriental.

Tsunami é o nome em japonês para estas ondas gigantes (que podem chegar a dezenas de metros de altura), geradas por grandes terremotos no mar, que atingem regiões costeiras. São produzidas pelo rápido deslocamento da coluna de água causado pela ruptura do assoalho oceânico na região do epicentro de um terremoto. A partir desse ponto, este deslocamento se propaga em todas as direções, por ondas com velocidades que dependem da profundidade do mar. Em alto-mar as ondas passam quase despercebidas, apesar de viajarem com a velocidade de um avião, pois são ondulações suaves, de amplitude pequena, mas comprimento de onda de centenas de metros. Ao se aproximar do litoral, onde o mar é mais raso, a velocidade diminui para 50-70 km/h, como um automóvel, e a massa de água deslocada pelo terremoto se avoluma, aumentando a amplitude e diminuindo o comprimento da onda. Este acúmulo de energia em uma zona bem mais restrita propulsiona esta massa de água contra a costa, provocando destruição e a inundação da região costeira por centenas de metros terra adentro (Figura 3.16).

Tsunamis são mais frequentes nos oceanos Pacífico e Índico por causa da intensa atividade sísmica das zonas de subducção no chamado Cinturão de Fogo do Pacífico e na borda leste do oceano Índico. Terremotos no Alaska em 1946 e no sul do Chile em 1960, por exemplo, geraram ondas que causaram destruição e muitas mortes, várias horas mais tarde a milhares de quilômetros de distância, no Havaí, como semelhantemente em Sri Lanka, Índia, Tailândia e África Oriental após o terremoto de Sumatra em dezembro de 2004.

Existe, já há algum tempo, um sistema de alerta para *tsunamis* no Pacífico envolvendo 26 países, com bases: 1) no processamento de dados sísmicos pela rede mundial de estações sismológicas para determinar rapidamente epicentro, magnitude e orientação da falha geológica de cada sismo; 2) no modelamento matemático de possíveis *tsunamis*, em tempo real, a partir desses dados e de medidas registradas por sensores no fundo oceânico. Infelizmente, a inexistência de sistema semelhante para o oceano Índico resultou no saldo de morte e destruição sem precedentes do *tsunami* de dezembro de 2004. Atualmente, este sistema deverá ser instalado.

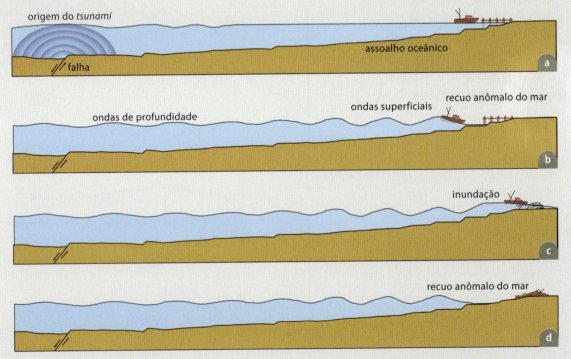

Figura 3.16 – Um *tsunami* resulta do deslocamento repentino do assoalho oceânico causado por um terremoto forte. As ondas geradas pela perturbação tectônica são propagadas a altas velocidades. Ao atingir as águas rasas próximas de ilhas e continentes, as ondas se avolumam, como aconteceu no *tsunami* do oceano Índico de 2004. Fonte: Tarbuck, E.J.; Lutgens, F. K. *Earth Sciences*. Columbus: Bell & Howell Company, 1985. p. 129.

Os maiores sismos em regiões continentais estáveis (intraplaca) ocorrem preferencialmente em áreas onde a crosta continental sofreu afinamento por tração relativamente recente (processos ocorridos nas eras Mesozoica ou Cenozoica) como, por exemplo, nas plataformas continentais ou em riftes abortados intracontinentais, como em New Madrid, nos Estados Unidos da América.

Atividade sísmica no Brasil

Por ocupar grande parte da América do Sul com rochas muito antigas e sem vulcões ativos, e por não se conhecer a ocorrência de sismos destrutivos, o Brasil era considerado, um território sem atividades sísmicas. Contudo, no início da década de 1970, estudos sismológicos mostraram que a atividade sísmica no Brasil, apesar de produzir tremores de baixa intensidade, não pode ser negligenciada (Figura 3.17 e tabela 3.5).

A concentração de epicentros nas regiões sudeste e nordeste do Brasil (Figura 3.17) reflete, em parte, o processo histórico de ocupação e distribuição populacional do país, porque muitos destes eventos foram estudados a partir de documentos antigos. Mesmo assim, sismos de destaque, como o de Mogi-Guaçu (SP) de 1922 com magnitude $5,1m_b$ (m_b – outra maneira de calcular magnitude Richter, utilizando ondas P, que produz valores aproximadamente equivalentes aos de M_s), têm sido registrados nestas regiões (Tabela 3.5). Em 1980, um sismo com magnitude $5,2 m_b$, e intensidade máxima VII MM foi sentido em praticamente todo o Nordeste onde provocou o desabamento parcial de casas modestas na região de Pacajus (CE). O maior sismo conhecido do Brasil ocorreu em 1955 com magnitude Richter $6,2 m_b$ a 370 km ao norte de Cuiabá, MT. De qualquer forma, as informações na figura 3.17 fornecem os traços mínimos da sismicidade no Brasil.

Ano	Localidade	Latitude / Longitude (°)	Magnitude (M_s)	Feição tectônica
1811 1812	New Madrid, rio Mississippi, EUA	36,5° N / 89,6° W	8,5 8,8	Rifte
1819	Kutch, E Índia	23,6° N / 69,6° E	8,0	Falha
1886	Charleston, SE EUA	32,9° N / 80,0° W	7,7	Margem passiva / distensão da crosta
1909	Costa de Portugal	39,0° N / 8,8° W	6,6	Margem passiva
1918	Costa SE da China (Nanai)	23,5° N / 117,0° E	7,3	Margem passiva / falha preexistente
1929	Costa E do Canadá	44,7° N / 56,0° W	7,1	Margem passiva / rifte
1932	África do Sul	28,5° S / 32,8° E	6,8	Margem passiva
1933	Baía de Baffin, Canadá	73,2 N / 70,0 W	7,3	Margem passiva
1935	Golfo de Sidra, Líbia	31,5° N /15,3° E	7,0	Margem passiva / rifte
1968	Meckering, W Austrália	31,6° S / 117,0° E	6,8	Falha
1988	Tenant Creek, N Austrália	19,8° S / 133,9° E	6,8	Falha

Tabela 3.4 – Principais terremotos registrados em regiões continentais consideradas estáveis.

Capítulo 3 - Tectônica Global

Nº	Ano	Latitude (°S)	Longitude (°W)	Magnitude (m_b)	Intensidade máxima, MM	Localidade
1	1955	12,42	57,30	6,2		Porto dos Gaúchos, MT. Em Cuiabá, 370 km ao sul, pessoas foram acordadas
2	1955	19,84	36,75	6,1		Epicentro no mar a 300 km de Vitória, ES
3	1939	29,00	48,00	5,5	> VI	Tubarão, SC, plataforma continental
4	1983	3,59	62,17	5,5	VII	Codajás, AM, bacia Amazônica
5	1964	18,06	56,69	5,4		NW de MS, bacia do Pantanal
6	1990	31,19	48,92	5,2		No mar a 200 km de Porto Alegre, RS
7	1980	4,30	38,40	5,2	VII	Pacajus, CE
8	1922	22,17	47,04	5,1	VI	Mogi-Guaçu, SP. Sentido em SP, MG e RJ
9	1963	2,30	61,01	5,1		Manaus, AM
10	1986	5,53	35,75	5,1	VII	João Câmara, RN
11	1998	11,62	56,78	5,2	VI	Porto dos Gaúchos, MT
12	1998	4,80	47,72	5,3		Margem Continental, AP
13	2005	11,60	56,78	5,1	VI	Porto dos Gaúchos, MT
14	2006	4,50	52,30	5,2		Oiapoque, AP, e Caiena (Guiana Francesa)
15	2007	15,05	44,20	4,9	VI	Itacarambi, MG. Desmoronamento de casas em zona rural; primeira fatalidade por terremoto no Brasil

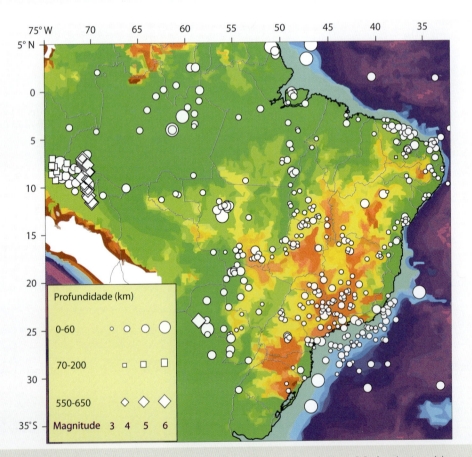

Figura 3.17 – Epicentros de sismos ocorridos no Brasil de 1767 a 2006 com magnitude > 3,0. A cobertura é incompleta porque até os meados do século XX apenas sismos com magnitude acima de 4 foram registrados. Atualmente, na região Sudeste sismos com magnitudes acima de 2,5 já são registrados, mas na Amazônia o limite de detecção é de 3,5. Fontes: USP, UnB, UFRN, IPT.

3.4.4 O que move as placas litosféricas?

Talvez a principal objeção para a aceitação da teoria da Deriva Continental de Wegener tenha sido a falta de uma explicação adequada das forças que moveriam os continentes. Hoje, sabe-se que o "motor" que move as placas tectônicas é a convecção no manto, mas ainda não estão claros os processos geológicos envolvidos em seu funcionamento. A astenosfera e a litosfera estão mecanicamente relacionadas de tal modo que, quando a astenosfera se move, a litosfera acoplada a ela se move também. E, ainda, que a energia cinética da litosfera é fornecida pelo fluxo térmico interno da Terra, sendo que este calor chega à superfície principalmente pelas correntes de convecção que atuam no manto superior. O que não se sabe em detalhes é como o regime das células de convecção do manto, aliadas ou não a plumas do manto (ou plumas mantélicas) (ver capítulo 2), induz o deslocamento horizontal e os movimentos verticais (soerguimento, subsidência) das placas ao longo do tempo geológico.

O movimento de massas rochosas quentes se dá por convecção no manto sólido, mas muito lentamente, na escala de milhões de anos. Sob condições de temperatura e pressão apropriadas, parte do manto pode se comportar como um material plástico, altamente viscoso, 1.000 vezes mais viscoso do que a água. Este fenômeno ocorre quando um foco de calor no manto começa a produzir diferenças de densidade em seu entorno: a massa aquecida se expande, tornando-se menos densa, e sobe lentamente. Para compensar a ascensão da massa aquecida, outra parte do manto, mais fria e mais densa, desce e flui para ocupar o espaço deixado pela massa ascendente, completando o ciclo de convecção, conforme ilustrado na figura 3.18.

Muitos cientistas acreditam que as correntes de convecção do manto, por si só, não seriam suficientes para movimentar as placas litosféricas, mas apenas um entre outros fatores que, em conjunto, produziriam esta movimentação. Um desses fatores poderia ser o próprio processo de subducção que tem início quando a parte mais distante da cadeia meso-oceânica se rompe e começa a afundar (mergulhar) debaixo de outra placa menos densa. A partir daí, outros fatores poderiam entrar em ação em conjunto com as correntes de convecção (ver figura 3.19), como, por exemplo:

a – A placa tectônica poderia ser empurrada para os lados pela criação de nova litosfera nas cadeias meso-oceânicas.

b – Por ter se esfriado ao se afastar da cadeia meso-oceânica, a porção da placa mais distante da cadeia também é a parte mais antiga, mais fria e mais densa. Estas características tenderiam a puxar a litosfera descendente para o interior do manto em direção à astenosfera.

c – A placa litosférica também se torna mais espessa à medida que se afasta da cadeia meso-oceânica. Consequentemente, no limite com a astenosfera fica inclinada. Mesmo que esta inclinação seja muito baixa, o próprio peso da placa tectônica poderia induzir uma movimentação.

Em média, a velocidade de movimentação das placas tectônicas é muito baixa, normalmente de 2 a 3 cm/ano, embora as velocidades relativas constatadas entre algumas placas sejam muito maiores que isso. Geralmente,

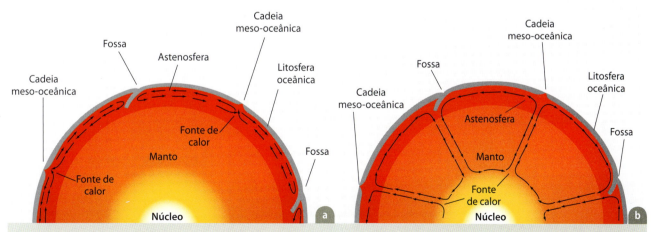

Figura 3.18 – Modelos de correntes de convecção. a) Convecção somente na astenosfera. b) Convecção envolvendo todo o manto.

as diferenças de velocidade estão relacionadas às proporções de crosta continentais presentes nas placas. As placas Sul-americana e Africana possuem baixas velocidades, enquanto as placas com pouco ou nenhum envolvimento de crosta continental, como a Pacífica, tendem a exibir velocidades maiores. Além disso, a velocidade das placas depende da geometria do seu movimento na superfície esférica terrestre.

A princípio, todos os pontos situados em uma placa litosférica teriam a mesma velocidade. Isto seria verdade se a placa fosse plana e deslizasse sobre uma superfície aplainada, como uma balsa navegando sobre a água. Na verdade, as placas são convexas e deslizam sobre uma superfície esférica em torno de um eixo de rotação (passando por p° e p', conforme mostra a figura 3.20), cuja intersecção com a superfície do globo define seu polo de expansão ou de rotação da placa, que não têm nada a ver com o eixo de rotação da Terra e os polos geográficos norte e sul. O polo de rotação da placa é definido como um ponto em volta do qual ela gira. Para uma determinada velocidade angular, a velocidade de pontos distintos em uma placa aumentará com a distância do polo, isto porque o polo gira, mas não se desloca, portanto sua velocidade é zero.

Embora todas as placas litosféricas possam se mover, não são todas que atualmente se movimentam. Algumas parecem estacionárias, por estarem bordejadas quase inteiramente por limites divergentes com placas que se afastam a taxas similares, como a placa Africana. Contudo, este comportamento não significa que a placa é estática, pois dados geofísicos e modelos computacionais mostram que o manto subjacente à placa Africana está em ascensão. Neste caso, o extremo sul da África e a crosta oceânica adjacente estão em soerguimento desde 100 milhões de anos atrás por conta do empuxo de uma enorme anomalia térmica e química em lenta ascensão instalada no manto.

A velocidade medida entre as placas litosféricas geralmente é relativa, mas a velocidade absoluta pode ser determinada por meio da utilização de pontos de referência, como *hot spots* ou pontos quentes. Estes pontos quentes se situam diretamente acima de porções ascendentes de material irregular quente do manto, plumas do manto, originadas em profundidades diversas do manto, principalmente no limite entre o núcleo externo e o manto inferior. Ao contrário das placas na superfície do planeta, as plumas são relativamente estacionárias de modo que eles deixam marcas nas placas que se movimentam sobre eles, principalmente sob a forma de atividades magmáticas na superfície terrestre, que podem incluir vulcões alinhados (como no arquipélago de ilhas vulcânicas de Havaí), platôs oceânicos, cordilheiras submarinas e grandes derrames de basaltos em áreas continentais (ver quadro 3.3).

Frequentemente, a passagem de uma placa sobre um *hot spot* resulta em um rastro linear de feições na

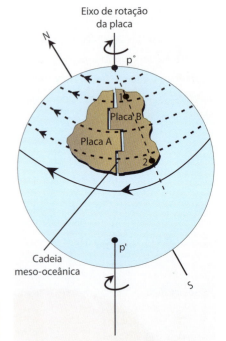

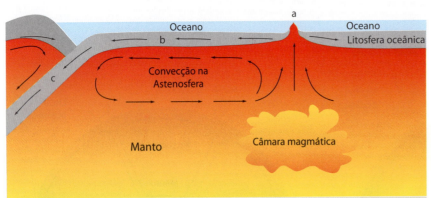

Figura 3.19 – Possíveis causas da movimentação das placas tectônicas. a) Criação de litosfera oceânica na cadeia meso-oceânica. b) A placa litosférica torna-se mais espessa e fria à medida que se distancia da cadeia meso-oceânica e, consequentemente, seu limite (à esquerda) com a astenosfera se inclina cada vez mais. c) A litosfera mergulha para o interior do manto, devido à sua maior densidade.

Figura 3.20 – Esquema do movimento de uma placa sobre uma superfície esférica. Na placa B, o ponto 1 apresenta velocidade angular menor que o ponto 2 porque percorre uma distância menor no mesmo intervalo de tempo. p° = polo de rotação da placa.

superfície, cuja direção indica a movimentação desta placa. No caso de placas oceânicas, como a Pacífica, o traço de *hot spots* pode ser uma cadeia de montanhas vulcânicas ou uma série de ilhas vulcânicas que, por meio de datações radiométricas (ver capítulo 10), torna possível calcular a velocidade das placas, a partir da distância entre as ilhas e as idades das erupções vulcânicas, como mostrado na figura 3.21.

As plumas do manto são responsáveis por muitas das atividades vulcânicas que ocorrem no interior das placas, como ilhas vulcânicas na crosta oceânica e espessamento da crosta continental por uma cadeia de vulcões, como, por exemplo, no Parque Yellowstone (EUA). Quando o *hot spot* situa-se sob ou próximo da cadeia meso-oceânica, poderá aumentar o volume de magma disponível e produzir um espessamento anormal da crosta em torno da cadeia. Isto muitas vezes gera um amplo platô sobre o assoalho oceânico, do qual o exemplo mais espetacular é a Islândia, uma ilha no Atlântico Norte onde a atividade magmática do *hot spot* debaixo da cadeia meso-oceânica foi de tal magnitude que o platô vulcânico se expõe acima do nível do mar.

3.4.5 Colisões entre placas

A convergência entre placas litosféricas resulta em colisões de três tipos, de acordo com a natureza da crosta envolvida: oceânica *versus* oceânica, continental *versus* oceânica e continental *versus* continental (ver figura 3.23). As rochas, estruturas geológicas e feições fisiográficas geradas nestas colisões, dependem da natureza e composição das placas envolvidas e o ângulo de encontro entre elas.

Quando placas oceânicas convergem, a placa mais densa, a mais antiga, mais fria e mais espessa,

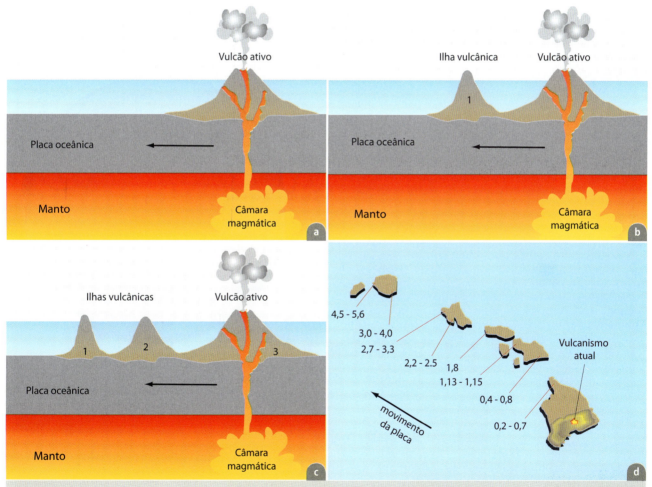

Figura 3.21 – Formação de ilhas vulcânicas originadas de pontos quentes, ou *hot spots*. a) O ponto quente produz a primeira ilha vulcânica. b) A placa se desloca sobre o ponto quente, fixo, que cria a ilha vulcânica 2. c) A placa continua a se deslocar no mesmo sentido, levando consigo as ilhas 1 e 2. Formação da ilha vulcânica 3, induzida pelo ponto quente. d) Mapa do arquipélago do Havaí. Os números correspondem às idades radiométricas obtidas nas rochas vulcânicas (em milhões de anos). Há 5,6 milhões de anos, a ilha mais antiga se formou acima do ponto quente, que atualmente alimenta os vulcões ativos da ilha do Havaí no extremo SE do arquipélago. Portanto, nesse período a placa Pacífica se deslocou do sudeste para o noroeste.

Quadro 3.3 – Grandes províncias ígneas

Colombo Celso Gaeta Tassinari e Leila Soares Marques

Durante a história geológica da Terra, alguns eventos relativamente curtos, com duração de poucos milhões de anos no máximo, geraram grandes volumes de lavas e/ou magmas de natureza predominantemente basáltica, com alguns riolitos subordinados, através de processos magmáticos não relacionados aos processos normais de Tectônica de Placas que ocorrem nas cadeias meso-oceânicas e nos arcos de ilhas. As grandes províncias ígneas formadas desta maneira são denominadas de LIPs, (do inglês, *Large Igneous Provinces*). Embora certamente representem um fenômeno geológico comum na história do planeta, as LIPs estão mais preservadas na crosta formada nos últimos 250 milhões de anos, sob a forma de derrames de basaltos continentais, platôs oceânicos e grandes enxames de diques. Estas intrusões correspondem aos condutos alimentadores das LIPs em regiões erodidas.

As LIPs ocupam áreas muito extensas, da ordem de alguns milhões de km². As maiores são os enormes platôs basálticos em bacias oceânicas, como os platôs de Fiji no oceano Pacífico e de Kerguelen no oceano Índico. Derrames de lavas basálticas podem ocorrer também em ambientes continentais, como no Brasil e na Namíbia (África), extravasados durante a separação dos continentes. Os basaltos da bacia do Paraná se estendem, pelo menos, desde o Mato Grosso e parte noroeste do estado de São Paulo até o Rio Grande do Sul e países vizinhos.

As LIPs são formadas em eventos vulcânicos excepcionalmente grandes e acredita-se que pelo menos algumas delas podem resultar de um tipo de convecção do manto diferente do regime que rege a tectônica de placas na Terra. Ao contrário do magmatismo associado à movimentação das placas litosféricas, que cria nova crosta oceânica no centro ou nas margens de bacias oceânicas, o magmatismo relacionado às LIPs surge independentemente do contexto das placas, podendo ser gerado nos continentes, nas bacias oceânicas ou ao longo das margens ou no interior das placas. O modo alternativo de convecção manifestado pelas LIPs é provavelmente o mesmo pelo qual os outros planetas terrestres do sistema solar perdem seu calor interno.

As grandes províncias ígneas são frequentemente associadas aos rastros de *hot spots*, como cadeias lineares de ilhas oceânicas, vulcões ou montes submarinos, o que leva a modelos relacionando-as a grandes anomalias térmicas (plumas) no manto. Nesta hipótese, plumas, originadas na interface manto-núcleo e com forma semelhante a gigantescos cogumelos, ascenderiam lentamente até atingir a base da litosfera. O aquecimento e empuxo associados ao "impacto" de uma pluma na base da litosfera continental poderiam gerar grande volume de magma e produzir rupturas, induzindo a formação de LIPs e fragmentação da placa (Figura 3.22). Com base neste modelo, alguns pesquisadores sugerem que o impacto da pluma atualmente localizada no Atlântico de baixo de Tristão da Cunha teria sido responsável, há cerca de 135 milhões de anos, tanto pelas LIPs conjugadas representadas pelos basaltos da bacia do Paraná na América do Sul e de Etendeka na África, como para a separação desses dois continentes.

Outros pesquisadores acreditam que a formação de algumas das grandes províncias ígneas pode ter provocado um efeito devastador sobre a vida do planeta, por causa das mudanças ambientais na escala global, contribuindo, dessa forma, para alguns dos mais importantes eventos de extinção biológica na história da Terra. Durante a formação dessas províncias seria liberado grande volume de gases, como CO_2, SO_2, Cl, F e H_2O, por exemplo, que poderiam formar, entre outras coisas, chuvas ácidas na atmosfera e reduzir o oxigênio nos oceanos por meio de reações químicas ou pelo estímulo ao florescimento de algas e subsequente eutroficação (perda de oxigênio) das águas. Os exemplos mais marcantes de LIPs contemporâneas a importantes épocas de extinção são os derrames de basalto na Sibéria no final do Permiano, há 250 milhões de anos, os basaltos do Karoo no sul da África, no Jurássico, há 180 milhões de anos, e o vulcanismo Deccan na Índia, ao final do Cretáceo, há 65 milhões de anos.

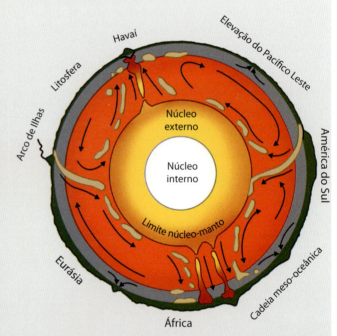

Figura 3.22 – Modelo de formação de LIPs a partir de plumas mantélicas (sem escala). Fonte: *Episodes*, v. 30, n. 1, março 2007.

---

mergulha sob a outra placa, em direção ao manto, carregando parte dos sedimentos acumulados sobre ela. Estes irão se fundir juntamente com a crosta oceânica consumida em virtude das altas pressões e temperaturas reinantes em profundidade, produzindo intensa atividade vulcânica de composição andesítica, que é intermediária entre a composição basáltica da crosta oceânica e a granítica característica de crosta continental (ver capítulo 6). Este vulcanismo comumente manifesta-se nos oceanos na forma de arquipélagos curvos conhecidos como arcos de ilhas (Figura 3.23a), que se formam a uma distância entre 100 a 200 km da fossa profunda que marca a zona de subducção no assoalho oceânico. A distância entre a fossa e o arco de ilhas vulcânicas variará de acordo com o ângulo de mergulho da placa. Quanto mais inclinado for o ângulo, mais próximo da fossa estará o arco de ilhas. As ilhas do Japão constituem um exemplo de arco de ilhas em formação.

Quando uma placa continental colide com outra oceânica (Figura 3.23b), é a oceânica que mergulha sob a placa continental. Similarmente aos arcos de ilhas, este tipo de colisão também produz um arco magmático, agora na borda da placa continental, caracterizado por rochas vulcânicas andesíticas e dacíticas e rochas plutônicas, principalmente dioríticas e granodioríticas (ver capítulo 6). A composição destas rochas reflete a mistura que ocorre entre os diversos materiais fundidos da crosta oceânica, dos sedimentos oceânicos e da própria borda da placa continental. Este processo ainda provoca deformação e metamorfismo não somente nas rochas continentais preexistentes como também em parte das rochas formadas na colisão. Os resultados são grandes cordilheiras de montanhas, como a cadeia Andina na América do Sul, daí a denominação de tipo *Andino* para as feições fisiográficas tipicamente geradas neste processo.

O choque entre placas continentais (Figura 3.23c) pode ocorrer a partir de uma colisão inicial de um arco magmático do tipo Andino com um continente. O processo de subducção da litosfera oceânica causa grande encurtamento crustal resultando em aproximação da outra placa continental até ocorrer a colisão final. Quando os dois continentes colidem, a litosfera continental puxada pela litosfera oceânica mais densa mergulha sob a outra. Este processo não gera o vulcanismo expressivo dos outros dois processos, mas produz intenso metamorfismo de rochas continentais preexistentes e leva à fusão parcial de porções da crosta continental, com a formação de magmas graníticos. Colisões deste tipo resultam em grandes cordilheiras de montanhas do tipo *Alpino*, produzindo espessamento excepcional da crosta continental. O exemplo mais impressionante de colisão continente-continente é a cordilheira do Himalaia, o produto da colisão entre as placas Indo-australiana e da Eurásia, um processo iniciado há cerca de 70 milhões de anos e ainda ativo, como atesta a intensa atividade sísmica.

Cada um dos três tipos de colisão produz uma série de feições geológicas características, entre as quais fossas,

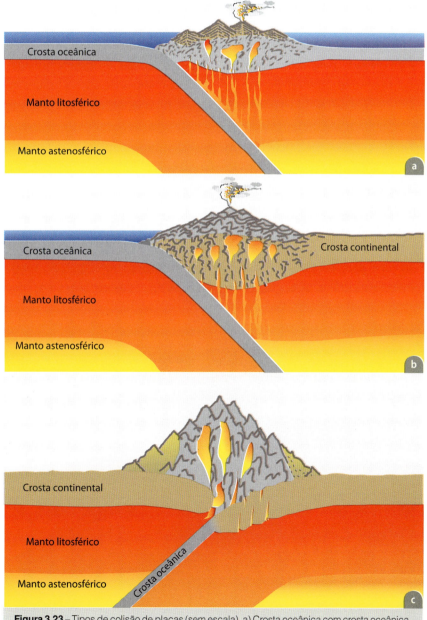

Figura 3.23 – Tipos de colisão de placas (sem escala). a) Crosta oceânica com crosta oceânica. b) Crosta continental com crosta oceânica. c) Crosta continental com crosta continental.

prismas de acreção, bacias de antearco e retroarco e associações litológicas peculiares como os complexos ofiolíticos e *mélanges* (Figura 3.24).

As fossas surgem onde uma placa mergulha de baixo da outra e são as regiões mais profundas dos oceanos, chegando a 11 km de profundidade na fossa das ilhas Marianas. Comumente, recebem sedimentos marinhos e sedimentos provenientes do arco, mas somente uma pequena parte deste preenchimento da fossa é carregada para baixo pela placa que mergulha. A maior parte desses sedimentos é deformada, fraturada e metamorfizada pelo tectonismo na zona de contato, uma vez que são de baixa densidade. Nestas condições, os sedimentos são submetidos a altas pressões, mas têm temperaturas relativamente baixas (ver capítulos 15 e 16), já que permanecem em níveis crustais rasos. O produto típico deste ambiente metamórfico peculiar são as rochas chamadas de xistos azuis, cuja cor é dada pela abundância do mineral glaucofânio de cor azul.

Nesta zona de contato entre placas convergentes, justamente onde uma avança contra a outra, acumula-se uma mistura caótica de fatias de rochas deformadas, falhadas e metamorfizadas derivadas dos sedimentos e rochas ígneas da fossa, da bacia antearco e da própria crosta oceânica. Este acúmulo tem forma de cunha, estende-se desde metros até algumas dezenas de quilômetros, e é denominado de prisma de acreção. Na América do Sul, exemplos podem ser encontrados nos Andes. Dificilmente prismas deste tipo sobrevivem nos terrenos mais antigos (de idade pré-cambriana), de 542 milhões de anos, comuns no Brasil, porque se formam em níveis crustais relativamente superficiais e, por isso, são facilmente erodidos.

Os materiais rochosos que ocorrem no prisma de acreção possuem características típicas dos processos tectônicos que os afetaram e constituem o que os geólogos chamam de associações petrotectônicas, sendo as mais típicas as *mélanges* e os ofiolíticos (Figura 3.25). *Mélanges* consistem de uma mistura heterogênea de materiais rochosos: fragmentos irregulares de composição, tamanho e textura diversos consolidados sob pressão deformacional extrema. Associados às *mélanges* ocorrem rochas diagnósticas de condições específicas de pressão e temperatura, como os xistos azuis já citados. Já os eclogitos são rochas ultramáficas (ver capítulo 6) produzidas em grande profundidade sob alta pressão e temperaturas moderadas a altas.

Os complexos ofiolíticos representam outra associação petrotectônica importante encontrada em prismas de acreção, alçada em meio a rochas da crosta continental na zona de contato entre placas convergentes. Originam-se pelo metamorfismo brando de rochas máficas-ultramáficas representativas de crosta oceânica e manto superior (Figura 3.25) (ver capítulo 6). Exemplos espetaculares de ofiolitos são encontrados no complexo de Troodos em Chipre, no Mediterrâneo Oriental, e em Omã.

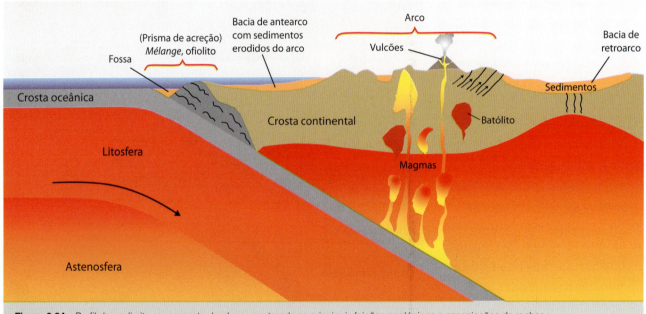

Figura 3.24 – Perfil de um limite convergente de placa, mostrando as principais feições geológicas e associações de rochas.

O processo tectônico compressivo responsável por sua formação é chamado de obducção, que, em contraste com a subducção, conduz fatias de crosta oceânica por sobre as margens da placa sobrejacente. A figura 3.26 ilustra três maneiras de como isto pode ocorrer. O primeiro diagrama (a) mostra obducção por cavalgamento de crosta oceânica, gerada em cadeia meso-oceânica, sobre uma margem de uma placa continental passiva. O segundo exemplo (b) ilustra obducção por ruptura da parte superior da litosfera oceânica em subducção e subsequente cavalgamento dos fragmentos assim gerados por sobre o arco magmático preexistente. O último esquema (c) mostra a adição, por "baralhamento tectônico," de fatias de crosta oceânica ao complexo de subducção ou prisma de acreção.

Choques entre placas também podem gerar bacias sedimentares paralelas aos arcos magmáticos, inclusive arcos de ilhas. De acordo com sua posição relativa ao arco e à margem convergente da placa em que está situada, a bacia é designada de antearco (frontal ao arco magmático) ou retroarco (atrás do arco) (ver figura 3.24). As bacias sedimentares do tipo antearco formam-se entre o arco e o prisma de acreção como compensação isostática no interior da placa que contém o arco. Geralmente, estas bacias são preenchidas em grande parte por sedimentos erodidos das rochas vulcânicas e sedimentares do próprio arco. Por outro lado, bacias do tipo retroarco podem surgir atrás do arco de ilhas em colisões entre placas oceânicas em função de distensão, fraturamento e subsequente afinamento da crosta oceânica. Este processo distensivo, levado ao extremo, pode originar ofiolitos em bacias de retroarco.

A dinâmica de distensão crustal é relacionada a diversos fatores, como idade, densidade e velocidade da placa oceânica em subducção, que vão determinar o seu ângulo de mergulho. Se o ângulo for maior do que 45°, o que é próprio de uma placa oceânica mais velha e mais densa, a zona de subducção produzirá maior tensão tracional no interior da placa sobrejacente, com fraturamento e subsidência, atrás do arco magmático, gerando a bacia de retroarco. A sedimentação em bacias deste tipo é caracteristicamente de mar raso, mas pode ser acompanhada por vulcanismo basáltico associado às fraturas provocadas pela distensão da placa sobrejacente.

3.4.6 Margens continentais

Como consequência da tectônica de placas, os continentes se fragmentam e se juntam periodicamente ao longo do tempo geológico (ver figura 3.11). Evidências geológicas destes processos são encontradas tanto nas margens dos continentes atuais como no interior dos continentes nas áreas que

Figura 3.25 – Foto de parte do complexo ofiolítico de Troodos, Ilha de Chipre, ilustrando lavas almofadadas (à esquerda) originadas no assoalho oceânico, cortadas por diques (à direita). Foto: B. B. de Brito-Neves.

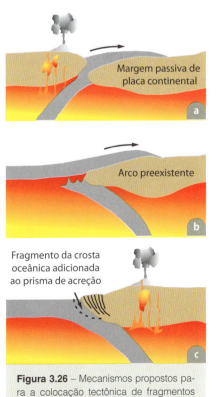

Figura 3.26 – Mecanismos propostos para a colocação tectônica de fragmentos de crosta oceânica em meio a rochas continentais. Fonte: Condie, 1989.

Capítulo 3 - Tectônica Global

Quadro 3.4 – Orógenos: o presente é a chave do passado

Os geólogos consideram que processos operantes atualmente ao redor do oceano Pacífico (Figura 3.27) representam análogos modernos de processos importantes que ocorreram no passado geológico da Terra, como, a criação de cadeias de montanhas em arcos de ilha e arcos magmáticos, com formação de crosta continental granítica, e feições associadas, como bacias de antearco e retroarco bem como complexos ofiolíticos e platôs oceânicos. Esta inferência deve-se às semelhanças químicas e litológicas entre as rochas formadas nos múltiplos ambientes sedimentares, ígneos e metamórficos em torno do oceano Pacífico e as rochas que afloram não somente nos picos e encostas de montanhas atuais, mas também nas raízes de cadeias pretéritas profundamente erodidas nos núcleos antigos dos continentes. Dessa forma, a análise dos processos tectônicos modernos serve de base para decifrar os processos geológicos do passado, assim como o crescimento da crosta na escala global e a dinâmica das placas no tempo geológico.

O conjunto de processos geológicos, como sedimentação, vulcanismo, plutonismo, deformação, metamorfismo e soerguimento crustal, que ocorre nos limites convergentes das placas litosféricas, é chamado de orogenia ou orogênese. As cadeias de montanhas, ou orógenos, são o produto desse fenômeno, por exemplo, os Andes, os Alpes e os Himalaias. Estes orógenos modernos são de natureza colisional, porque se formaram pela convergência de placas com a participação de material continental preexistente, "fechamento" de oceanos e eventual colisão entre continentes. Em contraste, a orogênese acrecionária, atualmente em curso em vários locais do Pacífico, envolve domínios oceânicos de grande dimensão e processos de subducção entre placas litosféricas oceânicas (Figura 3.28). É assim chamada porque pode produzir crescimento crustal a partir predominantemente da fusão parcial do manto, com eventual acréscimo de material sedimentar durante a subducção. A continuidade deste processo constrói sucessivos arcos magmáticos que eventualmente se aglutinam, culminando em acreção continental. Evidências deste processo são fornecidas pela ocorrência de "terrenos" de diferentes idades e origens – microcontinentes, arcos de ilhas antigos e platôs oceânicos – aglutinados às margens do Pacífico e aos orógenos Alpino e Himalaiano.

A orogênese acrecionária tem sido considerada o processo geológico principal na construção da litosfera continental durante a história da Terra a partir de material ígneo gerado por fusão parcial do manto. Este fenômeno é também responsável pela diferenciação de materiais da crosta ao longo do Tempo Geológico. Por exemplo, a crosta continental da porção oeste da região Amazônica formou-se a partir de uma sucessão de orógenos acrecionários, processo este que perdurou entre 2,2 e 1,3 bilhões de anos atrás, muito antes da formação do supercontinente Pangea.

Áreas continentais geologicamente estáveis – crátons – atuam como uma espécie de anteparo para o desenvolvimento de orógenos em suas margens. No interior dos crátons ocorrem "escudos", que são vastas áreas de rochas antigas de relevo abaulado (daí a semelhança a um escudo), pouco acidentado. As áreas dos escudos que são parcialmente cobertas por rochas sedimentares não deformadas são chamadas de "bacias cratônicas", alojadas, normalmente, em estruturas de rifte. Atualmente, a Cordilheira dos Andes na América do Sul é o orógeno que está em desenvolvimento na borda do cráton representado pelo resto do

Figura 3.27 – Distribuição das placas tectônicas e do Cinturão do Fogo.

104

continente. Por se tratar de um conceito temporal, o arranjo de orógenos e crátons variou bastante no tempo e no espaço. Por exemplo, entre 1.000 a 540 milhões de anos, no lugar da América do Sul havia um conjunto de crátons e orógenos em processo de colagem (ou amalgamação) por causa da convergência de várias placas e processos de encurtamento da crosta oceânica e subducção em suas margens. O mosaico que resultou dessa história geológica não existe mais por conta da dinâmica transformadora da Terra. Os fragmentos desse mosaico foram envolvidos na formação dos continentes modernos e os orógenos então formados já foram profundamente erodidos.

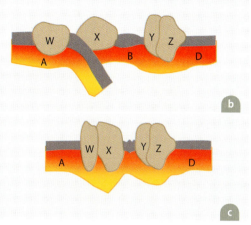

Figura 3.28 – Modelo de crescimento continental em orogêneses acrecionárias. a) por quatro placas oceânicas (A, B, C, D) com prismas acrecionários (X, Y, Z) e um microcontinente (W). b) a placa C já desapareceu e os continentes Y e Z colidiram para formar uma única placa (B + D). c) o continente W colidiu com o X formando uma placa continental, (W + X) que, posteriormente, pelo consumo do oceano adjacente, irá se amalgamar com a placa YZ, formando uma massa continental ainda maior.

foram margens no passado. Dentro deste contexto podemos reconhecer dois tipos de margens continentais:

Margens continentais ativas – são aquelas situadas nos limites convergentes de placas onde ocorrem atividades tectônicas persistentes e importantes, como a formação de prismas acrecionários (com *mélanges* e ofiolitos) e cordilheiras (deformação, falhamento, vulcanismo), relacionadas a zonas de subducção e falhas transformantes. As margens continentais ativas são representadas na América do Sul pela costa do Pacífico, onde os Andes ainda estão em desenvolvimento.

Margens continentais passivas – formam-se por meio da fragmentação de continentes e formação de novas bacias oceânicas a partir do rompimento da crosta continental por forças tracionais e o abatimento de blocos por falhas normais (ver capítulo 16).

O resultado é um vale comprido e inicialmente estreito, apelidado, em inglês, de *rift valley*, o nome dado a uma extensa feição geográfica desta natureza que atravessa uma boa parte do leste da África. Este processo (Figura 3.29), inicia-se com o aumento do fluxo térmico no manto debaixo da crosta continental, que abaula e distende a crosta sobrejacente até provocar fraturamento e, consequentemente, a extrusão de lavas máficas e o rifteamento. A subsequente instalação de correntes de convecção no manto mantém as tensões tracionais

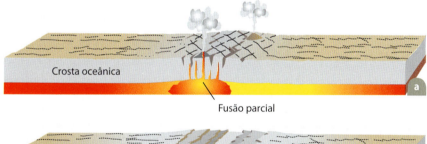
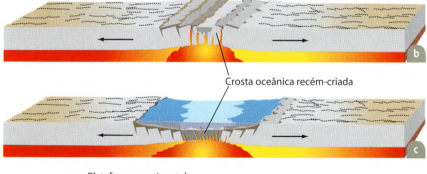
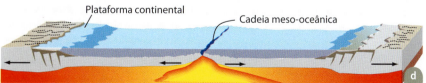

Figura 3.29 – Fragmentação de uma massa continental e o desenvolvimento de margens continentais passivas.

na crosta e promove o contínuo afinamento da crosta continental até que finalmente ocorra a ruptura desta crosta e inicie-se a formação de crosta oceânica na zona de ruptura, agora um limite divergente entre placas. A invasão da água do mar proveniente dos oceanos adjacentes aumenta à medida que a crosta oceânica expande e os fragmentos continentais se afastam. As margens adelgaçadas e fraturadas dos continentes que bordejam este oceano incipiente são caracterizadas pela subsidência de blocos por falhamento, originando bacias sedimentares propícias para a formação e armazenamento de petróleo e gás, como nas bacias de Campos e Santos. O modelo de margem continental passiva, característico do oceano Atlântico, deve-se muito aos estudos da costa brasileira, visando a localização de recursos energéticos em bacias sedimentares do tipo rifte.

O processo de rifteamento continental induzido, possivelmente, pela ascensão de uma pluma do manto ou *hot spot*, inicia-se pela ruptura da crosta continental ao longo de três grandes riftes, separados por um ângulo de 120°. Dois dos riftes tendem a desenvolver-se em conjunto até separar a massa continental em dois e dar origem a um novo oceano entre margens continentais passivas. O terceiro ramo da ruptura geralmente continua a se aprofundar e se estender para dentro da área continental por um tempo, mas seu desenvolvimento cessa antes que uma nova bacia oceânica possa se instalar nesse rifte "abortado".

O ponto de encontro desses três riftes, onde a fragmentação de continentes começa, é denominado de junção tríplice. O exemplo clássico de junção tríplice atual encontra-se na borda nordeste da África onde os riftes do golfo de Aden e do Mar Vermelho se juntam com o Rifte do Leste Africano, que se estende de Djibuti, ao norte, até Moçambique, no sul (Figura 3.30).

A abertura e o fechamento de bacias oceânicas envolvem processos que, no conjunto, são conhecidos como um "Ciclo de Wilson", nome dado em homenagem ao geofísico canadense J. T. Wilson, um dos idealizadores da teoria de expansão do assoalho oceânico. Este ciclo inicia-se com a ruptura de uma massa continental, como descrito e exemplificado pela junção tríplice no nordeste da África, seguida pela abertura de uma bacia oceânica, inicialmente pequena, como o Mar Vermelho, que ainda se encontra em expansão. No futuro, haverá ali a instalação de uma cadeia meso-oceânica até atingir dimensões similares ou maiores do atual oceano Atlântico Sul.

Entretanto, a fase de expansão tem limites e perdurará somente enquanto for sustentada pela energia fornecida pelo sistema de convecção alimentado pela pluma do manto. Há de se lembrar também que a crosta oceânica fica mais velha e mais fria, tornando-se, assim, gradativamente mais densa à medida que se afasta da cadeia meso-oceânica, onde se formou. Ao mesmo tempo, acumula-se sobre ela uma carga cada vez mais espessa de sedimentos erodidos do continente e precipitados da água do mar. Esta carga exerce um peso nada trivial sobre a borda da crosta oceânica, justamente na transição desta com a margem continental passiva, uma zona de fraqueza da crosta por conta de inúmeras fraturas e falhas profundas herdadas da fase de rifteamento continental. Ainda, o rompimento e a fragmentação no meio da massa continental original também geram grande atrito nas bordas da placa, transformando-as em margens convergentes, com desenvolvimento de orogênese e, eventualmente, de falhas transformantes.

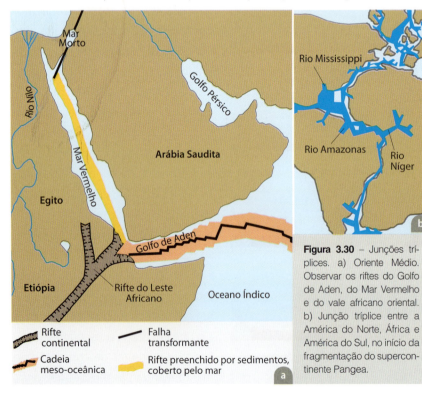

Figura 3.30 – Junções tríplices. a) Oriente Médio. Observar os riftes do Golfo de Aden, do Mar Vermelho e do vale africano oriental. b) Junção tríplice entre a América do Norte, África e América do Sul, no início da fragmentação do supercontinente Pangea.

Em algum momento, portanto, o movimento relativo dos continentes se inverte, por causa de uma combinação de fatores, entre os quais o arrefecimento da pluma, o deslocamento ou modificação de células de convecção no manto, o envelhecimento da crosta oceânica, o rompimento da zona de transição (ou desacoplamento) entre crosta oceânica e crosta continental na margem passiva, entre outros. Consequentemente, surge uma zona de subducção com todos os processos vulcânicos, sísmicos e orogenéticos associados em uma ou ambas as margens continentais, que passam de passivas a ativas. E os continentes começam a se aproximar, fechando parcial ou totalmente a bacia oceânica entre eles. O registro geológico demonstra que este fenômeno foi comum na história geológica do planeta, responsável, inclusive, pela contínua movimentação das placas litosféricas e a constante mutação no arranjo dos continentes na superfície do nosso planeta. A fascinante história da evolução paleogeográfica do planeta é apresentada no capítulo 20.

Mas como podemos saber da frequência e velocidade destes ciclos tão importantes na história da Terra? Evidências geológicas indicam que a região do Atlântico Norte abriu e fechou-se em ciclos de Wilson duas vezes somente nos últimos 600 milhões de anos. E essa região está se abrindo, de novo, atualmente. É da análise da idade do fundo oceânico que vem a dica fundamental para nossa compreensão dessa questão. No início deste capítulo, dissemos que antes da aceitação do conceito de Tectônica Global, esperava-se encontrar no fundo dos oceanos um registro completo da sedimentação desde os períodos mais antigos da história da Terra. Contudo, sabe-se agora que nenhuma rocha do fundo oceânico excede 200 milhões de anos de idade, ou seja, praticamente toda a crosta oceânica atual se formou desde o início do período Jurássico, da era Mesozoica. Então, onde está o fundo oceânico das eras anteriores? Afinal, temos razões para suspeitar que crosta oceânica tem sido gerada, continuamente, desde pelo menos 4,4 bilhões de anos atrás. Fica evidente, então, que toda a crosta oceânica mais antiga que 200 milhões de anos já foi reincorporada ao manto pela subducção, sobrevivendo apenas uma pequena parcela que foi anexada aos continentes pelo processo de obducção. Então, a resposta para nossa indagação é que, a princípio, os processos de fluxo térmico no manto e o envelhecimento de crosta oceânica atuam na escala de tempo de algumas centenas de milhões de tal forma que, após 200 milhões de anos, no máximo, suturas envolvendo crosta oceânica tendem a se enfraquecer e se romper, desacoplando a crosta oceânica e iniciando subducção. A implicação desta revelação é espantosa, pois significa que a crosta oceânica renovou-se, completamente, pelo menos 20 vezes desde que se formou pela primeira vez há mais de quatro bilhões de anos!

3.5 O paradigma confirmado

A existência das placas tectônicas e sua dinâmica deu uma nova roupagem às ideias de Deriva Continental porque permitiu a formulação de hipóteses que finalmente explicaram a gênese das grandes feições fisiográficas, como os Andes, Alpes e Himalaias, e os amplos domínios oceânicos, bem como a concentração de terremotos e vulcões ativos nas bordas das placas.

Essas hipóteses reunidas constituem o conceito de Tectônica Global, o mais coerente e poderoso modelo criado até hoje para explicar como a Terra funciona, um verdadeiro paradigma científico que revolucionou as Geociências e nos permite compreender os grandes traços da dinâmica do presente, interpretar o passado e prever o futuro geológico do planeta.

A Tectônica Global se tornou o conceito central não somente da Geologia, mas da humanidade, e nos ofereceu a primeira visão holística da dinâmica interna e externa de nosso planeta. Podemos compreender que a intensa atividade sísmica e vulcânica, os *tsunamis* no Pacífico e no Índico e o ocasional terremoto no Brasil têm, no fundo, a mesma causa – o alívio das tensões tectônicas geradas nas bordas e no interior das placas litosféricas em resposta a movimentos convectivos lentos de matéria rochosa sólida e quente, nas profundezas da Terra. Mais importante ainda, a Tectônica Global revelou os segredos da evolução da biodiversidade no tempo e, especialmente, no espaço, assim como da formação e localização de recursos minerais e energéticos tão importantes para a sociedade moderna.

Leitura recomendada

BONATTI, E. O manto da terra sob os oceanos. *Scientific American* Brasil. Edição Especial, n. 20. p. 66-75, 2007.

GURNIS, M. Processos que esculpem a terra. *Scientific American* Brasil. Edição Especial, n. 20. p. 58-65, 2007.

STEIN, R. S. Interações de sismos refinam previsões. *Scientific American* Brasil. Edição Especial, n. 20. p. 84-91, 2007.

TAYLOR, S. R.; MCLENNAN, S. M. A complexa evolução da crosta continental. *Scientific American* Brasil. Edição Especial, n. 20. p. 46-51, 2007.

Atmosfera, clima e mudanças climáticas

Sonia Maria Barros de Oliveira, Umberto Giuseppe Cordani, Thomas Rich Fairchild

Sumário
4.1 Composição e estrutura vertical da atmosfera
4.2 Circulação atmosférica e oceânica de superfície
4.3 Balanço da radiação solar e efeito estufa
4.4 Clima atual e as zonas climáticas
4.5 Evolução da atmosfera e as grandes mudanças climáticas
4.6 Variações climáticas na Era Mesozoica e na Cenozoica
4.7 Ciclos glaciais e interglaciais do Quaternário
4.8 Aumento de temperatura no século XX

Para nós, a essência do que é a atmosfera se resume nessa frase "respiro, logo vivo", de tão importante que é esse invólucro gasoso da Terra. Para o planeta, é irrelevante se nós respiramos ou não, se vivemos ou não. A atmosfera terrestre simplesmente existe como parte do Sistema Terra, que também inclui a litosfera (o foco deste livro), a hidrosfera e a biosfera. Todas estão intimamente interligadas química, física e historicamente desde os primórdios evolutivos do planeta.

Nossa atmosfera de nitrogênio e oxigênio é única no Sistema Solar e, aparentemente, até onde se sabe, no Universo também. Diferente de todas as atmosferas conhecidas nos planetas deste e de outros sistemas planetários, a nossa possui um volume imenso de oxigênio (O_2) (quase 21%) e outro, ínfimo, de gás carbônico (CO_2) (380 partes por milhão–ppm), que, juntos com vapor de água e um punhado de outros gases, vêm interagindo há bilhões de anos. Movida, em última análise, pela energia emitida pelo Sol, ela interage com a hidrosfera e com a litosfera de tal forma que não somente rege os processos que controlam a dinâmica externa do planeta, mas também determina a distribuição, natureza e muitas vezes os rumos evolutivos da biosfera. Por sua vez, a vida sempre teve papel determinante no próprio desenvolvimento da atmosfera.

Este capítulo trata da composição e estrutura da atmosfera, sua dinâmica e influência tanto na circulação atmosférica e oceânica, como na distribuição das zonas climáticas do globo. Aborda também sua história atual e passada, com ênfase para os períodos recentes. Capítulos subsequentes tratam de sua evolução, bem como de seu papel na alteração das rochas e na modelagem da superfície terrestre pela ação do vento e gelo.

A nossa atmosfera, assim como a hidrosfera, tem origem secundária formada foi criada após a perda inicial do invólucro de voláteis que cobria o planeta em estágio inicial de formação (ver capítulo 1). Após o resfriamento da superfície primitiva da Terra, deu-se o acúmulo do material gasoso emanado do seu interior, por processos vulcânicos (ver capítulo 6) e pelo acréscimo de gases e vapor de água oriundos dos cometas. A atmosfera é, em última análise, responsável pelas grandes transformações que ocorrem superficialmente, e pela própria existência da biosfera, tanto nos domínios oceânicos como nas terras emersas. A temperatura amena da superfície é resultado do efeito estufa natural regulador, cujo agente principal é o vapor-d'água atmosférico. Ao mesmo tempo, o ciclo biogeoquímico do carbono, que resulta da interação entre atmosfera, hidrosfera, biosfera e litosfera, permitiu que o CO_2, componente principal da atmosfera primitiva do planeta (e outro importante gás do efeito estufa), fosse quase totalmente retirado da atmosfera e incorporado nos carbonatos marinhos, ao longo da história da Terra. Isto evitou que a superfície chegasse às altíssimas temperaturas de Vênus, originadas pelo efeito estufa extremo reinante nesse planeta.

Figura 4.1 – Furacão extratropical Catarina, de categoria 1 na escala Saffir, que atingiu a região Sul do país, entre Tubarão (SC) e Torres (RS) em 29 de março de 2004. Foto: acervo da Editora.

Curiosidade

Um sinal dos tempos modernos é que fenômenos atmosféricos, antes considerados muito raros, estão se tornando mais frequentes, haja vista a recorrência recente no Brasil de furacões extratropicais, tornados, aridez desértica e temperaturas anomalamente altas, inclusive no inverno e outono (Figura 4.1).

Capítulo 4 - Atmosfera, clima e mudanças climáticas

4.1 Composição e estrutura vertical da atmosfera

A atmosfera atual compõe-se essencialmente de nitrogênio e oxigênio. Vapor-d'água é outro dos componentes essenciais, aparecendo em proporções variáveis, em certos casos muito relevantes. Além disso, há também um pouco de argônio, gás carbônico e quantidades diminutas de outros gases, e alguns deles, como o metano, são importantes como agentes determinantes do efeito estufa.

A composição química global para a atmosfera até 80 km de altitude está registrada na tabela 4.1. A grande quantidade de oxigênio livre na atmosfera terrestre contrasta fortemente com a composição da atmosfera dos planetas vizinhos. Este gás indica condições globalmente oxidantes e foi se acumulando gradualmente como produto residual do processo de fotossíntese geradora de oxigênio, primeiramente desenvolvida por micro-organismos, há pelo menos 2.700 milhões de anos. Inicialmente, a atmosfera tinha caráter redutor e ácido, não contendo oxigênio livre; portanto, a vida microbial existente não estava adaptada à sua presença, e podemos considerar que a sua introdução no ambiente, por meio da fotossíntese, representou o início de uma drástica mudança, em direção a condições oxidantes, potencialmente tóxicas para os organismos da época. Mas sua presença também exerceu forte pressão seletiva que favoreceu o aperfeiçoamento do metabolismo aeróbico e, posteriormente, a reprodução sexuada, a multicelularidade e o tamanho megascópico dos organismos.

A figura 4.2 mostra a estrutura vertical da atmosfera. A Terra retém seu envelope gasoso por atração gravitacional, mas a atmosfera vai ficando cada vez mais rarefeita com a altitude. Não há limite externo da atmosfera em relação ao espaço exterior, mas a pressão de gás indica claramente essa fronteira. Na superfície do planeta esta pressão é de uma atmosfera

Componente	Símbolo químico	Porcentagem molar
Nitrogênio	N_2	78,084
Oxigênio	O_2	20,947
Argônio	Ar	0,934
Dióxido de carbono	CO_2	0,0380
Neônio	Ne	0,001818
Hélio	He	0,000524
Metano	CH_4	0,00017
Criptônio	Kr	0,000114
Hidrogênio	H_2	0,000053
Óxido nitroso	N_2O	0,000031
Xenônio	Xe	0,0000087
Ozônio*	O_3	traços até 0,0008
Monóxido de carbono	CO	traços até 0,000025
Dióxido de enxofre	SO_2	traços até 0,00001
Dióxido de nitrogênio	NO_2	traços até 0,000002
Amônia	NH_3	traços até 0,0000003

*Concentrações baixas na troposfera e máximas entre 30 e 40 km na região equatorial. Composição de ar seco.

Tabela 4.1 – Composição química da atmosfera até 80 km de altitude. Fonte: Mackenzie, 1998.

(ou aproximadamente 1000 mbar ao nível do mar), mas diminui para apenas 10^{-8} mbar a 500 km de altitude, na ionosfera, onde existem poucos átomos de hidrogênio por m³. O limite entre a camada inferior, a troposfera, e a camada sobrejacente, a estratosfera, encontra-se entre 10 e 20 km de altitude. Constata-se assim o pequeno porte global da atmosfera comparada à massa e ao volume do nosso planeta, visto que altitudes de 20 km, ou mesmo de 500 km, representam somente uma pequena porcentagem do diâmetro da Terra, de cerca de 13.000 km.

É em contato com a troposfera que ocorrem praticamente todos os fenômenos da dinâmica externa do planeta, movidos pela energia da radiação solar. Seu limite superior se dá com a estratosfera, e esta se estende até 80 km de altitude, na qual a pressão se reduz a 10^{-2} mbar. É na estratosfera, por sua vez, que se origina e se concentra a maior parte de ozônio na atmosfera. Ozônio (O_3) forma-se quando a radiação solar intensa separa O_2 em radicais livres ($O°$), que podem recombinar-se com O_2 para formar O_3. Mas o ozônio também se decompõe ao absorver raios ultravioleta que de outra forma atingiriam a superfície da Terra, com consequências danosas para organismos expostos diretamente ao Sol. Como se vê, há certo equilíbrio entre produção e destruição de ozônio na estratosfera. Assim, "buraco" na camada de ozônio, tão divulgado pela mídia desde sua descoberta em 1986, na realidade não é um "buraco", mas sim uma região caracterizada pela redução sazonal, de até mais de 70%, na concentração de ozônio na estratosfera. Com isso, uma porcentagem maior de raios da faixa ultravioleta mais danosa passa diretamente pela estratosfera e atinge a superfície e os seres vivos ali expostos. Este desequilíbrio é provocado pela destruição de ozônio por produtos químicos antropogênicos, sobretudo os clorofluorcarbonos, muito usados em aerossóis domésticos e sistemas de refrigeração, que conseguem alcançar a estratosfera com mais facilidade nas regiões polares.

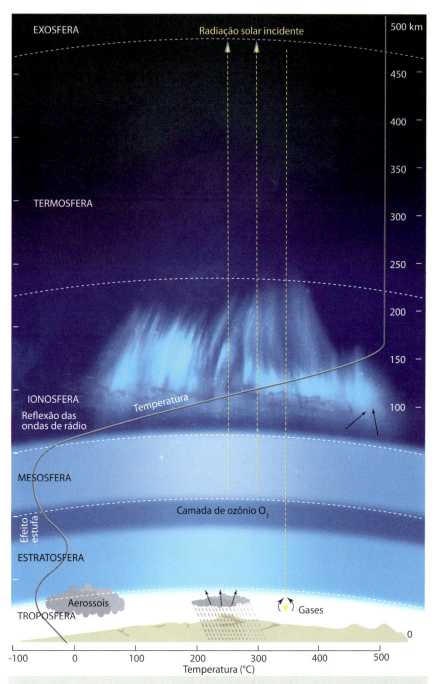

Figura 4.2 – Estrutura da atmosfera definida em função da temperatura e da altitude: troposfera, estratosfera, mesosfera, ionosfera, termosfera e exosfera. A ionosfera tem como característica mais importante a presença de muitas partículas com cargas elétricas livres (íons). Nesta camada ocorrem os fenômenos da *aurora borealis* (hemisfério norte) e *aurora australis* (hemisfério sul) e a reflexão de ondas eletromagnéticas de volta para a Terra, o que facilita a comunicação por rádio. Fonte: Mackenzie, 1998.

4.2 Circulação atmosférica e oceânica de superfície

A radiação solar incidente na Terra é de meia caloria por centímetro quadrado por minuto, medida no topo da atmosfera, o que corresponde a 343 W/m².

A intensidade média da radiação, onde atinge a superfície, é função da latitude. Por causa da curvatura da Terra, ela decresce do equador para os polos, visto que os raios solares atingem as regiões de alta latitude com ângulos cada vez mais oblíquos. Além disso, nas regiões polares há longos períodos de escuridão no inverno. No entanto, não há evidência de que as regiões polares estejam continuamente se resfriando em relação às regiões equatoriais; logo, deve haver um processo de transferência de calor entre baixas e altas latitudes. Isto é realizado, como será visto a seguir, pelos sistemas de circulação atmosférica e oceânica.

Ambos os sistemas de circulação estão intimamente relacionados com a rotação da Terra, cuja velocidade é máxima no equador e decresce com a latitude. Além disso, a atmosfera e os oceanos não têm ligação rígida com a litosfera, de modo que as massas de ar e de água que se deslocam sobre a superfície são defletidas em função dessa velocidade diferencial. Este efeito se deve à assim denominada força de Coriolis – o componente defletivo da força centrífuga produzida pela rotação da Terra – que é nula no equador e máxima nos polos do planeta (ver figuras 4.2 e 4.3).

Se a Terra fosse uma esfera simples, recoberta de água, a circulação atmosférica seria aquela apresentada na figura 4.3, em que estão indicadas as direções dos principais ventos e as zonas de baixa e alta pressão. Entretanto, esse padrão regular é distorcido pelas grandes massas de terras emersas, como se vê na figura 4.4. Comparando-se essas figuras, verifica-se que o padrão real (Figura 4.4) aproxima-se do padrão teórico (Figura 4.3) sobre os grandes oceanos, mas difere por completo sobre os continentes. As monções ilustram bem esta diferença. São ventos que sazonalmente mudam de direção. Na Eurásia, no inverno as monções sopram do continente para o oceano, e no sentido inverso no verão, quando elas afetam tanto o sudeste asiático como o continente indiano.

A figura 4.5 apresenta uma seção idealizada da troposfera, desde as regiões polares até o equador. Ela mostra o processo de circulação geral, que inclui a Cela de Hadley, nome dado à unidade de circulação atmosférica termicamente induzida que se estende do equador até cerca de 30° de latitude norte e sul, onde se forma grande quantidade de nuvens.

Em virtude da maior quantidade de radiação solar recebida, o ar das regiões equatoriais se aquece e tende a subir, induzindo baixa pressão atmosférica na superfície. Ventos originam-se a norte e a sul, convergindo para a Zona de Convergência Intertropical (ZCIT), na qual ocorrem

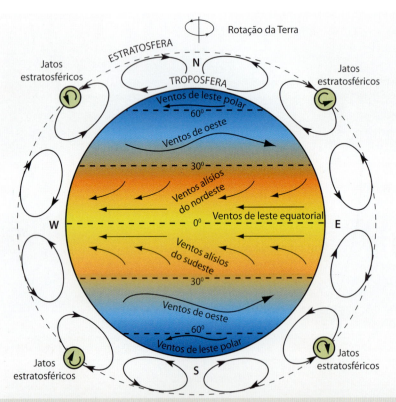

Figura 4.3 – Padrão de circulação atmosférica na Terra, mostrando a distribuição por zona climática, e o sentido do movimento dos ventos, celas de Hadley e jatos estratosféricos. As celas de Hadley distribuem calor e umidade de forma vertical e latitudinal principalmente pela troposfera. Os jatos são correntes muito fortes que se desenvolvem em faixas estreitas próximo dos limites entre celas como resposta ao forte gradiente termal da alta troposfera. Fonte: Mackenzie, 1998.

as mais altas temperaturas de superfície. Por volta de 30° de latitude, tanto a norte como a sul, a massa de ar tende a descer, aumentando a pressão atmosférica. Forma-se, pois, um gradiente de pressão que gera ventos na superfície que se dirigem da região subtropical de alta pressão para a região equatorial de baixa pressão. Trata-se dos ventos alísios (ver figura 4.3). Não fosse pela Força de Coriolis, sua direção seria norte-sul (ou seja, meridiana). Mas por causa dessa força, os ventos alísios, tipicamente, sopram do sudeste no hemisfério sul e do nordeste no hemisfério norte.

Grande parte do transporte de calor das regiões equatoriais para as regiões polares se dá pela circulação atmosférica na parte superior da troposfera (ver figura 4.5). Por outro lado, uma parcela dessa transferência de calor é realizada pela circulação oceânica de superfície, como é visto na figura 4.6, onde estão indicadas as principais correntes de superfície. Desse modo as correntes aquecidas em baixas latitudes, como as correntes do Brasil e do Golfo no Atlântico, transferem calor para as regiões de altas latitudes. A comparação entre as figuras 4.4 e 4.6 mostra a relativa coerência entre as circulações atmosférica e oceânica de superfície e a sua associação com a rotação do nosso planeta.

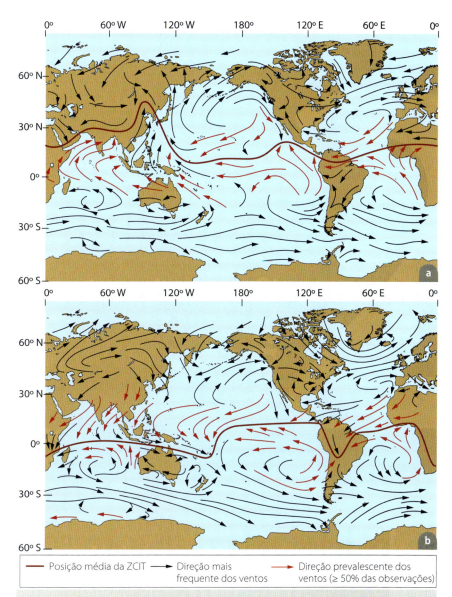

Figura 4.4 – Circulação atmosférica real. Modificações sazonais na direção dos ventos entre julho, em a) e dezembro, em b). O deslocamento da Zona de Convergência Intertropical (ZCIT) (linha sólida) é responsável pelas monções da Ásia. Fonte: Mackenzie, 1998.

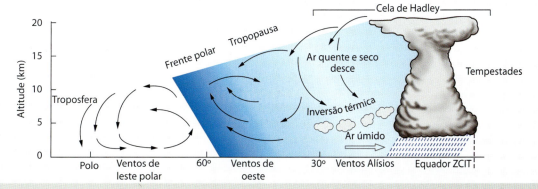

Figura 4.5 – Seção dos primeiros 20 km da atmosfera desde a região polar (à esquerda) até o equador (à direita), detalhando o padrão de circulação vertical na troposfera. Em função da insolação e do aquecimento próximo do equador, a Zona de Convergência Intertropical (ZCIT) é uma região de baixa pressão atmosférica, formação de nuvens tropicais e intensas tempestades. A tropopausa, que separa os regimes térmicos da troposfera e da estratosfera, é mais alta no equador e mais baixa na região polar.

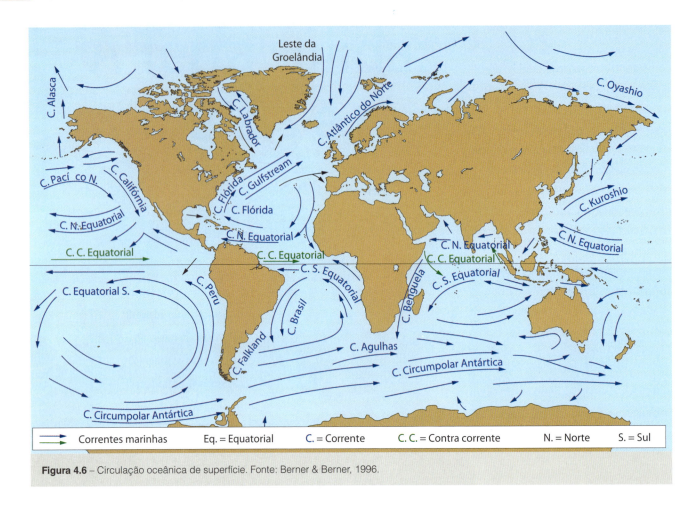

Figura 4.6 – Circulação oceânica de superfície. Fonte: Berner & Berner, 1996.

4.3 Balanço da radiação solar e efeito estufa

O planeta recebe radiação solar em ondas curtas e reemite essa radiação em comprimento de onda mais longo. Parte da radiação incidente é refletida de volta para o espaço pelas nuvens e pela superfície da Terra.

Outra parte é absorvida pela atmosfera e reirradiada de volta para o espaço e outra ainda é absorvida pela superfície dos continentes e oceanos.

Nesses processos, essa energia é usada principalmente para evaporar a água, para a fotossíntese e para mover as correntes marinhas e de vento. Mas antes de ser reirradiada para a atmosfera, é absorvida principalmente pelo vapor-d'água e pelo gás carbônico, e também por alguns outros gases presentes na atmosfera (Tabela 4.2). Esse fenômeno é o chamado efeito estufa, à semelhança do que acontece em uma estufa, onde a radiação solar passa pelo vidro, mas o calor – radiação de comprimento de onda mais longo – não sai direto porque é absorvido, primeiro, pelo vidro. O efeito estufa natural mantém a Terra a uma temperatura média de 15 °C, cerca de 30 °C acima do que ela teria na sua ausência. A energia absorvida pela atmosfera dessa maneira acaba sendo reirradiada para o espaço; do contrário, a temperatura da superfície aumentaria continuamente. Ou seja, o retorno da energia para o espaço é retardado pelo efeito estufa, num processo semelhante ao que acontece com alguém debaixo de um cobertor numa noite fria. A figura 4.7 apresenta um esquema para o balanço da radiação solar, indicando a porcentagem do total incidente refletida, absorvida e reemitida.

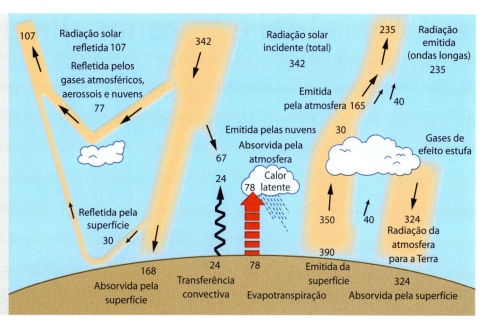

Figura 4.7 – Balanço energético da atmosfera em watts/m². A longo prazo, a quantidade de radiação solar recebida pela Terra sob forma de ondas curtas é balanceada pela emissão para o espaço de igual quantidade de energia sob forma de ondas longas. Aproximadamente a metade da radiação solar é absorvida pela superfície da Terra. Esta energia é transferida para a atmosfera pelo aquecimento do ar em contato com a superfície, por evapotranspiração e por irradiação de ondas eletromagnéticas longas que, por sua vez, são absorvidas por nuvens e gases de efeito estufa. A atmosfera irradia energia de volta para a Terra bem como para o espaço. Fonte: IPCC (Intergovernmental Panel on Climate Change), 2007.

	Dióxido de Carbono (CO$_2$)	Metano (CH$_4$)	Óxido nitroso (N$_2$O)	Clorofluor-carbonos	Ozônio troposférico (O$_3$)	Monóxido de Carbono (CO)	Vapor-d'água (H$_2$O)
Participação no efeito estufa	Contribui	Contribui	Contribui	Contribui	Contribui	Nenhum	Aquece no ar; esfria nas nuvens
Efeito sobre a concentração de ozônio na estratosfera	Aumenta ou diminui	Aumenta ou diminui	Aumenta ou diminui	Diminui	Nenhum	Nenhum	Diminui
Fonte antropogênica principal	Combustíveis fósseis; desflorestamento	Arrozais, gado, combustíveis fósseis, queima de biomassa	Fertilizantes, remanejo do solo	Geladeiras, ares-condicionados, aerossois, indústrias	Hidrocarbonetos (com NO$_x$), queima de biomassa	Combustíveis fósseis, queima de biomassa, desflorestamento	Remanejo do solo, irrigação
Fonte natural principal	Respiração	Pântanos	Solos, florestas tropicais	Nenhuma	Hidrocarbonetos	Oxidação de hidrocarbonetos	Evapotranspiração
Tempo de passagem pela atmosfera (tempo de residência)	50-200 anos	10 anos	130 anos	60-100 anos	Semanas a meses	Meses	Dias
Concentração atual (ppbv)	380.000	1720	312	0,28 a 0,53	20-40	100	3.000-6.000 na estratosfera
Concentração pré-industrial (1750-1800) (ppbv)	280.000	790	288	0	10	40-80	Desconhecida
Aumento anual nos meados dos anos 1990	0,4%	0,5%	0,3%	12,1%	0,5-2,0%	0,7-10%	Desconhecido
Participação relativa como forçante climática antropogênica no efeito estufa	55%	16%	5%	10%	14%	Nenhuma	Desconhecida

Tabela 4.2 – Gases atmosféricos, relacionados às atividades humanas, em relação a mudanças ambientais globais (ppbv = partes por bilhão em volume). Fonte: Mackenzie, 1998.

4.4 Clima atual e as zonas climáticas

O sistema climático é constituído por atmosfera, oceanos, superfície dos continentes e geleiras. A Terra recebe mais energia solar nas baixas latitudes que nas regiões polares.

Essa energia, contudo, é em parte transportada pelos ventos e correntes marinhas, o que atenua o gradiente térmico entre equador e polos. As observações meteorológicas mostram que oceano e atmosfera contribuem de maneira equivalente nessa redistribuição de energia. Seus componentes, no entanto, circulam em escalas temporais características: alguns dias para a atmosfera, alguns meses para as águas superficiais do oceano, mais de mil anos para o oceano profundo e dezenas de milhares de anos para as calotas glaciais.

O clima de uma região pode ser definido como o produto da integração das condições atmosféricas ao longo do ano, correspondendo ao padrão anual das condições meteorológicas. Na escala do globo, o fator que mais influencia o clima é a latitude, pois a intensidade da insolação depende dela diretamente. No entanto, a distribuição em geral latitudinal das zonas climáticas é modificada por outros fatores, sendo os mais importantes as correntes oceânicas e a altitude.

Há diferentes sistemas de classificação do clima, cada um atendendo a diferentes finalidades. Todos, no entanto, são baseados em dois parâmetros fundamentais: médias anuais e variações sazonais da temperatura, e total anual e distribuição sazonal da precipitação. Em função da latitude distinguem-se três grandes zonas climáticas: os trópicos, as latitudes médias e as zonas polares. Nas latitudes tropicais, a diferença entre a quantidade de energia solar que chega à superfície no verão e no inverno é pequena, o que provoca poucas diferenças nas temperaturas no decorrer do ano. Entretanto, a quantidade e a sazonalidade das precipitações variam muito e os climas na faixa tropical do globo são os mais variados, sustentando ecossistemas tão diferentes como os da floresta tropical úmida, da savana e dos desertos. Nas latitudes intermediárias, o aquecimento solar é consideravelmente maior no verão que no inverno, resultando em verões quentes e invernos frios, compatíveis com o crescimento de florestas temperadas de árvores decíduas e de coníferas. Nas latitudes polares, o Sol não aparece durante parte considerável do ano, o contraste entre verão e inverno é extremo, e a vegetação típica é a tundra. A figura 4.8 mostra as principais zonas climáticas do globo, segundo a classificação da FAO (*Food and Agricultural Organization*, associada à ONU) de 1991.

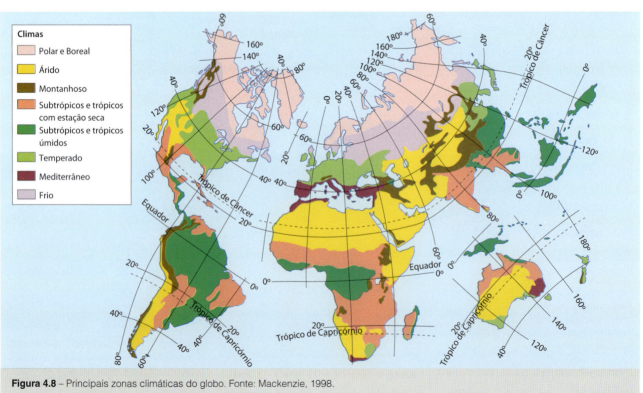

Figura 4.8 – Principais zonas climáticas do globo. Fonte: Mackenzie, 1998.

4.5 Evolução da atmosfera e as grandes mudanças climáticas

Os climas da Terra no passado podem ser reconstituídos a partir das características presentes no registro geológico, principalmente nas rochas sedimentares, cuja composição e estrutura refletem o ambiente em que se formaram.

Nos últimos 540 milhões de anos da história da Terra, o conteúdo fossilífero dos sedimentos foi outro elemento importante na reconstituição paleoambiental, uma vez que determinadas associações florísticas e faunísticas são características de diferentes zonas climáticas, como no caso de recifes de corais que ocorrem em zonas tropicais.

O clima da Terra sempre oscilou entre períodos quentes e períodos frios. Mas a história da Terra é dominada por períodos quentes, sem evidências de geleiras polares. Os períodos frios são mais curtos, com duração de algumas dezenas a centenas de milhões de anos, caracterizados pelo desenvolvimento de calotas glaciais que se estendem até latitudes médias ou mesmo baixas. As glaciações assim instaladas apresentam alternâncias entre episódios glaciais, quando as geleiras avançam, e interglaciais, quando as geleiras recuam (ver capítulos 10 e 20).

As flutuações climáticas devem-se ao tênue equilíbrio entre a intensidade da radiação solar incidente e o efeito estufa, proporcionado principalmente pela quantidade de CO_2 na atmosfera. A figura 4.9 mostra a evolução da luminosidade de uma estrela pequena, como o Sol, durante sua fase de estabilidade, cuja duração é da ordem de

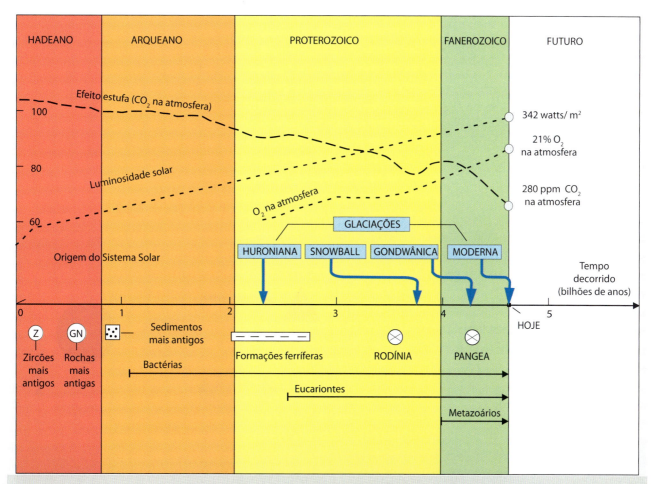

Figura 4.9 – Aumento da luminosidade solar desde a formação da Terra com vários marcos importantes do registro geológico e da evolução biológica (ver capítulo 20). Escala da luminosidade em porcentagem do nível atual.

10 bilhões de anos. A luminosidade e, portanto, a radiação solar, de intensidade menor nos primórdios da vida na Terra, aumentou em cerca de 25% até os tempos atuais. Portanto, na primeira metade de sua história (nos éons Hadeano e Arqueano; ver apresentação da divisão do tempo geológico no capítulo 10), a Terra recebia menos energia e era substancialmente mais fria do que atualmente. Por outro lado, a quantidade maior de CO_2 na atmosfera antiga induzia a manutenção do calor pelo efeito estufa (ver figura 4.9), em medida suficiente para garantir temperaturas amenas ou até mais altas que as atuais, e a consequente estabilidade dos oceanos. De alguma forma, o aumento da radiação solar incidente foi compensado, ao longo do tempo, pelo ciclo do carbono (Quadro 4.1), ou seja, pela dissolução de CO_2 nos oceanos e sua precipitação principalmente como carbonato de cálcio (calcários). Os efeitos transitórios das flutuações entre o ciclo do carbono, luminosidade e outros fatores, as chamadas forçantes climáticas, originaram glaciações parciais em alguns períodos e, ao que parece, pelo menos uma época de glaciação global [denominada por cientistas de *Snow-ball Earth (Terra Bola de Neve)*], que pode ter deixado a Terra com situação climática peculiar (ver capítulo 20).

Sete grandes períodos glaciais são reconhecidos na história da Terra.

Quadro 4.1 – O ciclo do carbono

O ciclo do carbono representa as transferências de carbono entre os vários reservatórios terrestres que juntos somam mais de 75.10^{21} g C, o que equivale a mais de 75 milhões de bilhões de toneladas. Desses reservatórios, o menor é a biosfera ($0{,}56.10^{18}$ g C), seguida pela atmosfera ($0{,}72.10^{18}$ g C), dominantemente sob a forma de gás carbônico. Os oceanos (hidrosfera) armazenam muito mais carbono, 42.10^{18} g C, principalmente sob a forma de íon bicarbonato, e secundariamente sob a forma de íon carbonato. É a crosta (litosfera), no entanto, que hospeda o mais importante reservatório de carbono, com aproximadamente 1.500 vezes mais carbono na forma de rochas carbonáticas (60.10^{21} g C) que na biosfera, hidrosfera e atmosfera juntas, além de mais um quarto dessa massa (15.10^{21} g C) como matéria sedimentar de origem orgânica. Os combustíveis fósseis (4.10^{18} g C) e a matéria orgânica do solo (3.10^{18} g C) representam uma pequena parcela do carbono encontrado na crosta.

O carbono entra na atmosfera principalmente como CO_2, emanado pelos vulcões, pela respiração dos organismos e por outros processos de oxidação da matéria orgânica, e, mais recentemente, pela queima de combustíveis fósseis. Os processos que mais retiram CO_2 da atmosfera são o intemperismo químico das rochas (silicatos), a dissolução nas águas, a fotossíntese e a alteração dos basaltos nos fundos oceânicos. A partir das águas do mar, e por mediação orgânica, o bicarbonato precipita, formando as rochas calcárias. Quando estas rochas sofrem subducção e metamorfismo, o CO_2 é novamente liberado na atmosfera, fechando o ciclo.

As principais reações químicas que transferem o carbono de um reservatório a outro podem ser esquematicamente assim representadas:

Intemperismo:	*Precipitação dos carbonatos*:	*Metamorfismo*:	*Fotossíntese oxigênica*:
$2CO_2 + H_2O + CaSiO_3 =$ $= Ca^{2+} + 2HCO_3^- + SiO_2$	$2HCO_3^- + Ca_2{+} =$ $= CaCO_3 + CO_2 + H_2O$	$CaCO_3 + SiO_2 = CaSiO_3 + CO_2$	$6CO_2 + 6H_2O + \text{energia luminosa} \rightarrow C_6H_{12}O_6 + 6O_2$

(O reverso da reação fotossíntese oxigênica, *respiração*, transforma os produtos da fotossíntese nos componentes iniciais, CO_2 + H_2O + energia.)

Um certo equilíbrio entre os vários reservatórios é mantido por uma rede de *feedbacks* negativos, o que faz com que a temperatura média da Terra permaneça aproximadamente constante. Por exemplo, se o vulcanismo aumenta, colocando mais CO_2 na atmosfera, a temperatura aumenta (pelo efeito estufa) e o intemperismo se torna mais intenso, retirando mais CO_2 da atmosfera. Consequentemente, o efeito estufa diminui e a temperatura decresce. Se, ao contrário, a temperatura cai por diminuição da luminosidade solar, o intemperismo torna-se menos intenso e retira menos CO_2 da atmosfera, o que intensifica o efeito estufa e aumenta a temperatura. Quando a introdução de CO_2 na atmosfera é muito rápida, em termos geológicos, por exemplo, por causa da queima de grandes quantidades de combustíveis fósseis, o sistema não tem tempo de se adaptar, o que, aparentemente, acarreta a intensificação do efeito estufa e o aumento global de temperatura.

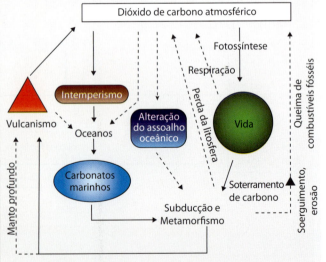

Versão simplificada do ciclo de carbono. Os principais controles do fluxo entre reservatórios são indicados pelas setas sólidas, e controles menores, pelas setas descontínuas. Fonte: Condie, 2005.

O mais antigo, ocorrido em torno de 2.300 milhões de anos atrás, no início do éon Proterozóico corresponde à glaciação *Huroniana*, particularmente bem representada nos domínios geológicos antigos do Canadá. Em rochas do fim do Proterozoico, estão registradas as duas glaciações mais intensas da história da Terra: a *Sturtiana* (750-700 Ma) e a *Marinoana* (630-600 Ma), ambas de caráter global ou quase, atingindo latitudes tropicais ("Terra Bola de Neve"), e ambas também identificadas, em registros preservados nas rochas do sul da Austrália. Reconhece-se, ainda, uma terceira glaciação no fim do éon Proterozoico, um pouco mais recente e menos extensa, a *Gaskiers* (580-540 Ma), identificada no Canadá, no oeste africano e no interior do Brasil.

A figura 4.10 mostra as mudanças na temperatura global média da superfície da Terra desde 630 milhões de anos atrás até hoje, bem como a extensão latitudinal dos avanços glaciais. Verifica-se que as temperaturas médias globais variaram gradualmente em todo o período, na escala de milhões de anos. A amplitude da variação é da ordem de 10 °C, com dois mínimos pronunciados no Fanerozoico: um próximo ao fim da era Paleozoica, por volta de 300 milhões de anos, e o outro desde aproximadamente 1,8 milhão de anos atrás até o presente.

A glaciação mais antiga do éon Fanerozoico (ver capítulo 20) data do final do Ordoviciano (440 milhões de anos) e está bem representada em rochas do Sahara. A seguinte, mais importante, é a glaciação *Gondwânica*, que cobriu grande parte do supercontinente Pangea (ver capítulo 3), especialmente todos os continentes do hemisfério sul, no Carbonífero e Permiano. A última fase glacial do planeta – a glaciação *Moderna* – começou no mínimo há 20 milhões de anos no hemisfério sul e há cerca de 2 a 2,5 milhões de anos no hemisfério norte, perdurando até o presente. Hoje estamos vivendo o mais recente dos muitos estágios interglaciais da glaciação *Moderna*, iniciado há cerca de 10 mil anos, com "previsão" de novo avanço glacial daqui a vários milhares de anos.

Além do CO_2, outro componente da atmosfera determinante para os processos exógenos do planeta é o oxigênio. Existe certo consenso de que a atmosfera da Terra inicialmente foi anóxica (sem oxigênio) e redutora. O ambiente redutor da superfície é revelado pela presença de material detrítico não oxidado nos sedimentos antigos: grãos de pirita (FeS_2) e uraninita (UO_2), suscetíveis de serem rapidamente destruídos na presença de oxigênio. Oxigênio livre (O_2) começou a aparecer na atmosfera há cerca de 2,3 milhões de anos, como produto da fotossíntese exercida pelos organismos primitivos que habitavam o nosso planeta (ver figura 4.9).

Na fotossíntese oxigênica, (Quadro 4.1), os organismos utilizam água e gás carbônico, comuns na natureza, mais luz solar como fonte de energia, para produzir os carboidratos necessários para o metabolismo, o crescimento e a reprodução. Ao mesmo tempo liberam O_2 para a atmosfera.

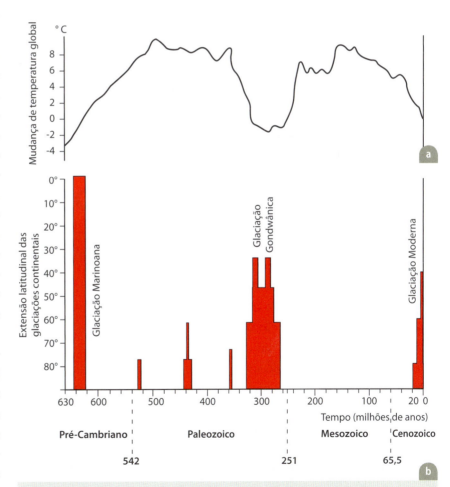

Figura 4.10 – Temperaturas e glaciações da Terra nos últimos 630 milhões de anos. Correlação entre temperaturas médias da Terra (a) e extensão relativa de glaciação continental (b) desde 630 milhões de anos. Fonte: Berner & Berner, 1996.

Capítulo 4 - Atmosfera, clima e mudanças climáticas

Esse processo surgiu primeiro nas cianobactérias – possivelmente os organismos mais bem-sucedidos na Terra. As cianobactérias dominaram os ambientes superficiais durante pelo menos dois bilhões de anos, e provavelmente mais. Entre 2,7 e 1,8 bilhões de anos, o oxigênio liberado por esses organismos nos oceanos contribuiu para a oxidação de imensas quantidades de ferro dissolvido, sob forma de Fe^{2+}, o que gerou os maiores depósitos de ferro conhecidos no mundo, como os que se encontram no Quadrilátero Ferrífero, em Minas Gerais, e na Serra dos Carajás, no estado do Pará.

Foi somente entre 2,3 e 1,8 bilhões de anos que a produção de oxigênio fotossintético começou a superar seu consumo pelos processos de precipitação das formações ferríferas, intemperismo, hidrotermalismo, oxidação de matéria orgânica, entre outros.

Durante este longo período de transição, os níveis de O_2 na atmosfera passaram de valores menores que 1% do volume atual para níveis significativamente maiores, talvez cerca de 10% do seu nível atual. Quando o O_2 começou a aparecer livre na atmosfera e hidrosfera, a biosfera anaeróbica foi tremendamente afetada, sendo relegada a nichos cada vez mais restritos, desprovidos de oxigênio. Dessa forma, a pressão seletiva exercida pelo crescente nível de oxigênio na atmosfera possibilitou adaptações radicais, favorecendo o aparecimento de uma nova forma de vida aeróbica, capaz de metabolizar o oxigênio com mais proveito, os *eucariontes*.

Daí em diante, a concentração de oxigênio subiu até estabilizar-se nas concentrações "normais" do Fanerozoico, próximas de 20% do volume total da atmosfera. Este aumento do oxigênio atmosférico, além de pressionar a evolução biológica na direção de um metabolismo aeróbico mais eficiente, teve outro efeito enormemente importante: permitiu o estabelecimento da *camada protetora de ozônio* (O_3) na estratosfera, que absorve os raios ultravioleta do Sol mais prejudiciais à vida. Quando o O_2 alcançou 2% do volume da atmosfera (10% de seu nível atual), essa camada passou a bloquear grande parte da radiação ultravioleta, de modo que as terras emersas dos continentes se tornaram efetivamente habitáveis; nos oceanos, a água já fazia este papel. Acredita-se que a camada de ozônio já era efetiva muito antes do surgimento dos primeiros animais; estes, junto com as plantas, invadiram os continentes bem mais tarde, no Paleozoico, entre 450 e 350 milhões de anos, quando desenvolveram maneiras de se sustentar e sobreviver fora dos ambientes aquosos.

4.6 Variações climáticas na Era Mesozoica e na Cenozoica

Nos fundos oceânicos existe um registro sedimentar razoavelmente contínuo para os últimos 170 milhões de anos, ou seja, desde o período Jurássico até hoje.

Os sedimentos assim preservados são a base mais confiável para a reconstituição das variações climáticas desse longo intervalo, visto que a sedimentação contínua no ambiente calmo e profundo das bacias oceânicas preserva excelentes evidências paleoclimáticas. Para épocas mais antigas, porém, o registro sedimentar tem de ser buscado nos continentes. Em situações favoráveis, rochas sedimentares indicativas de antigos desertos de regiões cobertas pelo gelo, lagos, mares

interiores rasos ou de outros ambientes passados foram preservadas da erosão e permanecem como testemunhos de suas condições de formação. Assim, diamictitos (detritos sedimentares de geleiras; ver capítulo 13) revelam episódios de glaciação, arenitos eólicos de grãos polidos e bem selecionados indicam o clima seco e quente de um deserto onde foram formados e calcários constituídos por restos de corais revelam ambiente de origem de mar tépido e clima tropical.

Mais recentemente, com o desenvolvimento das técnicas da geoquímica isotópica, ou seja, a análise dos diferentes isótopos de vários elementos químicos, a reconstituição paleoambiental pôde ser refinada. Por exemplo, isótopos de oxigênio permitem determinar paleotemperaturas e estimar o volume de gelo do globo no passado, e isótopos de carbono permitem deduzir os fluxos de material orgânico entre a biosfera (tanto marinha como continental), atmosfera, oceanos e litosfera, bem como o tipo de vegetação predominante no ambiente continental.

A figura 4.11 (e a figura 4.14 mais adiante) mostra a evolução da temperatura da Terra desde a Era Mesozoica, em diferentes escalas de tempo, com detalhamento crescente. Após a extensa glaciação Gondvânica do Paleozoico, a Era Mesozoica foi caracterizada por um clima muito quente. Animais adaptados ao calor, como dinossauros, tartarugas e crocodilos, viviam ao norte do círculo polar ártico e recifes de corais estendiam-se até 40° de latitude. As temperaturas globais médias situavam-se 8 a 10 °C acima das atuais, havia altas concentrações de CO_2 na atmosfera, o nível do mar encontrava-se 100 a 200 m acima do atual e desertos ocupavam extensas áreas dos continentes. Particularmente no Cretáceo médio (há cerca de 100 milhões de anos), o clima foi extremamente quente, o que é atribuído a uma conjunção de fatores paleogeográficos e tectônicos. Nessa época, após o desmantelamento do supercontinente Gondwana (ver capítulo 3), a maioria das massas continentais se situava a latitudes baixas ou médias, e uma tectônica ativa colocava grandes quantidades de CO_2 na atmosfera, intensificando o efeito estufa. Além disso, os extensos mares rasos e os oceanos absorviam grande parte da energia solar incidente, diminuindo a percentagem de luz refletida pela superfície da Terra.

Para a Era Cenozoica (iniciada há 65,5 milhões de anos), a figura 4.11a mostra o decréscimo contínuo da temperatura média até os dias de hoje. A primeira metade desta era, correspondente às épocas Paleoceno e Eoceno (de 65 a 34 milhões de anos), manteve-se ainda relativamente quente. Há cerca de 35 milhões de anos as temperaturas caíram bruscamente e, desde então, o clima da Terra tem apresentado flutuações cíclicas mais ou menos intensas, com tendência ao decréscimo de temperatura. Essas flutuações incluem os ciclos glaciais e interglaciais do período Quaternário (iniciado há 2,5 milhões de anos). Hoje desfrutamos de uma temperatura média amena, de 15 °C, característica do atual estágio interglacial.

As causas desse resfriamento não estão completamente equacionadas, mas podem estar ligadas ao levantamento do platô tibetano no Himalaia, iniciado há aproximadamente 50 milhões de anos, que modificou sensivelmente a circulação atmosférica global. Mas foi somente a partir de 20 milhões de anos atrás que a Antártica ficou isolada termicamente, circundada por uma corrente marinha que forneceu a umidade necessária para a formação do gelo da calota polar. No hemisfério norte, na ausência de massas continentais no polo, a calota de gelo só se instalou muito mais tarde, em torno de 2 ou 2,5 milhões de anos atrás.

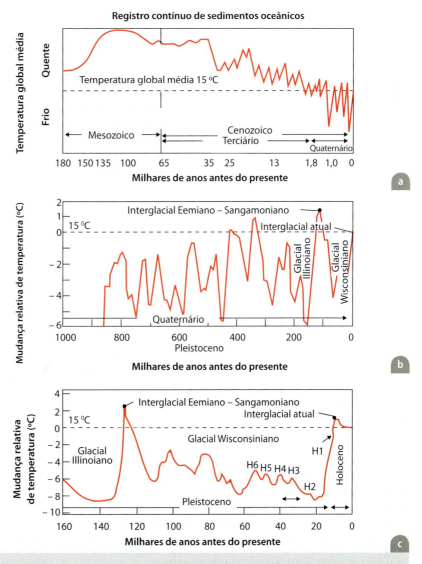

Figura 4.11 – Flutuações da temperatura desde o Mesozoico. Mudanças na temperatura da Terra através do tempo. a) O registro dos últimos 180 milhões de anos (desde a parte inicial do Jurássico). Existe um registro sedimentar oceânico quase completo deste intervalo. b) Detalhe do último milhão de anos (desde o Pleistoceno). c) Detalhe dos últimos 160 mil anos (desde a final do Pleistoceno). Eventos Heinrich (ver texto) estão indicados de H6 a H1, do mais antigo ao mais recente. Fonte: Mackenzie, 1998.

4.7 Ciclos glaciais e interglaciais do Quaternário

Nos últimos dois ou três milhões de anos da história da Terra houve vários avanços e recuos das geleiras, muito bem documentados pelos depósitos glaciais do hemisfério norte.

Além disso, dados isotópicos de oxigênio obtidos nas amostras de gelo da Antártica (Figura 4.12) e da Groenlândia e nas amostras de sedimentos de mar profundo permitiram reconstituir, em detalhe, a evolução das temperaturas da atmosfera e dos oceanos nesse período. Esses dados evidenciaram que longos *estádios glaciais* (~ 80 mil anos) são intercalados por *estádios interglaciais* de menor duração (~ 20 mil anos). O período de recuperação das temperaturas mínimas de um estágio glacial é abrupto, levando usualmente cerca de 10 mil anos. Por outro lado, a transição interglacial-glacial é gradual. Esse padrão recorrente não tem até hoje explicação científica satisfatória. Durante as transições, muitos ecossistemas desaparecem, enquanto outros conseguem adaptar-se às mudanças ambientais.

Nos últimos milhões de anos ocorreram aproximadamente dez oscilações maiores e quarenta menores de ciclos glaciais intercalados com interglaciais. Na raiz dessas oscilações estariam as variações cíclicas na geometria da órbita e da inclinação do eixo de rotação da Terra (os ciclos de Milankovitch; ver capítulo 20). Tais variações seriam responsáveis por mudanças cíclicas na quantidade e distribuição da energia incidente recebida pelo planeta e, consequentemente, pela distribuição geográfica e sazonal de chuvas e nevascas e pelo aumento ou diminuição de neve e gelo em escala global.

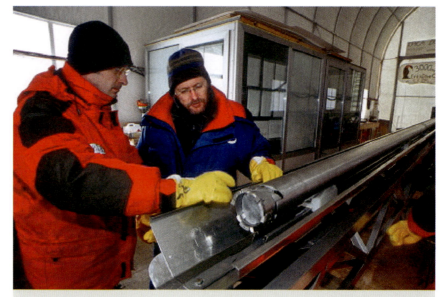

Figura 4.12 – Testemunho do gelo da Antártica (localidade de *Dome C*) obtido pelo consórcio científico Epica (European Project for Ice Coring in Antarctica), em 2003. Foto: www.gdargaud.net/Antarctica/Epica.html.

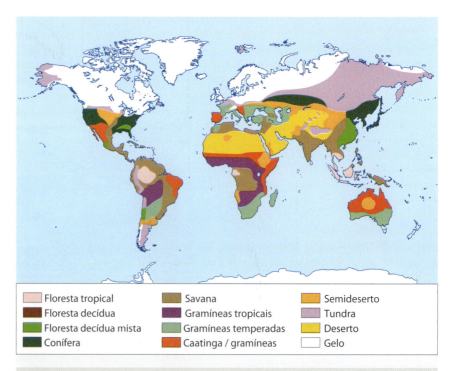

Figura 4.13 – Cobertura de gelo e distribuição da vegetação há 18 mil anos, durante o último máximo glacial. Fonte: Mackenzie, 1998.

Há cerca de 125 mil anos ocorreu o pico do último estágio interglacial antecedente ao atual, denominado Eemiano nos Alpes e Sangamoniano na América do Norte (ver figuras 4.11b e c). Sabe-se a partir de evidências geológicas e isotópicas que o clima era mais quente e mais úmido que hoje. Assim a fauna tropical se estendeu até regiões que hoje fazem parte da Inglaterra e da Alemanha e muito do gelo da Antártica derreteu-se, elevando o nível do mar 4 a 6 metros em relação ao atual. A este estágio interglacial seguiu-se o mais recente estágio glacial, denominado *Wisconsiniano* na América do Norte e *Würm* nos Alpes, que alcançou sua fase mais fria há cerca de 18 mil anos, e teve expressiva oscilação de temperatura durante toda sua duração.

Os períodos mais quentes, ou interestagiais, duraram muito pouco, normalmente menos de 2 mil anos, e seguiram o padrão comum de elevação abrupta de temperatura e resfriamento gradual (ver figuras 4.11b e c). Nesse último período glacial, o Wisconsiniano ou Würm, que corresponde à chamada "Idade do Gelo", o homem das cavernas convivia com mamutes, tigres dente-de-sabre e outros mamíferos bizarros, agora extintos.

No clímax da "Idade do Gelo", o Atlântico Norte estava congelado desde a Groenlândia e o Canadá até a Inglaterra (Figura 4.13). A corrente do golfo, que hoje aquece a Europa, não chegava mais ao norte, de modo que os *icebergs* alcançavam regiões muito mais ao sul, onde, ao derreterem, deixavam extensos depósitos de sedimentos espessos que carregavam no seu interior (ver capítulo 13). Em 1988, o cientista H. Heinrich reconheceu seis camadas sedimentares marinhas ricas em depósitos desse tipo no Canadá. A partir daí, outras amostras coletadas no Atlântico norte demonstraram registros idênticos, evidenciando o caráter global desses eventos, denominados eventos Heinrich, e numerados de H1 a H6, do mais recente ao mais antigo (Figura 4.11c). O evento Heinrich 1 marca o término da "Idade do Gelo," há cerca de 14 mil anos (Figura 4.14a).

Na parte final do Pleistoceno (ver figura 4.11c; e também capítulo 10), a temperatura aumentou rapidamente até atingir as médias atuais. Essa tendência para o aquecimento foi interrompida por alguns intervalos mais frios. O mais importante deles iniciou-se há aproximadamente 13 mil anos e durou cerca de 3 mil anos (ver figura 4.14a). Esse intervalo glacial é chamado *Younger Dryas* em referência a um gênero de planta (*Dryas*) típico de clima muito frio e que se

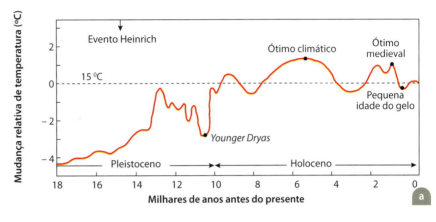

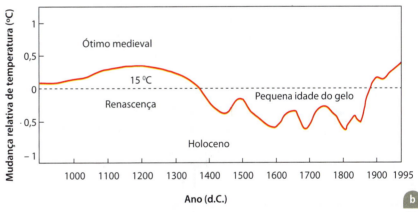

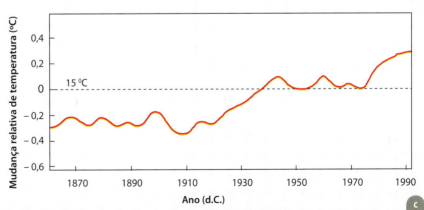

Figura 4.14 – Variação da temperatura terrestre durante os últimos 18 mil anos. Quanto mais restrito o intervalo tratado, menor a amplitude da escala de temperatura. a) Registro dos últimos 18 mil anos (desde o fim do Pleistoceno). b) Detalhe do período entre 1000 e 1995 d.C. c) Detalhe do período entre 1870 e 1995. Fonte: Mackenzie, 1998.

espalhou até o sul da Europa nessa época. O resfriamento do *Younger Dryas* foi global e encerrou-se com o súbito aquecimento que iniciou o Holoceno, período em que vivemos atualmente. As causas dessas flutuações climáticas bruscas não são bem compreendidas, mas parecem estar ligadas a variações nos padrões de circulação oceânica.

O recente estádio interglacial teve seu Ótimo Climático entre 5 e 6 mil anos atrás, quando a média de temperatura anual da superfície chegou a cerca de 1 °C acima da atual (ve figura 4.14a). A temperatura média caiu há 4 mil anos e elevou-se, novamente, durante a Idade Média (ver figura 4.14b). Esse período, conhecido como Ótimo Medieval, durou cerca de 400 anos, de 1000 a 1400 d.C., o que permitiu, por exemplo, que os *vikings* se estabelecessem na Groenlândia (que naquele tempo era, de fato, uma "terra verde", como seu nome indica).

Em seguida ao Ótimo Medieval, entre 1400 a 1850 d.C., as temperaturas caíram cerca de 0,5 °C, em média, em relação ao início do século XX (ver figura 4.14b), o que levou os cientistas a denominarem este período de "Pequena Idade do Gelo". Há evidências de expressiva diminuição das manchas solares durante essa época e, consequentemente, de diminuição na quantidade de energia emitida pelo Sol e recebida pela Terra. A partir de 1920, no entanto, a temperatura voltou a subir até os níveis recentes (ver figura 4.14c).

As causas dessas e de outras flutuações climáticas ocorridas durante os últimos tempos, e especificamente durante o mais recente dos períodos geológicos, o Quaternário, não estão completamente esclarecidas. Além das possíveis variações na radiação solar, aparentemente responsáveis pela "Pequena Idade do Gelo", a notável semelhança das curvas de temperatura média da superfície da Terra e a concentração de CO_2 na atmosfera (Figura 4.15) sugerem que os gases do efeito estufa também sejam causadores das flutuações climáticas. Embora existam muitas evidências do efeito do CO_2 como forçante climática na escala de tempo de décadas, ainda não está plenamente estabelecida uma relação de causa–efeito entre estas duas variáveis em relação ao aquecimento global atual.

Figura 4.15 – Variação da concentração de CO_2 (linha azul) e da temperatura estimada da Antártica (linha vermelha) durante os últimos 160 mil anos, determinados com base na análise de bolhas de ar presas no testemunho de gelo de Vostok, Antártica. Fonte: Berner & Berner, 1996.

4.8 Aumento de temperatura no século XX

Considerando o período desde 18 mil anos atrás até o início do século XX, o clima global esquentou vários graus, o nível do mar subiu cerca de 120 m e a concentração de CO_2 passou de 180 para 280 ppmv (partes por milhão em volume).

Porém, desde então, o aumento de temperatura da Terra tem se acelerado, lentamente no início, mas de forma muito acentuada a partir de 1960. Nos oceanos, observações diretas desde o ano de 1961 mostram que a temperatura global média vem crescendo mesmo em profundidades de até 3.000 metros. Onze dos doze anos de 1995 a 2006 estão entre os doze anos mais quentes registrados desde 1850. As temperaturas médias no hemisfério norte durante a segunda metade do século XX foram provavelmente as mais altas dos últimos 1.300 anos. As consequências são particularmente evidentes no mar Ártico, onde o gelo regrediu 2,7% por década. Entre 1961 e 2003, o nível do mar subiu em média 1,8 mm/ano, o que se acentuou no período de 1993 a 2003 com uma média de 3,1 mm/ano. Com isso, a subida do nível do mar ao longo do século XX foi de 0,17 metros. Levando em consideração as informações paleoclimáticas disponíveis, a exemplo de dados de testemunhos de gelo (ver figura 4.12) a última vez que as regiões polares estiveram mais quentes do que atualmente foi há 125 mil anos quando as temperaturas médias eram de 3 a 5 °C maiores e o derretimento do gelo polar levou a um aumento do nível do mar de 4 a 6 m.

O aquecimento global também tem afetado geleiras em montanhas no mundo inteiro. Foi responsável, por exemplo, pelo derretimento da geleira Chacaltaya, a mais de 5.500 metros de altitude na Bolívia, que até há pouco tempo era a mais alta pista de esqui na neve do mundo. Há, inclusive, um exemplo muito citado neste contexto que merece reflexão: é o caso da retração das geleiras situadas a mais de 5.000 metros no topo do Monte Kilimanjaro, um maciço vulcânico da África equatorial. Acontece, porém, que essas geleiras não estão derretendo; as temperaturas ambientais continuam abaixo de 0 °C no pico de Kilimanjaro. O gelo está desaparecendo por outro processo, a sublimação, ou seja, ele está passando diretamente do estado sólido para o vapor-d'água sem passar pelo estado líquido. Dessa forma, o que aumentou no pico de Kilimanjaro não foi a temperatura, mas a insolação, devido à diminuição da cobertura de nuvens na região da montanha desde a década de 1890, época em que os ingleses primeiramente fotografaram as geleiras, justamente em seu auge. Portanto, até o momento, não é possível dizer se a perda do gelo no Monte Kilimanjaro se deve a uma tendência global de aumento de temperatura ou a uma variação no ciclo normal de avanços e recuos das geleiras desta montanha que se encontra em condições geográficas tão especiais.

O IPCC (*Intergovernamental Panel on Climate Change*, ver quadro 4.2 adiante), uma agregação de mais de mil representantes da comunidade científica mundial, emitiu em 2007 seu último relatório científico, que confirma e fortalece argumentos apresentados em relatórios anteriores. Atribuiu, com alta probabilidade, a elevação de temperatura no século XX e o consequente aumento no nível médio dos oceanos ao aumento da concentração dos gases de efeito estufa derivados da ação antrópica (Figura 4.16). A concentração de CO_2 na atmosfera passou de 280 ppmv em 1900 para 380 ppmv em 2005, sendo que a maior taxa de crescimento se deu entre 1950 e 2005. Com o CH_4 e o N_2O também aconteceu fenômeno semelhante conforme apresentado na figura 4.17 adiante.

O aumento da concentração do CO_2 ocorre primariamente por queima de combustíveis fósseis e por mudanças no uso da terra, enquanto o aumento de CH_4 e N_2O é primariamente devido à agricultura. A concentração atmosférica de CO_2 em 2005 excede os valores registrados ao longo dos últimos 650 mil anos, o mesmo acontecendo com o CH_4 (1774 ppbv, ou partes por bilhão em volume em 2005 *versus* os valores entre 320 e 790 ppbv registrados nos últimos 650 mil anos). A concentração de N_2O passou de 270 ppbv em

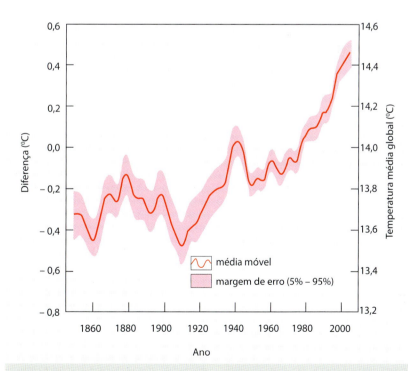

Figura 4.16 – Variações da temperatura observadas no período de 1850 a 2000. As mudanças são expressas pelas diferenças com relação às médias do período 1961-1990 (escala à esquerda) e em valores absolutos (escala à direita). As áreas sombreadas representam os intervalos de incerteza. Fonte: IPCC, 2007.

1900 para 320 ppbv em 2005. Os padrões de aquecimento observados, inclusive o registro de maior aquecimento da atmosfera sobre os continentes do que sobre os oceanos, só podem ser explicados por modelos que incluem emissões antropogênicas (Figura 4.18).

Quanto ao futuro, as melhores estimativas para a mudança de temperatura até 2100, em diferentes cenários de redução de emissões, preveem aumentos de 2 a 4°C em relação ao presente. Caso isto realmente aconteça, o nível do mar deverá subir de 0,2 e 0,6 metros. Cerca da metade desse aumento resultará do derretimento do gelo das geleiras de montanha e da Groenlândia, e o resto será devido à dilatação térmica da água dos oceanos. Estas mudanças trarão sérias consequências diretas não só para a humanidade, mas também para a flora e a fauna do planeta.

Entre as consequências, além do aumento do nível do mar, já comentado, está o aumento da frequência de fenômenos atmosféricos drásticos, como tornados, ciclones e furacões, e a mudança de seu padrão de distribuição. Como exemplo, podemos citar o furacão Catarina, de categoria 1, na escala Saffir, que foi o primeiro registrado no hemisfério sul, que atingiu o sul Brasil (SC e RS) no ano de 2004 (ver figura 4.1).

Assim, conhecendo a dinâmica atmosférica atual, os geocientistas buscam evidências de sua história interativa com as outras esferas por meio dos registros nas rochas e, com isso, tentam prever o que poderá ocorrer no futuro, não somente em relação à hidrosfera e litosfera, mas também em relação à biosfera.

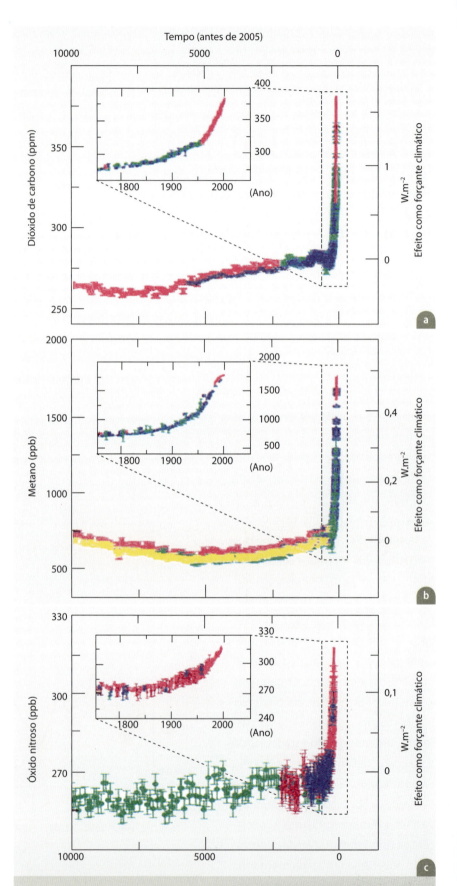

Figura 4.17 – Evolução dos gases de efeito estufa desde 1850. Concentrações atmosféricas de dióxido de carbono (a), metano (b) e óxido nitroso (c) durante os últimos 10 mil anos (quadros maiores) e desde 1750 (quadros menores). Fonte: IPCC, 2007.

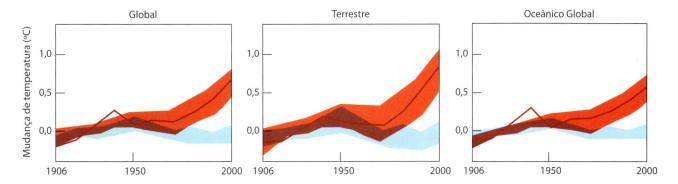

Figura 4.18 – Mudanças observadas na temperatura da superfície em escalas continental e global (linha sólida) para o período de 1906 a 2000, comparadas com os resultados simulados por modelos climáticos que levam em conta forçantes climáticas naturais (em azul) e antropogênicas (em vermelho). Fonte: IPCC, 2007.

Quadro 4.2 – O que é o IPCC?

Em 1990, tendo em vista a importância e a complexidade das questões relacionadas ao tema das mudanças do clima, a divisão da ONU - Organização das Nações Unidas, denominada UNEP- *United Nations Environment Programme;* e a Organização Meteorológica Mundial WMO- *World Meteorological Organization* criaram o IPCC- *Intergovernamental Panel on Climate Change*, e definiram explicitamente sua missão:

"Produzir, em base compreensiva, objetiva, aberta e transparente a informação científica, técnica e socioeconômica relevante para o entendimento das bases científicas do risco da mudança do clima induzida pelo homem, seus impactos potenciais e opções para adaptação e mitigação."

O IPCC não conduz, ele mesmo, pesquisa científica, nem efetua monitoramento de dados climáticos ou recomenda políticas, mas congrega pesquisadores de todos os países membros das Nações Unidas que analisam a literatura científica e técnica disponível e elaboram relatórios sobre o estado do conhecimento de todos os aspectos relevantes à mudança climática. Os relatórios passam por um minucioso processo de revisão por especialistas, e sua aprovação é submetida aos representantes de todos os governos envolvidos. O objetivo dos relatórios não é prescrever soluções, mas servir de subsídio aos governos e à sociedade na adoção de políticas relacionadas à mudança climática.

O primeiro relatório foi completado em 1990 e teve grande importância para os comitês de negociação intergovernamentais para o estabelecimento da UNFCCC - *United Nations Framework Convention on Climate Change*, em 1992. O segundo relatório, de 1995, contribuiu para as negociações que levaram à adoção do protocolo de Kyoto na UNFCCC em 1997. Em 2001 foi publicado o terceiro relatório, que se consagrou como referência para o fornecimento de informações para as deliberações nas Conferências das Partes. Finalmente, o quarto relatório saiu em 2007, consolidando o progresso científico desde 2001 e aprofundando o conhecimento das influências antropogênicas sobre o clima. Um aspecto importante desse relatório é o aumento do nível de confiança dos modelos de predição do comportamento do clima em vários cenários possíveis.

Além do relatório mencionado, que trata das bases científicas (Relatório, Grupo de Trabalho I), o IPCC publicou em 2007 mais outros dois relatórios que abordam a questão da mudança do clima do ângulo dos impactos, adaptação e vulnerabilidade (Relatório, Grupo de Trabalho II) e das possibilidades de mitigação (Relatório, Grupo de Trabalho III). As informações estão, portanto, disponíveis para que os governos e a sociedade tomem as medidas necessárias e urgentes para evitar, ou, ao menos minimizar, para as futuras gerações, os efeitos mais devastadores decorrentes do aumento constante dos gases de efeito estufa na atmosfera.

Por seus esforços de alertar os povos do mundo ao perigo do aquecimento global, o IPCC compartilhou o Prêmio Nobel de Paz para 2007 com o ex-vice-presidente dos Estados Unidos, Albert Gore.

Informações sobre o IPCC, assim como os relatórios e outros estudos, estão no site www.ipcc.ch.

Leitura recomendada

APPENZELLER, T. The big thaw. *National Geographic*, v. 6, n. 211, p. 56-71, 2007.

BERNER, E. K.; BERNER, R. A. *Global environment*: water, air, and geochemical cycles. Upper Saddle River, N. J.: Prentice-Hall, 1996. 376 p.

CONDIE, K. C. *Earth as an evolving planetary system*. Amsterdam: Elsevier Academic Press, 2005. 447 p.

MACKENZIE, F. T. *Our changing planet*. 2nd ed. Upper Saddle River, N. J.: Prentice-Hall, 1998. 486 p.

MOTE, P. W.; KASER, G. The shrinking glaciers of Kilimanjaro: can global warming be blamed? *American Scientist*, v. 95, n. 4, p. 318-25, 2007.

unidade 2

5 **A Terra sólida: minerais e rochas**
Fábio Ramos Dias de Andrade
Ian McReath
José Barbosa Madureira Filho
Daniel Atencio

6 **Magma e seus produtos**
Gergely Andres Julio Szabó
Wilson Teixeira
Marly Babinski

7 **Água: ciclo e ação geológica**
Ivo Karmann

8 **Da rocha ao solo: intemperismo e pedogênese**
M. Cristina Motta de Toledo
Sonia Maria Barros de Oliveira
Adolpho José Melfi

9 **Do grão à rocha sedimentar: erosão, deposição e diagênese**
Paulo César Fonseca Giannini
Mário Sérgio de Melo

Fotos: G. Julien / Dreamstime

Capítulo 5
A Terra sólida: minerais e rochas

Fábio Ramos Dias de Andrade, Ian McReath, José Barbosa Madureira Filho, Daniel Atencio

Sumário
5.1 Breve história da mineralogia
5.2 O que é um mineral?
5.3 Composição e simetria
5.4 Classificação de minerais
5.5 Como identificar minerais
5.6 Minerais formadores de rochas
5.7 Os minerais e sua utilidade
5.8 Origem e distribuição dos minerais
5.9 O ciclo das rochas

O conhecimento sobre o reino mineral vem se acumulando desde a origem da civilização, período não por acaso conhecido como Paleolítico ou Idade da Pedra. Por muito tempo, os minerais e as rochas foram identificados e selecionados de modo empírico para a confecção de ferramentas (Figuras 5.1a, b, c), amuletos, pigmentos para pinturas rupestres, como matérias-primas para cerâmicas, como fontes de metais e até como medicamentos.

Toda a matéria sólida da natureza é composta por minerais, com algumas exceções, como veremos ao longo deste capítulo. Os minerais são formados por átomos organizados em um arranjo periódico tridimensional denominado estrutura cristalina. Apesar de este empacotamento de átomos ocorrer em escala nanométrica, ou seja, com grandeza da ordem bilionésimos de metro, ele produz feições simétricas visíveis a olho nu. As rochas, por sua vez, são agregados consolidados de minerais, formadas por diversos processos da dinâmica terrestre. Já os materiais inconsolidados, como as dunas de areia e o cascalho dos leitos de rio, não são rochas, mas sim sedimentos. Neste capítulo serão abordados principalmente os minerais. As rochas são tratadas brevemente aqui e detalhadas nos capítulos subsequentes.

Os minerais e as rochas contêm o registro de nossa história mais remota, desde a origem da Terra até o surgimento e a diversificação da vida. O reino mineral é o substrato da vida e é também a nossa principal fonte de matérias-primas em praticamente todos os setores produtivos.

A ciência que estuda os minerais é a mineralogia e a ciência que estuda as rochas é a petrologia (não, petrologia não é a ciência que estuda o petróleo!). As regras de nomenclatura e classificação da mineralogia e da petrologia seguem convenções internacionais, que padronizam os nomes de minerais e rochas para permitir o estudo comparativo destes materiais em diferentes regiões do mundo. A organização dos átomos em estruturas cristalinas segue algumas regras que são descritas e estudadas pela cristalografia, que aplica conceitos de geometria espacial e regras de simetria para classificar os minerais conforme sua morfologia externa e interna.

> **Curiosidade**
>
> Por volta do ano 400 a.C., o filósofo pré-socrático grego Demócrito escreveu que "o sabor doce e o amargo são convenções, como são também o calor e o frio; na realidade há apenas átomos e vazio".
>
> Após esta percepção visionária, foram necessários cerca de dois mil anos para que o arranjo ordenado dos átomos em estruturas cristalinas, como nos minerais formadores de rochas, fosse inferido por Nicolau Steno no século XVII.
>
> E mais três séculos foram necessários para que as estruturas cristalinas finalmente fossem desvendadas pela difratometria de raios X, no início do século XX.

Figura 5.1a – Lajedo do Pai Mateus, Cabaceiras, Paraíba. Fonte: R. Chaves. Pulsar Imagens.

Figura 5.1b – Detalhe de rocha granítica. Fonte: <http://www.monanneeaucollege.com/minerauxphoto/granite.a.1.net2.jpg>.

Figura 5.1c – Artefato lítico encontrado no sul da Inglaterra. Fonte: <http://encarta.msn.com/media_43958_761555928_-1_1/Late_Acheulean_Handaxe.html>.

131

5.1 Breve história da mineralogia

O grego Teofrasto (372-287 a.C) é considerado o fundador da mineralogia. Discípulo de Aristóteles, escreveu *De Lapidibus*, com descrições de 16 minerais que levaram à descoberta de diversos elementos químicos.

Plínio, o velho (23-79 d.C.), filósofo, historiador e político do Império Romano, publicou *Naturalis Historiae* em 77 d.C., em que discutiu a natureza dos minerais e das rochas, sem considerar os aspectos metafísicos a eles atribuídos na época. Plínio faleceu na ocasião da erupção do Vesúvio (ver capítulo 6).

Muito tempo transcorreu até que Georgius Agricola (Georg Bauer, 1494-1555) escrevesse *De Re Metallica*, obra publicada postumamente em 1556 e que por mais de 200 anos foi a principal referência sobre minerais e rochas, mineração e metalurgia, entre outros assuntos (Figura 5.2).

O médico, naturalista e teólogo Nicolau Steno (Niels Stensen, 1638-1686), ao perceber a constância dos ângulos entre as faces de cristais, inferiu a existência de uma ordem interna na matéria cristalina. Steno também lançou os fundamentos da estratigrafia e da paleontologia e foi um grande anatomista, descobrindo, inclusive, as glândulas lacrimais. Reafirmando a hipótese de organização interna da matéria proposta por Steno, René Haüy (1743-1822) sugeriu, em 1784, que o empacotamento de minúsculos blocos idênticos seria a explicação da regularidade da forma externa dos minerais.

Carl von Linné (1707-1778) chegou a propor uma classificação com base na forma externa dos cristais, mas a classificação que se consagrou foi a proposta pelo químico Jöns Jakob Berzelius (1779-1848), que percebeu que minerais com o mesmo tipo de ânion tinham propriedades físicas semelhantes. Berzelius também descobriu as proteínas em 1838 e ajudou a criar a notação química moderna. Outra classificação proposta nesta época e usada ainda hoje é a escala relativa de dureza de Friedrich Mohs (1773-1839).

A invenção, em 1828, do filtro polarizador de luz por William Nicol (1770-1851) marcou o início da análise microscópica de minerais. A partir de então, os microscópios com luz polarizada permitiram correlacionar fenômenos ópticos, com simetria e composição química, e se tornaram imprescindíveis à mineralogia moderna.

O conhecimento mineralógico acumulado até o início do século XIX era vasto e de difícil consulta, o que levou James D. Dana (1813-1895) a publicar uma série de obras de referência, entre elas o *System of Mineralogy* (1837) e o *Manual of Mineralogy* (1848). Atualmente, alguns dos principais compêndios de mineralogia seguem o sistema proposto por Dana.

A descoberta dos raios X por Gustav Roentgen (1845-1923) em 1895 revolucionou a Física, a Medicina e também a Mineralogia. A cristalografia de raios X tornou-se uma das áreas mais efervescentes da ciência no início do século XX. O experimento de difração de raios X por cristais realizado em 1912 por Max von Laue (1879-1959) revelou a ordem interna da matéria cristalina (Figura 5.3). Recebido com entusiasmo pela comunidade científica, inclusive por Albert Einstein e pelo próprio Roentgen, este feito levou Laue a receber o Prêmio Nobel de Física em 1914. William H. Bragg (1862-1942) e seu filho, William L. Bragg (1890-1971), fizeram em 1914 a primeira determinação de uma estrutura cristalina por difração de raios X e dividiram o Prêmio Nobel de Física em 1915. A difratometria de raios X continua sendo um dos métodos mais precisos, rápidos e difundidos de se estudar minerais.

Os microscópios eletrônicos de varredura permitiram um novo salto no estudo dos minerais. Estes equipamentos produzem imagens não com a luz visível, mas pela incidência de um feixe de elétrons sobre a amostra; o feixe de elétrons percorre a amostra em linhas contíguas, daí o nome *varredura*. O primeiro microscópio

Figura 5.2 – Beneficiamento de minério na Idade Média. Fonte: *De Re Metallica* (Paperback) by Georgius Agricola, Dover Publications (1950).

Figura 5.3 – a) O primeiro registro da simetria interna da estrutura cristalina, em uma imagem obtida por difração de raios X autografada por Max von Laue. b) Nas imagens de Laue, a disposição dos pontos tem a mesma simetria do retículo cristalino visto ao longo da direção de incidência do feixe de raios X, como na imagem da vesuvianita, onde se vê o eixo de simetria de ordem 4. Fonte: Klein & Hurlbut. *Manual of Mineralogy*. John Wiley & Sons, 21. ed.p. 281; <http://userpage.chemie.fu-berlin.de/~weber/roentgen2.jpg>.

eletrônico de varredura foi concebido por Ernst Ruska e Max Knoll, em 1932, e tinha uma capacidade de aumento de cerca de 400 vezes, enquanto os atuais atingem até 2 milhões vezes, permitindo o estudo de aspectos morfológicos e composicionais invisíveis ao microscópio óptico. Ernst Ruska recebeu o Prêmio Nobel em 1986 por este feito. Uma observação ainda mais detalhada é possível com a microscopia eletrônica de transmissão, cujas imagens são formadas por difração de elétrons. O primeiro equipamento deste tipo foi construído em 1938 por Albert Prebus e James Hillier. Hillier também participou do desenvolvimento da microssonda eletrônica em 1944, combinando recursos de microscopia eletrônica e fluorescência de raios X, que permitiram a realização de microanálises químicas de alta precisão.

5.2 O que é um mineral?

Um mineral é um sólido homogêneo, com composição química definida, mas que pode variar dentro de intervalos restritos, formado por processos naturais inorgânicos, cujos átomos se encontram organizados em um arranjo periódico tridimensional.

Os minerais são sólidos homogêneos, portanto têm forma própria e não fluem espontaneamente, em oposição aos líquidos e gases.

Eles são formados por processos naturais, o que exclui as substâncias sintéticas ou artificiais, mesmo quando estas apresentam as mesmas características de seus equivalentes naturais (Figura 5.4). O gelo das geleiras, por exemplo, é um mineral, já o gelo produzido em refrigeradores é um equivalente sintético do gelo natural. Na fala cotidiana, entretanto, os compostos sintéticos recebem em geral os mesmos nomes de seus equivalentes naturais.

Os minerais são inorgânicos, o que exclui as substâncias cristalinas biogênicas. Por exemplo, as conchas carbonáticas que encontramos nas praias podem ter a mesma composição química e a mesma estrutura cristalina dos minerais, calcita ou aragonita ($CaCO_3$), mas não são consideradas minerais, pois são formadas pelo metabolismo de organismos.

Estrutura cristalina é o nome dado ao arranjo tridimensional periódico de átomos, que gera sólidos simétricos. Se a cristalização for lenta e se houver espaço livre, os minerais desenvolvem faces planas com ângulos definidos entre si, em

Figura 5.4 – Rubi natural e seu análogo sintético. O rubi é a variedade vermelha do mineral coríndon (Al_2O_3). Um rubi sintético não é um mineral, apesar de ambos terem a mesma composição química e estrutura cristalina. Fonte: <http://en.wikipedia.org/wiki/Image:Ruby_cristal.jpg>, <http://www.dkimages.com/discover/Home/Science/Earth-Sciences/Geology/Gemstones/Synthetic-Gems/Ruby/Ruby-2.html>.

decorrência de sua estrutura cristalina. Mas mesmo grãos irregulares ou fragmentos de minerais que não apresentem faces regulares têm estrutura cristalina. A composição química dos minerais varia dentro de limites definidos. Em outras palavras, a composição química dos minerais não varia de modo aleatório, porque ela é controlada pelos espaços disponíveis na estrutura cristalina e pelas valências dos íons presentes. A estrutura cristalina é o principal fator limitante da variação química de um mineral, pois os íons ocupam espaços determinados na estrutura e o tamanho destes espaços é condicionado pelos próprios raios dos íons predominantes.

A grande maioria dos minerais é formada pela combinação de diferentes elementos químicos, em proporções fixas ou variáveis. Há minerais com composição fixa, que praticamente não aceitam elementos estranhos em sua estrutura, como o quartzo (SiO_2). Os minerais podem apresentar variações composicionais, onde um ou mais sítios da estrutura cristalina são ocupados por diferentes íons. A substituição de um elemento químico por outro numa estrutura cristalina é possível se eles tiverem raios iônicos semelhantes. Este fenômeno é denominado de solução sólida, como demonstrado mais adiante. Alguns minerais são compostos por um único elemento químico, como o diamante (C), o enxofre (S) e o ouro (Au).

A linguagem cotidiana usa alguns destes termos de modo ambíguo. Em geral, são termos antigos e consagrados pelo uso, mas que às vezes podem causar confusão. Por exemplo, alguns elementos e compostos químicos são conhecidos popularmente como "sais minerais", entretanto, nem todos os sais minerais são sais e nem todos têm origem mineral. As embalagens de alimentos e cosméticos comumente se referem a "minerais" como ferro, potássio, lítio, entre outros, que não são minerais, e sim elementos químicos.

Caso semelhante ocorre com cálices e vasos de cristal. O termo "cristal" implicaria, à primeira vista, um material cristalino, isto é, com arranjo organizado de seus átomos. Entretanto, vasos de cristal são feitos de vidro e não de cristal, eles apenas têm um brilho que lembra o brilho dos cristais, por serem vidros com alto índice de refração. Os vidros são sólidos sem estrutura cristalina, denominados sólidos amorfos. Os sólidos amorfos são raros na natureza, pois seu arranjo atômico não ordenado lhes confere grande instabilidade e reatividade – em termodinâmica se diz que os sólidos amorfos têm alta de energia livre. Os vidros naturais são principalmente encontrados em rochas vulcânicas, onde o resfriamento instantâneo da lava dificulta o processo de cristalização (ver capítulo 6).

A fala popular também não faz distinção clara entre os termos mineral e minério. Minério é um conceito econômico e se refere a minerais ou rochas que possam ser extraídos da natureza com lucro. Os minérios, portanto, correspondem a um grupo especial de minerais ou rochas.

Há materiais que são semelhantes a minerais, mas que não satisfazem plenamente as condições do conceito formal. Estes materiais são denominados mineraloides, que incluem materiais cristalinos naturais biogênicos como pérolas, âmbar e recifes de coral, e materiais naturais inorgânicos sem estrutura cristalina, como opala e obsidiana.

A água mineral e o carvão mineral não são minerais, pois o primeiro é líquido à temperatura ambiente e o segundo é formado por material biogênico. Apesar de não serem minerais no senso estrito, estes materiais são incluídos na categoria dos recursos minerais, pois são extraídos da Terra para nosso uso.

5.3 Composição e simetria

Composição química e estrutura cristalina são os dois parâmetros fundamentais e interdependentes que caracterizam um mineral. A simetria resulta do empacotamento ordenado dos átomos.

Para o estudo da simetria e da composição química de um mineral se estabeleceu o conceito de cela unitária, um referencial geométrico arbitrário que contém todos os elementos de simetria da estrutura cristalina e reflete a composição química do mineral (Figura 5.5).

O átomo é a menor parte de um elemento químico que conserva todas suas propriedades físicas e químicas. Ele tem um núcleo formado por prótons e nêutrons, circundado por uma nuvem de elétrons que ocupam orbitais correspondentes a níveis energéticos. A concepção atual diverge dos modelos que consideravam o átomo como um pequeno sistema solar, com um núcleo correspondente ao Sol, circulado por átomos que percorrem órbitas bem definidas. Os modelos atuais de átomo, fundamentados na física quântica, consideram as probabilidades de uma dada configuração eletrônica existir.

As grandezas que definem os elementos químicos são o número atômico (Z), que é o número de prótons de um átomo, e a massa atômica, que é a soma dos prótons e nêutrons. Embora o número atômico seja constante para um dado elemento, átomos de um mesmo elemento químico podem ter diferentes números de nêutrons e, portanto, diferentes massas atômicas, que são denominados isótopos.

Os átomos são eletricamente neutros, pois têm o mesmo número de elétrons e prótons. Mas os átomos tendem a completar seu orbital eletrônico mais externo, para ficar com uma configuração eletrônica semelhante à dos gases nobres, que são átomos estáveis, praticamente não reativos. Na busca por esta configuração, os átomos doam ou recebem elétrons, tornando-se eletricamente carregados, quando então são denominados íons, sendo cátions os íons positivos e ânions os negativos. As cargas dos íons recebem o nome de valência.

Os elementos são organizados na tabela periódica, em função da variação sistemática de suas propriedades (ver apêndice). Os elementos das colunas da direita (VIa, VIIa) têm tendência a ganhar elétrons e formar ânions, ou seja, eles têm alta eletronegatividade. Já os elementos das colunas da esquerda (Ia, IIa) tendem a perder elétrons e formar cátions. Os elementos das colunas centrais (IIIa, IVa, Va) são denominados elementos de transição e podem perder, ganhar ou compartilhar elétrons, e, por isto, apresentam íons de diversas valências (por exemplo Fe^{2+}, Fe^{3+}). Os elementos de transição são os principais formadores de cores em minerais, devido a oscilações eletrônicas em seus orbitais internos incompletos. Quando a luz branca atinge um elemento de transição, parte dela é absorvida pelas oscilações no nível 3d, e as cores são geradas por esta absorção seletiva da energia luminosa.

As ligações químicas determinam grande parte das propriedades físicas dos minerais (Figura 5.6). Os minerais podem apresentar em sua estrutura todos os tipos de ligações, que são resumidas a seguir:

- ligações iônicas ocorrem quando átomos doam e recebem elétrons, e passam a ter cargas opostas. Estas ligações são fortes e os materiais iônicos têm baixa maleabilidade e alto ponto de fusão;
- ligações covalentes se dão pelo compartilhamento de elétrons dos orbitais de valência. Materiais covalentes têm

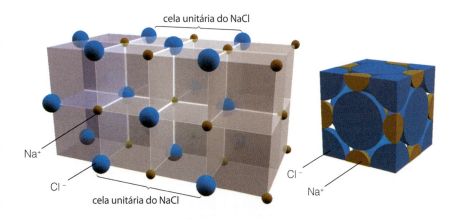

Figura 5.5 – Estrutura da halita (NaCl), mineral do sistema cúbico. A cela unitária contém a fórmula química completa e todos os elementos de simetria do retículo completo.

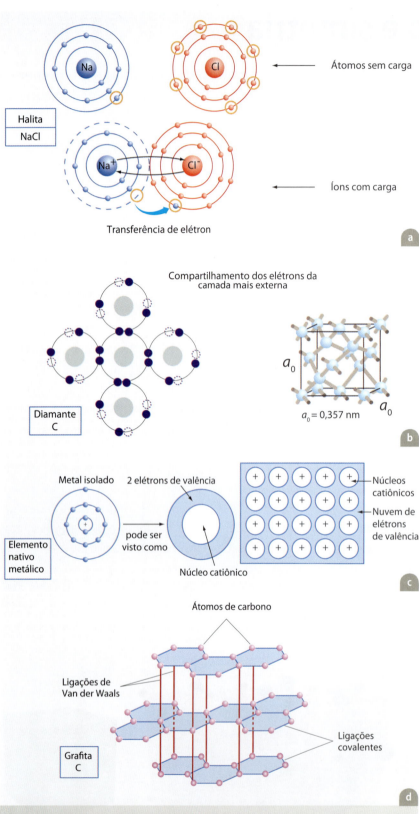

Figura 5.6 – As ligações químicas. a) Ligação iônica = transferência de elétrons gerando cargas e atração eletrostática entre íons (Na+ e Cl- na halita (NaCl). b) Ligação covalente = compartilhamento de elétrons de valência entre átomos vizinhos. c) Ligação metálica = elétrons com movimentação livre entre núcleos catiônicos (metais nativos como ouro, prata e platina). d) Ligação de Van der Waals e pontes de hidrogênio = ligações fracas que se dão por assimetria na distribuição de cargas em moléculas (ligações nos planos de clivagem de caolinita ou grafita). Fonte (d): John Willey and Sons, Inc, 1988.

baixa maleabilidade, alto ponto de fusão e alta dureza;

• ligações metálicas apresentam cátions neutralizados por uma nuvem eletrônica comum que os envolve, na qual os elétrons se movimentam livremente, permitindo a condução de calor e eletricidade e conferindo maleabilidade e ductibilidade aos materiais metálicos;

• ligações de Van der Waals e as pontes de hidrogênio são as ligações mais fracas, formadas por cargas eletrostáticas residuais; minerais com este tipo de ligação têm baixa dureza.

Os minerais comumente apresentam em sua estrutura mais de um tipo de ligação atômica, ou ainda ligações de caráter misto iônico-covalente, dependendo da eletronegatividade dos íons envolvidos, onde eletronegatividade é uma medida da afinidade dos íons por elétrons.

A estreita relação que existe entre composição química e estrutura cristalina leva à definição de três conceitos decorrentes: solução sólida, polimorfismo e isomorfismo.

Soluções sólidas são estruturas cristalinas em que um ou mais sítios iônicos são ocupados por diferentes elementos químicos (Figura 5.7); isto é possível para íons que tenham raios iônicos semelhantes. Quando os íons envolvidos em uma solução sólida têm valências diferentes, o "desbalanço" de cargas é equilibrado por substituições acopladas em outros sítios da estrutura. Por exemplo, na série dos plagioclásios, a substituição acoplada entre (Na+Si^{4+}) e (Ca^{2+}Al^{3+}) mantém a neutralidade elétrica da estrutura. As soluções sólidas podem ser completas, quando a diferença de raios iônicos dos íons que se substituem for menor que 15%, como no caso da série das olivinas [(Fe,Mg)$_2$SiO$_4$], onde Fe^{2+} (raio iônico ~ 0,78Å) e Mg^{2+} (raio iônico ~

0,72Å) são intercambiáveis na estrutura, ou seja, as olivinas podem apresentar qualquer proporção Fe:Mg, desde o extremo puro em Fe até o extremo puro em Mg. Quando as diferenças de raio iônico são maiores, as possibilidades de substituição se tornam mais limitadas, formando soluções sólidas parciais, como no caso dos feldspatos alcalinos [$KAlSi_3O_8$ - $NaAlSi_3O_8$], em que as diferenças de raio iônico entre K$^+$ (raio iônico ~ 1,38Å) e Na$^+$ (raio iônico ~ 1,02Å) permitem apenas uma limitada substituição de um pelo outro.

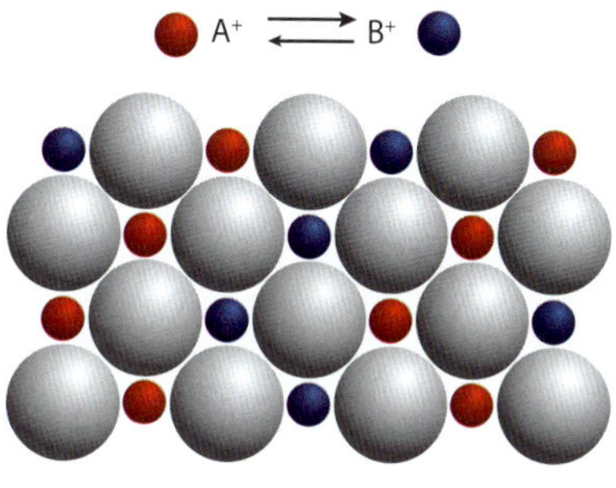

Figura 5.7 – Soluções sólidas são variações composicionais causadas pela substituição de um elemento por outro, em um dado sítio em uma estrutura cristalina.

Além do raio iônico, a estabilidade das soluções sólidas é controlada pela temperatura, pois quanto maior for a temperatura, maior é a oscilação vibracional dos átomos no retículo, fazendo com que a estrutura cristalina fique mais dilatada e aberta. Isto permite uma maior flexibilidade para acomodar diferenças de raios iônicos. Soluções sólidas estáveis a alta temperatura podem se desestabilizar com a redução da temperatura, gerando duas fases mais puras por um processo de desmistura denominado exsolução.

Como o próprio nome indica, polimorfismo é a propriedade de uma substância química se cristalizar em diferentes formas, ou seja, com diferentes tipos de arranjos atômicos (figura 5.8). Os principais fatores que possibilitam o polimorfismo em minerais são pressão e temperatura. Os minerais com estruturas mais compactas são mais estáveis a pressões elevadas, como é o caso do diamante, formado no manto a profundidade de centenas de quilômetros. A grafita, que tem a mesma composição química do diamante (C), forma-se a profundidade relativamente pequena no interior da crosta e tem estrutura menos densa.

O isomorfismo ocorre em minerais de diferentes composições químicas que apresentam o mesmo tipo de estrutura cristalina (ver figura 5.9), como no caso da halita (NaCl) e sylita (KCl), ou da fluorita (CaF_2) e uraninita (UO_2).

Além da simetria, outra propriedade decorrente da presença de uma estrutura cristalina é a anisotropia, que se refere às variações das propriedades físicas em função da direção dentro de um cristal (ver figura 5.10). Seu oposto, a isotropia, é um conceito mais intuitivo, usado para materiais cujas propriedades físicas são as mesmas em todas as direções. Por exemplo, a velocidade e o comprimento de onda da luz são os mesmos em qualquer direção de propagação dentro de materiais isotrópicos como gases, líquidos e sólidos amorfos (vidros). Nos materiais anisotrópicos, uma ou mais propriedades físicas como índices de refração ou dureza, são distintos em diferentes direções na estrutura cristalina.

O principal fator que controla o arranjo dos átomos numa estrutura cris-

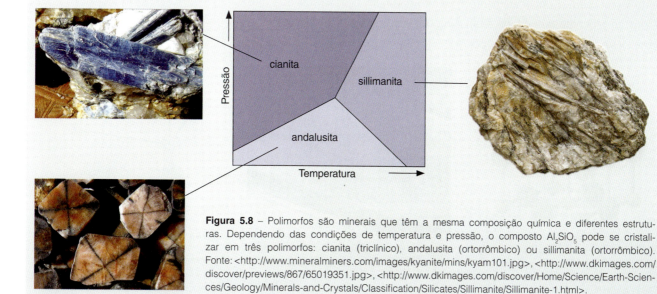

Figura 5.8 – Polimorfos são minerais que têm a mesma composição química e diferentes estruturas. Dependendo das condições de temperatura e pressão, o composto Al_2SiO_5 pode se cristalizar em três polimorfos: cianita (triclínico), andalusita (ortorrômbico) ou sillimanita (ortorrômbico). Fonte: <http://www.mineralminers.com/images/kyanite/mins/kyam101.jpg>, <http://www.dkimages.com/discover/previews/867/65019351.jpg>, <http://www.dkimages.com/discover/Home/Science/Earth-Sciences/Geology/Minerals-and-Crystals/Classification/Silicates/Sillimanite/Sillimanite-1.html>.

talina é o raio dos íons presentes na sua estrutura. O empacotamento ordenado dos átomos gera uma simetria, que pode ser definida como sendo uma repetição ordenada das partes de um todo. Um dos conceitos relacionados à simetria de estruturas cristalinas é o de número de coordenação, que corresponde ao número de átomos que estão em proximidade imediata com um átomo de referência (Figura 5.11). Por exemplo, imagine um arranjo de esferas de mesmo raio em um plano: cada esfera tem seis vizinhos, portanto o número de coordenação de cada esfera é 6. Este princípio é aplicado em estruturas cristalinas que são tridimensionais e que podem ter íons de raios iônicos diferentes, ocupando diferentes sítios estruturais. O número de coordenação é controlado pela relação entre os raios iônicos dos íons que participam de uma dada estrutura. Uma regra indica que, quanto maior for um íon em relação aos seus vizinhos, mais vizinhos poderão se acomodar ao seu redor, e vice-versa. Outro modo de se referir à coordenação de íons em uma estrutura é usando poliedros, que são figuras geométricas tridimensionais que idealmente reproduzem o empacotamento de íons ao redor de um íon de referência. Deste modo, representa-se por exemplo um sítio tetraédrico, onde um cátion é cercado por quatro ânions, ou um sítio octaédrico, onde um cátion é cercado por seis ânions.

A simetria das estruturas cristalinas e das formas externa dos cristais pode ser descrita por elementos de simetria, que são os planos, eixos e centros de simetria (Figura 5.12).

Os planos de simetria são planos imaginários que passam pelo centro geométrico de um cristal dividindo-o em duas metades iguais, mas especulares entre si.

Eixo de simetria é uma reta imaginária que passa pelo centro de um cristal e em torno da qual o cristal é girado para mostrar feições idênticas à feição inicial (Figura 5.13). São as chamadas posições de recobrimento. Os eixos de simetria são representados pelas letras E ou A de *axis* (eixo em inglês). Dependendo do ângulo de giro podemos ter eixos monários (E_1 ou 1) para um giro de 360°; eixos binários (E_2 ou 2) para giros de 180°; eixos ternários (E_3 ou 3) para giros de 120°; eixos quaternários (E_4 ou 4) para giros de 90° e eixos senários (E_6 ou 6) para giros de 60°.

Centro de Simetria é um ponto no centro geométrico do cristal, que une motivos geométricos semelhantes e equidistantes do centro (Figura 5.14).

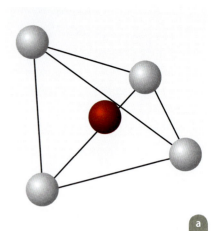

Número de coordenação = 4 (tetraedro)

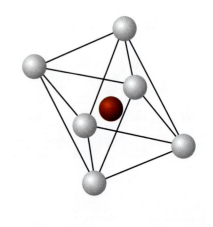

Número de coordenação = 6 (octaedro)

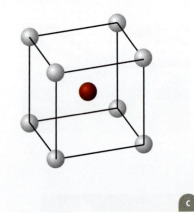

Número de coordenação = 8 (cubo)

Figura 5.9 – Isomorfos são minerais que têm o mesmo tipo de estrutura cristalina, mas composição química diferente, como por exemplo, halita (NaCl) e sylvita (KCl).

Figura 5.10 – Anisotropia de dureza da cianita (Al_2SiO_5), que tem dureza menor longitudinalmente (dureza 5) e maior transversalmente (dureza 7).

Figura 5.11 – O número de coordenação de um íon corresponde ao número de seus vizinhos diretos em uma estrutura cristalina. A figura mostra arranjos com números de coordenação 4 (a), 6 (b) e 8 (c).

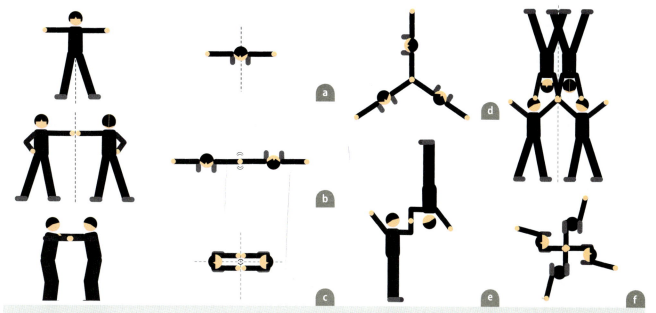

Figura 5.12 – Elementos de simetria, representados por figuras humanas. a) Plano de simetria (linha pontilhada). b) Eixo de simetria de ordem 2, atravessando perpendicularmente as mãos dadas das duas figuras. c) Combinação de eixo de ordem 2 com plano de simetria. d) Eixo de simetria de ordem 3. e) Centro de simetria. f) Eixo de simetria de ordem 4 com inversão. Fonte: Glasser, L. S. D. *The Chemistry of Cements*. Academic Press, 1964. Capítulo 19.

O reconhecimento da simetria em relação ao centro se faz unindo-se cada detalhe de um motivo geométrico de referência, como a face de um cristal, ao centro de simetria e prolongando-se a uma igual distância, para se obter uma feição equivalente do lado oposto do centro.

Há casos em que a simetria pode ser descrita pela combinação de elementos simples. Exemplos de operações combinadas de simetria são (a) um giro + uma reflexão e (b) um giro + uma inversão por um centro de simetria. Existem ao todo dez operações de simetria simples e combinadas que permitem descrever todas as formas externas dos cristais.

Apesar de haver uma aparente infinidade de possibilidades de se agrupar regularmente átomos em uma estrutura cristalina, estas muitas configurações convergem para um número bastante restrito de possibilidades, como será visto a seguir. Para isto serão apresentados brevemente os conceitos de grupos pontuais, classes cristalinas, sistemas cristalinos, retículos de Bravais e grupos espaciais.

Os grupos pontuais são as 32 combinações possíveis de elementos de simetria externa (próprios: eixos; e impróprios: centro, plano e eixos de roto-inversão) através de um ponto. Como consequência disto, as substâncias cristalinas são agrupadas em 32 classes cristalinas de acordo com a sua simetria externa em referência aos 32 grupos pontuais.

Figura 5.13 – a) Eixo de simetria de ordem 6 em um floco de neve. b) Seção transversal de um cristal de turmalina com eixo de ordem 3. Fonte: <http://www.mineralium.com/Media/Shop/extralapis-english-no3-tourmaline.jpg>.

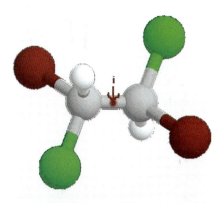

Figura 5.14 – Centro de simetria (seta) em uma molécula genérica.

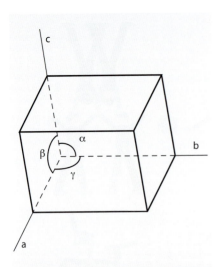

Figura 5.15 – Os parâmetros de cela são dados pelos tamanhos relativos dos eixos cristalográficos (a, b, c) e pelos ângulos entre estes eixos (α, β, γ).

As classes cristalinas podem ser agrupadas em sete sistemas cristalinos (cúbico, hexagonal, trigonal, tetragonal, ortorrômbico, monoclínico, triclínico) segundo a simetria característica dos respectivos grupos pontuais. A definição dos sistemas cristalinos é feita com base nos parâmetros de cela (Figura 5.15). Os sistemas cristalinos definem os conjuntos de eixos mais convenientes para o posicionamento espacial dos elementos de simetria e elementos morfológicos dos cristais (Figura 5.16).

As celas ou retículos de Bravais são as 14 combinações possíveis para a disposição ordenada de pontos (nós) no espaço por meio de translações sucessivas em três eixos.

Finalmente, os grupos espaciais são as 230 combinações possíveis entre as 14 celas de Bravais e os 32 grupos pontuais, onde a simetria do grupo espacial se refere ao objeto representado pelos nós dos retículos de Bravais. Assim, surgem elementos de simetria que combinam os elementos da morfologia externa com operações de translação (planos deslizantes e eixos helicoidais). Os grupo espaciais descrevem a simetria interna das substâncias cristalinas.

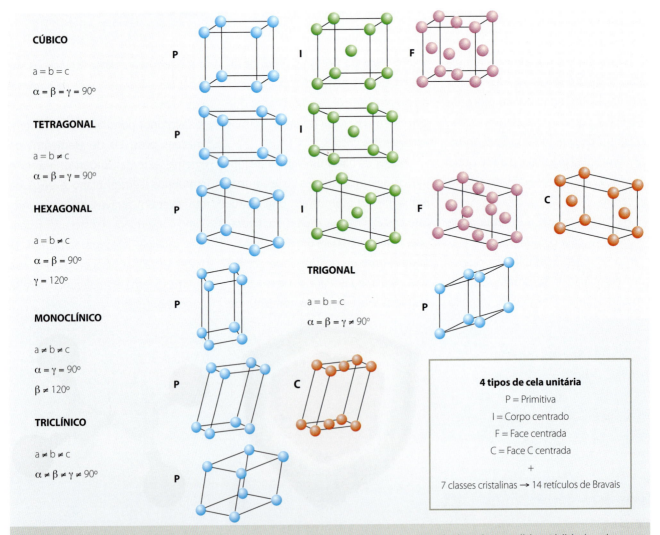

Figura 5.16 – A partir dos sete sistemas cristalinos (cúbico, tetragonal, ortorrômbico, hexagonal, trigonal, monoclínico, triclínico) podem ser gerados quatorze retículos de Bravais.

5.4 Classificação de minerais

Os minerais são divididos em classes de acordo com seu ânion ou grupo aniônico, pois em geral minerais com o mesmo ânion possuem semelhanças físicas e morfológicas entre si, o que não acontece com minerais que têm apenas um cátion em comum.

A siderita ($FeCO_3$), por exemplo, tem mais semelhanças com a calcita ($CaCO_3$) ou com a magnesita ($MgCO_3$) do que com a pirita (FeS_2) ou a hematita (Fe_2O_3). Além disto, minerais com o mesmo radical aniônico tendem a se formar por processos físico-químicos semelhantes e a ocorrer juntos na natureza.

As doze principais classes de minerais são: 1) silicatos; 2) sulfetos; 3) sulfossais; 4) óxidos simples, múltiplos e hidróxidos; 5) haletos; 6) carbonatos; 7) nitratos; 8) boratos; 9) fosfatos; 10) sulfatos; 11) tungstatos; e 12) elementos nativos. Os silicatos são a classe mais abundante na crosta e no manto terrestres. Além de serem os principais minerais formadores de rochas, os silicatos apresentam diversos tipos de estruturas cristalinas, decorrentes de diferentes modos de polimerização da sílica. A classe dos silicatos é, portanto, dividida em subclasses por critérios estruturais, como será visto mais adiante.

As classes são divididas em grupos por critérios químicos e os grupos, por sua vez, são constituídos de espécies minerais. Algumas espécies se relacionam entre si por soluções sólidas, formando assim séries, cujos membros têm a mesma estrutura cristalina e diferentes composições químicas, como a série dos feldspatos plagioclásios, que são minerais de mesma estrutura e que podem apresentar qualquer composição entre uma composição extrema sódica (albita, $NaAlSi_3O_8$) e outra cálcica (anortita, $CaAl_2Si_2O_8$). Quando as variações químicas na composição de um mineral são pouco expressivas, podem ser designadas variedades de espécies minerais.

Em português, os nomes de novos minerais têm o sufixo "ita" [dolomita $CaMg(CO_3)_2$] – enquanto que o sufixo "ito" se refere a rochas (dolomito, rocha composta predominantemente pelo mineral dolomita). Os nomes de minerais podem indicar a localização de sua descoberta [brasilianita, $NaAl_3(PO_4)_2(OH)_4$, (Figura 5.17)], suas propriedades físicas (magnetita, Fe_3O_4), elemento químico predominante (molibdenita, MoS_2) ou homenagear uma pessoa proeminente (andradita, $Ca_3Fe_2(SiO_4)_3$, em homenagem a José Bonifácio de Andrada e Silva (1763-1838), geólogo e patriarca da Independência do Brasil). Os minerais conhecidos há muito tempo podem ter nomes consagrados, que não seguem as regras atuais, como quartzo (SiO_2), galena (PbS) e rutilo (TiO_2).

A nomenclatura dos minerais é controlada por uma comissão da Associação Mineralógica Internacional (IMA - *International Mineralogical Association*), criada em 1959.

Figura 5.17 – Cristal de brasilianita encrustado em quartzo, proveniente dos pegmatitos de Galileia, Minas Gerais. Foto: A. Liccardo, <www.geoturismobrasil.com.br>.

5.5 Como identificar minerais

Os minerais podem ser identificados pelas suas propriedades macroscópicas determinadas através de ensaios físicos simples. Uma identificação precisa, entretanto, requer o uso de equipamentos sofisticados.

5.5.1 Propriedades físicas macroscópicas

Hábito cristalino – forma habitual exibida pelos minerais, em decorrência de sua estrutura cristalina (Figura 5.18). Alguns minerais têm forma característica que auxiliam em sua identificação, tais como o hábito laminar das micas (muscovita, $KAl_2(AlSi_3O_{10})(OH)_2$), o prismático da apatita ($Ca_5(PO_4)_3(OH,F,Cl)$), o fibroso da serpentina (crisotila, $Mg_3Si_2O_5(OH)_4$), o tabular da barita ($BaSO_4$) e o equidimensional da granada (almandina, $Fe_3Al_2(SiO_4)_3$). Entretanto, nem todos os minerais têm um hábito característico que possa ser usado em sua identificação.

Transparência – capacidade de permitir a passagem da luz, que divide os minerais em translúcidos ou opacos. Alguns minerais são aparentemente opacos em amostras macroscópicas, mas são transparentes em lâminas delgadas vistas ao microscópio. Os elementos nativos metálicos, óxidos e sulfetos são em sua maioria opacos.

Brilho – refere-se ao modo como o mineral reflete a luz e é geralmente dividido em brilho metálico e não metálico (Figura 5.19). Os minerais que refletem mais de 75% da luz incidente exibem brilho metálico. É o caso da maioria dos minerais opacos. Os que não atingem esta reflexão têm brilho não metálico, com inúmeras subdivisões propostas de modo subjetivo por diversos autores. Entre os tipos de brilho não metálico, é usual distinguir alguns característicos, como o vítreo, o gorduroso e o sedoso.

Cor – a cor de um mineral resulta da absorção seletiva de comprimentos de onda da luz visível, principalmente em virtude da presença de elementos químicos de transição (como Fe, Cu, Ni, Cr, V) ou de defeitos cristalinos. Os minerais que têm cores características são chamados de idiocromáticos, como a malaquita, que é verde, enquanto os alocromáticos apresentam cores variadas, como a fluorita, o quartzo e o coríndon (Figura 5.20).

Figura 5.19 – a) Brilho metálico (hematita, Fe_2O_3). b) Brilho vítreo (quartzo, SiO_2). Fonte: <http://csm.jmu.edu/minerals/minerals% 5C+Galena.jpg>.

Figura 5.20 – A malaquita (a) é idiocromática verde e o coríndon (b) é alocromático, em cores diversas. Fonte: <http://www.gc.maricopa.edu/earthsci/imagearchive/Malachite%20slab%20755.jpg>,<http://dave.ucsc.edu/myrtreia/photos/corundum_colors.jpg>.

Figura 5.18 – Alguns exemplos de hábitos cristalinos. a) Acicular (rutilo em quartzo). b) Laminar (mica). c) Prismático (turmalina). Fonte: <http://en.wikipedia.org/wiki/Crystal_habit>.

Traço – a cor do pó obtido ao se riscar o mineral contra uma placa de porcelana é denominada traço. Esta propriedade é útil para se identificar minerais opacos, que em geral apresentam traço colorido (Figura 5.21). A maioria dos minerais translúcidos ou transparentes tem traço incolor.

Clivagem em uma direção: exemplo muscovita

Clivagem em três direções: exemplo halita

Clivagem em duas direções: exemplo feldspato

Clivagem em três direções: exemplo calcita

Figura 5.23 – Planos de clivagem em minerais. Fonte: <http://academic.brooklyn.cuny.edu/geology/grocha/mineral/images/cleavage.jpg>.

Figura 5.21 – Traço castanho avermelhado da hematita em placa de porcelana. Fonte: <http://earth.geol.ksu.edu/sgao/g100/plots/1001_hematite_streak.jpg>.

Dureza – é a resistência do mineral ao ser riscado. Para classificá-la, utiliza-se a escala relativa de dureza de Mohs, baseada na dureza relativa de dez minerais utilizados como padrões (Figura 5.22). A sequência dos minerais na escala de dureza não se refere à magnitude escalar (absoluta) desta propriedade física, mas apenas indica que os minerais de dureza maior riscam os minerais de dureza menor.

Clivagem – planos de fratura de notável regularidade, que refletem a presença de planos de fraqueza em determinadas direções na estrutura cristalina (Figura 5.23). As superfícies de clivagem são nomeadas de acordo com sua orientação cristalográfica ou em referência aos sólidos geométricos por elas formados, tais como clivagem laminar, cúbica ou romboédrica.

Fratura – assim como a clivagem, as superfícies de fratura são controladas pela estrutura atômica interna do mineral, podem ser irregulares ou conchoidais (em forma de concha), quando apresentam ranhuras concêntricas, como no quartzo (Figura 5.24).

Densidade – a densidade absoluta ou massa específica é um valor escalar (g/cm^3), enquanto que a densidade relativa é um número adimensional que indica quantas vezes certo volume do mineral é mais pesado que o mesmo volume de água a 4 °C. Como a densidade da água é muito próxima a 1 g/cm^3, ambas as notações têm valores numéricos muito próximos. A densidade relativa da maioria dos minerais formadores de rocha oscila entre 2,5 e 3,3.

Geminação – é a propriedade de certos cristais de se apresentarem intercrescidos de maneira regular. A geminação pode ser simples, quando envolve dois indivíduos intercrescidos, ou múltipla, quando une um número maior de indivíduos. O tipo de geminação pode ser uma propriedade diagnóstica do mineral, como no caso da geminação em cruz da estaurolita ($(Fe,Mg)_2Al_9(Si,Al)_4O_{20}(O,OH)_4$) (Figura 5.25) ou da geminação múltipla do plagioclásio ($(Na,Ca)(Si,Al)_4O_8$).

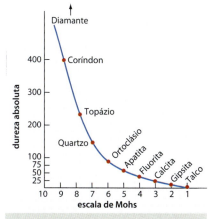

Figura 5.22 – Escala de dureza de Mohs, dureza relativa *versus* dureza absoluta.

Figura 5.24 – Fraturas conchoidal em um fragmento de quartzo (linhas curvas aproximadamente concêntricas). Fonte: <http://www.iun.edu/~geos/Zoran%20IUN/G%20101/Photos/Conchoidal%20fracture.jpg>.

Figura 5.25 – A geminação em cruz da estaurolita é uma característica marcante deste mineral. Fonte: <http://www.geol.lsu.edu/dutrow/mingy/Staurolite_002.jpg>.

Propriedades magnéticas – Entre os minerais mais comuns, a magnetita (Fe_3O_4) e a pirrotita ($Fe_{1-x}S$) são os únicos atraídos pelo campo magnético de um ímã de mão. Outros minerais podem apresentar magnetismo sutil, perceptível apenas por equipamentos mais potentes, como os eletroímãs.

5.5.2 Microscopia óptica com luz polarizada

A microscopia óptica é a base dos estudos mineralógicos e petrológicos, pois orienta estudos subsequentes feitos por outros métodos. Os procedimentos de identificação de minerais ao microscópio óptico necessitam de um longo tempo para o seu aprendizado, havendo livros específicos que apresentam uma abordagem completa do tema.

A maioria dos minerais formadores de rocha pode ser identificada por suas características morfológicas e ópticas, observadas ao microscópio em lâminas delgadas ou em grãos, sob luz transmitida ou refletida. As propriedades ópticas variam de acordo com a simetria e com a composição química e, portanto, a identificação de espécies minerais ao microscópio óptico é possível com boa precisão. Outras informações podem ser obtidas, tais como estimativas das proporções relativas entre os minerais presentes, reconhecimento de sequências de cristalização, de reações minerais e de eventos de deformação. A análise petrográfica é o primeiro passo na reconstrução da história de uma rocha.

Como já dito anteriormente, os minerais são anisotrópicos e esta anisotropia também se aplica à propagação da luz em seu interior. Ou seja, de acordo com sua direção, a luz encontra diferentes tipos de ligações químicas e densidades de ocupação atômica e isto faz com que ela tenha características diferentes dependendo da sua direção de propagação.

A luz, ao atravessar a matéria cristalina, sofre diversos fenômenos ópticos, cuja observação é feita com luz polarizada, que vibra em apenas um plano ortogonal à direção da propagação. Os microscópios petrográficos são equipados com dois filtros polarizadores com direções de polarização ortogonais entre si, sendo um localizado sob e o outro sobre a amostra.

Entre as características ópticas medidas ao microscópio, o índice de refração e a birrefringência estão entre as mais importantes para a identificação de minerais. O índice de refração (n) é a razão entre a velocidade da luz no vácuo (c) e a velocidade da luz no mineral (v), ou seja, $n = c/v$. O índice de refração é, portanto, um número adimensional inversamente proporcional à velocidade da luz no material de estudo.

A luz, ao atravessar um cristal, é decomposta em dois raios que vibram perpendicularmente entre si, cada um com índice de refração próprio. A diferença entre estes índices de refração é denominada birrefringência (δ). As tabelas de identificação de minerais listam para cada espécie mineral valores de birrefringência máxima, ou seja, a diferença entre os índices de refração máximo e mínimo ($\delta = n_{max} - n_{min}$). A diferença de índices de refração gera uma defasagem entre os raios, que anula alguns comprimentos de onda e leva à formação de cores de interferência (Figura 5.26).

Vários acessórios acoplados ao microscópio óptico podem ser conjugados para a realização de medições das propriedades ópticas e morfológicas necessárias à identificação de minerais.

Figura 5.26 – Muscovita cercada por grãos menores de quartzo e feldspato em secção delgada. Na imagem superior a) vemos os minerais com luz polarizada plano paralela, com sua cor natural (incolor) e abaixo b) vemos a mesma amostra com polarizadores cruzados, onde se pode ver a cor de interferência, gerada pela birrefringência. A muscovita, ao centro, apresenta cores mais intensas que o quartzo e os feldspatos ao seu redor, que aparecem em tons de cinza, isto porque a birrefringência da muscovita é maior que a do quartzo e dos feldspatos. Fonte: <http://www.union.edu/PUBLIC/GEODEPT/COURSES/petrology/ig_minerals.htm#Micas>.

5.5.3 Difratometria de raios X

Os raios X são ondas com maior frequência e maior poder de penetração que a luz visível. A difratometria de raios X é uma das principais técnicas de identificação de sólidos cristalinos, incluindo minerais, ligas metálicas, proteínas, fármacos, entre outros. Seu princípio baseia-se na incidência sobre a amostra de um feixe de raios X com comprimento de onda definido.

Os elétrons dos átomos do retículo cristalino passam a vibrar na mesma frequência dos raios X incidentes, e cada átomo passa a ser um novo centro de emissão de ondas esféricas. As ondas emitidas pelos átomos de uma mesma estrutura cristalina interagem entre si e em algumas direções privilegiadas ocorrem interações plenamente construtivas, produzindo assim feixes de raios X em posições angulares bem definidas. Este fenômeno é conhecido como difração e permite medir as distâncias entre planos de átomos em uma estrutura cristalina e a densidade atômica nestes planos. Denomina-se de padrão difratométrico a correlação entre os ângulos onde ocorre a difração, proporcionais às distâncias entre os diversos planos atômicos da estrutura cristalina, e a intensidade de cada feixe difratado, proporcional à densidade da ocupação atômica nos respectivos planos (Figura 5.27). Cada substância sólida cristalina tem um padrão característico de difração de raios X. A identificação de um material desconhecido é feita comparando-se o padrão da amostra com padrões disponíveis em bancos de dados.

5.5.4 Microscopia eletrônica de varredura

No microscópio eletrônico de varredura, as imagens são geradas por um feixe de elétrons que percorre a superfície da amostra em linhas contíguas paralelas. Um filamento aquecido libera elétrons que são acelerados em direção à amostra por uma diferença de potencial elétrico entre a amostra e o filamento. O fluxo de elétrons é focalizado em um feixe por um conjunto de lentes eletromagnéticas. As interações do feixe eletrônico com a amostra são captadas por diversos tipos de detectores e transformadas em imagens (Figura 5.28). Informações morfológicas e composicionais a respeito são obtidas pelo uso de diferentes detectores, tais como:

detectores de elétrons secundários – os elétrons secundários têm baixa energia e são emitidos pela superfície da amostra por causa do impacto do feixe eletrônico (elétrons primários). A intensidade da emissão de elétrons secundários é proporcional ao ângulo de incidência do feixe sobre a amostra, revelando portanto detalhes morfológicos da amostra;

detectores de elétrons retroespalhados – retroespalhamento de elétrons depende principalmente do número atômico médio da amostra. Portanto, variações na composição química da amostra se apresentam como variações de tonalidade na imagem;

detectores de espectros de energia dispersiva – os elementos químicos da amostra emitem espectros característicos de raios X quando excitados pelo feixe de elétrons. Este espectro é um conjunto de emissões com comprimentos de ondas (ou energia) definidos, geradas por saltos quânticos dos elétrons entre diferentes orbitais. Este tipo de detector permite identificar os elementos químicos presentes na amostra, gerando análises químicas qualitativas ou semiquantitativas.

Figura 5.28 – Imagens produzidas por microscópio eletrônico de varredura. a) Imagem de elétrons retroespalhados, que realça variações composicionais da amostra, em particular o peso atômico médio dos materiais presentes. b) Imagem de elétrons secundários, que apresenta informações morfológicas.

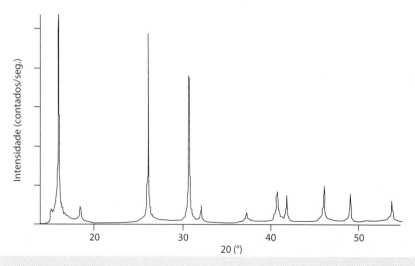

Figura 5.27 – Difratograma de raios X indicando as posições angulares em graus (2 teta) em que ocorre o efeito da difração e a intensidade relativa da difração em cada posição.

5.6 Minerais formadores de rochas

Dos milhares de minerais conhecidos, apenas pouco mais de uma dezena são considerados minerais formadores de rochas, ou seja, são constituintes essenciais das rochas mais abundantes da crosta terrestre. Isto porque a crosta é composta quase que em sua totalidade por apenas oito elementos químicos: oxigênio, silício, alumínio, ferro, cálcio, sódio, potássio e magnésio.

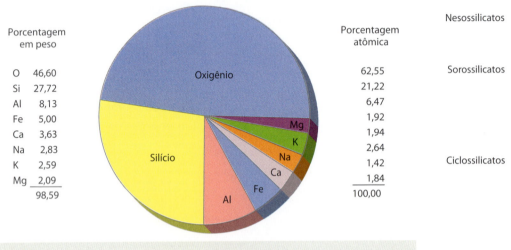

Figura 5.29 – Os oito elementos químicos mais abundantes na crosta terrestre.

Mais de 70% da crosta é formada por oxigênio e silício (Figura 5.29), e em decorrência disto os silicatos são a classe amplamente predominante de minerais, constituindo mais de 90% de seu volume. Por razões práticas, os minerais serão divididos em silicatos e não silicatos.

5.6.1 Silicatos

Os silicatos são os mais abundantes minerais da crosta e do manto terrestres. Seu radical aniônico, a sílica $[SiO_4]^{-4}$, forma tetraedros que se unem entre si ou com cátions pelo compartilhamento dos átomos apicais de oxigênio.

A polimerização da sílica é possível em virtude da distribuição interna de cargas nos tetraedros, em que cada um dos quatro ânions oxigênio (O^{2-}) fornece metade de sua carga negativa para neutralizar o cátion silício (Si^{4+}) que se encontra no centro do tetraedro de coordenação (Figura 5.30). Assim sendo, cada ânion de oxigênio pode usar metade de sua carga para se ligar a outros cátions ou a outros tetraedros de $[SiO_4]^{-4}$. Há sete tipos geométricos fundamentais de cadeias polimerizadas e a classe dos silicatos é dividida em subclasses de acordo com o tipo de polimerização (Figura 5.31), que condicionam aspectos estruturais, composicionais e morfológicos. Os principais minerais formadores de rochas são silicatos, tais como feldspatos, quartzo, olivinas, piroxênios, anfibólios, granadas e micas.

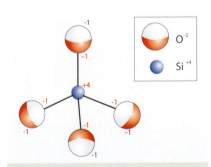

Figura 5.30 – O tetraedro de sílica e a distribuição de suas cargas.

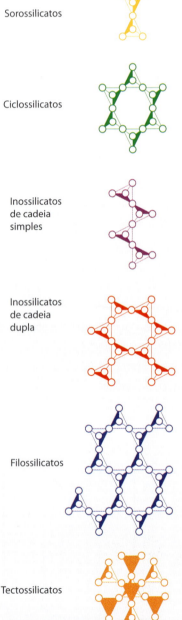

Figura 5.31 – As subclasses dos silicatos, de acordo com o grau de polimerização da sílica.

5.6.2 Principais não silicatos

Os não silicatos, apesar de representarem menos de 10% em volume da crosta, têm grande importância científica e econômica. A seguir, serão apresentadas resumidamente as principais classes de não silicatos.

Carbonatos – são minerais com radical aniônico $(CO_3)^{2-}$, cujos principais exemplos são calcita e aragonita (polimorfos de $CaCO_3$) e dolomita $(CaMg(CO_3)_2)$. Os carbonatos são importantes insumos minerais da indústria, usados na fabricação de cimento *portland* e como corretivos de solos, entre um grande número de outras aplicações. Eles se formam comumente por precipitação química a partir de soluções aquosas saturadas em ambientes marinhos ou lacustres.

Sulfatos – apresentam o radical aniônico $(SO_4)^{2-}$; e alguns exemplos de sulfatos são anidrita $(CaSO_4)$, barita $(BaSO_4)$ e gipsita $(CaSO_4.2H_2O)$. De modo análogo aos carbonatos, os sulfatos se formam em geral por precipitação química.

Sulfetos – são compostos por metais combinados com o ânion S^- ou S^{2-}. Os sulfetos são importantes minerais de minérios, incluindo pirita (FeS_2), calcopirita $(CuFeS_2)$, galena (PbS) e pentlandita $[(Fe,Ni)_9S_8]$.

Haletos – são a classe de minerais que apresentam ânions da coluna VII da tabela periódica (halogênios), que são F^-, Cl^-, Br^- e I^-. Os haletos mais comuns são fluorita (CaF_2), halita $(NaCl)$ e silvita (KCl).

Óxidos – são os minerais com ânion O^{2-} e constituem importante fonte de bens minerais metálicos, tais como hematita (Fe_2O_3), magnetita (Fe_3O_4), cromita (Cr_2O_4), espinélio $(MgAl_2O_4)$ e rutilo (TiO_2).

Fosfatos – têm como ânion $(PO_4)^{3-}$; o fosfato mais comum e importante economicamente é a apatita $(Ca_5(PO_4)_3(F,Cl,OH))$, de onde se extrai o fosfato utilizado como fertilizante na agricultura.

Elementos nativos – incluem todos aqueles elementos que ocorrem cristalizados em substâncias puras, não combinados com ânions, tais como ouro (Au), prata (Ag), cobre (Cu), enxofre (S), grafita (C) e diamante (C) (Quadro 5.1). Este grupo também inclui algumas raras ligas naturais, como o electrum (liga Au-Ag).

Quadro 5.1 – Minerais e mineralogia no Brasil

Desde 1789 quando foi descoberto nos arredores de Araçuaí o mineral crisoberilo (Al_2BeO_4), surgiram muitos nomes para os minerais descritos pela primeira vez no Brasil, mas apenas cerca de 50 destes nomes permanecem válidos até hoje. Um dos mais recentes é o mineral ruifrancoíta $[Ca_2\square_2Fe^{3+}_4Be_4(PO_4)_6(OH)_6\cdot 4H_2O)]$, que homenageia o grande mineralogista brasileiro Rui Ribeiro Franco.

O precursor das pesquisas mineralógicas e geológicas no Brasil foi Gabriel Soares de Sousa, que residiu na Bahia de 1567 a 1584. Ele publicou o *Tratado Descritivo do Brasil* (1587), no qual mencionou as pedras de construção dos arredores da cidade de Salvador, descreveu as rochas calcárias do rio Jaguaribe e de Alcântara, escreveu sobre a obtenção de cal a partir de conchas e corais da região de Taparica e sobre a existência de minérios de ferro, cobre, ouro (Figura 5.32) e prata, entre diversos assuntos relacionados à mineralogia.

Nos séculos XVIII e XIX, houve a fase das expedições científicas pelo Brasil, com equipes lideradas por renomados naturalistas europeus como André Antonil, John Mawe, Spix e von Martius, Saint-Hilaire, entre outros, que deram grande contribuição ao conhecimento de nossa geologia. Antonil, em 1711, foi o primeiro a usar o termo *ouro preto* em referência a pepitas escuras encontradas em Vila Rica, em Minas Gerais, na atual cidade de Ouro Preto. Apenas em 1998 foram feitos estudos mineralógicos que revelaram que a cor escura das pepitas se deve ao recobrimento por uma película composta por platina, paládio, ouro, cobre, ferro, manganês e oxigênio.

Figura 5.32 – Pepita de ouro (32,71 g). Amapá. Coleção Araújo Ferraz. Foto: F. Colombini.

Gemas do Brasil

Uma parte importante das gemas brasileiras provêm de pegmatitos, que são rochas com minerais de grandes dimensões, desde alguns centímetros até vários metros. O crescimento cristalino nos pegmatitos é favorecido pela abundância de compostos voláteis, como vapor de água e flúor. Os pegmatitos produtores de gemas são quimicamente complexos e formados a pequenas profundidades na crosta. Situados próximos à superfície terrestre e sendo ricos em gases, os pegmatitos contêm cavidades onde se cristalizam minerais grandes, límpidos e bem formados.

A principal propriedade de uma gema é a sua beleza, que pode se traduzir por cor, brilho, transparência ou efeitos luminosos. Além da beleza, as gemas também devem ser resistentes e, de preferência, raras. Algumas das gemas mais apreciadas são o diamante, o rubi, a safira, a esmeralda, a água-marinha e a turmalina. A raridade desses materiais está confirmada por suas poucas ocorrências mundiais. As rochas pegmatíticas estão distribuídas em duas regiões brasileiras, chamadas de província pegmatítica oriental ou do sudeste, abrangendo os estados do Rio de Janeiro, Minas Gerais, Espírito Santo e sul da Bahia, e a província do nordeste, com os estados de Ceará, Rio Grande do Norte, Paraíba, Pernambuco, Alagoas, Sergipe e norte da Bahia. Corpos pegmatíticos também ocorrem nos Estados de Goiás, Mato Grosso, Mato Grosso do Sul, Tocantins, Rondônia, Amapá e Pará.

O Brasil possui numerosas ocorrências de geodos de ametista e ágata em rochas basálticas (Figura 5.33). O principal centro produtor de ametistas é o Rio Grande do Sul.

Figura 5.33 – Geodo de ametista, Rio Grande do Sul. Foto: A. Liccardo, <www.geoturismobrasil.com.br>.

5.7 Os minerais e sua utilidade

Os minerais são o substrato da vida, a matéria da qual nosso planeta é feito. Seria um desafio enumerar os materiais ao nosso redor que não contenham insumos minerais em si mesmos ou em sua cadeia de produção.

Os insumos minerais estão na base das cadeias produtivas e podemos encontrá-los em maior ou menor proporção em praticamente todos os materiais industrializados. Assim como esta folha de papel, que contém partículas minerais entre as fibras de celulose.

Nos períodos Paleolítico e Neolítico, conhecidos como a Idade da Pedra, os artefatos líticos marcaram o nascimento e o desenvolvimento da cultura humana. Desde então, o acúmulo de conhecimento empírico levou à descoberta dos metais e de outros materiais geológicos que passaram a ser parte indissociável de nossa vida cotidiana.

Nossas casas e cidades estão repletas de minerais e seus derivados (Figura 5.34). É muito provável que você neste momento esteja em uma construção feita de concreto e que ao seu redor haja metais, vidros, peças cerâmicas e talvez rochas ornamentais (Quadro 5.2). O setor da construção civil é um dos maiores consumidores de insumos minerais em escala mundial.

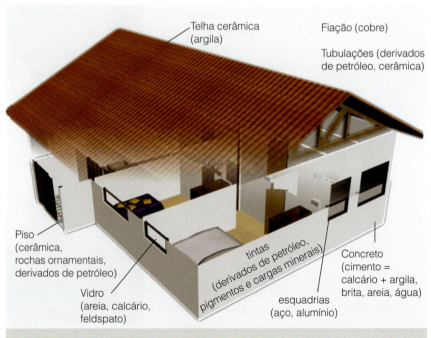

Figura 5.34 – Casas são feitas de minerais. Fonte: Conexão Editorial.

Quadro 5.2 – Rochas ornamentais no Brasil

O Brasil é um dos grandes produtores e exportadores de rochas ornamentais. Sua participação no mercado mundial tem crescido em ritmo acelerado e, nos últimos anos, o país tem saído da condição de exportador de matéria-prima bruta, passando a exportador placas beneficiadas, cujo valor agregado é muito maior. O Brasil produz principalmente rochas silicáticas, como granitos e ardósias. O Espírito Santo é o maior produtor e exportador nacional, com volumes muito superiores aos de outros Estados produtores, como Bahia, Minas Gerais, Paraná e Rio de Janeiro.

A terminologia usada para rochas ornamentais difere da terminologia científica, adotando nomes consagrados comercialmente. Por exemplo, o termo granito se refere a praticamente qualquer rocha quartzo-feldspática, tanto ígnea como metamórfica. A denominação mármore abrange rochas carbonáticas de qualquer origem, desde mármores *strictu sensu* até calcários.

Outras rochas populares no mercado são os quartzitos (pedra mineira ou pedra São Tomé) e as ardósias, das quais o Brasil está entre os maiores produtores mundiais. Os nomes comerciais também podem se referir ao tipo de corte ou beneficiamento, como no caso das pedras portuguesas, cortadas em tamanhos pequenos e formas aproximadamente cúbicas, e usadas para pavimentação em calçadas e pátios.

Figura 5.35 – Sodalita sienito, popularmente conhecido como granito azul Bahia. Fonte: Catálogo de Rochas Ornamentais do Brasil <www.abirochas.com.br>.

O mercado de rochas ornamentais é fortemente influenciado pela moda. Os preços são, em geral, mais controlados pelo gosto do momento do que pela qualidade técnica do material. Nos últimos anos, as cores intensas têm sido muito valorizadas. Talvez a rocha brasileira mais apreciada e uma das mais caras do mundo seja o *granito azul Bahia*, que contém o mineral sodalita [$Na_8(AlSiO_4)_6Cl_2$], de cor azul forte (Figura 5.35). Seu altíssimo valor de mercado se deve à sua raridade e à sua cor intensa. De acordo com a classificação formal, este "granito azul" não é um granito, e sim um sienito, por não conter quartzo entre seus constituintes minerais (ver capítulo 6).

5.8 Origem e distribuição dos minerais

Os minerais são formados por diferentes tipos de processos naturais, que envolvem principalmente a cristalização a partir de magmas, de soluções aquosas saturadas, de reações em estado sólido entre minerais e da degradação de minerais preexistentes pela reação com fluidos.

Nem sempre os limites entre os processos formadores de minerais é nítido, havendo diversos casos transicionais. Vários dos conceitos apresentados a seguir são discutidos em detalhe em capítulos subsequentes.

A seguir são apresentados aspectos de cada tipo de processo de formação de minerais:

Cristalização magmática – produto do resfriamento de magmas, que são líquidos de composição em geral silicática e, mais raramente, carbonática. Os magmas são gerados pela fusão parcial de rochas do manto ou da crosta e seu resfriamento leva à formação de um grande número de minerais. A cristalização dos magmas não é homogênea; minerais estáveis a temperaturas mais elevadas se cristalizam primeiro e à medida que a temperatura cai, outros minerais se cristalizam. Esta sequência de cristalização é conhecida como série de Bowen (ver capítulo 6).

Precipitação a partir de soluções saturadas – a cristalização de minerais a partir de soluções aquosas a baixas temperaturas (< 100 °C) é um processo importante na formação das rochas sedimentares químicas, um processo que ocorre em ambientes evaporíticos em desertos e nas plataformas carbonáticas marinhas (ver capítulo 9). Este tipo de cristalização também ocorre a temperaturas mais elevadas, até poucas centenas de graus centígrados, quando soluções aquosas quentes, denominadas soluções hidrotermais, interagem com as rochas causando dissolução e reprecipitação de minerais.

Reação entre fluidos e minerais – este caso está intimamente relacionado com a precipitação a partir de soluções saturadas, sendo em geral processos concomitantes e interdependentes. As soluções aquosas, tanto a baixas temperaturas (intemperismo) como a altas temperaturas (hidrotermalismo) são importantes agentes de transformação da crosta terrestre, em particular no que diz respeito à formação de jazidas (ver capítulo 19).

Capítulo 5 – A Terra sólida: minerais e rochas

Reação entre minerais em estado sólido – variações nas condições de pressão e temperatura podem levar a reações entre minerais no estado sólido, sem que haja fusão ou dissolução do mineral original. As reações minerais em estado sólido são parte importante dos processos metamórficos (ver capítulo 15).

A diversidade de processos formadores de minerais está, de certo modo, relacionada ao modo como os minerais e as rochas estão distribuídos na Terra. Os grandes compartimentos em que nosso planeta é dividido (ver capítulo 2) têm características mineralógicas próprias, decorrentes das condições físicas e da composição química de seus materiais.

Os minerais que constituem a crosta e o manto são principalmente os silicatos, como já mencionado. O estudo da composição e das relações texturais dos minerais nas rochas é a base da petrologia, ramo da Geologia que estuda a origem e a evolução das rochas.

A camada inferior da atmosfera (ver capítulo 4), a troposfera, tem espessura entre 10 e 15 km e nela estão as maiores concentrações de partículas sólidas, formando um aerossol, isto é, uma solução coloidal de partículas sólidas ou líquidas dispersa em um gás. A maior fração em massa dos aerossóis da troposfera corresponde à poeira mineral, oriunda de erupções vulcânicas e da erosão eólica em regiões áridas, semiáridas e em solos expostos. A ação humana tem aumentado a emissão de poeira mineral para a atmosfera, em virtude principalmente do desmatamento, da agricultura mecanizada, da mineração a céu aberto e da desertificação. A fuligem gerada pela combustão incompleta de compostos orgânicos é outro componente importante da fração sólida na troposfera.

A maior fonte de minerais extraterrestres são os meteoritos (ver capítulo 1). De modo geral, a maioria dos minerais presentes nos meteoritos também existe na Terra. Os meteoritos metálicos ou sideritos, que são compostos por ligas de ferro e níquel e que não existem de forma natural na superfície terrestre, muito provavelmente têm a mesma composição do núcleo de nosso planeta. Os meteoritos condríticos são os principais portadores de minerais exóticos, os quais ocorrem como inclusões microcristalinas, que mal podem ser vistas mesmo com microscópios eletrônicos. Alguns minerais de meteoritos são muito raros, como a moissanita (SiC) e nierita (Si_3N_4). É provável que esses minerais raros tenham formado parte da poeira da nebulosa anterior à formação do Sistema Solar. A hibonita [$(Ca,Ce)(Al,Ti,Mg)_{12}O_{19}$] é possivelmente testemunha das fases iniciais da formação da Terra e de outros planetas internos, a partir da nebulosa solar. Esses compostos ficam entre os primeiros minerais formados durante a condensação da nebulosa quando ainda estava quente na região mais próxima ao Sol.

5.9 O ciclo das rochas

As rochas são divididas em três grandes grupos: ígneas, sedimentares e metamórficas. Estes três grupos de rochas são caracterizados com base nos processos envolvidos em sua formação.

As rochas estão em constante transformação, passando de um tipo a outro, em virtude das dinâmicas interna e externa da Terra (Figura 5.36). Abordagens detalhadas de cada um dos grupos de rochas são apresentadas nos capítulos subsequentes.

A distribuição dos tipos de rochas na crosta continental indica que 95% do seu volume total correspondem a rochas ígneas e metamórficas e apenas 5% a rochas sedimentares. Entretanto, considerando a distribuição destas rochas em área de exposição rochosa superficial nos continentes e assoalhos oceânicos, os números se modificam para 75% de rochas sedimentares e apenas 25% de rochas cristalinas. Isto indica que as rochas sedimentares formam uma delgada lâmina que recobre as rochas ígneas e metamórficas.

As rochas ígneas ou magmáticas são formadas pela cristalização de magmas, que são líquidos na sua maioria silicáticos e de alta temperatura, provenientes do interior da Terra. As rochas ígneas podem conter jazidas de vários metais como ouro, platina, cobre ou estanho, e trazem à superfície do planeta importantes informações sobre as regiões profundas da crosta e do manto terrestre.

As rochas sedimentares são o produto da consolidação de sedimentos na superfície terrestre. Elas fornecem informações sobre as variações ambientais ao longo do tempo geológico. Os fósseis, que são vestígios de seres vivos antigos preservados nestas rochas, são a chave para a compreensão da origem e evolução da vida. A importância econômica das rochas sedimentares está

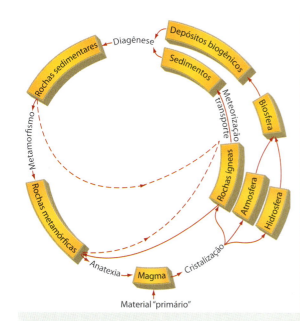
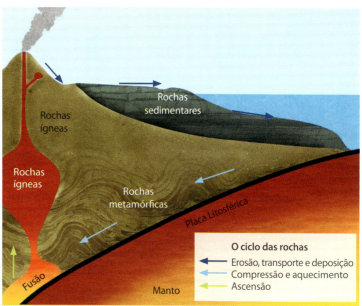

Figura 5.36 – Representações do ciclo das rochas, ilustrando as diversas possibilidades de transformação de um tipo de rocha em outro (ver capítulos 6, 8, 9,15). Os continentes se originam pela transferência de materiais do manto para a superfície terrestre por processos magmáticos, cuja cristalização gera rochas magmáticas e gases que contribuem para a formação da atmosfera, hidrosfera e, consequentemente, da biosfera. As rochas expostas ao intemperismo perdem sua coesão, sendo erodidas, transportadas e depositadas em depressões topográficas, onde constituem rochas sedimentares. Os processos de formação de rochas sedimentares atuam sobre todos os tipos de rocha (ígnea, metamórfica, sedimentar). De modo análogo, qualquer rocha que sofra ação de altas pressões e temperaturas passa por transformações mineralógicas e texturais, tornando-se uma rocha metamórfica. Se as condições de metamorfismo forem muito intensas, as rochas metamórficas podem se fundir parcialmente gerando magmas, cuja cristalização dará origem a novas rochas ígneas. O ciclo das rochas existe desde os primórdios da história geológica da Terra e, através dele, a crosta está em constante transformação e evolução devido ao deslocamento das placas. Fonte do esquema: modificado de Manson, B. *Principles of Geochemistry*. John Wiley & Sons, 2. ed. Nova York: 1952. p. 310.

principalmente em suas reservas de petróleo, gás natural e carvão mineral.

As rochas metamórficas são o produto da transformação de qualquer tipo de rocha quando exposta a um ambiente cujas condições físicas (pressão, temperatura) ou composição química são muito distintas daquelas onde a rocha se formou originalmente. O estudo das rochas metamórficas permite a identificação de grandes eventos geotectônicos ocorridos no passado, fundamentais para o entendimento da atual configuração dos continentes.

O ciclo das rochas representa as variadas possibilidades de transformação de um tipo de rocha em outro. Esta cadeia de processos foi inicialmente percebida por James Hutton, por volta do ano 1790. Os processos ígneos são em geral colocados no início do ciclo das rochas, pois se considera que nas fases iniciais de acreção e consolidação da Terra, a formação de rochas acontecia principalmente pela cristalização a partir de magmas.

As rochas expostas à ação da atmosfera, hidrosfera e biosfera sofrem intemperismo, um processo natural que envolve oxidação, hidratação, solubilização, ataques por substâncias orgânicas, variações diárias e sazonais de temperatura, entre outras. O intemperismo faz com que as rochas percam sua coesão, sendo erodidas, transportadas e depositadas em depressões onde, após a diagênese, passam a constituir as rochas sedimentares.

A dinâmica interna da Terra faz com que rochas formadas em um certo tipo de ambiente geológico sejam levadas a ambientes muito diferentes, principalmente em termos de pressão, temperatura e composição química. Neste caso, as rochas sofrem transformações mineralógicas e texturais, tornando-se rochas metamórficas. Quando as condições de metamorfismo são particularmente intensas, as rochas podem se fundir, gerando magmas que, ao se solidificar, darão origem a novas rochas ígneas.

O ciclo das rochas existe desde os primórdios da história geológica da Terra e, através dele, a crosta está em constante transformação e evolução.

Leitura recomendada

BRANCO, P. M. *Dicionário de mineralogia*. 3. ed. Porto Alegre: Sagra Editora, 1987. p. 362.

CASTAÑEDA, C.; ADDAD, J. E.; LICCARDO, A. (Orgs.). *Gemas de Minas Gerais: esmeralda, turmalina, safira, topázio, quartzo, água-marinha, alexandrita*. Belo Horizonte: SBG-MG, 2001. 280 p.

CHVÁTAL, M. *Mineralogia para principiantes: cristalografia*. Rio de Janeiro: Sociedade Brasileira de Geologia, 2007. 232 p.

ERNST, W. G. *Minerais e rochas*. São Paulo: Editora Edgard Blücher, 1971. 162 p.

GUINIER, A. *A estrutura da matéria*. São Paulo: EDUSP, 1980. 324 p.

KLEIN, C.; DUTROW, B. *Manual of mineral science*. 2nd ed. New York: Wiley, 2007. 704 p.

Capítulo 6
Magma e seus produtos

Gergely Andres Julio Szabó, Wilson Teixeira, Marly Babinski

Sumário
6.1 Magma e suas propriedades
6.2 Rochas ígneas e suas características
6.3 Plutonismo
6.4 Vulcanismo
6.5 Magmatismo e Tectônica de Placas

O termo "ígneo" vem do latim *ignis*, que significa "fogo". Na superfície da Terra, podemos observar a formação de rochas ígneas quando a lava, expelida pelos vulcões, escorre como um líquido incandescente viscoso, e se consolida ao resfriar. Mas de onde vem, e como se forma a lava? Os vulcões são a ponta de condutos que, como gigantescas seringas, trazem o magma das profundezas da Terra. O magma é, de maneira resumida, rocha derretida: quando chega à superfície, passa a se chamar lava.

Nas partes mais profundas da litosfera e na astenosfera, as rochas se encontram em elevadas temperaturas e pressões. Quando sofrem mudanças nas condições físicas, estas rochas originalmente sólidas começam a se liquefazer. O material fundido tende a subir e, eventualmente, chega à superfície, consolidando-se como rochas vulcânicas. Outras vezes, é retido no interior da crosta, e cristaliza formando grandes corpos de rochas, chamadas intrusivas. Quando consolidadas em grande profundidade, as rochas intrusivas são denominadas abissais ou plutônicas. Rochas intrusivas que ocorrem a pouca profundidade, geralmente abaixo de vulcões, recebem a denominação de hipoabissais ou subvulcânicas.

Rochas ígneas apresentam grande variedade de tipos e feições decorrentes de vários fatores, que incluem a região de origem do magma e o ambiente tectônico em que se formou, as modificações que este magma sofre durante o percurso do seu local de geração até o de consolidação, e as características físicas desse ambiente final. As rochas ígneas são as precursoras de praticamente todas as rochas que conhecemos. Tanto na Terra como na Lua, as primeiras rochas se formaram pelo resfriamento de líquidos silicáticos de alta temperatura. As primeiras rochas sedimentares se formaram do desgaste destas rochas ígneas primitivas, e rochas metamórficas surgiram da transformação de rochas preexistentes na crosta e manto por conta de variações de temperatura e pressão associadas à tectônica de placas (ver capítulo 3). As rochas ígneas, além de constituírem a maior parte da crosta terrestre, correspondendo a mais de 90% de seu volume, são importantes por alojarem depósitos minerais de ouro, chumbo, prata, cobre, cromo, estanho, platinoides, urânio, entre outros, e por serem utilizadas, desde tempos pré-históricos, como materiais de construção, na forma de fragmentos, blocos e chapas de revestimento, por sua alta resistência mecânica.

Neste capítulo, serão vistos os aspectos mais importantes da formação e constituição das rochas ígneas. De início, será definido o magma, sua origem e composição. Em seguida, serão apresentados os processos de consolidação magmática que geram diferentes tipos de rochas ígneas e, finalmente será abordado o papel importante do magmatismo na Tectônica Global.

Figura 6.1 – Monte Fuji (Fujiyama). Foto: <www.mt-fuji.gr.jp/gallery/06.jpg>.

Monte Fuji: a montanha perfeita

O Monte Fuji (ou Fujiyama, Fuji-san) é um dos símbolos mais famosos do Japão. Seu pico é considerado sagrado e o acesso era proibido para mulheres até o período Meiji (século XIX). Com 3.776 metros de altitude, é a montanha mais alta do arquipélago do Japão (Figura 6.1). Seu contorno perfeito e o cenário bucólico ao redor, com lagos e florestas, evocam serenidade, em contraste com sua origem violenta: trata-se de um estrato-vulcão ativo, cuja última erupção aconteceu em 1707. É constituído de várias camadas de lavas e cinzas, as mais antigas de centenas de milhares de anos. Sua forma atual desenvolveu-se há 10 mil anos apenas.

Capítulo 6 - Magma e seus produtos

6.1 Magma e suas propriedades

Magma nada mais é do que rocha em estado de fusão a altas temperaturas. A denominação deve-se à sua consistência pastosa, comparada à da massa do pão que em grego é *mágma*.

6.1.1 O que é o magma?

Podemos observar o magma quando ele extravasa na forma de lava. Já quando o magma se aloja no interior da crosta, sua colocação e consolidação não podem ser observados diretamente, e seu comportamento pode ser deduzido apenas por meio das estruturas observadas em rochas ígneas intrusivas quando expostas pelos processos geológicos, ou por métodos indiretos, geofísicos.

Magmas apresentam altas temperaturas, entre 700 e 1200 °C, e são constituídos por 3 partes:

a) uma parte líquida, representada pela rocha fundida;

b) uma parte sólida, que corresponde a minerais já cristalizados e a fragmentos de rocha, transportados em meio à fração líquida;

c) uma parte gasosa, constituída por voláteis dissolvidos na parte líquida, predominantemente H_2O e CO_2, além de CH_4, SO_4 e outros.

Esses componentes ocorrem em proporções variáveis, dependendo da origem e estágio de cristalização dos magmas. A mobilidade de um magma se dá em função de diversos parâmetros: composição química, grau de cristalinidade (em que proporção o magma contêm material já cristalizado), teor de gases dissolvidos e a temperatura em que se encontra. A maior ou menor facilidade de fluir é definida pela viscosidade, medida em poises. Magmas pouco viscosos, logo mais fluidos, como os basálticos (viscosidade aproximada: 10^2 a 10^3 poises), extravasam com facilidade e formam corridas de lava como as do Havaí (Figura 6.2), que podem estender-se por dezenas de quilômetros, ou da Formação Serra Geral, na bacia do Paraná, cujos derrames alcançam extensões de até centenas de quilômetros. Magmas mais viscosos, como os graníticos ou riolíticos (viscosidade aproximada: 10^6 a 10^7 poises), têm dificuldade até mesmo para extravasar, formando frequentemente "rolhas" que entopem os condutos vulcânicos, o que provoca aumento de pressão por conta do magma e gases que vão se acumulando. Quando a pressão interna supera o peso das rochas sobrejacentes, ou quando ocorre uma descompressão súbita por causa de avalanches nos flancos do edifício vulcânico, ocorrem explosões. A relação entre viscosidade e composição de magmas será discutida mais adiante.

6.1.2 Onde e como se formam os magmas?

Não é possível observar diretamente os processos de formação de magmas: eles surgem a grandes profundidades, em locais inacessíveis até mesmo para

Figura 6.2 – Derrame de lava. Vulcão Kilauea, Havaí. Foto: United States Geological Service (USGS).

as perfurações mais profundas. Evidências sobre a geração de magmas são fornecidas por dados geofísicos, principalmente sísmicos e geotérmicos, por fragmentos de rocha transportados pelos magmas desde as suas regiões de origem – os nódulos mantélicos (Figura 6.3), ou ainda por estudos de petrologia experimental, que procuram reproduzir em laboratório as condições de formação de magmas. Os magmas se originam da fusão parcial de rochas na astenosfera, ou na parte inferior da litosfera (ver capítulo 2). A fusão pode ser provocada pelo aumento da temperatura, por alívio da pressão a que estas rochas estão submetidas, por variações no teor de fluidos ou, mais provavelmente, por uma combinação destes fatores. A figura 6.4 ilustra a fusão de rochas em sistemas saturados em água e em sistemas anidros. As curvas *solidus* representam o início da fusão, quando então coexiste o líquido gerado com a parte ainda não fundida da rocha geradora. À medida que o processo de fusão avança, a proporção líquido/sólido aumenta, até que, em uma situação ideal, todos os minerais da rocha geradora tenham sido fundidos. Nesse ponto, o sistema ultrapassa a curva *liquidus*, sendo constituído apenas da fase líquida. Ou seja, a temperaturas abaixo da curva *solidus*, a rocha geradora encontra-se inteiramente sólida; a temperaturas entre as curvas *solidus* e *liquidus*, coexistem, em proporções variáveis, líquido e rocha ainda não completamente fundida; e a temperaturas acima da curva *liquidus*, passa a existir apenas a fase líquida, estando toda a rocha fundida.

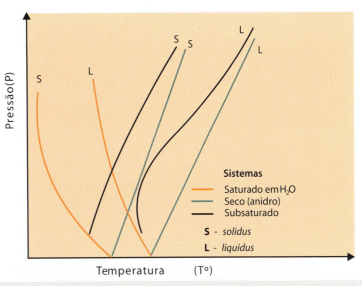

Figura 6.4 – Diagrama P x T (pressão x temperatura) com as curvas *solidus* e *liquidus* para sistema saturado em água e para sistema seco (anidro).

O magma, uma vez gerado, tende a deslocar-se em direção à superfície, por apresentar densidade menor do que as rochas ao redor. O deslocamento de um magma no interior da crosta é complexo e variado, em função da sua viscosidade e da constituição e estruturação das rochas que atravessa. Sempre que possível, magmas ascendem através de falhas e fraturas profundas. Quando estas descontinuidades não ocorrem, formam-se bolsões de magma em forma de gigantescas "gotas invertidas" ou "balões", chamados diápiros, com vários quilômetros cúbicos, que se deslocam por fluxo plástico em meio às rochas da crosta. O bolsão de magma força as rochas acima e ao redor, às vezes quebrando-as e englobando seus fragmentos, conhecidos como xenólitos (Figura 6.5). Outras vezes, à medida que o bolsão de magma ascende, vai fundindo as rochas encaixantes. Quando há fusão e assimilação destas rochas, ocorrem modificações na composição química do magma original, dependendo do tipo e da proporção das rochas digeridas.

Em muitos casos, grandes volumes de magma "estacionam" a determinadas profundidades, e fornecem material para manifestações vulcânicas por dezenas de milhares a milhões de anos. Nestes casos, são denominados de câmaras magmáticas, cuja presença e dimensões podem ser aferidas por estudos geofísicos. Destes sítios, o magma é conduzido à superfície através dos condutos vulcânicos, ou se consolida em profundidade, gerando as diversas formas de ocorrência de rochas magmáticas. As etapas da viagem de magmas desde seus sítios de geração na astenosfera ou nas partes profundas da litosfera até os sítios de consolidação estão ilustradas, esquematicamente, na figura 6.6 adiante.

Figura 6.3 – Nódulo mantélico (peridotito) em rocha vulcânica (15 cm). Fernando de Noronha, PE. Foto: N. Guerriero.

Figura 6.5 – Xenólito de anfibolito bandado e dobrado em rocha granítica (tonalito). Eau Claire, EUA. Foto: W. R. Van Schmus.

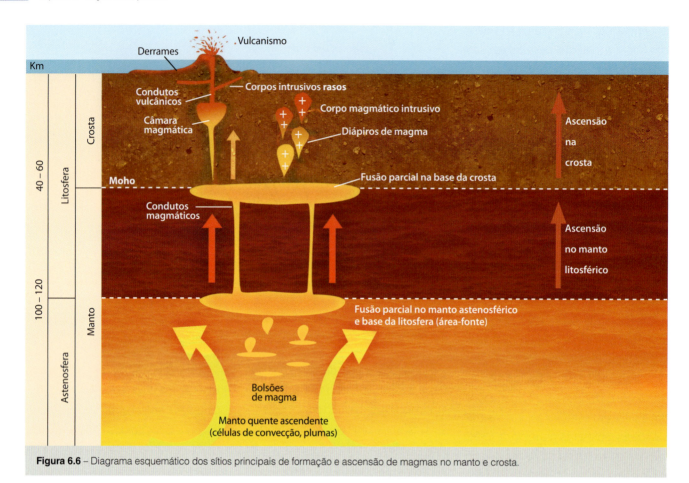

Figura 6.6 – Diagrama esquemático dos sítios principais de formação e ascensão de magmas no manto e crosta.

6.1.3 Composição dos magmas

A composição de um magma depende de vários fatores:

a) da composição da rocha geradora no local de origem;

b) das condições em que ocorreu a fusão desta rocha e da taxa de fusão;

c) dos processos que atuam sobre este magma do seu local de origem até o seu sítio de consolidação.

Magmas têm, majoritariamente, composição silicática, em consonância com a composição predominante da crosta e do manto terrestre. Porém, magmas carbonáticos e sulfetados, ainda que raros, também ocorrem. Em outros planetas e seus satélites, também podem existir magmas de composições muito diversas.

Os principais componentes dos magmas silicáticos na Terra são, além de oxigênio (O) e silício (Si), o alumínio (Al), o cálcio (Ca), o ferro (Fe), o magnésio (Mg), o sódio (Na), o potássio (K), o manganês (Mn), o titânio (Ti) e o fósforo (P). A composição química de rochas e magmas é indicada, por convenção, com os elementos constituintes apresentados na forma de óxidos. A variação composicional dos magmas, assim como das rochas ígneas, é descrita principalmente por seu teor de sílica, que é a porcentagem em peso de SiO_2. O espectro composicional dos magmas silicáticos é muito amplo, e praticamente contínuo em termos do teor de sílica. No entanto, dois tipos de magma se destacam pela sua abundância: o magma granítico ou riolítico, com teores de sílica superiores a 66%, e o magma basáltico, com teores de sílica entre 45% e 52%. Alguns pesquisadores acrescentam um terceiro tipo de magma, o magma andesítico (teor de sílica entre 52% e 66 %), por sua frequência e ambiente de ocorrência na crosta.

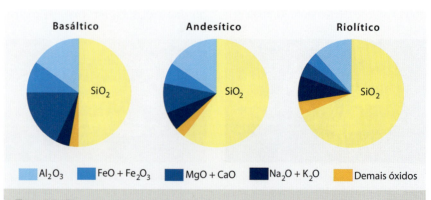

Figura 6.7 – Diagramas das composições médias de magmas basálticos, andesíticos e riolíticos.

Rocha	Riolito	Andesito	Basalto
SiO_2	74,22	62,16	51,16
TiO_2	0,28	0,71	0,80
Al_2O_3	13,27	14,32	17,12
Fe_2O_3	0,88	1,64	2,40
FeO	0,92	4,33	7,25
MnO	0,05	0,15	0,18
MgO	0,28	3,97	6,12
CaO	1,59	5,89	11,41
Na_2O	4,24	2,49	2,28
K_2O	3,18	2,37	0,54
P_2O_5	0,05	0,12	0,13
H_2O^+	0,80	1,21	0,27
Total	99,76	99,50	99,65

Tabela 6.1 – Análises representativas de rochas vulcânicas oriundas de magmas riolítico, andesítico e basáltico. Taupo, Nova Zelândia (valores em % em peso). Fonte: Análises representativas de rochas da zona vulcânica de Taupo, Nova Zelândia (p. 554,Tabela 11-6, análises 1, 3 e 5). In: Carmichael ISE, Turner FJ, Verhoogen J. *Igneous Petrology*. McGraw-Hill Book Company, 1974, p.739.

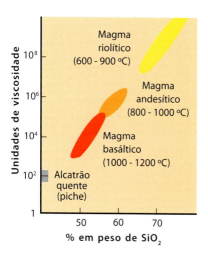

Figura 6.8 – Relações entre composição (teor de sílica), temperatura e viscosidade dos principais tipos de magmas.

Em termos de volume, porém, magmas graníticos e basálticos são preponderantes. Composições de rochas vulcânicas representativas dos três tipos de magmas – respectivamente riolitos, andesitos e basaltos – são apresentadas na tabela 6.1 e ilustradas na figura 6.7.

6.1.4 Qual a influência da composição química sobre os magmas?

As características físicas dos magmas, como a temperatura e a viscosidade, estão intrinsecamente relacionadas à sua composição: estas relações encontram-se ilustradas na figura 6.8. Magmas basálticos apresentam temperaturas da ordem de 1.000 a 1.200 °C, têm baixo teor de voláteis (em torno de 1% a 3% em peso) e possuem viscosidade baixa. Já os magmas graníticos são significativamente mais viscosos, apresentam, de modo geral, teores mais elevados de voláteis (entre 3% e 5%) e apresentam temperaturas da ordem de 700 a 800 °C. A viscosidade de um magma silicático aumenta com:

a) o aumento do teor de sílica;
b) o abaixamento da temperatura;
c) a diminuição do conteúdo de voláteis.

Estas relações podem ser explicadas pelo comportamento das unidades estruturais fundamentais $[SiO_4]^{-4}$ que existem nos magmas. Estas unidades tem o formato de tetraedros, com um átomo de silício no centro e quatro átomos de oxigênio nos vértices e tendem a unir-se em estruturas progressivamente mais complexas à medida que a cristalização do magma avança. Em magmas ricos em sílica, isto se dá já nas primeiras etapas da consolidação, e em escala mais ampla, produzindo extensas cadeias de tetraedros de Si-O que dificultam o fluxo do magma, aumentando sua viscosidade. Já em magmas básicos, com teores de sílica menores, esse processo só adquire importância nas etapas mais avançadas da consolidação, ou seja, não se formam grandes estruturas de Si-O que possam dificultar o fluxo do magma já nos estágios iniciais. Essas extensas cadeias de Si-O tendem a ser destruídas pelo aumento de temperatura e do teor de água, o que diminui a viscosidade do magma. Assim, magmas graníticos, ainda que mais viscosos, podem ter sua fluidez aumentada quando em altas temperaturas ou quando apresentarem teores elevados de água. Magmas basálticos, apesar de seus baixos teores de água, têm no seu reduzido conteúdo em sílica a principal razão para as suas viscosidades mais baixas.

6.1.5 Por que há diferentes magmas?

Magmas apresentam grande variedade nas suas composições, fato que se espelha na diversidade das rochas ígneas. Magmas diversos são produzidos em função do tipo de rocha da área-fonte e da taxa de fusão desta rocha. Contudo, a profundidade em que ocorre a fusão também é um fator importante, que pode influenciar a composição dos magmas produzidos. Grandes volumes de magmas basálticos são gerados pela fusão dos peridotitos (rochas constituintes do

Figura 6.9 – a) Séries de Reação de Bowen. À esquerda: série descontínua, que se inicia com olivina, seguida de piroxênio subcálcico (pigeonita ou ortopiroxênio), piroxênio cálcico (augita) e, finalmente, anfibólio e biotita. À direita: série contínua, representada pelo grupo do plagioclásio, onde o plagioclásio inicial é mais cálcico, tornando-se aos poucos mais sódico à medida que a cristalização prossegue com a diminuição da temperatura. b) Cristais de plagioclásio zonados registrando a variação composicional do plagioclásio durante a cristalização magmática. Foto: S. R. F. Vlach.

manto, formadas por minerais ferro-magnesianos, principalmente olivina e piroxênios – ver figura 6.3) nas regiões abaixo das dorsais meso-oceânicas, mas também abaixo da crosta continental, no manto superior. Já os magmas graníticos são associados à fusão de partes profundas da crosta continental, mais enriquecidas em sílica. Magmas andesíticos são gerados a partir da fusão da crosta oceânica. Magmas são sempre enriquecidos em sílica e elementos leves (Na, K) em relação à área-fonte a partir da qual foram gerados. Assim, basaltos são mais ricos em sílica que peridotitos; andesitos apresentam-se enriquecidos em sílica quando comparados aos basaltos dos fundos oceânicos; e granitos, que em muitos casos podem formar-se pela fusão parcial de rochas de composição andesítica, são ainda mais enriquecidos em sílica que estas.

A composição de magmas primários, gerados da fusão parcial das rochas de sua área-fonte, pode ser modificada de forma considerável por processos de diferenciação magmática. O mais importante destes processos é o de cristalização fracionada. A cristalização de um magma em profundidade é um processo complexo e muito lento. O magma encontra-se a temperaturas elevadas, quando então todos os seus componentes se encontram dissolvidos no material fundido. Quando se instala em partes superiores, logo mais frias da crosta, perde calor para as rochas encaixantes e sua temperatura diminui paulatinamente. Quando a temperatura atinge um determinado valor crítico, inicia-se a cristalização e formam-se germes cristalinos, minúsculos núcleos de cristais, que crescerão para constituir os minerais da rocha ígnea.

Os diferentes minerais não cristalizam todos ao mesmo tempo: alguns se formam primeiro, e só depois que a composição do magma tiver sido modificada o suficiente pela extração destes é que os outros minerais irão se juntar aos que já se encontram em processo de cristalização, ou mesmo irão substituí-los neste processo. A sequência de cristalização resultante depende fundamentalmente da composição do magma inicial. A sequência ideal de cristalização dos minerais foi, a princípio, estabelecida para magmas basálticos pelo petrólogo experimentalista N. L. Bowen em 1928 por meio das Séries de Reação de Bowen, ilustradas nas figuras 6.9a e b. Teoricamente, é possível obter, a partir de um magma primário basáltico, toda uma série de rochas ígneas, desde as ultrabásicas (ou peridotíticas) até as ácidas (ou graníticas), utilizando para tanto processos de fracionamento do magma basáltico original durante a sua cristalização. É importante frisar que as Séries de Reação de Bowen representam um modelo simplificado de um processo natural muito mais complexo. Exemplos da geração de rochas diversas por meio da cristalização fracionada de um mesmo magma podem ser observados nos complexos estratiformes onde, a partir de magmas originalmente basálticos, são gerados peridotitos, ricos em olivina e piroxênios, pelo acúmulo destes minerais nas partes inferiores da câmara magmática; gabros, constituídos de plagioclásio cálcico e piroxênios, pela cristalização do magma basáltico mais ou menos modificado; e anortositos, pelo acúmulo de plagioclásio, menos denso, no topo da câmara magmática. Exemplos brasileiros de complexos deste tipo são os maciços máficos-ultramáficos de Niquelândia e Canabrava, em Goiás.

Outros processos de diferenciação magmática são a mistura de magmas originalmente diferentes, a imiscibilidade de magmas e, como já mencionado, a assimilação durante a ascensão do magma de rochas dos condutos magmáticos ou das rochas encaixantes após o alojamento do magma no sítio de consolidação final. Na mistura de magmas, magmas de composições distintas podem ter contato durante a ascensão na crosta e misturar-se em proporções diversas, gerando composições intermediárias entre elas. Na imiscibilidade de magmas, durante a evolução de um volume de magma originalmente homogêneo, podem separar-se frações imiscíveis (como ocorre entre a água e o óleo), e cristalizar em separado, produzindo estruturas peculiares nas rochas resultantes. A assimilação de rochas acontece quando o magma, ao abrir caminho rumo à superfície, "digere" pedaços das rochas encaixantes, modificando sua composição em função da natureza e do volume da rocha assimilada.

6.2 Rochas ígneas e suas características

A variedade das rochas ígneas reflete a composição dos próprios magmas a partir dos quais se consolidaram.

6.2.1 Principais tipos de rochas ígneas

Há tipos de rochas ígneas mais comuns, que ocorrem em grandes volumes, como constituintes fundamentais da crosta: granitos e basaltos são os mais representativos. Outros tipos, mais raros, ocorrem em sítios geológicos especiais. Exemplos destas rochas ígneas mais exóticas são os carbonatitos, compostos de calcita e dolomita e cristalizados a partir de magmas de composição carbonática, e não silicática, como a maioria das rochas ígneas. Sua importância econômica está em alojarem importantes jazidas de fosfato, como as de Cajati, no Vale do Ribeira (SP) e de Tapira (MG), além de outros bens minerais, como em Araxá (MG), onde se localiza a maior jazida de nióbio do mundo (ver capítulo 18).

A composição química de uma determinada rocha pode ser estimada por meio de seus minerais constituintes e da proporção entre eles. Um dos parâmetros químicos mais importantes é o teor de sílica, já mencionado anteriormente. Segundo esse parâmetro, as rochas ígneas podem ser ácidas, com teor de sílica superior a 66%, intermediárias, com teor de sílica entre 66% e 52%, básicas, com teor de sílica entre 52% e 45% e ultrabásicas, quando o teor de sílica é inferior a 45%. Granitos (Figuras 6.10a e b), andesitos, basaltos (Figura 6.10c) e gabros (Figura 6.10d) e peridotitos

Figura 6.10 – a) Granito: rocha intrusiva ácida, maciça, fanerítica equigranular média. Capão Bonito, SP. b) Basalto: rocha vulcânica básica maciça, afanítica. Coleção Didática, IGC – USP. c) Granito: rocha intrusiva ácida, maciça, porfirítica, com matriz fanerítica. Piedade, SP. d) Gabro: rocha intrusiva básica maciça, fanerítica, com alto teor de minerais máficos (piroxênio). Ilha de São Sebastião, SP. Fotos: G. A. J. Szabó.

(Figura 6.3) são, respectivamente, representantes de cada categoria.

Nas rochas ácidas, a abundância em sílica resulta na cristalização de quartzo (SiO_2), que representa a sílica não incorporada aos demais minerais silicáticos. Em rochas básicas (Figuras 6.10c e d), os teores reduzidos de sílica implicam aumento concomitante no teor dos demais componentes químicos, como Mg, Fe e Ca. Isto resulta na abundância de silicatos ricos nestes elementos, como olivina, piroxênios, anfibólios e biotita, denominados, coletivamente, de minerais máficos, que apresentam caracteristicamente cores escuras. Em rochas ácidas (Figuras 6.10a e b) e intermediárias, predominam os minerais félsicos, de cores claras, e com altos teores de Si, Al, Na e K, representados principalmente pelos feldspatos e feldspatoides, além do próprio quartzo.

Outros indicadores químicos importantes são: a proporção entre sílica (SiO_2) e alumina (Al_2O_3), e o conteúdo em álcalis ($Na_2O + K_2O$). Rochas muito ricas em álcalis apresentam composições mineralógicas peculiares, com minerais máficos ricos em Na e K, e são denominadas rochas alcalinas. Em alguns casos, o teor de sílica no magma é insuficiente para garantir a incorporação de todos os álcalis e alumina disponíveis aos feldspatos e cristalizam, adicionalmente, minerais ditos "insaturados em sílica", como os feldspatoides. Estes minerais são incompatíveis com altos teores de sílica, quando, então cristalizam os feldspatos em seu lugar. Rochas que contêm feldspatoides são denominadas rochas insaturadas em sílica ou, apenas, rochas insaturadas.

O índice de cor (M) define a proporção entre minerais máficos e félsicos, e é expresso pelo número puro correspondente ao percentual de minerais máficos. Segundo este parâmetro, as rochas ígneas podem ser subdivididas em hololeucocráticas (M < 10), leucocráticas (M entre 10 e 30), mesocráticas (M entre 30 e 60), melanocráticas ou máficas (M entre 60 e 90) e ultramelanocráticas ou ultramáficas – (M > 90). De maneira simplificada, pode-se aplicar apenas a classificação de rochas félsicas, se houver amplo predomínio de minerais félsicos, ou rochas máficas, quando os minerais máficos forem os mais abundantes. Há uma correlação genérica entre teor de sílica e índice de cor das rochas ígneas, como ilustrado na figura 6.11: rochas ácidas a intermediárias são, em geral, leucocráticas (ou félsicas), enquanto rochas básicas são melanocráticas (ou máficas), e rochas ultrabásicas, na sua maioria, são ultramelanocráticas (ou ultramáficas).

6.2.2 Onde se forma uma rocha ígnea?

A composição mineralógica das rochas ígneas é o quesito fundamental para a sua nomenclatura e classificação petrográfica, e relaciona diretamente cada rocha ígnea com a composição do magma a partir do qual se consolidou. Para uma nomenclatura e classificação petrográfica completa, porém, é necessário acrescentar informações sobre o ambiente e a história da consolidação de cada rocha. Estas informações podem ser obtidas a partir das texturas e estruturas das rochas ígneas, que se desenvolvem em resposta ao ambiente no qual um determinado magma finalmente se aloja e se consolida. Textura diz respeito às características e as relações entre os minerais de uma determinada rocha, que são observadas por

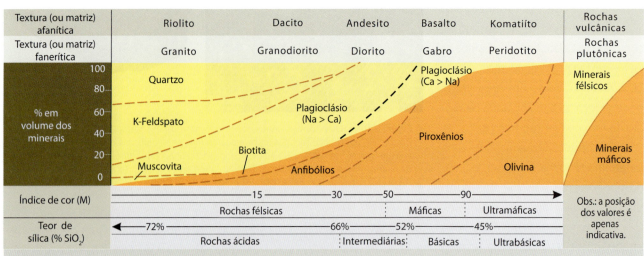

Figura 6.11 – Relações entre índice de cor, teor de sílica, composição mineralógica e ambiente de cristalização para as rochas ígneas mais comuns (excluindo as alcalinas).

meio de suas dimensões absolutas e relativas e seus hábitos e formas. A textura é definida em escala de amostra de mão ou em escala microscópica. Estrutura define o arranjo de porções distintas de uma rocha (por exemplo, se a rocha é bandada ou maciça), bem como suas feições macroscópicas a mesoscópicas (observadas em amostra de mão ou em afloramento), sem entrar na questão das relações entre os minerais.

Os contrastes mais evidentes são os que ocorrem entre rochas consolidadas em ambiente vulcânico (à superfície da crosta, na forma de derrames, ou muito próximo a ela, em condutos vulcânicos) e rochas consolidadas no interior da crosta (a profundidades consideráveis, na forma de corpos intrusivos). No caso das rochas consolidadas em ambiente vulcânico ou subvulcânico, a profundidades de algumas dezenas ou poucas centenas de metros, o magma – ou, no caso de derrames, a lava – perde calor rapidamente, e sua consolidação é acelerada. Na parte superior de derrames ou nas bordas de intrusões pequenas, esta consolidação é tão rápida, que não há tempo suficiente para o surgimento dos germes cristalinos, ou para o desenvolvimento adequado de minerais a partir deles, e o produto final do processo de consolidação é um vidro vulcânico, como a obsidiana (Figura 6.12a). Em outras situações, a consolidação se dá por cristalização total ou parcial. Quando o resfriamento é rápido, mas não rápido o suficiente para que se forme vidro, um grande número de germes de cristalização é formado em um curto intervalo de tempo, sem que haja difusão adequada dos elementos químicos em sua direção. Formam-se assim cristais diminutos e em grande quantidade. Já em rochas consolidadas em profundidade, há um contraste de temperatura menor entre o magma e as rochas encaixantes que, juntas, constituem isolantes térmicos muito eficientes. Isto diminui a perda de calor do magma, fazendo com que sua consolidação tenha duração longa. Derrames de lava espessos consolidam-se em questão de alguns anos, decênios ou, quando muito, séculos; a consolidação de intrusões magmáticas no interior da crosta pode prolongar-se por alguns milhares, ou até dezenas de milhares de anos. Por conta da cristalização lenta, a difusão dos elementos químicos em magmas alojados em profundidade é muito mais eficiente e, portanto, desenvolvem-se minerais de dimensões maiores.

O desenvolvimento dos minerais pode ser aferido pelo grau de cristalinidade e do grau de visibilidade de uma rocha ígnea. O grau de cristalinidade diz respeito à presença ou não de vidro como constituinte de uma rocha vulcânica. Rochas sem vidro vulcânico, constituídas essencialmente de minerais, são holocristalinas. Rochas constituídas predominantemente de vidro vulcânico são denominadas vítreas (Figura 6.12a). Já o grau de visibilidade diz respeito ao tamanho absoluto dos minerais. Em rochas de granulação muito fina, os cristais são quase imperceptíveis a olho nu, ou mesmo à lupa; neste caso, diz-se que a rocha apresenta textura afanítica (ver figura 6.10c). Quando os minerais têm dimensões que permitem individualizá-los a olho nu, ou mesmo identificá-los, a rocha passa a ter textura fanerítica. Para as rochas faneríticas, fala-se ainda em rochas de granulação fina, quando os constituintes, apesar de perceptíveis, são diminutos, de dimensões inferiores a um milímetro, e rochas de granulação média (ver figuras 6.10a e d) quando os

Figura 6.12 – a) Obsidiana (vidro vulcânico). b) Pegmatito de turmalina granito, com textura fanerítica grossa a muito grossa. c) Basalto vesicular-amigdaloidal. d) Púmice. Fotos: G.A.J. Szabó. Coleção Didática, IGc–USP.

161

Capítulo 6 - Magma e seus produtos

constituintes têm dimensões da ordem de até alguns milímetros. O termo granulação grossa é empregado quando os constituintes possuem dimensão entre 0,5 e 3,0 cm. A granulação muito grossa é típica dos pegmatitos (ver figura 6.12b). Nesse caso, os minerais têm tamanhos da ordem de vários centímetros, decímetros, ou até metros.

O grau de cristalinidade e grau de visibilidade podem ser correlacionados ao ambiente de consolidação de uma rocha ígnea. Rochas portadoras de vidro vulcânico em qualquer proporção formam-se na superfície, em ambiente vulcânico. Rochas holocristalinas afaníticas indicam cristalização rápida à superfície, em derrames, ou próximo à superfície, em dutos alimentadores dos vulcões ou em corpos intrusivos rasos. Rochas faneríticas finas são geralmente também associadas a ambientes vulcânicos (e subvulcânicos), como constituintes das partes centrais de derrames espessos ou de corpos ígneos intrusivos de dimensões reduzidas. Rochas faneríticas médias e grossas desenvolvem-se tipicamente em corpos intrusivos profundos, de grandes dimensões. No caso dos pegmatitos (ver figura 6.12b), o crescimento exagerado dos minerais se dá em virtude de fatores adicionais, como a grande riqueza em fluidos e presença de elementos químicos de alta mobilidade, e não ao tempo e profundidade de cristalização propriamente ditos.

Podemos também reconstituir a história da cristalização de uma rocha ígnea a partir das dimensões relativas dos seus minerais. Magmas que cristalizam em um único episódio, diretamente no seu sítio final de alojamento, tendem a produzir constituintes com dimensões da mesma ordem de grandeza, sejam eles de granulação muito fina, fina, média ou grossa. Já magmas que iniciam sua cristalização em uma determinada profundidade, sofrem novo transporte, e terminam sua consolidação em um ambiente distinto do inicial registram isto pela existência de uma geração de cristais de dimensões superiores às dimensões dos demais constituintes. Quando todos os constituintes têm dimensões de mesma ordem de grandeza, a textura é dita equigranular (ver figuras 6.10a, c e d). Já quando há uma geração de cristais que se sobressai na textura por apresentar dimensões superiores às dos demais constituintes por pelo menos uma ordem de grandeza, a textura é designada porfirítica (ver figura 6.10b) e os cristais de tamanho avantajado são denominados de fenocristais, enquanto os demais, de dimensões inferiores, constituem a matriz. Dependendo do ambiente em que a consolidação é completada, a matriz de uma rocha com textura porfirítica pode ser vítrea, afanítica, fanerítica fina, média ou até grossa.

As estruturas das rochas ígneas também são importante fonte de informações sobre o seu ambiente e história de consolidação. A estrutura de rochas ígneas é maciça, quando os magmas se alojam e se consolidam em regimes livres de tensões; exemplos desta estrutura são as amostras das figuras 6.10a e d. Há, porém, estruturas indicativas de fluxo, tanto em rochas vulcânicas como intrusivas: as lavas "em corda" (*pahoehoe*) exemplificam o primeiro caso (ver figura 6.21a), enquanto a orientação de cristais tabulares de feldspato em granitos ou sienitos exemplifica o segundo. Em rochas vulcânicas, há uma série de estruturas associadas aos processos de extrusão, fluxo e solidificação das lavas. Estruturas indicativas de escape de gases são as vesículas (quando vazias) ou amígdalas (quando preenchidas por variedades cristalinas e microcristalinas de silica, carbonatos, zeólitas etc – ver figura 6.12c). Derrames basálticos, como os da bacia do Paraná, apresentam frequentemente topos vesiculares - amigdaloidais. Rochas com alto volume de vesículas são denominadas escoriáceas. Já o púmice (ou pedra-pomes) representa um tipo particular de rocha vulcânica vítrea, formada a partir de uma "espuma vulcânica", com alto índice de vazios produzidos por escape súbito de gases, que cria uma estrutura esponjosa ou celular (ver figura 6.12d).

6.2.3 Como nomear rochas ígneas?

A nomenclatura de rochas ígneas baseia-se em dois parâmetros combinados: a composição mineralógica e a textura. Os critérios de nomenclatura são padronizados internacionalmente pela União Internacional das Ciências Geológicas (*International Union of Geological Sciences* -IUGS). Esta sistemática é também conhecida como Nomenclatura de Rochas Ígneas de Streckeisen, em homenagem ao geólogo suíço A. L. Streckeisen, que propôs a adoção de critérios mundialmente unificados de nomenclatura para as rochas ígneas. Segundo esta sistemática, as rochas são subdivididas em vulcânicas, quando apresentam textura afanítica ou vítrea, e intrusivas, quando a textura for fanerítica. O nome da rocha é então definido pela proporção observada entre seus constituintes minerais majoritários, ou pela proporção entre constituintes minerais inferidos por outros critérios, quando os minerais individuais não forem visíveis.

Rochas ultramáficas, com mais de 90% de minerais máficos (M > 90), são consideradas à parte, e constituem dois grandes grupos principais: os peridotitos, ricos em olivina acompanhada de proporções variáveis de piroxênios, e os piroxenitos, nos quais prevalecem os piroxênios, podendo conter um pouco de olivina. Peridotitos são as rochas constituintes do manto da Terra, e são a fonte para os magmas basálticos. Piroxenitos ocorrem em corpos máficos-ultramáficos estratiformes, formados pelo acúmulo do piroxênio cristalizado na câmara magmática. Rochas vulcânicas ultramáficas tiveram grande importância no início da história geológica do planeta, quando a temperatura mais elevada do manto permitia maiores taxas de fusão, gerando magmas ricos em Mg que, alcançando a superfície da crosta primitiva, consolidavam-se como derrames de komatiítos, rochas peculiares de grande interesse para o estudo da evolução do manto e da crosta.

A maioria das rochas ígneas da crosta apresenta M < 90. Neste caso, elas são classificadas pelas proporções que apresentam entre seus constituintes félsicos: feldspatos alcalinos (A), plagioclásio (P), quartzo (Q) e feldspatoides (F). É importante frisar que quartzo - sílica cristalina livre - é incompatível com a presença de feldspatoides. A proporção entre estes constituintes é recalculada para 100%, e o resultado lançado em um dos dois diagramas triangulares de referência (Diagrama QFAP – figura 6.13). O nome-raiz da rocha é obtido a partir dos campos definidos nestes diagramas, e acrescido de informações adicionais relevantes. Por exemplo, uma rocha com textura fanerítica, de granulação média, constituída predominantemente pelos minerais félsicos quartzo, plagioclásio e feldspato alcalino (ortoclásio ou microclínio) em proporções equivalentes será denominada "granito". Se esse granito tiver quantidades representativas de biotita, e alguns dos seus cristais de feldspato constituírem fenocristais, com tamanho avantajado em relação aos demais minerais, que formarão portanto a matriz (ver item 6.2.2 e figura 6.10b), a sua denominação mais completa será biotita granito porfirítico, acrescentando importantes informações mineralógicas e texturais ao nome-raiz.

Para rochas vulcânicas, a composição mineralógica é inferida a partir dos fenocristais, quando presentes (fenocristais de quartzo indicam elevado teor em sílica: logo, a rocha seria o equivalente vulcânico do granito, denominada riolito ou dacito), ou pela cor: rochas escuras são, em geral, máficas, enquanto rochas de coloração avermelhada, arroxeada, acinzentada ou mais clara são félsicas. A classificação mais acurada de rochas vulcânicas é difícil quando em amostras de mão, necessitando estudos complementares de microscopia

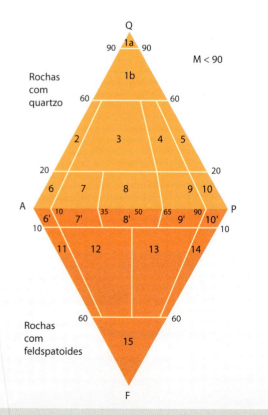

Denominação dos campos:

1a	Quartzolito
1b	Granitoide rico em quartzo
2	Álcali-feldspato granito
3	Granito
4	Granodiorito
5	Tonalito
6	(Quartzo*) Álcali-feldspato sienito
7	(Quartzo*) Sienito
8	(Quartzo*) Monzonito
9	(Quartzo*) Monzodiorito ou monzogabro
10	(Quartzo*) Diorito ou gabro
6'	Álcali-feldspato sienito com feldspatoide
7'	Sienito com feldspatoide
8'	Monzonito com feldspatoide
9'	Monzodiorito ou monzogabro com feldspatoide
10'	Diorito ou gabro com feldspatoide
11	Feldspatoide sienito
12	Feldspatoide monzossienito
13	Feldspatoide monzodiorito
14	Feldspatoide diorito ou gabro
15	Foidolito

Figura 6.13 – Diagrama QFAP da nomenclatura da IUGS (simplificado) para classificação de rochas ígneas com índice de cor (M) < 90, com os principais nomes-raiz para rochas ígneas intrusivas. Q – quartzo; F – feldspatoide (ou foide); A – feldspato alcalino; P – plagioclásio. Quartzo* - usar como prefixo quando for superior a 5%. Gabro difere de diorito por apresentar, em geral, M ≥ 50.

ou análises químicas. Na falta destes estudos, podem ser denominadas, provisoriamente, de felsitos, quando forem claras, e de mafitos, quando apresentarem cores escuras.

Para rochas com textura fanerítica fina, consolidadas geralmente em corpos menores, de colocação pouco profunda, recomenda-se usar o prefixo micro- (microgranito, microgabro etc.). Tradicionalmente, havia uma nomenclatura distinta para rochas com esta textura: por exemplo, a rocha com textura fanerítica fina resultante da consolidação de um magma básico em corpos intrusivos rasos denomina-se diabásio, um termo muito arraigado no vocabulário geológico.

Uma classificação simplificada que pode ser utilizada é aquela apresentada na figura 6.11, relacionando composição química, índice de cor (M), textura e ambiente de cristalização de algumas das rochas ígneas mais frequentes na crosta. Neste diagrama, a proporção entre os principais constituintes minerais permite optar entre os nomes granito, granodiorito, diorito, gabro e peridotito para rochas intrusivas, e os respectivos equivalentes vulcânicos riolito, dacito, andesito, basalto e komatiíto. Notar que não são apresentadas, neste diagrama, as rochas alcalinas, como sienitos e seus equivalentes vulcânicos, os fonolitos. Estas rochas são ricas em minerais de Na e K: sienitos e fonolitos, por exemplo, são constituídos predominantemente por feldspatos alcalinos, acompanhados ou não de feldspatoides (nefelina, leucita – quando insaturados em sílica) ou quartzo (quando supersaturados em sílica), além de eventuais minerais máficos portadores de Na ou K. Deve-se considerar, ainda, que este diagrama representa uma abstração, e as relações entre os parâmetros utilizados podem não ser tão diretas assim em muitos casos (há exemplos de granitos mesocráticos e até melanocráticos, e de gabros leucocráticos, ainda que sejam rochas relativamente menos frequentes). No entanto, serve como uma boa aproximação para uma classificação preliminar, desde que utilizado com critério, dentro das suas limitações.

6.3 Plutonismo

O processo de colocação e consolidação do magma no interior da crosta é denominado plutonismo. Este termo, cunhado por James Hutton, no século XIX, remete a Plutão, deus do inferno e das profundezas, na mitologia grega.

6.3.1 Rochas intrusivas: onde e como elas se formam?

Olhando as paisagens montanhosas, pode-se observar a presença de grandes corpos de rochas ígneas, que têm continuidade por várias dezenas ou centenas de quilômetros. Estas rochas têm minerais visíveis a olho nu (textura fanerítica), sugerindo que o magma resfriou lentamente, dando tempo para estes minerais crescerem. Como estas rochas se formaram? O magma nem sempre consegue chegar à superfície: na maioria das vezes, grandes volumes de magma cristalizam nas profundezas da crosta, gerando corpos intrusivos de tamanhos e formas bastante variadas. Estes corpos rochosos só podem ser vistos hoje, milhões de anos depois de terem se consolidado, graças ao soerguimento e erosão de vários quilômetros de crosta. Exemplos espetaculares podem ser vistos na cordilheira dos Andes, nos Alpes e nas Montanhas Rochosas.

Dependendo da profundidade na qual o magma cristaliza, os corpos rochosos gerados podem ser classificados em abissais ou plutônicos, se a cristalização ocorrer em profundidades maiores que 2 km; e hipoabissais ou subvulcânicos, se eles cristalizarem em níveis rasos da crosta, frequentemente associados a processos vulcânicos. Os corpos também podem ser distinguidos de acordo com seu tamanho, forma e relação com as rochas que os hospe-

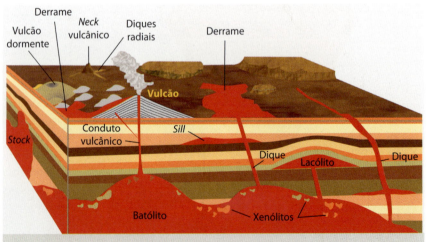

Figura 6.14 – Formas de ocorrência de rochas magmáticas intrusivas (*sill*, dique, batólito, *stock*, diques radiais e lacólito) e extrusivas (derrame, *neck* vulcânico, vulcão).

Quanto à profundidade	Quanto ao tamanho e à forma	
Hipoabissais ou Subvulcânicos	Menores (cm a poucos km)	**Tabulares** Concordantes: *sill* Discordantes: dique **Circulares** Discordante: *neck* Forma de cogumelo subconcordante: lacólito *Stock* (discordante)
Abissais ou Plutônicos	Maiores (irregulares), > 100 km² de exposição superficial	Batólito (discordante)

Tabela 6.2 – Classificação de corpos ígneos intrusivos quanto ao tamanho, profundidade de colocação e relação com rochas encaixantes.

dam, as rochas encaixantes da crosta (Figura 6.14 e tabela 6.2). Aqui se optou por uma classificação em relação à profundidade na qual o corpo cristalizou.

6.3.2 Corpos intrusivos plutônicos

Corpos ígneos plutônicos de grande dimensão, com formas irregulares, são denominados batólitos (ver figura 6.14). Como eles cristalizam em profundidade, somente graças à erosão é que hoje eles podem ser observados em superfície. Convencionalmente, costuma-se chamar de batólitos os corpos que apresentam uma área exposta superior a 100 km²; quando a área for menor, os corpos são denominados *stocks*. Os *stocks* podem ser apêndices de batólitos parcialmente erodidos, que com um processo mais intenso de erosão podem ser totalmente expostos. Ambos, batólitos e *stocks*, são corpos intrusivos discordantes, que cortam as estruturas das rochas encaixantes.

Estes plutons, na maior parte, são constituídos por rochas graníticas de textura fanerítica média a grossa, já que resfriam lentamente, dando tempo para os minerais crescerem. Os batólitos constituem as raízes de cadeias de montanhas, podendo atingir até 20 a 30 km de diâmetro e apresentam história geológica complexa. São constituídos de vários corpos menores, com algumas variações na sua composição, representando pulsos magmáticos sucessivos a partir de uma mesma fonte. A colocação destes pulsos de magma na crosta ocorre por mecanismos complexos. Um exemplo de batólito é o grande corpo granítico representado pelo Granito Jaguari (Figura 6.15) que ocorre próximo à cidade de Caçapava do Sul, RS.

Os pegmatitos são comumente relacionados aos batólitos e, geralmente, ocorrem nas suas bordas. São, como os batólitos, corpos discordantes, já que cortam as rochas encaixantes. A formação dos pegmatitos se dá na fase final de resfriamento do magma, por meio da percolação de soluções ricas em sílica, água e, por vezes, em alguns íons que não entraram na estrutura cristalina dos minerais até então formados. Estas soluções finais, residuais do magma, geram rochas de granulação muito grossa (minerais maiores que 2 cm podendo chegar a tamanhos métricos) constituídas, principalmente, por quartzo e feldspato potássico. No entanto, em alguns casos, estas rochas podem estar enriquecidas em elementos químicos raros (Li, B, Be, U etc.) fazendo com que os pegmatitos sejam mineralizados a tungstênio, urânio, estanho, turmalina, topázio, berilo e outros minerais raros.

Figura 6.15 – Matacões do Granito Jaguari, RS. Foto: M. Egydio Silva.

6.3.3 Corpos intrusivos subvulcânicos

Os corpos intrusivos subvulcânicos são representados pelos diques e *sills* que têm formas tabulares, pelos lacólitos que têm a forma de cogumelo e pelos *necks* vulcânicos que têm forma circular (ver figura 6.14 e tabela 6.2). Diques e *sills* possuem a mesma geometria, no entanto a diferença entre eles está no modo em que se dá a sua intrusão nas rochas encaixantes. Diques são formados quando o magma invade as rochas encaixantes pelas fraturas e falhas e, por cortarem a estruturação original dessas rochas, são denominados corpos discordantes (Figuras 6.14 e 6.16). Os diques podem ocorrer isoladamente ou em conjuntos denominados de enxames. Seu tamanho depende do volume de magma disponível e do tamanho da fratura pela qual ele percola. Em geral, os diques são constituídos por magmas básicos (basálticos) os quais são mais fluídos e conseguem percolar pelas fraturas e falhas da crosta com mais facilidade. Contudo, diques de rochas ácidas (graníticas) também podem ocorrer. Ocasionalmente, os diques podem ser enormes como, por exemplo, o "Grande Dique" na Rodésia, que tem aproximadamente 500 km de comprimento e 8 km de espessura. No entanto, eles

Figura 6.16 – Diques (rocha escura) na praia das Caieiras, em Fernando de Noronha. Foto: N. Guerriero.

também podem ter dimensões de alguns metros ou centímetros.

Os *sills* (também conhecidos como soleiras) são corpos intrusivos tabulares que se alojam com atitude horizontal a sub-horizontal, paralelamente às estruturas originais das rochas sedimentares encaixantes (Figuras 6.14 e 6.17) e, por isso, são chamados de corpos concordantes. Seu tamanho também é variável, porém a feição comum nesses corpos é que a sua espessura, qualquer que seja ela, ao longo de uma ocorrência, é relativamente constante. Este fato sugere que os *sills* são formados por lavas bastante fluídas, já que a grande maioria dos corpos é formada por magma basáltico. A ocorrência de um *sill*, por ser um corpo concordante, exige que a camada de rocha sedimentar intrudida seja soerguida a uma altura igual à da espessura do *sill*. Embora isto pareça muito difícil, o processo de soerguimento da camada de rocha requer menos energia do que aquela necessária para levar o magma até a superfície. Como consequência, os *sills* se formam em níveis rasos da crosta, próximos à superfície, onde a pressão exercida pelo peso das rochas sobrepostas é relativamente pequeno.

Um exemplo clássico de um corpo em forma de *sill* é o de Palisades, que ocorre no nordeste do Estado norte-americano de New Jersey. Ele possui cerca de 300 m de espessura e hoje, por causa dos processos erosivos, aflora como um "paredão" na margem do rio Hudson. Em virtude da sua grande espessura e do lento resfriamento do magma ele é também um ótimo exemplo de como ocorre o processo de cristalização fracionada do magma. Este *sill* formou-se a partir de um magma rico nos minerais olivina, piroxênio e plagioclásio. Como o mineral olivina forma-se primeiro durante o processo de cristalização (ver Séries de Reação de Bowen – ver figura 6.9), e é o mais denso destes minerais, ele sofreu precipitação, perfazendo cerca de 25% dos minerais presentes na parte basal do *sill*. Próximo ao topo do corpo, a olivina

Figura 6.17 – *Sill* básico (rocha preta) intrusivo em rochas sedimentares horizontais. Neste caso o magma intrusivo aproveitou uma ruptura do pacote sedimentar e se alojou em níveis diferentes. Banks Island, Canadá. Foto: Geological Survey of Canada.

Figura 6.18 – Disjunção colunar em basalto. Ilha Dois Irmãos, Fernando de Noronha, PE. Foto: S. Sichel.

perfaz apenas 1% da rocha, enquanto os minerais menos densos, os plagioclásios, constituem cerca de 60% a 70 % da rocha. O exemplo deste *sill* é importante porque confirma os experimentos realizados em laboratório sobre a cristalização fracionada de alguns magmas.

O resfriamento de corpos ígneos tabulares, como *sills* e diques, e mesmo derrames de lavas, pode causar um padrão peculiar de fraturamento nas rochas que os constituem, conhecido como disjunção colunar (Figura 6.18). Esse padrão de fraturamento gera prismas colunares com faces (de 4 a 8, geralmente 6) bem formadas. Isto ocorre por causa da perda rápida de calor da lava (originalmente a cerca de 800 a 1000 °C) em níveis crustais rasos, fazendo com que haja uma contração e formação das colunas poligonais.

Às vezes, os *sills* podem se assemelhar muito a corridas de lava soterradas, já que ambos são tabulares e podem apresentar disjunção colunar. Além disso, pelo fato dos *sills*, em geral, se situarem em níveis rasos da crosta, próximo à superfície, sua granulação é fina e podem ser confundidos com derrames basálticos. A distinção entre eles é muito importante quando da reconstrução da história geológica da uma região. Uma feição pode auxiliar na identificação destas estruturas: a parte superior de uma corrida de lava frequentemente contém vesículas e/ou amígdalas formadas pelo escape de gases, enquanto que a parte inferior do derrame pode mostrar sinais de metamorfismo de contato, embora seja uma evidência rara e difícil de ser observada. Já no caso de um *sill*, em ambos os limites do corpo, tanto no inferior quanto no superior, as evidências de metamorfismo de contato (ver capítulo 15) são pronunciadas e o nível vesicular-amigdaloidal não ocorre.

Lacólitos são corpos ígneos intrusivos, com a forma de um cogumelo, que podem representar uma variação dos *sills*, já que se inserem concordantemente entre camadas de rochas sedimentares em níveis rasos da crosta. Porém, diferentemente dos *sills*, o lacólito arqueia as camadas sobrejacentes (ver figura 6.14) para criar espaço para seu alojamento. Outra diferença é na composição, uma vez que os lacólitos são formados por magmas graníticos, mais viscosos que os de composição básica. Constituem, em geral, corpos pequenos se comparados aos batólitos e sua largura é inferior a poucos quilômetros.

Necks vulcânicos são corpos intrusivos circulares discordantes formados pela consolidação do magma dentro de chaminés vulcânicas, que são os condutos por onde o magma sobe e chega à superfície através do vulcão. Após a erosão do edifício vulcânico, em especial daquele constituído por material piroclástico mais facilmente erodível, sobressai na topografia a antiga chaminé, o *neck* vulcânico (Figuras 6.14 e 6.19). A partir da parte central da chaminé o magma pode percolar lateralmente, preenchendo fraturas e gerando os diques radiais.

Figura 6.19 – *Neck* vulcânico com diques radiais. Shiprock, EUA. Foto: acervo da Editora.

Capítulo 6 - Magma e seus produtos

| 6.4 | **Vulcanismo** |

Quando ocorrem explosões violentas de um vulcão percebe-se a magnitude e a força dos processos geológicos da Terra. Muito do interesse em relação a este fenômeno deve-se à curiosidade humana em entender como funcionam os processos magmáticos.

6.4.1 A natureza dos vulcões

As montanhas vulcânicas são diferentes de outras altas montanhas da crosta terrestre, pois são construídas principalmente pelo acúmulo dos produtos eruptivos – lavas, bombas, cinzas. Mais de 80% da crosta da Terra – abaixo ou acima do nível do mar – é de material vulcânico, cuja origem associa-se ao deslocamento de placas e convecções no manto. Vulcões também construíram a paisagem da Lua, Marte e Vênus, entre outros corpos do Sistema Solar, evidenciando a verdadeira dimensão geológica da qual nosso planeta faz parte.

O termo "vulcano" provém de uma pequena ilha situada próximo à Sicília, no Mar Mediterrâneo (Figuras 6.20a e b). Para os primeiros povos desta ilha, sob o domínio da figuração mitológica para explicar os fenômenos da natureza, "Vulcano" era o deus do fogo, simbolizado pela montanha monumental onde apareciam erupções ruidosas de lava e de cinza incandescente. Já para os povos primitivos da Polinésia as erupções vulcânicas eram atribuídas aos humores de Pelée, deusa dos vulcões.

Desde o século XIX, fruto de observações cuidadosas, sabe-se que as erupções nada têm de sobrenatural. Atualmente, o estudo dos vulcões e de suas manifestações integra um ramo da Geologia – a vulcanologia. Trata-se de uma linha de investigação interdisciplinar e quantitativa de grande

Figura 6.20 – a) Erupção vulcânica na Catânia, Itália – Parte de um afresco do autor Giacinto Platania, do século XVII. Fonte: Catedral de Catania, Itália. b) Ilhas Vulcano (ao fundo) e Vulcanello, Sicília, Itália. Foto: E. Ruberti.

importância não só quanto às consequências das atividades vulcânicas nas variações climáticas globais, mas também na redução desses riscos naturais à população que habita essas regiões. O termo vulcanismo é aplicado ao conjunto de processos ígneos associados ao derramamento do magma na superfície da Terra.

6.4.2 Origem das rochas vulcânicas e sua importância

Os produtos vulcânicos vinculam-se ao magma existente no manto ou na crosta. O magma, por ser menos denso que as rochas ao seu redor, tende a subir pelas rupturas na crosta e originar uma erupção vulcânica, comumente na forma de derrames de lava. Em superfície, em virtude da redução drástica das pressões sob as quais o magma se encontrava, os gases dissolvidos expandem instantaneamente num volume cerca de centenas de vezes maior que o original. Em consequência, são produzidos jatos de material rochoso incandescente – as fontes de lava. Porém, além das lavas, os materiais expelidos podem ser muito variados, entre eles, fragmentos de rocha, bombas de lava, cinzas e gases, principalmente vapor de água e dióxido de carbono (CO_2). A porção gasosa estimada para a maioria dos mag-

mas é de 1% a 6% do seu peso total. Embora este percentual possa parecer baixo, o volume de gases liberado na atmosfera pode exceder milhares de toneladas ao dia.

As lavas fornecem informações úteis sobre o estado físico do material magmático e sobre a sua composição química. Por sua vez, os elementos voláteis dissolvidos no magma propiciam informações relevantes sobre a composição da atmosfera. Análises realizadas em vulcões do Havaí revelaram que os gases são formados por vapor de água (70%-90%), CO_2 (15%), N_2 (5%), S (5%) e menor quantidade de C, H, argônio, entre outros elementos e compostos químicos.

Algumas erupções vulcânicas são explosivas, mas muitas outras não são. Os fatores determinantes do estilo eruptivo são: a composição do magma, sua temperatura e a quantidade de gases dissolvidos. A variação desses fatores, por sua vez, afeta a viscosidade dos materiais produzidos. As lavas muito quentes e fluídas, por exemplo, deslocam-se com facilidade, uma vez que os gases dissolvidos no magma são liberados de maneira tranquila durante a erupção. Quando a lava é viscosa e possui temperatura mais baixa a sua mobilidade é dificultada. Os gases contidos no magma gerador sob

altíssimas pressões produzirão a um dado momento uma explosão violenta. Esses gases são transportados pelo vento na forma de aerossóis que, por sua vez, originam ácidos nocivos para o ser humano e animais, podendo inclusive destruir a vegetação e corroer metais.

A viscosidade do magma, como já visto, está relacionada ao seu conteúdo de sílica (SiO_2). Em geral, quanto maior for o conteúdo de sílica, mais viscoso ele é (Tabela 6.3, ver figura 6.8). Magmas máficos que produzem rochas basálticas possuem teor em sílica entre 52% e 45% e baixo conteúdo em voláteis, enquanto que os magmas félsicos têm conteúdo de sílica acima de 66% e alto teor em voláteis. Esse último tipo de magma, portanto, origina derrames riolíticos espessos e de pequena extensão, ao contrário dos derrames basálticos que são muito extensos e volumosos. Por sua vez, as características das lavas (viscosidade, quantidade de gases dissolvidos e mobilidade) condicionarão os diferentes estilos do vulcanismo, como será descrito mais adiante.

Os produtos vulcânicos trazem informações importantes não só sobre as condições físico-químicas da formação de minerais, mas também sobre a distribuição e potencialidade dos re-

Composição	Conteúdo de SiO_2	Viscosidade	Conteúdo em gases	Probabilidade de erupções explosivas	Estilos vulcânicos
Basáltica (básica)	Baixo (52% – 45%)	Baixa	Baixo (1% – 2%)	Baixa	Fissural (platôs basálticos) e central (vulcões de escudo e cones escoriáceos)
Andesítica (intermediária)	Médio (66% – 52%)	Média	Médio (3% – 4%)	Média	Central (estrato-vulcões)
Riolítica (ácida)	Alto (> 66%)	Elevada	Alto (4% – 6%)	Alta	Central (estrato-vulcões)

Tabela 6.3 – Características dos constituintes de rochas vulcânicas e estilos vulcânicos.

cursos naturais de interesse econômico. Além disso, as grandes atividades vulcânicas causam variações climáticas globais. São esses fenômenos que também respondem pela composição do ecossistema do planeta Terra, em que 25% do O, H, C, Cl e N presentes na nossa biosfera atual têm esta origem. E no passado da Terra este papel não foi menos importante: exalações gasosas de muitos milhares de vulcões, há mais de 4 bilhões de anos, liberaram volumes gigantescos principalmente de vapor de água, gás carbônico e nitrogênio, para formar os primeiros oceanos e a atmosfera de então, uma combinação tóxica de metano, amônia e hidrogênio. Contudo, foi nesse ecossistema que os elementos químicos se combinaram para dar origem à vida nos oceanos primitivos.

6.4.3 Como reconhecer os produtos vulcânicos?

As erupções explosivas ejetam violentamente fragmentos rochosos sólidos e fundidos, além de gases vulcânicos. Quando esses fragmentos se depositam e constituem uma rocha são denominados de tefra. As partículas mais finas (vidro vulcânico, minerais e cinza) lançadas ao ar formam em minutos uma gigantesca coluna acima do vulcão, originando uma nuvem eruptiva que se movimenta pela ação do vento.

Os principais produtos do vulcanismo encontram-se sintetizados na tabela 6.4 e nas figuras 6.21a-f.

Lavas

As lavas representam os magmas que extravasam à superfície. Os vários tipos de lavas são correspondentes extrusivos de magmas félsicos ou máficos, originados no plutonismo, conforme já visto neste capítulo. Durante o derramamento da lava ocorre o escape dos componentes voláteis dissolvidos no magma. As principais características dos diferentes tipos de lavas são descritos a seguir.

As lavas basálticas são as mais comuns nos derrames, caracterizando-se pela cor preta quando consolidadas, e por temperaturas altas de erupção entre 1000 e 1200 °C. Suas propriedades químicas e físicas, tais como a baixa viscosidade, por causa de seu menor conteúdo em SiO_2 e em gases dissolvidos combinado com alta temperatura, permitem que o fluxo seja veloz e alcance grande distância em relação à erupção. Derrames gigantescos ocorreram em muitos continentes, como os de Deccan (Índia) e da bacia do Paraná (América do Sul). Os derrames básicos também construíram os assoalhos oceânicos ao longo da história geológica da Terra.

As lavas basálticas podem exibir feições superficiais contrastantes, conforme descrito a seguir:

A lava *pahoehoe*, ou lava "em corda" (Figura 6.21a), recebe esse nome em virtude das feições retorcidas que se formam na sua parte superficial. Essa feição é induzida pelo magma de composição básica que flui abaixo de uma

Produto	Fenômeno vulcânico	Características físicas dos componentes ou do fenômeno
Lava; fontes de lava	Erupção magmática fluída ou viscosa	Rocha em estado de fusão frequentemente contendo minerais, acompanhada por liberação de gases
Cinzas	Erupção explosiva de fragmentos sólidos e semiplásticos, ejetados na atmosfera	Partículas da dimensão de grãos de areia (1/16-2 mm) ou muito finas (< 1/16 mm)
Lapílis		2-64 mm (ejetólitos no estado sólido ou ainda pastoso)
Blocos		> 64 mm (fragmentos de lava consolidada, ou de rochas encaixantes)
Bombas		Massas arredondadas ou alongadas de lava > 64 mm (ejetadas no estado pastoso)
Gases	Erupções diversas	Exalações de vapor de água, CO_2, N_2, S, C, H e Ar
Nuvens ardentes	Erupções explosivas com fluxo piroclástico (recém-formado)	Emulsões superaquecidas com fragmentos de rochas e lava
Materiais piroclásticos	Erupções explosivas	Fragmentos consolidados de rochas e lava (brechas e tufos)
Lahar	Fluxo de lama associado a fenômenos eruptivos, ou consequentes	Torrentes de alta densidade com fragmentos de rocha e outros materiais que se movimentam por gravidade
Fumarola; Gêiser	Atividade vulcânica terminal ou quiescente	Ejeções intermitentes de água e vapores; exalações de gases, geralmente causando precipitados minerais

Tabela 6.4 – Características dos produtos vulcânicos e fenômenos associados.

Figura 6.21 – a) Lava *pahoehoe*. Derrame recente, ainda não inteiramente consolidado (sendo amostrado por geólogo) sobre derrames mais antigos. Kilauea, Havaí. Foto: USGS. b) Derrame de lava *aa* avançando sobre derrames de lava *pahoehoe* (parte inferior da foto). Kilauea, Havaí. Foto: USGS. c) Lavas almofadadas de idade pré-cambriana (> 600 milhões de anos). Notar bordas das almofadas marcadas por cor de alteração marrom avermelhado. Pirapora do Bom Jesus, SP. Foto: M. V. Coutinho. d) Camada de *lapíli* (junto à cabeça do martelo) em tufo vulcânico estratificado. Lipari, Itália. Foto: E. Ruberti. e) Bloco vulcânico. Notar tamanho e forma angulosa. Vulcano, Itália. Foto: E. Ruberti. f) Tufo vulcânico. Pudahuel, Santiago do Chile. Foto: G. A. J. Szabó.

película semiconsolidada. Túneis também podem ser originados do fluxo da lava. Uma eventual drenagem desses túneis pode criar um canal subterrâneo – o tubo de lava – que pode atingir vários quilômetros em extensão.

Outro tipo de lava basáltica, a lava *aa*, ou lava "em blocos" (Figura 6.21b) apresenta uma crosta áspera rachada ou fendilhada. O deslocamento desse tipo de derrame (com blocos irregulares amontoados, fragmentos pontiagudos e lascas) é acompanhado pela emissão de gases em jatos de intensidade variável. O fluxo desse tipo de lava é mais lento que a *pahoehoe*, porque o escape dos gases dissolvidos no magma aumenta a viscosidade do material superficial, formando-se uma crosta mais espessa e grossa que pode atingir espessuras de 3 a 4 metros. Nos derrames do Havaí, geralmente as lavas tipo *aa* possuem temperaturas relativamente mais baixas que as das lavas *pahoehoe*.

Derrames básicos subaquáticos frequentemente se acumulam numa forma que lembra uma pilha de "almofadas" (tradução literal do termo em inglês *pillow*), e por isso são denominados de lavas almofadadas (Figura 6.21c). Esta feição das lavas tem tamanho variável, e resulta do contato de lobos de magma com a água fria, levando ao rápido resfriamento de sua parte externa. Com isso, cria-se uma película exterior vítrea, que funciona como um eficiente isolante térmico, evitando o resfriamento rápido da lava remanescente no interior destes lobos. Formam-se assim estruturas tubulares, que avançam através do rompimento da sua película frontal recém-consolidada pela pressão da lava que continua a fluir por elas. Os tubos de lava avançam em pulsos,

adquirindo forma intumescida como linguiças e amoldando-se ao substrato sobre a qual se alojam, muitas vezes recobrindo derrames almofadados mais antigos. A presença ou ausência de vesículas na borda destas estruturas almofadadas é um bom indicador da profundidade em que ocorreu o derrame: se a lâmina de água for muito profunda, a pressão da água impede o escape dos gases dissolvidos na lava, inibindo a formação de vesículas. Em águas rasas a baixa pressão hidrostática permite o escape dos gases e logo o aparecimento de estrutura vesicular na borda das "almofadas". Nas profundezas da cadeia mesoatlântica e também no assoalho oceânico do Pacífico Leste, lavas almofadadas foram observadas em processo de formação pela primeira vez por submergíveis, demonstrando serem um dos componentes da formação da crosta oceânica.

As lavas riolíticas e andesíticas são outros tipos característicos que ocorrem frequentemente em vulcões. Trata-se de lavas com alto conteúdo de sílica e mais ricas em gases que as lavas basálticas, conforme observado na tabela 6.3. Os teores mais elevados de sílica as tornam mais viscosas (ver figura 6.8): consequentemente, seu deslocamento é mais lento e isso pode provocar a formação de verdadeiras "rolhas" rochosas, que entopem os condutos vulcânicos. O acúmulo de gases que se desprendem do magma abaixo dessas "rolhas" pode provocar explosões violentas, com a formação de grande quantidade de material piroclástico, nuvens ardentes e púmices, de consequências catastróficas tanto para os habitantes do entorno do vulcão como para o meio ambiente, muitas vezes em escala global.

Materiais piroclásticos

Quando a lava basáltica extravasa, os gases dissolvidos no magma escapam de modo fácil e contínuo. Às vezes, a liberação explosiva desses gases pode ejetar a lava em pulsos a grandes altitudes. Parte desse material ejetado irá se depositar próximo ao duto eruptivo construindo pouco a pouco a estrutura cônica do vulcão ou formará os depósitos de tefra. Ao mesmo tempo, as partículas menores serão transportadas a grandes distâncias pelo vento.

Por se tratar de magmas viscosos, a erupção acontece na forma de explosões de rocha pulverizada, lava e fragmentos vitrificados da cratera. Os fragmentos lançados na atmosfera são denominados de materiais piroclásticos – termo derivado do grego *pyros* (fogo) e *klastos* (quebrado).

Os produtos piroclásticos são constituídos por partículas de vários diâmetros (ver tabela 6.3), gotas de lava misturadas a cinzas, bombas e blocos quebrados pela expansão violenta de gases. Esses blocos, por sua vez, podem ter natureza magmática ou serem fragmentos de rochas preexistentes das mais diversas origens.

Cinzas são partículas ejetadas de granulação muito pequena. São carregadas pela ação dos ventos e ao depositarem formam espessos pacotes rochosos. Os *lapílis* ("pedrinha", em italiano – figura 6.21d) são gotas de lava (no estado plástico ou pastoso) maiores que a cinza, podendo alcançar um volume pouco menor que uma bola de tênis. Em função da intensidade dos ventos e da elevada fluidez da lava, os *lapílis* podem tomar a forma de gotas alongadas e até de fiapos, à maneira de fios de cabelo. As bombas representam os fragmentos vulcânicos (em estado plástico) com aparência retorcida adquirida durante a consolidação em sua trajetória no ar (Figura 6.21e).

Eventualmente, a superfície externa das bombas apresenta-se com rachaduras em função da expulsão de gases da lava, formando uma textura superficial denominada de "crosta de pão". Quando o magma é muito rico em gases a erupção pode produzir bombas de espuma de lava, que se consolida como vidro vulcânico esponjoso (púmice, ou pedra-pomes – ver figura 6.12d). Finalmente, os blocos são constituídos por material sólido da rocha encaixante do vulcão (ou de sua parede), lançados ao ar.

Os materiais piroclásticos podem acumular-se no lugar de sua queda, selecionados por tamanho (blocos e bombas mais perto do sítio da erupção, lapílis e cinzas progressivamente mais longe). Os produtos piroclásticos constituídos por fragmentos menores cimentados em uma matriz de granulação fina recebem o nome de tufo (Figura 6.21f), ao passo que os depósitos de granulação mais grossa, contendo fragmentos angulosos de rochas preexistentes e as bombas da própria lava, cimentados numa matriz também de granulação grossa, são denominados de brechas (Figura 6.22). Tufos e brechas apresentam grau de consolidação variável: alguns são firmemente compactados e cimentados após a deposição, tornando-se até certo ponto resistentes à erosão. Em muitos casos, porém, permanecem porosos e friáveis, sendo erodidos com facilidade pelas chuvas que se seguem a erupções violentas. Estima-se que a maioria dos depósitos piroclásticos de erupções vulcânicas do passado geológico tenha sido removida pela erosão, e o que resta corresponderia apenas a uma pequena fração do total produzido.

Figura 6.23 – Ignimbrito. Os pedaços achatados de púmice e vidro vulcânico definem a estrutura *fiammé*. Chacabuco, Chile. Foto: G. A. J. Szabó.

Um tipo particular de rocha vulcânica piroclástica é o ignimbrito (Figura 6.23), constituído de pedaços achatados de púmice e de vidro vulcânico em forma de chamas (*fiammé*, em francês) e fragmentos de rochas e de minerais (cristais de quartzo e feldspato, principalmente), envoltos em uma matriz de cinzas firmemente compactadas e cimentadas. A origem dos ignimbritos foi por muito tempo um mistério, até que pesquisadores puderam observar o desenvolvimento das nuvens ardentes. As nuvens ardentes manifestam-se nas explosões vulcânicas violentas, como no caso do vulcão Mount Pelée que em 1902 arrasou a cidade de Saint-Pierre, na Martinica, matando quase que instantaneamente cerca de 30 mil pessoas (apenas dois habitantes da cidade sobreviveram, um por estar encarcerado em uma masmorra de paredes espessas de pedra). Essas nuvens ardentes (*nueé ardent*, em francês), também chamadas de fluxos piroclásticos, são torrentes superaquecidas constituídas por misturas de fragmentos de lava ainda plástica, púmices, cristais de quartzo e feldspato, fragmentos de rocha, cinzas e gases quentes, que se expandem explosivamente ao

Figura 6.22 – Brecha vulcânica, com bombas (arredondadas) e blocos (angulosos). Vulcano, Itália. Foto: E. Ruberti.

deixar o conduto vulcânico e se movem muito rápido por gravidade encosta abaixo, com velocidades de até 200 km/h, acompanhadas por um som ensurdecedor. Trata-se de uma atividade com altíssimo poder destrutivo por causa da grande massa de material envolvido, com extrema mobilidade e altas temperaturas, geralmente acima de 700 °C. Essas torrentes superaquecidas confinam-se aos vales e às depressões topográficas, percorrendo grandes distâncias em relação ao sítio de erupção. O colapso do fluxo piroclástico produz os ignimbritos, também chamados de "tufos soldados" por causa da alta resistência que adquirem quando consolidados. Fluxos piroclásticos sucessivos produzem os platôs ignimbríticos, que podem alcançar dimensões gigantescas (Figura 6.24).

Fumarolas

As exalações de gasosas do próprio magma que acompanham a atividade vulcânica são denominadas de fumarolas (também chamadas de solfataras). Trata-se principalmente de misturas de vapores de H_2O, CO_2, N_2, SO_2, H e C, cujas composições variam em função das temperaturas envolvidas (800 °C a 100 °C) e do conteúdo em minerais dissolvidos. Esse tipo de fenômeno está associado com intensa atividade química e que origina precipitados de coloração forte impregnando as rochas da cratera ou outras aberturas vulcânicas.

Em algumas ocasiões, elementos químicos economicamente importantes, como F, S, Zn, Cu, Pb, As, Sn, Mo, U, W, Ag, Hg e Au, podem se associar aos gases, concentrando-se principalmente em veios hidrotermais na rocha encaixante, por conta do resfriamento das exalações de vapor de água (Figura 6.25).

6.4.4 Fenômenos associados ao vulcanismo

As erupções explosivas, como já ressaltamos, podem depositar enormes quantidades de cinza e outros materiais piroclásticos. Esses eventos geralmente são acompanhados pelo derretimento da neve e gelo acumulado no topo do vulcão, e por chuvas torrenciais. O grande volume de água produzido mistura-se então com os produtos vulcânicos ainda não consolidados, gerando fluxos de lama - os *lahars* (Figura 6.26). Cerca de 40% em peso dessas misturas é de cinzas vulcânicas, além de partículas de diferentes tamanhos (desde argila até blocos enormes) com restos de troncos de árvores e outros materiais, o que as torna densas com a consistência do concreto encharcado.

Figura 6.24 – Depósito ignimbrítico, de composição riodacítica-dacítica. Chubut, Argentina. Foto: C. Cingolani.

Figura 6.25 – Fumarola com depósito de enxofre formado pelo resfriamento dos gases vulcânicos. Vulcão Kilauea, Havaí. Foto: R. L. Christiansen / USGS.

Figura 6.26 – Depósito de *lahar*. Notar a abundância e tamanho dos fragmentos carregados pela torrente de lama. Antártica. Foto: J. B. Sígolo.

Os *lahars* deslocam-se por gravidade com velocidades superiores a dos cursos de água, tendo condições de fluir até mesmo sobre a neve ou gelo e atingir distâncias de até 300 km do local onde se originaram. Sua força é tal que destrói a maioria das edificações e dizima florestas com árvores de grande porte. Um desses eventos destrutivos ocorreu por ocasião da erupção do Nevado del Ruiz na Colômbia, em 1985, causando dezenas de perdas de vida entre os habitantes nos vales adjacentes ao vulcão.

Já os gêiseres ocorrem em muitas regiões de vulcanismo recente e se caracterizam como uma atividade ligada à interferência do calor do magma com água do lençol freático. Trata-se de jatos intermitentes de água quente e vapor que surgem através de fraturas na crosta, em geral acompanhados por um som peculiar. Regiões vulcânicas na Islândia, Nova Zelândia, Chile e Estados Unidos são mundialmente conhecidas por essa atividade (Figura 6.27). Um exemplo de gêiser é o *Old Faithful* ("Velho Fiel") situado no Parque Nacional Yellowstone (oeste dos EUA), que lança periodicamente uma coluna de água superaquecida e vapor a 55 metros de altura. A região faz parte de uma estrutura vulcânica gigantesca originada há cerca de 630 mil anos, onde a vida animal e vegetal desenvolve-se ao redor das fontes e piscinas térmicas, mesmo em invernos rigorosos. A água quente dessas piscinas apresenta variações de tons azul, verde e avermelhado-marrom que refletem o crescimento de diferentes tipos de micróbios em função das temperaturas variadas.

O funcionamento dos gêiseres depende da infiltração contínua de água através de fraturas e da presença de rochas porosas aquecidas por causa da proximidade da câmara magmática (Figura 6.28). Sob pressão da coluna d'água, a água armazenada na rocha porosa se superaquece sem ferver, tornando-se menos densa que a água fria que continuamente se infiltra. A temperatura da água aumenta pouco a pouco até que, a um dado momento, ela entra em ebulição. Isto acarreta uma expansão de volume, criando-se uma coluna de vapor e água superaquecida que sobe por fissuras na crosta até se ejetar no terreno. Após a redução da pressão ocorre a recarga da rocha porosa, reiniciando assim o fenômeno.

Figura 6.27 – Gêiser com terraços de *sinter*. Rotorua, Nova Zelândia. Foto: W. Teixeira.

Uma das feições características dos gêiseres são os terraços silicificados (*sinter* – Figura 6.27), ou cálcicos (travertino). Trata-se de precipitados de origem química, que se incrustam nas rochas ou sobre o solo, como resultado da precipitação de minerais dissolvidos na água quente à medida que esta evapora ou resfria. Panelas de lama quente borbulhante também podem ser encontradas em campos de gêiseres, quando a água superaquecida, contendo ácidos dissolvidos, entra em contato com material fino lixiviado das rochas encaixantes.

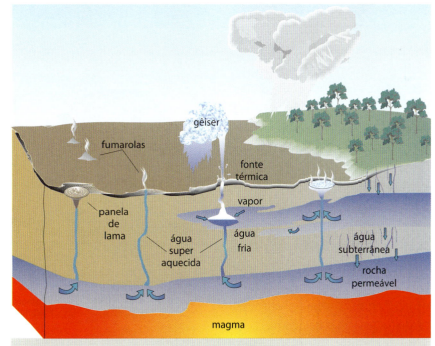

Figura 6.28 – Esquema do funcionamento de gêiseres, fumarolas e fontes térmicas (sem escala).

175

6.4.5 Tipos de vulcões e estilos eruptivos

Quando pensamos em vulcanismo sempre nos ocorre uma imagem de um edifício vulcânico cônico e com o pico nevado. Porém, esta situação não ocorre sempre, já que pode também acontecer o extravasamento da lava por fissuras na crosta.

Em realidade, a anatomia dos vulcões depende de uma variedade de fatores, tais como: composição química, conteúdo de gases, viscosidade e temperatura do magma e ambiente geológico. A atividade vulcânica geralmente se inicia em função da pressão inerente à subida do magma que irá produzir fraturas na crosta. Ao mesmo tempo em que o magma ascende pela fratura vai sendo criado um conduto circular até o seu extravasamento superficial na forma de lava e produtos piroclásticos. Erupções sucessivas desses materiais e lava constroem o vulcão ou grandes derrames. Lavas com baixa viscosidade constroem edifícios vulcânicos com flancos com pequena declividade, ou derrames extensos e espessos, no caso de erupção através de fissuras ou fendas profundas na crosta. Estas podem ter algumas dezenas de metros de largura e várias centenas ou milhares de metros de comprimento, a exemplo das estruturas observadas na ilha vulcânica da Islândia. Já as lavas muito viscosas não se deslocam com facilidade o que resulta na construção de vulcões com encostas mais íngremes ou pilhas de produtos piroclásticos.

No caso de um vulcão de forma cônica, a depressão com paredes íngremes por onde ocorre o extravasamento da lava ou outros produtos eruptivos (Figura 6.29) chama-se cratera. A chaminé ou conduto interliga a cratera com a câmara magmática. Eventuais cones satélites constituídos por material piroclástico podem se formar nos flancos do vulcão ou à medida que a chaminé e/ou a cratera sejam bloqueadas por lava solidificada ou ainda por desmoronamento parcial ou total das paredes da cratera. Em determinadas situações, os flancos do vulcão podem ser totalmente erodidos, restando apenas o remanescente do conduto. Esta feição morfológica vertical e abrupta que se destaca na topografia do terreno é o *neck* vulcânico (ver figura 6.19).

As atividades vulcânicas são classificadas como fissurais e centrais. Esses estilos contrastantes decorrem de vários fatores, entre eles, a localização nas placas tectônicas e as propriedades físico-químicas do magma e dos seus produtos. O ambiente geológico é também um dos fatores relacionados à diversidade de estilos e produtos. O vulcanismo submarino em grande profundidade, por exemplo, não é explosivo porque a alta pressão da água reinante impede o escape dos gases dissolvidos no magma. Como a água resfria a lava mais rapidamente que o ar, a pilha de lava é geralmente mais íngreme que a topografia de derrames de lava situados em ilhas oceânicas e nos continentes.

Erupções fissurais

Erupções fissurais são as mais comuns entre as atividades ígneas do nosso planeta, e não produzem edifícios vulcânicos. Vinculam-se caracteristicamente à constituição da crosta oceânica que é produto da extrusão contínua e rítmica de lavas basálticas ao longo de dezenas de milhões de anos. A lava que ascende através de fraturas profundas (Figuras 6.30a e b) é de natureza basáltica com baixa viscosidade, e pode formar derrames extensos não só nas regiões oceânicas como também em continentes.

A erupção fissural do magma pode ser observada atualmente na Islândia – um segmento exposto da cordilheira

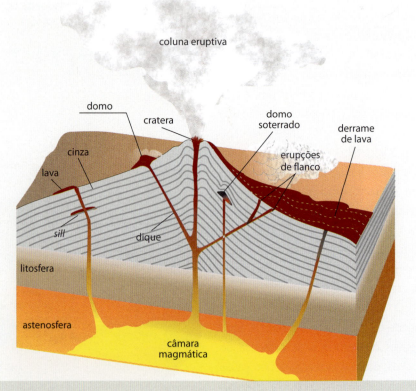

Figura 6.29 – Esquema de um estrato-vulcão em erupção (sem escala).

meso-oceânica acima do nível do mar – onde são comuns fontes de lava, ou cortinas de fogo, e derrames. Possivelmente a extraordinária atividade vulcânica nesta região é influenciada por uma coluna estacionária ascendente de magma, cuja alta temperatura amplifica fusões parciais do material rochoso, produzindo crosta oceânica abundante e anormalmente espessa. Platôs vulcânicos, que são acumulações gigantes de lava observadas nos assoalhos oceânicos, podem ter esta origem também.

As erupções fissurais nos oceanos originam-se em vales submarinos alongados e em degrau que acompanham a construção das cadeias meso-oceânicas. Esse tipo de erupção também recebe a denominação de vulcanismo de rifte, pois a feição em pleno assoalho oceânico guarda semelhança com aquela existente em continentes, constituídas de sistemas de falhas e estrutura topográfica em degrau, e que foi definida na África originalmente como *rift valley*. Muitos derrames que ocorrem sobre os continentes podem ter origem em estruturas semelhantes aos riftes.

Feições peculiares do resfriamento da lava na superfície podem ser eventualmente observadas nos derrames, como a disjunção colunar (ver figura 6.18).

Erupções centrais

Este tipo eruptivo sempre forma um edifício vulcânico e está associado a magmas com alto conteúdo em sílica e voláteis. O edifício vulcânico mais comum é o estrato-vulcão, também chamado de vulcão composto, que ocorre sobre zonas de subducção. As erupções produzem grandes volumes de cinzas, púmice, blocos e bombas, muitas vezes na forma de fluxos piroclásticos, além de derrames de lavas andesíticas viscosas com alto conteúdo de gases. Em razão da saturação de gases no magma e sua alta viscosidade, o material piroclástico forma uma grande coluna eruptiva. Sucessivas erupções constroem um cone com camadas alternadas de derrames de lava e produtos piroclásticos, de perfil íngreme e simétrico. Exemplos são os vulcões Osorno, Vila Rica e Lascar (Chile), Fujiyama (Japão), Santa Helena (EUA), e Etna, Stromboli e Vesúvio no Mediterrâneo (Itália) (Figura 6.31).

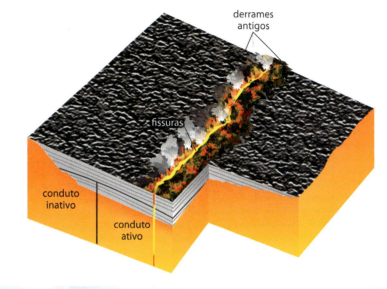

Figura 6.30 – a) Esquema de erupção fissural, condicionado à ascensão de magma muito fluído por fissuras profundas na crosta, com a formação de derrames sucessivos de lava. b) Erupção fissural. Notar "cortina de fogo". Kilauea, Havaí. Foto: USGS.

Figura 6.31 – Vista do estrato-vulcão Stromboli, Itália. Foto: E. Ruberti.

A reativação de um estrato-vulcão pode ocorrer após décadas e até séculos de inatividade em função do acúmulo de pressão na câmara magmática (quadro 6.1). Essas erupções podem produzir fluxos piroclásticos como as ocorridas no vulcão Santa Helena, em 1980.

As crateras vulcânicas podem ser preenchidas posteriormente por água. Esta situação tem risco potencial caso ocorra uma reativação, processo que é denominado ressurgência. Nesse processo, gases tóxicos são exalados por fendas submersas que podem também causar rompimento da estrutura vulcânica que represa a água, criando abruptamente torrentes de lama levando à destruição nos vales adjacentes.

Outro edifício vulcânico representante das erupções de tipo central é o vulcão tipo escudo. A maioria desses vulcões produz fluxos de lava basáltica muito fluída que constroem um edifício de grande extensão com flancos suaves que lembram um escudo redondo como o utilizado por guerreiros na antiguidade, daí o seu nome (Figuras 6.32a e b). As atividades eruptivas incluem também fontes de lava e exalações de gases. A lava é expelida pela cratera ou em erupções de flanco, de modo quiescente (num fluxo contínuo e relativamente calmo, sem episódios explosivos grandes ou violentos). Mais de 90% dos vulcões tipo escudo não produz erupções explosivas.

Vulcões tipo escudo são característicos do arquipélago do Havaí, situado no interior da placa oceânica do Pacífico. As ilhas desse arquipélago correspondem a montanhas vulcânicas emersas, sendo algumas ativas e outras extintas. Alinhadas com as ilhas emersas, há várias outras montanhas vulcânicas submersas. Os vulcões ativos são mais jovens; os vulcões extintos emersos e os submersos são sucessivamente mais antigos. A origem destes vulcões alinhados deve-se à atividade de um ponto quente (hot spot, em inglês). Esses podem ocorrer em algumas regiões do manto inferior, ou na interface núcleo-manto, anomalamente aquecidas (ver item 6.5). O manto aquecido torna-se menos denso que o manto menos aquecido ao redor, e ascende lentamente em direção à crosta. Esse material em ascensão recebe o nome de pluma mantélica. No manto superior, a ponta da pluma se funde, gerando os magmas basálticos que alimentarão os vulcões na superfície acima. Em consequência da tectônica de placas, a placa oceânica desloca-se lentamente por cima da pluma mantélica. Desta maneira, o foco do vulcanismo muda de posição continuamente, gerando uma série de edifícios vulcânicos alinhados e sucessivamente mais jovens. Os vulcões extintos, mais antigos, são destruídos de maneira mais eficaz pela erosão, visto que não há mais reposição de material vulcânico à sua superfície.

O monte Mauna Loa, na grande ilha do Havaí, apesar de ter sido construído em alguns milhões de anos apenas por derrames através da cratera e de erupções de flanco, é o maior e mais alto vulcão de nosso planeta. Seu topo situa-se a 4 quilômetros acima do nível do mar, ao passo que a sua base (com 120 quilômetros de diâmetro) está submersa a 10 quilômetros de profundidade.

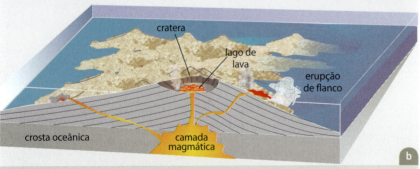

Figura 6.32 – a) Vulcão Wolf, tipo escudo. Arquipélago Colón (Galápagos), ilha Isabella. Foto: R. A. J. Trouw. b) Diagrama esquemático de um vulcão tipo escudo.

Quadro 6.1 – Vivendo à sombra de um vulcão

Quem vive próximo a estrato-vulcões, como os montes Santa Helena, Stromboli ou Vesúvio, pode desfrutar paisagens belas e inesquecíveis. Contudo, pelo fato de que esse tipo de vulcão permanece dormente por várias décadas ou séculos, mesmo as erupções catastróficas são fadadas ao esquecimento no curso de gerações humanas que ocupam uma região. Muitas pessoas que decidiram viver à sombra desses vulcões acreditam que estão em segurança, assumindo que o risco de erupção é baixo. Ao contrário desta crença, esses vulcões entram em erupção sem prévio aviso e uma das alternativas para reduzir o risco está no estudo dos depósitos vulcânicos a eles associados.

O Vesúvio (Figura 6.34), situado em região densamente habitada no Mediterrâneo, é um dos vulcões ativos no continente europeu, ao lado do Etna e do Stromboli. A atividade do Stromboli, que se situa próximo à ilha de Vulcano no Mediterrâneo, tem se mantido contínua praticamente desde tempos do império romano, com erupção de gases e ejeção de bombas de lava e blocos. Em razão disso, este vulcão é chamado de "farol" do Mediterrâneo.

No caso do Vesúvio, uma das suas erupções mais bem documentadas ocorreu no ano de 79 d.C. após séculos de inatividade e causou a destruição completa de Pompeia e Herculano. O clímax explosivo também matou o grande naturalista e historiador, Caio Plínio II e, por isso, esta erupção também recebeu o nome de *Pliniana* em homenagem póstuma ao famoso escritor. Apesar da catástrofe resultante da gigantesca erupção causada por um magma viscoso e muito rico em gases, uma parte preciosa da história da civilização da Roma antiga e de sua arte foi preservada, enterrada pelos materiais piroclásticos.

Os registros históricos revelam que na manhã do dia 24 de agosto daquele ano fatídico, a tranquilidade dos habitantes e o cenário das encostas com solo fértil repleta de vinhedos, foram rompidos para sempre. Terremotos prenunciaram a erupção iminente que produziu grande volume de púmice no início da tarde, seguido pela erupção de nuvens ardentes. Instantaneamente o dia escureceu ao mesmo tempo em que essas torrentes de gases superaquecidos se expandiram encosta abaixo a mais de 200 km por hora, ocorrendo então derrames de lava. Após horas de atividade ininterrupta, depósitos de cinzas com 6 metros de espessura cobriram os contrafortes do vulcão e erupções contínuas de púmice soterraram os habitantes, inclusive no interior das construções. O advento dessas nuvens ardentes com gases tóxicos certamente causou efeitos letais aos habitantes. E após asfixia, os corpos dos habitantes foram soterrados, na maioria, em espesso depósito de cinzas. Estima-se que cerca de 16 mil pessoas que viviam em Pompeia e Herculano foram atingidas por esse episódio.

Desde o ano 79 d.C., o Vesúvio entrou em erupção mais de 50 vezes, algumas de grande intensidade trazendo, portanto, um grande risco aos milhões de italianos que reocuparam, pouco a pouco, as vizinhanças da montanha e onde hoje se situa a cidade de Nápoles (Figura 6.33). Por conta disso, desde 1847, o Observatório Vesuviano foi construído no flanco da montanha, que faceia a cidade de Herculano, para o monitoramento das suas atividades sísmicas e vulcânicas.

Figura 6.33 – Vista do estrato-vulcão Vesúvio, Nápoles, Itália. Foto: M. Finizio.

Um tipo adicional de edifício vulcânico em erupções centrais é o cone piroclástico (também chamado de escoriáceo), que se origina de erupções de magma basáltico com alto conteúdo em gases. O fato permite a erupção de fontes de lava, bem como de colunas de material piroclástico com tamanho muito variável, desde cinzas finas até bombas, mas predominando os *lapílis*. O adjetivo escoriáceo provém do tipo de rocha formada, que têm cores marrom-avermelhada e preta, e grande quantidade de vesículas (estrutura escoriácea – ver item 6.3.2).

A maioria dos cones escoriáceos é formada durante uma única erupção. São vulcões relativamente pequenos, menores que 300 metros de altura, e que apresentam flancos íngremes. A inclinação é regida pelo ângulo de estabilidade dos fragmentos piroclásticos ainda inconsolidados em relação à gravidade. Frequentemente ocorrem como cones satélites nos flancos de grandes vulcões ou nas suas proximidades (ver figuras 6.34a e b).

Erupções freáticas ocorrem quando o magma muito rico em gases, ou mesmo a rocha subjacente sob alta temperatura, entra abruptamente em contato com a água fria subterrânea, ou oceânica. Assim é originada uma explosão de vapor superaquecido que ejeta exclusivamente fragmentos da rocha preexistente do conduto vulcânico. As erupções freáticas são geralmente fracas, mas algumas são muito violentas, como a do vulcão Taal nas Filipinas, ocorrida em 1965.

Ao redor das erupções de tipo central forma-se frequentemente uma grande depressão circular, chamada de caldeira, que pode atingir dezenas de quilômetros de diâmetro.

Figura 6.34 – a) Cone piroclástico ativo. Kilauea. Havaí. Foto: USGS. b) Esquema de um cone piroclástico.

Ela se forma pelo colapso da parte superior da câmara magmática que alimenta o vulcanismo, em virtude da saída de grandes volumes de lava e gases durante as erupções. Antes de episódios vulcânicos violentos, ocorre um intumescimento da superfície ao redor do vulcão, causado pelo acúmulo de magma recém-injetado na câmara magmática e aumento concomitante no volume de gases. Essas variações da topografia são regularmente monitoradas com medições de alta precisão no caso de vulcões propensos a sofrer erupções catastróficas, pois podem indicar se há perigo imediato. O magma remanescente após a erupção e o colapso do teto da câmara magmática pode ser injetado nas grandes fraturas circulares que se desenvolvem ao redor da caldeira, produzindo os diques anelares e episódios vulcânicos tardios. Em várias caldeiras, a temperatura permanece anomalamente alta no subsolo, mesmo depois que o vulcão se tornou extinto. Isto permite o desenvolvimento de gêiseres e fontes termais e de águas minerais, muitas vezes com propriedades terapêuticas. Um exemplo de caldeira no Brasil com águas termais medicinais é Poços de Caldas (ver quadro 6.2, figura 6.38).

Quadro 6.2 – Vulcanismo no Brasil

Com exceção dos Andes, a maior parte da América do Sul é muito antiga geologicamente, incluindo o território brasileiro. Desse modo, não há vulcões ativos no Brasil. Contudo, no passado geológico o continente sul-americano foi afetado por eventos vulcânicos gigantescos, como parte dos fenômenos globais que construíram e transformaram a crosta terrestre.

Na região amazônica, por exemplo, pesquisas já identificaram vulcões muito antigos e derrames riolíticos que cobriram milhares de km² da superfície – cuja atividade ocorreu há mais de 1,7 bilhão de anos. A magnitude desses eventos nos faz refletir como foi inóspito o ambiente de então, submetido às erupções gigantescas de lava e gases, e em periodicidade certamente muito maior do que observamos atualmente.

Figura 6.35 – Cânion Fortaleza, em Cambará, SC, divisa com Rio Grande do Sul. Foto: acervo da Editora.

Outro evento de altíssima intensidade, talvez um dos maiores vulcanismos basálticos continentais que se conhece na história relativamente recente da Terra, ocorreu há cerca de 135 milhões de anos, associado à abertura do oceano Atlântico Central e Sul. O vulcanismo (Formação Serra Geral) afetou praticamente toda a porção meridional do nosso continente, abrangendo as regiões do Sul e Centro-Oeste do Brasil (estados de São Paulo, Santa Catarina, Paraná, Rio Grande do Sul), Paraguai, Uruguai e Argentina (Figuras 6.35 e 6.36) e também uma parte do continente africano – hoje separadas pelo oceano Atlântico. Cerca de 1.200.000 km² da superfície terrestre foi coberta pelos derrames de lava. A magnitude do evento foi tal que ainda hoje podem ser observados dezenas de derrames de lavas sobrepostos que juntos possuem mais de 1 quilômetro de espessura, como ocorre no beiral da serra, perto de Torres, ou no cânion Fortaleza, em Cambará, SC (Figura

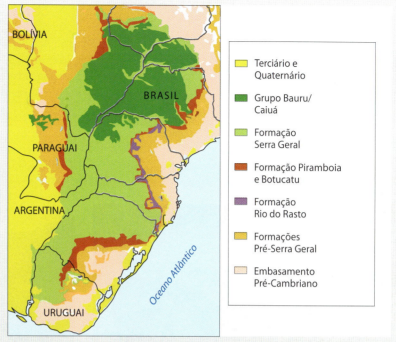

Figura 6.36 – A Formação Serra Geral no Brasil e nos países vizinhos.

6.35), ambos localizados no sul do Brasil. As Cataratas do Iguaçu foram formadas pela força erosiva da água nesses derrames resultando nos canhões profundos e escalonados, famosos mundialmente.

As rochas vulcânicas deste evento gigantesco são agrupadas na Formação Serra Geral. A origem do vulcanismo está vinculada a uma das etapas da construção do assoalho do oceano Atlântico - processo geológico que produziu o mosaico atual da América do Sul e África, e respectivas legendas. Algumas feições das rochas desta formação estão mostradas e descritas nas figuras 6.37a–f.

Figura 6.37a – Cataratas do Iguaçu: sucessão de derrames com segregações horizontais. Foto: V. Janasi.

Figura 6.37b – Lentes de gabro pegmatoide (alteração mais clara) em diabásio, topo de *sill* em Campinas, SP. As lentes correspondem ao magma mais diferenciado que migra para o topo da intrusão e se injeta no diabásio. Foto: V. Janasi.

181

A região Sul do Brasil foi palco também de outros episódios vulcânicos, cujos produtos ainda hoje se destacam na morfologia da paisagem, a exemplo do pico de Itatiaia, a ilha de São Sebastião e o planalto de Poços de Caldas, entre outras ocorrências. A cidade homônima, uma estância hidromineral famosa pelas águas termais sulfurosas medicinais e por importantes jazidas de urânio, tório e bauxita – localiza-se na borda de uma enorme caldeira vulcânica de cerca de 30 quilômetros de diâmetro, originada há cerca de 90 milhões de anos. Essa depressão circular, uma das maiores do mundo, foi formada pelo colapso da câmara magmática e é ainda hoje visível em imagem de satélite (Figura 6.38).

Os registros vulcânicos mais recentes, apesar de relacionados ao crescimento do assoalho do oceânico Atlântico, estão atualmente afastados do eixo da cadeia mesoatlântica. Alguns dos representantes são os montes submarinos desgarrados e ilhas vulcânicas, entre elas o arquipélago Fernando de Noronha. Este conjunto de ilhas constitui o topo de um enorme cone vulcânico, cuja base de 74 quilômetros de diâmetro se situa a 4.200 metros de profundidade no pavimento oceânico. As rochas vulcânicas em Noronha possuem suas idades determinadas entre pouco mais de 12 milhões de anos e 1,5 milhão de anos. Contudo, as rochas

Figura 6.37c – Bandamento em derrame de dacito, Chavantes, SP. As camadas claras são granulares, e as escuras têm predomínio de material devitrificado. Foto: V. Janasi.

Figura 6.37d – Contato de derrame basáltico com paleoduna da Formação Botucatu, RS. A mancha branca no contato é uma concentração de carbonatos secundários. Notar grande xenólito de arenito na porção superior esquerda da foto. Foto: V. Janasi.

Figura 6.37e – Cilindros de segregação ("segregation pipes") verticais coletando-se, no topo, em lâminas sub-horizontais; PR. Foto: V. Janasi.

Figura 6.37f – Seção horizontal de cilindro de segregação ("segregation pipes") de basalto vesiculado; RS. Foto: V. Janasi.

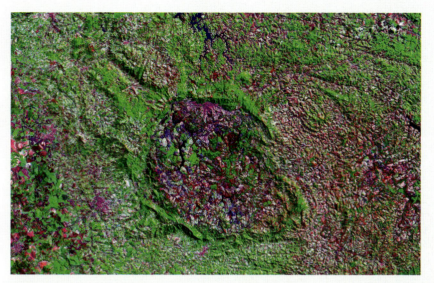

Figura 6.38 – Imagem de satélite (Landsat 7) da caldeira vulcânica de Poços de Caldas, MG. Foto: NASA.

emersas mais antigas, que formaram as primeiras ilhas já foram destruídas nos eventos geológicos que se seguiram. É certo, porém, que a história geológica alternou episódios de derramamento de lavas e outros produtos piroclásticos, e períodos de inatividade quando predominaram processos erosivos, eólicos e sedimentares.

Outras ilhas oceânicas tiveram aparentemente esta mesma complexidade geológica, mas foram formadas em épocas posteriores, como Trindade, cujas rochas vulcânicas têm idades entre 3,5 e 2,5 milhões de anos. Nesse último exemplo ainda podem ser observados derrames e outros produtos vulcânicos como bombas e depósitos de *lapílis* e cinzas.

6.5 Magmatismo e Tectônica de Placas

O vulcanismo atual se concentra em ambientes com atividade sísmica intensa, onde as placas litosféricas colidem ou se afastam.

Cerca de 60% dos vulcões ativos situa-se no chamado "Cinturão do Fogo" que é uma zona com terremotos e vulcões que bordeja o oceano Pacífico (ver figura 6.39). Muitos vulcões ocorrem no interior ou na borda do Mar Mediterrâneo, sendo o monte Etna, na Sicília, o maior e mais alto deles. O monte Vesúvio é o único vulcão ativo no continente europeu.

A Tectônica de Placas e seus mecanismos indutores são os controladores do processo de fusão das rochas em sítios da astenosfera ou da litosfera, formando o magma (ver figura 6.40). É importante frisar que não existe um "oceano de magma" contínuo por baixo da litosfera: a perda de rigidez das rochas da astenosfera, conforme inferido pela atenuação da velocidade das ondas sísmicas, deve-se às altas temperaturas reinantes, mas predominando o estado fundamentalmente sólido do ambiente, com a presença eventual de bolsões de magma.

Nos diferentes limites de placas atuam processos geológicos distintos e cada qual gera um magmatismo (vulcanismo e plutonismo) característico.

Os limites divergentes são caracterizados por movimentos de extensão da placa litosférica e presença de cadeias meso-oceânicas. Este processo é induzido por células de convecção que trazem rochas quentes profundas para regiões mais rasas do manto. Simultaneamente as células produzem a distensão na crosta e o surgimento de fraturas profundas, enquanto que a descompressão das rochas quentes forma magmas que ascendem através delas. Este processo produz grande volume de basaltos que são a origem das cadeias meso-oceânicas. A cordilheira mesoatlântica, que ocorre entre os continentes sul-americano e africano, é um desses exemplos. O processo de ruptura da litosfera e subida de magma tem duração de milhões de anos e é a força motriz de criação do assoalho dos fundos oceânicos. Parte desta crosta oceânica, quando é exposta à superfície, recebe o nome de ofiolito.

Os limites convergentes resultantes da colisão entre placas litosféricas podem ser de três tipos: oceano – oceano, continente – oceano, e continente – continente.

No caso de choque entre duas placas oceânicas há geração de vulcanismo andesítico a partir da subducção e fusão da crosta oceânica (com pouca quantidade de sedimentos

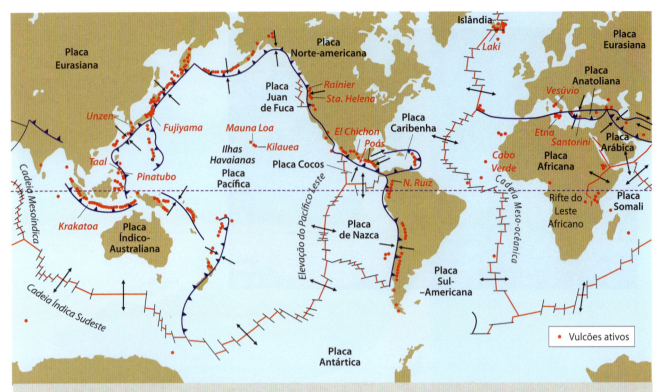

Figura 6.39 – Distribuição global do vulcanismo. A maioria dos vulcões ativos (pontos vermelhos) concentra-se ao longo dos limites convergentes de placas (traços em azul). Vulcanismo atual também ocorre nos limites divergentes (traços em vermelho) e em regiões internas das placas. As setas pretas indicam o movimento relativo das placas (ver capítulo 3).

marinhos), havendo a formação de um arco de ilhas, como ocorre hoje, por exemplo, no Japão. Esse tipo de ambiente apresenta um "front" de vulcões limitado em seu lado convexo por uma depressão topográfica profunda da ordem de milhares de metros, criada pela subducção de uma das placas oceânicas. É a fossa tectônica (Figura 6.40).

Quando há colisão entre placas continental e oceânica, a exemplo do que ocorre na cadeia Andina, a placa oceânica (mais densa) mergulha sob a continental (menos densa). Os mecanismos de subducção causam a fusão da crosta oceânica (basáltica) consumida juntamente com sedimentos marinhos acumulados na fossa tectônica que também é formada neste tipo de ambiente. Os diferentes componentes rochosos desse ambiente, ao serem fundidos durante a subducção, originam magmas de composições variadas. As rochas ígneas produzidas são mais ácidas que aquelas geradas nas cadeias meso-oceânicas (predominantemente basálticas), sendo comum o vulcanismo andesítico (intermediário) e, em menor proporção, o riolítico.

Já na margem do continente, as cadeias de montanhas são constituídas predominantemente por rochas graníticas (ácidas) e chegam a atingir espessuras da ordem de 40 a 50 quilômetros em virtude do processo colisional. O consequente aumento de temperatura, resultante do espessamento pode ultrapassar a temperatura de início de fusão das rochas constituintes da base da crosta, gerando os magmas de composição granítica que, ao se consolidarem no interior da crosta, formam rochas intrusivas com composições intermediárias a ácidas (graníticas). Ao mesmo tempo pode ocorrer vulcanismo sobre as margens do continente, formando um arco vulcânico continental. Esses magmas, originalmente já diferenciados, sofrem modificações adicionais durante a passagem através da crosta e os vulcões são construídos por rochas de composição intermediária à ácida.

No processo de colisão entre duas placas continentais, o qual pode ser exemplificado pelo choque entre a Índia e o Tibet, originando as magníficas montanhas dos Himalaias, o plutonismo é muito expressivo enquanto que o vulcanismo é pouco significativo. O plutonismo é representado por muitos corpos graníticos formados a partir da fusão da base da crosta continental que tem grande espessura, por causa das pressões e temperaturas extremas envolvidas no processo colisional.

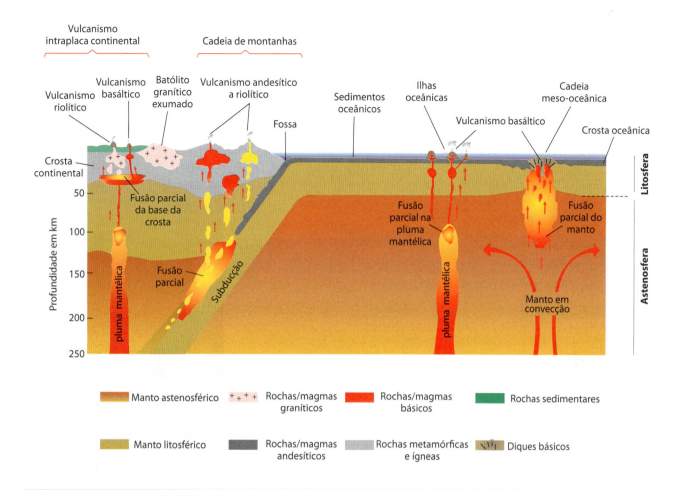

Figura 6.40 – Esquema dos ambientes geradores de magma no contexto da tectônica de placas (sem escala).

Como visto anteriormente, plumas mantélicas (sítios anomalamente aquecidos) podem se desenvolver no interior de placas. Originam-se em grande profundidade no manto e ascendem por causa da sua densidade mais baixa em relação ao manto menos aquecido ao redor. A ascensão de plumas produz fusão parcial dos materiais do manto, gerando tipos particulares de magmas basálticos. Em determinados sítios, as plumas mantélicas podem induzir fusões da crosta oceânica e também da parte inferior da crosta continental, gerando tipos variados de magmas.

Ainda no interior das placas, em regiões antigas e geologicamente estáveis da crosta continental, podem ocorrer manifestações magmáticas muito especiais, que produzem os kimberlitos. Essas rochas originam-se no manto, provavelmente por ação localizada de fluidos a altíssimas pressões, e sobem em direção à superfície de maneira explosiva, a grandes velocidades, fraturando e arrancando as rochas por onde passam. Como resultado, kimberlitos são constituídos de misturas de pedaços de peridotitos do manto, modificados pela ação dos fluidos, e de pedaços de rochas da crosta. Eles ocorrem em corpos em forma de funil, chamados diatremas, e são uma das fontes mais importantes dos diamantes, formados no manto a profundidades maiores que 100 km e carregados para a superfície por estas rochas exóticas. O nome "kimberlito" vem do distrito de Kimberley, na África do Sul, que foi, por muitos anos, uma das principais minas de diamante do mundo.

Leitura recomendada

BROWN, G. C.; HAWKESWORTH, C. J.; WILSON, R. C. L. *Understanding the Earth*: a new synthesis. Cambridge: Cambridge University Press, 1992. 551 p.

HALL, A. *Igneous petrology*. Harlow, Essex, England; New York: Longman Scientific & Technical: Wiley, 1987. 573 p.

PRESS, F.; SIEVER, R. *Understanding Earth*. 2. ed. New York: W. H. Freeman & Co., 1998. caps. 4 e 5. p. 682.

SIAL, A. N.; MCREATH, I. *Petrologia Ígnea*. Salvador: Co-edição SBG/CNPq/Bureau Gráfica e Editora Ltda., 1984. v. 1. p. 180.

SKINNER, B. J.; PORTER, S. C. *Physical Geology*. John Wiley & Sons, 1987. cap. 4. p. 750.

Capítulo 7
Água: ciclo e ação geológica

Ivo Karmann

Sumário
7.1 Movimento da água na Terra: o ciclo hidrológico
7.2 Água no subsolo
7.3 Ação geológica da água subterrânea

A água é a substância mais abundante na superfície do planeta, participando dos seus processos modeladores por meio da dissolução de materiais terrestres (Figura 7.1) e do transporte de partículas. É o melhor e mais comum solvente disponível na natureza e seu papel no intemperismo químico é evidenciado pela hidrólise (ver capítulo 8). Nos rios, a água é responsável pelo transporte de partículas, desde a forma iônica (em solução) até cascalho e blocos, representando o meio mais eficiente de erosão da superfície terrestre (ver capítulo 9). Sob forma de gelo, acumula-se em grandes volumes, inclusive geleiras, escarificando o terreno, arrastando blocos rochosos e esculpindo a paisagem (ver capítulo 13).

Na superfície terrestre sua importância é atestada ainda quando se compara as áreas cobertas por água e gelo com aquelas de "terra firme". Do total de 510 ×10^6 km^2 da superfície da Terra, 310 × 10^6 km^2 são cobertos por oceanos, em contraposição a 184,94 × 10^6 km^2 de área continental, resultando numa proporção entre superfície marítima e terra firme de 2,42:1. Considerando-se que cerca de 2,5 × 10^6 km^2 dos continentes correspondem aos rios e lagos e até 15 × 10^6 km^2 são cobertos por geleiras, esta relação fica ainda mais desfavorável para as terras emersas. Por isso a Terra é chamada de planeta azul quando vista do espaço: é a cor da água! Em subsuperfície, a água também é importante, alimentando poços, hoje responsáveis por boa parte do abastecimento de água em grandes centros urbanos e áreas áridas (ver capítulo 20).

É a água que mantém a vida sobre a Terra, por meio da fotossíntese, que produz biomassa pela reação entre CO_2 e H_2O. Neste contexto biológico, devemos também ressaltar que praticamente 80% do corpo humano é composto por água.

A origem da água, sua distribuição em superfície e subsuperfície, assim como o movimento entre seus reservatórios naturais são temas do presente capítulo. Todos esses temas são fundamentais para orientar o aproveitamento, manejo e proteção dos mananciais hídricos do planeta Terra.

> **Curiosidade**
>
> Uma das propriedades físico-químicas anômalas da água é que, quando congelada, tem densidade menor que a fase líquida. Isso explica por que os lagos não se congelam até o fundo. Assim, abaixo da parte superior congelada, a água continua líquida e permite a continuidade da vida.

Figura 7.1 – Salão São Paulo, caverna Santana, Iporanga, SP. Formação de espeleotemas no interior de caverna calcária, exemplo de ação geológica da água subterrânea. Foto: A. Gambarini.

Capítulo 7 - Água: ciclo e ação geológica

7.1 Movimento da água na Terra: o ciclo hidrológico

A água distribui-se na atmosfera e na parte superficial da crosta até uma profundidade de aproximadamente 10 km abaixo da interface atmosfera/crosta. Forma a hidrosfera, que consiste de reservatórios como os oceanos, geleiras, rios, lagos, atmosfera, água subterrânea e biosfera.

O constante intercâmbio entre estes reservatórios compreende o ciclo da água ou ciclo hidrológico. Movimentado pela energia solar, representa o processo mais importante da dinâmica externa da Terra.

7.1.1 Origem da água

No ciclo hidrológico vamos acompanhar o percurso de uma gota de água pelos reservatórios naturais (Tabela 7.1). Mas de onde veio a primeira gota? A resposta está nos passos iniciais da diferenciação do planeta. A origem da primeira água na história da Terra está relacionada com a formação da atmosfera, ou seja, a "degaseificação" do planeta. Esse termo refere-se ao fenômeno de liberação de gases por um sólido ou líquido quando este é aquecido ou resfriado. Esse processo, atuante até hoje, teve início na fase de resfriamento geral da Terra, após a fase inicial de fusão parcial. Neste grada-

tivo resfriamento e formação de rochas ígneas, foram liberados gases, principalmente vapor de água (H_2O) e gás carbônico (CO_2), entre vários outros, como subprodutos voláteis da cristalização do magma (ver capítulo 6). A geração de água na forma de vapor é observada atualmente em erupções vulcânicas, sendo chamada de água juvenil, suportando o modelo acima, sobre a origem da água. Logo surge outra dúvida: o volume de água que atualmente compõe a hidrosfera foi gerado gradativamente ao longo do tempo geológico ou surgiu repentinamente num certo momento desta história? Os geólogos defendem a segunda possibilidade. Existem evidências geoquímicas que suportam a formação de quase toda a atmosfera e a água hoje disponível nessa primeira fase de resfriamento da Terra; desde então, esse volume teria sofrido pequenas variações, apenas por reciclagem, através do ciclo das rochas (ver capítulo 5).

7.1.2 Ciclo hidrológico

Partindo de um volume total de água relativamente constante no sistema Terra, podemos acompanhar o ciclo hidrológico (Figura 7.2), iniciando com o fenômeno da precipitação meteórica, que representa a condensação de gotículas a partir do vapor de água presente na atmosfera, dando origem à chuva. Quando o vapor de água transforma-se diretamente em cristais de gelo e estes, por aglutinação, atingem tamanho e peso suficientes, a precipitação ocorre na forma de neve ou granizo, responsável pela geração e manutenção do importante reservatório representado pelas geleiras nas calotas polares e nos cumes de montanhas.

Parte da precipitação retorna para a atmosfera por evaporação direta durante seu percurso em direção à superfície terrestre. Essa fração evaporada na atmosfera soma-se ao vapor de água formado sobre o solo e aquele liberado

Reservatório	Volume (km³ × 10⁶)	Volume (%)	Tempo médio de permanência
Oceanos	1370	94	4.000 anos
Geleiras e capas de gelo	30	2	10 – 1.000 anos
Águas subterrâneas	60	4	2 semanas a 10.000 anos
Lagos, rios, pântanos e reservatórios artificiais	0,2	< 0,01	2 semanas a 10 anos
Umidade nos solos	0,07	< 0,01	2 semanas a 1 ano
Biosfera	0,0006	< 0,01	1 semana
Atmosfera	0,0130	< 0,01	~ 10 dias

Tabela 7.1 – Distribuição de água nos principais reservatórios naturais. Ressalta-se que a água doce líquida disponível na Terra corresponde principalmente à água subterrânea. Fonte: adaptado de Freeze & Cherry, 1979.

pela atividade biológica de organismos, principalmente as plantas, por meio da respiração. Esta somatória de processos é denominada evapotranspiração, na qual a evaporação direta é causada pela radiação solar e vento, enquanto a transpiração depende da vegetação. A evapotranspiração em áreas florestadas de clima quente e úmido devolve à atmosfera até 70% da precipitação. Em ambientes glaciais o retorno da água para a atmosfera ocorre pela sublimação do gelo, na qual a água passa diretamente do estado sólido para o gasoso, pela ação do vento.

Em regiões florestadas, uma parcela da precipitação pode ser retida sobre folhas e caules, sofrendo evaporação posteriormente. Este processo é a interceptação. Com a movimentação das folhas pelo vento, parte da água retida continua seu trajeto para o solo. A interceptação, portanto, diminui o impacto das gotas de chuva sobre o solo, reduzindo sua ação erosiva.

Uma vez atingido o solo, dois caminhos podem ser seguidos pela gotícula de água. O primeiro é a infiltração que depende principalmente das características do material de cobertura da superfície. A água de infiltração, guiada pela força gravitacional, tende a preencher os vazios no subsolo, seguindo em profundidade, onde abastece o corpo de água subterrânea. A segunda possibilidade ocorre quando a capacidade de absorção de água pela superfície é superada e o excesso de água inicia o escoamento superficial, impulsionado pela gravidade para zonas mais baixas. Esse escoamento inicia-se por meio de pequenos filetes de água, efêmeros e disseminados pela superfície do solo, que convergem para os córregos e rios, constituindo a rede de drenagem. O escoamento superficial, com raras exceções, tem como destino final os oceanos. É bom ainda lembrar que parte da água de infiltração retorna à superfície pelas nascentes, alimentando o escoamento superficial ou, por rotas de fluxo mais profundas e lentas, reaparece diretamente nos oceanos.

Durante o trajeto geral do escoamento superficial nas áreas emersas e, principalmente na superfície dos oceanos, ocorre a evaporação, realimentando o vapor de água atmosférico, completando assim o ciclo hidrológico. Estima-se que os oceanos contribuem com 85% do total anual evaporado e os continentes com 15% por evapotranspiração.

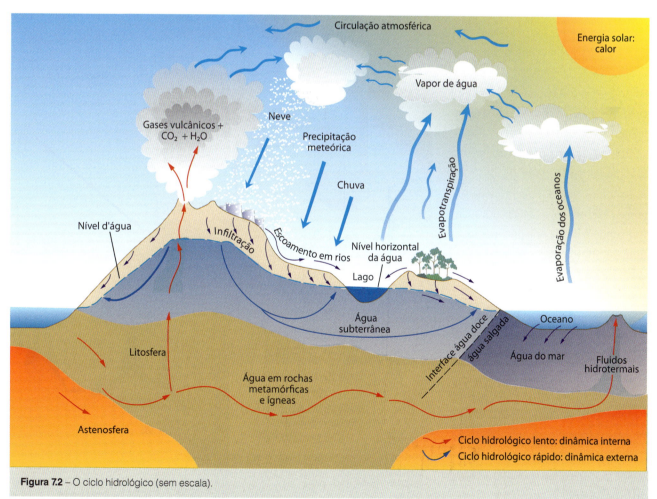

Figura 7.2 – O ciclo hidrológico (sem escala).

7.1.3 Formação e consumo de água no ciclo hidrológico

O ciclo hidrológico pode ser comparado a uma grande máquina de reciclagem da água, na qual operam processos tanto de transferência entre os reservatórios como de transformação entre os estados gasoso, líquido e sólido. Processos de consumo e formação de água interferem neste ciclo, em relativo equilíbrio através do tempo geológico, mantendo o volume geral de água constante no Sistema Terra. Há, portanto, um balanço entre a geração de água juvenil e consumo de água por dissociação e sua incorporação em rochas sedimentares.

Considerando o tempo geológico, o ciclo hidrológico pode ser subdividido em dois subciclos: o primeiro opera a curto prazo envolvendo a dinâmica externa da Terra (movido pela energia solar e gravitacional; o segundo, de longo prazo, é movimentado pela dinâmica interna (Tectônica de Placas, capítulo 3), onde a água participa do ciclo das rochas (Figura 7.2).

No ciclo "rápido", água é consumida nas reações fotoquímicas (fotossíntese), onde é retida principalmente na produção de biomassa vegetal (celulose e açúcar). Através da reação contrária da fotossíntese (respiração), essa água retorna ao ciclo.

No ciclo "lento" o consumo de água ocorre no intemperismo químico por meio das reações de hidrólise e na formação de rochas sedimentares e metamórficas, com a formação de minerais hidratados (ver capítulo 5). A produção de água juvenil pela atividade vulcânica representa o retorno desta água ao ciclo rápido.

7.1.4 Balanço hídrico e bacias hidrográficas

O ciclo hidrológico tem uma aplicação prática no estudo de recursos hídricos (ver capítulo 17) que visa avaliar e monitorar a quantidade de água disponível na superfície da Terra. A unidade geográfica para estes estudos é a bacia hidrográfica, definida como uma área de captação da água de precipitação, demarcada por divisores topográficos, onde toda água captada converge para um único ponto de saída, o exutório (Figura 7.3).

A bacia hidrográfica é um sistema físico no qual podemos quantificar o ciclo da água. Esta análise quantitativa é feita através da equação geral do balanço hídrico, expressão básica da hidrologia:

$$P - E - Q \ (\pm \Delta S) = 0$$

Nesta equação, P corresponde ao volume de água precipitado sobre a área da bacia, E ao volume que voltou à atmosfera por evaporação e transpiração, e Q ao volume total de água escoado

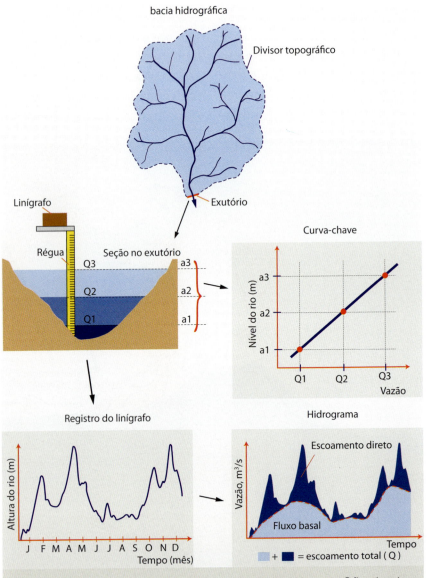

Figura 7.3 – Elementos de uma bacia hidrográfica e obtenção do hidrograma. O fluxo basal no hidrograma representa a água do rio proveniente da água subterrânea, enquanto o escoamento direto corresponde à água superficial em resposta a eventos de chuva.

pela bacia, durante um intervalo de tempo. Este escoamento total (Q) representa a "produção" de água pela bacia, medida pela vazão no exutório durante o período de monitoramento. O termo ΔS refere-se a variações positivas e negativas por causa do armazenamento no interior da bacia. Este armazenamento ocorre na forma de água retida nas formações geológicas do subsolo, cujo fluxo é muito mais lento que o do escoamento superficial direto. Considerando-se períodos de monitoramento mais longos (ciclos anuais), as diferenças positivas e negativas de armazenamento tendem a se anular. Os valores positivos ocorrem quando o escoamento total da bacia é alimentado pela água subterrânea (períodos de estiagem), enquanto os negativos refletem períodos de recarga (época de chuvas), quando parte da precipitação sofre infiltração, realimentando a água subterrânea, em vez de escoar diretamente da bacia. Portanto,

para um ciclo hidrológico completo da bacia, é possível resumir a equação geral do balanço hídrico para:

$$P = E + Q$$

onde Q (vazão total da bacia) representa a soma do escoamento superficial direto com o escoamento da bacia suprido pela água subterrânea e E a água perdida por evapotranspiração.

Na maioria das bacias hidrográficas a saída do escoamento total (Q) ocorre por meio de um rio principal que coleta toda água produzida pela bacia. A medição de Q constitui um dos objetivos principais da hidrologia de bacias. Baseia-se na construção de um hidrograma, que expressa a variação da vazão em função do tempo (Figura 7.3), envolvendo as seguintes etapas:

1. Medição de diferentes vazões do rio ao longo do ano para obter a curva-chave que relaciona a altura com a vazão do rio;

2. Obtenção do traçado da variação do nível do rio ao longo do período de monitoramento por um linígrafo;

3. Transformação do registro da variação do nível do rio em curva de vazão (hidrograma), com a substituição de cada ponto de altura do rio pelo seu correspondente valor de vazão;

4. Cálculo da vazão total da bacia através da área sob a curva do hidrograma. (m^3/s × tempo, em segundos = volume total).

O hidrograma é a base para estudos hidrológicos de bacias visando, por exemplo, o abastecimento de água ou seu aproveitamento hidroelétrico. Permite analisar o comportamento das bacias, identificando períodos de vazão baixa e alta, auxiliando na previsão de enchentes e estiagens, assim como períodos e volumes de recarga da água subterrânea. Pela identificação, no hidrograma, das componentes de escoamento direto e fluxo basal é possível avaliar a contribuição da água subterrânea na produção total de água da bacia (Figura 7.3).

7.2 Água no subsolo

A água infiltrada percorre um caminho pelo subsolo, que depende da força gravitacional e das características dos materiais presentes. Estes e outros fatores vão controlar o armazenamento e o próprio movimento dessas águas subterrâneas.

De maneira simplificada, toda água que ocupa vazios em formações rochosas ou no regolito (ver capítulo 8) é classificada como água subterrânea.

7.2.1 Infiltração

Infiltração é o processo mais importante de recarga da água no subsolo. O volume e a velocidade de infiltração dependem dos seguintes fatores:

Tipo e condição dos materiais terrestres

A infiltração é favorecida pela presença de materiais porosos e permeáveis, como solos e sedimentos arenosos. Rochas expostas muito fraturadas ou porosas também permitem a infiltração de águas superficiais. Por outro lado, materiais argilosos e rochas cristalinas pouco fraturadas, por exemplo corpos ígneos plutônicos e rochas metamórficas, como granitos e gnaisses, são

desfavoráveis à infiltração. Espessas coberturas de solo (ou material inconsolidado) exercem um importante papel no controle da infiltração, retendo temporariamente parte da água de infiltração que depois é liberada lentamente para a rocha subjacente. A quantidade de água transmitida pelo solo depende de uma característica importante, chamada capacidade de campo, que corresponde ao volume de água absorvido pelo solo, antes

191

Capítulo 7 - Água: ciclo e ação geológica

de atingir a saturação, e que não sofre movimento para níveis inferiores. Este parâmetro influencia diretamente a infiltração, pois representa um volume de água que participa do solo, mas que não contribui com a recarga da água subterrânea, sendo aproveitada somente pela vegetação.

Cobertura vegetal

Em áreas vegetadas a infiltração é favorecida pelas raízes que abrem caminhos para a água descendente no solo. A cobertura florestal também exerce importante função no retardamento de parte da água que atinge o solo, por meio da interceptação, sendo o excesso lentamente liberado para a superfície do solo por gotejamento. Por outro lado, nos ambientes densamente florestados, cerca de 1/3 da precipitação interceptada sofre evaporação antes de atingir o solo.

Topografia

De modo geral declives acentuados favorecem o escoamento superficial direto, diminuindo a infiltração. Superfícies suavemente onduladas permitem o escoamento superficial menos veloz, aumentando a possibilidade de infiltração.

Precipitação

O modo como o total da precipitação é distribuído ao longo do ano é um fator decisivo no volume de recarga da água subterrânea, em qualquer tipo de terreno. Chuvas regularmente distribuídas ao longo do tempo promovem uma infiltração maior, pois, desta maneira, a velocidade de infiltração acompanha o volume de precipitação. Ao contrário, chuvas torrenciais favorecem o escoamento superficial direto, pois a taxa de infiltração não vence o grande volume de água precipitada em curto intervalo de tempo.

Ocupação do solo

O avanço da urbanização e a devastação da vegetação tem influenciado significativamente a quantidade de água infiltrada em adensamentos populacionais e zonas de intenso uso agropecuário. Nas áreas urbanas, as construções e a pavimentação impedem a infiltração, causando efeitos catastróficos no aumento do escoamento superficial e redução na recarga da água subterrânea. Nas áreas rurais, a infiltração sofre redução pelo desmatamento em geral, pela exposição de vertentes por plantações sem terraceamento e pela compactação dos solos causada pelo pisoteamento por animais, como em extensivas áreas de criação de gado.

Um fato curioso é a situação em grandes centros urbanos, como São Paulo, onde se detectou uma recarga significativa da água subterrânea por causa de vazamentos da rede de abastecimento (ver capítulo 20).

7.2.2 Distribuição e movimento da água no subsolo

O conceito de lençol freático

Além da força gravitacional e das características dos solos, sedimentos e rochas, o movimento da água no subsolo é controlado também pela força de atração molecular e tensão superficial. A atração molecular age quando moléculas de água são presas na superfície de argilominerais por atração de cargas opostas, pois a molécula de água é polar. Este fenômeno ocorre principalmente nos primeiros metros de profundidade, no solo ou regolito, rico em argilominerais. A tensão superficial tem efeito nos interstícios muito pequenos, onde a água fica presa nas paredes dos poros, podendo ter movimento ascendente, contra a gravidade, por capilaridade. A adsorção de água em argilominerais e nos capilares dificulta seu movimento nas proximidades da superfície, reduzindo sua evaporação e infiltração. Assim, conforme o tamanho do poro, a água pode ser higroscópica (adsorvida) e praticamente imóvel, capilar quando sofre ação da tensão superficial movendo-se lentamente ou gravitacional (livre), em poros maiores que permitem movimento mais rápido.

O limite inferior da percolação de água é dado quando as rochas não admitem mais espaços abertos (poros) por causa da pressão da pilha de rochas sobrejacentes. Esta profundidade atinge um máximo de 10.000 m, dependendo da situação topográfica e do tipo de rocha. Pode-se imaginar então que toda água de infiltração tende a atingir este limite inferior, onde sofre um represamento, preenchendo todos os espaços abertos em direção à superfície. Estabelece-se, assim, uma zona onde todos os poros estão cheios de água, denominada de zona saturada ou freática (Figura 7.4). Acima deste nível, os espaços vazios estão parcialmente preenchidos por água, contendo também ar, definindo a zona não saturada, também chamada de vadosa ou zona de aeração. O limite entre estas duas zonas é uma importante superfície denominada de lençol freático (LF) ou nível da água subterrânea (nível d'água, NA). Este é facilmente identificado na prática, ao se perfurar poços, nos quais a altura da água marca a posição do seu nível. A superfície gerada por vários pontos do NA constitui o lençol freático.

O lençol freático acompanha aproximadamente as irregularidades da

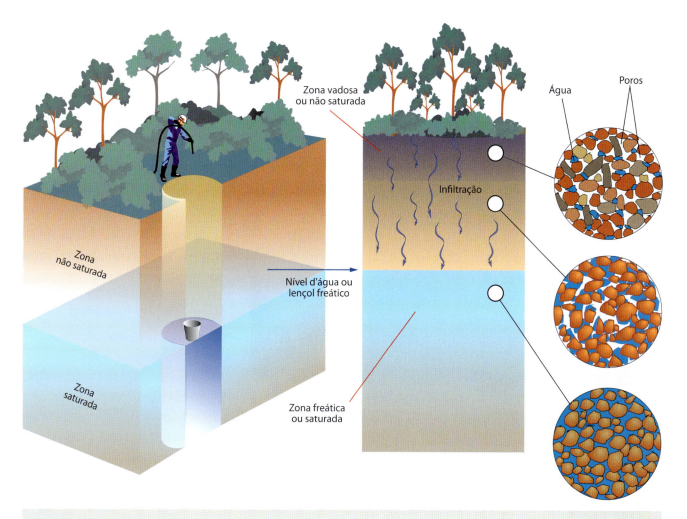

Figura 7.4 – Distribuição de água no subsolo.

superfície do terreno, o que pode ser visualizado pelo traçado de sua superfície por uma rede de poços (Figura 7.4). Sua profundidade é função da quantidade de recarga e dos materiais terrestres do subsolo. Em áreas úmidas, com alta pluviosidade, tende a ser mais raso, enquanto em ambientes áridos, tende a ser profundo. De modo geral, é mais profundo nas cristas de divisores topográficos (nos interflúvios) e mais raso nos fundos de vales. Quando o lençol intercepta a superfície do terreno, aflora o nível d'água, gerando nascentes, córregos ou rios. A maioria dos leitos fluviais com água é de afloramentos do NA.

O lençol freático tem uma relação íntima com os rios. Os rios cuja vazão aumenta para jusante são chamados rios efluentes, que são alimentados pela água subterrânea, situação típica de regiões úmidas. Ao contrário, nos rios influentes, a vazão diminui a jusante, como consequência da recarga da água subterrânea pelo escoamento superficial. Nestes casos a água do rio infiltra para o lençol freático (Figura 7.5) e o rio poderá secar se o lençol for rebaixado, abandonando o leito do rio, como é comum em áreas semiáridas ou áridas.

Em áreas áridas, onde a evaporação é intensa e suplanta a precipitação, pode ocorrer a inversão sazonal da infiltração, quando uma parte da água subterrânea tem movimento ascendente por capilaridade, atravessando a zona vadosa para alimentar a evaporação na superfície do solo. Este processo é responsável pela mineralização dos horizontes superficiais do solo, pois sais dissolvidos na água subterrânea acabam precipitando e cimentando os grãos do regolito (salinização do solo). O caliche é um exemplo de solo endurecido pela precipitação de carbonato de cálcio pelas águas ascendentes em áreas semiáridas a áridas.

Porosidade

A porosidade é uma propriedade física definida pela relação entre o volume de poros e o volume total de um certo material. Existem dois tipos fundamen-

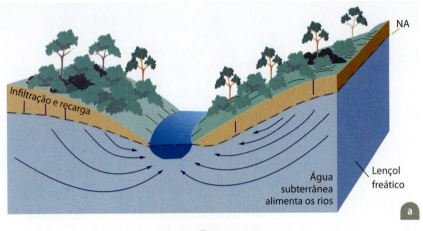

Figura 7.5 – Rios efluentes e influentes conforme a posição do lençol freático em relação ao vale. Em a), observa-se a situação na estação chuvosa. Em b), na estação seca. A figura mostra o nível freático (NA = nível d' água) aproximadamente paralelo ao relevo em a) e muito mais profundo em b).

tais de porosidade nos materiais terrestres: primária e secundária. A porosidade primária é gerada juntamente com o sedimento ou rocha, sendo caracterizada nas rochas sedimentares (ver capítulo 9) pelos espaços entre os clastos ou grãos (porosidade intergranular) ou planos de estratificação. Nos materiais sedimentares o tamanho e forma das partículas, o seu grau de seleção e a presença de cimentação influenciam a porosidade. A porosidade secundária, por sua vez, se desenvolve após a formação das rochas ígneas, metamórficas ou sedimentares, por fraturamento ou falhamento durante sua deformação (porosidade de fraturas). Um tipo especial de porosidade secundária se desenvolve em rochas solúveis, como calcários e mármores, através da criação de vazios por dissolução, caracterizando a porosidade cárstica (Figura 7.6).

Permeabilidade

O principal fator que determina a disponibilidade de água subterrânea não é a quantidade de água que os materiais armazenam, mas sim a sua capacidade em permitir o fluxo de água através dos poros. Esta propriedade de os materiais conduzirem água é chamada de permeabilidade, que depende do tamanho dos poros e da conexão entre eles.

Um sedimento argiloso, por exemplo, apesar de possuir alta porosidade (Tabela 7.2), é praticamente impermeável, pois os poros são muito pequenos e a água fica presa por adsorção. Por outro lado, derrames basálticos, onde a rocha em si não tem porosidade alguma, mas possui abundantes fraturas abertas e interconectadas, como disjunções colunares (juntas de resfriamento), podem apresentar alta permeabilidade por causa desta porosidade primária.

Assim como os tipos de porosidade, a permeabilidade pode ser primária ou secundária.

O fluxo de água no subsolo

Além da força gravitacional, o movimento da água subterrânea também é guiado pela diferença de pressão entre dois pontos, exercida pela coluna de água sobrejacente aos pontos e pelas rochas adjacentes. Esta diferença de pressão é chamada de potencial da água (potencial hidráulico) e promove o movimento da água subterrânea de pontos com alto potencial, como nas cristas do lençol freático, para zonas de baixo potencial, como em fundos de vales. Esta pressão exercida pela coluna de água pode causar fluxos ascendentes da água subterrânea, contrariando a gravidade, como no caso de porções profundas abaixo de cristas, onde a água tende a subir para zonas de baixo potencial, junto a leitos de rios e lagos.

A união de pontos com mesmo potencial hidráulico em subsuperfície define as linhas equipotenciais do lençol freático, semelhantes a curvas de nível topográficas. O fluxo de água, partindo de um potencial maior para outro menor, define uma linha de fluxo, que segue o caminho mais curto entre dois potenciais diferentes, num traçado perpendicular às linhas equipotenciais (Figura 7.7).

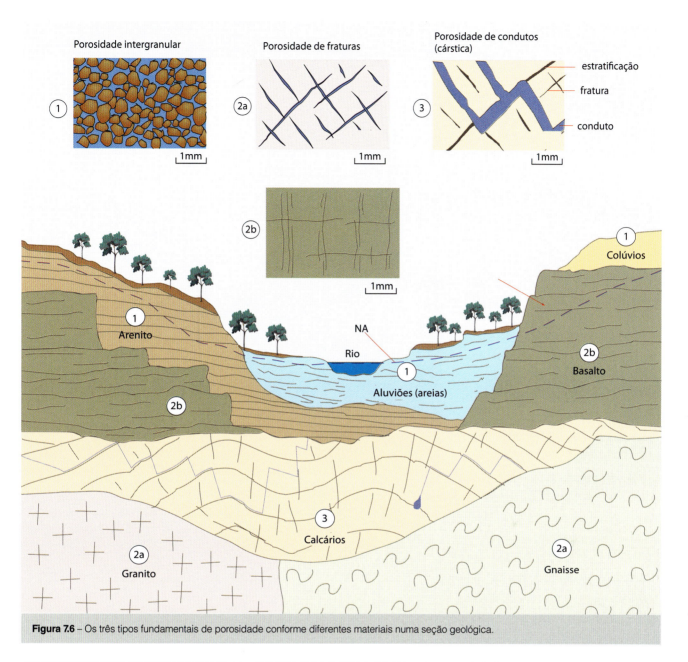

Figura 7.6 – Os três tipos fundamentais de porosidade conforme diferentes materiais numa seção geológica.

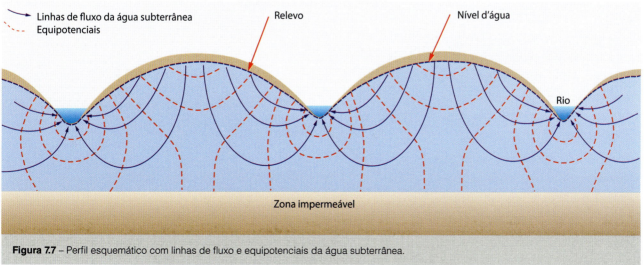

Figura 7.7 – Perfil esquemático com linhas de fluxo e equipotenciais da água subterrânea.

Condutividade hidráulica e a lei de Darcy

Observando o movimento do lençol freático em poços e nascentes após eventos de chuva (recarga), nota-se que a velocidade do fluxo da água subterrânea é relativamente lenta. Se fosse rápida, passados alguns dias, depois da chuva, um poço normal iria secar. Surge a pergunta: por que o fluxo da água subterrânea em certos locais é rápido e em outros é lento?

No fluxo de água em superfície, a velocidade é diretamente proporcional à inclinação da superfície. Este grau de inclinação, denominado de gradiente hidráulico ($\Delta h/\Delta L$), é definido pela razão entre o desnível (Δh) e a distância horizontal entre dois pontos (ΔL). O desnível indica a diferença de potencial entre os pontos. Quanto maior a diferença de potencial, dada uma distância lateral constante, maior será a velocidade do fluxo. De maneira alternativa, o cálculo da condutividade hidráulica envolve a diferença de potencial em relação ao percurso de fluxo (ℓ = distância entre entrada e saída de água)

Para o fluxo da água subterrânea, necessita-se considerar, além da inclinação do nível d'água, a permeabilidade do subsolo e a viscosidade da água. A influência destes parâmetros sobre o fluxo da água subterrânea foi investigada e quantificada em laboratório pelo engenheiro hidráulico francês Henry Darcy, na segunda metade do século XIX, resultando na formulação da lei de Darcy, base da hidrologia de meios porosos.

O experimento de Darcy baseou-se na medição da vazão de água (Q) através de um cilindro preenchido por material arenoso, para diferentes gradientes hidráulicos (Figura 7.8). O fluxo de água para cada gradiente foi calculado através da relação entre a vazão (Q) e a área (A) da seção do cilindro. Esse fluxo,

Material	Tamanho das partículas	Porosidade (%)	Permeabilidade
Cascalho	7 a 20	35,2	Muito alta
Areia grossa	1 a 2	37,4	Alta
Areia fina	0,3	42	Alta a média
Siltes e argilas	0,04 a 0,006	50 a 80	Baixa e muito baixa

Tabela 7.2 – Volume de poros e tamanho de partículas em sedimentos, mostrando que a permeabilidade diminui com o aumento da porosidade e redução do tamanho da partícula.

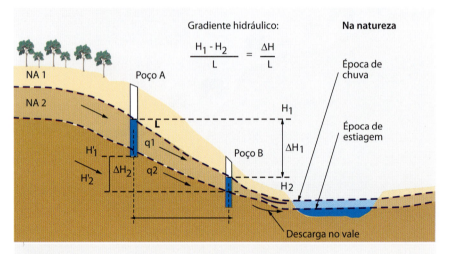

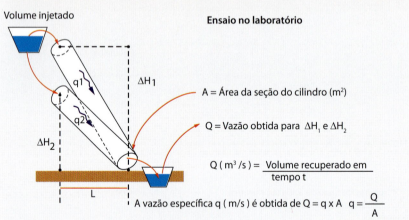

Figura 7.8 – Dedução da lei de Darcy.

com unidade de velocidade, foi definido como a vazão específica (q) do material.

A vazão específica é diretamente proporcional ao gradiente hidráulico. No gráfico da figura 7.8 o coeficiente angular da reta corresponde à condutividade hidráulica, que é uma característica intrínseca do material, expressando sua capacidade de transmissão de água. Este parâmetro é uma forma de quantificar a capacidade de os materiais transmitirem água em função da inclinação do lençol freático.

Alerta-se para o fato de que a vazão específica é um conceito macroscópico que considera o material como um todo, não se referindo às velocidades reais dos trajetos microscópicos entre os espaços da porosidade. A vazão específica, com unidades de velocidade (distância/tempo), deve ser entendida como uma velocidade macroscópica, ou média, ao longo do trajeto entre um ponto de entrada e outro de saída da água.

Uma das aplicações da equação de Darcy é determinar o fluxo da água subterrânea numa certa região, através da condutividade hidráulica medida em laboratório ou, ao contrário, medindo a velocidade média do fluxo, determinar a condutividade hidráulica dos materiais.

A velocidade de percolação da água subterrânea também pode ser medida pelo uso de traçadores, como corantes inofensivos à saúde e ao ambiente, quando o trajeto do fluxo é conhecido. Neste caso, injeta-se o corante na zona saturada de um poço, medindo-se o tempo de percurso deste até um outro poço ou uma nascente. A velocidade do fluxo é a distância entre os pontos sobre o tempo de percurso.

Geralmente, o movimento da água subterrânea é muito lento quando comparado ao escoamento superficial. Em materiais permeáveis, como areia mal selecionada, a velocidade varia entre 0,5 e 15 cm/dia, atingindo máximos de até 100 m/dia em cascalhos bem selecionados sem cimentação. No caso de granitos e gnaisses pouco fraturados, o fluxo chega a algumas dezenas de centímetros por ano. Já em basaltos muito fraturados, registram-se velocidades de até 100 m/dia. Os fluxos mais rápidos são registrados em calcários com condutos (cársticos), com máximos de 1000 m/hora.

Para movimentos muito lentos e por longas distâncias, os hidrogeólogos utilizam métodos geocronológicos (ver capítulo 10) para medir velocidades. Um deles baseia-se no ^{14}C, presente no CO_2 atmosférico dissolvido na água subterrânea. Uma vez que o isótopo radioativo ^{14}C não é reposto no percurso subterrâneo, seu decaimento em função do tempo permite datar a água subterrânea. Dividindo-se a distância entre a zona de recarga da água subterrânea e o ponto analisado (um poço ou nascente) pela idade da água, obtém-se sua velocidade de percolação. Estudos realizados na bacia do Maranhão (Piauí) mostraram idades de até 35 mil anos para a água subterrânea em camadas profundas, indicando fluxos em torno de 1m/ano.

7.2.3 Aquíferos: reservatórios da água subterrânea

Unidades rochosas ou de sedimentos, porosas e permeáveis, que armazenam e transmitem volumes significativos de água subterrânea passível de ser explorada pela sociedade são chamadas de aquíferos (do latim "carregar água"). O estudo dos aquíferos visando a exploração e proteção da água subterrânea constitui um dos objetivos mais importantes da hidrogeologia.

Em oposição ao termo aquífero, utiliza-se o termo aquiclude para definir unidades geológicas que, apesar de saturadas, contendo até grandes quantidades de água absorvida lentamente, são incapazes de transmitir um volume significativo de água com velocidade suficiente para abastecer poços ou nascentes, por serem rochas relativamente impermeáveis. Por outro lado, unidades geológicas que não apresentam poros interconectados e, portanto, não absorvem e nem transmitem água, são denominadas de aquifugos.

Recentemente os hidrogeólogos têm utilizado os termos aquífero e aquitarde para exprimir comparativamente a capacidade de produção de água por unidades rochosas, onde a unidade com produção de água corresponde ao aquífero e a menos produtiva ao aquitarde (ver capítulo 17). Por exemplo, numa sequência de estratos intercalados de arenitos e siltitos, os siltitos, menos permeáveis que os arenitos, correspondem ao aquitarde. Numa outra sequência, formada de siltitos e argilitos, a unidade siltosa pode representar o aquífero. Portanto, o aquitarde corresponde à camada ou unidade geológica relativamente menos permeável em determinada sequência estratigráfica.

Bons aquíferos são constituídos por materiais com média a alta condutividade hidráulica, como sedimentos inconsolidados (por exemplo, cascalhos e areias), rochas sedimentares (por exemplo, arenitos, conglomerados e alguns calcários), além de rochas vulcânicas, plutônicas e metamórficas com alto grau de fraturamento.

Aquíferos e tipos de porosidade

Segundo os três tipos fundamentais de porosidade, identifica-se aquíferos de porosidade intergranular (ou granular), de fraturas e de condutos (cárstico). Os aquíferos de porosidade granular ocorrem no regolito e em rochas sedimentares clásticas com porosidade primária. Os arenitos, de modo geral, são excelentes aquíferos deste tipo. A produtividade em água dos arenitos diminui com o seu grau de cimentação, como é o caso de arenitos silicificados, quase sem permeabilidade intergranular.

A maioria dos aquíferos de fraturas forma-se em consequência de deformação tectônica (ver capítulo 16), na qual processos de dobramento e falhamento geram sistemas de fraturas, normalmente seladas, em virtude da profundidade. Posteriormente sofrem aberturas submilimétricas a milimétricas, permitindo a entrada e fluxo de água, através da expansão das rochas devido ao alívio de carga litostática causado pelo soerguimento regional e erosão das rochas sobrejacentes. É óbvio que o fluxo de água somente se instala quando as fraturas que compõem o sistema estão interconectadas. Fraturas não tectônicas, do tipo disjunção colunar em rochas vulcânicas, como nos derrames de basaltos, podem ser geradas durante as etapas de resfriamento e contração, possibilitando que estas rochas tornem-se posteriormente importantes aquíferos.

Aquíferos de condutos caracterizam-se pela porosidade cárstica, constituída por uma rede de condutos, com diâmetros milimétricos a métricos, gerados por meio da dissolução de rochas carbonáticas. Constituem aquíferos com grandes volumes de água, mas extremamente vulneráveis à contaminação (ver capítulo 17), em razão da baixa capacidade de filtração deste tipo de porosidade.

Na natureza, estes tipos de aquíferos ocorrem associados, refletindo a variedade litológica e estrutural de sequências estratigráficas. Situações transitórias entre os tipos de aquíferos ocorrem, por exemplo, em regiões calcárias, onde aquíferos de fraturas passam a aquíferos de condutos, ou de porosidade granular nos depósitos de cobertura.

Aquíferos livres, suspensos e confinados

Aquíferos livres são aqueles cujo topo é demarcado pelo lençol freático, estando em contato com a atmosfera (Figura 7.9). Normalmente ocorrem a profundidades de alguns metros a poucas dezenas de metros da superfície, associados ao regolito, sedimentos de cobertura ou rochas.

Aquíferos suspensos são acumulações de água sobre aquitardes na zona insaturada, formando níveis lentiformes de aquíferos livres acima do lençol freático principal (Figura 7.9).

Aquíferos confinados ocorrem quando um estrato permeável (aquífero) está confinado entre duas unidades pouco permeáveis (aquitardes) ou impermeáveis. Representam situações mais profundas, a dezenas, várias centenas ou até milhares de metros de profundidade, onde a água está sob ação da pressão não somente atmosférica, mas também de toda a coluna de água localizada no estrato permeável (Figura 7.10).

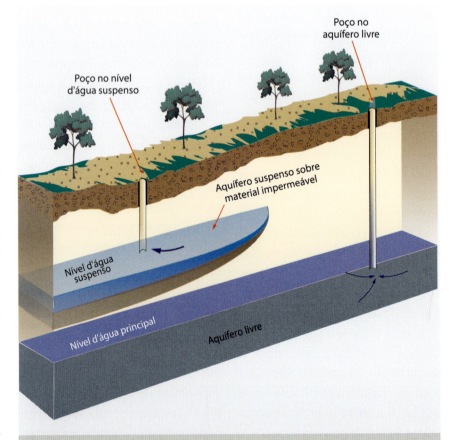

Figura 7.9 – Aquíferos livres e suspensos. Aquíferos suspensos ocorrem quando uma camada impermeável intercepta a infiltração.

Artesianismo

Em determinadas situações geológicas, aquíferos confinados dão origem ao fenômeno do artesianismo, responsável por poços jorrantes, chamados de artesianos (nome derivado da região de Artois, França). Nesse caso, a água penetra no aquífero confinado em direção a profundidades crescentes, onde sofre a pressão hidrostática crescente da coluna de água entre a zona de recarga e um ponto em profundidade. Quando um poço perfura este aquífero, a água sobe, pressionada por esta pressão hidrostática, jorrando naturalmente. A formação desse tipo de aquífero requer as seguintes condições: uma sequência de estratos inclinados, onde pelo menos um estrato permeável encontra-se entre estratos impermeáveis e uma situação geométrica em que o estrato permeável intercepte a superfície, permitindo a recarga de água nessa camada. O poço, ao perfurar o aquífero, permite a ascensão da água pelo princípio dos vasos comunicantes, e a água jorra na tentativa de atingir a altura da zona de recarga. A altura do nível da água no poço corresponde ao nível potenciométrico da água; em três dimensões, o conjunto de vários níveis potenciométricos define a superfície potenciométrica da água (Figura 7.10). Em virtude do atrito entre a água e material do aquífero, o nivelamento entre o lençol freático da zona de recarga e o nível da água no poço não é perfeito, havendo um rebaixamento do nível da água no poço. Este desnível cresce conforme aumenta a distância da área de recarga.

Quando ocorre a conexão entre um aquífero confinado em condições artesianas e a superfície, através de descontinuidades, como fraturamentos, falhas ou fissuras, formam-se nascentes artesianas.

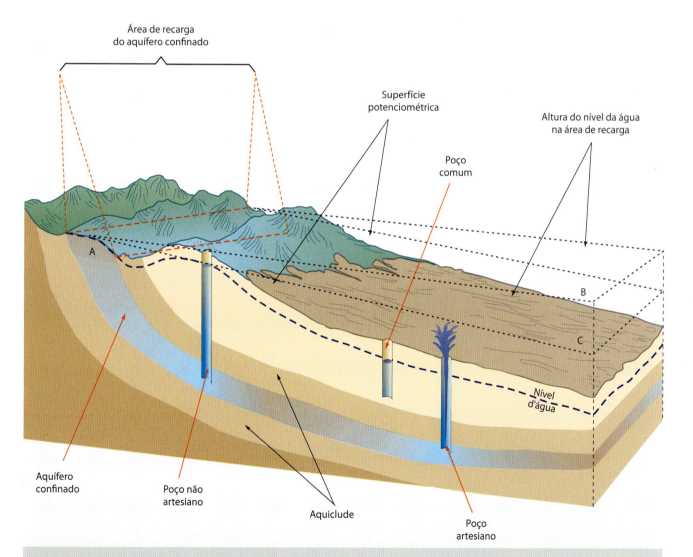

Figura 7.10 – Aquífero confinado, superfície potenciométrica e artesianismo. A água no poço artesiano jorra até o nível AC e não AB em razão da perda de energia por atrito durante a percolação no aquífero.

Capítulo 7 - Água: ciclo e ação geológica

7.3 Ação geológica da água subterrânea

A água subterrânea participa de um conjunto de processos geológicos que modificam os materiais terrestres, transformando minerais, rochas e paisagens.

O esculpimento de formas de relevo da superfície terrestre é um tipo de ação geológica, dominada pela dinâmica externa do planeta Terra, conhecida como ação geomórfica.

A zona de ocorrência da água subterrânea é uma região onde são iniciadas a maioria das formas de relevo, pois a água subterrânea é o principal meio das reações do intemperismo químico. O movimento da água subterrânea, somado ao da água superficial, são os principais agentes geomórficos da superfície da Terra. A ação geomórfica da água subterrânea se traduz por vários processos de modificação da superfície terrestre e seus respectivos produtos (Tabela 7.3).

7.3.1 Escorregamentos de encostas

A movimentação de coberturas como solos ou sedimentos inconsolidados em encostas de morros tem velocidades muito variáveis (ver capítulo 9).

Processo	Produto
Pedogênese (intemperismo químico)	Cobertura pedológica (solos)
Soliflúxão	Escorregamentos de encostas
Erosão interna, solapamento	Boçorocas
Carstificação (dissolução)	Relevo cárstico, cavernas, aquífero de conduto

Tabela 7.3 – Principais processos e respectivos produtos da ação geomórfica da água subterrânea.

Os movimentos rápidos, com deslizamentos catastróficos, acontecem com frequência em épocas de fortes chuvas, em regiões de relevo acidentado. Os movimentos muito lentos são chamados de rastejamento (*creep*) do solo, com velocidades normalmente menores que 0,3 m/ano. Os movimentos de encostas com velocidades superiores a 0,3 m/ano são englobados na categoria de escorregamentos ou deslizamentos de encostas, com velocidades que podem ultrapassar 100 km/hora. Enquanto o rastejamento lento é movido unicamente pela força gravitacional, não havendo influência de água no material, os escorregamentos são movidos pelo processo de soliflúxão, no qual a força gravitacional age apor causa da presença de água subterrânea no subsolo.

Os materiais inconsolidados em encostas possuem uma estabilidade controlada pelo atrito entre as partículas. No momento em que o atrito interno é vencido pela força gravitacional, a massa de solo entra em movimento, encosta abaixo. A diminuição do atrito entre as partículas é causada principalmente pela adição de água ao material. Embora a água aumente a coesão entre partículas do solo quando presente em pequena quantidade, (através da tensão superficial que aumenta a atração entre as partículas), a saturação do solo em água acaba envolvendo a maioria das partículas por um filme de água, diminuindo drasticamente o atrito entre elas e permitindo o seu movimento pela força

gravitacional, no processo conhecido como soliflúxão. A saturação em água também aumenta o peso da cobertura, o que contribui na ruptura da força de atrito interno do material.

Tanto o rastejamento como o escorregamento de encostas são processos naturais que contribuem para a evolução da paisagem, modificando vertentes. Um exemplo de escorregamento catastrófico ocorreu na Serra do Mar, em 1967, destruindo estradas e soterrando bairros periféricos da cidade de Caraguatatuba, litoral de São Paulo. Estes movimentos podem ser induzidos ou acelerados pela retirada artificial da cobertura vegetal, acarretando aumento da infiltração de chuvas, lubrificação das partículas e seu movimento vertente abaixo (Figura 7.11).

7.3.2 Boçorocas: a erosão que ameaça cidades

Quem viaja pela Serra da Mantiqueira (sul de Minas Gerais) e vale do Paraíba, ou observa as colinas do oeste de São Paulo e norte do Paraná, nota a presença de fendas e cortes disseminados nas vertentes, cada vez mais frequentes: são as boçorocas (ou voçorocas), temidas pelos moradores locais porque constituem feições erosivas, altamente destrutivas, que rapidamente se ampliam, ameaçando campos, solos cultivados e zonas povoadas. O termo boçoroca (*gully*, em inglês) tem sua origem do tupi-guarani *yby*, terra e *sorok*, rasgar ou romper.

Estes cortes que se instalam em vertentes sobre o manto intempérico,

200

sedimentos ou rochas sedimentares pouco consolidadas, podem ter profundidades de decímetros até vários metros e paredes abruptas e fundo plano, com seção transversal em U. O fundo é coberto por material desagregado, onde aflora água, frequentemente associada a areias movediças, ou canais anastomosados (Figura 7.12).

Originam-se de sulcos gerados pela erosão linear. Mas enquanto os sulcos ou ravinas são formadas pela ação erosiva do escoamento superficial concentrado em linhas, as boçorocas são geradas pela ação da água subterrânea. A ampliação de sulcos pela erosão superficial forma vales fluviais, em forma de V, com vertentes inclinadas e fundo estreito. A partir do momento em que um sulco deixa de evoluir pela erosão fluvial e o afloramento do lençol freático inicia o processo de erosão na base das vertentes, instala-se o boçorocamento. A erosão provocada pelo afloramento do fluxo da água subterrânea tende a solapar a base das paredes, carreando material em profundidade e formando vazios no interior do solo (erosão interna ou tubificação). O colapso desses vazios desestabiliza as vertentes e é responsável pela inclinação abrupta e pelo recuo das paredes de boçorocas.

A evolução de sulcos de drenagem para boçorocas normalmente é causada pela alteração das condições ambientais do local, principalmente por causa da retirada da cobertura vegetal, sendo quase sempre consequência da intervenção humana sobre a dinâmica da paisagem. Essas feições podem atingir dimensões de até várias dezenas de metros de largura e profundidade, com várias centenas de metros

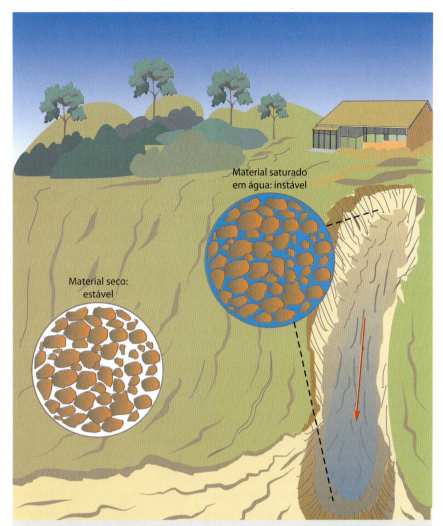

Figura 7.11 – A saturação em água do material inconsolidado promove escorregamentos de encostas, por causa da subida do lençol freático em períodos de chuvas intensas.

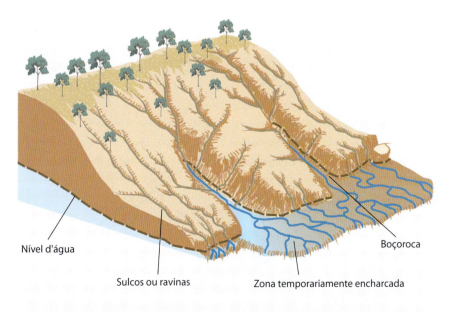

Figura 7.12 – Morfologia de sulcos e boçorocas.

de comprimento. A ocorrência de boçorocas sobre vertentes desprotegidas torna este processo pouco controlável, e o seu rápido crescimento frequentemente atinge áreas urbanas e estradas (Figura 7.13).

7.3.3 Carste e cavernas: feições subterrâneas

Entre as paisagens mais espetaculares da Terra, ressaltam-se os sistemas cársticos, com cavernas, *canyons*, paredões rochosos e relevos ruiniformes produzidos pela ação geológica da água subterrânea sobre rochas solúveis. Além de representarem atrações obrigatórias para turistas, fotógrafos e cientistas, as cavernas constituem um desafio aos exploradores das fronteiras desconhecidas do nosso planeta. Juntamente com topos de cadeias de montanhas e fundos oceânicos, as cavernas ainda reservam territórios nunca antes percorridos pelo ser humano. A exploração de cavernas tem sido de interesse da humanidade desde tempos pré-históricos, conforme o registro arqueológico de habitações humanas, com até dezenas de milhares de anos, como nas cavernas de Lagoa Santa (MG) e São Raimundo Nonato (PI).

Carste é a tradução do termo alemão *karst*, originado da palavra *krasz*, denominação dada pelos camponeses a uma paisagem da atual Croácia e Eslovênia (antiga Iugoslávia), marcada por rios subterrâneos com cavernas e superfície acidentada dominada por depressões com paredões rochosos e torres de pedra.

Do ponto de vista hidrológico e geomorfológico, sistemas cársticos são constituídos por três componentes principais (Figura 7.14), que se desenvolvem de maneira conjunta e interdependente:

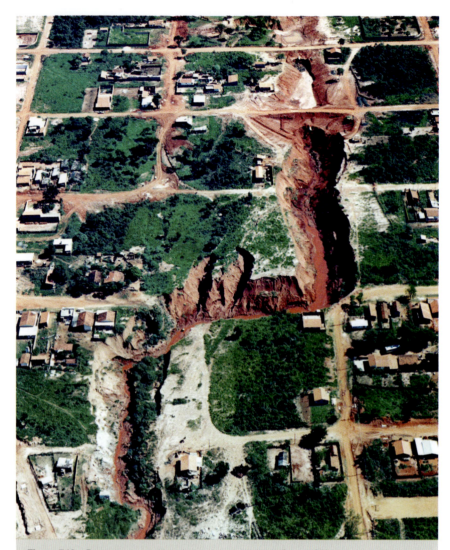

Figura 7.13 – Boçoroca na região urbana do município de Bauru (SP), desenvolvida sobre o manto intempérico em arenitos da bacia do Paraná. Foto: arquivo IPT-SP, 1993.

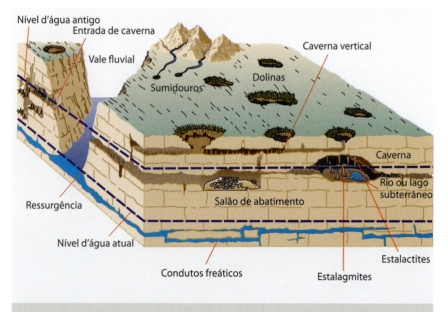

Figura 7.14 – Componentes principais do sistema cárstico.

1. sistemas de cavernas – formas subterrâneas acessíveis à exploração;
2. aquíferos de condutos – formas condutoras da água subterrânea;
3. relevo cárstico – formas superficiais.

Rochas carstificáveis

Sistemas cársticos são formados pela dissolução de certos tipos de rochas pela água subterrânea. Considera-se rocha solúvel aquela que após sofrer intemperismo químico produz pouco resíduo insolúvel. Entre as rochas mais favoráveis à carstificação encontram-se as carbonáticas (calcários, mármores e dolomitos, por exemplo), cujo principal mineral calcita (e/ou dolomita), dissocia-se nos íons Ca^{2+} e/ou Mg^{2+} e CO_3^{2-} pela ação da água. Os calcários são mais solúveis que os dolomitos, pois a solubilidade da calcita é maior que da dolomita.

Rochas evaporíticas, constituídas por halita e/ou gipsita, apesar de sua altíssima solubilidade, originam sistemas cársticos somente em situações especiais, como em áreas áridas a semiáridas, pois seu intemperismo sob clima úmido é tão rápido que não permite o pleno desenvolvimento do carste.

Como exemplo de rocha considerada insolúvel pode-se citar os granitos, nos quais feldspatos e micas submetidos ao intemperismo originam argilominerais, estáveis em superfície, produzindo muito resíduo insolúvel em comparação ao volume inicial de rocha, o que impede o aumento da porosidade secundária.

Um caso especial, pouco comum, são os quartzitos. Apesar da baixa solubilidade do quartzo em águas naturais, quartzitos com baixo teor de resíduos insolúveis podem desenvolver sistemas cársticos, quando sofrem longos períodos de exposição à ação da água subterrânea.

Dissolução de rochas carbonáticas

O mineral calcita é quase insolúvel em água pura, produzindo concentrações máximas em Ca^{2+} de cerca de 8 mg/L. Ao contrário, em águas naturais é bastante solúvel, como é evidenciado em nascentes cársticas, cujas águas são chamadas de "duras", devido ao alto teor em Ca e Mg (até 250 mg/L). Este fato ocorre por causa da dissolução ácida do carbonato de cálcio pelo ácido carbônico (ver capítulo 8), gerado pela reação entre água e gás carbônico (Figura 7.15).

As águas de chuva, acidificadas inicialmente com o CO_2 atmosférico, sofrem um grande enriquecimento em acido carbônico quando passam pelo solo, pois a respiração das raízes das plantas e a decomposição de matéria orgânica resultam em elevado teor de CO_2 no solo. O ácido carbônico é quase totalmente consumido nos primeiros metros de percolação da água de infiltração no pacote rochoso, sendo que, nas partes mais profundas do aquífero, resta somente uma pequena parcela deste ácido para dissolver a rocha.

Outro agente corrosivo, às vezes presente na água subterrânea, é o

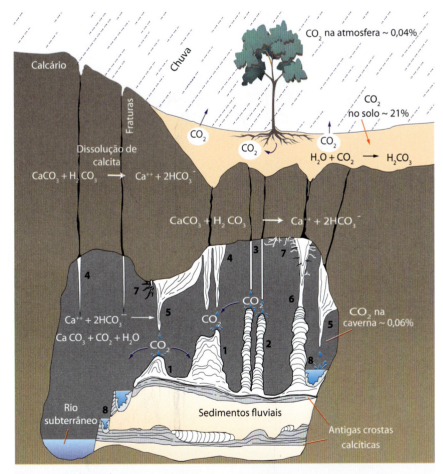

Tipos de espeleotemas
1 - Estalagmite
2 - Estalagmite tipo vela
3 - Estalactite tipe canudo
4 - Estalactite
5 - Cortina com estalactite
6 - Coluna
7 - Excêntricos (helictites)
8 - Represas de travertino com cristais de calcita subaquática

Figura 7.15 – Dissolução e precipitação de calcita num perfil cárstico e principais tipos de espeleotemas.

ácido sulfúrico, gerado principalmente pela oxidação de sulfetos, como pirita e galena, minerais acessórios muito frequentes em rochas carbonáticas.

Requisitos para desenvolvimento de sistemas cársticos

O desenvolvimento pleno de sistemas cársticos requer três condições:

Rocha solúvel com permeabilidade de fraturas – Rochas solúveis do substrato geológico, principalmente calcários, mármores e dolomitos, devem possuir uma rede de descontinuidades, formadas por superfícies de estratificação, planos de fraturas e falhas, caracterizando um aquífero de fraturas. Através da dissolução da rocha ao longo de intercessões entre planos, instalam-se rotas preferenciais de circulação da água subterrânea. Ao contrário, em rochas sem descontinuidades planares e porosidade intergranular dominante, a dissolução ocorre de maneira disseminada e homogênea, sem o desenvolvimento de rotas de fluxo preferencial da água subterrânea.

Relevo – gradientes hidráulicos moderados a altos – O desenvolvimento do carste é favorecido quando a região carbonática possui topografia, no mínimo, moderadamente acidentada. Vales encaixados e desníveis grandes geram gradientes hidráulicos maiores, com fluxos mais rápidos das águas de percolação ao longo dos condutos no aquífero, à semelhança do que se observa no escoamento superficial. Estas velocidades maiores da água subterrânea resultam em maior eficiência na remoção de resíduos insolúveis, bem como na dissolução da rocha ao longo das rotas de fluxo e rios subterrâneos, acelerando o processo de carstificação. Águas com fluxo lento exercem pouca ação, pois logo se saturam em carbonato, perdendo sua ação corrosiva e a capacidade de transportar partículas.

Clima e disponibilidade de água – Como a dissolução é a causa principal da formação de sistemas cársticos, o desenvolvimento do carste é mais intenso em climas úmidos. Além de alta pluviosidade, a carstificação também é favorecida em ambientes de clima quente com densa vegetação, pois nestes a produção biogênica de CO_2 no solo é maior, aumentando o teor de ácido carbônico nas águas de infiltração. Desse modo as paisagens cársticas são mais desenvolvidas em regiões de clima quente e úmido quando comparadas às regiões de clima frio.

Cavernas e condutos

Cavernas são cavidades naturais com dimensões que permitem acesso ao ser humano. Cavernas cársticas são parte do sistema de condutos e vazios característicos das rochas carbonáticas.

A ampliação dos condutos que compõem as rotas preferenciais de fluxo da água subterrânea aumenta gradativamente a permeabilidade secundária da rocha, transformando parte do aquífero fraturado em aquífero de condutos, característica hidrológica fundamental de sistemas cársticos.

Por causa do rebaixamento do lençol freático em função da crescente permeabilidade, muitas vezes somada ao soerguimento tectônico da região, setores da rede de condutos, iniciados e desenvolvidos em ambiente freático, são expostos acima do nível da água, sofrendo modificações e ampliação em ambiente vadoso. Estes segmentos de condutos, quando atingem dimensões acessíveis ao ser humano, constituem as cavernas. O processo de formação do aquífero de condutos e cavernas é chamado de espeleogênese, termo originado do grego *spelaion*, que significa caverna.

No vasto sistema de porosidade de condutos de um aquífero cárstico, cerca de 1% é acessível ao homem, formando sistemas de cavernas. Um sistema de cavernas é composto por um conjunto de galerias, condutos e salões, todos fazendo parte de uma mesma bacia de drenagem subterrânea, caracterizada por entradas e saídas da água. Os padrões morfológicos dos sistemas de cavernas refletem principalmente a estrutura da rocha (acamamento dobrado ou horizontal e geometria e densidade do sistema de fraturas) e a maneira como é realizada a recarga de água no sistema, ou seja, por meio de sumidouros de rios com origem externa ao carste ou a partir de vários pontos de infiltração distribuídos sobre a superfície carbonática.

Depósitos sedimentares em cavernas e espeleotemas

Nos condutos expostos na zona de oscilação do nível da água, a ampliação das cavernas ocorre pela ação de rios subterrâneos, os quais entalham seus leitos, formando cânions subterrâneos. Nessa fase iniciam-se processos de abatimento de blocos, transformando parte dos condutos originais em salões de desmoronamento onde se acumulam pilhas de fragmentos de rocha com dimensões extremamente variadas.

Com o rebaixamento do nível da água, rios da superfície são absorvidos pelos condutos cársticos, o que causa a injeção de importantes volumes de água e detritos provenientes das áreas de captação superficial destes rios. Parte destes detritos pode ser acumulada ao longo das drenagens subterrâneas, formando depósitos sedimentares fluviais nas cavernas. Com o gradativo rebaixamento do leito fluvial, acompanhando o soerguimento regional, testemunhos dos sedimentos fluviais são preservados em níveis superiores das galerias subterrâneas. Estas feições são importantes no estudo da história de entalhamento e registros paleoambientais do rio subterrâneo.

Outro fenômeno importante que ocorre nas cavernas acima do lençol freático é a deposição de minerais nos tetos, paredes e pisos das cavidades, produzindo um variado conjunto de formas e ornamentações, genericamente denominadas de espeleotemas (ver figura 7.15). Os minerais mais comuns depositados em cavernas cársticas são a calcita e aragonita (Figura 7.16). A precipitação ocorre quando as águas saturadas em $CaCO_3$ perdem CO_2 para o ambiente das cavernas, pois a concentração de CO_2 da atmosfera subterrânea é muito menor que a quantidade de CO_2 dissolvido nas águas de infiltração enriquecidas em CO_2 biogênico. Em razão desta diferença de conteúdo em CO_2, a solução de infiltração tende a se equilibrar com a atmosfera da caverna, perdendo CO_2, causando o deslocamento da reação entre água, gás carbônico e carbonato de cálcio no sentido de precipitação de $CaCO_3$.

Os espeleotemas são classificados segundo sua forma e o regime de fluxo da água de infiltração, causa principal da sua grande diversidade morfológica. Os mais frequentes são formados por gotejamento da água de infiltração, como estalactites e estalagmites (Figuras 7.15 e 7.16). As primeiras são geradas a partir de gotas que surgem em fraturas nos tetos de cavernas e crescem em direção ao piso. Inicialmente formam-se estalactites do tipo canudo (Figuras 7.15 e 7.16a), através da superposição de anéis de carbonato de cálcio com espessura microscópica. Estes canudos podem dar origem posteriormente a formas cônicas, quando o interior do canudo é obstruído e a deposição do mineral passa a ocorrer através do escorrimento da solução pela superfície externa do canudo. As estalagmites crescem do piso em direção a origem do gotejamento, através do acúmulo de carbonato de cálcio precipitado pela gota após atingir o piso. Quando a deposição do mineral é associada a filmes de solução que escorrem sobre superfícies inclinadas, são gerados espeleotemas em forma de crostas carbonáticas, que crescem através da superposição de finas lâminas de carbonato de cálcio, podendo cobrir trechos do piso e paredes de cavernas até uma espessura de vários metros.

Os espeleotemas podem formar acumulações de várias camadas, compostas por mais de um mineral (por exemplo calcita e aragonita), e englobar contribuições detríticas, como areia e argila, trazidos por enchentes de rios subterrâneos, ou mesmo pela água de gotejamento. Desta maneira, constituem rochas sedimentares de origem química precipitadas a partir da água subterrânea.

Formas do relevo cárstico

A característica principal de superfícies cársticas é a substituição da rede de drenagem fluvial, com seus vales e canais organizados, por bacias de drenagem centrípeta, que à primeira vista formam um quadro de drenagem caótico. Estas bacias conduzem a água superficial para sumidouros, que conectam a superfície com a drenagem subterrânea (ver figura 7.17).

Quanto mais desenvolvido for o sistema cárstico, maior sua permeabilidade secundária, o que aumenta o número de sumidouros e respectivas bacias de drenagem centrípeta. Isto, por sua vez, condiciona um forte incremento no volume de infiltração e diminuição no volume de água do escoamento superficial.

Figura 7.16 – a) Estalactites do tipo canudo e estalagmite no centro, compostos por calcita, caverna Santana, SP. b) Espeleotema tipo flor de aragonita, caverna Santana, SP. Fotos: a) I. Karmann, b) A. Gambarini.

Associadas às drenagens centrípetas, desenvolvem-se dolinas, que representam uma das feições de relevo mais frequentes e típicas de paisagens cársticas, com tamanhos que variam entre uma banheira e um estádio de futebol. Dolinas são depressões cônicas, circulares na superfície, lembrando a forma de um funil. Dolinas de dissolução formam-se com a dissolução a partir de um ponto de infiltração na superfície da rocha (zona de cruzamento de fraturas). Crescem em profundidade e diâmetro, conforme a rocha e o material residual são levados pela água subterrânea (Figura 7.18). Dolinas geradas a partir do colapso da superfície em virtude do abatimento do teto de cavernas ou outras cavidades em profundidade são denominadas de dolinas de colapso. No primeiro tipo de dolina a subsidência do terreno é lenta, enquanto no segundo, é rápida, frequentemente dando acesso a cavernas. Um dos processos que desengatilha o abatimento de cavidades em profundidade é a perda da sustentação que a água subterrânea exerce sobre as paredes desses vazios, por rebaixamento do lençol freático e exposição das cavidades na zona vadosa (ver quadro 7.1).

Outra feição diagnóstica do carste são os vales cegos com rios que repentinamente desaparecem em sumidouros junto a anfiteatros rochosos ou depressões. Os vales cegos mais expressivos ocorrem quando a superfície cárstica é rebaixada em relação aos terrenos não carbonáticos, onde os rios correm em direção aos carbonatos e os sumidouros marcam a zona de contato entre as rochas (Figura 7.17).

Vales cársticos ou de abatimento são formados quando galerias de cavernas sofrem abatimento, frequentemente expondo rios subterrâneos, gerando depressões alongadas com vertentes verticalizadas. Apesar de o produto final ser parecido com vales fluviais, esse não pode ser classificado como tal, pois sua origem não é devida ao entalhamento de um canal fluvial (ver figura 7.19).

Áreas de rochas carbonáticas expostas quase sempre exibem um padrão de sulcos com profundidades desde milimétricas a métricas, às vezes com lâminas proeminentes entre os sulcos. São os lapiás ou caneluras de dissolução. Formam-se inicialmente pela dissolução da rocha na interface solo-rocha e após a erosão do solo continuam seu desenvolvimento pelo escorrimento da água de precipitação diretamente sobre rocha (ver figura 7.20).

Entre as formas mais notáveis do relevo cárstico há ainda os cones cársticos (ver figura 7.21). Constituem morros de vertentes fortemente inclinadas e paredes rochosas, representando morros testemunhos que resistiram à dissolução. São típicos de áreas carbonáticas com relevo acidentado. Distribuem-se na forma de divisores de água contornando bacias de drenagem centrípeta. Frequentemente abrigam trechos de antigos sistemas de cavernas em diferentes níveis (ver figura 7.21).

7.3.4 Carste no Brasil

Cerca de 3% do território brasileiro é ocupado por carste carbonático, constituindo um importante componente nas paisagens do Brasil.

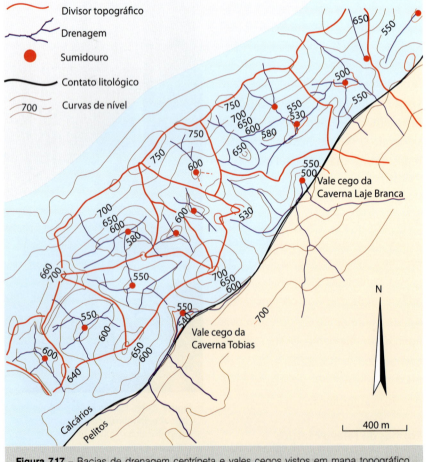

Figura 7.17 – Bacias de drenagem centrípeta e vales cegos vistos em mapa topográfico. Exemplo da região da bacia do rio Betari, vale do Ribeira, sul de São Paulo.

A maior área de rochas carbonáticas corresponde aos Grupos Bambuí e Una, de idade do Neoproterozoico. O primeiro cobre porções do noroeste de Minas Gerais, leste de Goiás, sudeste de Tocantins e oeste da Bahia.

O segundo ocorre na região central da Bahia. Predominam calcários e dolomitos pouco deformados e drenagens de baixo gradiente, com relevos suaves e vastas depressões com dolinas de abatimento e vales cársticos.

Muitas cavernas são conhecidas nestas áreas, incluindo a mais extensa do país, como a Toca da Boa Vista (município de Campo Formoso, BA), uma caverna com padrão labiríntico e cerca de 100 km de galerias mapeadas.

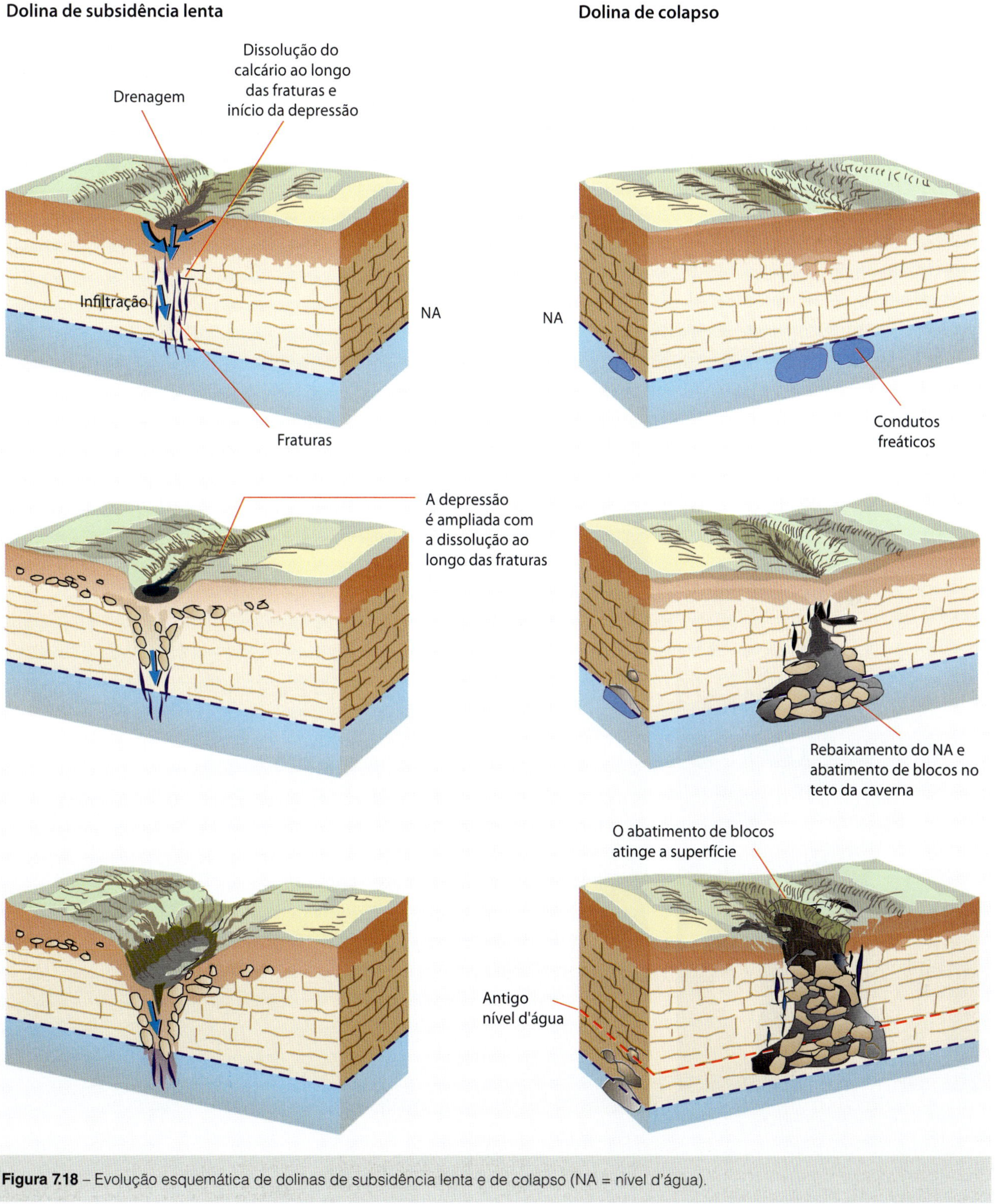

Figura 7.18 – Evolução esquemática de dolinas de subsidência lenta e de colapso (NA = nível d'água).

Além de cavernas e vistosas paisagens, essas regiões com rochas carbonáticas abrigam também aquíferos, em geral ainda pouco explorados para abastecimento de água. Outras, como grande parte da região metropolitana de Belo Horizonte, por exemplo, já são abastecidas com água subterrânea proveniente do carste.

Nos estados de São Paulo e Paraná, os terrenos cársticos concentram-se sobre calcários metamorfizados e dobrados pré-cambrianos, com relevo acidentado e zonas de carste poligonal, dominado por bacias de drenagem centrípeta e cones cársticos. Os sistemas de cavernas, que atingem até 8 km de desenvolvimento, caracterizam-se por abrigar os maiores desníveis subterrâneos do país, como as cavernas Casa de Pedra, com 350 m, e o Abismo do Juvenal, com 250 m, localizadas no alto vale do rio Ribeira, sul de São Paulo.

Figura 7.19 – Vale cárstico associado à caverna Lapa dos Brejões. No lado esquerdo do vale avista-se o pórtico de entrada da caverna com 106 m de altura. Município de Morro do Chapéu, Chapada Diamantina, BA. Foto: I. Karmann.

Figura 7.20 – Calcário entalhado por caneluras de dissolução (lapiás) na região da caverna do Padre, Bahia. Foto: A. Gambarini.

Figura 7.21 – Cones cársticos, representando morros testemunhos, que resistiram à dissolução. a) Região do vale do rio Betari, Iporanga, SP. b) Região de Piñar del Rio, Cuba. Fotos: I. Karmann.

Quadro 7.1 – "Buraco" de Cajamar: acidente geológico no carste

Em agosto de 1986, a população de Cajamar (SP), assistiu ao episódio repentino da formação de uma enorme cratera com cerca de 10 m de diâmetro e profundidade. A formação do buraco foi antecedida por ruídos descritos como explosões ou trovoadas longínquas. A partir deste dia, o buraco continuou a crescer, atingindo 29 m de diâmetro e 18 m de profundidade em um mês, consumindo quatro sobrados e formando trincas em construções num raio de 400 m. Após seis meses, o buraco estabilizou com 32 m de diâmetro e profundidade constante de 13 m (Figura 7.22). A população local, sem saber, estava sentindo a predisposição ao colapso com muita antecedência observando deformações em pisos, surgimento de rachaduras em paredes, rompimento de tubulações da rede de fornecimento de água e a ocorrência de ruídos.

No dia do colapso, geólogos em visita ao local levantaram a hipótese do abatimento de uma caverna sob a cidade, pois esta se encontra sobre calcários. Estudos posteriores realizados por geólogos do Instituto de Pesquisas Tecnológicas de São Paulo mostraram tratar-se de uma dolina desenvolvida no manto intempérico que cobre as rochas carbonáticas, em razão do colapso de cavidades profundas na rocha. O rebaixamento do lençol freático abaixo da zona de cavidades foi a causa do colapso destas. Atribuiu-se o rebaixamento do nível d'água à somatória dos efeitos da época de estiagem e da extração de água por poços da região. Este acidente geológico causou muita polêmica na época, pois foi a primeira dolina de colapso no Brasil que afetou uma zona urbana densamente ocupada. Após sua estabilização, a área da dolina de Cajamar foi transformada em praça pública. Fenômeno semelhante aconteceu em seguida na zona urbana de Sete Lagoas, MG. Aliás, Sete Lagoas deriva seu nome de sete dolinas com lagos. A formação de dolinas representa um fenômeno de risco geológico que deve ser considerado no planejamento do uso e ocupação do solo em terrenos carbonáticos.

Figura 7.22 – Situação estabilizada da dolina de Cajamar em 7/1/87, com afloramento do nível d'água no fundo. No início do colapso em 12/8/86, época de estiagem, não aflorava água. Foto: IPT, 1987.

No Oeste do Brasil, importantes sistemas cársticos encontram-se nos calcários e dolomitos do Grupo Corumbá, MS e Grupo Araras, MT. No setor leste da serra da Bodoquena e região do município de Bonito, MS, ocorrem cavernas com grandes lagos subterrâneos. Atividades de exploração subaquática têm revelado passagens com 50 m de largura e profundidades de 150 m, evidenciando cavernas em processo de submersão devido à subsidência tectônica da região.

Assim, percebe-se que a água, além de substância fundamental à existência e sustentação da vida na Terra, participa de forma decisiva nos processos que conectam a parte interna do ciclo geológico com a parte externa. Esta dinâmica geológica se dá por meio dos processos de intemperismo, erosão e sedimentação, que modelam continuamente a superfície, como será visto nos próximos capítulos, no âmbito do ciclo das rochas.

Leitura recomendada

FEITOSA, F. A. C.; MANOEL FILHO, J. (Coords.). *Hidrogeologia – conceitos e aplicações*. CPRM e LABHID-UFPE, 1997. 412. p.

FREEZE, R. A.; CHERRY, J. A. *Groundwater*. Englewood Cliffs, N. J.: Prentice-Hall, 1979. 604 p.

GILLIESON, D. S. *Caves: processes, development, management*. Oxford, Cambridge, Mass.: Blackwell Publishers, 1996. 324 p.

Capítulo 8

Da rocha ao solo: intemperismo e pedogênese

M. Cristina Motta de Toledo, Sonia Maria Barros de Oliveira, Adolpho José Melfi

Sumário

8.1 Tipos de intemperismo
8.2 Intemperismo, erosão e sedimentação
8.3 Reações do intemperismo químico
8.4 Distribuição dos processos de alteração superficial
8.5 Fatores que controlam a alteração intempérica
8.6 Produtos do intemperismo

Os materiais presentes na superfície da Terra, dos quais depende a continuidade da vida, são, em sua maior parte, produtos das transformações que a crosta continental sofre na interação com a atmosfera, a hidrosfera e a biosfera, ou seja, são produtos do intemperismo. Constituem a base de importantes atividades humanas, relacionadas, por exemplo, ao cultivo dos solos e ao aproveitamento dos depósitos minerais na indústria e na construção civil. A utilização sustentável desses recursos depende do conhecimento de sua natureza e da compreensão de sua gênese, o que constitui o objetivo principal deste capítulo.

O intemperismo é o conjunto de modificações de ordem física (desagregação) e química (decomposição) que as rochas sofrem ao aflorar na superfície da Terra. Os produtos do intemperismo, que são a rocha alterada (também chamada de alterita ou saprolito) e o solo, estão sujeitos aos outros processos do ciclo supérgeno – erosão, transporte e sedimentação – os quais acabam levando à denudação continental, com o consequente aplainamento do relevo (ver capítulos 9 a 14).

Os fatores que controlam a ação do intemperismo são o clima (variação sazonal da temperatura e distribuição das chuvas), o relevo, (que influi no regime de infiltração e drenagem das águas), a fauna e flora (fornecem matéria orgânica para reações químicas e remobilizam materiais), a rocha parental (com resistência diferenciada aos processos de alteração intempérica) e, finalmente, o tempo de exposição da rocha aos agentes intempéricos.

A pedogênese (formação do solo) ocorre quando as modificações químicas e mineralógicas do intemperismo dão lugar a modificações estruturais, com reorganização dos minerais formadores do solo – principalmente argilominerais e óxi-hidróxidos de ferro e de alumínio – nos níveis superiores do manto de alteração. Aí desempenham papel fundamental a fauna e a flora do solo que, ao realizarem suas funções vitais, modificam e movimentam enormes quantidades de material, mantendo o solo aerado e renovado em sua parte mais superficial.

O intemperismo e a pedogênese levam à formação de um perfil de alteração, (ver item 8.6) também chamado de perfil de intemperismo, perfil de solo ou regolito. Esses materiais podem representar concentrações de substâncias minerais de interesse econômico potencial, chegando a formar jazidas. O perfil é estruturado verticalmente, a partir da rocha fresca, na base, sobre a qual se formam a alterita (ou saprolito) e o *solum* que constituem, juntos, o manto de alteração. Sendo dependentes do clima e do relevo, o intemperismo e a pedogênese ocorrem de maneira distinta nos diferentes compartimentos morfoclimáticos do globo terrestre, levando à formação de perfis de alteração compostos de horizontes de diferente espessura e composição. Assim, em climas temperados, por causa da menor importância quantitativa dos materiais intemperizados, muitas vezes não há, nos livros didáticos e técnicos, grande destaque ao processo de intemperismo; ao contrário, nos países de climas mais quentes e úmidos, os mantos de intemperismo são mais bem desenvolvidos, o que induz a pesquisas específicas para estes ambientes, não bastando a simples importação da pesquisa produzida nos países de clima temperado.

O intemperismo e a pedogênese agem não apenas sobre rochas ígneas e metamórficas, mas também sobre rochas sedimentares, elas próprias formadas por materiais provenientes da erosão de antigos perfis de intemperismo. A figura 8.1 mostra um exemplo notável de perfil onde está registrada uma série de eventos geológicos superpostos: sedimentação de uma sequência de camadas (varvito, argilito, siltito e conglomerado) litificadas e posteriormente intemperizadas.

Neste capítulo serão tratados os tipos de intemperismo, seus fatores determinantes, sua distribuição geográfica e seus produtos.

Figura 8.1 – Perfil de intemperismo sobre pacote de rochas sedimentares na bacia do Paraná, incluindo o Varvito de Itu e um matacão pingado de granito com alteração esferoidal. Foto: M. C. M. de Toledo.

> **Curiosidade**
>
> Os solos e outros materiais naturais da superfície apresentam cores, que variam em tons de vermelho, amarelo, laranja, roxo e cinza, geralmente, podendo também se apresentar pretos ou em tons esverdeados, dependendo de sua composição mineral e conteúdo em matéria orgânica. Os pigmentos desses materiais têm sido usados desde tempos pré-históricos, como atestam as pinturas rupestres em diversas regiões do mundo, documentando diferentes épocas da evolução humana. Hoje, ainda, os solos são utilizados em várias formas de arte, sendo a obra da pintora brasileira Goiandira Ayres do Couto um exemplo notável da utilização dos solos como pigmento.
>
>
>
> (Mais informações sobre a artista em <http://www.goiandiradocouto.com.br/index.htm>.

8.1 Tipos de intemperismo

O intemperismo atua por meio de mecanismos modificadores das propriedades físicas dos minerais e rochas (morfologia, resistência, textura etc.) e de suas características químicas (composição química e estrutura cristalina).

Em função dos mecanismos predominantes de atuação, os processos são normalmente classificados em intemperismo físico e intemperismo químico. Quando há também a ação (física ou bioquímica) de organismos vivos ou da matéria orgânica, proveniente de sua decomposição, o intemperismo é chamado de físico-biológico ou químico-biológico.

8.1.1 Intemperismo físico

Todos os processos que causam desagregação e fragmentação das rochas, com separação dos grãos minerais antes coesos, transformando a rocha inalterada em material descontínuo e friável, constituem o intemperismo físico.

As variações de temperatura ao longo dos dias e noites e ao longo das diferentes estações do ano causam expansão e contração térmica nos materiais rochosos, levando à fragmentação das rochas e dos grãos minerais. Com diferentes coeficientes de dilatação térmica, os minerais comportam-se de forma diferenciada às variações de temperatura, o que provoca deslocamento relativo entre os cristais, rompendo a coesão inicial entre os grãos. A mudança cíclica de umidade também pode causar expansão e contração e, em associação com a variação térmica, provoca um efetivo enfraquecimento e fragmentação das rochas. Este mecanismo é especialmente eficiente nos desertos, onde a diferença de temperatura entre o dia e a noite é muito grande, podendo apresentar valores acima de 50 °C.

O congelamento da água nas fissuras das rochas, acompanhado por um aumento de volume de cerca de 9%, exerce pressão nas paredes, causando esforços que terminam por fragmentar a rocha e aumentar a rede de fraturas (Figuras 8.2 e 8.3).

A evaporação das águas de infiltração com sais dissolvidos causa a sua cristalização em fissuras e outros tipos de descontinuidades, o que tem o mesmo efeito do congelamento da água, fragmentando as rochas. Essa cristalização pode chegar a exercer pressões enormes sobre as paredes das rochas, não somente em virtude do próprio crescimento dos cristais, mas também por sua expansão térmica, quando a temperatura aumenta nas horas mais quentes do dia, ou pela absorção de umidade.

Os sais mais comuns que precipitam nas fissuras das rochas são cloretos, sulfatos e carbonatos, originados da própria alteração intempérica da rocha, dissolvidos pelas soluções percolantes provenientes das chuvas. Há, atualmente, uma grande preocupação em preservar e restaurar monumentos históricos e, por essa razão, esses processos intempéricos vêm sendo mais investigados, já que são a sua principal causa de degradação.

O intemperismo físico também ocorre quando as partes mais profundas

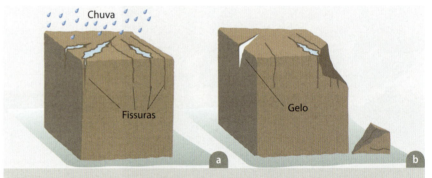

Figura 8.2 – Fragmentação por ação do gelo. A água líquida ocupa as fissuras da rocha (a), sendo posteriormente congelada, expandindo e exercendo pressão nas paredes, aumentando as rupturas (b).

Figura 8.3 – Bloco de gnaisse fraturado pela ação do gelo nas fissuras (Antártica). Foto: M. Hambrey.

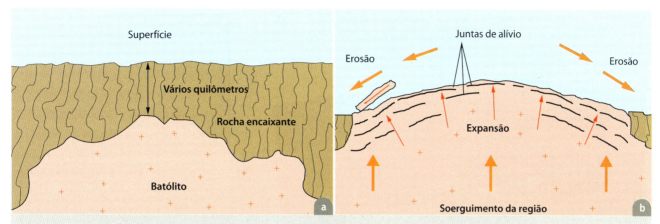

Figura 8.4 – Formação das juntas de alívio em consequência da expansão do corpo rochoso ígneo sujeito a alívio de pressão, pela erosão do material sobreposto, após o intemperismo. Estas descontinuidades servem de caminhos para a percolação das águas que promovem a alteração química.

dos corpos rochosos ascendem a níveis crustais mais superficiais. Com o alívio da pressão, os corpos rochosos expandem, causando a abertura de fraturas aproximadamente paralelas à superfície ao longo da qual a pressão foi aliviada. Estas fraturas recebem o nome de juntas de alívio (Figura 8.4), e sua instalação abre mais caminhos para o intemperismo.

Finalmente, outro efeito do intemperismo físico é a quebra das rochas pela pressão causada pelo crescimento de raízes em suas fissuras (Figura 8.5), podendo este caso ser denominado de físico-biológico.

Fragmentando as rochas e, portanto, aumentando a superfície exposta ao ar e à água, o intemperismo físico facilita o intemperismo químico. A figura 8.6 ilustra o aumento da superfície específica de um bloco de rocha quando dividido em blocos menores, facilitando o intemperismo.

8.1.2 Intemperismo químico

O ambiente da superfície da Terra, caracterizado por pressões e temperaturas baixas e riqueza de água e oxigênio, é muito diferente daquele em que a maioria das rochas se formou. Por esse motivo, quando as rochas afloram à superfície da Terra, seus minerais entram em desequilíbrio e, por meio de uma série de reações químicas, formam-se outros minerais, mais estáveis nesse novo ambiente.

O principal agente do intemperismo químico é a água da chuva, que infiltra e percola as rochas (ver ciclo hidrológico, capítulo 7). Essa água, rica em O_2, interage com o CO_2 da atmosfera, tornando-se ácida. Nas regiões de clima quente, essas águas se enriquecem ainda mais em CO_2, que se encontra concentrado nos poros dos solos, como produto da oxidação completa da matéria orgânica, e assim têm seu pH ainda mais diminuído.

Figura 8.5 – Ação do crescimento de raízes, alargando as fissuras e contribuindo para a fragmentação das rochas. Foto: A. Ruellan.

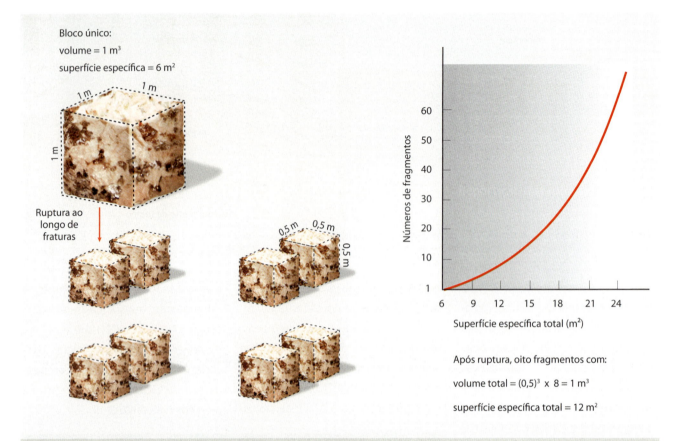

Figura 8.6 – A fragmentação de um bloco de rocha é acompanhada por um aumento significativo da superfície exposta à ação dos agentes intempéricos. Neste exemplo, um bloco de rocha cúbico, de 1 m de lado, apresenta uma área exposta de 6 m²; quando dividido em oito volumes cúbicos de 0,5 m de lado, passa a apresentar superfície exposta de 12 m². O gráfico mostra que a superfície específica aumenta geometricamente com o aumento do número de fragmentos em que é dividido o bloco.

As equações abaixo representam os equilíbrios da água com o CO_2:

$$CO_2 + H_2O \rightleftarrows H_2CO_3$$
$$H_2CO_3 \rightleftarrows H^+ + HCO_3^-$$
$$HCO_3^- \rightleftarrows H^+ + CO_3^{2-}$$

Quando a degradação da matéria orgânica não é completa (como ocorre em regiões de clima temperado e frio), vários tipos de ácidos orgânicos são formados e incorporados às águas percolantes, tornando-as muito ácidas e geralmente complexantes; consequentemente, aumenta o seu poder de ataque aos minerais, intensificando assim o intemperismo químico.

Os elementos químicos mais solúveis das rochas são, após o intemperismo químico, transportados pelas águas que drenam o perfil de alteração (fase solúvel). Em consequência, o material que resta no perfil (fase residual) torna-se progressivamente enriquecido nos constituintes menos solúveis. Esses constituintes estão nos minerais primários residuais, que resistiram à ação intempérica, e nos minerais secundários que se formaram no perfil. Entre os minerais residuais, o mais comum é o quartzo. Os minerais secundários são chamados de neoformados quando resultam da precipitação de substâncias dissolvidas nas águas que percolam o perfil, como é o caso, por exemplo, dos óxi-hidróxidos de ferro e de alumínio. Quando se formam pela interação entre as soluções de percolação e os minerais primários, modificando sua composição química, porém preservando pelo menos parcialmente sua estrutura, são chamados de minerais secundários transformados. A transformação ocorre essencialmente entre os filossilicatos, quando as micas (filossilicatos primários) alteram-se em argilominerais (filossilicatos secundários).

Todas as reações do intemperismo químico acontecem, inicialmente, nas descontinuidades das rochas, podendo resultar no fenômeno denominado de esfoliação esferoidal. As arestas e os vértices dos blocos rochosos são mais expostos ao ataque do intemperismo químico que as faces, o que resulta na formação de blocos de formas arredondadas a partir de formas angulosas (Figuras 8.8 e 8.9).

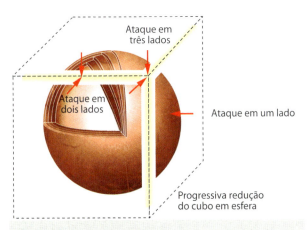

Figura 8.7 – A alteração esferoidal resulta na produção de formas arredondadas a partir de formas angulosas de blocos de rocha. As formas arredondadas podem apresentar-se escamadas, como mostram o bloco granítico do centro da figura 8.1 e a figura 8.8. Este fenômeno deve-se à maior rapidez do ataque do intemperismo nos vértices e arestas dos blocos rochosos, em relação às faces.

Figura 8.8 – Alteração esferoidal em bloco de rocha ígnea, formando camadas concêntricas, sendo as mais externas mais alteradas que as mais internas. Foto: M. Guerreiro.

8.2 Intemperismo, erosão e sedimentação

O intemperismo é um elo importante no ciclo das rochas, ligando as rochas duras ao ciclo sedimentar.

Os processos intempéricos, ao atuarem sobre as rochas, individualizam uma fase residual que permanece *in situ* (manto de alteração), cobrindo, em grande parte, os continentes, e que é formada por minerais primários inalterados e minerais secundários transformados e neoformados. As principais associações minerais do manto de alteração incluem o quartzo, as micas parcialmente transformadas, os argilominerais do grupo da caolinita e da esmectita e os óxi-hidróxidos de ferro e alumínio. Ao mesmo tempo da geração do manto de alteração, é produzida uma fase líquida composta de soluções aquosas ricas nos elementos mais solúveis nas condições comuns da superfície da Terra, tais como o sódio, o cálcio, o potássio e o magnésio e, em menor grau, o silício. Outros elementos químicos solúveis podem estar presentes, em menores quantidades.

Em períodos de estabilidade tectônica, quando os continentes estão recobertos por vegetação, essas soluções são lentamente drenadas do perfil de alteração em direção aos compartimentos rebaixados das paisagens, como as bacias de sedimentação marinhas, onde os elementos e substâncias dissolvidas podem ser precipitados ou permanecer em solução. Assim, enquanto os continentes sofrem erosão química, que leva ao rebaixamento de sua superfície, as bacias sedimentares recebem sedimentos químicos, que podem precipitar-se, dando origem às rochas sedimentares químicas, tais como os calcários, *cherts* e evaporitos (ver capítulo 9).

Mudanças climáticas e fenômenos tectônicos podem colocar em desequilíbrio o manto de alteração dos continentes, removendo a vegetação e tornando-o mais vulnerável à erosão mecânica, que mobiliza os minerais do solo. Dessa forma, os minerais primários e secundários presentes no manto de alteração serão carregados pelas águas e depositados nas bacias de sedimentação. Essa etapa do aplainamento dos continentes dominada pela remoção mecânica dos materiais do manto de alteração forma as chamadas "surperfícies de aplainamento" e está relacionada à geração das rochas sedimentares clásticas, tais como os arenitos, folhelhos e argilitos (ver capítulo 9).

Ambientes de intemperismo e ambientes de sedimentação podem ser vistos, portanto, como complementares, sendo dominantes nos primeiros os mecanismos de subtração de matéria e, nos últimos, os mecanismos de adição de matéria. À denudação continental (perda de matéria por erosão química e física) corresponde a sedimentação (química e física) nas bacias sedimentares (continentais e oceânicas), bem como a manutenção da salinidade da água do mar.

215

8.3 Reações do intemperismo químico

As reações do intemperismo químico podem ser representadas pela seguinte equação genérica:
Mineral I + solução de alteração → Mineral II + solução de lixiviação.

Estas reações estão sujeitas às leis do equilíbrio químico e às oscilações das condições ambientais. Assim, se componentes, como a própria água, são retirados ou adicionados, as reações poderão ser aceleradas ou retardadas, ou seguir caminhos diferentes, gerando diferentes minerais secundários e diferentes soluções de lixiviação.

Na maior parte dos ambientes da superfície da Terra, as águas percolantes têm pH entre 5 e 9. Nesses ambientes, a principal reação do intemperismo é a hidrólise. Em alguns ambientes, o pH das águas pode ser inferior a 5 e, nesse caso, ao invés da hidrólise, a reação predominante é a acidólise. Estes são os dois grandes tipos de reações químicas que geram os materiais constituintes dos mantos de alteração e dos solos.

Outros tipos de reações atuam igualmente nos processos intempéricos, porém seus efeitos são mais localizados, restringindo-se à alteração de certos tipos de minerais ou ao comportamento de determinados elementos. São elas: hidratação, dissolução e oxidação.

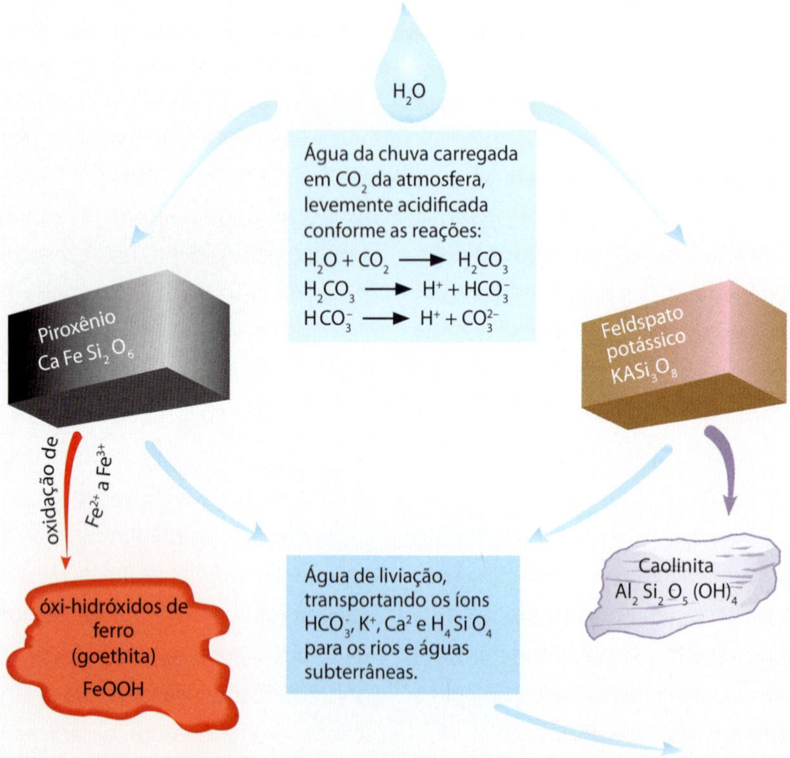

8.3.1 Hidrólise

Os principais minerais formadores das rochas, que são os silicatos, podem ser concebidos como sais de um ácido fraco (H_4SiO_4) e de bases fortes (NaOH, KOH, $Ca(OH)_2$, $Mg(OH)_2$). Quando em contato com a água, os silicatos sofrem hidrólise, resultando numa solução alcalina, pelo fato de o H_4SiO_4 estar praticamente indissociado e as bases muito dissociadas.

O íon H^+, resultado da ionização da água, entra nas estruturas minerais, deslocando principalmente os cátions alcalinos (K^+ e Na^+, principalmente) e alcalino-terrosos (Ca^{2+} e Mg^{2+}, principalmente), que são liberados para a solução. A estrutura do mineral na interface sólido/solução de alteração acaba sendo rompida, liberando Si e Al em íons isolados ou polimerizados para a fase líquida. Esses elementos podem recombinar-se, resultando na neoformação de minerais secundários. A figura 8.9 mostra o esquema de alteração de um feldspato em um mineral secundário neoformado, a caolinita. Na figura 8.10, um cristal de feldspato em

Figura 8.9 – Esquema da hidrólise de silicatos. No feldspato potássico, em presença de água e ácido carbônico, ocorre a entrada de H^+ substituindo K^+, totalmente eliminado pela solução de lixiviação; a sílica, apenas parcialmente eliminada, recombina-se com o alumínio, formando uma fase secundária argilosa (caolinita) (exemplo de hidrólise parcial). Piroxênio, em presença de água e oxigênio, tem seu conteúdo em sílica eliminado pela solução de lixiviação, sendo o Fe oxidado e precipitado na forma de óxi-hidróxido (goethita) (exemplo de hidrólise total).

Figura 8.10 – Imagem obtida ao microscópio eletrônico de varredura, mostrando feldspato parcialmente dissolvido pela ação do intemperismo químico. As cavidades de dissolução são alongadas e seguem o padrão de clivagens do mineral. Foto: M. C. M. Toledo.

vias de alteração por dissolução, sem formação de produtos secundários precipitados, dá uma ideia da perda de matéria e da geração de porosidade causadas pelo intemperismo químico.

A hidrólise ocorre sempre na faixa de pH de 5 a 9. Se há, no meio, condições de renovação das soluções reagentes, determinadas pela pluviosidade e pela topografia, estas se mantêm sempre diluídas, e as reações podem prosseguir, eliminando os componentes solúveis. O grau de eliminação dos elementos/substâncias dissolvidos define a intensidade de hidrólise, que pode ser total ou parcial.

Hidrólise total

Na hidrólise total, 100% da sílica e do potássio são eliminados. A sílica, apesar de pouco solúvel na faixa de pH da hidrólise (Figura 8.11), pode ser totalmente eliminada se as soluções de alteração permanecerem diluídas, o que acontece em condições de pluviosidade alta e drenagem eficiente dos perfis. Nessas condições, o resíduo da hidrólise total do K-feldspato, por exemplo, é o hidróxido de alumínio (gibbsita), insolúvel nessa faixa de pH (Figura 8.12):

$$KAlSi_3O_8 + 8 H_2O \rightarrow$$
$$\rightarrow Al(OH)_3 + 3 H_4SiO_4 + K^+ + OH^-$$

No caso da mesma reação num silicato com ferro, por exemplo um piroxênio, o resíduo formado será um óxi-hidróxido de ferro, como a goethita (Figura 8.13).

Hidrólise parcial

Na hidrólise parcial, em função de condições de drenagem menos eficientes, parte da sílica permanece no perfil; o potássio pode ser total ou parcialmente eliminado. Esses elementos reagem com o alumínio, formando aluminossilicatos hidratados (argilominerais).

Em função do grau de eliminação do potássio, duas situações são possíveis:

Figura 8.12 – Feldspato (F) parcialmente alterado, com formação de pequenos cristais de gibbsita (Gi), em imagem obtida ao microscópio óptico. Foto: J. Delvigne.

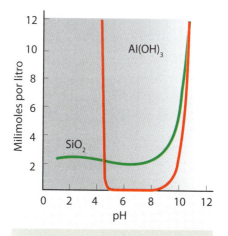

Figura 8.11 – Solubilidade da sílica e do alumínio em função do pH, a 25 °C. Até pH 8, aproximadamente, a sílica é pouco solúvel; sua solubilidade aumenta em meios mais alcalinos. O alumínio é praticamente insolúvel no intervalo de pH dos ambientes normais na superfície (5 a 9); em meios muito ácidos ou muito alcalinos, é solubilizado como Al^{3+} e AlO_2^-, respectivamente.

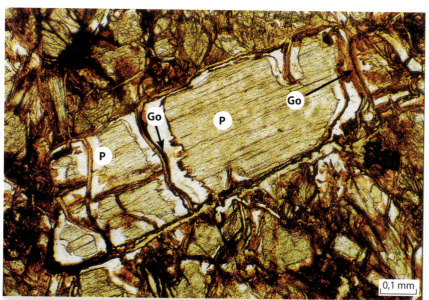

Figura 8.13 – Formação de goethita (Go), em manchas avermelhadas, a partir da alteração de piroxênio (P), em imagem obtida ao microscópio óptico. Foto: J. Delvigne.

– 100% do potássio é eliminado em solução:

$$2\ KAlSi_3O_8 + 11\ H_2O \rightarrow Si_2Al_2O_5(OH)_4 + 4\ H_4SiO_4 + 2\ K^+ + 2\ OH^-$$

Nesse caso, forma-se a caolinita, com eliminação de 66% da sílica e permanência de todo o alumínio.

– parte do potássio não é eliminada em solução:

$$2{,}3\ KAlSi_3O_8 + 8{,}4\ H_2O \rightarrow Si_{3,7}Al_{0,3}O_{10}Al_2(OH)_2\ K_{0,3} + 3{,}2\ H_4SiO_4 + 2K^+ + 2\ OH^-$$

Neste caso, forma-se outro tipo de argilomineral, a esmectita, com eliminação de 87% do potássio, 46% da sílica e permanência de todo o alumínio.

Na hidrólise total, além do alumínio, também o ferro permanece no perfil, já que esses dois elementos têm comportamento geoquímico muito semelhante no domínio hidrolítico. Ao processo de eliminação total da sílica e formação de óxi-hidróxidos de alumínio e de ferro dá-se o nome de alitização ou ferralitização.

No caso de hidrólise parcial, há a formação de silicatos de alumínio, e o processo é genericamente denominado sialitização. Quando são originados argilominerais do tipo caolinita, em que a relação de átomos Si:Al é 1:1 (um átomo de silício para um de alumínio na molécula), fala-se de monossialitização. No caso de serem formados argilominerais do tipo esmectita, em que a relação Si:Al é 2:1 (dois átomos de silício para um de alumínio), o processo é a bissialitização.

Nas regiões tropicais úmidas, como é o caso da maior parte do território brasileiro, o mecanismo dominante na alteração das rochas é a hidrólise, que atua em seus graus de maior intensidade (alitização e monossialitização).

Nestes processos, o íon Fe^{3+} não entra na estrutura dos argilominerais formados, que são do tipo 1:1 (caolinita). Apenas em argilominerais 2:1, como certas variedades de esmectita, o Fe^{3+} pode ser encontrado, substituindo parcialmente o Al^{3+} na estrutura cristalina do mineral. Mais raramente, em quantidade muito pequena, pode substituir o Al^{3+} na caolinita. Assim, de um modo geral, no domínio da hidrólise total ou da hidrólise parcial que leva à monossialitização, o ferro é individualizado sob a forma de óxidos e óxi-hidróxidos (hematita e goethita, principalmente), o que confere às coberturas intempéricas tons de castanho, roxo, vermelho, laranja e amarelo, tão comuns nos solos das zonas tropicais. Ao contrário, os solos de zonas temperadas não possuem essas cores.

Genericamente, dá-se o nome de lateritas às formações superficiais constituídas por hidróxido de alumínio e óxidos e óxi-hidróxidos de ferro, associados ou não à caolinita. Ao conjunto de processos responsáveis por essas associação minerais, alitização (somente óxidos, hidróxidos e óxi-hidróxidos de Fe e Al) e monossialitização (óxidos, hidróxidos, óxi-hidróxidos de Fe e Al e caolinita), dá-se o nome de lateritização.

Este processo é importante não apenas na formação dos solos das regiões tropicais úmidas, mas também na formação de jazidas minerais, como será visto mais adiante, neste capítulo.

8.3.2 Acidólise

Na maior parte da superfície dos continentes, os processos intempéricos são de natureza hidrolítica. No entanto, em ambientes mais frios, onde a decomposição da matéria orgânica não é total, formam-se ácidos orgânicos que diminuem bastante o pH das águas e são capazes de complexar o ferro e o alumínio, colocando-os em solução. Nestes domínios (pH < 5), não é a hidrólise, mas a acidólise o processo dominante de decomposição dos minerais primários.

No caso do feldspato potássico, ocorre acidólise total quando as soluções de ataque tiverem pH menor que 3, fazendo com que todos os elementos entrem em solução:

$$K\ Al\ Si_3\ O_8 + 4H^+ + 4\ H_2O \rightarrow 3\ H_4SiO_4 + Al^{3+} + K^+$$

As rochas que sofrem acidólise total geram solos constituídos praticamente apenas dos minerais primários mais insolúveis, como o quartzo (solos podzólicos).

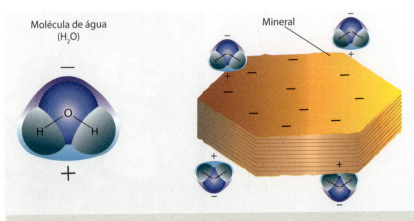

Figura 8.14 – As cargas elétricas insaturadas na superfície dos grãos minerais atraem as moléculas dipolares de água.

A acidólise parcial ocorre quando as soluções de ataque apresentam pH entre 3 e 5 e, nesse caso, a remoção do alumínio é apenas parcial, levando à individualização de esmectita (argilomineral 2:1) aluminosa:

$$9\ K\ Al\ Si_3\ O_8 + 32\ H^+ \rightarrow$$
$$\rightarrow 3\ Si_{3,5}\ Al_{0,5}\ O_{10}\ Al_2\ (OH)_2 +$$
$$+ 1{,}5\ Al^{3+} + 9\ K^+ + 6{,}5\ H_4SiO_4$$

8.3.3 Hidratação

A hidratação dos minerais ocorre pela atração entre os dipolos das moléculas de água e as cargas elétricas não neutralizadas das superfícies dos cristais (Figura 8.14). Na hidratação, moléculas de água podem entrar na estrutura mineral, modificando-a e formando, portanto, um novo mineral. Como exemplo, pode-se citar a transformação de anidrita em gipso, segundo a reação:

$$CaSO_4 + 2\ H_2O \rightarrow CaSO_4 \cdot 2H_2O$$

8.3.4 Dissolução

Alguns minerais estão sujeitos à dissolução, que consiste na solubilização completa. É o caso, por exemplo, da calcita e da halita, que entram em solução conforme as equações abaixo:

$$CaCO_3 \rightarrow Ca^{++} + CO_3^{2-}$$
$$NaCl \rightarrow Na^+ + Cl^-$$

A dissolução intensa das rochas, que ocorre mais comumente em terrenos calcários, pode levar à formação de relevos cársticos, caracterizados pela presença de cavernas e dolinas (ver capítulo 7).

8.3.5 Oxidação

Alguns elementos podem estar presentes nos minerais em mais de um estado de oxidação, como, por exemplo, o ferro, que se encontra nos minerais ferromagnesianos primários, como biotita, anfibólio, piroxênio e olivina, principalmente sob forma de Fe^{2+}. Liberado em solução, oxida-se a Fe^{3+} e precipita como um novo composto férrico. Normalmente, esse novo composto é a goethita (Figura 8.15):

$$2\ FeSiO_3 + 5\ H_2O + \tfrac{1}{2}\ O_2 \rightarrow$$
$$\rightarrow 2\ FeOOH + 2\ H_4SiO_4$$

A goethita pode transformar-se em hematita por desidratação:

$$2FeOOH \rightarrow Fe_2O_3 + H_2O$$

Além de goethita e hematita, pode haver formação de compostos férricos não cristalizados, relativamente abundantes nas alteritas e solos.

Figura 8.15 – Cristal de magnetita com a superfície forrada por goethita, formada pela oxidação do ferro durante o intemperismo. Imagem obtida ao microscópio eletrônico de varredura. Foto: M. C. M. de Toledo.

8.4 Distribuição dos processos de alteração superficial

De modo geral, os diferentes tipos de materiais superficiais se distribuem na superfície da Terra em função dos parâmetros climáticos atuais.

Essa distribuição, representada na figura 8.16, distingue basicamente dois domínios geográficos globais:
- regiões sem alteração química, correspondentes a 14% da superfície dos continentes;
- regiões com alteração química, correspondentes a 86% da superfície dos continentes.

As regiões sem alteração química são aquelas caracterizadas por uma carência total de água no estado líquido, o que pode resultar de duas situações:

a) as temperaturas reinantes são inferiores a 0 °C, de tal modo que a água se encontra sempre no estado sólido: são as zonas polares.

b) o meio é caracterizado por uma aridez extrema devida à ausência de chuva ou por forte evaporação: são os desertos verdadeiros, como Sahara, Atacama e Gobi.

As regiões com alteração química correspondem ao restante do globo e são caracterizadas ao mesmo tempo por certa umidade e pela

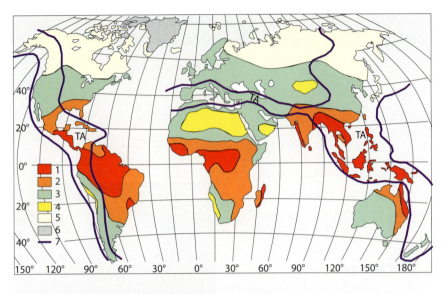

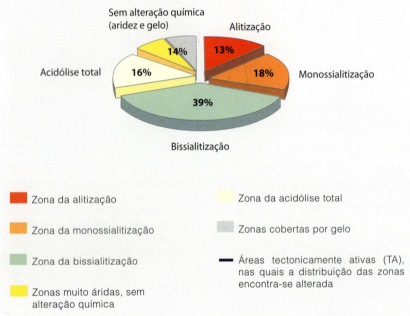

Figura 8.16 – Distribuição dos principais processos de intemperismo na superfície da Terra. Fonte: Pédro, 1984.

existência de cobertura vegetal mais ou menos desenvolvida. Trata-se de um domínio heterogêneo, que é subdividido em quatro zonas de distribuição aproximadamente latitudinal, em função de suas características climáticas:

8.4.1 Zona da acidólise total

São as zonas frias do globo (16% da superfície continental), onde a vegetação é composta principalmente por liquens e coníferas, cujos resíduos se degradam lentamente, fornecendo complexos orgânicos capazes de fazer o alumínio migrar por acidólise total. Os solos resultantes são solos podzólicos, ricos em quartzo e em matéria orgânica. A zona da acidólise total corresponde à zona circumpolar do hemisfério norte.

8.4.2 Zona da alitização

Corresponde às regiões do domínio tropical e equatorial (13% da superfície continental), caracterizadas por precipitação abundante, superior a 1500 mm, e vegetação exuberante. A associação mineral característica é de óxi-hidróxidos de ferro e de alumínio, goethita e gibbsita, respectivamente.

8.4.3 Zona da monossialitização

Está contida no domínio tropical subúmido (18% da superfície continental), com precipitação superior a 500 mm e temperatura média anual superior a 15 °C. Os principais minerais formados são a caolinita e os óxi-hidróxidos de ferro.

8.4.4 Zona da bissialitização

São as zonas temperadas e áridas (39% da superfície continental), onde a alteração e lixiviação são pouco intensas, resultando na formação de argilominerais secundários ricos em silício (do tipo 2:1). Essa zona engloba tanto o ambiente hidrolítico de formação de esmectitas ricas em elementos alcalinos e alcalinoterrosos, como o ambiente da acidólise parcial, em que se formam as esmectitas aluminosas.

Esse esquema, válido na escala do planeta, pode ser bastante modificado por condições locais de relevo, microclima, rocha predominante etc. Na bacia Amazônica, por exemplo, embora o processo dominante seja a laterização, pode ocorrer, sobre rochas ricas em quartzo, uma acidólise secundária, resultando na perda de argilas e levando à formação de verdadeiros solos podzólicos.

8.5 Fatores que controlam a alteração intempérica

Várias características do ambiente em que se processa o intemperismo influem diretamente nas reações de alteração, no que diz respeito à sua natureza, velocidade e intensidade.

Esses fatores controladores do intemperismo são basicamente representados pelo material parental, clima, topografia, biosfera e tempo.

8.5.1 Material parental

A alteração intempérica das rochas depende da natureza dos minerais constituintes da rocha inicial, de sua textura e estrutura.

Entre os minerais constituintes das rochas, alguns são mais susceptíveis que outros à alteração. A série de Goldich (Tabela 8.1) representa a sequência normal de estabilidade dos principais minerais frente ao intemperismo. Para os minerais silicáticos de origem magmática, essa série é equivalente à Série de Reações de Bowen (ver capítulo 6), que representa a ordem de cristalização dos minerais a partir do magma. Assim, considerando a sequência de minerais máficos, a olivina, primeiro mineral a cristalizar-se, a cerca de 1.400 °C, é o mineral mais susceptível à alteração; em seguida vêm os piroxênios, anfibólios e as micas, cristalizados a temperaturas mais baixas. Considerando a sequência dos plagioclásios, a anortita apresenta temperatura de cristalização máxima, e a albita, mínima. Os K-feldspatos cristalizam-se a temperaturas ainda mais baixas. Assim, a susceptibilidade à alteração intempérica é crescente nestes minerais, pela ordem, anortita, albita e K-feldspato. O quartzo, último mineral a cristalizar-se a partir de uma magma silicático normal, já a temperaturas próximas de 500 °C, é o mineral comum mais resistente ao intemperismo. Não é, entretanto, inalterável, pois, em condições muito agressivas, de climas quentes e úmidos, o intemperismo químico pode dissolvê-lo (Figura 8.17).

Como consequência dessa diferenciação no comportamento dos minerais em relação ao intemperismo, os perfis de alteração são naturalmente enriquecidos nos minerais mais resistentes, como o quartzo, e empobrecidos ou mesmo desprovidos dos minerais mais alteráveis, como a olivina.

A composição mineralógica da rocha em processo de alteração modifica o pH das soluções percolantes em função das

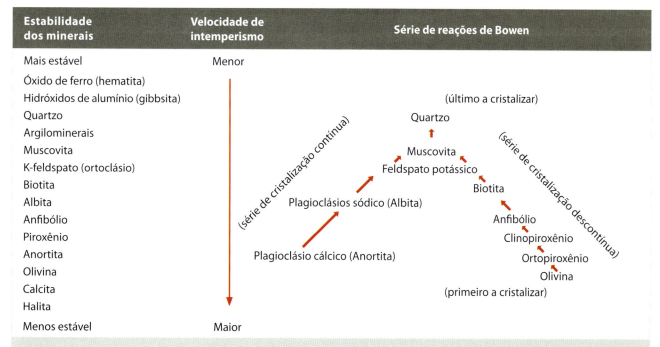

Tabela 8.1 – Série de Goldich: ordem de estabilidade dos minerais mais comuns frente ao intemperismo, comparada com a Série de Reações de Bowen.

reações químicas que ocorrem. Embora a carga elétrica global das estruturas minerais deva ser nula, a superfície dos grãos pode conter valências insaturadas. Assim, no contato com a água, ocorre hidratação pela atração entre os dipolos da água e as cargas superficiais (Figura 8.14), podendo esta atração ser forte o suficiente para ionizar a água. Os íons H⁺ assim gerados substituem os cátions (principalmente os alcalinos e alcalinoterrosos) nas superfícies dos grãos minerais, o que resulta no aumento do pH da fase líquida. Assim, a presença de minerais portadores de elementos alcalinos e alcalino-terrosos possibilita a instalação de um pH mais alcalino nas águas que os percolam, enquanto minerais sem estes elementos geram condições mais ácidas de pH.

Uma ideia desta diferença é dada pela escala de pH de abrasão (Tabela 8.2). O pH de abrasão é determinado experimentalmente pela medida do pH da suspensão formada por água destilada e ácido carbônico em contato, durante certo tempo, com a fase mineral pura moída. Na natureza, onde raramente as rochas são monominerálicas, os valores de pH resultantes do contato delas com as águas são a média ponderada dos valores relativos às fases minerais presentes. O pH depende também do tempo de contato das soluções com os grãos minerais e pode variar dentro do perfil, de acordo com os minerais presentes. A boa circulação das soluções no perfil leva à homogeneização do pH. Assim, nas partes dos perfis onde a alteração se processa já há algum tempo, a circulação das águas é mais intensa e o pH das soluções é mais homogêneo. Nas zonas mais profundas do perfil, onde a alteração é incipiente pelo fato de as descontinuidades ser mais fechadas, restringindo a circulação das águas, a variação do pH das soluções é muito maior, diferindo de um ponto a outro, em função do contato com um ou outro mineral.

A textura da rocha original influencia o intemperismo, na medida em que permite maior ou menor infiltração da água. Entre os materiais sedimentares, os arenosos tendem a ser mais permeáveis que os argilosos. Considerando outros tipos de rochas, aquelas com arranjo mais compacto e texturas mais grossas (menor superfície específica dos grãos) alteram-se menos rapidamente que as menos compactas e de texturas mais finas. Outras descontinuidades, como juntas e diáclases, também facilitam a percolação das águas e, portanto, a alteração. É nesse sentido que o intemperismo físico, com seu efeito desagregador do material original, contribui para acelerar o intemperismo químico.

Mineral	Composição	pH de abrasão
Silicatos		
Diopsídio	$CaMg(SiO_3)_2$	10 - 11
Olivina	$(MgFe)_2SiO_4$	10 - 11
Hornblenda	$(CaNa)_2(MgFeAl)_5(AlSi)_8O_{22}(OH)_2$	10
Leucita	$KAlSi_2O_6$	10
Albita	$NaAlSi_3O_8$	9 - 10
Biotita	$K(MgFe)_3(AlSi_3)O_{10}(OH)_2$	8 - 9
Microclínio	$KAlSi_3O_8$	8 - 9
Anortita	$CaAl_2Si_2O_8$	8
Hiperstênio	$(MgFe)_2Si_2O_6$	8
Muscovita	$KAl_2(AlSi_3)O_{10}(OH)_2$	7 - 8
Ortoclásio	$KAlSi_3O_8$	8
Montmorillonita	$Al_2Si_4O_{10}(OH)_2 \cdot nH_2O$	6 - 7
Caolinita	$Al_2Si_2O_5(OH)_4$	5 - 7
Óxidos		
Gibbsita	$Al(OH)_3$	6 - 7
Quartzo	SiO_2	6 - 7
Hematita	Fe_2O_3	6
Carbonatos		
Magnesita	$MgCO_3$	10 - 11
Dolomita	$CaMg(CO_3)_2$	9 - 10
Calcita e aragonita	$CaCO_3$	8

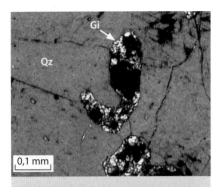

Figura 8.17 – Grão de quartzo parcialmente dissolvido por intemperismo, observado em microscópio óptico, com formação de cristais de gibbsita no interior da cavidade. Qz: quartzo, Gi: gibbsita. Foto: J. Delvigne.

Tabela 8.2 – Valores de pH de abrasão para os principais minerais.

Na figura 8.18, pode-se observar o efeito, após erosão, do chamado intemperismo diferencial. A rocha de cor mais clara da sequência foi mais intemperizada, tornando-se friável antes, sendo mais erodida que a rocha logo acima, que fica suspensa, ainda coesa, menos afetada pelos agentes erosivos. Efeito semelhante ocorreu nas rochas vulcânicas e sedimentares da bacia do Paraná, onde as camadas de derrames basálticos foram menos intemperizadas e, assim, mais preservadas da erosão do que as rochas sedimentares sobre e subjacentes. O resultado é o relevo em forma de *cuestas* (Figura 8.19).

A velocidade da alteração de um mesmo tipo de material pode modificar-se com o tempo. Por exemplo, um derrame vulcânico recém-formado apresentará, no início de sua exposição aos agentes intempéricos, uma alteração mais lenta, por causa da limitada infiltração das águas. Com o desenvolvimento de material intemperizado na superfície do derrame, haverá progressivamente condições para que as águas se infiltrem cada vez mais e permaneçam mais tempo em contato com os materiais ainda inalterados, promovendo as reações químicas de forma mais eficiente que no início.

8.5.2 Clima

O clima é o fator que, isoladamente, mais influencia no intemperismo. A figura 8.20 mostra o papel fundamental do clima na determinação do tipo de intemperismo. Pontos distribuídos em diferentes latitudes da América (Figura 8.20a) correlacionam-se a diferentes combinações de pluviosidade e temperatura média anuais, representadas no gráfico na figura 8.20b por meio de diferentes cores. Esse gráfico mostra que o intemperismo físico predomina em áreas com temperatura e pluviosidade baixas; ao contrário, temperatura e pluviosidade mais altas favorecem o intemperismo químico. Os dois mais importantes parâmetros climáticos, pluviosidade e temperatura, regulam a natureza e a velocidade das reações químicas. Assim, a quantidade de água disponível nos perfis de alteração, fornecida pelas chuvas, bem como a temperatura, agem no sentido de acelerar ou retardar as reações do intemperismo, ou ainda modificar a natureza dos produtos neoformados, segundo a possibilidade de eliminação de componentes potencialmente solúveis.

Quanto maior a disponibilidade de água (pluviosidade total) e mais frequente for sua renovação (distribuição das chuvas), mais completas serão as reações químicas do intemperismo.

Figura 8.18 – As cinzas vulcânicas, abaixo do basalto (rocha mais escura), foram mais intensamente intemperizadas e, com isso, mais intensamente erodidas, ilustrando os processos diferenciais de escultura das paisagens. Turquia. Foto: L. A. Conti.

Figura 8.19 – Relevo de *cuestas*, típico da área de afloramento das rochas vulcânicas da bacia Sedimentar do Paraná, formado por intemperismo e erosão diferenciais, destacando o basalto (mais resistente, formando relevos mais altos) do arenito (mais frágil, constituindo as partes mais baixas do relevo). Foto: M. S. Barbosa.

A temperatura desempenha um papel duplo, condicionando a ação da água: ao mesmo tempo em que acelera as reações químicas, aumenta a evaporação, diminuindo a quantidade de água disponível para a lixiviação dos produtos solúveis. A cada 10 ºC de aumento na temperatura, a velocidade das reações químicas aumenta de duas a três vezes.

A figura 8.21 mostra que a quantidade e a natureza dos produtos do intemperismo estão muito bem correlacionadas com a precipitação média anual. Assim, em climas com maior precipitação o teor em argila é maior (lembrando que argila é a fração granulométrica mais fina – ver capítulo 9 –, formada pela maior parte dos minerais gerados durante o intemperismo químico). A mesma figura 8.21 detalha a constituição da fração argilosa: em climas com pluviosidade menor, a fração argila é constituída por argilominerais 2:1 (esmectita); em climas com pluviosidades intermediárias, por caolinita (argilomineral 1:1); e, finalmente, em áreas com pluviosidades mais altas, por caolinita e óxi-hidróxidos de ferro e de alumínio, demonstrando a sequência bissialitização → monossialitização → alitização e ferralitização (ver item 8.4).

A figura 8.22 mostra o efeito combinado da precipitação, temperatura e vegetação sobre o desenvolvimento do perfil de alteração. O intemperismo é mais pronunciado nos trópicos, onde a alteração é intensa, afetando todos os minerais alteráveis, que desaparecem com relativa rapidez, dando lugar a produtos secundários neoformados. Em geral, os minerais primários estão ausentes, com exceção daqueles mais resistentes, como, por exemplo, o quartzo e a

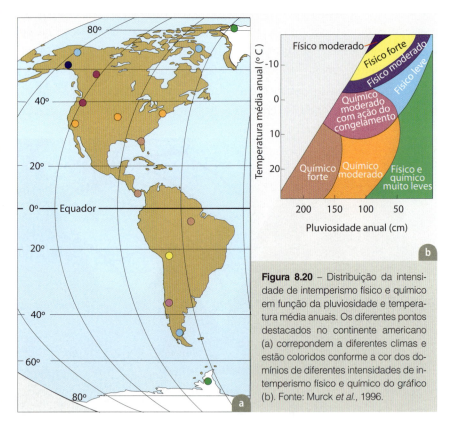

Figura 8.20 – Distribuição da intensidade de intemperismo físico e químico em função da pluviosidade e temperatura média anuais. Os diferentes pontos destacados no continente americano (a) correspondem a diferentes climas e estão coloridos conforme a cor dos domínios de diferentes intensidades de intemperismo físico e químico do gráfico (b). Fonte: Murck et al., 1996.

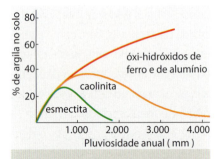

Figura 8.21 – O teor de argila das alteritas e solos aumenta em função da pluviosidade, que também determina, junto com a temperatura, a constituição predominante da fração argila: argilominerais 2:1 (esmectita), 1:1 (caolinita) e óxi-hidróxidos, para pluviosidades crescentes. Fonte: Sherman, 1952.

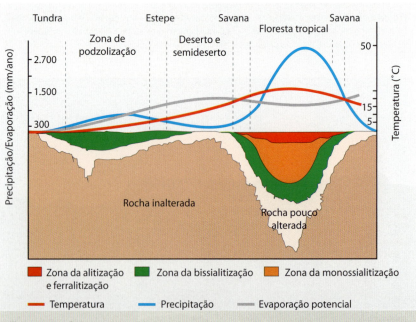

Figura 8.22 – O tipo e a intensidade do intemperismo podem ser relacionados com a temperatura, pluviosidade e vegetação. O intemperismo químico é mais pronunciado nos trópicos, onde temperatura média e pluviosidade anual são maiores; ao contrário, nas regiões polares e desertos, o intemperismo é pouco intenso.

muscovita, e os perfis apresentam grande espessura de saprolito e de *solum*.

Nos climas mais frios, a alteração afeta apenas os minerais primários menos resistentes (por exemplo, nas rochas mais comuns da crosta, os ferromagnesianos, deixando inalterados os aluminossilicatos). Esta alteração é diferencial no tempo, resultando em níveis alterados que contêm certa quantidade de minerais primários não decompostos.

Um exemplo clássico da ação do clima na velocidade do intemperismo químico é dado pelo caso de um obelisco egípcio ("agulha de Cleópatra") feito em granito, com idade de mais de 3000 anos e que se encontrava ainda bem preservado em seu local de origem; quando foi retirado e exposto em regiões mais úmidas (Nova Iorque, EUA), sofreu tamanha alteração que, após pouco tempo, as inscrições originais já não eram mais legíveis.

8.5.3 Topografia

A topografia regula a velocidade do escoamento superficial das águas pluviais (que também depende da cobertura vegetal) e, portanto, controla a quantidade de água que se infiltra nos perfis, de cuja eficiência depende a eliminação dos componentes solúveis. As reações químicas do intemperismo ocorrem mais intensamente nos compartimentos do relevo onde é possível boa infiltração da água, percolação por tempo suficiente para a consumação das reações e drenagem para lixiviação dos produtos solúveis. Com a repetição desse processo, os componentes solúveis são eliminados e o perfil se aprofunda.

A figura 8.23 mostra diferentes situações de relevo que influem diretamente na infiltração das águas e na drenagem interna dos perfis. Em encostas muito íngremes, o perfil de alteração não se aprofunda porque as águas escoam rapidamente, não ficando em contato com os materiais tempo suficiente para promover as reações químicas. Além disso, o material desagregado em início de alteração é facilmente carregado pela erosão. Por outro lado, nas baixadas, as águas ficam muito tempo em contato com as rochas e tornam-se concentradas nos componentes solúveis, perdendo assim sua capacidade de continuar promovendo as reações de ataque aos minerais. Nesses meios confinantes, próximos ao nível freático e sem escoamento suficiente, o perfil também não se aprofunda muito e o processo atuante é normalmente a bissialitização.

O relevo ideal para o desenvolvimento de perfis de alteração profundos e evoluídos, ou seja, portadores de minerais secundários de composição pobre em componentes potencialmente solúveis, é o de platôs com encostas suaves. Nesses compartimentos topográficos há desnível considerável em relação ao nível de base regional, permitindo boa infiltração das águas, drenagem interna dos perfis eficiente e consequente eliminação dos produtos dissolvidos. Com o escoamento superficial reduzido, os perfis formados são poupados de uma erosão intensa, podendo desenvolver grandes espessuras, de dezenas ou mesmo de centenas de metros. Os minerais secundários aí formados tendem a uma composição mais simples: óxi-hidróxidos de ferro e de alumínio, e caolinita onde a sílica não tiver sido totalmente lixiviada; em outras palavras, ocorre alitização (ou ferralitização) e monossialitização.

8.5.4 Biosfera

A qualidade da água que promove o intemperismo químico é bastante influenciada pela ação da biosfera.

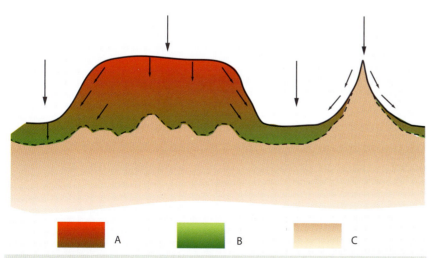

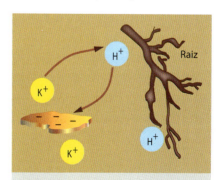

Figura 8.23 – Influência da topografia na intensidade do intemperismo. **Setor A:** Boa infiltração e boa drenagem favorecem o intemperismo químico. **Setor B:** Boa infiltração e má drenagem desfavorecem o intemperismo químico. **Setor C:** Má infiltração e má drenagem desfavorecem o intemperismo químico e favorecem a erosão.

Figura 8.24 – A concentração hidrogeniônica nas imediações das raízes das plantas pode ser muito grande (baixo pH), facilitando trocas iônicas com os grãos minerais.

Capítulo 8 - Da rocha ao solo: intemperismo e pedogênese

A matéria orgânica morta no solo decompõe-se, liberando CO_2, cuja concentração nos poros do solo pode ser até cem vezes maior que na atmosfera, o que diminui o pH das águas de infiltração. Em volta das raízes das plantas o pH é ainda menor, na faixa de 2 a 4, e é mantido enquanto o metabolismo da planta é processado (Figura 8.24). Isso é particularmente importante para o comportamento do alumínio, que, sendo muito pouco solúvel nos meios normais, torna-se bastante solúvel em pH abaixo de 4.

A biosfera também participa mais diretamente no processo intempérico pela formação de moléculas orgânicas capazes de complexar cátions dos minerais, colocando-os em solução. Os ácidos orgânicos produzidos pelos micro-organismos são capazes de extrair até mil vezes mais ferro e alumínio dos silicatos que as águas da chuva. Superfícies rochosas colonizadas por liquens, que secretam ácido oxálico e ácidos fenólicos, são atacadas pelo intemperismo químico muito mais rapidamente que superfícies rochosas nuas, diretamente expostas aos outros agentes do intemperismo.

8.5.5 Tempo

O tempo necessário para intemperizar determinada rocha depende dos vários fatores que controlam o intemperismo, principalmente da susceptibilidade dos constituintes minerais e do clima. Em condições pouco agressivas de intemperismo, é necessário um tempo mais longo de exposição às intempéries para haver o desenvolvimento de um perfil de alteração.

A taxa atual de intemperismo é calculada por estudos de balanço de massa em bacias pequenas, medindo-se a saída de substâncias dissolvidas na drenagem. A avaliação da velocidade do intemperismo pretérito pode ser realizada no caso de haver, por exemplo, lavas capeando o perfil de alteração: a datação absoluta da rocha parental do perfil e das lavas coloca um intervalo máximo de tempo para o desenvolvimento do perfil. Avalia-se também o tempo a partir do qual as rochas foram sujeitas ao intemperismo pela datação das superfícies de aplainamento onde os perfis se desenvolvem.

Valores da ordem de 20 a 50 m por milhão de anos podem ser considerados representativos para a velocidade de aprofundamento do perfil de alteração, sendo

que o extremo superior deste intervalo refere-se aos climas mais agressivos.

Em climas muito frios, como na Escandinávia, superfícies graníticas descobertas pelo gelo há cerca de 10 mil anos apresentam um manto de alteração de poucos milímetros de espessura. Por outro lado, sob clima tropical, na Índia, cinzas vulcânicas datadas de 4 mil anos desenvolveram uma camada de solo argiloso de 1,8 m de espessura. Em regiões muito úmidas, como no Havaí, o intemperismo de lavas basálticas recentes permitiu a formação de solo o bastante para cultivo em apenas um ano.

Os estudos da decomposição das rochas em monumentos e edifícios também é útil na compreensão do fator tempo no fenômeno da alteração intempérica. A velocidade do intemperismo dos monumentos pode ser muito pequena, da ordem de alguns milímetros por ano, mas suficiente para causar preocupação quanto à sua conservação, sendo este um ramo atual de pesquisas. A "agulha de Cleópatra," já mencionada, sofreu alteração mais intensa em 75 anos em Nova Iorque do que em 35 séculos no Egito, em clima muito mais seco, demonstrando o efeito interativo entre clima e tempo no processo de intemperismo.

8.6 Produtos do intemperismo

O manto de intemperismo (alterita), constituído por uma assembleia de minerais secundários (argilominerais, óxidos, hidróxidos, óxi-hidróxidos) e minerais primários resistentes à ação intempérica, pode gerar dois diferentes tipos de produtos: solos e depósitos minerais lateríticos ou supérgenos.

O contato direto com a atmosfera permite que, na parte superior do manto de intemperismo, sobretudo em zonas úmidas, apareça a vegetação, parte da esfera viva da Terra, a biosfera. Além de proteger a alterita

da ação dos agentes erosivos, que atuam na superfície do planeta, a biosfera possibilita igualmente a atuação de processos biogeoquímicos, que transformam a alterita em solo (processos pedogenéticos). Em condições

excepcionais, que exigem uma conjunção de vários fatores, entre os quais condições relativamente agressivas de intemperismo, formam-se, no manto de intemperismo, horizontes enriquecidos em minerais de interesse econômico. São os denominados depósitos supérgenos ou lateríticos, por envolverem, na sua formação, mecanismos de laterização.

8.6.1 Solos

Os produtos friáveis e móveis formados na superfície da Terra como resultado da desagregação e decomposição das rochas pela ação do intemperismo podem não ser imediatamente erodidos e transportados pelos agentes da dinâmica externa (vento, gelo, águas) para bacias de sedimentação continentais ou marinhas (zonas deprimidas nos continentes, rios, lagos, mares e oceanos) nos processos descritos nos capítulos 9 e 11 a 14. Quando formados em regiões planas, ou de relevo suave, ou, ainda, quando estão protegidos por cobertura vegetal, sofrem pouco a ação da erosão, sobretudo a erosão física ou mecânica. Nesta situação, a alterita evolui por meio de reorganizações estruturais efetuadas por processos pedogenéticos, dando origem aos solos.

Os processos pedogenéticos ou de formação dos solos são estudados por um ramo relativamente recente das ciências da Terra, a Pedologia, ciência cujas noções básicas e conceitos fundamentais foram definidos em 1877 pelo cientista russo Dokouchaev. A partir dessa data, o solo deixou de ser considerado simplesmente um corpo inerte, que reflete unicamente a composição da rocha que lhe deu origem (rocha parental), para ser identificado como um material que evolui no tempo, sob ação dos fatores ativos do ciclo supérgeno (clima, topografia e biosfera).

Não é simples definir o solo. Isto se prende ao fato de ser ele um material complexo, multifuncional e cujos conceitos variam em função da sua utilização (Figura 8.25).

Assim, para o engenheiro agrônomo, florestal ou ainda para o agricultor, o solo é o meio necessário para o desenvolvimento das plantas, enquanto para o engenheiro civil é o material que serve para a base ou fundação de obras de infraestrutura; para o geólogo, o solo é visto como o produto da alteração das rochas na superfície do planeta ou como fonte de matéria-prima, enquanto para o arqueólogo é o material fundamental para as suas pesquisas, por servir de registro de civilizações pretéritas; já para o hidrólogo, o solo é simplesmente o meio poroso que abriga reservatórios de águas subterrâneas.

Figura 8.25 – Diferentes funções do solo: a) filtragem e depuração, b) produção florestal e agrícola, c) herança cultural, d) preservação genética e produção, e) infraestrutura e f) fonte de matérias-primas. Fotos: acervo da Editora.

Desta forma, cada uma das especialidades possui uma definição que atende a seus objetivos. Até há pouco tempo, sua utilização agrícola é que definia o desenvolvimento científico da Pedologia ou ciência do solo. Hoje, apesar de sua utilização agrícola continuar importante, ganha destaque sua função ambiental, pois o solo, pelos seus atributos físicos, químicos e físico-químicos, constitui um excelente filtro biológico, de grande utilidade para a depuração de resíduos, sejam eles agrícolas, industriais ou urbanos (depuração de águas servidas ou resíduos urbanos – lixo) e, ainda, é fundamental no controle dos ciclos de determinados elementos, como, por exemplo, C, N, S etc. Entretanto, existe uma definição simples e que se adapta perfeitamente aos propósitos das ciências da Terra e que considera o solo como o produto do intemperismo, do remanejamento e da organização das camadas superiores do regolito, sob ação da atmosfera, da hidrosfera, da biosfera e das trocas de energia envolvidas.

Para uma alterita tornar-se um solo é preciso, em primeiro lugar, que, nesse meio, a alimentação mineral dos organismos vivos autótrofos e, em particular, dos vegetais superiores, esteja assegurada. A vida necessita de água e de elementos químicos, que são encontrados no ar ou dissolvidos na água, e que têm como fonte primária as rochas e, secundariamente, os tecidos orgânicos preexistentes. Nas rochas, esses elementos estão disponíveis para os organismos em concentrações muito baixas e, nas soluções, em concentrações demasiadamente elevadas, para assegurar uma alimentação contínua e suficiente para os organismos vivos. Neste particular, o solo desempenha um papel fundamental por se tratar de um meio intermediário entre a fase sólida (rocha) e líquida

(água). No solo, essa função vital para os organismos vivos é desempenhada por uma fração organomineral denominada de plasma argilo-húmico, em função da íntima associação entre a matéria mineral (argilominerais) e orgânica (húmus). Esse material, com propriedades coloidais, alta superfície específica e cargas elétricas insaturadas, influencia diretamente certas propriedades dos solos ligadas à nutrição das plantas:

(a) trata-se de um sistema hidratado, mesmo em meios fortemente evaporantes;

(b) representa um sistema dinâmico, pois a adição de água faz-se com aumento de volume e a desidratação com redução;

(c) é um sistema muito reativo do ponto de vista físico-químico, em virtude das características da interface sólido-líquido: adsorção, troca iônica, catálise etc. Esta reatividade encontra-se associada ao grau de hidratação do meio.

A associação do plasma argilo-húmico com minerais residuais, herdados da rocha parental, como, por exemplo, o quartzo, fornece a organização estrutural e textural do solo. A existência de cargas elétricas no complexo argilo-húmico (exibidas tanto pelas partículas minerais, como pela fração orgânica) confere ao solo uma de suas mais importantes propriedades, a capacidade de troca iônica, essencial para a nutrição vegetal. Essas cargas elétricas condicionam a reatividade físico-química dos constituintes do solo com os íons que se encontram na solução do solo ou nos outros constituintes minerais, polímeros orgânicos ou minerais que possuem cargas na superfície. De acordo com sua natureza, as cargas podem ser fixas ou variáveis com o pH do meio; sua origem está ligada à estrutura cristalina dos minerais e ao comportamento dos grupos

funcionais que aparecem nas bordas dos pequenos cristais que constituem a fração argila do solo.

Os argilominerais, por causa dos constantes fenômenos de substituição iônica, apresentam, em geral, um *deficit* de cargas positivas, fazendo com que apresentem cargas negativas fixas, cujos valores dependem do tipo do argilomineral (1:1 ou 2:1, conforme as reações vistas anteriormente neste capítulo). Assim, minerais que não apresentam substituições, como é o caso da caolinita (estrutura 1:1, fechada), têm carga fixa nula. Já argilominerais, como illita e beidellita (estrutura 2:1), possuem cargas negativas que variam de fracas a fortes respectivamente. Também existem cargas variáveis, que variam em função do pH do meio, ligadas aos óxidos e hidróxidos, substâncias que formam minerais muito bem representados nos solos tropicais, e também ligadas às rupturas estruturais dos argilominerais e aos compostos orgânicos. Enquanto as cargas fixas são negativas e, portanto, dão ao solo a capacidade de adsorver cátions, as variáveis podem ser tanto negativas como positivas, dependendo dos valores de pH e, portanto, permitem ao solo adsorver cátions ou ânions. Como, de um modo geral, nos solos dominam as cargas negativas, falamos comumente em capacidade de troca catiônica (CTC) dos solos, expressa em meq/100 g (miliequivalente por 100 g de solo) ou $cmol^{(+)}/kg$ (centimol de cargas positivas por quilograma de solo).

Em função das condições ambientais (rocha parental, clima, organismos vivos, incluindo o ser humano, relevo e tempo), os solos podem apresentar características e propriedades físicas, químicas e físico-químicas diferenciadas. Assim, eles podem ser argilosos ou arenosos (variações texturais), podem ser vermelhos, amarelos ou cinza esbranquiçados (variações químicas e/ou mineralógicas), podem ser ricos ou pobres em matéria orgânica, podem ser espessos (algumas dezenas de metros) ou rasos (alguns pouco centímetros), podem apresentar-se homogêneos ou nitidamente diferenciados em horizontes.

Formação do solo

Na porção mais superficial do manto de intemperismo, a alterita, sob a ação dos fatores que controlam a alteração intempérica, sofre profundas e importantes modificações, ilustradas na figura 8.26 e caracterizadas por: (a) perda de matéria, tanto física (remoção de partículas) como química (remoção em solução, ou seja, lixiviação), (b) adição de matéria, proveniente de fontes externas incluindo matéria orgânica de origem animal ou vegetal, poeiras minerais vindas da atmosfera, e sais minerais trazidos por fluxo ascendente de soluções, (c) translocação de matéria, isto é, remobilização pelos fluxos de soluções no interior do perfil (movimentos verticais e laterais) ou pela ação da fauna e (d) transformação de matéria, em contato com os produtos da decomposição *post-mortem* da matéria vegetal e animal.

Esses mecanismos são controlados pelas soluções que percolam o perfil vertical e lateralmente, e pelos organismos, sejam eles animais ou vegetais.

Os principais agentes de remobilização dos materiais do solo são os animais (bioturbação). Os vermes são os mais importantes bioturbadores, seguidos pelas formigas. Os cupins e outros invertebrados têm papel menos importante. O impacto desses vários grupos não é uniforme no globo porque habitam ambientes específicos. Os cupins atuam principalmente na faixa tropical, enquanto a atuação dos vermes se estende por todo o planeta, concentrada preferencialmente nos ambientes úmidos das pastagens e florestas. Em termos geográficos, as formigas são mais disseminadas que qualquer outro animal. A atuação da fauna nos solos pode atingir profundidades de até alguns metros, com a escavação, transporte e redeposição de consideráveis quantidades de material, misturando os vários componentes do solo e promovendo a formação de estruturas típicas de bioturbação. A importância da bioturbação pode ser avaliada pela velocidade de construção de cupinzeiros, que se dá na razão de alguns gramas a alguns quilogramas de material por m² por ano.

Adições, perdas, translocações e transformações de matéria produzem uma reorganização estrutural da alterita em diferentes camadas ou horizontes, que serão tanto mais diferenciados da rocha mãe quanto mais afastados dela se encontrarem.

A sucessão vertical desses horizontes constitui o perfil de um solo. Quando bem desenvolvido, o solo possui quatro horizontes principais, formados pela ação da pedogênese (O, A e B) e um horizonte que compreende a alterita (C) (Figura 8.27).

Os horizontes mais superficiais do perfil, por conterem quantidades maiores de matéria orgânica, apresentam uma tonalidade mais escura, enquanto os horizontes inferiores, mais ricos em argilominerais e óxi-hidróxidos de ferro e de alumínio, são mais claros (regiões temperadas) ou mais avermelhados e amarelados (em regiões tropicais).

Repartição dos solos

Os solos encontrados na superfície da Terra não são homogêneos, mas, ao contrário, apresentam uma grande

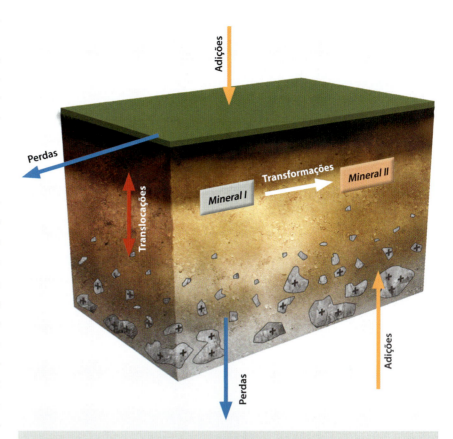

Figura 8.26 – Principais mecanismos envolvidos na formação de um solo.

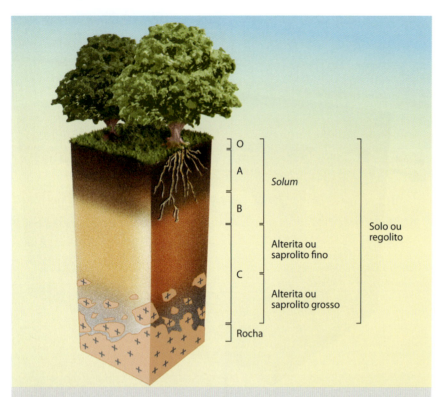

Figura 8.27 – Perfil de alteração, constituído, da base para o topo, por rocha inalterada, saprolito ou alterita e *solum*. O *solum* compreende os horizontes afetados pela pedogênese (O, A e B). O solo compreende a alterita (ou saprolito) (C) e o *solum*. Descrição dos horizontes: C – Horizonte de rocha alterada. Pode ser subdividido em saprolito grosso (parte inferior, onde as estruturas e texturas da rocha estão conservadas) e saprolito fino (parte superior, onde a herança morfológica da rocha não é mais reconhecida). B – Horizonte de acumulação de argila, matéria orgânica e óxi-hidróxidos de ferro e de alumínio. A – Horizonte escuro, com matéria mineral e orgânica e alta atividade biológica. O – Horizonte rico em restos orgânicos em vias de decomposição.

heterogeneidade em função das diferentes combinações de seus fatores de formação. A cartografia dos solos é etapa essencial para sua correta utilização nos diferentes domínios de aplicação, e de fundamental importância na sua classificação. Classificar um solo é importante, tanto do ponto de vista acadêmico, pois permite, pela sua ordenação, auxiliar o estudo de sua gênese e funcionamento, como do ponto de vista prático, de aplicação, pois permite orientar seu manejo e utilização, para fins agrícolas ou outros.

Classificar um solo, entretanto, não é tarefa fácil, pois eles formam um meio contínuo ao longo do relevo, sendo que a passagem lateral de um tipo a outro se faz de forma gradual, o que dificulta em muitos casos a colocação de um limite entre os vários tipos.

A classificação dos solos pode ser feita segundo diferentes critérios. A ênfase na utilização de critérios genéticos, morfológicos ou morfogenéticos varia de país para país, o que dá origem a diferentes classificações pedológicas. São bastante conhecidas as classificações francesa, muito utilizada na cartografia dos solos tropicais da África, a adotada pela FAO (Food and Agricultural Organization) na sistematização da carta mundial de solos, a russa e a Soil Taxonomy, desenvolvida nos EUA, que classifica os solos em 12 ordens, subdivididas em sub ordens, grandes grupos, grupos, famílias. A classificação dos solos do Brasil, iniciada nos anos 1950, teve sua base fundamentada nos conceitos adotados na Soil Taxonomy. Várias modificações foram efetuadas no decorrer do tempo e igualmente foram adotados conceitos utilizados na sistematização dos solos mundiais (FAO, 1974), sempre na tentativa de melhor adaptá-la à nossa realidade tropical. Em 2006, a Embrapa publicou a versão mais recente do novo Sistema Brasileiro de Classificação de Solos (Tabela 8.3), explicitado mais adiante.

Repartição dos solos no mundo

Com base na classificação adotada pela FAO, foi elaborado, em 1974, o mapa de distribuição dos solos na escala mundial, ilustrado pela figura 8.28.

Percebe-se nitidamente, nessa figura, a distribuição zonal dos solos em função da latitude e, consequentemente, do clima. Considerando uma hipotética secção transversal indo dos polos em direção ao Equador, é encontrada a sequência descrita a seguir.

Nas regiões mais frias do globo, onde a temperatura do mês mais quente é geralmente inferior a 10 °C e a vegetação é do tipo tundra (liquens, musgos e pequenos arbustos) dominam os criossolos (solos gelados). São pouco desenvolvidos e submetidos a temperaturas sempre inferiores a 10 °C. Durante uma parte do ano estes solos encontram-se congelados e, geralmente, em profundidade, ocorre uma fina camada (alguns centímetros) denominada *permafrost* (onde o gelo é permanente). São solos típicos da zona circunvizinha ao oceano Ártico e regiões mais elevadas do Sul da América do Sul.

Segundo Lepsch (2002), em climas ligeiramente menos frios, do tipo temperado úmido, onde se desenvolvem de maneira acentuada as florestas resinosas, dominam os *podzóis* (espodossolos da classificação brasileira). São solos diferenciados, ricos em húmus ácido e cujos horizontes apresentam uma forte translocação de compostos de ferro e de alumínio.

Tipos de solo	% da área total	Características
Argissolos	20	Solo bem evoluído, argiloso, apresentando mobilização de argila da parte mais superficial.
Cambissolos	3	Solo pouco desenvolvido, com horizonte B incipiente.
Chernossolos	< 1	Solo com desenvolvimento médio; atuação de processos de bissialitização, podendo ou não apresentar acumulação de carbonato de cálcio.
Espodossolos	2	Solo evidenciando a atuação do processo de podzolização; forte eluviação de compostos aluminosos, com ou sem ferro; presença de húmus ácido.
Gleissolos	3	Solo hidromórfico (saturado em água), rico em matéria orgânica, apresentando intensa redução dos compostos de ferro.
Latossolos	39	Solo altamente evoluído, laterizado, rico em argilominerais 1:1 e óxi-hidróxidos de ferro e alumínio.
Luvissolos	3	Solo com horizonte B de acumulação (B textural), formado por argila de atividade alta (bissialitização); horizonte superior lixiviado.
Neossolos	14	Solo pouco evoluído, com ausência de horizonte B. Predominam as características herdadas do material original.
Nitossolos	2	Solo bem evoluído (argila caolinítica – óxi-hidróxidos), fortemente estruturado (estrutura em blocos), apresentando superfícies brilhantes (cerosidade).
Organossolos	< 1	Solo essencialmente orgânico; material original constitui o próprio solo.
Planossolos	3	Solo com forte perda de argila na parte superficial e concentração intensa de argila no horizonte subsuperficial.
Plintossolos	6	Solo com expressiva plintitização (segregação e concentração localizada de ferro).
Vertissolos	2	Solo com desenvolvimento restrito; apresenta expansão e contração pela presença de argilas 2:1 expansivas.
TOTAL	100 (incluindo 2% correspondente a corpos d'água)	

Tabela 8.3 – Classificação de solos utilizada pela Embrapa (as porcentagens são aproximadas e modificadas de Coelho *et al.*, 2002).

Nas regiões áridas ou semiáridas do globo (África, Austrália, China, Oeste do EUA, Sahel e Nordeste brasileiro) aparecem solos cuja formação é condicionada por um regime hídrico em que a evaporação excede largamente a precipitação. É comum, nestes solos, a presença de um horizonte com acumulação de sais pouco solúveis (gipsita e calcita). Na classificação da FAO estes solos são denominados *solonchaks, solonetz*, gipsissolos ou calcissolos.

À medida que o clima torna-se mais úmido, entre as regiões desérticas e úmidas, encontramos uma sequência de solos que dependem sobretudo da vegetação: estepes, pradarias e florestas, caracterizados pela humificação. São solos extremamente ricos em nutrientes e encontrados nos EUA, Rússia, Canadá. A FAO catalogou entre estes solos os chernossolos, *kastanozens* e faeozens.

Nas zonas temperadas úmidas, a sequência mais clássica inclui desde os solos brunos até diferentes tipos de solos lixiviados, como os luvissolos, planossolos, os solos podzolizados, os albissolos e os umbrissolos. São solos heterogêneos quanto às suas características químicas e físicas, indo desde os extremamente apropriados para a agricultura, até os que apresentam sérias restrições ao uso agrícola, como por exemplo certos planossolos brasileiros, com horizontes compactados e ricos em sódio.

Finalmente, nas regiões tropicais úmidas, como é o caso do Brasil, na maior parte de seu território, ocorrem vários tipos de solo que apresentam propriedades físicas, químicas e morfológicas específicas, mas que em seu conjunto possuem um certo número de atributos comuns, como, por exemplo, composição mineralógica simples (quartzo, caolinita, óxi-hidróxidos de ferro e de alumínio), grande espessura e horizontes com cores dominantemente amarela ou vermelha (ver figura 8.29 e quadro 8.1).

Em função dos processos genéticos e do longo tempo envolvido na sua formação, os solos tropicais são em geral empobrecidos quimicamente, como reflexo de uma composição dominada por

Capítulo 8 - Da rocha ao solo: intemperismo e pedogênese

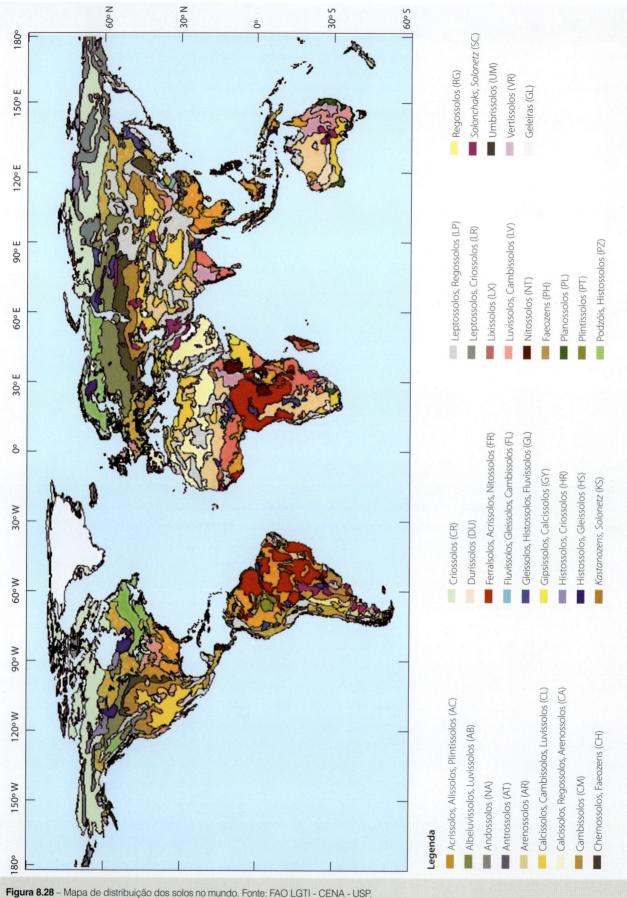

Figura 8.28 – Mapa de distribuição dos solos no mundo. Fonte: FAO LGTI - CENA - USP.

Figura 8.29 – Perfil de solo laterítico (latossolo vermelho amarelo), com suas cores características. Foto: C. Muggler.

minerais desprovidos dos elementos mais solúveis. São solos de mais baixa fertilidade, quando comparados com os solos de clima temperado, ricos em argilominerais capazes de reter os elementos químicos necessários ao metabolismo vegetal. Nesta categoria encontram-se os ferralsolos, lixissolos, acrissolos, nitossolos, alissolos e plintissolos, na classificação da FAO.

Os solos tropicais representam ecossistemas frágeis, extremamente vulneráveis às ações antrópicas, e sofrem de forma acentuada os efeitos da utilização de técnicas de manejo não adequadas. A degradação dos solos tropicais, que pode levá-los à destruição, é um dos mais importantes problemas ambientais que a humanidade terá de enfrentar neste século.

Repartição dos solos no Brasil

O Brasil situa-se quase que inteiramente no domínio tropical úmido (exceto a região Sul e o Nordeste semi-árido). Esta situação, aliada à estabilidade estrutural de seu embasamento, que desde o final do Cretáceo não sofreu movimentações de grande porte, leva à predominância de uma cobertura pedológica que reflete de maneira acentuada o fator climático como preponderante na sua formação. Nessa escala de análise, rocha original e condições topográficas locais têm importância secundária.

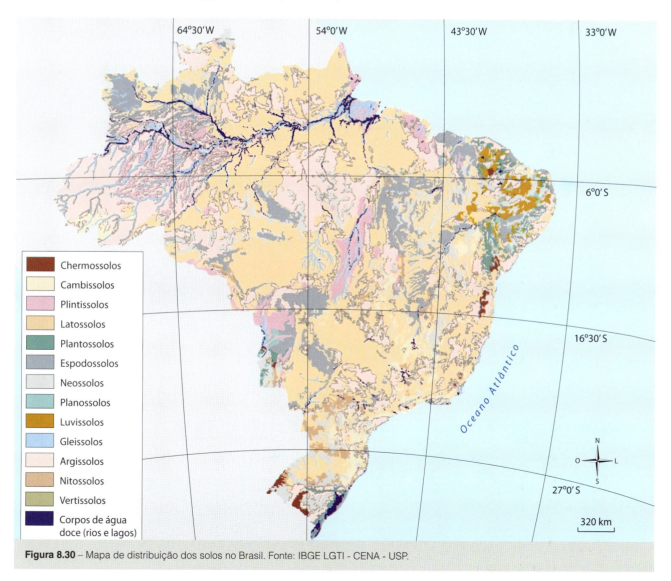

Figura 8.30 – Mapa de distribuição dos solos no Brasil. Fonte: IBGE LGTI - CENA - USP.

Os solos brasileiros, em virtude do importante desenvolvimento dos agronegócios, tiveram seu conhecimento amplamente melhorado nestas últimas décadas. Os sucessivos levantamentos cartográficos dos solos do Brasil, iniciados na década de 1960 pela Comissão Nacional de Solos, foram intensificados pelo serviço cartográfico da Embrapa (Empresa Brasileira de Pesquisa Agropecuária). O mapa mais recente dos solos brasileiros (ver figura 8.30), publicado em 2006, utiliza a classificação proposta no Sistema Brasileiro de Classificação de Solos, com 13 classes identificadas por características expostas na tabela 8.3.

Os latossolos (ver figura 8.29), com uma distribuição aproximada de 40%, são, de longe, os solos mais importantes do ponto de vista da representação geográfica. Ocorrem em praticamente todas as regiões bioclimáticas do país, sobre diferentes tipos de rochas. São solos bastante evoluídos, com perfil homogêneo e horizontes pouco diferenciados, desprovidos de minerais primários alteráveis. São, em geral, ácidos e quimicamente empobrecidos em elementos nutrientes (elementos alcalinos e alcalinos terrosos). Comumente são profundos, com mais de dois metros de profundidade.

Os argissolos, anteriormente denominados solos podzólicos vermelho-amarelos, são igualmente bem representados no Brasil (cerca de 20%). Ao contrário dos latossolos, apresentam um perfil bem mais diferenciado não só quanto às cores, mas também quanto à textura. Seu horizonte B é enriquecido em argila em relação ao horizonte A, recebendo a denominação de horizonte Bt (textural). Assim como os latossolos,

Quadro 8.1 – Granulometria *versus* composição

Os grãos minerais ocorrem em diversos tamanhos, que recebem nomes, em diferentes escalas de granulometria, como será visto no capítulo 9, sobre sedimentação. Comumente, usamos as seguintes denominações: matacão (> 256 mm), seixo (256 a 64 mm), cascalho (64 a 4 mm), grânulo (4 a 2 mm), areia (2 a 0,062 mm), silte (0,062 a 0,004 mm) e argila (< 0,004 mm).

Nos perfis de solos, partículas relativamente grandes, como seixos e grânulos, com frequência são constituídas de agregados de minerais distintos, herdados das rochas originais ou mesmo cimentados por minerais secundários. Entre as partículas menores, geralmente constituídas por um único mineral, o quartzo (que é bastante resistente à alteração intempérica) forma grãos de silte e areia. Todos os outros minerais primários, como feldspato, piroxênio, anfibólio, magnetita, calcita e mica, para citar somente os mais comuns, também podem ser encontrados nestas dimensões dentro dos perfis de intemperismo, antes de serem alterados por completo; minerais formados nos processos supérgenos também podem ser encontrados nestas frações maiores, como os óxi-hidróxidos de ferro (goethita/hematita) e de alumínio (gibbsita). Partículas de argila encontradas nos solos e alteritas são predominantemente constituídas por argilominerais (1:1 ou 2:1). Nos climas tropicais, o argilomineral predominante é a caolinita, que se forma não apenas a partir dos feldspatos, mas também de outros minerais silicáticos, como as micas; além disso, goethita, hematita e gibbsita, provenientes da alteração dos vários silicatos, são frequentes na fração argila, que pode conter, ainda, minerais carbonáticos, fosfáticos ou mesmo sílica mal cristalizada.

Há, em geral, uma confusão entre a terminologia utilizada para tamanho de grãos e composição destes grãos. Assim, da mesma forma que nem sempre um material argiloso, do ponto de vista do tamanho de seus constituintes, é composto exclusivamente por argilominerais, nem sempre os argilominerais ocorrem na fração argila. Outro destaque importante diz respeito à fração areia; um material arenoso nem sempre é constituído por quartzo, embora a maioria das areias (encontradas em diversos ambientes terrestres) seja predominantemente constituída por quartzo que, por ser muito resistente ao intemperismo, resiste aos processos de erosão, transporte e sedimentação (Figura 8.31), o que também ocorre com outros minerais resistentes menos comuns, como apatita, monazita, zircão etc.

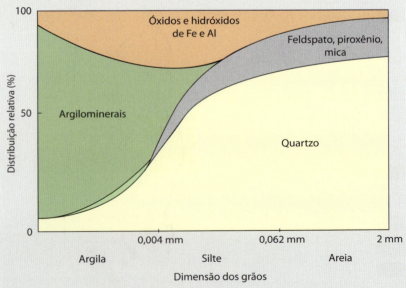

Figura 8.31 – Composição mineralógica das frações granulométricas válida para a média dos solos. Fonte: Brady & Weil, 1996.

são solos ácidos, porém a acidez é, neste caso, mais marcada. Sua espessura é variável, mas em geral menor que a dos latossolos.

Os neossolos são solos pouco evoluídos, constituídos por material mineral ou orgânico, pouco espessos (menos de 20 cm) e sem horizonte B. A baixa intensidade de atuação dos processos pedogenéticos se encontra em geral associada à existência de uma rocha específica, altamente resistente ao intemperismo, como por exemplo arenitos, quartzitos, ou então aos fatores de formação (clima, relevo ou tempo) que atuam de forma a impedir uma maior evolução pedológica (por exemplo, tempo curto de atuação dos processos pedogenéticos, clima semi-árido ou relevo que impeça um elevado fluxo hídrico). Foram subdivididos em quatro classes: solos litólicos (horizonte A diretamente sobre a rocha), fúlvicos (associados a sedimentos aluvionares), regolíticos (horizonte A diretamente acima do C) e quartzarênicos (sequência A-C com textura francamente arenosa). Todos eles são bem representados e recobrem em seu conjunto 14% do território brasileiro.

Os latossolos, os argissolos e os neossolos representam mais de 70% de todos os solos cartografados no Brasil.

Merece citação especial um tipo de solo, que apesar de não ser bem representado no Brasil (2%), pode ocorrer formando grandes áreas contínuas, como por exemplo, na bacia do alto rio Negro. Trata-se dos espodossolos, classificados anteriormente como podzóis. Típicos de regiões frias, podem ocorrer em zonas tropicais úmidas com condições específicas de drenagem ou de rocha original, que permitem a acumulação de sílica na forma de quartzo. São solos de baixíssima fertilidade, ácidos e geralmente com altos teores de alumínio trocável. São caracterizados por um perfil formado por um horizonte A de cor cinzenta ou preta, seguido, em profundidade, por um horizonte E (eluvial) de cor cinza-clara a branca.

Importância do solo e de sua conservação

O solo é, sem dúvida, o recurso natural mais importante de um país, pois é dele que derivam os produtos para alimentar sua população. Nas regiões intertropicais essa importância é maior ainda por duas razões principais:

• nessa zona climática encontra-se a quase totalidade dos países em desenvolvimento, cuja economia depende da utilização de seus recursos naturais, especialmente agrícolas;

• os processos que levam à formação dos solos podem, na zona intertropical, levar também à formação de importantes recursos minerais.

Entretanto, os solos dessas regiões são, em geral, desenvolvidos em área tectonicamente estáveis e sobre superfícies de aplainamento esculpidas a partir do final do Mesozoico. São, portanto, solos antigos, frágeis, empobrecidos quimicamente, e que se encontram em contínua evolução. Existem em situação de equilíbrio precário, de tal forma que os impactos provocados por causas naturais ou por atividades antrópicas podem desestabilizar o sistema. Desmatamento, cultivo de terras, uso de produtos agrotóxicos e explotação mineral são atividades que, se não forem bem conduzidas, por meio de técnicas desenvolvidas com criteriosa base científica, podem levar à erosão, à contaminação e poluição e, finalmente, à sua degradação.

Por ser um recurso finito e não renovável, podendo levar milhares de anos para tornar-se terra produtiva, o solo, uma vez degradado, desaparece para sempre na escala de tempo de algumas gerações. De acordo com estimativas recentes, as várias formas de degradação dos solos têm levado a perdas de 5 a 7 milhões de hectares de terras cultiváveis por ano. Para compensar essas perdas, seria necessário a disponibilização dessa mesma superfície a cada ano para fins de cultivo, o que é cada vez mais difícil.

A perda dos solos e o crescimento demográfico, que gera grandes pressões para a produção de maior quantidade de alimentos, têm resultado no desmatamento de áreas florestadas para expansão das áreas agriculturáveis. Essa é uma solução ilusória, pois os solos das florestas tropicais representam sistemas muito frágeis, que acabam sendo degradados com o desmatamento. O uso adequado dos solos já existentes, prevenindo-se sua destruição, é a melhor solução. Além disso, solos de outros ambientes, que não os florestais, como os do cerrado, por exemplo, com a aplicação de formas adequadas de irrigação e manejo, poderiam contribuir de forma mais concreta e permanente para o aumento da produção de alimentos.

Para a proteção desse recurso essencial à vida humana existe hoje um conjunto de técnicas de manejo que inclui a identificação e mapeamento dos solos vulneráveis, a implementação de soluções alternativas à forte dependência de agroquímicos e, finalmente, o reflorestamento.

As obras de engenharia também utilizam os solos como substrato ou como material, e a geotecnia trata desta questão (Quadro 8.2).

Quadro 8.2 – Geotecnia
Liedi Bariani Bernucci e M. Cristina Motta de Toledo

Os solos representam uma importante fonte de material para obras de engenharia, principalmente nos climas tropicais e equatoriais, onde os perfis atingem grandes espessuras. Estabilidade e resistência mecânica são propriedades geotécnicas fundamentais para que um solo tenha qualidade, seja para utilização como material de construção, seja como substrato para obras. Os materiais componentes dos solos, ou seja, os minerais formados pelo intemperismo e os minerais primários resistentes, bem como sua organização e distribuição granulométrica conferem propriedades muito variáveis aos solos. Dependendo destas propriedades, os solos podem ser empregados diretamente em obras como materiais de construção, necessitando em geral de compactação ou densificação para torná-los mais resistentes e mais estáveis às variações possíveis de estado, principalmente frente à ação de água. As aplicações são diversas, como em barragens, aterros, pavimentos etc. Em algumas situações, os solos podem ser estabilizados, com adição de aglomerantes, como o cimento ou a cal, para inibir o caráter expansivo na presença de água e/ou para aumento da resistência. As partículas de argilominerais, por exemplo, têm um comportamento diferenciado em relação às partículas maiores, como as de areia, principalmente na presença de água. A composição mineralógica dos solos tropicais tem um significado especial, pois os óxi-hidróxidos de ferro e de alumínio podem agir como cimentantes, agregando partículas e dando, em certas condições, maior estabilidade e resistência aos solos. Deve-se ressaltar que parte importante dos estudos geotécnicos existentes e teorias decorrentes foi elaborada em países de clima temperado, cujos solos apresentam composição e organização distintas dos de clima tropical, o que estimula o desenvolvimento deste ramo da pesquisa no Brasil.

8.6.2 Depósitos lateríticos

Como foi mencionado, os processos que levam à formação dos solos podem, na zona intertropical, levar também à formação de importantes recursos minerais, que são os depósitos lateríticos, também chamados residuais (ver capítulo 19). Os processos genéticos que atuam na formação de um depósito laterítico classificam-se em dois grupos:

• Preservação do mineral primário de interesse e sua concentração por acumulação relativa por causa da perda de matéria do perfil durante a alteração. Nesse caso, o mineral portador do elemento de interesse econômico é relativamente resistente ao intemperismo e permanece no perfil, enquanto os outros minerais são alterados, e pelo menos parte da matéria é lixiviada do perfil. É o caso, por exemplo, dos depósitos de fosfato, por concentração de apatita, de crômio, por concentração de cromita, estanho, por concentração de cassiterita, ferro, por concentração de hematita etc.

• Destruição do mineral primário e formação de minerais secundários mais ricos que o mineral primário no elemento de interesse. Isso ocorre com elementos de baixa solubilidade, como o Al e o Ti, por exemplo, que formam minerais secundários (gibbsita e anatásio, respectivamente), logo após sua liberação dos minerais primários portadores. Ocorre também com elementos mais solúveis, que migram no perfil de alteração e precipitam como fases secundárias nos horizontes que apresentem condições propícias para tal. É o caso do minério de níquel (garnierita e goethita niquelífera) e de manganês (psilomelano e pirolusita), entre outros.

Em algumas situações, ocorre um processo misto, pelo qual o mineral primário portador do elemento de interesse permanece inalterado em relação ao seu arcabouço essencial, mas sofre transformações que podem melhorar ou piorar sua qualidade como mineral de minério. Um bom exemplo dessa situação são os depósitos lateríticos de nióbio, em que o pirocloro do manto laterítico não é mais o Ca-pirocloro da rocha parental, mas sim o Ba-pirocloro, pela modificação do pirocloro inicial.

No caso de alguns depósitos lateríticos, como os de ouro, o minério é formado pela atuação conjunta dos dois processos: o mineral de minério é uma mistura de partículas de ouro primário mais ou menos preservadas da alteração e de partículas de ouro secundário precipitado a partir de soluções.

Como consequência de seu modo de formação, por processos de acumulação relativa e/ou absoluta de elementos no perfil de alteração, em ambiente de abundância de água e de oxigênio, as jazidas lateríticas apresentam algumas características comuns. Ocorrem sempre na superfície da Terra ou próximo dela, sob forma de bolsões ou mantos, o que permite a lavra a céu aberto. No caso de elementos que admitem mais de um número de oxidação, estes se encontram com seus números de oxidação mais altos. De modo geral, os depósitos lateríticos possuem teores relativamente baixos, o que é compensado por tonelagens expressivas. Finalmente, dada a dificuldade de preservação de formações superficiais por um período de tempo muito extenso, os depósitos lateríticos estão limitados aos tempos geológicos mais recentes, principalmente cenozoicos.

Para que um depósito laterítico se forme, é necessário que ocorra uma convergência de fatores de ordem litológica, climática e morfotectônica. Por fator litológico entende-se a natureza da rocha sobre a qual o intemperismo vai atuar. Em geral, nas jazidas lateríticas há um enriquecimento prévio do elemento em questão na rocha parental que, nesse contexto, é denominada de protominério. Às vezes, o próprio protominério pode ser explotado, e nesse caso o minério laterítico é apenas uma cobertura enriquecida do minério primário. Como exemplo, podem-se mencionar algumas jazidas de fosfato e de manganês. Em outros casos, o protominério é rocha estéril, como as rochas ultramáficas que dão origem às jazidas de níquel laterítico, ou rochas de qualquer natureza, que dão origem às bauxitas (minério de alumínio).

O clima tem um papel importante na gênese dos depósitos lateríticos. Geralmente são necessárias condições de alta pluviosidade e temperatura para que a alteração tenha natureza laterítica, caracterizada pelo intenso ataque aos minerais primários e lixiviação dos íons mais solúveis. Por esse motivo, a maior parte das jazidas lateríticas do mundo encontra-se na faixa tropical do globo, sobretudo nas regiões úmidas. Depósitos lateríticos situados fora desta faixa foram originados em outras épocas geológicas, quando, em função da deriva continental, estavam sujeitos a condições climáticas mais favoráveis, como por exemplo as jazidas de bauxita da Sibéria, de idade pré-cambriana (no Pré-Cambriano a região estaria situada nas proximidades da linha do Equador).

Por fatores morfotectônicos favoráveis à gênese de jazidas lateríticas entendem-se as características do relevo que permitem uma boa drenagem, possibilitando o escoamento das soluções de ataque das rochas para que o intemperismo seja intenso. Além disso, é necessário que o perfil seja preserva-do da erosão para poder aprofundar-se. São, dessa forma, as áreas bem drenadas e tectonicamente estáveis as mais favoráveis para a formação de depósitos espessos e evoluídos.

Depósitos lateríticos do Brasil

No Brasil, situado quase todo na faixa tropical do globo, as condições para o intemperismo laterítico vêm existindo pelo menos desde o Terciário, o que resultou numa área de cerca de 70% do território nacional coberta por formações lateríticas. Essas formações estão ausentes apenas na região Nordeste, de clima semiárido, e na região Sul, de clima subtropical. As formações lateríticas comportam inúmeras jazidas, que contribuem com cerca de 30% da produção mineral brasileira, excluindo o carvão e o petróleo.

Os principais bens minerais concentrados por laterização no Brasil são Fe, Mn, Al, Ni, Nb e fosfatos (Figura 8.32). Os depósitos formaram-se a partir de protominérios de idades que vão do Arqueano ao Terciário, mas a laterização é sempre relativamente recente, estando relacionada principalmente às superfícies de aplainamento Sul-americana (Eoceno) e Velhas (Plioceno).

Depósitos lateríticos de ferro

Em todas as jazidas de ferro brasileiras, a primeira concentração é de origem sedimentar química, como no Quadrilátero Ferrífero (MG) e em Carajás (PA), e parcialmente detrítica, como em Urucum (MS). Os sedimentos depositaram-se em bacias vulcano-sedimentares que sofreram posteriormente uma ou mais fases de metamorfismo. O protominério que resulta desses processos é o itabirito, rocha de estrutura bandada característica, com alternância de leitos ferruginosos (hematita predominante) e silicosos (quartzo).

O processo intempérico leva à dissolução do quartzo com a consequente concentração relativa da hematita (mineral de minério) no perfil, por uma espessura que pode ultrapassar 300 m. No topo do perfil desenvolveu-se um horizonte endurecido de couraça ferruginosa (canga), formada principalmente por goethita que impediu a erosão e permitiu o aprofundamento do perfil. Em Carajás e no Quadrilátero Ferrífero esse horizonte de canga corresponde à Superfície Sul-americana, indicando um período de tempo muito longo (desde o Eoceno) para a formação dos depósitos.

No caso dos depósitos de ferro lateríticos, os controles preponderantes na gênese do minério são de ordem litológica e morfotectônica.

Depósitos lateríticos de manganês

Há, no Brasil, numerosos depósitos de manganês, para os quais a laterização contribuiu decisivamente. Os principais situam-se no Mato Grosso do Sul (Urucum) e na Amazônia (Serra do Navio, Azul, Buritirama). Nesses últimos, a primeira acumulação de manganês é de origem sedimentar ou vulcano-sedimentar, sob a forma de uma rocha rica em carbonato (rodocrosita) e silicatos de manganês (Mn-granada, Mn-olivina e Mn-piroxênio), em que este elemento aparece com número de oxidação 2^+, acompanhados de outros minerais, tais como micas, quartzo etc. Quando a proporção de minerais de manganês já é elevada no protominério, este pode ser explotado economicamente, como é o caso do depósito de Conselheiro Lafaiete (MG).

A alteração intempérica provoca a dissolução dos minerais que acompanham os minerais de minério e promove a oxidação dos minerais de manganês, com a formação de óxidos de Mn^{3+} (hausmanita e manganita, por exemplo) e Mn^{4+} (pirolusita, criptomelano e litioforita, por exemplo), mais ricos em manganês que os minerais originais. Aqui também o controle principal na gênese do minério é litológico.

Depósitos lateríticos de níquel

Os depósitos de níquel laterítico são numerosos, de tipos variados, e dispersos por todas as zonas climáticas. Os mais importantes estão situados no Centro-Oeste (Niquelândia e Barro Alto), região de clima tropical de estações contrastadas e, em menor grau, na Amazônia (Vermelho), sob clima tropical úmido.

O níquel (Ni) está presente na rocha original ultrabásica (ver capítulo 6) incorporado ao retículo cristalino da olivina, e, em menor grau, do piroxênio. Esses minerais são facilmente alterados, dando origem a novos minerais, como a serpentina, o talco, a clorita e a goethita, enriquecidos em Ni. O controle litológico é muito importante nesse caso, pois as rochas ultrabásicas são as únicas que possuem teores de níquel suficiente para gerar depósitos por intemperismo. Nesse caso, entretanto, o fator climático também conta muito, sendo as regiões de clima mais contrastado as mais favoráveis para a gênese de depósitos de níquel laterítico.

Depósitos lateríticos de alumínio

Estão presentes, no Brasil, enormes reservas de bauxita (minério de alumínio), concentradas principalmente na Amazônia (Paragominas, Trombetas etc.), derivadas de sedimentos areno-argilosos. Porém, espalhados por todo o país, há pequenos depósitos de bauxita relacionados principalmente a rochas alcalinas (Poços de Caldas, por exemplo). Diferentemente dos outros minérios lateríticos, qualquer rocha pode gerar bauxita, pois o alumínio (Al) é um elemento abundante nas rochas comuns e muito pouco solúvel na superfície, de modo que se concentra facilmente com a lixiviação intensa dos outros componentes. O principal mineral de minério é um hidróxido de alumínio (gibbsita).

Não há, portanto, controle litológico na geração das jazidas de bauxita, sendo os fatores mais influentes as condições morfotectônicas, que devem propiciar uma alteração em ambiente de drenagem livre para que a lixiviação dos outros elementos possa ocorrer, e climáticas, caracterizadas por precipitação intensa e temperaturas altas.

Depósitos lateríticos de nióbio e fosfatos

O Brasil possui grandes reservas de nióbio e fosfatos, cuja origem está relacionada à alteração de maciços ígneos carbonatíticos. Essas rochas têm originalmente teores elevados de nióbio (Nb) e fósforo (P), e são facilmente alteráveis, pois seus constituintes principais são carbonatos. A gênese

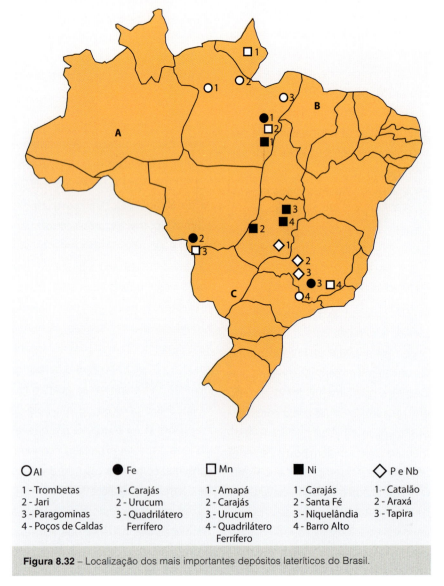

Figura 8.32 – Localização dos mais importantes depósitos lateríticos do Brasil.

das jazidas é, portanto, estritamente controlada pelo fator litológico.

O Nb é enriquecido a partir da concentração residual do pirocloro, sua principal fase portadora. Apesar de esse mineral poder sofrer uma certa alteração durante o intemperismo, seu conteúdo em nióbio fica mantido. As maiores jazidas de nióbio do Brasil estão situadas em Araxá (MG) e Catalão (GO). A primeira, Araxá, constitui a maior reserva de nióbio do mundo.

Da mesma forma, o fósforo é enriquecido pela concentração residual da apatita (fosfato de cálcio). Em alguns maciços, como Jacupiranga (SP), o teor de apatita no carbonatito já é suficientemente alto para que a rocha parental possa ser explotada como minério. Porém, na maior parte das jazidas de fosfato, como, por exemplo, Catalão e Araxá, é o manto de alteração, onde a apatita está concentrada, que constitui o minério. Nos depósitos residuais de fosfato, o intemperismo possui um duplo papel: por um lado, enriquece relativamente o manto de alteração no mineral de interesse, mas, por outro lado, com a continuidade do processo, pode alterar o mineral até então preservado, modificando algumas características físicas e químicas na superfície dos grãos, o que pode prejudicar os processos industriais de beneficiamento do minério.

———————————

Em conclusão, o estudo da cobertura de intemperismo engloba os materiais provenientes da alteração superficial das rochas, as alteritas, os solos e os depósitos minerais supérgenos. Ocupa uma posição de destaque nas geociências do mundo tropical, pois nestas regiões quentes e úmidas do planeta, as condições climáticas, associadas à existência de uma exuberante cobertura vegetal, permitem o desenvolvimento de um espesso manto de alteração, que recobre, de forma quase contínua, as rochas da parte superior da crosta terrestre.

A existência desse manto, que representa o domínio de uma importante esfera geológica, a pedosfera, coloca uma série de problemas para os estudos geológicos, geotécnicos e geoambientais, mas, por outro lado, oferece enormes possibilidades para os países localizados nesta zona geográfica, quase todos países em desenvolvimento e com economias fortemente dependentes de seus recursos naturais.

Os problemas geoambientais impostos por essa espessa cobertura, em geral friável e móvel, estão ligados aos frequentes movimentos de massa (escorregamento), erosão, assoreamento de rios e barragens, entre outros. Para a engenharia geotécnica os problemas dizem respeito às fundações de grandes obras da construção civil, estabilidade de taludes etc. Para a geologia, este manto funciona como uma verdadeira capa que mascara a existência de feições geológicas, dificultando o mapeamento geológico, a prospecção mineral, a descoberta de jazidas profundas etc. Entretanto, ao lado desses inconvenientes, algumas vantagens são encontradas, como, por exemplo, a formação de solos, que, apesar de quimicamente pobres, são altamente adaptados para a produção agrícola intensiva. Este manto de alteração, para certos países africanos da região do Sahel, constitui aquíferos, que representam a única fonte de água potável. Finalmente, quando existe a convergência dos fatores climáticos característicos das regiões tropicais com a existência de certas condições geológico-geomorfológicas (existência de protominério, relevo estável, pouco movimentado), este manto pode gerar jazidas metálicas de grande importância econômica. No Brasil, são bem representadas as jazidas supérgenas de (Minas Gerais e Pará), de alumínio (bauxitas de Minas Gerais e da Amazônia), de níquel (Goiás e Minas Gerais) e de manganês (Pará e Amapá), além dos importantes depósitos de argilas (caolim do Amazonas, argilas refratárias de Poços de Caldas e bentoníticas da Paraíba etc.) e de fosfato (principalmente em Minas Gerais e Goiás).

———————————

Leitura recomendada

BERNER, E. K. ; BERNER, R. A. *The global water cycle, geochemistry and environment.* Englewood Cliffs, N. J.: Prentice-Hall, 1987. 397 p.

BRADY, N. C.; WEIL, R. R. *The nature and properties of soils.* 12th ed. Upper Saddle River, N. J.: Prentice-Hall, 1999. 881 p.

EMBRAPA. *Sistema Brasileiro de Classificação de Solos.* 2 ed. Rio de Janeiro: Embrapa Solos, 2006. 306 p.

FAO (Roma, Itália). *Soil map of the world.* Paris: UNESCO, 1974. Escala 1: 5.000.000 .

HAMBLIN W. K.; CHRISTIANSEN, E. H. *Earth's dynamic systems.* 7th ed. Englewood Cliffs, N. J.: Prentice-Hall, 1995. 710 p.

LEPSCH, I. F. *Formação e conservação dos solos.* São Paulo: Oficina de Textos, 2002. 178 p.

LOUGHNAN, F. C. *Chemical weathering of silicate minerals.* New York: American Elsevier Pub. Co., 1969. 154 p.

MASON, B.; MOORE, C. B. *Principles of geochemistry.* 4th ed. New York: J. Wiley & Sons, Inc., 1982. 344 p.

MURCK, B. W.; SKINNER, B. J.; PORTER,S. C. *Environmental geology.* New York: J. Wiley & Sons, 1996. 535 p.

PRESS, F.; SIEVER, R. *Understanding Earth.* Nova York: W. H. Freeman & Co., 1997. 682 p.

ROBERT, M. *Le sol: interface dans l'environnement, ressource pour le développement.* Paris: Ed. Masson, 1996. 244 p.

SKINNER, B. J.; PORTER S. C. *The dynamic earth.* New York: J. Wiley & Sons, 1995. 567 p.

TARBUK, E. J.; LUTGENS, F. K.; TASA, D. *Earth: an introduction to physical geology.* 5th ed. Upper Saddle River, N. J.: Prentice-Hall, 1996. 605 p.

Capítulo 9

Do grão à rocha sedimentar: erosão, deposição e diagênese

Paulo César Fonseca Giannini, Mário Sérgio de Melo

Sumário

9.1 Sedimentação e formas resultantes

9.2 Biografia de um grão de areia

9.3 Grãos que vêm de explosões vulcânicas: vulcanoclastos

9.4 Grãos que não vêm da montanha: intraclastos

9.5 Sedimentos que não são grãos: o transporte químico

9.6 Como grão e fluido se relacionam?

9.7 Transformando sedimentos em rochas sedimentares

9.8 Importância da geologia sedimentar

As paisagens de nosso cotidiano são produzidas por processos geológicos superficiais, exemplificados pelos cenários naturais espetaculares que costumamos admirar em cartões-postais (Figuras 9.1a e b). Podemos citar os Andes Peruanos, onde está Machu Picchu, ou a serra dos Órgãos, RJ. O Grand Canyon, no Arizona (EUA), ou Vila Velha, no Paraná. E como não se lembrar das imagens magníficas das dunas do Saara ou dos Lençóis Maranhenses e das praias do Caribe e do Rio de Janeiro?

Em cada cenário de cartão-postal pode-se notar uma forma ou um conjunto de formas de relevo, modelados por agentes geológicos superficiais (vento, gelo, águas das chuvas e dos rios, mares e lagos). Mas há nesses exemplos pelo menos duas categorias de formas. Andes e serra dos Órgãos são exemplos em que rochas ígneas e/ou metamórficas encontram-se lapidadas pelos agentes superficiais.

No cânion do Arizona, assim como em Jericoacoara, são rochas sedimentares que estão expostas a essa ação destrutiva. Em todos estes exemplos, pode-se dizer que as formas vêm sendo esculpidas, durante milhões de anos, em rochas formadas há ainda muito mais tempo. São áreas dominantemente de retirada de rocha decomposta, ou seja, de erosão. E essa retirada é tanto física, por desintegração, o que produz partículas e grãos, quanto química, por decomposição, o que gera íons em solução. Já no exemplo das dunas e das praias, as formas que vemos na superfície da areia são construtivas. Os grãos dessa areia, que ali se depositam há dezenas ou centenas de milhares de anos, podem muito bem provir da erosão atuante numa serra ou cadeia de montanhas das proximidades (por exemplo, a serra do Mar no caso do litoral entre o norte de Santa Catarina e o sul do Rio do Janeiro) (ver figura 9.2). Numa escala mais abrangente, dunas e praias são formas de relevo menores inseridas numa unidade de relevo maior, a planície litorânea, delimitada ao seu interior por outra grande unidade, formada por serras e montanhas. O que une estas unidades de relevo é o transporte de rocha decomposta de uma unidade para outra, o transporte sedimentar. Qualquer processo que envolva transporte e/ou deposição físicos ou químicos, em superfície, de material resultante da decomposição ou desintegração das rochas pode ser considerado processo sedimentar. E o material transportado e/ou depositado na forma sólida é o sedimento.

> **Curiosidade**
>
> A sedimentação já foi comparada à vida de soldado, "longos momentos de tédio" pontuados por breves momentos de terror", ou de quartel correspondendo ao dia a dia da deposição, lenta e gradual incluindo intervalos de não deposição ou erosão (os hiatos). Os "momentos de terror", ou de guerra, são representados por episódios de deposição rápida. Quanto maior a coluna sedimentar, maior a ocorrência de hiatos no seu registro de tempo. Assim, paradoxalmente, a taxa de sedimentação diminui com o aumento do registro vertical."
>
> A metáfora é de A. V. Ager.

Figura 9.1a – a) Praia de Pedra Furada, Jijoca de Jericoacoara, Ceará. Foto: S. Kolumban, Pulsar Imagens.

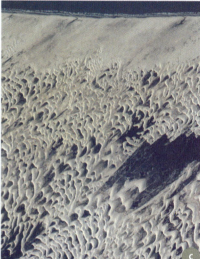

Figura 9.1b – Cenários geológicos considerados cartões-postais. b) Serra dos Órgãos, Petrópolis, RJ – Paisagem produzida sob o predomínio da erosão. c) Lençóis Maranhenses, MA. d) Praia de Copacabana, Rio de Janeiro, RJ. Ambas as paisagens são dominadas por deposição de sedimentos. Fotos: b: F. Colombini; c: Imagem Landsat 2000; d: Arquivo Riotur.

Capítulo 9 - Do grão à rocha sedimentar: erosão, deposição e diagênese

9.1 Sedimentação e formas resultantes

O intemperismo atua por meio de mecanismos modificadores das propriedades físicas dos minerais e rochas (morfologia, resistência, textura etc.), e de suas características químicas (composição química e estrutura cristalina). Os materiais inconsolidados resultantes podem tornar-se sedimentos, se forem erodidos.

A raiz do termo sedimento vem do latim, *sedis*, que significa assento, deposição. Assim, sedimento, numa tradução etimológica literal, seria o material sólido que se deposita, que se depositou ou que é passível de se depositar. Portanto, o destino do sedimento ao final do transporte é a deposição. No transporte físico (mecânico), o sedimento, enquanto matéria sólida, já começa a existir durante o transporte. No transporte químico, a matéria sólida só se forma na deposição, a partir de íons em solução que se combinam e precipitam na forma de minerais.

A ação de erosão, transporte e sedimentação modela a paisagem, tanto natural (Figura 9.2) como urbana (Figura 9.3). Aliás, a ideia ilusória de que a urbanização seria capaz de estancar estes processos conduziu, em muitas cidades, a uma ocupação urbana sem critérios, que ignorou e desrespeitou os sítios naturais de erosão e deposição. O ser humano foi ocupar, de maneira indevida, o espaço que a

Figura 9.2 – Parte norte da ilha de Santa Catarina (estado de Santa Catarina), observada em *zoom* sucessivo. a) Imagem de satélite em que se vê a serra, a planície costeira e o oceano. b) Fotografia aérea oblíqua do campo de dunas da Joaquina. c) Parte leste do campo de dunas. Notar grãos de areia em transporte pelo vento (da direita para a esquerda). d) Marcas onduladas típicas de areias da duna. Fotos: a: Imagem Landsat 2000: <www.zulu.ssc.nasa.gov/mrsid>; b, c e d: P. C. F. Giannini.

Figura 9.3 – Cenários em que a ocupação ou a urbanização ocorrem sem levar em consideração os processos geológicos. a) Marginal do rio Pinheiros, em São Paulo (estado de São Paulo), inundada. b) Escorregamento na comunidade de La Conchita, Ventura County (Califórnia, EUA), em 1995. c) Erosão costeira em Matinhos (estado do Paraná), em 1995. d) Interrupção parcial da rodovia entre Apiaí e Iporanga (estado de São Paulo), em 2006. Fotos: a: F. Donasci, Folha Imagem; *Folha de S.Paulo*, 26 de maio de 2005; b: USGS (<http://seis.natsci.csulb.edu/bperry/Mass%20Wasting/LaConchitaslump1995USGSS.jpg>); c: M. Lipski e B. Traszkos e d: P. C. F. Giannini.

natureza reservara à saída de rocha decomposta (erosão), como encostas de morro, ou à chegada deles (deposição), como os pés dessas encostas, marginais de rios, praias e campos de dunas. Assim, à lista de formas de relevo aqui citadas como exemplos de ação de processos sedimentares, é preciso acrescentar regiões onde processos naturais e ocupação humana interagem de modo conflituoso, em um autêntico exemplo de equilíbrio instável. Saímos do cartão-postal para as notícias de jornal: inundações nas marginais Tietê e Pinheiros, em São Paulo (Figura 9.3a), deslizamentos soterrando casas situadas aos pés de encostas (Figura 9.3b), erosão costeira em cidades litorâneas (Figura 9.3c), como Rio de Janeiro, Olinda, Recife, Fortaleza e Santos, trânsito em rodovias e ferrovias interrompido por "quedas de barreira" ou de blocos (Figura 9.3d).

Neste capítulo, partiremos das relações entre os processos sedimentares e a modelagem da superfície terrestre (relações processo-forma) para chegar à acumulação dos depósitos e formação das rochas sedimentares (relações processo-produto). Estas relações podem ser estudadas em diferentes escalas espaciais. De modo geral, quando se amplia a escala espacial, aumenta também a escala do tempo envolvido. O recurso de reduzir e ampliar nossa escala de observação será explorado para exercitarmos nossa capacidade de entender a natureza destas relações. Chamaremos a este recurso de *zoom*, em alusão ao mecanismo das câmeras fotográficas e filmadoras, como ilustrado na figura 9.2.

Iniciaremos nossa abordagem observando um grão de areia de praia, e tentando contar ou filmar a sua história. No senso comum, usa-se muitas vezes a expressão "grão de areia" com o significado de detalhe irrelevante. No entanto, este detalhe torna-se importante e sua escala universal quando a história de um grão pode ser representativa da maioria dos grãos que vemos nos rios, nas praias, nas dunas e em muitas rochas sedimentares. Assim, o que parece ser uma escala de detalhe torna-se, em última análise, uma escala de universalidade. É desse modo que responderemos às perguntas mais comuns deste início de capítulo. O que é, afinal, um sedimento e o que é um processo sedimentar? E qual a diferença entre os processos sedimentares que ocorrem hoje, por exemplo, na serra do Mar, e aqueles que ocorrem nos pantanais e nas planícies litorâneas? A opção pela praia como cenário de nosso personagem central (o grão de areia) deve-se apenas, mais uma vez, a uma questão de universalidade do exemplo. Isto é, aos fatos de o oceano ser o destino final da maioria dos sedimentos, o que facilita a reconstituição de um ciclo sedimentar completo, e de a praia ser a parte dos oceanos mais acessível para a nossa observação. Do ponto de vista dos conceitos que se quer introduzir, não há diferença porém entre este grão de areia e o seixo de uma planície aluvial ou a partícula de argila presente no mangue ou numa laguna. Antes de passarmos à história do grão, portanto, é conveniente conhecer o significado dos termos areia, seixo e argila (Quadro 9.1).

Quadro 9.1 – Qual o tamanho de um grão de areia?

Areia é um conceito relativo somente ao tamanho do grão. O estudo ou medida do tamanho do grão recebe o nome de granulometria. De acordo com a escala de granulometria mais utilizada hoje para classificar sedimentos (Tabela 9.1), um grão de areia possui entre 2 e 0,062 mm. Os qualificativos para referir-se aos materiais sedimentares formados predominantemente por cada uma das três faixas granulométricas principais são: rudáceo (de rude, grosso), para granulação cascalho; arenáceo (de arena), para areia; e lutáceo (de luto, massa fina e plástica), para lama. Estes termos, de etimologia latina, têm equivalência com outros termos, de origem grega: psefítico, psamítico e pelítico, respectivamente. Para referir-se a depósitos endurecidos (rochas sedimentares ou sedimentitos), acrescenta-se o sufixo ito aos mesmos radicais: rudito, arenito e lutito ou psefito, psamito e pelito.

Intervalo granulométrico (mm)			Classificação nominal	
Proposição original (inglês)			Tradução usual (português)	
> 256		Boulder		Matacão
256-64	Gravel	Cobble	Cascalho (ou balastro em Portugal)	Bloco ou calhau
64-4,0		Pebble		Seixo
4,0-2,0		Granule		Grânulo
2,0-1,0		Very coarse sand		Areia muito grossa
1,0-0,50		Coarse sand		Areia grossa
0,50-0,250	Sand	Médium sand	Areia	Areia média
0,250-0,125		Fine sand		Areia fina
0,125-0,062		Very fine sand		Areia muito fina
0,062-0,031		Coarse		Silte grosso
0,031-0,016	Silt	Médium silt	Silte	Silte médio
0,016-0,008		Fine silt		Silte fino
0,008-0,008		Very fine silt		Silte muito fino
< 0,004	Clay	Clay	Argila	Argila

Tabela 9.1 – Escala granulométrica de Udden-Wentworth, com os termos originais em inglês e sua tradução para o português.

9.2 Biografia de um grão de areia

Escolheremos como referência um grão de areia de praia constituído de quartzo. Afinal, trata-se do mineral mais abundante nos sedimentos e um dos mais comuns nas rochas ígneas e metamórficas expostas nas áreas elevadas dos continentes.

É numa área elevada, como a Serra do Mar, que a "biografia" do grão se inicia. Aí ele passou muitos milhares ou milhões de anos no que poderia ser chamado de seu estágio fetal ou estágio pré-grão. Este estágio corresponde ao período em que o cristal de quartzo do qual o grão se derivou foi sendo gradualmente liberado dos cristais vizinhos na rocha. Esta liberação dá-se por uma gama de processos de desintegração física e decomposição química da rocha exposta em superfície, e portanto sujeita ao intemperismo (ver capítulo 8). A rocha onde se opera este período de gestação do grão é também conhecida como rocha-mãe ou rocha-matriz. Estes nomes são muito apropriados a esta "biografia" do grão, porque fazem alusão direta à ideia de gestação.

É importante ressaltar que os processos intempéricos não envolvem transporte mecânico significativo, de modo que o resultado não é ainda um sedimento, mas um manto de alteração *in situ*, no qual se inclui uma camada superior de solo. A rigor, não podemos falar ainda em grãos, mas apenas em partículas. O termo partículas vem do latim, onde significa partes pequenas, as partes menores de um todo, neste caso representado pela rocha-mãe ou o próprio solo. A partir do momento em que esta partícula começa a sofrer transporte mecânico em superfície, ela passa a constituir uma partícula sedimentar, sinônimo de grão. Em geologia sedimentar, o termo grão, por definição, denota transporte mecânico.

Nessa fase de gestação do grão é que vão ser mais efetivos os fatores principais que controlam a constituição mineralógica de um sedimento: composição da rocha-matriz, clima e intemperismo, tectônica e relevo. A interação entre clima e tectônica controla a relação entre as velocidades de erosão e de intemperismo.

9.2.1 Transporte sedimentar: a maturação do grão

Após o transporte inicial por torrentes pluviais, quedas de rocha e deslizamentos nas encostas da serra, o grão é incorporado na carga dos rios e corredeiras da escarpa, por meio das quais atingirá os rios de mais baixo gradiente (na maioria das vezes, com morfologia meandrante (ver capítulo 11), que caracterizam a planície litorânea.

O transporte do grão da serra ao mar corresponde a um período de intenso amadurecimento ou maturação em sua biografia. O grão pode sofrer mudanças físicas (texturais) ou químicas (mineralógicas), em resposta à ação dos agentes de intemperismo e transporte. A magnitude destas mudanças é uma manifestação deste processo de maturação, mas depende também do grau de sensibilidade do mineral que o constitui. Assim, por exemplo, o quartzo é muito menos propenso que o feldspato a tais modificações, por ser um mineral mais duro, menos sujeito a quebras (não possui planos de fraqueza cristalográfica ou clivagens) e quimicamente muito estável. As mudanças físicas, as principais durante o transporte sedimentar, incluem a redução de tamanho e o aumento de grau de arredondamento do grão, por causa do desgaste por atrito e à quebra. Qualquer grão, por sofrer transporte físico, está sujeito à ação do atrito e da quebra. Os dois termos técnicos mais utilizados como sinônimo de grão fazem alusão a estes dois processos. O termo de origem latina detrito significa aquilo que é passível de sofrer atrito. O outro é de origem grega: clasto, de *klastos*, que se quebra: um típico exemplo de palavra cujo significado técnico extrapola a etimologia, pois se entende por clasto em sedimentologia qualquer sedimento que experimentou transporte mecânico, tenha sofrido literalmente quebra ou não. Entre as mudanças químicas, pode-se citar desde alterações tênues nas superfícies de fratura e clivagem até a completa transformação ou mesmo a dissolução do mineral (ver capítulo 8). Estas mudanças não são raras em feldspatos e em minerais ferromagnesianos como piroxênios e anfibólios, mas podem ser consideradas desprezíveis em grãos de quartzo.

A comparação do transporte sedimentar com uma fase de intensa maturação na biografia do grão de origem física encontra expressão no conceito de maturidade sedimentar. A maturidade representa a experiência de um sedimento, no sentido de quão efetiva foi a história do intemperismo e do transporte a que ele foi submetido. Entre os parâmetros de avaliação da maturidade física ou textural de um depósito sedimentar (a areia da praia, por exemplo), destacam-se a eliminação de matriz pelítica, a seleção granulométrica (grau de homogeneidade dos grãos quanto ao tamanho) e o grau de arredondamento. Entre os parâmetros de avaliação da maturidade química ou mineralógica, destaca-se a relação entre minerais estáveis e instáveis, como a razão quartzo/feldspato (Figura 9.4).

9.2.2 Principais cenários da história do grão

As informações acumuladas até agora permitem abandonar o *zoom* de detalhe e retornar à visão mais abrangente e sintética possível da história do grão ou clasto. Nessa visão, pode-se reconhecer três grandes estágios, fases maiores de sua biografia, correspondentes a três cenários geográficos principais: o topo da serra, sua escarpa frontal e o oceano. Pode-se também destacar quatro processos geológicos maiores: o intemperismo, a erosão, o transporte e a deposição (Figura 9.5).

Com que intensidade atuam estes processos maiores em cada um daqueles cenários? A atuação do intemperismo é diretamente proporcional ao tempo de residência em superfície do grão e da matéria-prima geológica em geral. Assim, o intemperismo é menos atuante nas partes mais íngremes da escarpa, onde os processos de remobilização dos produtos de alteração são acelerados pela intensa ação da gravidade. E é mais atuante no topo da serra e na planície litorânea, onde o baixo declive favorece a longa manutenção, em superfície, de solos, depósitos se-

Figura 9.4 – Exemplos de areias quartzosas e quartzo-feldspáticas observadas à lupa estereoscópica: a) De praia da Flórida, costa atlântica do EUA. b) De ressurgência de água em arenitos devonianos, no estado do Paraná; c) Do leito do rio Ribeira de Iguape, em Registro (estado de São Paulo) e d) Do leito do rio Tietê, em Barra Bonita (estado de São Paulo). O feldspato ocorre como grãos facetados e esbranquiçados na imagem c. Na imagem a, o grão estriado é um pedaço de concha de molusco. Fotomicrografias: V. A. P. de Aguiar.

dimentares e sedimentos em trânsito (Figura 9.5).

O transporte, em contrapartida, domina nas partes mais íngremes, onde a retirada sistemática de grãos e partículas caracteriza o processo de erosão. Na serra como na planície, o transporte do grão pode ter caráter intermitente e, assim, alternar fases de alta energia e transporte rápido com períodos prolongados de arraste lento, ou mesmo retenção em meio a outros grãos do leito temporariamente exposto. A duração, intensidade e importância relativa destas fases ou regimes hidrodinâmicos de transporte sedimentar dependem do gradiente de relevo e das condições climáticas. A influência do clima, conforme visto no capítulo 4, está em especial na intensidade de ação dos agentes in-

tempéricos. Climas quentes e úmidos promovem desintegração e decomposição mais rápida que climas frios ou áridos. Nesses, a fragmentação é o processo dominante. A principal influência do relevo reside no tempo de ação dos agentes intempéricos e de desgaste mecânico durante o transporte. Relevos muito acidentados e abruptos favorecem curtas distâncias de transporte, por meio de fluxos e torrentes episódicos e de alta viscosidade, bem como o soterramento rápido, que reduz o contato dos sedimentos com os agentes intempéricos. Relevos suaves propiciam transporte contínuo e prolongado, atuante sobre grãos livres, com longo tempo de ação dos agentes de intemperismo (Figura 9.5).

A deposição ocorre preferencialmente em algumas porções da planície litorânea e em grande parte do oceano, embora possam existir pequenos depósitos sedimentares temporários também nas drenagens que descem a escarpa (Figura 9.5).

Têm-se, assim, quanto à relação intemperismo/erosão/deposição, três tipos de domínios geográficos: no primeiro tipo, o intemperismo predomina sobre a erosão e a deposição. Corresponde, em nosso exemplo, aos locais aplainados no topo da serra. Num lapso de tempo menor, inclui também a planície litorânea. Deve-se lembrar, porém, que por volta de 120 mil anos atrás, a maior parte das atuais planícies litorâneas brasileiras encontrava-se submersa, e, portanto, com predomínio de processos deposicionais marinhos (ver capítulo 14). No segundo tipo de domínio, a erosão prevalece sobre o intemperismo e a deposição. Este domínio encontra-se hoje na escarpa da serra. É, por excelência, o domínio da erosão e do transporte sedimentar. O conjunto formado por estes dois primeiros domínios é responsável pelo fornecimento de sedimentos para o mar. Por esta razão, costuma-se denominá-lo de área-fonte, e as rochas nele existentes de rochas-fontes (Figura 9.5). Nesse sentido, rocha-fonte pode ser considerado um termo sinônimo para rocha-mãe ou rocha-matriz. No terceiro tipo de domínio, a deposição predomina sobre os demais processos. É o que ocorre hoje na bacia oceânica submersa e na praia, e que, há 120 mil anos, se estenderia também à atual planície litorânea. Esse domínio recebe o nome de bacia sedimentar (Figura 9.5). É importante ressaltar que o domínio da deposição sobre os processos intempéricos e erosivos pode ocorrer também em áreas deprimidas e subsidentes no continente, incluindo planícies aluviais, lagos, lagunas e campos de dunas. Desse modo, bacia sedimentar não implica obrigatoriamente deposição marinha.

O nível horizontal imaginário abaixo do qual a deposição predomina sobre erosão e intemperismo e acima do qual erosão e intemperismo predominam sobre deposição recebe o nome de nível de base de erosão, ou simplesmente, nível de base (Figura 9.5). Esta denominação expressa o fato de que a erosão não pode atuar de forma significativa além (abaixo) deste nível. E também que a erosão continuada da área-fonte tenderia a arrasá-la, no máximo, até este nível. Nos casos de bacias marinhas e naquelas com conexão ao mar (o que inclui planícies litorâneas, plataforma submersa, planícies abissais, golfos, lagunas, deltas e estuários), o nível de base confunde-se com o nível do mar. Mas em bacias sedimentares continentais ele pode encontrar-se sobrelevado em diferentes altitudes em relação ao nível do mar, sendo controlado pelo nível do leito dos rios, este influenciado pela natureza das rochas e estruturas geológicas. Deve-se ressaltar

Figura 9.5 – Cenários da existência de um grão sedimentar, tomando como exemplo o caso atual da costa paranaense, no Sul do Brasil: a) Imagem de satélite Landsat 2000. b) Bloco-diagrama da mesma região com quantificação relativa das taxas de erosão (E), intemperismo (I) e deposição (D). Fonte: a: NASA, <http://zulu.ssc.nasa.gov/mrsid/mrsid.pl>; b: Modificado de J. J. Bigarella, 1978.

que o nível de base varia no tempo, em função de mudanças do nível relativo do mar (nível observável do mar, resultante do efeito combinado da variação do volume de água no estado líquido e da tectônica). Há 120 mil anos, por exemplo, o nível relativo do mar no Brasil estaria de 6 a 10 metros acima do atual, ao passo que 17 mil anos atrás, estaria cerca de 110 metros abaixo. Assim, o nível de base para a bacia oceânica do Atlântico adjacente ao território brasileiro, nos últimos 120 mil anos, teria variado, entre -110 e +10 metros. Também, nesse intervalo de tempo, as porções atualmente emersas e submersas da plataforma continental ora atuaram como área-fonte, ora como bacia. Este fato nada mais é que uma evidência de seu caráter de borda de bacia sedimentar.

No entanto, se considerarmos apenas o tempo atual, o nível de base é uma linha mais bem definida. Nessa escala temporal de análise, a planície litorânea torna-se área-fonte. E os sedimentos de praia atual possuiriam dois domínios de áreas-fontes: um primário, situado na serra e na escarpa, e outro secundário (com sedimentos preexistentes), localizado na planície litorânea.

9.3 Grãos que vêm de explosões vulcânicas: vulcanoclastos

O conceito de clasto abrange tanto o grão de quartzo provindo de um granito na área-fonte quanto o fragmento de lava incandescente lançado e consolidado no ar, durante uma explosão vulcânica, e o pedaço de rocha arrancado do próprio edifício vulcânico por esta explosão.

Para distinguir entre estes dois tipos de origem, ilustrados nos exemplos da figura 9.6, o sedimento transportado por força dos agentes da dinâmica externa da Terra, como correntes, geleiras e ventos recebe o nome de epiclasto (do grego *epí*, posição superior, superfície), enquanto o que teve participação essencial de fenômenos da dinâmica interna, manifestados sob a forma de explosão vulcânica, classifica-se como vulcanoclasto. Os vulcanoclastos derivados diretamente de pedaços de lava incandescente são chamados piroclastos (do grego *pyros*, fogo), enquanto os arrancados do próprio edifício vulcânico consolidado denominam-se autoclastos (do grego *autó*, próprio). Misturas viscosas e densas de partículas de lava incandescente contendo gases quentes podem descer edifício vulcânico abaixo como se fossem uma só massa plástica. As estruturas de fluxo e deformação dessa massa podem ficar preservadas no registro sedimentar pelo processo de resfriamento rápido (Figura 9.6b).

Figura 9.6 – Manifestação vulcânica e clastos dela derivados (vulcanoclastos). a) Aspecto da encosta do vulcão Capelinhos (ao fundo), ilha dos Açores, após uma explosão, coberto por piroclastos decimétricos (bombas) de formato irregular. b) Depósito de fluxo de massa piroclástico. c) Fragmento de rocha arrancado do próprio edifício vulcânico pela explosão (autoclasto), Argentina. Fotos: a: M. Hollunder; b: J. D. de Liz; c: Dr. Patrick, Fox Lane High School of the Bedford Central Schools, Westchester County, NY. Disponível em: <http://www.bedford.k12.ny.us/flhs/science/apes/geology/ischiapyro.jpg>.

9.4 Grãos que não vêm da montanha: intraclastos

O conceito de epiclasto não implica exigências quanto à distância de transporte desde a área-fonte. Tanto o grão de quartzo que atravessa milhares de quilômetros desde a área-fonte até a bacia, quanto a carapaça carbonática de foraminífero planctônico, que, após a morte do animal, tem apenas de decantar ao longo da espessura da coluna de água do mar para depositar-se, atendem à definição de epiclasto.

Assim ara distinguir entre estes dois tipos de origens de sedimentos epiclásticos, o sedimento transportado desde a área-fonte (externa à bacia, por definição) é chamado extraclasto, enquanto o transportado apenas dentro dos limites da bacia sedimentar denomina-se intraclasto.

Para detalhar a classificação dos sedimentos intraclásticos, deve-se observar se houve ou não influência de processos químicos e/ou biológicos na formação do material. Os intraclastos com influência desses processos incluem (figuras 9.7 e 9.8): bioclastos (fósseis), *pellets* (pelotilhas, restos mineralizados de excrementos fecais) e ooides (grãos esferoidais com estrutura interna concêntrica formada pela precipitação química de sucessivas camadas, em condição de água em movimento). Quando o grão possui estrutura concêntrica similar a do ooide, mas com origem bioinduzida indicada pela crenulação das suas camadas internas (ver item 9.5.1), recebe o nome de oncoide. Ooides e oncoides com núcleo interno visível são genericamente denominados grãos revestidos (figuras 9.7f e 9.8).

Os sedimentos intraclásticos sem influência de processos químico-biológicos correspondem a fragmentos ou torrões de depósitos preexistentes, retirados

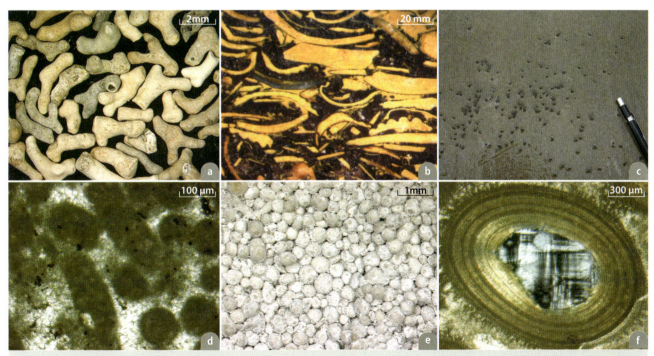

Figura 9.7 – Exemplos de intraclastos de origem química e/ou biogênica. a) Grânulos bioclásticos de praia da porção noroeste da ilha de São Tomé, Golfo da Guiné, África ocidental, constituídos essencialmente de fragmentos de algas calcárias vermelhas. Os grãos escuros na parte superior da imagem são de rocha vulcânica. Amostra coletada por José Manoel dos Reis. b) Calcário bioclástico silicificado da Índia, formado por fragmentos milimétricos de moluscos. c) Pelotilhas argilo-orgânicas sobre areia quartzosa da praia da Ilha Comprida (estado de São Paulo). Notar grande homogeneidade de forma e tamanho. d) Pelotilhas carbonáticas em calcário ordoviciano de Nevada (EUA). e) Ooides em calcário. Paleozoico da Pedreira Gobbo, região de Taguaí (estado de São Paulo). f) Ooide cenozoico de Itaboraí (estado do Rio de Janeiro), visto ao microscópio óptico. Notar estrutura interna concêntrica de crescimento possivelmente químico e núcleo de feldspato com geminação xadrez. Fotos: a, d, f: V. A. P. de Aguiar; b: A. S. Assato e P. C. F. Giannini; c: P. C. F. Giannini; e: A. P. B. Tanaka.

Capítulo 9 - Do grão à rocha sedimentar: erosão, deposição e diagênese

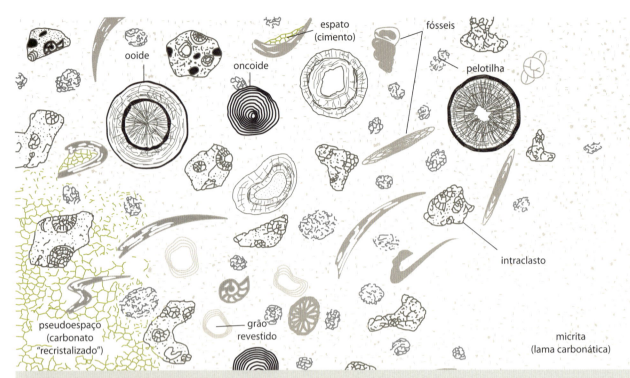

Figura 9.8 – Representação de uma seção delgada de rocha carbonática (calcário ou dolomito), conforme vista ao microscópio óptico, com os principais tipos de componentes deposicionais (grãos e matriz de lama carbonática – a micrita) e pós-deposicionais (cimento espático e pseudoespato). O desenho é idealizado porque raramente os diferentes tipos de grãos ocorrem juntos, em presença de lama carbonática.

Figura 9.9 – Exemplos de intraclastos de origem essencialmente física. a) Bolas de lama, provenientes da erosão das margens de canais de mangue, espalhadas sobre a praia de Peruíbe (estado de São Paulo), em janeiro de 1980. b) Torrões de areia provenientes da erosão, por torrente subaquosa, de depósito eólico situado abaixo. Holoceno do morro do Ji, Laguna (estado de Santa Catarina). c) Fragmentos alongados de arenito provenientes da erosão, por torrente subaquosa, de depósito eólico situado abaixo. Permo-Triássico da região de São Pedro (estado de São Paulo). d) Fragmento de folhelho siltoso (rocha de granulação fina, menor que 62 μm, foliada) arroxeado, pouco acima do contato de sua camada hospedeira (arenito esbranquiçado) sobre sua camada de origem; km 306 da rodovia BR-376, Permo-Triássico da região de Mauá da Serra (estado do Paraná). Fotos: P. C. F. Giannini.

mecanicamente do fundo da mesma bacia e redepositados, sem que haja hiato de tempo geológico significativo entre a deposição original do sedimento e sua redeposição (figuras 9.8 e 9.9). A distância de transporte, além de limitar-se às fronteiras da bacia sedimentar, é restrita ao máximo transporte que o intraclasto, por seu incipiente estágio de consolidação, consegue suportar, sem se desfazer. No exemplo mais típico e comum, os fragmentos são rudáceos (maiores que 2 mm), exibem forma reliquiar de estruturas sedimentares primárias, como polígonos de greta de dessecação de lama e estratos tabulares, e recobrem diretamente a própria camada que os forneceu (Figuras 9.9b-d).

9.5 Sedimentos que não são grãos: o transporte químico

A história de um grão sedimentar de quartzo, desde a área-fonte até a bacia, já foi abordada. No entanto, em sua trajetória de grão sedimentar, o quartzo pode ser acompanhado não só por grãos de outros minerais e rochas, mas também por íons transportados em solução.

O soluto possui origem e história bastante parecidas com as dos sedimentos, com a diferença de que seu transporte é químico, portanto sem envolver carreamento de material sólido. O destino final do soluto é igualmente a bacia sedimentar, onde parte dos íons pode se agrupar, adquirir o estado sólido e se transformar assim em sedimento. Isto amplia nosso conceito de sedimento. Além das partículas transportadas mecanicamente, sedimento inclui solutos precipitados dentro da bacia sedimentar, sem nenhum transporte físico. A transformação do soluto em sedimento pode ocorrer por pelo menos três modos diferentes: pela precipitação química, por exemplo em um evaporito (sais formados num mar restrito ou no solo por causa da taxa de evaporação maior que a de precipitação); pela ação direta de organismos vivos, por exemplo em uma carapaça de molusco ou em um recife de corais; ou pela precipitação química induzida pelo metabolismo de seres vivos, por exemplo em um carbonato precipitado em razão da redução de concentração de gás carbônico na água, absorvido na fotossíntese de algas ou bactérias.

O limite entre íon e partícula sólida e, por extensão, entre transporte químico e físico, não é absoluto. Entre um e outro, existe uma categoria intermediária de partícula ou complexo iônico, grossa e pesada demais para ter o comportamento de íon, e fina e leve demais para respeitar a ação das forças (peso, empuxo, atrito etc.) segundo as leis da física newtoniana. Em fluido estacionário (em repouso), em vez de decantar em movimento retilíneo uniforme, este tipo de partícula realiza um movimento aparentemente aleatório, denominado movimento browniano, que seria mais bem descrito pelas teorias da física do caos. Essas partículas que exibem comportamentos intermediários ou discrepantes de sólidos e íons recebem o nome de coloides. Os coloides constituem uma espécie de estado da matéria importante em sedimentologia, com características físicas muito próprias. Suas dimensões mínimas e máximas variam na dependência da composição química e das condições ambientais, mas o intervalo de 0,01 a 0,5 milésimo de milímetro pode ser considerado típico. Muitos dos compostos formados por processos químicos e biológicos em ambientes intempéricos e sedimentares precipitam-se originalmente sob a forma de coloides, com precário arranjo cristalino, podendo passar mais tarde a arranjos mais organizados e/ou cristais maiores. É o caso de alguns óxidos metálicos e da sílica (opala) presentes como cimento de rochas sedimentares ou do carbonato precipitado pela ação do metabolismo de algas e bactérias. A matéria orgânica nas águas de rios e lagos apresenta-se com frequência sob a forma coloidal e pode ser adsorvida por argilominerais (filossilicatos hidratados, como illita, esmectita e caolinita), esses também comumente coloidais.

9.5.1 Edifícios sedimentares biogênicos

Sedimentos que não são grãos podem ser depositados por processos químicos ou biológicos. No caso de processos biológicos, a sólida fundação ou ancoramento do depósito no substrato e o seu crescimento gradual *in situ*, afastando-se da superfície de fixação (de baixo para cima, no caso mais comum), permite compará-los com edifícios. Os edifícios podem ser bioconstruídos ou bioinduzidos. No primeiro caso, os organismos formadores constroem suas carapaças fixas a um substrato, onde são deixadas após sua morte. No segundo, os organismos provocam, por meio de seu metabolismo, mudanças químicas e/ou hidrodinâmicas que geram a deposição sedimentar de solutos.

Na categoria de edifícios bioconstruídos, os representantes clássicos são os recifes de corais e algas vermelhas. Esses dois tipos de organismos vivem em associação em edifícios marinhos, trocando oxigênio e gás carbônico necessários respectivamente para sua respiração e fotossíntese. O termo recife possui significado dependente do contexto de uso. No sentido mais abrangente e no

Figura 9.10 – Piscinas naturais com recifes e corais, na Quarta Praia, no Morro de São Paulo, Bahia, BA, Brasil, 2006. Foto: D. Moreira/SambaPhoto.

contexto náutico, refere-se a qualquer obstáculo natural à navegação, parcial ou totalmente submerso, localizado próximo à costa e constituído sobre o substrato (Figura 9.10). Assim, nem tudo o que se conhece como recife corresponde a bioconstruções de corais e algas. Parte dos recifes do Nordeste brasileiro, incluindo os da praia de Boa Viagem, no Recife (estado de Pernambuco), é formada por grãos cimentados e não por colônias de corais e algas. Recifes de corais e algas de formato circular podem formar-se no entorno de ilhas, muitas vezes de origem vulcânica. Recebem o nome de atol. No Brasil, um exemplo é o atol das Rocas (estado do Rio Grande do Norte).

Os edifícios sedimentares bioinduzidos são representados por construções calcárias, ou mais raramente fosfáticas, formadas pelo metabolismo fotossintetizante de micróbios (algas verdes-azuis, ou cianofícias, e cianobactérias), fixos ao substrato. São comumente laminados, em virtude da superposição de esteiras microbianas, quando recebem então a denominação de estromatólitos (do grego, *stroma*, laminação, e *lito*, rocha). Do ponto de vista químico, o mecanismo de bioindução de calcários pode ser entendido com base na equação química que relaciona as formas iônica e precipitada do carbonato (bicarbonato e carbonato):

$$Ca^{+2}(aq.) + HCO^{-1}(aq.) \rightleftharpoons CaCO_3\uparrow + CO_2\uparrow + H_2O \quad (1)$$

A retirada de qualquer componente desse sistema químico, em prejuízo de um dos lados da equação, é naturalmente compensado pelo deslocamento do equilíbrio para esse lado e pela reposição do componente consumido. Assim, a retirada de CO_2 pela alga ou cianobactéria desloca o equilíbrio (1) para a direita, repõe o gás carbônico consumido e favorece a precipitação de carbonato insolúvel ($CaCO_3$), sob a forma de calcita ou aragonita (dois minerais de estrutura cristalina diferente e mesma composição química). Deve-se ressaltar, no entanto, que a presença de carbonato nas construções estromatolíticas pode também ter uma componente mecânica, isto é, a retenção ou filtragem de partículas finas pelo tecido das esteiras microbianas.

A estratificação dos edifícios estromatolíticos é finamente ondulada (Figura 9.11). Ela é formada pela alternância regular paralela entre lâminas derivadas da própria esteira microbiana e lâminas do carbonato que as recobre (partículas precipitadas ou capturadas do meio aquoso circundante) (Figuras 9.11c, d). Em alguns casos, não existe preservação das lâminas formadas a partir da esteira, mas apenas de bolhas (poros) alinhadas, resultantes da liberação de gases durante a decomposição ou metabolismo dos micróbios recém-encobertos pelo carbonato. Esses poros alinham-se em meio ao carbonato, como as janelas (fenestras) de um prédio, daí a designação porosidade fenestral (Figura 9.11b).

Oncoides (Figura 9.8) são grãos carbonáticos, ou raramente fosfáticos ou silicosos, com estrutura interna concêntrica como a de um ooide (Figuras 9.7e e 9.8) e com laminação interna finamente ondulada como a de um estromatólito. São interpretados como resultantes da precipitação química sobre, ou bioinduzida por, micróbios existentes em torno de um núcleo clástico (visível ou não) em movimento na água. Os processos bioindutivos responsáveis por sua precipitação são similares aos envolvidos na formação de estromatólitos, exceto pelas condições de maior agitação das águas. Não podem, porém, ser chamados de estromatólitos porque não formam edifícios *in situ*, mas sim grãos (clastos).

9.5.2 Sedimentos químicos

Existem também sedimentos que não são grãos e que se supõem de origem inteiramente química (Figura 9.12). Os exemplos mais típicos referem-se aos produtos de evaporação de salmouras naturais (evaporitos), à precipitação ou concentração química residual nos horizontes superiores de solos (duricrostas ou duricretes) e a algumas precipitações calcárias em cavernas (espeleotemas; ver capítulo 7). As duricrostas consistem de crostas superficiais de sais ou óxidos e classificam-se conforme a composição química predominante em silcretes (sílica criptocristalina), ferricretes (óxidos e hidróxidos de ferro), calcretes ou caliches (carbonato de cálcio) etc. Podem formar-se por fluxo descendente ou ascendente (evaporítico) de água vadosa. Enquanto a formação de silcretes e

Figura 9.11 – Estromatólitos com esteiras planares horizontais. a, b) Metacalcário do neoproterozoico, aflorante na estrada entre Apiaí e Iporanga (estado de São Paulo). Em b, fotomicrografia à lupa, notar porosidade fenestral. c, d) Calcário cretáceo da Chapada do Araripe, no Ceará. Amostra coletada por Mario Luiz Assine. Fotomicrografias à lupa (c) e ao microscópio óptico de luz polarizada (d). Fotos: a: P. C. F. Giannini. b: V. A. P. de Aguiar. c: A. P. B. Tanaka e V. A. P. de Aguiar. d: A. S. Assato e P. C. F. Giannini.

ferricretes depende de intensa precipitação pluviométrica, o calcrete corresponde a produto típico de pedogênese evaporítica em condições áridas a semiáridas. Em desertos, os calcretes frequentemente associam-se a sais mais solúveis como o sulfato de cálcio (que também pode formar duricrostas, as sulfacretes) e vários cloretos (por exemplo, o NaCl ou halita, e o KCl, ou silvita). Estes sais, por diferentes razões, apresentam propensão para alternar fases de expansão e contração, na dependência da maior ou menor entrada de água no sistema, controlada por exemplo por chuvas eventuais ou marés. Nos cloretos, esta propensão está ligada a suas propriedades hidrófilas, com consequentes alterações de volume e viscosidade. No sulfato de cálcio, está relacionada à sua ocorrência sob duas mineralogias diferentes, a anidra (anidrita) e a hidratada (gipso). Em ambos os casos, a transformação recorrente de um sal mais úmido ou hidratado em outro mais seco ou anidro gera mudanças de volume no depósito, e as sucessivas contrações e expansões, associadas à força de cristalização, podem acarretar gretação poligonal (Figura 9.12a) e perturbação rúptil (lâminas soerguidas e rompidas; figura 9.12b) ou deformacional (dobras enterolíticas, isto é, em forma de intestino; figura 9.12d).

Figura 9.12 – Depósitos evaporíticos de cloretos, sulfatos e carbonatos. a) Salar de Uyuni, região árida do altiplano boliviano, com rachaduras (gretas) produzidas por expansão e contração. b) Halita superficial soerguida em forma de cabana e rompida por causa da força de cristalização. Costa noroeste do Golfo da Califórnia, Baja California, México. c) Sucessão de sulfacretes do Mioceno em Eraclea Minoa, Sicília, Itália. d) Dobras em forma de intestino (enterolíticas) em depósito de evaporito sulfático da Mina Pasquasia, Mioceno da Sicília, Itália: além do sulfato anidrita (preto), ocorrem os cloretos halita (branco) e silvita (laranja). Fotos: a: A. P. B. Tanaka; b: P. A. Scholle e c, d: C. Schreiber in: P. A. Scholle & N. P. James (eds.), 1995.

9.6 Como grão e fluido se relacionam?

Sedimento implica deposição. Deposição pressupõe ação da gravidade. Em função disso, a atração da gravidade (força-peso) é a variável física fundamental em todos os fenômenos de sedimentação.

A força da gravidade age sobre o volume ou a massa do sedimento e depende portanto da sua densidade (razão massa/volume). O empuxo de Arquimedes é outro tipo de força com mesma característica, só que, ao contrário do peso, dirigida para cima. Ela é igual ao peso do volume de fluido deslocado pelo grão nele imerso (parcial ou totalmente). A magnitude do empuxo é portanto diretamente proporcional à densidade do fluido. Assim, a força resultante da diferença entre peso e empuxo depende da densidade efetiva do grão (diferença de densidade entre grão e fluido) e determina o quanto e com que velocidade o grão afunda no fluido.

Outras forças passíveis de atuar nos sedimentos agem mais sobre sua área superficial do que sobre sua massa ou volume. Destacam-se entre elas a fricção (resultante do atrito entre grãos), a coesão (resultante da atração eletrostática ou eletroquímica superficial entre grãos), a força para cima produzida por turbulência, a tensão cisalhante (força que desloca massa no sentido de sua ação, como a que separa as cartas de um baralho sobre uma mesa) exercida pelo fluido em movimento sobre um grão, e sua força oposta (a resistência oferecida contra o fluido pelo grão) (Figura 9.13).

Assim como um fluido em movimento exerce tensão cisalhante sobre os grãos do leito sedimentar, um grão em movimento em meio ao fluido estacionário exerce tensão cisalhante sobre esse fluido. Esse, por sua vez, oferece resistência ao movimento do grão. A grandeza física que mede esta resistência é a viscosidade, definida como a tensão cisalhante necessária para produzir determinada deformação no fluido. Nos livros de física, o exemplo clássico de fluido viscoso (em comparação com a água) são os óleos. Na natureza dos fenômenos sedimentares, água e ar são os fluidos por excelência: não existem rios de azeite de oliva nem mares de glicerina. Mas isso não significa que não existam fluidos sedimentares tão ou mais viscosos de que os óleos. Basta que ocorra uma mistura concentrada de sedimento e água (em proporção volumétrica maior que 2:1), como em corridas de lama e areias movediças. Ao contrário do que ocorre com os óleos, a intensificação da viscosidade da mistura água/sedimento é quase sempre acompanhada de aumento de sua densidade e, portanto, do empuxo. Assim, as misturas concentradas de fluido e sedimento possuem várias propriedades que lhes são peculiares. Em primeiro lugar, a grande proximidade dos grãos aumenta a interação mútua entre eles por força do choque, do atrito e da atração eletroquímica e dificulta o movimento autônomo destes grãos. Em segundo lugar, qualquer grão maior (cascalho) que cair nessa mistura sofrerá grande resistência à decantação, não somente pela elevada viscosidade mas também pelo forte empuxo. Por outro lado, a mistura passa a comportar-se como se fosse ela mesma um fluido

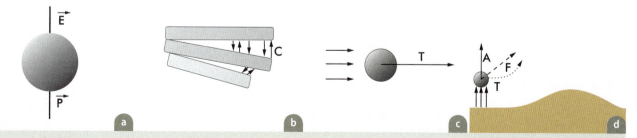

Figura 9.13 – Principais forças atuantes sobre grãos livres: a) força-peso (P) e sua reação, o empuxo (E); b) força de coesão (C) entre partículas; c) força de tensão cisalhante tangencial (T) exercida pelo fluido sobre o grão (e vice-versa); d) força ascendente (A), introduzida em virtude da turbulência gerada no fluido pela presença de um obstáculo.

(ou falso fluido) que, se movimentado pela gravidade, exercerá muito mais tensão cisalhante que a água ou o ar conseguiriam. Podem assim constituir uma forma de transporte capaz de vencer a ação do peso individual de grãos muito grandes. Por exemplo, um bloco (grão com dimensão máxima maior que 6,4 cm) impassível à passagem da água ou do vento pode ser facilmente transportado por um fluxo de lama de mesma velocidade.

As considerações anteriores sugerem que, do ponto de visto físico, há diferenças relevantes entre o transporte sedimentar pelas águas relativamente límpidas de um rio e pela massa viscosa de lama que desmorona numa encosta. A diferença reside na resposta deformacional (reológica) da mistura de grãos mais fluido em movimento. Reconhecem-se então, três tipos de comportamento reológico de fluxos sedimentares. Imagine-se o fluxo sedimentar caindo sobre um leito ou recipiente. Se ao cair, a mistura amolda-se imediatamente a esse leito ou recipiente, o comportamento é dito fluidal. Se não se amolda imediatamente, mas antes produz uma pilha com ângulo de repouso diferente de zero, o comportamento reológico do fluxo é dito plástico, dúctil ou pseudofluidal. Uma terceira possibilidade é a mistura não cair por inteiro, mas se partir e desprender em bocados, o que caracteriza o comportamento rúptil ou disjuntivo.

Estes três tipos de reologia de fluxo têm reflexo direto no modo como as forças atuam nos sedimentos. No comportamento fluidal, as forças responsáveis pelo transporte sedimentar, sejam elas peso e empuxo, seja a tensão cisalhante, atuam

sobre cada grão individualmente e os grãos apresentam suficiente liberdade de movimento em um fluido pouco viscoso. Fala-se em transporte de grãos livres. Na reologia plástica, as forças agem mais sobre a massa da mistura de grãos com fluido do que sobre grãos individuais, porque os grãos estão muito próximos uns dos outros, em alta concentração em relação ao fluido. Fala-se em transporte de massa. No comportamento rúptil, as forças geram ou manifestam-se através de superfícies de fraqueza.

Outra maneira de classificar os tipos de transporte sedimentar é quanto à origem inicial do fluxo. Se essa origem não é simplesmente a tensão exercida pelo movimento do fluido sobre os grãos, mas sim o efeito do peso ou do contraste de densidade da própria mistura de grãos mais fluido, o fluxo é dito gravitacional (em referência à ação direta da gravidade sobre a mistura) ou denso (em referência ao contraste de densidade). Todo fluxo de massa é gravitacional. Mas nem todo fluxo gravitacional é de massa, porque a diferença de densidade que desencadeia o transporte pode se dar entre uma massa fluidal de água "suja" (túrbida) e densa e o restante das águas mais límpidas e leves de um lago ou mar. A água túrbida começa assim a correr junto ao fundo do lago ou mar, independentemente do restante do corpo de água, no fenômeno conhecido como corrente de turbidez.

9.6.1 Mecanismos de transporte sedimentar de grãos livres

A característica essencial do transporte de grãos em meio pouco viscoso é que as forças agem predominante-

mente em grãos individualizados, separados uns dos outros. O comportamento dinâmico do grão, isto é, sua velocidade, trajetória e modo de deslocamento, é uma resposta direta às forças nele atuantes e reflete suas características individuais como forma, densidade, tamanho e rugosidade superficial. Enfim, nos fluidos pouco viscosos (ar, água), os grãos têm identidade própria. Como efeito, a corrente pode provocar uma seleção dos grãos no espaço, separando os grãos mais leves (menores e/ou menos densos e/ou de formato mais flutuável) dos mais pesados. Esta seleção portanto pode ser ao mesmo tempo de tamanho, forma e densidade.

Uma vez que a onda, vento ou corrente colocou a partícula em movimento, diminuem drasticamente os efeitos de coesão e atrito que eram exercidos sobre ela pelas demais partículas de fundo. Nessas condições, quanto menor a granulação do material, mais fácil é o seu transporte. Partículas de diferentes tamanhos podem apresentar velocidades e mecanismos de transporte individual diferentes. Os principais mecanismos são a suspensão, a saltação, o arraste e o rolamento. No fluxo não viscoso típico, estes mecanismos ocorrem de maneira predominantemente livre. A interação entre grãos vizinhos em movimento é pouco importante e não compromete a trajetória de modo essencial.

A suspensão é o carreamento ou sustentação do grão acima da interface sedimento/fluido (superfície deposicional). Ela pode ocorrer por uma ou mais entre três condições físicas: existência de turbulência, baixa densidade e comportamento coloidal. As duas últimas condições não requerem

Figura 9.14 – Produção de "carpete de tração" (camada, junto à interface deposicional, com alta concentração de grãos em movimento trativo), em condições de elevada relação entre energia (velocidade da corrente) e profundidade ou espessura. a) Na água, na zona de espraiamento da praia de Peruíbe (estado de São Paulo) b) No ar, na praia de Ibiraquera, Imbituba (estado de Santa Catarina). Fotos: P. C. F. Giannini.

movimento, podendo ser observadas mesmo em fluidos estacionários. As forças que mantêm o grão em suspensão, em cada uma destas situações, são, respectivamente, a força de ascensão hidráulica (ver figura 9.13d), o empuxo e a resultante do movimento browniano.

A saltação é a manutenção temporária do grão em suspensão (ver capítulo 12), em trajetória aproximadamente elíptica, entre seu desprendimento inicial e o impacto na interface fluido/sedimento ou entre dois impactos sucessivos. Durante o choque, o grão pode afetar algumas partículas da interface e provocar ricochete, uma forma de saltação induzida pelo impacto. A saída de grãos por ricochete cria um pequeno *deficit* local, marcado por irregularidade no leito e torna esta área mais exposta à tensão cisalhante e mais sujeita a novos lançamentos. Desse modo, o fenômeno da saltação possui capacidade de se automultiplicar e de gerar ondulações no leito sedimentar.

O arraste ou rastejamento é o deslocamento do grão subparalelo e rente à interface sedimento/fluido, em contato duradouro ou tangencial com esta interface. A exemplo do que ocorre na saltação, o contato ou aproximação com a interface pode afetar outros grãos. O rolamento é a rotação do grão em torno de um eixo, por sobre outros grãos da interface. É facilitado pelas formas esféricas e principalmente pelas cilíndricas e pelo tamanho relativo do grão (maior que a média do substrato).

O movimento dos grãos por arraste e rolamento é denominado tração (Figura 9.14). A tração pura, sem significativa saltação associada, gera superfície deposicional plana. A sucessão de superfícies planas gera estratificação plano-paralela.

Assim, se uma significativa proporção dos grãos em movimento é transportada por saltação, o leito resulta ondulado (ver figura 9.15). O comprimento de onda das formas de leito onduladas varia em função da energia envolvida no transporte sedimentar (por ondas, ventos ou correntes), da profundidade e da granulação. Desse modo existem desde marcas onduladas (Figuras 9.15 a, b), com comprimento de até poucos decímetros, até megaondulações, métricas a decamétricas (Figuras 9.15c, d), das quais as dunas de areia formadas pelo vento (dunas eólicas) constituem talvez o exemplo mais acessível à nossa observação. Sob a ação de ventos e correntes aquosas, o lado montante

Figura 9.15 – Formas de leito onduladas produzidas pela associação entre turbulência no fluido, com força resultante para cima, e saltação de grãos. a) Ondulações simétricas produzidas por ondas geradas por vento soprando sobre a água, Porto Seguro (estado da Bahia). b) Ondulações preservadas em laje de uma pedreira de calcário paleozoico em Taguaí (estado de São Paulo). c) Megaondulações e ondulações assimétricas produzidas por correntes, Ilhéus (estado da Bahia) d) Megaondulações produzidas por correntes no fundo do rio Amazonas, expostas durante a seca de 2005. Fotos: a, b, c: P. C. F. Giannini; d: *Folha de S.Paulo*, 8 de outubro de 2005.

da forma de leito ondulada fica mais exposto ao impacto e ao ricochete que o lado jusante. Com isso, o perfil da ondulação na direção do fluxo sedimentar resulta assimétrico, com flanco montante mais impactado e, portanto mais suave, e flanco jusante mais protegido e, portanto, mais abrupto.

A deposição predomina no flanco jusante e a erosão no flanco montante da forma de leito ondulada assimétrica. Com sua migração progressiva, empurrada pelo vento ou corrente, o que se preserva é apenas o flanco jusante, inclinado e íngreme em relação à horizontal. É por essa razão que, sob fluxo sedimentar contínuo e de mesmo rumo, a dinâmica de um conjunto de formas de leito onduladas dá origem a uma série de estratificações cruzadas (ver capítulo 12). Cada superfície de estratificação cruzada representa uma antiga frente ou flanco jusante da ondulação em movimento.

9.6.2 Mecanismos de transporte gravitacional

Do ponto de vista estritamente físico, os fluxos gravitacionais distinguem-se pelo objeto de atuação da força-peso (a mistura grãos/fluido). Do ponto de vista geológico, as três características mais comuns aos diferentes tipos de fluxos gravitacionais são: 1) a associação preferencial a declives, 2) a formação de depósitos, na base destes declives, com a morfologia de línguas (lobos) e/ou de leques, e 3) o caráter brusco, com dissipação de grande quantidade de energia e deslocamento de grande massa de sedimentos em tempo muito reduzido: de segundos a poucas horas.

Seis variedades principais de fluxos gravitacionais podem ser distintas quanto ao mecanismo de interação entre os grãos (Tabela 9.2): escorregamento, deslizamento, fluxo de massa friccional (granular), fluxo de massa coesivo (de lama), liquidificação e corrente de turbidez.

Tabela 9.2

REOLOGIA	TIPO DE PROCESSO GRAVITACIONAL	SUBTIPOS DE PROCESSO GRAVITACIONAL	MECANISMO DE INTERAÇÃO INTERGRANULAR E/OU GRÃO / FLUIDO (SUSTENTAÇÃO DO MOVIMENTO)	ESQUEMA DO MECANISMO DE INTERAÇÃO	ÂNGULO SUFICIENTE PARA DESENCADEAMENTO*	PRODUTO	RESULTADO
Rúptil ou disjuntiva	Queda de rocha ou queda de bloco (rockfall ou blockfall)		Vencimento do atrito, em fraturas ou na superfície de contato de clastos rudáceos, pelo peso.		25 a 35	Depósitos de blocos de rocha ou de olistólitos**, com tamanho crescente com a distância	
	Deslizamento / escorregamento (sliding / slumping)	Deslizamento (sliding)	Cisalhamento concentrado ao longo de superfícies planas de descontinuidade física		20 (água) a 30 (ar)	Falhas normais de alta encosta ou talude; olistólitos** tabulares deslizados (slide deposits)	
		Escorregamento (slumping)	Cisalhamento concentrado ao longo de superfícies curvas de descontinuidade física		20 (água) a 30 (ar)	Falhas lístricas e depósitos dobrados (slump folded deposits) de baixa encosta ou talude olistólitos** deformados	
Dúctil ou plástica (de massa)	Fluxo de detritos friccional ou de grãos (grain flow ou sand flow)		Pressão dispersiva (choque entre grãos) e peneiramento cinético		18 (água) a 25 (ar) para areia média a fina	Lentes delgadas de areia (espessura máxima subdecimétrica) com gradação inversa e empacotamento aberto	
	Fluxo de detritos coesivo ou de lama (cohesive debris flow ou mud flow)		Tensão interna (densidade / viscosidade) da matriz: empuxo e coesão		5	Depósitos rudáceos com organização incipiente	
	Acomodação de sedimentos liquidificados ou areias movediças (quick sands)	Acomodação de sedimentos liquefeitos (liquified flow)	Sobrepressão de poro, seguida de descenso (compactação) de grãos com deslocamento ascendente de fluidos intersticiais		0	Areias com aspecto maciço ou estruturas deformacionais caóticas (convoluções)	
		Acomodação de sedimentos fluidificados (fluidized flow)	Sobrepressão de poro, seguida de escape ascendente concentrado de fluidos		0	Areias com estrutura em pires (dish), tubos de escape de fluidos (pillar) e microvulcões	
Fluidal	Corrente de turbidez (turbidity current)		Turbulência fluidal, sob energia e concentração declinantes		0	Turbiditos: sucessões granodecrescentes, com tendência à repetição rítmica monótona	

*Este ângulo aumenta com a fricção ou coesão entre os grãos. Depende portanto da granulação, do teor de água e de lama, do grau de arredondamento, da presença de superfícies prévias de fraqueza, da energia de ativação do processo (fortes correntes, tempestades, sismos) etc. Os valores fornecidos são apenas para comparação de ordens de grandeza.

**Olistólitos são intraclastos rudáceos deslocados ou ressedimentados a pequena distância.

Tabela 9.2 – Principais tipos de fluxos gravitacionais, e suas características quanto a regime reológico (tipo de resposta mecânica da mistura grãos/fluido no momento em que o limiar de movimento é vencido), mecanismo de interação grãos/fluido, declive mínimo e depósito.

Fluxos gravitacionais rúpteis e de massa

Os fluxos gravitacionais rúpteis e de massa distinguem-se dos fluxos fluidais em geral pelo modo e intensidade de manifestação das forças que agem na superfície dos grãos (forte influência da coesão, da fricção ou do choque mútuo). O jogo de forças que controla o comportamento de cada grão em fluidos de viscosidade baixa está presente também aqui, só que aplicado a um conjunto de grãos, unido pela ação de forças de superfície (principalmente coesão e atrito). O limiar do movimento agora é dado pela oposição entre a somatória das forças de superfície (de resistência ao início do movimento) e a componente tangencial, cisalhante, da força-peso. Essa componente é tanto maior quanto mais acentuado for o declive do terreno, o que explica a mencionada associação preferencial dos processos gravitacionais de massa com encostas e taludes. Nessas condições de topografia, materiais inconsolidados como solos, acumulações sedimentares e aterros, podem manter-se durante muitos anos em equilíbrio instável, na delicada situação de resultante de forças próxima de zero, e, de um minuto para outro, movimentar-se declive abaixo com consequências catastróficas.

Mas o que provoca estes tipos de fluxo gravitacional? De acordo com a equação de forças citada, a componente cisalhante da força-peso deve ter superado as forças de resistência. Explicada assim, a *causa* do fluxo parece muito simples. E o cálculo vetorial das forças parece o suficiente para prever o destino de qualquer encosta. No entanto, à medida que se tenta um enfoque menos determinístico e mais geológico, dois fatos se observam. Em primeiro lugar, a encosta tem uma dinâmica incessante, e variáveis imponderáveis (por exemplo, um recorde histórico de pluviosidade ou um sismo acima da média local) podem surgir de uma hora para outra. Em segundo lugar, várias hipóteses podem ser formuladas, pois muitas variáveis controlam a força-peso e as forças de resistência atuantes na massa que se movimentou. Como em qualquer outro fenômeno geológico, as palavras causa e previsão são portanto apenas forças de expressão. Diferentes conjunções de variáveis podem conduzir ao mesmo efeito. Como consequência, as relações processo-produto não são únicas, como numa equação ou numa associação de causa e efeito. O enfoque geológico não explica por que o fenômeno ocorre, e sim como ele ocorre. Do mesmo modo, não consegue prever a ocorrência, mas sim apontar a localização de zonas de iminência de fluxo e o grau de risco de habitações e obras vizinhas.

Um exemplo das múltiplas possibilidades de desencadeamento de um fluxo gravitacional pode ser encontrado na figura 9.16, que reproduz uma notícia do jornal *Folha de S.Paulo* sobre as "causas prováveis" do movimento de terra de Barraginha, em Contagem, na Grande Belo Horizonte (MG). Com base em interpretações de geólogos, cinco fatores possíveis são evocados. É interessante notar como todos os fatores enumerados resumem-se, de uma forma ou de outra, em um desbalanço na equação de equilíbrio entre peso e forças de resistência. O primeiro fator, fortes chuvas, pode representar tanto um decréscimo nas forças de resistência, em virtude da perda de

Figura 9.16 – Notícia do jornal *Folha de S.Paulo* de 21 de março de 1992, destacando as "causas prováveis do soterramento" de Barraginha, em Contagem (estado de Minas Gerais). Fonte: *Folha de S.Paulo*.

coesão do solo, como um aumento da força-peso, provocado pela saturação intersticial. O segundo fator, obras no alto da encosta, também pode representar qualquer um dos lados da equação: o peso adicional exercido pelo maquinário ou a perda de coesão por trepidação. O terceiro fator, peso da estrutura recém-estabelecida no topo da encosta, refere-se explicitamente ao aumento da componente cisalhante da força-peso. O quarto fator, acúmulo de lixo e o quinto e último fator, existência de turfeiras, evocam a perda de coesão ao longo de pontos ou superfícies de fraqueza previamente definidos. Qualquer um dos fatores ou combinação entre eles pode ter desencadeado o escorregamento.

O exemplo deixa claro o quanto um conhecimento geológico básico pode explicar um fenômeno que faz parte de nosso dia a dia. E serve para ilustrar o papel social que a geologia desempenha ou, pelo menos, que virá a desempenhar a partir do momento em que o parecer do geólogo for solicitado para planejar a ocupação urbana e a construção civil, e não mais para avaliar as "causas" de um desastre já consumado. Este e outros acidentes similares não poderiam ter sido evitados se um investimento no conhecimento técnico-científico tivesse sido feito na hora certa?

Fluxos rúpteis: escorregamentos e deslizamentos

Escorregamentos e deslizamentos têm em comum o fato de que o movimento se dá essencialmente ao longo de uma superfície de fraqueza preexistente ou definida durante o início do processo. Nos escorregamentos, esta superfície é côncava, com a mistura sofrendo movimento rotacional sobre ela. Nos deslizamentos, ela é planar. O regime de forças distribui-se de tal modo que há distensão no topo do declive, com formação de planos de deslocamento subverticais (falhas normais; ver capítulo 16) e blocos escalonados (Figura 9.17), e compressão na base, onde a deposição se dá sob a forma de dobras recumbentes e brechas formadas por torrões de solo ou fragmentos de sedimento subconsolidado, às vezes métricos. Isto significa que a mistura grãos/fluido desloca-se declive abaixo como um bloco mais ou menos coerente e homogêneo, podendo perder parcialmente (Figura 9.18) ou não esta coerência durante sua deposição na base da encosta.

Figura 9.17 – Aterro em encosta, recém-afetado por escorregamento (Curitiba, estado do Paraná, março de 1993). Com planos de deslocamento subvertical. Notar o escalonamento de blocos de solo por falhas. Foto: P. C. F. Giannini.

Figura 9.18 – Escorregamento com depósito incoerente. Notar forma em meia-lua e escalonamento da cicatriz de escorregamento. Proximidades do km 33 da Rodovia SC-32 (Ituporanga – Alfredo Wagner), estado de Santa Catarina. Foto: P. C. F. Giannini.

Fluxos de massa friccionais e coesivos

A característica em comum dos fluxos de massa é o caráter plástico da mistura grãos/fluido, que se deforma e/ou se desloca como um falso fluido viscoso ou uma pasta (daí a palavra massa). Dependendo do mecanismo de interação entre os grãos e da granulação dominante, os fluxos de massa podem ser friccionais ou coesivos. Os fluxos friccionais ocorrem através do choque mútuo entre grãos de areia e, por isso, são também conhecidos como fluxos granulares. Os coesivos ocorrem na presença de silte e argila e são também denominados corridas de lama.

Fluxos granulares: o mistério dos torrões no açucareiro

O princípio físico do fluxo granular não é exclusivo de fenômenos sedimentares. Ele ocorre em processos bastante comuns no dia a dia. O fenômeno explica uma pergunta que se faz às vezes à mesa do café, diante de um açucareiro contendo açúcar levemente úmido e empedrado: por que os torrões de açúcar concentram-se de preferência no topo do açucareiro e não na base, como seria de esperar com base em sua relação de massa com os demais cristais de açúcar? E, ainda, por que a iniciativa de chacoalhar ligeiramente o açucareiro parece apenas agravar essa situação, fazendo emergir mais e mais torrões, em vez de escondê-los?

Uma pilha de açúcar despejada sobre um prato possui um ângulo natural de repouso. Se fornecermos uma energia adicional para o depósito, por exemplo, por meio de choques na lateral do prato, a pilha de açúcar se espalhará, passando a ângulos de repouso cada vez mais baixos. Nesse processo, muito provavelmente novos torrões emergirão. O espalhamento do açúcar visa a aquisição de um empacotamento mais aberto de cristais ou grãos de açúcar, compatível com o aumento de energia mecânica. E este empacotamento aberto é obtido por choques sucessivos, pilha abaixo, entre cristais e grãos vizinhos, tipo de interação intergranular típica do processo de fluxo de grãos.

O fluxo granular é um fluxo plástico com razão grãos/fluido elevada. O fluido pode ser água ou ar. O fluxo granular deposita lentes de areia com no máximo alguns centímetros de espessura. Sua ocorrência é importante em avalanchas na frente de dunas de areia no ar ou sob a água. Como o impacto entre grãos de areia é mais violento nos meios de menor viscosidade, os exemplos mais didáticos de fluxo granular encontram-se nas avalanchas de areia seca de frente de duna eólica.

O depósito de fluxo granular concentra-se na parte média do flanco

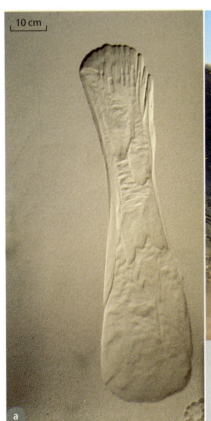

Figura 9.19 – Exemplos de fluxos gravitacionais em frentes de dunas da região de Jaguaruna-Laguna, estado de Santa Catarina. a) Fluxo granular clássico. A extensão da língua de areia é de aproximadamente 20 cm. b) Notar cicatrizes de escorregamento, produzidas por esforço distensivo, no alto da duna, e pequenas dobras, geradas por compressão, na porção basal. Fotos: P. C. F. Giannini.

protegido da duna, sob a forma de línguas de areia, individuais ou coalescidas (Figura 9.19a). No entanto, a morfologia exata dos depósitos de fluxo granular na frente da ondulação depende da coesão da areia, controlada pelo teor de umidade. Existe uma série contínua de processos gravitacionais em sedimentos eólicos, desde o membro extremo mais seco (Figura 9.19a) até o mais úmido (Figura 9.19b). A avalancha de areia úmida é muito similar a um escorregamento.

Quando a lama comanda o movimento: fluxos de lama

No fluxo de lama, a interação intergranular que garante o comportamento de fluxo gravitacional é dada pelo empuxo e pela coesão da matriz fina (lama: silte mais argila), densa e viscosa. Ela desempenha a função de ligante e lubrificante entre os grãos mais grossos. O fluxo ocorre por distância limitada (geralmente, até algumas centenas de metros) por causa do congelamento coesivo do movimento.

A densidade alta da matriz faz com que o empuxo sobre os grãos mais grossos seja intenso, o que dificulta seu afundamento na lama durante o transporte. A viscosidade acentuada inibe a turbulência e faz com que o fluxo seja laminar, isto é, ocorra em camadas independentes. As camadas da porção média superior, mais afastadas da zona de máxima fricção com o substrato, deslocam-se mais rapidamente e levam consigo os grãos mais grossos, cuja superfície exposta à tensão cisalhante é maior. Desse modo, a combinação dos efeitos de empuxo e viscosidade pode fazer com que apareça uma ligeira concentração de grãos grossos na parte média-superior do depósito de fluxo de lama (Figura 9.20). O aspecto pode ser de gradação inversa (aumento dos grossos para cima) sucedida de gradação normal, ambas porém mal definidas. Vários episódios de fluxo coesivo tendem a ocorrer num mesmo local. É possível reconhecer o registro desses sucessivos episódios pelas variações mais ou menos bruscas na concentração relativa de clastos grossos e de lama (Figura 9.21).

O lobo de fluxo de lama costuma apresentar um zoneamento interno também em planta (Figura 9.20). Denomina-se de diques marginais as zonas de concentração de clastos grossos, com baixa velocidade de deslocamento, por causa da maior fricção. O núcleo do lobo, visto tanto em planta como em seção transversal, é a zona de menor resistência ao movimento e de maior velocidade.

Os fluxos de lama são, muitas vezes, o resultado da evolução para jusante de depósitos de escorregamento incoerente, ocorrendo numa encosta (ver figura 9.21) ou no fundo de um mar ou lago. No caso de encostas, desempenham papel fundamental na sedimentação de leques aluviais. Em zonas submersas, fornecem sedimentos para a formação de correntes de turbidez em leques subaquosos.

Areias movediças: o fenômeno da liquidificação

A liquidificação é a passagem da matéria para um estado em que os grãos estão suspensos em seus próprios poros. Esse estado é atingido em areias fofas, encharcadas durante ou logo após a deposição, com os poros sob máxima pressão possível. A última condição corresponde à vibração mecânica sobre

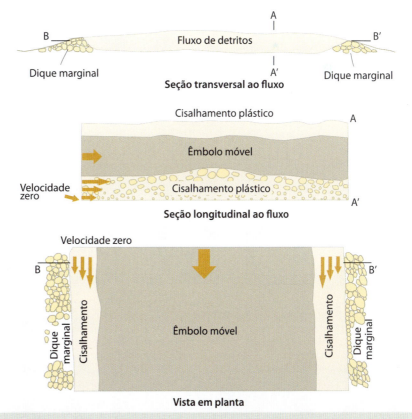

Figura 9.20 – Desenho esquemático de um fluxo de detritos coesivo (ou de lama), em cortes transversal e longitudinal e em planta. Fonte: Modificado de Fritz & Moore, 1988.

Capítulo 9 - Do grão à rocha sedimentar: erosão, deposição e diagênese

Figura 9.21 – Fluxos de massa coesivos: a) Cidade de Caraballeda, adjacente a Cordillera de la Costa, norte da Venezuela, parcialmente soterrada por sucessivos depósitos de fluxos de lama e enxurradas instantâneas em duas semanas diferentes do mês de dezembro de 1999. b) Depósitos cenozoicos de fluxos de lama em Iporanga, estado de São Paulo. As variações na concentração de lama e clastos grossos permitem separar diferentes episódios de fluxo coesivo. Fotos: a, b: Disponível em <http://www.passcal.nmt.edu/~bob/passcal/venezuela/ven002.htm>, c: P. C. F. Giannini.

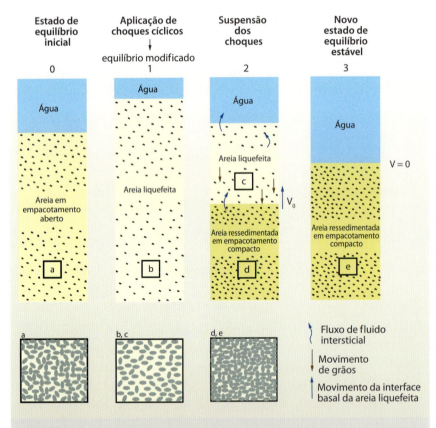

Figura 9.22 – Representação esquemática dos três principais estágios de evolução hidrodinâmica de um depósito sedimentar liquidificado: a) Equilíbrio instável: estado de fluidificação; b) Quebra do equilíbrio instável e início da ressedimentação: busca de um novo estado de equilíbrio; c) Final da ressedimentação: aquisição do equilíbrio estável. Fonte: Compilado de J. R. L. Allen (1964) e M. D. Leeder (1972).

a massa, suficiente para que cada grão fique separado de seu vizinho por um delgado filme de água (Figura 9.22).

O fenômeno da liquidificação é conhecido e até familiar para maioria de nós. A areia movediça (*quick sand*:

quadro 9.2) é um exemplo de sedimento no estado liquidificado. Saltitar seguidamente sobre uma areia de praia encharcada, na parte emersa da zona de espraiamento, pode liquidificar a areia (Figuras 9.23a, c). O estado liquidificado (Figura 9.22a) é mantido apenas enquanto durar a vibração mecânica que o introduziu. O caráter efêmero da liquidificação está ligado ao fato de que esse estado da matéria representa um estado de equilíbrio instável: como manter água sob um grão estático, mais pesado que ela? Seria o mesmo que desafiar a lei da gravidade.

Enquanto dura a vibração capaz de manter os grãos levemente afastados uns dos outros, a mistura sedimento/água permanece em empacotamento o mais aberto possível (Figura 9.22a). Em nossos exemplos, esta vibração pode ser representada pelo impacto repetido dos pés em movimento sobre a areia (Figura 9.23a). Uma vez suspensa a vibração mecânica, o estado liquidificado torna-se insustentável, e os grãos começam a afundar, enquanto a água é

Quadro 9.2 – Uma pessoa pode morrer na areia movediça?

Não é comum, ao contrário do que sugerem os filmes de ficção, que uma pessoa corra risco de morte ao cair em uma "poça" de areia movediça. Um acidente fatal desse tipo pressupõe uma espessura considerável e extremamente improvável de areia liquidificada. Caso contrário, a pessoa afunda apenas até encontrar uma camada sedimentar compacta sob a areia movediça. Mesmo que a camada de areia liquidificada seja espessa, por causa da menor densidade do corpo humano o empuxo vence a força-peso. Significa que, na pior das hipóteses, a cabeça, o tronco e os braços da pessoa ficam para fora da areia encharcada. Um animal quadrúpede tem mais dificuldades para sair e pode acabar morrendo de inanição.

Por outro lado, quando sismos ou vibrações associadas a vulcões fornecem a energia necessária para liquidificar sedimentos em encostas, as areias encharcadas ganham mobilidade (literalmente, passam a comportar-se como um líquido) e fluem violentamente encosta abaixo, podendo ter consequências catastróficas. Mas esse fenômeno já não é propriamente a areia movediça, e sim um desdobramento do estado liquidificado.

espremida e forçada a ascender, seja através dos poros intergranulares, seja confinada em tubos de escape (Figura 9.22b). Terminado o movimento dos grãos (Figura 9.22c), a água excedente terá se acumulado nas poças fabricadas pelas marcas de nossos pés ou nos arredores de pequenos vulcões de areia (Figuras 9.23b, d) formados naturalmente pelo extravasamento de tubos de escape.

Na natureza, o fator de vibração mecânica necessário para fluidificar a areia pode ser a turbulência exercida pela própria corrente que acaba de depositar a areia ou o pisoteio da areia pelo homem ou algum animal (Figuras 9.23a e 9.24a). No entanto, a passagem de geleiras e os sismos podem produzir efeito de intensa liquidificação, afetando espessuras consideráveis de sedimentos, por dezenas de quilômetros de distância (Figuras 9.23c, d e 9.24b).

Correntes de turbidez

As correntes de turbidez são misturas de água com sedimentos que se movem turbulentas junto ao fundo sedimentar, claramente distintas do corpo de água circundante (de um lago ou oceano). O movimento e a manutenção da corrente de turbidez junto ao fundo é atribuída à sua maior densidade em comparação com as águas arredores, em virtude da presença de partículas em suspensão.

A turbulência, e sua instável composição de forças com resultante para cima, são responsáveis pela capacidade de autossustentação das correntes de turbidez. Graças a essa capacidade, esse tipo de fluxo denso consegue percorrer distâncias de milhares de quilômetros antes de se dissipar. A autossustentação pode ser explicada do seguinte modo: uma vez iniciada, a corrente de turbidez erode o fundo sedimentar e coloca mais partículas em suspensão; o incremento da carga em suspensão eleva a viscosidade da corrente; mais viscosa, a corrente ganha maior poder erosivo e revolve ainda mais o fundo; esta erosão volta a elevar a viscosidade, que erode mais, e assim sucessivamente.

A formação de uma corrente de turbidez depende de que um estí-

Figura 9.23 – Areias movediças provocadas por pisoteamento, no litoral do estado de Santa Catarina (a, b), e por abalos sísmicos, no Japão (c). a) Fluidificação da areia de praia provocada por pisoteamento intenso na margem de um lago interdunas. b) Vulcões de areia centimétricos produzidos como resultado da quebra do estado de fluidificação, após a suspensão do pisoteamento. c) Efeito da fluidificação da areia sob uma estrada após o sismo de Hokkaido, em 1994. Fotos: a, b: P. C. F. Giannini; c: M. Yoshimine: disponíveis em <http://geot.civil.metro-u.ac.jp/archives/eq/>.

Figura 9.24 – Exemplos de depósitos arenosos com estruturas deformacionais típicas de liquidificação. a) Convoluções centimétricas em areias recentes da praia de Castelhanos, Ilha Bela (estado de São Paulo). b) Convoluções de amplitude métrica em arenito mesozoico no município de São Pedro (estado de São Paulo), possivelmente induzidas por sismo penecontemporâneo à deposição. Fotos: a: R. A. N. R. de Oliveira; b: P. C. F. Giannini.

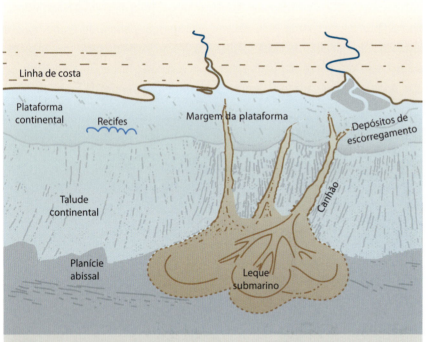

Figura 9.25 – Representação esquemática do sistema plataforma – talude – planície abissal, com a localização dos leques submarinos, formados em maior parte por depósitos de correntes de turbidez.

mulo inicial coloque sedimentos do fundo sedimentar em suspensão na água. O estímulo primário pode ser representado por um abalo sísmico, pela chegada abrupta de uma corrente de fundo com forte tensão cisalhante, pelo aporte e deposição rápida de grande quantidade de sedimentos ou pelos diferentes tipos possíveis de combinações entre estes fatores. Não por acaso, a ocorrência de correntes de turbidez de porte hoje em dia concentra-se no talude continental (Figura 9.25), onde a sismicidade e o declive acentuado estão presentes, defronte a zonas de intenso aporte sedimentar, como grandes deltas ou desembocaduras de rios alimentados por imensos sistemas de leques aluviais.

O conhecimento que hoje se dispõe sobre correntes de turbidez é relativamente recente e sua evolução histórica é um assunto interessante para quem aprecia estudar o processo das descobertas científicas. Como se trata de um fenômeno escondido no fundo de mares e lagos, muitas vezes a milhares de metros de profundidade, as primeiras referências científicas, datadas do início da década de 1950, foram feitas com base em indícios e suspeitas, sem observação direta do processo. Os indícios mais importantes foram as várias ocorrências de rompimentos sucessivos de cabos telegráficos submarinos, registrados no decorrer das duas décadas anteriores (Figura 9.26). Em cada uma dessas ocorrências, os cabos de determinada localidade rompiam-se sucessivamente das profundidades menores para as maiores, em questão de poucas horas e por uma distância, transversal à margem continental, de centenas de quilômetros. A ideia de que correntes de fundo densas e viscosas seriam responsáveis por esses rompimentos e pela deposição de areia e cascalho no fundo do mar chegou a ser considerada na época uma fantasia de geólogos de imaginação excessiva. Mas em questão de menos de dez anos converteu-se em importante paradigma da geologia sedimentar.

Do ponto de vista do transporte sedimentar, a corrente de turbidez é o tipo de fluxo gravitacional que possui mais pontos em comum com os fluxos de tração e suspensão livre. Isto se deve a sua elevada relação fluido/grãos, à reologia fluidal, o que pode garantir certa liberdade de movimento das partículas. A corrente é bipartida, isto é, formada ao mesmo tempo por um fluxo concentrado, rente ao leito sedimentar, e um fluxo diluído, mais afastado do fundo, os quais têm como ponto em comum a turbulência inicial (ver figura 9.27). Estes dois fluxos podem se propagar com diferentes velocidades e distribuições espaciais. O fluxo de fundo é especialmente importante nas porções proximais da corrente de turbidez, onde preenche cânions no talude e na parte superior dos leques subaquosos. Transporta sedimentos grossos por tração, carpetes de tração e corridas de sedimentos liquidificados e deposita, assim, areias cascalhosas com estratificação planar e areias com convoluções. Enquanto isso, o fluxo diluído deposita desde areia fina e silte por saltação, formando leitos ondulados, até argila por decantação (ver figura 9.28). Pode-se dizer, portan-

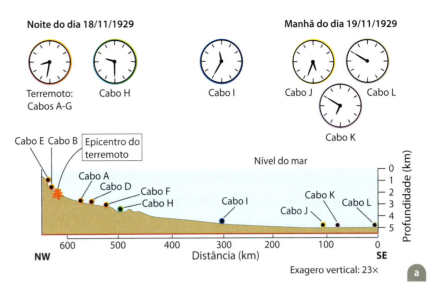

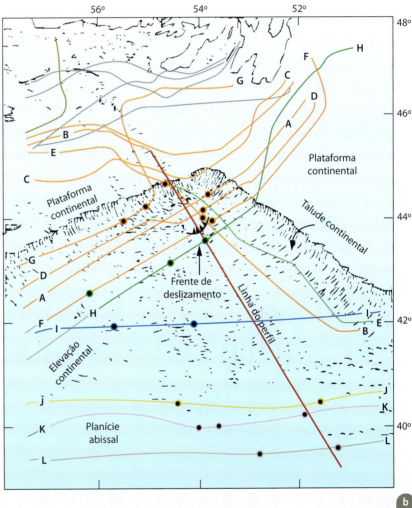

Figura 9.26 – Representação esquemática da distribuição dos doze cabos telegráficos submersos (A a L) de Newfoundland, Canadá, rompidos nos dias 18 e 19 de novembro de 1929, logo após a ocorrência de um sismo com epicentro na plataforma continental. Fenômenos como este levaram os geólogos a pensar na existência de correntes densas de fundo. a) Perfil transversal à margem da plataforma, com indicações dos horários de rompimento de cada cabo. b) Bloco-diagrama. Fonte: G. M. Friedman & J. E. Sanders, 1978.

to, que a corrente de turbidez é uma miscelânea de processos de tração e suspensão ocorrendo dentro de um fluxo gravitacional. A razão para que ela seja classificada como fluxo gravitacional é que sua própria existência e movimento são consequências de uma ação da gravidade sobre uma mistura grãos/fluido como um todo. Além disso, ela geralmente é um desencadeamento de escorregamentos e fluxos de massa subaquosos.

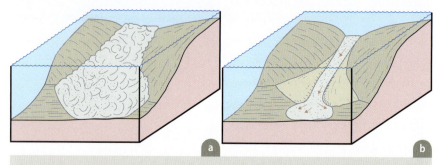

Figura 9.27 – Bipartição de uma corrente de turbidez: a) Corrente diluída, capaz de espalhar e depositar material fino em suspensão para além dos limites do cânion submarino. b) Corrente concentrada de fundo, capaz de transportar e depositar cascalho e areia, confinada a canais e lobos. Adaptado de G. M. Friedman & J. E. Sanders, 1978.

Figura 9.28 – Turbiditos proterozoicos entre Rio do Sul e Itajaí (estado de Santa Catarina), na altura do km 106,5 da rodovia SC-470, com espessa sucessão rítmica de arenitos e lutitos marinhos. a) Aspecto geral. b) Detalhe do afloramento. Notar contato brusco na base e transicional no topo das lâminas de arenito (litologia de coloração bege). Até o início do século XX, imaginava-se que areias marinhas só poderiam ser depositadas em águas rasas (sob ação de ondas e marés) e sucessões como esta eram atribuídas a repetidas oscilações de profundidade. A interpretação hoje mais aceita é a de que cada par de estratos foi formado pela passagem de uma corrente de turbidez. Fotos: P. C. F. Giannini.

9.7 Transformando sedimentos em rochas sedimentares

A história sedimentar não termina na deposição. Uma vez depositado, o material sedimentar, extra ou intraclástico, passa a responder às condições de um novo ambiente, o de soterramento.

Ao conjunto de transformações que o depósito sedimentar sofre após sua deposição, em resposta a estas novas condições, dá-se o nome de diagênese. Assim como o metamorfismo (ver capítulo 15), a diagênese é uma transformação em adaptação a novas condições físicas (pressão, temperatura) e químicas (Eh, pH, pressão de água). A diferença é que o material original aqui é exclusivamente sedimentar e que os processos de transformação não incluem recristalização no estado sólido, mas sim dissoluções e reprecipitações a partir das soluções aquosas existentes nos poros. Agentes e respostas diagenéticas podem envolver aspectos químicos, físicos e biológicos. O termo diagênese é portanto muito abrangente quanto à natureza dos processos. Se levada adiante, a diagênese pode conduzir à transformação do depósito sedimentar inconsolidado em rocha, só desagregável com uso de martelo. Este processo é conhecido como litificação (*lito*, do grego, rocha).

A diagênese começa no final da deposição e prossegue indefinidamente, não importa qual o grau de consolidação que o depósito sedimentar tenha atingido. Assim, a litificação do depósito é um dos aspectos possíveis da diagênese, mas não o seu processo essencial. Tampouco é necessariamente o seu estado último.

9.7.1 Processos e produtos diagenéticos

A diagênese é caracterizada por um conjunto de processos e por seus respectivos produtos. A importância de cada processo diagenético varia na dependência do estágio de soterramento e do tipo de rocha sedimentar, se intrabacinal (carbonática, mais comumente) ou extrabacinal (geralmente, dominada por quartzo, feldspato e fragmentos de rocha policristalinos). Os processos mais conhecidos são: 1. compactação, 2. dissolução, 3. cimentação, e 4. recristalização diagenética. Neste item, as principais feições diagenéticas produzidas por esses processos serão descritas e ilustradas. Nas ilustrações, uma legenda de cores distinguirá as feições mais típicas de rochas intrabacinais carbonáticas (em azul), das típicas de materiais extraclásticos (em verde). A cor preta será utilizada para representar as feições comuns a ambos os tipos de depósitos.

Compactação mecânica

A compactação diagenética pode ser mecânica ou química. A compactação química resulta do efeito de dissolução de minerais sob pressão e, por esta razão, será referida no subitem sobre dissolução.

Em escala de grãos, a compactação exclusivamente mecânica (sem envolvimento de dissolução química) abrange dois efeitos possíveis: a mudança no empacotamento intergranular e a quebra ou deformação de grãos individuais (Figura 9.29). O acúmulo de grãos rígidos aproximadamente esféricos, como resultado de processos deposicionais com baixa energia de impacto (queda ou avalancha de grãos na frente de formas de leito, por exemplo) produz um empacotamento aberto, em que os grãos dispõem-se no espaço tridimensional segundo arranjos próximos a cubos de faces centradas (Figura 9.29). Sob o efeito da compactação por soterramento, o empacotamento aberto dá lugar a um empacotamento fechado, de geometria romboédrica. Este efeito é comparável ao que exerceríamos ao tentar comprimir uma pilha de bolinhas de gude. Se os grãos não forem análogos a bolas de vidro, mas sim a folhas de jornal, uma redução expressiva de volume ocorrerá muito mais facilmente. O equivalente sedimentológico são os depósitos ricos em filossilicatos, mais comuns entre os depósitos argilosos. Uma porosidade inicial tão alta quanto 70%, encontrada em algumas argilas, poderá ser reduzida, via compactação mecânica, para menos que 15%. A compactação mecânica é portanto um fenômeno mais importante em rochas lutáceas que em arenáceas.

Em escala meso a macroscópica (escala de amostra de mão à de afloramento), um exemplo da diferença de compactação entre rochas arenáceas e lutáceas é a produção de dobras em diques clásticos de areia (ver figura 9.30). Os diques de areia são corpos tabulares, com dimensões geralmente centimétricas a submétricas, discordantes em relação a um estrato lutáceo hospedeiro. Eles são formados por sobrecarga ou por injeção de areias fluidificadas nos sedimentos lamíticos ainda moles (durante o estágio inicial da diagênese, conhecido como diagênese precoce). Após a fase de injeção, a lama hospedeira, submetida ao soterramento, passa a compactar-se mais rápida e intensamente que o corpo discordante de areia injetada. Este é forçado a deformar-se, para assimilar a redução de espessura sofrida pelo estrato de lama.

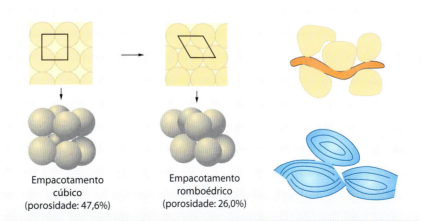

Figura 9.29 – Desenho esquemático de algumas mudanças introduzidas, em escala de grãos, por efeito de compactação mecânica: fechamento do empacotamento, deformação de grãos e quebra de ooides.

Figura 9.30 – Dique clástico de calciarenito muito fino, com dobras, em meio a lamito carbonático. Calcário mesozoico da bacia de Sergipe-Alagoas (estado de Sergipe). Foto: P. C. F. Giannini.

A quebra mecânica é uma feição microscópica de compactação comum em grãos de minerais duros, pouco maleáveis. O quartzo é mais propenso que o feldspato a formar rachaduras de compactação. A razão é que o feldspato, menos rígido, acomoda-se melhor que o quartzo à pressão mecânica. O caso extremo de assimilação de compactação mecânica, sem quebra, é exemplificado pelas micas (como outros filossilicatos, em geral). Por sua própria estrutura foliada, elas são extremamente flexíveis e amoldam-se aos grãos rígidos vizinhos (ver figura 9.29). Da mesma forma, fragmentos intraclásticos de pelitos (pedaços de lama arrancados do fundo sedimentar da própria bacia) podem ser amassados e introduzidos por grãos rígidos. Se a compactação mecânica for intensa, o clasto chega a ser espremido por entre os grãos.

No caso dos grãos carbonáticos, dissolução e cimentação são fenômenos muito mais importantes que a compactação mecânica, dada a facilidade com que o carbonato se dissolve e se reprecipita, em comparação com o quartzo e o feldspato. Ainda assim, efeitos de compactação mecânica podem ser observados em grãos constituintes de rochas calcárias. O exemplo clássico é o dos ooides (esferoides carbonáticos concêntricos) amassados e com lamelas desmanteladas (Figura 9.29).

Dissolução e compactação química

A dissolução diagenética pode ocorrer sem ou com efeito significativo da pressão de soterramento. A dissolução sem pressão ocorre apenas pelo efeito da percolação de soluções pós-deposicionais, ainda na diagênese precoce. Os minerais suscetíveis ao caráter químico da água intersticial (comumente alcalina) são corroídos ou dissolvidos totalmente. Olivina, piroxênios, anfibólios e feldspatos, por terem comportamento invariavelmente instável nas condições superficiais, são os minerais mais frequentemente afetados. Como efeito, exibem terminações denteadas e sulcos ao longo das direções de intersecção de clivagem ou de geminações (Figura 9.31). Essas feições têm sido descritas mesmo em sedimentos submetidos a pouco tempo de diagênese, como em areias pleistocênicas e holocênicas.

A dissolução sob pressão ou compactação química produz dois tipos principais de feições. Em escala de observação de grãos, afeta a morfologia de contato (Figura 9.32), que passa de tipicamente pontual, na diagênese precoce, para planar, côncavo-convexo e suturado, com o efeito crescente do soterramento. A mudança do tipo de contato intergranular reflete a interpenetração gradual dos grãos submetidos a lenta dissolução sob pressão. Em escala meso a macroscópica, a compactação química gera estruturas sedimentares de interpenetração parecidas com os contatos suturados. Entre estas estruturas, destacam-se superfícies cuja geometria em corte transversal lembra o registro de um eletroencefalograma, feição esta denominada estilólito.

Cimentação

A cimentação é a precipitação química de minerais a partir dos íons em solução na água intersticial. Sob esse aspecto, ocorre em conjunto com o processo da dissolução, pelo qual a concentração iônica da água é gradualmente aumentada. Quanto à composição química, os cimentos mais comuns em rochas sedimentares são os silicosos (quartzo, calcedônia, quartzina e opala), os carbonáticos (calcita, calcita ferrosa, ankerita e siderita), os férricos e ferrosos (pirita, marcassita, goethita, hematita) e os aluminossilicáticos (argilominerais como clorita, caolinita, ilita e esmectita). A precipitação química do cimento depende de sua insolubilidade no ambiente geoquímico intersticial. Como o ambiente intersticial pode variar de um ponto a outro de uma mesma rocha, na dependência de sua composição, porosidade, permeabilidade etc., a cimentação pode ocorrer apenas localmente. O nódulo é uma concentração localizada e bem definida de cimento, criando uma zona visivelmente diferenciada dentro da rocha (Figura 9.33). Ele pode exibir estrutura concêntrica, devida à cristalização gradual do cimento a partir de um núcleo de germinação, e então recebe o nome de concreção. Os nódulos e concreções são estruturas sedimentares tipicamente diagenéticas.

Recristalização diagenética

O termo composto recristalização diagenética designa a modificação da mineralogia e textura cristalina de componentes sedimentares pela ação de soluções intersticiais em condições de soterramento. O efeito da recristalização

Figura 9.31 – Feições de dissolução em grãos de arenitos fanerozoicos da bacia do Paraná, observadas ao microscópio. a) Denteamento (crista-de-galo) paralelo a linhas de clivagem em estaurolita. Esta feição pode ser originada tanto por intemperismo, em zona insaturada em água (vadosa) como no soterramento sedimentar em zona saturada. b) Alvéolos ao longo de geminações ou clivagens de feldspato. Os grãos possuem aproximadamente 0,2 mm de eixo maior. Os poros da rocha foram previamente preenchidos com resina azul. Fotomicrografias: a: E. K. Mori; b: A. M. Góes e A. M. Coimbra.

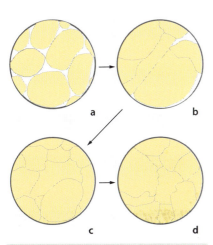

Figura 9.32 – Representação esquemática da evolução dos tipos de contato entre grãos terrígenos, durante a diagênese.

Figura 9.33 – Nódulos, associados a cimentação carbonática, em rochas da bacia do Paraná (Formação Teresina). a) Nódulo métrico de carbonato de cálcio em meio a siltitos laminados. Afloramento da serra do Rio do Rastro (Orleans - São Joaquim, estado de Santa Catarina), local onde foi definida a primeira proposta de coluna estratigráfica para essa bacia (Coluna White). b) Nódulo esférico extraído de calcário oolítico em Taguaí (estado de São Paulo). Fotos: a: P. C. F. Giannini; b: A. M. Coimbra.

diagenética é particularmente evidente em clastos carbonáticos (ooides, bioclastos e pelotilhas). Dois tipos de modificações são mais comuns (Figura 9.34). O primeiro é a transformação de aragonita em calcita, dois polimorfos de carbonato de cálcio. Como não ocorre nenhuma mudança essencial de composição química, mas apenas de estrutura cristalina e, consequentemente, de forma dos microcristais, este tipo de recristalização diagenética é denominado neomorfismo (em alusão a nova forma). O segundo tipo de modificação é a transformação do carbonato (aragonita e/ou calcita) em sílica. Aqui, a composição química é drasticamente modificada e o fenômeno recebe o nome de substituição. A substituição de carbonato por sílica é amplamente documentada no registro sedimentar, não somente em grãos intraclásticos como em calcários biogênicos e químicos e em nódulos e cimentos carbonáticos em geral. Isto se deve aó fato de que sílica e carbonato possuem comportamentos geoquímicos diametralmente opostos. A dissolução de um implica condições favoráveis para a precipitação do outro.

9.7.2 Componentes de rochas sedimentares

Os processos diagenéticos modificam a textura e mineralogia dos grãos, alteram a forma e a taxa de porosidade e criam novos componentes mineralógicos (minerais autigênicos ou autígenos), sob a forma de cimentos. Desse modo, uma rocha ou depósito sedimentar pode ser dividido em dois grupos de componentes: os que já existiam na deposição e os surgidos durante a diagênese (Figura 9.35). Chamaremos os primeiros de deposicionais (primários) e os últimos de diagenéticos (secundários).

Componentes deposicionais: arcabouço, matriz e poros originais

Os componentes deposicionais de um agregado sedimentar (rocha ou depósito sedimentar inconsolidado) são três: o arcabouço, a matriz e a porosidade primária. O arcabouço corresponde à fração clástica principal (que dá nome à rocha ou depósito) e às frações mais grossas que esta (Figura 9.36). Num arenito, por exemplo, o arcabouço são os grãos de tamanho areia (0,062 a 2 mm) e eventuais clastos na granulação cascalho (> 2 mm).

O material clástico mais fino compõe a matriz (Figura 9.35). No exemplo do arenito, a matriz seria constituída pelos grãos menores que 0,062 mm, ou seja, grãos de silte e de argila. O comportamento das granulações que compõem a matriz depende da viscosidade do transporte. Fluxos de lama e escorregamentos transportam e depositam conjuntamente frações síltico-argilosas e areno-rudáceas O transporte trativo, em contraste, coloca a argila e o silte fino em suspensão, evitando que eles se depositem junto às frações areia e cascalho. A presença significativa de matriz lamosa seria portanto um traço preferencial de depósitos de fluxos gravitacionais.

Os poros têm importância em geologia do petróleo, pois representam conduto e receptáculo para os hidrocarbonetos. Outra importância da análise dos poros, esta com um campo ainda mais vasto a explorar, reside no estudo de vulnerabilidade de aquíferos (ver capítulo 17).

A porosidade primária refere-se ao volume, à geometria e à distribuição de poros que o agregado sedimentar tinha no momento de deposição. É importante ressaltar que se trata de uma feição efêmera, facilmente modificável pelo soterramento, portanto e, raramente observável no produto sedimentar final. Assim, a porosidade primária é muito mais frequente como um conceito do que como feição descritiva concreta. Curiosamente, a distribuição e geometria da porosidade primária só se preserva numa rocha sedimentar quando é imediatamente preenchida por cimento (e, portanto, quando deixa de se tornar vazio, a rigor). Ela é então reconhecida pelo grande volume dos interstícios preenchidos, associado a empacotamento aberto do arcabouço. Nesse caso, o cimento que a preenche é interpretado como precoce (Figura 9.36). Ele deve ter se formado no início da dia-

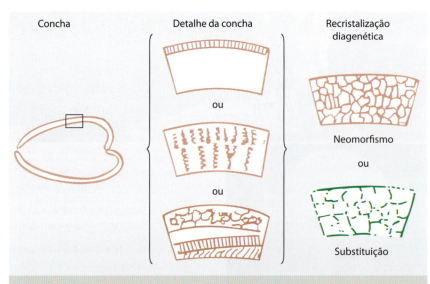

Figura 9.34 – Representação esquemática de dois tipos possíveis de recristalização diagenética de carapaças carbonáticas de pelecípodo: neomorfismo e substituição. Fonte: Simplificado de T. P. Scoffin, 1987.

gênese, logo após a deposição, restringindo a compactação.

Componentes diagenéticos: cimento e porosidade secundária

Os processos diagenéticos incluem dissolução e fragmentação, o que equivale a criar poros. Por outro lado, a diagênese é igualmente capaz de fechar poros, seja por compactação, seja pela precipitação de minerais sob a forma de cimento. Desse modo, os principais componentes introduzidos num agregado sedimentar por diagênese são a porosidade secundária e o cimento (ver figuras 9.35 e 9.36).

A porosidade secundária resulta da interação química do arcabouço e da matriz com a água intersticial, favorecida ou não pelas condições diagenéticas de temperatura e pressão.

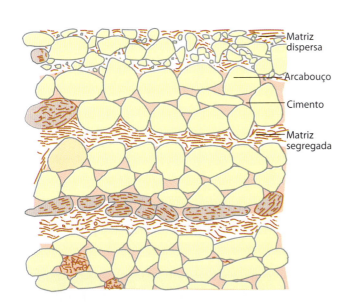

Figura 9.35 – Representação genérica de rochas sedimentares, com indicação de seus componentes principais. Adaptado de M. D. Wilson & E. D. Pittman, 1977.

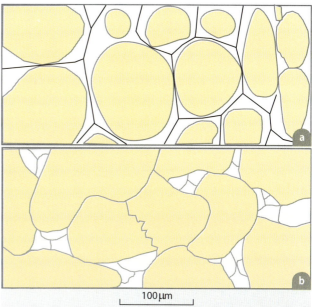

Figura 9.36 – Desenho esquemático comparando duas distribuições de cimento de quartzo em um arenito: a) é típica de cimentação de porosidade primária (cimentação precoce), e b) de cimentação de porosidade secundária (cimentação tardia).

9.8 Importância da geologia sedimentar

A importância das matérias-primas sedimentares no cotidiano das civilizações expressa-se em sua influência histórica na linguagem e nos costumes. Até hoje, ninguém consegue pensar em sala de aula, por exemplo, sem se lembrar de giz, lousa e caderno.

O giz era originalmente obtido a partir de rochas calcárias finas, pulverulentas, que deixavam um traço esbranquiçado quando riscadas sobre uma rocha mais dura e lisa. A rocha dura e lisa sobre a qual se escrevia nas salas de aula pelo menos até meados do século XX era o folhelho ou a ardósia. Posteriormente, a rocha foi substituída pelo cimento pintado, mas a cor da pintura continuou imitando o verde-escuro ou o preto característicos dos folhelhos, de onde surgiu a denominação quadro-negro.

No caderno, a participação da matéria-prima geológica é mais sutil, mas nem por isso menos visível e clara, no sentido literal destas duas palavras. Isto porque a substância utilizada para clarear o papel é a caolinita, um argilomineral, na maioria dos casos oriundo de depósitos sedimentares. Os depósitos de caolinita consistem geralmente de argilas esbranquiçadas. No entanto, nem toda argila branca é pura ou mesmo suficientemente rica em caolinita, para poder ser explorada economicamente na indústria de papel. Outros argilominerais podem estar presentes, com propriedades indesejáveis.

O emprego dos argilominerais é assunto suficiente para um livro. Um livro, aliás, que ganha páginas novas a cada dia: a tecnologia de argilas é um dos ramos da geologia aplicada que mais cresce, com perspectivas de tornar-se o principal recurso mineral do século XXI, ao lado da água subterrânea e do petróleo. Isto deve-se principalmente ao desenvolvimento das cerâmicas especiais, com propriedades específicas de condutividade e densidade que lhe conferem aplicações tecnológicas na indústria eletrônica, na construção civil e na engenharia aeronáutica. Mas deve-se também aos usos mais simples porém pouco conhecidos das argilas em nosso dia-a-dia: por exemplo, na fabricação de sabões em pó e remédios, na limpeza de peles e couros de animais em curtumes e no enchimento de vasos sanitários para gatos domésticos.

Pisos em jardins, terraços e calçadas de dezenas de milhares de casas e edifícios brasileiros são revestidos por uma pedra cinza-escuro, conhecida comercialmente como ardósia, mas que, na maioria dos casos, é um folhelho intercalado em laminação rítmica com siltito. As pedreiras de onde provêm este ritmito concentram-se hoje na região leste do estado de Santa Catarina (Figura 9.37). No passado, houve pedreiras importantes da mesma rocha na região de Itu (estado de São Paulo). Uma delas, desativada, foi transformada em parque turístico (o *Parque do Varvito*). Se prestarmos atenção a estes pisos de ritmito, encontraremos em sua superfície marcas onduladas, produzidas por correntes, e pistas deixadas por pequenos animais (possivelmente artrópodos).

O uso como pedra de revestimento e de construção envolve também os outros dois tipos principais de rochas sedimentares: arenitos e calcários. Arenitos róseos e amarelados constituem exemplo de pedra de revestimento muito utilizada nas casas e edifícios do Brasil, principalmente nas regiões Sul e Sudeste. As variedades silicificadas (isto é, com cimento de sílica entre os grãos de areia) são as mais apreciadas, por causa de sua resistência e coesão (Figura 9.38). Estas rochas provêm principalmente de uma unidade estratigráfica da bacia do Paraná, a Formação Botucatu, que corresponde a dunas eólicas do início do Cretáceo (cerca de 135 milhões de anos) e aflora em vários estados do Sul-Sudeste do Brasil. Em Araraquara (estado de São Paulo), por exemplo, várias calçadas são feitas de arenito, algumas delas com surpreendentes pegadas de pequenos dinossauros e de mamíferos (Figuras 9.38b, c)!

A importância dos calcários como rocha de construção e revestimento remonta aos monumentos pré-históri-

Figura 9.37 – Pedreira de ritmito em Rio do Sul, Santa Catarina. Foto: S. F. Nomura.

Figura 9.38 – Exemplos de extração e utilização de arenito silicificado da Formação Botucatu (bacia do Paraná). a) Frente de lavra em pedreira da região de Ribeirão Claro (estado do Paraná). Notar a presença de marcas onduladas, produzidas pelo vento que soprou no deserto há mais de 130 milhões de anos! b) Arenito com pegada de dinossauro encontrado na Pedreira do Ouro, em Araraquara (estado de São Paulo). Amostra da sede local do DAEE. c) Laje de arenito utilizado em calçamento no bairro da Lapa, cidade de São Paulo, com pegadas de possíveis mamíferos. Fotos: P. C. F. Giannini.

cos e históricos (ver figura 9.39), desde os sambaquis (montes de conchas de moluscos construídos pelo homem pré-histórico), até os vários edifícios das civilizações gregas e romanas, passando pelas pirâmides do Egito. A famosa esfinge também é constituída de calcário, ainda que não seja propriamente uma construção. Trata-se de uma rocha calcária esculpida e escavada *in situ:* cabeça, pescoço e tronco da esfinge correspondem a três estratos sedimentares, com resistências e aspectos diferentes.

O fato de os monumentos de calcário da Europa, do Egito e do Oriente Médio fazerem-nos pensar imediatamente em coisa velha, não só na idade, mas no aspecto, tem uma parcela de fundamento geológico. Refere-se à solubilidade e fragilidade física do calcário, evidenciada pela exposição, durante séculos, ao uso e às intempéries. Talvez por isso, nas últimas décadas, os calcários vêm ganhando preferência no revestimento de ambientes internos, além do fato de as tonalidades claras, dominantes nesse tipo de rocha, ajudarem a refletir a luz e a iluminar esses ambientes. Daí seu uso,

como norma, em pisos e paredes de grandes *shopping centers*.

Retornando à casa como exemplo de uso de materiais sedimentares, encontraremos o próprio concreto, em que a areia é um dos ingredientes principais. O consumo da areia em construção civil cresce na proporção da expansão dos centros urbanos. Assim, não há grande cidade no país que não disponha de uma dezena de lavras desse material, também conhecidas como portos de areia.

A areia, se de composição quartzosa, é também uma das matérias-primas preferidas pelas indústrias de vidro, abrasivos e moldes de fundição. Embora os quartzitos (arenitos metamorfisados) sejam mais puros em quartzo, a exploração de arenitos e areias (Figura 9.40) têm como vantagem a facilidade de desagregação (o que significa economia de energia e tempo).

Os materiais sedimentares são ainda importantes fornecedores de minerais de minérios metálicos e de gemas. A cena do garimpeiro concentrando ouro ou diamante nas águas de um rio, com auxílio de uma bateia, é o exemplo clássico desse tipo de extração. Não é raro depararmos com uma película de areia de cor diferenciada concentrada na parte alta de uma praia (Figuras 9.41 e 9.42), no banco de um rio meandrante ou no flanco de uma duna. Trata-se de concentrações superficiais de minerais pesados, pela atuação hidro ou aerodinâmica de agentes sedimentares naturais. Estas concentrações, denominadas

Figura 9.39 – Exemplos de construções feitas com sedimentos ou rochas carbonáticas bioclásticas: a) Sambaqui de Garopaba do Sul (estado de Santa Catarina), construído por volta de 4 mil anos atrás. b) Ruínas da cidade de Conímbriga, Portugal, da época do Império Romano (século I). c) Detalhe da parede de castelo do século XIII, em Oxford, Inglaterra. Fotos: P. C. F. Giannini.

pláceres, constituem uma das fontes principais de extração da maioria dos minérios metálicos e preciosos, entre os quais: ouro, ilmenita (minério de titânio), cassiterita (minério de estanho), diamante, coríndon (nas suas variedades gemológicas rubi e safira), crisoberilo (na sua variedade gemológica alexandrita), topázio, monazita (fosfato de terras raras empregado em reações nucleares) e granada (mineral semiprecioso, também usado como abrasivo). O mineral que predomina e confere cor negra à maioria dos depósitos de plácer é a ilmenita (Figura 9.42). No entanto, conhecem-se pláceres com diferentes colorações, de acordo com o mineral dominante. Os pláceres de areia rósea de algumas praias de Armação de Búzios (estado do Rio de Janeiro) devem sua cor à alta concentração de granada (Figura 9.42), enquanto os de areia amarelada de Guarapari (estado do Espírito Santo) são ricos em monazita.

Figura 9.40 – Extração de areia para construção civil no estado de São Paulo, por desmonte hidráulico (arenitos mesozoicos da bacia do Paraná Formação Piramboia), em Analândia. Foto: P. C. F. Giannini.

Figura 9.42 – a) Praia do Forno, em Armação de Búzios (estado do Rio de Janeiro). A cor rósea das areias deve-se à elevada concentração de granada. b) (à lupa), proveniente dos biotita-granada xistos que circundam a praia. Foto a: P. C. F. Giannini. Fotomicrografia b: V. A. P. de Aguiar.

Figura 9.41 – Concentração natural de minerais pesados escuros em praia do sul da Bahia. O teor de minerais pesados nas areias da superfície desta praia varia com a energia das ondas. Foto: A. M. Coimbra e L. A. P. de Souza.

Leitura recomendada

ADAMS, A. E.; MCKENZIE, W. S.; GUILFORD, C. *Atlas of sedimentary rocks under the Microscope*. Harlow: Longman, 1984. 104 p.

COLLINSON, J. D.; THOMPSON, D. B. *Sedimentary structures*. London: Allen & Unwin, 1982. 194 p.

FRITZ, W. J.; MOORE, J. N. *Basics of physical stratigraphy and sedimentology*. New York: John Wiley & Sons, 1988. 371 p.

LEEDER, M. R. *Sedimentology; process and products*. London: George Allen & Unvin, 1982. 344 p.

PETTIJOHN, F. J.; POTTER, P. E. *Atlas and glossary of primary sedimentary structures*. Berlim: Springer-Verlag, 1964. 370 p.

SUGUIO, K. *Geologia sedimentar*. São Paulo: Edgard Blücher, 2003. 400 p.

TUCKER, M. E. *Sedimentary petrology*. 3 ed., Oxford: Blackwell Science. 2001. 252 p.

WALKER, R. G. (Ed.). *Facies models*. 2 ed., Ontario: Geoscience Canada, 1986. 317 p. (Reprint Series, 1).

10 Geologia e a descoberta da magnitude do tempo
Thomas Rich Fairchild
Wilson Teixeira
Marly Babinski

11 Processos fluviais e lacustres e seus registros
Claudio Riccomini
Renato Paes de Almeida
Paulo César Fonseca Giannini
Fernando Mancini

12 Processos eólicos e produtos sedimentares
Joel Barbujiani Sígolo

13 Gelo sobre a Terra: processos e produtos
Antonio Carlos Rocha-Campos
Paulo Roberto dos Santos

14 Processos oceânicos e produtos sedimentares
Moysés Gonsalez Tessler
Michel Michaelovitch de Mahiques

15 Metamorfismo: processos e produtos
Excelso Ruberti
Gergely Andres Julio Szabó
Rômulo Machado

16 Deformação de rochas: estruturas e processos
Marcos Egydio Silva
Rômulo Machado

unidade 3

Fotos: Natalia Bratslavsky / dreamstime

Capítulo 10
Geologia e a descoberta da magnitude do tempo

Thomas Rich Fairchild, Wilson Teixeira, Marly Babinski

Sumário

- 10.1 O conceito de tempo e como surgiu a Geologia
- 10.2 Espionando o abismo temporal
- 10.3 Tentativas de quantificar o tempo geológico
- 10.4 Datação absoluta
- 10.5 A aferição da escala do tempo geológico
- 10.6 O homem e o tempo geológico

"Chove chuva, chove sem parar..." diz a famosa canção. As gotas pingam lentamente na janela enquanto observo através da chuva fina, o Pão de Açúcar e o Corcovado, imponentes e altivos, como no tempo do descobrimento, há mais de quinhentos anos. A chuva cai desde que eu me lembro como gente – "... tanto bate até que fura". Será? Dificilmente, na minha vida ou na vida dos meus filhos, netos ou bisnetos, haverá alguma alteração perceptível na forma desses monumentos naturais que meu olhar contempla. Mesmo assim, sabemos que as rochas nessas montanhas se formaram nas profundezas da crosta e que só se revelaram, majestosamente, na superfície, em consequência da dinâmica interna e externa da Terra. Principalmente, com o *ploc-ploc-ploc* da chuva, atuando durante muito mais tempo do que qualquer atividade registrada pela escrita humana (Figura 10.2). Então, há quanto tempo estes processos começaram? Quando é que as rochas do Pão de Açúcar se formaram? Como podemos calcular a idade dos processos e produtos da dinâmica terrestre e ordenar a história geológica da Terra? Estamos falando da última das dimensões do universo a ser compreendida pelo ser humano – o tempo geológico –, objeto deste capítulo.

Nossa espécie sempre explorou as fronteiras que se apresentassem em seu caminho, instigada pela curiosidade em desbravar o desconhecido, a começar pelas fronteiras geográficas, bidimensionais – a superfície terrestre. Conhecer (e conquistar) a superfície do planeta era a meta dos grandes navegadores dos séculos XV a XVIII. A terceira dimensão, o espaço, começou a ser desvendado com a invenção do telescópio, no século XVII, culminando, modernamente, na exploração do espaço pelo homem.

E a quarta dimensão – o tempo? Evidentemente, o ser humano sempre percebeu que seu mundo remontava a tempos antigos, anteriores mesmo aos eventos relatados nas lendas de seus ancestrais. Porém, somente com o desenvolvimento da ciência nos últimos três séculos é que conseguimos entender, efetivamente, os fenômenos naturais, nossas origens e o passado longínquo do planeta.

A análise de rochas, fósseis e estruturas geológicas desvendou, pouco a pouco, o passado da Terra e finalmente revelou a verdadeira dimensão do tempo geológico. Ao contrário de outras ciências exatas, como a Física e a Química, a Geologia geralmente não analisa fenômenos em tempo real por meio de experiências e reações rigorosamente controladas.

A Geologia é uma ciência essencialmente histórica que busca reconstituir fenômenos findados já há milhares, milhões ou até bilhões de anos. E mais, o objeto de investigação é o registro geológico (Figura 10.2), um documento cheio de lacunas e complexidade devido às modificações efetuadas por sucessivos eventos posteriores de natureza, intensidade e duração diversas.

Neste capítulo, descreveremos como o desenvolvimento da Geologia revelou, pouco a pouco, a grandeza do tempo geológico e como isto revolucionou nossa percepção da própria história da Terra. Veremos também como o estudo dos fósseis permitiu a datação relativa das rochas e o desenvolvimento da escala de tempo geológico padronizada, aplicável no mundo inteiro. Apresentaremos também os métodos geocronológicos de datação absoluta que permitem calcular as idades de minerais e rochas e calibrar, desta forma, a escala de tempo geológico. Por fim, resumiremos os avanços nas técnicas de medição dos elementos radioativos que culminaram com a definição da idade da Terra em 4,56 bilhões de anos.

Figura 10.1 – Vista da baía de Botafogo, Rio de Janeiro, com o Pão de Açúcar, à esquerda, e o Corcovado, à direita, em pintura do século XIX. Passados mais de quinhentos anos desde o Descobrimento do Brasil não se percebe nenhuma mudança na forma e na altura desses picos. Fonte: Obra de J. Steinmann de 1839, *Souvenirs de Rio de Janeiro*. Acervo da Biblioteca Mário de Andrade: *Botafogo*, 14,3 x 10,6 m, Litografia.

Curiosidade

Sobre a importância do homem em relação à idade da Terra, Mark Twain, autor norte-americano, ironizou: "Se a Torre Eiffel estivesse representando a idade da Terra, a película de tinta no adorno em seu pináculo representaria a parcela daquela idade pertencente ao homem; e qualquer um perceberia que era aquela película o motivo da construção da torre". (Mark Twain, 1937, *Letters from the Earth*, p. 170.)

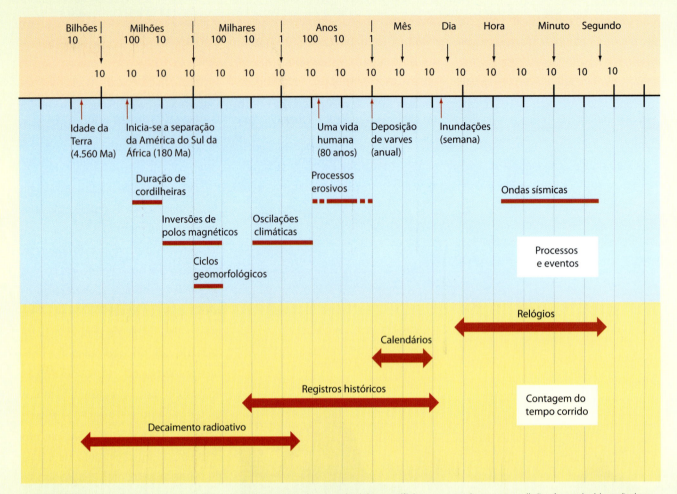

Figura 10.2a – Magnitude temporal de alguns fenômenos naturais e os princípios e artifícios que permitem sua medição. A escala é logarítmica, em divisões iguais de potências de 10. Isto quer dizer que, da direita para a esquerda, cada divisão representa dez vezes a anterior. Ma = milhões de anos. Fonte: Modificado de Press *et al.*, 2006.

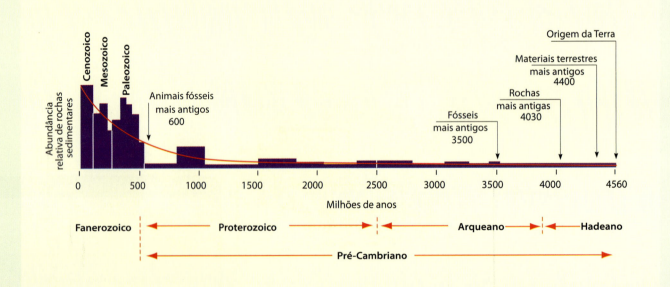

Figura 10.2b – Distribuição de rochas sedimentares no tempo. As rochas sedimentares estão sempre sujeitas à destruição por erosão ou transformação por metamorfismo. Assim, quanto mais antigo o registro, menor a massa preservada de rochas sedimentares. Por isso, as rochas sedimentares do Fanerozoico nos fornecem muito mais detalhes de sua história geológica do que as do Pré-Cambriano. Fonte: Schopf, 1992.

10.1 O conceito de tempo e como surgiu a Geologia

A ideia de que a Terra poderia ser extremamente antiga só emergiu por volta do século XVIII com o advento do pensamento científico moderno (Iluminismo) e a Revolução Industrial.

10.1.1 Ussher e Steno e o nascimento da Geologia

Nessa época, a ascendência do raciocínio científico substituiu as explicações sobrenaturais para fenômenos da natureza por leis naturais fundamentadas na observação, investigação científica e emprego do senso comum. A demanda por matérias-primas e recursos energéticos criada pela Revolução Industrial tornou necessário conhecer melhor a distribuição e a origem dos bens minerais.

Antes disso, nem se cogitava que o mundo pudesse ser muito antigo por causa da forte influência religiosa no pensamento intelectual da civilização ocidental da época. E cada religião tinha seu cálculo da data da Criação. No calendário judaico, por exemplo, a Terra teria sido concebida em 3761 a.C.; e de acordo com o calendário bizantino, adotado pela Igreja Ortodoxa russa, isto teria ocorrido em 5508 a.C. Ideias semelhantes continuaram sendo difundidas ao longo da Idade Média e Renascença por teólogos na Europa, que afirmavam que a criação do mundo, em coerência com a Bíblia, se dera há cerca de 6.000 anos (Tabela 10.1). Tal concepção transformou-se definitivamente em dogma em torno de 1650 quando o respeitado arcebispo protestante James Ussher (ver figura 10.3a), primaz da Irlanda, publicou um volumoso tratado sobre a cronologia bíblica, a partir das escrituras sagradas e outras fontes históricas. Levando em conta mudanças decorrentes da troca do calendário juliano pelo calendário gregoriano em 1582, Ussher concluiu que a Criação

havia se dado no dia 23 de outubro, do ano 4004 a.C. Pela óptica moderna, trata-se de uma afirmação cientificamente ingênua, contudo esta data permaneceu em notas de rodapé nas Bíblias publicadas pelas universidades inglesas renomadas de Oxford e Cambridge, até o início do século XX de tão prestigioso e influente era Ussher para a Igreja nesse período.

Nessa mesma época (séculos XVII e XVIII), contudo, surgiram as primeiras hipóteses cosmológicas (Descartes, Newton, Leibniz, Buffon, Kant e Laplace) a se distanciar do dogma religioso vigente, porém sem rompê-lo. Nessas novas teorias, o Sistema Solar, a Terra e a vida não teriam sido criadas por Deus durante seis dias, mas sim por processos naturais complexos e de longa duração.

O exemplo do influente naturalista francês Georges-Louis Leclerc, conde de Buffon, ilustra essa fase no desenvolvimento da ciência moderna. Sugeriu um modelo conciliatório entre as visões antagônicas da crença religiosa e da ciência, atribuindo aos seis dias bíblicos uma duração de 35 mil anos, tempo necessário, segundo ele, para explicar a estratificação das rochas e a história da vida na Terra. Em 1749, Buffon recalculou essa idade, a partir de experimentos com esferas incandescentes, para simular o estado de fusão inicial do planeta Terra, e estimativas da taxa de dissipação do calor. Obteve idades entre 75 mil e 168 mil anos para a Terra, mais de 10 vezes a idade admitida por teólogos cristãos, mas acreditava, secretamente, que poderia chegar a 3 milhões de anos (ver figura 10.13).

Até mesmo antes de Buffon, havia quem propusesse uma maneira científica de estimar a idade da Terra. O astrônomo inglês Edmond Halley, por exemplo, sugeriu, em 1715, que se tentasse determinar o tempo necessário para o acúmulo de sais nos oceanos, pressupondo-se que, inicialmente, a água dos oceanos teria sido doce (sem sais). Ele considerou a possibilidade de calcular a idade dos oceanos medindo a quantidade de sais acumulados nos oceanos num dado momento e novamente uma década mais tarde para determinar o acréscimo anual fornecido pelos rios. Assim, para obter a idade dos oceanos e, por extrapolação, a do planeta, bastaria dividir a quantidade

Cômputo da Idade da Terra	
Da Criação até o Dilúvio	1.656 anos
Do Dilúvio até Abraão	292
Do Nascimento de Abraão até Êxodo do Egito	503
Do Êxodo até a Construção do Templo	481
Do Templo até o Cativeiro	414
Do Cativeiro até o Nascimento de Jesus Cristo	614
Do Nascimento de Jesus Cristo até hoje	1.560
Idade da Terra	5.520 anos

Tabela 10.1 – O conceito medieval da idade da Terra. Este cálculo, com base nas escrituras bíblicas, foi publicado na *Crônica de Cooper*, em Londres, em 1560. Um século depois, o arcebispo Ussher apresentaria o último (e mais detalhado) estudo deste tipo. Fonte: Faul, 1978.

de sal nos oceanos pela taxa de acréscimo. Uma ideia simples e revolucionária, mas de difícil execução.

Nesse panorama intelectual, então, nasceu a Geologia. O dinamarquês Nils Stensen, mais conhecido pelo nome latinizado de Nicolau Steno (Figura 10.3b), foi quem primeiro enunciou os princípios dessa nova ciência. Médico anatomista, religioso (católico convertido do luteranismo) e perspicaz observador, Steno fez várias descobertas científicas: explicou a origem dos gêiseres (ver capítulo 6), constatou a constância dos ângulos entre faces cristalinas (ver capítulo 5), reconheceu dentes fósseis de tubarões (conhecidas popularmente na época como *glossopetrae* ou "línguas petrificadas") e ainda contribuiu para o conhecimento anatômico de tubarões e humanos. Em 1669 publicou *Pródromo de uma dissertação sobre o sólido naturalmente contido no sólido* no qual ele estabeleceu os três princípios que regem a organização de sequências sedimentares na natureza. É admirável que, passados mais de três séculos desta observação sagaz, estes conceitos são aplicados até hoje na Geologia (Tabela 10.2).

Com o estabelecimento dos princípios de Steno, adotava-se, pela primeira vez, a observação sistemática do registro geológico como método científico para interpretar a história e a idade da Terra – um raciocínio revolucionário na maneira de entender o funcionamento da natureza. Entretanto, apesar de óbvios, os três princípios de Steno não foram adotados facilmente no clima intelectual de transição entre os mundos medieval e moderno na Europa do século XVII. Há de se lembrar que essa era uma época de inquisições e interpretações canônicas da história da Terra de um lado, e de outro havia avanços notáveis na ciência, como o telescópio, o microscópio, a física e a matemática.

Durante o século seguinte (e com reflexos até hoje), ainda seriam propostas hipóteses, como a de Buffon (ver acima), que tentariam conciliar as observações da complexidade cada vez mais evidente das rochas com os preceitos divinos da Criação e com a curta escala de tempo concebida pelo arcebispo Ussher. Isso é evidente nas tentativas de naturalistas do século XVIII de explicar a origem e a ordem

Superposição – Sedimentos se depositam em camadas, com as mais antigas na base e as mais novas sucessivamente acima. Este princípio permite identificar a ordem de formação dos estratos, que é a base de toda interpretação histórica de rochas estratificadas.

Horizontalidade original – Depósitos sedimentares se acumulam geralmente em camadas horizontais. Com base nesse princípio, é possível reconhecer pacotes sedimentares deformados.

Continuidade lateral – Camadas sedimentares são contínuas, estendendo-se até as margens da bacia de deposição, ou afinando-se lateralmente. Por este princípio, podemos reconstituir a distribuição geográfica original de uma camada dissecada pela erosão por meio da correlação física dos seus vestígios (Figura 10.4).

Tabela 10.2 – Os princípios de Steno.

Figura 10.3 – Ilustres personagens na história da Geologia. a) arcebispo Ussher, respeitado Primaz da Irlanda, em imagem da época. Fonte: Miller, 1983. b) Nicolau Steno, o primeiro a enunciar princípios da Geologia. Desenho: T. M. Fairchild. c) caricatura da época mostrando James Hutton, o pai da Geologia, surpreso ao descobrir as imagens de seus rivais no afloramento. Fonte: Corbis/Stock Photos.

da enorme variedade de rochas expostas em toda parte. Assim, entre 1750 e 1760, Giovanni Arduino nos Alpes italianos e J. G. Lehmann na Alemanha designaram como "primárias" as rochas cristalinas com minérios metálicos, observadas nos núcleos das montanhas, e como "secundárias" as rochas estratificadas (calcários, grauvacas, folhelhos), com fósseis associados. Rochas estratificadas, mas menos consolidadas, com fósseis marinhos e intercalações de materiais vulcânicos, foram classificadas como "terciárias". Posteriormente, face à complexidade das relações entre as rochas "primárias" e "secundárias", os geólogos pioneiros se viram forçados a criar uma categoria de rochas "transicionais". Em 1829, o francês J. Desnoyers cunharia o vocábulo "quaternário" para sedimentos marinhos na bacia sedimentar de Paris (França), ainda mais novos. Já há algum tempo, os termos "primário" e "secundário" foram abandonados, substituídos por termos cientificamente mais bem fundamentados, e o termo "terciário" está fadado ao mesmo destino. O "quaternário", por outro lado, resiste, firmemente, a essa tendência, talvez porque inclua o momento atual e, por isso, seja amplamente utilizado em estudos de Geologia, Oceanografia, Arqueologia, Antropologia, biodiversidade e mudanças globais.

10.1.2 Werner e Hutton: a Geologia se torna ciência

Na segunda metade do século XVIII, a subdivisão simples das rochas mencionada acima seria interpretada à luz do relato bíblico da separação das terras e das águas durante a Criação. De acordo com essa ideia, quase todas as rochas, incluindo rochas ígneas como granitos e basaltos (ver capítulo 6), teriam se precipitado das águas do mar primordial, daí a razão do nome, netunismo, para esse conceito, em homenagem a Netuno, o deus do mar da mitologia romana (ver figura 10.5). Para os "netunistas", as rochas podiam ser subdivididas em quatro séries, as duas mais antigas constituídas das rochas primárias e de transição, reunidas em duas "formações universais", ambas supostamente precipitadas globalmente quando o mar "divino" cobria toda a Terra. As duas séries restantes, representadas pelas rochas secundárias e terciárias, compreendiam "formações parciais", geograficamente mais restritas e fossilíferas, com marcas onduladas e outros indícios de água rasa, além do material aluvial, depositadas quando já existiam terras emersas. Para explicar a retração do mar primitivo, que expôs os continentes, os netunistas, assim como Steno antes deles, postulavam que na passagem de uma série para outra, uma parte das águas drenava para dentro de cavidades no interior da Terra.

De todos os netunistas, Abraão Gottlob Werner foi o mais influente, sendo um dos primeiros a adotar uma abordagem histórica da Geologia. Por ter lecionado por mais de quatro décadas na prestigiosa Academia de Minas em Freiberg (Alemanha), formou grande número de discípulos que exporiam esta doutrina até os meados do século XIX. Porém o netunismo de Werner cairia em descrédito, primeiro, porque embora proposta para aplicação em escala mundial, tinha bases na geologia apenas da região de Freiberg; e, segundo, porque apareceu outra doutrina melhor, que explicava o registro geológico com base no senso comum, em informações geológicas muito mais amplas e em processos observáveis na natureza.

Avanços nos estudos de geologia e especialmente no estudo de fósseis no final do século XVIII e limiar do século XIX levaram vários cientistas a concluir que a idade da Terra não era da ordem de milhares de anos, como pensavam Ussher e até Buffon, mas podia ser muito, muito mais antiga. James Hutton, naturalista escocês (Figura 10.3c), foi o precursor dessa nova concepção, o primeiro cientista a apontar a dimensão descomunal do tempo geológico.

Figura 10.4 – Estratos pré-cambrianos vistos do Morro Pai Inácio, Chapada Diamantina, Bahia. Pelos princípios de Steno, podemos inferir que as rochas da base são as mais antigas da sucessão (superposição); a orientação horizontal da estratificação indica que estes estratos não foram deformados (dobrados) desde sua deposição (horizontalidade original); e a semelhança entre as exposições nos diversos morros indica que todas estas rochas se formaram simultaneamente na mesma bacia sedimentar (continuidade lateral). Foto: A. Uchoa, Stock Photo Gallery.

Hutton também desempenhou papel fundamental na derrubada do conceito de netunismo. Reconheceu, por exemplo, as transformações minerais causadas pelo contato entre basalto (rocha ígnea efusiva) e rochas sedimentares próximo à sua casa em Edinburgh, Escócia. Desvendou a relação entre um granito tido como "primário" alojado em um calcário "secundário", supostamente mais novo, segundo a interpretação netunista (Figura 10.6). Juntando essas observações seminais com seus conhecimentos de experiências de fusão e resfriamento de materiais rochosos realizados por seus colegas de Edinburgh, Hutton demonstrou que o granito era mais novo do que o calcário, invertendo a ordem de idade adotada pelos netunistas. E mais, concluiu que o granito se originara não como um "precipitado" do mar primitivo, mas sim como matéria quente, no estado de fusão. Com isso ele estabeleceu os fundamentos do plutonismo (de Plutão, deus grego das profundezas), um conceito que rapidamente substituiu o netunismo como o principal paradigma da Geologia.

Em sua obra máxima, *Theory of the Earth*, de 1795, reformulada, após sua morte, por John Playfair em 1802, Hutton apresentou as primeiras ideias modernas sobre a Geologia e a história longa e complexa da Terra. Para ele, todo o registro geológico podia ser explicado pelo princípio de causas naturais, ou seja, pela ação de fenômenos modernos, tais como vulcanismo, erosão, intemperismo, sedimentação etc., atuando de forma cíclica por um período inimaginavelmente longo. Portanto, não havia nenhuma necessidade de se apelar para eventos ou interlocutores sobrenaturais.

Constantemente à procura de evidências de ciclos cada vez mais antigos, Hutton teve em Siccar Point, Escócia, talvez sua revelação mais importante e perspicaz: se deparou com rochas estratificadas verticais truncadas por uma superfície de erosão abaixo daquilo que até então julgava ser o conjunto mais antigo de rochas da região. Dessa observação resultariam mais dois pilares da Geologia moderna. Ao observar o afloramento, Hutton percebeu como a geologia era complexa, marcada por processos cíclicos de deposição, soterramento, deformação e erosão, entre outros (Figura 10.7), e como a busca do "início" da atividade geológica era uma tarefa quase impossível. Tal constatação levou Hutton a referir-se à ação e longevidade dos processos geológicos com seu pensamento mais célebre: "O resultado, portanto, de nossa investigação atual é que não encontramos nenhum vestígio do começo e nenhuma perspectiva do fim". A frase rompeu de

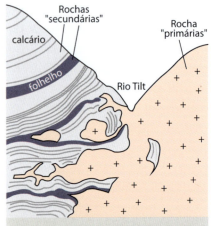

Figura 10.6 – Seção esquemática do vale do rio Tilt na Escócia (baseada em figura de Charles Lyell), onde James Hutton concebeu o princípio das relações espaciais e temporais entre corpos rochosos. Neste local, rochas "primárias" (granito) penetram e englobam rochas "secundárias" (calcários e folhelhos), uma situação impossível segundo os netunistas.

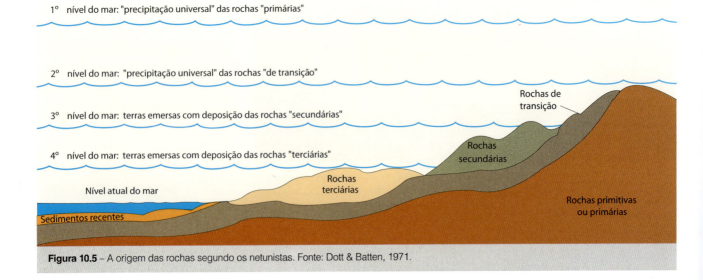

Figura 10.5 – A origem das rochas segundo os netunistas. Fonte: Dott & Batten, 1971.

vez com o conceito de uma Terra recém-criada pelo Criador, e acenou não somente com um passado geológico incalculavelmente longo como também com um futuro geológico sem fim, ou seja, idealizou-se o tempo infinito para as transformações da natureza.

Outra constatação de Hutton foi o reconhecimento do significado geológico das superfícies de erosão, que ele denominou discordâncias. Classificou essas superfícies em três tipos distintos, gerados por processos erosivos ou pela falta de sedimentação durante um longo período (ver tabela 10.3 e figura 10.8).

Em suas deduções referentes à ordem de formação, tanto de rochas intrusivas como de sedimentares, Hutton elaborou, ainda, o princípio das relações espaciais e temporais de corpos rochosos que explica as relações de contato e as idades relativas entre corpos geológicos justapostos (intrusões/rochas encaixantes, discordâncias/rochas sotopostas etc.) (Figura 10.6). Este princípio pode ser desdobrado na "lei" das relações de corte e a "lei" das inclusões, que nada mais são do que reafirmações do senso comum, como vimos no caso dos princípios de Steno. Hutton havia percebido o que nos parece óbvio: somente um objeto preexistente pode ser cortado por outro ou incluso em outro objeto mais novo.

Assim, as rochas são sempre mais antigas que as feições geológicas que as afetam, como falhas, dobramentos, intrusões ou discordâncias (ver capítulo 16). Do mesmo modo, bolhas de gás e fluidos em minerais, xenólitos em intrusões e seixos em conglomerados representam materiais mais antigos do que os minerais e rochas nos quais estão inclusos. Por suas contribuições, James Hutton merece o título de "pai da Geologia".

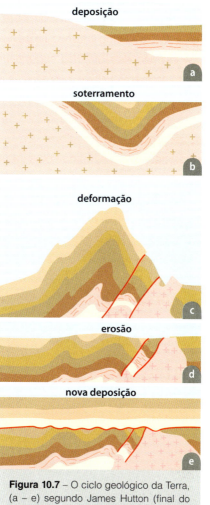

Figura 10.7 – O ciclo geológico da Terra, (a – e) segundo James Hutton (final do século XVIII), "nenhum indício do começo, nenhuma perspectiva do fim".

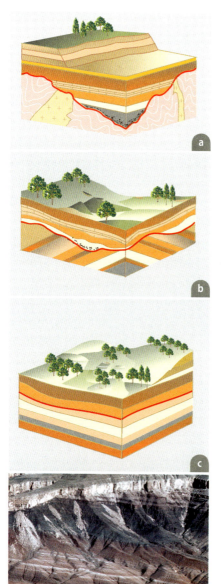

Figura 10.8 – Diagramas esquemáticos dos três tipos de discordâncias. a) Não conformidade; b) discordância angular; c) desconformidade; d) a "Grande Discordância Angular", vista do sul para o norte da Ponta Mora, Rio Colorado, Grand Canyon, EUA, separa dois ciclos de deposição, soterramento, deformação, soerguimento e erosão. Foto: E. McKee, USGS.

Não conformidade – contato erosivo que separa rochas ígneas ou metamórficas de um pacote sedimentar sobreposto (Figura 10.8a).

Discordância angular – contato erosivo entre dois conjuntos de rochas estratificadas de orientação marcadamente distintas: os estratos no pacote mais antigo são truncados pelos estratos contínuos do pacote mais jovem (Figuras 10.8 b, d).

Desconformidade – contato entre dois conjuntos de rochas estratificadas com acamamento paralelo a subparalelo separados por um hiato temporal. O contato entre os dois representa ou uma superfície de erosão paralela ao acamamento ou uma superfície sobre a qual não houve sedimentação por um período considerável de tempo (Figura 10.8c).

Tabela 10.3 – Os tipos de discordâncias de Hutton.

10.2 Espionando o abismo temporal

Enquanto Hutton elaborava os conceitos que o tornariam figura central na Geologia, o engenheiro agrônomo inglês William Smith estava desenvolvendo técnicas de análise e interpretação de rochas estratificadas.

10.2.1 Smith e o mapa que mudou o mundo

Estas pesquisas em rochas estratificadas lhe renderiam mais tarde os títulos de "pai da Geologia inglesa" e "pai da estratigrafia". Smith participava da construção de canais na Grã-Bretanha para escoar carvão para a crescente industrialização da sociedade, uma atividade que exigia observação cuidadosa do caráter e da ordem das camadas em escala regional. Após mais de 20 anos juntando informações, Smith publicou seus resultados, em 1815, na forma do primeiro mapa do mundo a retratar a geologia de uma nação inteira (Figura 10.9).

O sucesso de Smith se baseou na constatação sagaz de que as rochas expostas nos canais em construção e as camadas que emergiam ou mergulhavam na paisagem da Inglaterra poderiam ser ordenadas com base nas características peculiares das rochas e ordem dos fósseis contidos. Sabendo disso, ele conseguia acompanhar persistentemente o posicionamento e inferir as idades relativas dos diferentes conjuntos de estratos, mesmo que descontínuos regionalmente.

Assim, o mapa geológico elaborado por Smith se tornou referência mundial para a cartografia geológica. Mais importante, porém, foi o avanço no conhecimento proporcionado pelo princípio de sucessão fóssil (também conhecida como sucessão biótica, faunística ou florística), que resultou do trabalho de Smith. Essa nova visão da geologia foi ainda reforçada pelas hábeis descrições de organismos fósseis

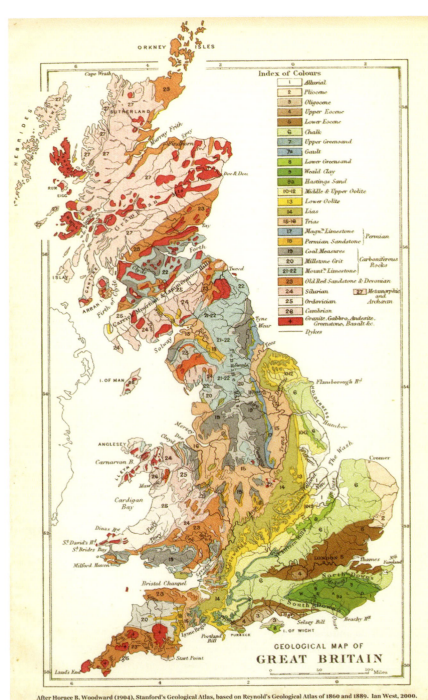

Figura 10.9 – Mapa da Grã-Bretanha elaborado por William Smith no início do século XIX, o "mapa que mudou o mundo". Este mapa consolidou as técnicas de mapeamento geológico e introduziu o uso de fósseis para datar e correlacionar rochas em escala regional. Serviu de modelo para todos os mapas geológicos subsequentes bem como, de base para a elaboração da escala de tempo geológico. Fonte: <www.infobritain.co.uk/York Minister.htm>.

feitas na mesma época na França pelo célebre paleontólogo Georges Cuvier e por A. Brongniart. Por consequência dessas constatações, foi estabelecido um novo princípio: fósseis são encontrados em conjuntos característicos das sucessivas épocas em que os organismos viveram, conjuntos estes que aparecem sempre na mesma ordem, onde quer que os fósseis ocorram. Esse princípio permitiu determinar a idade relativa de rochas contendo fósseis em todo mundo pela correlação fossilífera (ou Bioestratigrafia). Serviria também de base para as duas teorias sobre a evolução biológica mais importantes (e antagônicas) do século XIX: o catastrofismo de Cuvier e a evolução por seleção natural de Charles Darwin, além de colaborar diretamente para talvez a maior contribuição da Geologia ao conhecimento humano, a escala de tempo geológico.

Mas, primeiro, vamos saber mais sobre os fósseis e seu papel na elaboração da escala de tempo geológico.

10.2.2 Fósseis e o tempo geológico

Como vimos o registro fóssil tornou-se uma ferramenta essencial para ordenar a história da Terra e da vida. Mas o que constitui um fóssil e para o que serve? Fóssil é qualquer evidência de vida passada, como, por exemplo, evidências diretas, como restos de organismos preservados nas rochas, ou indiretas, como marcas deixadas por organismos nos sedimentos (Figura 10.10). A fossilização é um evento

Figura 10.10 – Tipos de fósseis. a) Microfóssil filamentoso de uma cianobactéria ou bactéria, com 3,5 bilhões de anos, um dos mais antigos fósseis do mundo, Arqueano, Austrália (Foto: cortesia de J. W. Schopf, UCLA, EUA); b) Estromatólitos fósseis – estruturas calcárias construídas por comunidades de micro-organismos, 600 milhões de anos, (Proterozoico), Bahia (Foto: T. R. Fairchild); c) Molde de animal primitivo (*Tribrachidium*) desprovido de carapaça da Fauna de Ediacara, a fauna fóssil mais antiga do mundo, 570-550 milhões de anos (Proterozoico), Austrália (Foto: cortesia de B. N. Runnegar, UCLA, EUA); d) Anelídeo fóssil excepcionalmente bem preservado por soterramento muito rápido, folhelho Burgess, Cambriano, Canadá (Foto: cortesia de S. Conway-Morris, Cambridge University, Inglaterra); e) Seção transversal do caule de uma das primeiras plantas terrestres conhecidas (*Aglaophyton major*), com detalhes celulares preservados pelo processo de permineralização por sílica, Devoniano, Escócia (Foto: cortesia de P. Selden, University of Manchester, Inglaterra); f) Pegadas fósseis deixadas por dinossauro carnívoro, Cretáceo, Piauí (Foto: cortesia de G. Leonardi); g) Inseto mumificado em âmbar, Terciário. Dimensão máxima, 1 cm. (Fonte: Alfred Pasieka/SPL/Stock Photos); h) Folha de planta ancestral ao pau-brasil, preservada pelo processo de "destilação geológica" (incarbonização), Terciário, Minas Gerais. Tamanho máximo 6 cm. (Foto: S. F. Beck); i) Peixe fóssil (*Cladocyclus gardneri*) preservado em três dimensões, logo após a morte, pela rápida precipitação da matriz mineral (calcita). Cretáceo, chapada do Araripe, Ceará. Comprimento 118 cm. (Foto: cortesia de www.fossilien.de); j) Paleontólogos escavando ossos do depósito de asfalto do Rancho La Brea no início do século XX, Califórnia, EUA (Foto: cortesia de G. C. Hancock Museum, EUA; <www.naturalhistorymag.com/0697/0607 feature.html>); k) Crânio de tigre-dentes-de-sabre (Pleistoceno) retirado do depósito de asfalto de La Brea, Califórnia, EUA. Fonte: <Skullduggery.com/images/0219.jpg>.

relativamente raro e geralmente seletivo que tende a preservar as partes mais resistentes de organismos, como conchas, carapaças, ossos ou dentes de animais e troncos, esporos e grãos de pólen de plantas. A preservação também depende das condições físico-químicas nas quais o organismo morreu e foi soterrado, bem como da composição do organismo e da intensidade e duração dos fenômenos biológicos e ambientais de degradação (necrófagos e decompositores; correntes, ondas, acidez, oxidação, dessecação, clima etc.). Por isso, os melhores e mais completos fósseis se formam quando os restos de organismos são isolados rapidamente das forças destrutivas físicas e químicas da dinâmica externa. Essa situação rara ocorre mais frequentemente por soterramento repentino por sedimentos finos (como no caso do folhelho Burgess, Cambriano do Canadá) ou, mais raramente, pela preservação em resina vegetal (por exemplo, insetos, pequenos vertebrados e flores fossilizados em âmbar), asfalto (como os mamíferos pré-históricos no Rancho La Brea, EUA) ou substâncias minerais precipitadas (como nas concreções calcárias que preservam peixes cretáceos em três dimensões, na chapada do Araripe, Nordeste do Brasil) (Figura 10.10).

A maior parte do registro fóssil tende a representar organismos que habitavam regiões nem muito profundas nos mares e nem muito altas nos continentes. Por exemplo, o registro marinho é dominado por fósseis de organismos da plataforma continental, de águas relativamente rasas, e o registro continental, por fósseis de organismos de terrenos baixos, próximos a grandes rios, estuários ou complexos deltáicos. Esse viés paleontológico é fácil de entender se lembrarmos que as camadas sedimentares mais profundas dos oceanos geralmente são recicladas no manto durante subducção (ver capítulo 3); e que sítios de deposição de média a alta altitude nos continentes estão constantemente ameaçados de erosão e perduram somente enquanto o nível de base local permitir.

Diversos são os processos que podem registrar a vida do passado. Partes originalmente mineralizadas por fosfato, carbonato, sílica ou outras substâncias resistentes podem ser preservadas com pouca compactação ou alteração química, como no caso de ossos, dentes ou conchas; mas também a forma de organismos extintos pode ser replicada na natureza por moldes e impressões nos sedimentos. Muitos restos de plantas passam por um processo prolongado de degradação química, um tipo de "destilação geológica", que reduz os tecidos orgânicos originais a uma película carbonosa escura que ainda preserva muitos detalhes morfológicos internos e superficiais. Outros restos vegetais se preservam por permineralização, um processo de precipitação de sílica, carbonato, pirita ou outras substâncias em tecidos porosos a partir de soluções aquosas que percolam sedimentos e rochas. Isso dá origem a fósseis como a "madeira petrificada".

Evidências diretas, então, nos dizem muito sobre a biodiversidade passada, mas evidências indiretas, como pegadas, pistas, tocas, marcas de raízes ou até fezes fósseis e cascas de ovos, nos revelam os aspectos do comportamento de organismos extintos, muitos dos quais não estão representados por evidências diretas. Mesmo assim, apenas uma ínfima fração do registro fóssil é encontrada na superfície terrestre por causa de processos geológicos atuantes na crosta como deformação, metamorfismo, circulação de águas subterrâneas, intemperismo e erosão. Esses fenômenos podem destruir os fósseis em afloramentos ou mesmo antes de chegarem à superfície. Os fósseis compreendem, portanto, um patrimônio raro que ilustra páginas importantes da história de nosso passado biológico comum. Trata-se de um patrimônio que não pertence a colecionadores particulares, nem aos cientistas, mas sim à humanidade e, por isso, merece estudo e proteção pelas autoridades científicas e civis competentes (Quadro 10.1).

Entre as miríades fósseis descobertas até hoje, uma categoria merece destaque especial: os fósseis-guias ou fósseis-índice, uma categoria reconhecida primeiramente por Smith na Inglaterra e por Cuvier e Brongniart na França. São fósseis facilmente reconhecíveis e relativamente abundantes, de distribuição geográfica ampla e distribuição temporal (ou estratigráfica ou geológica) restrita. Representam, portanto, organismos muito bem-sucedidos que se espalharam rapidamente por grandes áreas e evoluíram em pouco tempo para formas distintas ou se extinguiram. São eles que permitem correlações temporais precisas entre afloramentos isolados e antigas bacias sedimentares nas mais diferentes regiões da Terra (Figura 10.11).

Em geral, são os fósseis microscópicos, ou microfósseis, que apresentam as melhores combinações de abundância, variedade, qualidade

Quadro 10.1 – Paleontologia = Arqueologia? Ciências-irmãs com enfoques diferentes

A Paleontologia é uma especialidade interdisciplinar que faz uso de qualquer evidência, direta ou indireta, de organismos extintos em rochas sedimentares, para compreender a história geológica da vida e da Terra. Ainda contribui, de maneira fundamental, para nosso entendimento dos ambientes, arranjos geográficos, biodiversidade e ecossistemas do passado e permite ordenar e correlacionar temporalmente rochas estratificadas no mundo inteiro. Às vezes, o leigo confunde a Arqueologia com a Paleontologia, duas ciências-irmãs que utilizam as mesmas técnicas de investigação, mas que diferem nos objetos que estudam. Os paleontólogos concentram-se no registro fóssil de organismos extintos, geralmente do passado remoto, enquanto os arqueólogos investigam evidências das culturas humanas e civilizações, bem mais recentes, principalmente dos últimos 10 mil anos.

O limite de 10 mil anos adotado para distinguir entre objetos arqueológicos e paleontológicos é uma escolha de conveniência, pois existem exceções tanto na Arqueologia – as belas pinturas em cavernas da Europa – como na Paleontologia – ossadas de animais extintos em cavernas e cacimbas no Brasil. Mesmo assim, essa data reveste-se de grande significância temporal porque coincide, aproximadamente, com o advento do Holoceno, a mais recente época geológica, que se iniciou no término da última fase glacial do Pleistoceno. A melhora no clima global do Holoceno favoreceu a expansão demográfica que desencadeou grandes transformações culturais, culminando na civilização globalizada do presente dia. O registro arqueológico da grande jornada humana, ao contrário do registro paleontológico, compreende, comumente, artefatos e ossos humanos associados a restos de animais e plantas comuns até hoje preservados em materiais pouco consolidados (solos, sedimentos, escombros etc.). Essa associação frequente facilita a reconstituição não somente das relações entre os homens da época, mas entre o homem e a natureza também.

de preservação, distribuição geográfica e distribuição temporal para datação relativa e correlações bioestratigráficas. Em rochas marinhas, os melhores fósseis-guias são restos de micro-organismos planctônicos (microalgas, foraminíferos, radiolários e alguns grupos agora extintos). Nas rochas continentais, esporos e grãos de pólen são os fósseis-guias de preferência. Em ambos os casos, os restos foram amplamente espalhados, respectivamente, por correntes oceânicas e por rios, ventos ou de carona em outros organismos.

Para explicar a curiosa sucessão de fósseis no registro geológico surgiram dois conceitos radicalmente opostos: a) o catastrofismo de Cuvier, proposto em 1796, no qual o registro fóssil teria resultado de sucessivas extinções cataclísmicas globais, norteadas pelo Criador, cada qual seguida, logo depois, pela criação de uma nova fauna e flora; e b) a evolução biológica de Charles Darwin, publicada em 1859, na qual a grande diversidade do registro fóssil seria o resultado da interação entre seres e o meio ambiente com a sobrevivência e sucesso das formas mais bem adaptadas, ou seja, por meio da seleção natural.

10.2.3 Surge a escala de tempo geológico

Menos de três décadas depois que William Smith apresentou seu mapa geológico de Grã-Bretanha em 1815, naturalistas da Europa, mesmo sem compreenderem os processos evolutivos envolvidos, já tinham definido e ordenado as principais unidades geológicas dessas regiões em uma escala de tempo geológico através da datação relativa proporcionada pelo princípio de sucessão fóssil. A enorme dimensão temporal da Terra não era mais contestável.

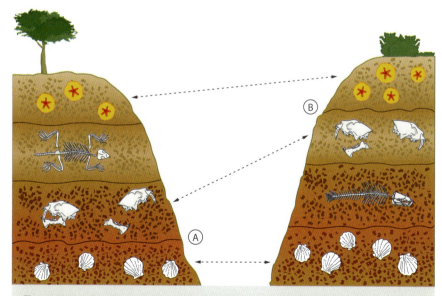

Figura 10.11 – Correlação fóssil ou bioestratigráfica: as camadas sedimentares depositam-se uma sobre a outra durante o tempo geológico, mas o registro da sucessão sedimentar é geralmente incompleto de região para região. O princípio de sucessão fóssil nos permite correlacionar temporalmente seções geológicas distantes (setas), posicionar as camadas na escala do tempo geológico e inferir vários aspectos paleoambientais evolutivos e geológicos, como por exemplo prováveis desconformidades entre as camadas nos níveis A e B.

Estabeleceram o arranjo de eras, períodos e épocas que permanece até hoje (Tabela 10.4), ao descreverem pacotes rochosos contínuos e descontínuos, cada qual com seu conteúdo fóssil distinto. Cada sistema teria sido depositado durante um período específico, identificado pelo conjunto de fósseis peculiar e designado por um nome alusivo a alguma feição da região onde o sistema foi definido. Acabaram delimitando, intuitivamente, esses pacotes (ou "sistemas" de rochas) justamente pelo registro fóssil dos principais eventos de expansão e de extinção biológica ocorridos ao longo dos últimos 550 milhões de anos.

Nesses trabalhos pioneiros, se descobriu, no país de Gales, o contato entre as rochas sedimentares fossilíferas mais antigas da Grã-Bretanha e conjuntos de rochas ígneas e metamórficas ainda mais antigas, aparentemente sem fósseis. Esse limite importante tornou-se a base do primeiro período geológico da nova escala de tempo geológico, o período Cambriano, denominação derivada do nome romano para a Inglaterra, *Cambria*. Os nomes de outros períodos foram derivados de termos geográficos, como o Devoniano, de Devonshire, Inglaterra, o Jurássico, dos Montes Jura na Europa, e o Permiano, da cidade de Perm, na Rússia; ou de termos culturais, como Ordoviciano e Siluriano, dos nomes das tribos Ordovices e Silures que habitavam o País de Gales; ou de termos geológicos, como Carbonífero, com referência ao rico conteúdo em carvão, Triássico, por causa da sua subdivisão em três sucessões litológicas distintas, e Cretáceo, do francês *cré – giz*, em português – com referência

à grande quantidade de calcário fino. Os nomes Terciário e Quaternário foram herdados, mas conceitualmente modificados, do esquema arcaico de Arduino e Lehmann.

A correlação bioestratigráfica, cada vez mais refinada, levou à subdivisão dos períodos em épocas e unidades menores. Ao mesmo tempo, semelhanças e distinções entre os fósseis de diversos períodos permitiram a agregação dos períodos nas eras Paleozoica ("vida antiga"), Mesozoica ("vida intermediária") e Cenozoica ("vida recente"), delimitadas pelas descontinuidades no registro fóssil do fim do Permiano e do Cretáceo em virtude das duas maiores extinções conhecidas na história

da vida. Modernamente, as eras têm sido agrupadas em divisões temporais maiores, conhecidas como éons: Arqueano (do grego *Archaios* - antigo), Proterozoico ("vida precoce") e Fanerozoico ("vida visível"). O último nome deriva-se da natureza do abundante, diversificado e macroscópico registro fóssil dos últimos 540 milhões de anos (do Cambriano até hoje). Muitos geólogos chamam de éon Hadeano, de *Hades*, o submundo dos gregos, a fase da história da Terra, de 4,56 a 3,85 bilhões de anos, para a qual praticamente não há registro geológico conhecido. Os éons anteriores ao Fanerozoico são conhecidos, coletivamente, pelo termo informal, Pré-Cambriano.

Éon	Era	Período		Época	
Fanerozoico	Cenozoico	Quaternário	Neógeno	Holoceno (ou Recente)	0,01
				Pleistoceno	1,8
		Terciário		Plioceno	5,3
				Mioceno	23,0
			Paleógeno	Oligoceno	33,3
				Eoceno	55,8
				Paleoceno	65
	Mesozoico	Cretáceo			146
		Jurássico			200
		Triássico			251
	Paleozoico	Permiano			299
		Carbonífero			359
		Devoniano			416
		Siluriano			444
		Ordoviciano			488
		Cambriano			542
Proterozoico					2.500
Arqueano					3.850
Hadeano					4.566 (Ma)

Tabela 10.4 – A escala do tempo geológico, em "mega-anos" (Ma = 10^6 anos, ou milhões de anos), segundo Gradstein *et al.* (2004), com pequenas modificações. É notável que o éon fanerozoico representa menos de 1/8 da idade da Terra. Há duas importantes novidades neste esquema: a inclusão do éon Hadeano para o período inicial da história da Terra e a extensão do período Neógeno para incluir as épocas Pleistoceno e Holoceno. Os antigos termos Terciário e Quaternário estão mantidos nesta escala por tradição e para comparação. Esta escala é apresentada de outra maneira no final deste livro, onde se vê a história da Terra "reduzida" ao intervalo de um ano, o "Ano-Terra".

10.3 Tentativas de quantificar o tempo geológico

Embora a escala do tempo geológico tenha sido estabelecida antes de 1850, a calibração da idade de suas subdivisões, em termos de milhões de anos (Ma), só foi possível no século XX a partir da descoberta da radioatividade.

10.3.1. Lyell e Darwin e o debate da antiguidade da Terra

Em 14 edições publicadas entre 1830 e 1875, o livro *Principles of Geology*, do grande geólogo escocês Sir Charles Lyell (Figura 10.12a), influenciou a maneira como muitas gerações de geólogos interpretaram (e interpretam até hoje), o passado geológico da Terra. Para Lyell, o princípio de causas naturais de Hutton devia se chamar uniformitarismo, resumido no lema "o presente é a chave do passado". Os processos geológicos do passado teriam sido iguais aos atuais, até em gênero e intensidade, ou seja, "uniformes" durante toda a história da Terra, daí o nome. Todavia, o conceito proposto por Lyell revelou-se dogmático demais e não estritamente verdadeiro. Há muitas evidências para se acreditar que a atmosfera, os oceanos, a crosta, o clima e a biosfera passaram por profundas modificações ao longo da história do planeta (ver capítulo 20). Hoje, portanto, aplica-se o princípio de causas naturais pelo conceito de atualismo, que, diferentemente do uniformitarismo, não adota a estrita igualdade de condições entre o presente e o passado. Em essência, então, o atualismo alega a constância, através do tempo, das leis naturais que regem o funcionamento do sistema Terra, mas não a uniformidade eterna dos processos e produtos geológicos.

Um dos naturalistas mais influenciados por Lyell foi Charles Darwin (Figura 10.12b). Tanto para Darwin como para Cuvier, o princípio de sucessão fóssil figurou de modo fundamental no desenvolvimento de suas respectivas teorias de evolução biológica. Mas Darwin, em seu livro, *Origem das Espécies*, publicado no ano de 1859, lançou mão também do princípio do uniformitarismo de Lyell. Para Darwin, as espécies surgiam e se extinguiam na medida em que os organismos se adaptavam às pressões da seleção natural, um processo lento e contínuo, e não por pulsos de extinção e recriação como no catastrofismo de Cuvier. A evolução, segundo Darwin, deveria ter se iniciado há muitas centenas de milhões de anos para conseguir produzir a vasta variedade de vida evidente no mundo moderno.

Dessa forma, a *Origem das Espécies* despertou grande interesse em se descobrir a idade absoluta do registro geológico, ou seja, de determinar a idade das rochas em anos. O próprio Darwin tentou calcular o tempo necessário para expor rochas fossilíferas do Cretáceo no Sul de Inglaterra, baseando-se nas taxas de erosão marinha aceitas na época para o litoral inglês. Chegou ao valor de 300 milhões de anos para a idade dessas rochas e, com base nisso, concluiu que a Terra deveria ter uma idade da ordem de bilhões de anos. Entretanto, técnicas modernas demonstram que a verdadeira idade das rochas em questão não passa de 85 milhões de anos. Darwin se enganou, primeiramente ao interpretar o processo erosivo atuante como o marinho e não o fluvial, como hoje se reconhece. E, segundo, ele pressupôs uma velocidade de denudação uniforme e constante ao longo do tempo, desconsiderando a variabilidade dessa taxa em função dos processos de soerguimento da região.

Vários outros cientistas, após a publicação da obra de Darwin, desenvolveram ideias engenhosas para estimar a duração do passado terrestre. Alguns geólogos, por exemplo, tentaram calcular o tempo necessário para acumular

Figura 10.12 – a) Sir Charles Lyell, o mais influente geólogo do século XIX, popularizou o conceito de uniformitarismo. Fonte: Ann Peck Dunbar Trust; b) Charles Darwin, o pai do conceito de evolução biológica, um dos mais importantes paradigmas científicos. Fonte: acervo da Editora; c) William Thompson, cujas descobertas no campo da termodinâmica o elevou à posição do mais destacado cientista do século XIX e ao título de lorde Kelvin. Fonte: Ablestock.

Capítulo 10 - Geologia e a descoberta da magnitude do tempo

pacotes de rochas sedimentares, somando as espessuras máximas conhecidas para os afloramentos e dividindo por determinada taxa de sedimentação (Tabela 10.5).

10.3.2. Lorde Kelvin: a Física tenta estabelecer a idade da Terra

Entre 1862 e 1897, o maior físico da época, o inglês William Thompson, também conhecido como lorde Kelvin (Figura 10.12c), estabeleceu limites para a idade da Terra, com base em cuidadosos cálculos e modelos termodinâmicos da origem e resfriamento da Terra. Pensava-se, nessa época, que o calor armazenado no planeta havia sido produzido quase que exclusivamente pela contração gravitacional quando da formação da Terra, com uma pequena contribuição da radiação solar. Medições em minas profundas tinham demonstrado que a temperatura da Terra aumentava cerca de 35 °C por km de profundidade. Havia, portanto, um fluxo de calor do interior para a superfície, que se irradiava para a atmosfera e se perdia para o espaço. Assim, Kelvin deduziu que a Terra estaria se tornando gradativamente mais fria ao longo do tempo.

Kelvin pressupôs, no entanto, que o principal mecanismo de resfriamento da Terra, desde o estágio inicial incandescente até hoje, havia sido a condução térmica (transferência da energia térmica de molécula para molécula). Ao fundamentar seu modelo, postulou valores para vários parâmetros então desconhecidos, tais como a estrutura térmica e temperatura do interior da Terra primitiva (estimada inicialmente em 3.890 °C, e mais tarde em 1.200 °C), mudanças de condutividade térmica em função da profundidade e a idade do próprio Sol. Ao longo de 35 anos, começando em 1862, Kelvin modificou e refinou seu modelo, obtendo em seus cálculos idades para a Terra entre 25 e 400 milhões de anos.

Por outro lado, se a Terra estava se resfriando, imaginou Kelvin, então certamente o mesmo acontecia com o Sol, por causa da enorme dissipação de sua energia, tão evidente num dia ensolarado. A despeito da falta do conhecimento preciso sobre os mecanismos de geração e transmissão da energia solar, Kelvin assumiu que a Terra, ao longo do tempo, estaria recebendo cada vez menos energia solar. Portanto, o Sol deveria ter sido muito mais quente no passado, inclusive a ponto de ter retardado o surgimento de vida na Terra. Assim, em seu último cálculo, feito em 1897 – logo após a descoberta dos raios X – , lorde Kelvin concluiu que a superfície terrestre só teria se tornado habitável nos últimos 50 milhões de anos da história solar.

Em 1899, as conclusões de Kelvin ainda encontraram certa ressonância nos trabalhos do geólogo e geofísico irlandês J. Joly. Retomando a ideia lançada por Halley quase duzentos anos antes, Joly calculou o tempo necessário para o acúmulo de sódio nos oceanos, assumindo que toda a quantidade desse elemento fora transportada para os mares pelos rios a uma taxa constante. Joly interpretou o valor obtido – 90 milhões de anos – como a idade dos oceanos. Ou seja, seria o período necessário para os oceanos atingirem seu nível atual de salinidade desde que a temperatura da superfície terrestre diminuiu para menos que 100 °C, e permitiu a condensação da água. Em 1924, Joly recalculou a idade dos oceanos em 175 milhões de anos, extrapolando para a história da Terra uma idade entre 200 e 300 milhões de anos.

Originalmente, as estimativas de Kelvin para a idade da Terra, fundamentadas em sólida base física e matemática (e graças a sua influência científica pessoal), pareciam irrefutáveis e, como tal, encontraram grande receptividade por parte da comunidade científica.

Ano	Autor	Espessura estimada de rochas sedimentares, em metros	Taxa de sedimentação (cm/1.000 anos)	Idade estimada (milhões de anos)
1860	Phillips	21.960	22,90	96
1869	Huxley	30.500	30,50	100
1871	Haughton	54.024	3,54	1.526
1878	Haughton	54.024	---	200
1883	Winchell	---	---	3
1893	Walcott	Taxas diferentes para rochas clásticas e rochas químicas		35 a 80
1899	Joly	Acúmulo de sal no oceanos		90
1909	Sollas	102.400	305	34 (Fanerozoico e Proterozoico) + 17 (Arqueano, estimado) + 29 (lacunas estimadas) Total = 80
1924	Joly	Acúmulo de sal nos oceanos		175

Tabela 10.5 – Tentativas de estimar a idade da Terra com base no acúmulo de sedimentos e de sal nos oceanos, antes do advento da datação absoluta. Fontes: Eicher, 1969; Dalrymple, 1991.

Por isso, não é de se estranhar, talvez, a desistência de Darwin em fazer novos cálculos da antiguidade da Terra, ou a semelhança entre a maioria das estimativas da idade da Terra, calculadas por geólogos (Tabela 10.5), e o intervalo de valores sugerido por Kelvin.

Mas os modelos de Kelvin e de Joly careciam de conhecimentos necessários para estabelecer parâmetros condicionantes duradouros para seus cálculos. Pouco depois da descoberta da radioatividade em 1896, o sustento teórico fundamental do modelo de lorde Kelvin teve de ser abandonado quando se percebeu a importância do decaimento radiativo na produção do calor no interior da Terra ao longo de sua história. A falha fatal do modelo de Joly foi o desconhecimento das quantidades reais de sódio e da dinâmica da troca deste elemento entre as rochas da crosta terrestre e a água dos oceanos. Da mesma forma, as iniciativas de cálculo da idade da Terra resumidas na tabela 10.5 também falharam por conhecimento inadequado da variabilidade dos processos de sedimentação.

Avanços na geofísica moderna mostraram que não foi apenas o desconhecimento da geração radioativa de calor que levaram Kelvin a errar a idade da Terra em mais de uma ordem de magnitude. Talvez mais importante do que isto fosse Kelvin não ter considerado quão relevante para seus cálculos de fluxo térmico era o fenômeno de convecção térmica, que transfere calor pelo deslocamento de massas de rochosas quentes no manto. Décadas mais tarde, com o desenvolvimento do paradigma de Tectônica Global (ver capítulo 3), viria à tona que a convecção serve de força motriz para o movimento das placas litosféricas e incrementa, significativamente, o fluxo térmico medido na crosta. Ao interpretar o fluxo do calor como resultado apenas da condução térmica, Kelvin superestimou a taxa de resfriamento da Terra. Mas mesmo se ele tivesse incluído os efeitos da radioatividade em seu modelo, porém continuado a desconsiderar a convecção, seus cálculos para a idade da Terra não teriam ultrapassado algumas centenas de milhões de anos – muito aquém do valor real de 4,56 bilhões de anos.

Essa última observação revela a importância da descoberta da radioatividade. Somente a partir da compreensão desse processo foi possível quantificar a história geológica da Terra e interpretar melhor o desenvolvimento do sistema solar e a formação do Universo. Sem noções da magnitude do tempo geológico ou da presença de fósseis nas rochas formadas antes do Cambriano, os geólogos do século XIX, impossibilitados de aplicar o princípio de sucessão fóssil a essas rochas, acabaram deixando de fora de sua magnífica escala de tempo geológico quase 7/8 da história do nosso planeta! Com o desenvolvimento da base teórica da radioatividade e o surgimento de métodos rudimentares de datação radiométrica no início do século XX, tornou-se possível, finalmente, ordenar e subdividir temporalmente as rochas do Pré-Cambriano (Figura 10.13).

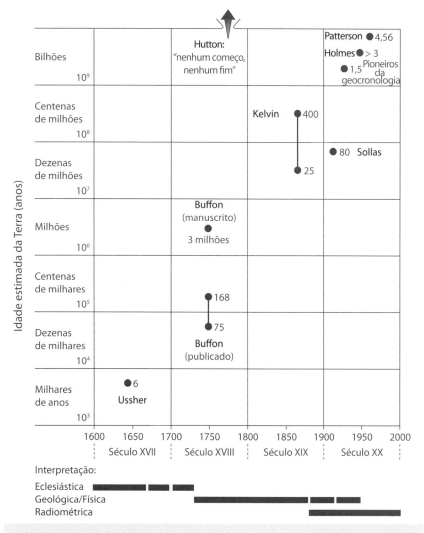

Figura 10.13 – Desenvolvimento histórico da concepção da magnitude do tempo geológico. Fonte: Modificado de Judson et al., 1987.

Capítulo 10 - Geologia e a descoberta da magnitude do tempo

10.4 Datação absoluta

Quando os geológos afirmam que determinada rocha tem uma idade de 2.500 milhões de anos ou outra, muitos ficam se perguntando como esse tipo de informação científica é possível.

Em 1896, Henry Becquerel, físico francês, constatou impressões (na verdade, emissões de raios X) deixadas numa chapa fotográfica velada por um pacote de sais de urânio colocado sobre ela. Marie e Pierre Curie descobriram que, por meio desse fenômeno, determinadas rochas e minerais emitiam, espontaneamente, quantidades constantes e extraordinárias de energia. Denominaram o fenômeno de radioatividade. Por suas descobertas e o desenvolvimento da lei da radioatividade, Marie Curie e Becquerel ganharam o prêmio Nobel de Física em 1903.

Nessa mesma época, Ernest Rutherford e seu colega Frederick Soddy também se interessaram pelo estudo das propriedades dos sistemas radioativos naturais. Descobriram que enormes quantidades de energia emitidas por pequenas quantidades de matéria representavam a emissão espontânea de partículas ou de radiações eletromagnéticas, um fenômeno natural de decaimento de elementos radioativos para outros elementos estáveis. Por extrapolação, estava explicada a origem de parte do calor interno da Terra. Rutherford também percebeu que a razão constante de desintegração de átomos de elementos radioativos instáveis poderia ser empregada como relógio natural para calcular a idade absoluta de uma rocha ou mineral. Outros cientistas no início do século XX, como Bertram Boltwood, demonstraram que a idade desses materiais poderia ser determinada radiometricamente por métodos físicos. Porém, antes de mostrarmos como é possível fazer isso, vamos revisar os conceitos da radioatividade e do decaimento radioativo.

10.4.1 Radioatividade e meia-vida de elementos químicos

Os minerais e as rochas, assim como toda a matéria sólida do nosso planeta, são constituídos por elementos químicos, que, por sua vez, são formados por átomos (nuclídeos), cujo núcleo tem um número característico de prótons e nêutrons e está rodeado por uma nuvem de elétrons. É o número de prótons que determina o número atômico (Z) do elemento químico e suas propriedades características. A soma do número de prótons e nêutrons de um átomo é, por sua vez, o seu número de massa (A). Uma mudança no número de prótons forma um novo elemento químico com estrutura atômica diferente e, consequentemente, propriedades físicas e químicas diferentes. Elementos com o mesmo número atômico, mas com diferentes números de massa, são chamados isótopos. O carbono, por exemplo, tem número atômico 6 e número de massa 12, 13 ou 14, dependendo do número de nêutrons presentes no seu núcleo (Figuras 10.14 e 10.15).

Um átomo instável se transforma em outro estável pelo decaimento radioativo, sem o envolvimento dos elétrons que rodeiam o núcleo. Por convenção, refere-se ao núcleo atômico instável (radioativo) como elemento-pai ou nuclídeo-pai e ao novo elemento, com núcleo atômico estável, como elemento-filho ou nuclídeo-filho (ou radiogênico). O processo de decaimento, por sua vez, pode ocorrer de três formas diferentes, todas resultando em mudanças da estrutura atômica: decaimento alfa, decaimento beta e decaimento por captura de elétron (Figura 10.16).

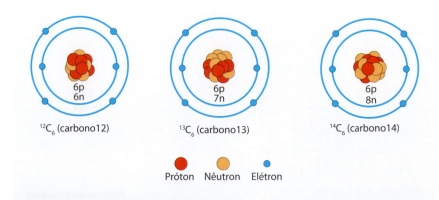

Figura 10.14 – Desenhos esquemáticos dos núcleos dos três isótopos de carbono. Todos têm o mesmo número atômico (Z = 6), que é igual ao número de prótons no núcleo, mas números de massa diferentes (A = 12, 13 ou 14), de acordo com o número de nêutrons (6, 7 ou 8) no núcleo.

Alguns elementos instáveis se transformam em estáveis por meio de um único tipo de decaimento. Por exemplo, o rubídio, ^{87}Rb (número atômico 37), decai para estrôncio, ^{87}Sr (número atômico 38), emitindo apenas uma partícula beta. Outros isótopos radioativos decaem sequencialmente por uma série de elementos radioativos intermediários até se tornarem isótopos estáveis: o urânio, ^{235}U (número atômico 92), por exemplo, decai para chumbo, ^{207}Pb (número atômico 82) após a emissão de sete partículas alfa e seis partículas beta, enquanto o ^{238}U decai para ^{206}Pb pela emissão de oito partículas alfa e seis partículas beta (Figura 10.17).

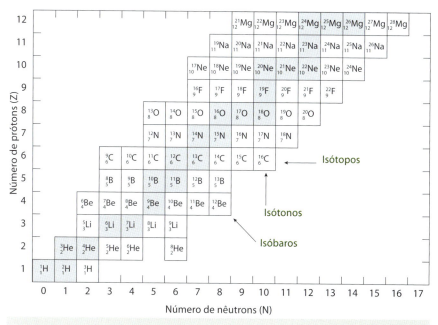

Figura 10.15 – Tabela atômica parcial de nuclídeos. Cada quadrado representa determinado nuclídeo, definido pelo número de prótons (Z) e nêutrons (N) em seu núcleo. Os quadrados sombreados representam átomos estáveis e os demais quadrados, os nuclídeos radioativos. Isótopos são átomos com o mesmo Z e diferentes valores de N. Isótonos têm o mesmo N e diferentes valores de Z. Isóbaros possuem a mesma massa (A) e diferentes valores de Z e N. Apenas os isótopos são átomos de um mesmo elemento e por isso apresentam as mesmas propriedades químicas. Fonte: Faure, G. *Principles of Isotope Geology*. 2ª ed. John Wiley & Sons, Inc., USA, 1986. p.12.

Durante o decaimento radioativo, cada elemento-pai leva determinado tempo para se transformar em elemento-filho. Experiências em laboratório mostram que as taxas de transformação (denominadas constantes de desintegração) dos radioisótopos não são afetadas por fenômenos físicos ou químicos. Isso é importante, pois assegura que a taxa de decaimento de um isótopo seja independente dos processos ou ambientes geológicos, sendo, portanto, a mesma no manto, no magma ou num mineral de rocha.

Outro ponto importante é o decaimento radioativo não depender da *massa* do material presente, mas sim da probabilidade estatística de decaimento radioativo. Assim, não importa a quantidade do elemento radioativo inicialmente presente, seja um grama ou uma tonelada; as chances do decaimento radioativo são rigorosamente iguais para todos os átomos. Este parâmetro estatístico é expresso pelo conceito da meia-vida, ou seja, o tempo necessário para que a metade dos átomos originais do elemento-pai (radioativo) se transforme em átomos estáveis do elemento-filho (radiogênico). Por exemplo, decorrido o tempo equivalente a uma meia-vida, a metade de 1000 átomos de um elemento radioativo se transformará em 500 áto-

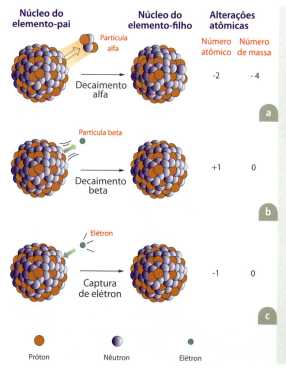

Figura 10.16 – Os três tipos de decaimento radioativo e respectivas alterações em número atômico e número de massa no nuclídeo-filho. a) No decaimento alfa, o núcleo instável perde dois prótons e dois nêutrons, diminuindo seu número atômico em dois e sua massa atômica em quatro. b) No decaimento beta, um dos nêutrons do núcleo emite um elétron, transformando-se em próton, o que aumenta o número atômico em um, sem afetar seu número de massa. c) Decaimento por captura de elétron ocorre quando um próton captura um elétron da camada de elétrons em torno do núcleo e se transforma em nêutron, diminuindo seu número atômico em um, sem alterar seu número de massa.

297

mos estáveis (radiogênicos), restando ainda 500 átomos instáveis (radioativos). Após duas meias-vidas haverá 750 átomos estáveis e apenas 250 átomos instáveis (Figura 10.18). Cada isótopo radioativo tem uma meia-vida constante e característica.

O conhecimento da meia-vida de vários dos 25 isótopos radioativos que ocorrem naturalmente e a tecnologia existente para medir a atual razão entre as quantidades de átomos-pai e de átomos-filho em materiais naturais permitem a determinação de idades radiométricas (ou absolutas) de minerais e rochas, e, em alguns casos, de fósseis e materiais biológicos (Tabela 10.3).

10.4.2. Idades radiométricas

O ramo da geologia que trata da datação de rochas é conhecido como Geocronologia. Para calcular a idade de uma rocha, mineral ou material orgânico é possível aplicar vários métodos radiométricos. A escolha depende da composição do material a ser datado, da noção geral da antiguidade da amostra e do tipo de problema geológico ou histórico sob investigação. A tabela 10.3 reúne alguns dos principais métodos radiométricos utilizados, as respectivas meias-vidas e os materiais empregados.

Geralmente são as rochas ígneas que fornecem as idades mais acuradas. Para as rochas sedimentares, é difícil determinar a idade absoluta da época de deposição porque esse tipo de rocha contém fragmentos de

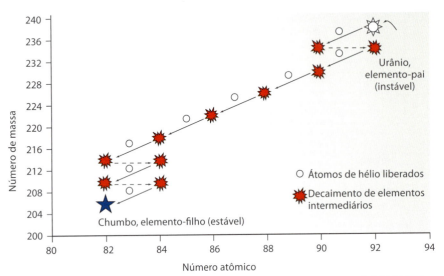

Figura 10.17 – Série de decaimento radioativo do urânio 238 ($^{238}U_{92}$) para chumbo 206 ($^{206}Pb_{82}$), cuja meia-vida é de 4,47 bilhões de anos. Nesse processo, a emissão de partículas alfa e beta transforma o urânio 238 (radioativo) no chumbo 206 (radiogênico), um elemento estável, após ter passado, momentaneamente, por um grande número de elementos intermediários, também radioativos. Cada decaimento alfa (seta para a esquerda) é acompanhado pela liberação de hélio. Fonte: C. Lewis, 2000.

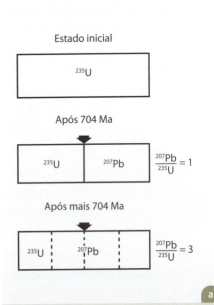
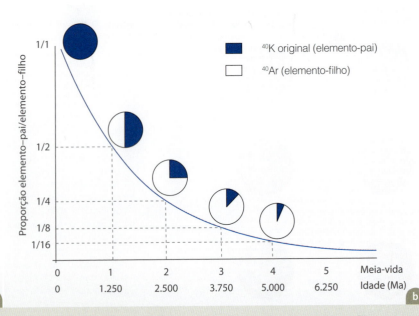

Figura 10.18 – Duas maneiras gráficas de ilustrar o conceito de meia-vida. Observar, nos dois casos, como a proporção do elemento-filho aumenta geometricamente em relação ao elemento-pai após cada meia-vida. a) Decaimento do ^{235}U para ^{207}Pb, com meia-vida de 704 milhões de anos (Ma). b) Decaimento radioativo do ^{40}K para ^{40}Ar, com meia-vida de 1.250 milhões de anos.

rochas preexistentes de diferentes idades. No caso de rochas metamórficas, as proporções entre isótopos pai e filho podem ser modificadas em função da pressão, temperatura ou circulação de fluidos associados ao metamorfismo. Embora esses fatores não influenciem na taxa de decaimento, eles podem afetar o sistema isotópico original, permitindo a perda ou ganho de elementos radioativos ou radiogênicos e perturbando o "relógio isotópico" iniciado com a formação do mineral ou rocha. Quando isso acontece, diz-se que o sistema foi "aberto". Quando as condições voltam à normalidade, o sistema se "fecha" novamente e o relógio isotópico, agora zerado, começa a funcionar mais uma vez.

Os materiais a serem datados geralmente passam por uma prepa-ração química em laboratórios especializados para depois ter as razões entre os isótopos do elemento de interesse determinadas em um espectrômetro de massa. Nesse instrumento, os íons de diferentes massas atômicas (diferentes isótopos) passam por um campo magnético que os separam em função da sua massa. Os diferentes isótopos (elementos-pai; elementos-filho) são medidos por meio de coletores de alta sensibilidade na forma de razões isotópicas para o cálculo da idade por computador.

O cálculo de idades de minerais e rochas, independente do método adotado, é feita utilizando-se da equação fundamental da geocronologia, que tem bases no processo de decaimento radioativo e é representada pela seguinte fórmula:

$$N = N_0\, e^{\lambda t}$$
$$t = (1/\lambda)\, \ln\,(N_0/N) \text{ se: } N_0 = N + F,$$
então:
$$t = (1/\lambda)\, \ln\,[1 + (F/N)]$$
onde:

N = número de átomos do isótopo radioativo (elemento-pai) medido hoje na amostra;

N_0 = quantidade inicial do isótopo radioativo no momento de sua formação em um material natural;

F = número de átomos do isótopo radiogênico (elemento-filho) medido hoje na amostra;

t = tempo decorrido desde o fechamento do sistema isotópico (idade a ser determinada);

λ = constante de desintegração do elemento-pai.

Os métodos radiométricos envolvendo isótopos com meia-vida curta são utilizados para a datação de materiais geológicos e eventos "jovens"; o ^{14}C, por exemplo, é utilizado para datação de materiais com no máximo 70 mil anos e o método [234]U-[230]Th, para datar corais e espeleotemas com idade máxima de 500 mil anos. Já os isótopos com meia-vida longa são mais utilizados para datação de rochas e processos geológicos antigos. Os principais radioisótopos de meia-vida longa empregados na geocronologia são urânio, tório, rubídio, potássio, samário, rênio e háfnio (Tabela 10.6).

Métodos para datar o passado geológico

Vários métodos radiométricos são úteis para investigar o registro geológico mais antigo da Terra. As principais técnicas utilizam [40]K-[40]Ar, [40]Ar-[39]Ar, [87]Rb-[87]Sr, séries [238]U-[206]Pb e [235]U-[207]Pb, [207]Pb-[206]Pb, [147]Sm-[143]Nd e [187]Re-[187]Os. Essas técnicas

Método	Meia-vida	Aplicação mais comum
[40]K - [40]Ar	1,25 Ga	Minerais potássicos de todos os tipos de rochas
[40]Ar - [39]Ar	1,25 Ga ([40]K)	Minerais potássicos de todos os tipos de rochas
[235]U - [207]Pb	0,704 Ga	Minerais ricos em urânio (zircão, titanita, monazita) de todos os tipos de rochas
[238]U - [206]Pb	4,47 Ga	Minerais ricos em urânio (zircão, titanita, monazita) de todos os tipos de rochas
[234]U - [230]Th	247 mil anos	Corais, espeleotemas (estalagmites, estalactites)
[147]Sm - [143]Nd	106 Ga	Rochas ígneas, metamórficas, meteoritos
[87]Rb - [86]Sr	48,8 Ga	Rochas ígneas, metamórficas, meteoritos
[187]Re - [187]Os	43 Ga	Rochas ígneas, sulfetos, meteoritos
Radiocarbono (^{14}C)	5.730 anos	Carvão, ossos, conchas, troncos, dentes, folhas fósseis, papiro, papel, água, gelo

Tabela 10.6 – Principais radioisótopos e materiais comumente utilizados nos principais métodos radiométricos de datação absoluta. Ga = giga-anos ou seja, bilhões (10^9) de anos.

se tornaram viáveis graças a avanços tecnológicos em instrumentos e na miniaturização de procedimentos químicos, entre outros. A harmonia no emprego das técnicas decorre de suas especificidades e aplicações: a geocronologia vale-se dessa estratégia para conhecer a história geológica do nosso planeta, inclusive seu passado remoto.

O método K/Ar (Tabela 10.6) faz uso de dois isótopos: o isótopo ^{40}Ar, que é o elemento-filho produzido pelo isótopo radioativo ^{40}K. Conhecendo-se a meia-vida e medindo-se as quantidades de cada isótopo em um mineral, é possível calcular sua idade. Este método tem sido muito útil porque o potássio é um dos elementos químicos mais comuns em minerais de rochas da crosta continental (ver capítulo 5). Por outro lado, o argônio é um gás nobre que não participa de ligações químicas. Como tal, fica aprisionado apenas fisicamente no retículo cristalino quando o mineral se cristaliza. Durante o resfriamento da hornblenda, por exemplo, seu retículo se fecha em torno de 500 °C; na biotita isto acontece próximo a 300 °C. Se o mineral for novamente aquecido a temperaturas mais altas, o retículo cristalino se abre, permitindo o escape ou, eventualmente, a entrada de argônio por difusão. A temperatura em que o sistema isotópico se fecha, e por consequência, dá início ao funcionamento do "relógio" radiométrico desse método, é conhecida como temperatura de bloqueio, que é diferente para cada mineral da rocha. Assim, as idades fornecidas pelo método K-Ar nos dois casos referem-se à última vez em que a hornblenda esteve a 500 °C e a biotita a 300 °C dentro da crosta. Dessa forma, o método K-Ar tem se mostrado muito útil para retratar a cronologia de resfriamento de rochas ígneas, o término de processos metamórficos e o soerguimento da crosta, entre outras aplicações. A aplicação do conceito de temperaturas de bloqueios diferenciados está exemplificada na figura 10.19.

Avanços tecnológicos introduziram recentemente uma variante do método K-Ar: o método ^{40}Ar-^{39}Ar (Tabela 10.6). Essa técnica permite determinações muito precisas de idades radiométricas a partir da fusão pontual a *laser* de cristais individuais de minerais potássicos para liberar o argônio acumulado no retículo cristalino. Além de muito preciso, este método é aplicável a um enorme espectro de problemas geocronológicos envolvendo processos geomorfológicos e intemperismo, investigações arqueológicas, aspectos cronológicos de bacias sedimentares petrolíferas, episódios tectônicos (como falhamento e cisalhamento), épocas metalogenéticas, vulcanismo, meteoritos e eventos de extinção, entre outras aplicações.

Outro método radiométrico muito utilizado, especialmente para datação de minerais antigos, é o método U-Pb (Tabela 10.6). Este baseia-se no decaimento de dois isótopos radioativos de urânio, ^{235}U e ^{238}U, que geram, respectivamente, os isótopos radiogênicos, ^{207}Pb e ^{206}Pb. Cada par (^{235}U-^{207}Pb e ^{238}U-^{206}Pb) fornece uma

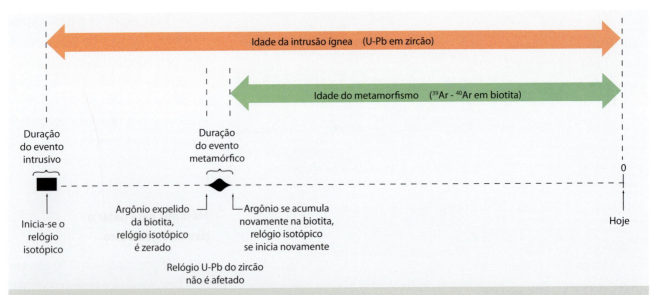

Figura 10.19 – Interpretando a história de um granito metamorfisado por meio dos "relógios isotópicos". As setas representam o intervalo de tempo desde que eventos do passado afetaram os diversos "relógios isotópicos" no granito metamorfisado. Neste exemplo, o metamorfismo reiniciou o "relógio" ^{39}Ar/^{40}Ar da biotita sem, no entanto, afetar o "relógio" U-Pb do zircão. Assim, a datação U-Pb fornece a idade do granito e a datação ^{40}Ar/^{39}Ar, a do metamorfismo. A idade do evento metamórfico também pode ser obtida por outros métodos, como o Sm-Nd em minerais e o Rb-Sr em rocha-total. Fonte: Adaptado de L. E. Long, 1999.

idade independente e quando as duas coincidem, são chamadas de idades concordantes. Lançados em gráfico de ^{238}U-^{206}Pb vs. ^{235}U-^{207}Pb, os pontos representando as idades concordantes definem a curva concórdia (Figura 10.20). Porém, quando não coincidem, as idades calculadas são chamadas de idades discordantes. Esta situação geralmente ocorre por causa das perdas de Pb do mineral. No caso de haver várias análises, os pontos referentes às respectivas razões isotópicas dos dois pares geocronológicos podem se alinhar numa reta denominada discórdia. No gráfico ^{238}U-^{206}Pb vs. ^{235}U-^{207}Pb a intersecção da reta com a curva concórdia é interpretada como a idade de cristalização dos minerais datados, uma vez que este ponto representa a concordância em idade para ambos os sistemas da série de urânio.

Atualmente, o método U-Pb é considerado um dos mais precisos para datar eventos ígneos e metamórficos, assim como as rochas-fontes de material detrítico de rochas sedimentares. Por esse motivo, o método é muito utilizado na calibração da escala do tempo geológico.

No método U-Pb são utilizados minerais que contêm urânio no seu retículo cristalino. Estes minerais, principalmente o zircão (Figura 10.21), possuem um retículo cristalino muito resistente a alterações posteriores, retendo com eficiência tanto os elementos-pai (urânio) como os elementos-filho (chumbo). Além disso, o zircão apresenta temperaturas de bloqueio muito altas para o sistema isotópico U-Pb: cerca de 800 ºC. Outros minerais utilizados possuem temperaturas menores, entre 650 ºC e 700 ºC para titanita; e cerca de 650 ºC para monazita. Por esses motivos, cristais de zircão em rochas metamórficas derivadas de rochas ígneas podem conservar o registro de sua idade de cristalização original. Por outro lado, a titanita e a monazita são geralmente empregadas para determinar a cronologia de eventos superpostos, como o metamorfismo.

Os recentes avanços tecnológicos e laboratoriais envolvendo o método U-Pb possibilitaram determinações precisas em cristais minúsculos de zircão, ou até em partes diferentes de cristais individuais exibindo evidências de um ou mais eventos de crescimento secundário. Utiliza-se para isto uma microssonda iônica de alta resolução analítica, o SHRIMP (*sensitive high resolution ion microprobe*), que permite datar a cristalização ígnea original do mineral bem como os eventos posteriores responsáveis pelo sobrecrescimento mineral nas bordas do cristal original (Figura 10.21).

A aplicação desta técnica a grãos detríticos de zircão do conglomerado Jack Hills da Austrália revelou que se tratam dos minerais mais antigos já encontrados em nosso planeta com idades entre 4,1 e 4,4 bilhões de anos. Portanto, representam os produtos de erosão de uma área-fonte de crosta continental ainda não identificada. É provável que as rochas originais não existam mais por causa das grandes transformações da crosta terrestre ao longo de bilhões de anos. A rocha mais antiga encontrada

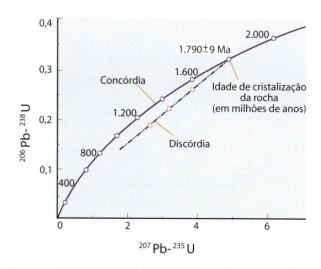

Figura 10.20 – Diagrama Concórdia. Quando a amostra datada, neste caso cristais de zircão, fornece idades discordantes, a idade de cristalização pode ser obtida pelo intercepto da reta discórdia (construída a partir dos dados obtidos) com a curva concórdia.

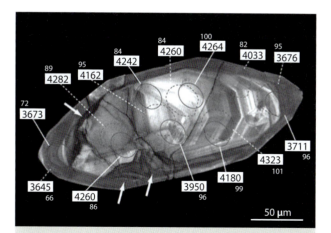

Figura 10.21 – Fotografia de um dos mais antigos cristais de zircão da terra. Através de técnicas de datação precisa, sabemos a história geológica deste grão de zircão proveniente da Formação Jack Hills do sudoeste da Austrália. Como demonstrado pelas idades das diferentes partes deste cristal (retângulos brancos), este grão começou a se formar há mais de 4,2 bilhões de anos. Durante 600 milhões de anos, o cristal continuou a crescer em eventos ígneos e metamórficos. Escala = 50 micrômetros. Fonte: A. J. Cavosie *et al.*, 2004.

até agora na Terra é o gnaisse Acasta, localizado numa remota região do Canadá, cujos zircões datados pelo método U-Pb SHRIMP indicaram idade de 4,03 bilhões de anos.

Outro avanço recente emprega aparelho de espectrometria de massa acoplado a laser, conhecido pela sigla LA-ICP-MS, que se destaca por sua capacidade de obter grande número de idades radiométricas rapidamente por meio de análises isotópicas pontuais em minerais com urânio.

Idades de cristalização ígnea, de metamorfismo ou da sedimentação de rochas carbonáticas podem ser obtidas também de amostras não de minerais individuais, mas da rocha-total, ou em determinados casos, de várias amostras de um mesmo afloramento. Isso pode ser feito, por exemplo, lançando em um diagrama binário os pontos referentes às razões $^{87}Sr/^{86}Sr$ e $^{87}Rb/^{86}Sr$ (Figura 10.22). Se, de fato, as amostras analisadas forem da mesma idade, todas terão se cristalizado com a mesma razão inicial de isótopos de Sr, e os pontos deverão se alinhar numa reta, chamada de isócrona. Sabendo-se o ângulo de inclinação da reta e a constante de decaimento do ^{87}Rb, será possível calcular a idade do conjunto de amostras da rocha e sua razão $^{87}Sr/^{86}Sr$ inicial.

Outros radioisótopos têm sido aplicados em estudos da evolução do manto, fazendo uso das rochas ígneas. É o caso, por exemplo, da geoquímica isotópica que utiliza os sistemas Rb-Sr, Pb-Pb e Sm-Nd (ver tabela 10.3), muitas vezes em conjunto. Esta abordagem aproveita o fato de esses sistemas demonstrarem comportamentos isotópicos contrastantes quando se tratam de materiais derivados diretamente do manto ou reciclados da crosta. No caso do método Sm-Nd, as idades obtidas podem ser utilizadas em complemento às idades U-Pb, para caracterização da natureza de eventos maiores envolvendo a mistura e contaminação mútua de rochas e materiais da crosta, e do manto.

Outras técnicas, como a Re-Os, são mais específicas para estudos da gênese de minérios e rochas magmáticas.

Em virtude das diferenças no comportamento químico do ^{187}Re e ^{187}Os durante processos magmáticos, as razões Re/Os em rochas da crosta, como granito ou basalto, são muito maiores que em rochas do manto. Tal característica causa o enriquecimento da crosta com ^{187}Os radiogênico produzido pelo decaimento radioativo do ^{187}Re, em decorrência da evolução geológica. Como tal, esse método, ao comparar a quantidade dos dois isótopos, atua como um indicador sensível de processos de "contaminação" de magmas do manto que assimilam rochas crustais por fusão. Contudo, esse método tem uso bastante restrito face às complexidades laboratoriais inerentes e à dificuldade na obtenção de análises precisas.

Métodos para datar o passado recente

O método radiocarbono de datação foi desenvolvido no início dos anos 1950 por J. W. Libby, como consequência de métodos experimentais pioneiros iniciados 15 anos antes por F. N. Kurie na Universidade de Yale (EUA), ao descobrir a formação do $^{14}C_6$ a partir do $^{14}N_7$. O método fundamenta-se na quantificação da atividade do ^{14}C em materiais contendo carbono que originalmente interagiram com o gás carbônico na atmosfera.

Todos os seres vivos mantêm uma proporção constante de carbono instável (radiativo) e carbono estável. O carbono possui três isótopos: ^{12}C e ^{13}C, estáveis, e ^{14}C, radioativo. Esse último forma-se na atmosfera superior pela colisão de raios cósmicos, que são partículas de alta energia, com átomos de ^{14}N, conforme ilustrado na figura 10.23. O ^{14}C radioativo decai novamente para o ^{14}N, com uma meia-vida de 5.730 anos

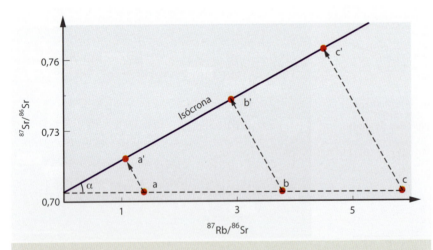

Figura 10.22 – Diagrama isocrônico Rb-Sr. No momento do fechamento do sistema isotópico Rb-Sr no passado, as amostras a, b e c apresentaram valores iguais do isótopo estável ^{86}Sr, mas valores diferentes do isótopo radioativo ^{87}Rb, representado pela linha tracejada. Com o decaimento do ^{87}Rb, estas amostras apresentam valores atuais de a', b' e c'. A reta definida por estes pontos, a isócrona, terá um ângulo, α, diretamente proporcional à idade da amostra, que pode ser calculada pela equação: $tg\alpha = (e^{\lambda t} - 1) = \lambda t$; portanto, $t = tg\alpha /\lambda$. O intercepto da isócrona com o eixo $^{87}Sr/^{86}Sr$ define a razão inicial de Sr no sistema, $(^{87}Sr/\lambda\,^{86}Sr)_i$, que permite inferir a origem (no manto ou crosta) do material analisado.

(Tabela 10.3). Na medida em que se forma na alta atmosfera, o ^{14}C se combina com o oxigênio para formar dióxido de carbono (como acontece também com os demais isótopos de carbono). O CO_2 circula na atmosfera e hidrosfera, onde é absorvido e continuamente renovado em plantas e animais. Assim, a razão $^{14}C/^{12}C$ mantém-se praticamente constante enquanto o organismo viver. Ao morrer, o organismo deixa de absorver o ^{14}C e a razão $^{14}C/^{12}C$ começa a diminuir a uma taxa conhecida em função do decaimento radioativo, estabelecendo uma espécie de cronômetro geocronológico. Quanto mais tempo passar após a morte do organismo, menor será a quantidade de ^{14}C preservada. Pela medição precisa da razão entre o carbono radioativo e carbono estável é possível saber quando o organismo morreu.

Uma vez que a taxa de desintegração do ^{14}C é relativamente rápida, o método radiocarbono dificilmente fornece resultados satisfatórios em materiais mais antigos que 70 mil anos. Não tem alcance temporal maior porque após 12 meias-vidas (ou 69 mil anos), somente 0,02% do carbono radioativo permanece. Mesmo assim, constitui uma poderosa ferramenta que permitiu, pela primeira vez, a datação de materiais orgânicos, como ossos, conchas, dentes, troncos, folhas e até carvão de fogueiras pré-históricas. Por isso, revolucionou investigações da história do homem e das mudanças climáticas do passado recente.

Uma das formas de confirmar as idades obtidas pelo método ^{14}C, dependendo dos materiais disponíveis para análise, é a dendrocronologia, a datação de troncos de árvores, pela contagem e medição da espessura dos anéis de crescimento. A variação na espessura dos anéis reflete o ciclo anual das estações e também mudanças climáticas de mais longa duração. Assim, o confronto do espectro de anéis preservado num artefato arqueológico com padrões já conhecidos para os últimos seis ou sete milênios revela não só a idade da peça, como também as características do clima na época de sua confecção.

A meia-vida curta de alguns elementos da série de desintegração do ^{238}U torna-os úteis para a datação do passado recente da Terra. Por exemplo, o decaimento do ^{234}U para o ^{230}Th tem sido aplicado em estalagmites para fins da cronologia das mudanças de clima registradas pelo crescimento delas em cavernas (ver capítulo 7). O método também permite datar corais em recifes até o limite de 500 mil anos.

Outra alternativa para a datação de eventos geológicos relativamente recentes é o método de traços de fissão, que pode ser empregado em minerais que contêm urânio. Durante o decaimento de urânio, partículas subatômicas são emitidas com tamanha energia que danificam o cristal hospedeiro, deixando trilhas, denominadas de "traços da fissão". Esses traços podem ser realçados com ácido em laboratório e analisados com o auxílio de um microscópio óptico. Após a contagem dos traços, o mineral é irradiado com nêutrons para provocar o decaimento total do urânio que sobrou no cristal e gerar uma quantidade adicional de traços. Como traços de fissão podem ser obliterados acima de certas temperaturas, a razão entre o número de traços produzidos pela irradiação e naturalmente (traços fósseis) é uma função do tempo que passou desde o último evento geológico que apagou os traços antigos. No mineral apatita, por exemplo, os traços se apagam quando

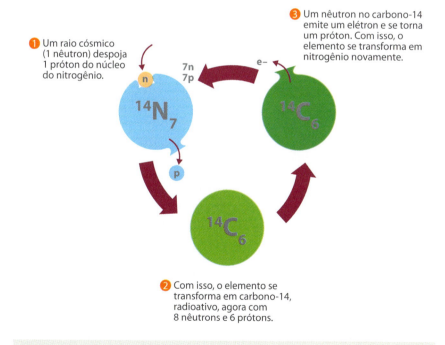

Figura 10.23 – Formação do ^{14}C. Um nêutron (raio cósmico) desloca um próton do núcleo de um átomo de ^{14}N e toma seu lugar, transformando o elemento em ^{14}C, um elemento radioativo. O ^{14}C se combina com oxigênio e pode ser incorporado em organismos por fotossíntese e passado de organismo para organismo ao longo da cadeia alimentar. Enquanto o organismo viver, a proporção de ^{14}C em seus tecidos permanecerá a mesma. Após a morte, entretanto, o ^{14}C decai, sem substituição, com meia-vida de 5.370 anos. Assim, o carbono-14, radioativo, se transforma em nitrogênio, estável.

a temperatura atingir 100 °C, uma temperatura comumente excedida durante eventos tectônicos, como falhamentos e soerguimento de montanhas. Análises dos traços de fissão em cristais de apatita expostos em planos de falha nas rochas da Serra do Mar no Sudeste do Brasil estão revelando detalhes da formação do relevo da região, mesmo antes do desenvolvimento do oceano Atlântico Sul, a partir de 130 milhões de anos.

10.4.3 Idade da Terra

Desde sua origem no início do século XX, a geocronologia sempre buscou estabelecer a verdadeira idade da Terra. Geólogos, biólogos, físicos e astrônomos todos estavam à procura de um "relógio" que satisfizesse esse objetivo. Contudo, as rochas primordiais foram destruídas durante as sucessivas transformações geológicas que afetaram nosso planeta. Muitos abandonaram a empreitada, mas outros não. Arthur Holmes, um geocronólogo inglês, foi o mais obstinado pesquisador nessa busca, iniciando uma carreira de mais de 50 anos antes da Primeira Guerra Mundial e enfrentando com perseverança incomum todos os obstáculos, desde técnicos, financeiros e pessoais até opositores científicos. Utilizando a lei da radioatividade e métodos experimentais para medir a taxa de decaimento do urânio para o chumbo em minerais uraníferos, Holmes conseguiu calcular a idade das rochas e esclarecer as implicações para a escala do tempo geológico e para a própria idade da Terra. Apesar das dificuldades técnicas de medições precisas em seus experimentos, ele anunciou em 1946 que o nosso planeta tinha no mínimo uma idade de 3 bilhões de anos.

Em 1956 Claire Patterson, outro que perseguiu obstinadamente essa meta, desenvolveu um trabalho árduo com o método ^{207}Pb-^{206}Pb, uma variante do método U-Pb, em um laboratório especialmente "esterilizado" para evitar contaminação por chumbo atmosférico presente no ar. Assim, após anos de trabalho, conseguiu medir precisamente as razões isotópicas de Pb em amostras de meteoritos cuidadosamente selecionadas e calcular finalmente a idade da Terra. Patterson partiu da premissa de que a idade da Terra deveria ser igual a dos meteoritos, uma vez que nosso planeta e esses corpos errantes do espaço originaram-se na mesma época, junto com toda a matéria do Sistema Solar (ver capítulo 1). Concluiu que o sistema isotópico nos meteoritos deve ter tido evolução similar à das rochas terrestres e ter se mantido fechado a perdas ou ganhos de átomos pai e filho desde que se formou. Logo, sua idade teria de ser igual à da Terra. Patterson datou dois meteoritos férricos e três líticos, obtendo uma isócrona com idade de 4,55 ± 0,07 bilhões de anos (Figura 10.24), que ele deduziu ser a idade da Terra também. Para testar a hipótese de uma origem em comum, lançou, no mesmo gráfico, as composições isotópicas de Pb obtidas em sedimentos marinhos jovens do fundo oceânico do Pacífico, que ele julgou representativos da própria composição média da crosta terrestre. O alinhamento perfeito dos dados dos sedimentos com os dos meteoritos demonstrou, pela primeira vez, que a idade, origem e evolução desses isótopos de chumbo são idênticas. Ou seja, os meteoritos e a Terra originaram-se juntos, a partir do mesmo material solar. Décadas de investigações radiométricas subsequentes em outros meteoritos, utilizando inclusive outros métodos (^{40}Ar-^{39}Ar e Sm-Nd, Re-Os), corroboraram os resultados obtidos por Patterson, sendo 4,566 bilhões de anos o valor atualmente aceito para a origem da Terra.

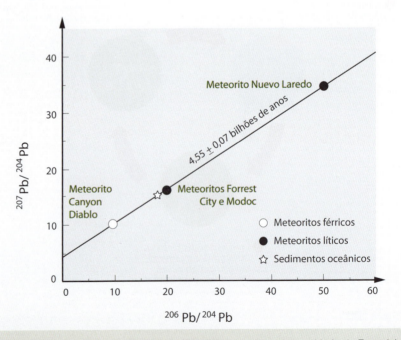

Figura 10.24 – Diagrama ^{207}Pb/^{204}Pb *vs.* ^{206}Pb/^{204}Pb que determinou a idade da Terra. Inicialmente, Claire Patterson construiu esta isócrona baseada nos isótopos de chumbo em meteoritos líticos e férricos. Em 1956, ao mostrar que a assinatura isotópica de chumbo em sedimentos oceânicos modernos caía na mesma linha, ele provou que a Terra e os meteoritos tinham a mesma idade e origem. Fonte: C. Patterson, 1956.

10.5 A aferição da escala do tempo geológico

A escala do tempo geológico permite-nos a organizar os eventos de toda a história terrestre em seus períodos de tempo mais importantes.

Os fundamentos básicos dessa escala foram consolidados por geólogos e paleontólogos no século XIX e início do século XX. A aplicação dos princípios de Steno e Hutton e a integração de dados experimentais e observações geológicas e paleontológicas, juntas, levaram à descoberta das relações temporais e geológicas entre pacotes rochosos pelo mundo e, no fim deste período, ao desenvolvimento de métodos de datação absoluta.

Após a primeira década de estudos geocronológicos, uma aferição mais confiável e compatível da dimensão concreta do tempo geológico emergiu a partir dos estudos de Holmes (que culminariam, 40 anos mais tarde, com o estabelecimento da idade da Terra por Patterson) (Figura 10.25). Antes de 1920, datações radiométricas e correlações fossilíferas já estimavam para o éon Fanerozoico uma duração entre 550 e 700 milhões de anos. Do mesmo modo, já se sabia que a duração do Pré-Cambriano excedia em várias vezes a do Fanerozoico.

Nas últimas décadas do século XX e no início do século XXI, muitas das lacunas e imprecisões temporais que existiam em relação às épocas e períodos do éon Fanerozoico e aos limites dos éons Hadeano, Arqueano e Proterozoico têm sido solucionadas por descobertas geológicas, apoiadas por idades relativas e datações absolutas cada vez mais precisas em rochas ígneas, metamórficas e sedimentares. Além disso, a possibilidade da correlação mundial de determinados eventos geológicos e peculiaridades do registro geológico têm sido reconhecidas em função do melhor conhecimento da evolução terrestre, da planetologia comparada e da relação temporal de fenômenos como orogêneses e regimes tectônicos, ciclos de formação e dispersão de supercontinentes (ver capítulo 3), aparição dos primeiros oceanos, estabelecimento da atmosfera oxidante, registros evolutivos da expansão e extinção da vida, entre tantas outras evidências geológicas importantes (ver capítulo 20).

10.6 O homem e o tempo geológico

Como ironizada por Mark Twain no início do capítulo, a curta duração de uma vida humana, de poucas décadas, ou mesmo da história milenar das civilizações, dificulta conceber a magnitude temporal dos 4,56 bilhões de anos de idade do nosso planeta.

O que realmente significa este intervalo de tempo para nós? A princípio, é importante lembrar que a nossa própria presença na Terra é fruto dessa longa história geológica e é condicionada e sustentada pela ininterruptas interações estabelecidas nesse período entre litosfera, hidrosfera, atmosfera e biosfera (ver capítulo 4).

A evolução do conceito de tempo geológico – do tempo profundo – deu-se em diversas etapas nos últimos quatro séculos. No século XVII, aceitava-se a explicação bíblica para a criação da Terra em poucos dias, há poucos milhares de anos atrás. No crepúsculo do século XVIII, com as palavras "nenhum vestígio de um começo, nenhuma perspectiva de um fim", Hutton acenou com a possibilidade de uma Terra imensuravelmente velha, pautada por sucessivos processos cíclicos *ad infinitum*. Na segunda metade do século XIX, geólogos e físicos, fortemente influenciados pelos modelos precisos propostos por Kelvin, admitiram uma idade para a Terra de dezenas a poucas centenas de milhões de anos. Com a descoberta e refinamento analítico dos métodos de datação radiométrica, durante os séculos XX e XXI, tornou-se possível, finalmente, estabelecer a idade da Terra em 4,566 bilhões de anos. Assim, ao termos vislumbrado o profundo abismo do temporal e a vastidão do espaço, estamos também acompanhando simbolicamente a saga de Copérnico, Galileu, Kepler, Hutton, Smith, Darwin, Holmes, Patterson e muitos outros, e percebemos nossa pequenez diante da dimensão do tempo geológico e a grandeza da natureza.

Leitura recomendada

EICHER, D. L. *Tempo Geológico*. São Paulo: Edgard Blücher/EDUSP, 1969. 173 p.

FAUL, H. A history of geologic time. *American Scientist*, v. 66, n. 2, p. 159-65, 1978.

GOHAU, G. *História da Geologia*. Portugal: Europa-América, 1987. 204 p. (Coleção Fórum da Ciência, 2)

LEWIS, C. *The dating game: searching for the age of the Earth*. Cambrigde: Cambridge University Press, 2000. 253 p.

LONG, L. E. *Geology*. 9th ed. Boston, Ma.: Pearson Custom Publishing, 1999. 558 p.

MENDES, J. C. *Paleontologia básica*. São Paulo: T. A. Queiroz/EDUSP, 1988. 347 p.

PRESS F.; SIEVER, R.; GROTZINGER, J.; JORDAN, T. H. *Para entender a Terra*. 4. ed. Tradução Menegat, R. Porto Alegre: Bookman, 2006. 656 p.

SCHOPF, J. W. (Ed.). *Major events in the history of life*. Boston: Jones and Bartlett Publishers, 1992. 190 p.

STEINER, C.; FOX, H., A.; VENKATAKRISNAN, R. *Essentials of geology*. New York: Worth Publishers, 1997. 411 p.

Capítulo 11

Processos fluviais e lacustres e seus registros

Claudio Riccomini, Renato Paes de Almeida, Paulo César Fonseca Giannini, Fernando Mancini

Sumário

11.1 Bacias de drenagem
11.2 Rios
11.3 Leques aluviais e deltaicos
11.4 Depósitos aluviais no registro geológico
11.5 Lagos

Entre as consequências mais importantes do ciclo hidrológico estão os rios e lagos, e o homem sempre se beneficiou dessas águas superficiais para sua preservação e sua manutenção. Rios e lagos são por definição os sistemas que comportam a água doce na superfície do planeta. São fundamentais para o escoamento das águas das chuvas, o transporte dos sedimentos do continente para o mar, para o transporte de nutrientes e organismos essenciais para a biosfera, e como *habitat* para muitas espécies de animais e plantas. Para o ser humano tem importância vital, seja como fontes de água potável e para irrigação, como vias de transporte (Figura 11.1), e como supridores de recursos alimentares, pois a existência de terras férteis nas planícies de inundação situadas às margens dos rios permite o cultivo em larga escala desde os primórdios da civilização. Não foi sem razão que o historiador Heródoto afirmou que o Egito é uma dádiva do Nilo, em alusão ao célebre rio, berço de uma das mais importantes civilizações da história. São também fontes de energia para usinas hidrelétricas e elementos importantes para recarga do lençol freático (ver capítulos 17 e 18). Por outro lado, as inundações associadas aos rios constituem um dos principais acidentes geológicos, acarretando perdas de vidas e grandes prejuízos aos habitantes de suas várzeas.

Rios, no sentido geral, são cursos naturais de água doce, com canais definidos e fluxo permanente ou intermitente para um oceano, lago ou outro rio. Dada a sua capacidade de erosão, transporte e deposição, os rios são os principais agentes de transformação da paisagem dos continentes, modificando continuamente o relevo, formando cachoeiras, corredeiras e membros na planície, até chegarem em sua foz, onde dão origem aos deltas.

Figura 11.1 – Vista aérea do Porto de Manaus. Foto: S. Jorge/Abril Imagem/Conteúdo Expresso.

Mas, quais são os processos geológicos associados aos rios? Esses processos são denominados processos fluviais e, num sentido mais amplo, enquadram-se no conjunto de processos aluviais. Os processos aluviais compreendem a erosão, o transporte e a sedimentação em rios, leques aluviais e leques deltaicos. Os leques aluviais são assim designados em virtude de sua forma de meia-lua em planta. São formados a partir de pontos em que drenagens confinadas em regiões montanhosas cortam escarpas íngremes, convertem-se em canais distributários (que se bifurcam em vez de confluírem) ou fluxos não canalizados, e atingem a planície da bacia onde dispersam radialmente a carga de sedimentos transportada. Nos casos em que os leques aluviais avançam diretamente para o interior de um corpo de água (lago ou mar) eles são denominados leques deltaicos.

Sistemas aluviais transportam material trazido de áreas elevadas, na forma de partículas derivadas da erosão e de íons resultantes da dissolução de minerais. O transporte das partículas ocorre tanto individualmente, na forma de carga sedimentar suspensa (partículas mais finas) e de fundo (fragmentos maiores) em canais fluviais, quanto coletivamente, por fluxos de detritos coesivos, típicos dos leques aluviais. Apesar de haver importante transporte de íons em sistemas aluviais, seus depósitos apresentam natureza clástica, sendo os íons carreados até o oceano ou lago no qual o sistema aluvial desagua. Em sistemas aluviais, sedimentos químicos podem ocorrer localmente, como crostas e concreções de calcita (calcretes) desenvolvidas em paleossolos e como evaporitos em lagos temporários (*playas*) situados ao pé dos leques.

Lagos são massas d'água situadas em depressões do terreno e sem conexão com o mar. As dimensões dos lagos são variáveis, existindo pouco mais de 250 com área superior a 500 km^2. Atualmente, os lagos ocupam apenas 2% da superfície terrestre e comportam cerca de 0,02% das águas superficiais. Esses números não refletem, entretanto, a importância ecológica e econômica dos lagos. Além disso, pelo fato de serem depressões nas quais é favorecida a acumulação de expressivas pilhas de sedimentos, os lagos guardam também os mais completos registros das mudanças climáticas ocorridas no planeta, representados nas rochas e seus fósseis

Neste capítulo, trataremos dos aspectos essenciais dos rios, dos processos aluviais e dos sistemas lacustres. Inicialmente, serão abordadas as bacias de drenagem. Em seguida, apresentaremos as principais formas de classificação de rios e leques aluviais e passaremos, então, ao estudo dos depósitos aluviais no registro geológico. Analisaremos também as inundações que constituem o principal acidente geológico relacionado aos rios, com sérias implicações para a atividade humana em muitas regiões do mundo. Por fim, serão discutidos aspectos da classificação de lagos e características de depósitos lacustres.

Curiosidade

No início de 2008 técnicos do Instituto Nacional de Pesquisas Espaciais (Inpe) concluíram que o rio Amazonas, além de ser o mais caudaloso do mundo, é também o maior em comprimento. Das suas nascentes, no Peru, até sua foz, nas vizinhanças da ilha do Marajó, o Amazonas percorre mais de 6.992 km, superando em 140 km o Nilo, cujo comprimento é de 6.852 km.

Capítulo 11 - Processos fluviais e lacustres e seus registros

11.1 Bacias de drenagem

Os cursos d'água são os principais componentes das bacias de drenagem. A bacia de drenagem de um determinado rio inclui todos os afluentes que deságuam na drenagem principal e eventuais lagos associados a esse sistema.

Uma bacia de drenagem é separada das bacias de drenagem vizinhas por divisores de águas, ou seja, elevações topográficas, como as serras da Canastra e da Mantiqueira, no Sudeste do Brasil. As bacias de drenagem podem atingir grandes extensões territoriais, como é o caso dos rios Amazonas (na parte norte da América do Sul), com cerca de 5.780.000 km² (Figura 11.2), Congo (na região central da África), com pouco mais de 4.000.000 km² e Mississipi (na região centro-leste dos Estados Unidos), com cerca de 3.220.000 km².

Ao longo do trajeto de um rio há trechos nos quais prevalecem processos de erosão do substrato e outros de predomínio da deposição de sedimentos previamente erodidos. Se um rio hipotético percorresse todo seu trajeto sem erodir seu leito nem depositar sedimentos, o leito desse rio seria coincidente com seu perfil de equilíbrio. Se, em um determinado trecho, o leito de um rio encontra-se acima do perfil de equilíbrio, como no caso de uma cachoeira, o rio irá erodir o substrato até alcançar seu perfil. Se o leito fluvial real estiver abaixo do perfil de equilíbrio, o rio irá depositar sedimentos até que seu leito atinja o perfil de equilíbrio. O perfil de equilíbrio é ajustado ao nível do corpo de água no qual o rio deságua, que pode ser o oceano (Figura 11.3), um lago ou uma drenagem de maior porte. Esse nível é denominado nível de base (ver capítulo 7). Modificações no nível de base, como elevações ou quedas do nível dos oceanos, causam deslocamento do perfil de

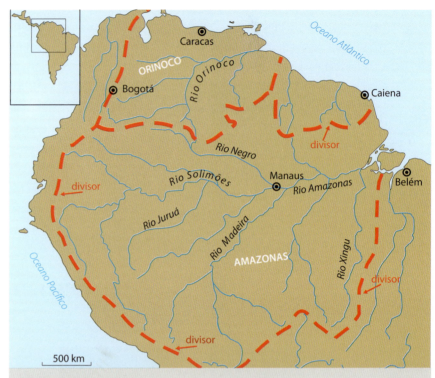

Figura 11.2 – Bacias de drenagem dos rios Amazonas e Orinoco.

equilíbrio dos rios, fazendo com que o rio passe a depositar ou erodir com maior velocidade ou em maiores trechos. Ao longo dos rios podem existir também rupturas de declive, causadas por falhas ou rochas mais resistentes, e são locais onde se desenvolvem corredeiras e cachoeiras. Esses locais atuarão como níveis de base locais (Figura 11.4), até que a erosão consiga removê-los.

O rebaixamento do nível de base de um rio provoca o aprofundamento de seu leito, com a consequente erosão de sedimentos anteriormente depositados. As formas deposicionais tabulares deixadas no antigo nível do rio, elevadas em relação ao novo nível, são designadas de terraços fluviais. Elas podem ser eventualmente submersas durante as cheias.

Soerguimento de grandes áreas por atividade tectônica também resulta em elevação do leito dos rios em relação a seu perfil de equilíbrio, aumentando a erosão. Da mesma forma, rebaixamento (subsidência) de grandes áreas causa deposição acelerada. Essas grandes áreas que sofrem ou sofreram subsidência são ou fazem parte das bacias sedimentares. Apesar de longos trechos da grande maioria das bacias de drenagem estarem em áreas elevadas, apenas os depósitos fluviais das bacias sedimentares são preservados e encontrados no registro geológico.

O perfil de equilíbrio também pode sofrer ajustes horizontais. Os rios podem estender seus cursos à jusante (no sentido para onde correm) pelo avanço da linha de costa rumo ao mar ou a um lago, com a deposição de sedimentos por eles trazidos, formando deltas. A ampliação do curso dos rios a montante (no sentido de onde eles vêm) ocorre por meio do processo conhecido como erosão remontante, que acontece pelo fato de que nas cabeceiras das drenagens estão situadas as porções de maior declividade e, portanto, de maior energia e maior capacidade de erosão. A erosão remontante, em certos casos, pode romper a barreira do divisor de águas, promovendo a ligação entre cursos fluviais de duas diferentes bacias de drenagem. Este fenômeno, denominado captura de drenagem, também pode ser causado por atividade tectônica (Figura 11.5).

Excepcionalmente, rios de grande porte podem não chegar ao oceano ou a um lago, terminando em amplas bacias em regiões áridas do interior dos continentes. Esse tipo de sistema é caracterizado por drenagens distributárias que compõem leques aluviais de grandes dimensões (megaleques), onde, em função da infiltração das águas no substrato, das altas taxas de evapotranspiração e da baixa pluviosidade, toda a água é perdida antes de chegar a um corpo de água maior. Um notável exemplo é o rio Okavango, em Botswana, cujas águas são evaporadas ao atingir o deserto do Kalahari, na África.

Figura 11.3 – O rio Amazonas transporta um monumental volume de sedimentos para o mar. Na sua foz tem-se uma extensa pluma de sedimentos finos em suspensão (porção avermelhada na parte superior da foto) e o desenvolvimento de um expressivo cone submarino, sem qualquer tipo de construção emersa. Fonte: Google Earth.

Figura 11.4 – As cataratas do Iguaçu, desenvolvidas em basaltos cretáceos da bacia do Paraná, constituem um nível de base local para o rio Iguaçu, afluente do Paraná. Foto: C. Riccomini.

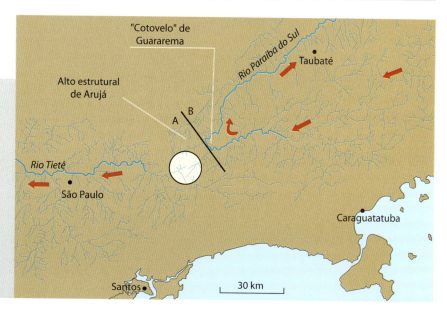

Figura 11.5 – O desvio das cabeceiras do rio Tietê para a bacia de drenagem do rio Paraíba do Sul é um dos mais notáveis exemplos conhecidos de captura de drenagem. Previamente ao soerguimento do alto estrutural de Arujá, ocorrido no Terciário, as cabeceiras de drenagem do rio Tietê estendiam-se mais de 100 km para leste das atuais. O alto é delimitado por falha (traço em preto; A - bloco alto; B - bloco baixo). As setas indicam o sentido de fluxo dos rios. O círculo indica o provável local de ligação pretérita entre as drenagens. Com a captura desenvolveu-se o "cotovelo" de Guararema, onde o rio Paraíba do Sul sofre inflexão de 180° em seu curso.

309

11.2 Rios

Os rios e as drenagens podem ser classificados de diferentes formas. Do geral para o particular, as classificações mais comuns têm como base o padrão de drenagem, o comportamento das drenagens em relação ao substrato e a forma dos canais.

11.2.1 Padrões de drenagem

As drenagens, observadas em uma carta topográfica, fotografia aérea ou imagem de satélite, apresentam padrões bastante característicos em função do tipo de rocha e das estruturas geológicas presentes em seu substrato (Figura 11.6).

Existem diferentes arranjos de drenagem que permitem uma classificação com base em sua geometria:

padrão dendrítico – é o mais comum, no qual o arranjo da drenagem assemelha-se à distribuição dos galhos de uma árvore e ocorre quando a rocha do substrato é homogênea, formada apenas por granito, por exemplo, ou ainda no caso de rochas sedimentares com estratos horizontais;

padrão paralelo – desenvolvido em regiões com declividade acentuada, onde as estruturas do substrato orientam-se segundo a inclinação do terreno;

padrão radial – desenvolvido nos casos em que a drenagem se distribui em todas as direções com origem em um ponto central, como os de um cone vulcânico ou uma feição dômica;

padrão em treliça – quando a drenagem exibe em planta um arranjo retangular, mas os tributários são paralelos entre si, típico de regiões com substrato rochoso onde se alternam rochas mais ou menos resistentes em faixas paralelas com planos de fraqueza ortogonais, como no caso de regiões dobradas de relevo do tipo Apalachiano; um exemplo deste último padrão ocorre ao longo da faixa Paraguai, no Mato Grosso.

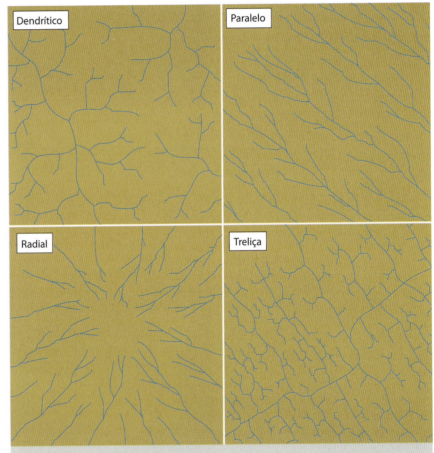

Figura 11.6 – Os principais padrões de drenagem. Fonte: Bloom, A. L. *Geomorphology: a systematic analysis of Late Cenozoic landforms*. Englewood Cliffs, NJ: Prentice-Hall, 1991. p. 532.

Naturalmente, existem padrões intermediários entre esses casos, os quais recebem denominações específicas. Mudanças de padrão podem ocorrer ao longo de um mesmo rio ou bacia de drenagem.

11.2.2 Comportamento das drenagens em relação ao substrato

A natureza e o arranjo espacial das rochas do substrato das bacias de drenagem exercem também papel fundamental quanto ao sentido de fluxo das águas em seus cursos.

Os rios instalados em terrenos constituídos por rochas sedimentares podem ser classificados em:

rios consequentes – fluem segundo a declividade do terreno, em concordância com a inclinação das camadas;

rios subsequentes – têm seu curso controlado por descontinuidades do substrato, como falhas, juntas e presença de rochas menos resistentes;

rios obsequentes – apresentam fluxo no sentido oposto à inclinação das camadas e normalmente são de pequena extensão, descem escarpas e desembocam em rios subsequentes;

rios insequentes – não apresentam controle geológico reconhecível e normalmente estão relacionados à presença de rochas homogêneas ou de camadas sedimentares horizontais.

O rio Tietê, no seu trecho sobre os terrenos sedimentares da bacia do Paraná, é do tipo consequente. As drenagens que descem as serras de Botucatu, São Pedro e São Carlos, no interior paulista, são do tipo obsequente. Algumas dessas drenagens deságuam em rios subsequentes, como é o caso do Passa Cinco na região de Itirapina e Ipeúna (estado de São Paulo), controlado por uma zona de falha de direção noroeste-sudeste. Alguns rios meandrantes, como o Ribeira de Iguape (estado de São Paulo) em seu baixo curso, apresentam caráter predominantemente insequente.

Os rios que drenam terrenos compostos por rochas cristalinas podem ser classificados em antecedentes e superimpostos. Os rios antecedentes têm seu curso controlado por estruturas do embasamento e são típicos de regiões com tectonismo ativo. Por outro lado, em regiões onde camadas sub-horizontais de sedimentos ou rochas sedimentares recobrem um substrato com rochas deformadas (dobradas e/ou falhadas), rios superimpostos podem se desenvolver. Esses rios têm seus cursos estabelecidos na cobertura sedimentar, sem influência das estruturas do embasamento. Com o avanço do entalhamento do canal, o rio atinge as rochas do substrato, mas continua a escavar seu leito sem ser condicionado pelas estruturas. O rio Ribeira de Iguape, na divisa entre os estados de São Paulo e Paraná, apresenta caráter superimposto em relação às rochas dobradas que atravessa, de idade pré-cambriana.

11.2.3 Morfologia dos canais fluviais

Existem diferentes propostas de classificação dos rios. Do ponto de vista geológico, a morfologia dos canais é o principal atributo considerado na classificação dos rios, por permitir a interpretação de processos e estilos de sedimentação tanto em depósitos atuais quanto antigos. Essa classificação é dirigida principalmente a rios que correm sobre os próprios depósitos, como aqueles de bacias sedimentares. Rios com vales estreitos, que entalham seu substrato rochoso e frequentemente são encachoeirados não se enquadram nessas classificações.

A morfologia dos canais fluviais é controlada por uma série de fatores próprios da bacia de drenagem (ou fatores autocíclicos) e fatores que afetam não apenas a bacia de drenagem, mas toda a região onde ela está inserida (ou fatores alocíclicos). Entre os fatores autocíclicos, incluem-se o volume e a velocidade de fluxo da água, a carga de sedimentos transportada, a largura, a profundidade e a declividade do canal, a rugosidade do leito e a cobertura vegetal nas margens e ilhas. Os fatores autocíclicos, por sua vez, são condicionados pelos fatores alocíclicos, como variáveis climáticas (pluviosidade, temperatura) e geológicas (tectônica ativa, nível do mar).

Avaliar a contribuição relativa de cada fator na definição da morfologia de um canal não é tarefa fácil, considerando-se que as relações entre os diferentes fatores podem ser muito complexas. Se fixarmos, por exemplo, o papel da vegetação no aporte sedimentar, veremos que, em áreas com densa cobertura vegetal, o intemperismo químico tende a ser favorecido e, em consequência, deverá predominar o aporte de sedimentos de granulação fina. Diferentemente, em áreas com pouca cobertura vegetal prevalecerá o intemperismo físico e a desagregação mecânica das rochas, favorecendo o aporte de sedimentos de granulação grossa.

O mesmo exercício pode ser feito fixando-se outros parâmetros, como a influência da tectônica ou do clima no aporte sedimentar. A tectônica age diretamente no relevo, predominando aporte de sedimentos de granulação fina em áreas mais aplainadas, e grossa em áreas mais movimentadas. A maior ou menor extensão da cobertura vegetal, por sua vez, depende diretamente das condições climáticas. Em casos extremos a cobertura vegetal é mais densa em regiões úmidas e praticamente ausente em regiões áridas, favorecendo, respectivamente, o aporte de sedimentos de granulação fina e grossa.

Nos itens a seguir serão abordadas as diferentes variáveis que permitem definir a forma dos canais bem como os diferentes regimes de transporte da carga de sedimentos, que possibilitam a classificar os rios que fluem sobre os próprios depósitos.

Variáveis morfométricas de canais fluviais

A maioria dos estudos sobre rios emprega uma classificação fundamentada em quatro padrões básicos de canais, designados de retilíneo, meandrante, entrelaçado e anastomosado, ou, respectivamente, de *straight*, *meandering*, *braided* e *anastomosed* nos trabalhos em língua inglesa (ver figura 11.7). Os quatro padrões podem ser caracterizados em função de parâmetros morfométricos dos canais, como sinuosidade, grau de entrelaçamento e relação entre largura e profundidade. Para determinado segmento de canal, a sinuosidade é definida como a relação entre o comprimento do talvegue (linha que une os pontos mais baixos do canal fluvial) e o comprimento de seu vale. O valor de 1,5 divide arbitrariamente os rios de sinuosidade alta (maior que 1,5) dos de baixa sinuosidade (menor que 1,5) (Tabela 11.1). O grau de entrelaçamento mede o número de barras ou ilhas no canal, por comprimento de onda desse canal, medido ao longo do talvegue, o que permite definir sua multiplicidade. A relação largura–profundidade oferece também uma boa discriminação entre os diferentes tipos de canais fluviais (Tabela 11.2).

Voltemos aos diferentes fatores que controlam a morfologia dos canais fluviais e suas inter-relações. Se numa dada região a vegetação for abundante, as raízes da plantas oferecerão resistência à erosão, causando a estabilização das margens dos canais. Essa condição favorecerá o desenvolvimento de rios meandrantes e anastomosados. No cenário oposto, com baixa cobertura vegetal, predominarão rios entrelaçados. É por esse motivo que, antes do surgimento de vegetação continental, no período Siluriano, predominavam rios entrelaçados.

Como a abundância de vegetação está ligada a climas úmidos, rios meandrantes e anastomosados estão preferencialmente ligados a esta condição climática. Os rios anastomosados, em particular, dependem fortemente da ação da vegetação na fixação das margens. No estado do Amazonas, os rios Negro, na região do Arquipélago de Anavilhanas (Figura 11.8), e Juruá, a sudoeste de Carauari (Figura 11.9), são exemplos, respectivamente, de rios anastomosados e meandrantes em clima úmido. Rios entrelaçados, por sua vez, são mais comuns em regiões áridas, como no deserto de Nazca, Peru (Figura 11.10), proglaciais ou periglaciais.

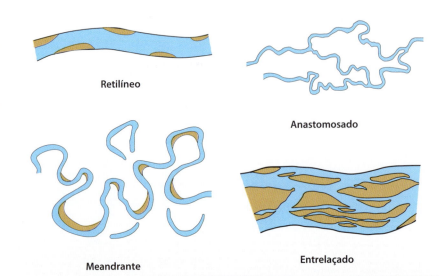

Figura 11.7 – Os quatro tipos fundamentais de canais fluviais. Fonte: adaptado de Miall, A. D. A review of the braided-rivers depositional environment. *Earth Sciences Review*; 1977, 13:1-62.

Grau de entrelaçamento	Sinuosidade	
	Baixa (< 1,5)	Alta (> 1,5)
< 1 (canal único)	Retilíneo	Meandrante
> 1 (canais múltiplos)	Entrelaçado	Anastomosado

Tabela 11.1 – Relação entre sinuosidade e grau de entrelaçamento para os principais tipos de canais fluviais. Fonte: modificado de Rust, B. R. A classification of alluvial channel systems, in: Miall, A. D., ed., *Fluvial Sedimentology*. Calgary, Canadian Society of Petroleum Geologists, Memoir 5, 1978. p.187-193.

Tipo	Morfologia	Razão largura/ profundidade
Retilíneo	Canais simples com barras longitudinais	< 40
Entrelaçado	Dois ou mais canais com barras e pequenas ilhas	normalmente > 40; comumente > 300
Meandrante	Canais simples	< 40
Anastomosado	Dois ou mais canais com ilhas largas e estáveis	normalmente < 10

Tabela 11.2 – Relação entre largura e profundidade para os principais tipos de canais fluviais. Fonte: modificado de Rust, B. R. A classification of alluvial channel systems, in: Miall, A. D., (ed.), *Fluvial Sedimentology*. Calgary, Canadian Society of Petroleum Geologists, Memoir 5, 1978, p.187-193.

Figura 11.8 – O baixo curso do rio Negro, na região do Arquipélago de Anavilhanas, apresenta padrão anastomosado, com ilhas e margens fixadas pela densa vegetação de clima tropical úmido. Fonte: Google Earth.

Figura 11.9 – O rio Juruá, a sudoeste de Carauari, Amazonas, é um exemplo de rio meandrante em região plana e de clima tropical úmido. Embora seja uma das únicas vias de acesso da região, os percursos são extremamente demorados por causa da alta sinuosidade do canal. Fonte: Google Earth.

Figura 11.10 – Planície fluvial entrelaçada limitada por montanhas no deserto de Nazca, Peru. Fonte: Google Earth.

Os rios retilíneos estão praticamente restritos a pequenos segmentos de drenagens e distributários deltaicos (Figura 11.11). Experimentos em laboratórios indicaram que a mudança de padrão do canal pode ocorrer de forma abrupta, com limites nitidamente demarcados e controlados por fatores como a sinuosidade e a declividade (Figura 11.12), ou ainda pela carga de sedimentos transportada pelos rios.

Regime de transporte da carga predominante

Os quatro padrões fundamentais de rios podem ser desmembrados em tipos intermediários com base no regime de transporte da carga sedimentar predominante – em suspensão (partículas mais finas), mista ou de fundo (partículas grossas, transportadas por arrasto, rolamento ou saltação) (Figura 11.13).

Muitos fatores controlam a variação na descarga e o tipo de carga fluvial dos rios. Regiões próximas a geleiras são caracterizadas por grande variação anual nas vazões dos rios, ao passo que em regiões semiáridas a áridas o escoamento fluvial pode ocorrer apenas

Figura 11.11 – O atual delta do Mississipi é composto por distributários retilíneos que configuram um arranjo em "pé-de-pássaro". Fonte: modificado de Bhattacharya, J. P. & Walker, R. G. Alluvial deposits, in: Walker, R.G. & James, N.P. (eds.), *Facies models: response to sea level change*. St. John's: Geological Association of Canada, 1994. p.157-177.

em intervalos de meses ou até mesmo anos (chuvas torrenciais esporádicas). Em ambos os casos a vegetação é esparsa, favorecendo o escoamento superficial, com o consequente transporte de fragmentos de granulação grossa formados por processos de desagregação mecânica (intemperismo físico). Em climas úmidos, com cobertura vegetal mais abundante e lençol freático mais constante e próximo à superfície, os clastos mais grossos são retidos próximos às cabeceiras dos rios, predominando o transporte de partículas de granulação fina. Entretanto, mesmo em condições úmidas, onde pode ocorrer a remoção da cobertura vegetal – particularmente por ação antrópica – o fornecimento de carga de granulação grossa será favorecido.

Em condições climáticas áridas, o lençol freático é mais profundo, mas pode ser elevado rumo à superfície por ocasião de chuvas torrenciais. A alta permeabilidade dos sedimentos arenosos e conglomeráticos, predominantes em desertos áridos, favorece a infiltração e percolação das águas superficiais, inibindo o escoamento superficial. Com isso, os rios nessas regiões tendem a perder rapidamente a energia de transporte. Como consequência, haverá predomínio da deposição de sedimentos clásticos nas porções próximas às cabeceiras (proximais) e formação de crostas duras, especialmente calcretes, em porções distais ou marginais.

Assim, embora seja óbvia a distinção entre um canal retilíneo e um tipicamente meandrante, nem sempre os termos extremos estão representados na natureza. Os padrões descritos são comuns, mas existem muitas gradações entre eles. Ao longo de um mesmo rio, pode-se observar a passagem gradativa de características próprias de um determinado padrão para outro (Figuras 11.13 e 11.14), com variações em função da descarga do rio nas épocas de cheia e de estiagem. Com a mudança do aporte ao longo do tempo geológico, em função de variações na cobertura vegetal, condições climáticas e tectônicas, diferentes padrões de rios poderão ser superpostos.

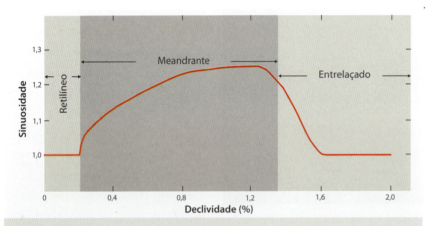

Figura 11.12 – Variação na morfologia de canais fluviais em função dos parâmetros sinuosidade e declividade. Fonte: Schumm, S. A. & Khan, H. R. Experimental studies of channel patterns. *Geological Society of America Bulletin*, 1972; 83:1755-70.

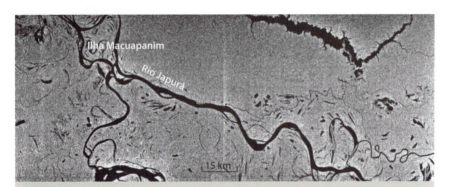

Figura 11.13 – O rio Japurá (bacia do Amazonas) exibe padrão transicional entre anastomosado, com grandes ilhas cobertas por vegetação, meandrante de alta sinuosidade com canais abandonados, e trechos retilíneos provavelmente controlados por estruturas do embasamento. Fonte: imagem do radar orbital SIR-A, obtida em 1981, reproduzida de Short Sr., N. M. & Blair Jr., R. W. *Geomorphology from space*. Houston: National Aeronautics and Space Administration, 1986, 273 plates - NASA/Divulgação.

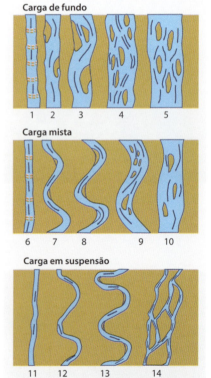

Figura 11.14 – Variações nos padrões de canais fluviais em função do tipo de carga. Fonte: Schumm, S. A. Evolution and response of the fluvial system: sedimentological implications, in: Ethridge, F. G. & Flores, R. (eds.). *Recent and ancient non-marine depositional environments: models for exploration*. Tulsa, Society of Economic Paleontologists and Mineralogists, Special Publication, 1991; v. 31, p. 19-29.

11.3 Leques aluviais e deltaicos

Leques aluviais desenvolvem-se em locais de grande declividade e abundante suprimento de detritos, requerendo descargas muito fortes para seu início. Já os leques deltaicos são exemplos particulares dos sistemas aluviais.

Leques aluviais são sistemas aluviais nos quais geralmente se pode reconhecer um canal principal e numerosos distributários. Essa morfologia aparente na superfície dos leques aluviais por vezes reflete apenas o escoamento superficial dos períodos em que o leque está pouco ativo. Em leques aluviais de climas áridos, o transporte principal de sedimentos ocorre durante as raras chuvas torrenciais e dá-se sob a forma de enchentes em lençol (não confinadas a canais) e fluxos gravitacionais, permitindo a dispersão de sedimentos sobre a superfície do leque a partir de seu ponto de saída (ápice). Em leques aluviais de climas úmidos, o transporte de sedimentos ocorre nos canais distributários, mas poucos canais são ativos ao mesmo tempo. Uma característica comum aos leques, independentemente das condições climáticas, é a existência de um degrau de relevo (comumente de origem tectônica) no local onde o rio deixa de ser confinado e passa a construir o leque.

Além dos processos de transporte sedimentar, outras características distinguem os leques aluviais de climas áridos dos leques de climas úmidos. Os de climas áridos, comuns em regiões desérticas (Figura 11.15), geralmente estão associados a escarpas de falhas e têm raios normalmente menores do que uma dezena de quilômetros. Leques de climas úmidos podem ter raios superiores a uma centena de quilômetros, constituindo megaleques como o do rio Kosi, na Índia, e o do rio Taquari, no Pantanal Mato-grossense. No leque do rio Kosi (Figura 11.16), a sedimentação ocorre em canais fluviais entrelaçados, principalmente nas porções proximais. O leque do rio Taquari (Figura 11.17), com cerca de 250 km de diâmetro, é provavelmente o mais extenso do mundo. Ele é composto por uma sucessão de lobos deposicionais arenosos construídos por rios meandrantes de baixa sinuosidade, tendo como nível de base o rio Paraguai.

Os leques deltaicos são casos particulares de leques aluviais que progradam diretamente para o interior de um corpo de água – lago ou mar. Não devem ser confundidos com os verdadeiros deltas, que são protuberâncias na linha de costa formadas nos locais onde os rios adentram os oceanos (ver figura 11.11), mares interiores ou lagos. Os deltas são constituídos por sedimentos transportados pelos rios que os alimentam. A designação provém da semelhança das feições com a letra grega delta (Δ), maiúscula, reconhecida por Heródoto, em 4 a.C., nos depósitos da desembocadura do rio Nilo.

Figura 11.15 – Leques aluviais em região desértica, Death Valley, EUA. Fonte: Google Earth.

Capítulo 11 - Processos fluviais e lacustres e seus registros

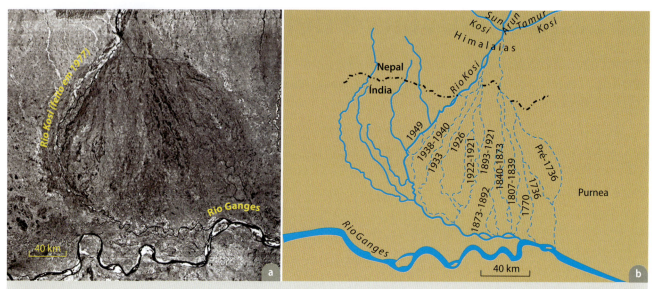

Figura 11.16 – a) O leque do rio Kosi tem seu ponto de origem (ápice) nos Himalaias, na região fronteiriça entre a Índia e o Nepal. Os sedimentos gradam de cascalhos (até blocos e matacões), nas porções proximais, a lamas nas porções distais. b) Este rio apresentou acentuada migração dos canais distributários para oeste nas últimas centenas de anos. Fontes: a) Imagem Landsat obtida em fevereiro de 1977, reproduzida de Short Sr., N. M. & Blair Jr., R.W. *Geomorphology from space*. Houston: National Aeronautics and Space Administration, 1986. 273 plates - NASA/Divulgação; b) modificado de Holmes, A. *Principles of Physical Geology*. Nova York: The Ronald Press, 1965. p. 1288.

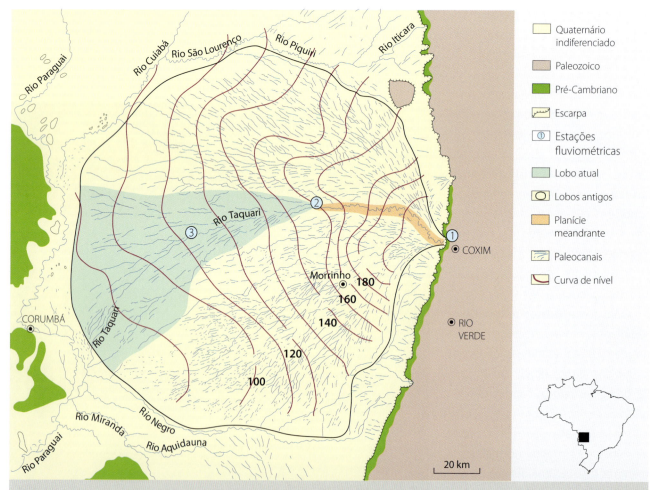

Figura 11.17 – O megaleque do rio Taquari, no Pantanal Mato-grossense, provavelmente o mais extenso do mundo, apresenta vários lobos deposicionais arenosos construídos por rios meandrantes de baixa sinuosidade, tendo como nível de base o rio Paraguai. Fonte: Assine 2003, Tese de Livre-Docência, Universidade Estadual Paulista.

11.4 Depósitos aluviais no registro geológico

Os depósitos aluviais são um importante componente da história geológica e ocorrem em contextos geotectônicos distintos e em vários períodos. Em função disso, podem constituir indicadores sensíveis dos controles exercidos pelo tectonismo e pelas variações do nível do mar na sedimentação.

O estudo dos depósitos aluviais, fundamentado em modelos estabelecidos a partir da observação de depósitos recentes, permite a caracterização dos processos hidrodinâmicos e a compreensão da evolução sedimentar dos depósitos antigos. Os depósitos aluviais apresentam grande importância econômica como hospedeiros de recursos minerais (como urânio e depósitos de *placer* com diamantes, cassiterita e ouro - ver capítulo 19), energéticos (carvão, petróleo e gás - ver capítulo 18) e hídricos (água subterrânea - ver capítulo 17).

Para a análise e interpretação dos depósitos aluviais e seus processos geradores, os geólogos valem-se do conceito de fácies, entendido como o conjunto de características descritivas de um corpo sedimentar que permitem interpretá-lo como o produto de um determinado tipo de processo deposicional. O método da análise de fácies baseia-se na comparação de perfis verticais e seções em afloramentos com modelos, sucessões e associações de fácies (Quadro 11.1). Os modelos são elaborados para representar, em sua essência, a combinação de feições de depósitos sedimentares recentes e antigos e permitir a caracterização dos diferentes sistemas deposicionais envolvidos.

Quadro 11.1 – Modelos de fácies

Fácies podem ser definidas como corpo rochoso caracterizado por uma combinação particular de litologia, estruturas físicas e biológicas, as quais lhe conferem aspecto diferente dos corpos de rocha adjacentes. As fácies podem ser reunidas em associações ou sucessões. Uma associação de fácies compreende um grupo geneticamente relacionado entre si e que possui significado ambiental. A sucessão de fácies refere-se à mudança vertical progressiva em um ou mais parâmetros, como a granulação e estruturas sedimentares, entre outros. Um sistema deposicional corresponde à assembleia tridimensional de litofácies (fácies definidas com base em seus atributos litológicos) geneticamente relacionadas em termos de processos e ambientes. O trato de sistemas representa a interligação entre sistemas deposicionais contemporâneos.

Os modelos de fácies representam o sumário do sistema deposicional em particular e envolvem vários exemplos de sedimentos recentes e rochas sedimentares antigas. Roger G. Walker, sedimentólogo canadense e um dos formuladores desses conceitos, considera que os modelos de fácies devem reunir informações provenientes de diferentes exemplos de um sistema deposicional específico, o qual, além de ser utilizado como ponto de referência para interpretação de novos casos estudados, deve permitir inferências a partir de um número limitado de dados obtidos nestes novos casos como ilustrado no fluxograma da figura 11.18.

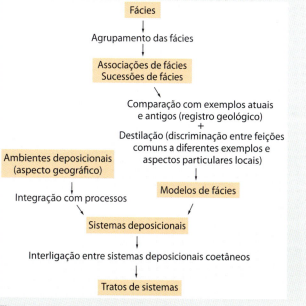

Figura 11.18 – Relações entre fácies, ambientes deposicionais, sistemas deposicionais e tratos de sistemas deposicionais Fonte: modificado de Walker, R. G. Facies, facies models and modern stratigraphic concepts, in.: Walker, R. G. & James, N. P. (eds.) *Facies models: response to sea level change*. St. John's, Geological Association of Canada, 1992, p.1-14.

11.4.1 Como se analisam fácies em depósitos aluviais?

A análise de fácies é efetuada com o levantamento e a descrição de seções, visando caracterizar um corpo rochoso a partir da combinação particular de litologias e estruturas físicas e biológicas que permitam discriminá-lo dos corpos rochosos adjacentes. Este corpo então individualizado corresponde a uma fácies. As diferentes fácies reconhecidas podem ser agrupadas em associações ou sucessões de fácies, com o intuito de generalizar, categorizar e simplificar as observações da variabilidade litológica de um modelo ou de uma bacia.

Para a análise de fácies, pode ser empregada uma classificação formulada por

Andrew D. Miall, sedimentólogo inglês, que utiliza códigos de litofácies, compostos por uma letra inicial maiúscula, que representa a granulação do material, seguida por uma ou duas letras minúsculas, que indicam as estruturas sedimentares presentes. Dessa forma, pode-se interpretar cada litofácies em termos de sua origem hidrodinâmica e posição nas diferentes fácies do sistema fluvial (Tabela 11.3). Atualmente, este método é muito difundido entre os sedimentólogos, sendo empregado também para outros tipos de sistemas deposicionais, tanto para registros modernos quanto antigos.

No estudo dos depósitos aluviais, emprega-se o método da aproximação sucessiva, ou *zoom*, partindo-se da observação mais geral, em escala de afloramento, onde são identificadas superfícies limitantes, de corpos maiores, suas geometrias internas e externas, suas relações com os corpos adjacentes, até a observação de mais detalhe, quando porções do depósito são estudadas individualmente, correspondente à análise de fácies (Figura 11.19).

Esses procedimentos e classificações podem ser relativamente bem aplicados para sistemas fluviais atuais, onde é possível a observação direta da morfologia dos canais, dos processos erosivos e sedimentares atuantes, bem como da distribuição tridimensional dos depósitos. Entretanto, a definição e distinção de tipos de padrões para sistemas fluviais antigos, a partir de afloramentos, em geral, alterados e descontínuos, podem ser confusas e de difícil execução. O método de análise de fácies em seções verticais pode não ser suficiente para representar adequadamente as variações laterais e tridimensionais da composição e geometria dos depósitos sedimentares. Assim, existem métodos complementares, com base nos denominados elementos arquitetônicos (ver leitura recomendada no final deste capítulo).

Programas computacionais específicos vêm sendo desenvolvidos e aprimorados para auxiliar nesses procedimentos, nas diferentes escalas, desde a simulação de formas deposicionais até o estabelecimento do arranjo tridimensional de fácies em depósitos de diferentes naturezas. Tais aplicações são particularmente relevantes ao estudo de meios porosos como reservatórios de fluidos – água, petróleo e gás – uma vez que o volume armazenado depende das variações litológicas, da forma e do tamanho do reservatório.

11.4.2 Modelos deposicionais

Dada a grande variabilidade dos fatores que controlam os diferentes tipos de rios e leques aluviais, é possível elaborar uma infinidade de modelos deposicionais. Leques aluviais de climas áridos e

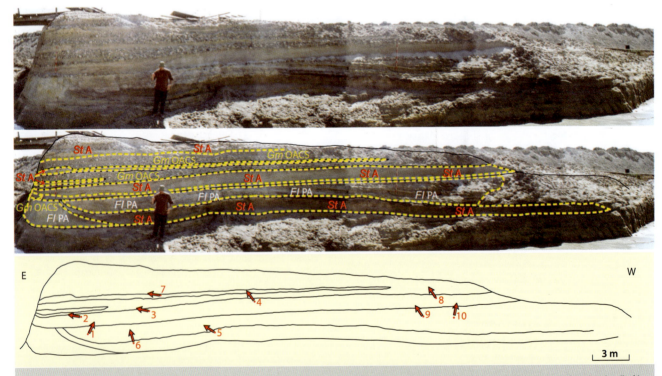

Figura 11.19 – Método de descrição de um depósito fluvial, com a identificação de superfícies limitantes (tracejado), caracterização das litofácies (códigos representados por letras, conforme a tabela 11.3) e determinação de atributos vetoriais, como paleocorrentes (setas, indicando o rumo do mergulho de camadas frontais de estratos cruzados em relação ao norte geográfico). Formação Itaquaquecetuba, Cenozoico, bacia de São Paulo. Fonte: painéis elaborados por P. A. Neto.

úmidos, assim como rios entrelaçados, meandrantes e anastomosados, entendidos como termos extremos das propostas de classificação, possuem elementos característicos que podem ser utilizados para finalidades didáticas.

Sistema de leques aluviais

Os modelos deposicionais para leques aluviais foram originalmente elaborados considerando as feições como distributários do sistema fluvial. Os estudos já desenvolvidos são praticamente restritos às regiões de clima árido, com forte escoamento superficial e transporte de clastos de granulação grossa resultantes da desagregação mecânica das rochas. Assim, com frequência, os leques alu-

Litofácies	Classificação litológica	Estruturas sedimentares	Interpretação
Gms	**OAAS**, ortoconglomerados arenosos sustentados por areia e **PLS**, paraconglomerados sustentados por lama	Maciços	Depósitos de fluxo de detritos
Gm	**O**, ortoconglomerados e **OACS**, ortoconglomerados arenosos, ambos sustentados por clastos	Maciços ou grosseiramente estratificados (acamamento horizontal, imbricação de clastos)	Barras longitudinais, depósitos residuais de canais, depósitos de peneiramento com estrutura gradacional inversa
Gt	**AC**, arenitos conglomeráticos e **OAAS**, ortoconglomerados arenosos sustentados por areia	Estratificação cruzada acanalada	Preenchimento de canais
Gp	**AC**, arenitos conglomeráticos e **OAAS**, ortoconglomerados arenosos sustentados por areia	Estratificação cruzada planar	Barras linguoides
St	**A**, arenitos, a **AC**, arenitos médios a muito grossos, conglomeráticos, podendo conter grânulos e seixos	Estratificações cruzadas acanaladas isoladas (θ) ou agrupadas (π)	Dunas (regime de fluxo inferior)
Sp	**A**, arenitos, a **AC**, arenitos médios a muito grossos, conglomeráticos, podendo conter grânulos e seixos	Estratificações cruzadas acanaladas isoladas (α) ou agrupadas (o)	Barras linguoides transversais e ondas de areia (regime de fluxo inferior)
Sr	**A**, arenitos muito finos a grossos	Marcas onduladas de todos os tipos	Ondulações (regime de fluxo inferior)
Sh	**A**, arenitos muito finos a muito grossos, podendo conter grânulos	Laminação horizontal, lineação de partição ou de fluxo	Fluxo acamado planar (regimes de fluxo superior e inferior)
Sl	**A**, arenitos finos	Estratificação cruzada de baixo ângulo (< 10°)	Preenchimento de sulcos, rompimento de diques marginais, antidunas
Se	**A**, arenitos com intraclastos	Sulcos erosivos com estratificação cruzada incipiente	Preenchimento de sulcos
Ss	**A**, arenitos finos a grossos, podendo incluir grânulos)	Sulcos amplos e rasos incluindo estratificações cruzadas tipo η	Preenchimento de sulcos
Sse, She e Spe	**A**, arenitos	Análogos a Ss, Sh e Sp	Depósitos eólicos
Fl	**AP**, arenitos pelíticos, **PA**, pelitos arenosos e **P**, pelitos	Laminação fina, ondulações de amplitude muito pequena	Depósitos de transbordamento ou de decantação de enchentes
Fsc	**P**, pelitos	Laminada a maciça	Depósitos de áreas pantanosas ou planície de inundação
Fcf	**P**, pelitos, localmente com moluscos de água doce	Maciça	Depósitos de pântanos alagadiços
Fm	**P**, pelitos	Maciça, com gretas de contração (ressecação)	Depósitos de transbordamento
Fr	**P**, pelitos	Marcas de raízes	Camadas pelíticas sotopostas a camadas de carvão (*underclay*)
C	Carvão, pelitos carbonosos	Restos vegetais, filmes de lama	Depósitos de pântano
P	Carbonatos (calcretes)	Feições pedogenéticas	Solos

Tabela 11.3 – Litofácies associadas a depósitos aluviais. Fontes: Riccomini, C. & Coimbra, A. M., Sedimentação em rios anastomosados e entrelaçados. *Boletim do Instituto de Geociências*, USP, Série Didática, 1993. 6:44p.; Miall, A. D. Lithofacies types and vertical profile models in braided river deposits: a summary, in: Miall, A. D. (ed.). *Fluvial Sedimentology*. Calgary, Canadian Society of Petroleum Geologists, Memoir 5, 1978, p. 597-604.

viais são tratados em conjunto com os rios entrelaçados. Em contrapartida, só recentemente começaram a ser formulados modelos deposicionais mais robustos para leques aluviais de climas úmidos.

Leques aluviais de clima árido

As porções proximais dos leques aluviais são normalmente caracterizadas pela presença de depósitos com ampla variação litológica, contendo desde seixos até blocos. Nesses locais, durante os longos períodos secos, a desagregação mecânica produz detritos em abundância, os quais são remobilizados durante as chuvas torrenciais que ocorrem de forma esporádica. Essa remobilização pode processar-se mediante dois tipos de eventos rápidos e energéticos, os fluxos de detritos coesivos e as enchentes em lençol. Os fluxos de detritos coesivos correspondem a corridas de lama contendo clastos de granulação grossa, enquanto que as enchentes em lençol são fluxos rasos de água corrente não confinadas em canais, portanto capazes de cobrir grandes áreas na superfície de leques aluviais ou planícies fluviais. Logo, o tipo de remobilização depende da disponibilidade de argila na fonte e durante a evolução do processo de transporte num mesmo sistema de leque.

Os perfis típicos para os leques aluviais proximais compreendem basicamente uma sucessão de depósitos de fluxo de detritos (Figuras 11.20 e 11.21) ou enchente em lençol, atingindo individualmente espessuras métricas, embora por vezes seja difícil a separação dos diferentes fluxos em afloramentos. Os depósitos de fluxo de detritos são constituídos por lamas seixosas a arenosas. Apresentam bases abruptas e aplainadas e padrão lobado, exceto quando alojados ao longo de canais. Em geral, os depósitos de enchente em lençol são tabulares e compostos por cascalhos e areias com estratificação plano-paralela.

Nos leques aluviais da posição intermediária a distal predominam depósitos de granulação mais fina, compostos principalmente por lamas seixosas nas porções intermediárias a arenosas e argilosas nas distais (dominadas por fluxos de detritos, em ciclos que mostram grosseira diminuição da granulação das partículas sedimentares para o topo (ciclos granodecrescentes), podendo ocorrer calcretes nas terminações dos leques. Em leques dominados por enchente em lençol, as porções distais são caracterizadas por areias finas laminadas, eventualmente intercaladas com depósitos lacustres.

Leques aluviais de clima úmido

Nos megaleques aluviais desenvolvidos em regiões de clima úmido, a sedimentação ocorre em canais fluviais. Estudos realizados por M. L. Assine e P. C. Soares, geólogos brasileiros, permitiram verificar que a morfologia do megaleque do rio Taquari (ver figura 11.17) é marcada pelos traços de uma grande quantidade de canais abandonados, em parte ativos durante as cheias. A sedimentação é caracterizada por processos provavelmente cíclicos de construção e abandono de lobos deposicionais arenosos durante

Figura 11.20 – Depósito de fluxo de detritos contendo blocos métricos de rochas do embasamento na porção proximal de leque aluvial da formação Resende (Oligoceno), junto à borda norte da bacia de Resende, estado do Rio de Janeiro. Foto: C. Riccomini.

Figura 11.21 – No sopé do maciço alcalino de Itatiaia, estado do Rio de Janeiro, ocorrem intercalações de depósitos de fluxos de detritos, contendo blocos arredondados de rochas alcalinas, com depósitos de corridas de lama em antigo leque aluvial da formação Resende (Oligoceno). Foto: C. Riccomini.

o Quaternário. O lobo atual está sendo construído por um rio meandrante, com vários locais de rápido abandono do canal e de formação de depósitos de rompimento de diques marginais.

Sistema fluvial entrelaçado

Rios entrelaçados são caracterizados pelo amplo predomínio da carga de fundo. Possuem razão largura/profundidade do canal normalmente maior que 40, comumente excedendo 300. A formação de canais entrelaçados é favorecida pela presença de declividades médias a altas, abundância de carga de fundo de granulação grossa, grande variabilidade na descarga e facilidade de erosão das margens. Canais entrelaçados são desenvolvidos pela seleção das partículas, com a deposição de material de frações granulométricas que o rio não consegue transportar. A diminuição progressiva da declividade leva à menor granulação do material que compõe a carga de fundo. A deposição da carga de fundo propicia o desenvolvimento de barras que obstruem a corrente e ramificam-na, processo este facilitado nos casos em que as margens sejam facilmente erodidas, com consequente aumento do

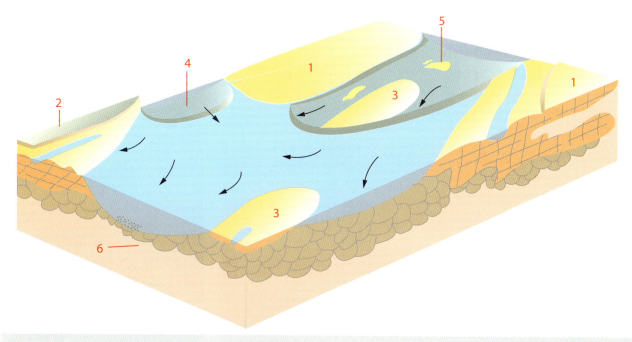

Figura 11.22 – Bloco-diagrama com as principais feições constituintes de um rio entrelaçado distal. As setas indicam as direções de fluxo. 1) planícies de areia emersas recobertas com ondas de areia; 2) ilha coberta por vegetação; 3) núcleo emerso; 4) barra submersa cruzada ao canal; 5) dunas de cristas sinuosas; 6) depósitos residuais de canais. Fonte: modificado de Cant, D. J. & Walker, R. G. Fluvial processes and facies sequences in the sandy braided South Saskatchewan River, Canadá. *Sedimentology*, 1978, v. 25, p. 625-648.

Figura 11.23 – Depósito de barra longitudinal de cascalhos na porção proximal de um rio entrelaçado atual (a) e depósito antigo de natureza semelhante em terraço fluvial do mesmo rio (b), mostrando a persistência do processo no tempo geológico. Exposições ao longo do rio do Braço (município de Cruzeiro, estado de São Paulo. Fotos: a) C. Riccomini; b) F. Mancini.

321

suprimento de material detrítico. Também a variação na descarga de um rio afeta sua capacidade de transporte: a ocorrência de períodos nos quais o rio não possui energia para transportar toda sua carga de fundo conduz à formação de barras e à ramificação do fluxo.

Especial atenção vem sendo dada à classificação dos diferentes tipos de depósitos nos rios entrelaçados e vários modelos básicos foram definidos (Figura 11.22). Entretanto, um mesmo rio pode apresentar modelos deposicionais distintos, conforme a posição de um determinado segmento do canal em relação à cabeceira, ou ainda como decorrência da variação de sua energia de transporte, por exemplo, na enchente e na vazante. Dessa maneira, os rios entrelaçados podem ser analisados em função de sua posição na bacia de drenagem, se proximais, intermediários ou distais.

Depósitos de rios entrelaçados proximais

Os depósitos proximais de rios entrelaçados são normalmente cascalhosos e dominados por depósitos rudáceos sustentados pelo cascalho, maciços ou grosseiramente estratificados; neste último caso formam barras longitudinais (alongadas paralelamente ao canal fluvial) construídas durante as enchentes (Figura 11.23). De maneira subordinada, incluem depósitos rudáceos sustentados pelo cascalho a areias com estratificações cruzadas, depositados durante as fases de enfraquecimento das inundações e redução da profundidade. Podem constituir ainda ciclos granodecrescentes de pequena escala, até métrica. As unidades arenosas são depositadas em canais abandonados ou em continuidade de barras de cascalhos, à medida que as barras emergem durante o rebaixamento do nível de água.

Depósitos de rios entrelaçados intermediários

Os rios entrelaçados intermediários podem incluir depósitos cíclicos granodecrescentes desenvolvidos em canais ativos e bem definidos, cuja carga de fundo é essencialmente constituída por areia e cascalho. O desnível do topo das barras em relação ao fundo dos canais chega a atingir dimensões métricas. Os sedimentos mais grossos ocorrem nas porções mais profundas dos canais, constituindo, por vezes, barras longitudinais de cascalhos maciços com grosseira estratificação ho-

Figura 11.24 – Depósitos de barras longitudinais de cascalhos intercalados com areias (porção intermediária de um antigo rio entrelaçado) da formação Ponta Porã (Cenozoico), na região entre Bela Vista e Jardim, estado do Mato Grosso do Sul. Visão geral (a) da estratificação horizontal dos cascalhos e um detalhe (b) da imbricação dos clastos, indicando sentido de transporte para o lado direito da foto. Fotos: C. Riccomini.

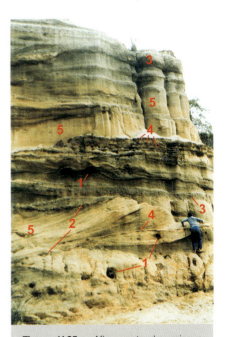

Figura 11.25 – Afloramento de areias e cascalhos da formação Itaquaquecetuba, Cenozoico da bacia de São Paulo, mostrando a predominância de depósitos fluviais entrelaçados distais, na porção inferior, e proximais, na porção superior da exposição: 1. Troncos fósseis carbonificados; 2. Brechas com clastos de argila; 3. Conglomerados; 4. Lâminas e camadas com concentração de clastos milimétricos de lama arenosa ricos em matéria orgânica; 5. Arenitos médios a grossos com estratificação cruzada. Foto: A. M. Coimbra.

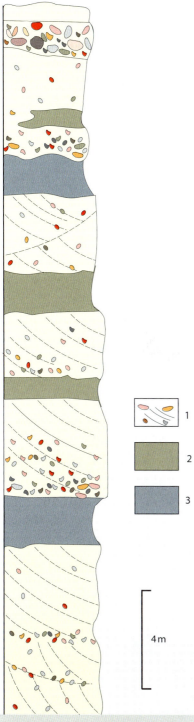

Figura 11.26 – Seção colunar mostrando intercalação entre depósitos de arenitos fluviais de rios entrelaçados e de lamitos da porção distal de leque aluvial: 1. arenito conglomerático a conglomerado com estratificações cruzadas; 2. lamito argiloarenoso; 3. lamito argiloso. Formação Resende, Oligoceno da bacia de Resende, estado do Rio de Janeiro. Fonte: modificado de Melo, M. S.; Riccomini, C.; Almeida, F. F. M.; Hasui, Y., Sedimentação e tectônica da bacia de Resende - RJ. *Anais da Academia Brasileira de Ciências*, 1985, v. 57, p. 467-479.

rizontal e clastos imbricados (Figura 11.24). Ocorrem também em barras transversais de areias localmente cascalhosas com estratificações cruzadas planares e barras lobadas de areias cascalhosas com estratificação cruzada planar. Segmentos parcialmente inativos podem receber sedimentação de areias e cascalhos durante as cheias.

Depósitos de rios entrelaçados distais

As porções distais de sistemas fluviais entrelaçados correspondem a rios normalmente largos e rasos, sem diferenciação topográfica clara entre as porções ativas e inativas. Os depósitos raramente são cíclicos e correspondem predominantemente a barras arenosas ou megaondulações (depósitos gerados pela rápida desaceleração da carga sedimentar ao ser introduzida em um corpo de água), construindo sucessões de litofácies de areias com estratificação cruzada. Areias com laminações onduladas e siltes podem ocorrer no topo das barras.

Novamente vale lembrar a existência de transições entre os tipos de depósitos; da alternância vertical de depósitos de diferentes porções no sistema fluvial entrelaçado (Figura 11.25), bem como da intercalação de depósitos fluviais entrelaçados e de leques aluviais em virtude da variação na descarga e/ou existência de tectonismo durante a deposição (Figura 11.26).

Sistema fluvial meandrante

O sistema fluvial meandrante é caracterizado pela presença de canais com alta sinuosidade e razão largura/profundidade do canal menor que 40, onde predomina o transporte de carga em suspensão. A migração lateral dos canais ocorre pela erosão progressiva das margens côncavas e pela sedimentação nos leitos convexos dos meandros.

O modelo para o sistema fluvial meandrante compreende uma associação de fácies característica e que apresenta relações internas complexas durante a evolução do canal. A presença de barras de pontal com superfícies de acréscimo lateral, as planícies de inundação bem desenvolvidas e a decrescência ascendente da granulometria e do porte das estruturas sedimentares são consideradas características típicas dos depósitos sedimentares gerados nesse sistema (ver figuras 11.27 e 11.28). Em consequência, são diversos os tipos de depósitos encontrados em um rio meandrante, desde depósitos de canais, de barras de pontal, de atalho, de meandros abandonados, de diques marginais, de rompimento de diques marginais até planície de inundação.

Depósitos de canais

Os depósitos de canais englobam os sedimentos mais grossos de um sistema fluvial meandrante, situados na parte mais profunda do leito (ver figuras 11.27 e 11.29). Litologicamente, predominam cascalhos e areia grossa a média, com estratificações cruzadas. No local, podem ocorrer intraclastos argilosos resultantes da queda de blocos erodidos das margens em virtude da migração do canal.

Depósitos de barras de pontal

Os depósitos de barras de pontal (*point bar*), de composição arenosa a cascalhenta, com diminuição de

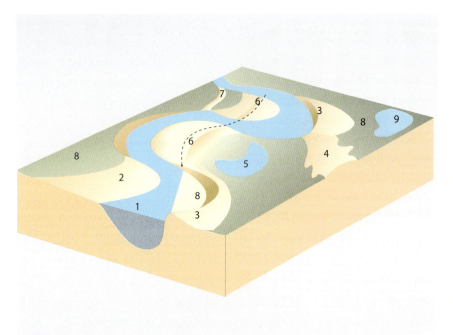

Figura 11.27 – Bloco-diagrama com as principais feições constituintes de um rio meandrante. 1) canal fluvial; 2) barra de pontal; 3) dique marginal; 4) depósito de rompimento de dique marginal; 5) meandro abandonado; 6) atalho em corredeira; 7) atalho em colo; 8) planície de inundação; 9) bacia de inundação. Fonte: modificado de Walker, R. G. & Cant, D. J. Sandy fluvial systems, in: Walker, R.G., (ed.), *Facies models*. Ontario: Geological Association of Canada, 1984. p.71-89.

granulação para cima, formam-se pela erosão dos sedimentos das margens côncavas, os quais são depositados pelo processo de acréscimo lateral nas margens convexas dos meandros seguintes. O acréscimo lateral é responsável pela migração do canal e depende de vários fatores, dentre os quais a sinuosidade do canal e o tipo e a quantidade de carga transportada. No acréscimo lateral as superfícies deposicionais não são horizontais, mas mergulham no sentido do talvegue do meandro, formando estruturas sigmoidais para o interior do canal (Figura 11.30).

Depósitos de atalho e meandros abandonados

Um meandro pode ser abandonado gradualmente por atalho em corredeira (*chute cutoff*), quando o

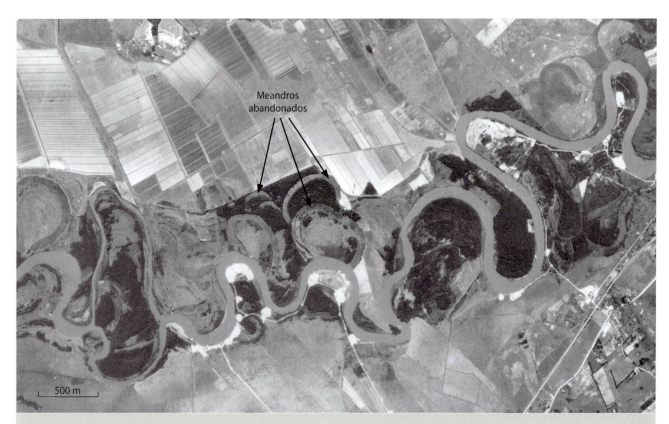

Figura 11.28 – O rio Paraíba do Sul ao atravessar os terrenos sedimentares da bacia de Taubaté apresenta marcante padrão meandrante. No trecho ilustrado, a oeste de Caçapava, estado de São Paulo, são observados inúmeros meandros abandonados por atalhos em corredeira. As manchas brancas indicam áreas de extração de areia nas barras de pontal. Foto: Secretaria da Agricultura do Estado de São Paulo, SP-31, obtida em julho de 1973.

Figura 11.29 – Depósito de canal de rio meandrante da Formação São Paulo, Oligoceno - Mioceno da bacia de São Paulo, nos arredores de Santa Isabel, estado de São Paulo. Foto: A. M. Coimbra.

Figura 11.30 – Exposição de seção transversal de um rio meandrante da Formação São Paulo na região de Guararema, estado de São Paulo, mostrando estratificação cruzada sigmoidal, na parte centro-esquerda da foto, e depósito de meandro abandonado (*oxbow lake*), na porção central e centro-direita da foto. Foto: C. Riccomini.

em corredeira podem ser reconhecidos pela presença de cascalhos e estratificações cruzadas acanaladas interrompendo a sequência granodecrescente ascendente da barra de pontal; situação análoga pode também ser observada em depósitos da planície de inundação. Pode ocorrer ainda o abandono de um segmento do canal pela captura por outro canal ou por avulsão, em geral relacionado à atividade tectônica. Nestes casos, com a diminuição repentina do afluxo de sedimentos de carga de fundo, o canal é vagarosamente preenchido por material em suspensão da planície de inundação, formando corpos de argilas restritos e alongados sobre depósitos cascalhosos e arenosos típicos de canal.

Depósitos de diques marginais

Os corpos elevados, alongados em faixas sinuosas junto às bordas do canal, denominados de diques marginais (*natural levees*), formam-se em períodos de inundação. Quando ocorre a invasão da planície de inundação, por causa do extravasamento das águas do canal, a velocidade de transporte diminui bruscamente; com isso, depositam-se areias finas próximo às margens sob a forma de feição com seção triangular. Os depósitos associados são caracterizados pela presença de camadas de areias médias a finas, com estratificações onduladas de pequeno porte (centimétricas), associadas a argilas laminadas. Por constituir feição elevada na planície de inundação, o dique marginal frequentemente é coberto por vegetação, podendo preservar marcas de raízes, fragmentos orgânicos, paleossolos e gretas de contração.

canal passa a ocupar antigos locais de sedimentação e o fluxo diminui aos poucos (ver figura 11.27), por atalho em colo (*neck cutoff*), quando ocorre abertura de um novo canal entre dois meandros ou ainda por avulsão (rápida mudança do curso do canal fluvial, normalmente durante eventos de inundação) de vários meandros concomitantemente. Com a avulsão, forma-se um lago de meandro abandonado (*oxbow lake*), com depósitos predominantemente pelíticos (Figura 11.30), por vezes com turfa. Quando cortam as barras de pontal, os canais de atalho

Figura 11.31 – Camadas horizontais de siltitos e argilitos intercalados, de depósitos de planície de inundação da formação Fonseca, Cenozoico da bacia de Fonseca, estado de Minas Gerais Foto: L. G. Sant'Anna.

Depósitos de rompimento de diques marginais

Durante enchentes de grande porte (ver quadro 11.2), a energia do fluxo do rio pode romper o dique marginal, formando canais efêmeros e pouco definidos que se espalham sobre os depósitos de planície de inundação, geralmente com extensão de poucos metros, em casos excepcionais atingindo algumas centenas de metros. Constituem os depósitos de rompimento de diques marginais (*crevasse splay*) e são compostos de areias e argilas que podem se misturar com os depósitos do dique marginal e da planície de inundação, formando muitas vezes brechas com intraclastos de argila erodida da própria planície de inundação. Ocorrem estruturas sedimentares como estratificação cruzada de pequeno porte, laminações cruzadas de ondulações cavalgantes (*climbing-ripples*), laminação plano-paralela e estruturas de corte-e-preenchimento.

Depósitos de planície de inundação

A planície de inundação (*flood plain*) é a área relativamente plana e alongada adjacente a um rio, coberta por água nas épocas de enchente. Nela predominam os processos de suspensão, gerando coberturas centimétricas de silte e argila laminadas de forma uniforme (Figura 11.31). A planície de inundação apresenta-se intensamente vegetada, podendo formar significativos depósitos de restos vegetais e horizontes de solos, além de outras feições como bioturbações, marcas de raízes, gretas de contração e depósitos de turfa. O termo bacia de inundação (*flood basin*) é reservado às partes mais baixas dessa planície, constantemente inundadas.

Sistema fluvial anastomosado

Os sistemas fluviais anastomosados consistem um complexo de canais de baixa energia, interconectados, desenvolvidos, sobretudo, em regiões úmidas e alagadas, e formando várias ilhas alongadas recobertas por vegetação (Figura 11.32). Entretanto há exceções, permitindo que esse tipo de sistema possa ocorrer sob condições climáticas áridas. Os rios entrelaçados caracterizam-se pela baixa razão largura/profundidade do canal, a qual pode ser inferior a 10, e pela alta sinuosidade, superior a 2. Normalmente, os detritos são transportados como carga em suspensão ou mista, embora esses rios possam transportar sedimentos grossos em abundância por ocasião das chuvas.

A baixa declividade dos canais e sua sinuosidade provocam frequentemente o extravasamento do canal e a deposição de siltes e argilas. As áreas de acumulação de turfa, áreas pantanosas e lagoas de inundação ocupam mais de dois terços da área de um sistema fluvial anastomosado em terrenos úmidos.

Os rios anastomosados são caracterizados pela presença de dois ou mais canais estáveis e ocorrem em regiões de subsidência em relação ao nível de base regional. Observações de campo e estudos experimentais demonstraram que a estabilidade dos canais é fortemente condicionada pela presença de vegetação; a resistência à erosão de margens com vegetação, especialmente raízes, pode ser 20 mil vezes maior do que para margens sem vegetação. Climas úmidos, propícios ao desenvolvimento de vegetação, são mais favoráveis para a implantação desse tipo de sistema. Tais condições, todavia, podem conduzir também à formação de rios meandrantes. Entretanto, os rios anastomosados apresentam pouca migração dos canais e ausência de barras de pontal, o que os diferencia, portanto, dos rios meandrantes.

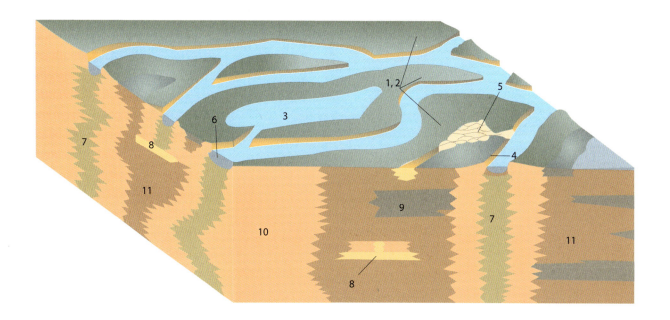

Figura 11.32 – Bloco-diagrama com as principais feições constituintes de um rio anastomosado. 1) área de acumulação de turfa; 2) pântano; 3) lagoa de inundação; 4) dique marginal; 5) depósito de rompimento de dique marginal; 6) canal fluvial; 7) cascalho; 8) areia; 9) turfa; 10) silte arenoso; 11) lama. Fonte: modificado de Smith, D. G. & Smith, N. D., Sedimentation in anastomosed river systems: example from alluvial valleys near Banff, Alberta. *Journal of Sedimentary Petrology*, 1980; v. 50. p. 157-164.

Estudos realizados com sondagens permitiram a verificação de taxas altas de acréscimo vertical do canal. A migração lateral, no entanto, seria baixa, em virtude da contenção pela vegetação. Consequentemente, a característica diagnóstica deste sistema fluvial é o contato subvertical entre as diferentes fácies, o que torna difícil sua identificação em afloramentos e a correlação lateral entre os poços. O reconhecimento desses depósitos em subsuperfície exige uma malha muito densa de sondagens. A persistência do cenário, aliada à agradação vertical por influência da elevação do nível de base regional em relação ao do rio, é a responsável pela predominância de depósitos de transbordamento em rios anastomosados.

Assim, em rios anastomosados, os principais tipos de depósitos estão relacionados ao canal e ao transbordamento do canal fluvial.

Depósitos relacionados ao canal fluvial

Os depósitos de canal compreendem cascalhos e areias grossas, os quais podem ser diferenciados dos depósitos de rompimento de diques marginais por apresentarem bases côncavas erosivas. Geralmente, a constituição dos diques marginais é siltosa, contendo de 10% a 20% de raízes vegetais em volume. Passam, lateralmente, para turfeiras, pântanos ou lagoas de inundação.

Depósitos de transbordamento do canal fluvial

Os depósitos de rompimento de diques marginais constituem camadas pouco espessas, centimétricas a decimétricas, de areia, grânulos e pequenos seixos. Tendem a formar corpos de geometria sigmoidal, com bases planas e sem erosão dos corpos subjacentes. Os depósitos de turfa compreendem camadas compostas quase que exclusivamente por matéria orgânica particulada e/ou coloidal, com espessuras centimétricas a decimétricas. Os depósitos de pântano são representados por argilas siltosas a siltitos argilosos com conteúdo variável de detritos orgânicos, localmente exibindo empilhamento de camadas centimétricas e estruturas de gradação. Constituem-se de depósitos de inundações sucessivas. Esses depósitos e os de turfeiras ocupam posições em comum no sistema, sendo diferenciáveis por suas características sedimentares e pelo conteúdo em matéria orgânica. As lagoas de inundação encerram argilas siltosas laminadas com matéria orgânica vegetal esparsa, alcançando espessuras métricas. São conectadas com os canais anastomosados por canais estreitos e profundos, os quais controlam o nível de água do lago.

Quadro 11.2 – Inundações

Historicamente as populações que se concentram às margens dos rios estão, invariavelmente, sujeitas às inundações. Os prejuízos anuais acumulados pelas inundações atingem cifras astronômicas.

As inundações constituem um dos principais e mais destrutivos tipos de acidentes geológicos e ocorrem quando a descarga do rio torna-se elevada e excede a capacidade do canal, extravasando suas margens e alagando as planícies adjacentes. Elas podem ser controladas por fatores naturais ou antrópicos. Entre os fatores naturais encontram-se normalmente as chuvas excepcionais e o degelo (Figura 11.33). Períodos anômalos de chuva sobre as bacias de drenagem podem ocasionar a súbita elevação do nível de água dos cursos fluviais, os quais, além de inundar áreas cultivadas e reduzir a disponibilidade de água potável, acarretam a destruição de construções e podem redundar na perda de vidas humanas e dos animais (Figura 11.34). Por outro lado, a ação antrópica pode ser responsável por grandes enchentes, como nos casos de rupturas de barragens e diques artificiais.

Importantes obras de engenharia, como diques marginais artificiais, barragens de contenção e canalização de rios são construídas para minimizar os efeitos das enchentes, com resultados positivos, mas que também apresentam seus inconvenientes. Diques marginais artificiais provocam o assoreamento do canal em virtude do incremento da acumulação de sedimentos que normalmente seriam depositados nas planícies de inundação. Barragens de contenção, que de um lado podem ser aproveitadas para geração de energia hidroelétrica e irrigação, de outro retêm sedimentos e por vezes, em sua construção, acabam por alagar áreas cultiváveis, núcleos urbanos, reservas florestais, monumentos históricos, sítios arqueológicos e geológicos. A canalização significa a alteração do padrão do canal de um rio, em casos extremos por sua retificação, de modo a aumentar a velocidade de fluxo das águas e evitar que estas atinjam o nível de inundação; pode envolver a simples desobstrução do canal ou até seus alargamento e aprofundamento. Reduzindo-se o comprimento do canal, aumenta-se seu gradiente e, portanto, a velocidade de fluxo. Assim, a grande descarga associada às enchentes pode ser rapidamente dissipada. Entretanto, a canalização não impede a tendência de um rio meandrar e retornar ao seu curso prévio. Um exemplo, que quase todos os anos causa grande comoção à população paulistana, é o das enchentes ao longo das antigas várzeas do rio Tietê e de seus tributários. As inundações ocorrem em função da redução da área de infiltração das águas pluviais pelas construções e pavimentações de vias públicas, levando a um rápido escoamento superficial rumo a um rio originalmente meandrante e atualmente retificado, com sua planície de inundação densamente ocupada. Apesar dos altos custos das obras de contenção de enchentes na cidade de São Paulo – barragens de contenção (popularmente conhecidas como "piscinões"), canalização de rios e córregos, construção de diques marginais – uma solução para o problema está muito distante.

A alternativa mais racional para minimizar o efeito das enchentes é o adequado planejamento da ocupação territorial, particularmente das áreas inundáveis, mediante a identificação de áreas de risco e o estabelecimento de regras específicas para seu uso.

Figura 11.33 – A bacia do rio Potomac sofreu grande inundação entre 6 e 9 de setembro de 1996, alguns trechos do rio se aproximaram ou excederam os níveis registrados durante a inundação de janeiro desse mesmo ano causada por extensas nevascas seguidas de fortes chuvas e temperaturas mais amenas. Para comparação: a) foto tomada durante a inundação. b) foto com o nível normal do rio mostrando rochas em seu leito. Fonte: NASA.

Figura 11.34 – A região da confluência dos rios Mississippi e Missouri, nas proximidades de St. Louis, Missouri (EUA), foi palco de uma grande inundação em julho e agosto de 1993, que provocou a evacuação de mais de 50 mil pessoas, além de alagar grande extensão de terras cultivadas. A figura é uma combinação de duas imagens. A área azulada indica a extensão da inundação e foi delineada a partir de imagem de radar ERS-1, sobreposta a uma imagem SPOT que exibe os canais dos rios sob condições normais. Fonte: imagens produzidas pelo *Institute of Technology Development/Space Remote Sensing Center*, divulgadas pela NASA/Divulgação.

11.5 Lagos

Lagos podem se formar em um grande número de situações em que se desenvolva uma depressão topográfica sem conexão com o oceano ou ocorra barramento de uma ou mais drenagens da bacia hidrográfica.

Contudo, a grande diversidade de processos formadores de lagos faz com que ocorram nas mais diferentes regiões do planeta, incluindo áreas polares (por exemplo, o lago Vostok, na Antártica figura 11.35), temperadas (Grandes lagos, na fronteira entre os Estados Unidos e o Canadá), desérticas (Salar de Atacama, no Chile) e tropicais úmidas (lago Victória, na fronteira entre Uganda, Quênia e Tanzânia, na África). Essas situações incluem depressões tectônicas, ambientes marginais em relação a geleiras, planícies de inundação de rios, planícies costeiras, depressões entre dunas eólicas, crateras de vulcões e estruturas de impacto de corpos celestes (astroblemas). Cerca da metade dos lagos conhecidos é de origem glacial e um é terço formado por processos tectônicos, particularmente em riftes (ver capítulo 16).

A grande variedade de processos formadores de lagos resulta em diferentes morfologias, que vão desde lagoas de centenas de metros quadrados, em planícies de inundação de rios, até o mar Cáspio, com seus 440.000 km² de área; e desde lagos salinos de deserto, que podem ter profundidade máxima de alguns decímetros, até o enorme lago Baikal, (Sibéria) com mais de 1.600 metros de profundidade (ver figura 11.36).

A flutuação da lâmina de água de um lago é função do balanço hidrológico, que compreende sua interação com a atmosfera (precipitação e evaporação), com as águas superficiais e com as águas subterrâneas, incluindo as hidrotermais. Esses fatores controlam a composição das águas, que podem ser doces ou salinas.

Figura 11.35 – O lago Vostok, com cerca de 14.000 km² de superfície e 510 m de profundidade máxima, é o maior lago de água doce do mundo sob o gelo. Está situado na porção centro-leste da Antártica. Na estação de Vostok, localizada sobre a extremidade sul do lago, foi registrada a temperatura mais baixa do planeta (-89,3 °C), em julho de 1983. A superfície do lago está sob uma camada de gelo com cerca de 3.750 m de espessura e presume-se que ocorram sedimentos em seu fundo. Uma perfuração no gelo que recobre o lago, efetuada em 1998, atingiu pouco mais de 3.620 m de profundidade, fornecendo um registro de aproximadamente 500 mil anos de dados paleoclimáticos. Micro-organismos isolados pelo gelo durante o último milhão de anos poderão ser encontrados nos sedimentos e nas águas do lago. Fonte: Kapitsa, A. P. et al. A large deep freshwater lake beneath the ice of central East Antarctica. *Nature*, 1996, v. 381, p. 684-686.

11.5.1 Classificação de lagos

Diferentes critérios podem ser utilizados para a classificação de lagos. Existe uma classificação baseada na origem e na história geológica do lago (ver tabela 11.4).

Outra classificação usual é a baseada na distribuição e na modificação de temperaturas nos lagos. Essa classificação tem grande utilidade para estudos sedimentológicos, pois a distribuição de temperaturas controla a dispersão dos sedimentos que chegam pelo aporte fluvial. Como a densidade da água varia com sua temperatura, normalmente os lagos são estratificados, com uma camada de água mais fria no fundo (ou hipolímnio), uma camada de transição (metalímnio) e uma camada de água mais quente na superfície (epilímnio). Como regra, a estratificação de temperaturas em lagos tende a evitar a circulação das águas, causando o consumo do oxigênio das águas do fundo pela oxidação da matéria orgânica que decanta da superfície.

A estratificação normal por temperatura pode sofrer modificações, muitas vezes pela variação sazonal de temperaturas na superfície do lago, provocando assim a circulação das águas e a oxigenação do fundo. A ação do vento na superfície do lago é outro fator capaz de induzir circulação, assim como o próprio aporte de águas fluviais.

A relação entre a temperatura da água dos rios e a dos lagos é que determina a forma como ocorre o aporte de águas fluviais nos lagos. No caso de águas flu-

Tipo de lago	Origem
Lago tectônico (Figura 11.36)	Deformação da crosta
Lago vulcânico	Em crateras ou represas causadas por derrames
Lago de deslizamento	Represamento de drenagens por fluxos gravitacionais derivados de escarpas
Lago glacial	Erosão glacial, represamento por geleiras ou diferentes processos de formação de depressões por derretimento e deposição de sedimentos glaciais (Figura 11.36)
Lago de dissolução	Dissolução de rochas (como calcários, evaporitos ou até arenitos) por percolação de água
Lago fluvial	Erosão fluvial, represamento de drenagens por depósitos sedimentares ou modificação do trajeto do canal deixando meandros abandonados
Lago eólico	Erosão eólica com exposição do freático ou represamento em interdunas e áreas de deposição de *loess*
Lago costeiros	Represamento por sedimentos transportados por correntes litorâneas
Lago orgânico	Represamento de origem animal ou vegetal (represas fitogências, lagos de coral ou represas de castores, por exemplo)
Lago antropogênico	Represas e escavações humanas
Lago de astroblema	Formado em crateras de impacto de corpos celestes

Tabela 11.4 – Classificação de lagos com base em sua origem e história geológica.

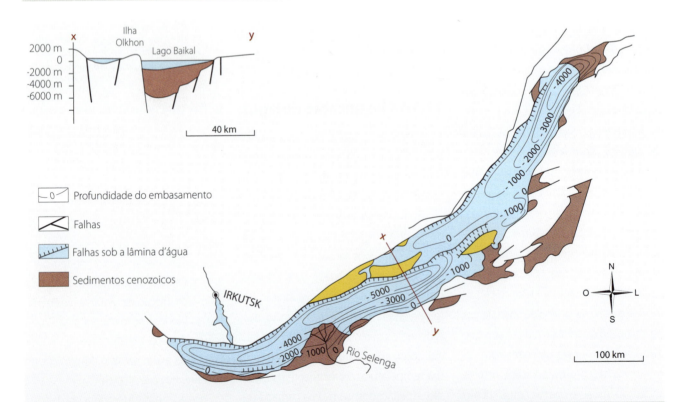

Figura 11.36 – O lago Baikal, na Rússia, é o maior corpo de água doce líquida do planeta. O fundo da depressão que o abriga encontra-se a mais de 5 km de profundidade. Em seu interior foram depositados mais de 3,5 km de sedimentos cenozoicos e a lâmina de água atual atinge mais de 1.600 m de espessura. Fonte: Logatchev, N.A., The Baikal Rift System. *Episodes*, 1984, v. 7, p. 38-42.

Tipo de lago	Padrão de estratificação e de circulação anual
Lago amíctico	Nunca ocorre circulação, como os lagos sempre cobertos pelo gelo em regiões polares (Figura 11.36); geralmente apresenta um padrão inverso de estratificação de temperatura, com as águas mais frias na superfície
Lago monomíctico frio	Com temperaturas nunca superiores a +4 °C e apenas um período de circulação (no verão), é comum em áreas próximas a geleiras
Lago dimíctico	Com circulação duas vezes ao ano, é comum em climas temperados, com estratificação inversa no inverno, quando a superfície congela, e normal no verão: a circulação ocorre na primavera e no outono
Lago monomíctico quente	A circulação ocorre uma vez ao ano e sua temperatura nunca cai abaixo de +4 °C
Lago polimíctico	A circulação ocorre diversas vezes ao ano; são comuns em regiões com grandes oscilações diárias de temperatura e ventos fortes e variáveis
Lago oligomíctico	A circulação é rara ou irregular e as temperaturas muito acima de +4 °C; é comum em regiões tropicais

Tabela 11.5 – Classificação de lagos profundos com base no padrão de estratificação e de circulação anual.

viais mais quentes e menos densas que as dos lagos, a água dos rios (com sua carga sedimentar em suspensão) irá se espalhar na superfície; no caso de águas fluviais mais frias e densas o aporte ocorre pelo fundo. O segundo caso pode causar a circulação e a oxigenação das águas do fundo. Lagos muito rasos não apresentam estratificação de temperatura. As características de circulação de lagos determinam a ciclicidade de deposição de matéria orgânica e de aporte sedimentar nas águas mais profundas.

O padrão de estratificação e de circulação anual em lagos profundos é utilizado para estabelecer a classificação apresentada na tabela 11.5.

11.5.2 Os depósitos lacustres no registro geológico

Os lagos são, muitas vezes, o destino final dos sedimentos trazidos pelos rios. A maior parte desses sedimentos deposita-se na área próxima à desembocadura do rio, podendo formar um grande acúmulo sedimentar que torna as águas dessa área mais rasas e faz a linha de costa avançar. Esses espessos acúmulos de sedimentos são chamados deltas, e podem ocorrer também em costas marinhas onde aportam rios. Como não há correntes de marés em lagos, a dispersão do sedimento para outras áreas do lago depende da ação de ondas causadas pelo vento (que têm energia muito menor que nos oceanos) e de processos gravitacionais, como correntes de turbidez que podem chegar a áreas profundas.

Áreas profundas que não recebem nenhuma corrente de turbidez apresentam deposição apenas de material fino em suspensão, com sedimentação relativamente contínua e lenta, que pode registrar ciclos sazonais de estratificação (com águas de fundo sem oxigênio) e circulação. Esses sedimentos são caracterizados pela presença de níveis mais ricos em matéria orgânica, depositados durante os períodos de estratificação das águas do lago. Essa característica de continuidade do registro sedimentar de certos depósitos lacustres permite investigar a evolução do paleoclima da época de deposição, realizada principalmente pelo estudo dos tipos de pólen encontrados nos sedimentos (ver figura 11.37) e de variações na granulação e na composição isotópica de conchas e certos minerais.

O registro geológico mostra diversos tipos de depósitos lacustres, em virtude da variedade de mecanismos formadores de lagos. Os mais comuns são depósitos de lagos de pequena profundidade e extensão relacionados a planícies de inundação fluvial e meandros abandonados, depósitos de diversos tipos de lagos relacionados a sistemas glaciais e depósitos de lagos tectônicos, formados por abatimento da superfície em decorrência de falhas ou flexura da crosta.

11.5.3 Sistemas deposicionais lacustres

Os depósitos lacustres apresentam, como característica comum, a abundância de fácies de decantação, porém as fácies sedimentares variam principalmente em função do clima e de atividade tectônica. São reconhecidos três tipos mais comuns de sistemas deposicionais lacustres, lagos tectônicos, lagos de climas áridos e lagos relacionados a geleiras, cujas características são discutidas a seguir.

Lagos tectônicos

A distribuição de sistemas deposicionais em lagos com atividade tectônica é bastante influenciada pela presença de escarpas íngremes próximas às suas margens e de fortes inclinações em algumas porções de seu fundo, causadas pela ativação das falhas responsáveis pela origem do lago. As escarpas íngremes promovem o aporte de material de granulação grossa nas margens do lago, na forma de leques deltaicos ou deltas de rios cascalhosos. Apesar do tamanho dos fragmentos e da grande energia de transporte, o volume total de sedimentos derivados das escarpas não é tão grande quanto aquele trazido por rios que correm paralelos ao eixo da bacia, que apresentam bacias de drenagem muito maiores. Esses rios de gradiente mais baixo podem promover o desenvolvimento de grandes deltas em pontos específicos da margem do lago.

As grandes declividades de algumas porções do fundo de lagos tectônicos facilitam o desenvolvimento de correntes de turbidez, que levam sedimentos até as porções mais profundas dos lagos. Lagos tectônicos atuais, como o Tanganyka, integrante do sistema de riftes do Leste Africano, e o Baikal, na Sibéria (ver figura 11.36), apresentam grandes sistemas de leques subaquáticos em águas profundas, análogos aos que se desenvolvem em águas marinhas, no sopé continental. Alguns desses lagos podem chegar a mais de mil metros de profundidade, apresentando uma estratificação por temperatura que não é totalmente desfeita por nenhum processo de circulação.

Uma característica importante dos lagos tectônicos é o contínuo afundamento do leito (subsidência) por ativação das falhas. Essa subsidência permite a manutenção de águas profundas mesmo com grandes taxas de sedimentação, que rapidamente entulhariam o lago se não houvesse subsidência. O lago Baikal, por exemplo, apresenta mais de 3.500 metros de depósitos sedimentares sob seu leito, formados nos últimos 15 Ma.

Lagos tectônicos profundos podem registrar oscilações climáticas como ciclos de modificação da profundidade do lago. Períodos mais secos podem causar rebaixamento significativo do nível da água, favorecendo a exposição de sedimentos previamente depositados e um maior aporte de sedimentos nas águas profundas. Períodos mais úmidos causam grandes transgressões e o recuo dos sistemas deposicionais para as bordas da bacia.

Lagos de climas áridos

Mesmo depressões tectônicas profundas limitadas por falhas só poderão desenvolver lagos profundos caso o

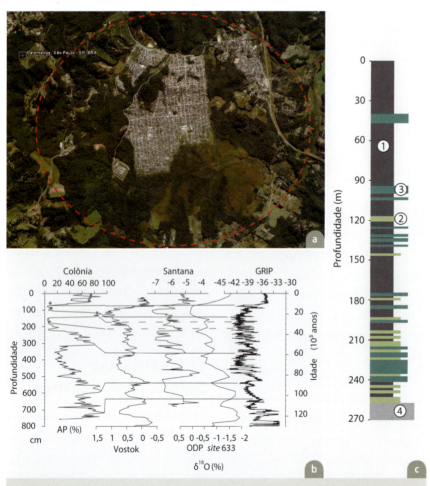

Figura 11.37 – a) A cratera de Colônia é um provável astroblema com aproximadamente 3,6 km de diâmetro e 450 metros de profundidade, localizada a cerca de 35 km ao sul da região central da cidade de São Paulo. Acredita-se que o presumível impacto que gerou a estrutura tenha ocorrido no Neógeno. b) O conteúdo em pólens arbóreos (AP) dos sedimentos da cratera de Colônia apresenta variações comparáveis às mudanças na composição de isótopos estáveis de oxigênio encontradas em testemunhos de gelo da Antártica (lago Vostok) e Groenlândia (GRIP), de sedimentos do fundo oceânico da parte leste do Atlântico Sul (ODP, site 633) e de estalagmites (caverna de Santana, São Paulo), revelando que a floresta Atlântica esteve sujeita às mudanças climáticas globais ocorridas durante os últimos 100 mil anos do Quaternário. c) A cratera é preenchida principalmente com sedimentos pelíticos, ricos em matéria orgânica proveniente da floresta Atlântica. Perfil de sondagem para água subterrânea: 1. argila siltosa cinza a preta rica em matéria orgânica; 2. Lama arenosa esverdeada com grânulos de quartzo; 3. lama arenosa esverdeada com grânulos a seixos de quartzo, feldspato e rocha granitoide; 4. areia conglomerática com seixos de quartzo, feldspato e rochas granitoides. Fontes: Riccomini, et al. In: Winge, M. et al.; DNPM, 2005. Ledru, et al. Quaternary Research, 2005, v. 64, p. 3, p. 444-450.

aporte de água, pela chuva ou por rios, seja suficiente. Climas áridos, com altas taxas de evaporação e infiltração, resultam em lagos rasos, muitas vezes efêmeros (secam completamente por meses ou anos). Esses lagos geralmente são sistemas fechados, onde terminam drenagens de pequena vazão, também efêmeras, o que, em conjunto com as altas taxas de evaporação, resulta na deposição de evaporitos, causada pelo aumento na concentração de íons nas águas do lago (Figura 11.38). O registro geológico apresenta diversos exemplos de depósitos evaporíticos lacustres, caracterizados por camadas de cloretos, sulfatos, nitratos, carbonatos e outros sais, intercaladas a níveis de pelitos. A distinção entre esses depósitos evaporíticos lacustres ou *sabkhas* continentais, e os depósitos de litorais marinhos, ou *sabkhas* litorâneas, pode ser realizada com base em análises químicas e isotópicas.

Lagos relacionados a geleiras

A ação geológica de geleiras pode formar lagos em contextos distintos, incluindo a barragem de águas de degelo, a escavação de depressões pela erosão glacial e posterior recuo da geleira e a formação de depressões pelo derretimento de blocos de gelo isolados que ficaram parcialmente enterrados em sedimentos de degelo. Como característica comum, esses lagos apresentam um aporte de sedimentos derivados da geleira, seja diretamente (quando a geleira alcança a beira do lago), seja indiretamente (pelo aporte de rios de degelo no lago). O aporte de sedimento fluvial tende a construir deltas pela acumulação de areias e cascalho nas águas mais rasas, com eventual retrabalhamento por correntes de turbidez para águas mais profundas. Já o aporte direto das gelerias pode resultar em retrabalha-

Figura 11.38 – O Salar de Atacama é um lago situado em região desértica no norte do Chile. Nas porções secas podem ser encontradas crostas salinas de diferentes composições, particularmente de halita. Foto: C. Riccomini.

mento de *tills* (ver capítulo 13), com a formação de depósitos mal selecionados de fluxos de detritos subaquáticos.

Lagos próximos a geleiras são geralmente monomícticos frios e apresentam, em sua porção mais profunda, pares de camadas mais ricas em matéria orgânica (formadas durante o período de estratificação térmica, quando sua superfície congela) e camadas mais ricas em sedimentos detríticos (formadas durante o período de circulação, quando recebem aporte de águas de degelo). Cada par (denominado *varve*) representa um ano de deposição, permitindo o estabelecimento de cronologias muito precisas em depósitos lacustres. Em águas fundas, outra feição diagnóstica de lagos próximos a geleiras é a presença de seixos, blocos ou até matacões isolados em meio a depósitos de decantação, largados por *icebergs* desprendidos da frente da geleira nas margens do lago. No parque do Varvito, em Itu, São Paulo, há um belo exemplo de clasto caído de geleira relacionada à glaciação permocarbonífera da bacia do Paraná.

Os rios e lagos são as formas principais com que a água líquida é armazenada na superfície dos continentes e contêm a água que circula por rochas, mantos de alteração e solos, que, por sua vez, carrega os elementos dissolvidos a partir do intemperismo das rochas (ver capítulos 7 e 8). Estes elementos dissolvidos serão, mais tarde, transportados até as bacias oceânicas, fornecendo íons para a manutenção da salinidade marinha ou para precipitação das rochas sedimentares químicas (ver capítulo 9), e também participando do ciclo vital de organismos marinhos.

Leitura recomendada

ETHRIDGE, F. G.; FLORES, R. M.; HARVEY, M. D. (Eds.). *Recent developments in fluvial sedimentology*. Tulsa: Society of Economic Paleontologists and Mineralogists, 1987. 389 p. (Special Publication, 39)

HÅKANSON, L.; JANSSON, M. *Principles of lake sedimentology*. Berlin; New York: Springer-Verlag, 1983. 316 p.

MARZO, M.; PUIGDEFÁBREGAS, C. *Alluvial sedimentation*. Oxford: Blackwell Scientific Publications, 1993. 586 p.

MIALL, A. D. Alluvial deposits. In: WALKER, R. G.; JAMES, N. P. (Eds.). *Facies models: response to sea level change*. St. John's: Geological Association of Canada, 1994. p. 119-42.

MIALL, A. D. *The geology of fluvial deposits*. Berlin: Springer-Verlag, 1996. 582 p.

SUGUIO, K.; BIGARELLA, J. J. *Ambientes fluviais*. 2. ed. Florianópolis: Editoras da UFSC e UFPR, 1990. 183 p.

Processos eólicos e produtos sedimentares

Joel Barbujiani Sígolo

Sumário

12.1 Mecanismos de transporte e sedimentação
12.2 Produtos geológicos do vento
12.3 Características mineralógicas e físicas dos sedimentos eólicos

Este capítulo apresenta os mecanismos de transporte realizados pela atividade eólica com suas feições erosivas e deposicionais, bem como os principais registros sedimentares produzidos por esta atividade e sua importância no contexto histórico da modelagem da superfície terrestre.

A ação transportadora do vento é facilmente sentida pelo impacto de minúsculas partículas de areia ao se caminhar na praia ou no deserto (Figura 12.1). Esse deslocamento denomina-se transporte eólico e o processo envolvido chama-se ação eólica. O fenômeno associa-se à dinâmica externa terrestre, e seu componente erosivo permite que parte da superfície da Terra seja continuamente modelada por ele, especialmente nas regiões desérticas.

A forma e a quantidade de energia solar que incide sobre a superfície da Terra modificam a temperatura das massas de ar, provocando diferenças que promovem seu deslocamento, ou seja, geram os ventos das massas. Esse processo é um fenômeno importante com registros geológicos observados tanto no passado quanto no presente. A intensidade dos ventos é

Figura 12.1 – Paisagem desértica, Saara. Foto: acervo da Editora.

muito variável. Algumas vezes, em função de sua força e sua energia podem ocorrer furacões, tornados e ciclones de efeitos devastadores.

O deslocamento de partículas de areia muito fina e poeira pode alcançar milhares de quilômetros. Com a diminuição da energia de movimento das massas de ar, esses materiais transportados podem depositar-se em áreas continentais ou oceânicas participando de outros processos da dinâmica externa da Terra. Nas áreas continentais, as partículas depositam-se sobre todas as superfícies, desde regiões montanhosas até regiões mais planas (planícies), onde a presença de água na superfície é sempre reduzida. A atividade do vento representa assim um conjunto de processos que incluem a erosão, o transporte e a sedimentação de partículas finas (areias preferencialmente) provindas dessa ação. Os materiais movimentados e, posteriormente, depositados neste processo são denominados sedimentos eólicos.

A formação do vento é fruto de diferenças de temperatura e, portanto, da densidade de massas de ar. As diferenças são geradas pela maior ou menor incidência de energia solar sobre a superfície do planeta, em função da latitude e da estação do ano em que se observa o fenômeno e pela diferença do albedo. O termo albedo diz respeito à proporção entre a energia solar refletida e a energia solar incidente, revelando, assim, a capacidade de absorção da energia solar dos materiais terrestres (florestas, rios, lagos, desertos, oceanos e geleiras continentais).

O aquecimento mais intenso das zonas equatoriais em relação às zonas polares origina lenta circulação geral das massas de ar. Cada hemisfério da Terra apresenta três células de circulação (ver capítulo 4). As massas de ar no Equador tendem a subir e nas latitudes 60° N e S formam zonas de baixa pressão, essas mesmas massas de ar tendem a descer nas latitudes de 30° N e S e nos polos, gerando assim as zonas de alta pressão. Assim, as massas de ar fluem das zonas de alta pressão (de tendência descendente) para as de baixa pressão (de tendência ascendente). A força de Coriolis, resultante da rotação terrestre, induz movimentos rotacionais voltados em geral para a direita (de oeste para leste) no hemisfério norte, e para a esquerda (de leste para oeste) no hemisfério sul. As células formadas nessas condições correspondem para cada hemisfério: aos ventos denominados alíseos das latitudes intertropicais, aos ventos de oeste das latitudes médias e aos ventos de leste das regiões polares. Esse esquema relativamente simples complica-se na prática em virtude de interações das circulações dos ventos com os oceanos, elevações terrestres e turbulências atmosféricas temporárias.

Curiosidade

Um grande deserto, na época da Pangea, cobriu mais de um milhão de km² na bacia do Paraná: o denominado Paleodeserto Botucatu. As rochas sedimentares arenosas, com estruturas dunares preservadas, e que testemunham esta fase da evolução de nosso território, forma hoje um dos maiores aquíferos do mundo, o aquífero Guarani (ver capítulo 17), em consequência à infiltração da água das chuvas. Assim, a falta de água do passado, que permitiu a intensa ação eólica na erosão, no transporte e na sedimentação, representa, hoje, a riqueza em água subterrânea, que encontra, nos arenitos, um ótimo reservatório, devido não apenas à alta porosidade, mas também à barreira que os derrames basálticos colocam, cobrindo os arenitos e aprisionando a água acumulada nestas camadas do pacote sedimentar da bacia. As estruturas sedimentares aí encontradas permitem a interpretação de sua origem eólica, e os fósseis indicam idade de cerca de 200 milhões para o início da deposição daquelas areias.

12.1 Mecanismos de transporte e sedimentação

O deslocamento das massas de ar representa o mecanismo de redistribuição da energia solar na atmosfera e responde pela maior ou menor capacidade de transporte eólico de partículas.

12.1.1 O movimento das massas de ar

As regiões do planeta mais sujeitas à atividade eólica são denominadas desertos absolutos – regiões na Terra onde a água no estado líquido é rara ou ausente. Exemplos de deserto onde a água não se encontra no estado líquido são identificados no Continente Antártico e na Groenlândia, onde a água encontra-se predominantemente formando espessas massas de gelo e neve. Assim, nessas áreas quase não existem grãos de areia e de poeira. Porém, áreas desérticas mais conhecidas compreendem imensas regiões com ocorrência de precipitações pluviométrica anual muito baixa (ou mesmo inexistente). Em face da elevada temperatura média nesses locais ocorre também elevada evaporação e intensa atuação de ventos. As áreas desérticas mais expressivas no planeta são Saara na África, Atacama no Chile, Gobi na Mongólia e China, Arábia, sudoeste dos Estados Unidos da América e a parte central da Austrália (Figura 12.2). As regiões desérticas localizam-se principalmente em baixas latitudes (entre 30° de latitude norte e 30° de latitude sul). De modo geral, os processos de erosão, transporte e sedimentação de materiais nessas áreas são comandados pela ação dos ventos, a não ser nas áreas ou nos períodos, pouco frequentes, em que as partículas encontram-se umedecidas e, portanto, mais coesas.

Nos locais mencionados na figura 12.2 são identificadas imensas coberturas constituídas de areia e, em função dessa magnitude, são definidas como mares de areia. Uma parte importante dessas regiões encontra-se submetida à ação dos ventos, que desloca e redeposita grandes quantidades de areia nas direções dos ventos predominantes. Um exemplo curioso desse fenômeno ocorreu em 1901, quando fortes ventos do Saara transportaram mais de 4 milhões de toneladas de areia e poeira para o Norte, depositando

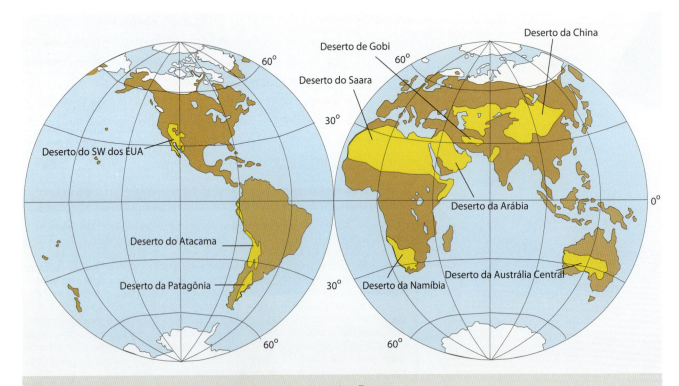

Figura 12.2 – Distribuição das principais áreas desérticas (em amarelo) na Terra.

esse material sobre 1,5 milhão de quilômetros quadrados da Europa. Outro exemplo que pode ser mencionado é a precipitação de areia observada nos conveses de navios cujo trajeto passa próximo à região de Cabo Verde no oeste da África. Ali, os navios recebem verdadeiras "chuvas" de areia e poeira provenientes do Saara, situado a mais de 1.500 km de distância.

O fenômeno de transporte e sedimentação ocorre cotidianamente nas áreas costeiras e não somente nos desertos aqui denominados absolutos. Tal fenômeno é sempre comandado por ventos fortes decorrentes, em última análise, das diferenças de albedo e de troca de calor entre o mar, o continente e a atmosfera. Analogamente ao que ocorre nas áreas desérticas mais conhecidas e famosas como o Saara, tal fenômeno gera dunas, e o litoral do Brasil, desde o Sul (Laguna, Lagoa dos Patos, Florianópolis, Garopaba etc.) até o Nordeste (Natal, Fortaleza, Salvador, Recife etc.) exibe diversos campos de dunas formados por esse processo.

Dos agentes modeladores da superfície terrestre, o vento é o menos efetivo. Muitas das formas erosivas observadas em áreas desérticas são creditadas erroneamente ao vento, quando, na realidade, sua origem está ligada à atividade da água corrente (ver capítulo 11). Diferentemente da Terra, em Marte, observa-se hoje, feições da paisagem ligadas à ação eólica.

Quanto maior a velocidade de deslocamento da massa de ar, maior será sua capacidade de transporte (Tabela 12.1). Por outro lado, anteparos naturais como florestas, e elevações artificiais como edificações naturais ou artificiais podem reduzir a velocidade das massas de ar, diminuindo, portanto, sua capacidade de transporte. Por exemplo, a cadeia Andina com altitude média de 4.000 metros e quase 8.000 km de extensão é um anteparo natural importante, interferindo no movimento das massas de ar frio provenientes da Antártica, podendo conduzi-las para o oceano Pacífico ou Atlântico ou para o interior da América do Sul.

A proximidade do vento da superfície terrestre também influi em sua velocidade. Sua proximidade com a superfície implica maior atrito e, assim, perda de energia de transporte. Outros obstáculos na trajetória do vento também representam um freio natural em seu deslocamento, tais como vegetação, construções, relevo acidentado etc. Dessa forma, a velocidade do vento aumenta com a altitude, até

Velocidade do vento (km/h)	Diâmetro máximo movimentado (mm)
1,8	0,04
11	0,25
32	0,75
47	1,0
Furacão	10

Tabela 12.1 – Diâmetro máximo de partículas movimentadas pelo vento, para partículas de quartzo (densidade = 2,65).

Vento	Velocidade km/h
Calmaria	1,5
Aragem leve	1,5 a 6,1
Brisa leve	6,1 a 11,1
Vento suave	11,1 a 17,2
Vento moderado	17,2 a 24,1
Vento médio	24,1 a 31,6
Vento forte	31,6 a 38,5
Vento fortíssimo	38,5 a 46,4
Ventania forte	36,4 a 55,4
Ventania fortíssima	55,4 a 64,8
Furacão	> 64,8 (alguns com mais de 150 km/h)

Tabela 12.2 – Classificação Beaufort dos tipos de vento baseada na velocidade de deslocamento.

certo nível, a partir do qual não mais se modifica significativamente. A figura 12.3 exibe a variação da velocidade das massas de ar com a altitude e a tabela 12.2, a classificação de ventos de acordo com sua velocidade.

Os fluidos deslocam-se segundo dois tipos principais de fluxo: turbulento e laminar (Figura 12.4). Quanto mais distante da superfície terrestre ou de barreiras naturais ou artificiais, mais laminar é o movimento da massa de ar, e mais turbulento será quanto mais próximo da superfície ou de barreiras. A atividade de erosão e sedimentação de partículas pelo vento resulta quase sempre do fluxo turbulento.

12.1.2 Como as partículas se movimentam

Poeira

Partículas menores que 0,125 mm de diâmetro são consideradas poeira, compreendendo as frações de areia muito fina, silte e argila da escala granulométrica de Wentworth (ver capítulo 9). São as menores frações trabalhadas pelos agentes de transporte em geral e representam o maior volume de material transportado e depositado pelos ventos (processos eólicos). Quando removidas de seu local de origem, tais partículas podem permanecer em suspensão em função do fluxo turbulento e da velocidade da massa de ar por longos períodos e assim serem transportadas por grandes distâncias. Nesse caso, diz-se que as partículas estão em suspensão eólica (Figura 12.5). Partículas e obstáculos maiores apresentam resistência ao vento, gerando intensa turbulência em seu entorno e promovendo a deposição das partículas pouco após o obstáculo.

Areia

As partículas maiores de poeira – areia fina a muito grossa (diâmetros entre 0,125 mm e 2 mm) – sofrem transporte mais limitado. Em uma mesma velocidade de vento, quanto maior a partícula, menor será seu deslocamento. A colisão de partículas em deslocamento com grãos na superfície promove seu deslocamento muitas vezes por meio de pequenos saltos. O movimento da areia por esse processo denomina-se saltação (Figura 12.6).

Partículas do tamanho de areia são particularmente importantes, pois constituem diferentes feições morfológicas, das quais as dunas são, sem dúvida, as mais importantes acumulações de areia em zonas desérticas e em muitas áreas litorâneas. A ação eólica também condiciona a organização dos grãos de areia, produzindo estruturas sedimentares conhecidas como marcas onduladas e estratificação cruzada. Feições como dunas e certos tipos de marcas onduladas e de estratificação cruzada, quando preservadas no registro geológico, representam evidências inegáveis da atividade eólica no

Figura 12.3 – Variação da velocidade do vento em função da distância do solo.

Figura 12.4 – Deslocamento das massas de ar por fluxo turbulento (direita) e por fluxo laminar (esquerda).

passado, permitindo muitas vezes a reconstituição do cenário paleoambiental e paleogeográfico do local.

Partículas maiores

Como indica a figura 12.6, a colisão de partículas em deslocamento, além de causar fragmentação e desgaste, pode induzir o movimento de partículas encontradas na superfície do solo. Partículas de diâmetro superior a 0,5 mm (areia grossa, areia muito grossa, grânulos e seixos) comumente se deslocam por este processo, chamado arrasto. O arrasto é pouco significativo em termos de volume de material transportado e mais restrito do que o transporte de poeira e de areias menores por saltação e suspensão em razão da densidade do partículas maiores e do atrito com o substrato (Figura 12.7).

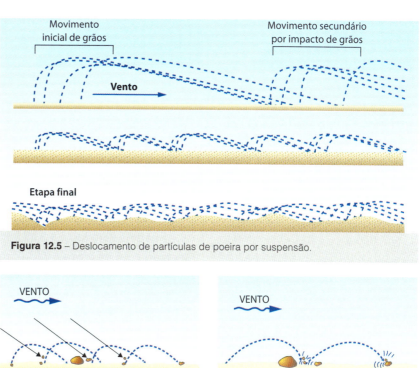

Figura 12.5 – Deslocamento de partículas de poeira por suspensão.

Figura 12.6 – Impacto de grãos causando deslocamento de partículas de areia por saltação.

Figura 12.7 – Deslocamento de partículas por saltação e por arrasto.

12.2 Produtos geológicos do vento

A ação eólica fica registrada tanto nas formas de relevo quanto nos depósitos sedimentares, respectivamente formados pela sua atividade destrutiva (erosão) ou construtiva (sedimentação).

12.2.1 Registros erosivos

Deflação e abrasão eólica definem os dois principais processos erosivos da atividade eólica. Na deflação, a remoção seletiva de areia e poeira, de forma seletiva, da superfície pode produzir depressões nos desertos chamadas de bacias de deflação, podendo chegar a níveis mais baixos do que o nível do mar. Deflação também pode produzir os chamados pavimentos desérticos, caracterizados por extensas superfícies exibindo cascalho ou o substrato rochoso, conhecidos como *reg*, expostos pela remoção dos sedimentos finos (Figura 12.8). Se o nível topográfico no deserto é rebaixado

Figura 12.8 – Pavimento desértico (*reg*) no deserto do Saara, Região de Erfoud, Marrocos. Foto: J. B. Sígolo.

339

por esse mecanismo até atingir a zona subsaturada ou saturada em água, podem formar-se os oásis (Figura 12.9).

Os constantes impactos de diferentes partículas em movimento (areia fina, média ou mesmo grossa) entre si e com materiais estacionados, geralmente maiores (seixos, blocos etc.), promovem intenso processo de desgaste e polimento de todos os materiais, denominado abrasão eólica. É importante ressaltar que o vento, isoladamente, não produz qualquer efeito abrasivo sobre materiais rochosos. Apenas quando transporta areia e poeira é que esse processo se faz efetivo. A abrasão produzida pelo vento assemelha-se ao processo de "jateamento e polimento com areia", utilizado na indústria para limpar, polir ou decorar diversos objetos. Em função dessa ação, as superfícies dos grãos tendem a adquirir brilho fosco, uma feição erosiva específica do vento, bem distinto do aspecto brilhante resultado do polimento de materiais em meio aquoso. De modo análogo, são formados por abrasão os ventifactos, os *yardangs* e as superfícies polidas.

Ventifactos são fragmentos de rocha apresentando duas ou mais faces planas desenvolvidas pela ação da abrasão eólica. O vento carregado de partículas erode uma face do fragmento (Figura 12.10a), formando uma superfície plana e polida voltada para o vento (Figura 12.10b). A turbulência gerada do lado oposto da face polida remove parte da areia, tornando o fragmento instável (Figura 12.10b). Nesse processo, ele se inclina, expondo nova face à abrasão eólica (Figuras 12.10c e d). Os ventifactos são típicos de desertos como Atacama, Taklimakan (China), Saara e Antártica (Figura 12.11).

A ação erosiva do vento produz outras formas de registro como os *yardangs*. Esses possuem forma semelhante a cascos de barcos virados, formados pela ação abrasiva eólica sobre materiais relativamente frágeis como sedimentos e rochas sedimentares pouco consolidados. Essa feição representa formas de abrasão importantes em diferentes áreas desérticas como a bacia do Lut no sudoeste do Irã, Taklimakan na China e Atacama no Chile. Tais formas de abrasão eólica encontram-se restritas geralmente à porção mais árida dos desertos onde há pouca vegetação e o solo é quase inexistente.

No Brasil, embora os ventifactos sejam raros, outras formas erosivas são encontradas, muitas delas conjugadas à atividade pluvial. Quando assim ocorrem, podem produzir formas específicas no relevo, por exemplo, as feições ruiniformes encontradas nos arenitos do subgrupo Itararé em Vila Velha, Paraná. Nesse ambiente, as chuvas tendem a erodir, preferencialmente, as porções argilosas dos arenitos, tornando o conjunto muito mais friável e suscetível à abrasão pelo vento, gerando formas variadas que

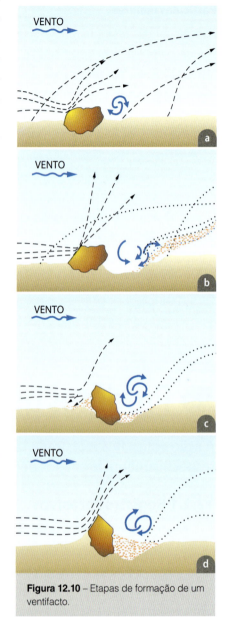

Figura 12.10 – Etapas de formação de um ventifacto.

Figura 12.9 – Oásis no campo de dunas de Merzouga, Marrocos, no deserto do Saara. Foto: R. T. Frank. LatinStock.

lembram cálices, tartarugas, garrafas etc. (Figura 12.12).

Em outro exemplo, no Parque de Sete Cidades, Piauí, a composição da rocha e as condições climáticas também são fatores importantes na singular morfologia das rochas areníticas locais. Particularmente, essas rochas exibem maior resistência à ação erosiva por haver cimentação mais resistente (sílica). Assim sendo, a ação erosiva pluvial e eólica é menos efetiva do que em Vila Velha.

12.2.2 Registros deposicionais

Transporte e posterior deposição de partículas pelo vento produzem registros geológicos peculiares, testemunhos desse tipo de atividade no passado. Os principais registros eólicos deposicionais são dunas, mares de areia e depósitos de *loess*.

Dunas

Das diversas formas de deposição de sedimentos eólicos atuais destacam-se as dunas. Associam-se a elas feições sedimentares como estratificação cruzada (Figura 12.13) e marcas onduladas que, no entanto, não são exclusivas de construções sedimentares eólicas. Existem duas principais classificações para dunas, uma considerando seu aspecto como parte do relevo (morfologia) e outra considerando a forma pela qual os grãos de areia se dispõem em seu interior (estrutura interna).

A classificação baseada na estrutura interna das dunas considera sua dinâmica de formação, sendo reconhecidos dois tipos: as dunas estacionárias e as migratórias.

Dunas estacionárias (ou estáticas)

Nesse caso, quando a duna está em formação, os grãos de areia (geralmente quartzo) vão-se agrupando de acordo com o sentido preferencial do vento, formando acumulações, geralmente assimétricas, podendo atingir algumas centenas de metros de altura e muitos quilômetros de comprimento. A parte da duna que recebe o vento (barlavento) possui inclinação baixa, de 5° a 15° normal-

Figura 12.12 – Arenitos da bacia do Paraná erodidos pela conjugação da ação eólica e pluvial em Vila Velha, Paraná. Foto: D. Moreira.

Figura 12.11 – Ventifacto proveniente do Dry Valley, Antártica. Foto: C. Juliani.

Figura 12.13 – Estratificação cruzada em dunas do litoral de Santa Catarina. Foto: P. C Gianinni.

341

mente, enquanto a outra face (sotavento), protegida do vento, é bem mais íngreme, com inclinação de 20° a 35° (Figura 12.14). Essa assimetria resulta da atuação da gravidade sobre a pilha crescente de areia solta. Quando os flancos da pilha excedem um determinado ângulo (entre 20° e 35°, dependendo do grau de coesão entre as partículas) a força da gravidade supera o ângulo de atrito entre os grãos e, em vez de se acumularem no flanco da duna, os grãos rolam declive abaixo e o flanco tende a desmoronar, até atingir um perfil estável. O ângulo máximo do flanco de uma pilha de material solto estável se chama ângulo de repouso. Uma vez que dificilmente o flanco barlavento supera esse ângulo, justamente por causa de seu constante retrabalhamento pelo vento, tal fenômeno é praticamente restrito ao flanco sotavento, daí a razão de sua inclinação maior, próxima ao ângulo de repouso.

Nas dunas estacionárias, a areia deposita-se em camadas que acompanham o perfil morfológico da duna. Desse modo, sucessivas camadas se depositam sobre o terreno com o soprar do vento carregado de partículas, partindo do barlavento em direção ao sotavento criando uma estrutura interna estratificada. Embora o sotavento da duna sofra forte turbulência gerada pela passagem do vento, os grãos de areia permanecem agregados aos estratos em formação, o que tende a impedir o movimento da duna. Essas dunas ficam assim imóveis por diversos fatores, tais como aumento de umidade, que aglutina os grãos pela tensão superficial da água, obstáculos internos (blocos de rocha, troncos etc.) ou desenvolvimento de vegetação associada à duna.

Dunas migratórias

À semelhança das dunas estacionárias, o transporte dos grãos nas dunas migratórias segue inicialmente o ângulo do barlavento, depositando-se, em seguida, no sotavento, onde há forte turbulência (Figura 12.15). Dessa forma, os grãos na base do barlavento migram pelo perfil da duna até o sotavento. Isso gera uma estrutura interna de leitos com mergulho próximo da inclinação do sotavento. O deslocamento contínuo causa a migração de todo o corpo da duna.

A migração de dunas ocasiona problemas de soterramento e de assoreamento nas zonas litorâneas do Brasil, exigindo dragagem contínua para minimizar o risco ao tráfego de navios, como ocorre no porto de Natal, Rio Grande do Norte, e na Lagoa dos Patos, Rio Grande do Sul. Em Laguna, Santa Catarina, por exemplo, dunas migratórias, algumas com dezenas de metros de altura, invadiram e soterraram várias casas de veraneio (Figura 12.16). Em cidades como Fortaleza, Recife, Maceió e outras da costa do Nordeste, são comuns problemas similares, em decorrência dos ventos perpendiculares à linha de costa. Ventos dominantes vindos de sudeste formam enormes campos de dunas migratórias que se deslocam ao longo da costa até encontrarem obstáculos como casas, fazendas, rodovias, ferrovias, lagos etc. (Figura 12.17). O fenômeno pode também desviar o curso natural de rios próximos à costa. Diferentes técnicas são utilizadas na tentativa de imobilizar dunas migratórias. A mais eficiente até o momento tem sido o plantio de vegetação psamofítica (a qual se desenvolve bem no

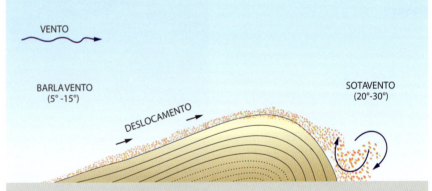

Figura 12.14 – Formação e estrutura interna de uma duna estacionária (os ângulos do barlavento e do sotavento foram exagerados).

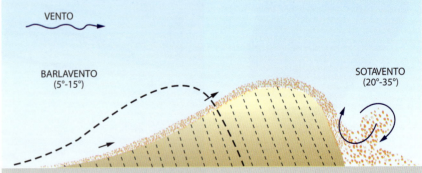

Figura 12.15 – Formação e estrutura interna de uma duna migratória (os ângulos do barlavento e do sotavento foram exagerados).

solo arenoso) ou de certas gramíneas na base da duna, a barlavento. Assim, o deslocamento dos grãos é impedido e a duna torna-se estacionária (Figura 12.18).

Outra classificação de dunas baseia-se em sua morfologia, incluindo grande variedade de termos descritivos que refletem a diversidade de formas identificadas nos desertos e em regiões costeiras, cada qual com estrutura interna e externa próprias e sujeitas a modificação pela ação dos ventos.

Três parâmetros principais determinam a morfologia de uma duna:

a) a velocidade e a variação do rumo do vento predominante;

b) as características da superfície percorrida pelas areias transportadas pelo vento;

c) a quantidade de areia disponível para a formação das dunas.

As formas de dunas mais comuns são dunas transversais, barcanas, parabólicas, estrela e longitudinais.

Dunas transversais

A formação desse tipo de duna é condicionada por ventos frequentes e de direção constante, bem como pelo suprimento contínuo e abundante de areia para sua construção. As regiões litorâneas constituem ambiente propício para a formação das dunas transversais, com ventos cujas direções preferenciais somam-se à velocidade constante e à abundância de grãos de areia. A denominação de transversal provém de sua orientação perpendicular ao sentido preferencial do vento. Em desertos, o conjunto dessas dunas costuma formar os chamados mares de areia, caracterizados por colinas sinuosas, grosseiramente paralelas entre si, lembrando a morfologia revolta do oceano durante uma tempestade (ver figura 12.19).

Figura 12.16 – Invasão de casas por dunas migratórias na região de Laguna (SC). Foto: P. C. F. Giannini.

Figura 12.17 – Lago entre dunas no campo de dunas de Natal (RN) (sentido preferencial do vento da esquerda para a direita). Foto: J. B. Sígolo.

Figura 12.18 – Método de contenção de duna migratória com utilização de plantio de vegetação apropriada para conter a migração dos grãos (sentido preferencial do vento da esquerda para a direita). Restinga da Lagoa dos Patos (RS). Foto: R. Linsker.

Nas áreas costeiras, os campos de dunas podem apresentar pequenos lagos de água doce, como no norte do Espírito Santo, no sul do estado da Bahia e ao longo de toda a costa do Nordeste (Figuras 12.17 e 12.19). Dunas transversais são também encontradas em ambientes fluviais como na ilha do Caju, no delta do rio Parnaíba, Maranhão (Figura 12.20).

Muitos campos de dunas transversais também exibem marcas onduladas (Figura 12.20), produzidas pelo deslocamento dos grãos de areia principalmente por arrasto e saltação. Em função de sua assimetria, tal feição permite determinar o sentido do vento predominante que a formou (do barlavento para o sotavento).

Dunas barcanas

Desenvolvem-se em ambientes de ventos moderados e fornecimento de areia limitado. Como resultado, esse tipo de duna assume forma de meia-lua ou lua crescente com suas extremidades voltadas no mesmo sentido do vento (Figura 12.21). Essa variedade não forma campos contínuos e estes tendem a ser pequenos, não superando 50 m de altura e 350 m de largura. No Brasil, as dunas barcanas são relativamente raras. No litoral, porém, onde a vegetação limita o fornecimento de areia, formam-se cadeias de dunas similares às barcanas, recebendo o nome de cadeias barcanoides. Estas diferem das barcanas por ocorrerem unidas, tais como os exemplos no litoral de Laguna, Santa Catarina, ilustrados na figura 12.22.

Dunas parabólicas

Embora semelhantes às dunas barcanas, as parabólicas diferem pela curvatura em suas extremidades, mais fechada, assemelhando-se à letra U, com extremidades voltadas no sentido contrário do vento (Figura 12.23). São encontradas em regiões de ventos fortes e constantes com suprimento de areia superior ao das áreas de barcanas. São pouco comuns na América do Sul, limitando-se

Figura 12.19 – Pequeno lago represado por duna transversal exibindo marcas onduladas (sentido preferencial do vento da direita para a esquerda). Campo de dunas dos Lençóis Maranhenses (MA). Foto: I. D. Wahnfried.

Figura 12.20 – Campo de dunas transversais (direção preferencial do vento da direita para a esquerda). Ilha do Caju, delta do rio Parnaíba (MA). Foto: R. Linsker.

Figura 12.21 – Duna barcana no lado direito do campo de dunas associada a cadeias barcanoides (sentido preferencial do vento da direita para a esquerda), Ilha do Caju, delta do Parnaíba (MA). Foto: P. Zuppani.

Figura 12.22 – Cadeias barcanoides em Laguna (SC). Foto: P. C. F. Gianinni.

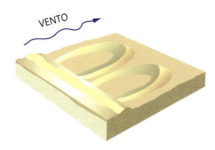

Figura 12.23 – Dunas parabólicas, formadas pela destruição de uma duna transversal (direção preferencial do vento da esquerda para a direita).

às zonas litorâneas. Nesses ambientes, a vegetação costeira é importante no controle e na evolução da construção desse tipo de duna, por ser o parâmetro limitador no fornecimento de areia.

Dunas estrela

São típicas dos desertos da Arábia Saudita e de parte dos desertos do Norte da África. Sua formação está diretamente relacionada à existência de areia abundante e ventos de intensidade e velocidade constantes, mas com frequentes mudanças de direção (pelo menos três direções). O resultado é uma duna cujas cristas lembram os raios de uma estrela (Figura 12.24).

Dunas longitudinais

Também são conhecidas como dunas do tipo *seif*, do árabe, descritas originalmente no deserto da Arábia. Formam-se em regiões com abundante suprimento de areia e ventos fortes e de sentido constante no ambiente desértico ou em campos de dunas litorâneas (Figura 12.25). Podem atingir dezenas de quilômetros de comprimento e mais de 200 metros de altura. Em muitos casos, esse tipo de duna produz feições morfológicas similares a "cordões de areia". Contudo, em menor

Figura 12.24 – Dunas estrela, formadas por transporte de grãos de areia com ventos em duas direções preferenciais demonstrada pela linha retilínea na parte frontal da foto. Campo de Dunas *Lês sables d'or*, Merzouga, Marrocos. Foto: J. B. Sígolo.

Figura 12.25 – Dunas longitudinais na Ilha do Caju, delta do Parnaíba (MA). Observar o forte lineamento dado pelo sentido preferencial de vento mais forte. Foto: R. Linsker.

escala, cordões semelhantes podem ser formados pela atividade fluvial.

Mares de areia

O termo é empregado em áreas desérticas significando grandes áreas cobertas de areia, a exemplo da Arábia Saudita, com cerca de 1.000.000 km² da superfície atualmente coberta por areia. Gigantescas áreas desse tipo também ocorrem na Austrália e na Ásia. Essas extensas coberturas de areia no Norte da África são conhecidas como *ergs*.

Por outro lado essas areias possuem uma distância muito variável no tempo e no espaço (Quadro 12.1)

Dunas fósseis

Feições características da ação eólica podem ser reconhecidas e em rochas sedimentares de diferentes idades, permitindo a reconstituição de ambientes eólicos do passado. A identificação, em rochas sedimentares antigas, de estruturas internas e externas típicas das dunas atuais, como estratificações cruzadas e marcas onduladas, permite reconhecer de uma duna fóssil. Pela análise da orientação das faces em dunas fósseis, é possível identificar o sentido preferencial do vento na época de sua formação e reconhecer as faces barlavento e sotavento pretéritas.

Registros eólicos são reconhecíveis em muitas regiões do Brasil. Espessas camadas de arenitos, amplamente expostas em cortes das rodovias, são testemunhos de ambientes desérticos diversos durante boa parte da Era Mesozoica (Figura 12.26). Registros semelhantes e pertencentes ao mesmo ambiente desértico que dominou a bacia do Paraná são observados em várias formações geológicas de vários estados brasileiros (São Paulo, Santa Catarina, Rio Grande do Sul, Paraná, Minas Gerais, Mato Grosso do Sul e Mato Grosso), estendendo-se para Uruguai, Paraguai e Argentina.

Figura 12.26 – Duna fóssil da Formação Pedra Pintada (Grupo Guaritas) do Supergrupo Camaquã (idade eocambriana). Perfil na estrada Santana da Boa Vista - Caçapava do Sul (RS). Foto: R. Machado.

Quadro 12.1 – Desertificação

Embora o nome seja sugestivo, o termo desertificação não retrata de forma específica os eventos dinâmicos dos desertos da superfície da Terra. Sabe-se que a formação dos desertos atuais envolveu múltiplos fatores geológicos e climáticos, que atuaram conjuntamente durante longos períodos. Nesse processo, continentes migraram para regiões de clima seco, comuns em zonas de baixa latitude e de alta pressão atmosférica. Tal deslocamento continental expôs rochas e outros materiais superficiais a condições especiais de clima, dominadas pelos processos eólicos. Durante sua evolução, uma área desértica expande-se ou retrai-se em função principalmente das flutuações climáticas cíclicas. De modo geral, as áreas desérticas naturais (sem influência direta da atividade humana) fazem divisa com regiões de maior umidade e, como consequência, de maior desenvolvimento da vegetação, o que inibe a expansão do deserto. Atualmente, quase sempre às margens das áreas desérticas, desenvolve-se atividade humana, a qual pode acelerar a expansão da área desértica, ou seja, a desertificação. Em regiões não desérticas, especialmente nos ecossistemas mais delicados e frágeis, a atividade humana pode aumentar a aridez local e levar, eventualmente, à desertificação regional. Foi o que aconteceu no centro-oeste dos Estados Unidos, na década de 1930, como resultado de práticas agrícolas agressivas que deixaram o solo exposto à dessecação, quando milhões de toneladas de solos férteis foram erodidos pelo vento e redistribuídos em grandes tempestades de poeira e areia. No Brasil, o desmatamento desordenado, as queimadas constantes das florestas e as práticas agropecuárias inadequadas nas zonas de fronteiras agrícolas, como em certas regiões da Amazônia, expõem o solo e seus constituintes, como a matéria orgânica, à rápida degradação física e química, reduzindo as condições de plantio e criando situações de estresse no ecossistema existente. Esse fenômeno também tem recebido o nome de desertificação porque desequilibra o delicado balanço entre nutrientes, umidade e solos existentes nessas regiões, provocando modificações ecológicas irreparáveis, como a passagem de um clima semiúmido para árido.

12.3 Características mineralógicas e físicas dos sedimentos eólicos

Os sedimentos produzidos pelo vento são geralmente monominerálicos constituídos por quartzo em virtude da abundância desse mineral nas rochas da crosta continental e de sua grande resistência à alteração intempérica. Contudo, outros minerais podem ocorrer em depósitos eólicos, como o *loess*.

As características típicas que podem ser destacadas para os sedimentos de origem eólica são facilmente observadas com uma lupa de mão. Os impactos constantes entre os grãos no meio físico da atmosfera acabam por produzir superfície polida no grão, cujo brilho é fosco, com forma arredondada e alta esfericidade. O aspecto fosco das partículas decorre da difusão da luz causada pelas minúsculas marcas de impacto deixadas nas superfícies dos grãos e difere do aspecto brilhante produzido pelo desgaste durante o transporte em ambiente aquoso. No caso da água, que é mais densa que o ar, ocorre de certo modo um amortecimento da ação de atrito produzida pelo choque entre os grãos minerais.

Os mesmos impactos que provocam o polimento fosco das superfícies também quebram os grãos e suas arestas, diminuindo e arredondando as partículas durante o processo. No caso do quartzo, mineral dominante nos sedimentos eólicos, o processo aproxima os grãos da forma esférica, já que este mineral não possui clivagem (ver capítulo 5) e, portanto, não apresenta planos preferenciais de quebra.

Além disso, depósitos de origem eólica exibem elevada seleção granulométrica como outra característica peculiar. Pequenas variações na velocidade do vento aumentam ou diminuem sua capacidade de transporte, restringindo seu tamanho de forma mais eficiente que o meio aquático, no qual a maior viscosidade atenua as consequências das variações de velocidade e de atrito entre as partículas transportadas.

Loess

Loess (termo originado do alemão) refere-se a um dos mais importantes exemplos de sedimentação eólica no registro geológico. Consiste de sedimentos muito finos (silte e argila), homogêneos e friáveis, comumente amarelados. Apresenta diversos minerais em sua constituição (quartzo, feldspato, anfibólio, mica, argila e alguns carbonatos), além de fragmentos de rocha pouco alterada. Parte importante de seus constituintes é originada por ação erosiva glacial (ver capítulo 13), produzindo sedimentos muito finos, posteriormente transportados pelo vento e depositados sobre extensas regiões.

Depósitos de *loess* foram descritos pela primeira vez no nordeste da China. Nessa região, os depósitos atingem mais de 150 metros de espessura, embora em média apresentem espessuras em torno de 30 m. Ocorrências desses depósitos muito expressivas foram descritas também na Mongólia central, na Europa e Estados Unidos.

Leitura recomendada

CARON, J. M.; GAUTHIER, A.; SCHAAF, A.; ULYSSE, J.; WOZNIAK, J. *Comprendre et enseigner la planète Terre*. Paris: Ophrys, 1989. 271 p.

CORDANI, U. G.; SÍGOLO, J. B. Composição, estrutura interna e geologia de Marte. In: MASSAMBANI, O.; MANTOVANI, M. (Eds.). *Marte Novas Descobertas*. São Paulo: Diagrama & Texto: Instituto Astronômico e Geofísico da Universidade de São Paulo 1997. p. 121-38.

HAMBLIN, K. *The Earth's dynamic systems. A Textbook in Physical Geology*. Nova York: MacMillan Publishing Company, 1989. 576 p.

PRESS, F.; SIEVER, R. *Understanding the Earth*. Nova York: W.H. Freeman & Co., 1996. 656 p.

ROCHA, A. A.; LINSKER, R. *Brasil aventura: dez viagens por um país inesquecível*. São Paulo: Terra Virgem Editora, 1994. 127 p.

ROCHA, A. A.; LINSKER, R. *Brasil aventura 2*. São Paulo: Terra Virgem Editora, 1995. 185 p.

ROCHA, A. A.; LINSKER, R. *Brasil aventura 3: ilhas*. São Paulo: Terra Virgem Editora, 1996. 175 p.

SKINNER, B. J.; PORTER, S. C. *The dynamic Earth*: an introduction to physical geology. Nova York: J. Wiley & Sons, 1995. 567 p.

Gelo sobre a Terra: processos e produtos

Antonio Carlos Rocha-Campos, Paulo Roberto dos Santos

Sumário

13.1 Gelo e geleiras
13.2 Ação glacial terrestre
13.3 Ação glacial marinha

Figura 13.1 – Paisagem glaciada da baía do Almirantado, ilha Rei George, Antártica. Foto: A. C. Rocha-Campos.

Geleiras têm se expandido e recuado nos continentes desde 3 bilhões de anos atrás, e, a despeito de cobrirem hoje somente cerca de 10% da superfície emersa da Terra, as geleiras constituem um dos mais importantes agentes geológicos modificadores da superfície do planeta.

Na Antártica, por exemplo, o manto de gelo que a recobre representa atualmente o maior "sorvedouro" de calor da Terra, influenciando profundamente as condições climáticas, a circulação das águas oceânicas e da atmosfera (Figura 13.1). O debate sobre a possibilidade da ocorrência do aumento da temperatura global causado pelos gases do efeito estufa despertou atenção de pesquisadores e mesmo do grande público sobre o estado de equilíbrio da grande massa de gelo que recobre a Antártica.

O registro da composição pretérita da atmosfera terrestre arquivada no gelo antártico permitiu comprovar o aumento de CO_2 e outros gases na nossa atmosfera desde 790 mil anos, abrangendo as últimas glaciações do Cenozoico. Estimativas indicam que o derretimento do manto de gelo austral provocaria uma elevação de até 60 m no nível do mar, com consequências catastróficas sobre a vida das populações litorâneas.

Atualmente, estamos vivendo uma longa idade glacial iniciada na época Eoceno há 43 milhões de anos, e vários modelos desenvolvidos pelos cientistas tentam prever as futuras condições climáticas da Terra. A despeito do componente dramático que uma mudança climática drástica pode encerrar, por causa de possíveis consequências sobre a vida na Terra, a idade glacial não constitui uma novidade na história geológica do planeta.

De fato, o registro geológico mostra evidências de, pelo menos, sete outras idades glaciais ou períodos de refrigeração global relativamente bem documentados, sob a forma de rochas e feições típicas da ação geológica pretérita do gelo. Esses períodos alternam-se com fases de aquecimento global. A duração das idades glaciais foi variável, desde alguns milhões, até dezenas de milhões de anos.

No Brasil, um país predominantemente tropical, há indícios geológicos muito convincentes da ocorrência de seis a sete dessas idades glaciais, durante o último bilhão de anos de sua geohistória. As grandes massas de gelo que se desenvolveram em território brasileiro durante esses intervalos influenciaram bastante a paisagem, a geografia, o clima e a vida do passado.

Embora possam ser mortais para as pessoas descuidadas, as áreas afetadas pela glaciação compõem algumas das mais belas paisagens da Terra, oferecendo oportunidades de apreciação cênica e da prática de lazer e esporte.

Geleiras são entidades dinâmicas em delicada harmonia com seu ambiente e estão em constante movimento e mudança. O conjunto de feições erosivas, deposicionais e de ambientes direta e indire-

Lagos e rios subglaciais

Cientistas descobriram, em 1995, por levantamentos geofísicos, um enorme lago, do tamanho do lago Genebra, Suíça, sob o manto de gelo antártico, junto à estação antártica russa de Vostok, a quase 4 km de profundidade. Vários fatores explicam a existência do lago: isolamento térmico causado pelo manto de gelo, abaixamento do ponto de fusão da água pela enorme pressão do gelo, calor geotérmico e calor gerado pelo atrito da geleira movendo-se sobre assoalho rochoso. Poço perfurado pelos russos para obtenção de longo testemunho de gelo, situado em cima do local do lago, está parado a 150 m da água. A entrada no lago requer cuidados para evitar contaminação do corpo d'água e de sedimentos do fundo deste. O lago é importante para a ciência pela possibilidade de conter micro-organismos isolados há até 1 milhão de anos, em condições semelhantes às da "Terra bola de gelo" (ver capítulo 5) e as que existem hoje em Marte ou Europa, uma das luas de Júpiter. Cerca de 155 lagos foram descobertos até agora na Antártica, interligados por rios, formando verdadeira bacia hidrográfica subglacial. Descobriu-se que os lagos sofrem enchente, que poderiam provocar mudanças no movimento do manto de gelo, acelerando sua destruição.

tamente ligados às geleiras é, pois, extremamente variado e complexo. O seu estudo é escopo da Geologia Glacial, enquanto a glaciologia ocupa-se do estudo das propriedades e ocorrências de gelo e neve na superfície da Terra, principalmente nas geleiras. Os depósitos glaciais oferecem excelentes oportunidades de estudo e aprendizado de processos geológicos diversos que ocorreram na superfície da Terra, como veremos a seguir. Um dos aspectos interessantes do tema refere-se à discussão dos processos e produtos sedimentares glácio-marinhos, que correspondem à maioria das rochas glacígenas encontradas no registro geológico pré-pleistocênico.

Uma questão importante, porém ainda controvertida, refere-se à origem das glaciações. Este tópico, de aspecto geral, não é aqui discutido. Algumas informações a esse respeito encontram-se no capítulo 20.

349

Capítulo 13 - Gelo sobre a Terra: processos e produtos

13.1 Gelo e geleiras

Geleiras são massas naturais de gelo originadas sobre os continentes de limites definidos, que se movimentam pela ação da gravidade, podendo eventualmente terminar no mar ou em um lago. Originam-se pela acumulação de neve e sua compactação por pressão transformando-a em gelo.

13.1.1 Tipos de geleiras

Segundo esta definição, as geleiras podem ser classificadas de várias maneiras. É usual, por exemplo, dividi-las em geleiras de vale (ou alpinas, de montanha ou altitude), e geleiras continentais (ou de latitude). As primeiras ocupam depressões formadas nas altas cadeias de montanhas, como os Alpes, Andes etc., e as segundas desenvolvem-se sobre áreas continentais ou ilhas junto aos polos, podendo atingir o nível do mar. Um dos esquemas de classificação mais simples (mas, nem por isso, destituído de dificuldades) leva em conta a topografia do terreno sobre o qual as geleiras se assentam e o seu tamanho (área). Outra abordagem significativa baseia-se na distribuição da temperatura do gelo ou seu regime térmico. Neste capítulo, será utilizado o primeiro esquema, deixando para mais adiante a consideração do regime térmico das geleiras. Conforme veremos, há ainda outras maneiras de qualificar diferentes tipos de massas de gelo, porém, de maneira geral, trata-se de variedades vinculadas às categorias gerais listadas adiante.

De acordo com o esquema adotado, as geleiras podem constituir massas de gelo não confinadas ou confinadas pela topografia. O tamanho permite subdividir cada uma dessas categorias em diversos tipos, conforme resumido a seguir (Figuras 13.2 e 13.3).

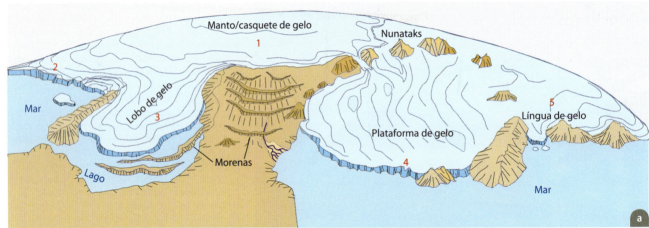

Figura 13.2 – a) Principais tipos de geleiras: 1. manto/casquete; 2. de margem marinha aterrada; 3. lobo glacial aterrado; 4. plataforma flutuante; 5. língua flutuante. Notar morenas terminais e feições lineares à frente das geleiras e *nunataks*, massas rochosas formando ilhas isoladas pelo gelo; b) Exemplos de geleiras atuais: imagem satelital dos mantos de gelo da Antártica Ocidental e Oriental (cerca de 13 milhões de km²); geleiras de escape do manto e gelo Oriental cortam as Montanhas Transantárticas; plataformas de gelo flutuantes (Ross e Filchner-Ronne) cobrem, respectivamente, os mares de Ross e Weddell. Fontes: a) Eyles, 1983; b) United States Geological Survey.

Geleiras não confinadas pela topografia

Manto de gelo: > 50.000 km².
Exemplos: mantos de gelo da Antártica e da Groenlândia.
Casquete (calota) de gelo: < 50.000 km².
Exemplos: casquete de gelo de Svalbard, Ártico e da ilha Rei Jorge, Antártica ocidental.

Geleiras confinadas pela topografia

Campo de gelo: 10 – 10.000 km².
Exemplo: campo de gelo de Colúmbia, Montanhas Rochosas, Canadá.
Geleiras de vale: 5 – 5.000 km².
Exemplos: geleiras dos Andes, Alpes etc.
Geleira de circo: 0,5 – 10 km².
Exemplos: geleiras dos Andes, Alpes etc.

Mantos de gelo mais espetaculares e, na verdade, os únicos existentes atualmente são os que cobrem a Antártica e a Groenlândia.

Com cerca de 14 milhões de km² de área, o manto de gelo da Antártica notabiliza-se por conter 91% do gelo de água doce e 75% da água doce do mundo. Em vários locais, sua espessura supera os 4.000 m. A morfologia do manto caracteriza-se pela presença de domos, regiões de topografia arredondada mais salientes, a partir dos quais o gelo flui radialmente pela gravidade. O manto de gelo da Groenlândia, por sua vez, cobre uma área de 1,7 milhão de km², mais ou menos do tamanho do México, e retém cerca de 8% da água doce do planeta. Seu perfil é também convexo, parabólico, atingindo espessuras de mais de 3.000 m.

A não ser pelo seu tamanho menor, casquetes (calota) de gelo não se diferenciam morfologicamente dos mantos. São encontrados principalmente sobre planaltos elevados, situados em regiões subpolares, onde formam massas de gelo de perfil convexo, cobrindo substratos muitas vezes irregulares. Exemplos típicos são as massas de gelo que recobrem a ilha de Svalbard, na

Figura 13.3 – Tipos de geleiras recentes. a) Geleira de vale de Atabasca Montanhas Rochosas, Canadá: campo de gelo de Colúmbia pode ser visto ao fundo. b) Margem marinha de geleira de maré, lado norte da península de Melville, fragmentos de gelo solto da geleira, junto a esta, ilha Rei Jorge, Antártica Ocidental. c) Imagem do casquete (calota) de gelo da ilha Rei Jorge, Antártica Ocidental (cerca de 1.150 km²); geleira de escape/maré de Lange drena o casquete em direção à baía do Almirantado; seta vermelha: Estação Antártica Comandante Ferraz, Brasil, situada sobre a península de Keller, no fundo da baía. Fotos: a) e b) A. C. Rocha--Campos. Fonte: c) Universidade de Freiburg, Alemanha.

região ártica, e a ilha Rei Jorge, no arquipélago de Shetland do Sul. O casquete (calota) de gelo da ilha Rei Jorge tem mais de 300 m de espessura e cobre cerca de 93% da superfície da ilha.

Os campos de gelo são menores que os casquetes (calotas) e, geralmente, são encontrados em regiões alpinas e temperadas, têm perfil plano, em grande parte cercados por topografia montanhosa mais elevada. O espetacular campo de gelo de Colúmbia, nas Montanhas Rochosas do Canadá, desenvolve-se extensivamente sobre o divisor de águas continental da América do Norte.

Geleira de vale constituem massas de gelo alongadas, circunscritas a vales montanhosos e alimentadas por massas de gelo maiores acumuladas nos chamados circos glaciais.

Uma bacia ou concavidade limitada no seu lado proximal contra paredes rochosas abruptas recebe o nome de circo. Em alguns casos, estes contêm massas de gelo circunscritas a eles, de extensão limitada, desligadas das geleiras de vale, as chamadas geleiras de circo.

Além desses tipos básicos citados, outras variedades de geleiras são reconhecidas e denominadas com base em diferentes critérios, ocorrendo muitas vezes associadas às categorias acima definidas.

Embora semelhantes distalmente às geleiras de vale, as chamadas geleiras de escape se diferenciam por serem alimentadas, nas suas regiões superiores, por manto, casquete (calota) ou campo de gelo. Incluem-se as geleiras que drenam o casquete da ilha Rei Jorge e os mantos de gelo da Antártica e Groenlândia. Quando essas geleiras de vale atingem vales mais amplos, ou planícies, no sopé de montanhas, elas podem espraiar-se, formando grandes massas lobadas ou em leque, perdendo sua ligação com o corpo de gelo que as alimenta chamadas geleiras de piemonte. Tal é o caso da famosa geleira de Malaspina, no Alasca, com 70 km de largura.

Em muitos casos, as geleiras têm as suas extremidades sobre o continente, em ambiente terrestre. Em outros, contudo, atingem o litoral, podendo ou não adentrar o mar. Assim, formam as chamadas geleiras de maré ou intermaré, plataformas de gelo e línguas de gelo. Atualmente, plataformas de gelo ocorrem apenas na Antártica e constituem enormes massas tabulares que invadem o mar, movendo-se a partir de regiões mais elevadas do interior do continente. As plataformas adentram o mar assentadas (aterradas) sobre o substrato, tornando-se, em seguida, flutuantes. Sua espessura varia de 1.000 metros, na sua parte interna, até centenas de metros, na sua margem marinha. As plataformas de Ross, Weddell e Filchner cobrem os mares de Ross e Weddell, respectivamente. A primeira tem cerca de 850 x 800 km, uma área maior que a da França.

Geleiras de maré (atingidas pela maré alta) e de intermaré (atingidas pelas marés alta e baixa) formam-se quando geleiras de vale ou de escape alcançam o mar, permanecendo aterradas ou formando pequena extensão flutuante. Muitas dessas geleiras são encontradas no interior de fiordes, como ocorre na Noruega, Patagônia, Península Antártica, Alasca etc. Línguas de gelo são semelhantes às plataformas, porém de menor tamanho.

Desagregação (*calving*) de sua extremidade marinha é um fenômeno comum que atinge geleiras que chegam ao mar onde ocorre desprendimento de massas flutuantes de gelo, os chamados *icebergs*. A fragmentação do gelo decorre do seu intenso fraturamento interno, causado pela ação das marés. Nos casos acima, os *icebergs* produzidos são relativamente pequenos e irregulares na forma. *Icebergs* gerados por fragmentação das plataformas de gelo, típicos da Antártica, são, ao contrário, tabulares e muitas vezes imensos (até centenas de km de comprimento). Eles também podem se formar quando extremidades de geleiras entram em contato com lagos de água doce. *Icebergs* liberados, nos últimos anos, pela fragmentação das plataformas de gelo de Filchner e Ross, na Antártica, atingiram até mais de uma centena de quilômetros de comprimento.

13.1.2 Balanço de massa

Geleiras são corpos dinâmicos altamente sensíveis ao clima e formam-se quando a acumulação de neve excede a sua perda. O soterramento da neve acumulada leva à sua transformação em gelo, devido a uma série de mudanças físicas, incluindo compactação, expulsão do ar intersticial e crescimento de sistema engrenado de cristais de gelo. As primeiras transformações ocorrem na neve remanescente do derretimento ocorrido no verão do ano anterior, formando o *firn* ou *nevée* que caracteriza os campos de neve. Enquanto a neve recém-depositada tem 97% de ar por volume e a densidade de 0,1 g/cm³, o gelo é praticamente destituído de ar e tem a densidade de 0,9 g/cm³.

O balanço de massa refere-se ao equilíbrio ou balanço entre a acumulação de neve e sua perda por ablação e do qual depende a manutenção das geleiras após a sua formação (Figura 13.4). O processo afeta a vida das geleiras independentemente de seu tamanho, sejam mantos de gelo ou geleiras de vale. O balanço pode ser positivo, negativo ou neutro. No primeiro caso, a acumulação supera a perda levando ao crescimento e ampliação das geleiras. No segundo, a perda é maior, e as geleiras diminuem de tamanho, podendo até desaparecer. As geleiras mantêm uma massa constante quando o balanço é zero.

Outros materiais, acumulados sob a forma de granizo, geada, avalanche de neve e chuva, podem contribuir para o aumento de massa das geleiras. Por outro lado, o termo ablação envolve a perda de massa das geleiras por derretimento, fragmentação e sublimação do gelo. O derretimento produz a chamada água de degelo. A radiação solar é responsável pela fusão superficial do gelo. Fusão junto à base das geleiras ocorre pelo calor gerado pela fricção do gelo sobre o assoalho rochoso e pelo calor geotérmico (ver capítulo 2). A distribuição da acumulação e ablação varia ao longo das geleiras. Costuma-se então distinguir duas regiões principais, a zona de acumulação, onde esta supera a ablação, e a zona de ablação, onde a perda do gelo é maior que o seu acúmulo. Denomina-se linha de equilíbrio ou linha de neve o limite entre as duas zonas (Figura 13.4).

13.1.3 Fluxo do gelo e seus mecanismos

Um dos aspectos mais intrigantes das geleiras é o seu movimento, que resulta do que acontece anualmente nas áreas de acumulação e ablação. A zona de acumulação das geleiras situa-se nas suas partes topograficamente mais elevadas e a ablação predomina nas regiões mais baixas, em direção a sua margem frontal. A adição do gelo na zona de acumulação é compensada pela sua diminuição na zona de ablação. Com o aumento da acumulação, a declividade das geleiras acentua-se, gerando esforços que levam a massa de gelo a mover-se sob a ação da gravidade. Há, portanto, uma transferência longitudinal de massa ao longo da geleira, controlada pelo gradiente entre a acumulação e a ablação.

Após uma massa de gelo ter alcançado tamanho, espessura e configuração adequados para gerar uma tensão diferencial suficiente, a gravidade torna-se a força responsável pelo movimento ou fluxo das geleiras. O esforço de cisalhamento criado pela gravidade provoca a deformação do gelo e sua movimentação. Três tipos diferentes de mecanismos de fluxos são conhecidos: a) deformação interna; b) deslizamento basal; e c) deformação do substrato da geleira (Figura 13.5).

Deformação interna envolve rastejamento (deformação ou deslocamento relativo de cristais de gelo). Este é maior junto à base das geleiras, pois o esforço cisalhante é diretamente proporcional à espessura do gelo. Irregularidades no assoalho da geleira produzem aumento da taxa de deformação do gelo ou reduzem seu ponto de fusão, seguido do recongelamento da água, facilitando esse fenômeno.

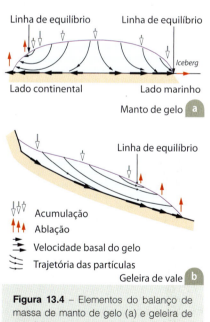

Figura 13.4 – Elementos do balanço de massa de manto de gelo (a) e geleira de vale (b); setas verticais mostram a intensidade de acumulação (brancas) e ablação (vermelhas); velocidade basal relativa das geleiras é mostrada pelas setas horizontais pretas. Zona de acumulação chega até a costa do lado marinho (a) onde a ablação ocorre pela formação de *icebergs*. Fonte: Sugden & John, 1976.

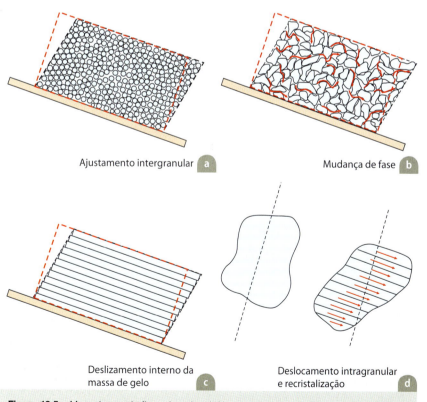

Figura 13.5 – Mecanismos de fluxo de gelo. a) Ajustamento intergranular do gelo. b) Deslocamento de cristais engrenados, por fusão local e regelamento (mudança de fase). c) Deslizamento ao longo de planos internos da massa de gelo. d) Deslizamento ao longo de planos internos de cristais de gelo. Fonte: Sharp, 1988.

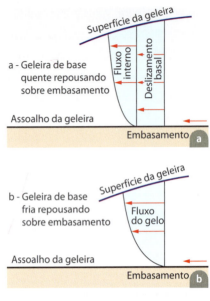

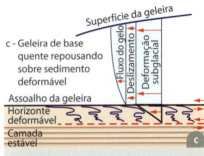

Figura 13.6 – Componentes do fluxo de gelo em geleiras de diferentes regimes térmicos basais. O deslocamento ocorre pela soma de deslizamento basal e deformação interna do gelo em a); só por deformação interna em b); e soma de deformação subglacial, deslizamento basal e deformação interna em c). Fonte: Boulton, 1993.

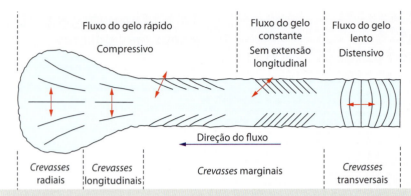

Figura 13.7 – Tipos de *crevasses* em geleiras de vale. As setas normais às *crevasses* indicam as direções de distensão (estiramento) da geleira. Fonte: Hambrey & Alean, 1992.

Figura 13.8 – *Crevasses* transversais em zonas de distensão da geleira de Atabasca, Montanhas Rochosas, Canadá. Foto: A. C. Rocha-Campos.

Com relação ao papel desempenhado pela deformação dos substratos no fluxo do gelo, recentes estudos demonstraram que a presença de uma camada não congelada, deformável no substrato, diminui a fricção basal entre geleiras e seu assoalho facilitando o deslizamento (Figura13.6). A variação no declive do embasamento sobre o qual as geleiras deslizam pode produzir deformações compressivas (declividade menor) ou distensivas (declividade maior), resultando na formação de fraturas verticais no gelo, as chamadas *crevasses*, de disposição, respectivamente, radial ou transversal, em relação ao corpo de gelo (Figuras 13.7 e 13.8).

13.1.4 Regime térmico das geleiras

A temperatura do gelo acumulado nas geleiras resulta da interferência de vários fatores, e, assim, uma outra maneira de classificar geleiras leva em consideração a distribuição da temperatura do gelo ou seu regime térmico.

Em um contexto mais amplo, pode-se dizer que o clima é o fator principal. Desse modo, as geleiras são denominadas temperadas, subpolares e polares. Em geral, pode-se dizer que a distribuição da temperatura no gelo é função da troca de calor gerado na superfície, internamente e na base da geleira. A transferência do calor faz-se segundo o chamado gradiente térmico, que é obtido pela diferença entre a temperatura superficial e basal do gelo, e por meio da transferência horizontal ou vertical de calor provocada pelo movimento de gelo ou neve.

Na superfície das geleiras a temperatura é influenciada pela incorporação de *firn*, condução do calor e transferência de calor latente pelo recongelamento da água. Na região basal, a espessura do gelo e sua taxa de acumulação, o calor geotérmico, a fricção interna causada pela deformação do gelo e a fricção basal produzida pelo seu deslizamento sobre o substrato são as variáveis principais que afetam a geração de calor.

O conjunto dessas condições é responsável pela ocorrência de gelo frio e gelo quente. No primeiro caso, a temperatura do gelo está abaixo do ponto de fusão por pressão e no segundo, encontra-se próxima ou acima deste (Figura 13.9).

O regime térmico basal das geleiras, ou seja, a temperatura na interface gelo/substrato, que é função da quantidade de calor gerado e sua taxa de transferência ao longo do gradiente térmico, é de particular importância em Glaciologia e Geologia Glacial. Três condições térmicas basais do gelo podem ser reconhecidas. Em geleiras de base fria, também chamadas de base seca, predomina o congelamento. Não há, portanto, água de degelo e as geleiras estão congeladas e aderidas ao seu substrato. No caso de geleiras de base úmida ou base quente, predomina a fusão, formando-se água de degelo. As geleiras estão, portanto, desligadas de seu assoalho. Pode-se ainda supor a existência de situações intermediárias, nas quais ocorre tanto congelamento quanto degelo basal.

O regime térmico pode variar espacial e temporalmente dentro da mesma geleira (Figura 13.10). Um aspecto relevante ligado ao regime térmico basal das geleiras refere-se à sua consequência no comportamento dinâmico, particularmente nos mecanismos de fluxo de gelo, e os efeitos destes nos diferentes substratos sobre os quais as geleiras se movimentam. Esses efeitos controlam ainda a ocorrência e a intensidade dos processos erosivos e deposicionais subglaciais (Figura 13.11).

Geleiras submetidas, ao longo de sua extensão, a diferentes condições climáticas, como, por exemplo, de continental polar a temperada (latitude média) podem exibir um padrão ainda mais complexo de regime térmico basal. Variação temporal nas condições climáticas, que afetem as diferentes partes das geleiras, resulta também em padrão complexo de regime térmico basal.

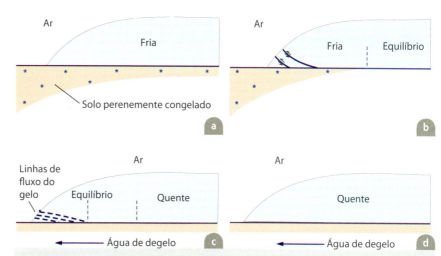

Figura 13.9 – Regime térmico de geleira de base quente (a) e base fria (b). O perfil de temperatura da primeira está sempre abaixo da fusão sob pressão e da segunda, coincide com o ponto de fusão sob pressão. Fonte: Sharp, 1988.

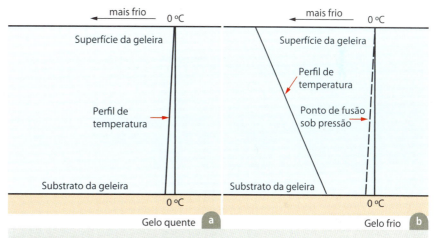

Figura 13.10 – Diferentes condições térmicas basais de geleiras. a) Fria: o substrato é congelado e não há água de degelo e deslizamento. b) Fria na margem e em equilíbrio térmico (condições de congelamento e fusão coexistem): pode haver água de degelo e deslizamento na parte interna, mas não na margem, resultando em compressão marginal e deformação do gelo (empurrão). c) Quente na parte interna e em equilíbrio na margem: pode haver água de degelo e deslizamento basal. d) Quente: ocorre água de degelo e deslizamento. Fonte: Bennett & Glasser, 1996.

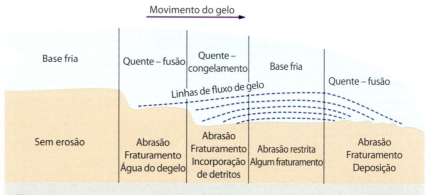

Figura 13.11 – Relação entre o equilíbrio térmico de geleiras, erosão e sedimentação. Abrasão glacial e remoção ocorrem nas zonas de base quente, associadas à presença de água de degelo, quando houver condições de fusão; erosão e remoção estão ausentes ou são pouco intensas nas zonas de base fria; sedimentação ocorre na zona de base quente marginal. Fonte: Bennett & Glasser, 1996.

Capítulo 13 - Gelo sobre a Terra: processos e produtos

13.2 Ação glacial terrestre

Os processos de erosão glacial ocorrem sob as massas de gelo, sendo, portanto, de difícil observação e estudo, e o seu conhecimento é ainda incompleto.

13.2.1 Processos de erosão glacial

A erosão glacial pode ser definida como a incorporação e remoção, pelas geleiras, de partículas ou detritos do assoalho sobre o qual elas se movem. De modo geral, três processos principais de erosão glacial ocorrem: a) abrasão; b) remoção; e c) ação da água de degelo.

A ação de partículas rochosas transportadas na base do gelo promove o desgaste do assoalho sobre o qual as geleiras se deslocam, processo denominado de abrasão. É importante frisar que a maior parte da abrasão é produzida não pela ação direta do gelo, mas pelos fragmentos rochosos que ele transporta, em função da dureza relativamente baixa do gelo. Vários autores comparam a abrasão ao efeito de uma lixa passando sobre a madeira e produzindo riscamento e remoção de partículas. A maior ou menor eficiência da abrasão depende da pressão exercida pela partícula rochosa sobre o assoalho, da velocidade do movimento das geleiras e da disponibilidade de partículas protuberantes na sua base (Figura 13.12).

A remoção (*plucking* ou *quarrying*) de fragmentos rochosos maiores pelas geleiras está associada à presença de fraturas ou descontinuidades nas rochas do substrato (Figura 13.12), que podem corresponder a estruturas previamente existentes ou a descontinuidades formadas subglacialmente pelo alívio da pressão causada pela erosão glacial. Variações na pressão basal do gelo,

normalmente associadas à presença de irregularidades no embasamento, podem gerar campos de esforços ou alterar os existentes, facilitando o aparecimento ou a ampliação das zonas de fraqueza, promovendo a remoção de fragmentos de rocha. O mesmo pode resultar de mudanças térmicas na base do gelo. Finalmente, variações na pressão da água de degelo subglacial, nas adjacências de cavidades nas rochas do embasamento, podem também tornar o processo de remoção mais eficiente.

A água de degelo glacial produz erosão de duas maneiras: a) mecanicamente; b) por ação química. As características do embasamento (presença de fraturas, maior ou menor resistência à ação química), velocidade e turbulência da água e quantidade de partículas transportadas são os fatores que interferem na ação erosiva da água de degelo.

A água de degelo pode exercer uma ação abrasiva mecânica e, neste aspecto, assemelha-se à da erosão fluvial. A ação abrasiva resulta do impacto de partículas transportadas sobre a superfície das rochas do assoalho das geleiras, pela agitação de clastos transportados e ação do redemoinho destes, dentro de cavidades subglaciais, e pelo processo de cavitação, que consiste na formação de ondas de choque pelo colapso de bolhas de ar dentro da corrente aquosa. Processo que se faz sentir mais intensamente em geleiras de base quente, drenadas por fortes correntes aquosas subglaciais. O estado insaturado das soluções

aquosas, a disponibilidade de partículas finas, com grande superfície relativa de reação e a maior solubilidade do dióxido de carbono em razão da baixa temperatura da água, acidificando-a, são os fatores aventados para explicar a erosão química glacial.

Estimativas da taxa de erosão do substrato por geleiras de vale variam de 1,5 a 3,00 mm/ano e de 120 a 200 m, no caso dos mantos de gelo, valores estes considerados pouco confiáveis por causa das incertezas do método utilizado.

Como vimos, além de influenciar o padrão de sedimentação das geleiras, o regime térmico destas controla o padrão de erosão subglacial.

13.2.2 Feições de erosão glacial

A despeito da dificuldade para a observação direta na base de uma geleira, a ação dos processos de erosão glacial resulta na formação de grande variedade de feições típicas nos diferentes substratos sobre os quais as geleiras se deslocam. Embora a maioria das feições erosivas descritas na literatura ocorra em substratos consolidados (rochas duras), algumas delas podem também se formar sobre sedimentos inconsolidados. As feições ou formas erosivas de ocorrência mais comum serão descritas neste capítulo e sua provável origem brevemente discutida.

Além de sua morfologia diversificada, as formas erosivas glaciais têm tamanho variado. É comum, portanto, subdividi-las em feições de micro, meso e megaescala.

Estrias glaciais são as formas erosivas glaciais de microescala mais comuns. Na literatura, o termo estria glacial pode incluir uma gama de feições negativas ou positivas, de dimensões variadas. Aqui, usaremos o nome de estria para feições alongadas, retas, de relevo positivo ou negativo e largura de até poucos milímetros (até 5 mm). Feições maiores serão chamadas sulcos quando negativas, e cristas quando positivas.

Estrias formam-se quando as geleiras deslizam sobre diferentes substratos arrastando detritos protuberantes na sua base sobre o assoalho rochoso. Os detritos incluem não só partículas incorporadas subglacialmente, como as que transitam dentro da massa de gelo, a partir da zona superior das geleiras. Uma pressão efetiva normal do gelo sobre o substrato é necessária para produzir abrasão. Estrias são feições descontínuas, embora possam individualmente alcançar comprimentos de até vários metros. As interrupções são provavelmente devidas à perda de contato do objeto abrasivo com o assoalho (Figura 13.12).

Tendo em vista a sua origem, as estrias orientam-se paralelamente à direção do fluxo do gelo. Embora sejam indicadores dessa direção, nem sempre permitem a interpretação do sentido do movimento. Outras feições associadas podem, entretanto, ser usadas nesse particular. Não é incomum encontrarem-se conjuntos de estrias entrecruzadas sobre o mesmo substrato estriado, indicando um reavanço do gelo após um período de recuo ou simplesmente uma mudança na direção do movimento da geleira. A formação de estrias é

Figura 13.12 – Diferentes tipos de feições de abrasão glacial. a) Estrias, sulcos e cristas produzidos por geleira neopaleozoica sobre arenito devoniano, Witmarsum, PR, recobertos por tilito de alojamento (ao fundo). b) Estrias, sulcos e cristas de abrasão glacial sobre tilito de alojamento, Cachoeira do Sul, RS; estriação sobre substrato inconsolidado, por geleira movendo-se da esquerda para a direita. c) Rocha *moutonnée* recente, geleira de Atabasca, Montanhas Rochosas, Canadá; o gelo moveu-se da esquerda para a direita. d) Estrias, sulcos e cristas de abrasão glacial sobre rocha *moutonnée* de Salto, SP (Permo-Carbonífero); notar tilito compactado sobre o flanco esquerdo da rocha; o gelo moveu-se da direita para a esquerda. e) Canal de erosão aquosa subglacial, recente, Prince William Sound, Alasca, EUA. Fotos: a), b), c) e d) A. C. Rocha-Campos; e) P. R. dos Santos.

influenciada pelo regime térmico basal das geleiras e ocorre somente sob geleiras que estão deslizando sobre o seu assoalho, o que acontece no caso da geleira de base quente ou úmida. Geleiras de base fria ou seca estão congeladas ao seu substrato e, portanto, não formam estrias, mas podem preservar feições previamente formadas. A mudança espacial e temporal do regime térmico resulta em padrão complexo de orientação das estrias, sendo muitas vezes difícil correlacionar um conjunto dessas feições com a fase específica do fluxo glacial responsável pela sua formação. Numerosos exemplos de pavimentos e superfícies estriados são encontrados associados a depósitos glaciais pré-cambrianos e neopaleozoicos do Brasil.

Marcas de percussão (*chatter marks*) e fraturas de fricção (*friction cracks*) são também feições comuns de abrasão glacial. Estas incluem as fraturas em crescente (*crescentic fractures*), os sulcos em crescente (*crescentic gouges*) e as fraturas lunadas (Figura 13.13). Marcas de percussão resultam da remoção de pequenos fragmentos da rocha, formando séries alinhadas de fraturas irregulares. Fraturas em crescente são semicirculares e formam séries coaxiais com a convexidade voltada em direção à proveniência da geleira. Sulcos em crescente, também semicirculares, resultam da remoção de fragmentos de rocha entre duas fraturas, uma abrupta e outra menos inclinada. O lado côncavo da estrutura aponta em direção à origem da geleira. E, finalmente, fraturas lunadas, diferem dos sulcos em crescente por terem o lado convexo apontando a origem do gelo. O uso das fraturas de fricção na interpretação do sentido do movimento das geleiras não é, entretanto, desprovido de controvérsia. Dados experimentais mostram que a orientação da convexidade das fraturas pode diferir, em função da intensidade da pressão efetiva exercida sobre o objeto produtor da fratura. A orientação dos sulcos em crescente pode também variar, dependendo da estrutura da rocha submetida à abrasão. Fraturas de fricção de diversos tipos ocorrem sobre pavimentos e clastos glaciais do Permo-Carbonífero brasileiro.

Sulcos, cristas e canais retos ou sinuosos, maiores que estrias, de forma e dimensões variadas (de milímetros até metros) podem também ocorrer sobre superfícies rochosas erodidas glacialmente, isoladamente ou associadas às estrias normais. Sua origem é controvertida, sendo atribuída à abrasão glacial, erosão por fluxo denso de *till* ou fluxos catastróficos de água de degelo. Sulcos do tipo grampo de cabelo (*hairpin*), formados por dois sulcos paralelos, laterais a um obstáculo que dividiu o fluxo do agente erosivo, são considerados, por alguns autores, originados pela ação de corrente de água de degelo de alta energia.

Formas alongadas moldadas (*streamlined molded forms*), formas montante-jusante (*stoss and lee*), bacias rochosas (*rock basins*) e os vales glaciais são feições de terreno de abrasão glacial de mesoescala comumente observadas. As primeiras incluem estruturas chamadas dorso de baleia (*whale back*) (Figura 13.14a), alongadas, alisadas e arredondadas em toda a volta pelas geleiras. Embora tenham a sua forma final controlada pela estrutura da rocha, tendem a apresentar altura relativamente grande em relação ao comprimento e alinham-se paralelamente ao fluxo do gelo. Estrias sobre essas estruturas tendem a ser contínuas em todo o seu comprimento, sugerindo manutenção da ação abrasiva glacial. As chamadas rochas *moutonnées* (*roches moutonnées*) diferem na morfologia e origem (ver figuras 13.12 e 13.15). Segundo a literatura, o nome deriva de um tipo de peruca usada na França, no século XVIII, e não da semelhança com um carneiro deitado (*mouton*, em francês), como popularmente aceito. Trata-se de elevações rochosas de perfil arredondado, assimétrico, com o lado menos inclinado e estriado (a montante) e outro mais abrupto, irregular e em escada

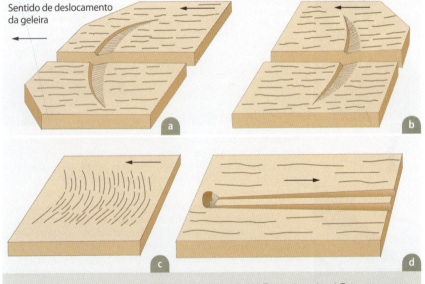

Figura 13.13 – Tipos de estrias. a) Sulcos em crescente. b) Fratura lunada. c) Fratura em crescente. d) Estria grampo de cabelo. Dimensão das feições varia de centímetros a decímetros.

(a jusante), em relação à proveniência do gelo. A teoria da origem das *moutonnées* implica a existência de uma elevação inicial do embasamento e a presença de cavidade a jusante, entre a geleira e o embasamento. O aumento da pressão normal efetiva do gelo sobre a superfície à montante é responsável pela estriação. Diminuição da pressão a jusante, associada à maior velocidade do gelo, produz a cavidade. O processo de remoção de fragmentos da rocha é facilitado pela existência de juntas ou descontinuidades na rocha. A penetração do gelo em fraturas, deslocamento de fragmentos e ação de água de degelo, sob pressão, nas descontinuidades, são os fatores responsáveis pela remoção. Embora bastante destruída pela ação humana, a famosa rocha *moutonnée* de Salto, SP, recoberta por rochas do subgrupo Itararé, mantém ainda a sua forma característica e feições de abrasão glacial (ver figura 13.12d).

Um tipo de depressão ampla, formada subglacialmente sobre o assoalho das geleiras, de dimensões variando de metros a centenas de metros, onde, frequentemente, se acumula água de degelo, é denominada de bacia rochosa. Sua formação é controlada pela existência de zonas de fraqueza na rocha, o que facilita a erosão. O processo envolve a mudança no fluxo do gelo ao passar sobre uma depressão preexistente menor. O fluxo é distensivo, na margem descendente, e compressivo na ascendente. A distensão aumenta a pressão basal do gelo sobre o substrato levando à abrasão, enquanto a compressão promove o arrancamento e a remoção de fragmentos de rocha. Bacias ocorrem comumente associadas a substratos portadores de rochas *moutonnées*.

Outras duas estruturas das mais impressionantes esculpidas pelo gelo são

Figura 13.14 – Feições erosionais e geomórficas de contato com o gelo. a) Dorso de baleia; a geleira moveu-se da esquerda para a direita, Prince William Sound, Alasca, EUA. b) Vale glacial em "U" do rio Saskatchewan, Montanhas Rochosas, Canadá. c) *Esker* pleistocênico, Minnesota, EUA. d) Lago de *kettle*, geleira de Saskatchewan, Montanhas Rochosas, Canadá. Fotos: a) e d) P. R. dos Santos; b) e c) A. C. Rocha-Campos.

os vales e os circos glaciais. Vales glaciais formam-se onde as geleiras são canalizadas ao longo de depressões topográficas, modificando-as. Embora mais visíveis quando associados com geleiras de vale e de escape, os vales glaciais também ocorrem sob mantos e casquetes de gelo. No início da glaciação, as geleiras ocupam vales preexistentes, que passam a ser modificados pela combinação da abrasão glacial e remoção. A ação abrasiva do gelo resulta em modificação do perfil dos vales fluviais de "V" para "U" em vales glaciais (Figura 13.14b).

Circos glaciais ligados ou não a geleiras, os quais têm a forma de uma bacia rochosa côncava, encravada na parede das montanhas, comumente ocorrem nas partes altas dos vales de regiões montanhosas glaciadas. São gerados por uma combinação de abrasão glacial do seu assoalho por remoção e congelamento, e degelo na cabeceira mais abrupta da bacia, em contato com a parede rochosa da montanha.

Paisagens glaciais caracterizam-se pela ocorrência de formas de erosão produzidas pela água de degelo. As feições incluem os chamados canais de água de degelo (ver figura 13.12). Um importante aspecto desse sistema de escoamento refere-se ao padrão de drenagem que se instala subglacialmente. Em geleiras situadas sobre substratos duros, sistemas de canais e cavidades subglaciais interligados podem se formar e escoar a água de degelo. Canais subglaciais só são visíveis junto às margens de geleiras, onde desembocam e descarregam um grande volume de água. Argumenta-se que o sistema de canais só pode existir quando a geleira estiver em contato com o substrato duro. No caso de substratos deformáveis, a drenagem pode ser realizada pelo escoamento da água por meio do próprio sedimento. Somente quando a drenagem não for eficiente, pode-se pensar na formação de sistemas de canais subglaciais rasos. O gradiente hidráulico das geleiras controla a formação do sistema de canais subglaciais de degelo, que pode então ter distribuição independente da topografia atual e correr encosta acima, resultando em perfil de drenagem muito irregular.

Canais de degelo proglaciais subaéreos são mais visíveis junto às zonas de ablação de geleiras, correndo paralelamente às suas margens, porém, com mudanças bruscas de orientação. O sistema de canais de degelo proglaciais passa, por transição, para o sistema flúvio-glacial, descrito a seguir.

A ação da água de degelo é responsável pela geração e expressão geomórfica de uma diversidade de depósitos flúvio-glaciais, que se formam junto à margem das geleiras, embaixo (subglacialmente) ou sobre elas (supraglacialmente). O primeiro grupo de feições engloba planícies e leques de lavagem glacial, *kettles*, *kames* e terraços de *kame*. Os *eskers* são, sem dúvida, o principal tipo de forma de terreno produzido pela ação flúvio-glacial (ver figura 13.17).

Ao emergir de uma geleira, durante o pico do período de fusão do gelo, a corrente de água de degelo perde pressão e velocidade e começa a depositar sedimento. Os depósitos proglaciais assim formados na chamada planície de lavagem glacial variam pela sua posição em relação à margem do gelo, à quantidade de sedimento transportado e à presença de gelo soterrado. Leques de lavagem são gerados na frente de geleiras estacionárias, pela deposição de sedimentos carregados pela água de degelo. Sedimentos mais grossos acumulam-se perto do local de emergência do fluxo de água, enquanto os mais finos depositam-se mais adiante, confundindo-se com os depósitos de rios entrelaçados. Evento de fluxo catastrófico de água de degelo ou *jökulhlaups* podem desorganizar a drenagem flúvio-glacial e erodir profundamente os leques. Blocos de gelo morto incluídos nos sedimentos flúvio-glaciais, particularmente nas proximidades das geleiras, ao se fundir por abatimento dos sedimentos da planície de lavagem, produzem depressões circulares chamadas *kettles* (chaleiras) (Figura 13.14). *Kames* e terraços de *kame*, resultantes do acúmulo de sedimentos entre a encosta de vales glaciais e a margem lateral do gelo são também típicos desse ambiente. Podem se associar a *kettles* se contiverem blocos de gelo morto.

A paisagem de uma região glaciada é frequentemente percorrida por cristas contínuas ou interrompidas, sinuosas, de sedimentos flúvio-glaciais (areia, cascalho e até *till*) denominados *eskers* (Figuras 13.14 e 13.17). Suas dimensões são variáveis, de centenas de metros até quilômetros de comprimento, dezenas a centenas de metros de largura (de 40 a 700) e dezenas de metros de altura (de 10 a 50). Podem ser feições contínuas ou formar sistemas entrelaçados. A orientação dos *eskers* é controlada pelo gradiente hidráulico das geleiras, podendo ter orientação independente da topografia do assoalho. O bloqueio da água em canais sobre, dentro e sob geleiras provoca a deposição de sedimento, gerando os *eskers*.

Embora os *eskers* formados subglacialmente sejam mais comuns, eles podem também resultar do preenchimento de canais supra e englaciais e serem depois rebaixados até o substrato pela fusão do gelo. A origem dos *eskers* entrelaçados é atribuída a fluxos de água subglacial catastróficos, quando então um único canal não pode acomodar todo o volume de água e sedimento transportado.

13.2.3 Transporte glacial

Geleiras têm uma capacidade quase ilimitada de transportar partículas e fragmentos rochosos sobre sua superfície (transporte supraglacial), no seu interior (transporte englacial) e sua região basal (transporte subglacial) (Figuras 13.15 e 13.16).

Áreas de acumulação de muitas geleiras são recobertas por material supraglacial, composto pelos detritos caídos das paredes dos vales onde está a geleira ou de *nunataks* (elevações cercadas pelo gelo), materiais transportados por avalanches ou depositados pelo vento, tais como cinza vulcânica, poeira, sal marinho etc. A maior parte dos detritos basais representa material incorporado pelo gelo por erosão do substrato ou derivado do material supraglacial. Após serem depositados, os detritos supraglaciais são recobertos pela neve que cai anualmente, incorporando-se nas superfícies de fluxo da geleira, podendo descender até a base desta, passando a integrar a zona de transporte basal. Podem ainda ascender, emergindo na zona de ablação da geleira, incorporando-se aos depósitos supraglaciais. Partículas acumuladas na zona de ablação podem aí permanecer, a não ser que, transportadas por água de degelo superficial, penetrem em fendas no gelo, atingindo a parte interna e a base das geleiras. Detritos subglaciais, de modo geral, se estabelecem na zona de transporte basal das geleiras, a partir de onde são depositados. Somente junto às margens destas, na chamada zona de compressão do gelo (Figuras 13.15 e 13.16), podem ser capturados em falhas reversas ou de empurrão que se formam, elevando-se ao longo delas

Figura 13.15 – Zona de detritos basal da geleira de maré Winspianski, ilha Rei Jorge, Antártica Ocidental, mostrando faixas de detritos deformadas; o atual recuo da geleira expõe rochas *moutonnées* erodidas sobre basalto mesozoico. Foto: A. C. Rocha-Campos.

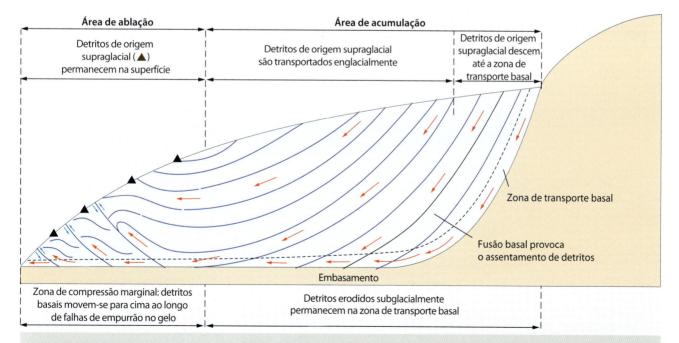

Figura 13.16 – Transporte de detritos glaciais. Setas maiores mostram possíveis trajetórias de transporte de detritos em geleiras. Detritos de origem supraglacial podem ser transportados englacialmente (sem contato com o assoalho) e na zona basal (em contato com o assoalho). Fonte: Boulton, 1993.

e atingindo a superfície das geleiras. Assim, há uma constante troca de posição dos detritos das diferentes zonas das geleiras.

13.2.4 Ambientes e depósitos associados às geleiras

Depósitos glaciais e de água de degelo são feições distintivas desses tipos de ambientes. A sedimentação glacial terrestre ocorre quando a geleira termina em condições subaéreas ou terrestres. Essa sedimentação pode envolver diretamente as geleiras e ocorrer em contato com/ou nas proximidades delas, como também em regiões mais afastadas, pela ação da água de degelo (sedimentação glácio-fluvial) ou em corpos de água doce (sedimentação glácio-lacustrina) (Figura 13.17).

Till é o nome que se dá ao depósito formado diretamente pelas geleiras. Trata-se de sedimento inconsolidado, não selecionado, constituído por matriz argilosa/siltosa/arenosa, contendo fragmentos rochosos caoticamente dispersos, de tamanho variado, desde grânulo até matacão. Clastos contidos no *till* têm arredondamento e angulosidade variáveis e muitos exibem evidências de abrasão glacial sob a forma de facetas e estrias (Figura 13.18). Denomina-se tilito o equivalente litificado (rocha) do *till*. Tendo em vista a dificuldade de se reconhecer os verdadeiros tilitos de outras rochas com aspecto similar, porém de origem diversa, como, por exemplo, o caso de brechas tectônicas e conglomerados de matriz não selecionada gerados pelo fluxo denso gravitacional de mistura de detritos e lama (corridas de detritos e lama), é preferível utilizar os termos não genéticos diamicto e diamictito para nomear, respectivamente, os seus equivalentes inconsolidados (sedimento) e litificados (ver figura 13.19). Alguns diamictitos permo-carboníferos da bacia do Paraná, Brasil, foram depositados diretamente pelo gelo e correspondem, portanto, a tilitos.

Condições adequadas para a operação de processos de deposição glacial terrestre diretamente em contato com o gelo podem ocorrer sob as geleiras (deposição subglacial) ou junto às suas margens, a partir de material transportado sobre a superfície do gelo (deposição supraglacial). Os processos sedimentares envolvidos são diversos e serão definidos a seguir.

Quatro tipos de *tills*, depositados subglacialmente, são reconhecidos na literatura: a) *till* de alojamento; b) *till* de ablação subglacial; c) *till* de deformação; d) *till* de deposição em cavernas subglaciais.

Alojamento subglacial é o processo pelo qual o *till* de alojamento é depositado na base de uma geleira. Assim, *till* de alojamento corresponde a diamicto formado pela agregação subglacial, por meio de retardamento friccional de detritos englaciais liberados a partir da base de geleiras em movimento. A liberação de clastos ou agregados de detritos acontece por derretimento sob pressão, durante o deslizamento da geleira sobre o seu assoalho. A ocorrência de alojamento exige, geralmente, a presença de substrato rígido, seja ele consolidado (rochoso) ou não deformável.

Segundo o modelo mais aceito, o processo de alojamento ou "encaixamento" no substrato envolve a interrupção do movimento de clastos que se deslocam e erodem, na base da geleira, quando sua fricção sobre o assoalho supera o arrasto exercido sobre ele pelo fluxo do gelo.

Razões de sedimentação de *tills* são altamente variadas e controladas, em grande parte, pelo conteúdo de detritos no gelo. Taxas de deposição de *tills* de alojamento atingem menos de 10 cm por ano. O processo resulta no acúmulo de massa sedimentar supercompactada, não inteiramente maciça, mas exibindo superposição de unidades em cunhas truncantes, separadas por superfícies de não deposição ou erosivas. Entre as unidades é comum intercalarem-se depósitos acanalados, rasos, de água de degelo (areias, cascalhos), normalmente com seus topos

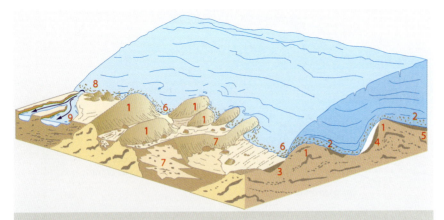

Figura 13.17 – Depósitos e feições glaciais terrestres. 1) Formas alongadas (soleira) moldadas no embasamento; 2) detritos basais da geleira depositam-se como *till* de alojamento em depressões do assoalho (3) ou em cavidades (4); 5) *till* de ablação; 6) liberação de detritos por fusão da margem do gelo; 7) *esker*; 8) leques de lavagem glacial; fusão de blocos de gelo morto forma superfície mamelonada (junto à margem da geleira); 9) canal de água de degelo. Fonte: Boulton, 1993.

deformados pela retomada da deposição da unidade de *till* superior. Em geral, pacotes de *till* de alojamento, que raramente atingem alguns metros de espessura, assentam-se sobre superfícies discordantes. Espessuras maiores requereriam espaço subglacial maior e os depósitos seriam, desse modo, sujeitos a retrabalhamento e erosão. Embora clastos facetados e estriados sejam mencionados como típicos de *tills* de alojamento, são os clastos em forma de bala (*bullet shaped*) ou de "ferro de engomar" os mais representativos desses depósitos (Figura 13.18). Clastos facetados, estriados e em forma de bala são comuns em diamictitos de depósitos glaciais de várias idades (Permo-Carbonífero, Pré-Cambriano etc.) no Brasil.

Embora o processo de alojamento seja normalmente associado a substratos duros (rochosos), ele pode ocorrer

Figura 13.18 – Diferentes tipos de *till*. a) *Till* subglacial sobre *till* de deformação (amarelado), Pleistoceno, Dacota do Norte, EUA. b) *Till* subglacial sobre sedimentos lacustrinos deformados, Pleistoceno, Minnesota, EUA. c) Clastos imersos em *till* de alojamento atual; clasto em forma de bala aparece na metade superior da foto; sentido do movimento do gelo da esquerda para a direita. d) Diamictito maciço, tipo chuva de detritos, Prince William Sound, Alasca, EUA. Fotos: a) e c) A. C. Rocha-Campos. b) Carrie J. Patterson. d) P. R. dos Santos.

também em substratos pouco deformáveis. Neste caso, clastos em movimento sob as geleiras sulcam ou aram (*plough*) o substrato, acumulando massas de sedimento a jusante, que terminam por criar resistência ao avanço do gelo, retardando o movimento para frente. Outros clastos podem então congestionar-se atrás do primeiro, formando concentração do tipo pavimento de clastos. No Brasil, foram descritos pavimentos de clastos similares aos que ocorrem no Pleistoceno da América do Norte em rochas neopaleozoicas.

Um novo conceito surgido na década de 1980, e que embora tenha conquistado grande popularidade não é destituído de controvérsias, diz respeito ao *till* de deformação. Esse é outro tipo de depósito subglacial formado sob geleiras em movimento, nesse caso agindo sobre a chamada camada deformável, isto é, um depósito sedimentar impregnado de água (ver figura 13.18).

A deformação subglacial produz um tipo de depósito, que corresponde a uma massa sedimentar mecanicamente remexida e deformada, constituída de partículas de sedimento pré-glacial "sobrepassado" e deformado pela geleira, ou sedimento glacial, incluindo *till* de alojamento, sedimento flúvio-glacial previamente depositado ou concomitantemente ao avanço das geleiras. *Tills* de deformação podem atingir espessuras maiores (até várias dezenas de metros) que os *tills* de alojamento. A deformação pode envolver uma fase proglacial (compressiva), seguida de uma fase subglacial eminentemente distensiva. O aumento da intensidade do esforço produz uma sequência de estruturas cada vez mais intensamente deformadas, levando à homogeneização da massa deformada, que pode assemelhar-se a um *till* maciço.

Figura 13.19 – Diferentes tipos de diamictito. a) Matacão de quartzito alojado em tilito subglacial do Permo-Carbonífero; aração do substrato inconsolidado provocou o acúmulo de sedimento na frente do clasto (direita), impedindo o seu movimento; sentido de movimento do gelo da esquerda para a direita, Cachoeira do Sul, RS. b) Diamictito estratificado formado por fluxo gravitacional de sedimento (Permo-Carbonífero), Igreja Nova, AL. c) Diamictito maciço, subaquoso, Pré-Cambriano, Jequitái, MG. Fotos: A. C. Rocha-Campos.

Estruturas típicas de cada fase podem, entretanto, persistir e permitir identificar a sequência de eventos ocorridos. Deformações glaciotectônicas afetando rochas neopaleozoicas do Brasil foram identificadas em Cerquilho, SP.

Enquanto os *tills* de alojamento e de deformação originam-se durante o avanço glacial, o chamado *till* de degelo, ablação ou derretimento acumula-se sob gelo estagnado, que se derrete *in situ* (Figura 13.17). Isso ocorre quando as geleiras cessam de se mover. Nessas condições, o degelo produz a liberação e acumulação subglacial e supraglacial de partículas de rochas. Há na literatura amplo debate a respeito do potencial de preservação dos chamados *tills* de ablação por causa da ação eficiente das correntes de degelo.

Pela descrição acima, é fácil perceber que os três tipos de deposição subglacial do *till* são extremamente transicionais. As tentativas de distingui-los baseiam-se nas características dos depósitos, por exemplo, a *fabric* (arranjo interno dos clastos nos *tills*). Em geral, clastos de *tills* de alojamento são descritos como tendo seus eixos maiores paralelos à direção do fluxo do gelo original e apresentando clastos imbricados, com inclinação para montante. Uma *fabric* menos desenvolvida caracterizaria os *tills* de ablação.

Depósitos de *till* supraglacial de degelo e os *tills* de fluxo podem ainda formar-se em ambiente terrestre, sem a intervenção direta do gelo. O derretimento do gelo da superfície das geleiras pode produzir grandes acumulações de detritos supraglaciais, muitas vezes sobre cristas ou elevações do gelo. Esse material facilmente se desestabiliza e se desloca declive abaixo, sob a forma de fluxo de detrito ou lama. *Tills* supraglaciais podem recobrir a superfície e depósitos subglaciais quando ocorre derretimento do gelo soterrado, resultando em uma topografia chamada mamelonada (*hummocky*). Pode também misturar-se com a água de degelo, próximo à margem do gelo (ver figura 13.17).

Tills podem também se formar por sublimação de gelo (passagem direta do estado sólido para o gasoso) contendo detritos rochosos, em ambientes polares áridos, muito frios, como é o caso da Antártica oriental. Podem ocorrer supra e subglacialmente.

Uma das formas mais características de depósitos glaciais formados junto às geleiras são as morenas (ou morainas). Elas são classificadas de acordo com sua posição em relação às geleiras, seu estado de atividade (isto é, associadas a geleiras ativas ou inativas) e processo de formação.

Morenas medianas são feições superficiais, sob a forma de cristas alongadas, que se estendem a partir da confluência de duas geleiras de vale. Morenas laterais podem também constituir depósitos pouco espessos, supraglaciais, de detritos provenientes das paredes dos vales, mas, muitas vezes, assumem a forma de cristas, junto às margens laterais das geleiras, separadas destas e das paredes do vale por ravinas de ablação. E, finalmente, morenas terminais constituem cristas de detritos glaciais que acompanham a margem frontal das geleiras de vale ou de mantos de gelo. São arqueadas, refletindo a forma da margem da geleira. Morenas laterais e terminais podem conter um núcleo de gelo que, às vezes, forma a maior parte de seu volume. Trata-se de massas de gelo destacadas da margem das geleiras e protegidas da fusão pela cobertura de detritos (Figuras 13.20, 13.21 e 13.22).

Feições morfologicamente similares às acima descritas podem ocorrer em associação com geleiras em fase de recuo ou estagnadas. Morenas de empurrão terminais, simples ou compostas, formam-se quando as geleiras avançam sobre sedimentos depositados à sua frente (no geral *till* e depósitos flúvio-glaciais), seja durante reavanços sazonais, de curta duração, ou mais contínuos. Essas morenas são feições glácio-tectônicas de empurrão e acavalamento (ver capítulo 16) e, como tais, exibem deformações do tipo dobras e falhas. Seu tamanho

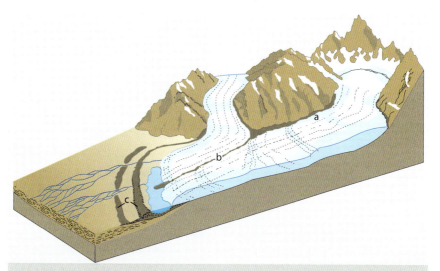

Figura 13.20 – Tipos de morenas em geleira de vale. a) Lateral. b) Mediana. c) Terminal.

é variável, podendo atingir grandes dimensões (até dezenas de quilômetros de comprimento) e envolver o próprio embasamento da geleira. Outro tipo origina-se pela liberação, por degelo, de massas de sedimentos incorporados no gelo, a partir da zona de detritos basal, por empurrão do gelo junto à margem frontal das geleiras.

O escorregamento de detritos supraglaciais sobre as margens laterais, mais íngremes das geleiras, leva à formação de morenas laterais, pelo processo de despejo (*dumping*) de detritos. O material acumulado pode provir também das paredes dos vales. Outros dois tipos de morenas associadas a geleiras inativas ou estagnadas incluem as chamadas morenas basais e morenas com núcleo de gelo (Figura 13.22). Diferente dos primeiros, estes tipos não têm uma forma ou orientação definida em relação às geleiras. As primeiras depositam-se a partir da zona basal do gelo, pela ação de diversos processos que incluem o acúmulo de detritos liberados por fusão e alojamento. Formam uma espécie de tapete irregular (planície de *till*) na frente de geleiras em recuo (Figuras 13.17 e 13.22). Massas de gelo cobertas de detritos destacados da margem de geleira constituem morenas de núcleo de gelo. Sua fusão pode também provocar a formação de superfícies de terreno mamelonadas (ver figura 13.17).

Além das acima descritas, outras feições de terreno formam-se subglacialmente, tornando-se expostas quando a geleira recua. Incluem tanto feições moldadas pelo gelo durante o seu avanço (*drumlins*, caneluras, morenas do tipo *rogen* e megafeições lineares), quanto produzidas por outros processos subglaciais (cristas de preenchimento de *crevasses*) (Figura 13.23).

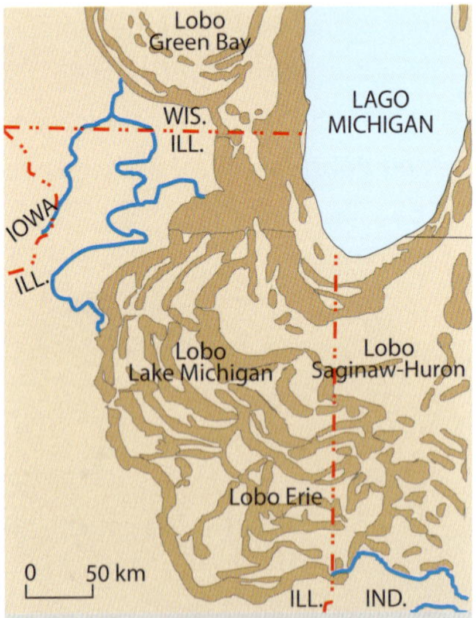

Figura 13.21 – Morenas terminais (em marrom) da última glaciação, no Meio Oeste dos EUA, mostram a forma lobada da margem do manto de gelo continental pleistocênico da América do Norte; WIS: Wisconsin; ILL: Illinois; IND: Indiana. Fonte: Frye & William, 1973.

Figura 13.22 – a) Morenas laterais compostas da geleira de Atabasca, Montanhas Rochosas, Canadá. b) Morena basal (*till* de alojamento) exposta na planície de *till*, na frente da geleira de Atabasca (ao fundo); superfície estriada aflora na parte inferior da foto. Fotos: a) P. R. dos Santos; b) A. C. Rocha-Campos.

Outro modelo de forma morfológica refere-se aos *drumlins*, que são colinas de forma oval, de 5 a 50 m de altura, e 10 a 3.000 m de comprimento e perfil assimétrico, com um lado abrupto, a montante (voltado para a geleira) e um lado de declividade mais suave, a jusante. Sua composição é variada (*till*, sedimentos flúvio-glaciais e rochas do substrato) e sua origem controvertida. São atribuídas a diferentes processos, entre os quais alojamento subglacial, fusão de gelo rico em detritos e mesmo preenchimento de escavações subglaciais ou fluxo catastrófico de água subglacial. A hipótese de origem por deformação subglacial parece, entretanto, ser a mais aceita atualmente.

Drumlins ocorrem em enxames, cobrindo extensas áreas proglaciais expostas pela retirada do gelo. Exemplos de estruturas do tipo *drumlin* foram registrados no neopaleozoico da bacia do Paraná, Brasil. Morenas tipo *rogen* são também moldadas subglacialmente, transversais ao fluxo do gelo, e adquirem forma de meia lua, com as pontas voltadas para o sentido do fluxo do gelo. Ocorrem associadas a campos de *drumlins*.

Planícies proglaciais expostas pelo recuo da geleira frequentemente mostram numerosas estruturas lineares, paralelas, sob a forma de cristas baixas, estreitas (ambas < 3 m), regularmente espaçadas, de comprimento variável (cerca de 100 m ou mais), chamadas cristas de *till*. Sua origem é atribuída ao acúmulo de *till*, areia e cascalho na sombra (a jusante) de obstáculo formado por matacão ou grupo de clastos. A observação de imagens de satélites de áreas glaciadas atuais levou ao reconhecimento de megalineações glaciais ou megacristas de *till* (*megaflutes*), com até dezenas de km de comprimento (de 8 a 70 km), larguras de até mais de um quilômetro e espaçadas de 300 a 5.000 m. Formas subglaciais moldadas pelo gelo podem ocorrer superpostas, em razão de mudanças na capacidade de deformação da geleira.

Feições geomórficas não moldadas pelo gelo e, portanto, não alinhadas em relação ao movimento das geleiras podem também ser geradas e preservadas geologicamente. Incluem-se aqui as cristas de preenchimento de *crevasses*. As cristas têm uma disposição geométrica, refletindo o padrão de distribuição das *crevasses* no gelo. Originam-se pela injeção de *till* subglacial em fendas e outras descontinuidades ou ao longo de falhas de empurrão marginais, em geleiras estagnadas.

13.2.5. Ambientes associados a geleiras flúvio-glaciais

As correntes de degelo carregam uma grande quantidade de sedimentos que é depositada a frente das geleiras. O ambiente flúvio-glacial resulta da formação de água de degelo, pelo derretimento de geleiras que terminam em ambiente terrestre, sejam elas de vale ou grandes mantos de gelo. Vale notar que correntes de água de degelo formam-se sobre e dentro de geleiras, porém o seu papel na sedimentação é negligenciável em relação ao das águas subglaciais. A água gerada drena o substrato glaciado, erodindo, incorporando, transportando e depositando sedimentos embaixo ou além das margens das geleiras, sobre a chamada planície de lavagem glacial. As correntes e rios glaciais são, desse modo, importantes agentes de retrabalhamento de paisagens glaciadas.

Figura 13.23 – a) *Drumlin* pleistocênico recoberto por vegetação, Wisconsin, EUA. b) Cristas de *till* e sulcos sobre planície de lavagem glacial na frente da geleira de Saskatchewan, Montanhas Rochosas, Canadá; notar o tamanho do matacão (centro da foto) alojado na extremidade a montante de uma das cristas de *till*. Fotos: a) C. J. Patterson. b) A. C. Rocha-Campos.

Embora o transporte e a deposição de sedimentos em túneis subglaciais possam ocorrer, a ação flúvio-glacial subaérea é, sem dúvida, mais visível e relevante.

A região proglacial é caracterizada por um sistema fluvial do tipo canais-múltiplos, ou entrelaçado (*braided*). Os processos de sedimentação que ocorrem nesse ambiente são semelhantes aos da deposição fluvial comum (ver capítulo 11), exceto pelo fato de a água ser mais viscosa, por causa de sua temperatura mais baixa e densidade mais alta, e a descarga de água e de sedimento variar diurnamente e sazonalmente. Estes fatores retardam o assentamento das partículas sedimentares, facilitando o seu transporte.

No sistema flúvio-glacial predomina o transporte de sedimentos em suspensão e como carga de fundo, sendo a proporção entre os dois mecanismos muito variável. Valores entre 40% a 90% de carga de fundo sobre o total de sedimentos são conhecidos na literatura. A presença de alta carga de fundo, a grande variação na descarga, acima comentados, além da erodibilidade alta (a fácil erosão) das margens dos canais, explica a predominância do sistema entrelaçado na planície proglacial.

O principal fator que controla as características do sistema flúvio-glacial é sua distância da geleira. Na zona em contato com o gelo, os processos são mais complexos, por causa da variação na forma e posição da margem do gelo e intercalação entre processos fluviais e de deposição de detritos glaciogênicos liberados pelo derretimento da geleira ou de gelo morto (Figura 13.24). A mesma complexidade é visível nos depósitos resultantes.

Figura 13.24 – a) Torrente subglacial emergindo da base da geleira de Saskatchewan, Montanhas Rochosas, Canadá; mudanças na posição do canal e na descarga de água desorganizam a drenagem junto à geleira; o derretimento de blocos de gelo morto, recobertos de detritos, contribui para a complexidade sedimentar da região. b) Região distal do sistema flúvio-glacial entrelaçado do rio Saskatchewan, Montanhas Rochosas, Canadá. c) Morenas, planície de lavagem e delta lacustrino da geleira Peyto, mesma localidade. Fotos: a) e c) A. C. Rocha-Campos. b) P. R. dos Santos.

Na região proximal, predomina o sistema fluvial entrelaçado, caracterizado por canais e barras de diferentes tipos. Barras longitudinais de cascalho, de forma losangular em planta, alinhadas paralelamente e subparalelamente ao fluxo da água predominam. Estratificação subparalela horizontal é a estrutura predominante, acompanhada por imbricação do cascalho. Além disso, areias são depositadas em períodos de água mais baixa, como, por exemplo, ao final da temporada de fusão de gelo. As areias podem exibir dunas e marcas onduladas migrantes. O componente arenoso tende a aumentar em relação ao cascalho. Em condições intermediárias e distais, predominam, na carga de fundo, a areia cascalhosa e, às vezes, areia pura (Figura 13.24). O fluxo de água concentrado em canais, esporadicamente, caracteriza-se por barras linguoides ou lobadas recobertas por dunas e marcas onduladas. Na planície aluvial as areias são mais raras e marcas onduladas predominam. Nesses locais, formam-se depósitos de silte, lama e restos de raízes. Finalmente, nas zonas mais distantes, o sedimento predominante é, geralmente, silte e o sistema de barras torna-se menos pronunciado.

Glácio-lacustre

Bacias lacustres constituem o repositório final de grande parte dos sedimentos glaciogênicos terrestres. Realmente, lagos são uma das feições mais comuns de regiões afetadas pela ação glacial e podem se formar em uma variedade de situações, seja na frente da geleira, na região proglacial, ou subglacial e até supraglacialmente.

Lagos podem se originar de diversas formas. Uma maneira comum de formação de lagos é por represamento da água de degelo pelos depósitos de morenas, na frente da ou lateralmente à geleira. As próprias geleiras podem causar o represamento. Lagos podem também formar-se em depressões causadas pelo derretimento de massas de gelo estagnado (gelo morto) dentro do sedimento glacial, criando os chamados lagos de *kettle* (Figuras 13.14 e 13.24). A concentração de água de degelo subglacial pode também levar à formação de acumulações embaixo do gelo. Um dos exemplos mais notáveis de lago subglacial foi descoberto sob o manto de gelo da Antártica oriental, há mais de 3.600 m de profundidade, na área da estação antártica russa de Vostok. Finalmente, em escala maior, grandes lagos proglaciais podem se formar junto à margem de mantos de gelo em recuo, preenchendo depressões causadas pelo rebaixamento isostático da crosta da Terra (ver capítulo 2), em razão do enorme peso do gelo. Os comentários a seguir se referem às formas mais comuns de lagos glaciais, ou seja, os que se formam proglacialmente. Os processos que aí ocorrem são, em geral, aplicáveis a todos os tipos de massas de água doce glaciais.

A sedimentação e as características dos depósitos glácio-lacustrinos são controladas pelas propriedades físicas e químicas dos lagos (ver capítulo 11), daí a necessidade de entendê-los. Temperatura, salinidade e o conteúdo do sedimento em suspensão, e em muito menor grau, a quantidade de gases dissolvidos (O_2, CO_2 etc.) e pressão hidrostática são aspectos que influenciam a densidade da água de lagos, fator primordial que governa os processos que aí ocorrem.

Um dos atributos mais importantes de qualquer lago refere-se à variação sazonal da temperatura (ou seja, a variação de calor absorvido e dissipado pela água durante o ano), que afeta a estrutura térmica, estratificação, circulação e o comportamento ecológico dos lagos. Durante o verão, muitos desenvolvem uma estratificação formada por camadas de água de temperatura e densidade distintas.

A circulação da água nos lagos resulta da atuação de vários fenômenos tais como a incidência de ondas, correntes, da queda de *icebergs* e variações de pressão atmosférica. A ação dos ventos e a queda de *icebergs* são fatores que podem produzir ondas. Além de afetarem o transporte de sedimentos em suspensão, as ondas podem provocar mistura das camadas superficiais de água, alterando a estrutura térmica.

Lagos recebem sedimentos em diferentes pontos de descarga. A introdução de partículas sedimentares dentro de lagos glaciais faz-se principalmente pelas correntes de água de degelo, que podem provir de distâncias variáveis, quando a margem das geleiras não está em contato com a água, ou por descarga direta a partir de condutos na base das geleiras ou em posição englacial. Correntes de água de degelo que entram em lagos carregando sedimentos podem deslocar-se junto à superfície, no meio ou rente ao fundo do lago, dependendo de sua densidade em relação à da água. Formam as chamadas plumas de sedimento. Uma forma particular de descarga sedimentar pode ainda ocorrer pelo despejo direto de partículas variadas, liberadas da margem do gelo, em contato com a água dos lagos. Os detritos glaciais provêm de concentrações formadas supraglacialmente ou incluídas na zona basal do gelo, em geral, transportadas por algum tipo de fluxo aquoso denso. Outra maneira é a queda de partículas a partir do derretimento de massas flutuantes de gelo, os *icebergs*, mecanismo denominado chuva de partículas. Vários tipos de processos e depósitos sedimentares estão relacionados a esses mecanismos.

Icebergs desprendidos de margens de gelo em contato com lagos liberam detritos glaciogênicos ao se fundirem, gerando uma verdadeira "chuva" de partículas. O caso mais conhecido resulta na deposição de clastos caídos, de tamanho variado, sobre as camadas de sedimento do fundo do lago, deformando ou rompendo-as (ver figura 13.25). O termo "clasto pingado", popularmente aplicado a esses clastos é, portanto, incorreto. Concentrações maiores de detritos podem ser "despejadas" por fusão basal ou emborcamento de massas de gelo ou ainda por derretimento local de *icebergs* ancorados no fundo do lago.

O acúmulo de partículas sedimentares em lagos leva à formação de vários tipos de depósitos e de formas de terrenos subaquáticos. A dispersão das partículas, sob a forma de sobrefluxos e interfluxos, com frequência resulta na constituição de deltas marginais. Deltas glácio-lacustrinos são tipicamente constituídos de três conjuntos de camadas: os estratos ou camadas de topo, de frente e de fundo (Figura 13.24).

Outros processos sedimentares comuns em lagos são a decantação de partículas em suspensão, que cobrem homogeneamente outros sedimentos, na parte central dos corpos de água. Depósitos marginais de lagos podem ainda ser afetados e modificados por ondas. A contribuição biogênica é, entretanto, no geral, pouco expressiva.

Em regiões de lagos não afetadas por processos sedimentares marginais, podem ocorrer a deposição de sedimentos rítmicos ou ritmicamente estratificados, mostrando alternância de depósitos grossos e finos. Os primeiros são formados por correntes de turbidez que caracterizam os fluxos de fundo. A interrupção da entrada de sedimentos, durante o inverno, quando a superfície dos lagos congela, permite a decantação do material em suspensão na água sobre a camada inferior. Em casos no qual essa alternância é controlada sazonalmente, o estrato ou camada resultante é chamado varve (Figura 13.25). Os fluxos de fundo, durante o verão, quando a entrada de água de degelo é mais intensa, alternam-se com a decantação de partículas em suspensão, durante o inverno, quando os lagos congelam, e correntes densas de fundo cessam. O resultado é a formação de pares de litologia clara, mais grossa e escura, mais fina. Rocha formada por sucessão de varves é denominada varvito. O famoso varvito da pedreira de Itu, SP (Permo-Carbonífero), exibe várias das características acima discutidas.

Além dos deltas, outras formas de terreno ou feições geomórficas subaquáticas podem se originar sob a forma de morenas subaquáticas geradas pelo avanço sazonal de geleiras, que empurram os detritos glaciais. Podem também se formar terraços marginais, associados a variações da linha de costa dos lagos.

Figura 13.25 – Varves e varvitos. a) Varves pleistocênicas contendo clastos caídos. b) *Iceberg* ancorado na margem do lago de Edith Cavell, Montanhas Rochosas, Canadá, com detritos supraglaciais. c) Ritmito regular, Permo-Carbonífero, contendo clasto caído; Trombudo Central, SC. d) Ritmito regular mostrando marcas onduladas e variação na espessura das camadas, Permo-Carbonífero, Itu, SP. Fotos: a) P. R. dos Santos. b), c) e d) A. C. Rocha-Campos.

Periglacial

Processos e feições periglaciais embora típicos de clima frio, sujeito a congelamento do solo, não guardam obrigatoriamente relação de idade e proximidade com geleiras. São, portanto, essencialmente não glaciais. Condições periglaciais ocorrem em uma variedade de situações topográficas e geográficas, de polares até de baixa latitude, e de ambientes. Vale lembrar ainda que vários mecanismos que ocorrem em condições periglaciais não são exclusivos desse ambiente. Muitos processos e feições periglaciais ocorrem, entretanto, a uma relativa proximidade de geleiras, o que justifica a sua discussão com os fenômenos glaciais propriamente ditos.

Extensas áreas recobertas por depósitos e feições geomórficas periglaciais formaram-se durante o Pleistoceno do hemisfério norte, a várias centenas de quilômetros de distância da margem das geleiras. Condições periglaciais são conhecidas atualmente em regiões circumpolares da parte norte da América do Norte, Europa e Ásia. As condições de temperatura, entretanto, são aí, provavelmente, mais rigorosas do que as que existiam em latitudes médias associadas aos mantos de gelo pleistocênicos do hemisfério norte.

Uma característica comum do solo de regiões submetidas a condições periglaciais é a presença de zona de congelamento permanente da água intersticial, denominada solo perenemente congelado (*permafrost*) (Figura 13.26). Atualmente, o *permafrost* pode ocorrer até a profundidade de 1 km ou mais nas áreas circumpolares. Em direção a latitudes mais baixas, a profundidade atingida pelo *permafrost* contínuo diminui, passando a formar uma camada menos espessa, fragmentada (*permafrost* descontínuo). Essas áreas são recobertas por camada de solo pouco espessa, afetada por congelamento e degelo sazonal, a chamada camada ativa. O limite inferior entre a camada ativa e o *permafrost* é chamado de nível do *permafrost* (*permafrost table*). Em alguns locais, o solo perenemente congelado estende-se à plataforma continental, formando o *permafrost* submarino.

Solos e rochas das regiões sob condições periglaciais são afetados por uma variedade de alterações físicas, resultando em estruturas e feições geomórficas variadas. Congelipartição (fraturamento e separação por congelamento) e congeliperturbação (agitação e mistura por congelamento) são os processos principais que afetam camadas de solo e rocha decomposta em ambiente periglacial. Feições resultantes desses processos incluem fraturamento e deformação de camadas do solo ou de rocha intemperizada, originada do congelamento da água intersticial e penetração de massas de gelo. Os chamados pingos, massas elevadas de solo geradas pelo crescimento do gelo, solos estruturados, fraturados em padrão poligonal (*patterned grounds*) e criodeformações ou involuções periglaciais, estão incluídos nessa categoria (Figura 13.27). O congelamento e o derretimento repetido da água do solo são responsáveis por processos de evolução de encostas nos ambientes

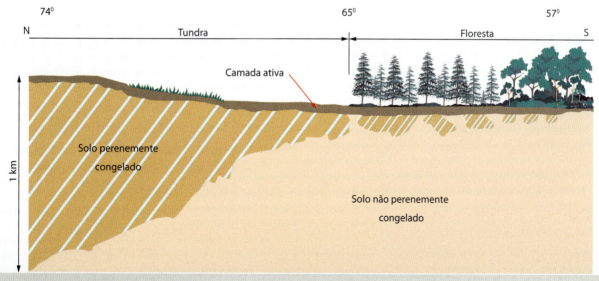

Figura 13.26 – Perfil norte-sul mostrando a estrutura de solo perenemente congelado, ao norte do Canadá; a extremidade norte da linha de árvores coincide com o limite entre o solo congelado contínuo e descontínuo. Fonte: Eyles, 1985.

Figura 13.27 – Cunha de areia em *till* pleistocênico, Minnesota, EUA. O sedimento preencheu o espaço da antiga cunha, após o derretimento do gelo. Foto: A. C. Rocha-Campos.

periglaciais, pela solifluxão ou fluxos de solo e rocha encharcados de água, gerados pela fusão do gelo. Estruturas de preenchimento de fendas formadas em solo perenemente congelado de idade neopaleozoica foram identificadas em rochas permo-carboníferas do Brasil.

Os ambientes periglaciais podem também ser afetados pela ação do vento sobre superfícies inativas, sem cobertura vegetal, formando depósitos de silte e areia, de razoável espessura, às vezes sob a forma de dunas. O tipo mais conhecido de depósito eólico glacial é, sem dúvida, o *loess*, constituído de silte calcário bem selecionado, depositado em ambientes periglaciais de baixa umidade. Depósitos de *loess* pleistocênicos são conhecidos no interior dos continentes, na Rússia, China e Meio Oeste dos EUA, onde cobrem áreas extensas, de mais de 500.000 km^2, e atingem espessuras superiores a 200 m.

13.3 Ação glacial marinha

Geleiras que chegam até o litoral podem avançar mar adentro arrastando-se sobre o substrato, ou tornando-se flutuantes, passando, assim, a influenciar processos e depósitos sedimentares que aí ocorrem.

Atualmente, geleiras não estão confinadas às regiões polares. Em vários locais, elas entram em contato com o mar, no fundo ou na boca de entalhes costeiros, entre os quais os mais conhecidos são os fiordes. Estes tipos de ambiente constituem estuários influenciados por geleiras. Em outros, as geleiras atingem diretamente o mar aberto. As condições relativas a vários fatores ambientais são suficientemente distintas, em cada caso, para merecer uma discussão em separado.

13.3.1 Ambiente glácio-estuarino

Fiordes são um tipo de estuário glaciado caracterizado por grande profundidade (até mais de 1.000 m), de modo geral cercados por relevo montanhoso escarpado. Sua morfologia é similar a dos vales glaciais e a declividade abrupta de suas paredes sugere ação intensa da abrasão glacial. A submergência pós-glacial dos fiordes atuais (da ordem de 1.000 m) não explica a sua grande profundidade, resultante de intensa erosão glacial, ao longo de vales preexistentes. O assoalho dos fiordes caracteriza-se pela presença de uma bacia profunda, submersa, delimitada por saliências do embasamento. A presença de uma dessas elevações, junto à boca do fiorde, chamadas soleiras, restringe sua comunicação com o mar aberto. Hoje existem fiordes nas costas de várias regiões da Terra (Noruega, Chile, Canadá, Antártica etc.), limitados a latitudes acima de 45º.

Fiordes são bacias profundas onde as condições hidrográficas e os processos sedimentares são controlados por vários fatores. O influxo de água doce, a partir do derretimento de geleiras e de gelo do mar (ou banquisa: camada delgada de água do mar que congela sazonalmente (ver figura 13.3), ou de rios que desembocam nos estuários, do efeito das marés e da força de Coriolis (desvio das correntes de água que entram no estuário, causado pela rotação da Terra); a entrada de sedimentos trazidos pelas correntes de água de degelo e a floculação de partículas sedimentares (principalmente argilas) são os principais.

Um dos aspectos mais discutidos da dinâmica dos fiordes é a renovação de suas águas e, consequentemente, a variação das marés. Estas têm grande influência não só na circulação da massa de água, como também na estabilidade de geleiras em contato com o mar. A presença de gelo do mar em muitos fiordes provoca a formação de água salina densa e de estratificação no corpo de água. A entrada de água de degelo e de rios, no verão, junto com a água marinha, mais densa, gera um sistema de circulação dentro dos fiordes. Condições euxínicas (redução no teor de oxigênio) podem ocorrer nas bacias profundas de fiordes, onde a circulação é deficiente. Flexões das frentes das geleiras produzidas pela variação das marés estimulam sua desintegração e a produção de *icebergs*.

Outros processos, além do aporte realizado por rios e água de degelo, são responsáveis pela introdução de partículas sedimentares nos fiordes (Figura 13.28).

Entre estes, temos a queda de partículas a partir de *icebergs*, avalanches de rocha e/ou de neve de regiões montanhosas que ladeiam os estuários e transporte pelo vento. Padrões de sedimentação glácio-estuarina distintos são reconhecidos entre fiordes parcialmente ocupados por geleiras e naqueles em que depósitos flúvio-glaciais, formados pelo recuo de geleiras, ocupam a cabeceira dos estuários.

Em geral, no primeiro caso, depósitos de sedimentos mais grossos ocorrem na frente da geleira, pelo acúmulo proglacial, relativamente rápido de partículas liberadas da base do gelo por fusão, ou de origem supraglacial. Areias e sedimentos mais finos entram nos fiordes trazidos por correntes de água de degelo subglaciais. Mudanças laterais na posição das correntes provocam heterogeneidade dos depósitos. Fluxo gravitacional de sedimentos (diamicto e areia), sobre encostas submarinas geradas pela acumulação sedimentar, redistribuem-nos junto às geleiras ou na parte mais interna dos estuários. Outros processos sedimentares incluem a ação de *icebergs* na liberação de clastos e partículas mais finas, que se intercalam com os depósitos de fluxo gravitacional.

Nos casos em que a frente da geleira recuou para o interior, desligando-se do corpo de água, deltas ou leques de sedimentos, formados pelo acúmulo marginal de detritos, avançam em direção à cabeceira dos fiordes, alterando o seu padrão deposicional. Nestas condições, planícies de lavagem normalmente se intercalam entre as geleiras e os deltas. A maior parte dos sedimentos grossos é, então, aí retida, predominando, nos fiordes, os sedimentos finos. Processos comuns de redistribuição de sedimentos, nesses tipos de estuário, incluem fluxos gravitacionais de sedimentos, particularmente, correntes de turbidez. Clastos e outros detritos caídos de *icebergs* são, evidentemente, raros ou inexistentes.

Outras contribuições sedimentares são dadas pela acumulação de organismos e de material biogênico no fundo dos fiordes. As duas situações acima descritas podem corresponder a diferentes fases da evolução de um fiorde. Paralelamente, as associações de fácies resultantes incluem três tipos: fácies de contato de gelo, fácies de delta e praia e fácies de fundo de fiorde. As fácies podem, entretanto, se suceder de modo complexo, durante a história deposicional do estuário.

Portanto, o contexto deposicional dos estuários glaciais é similar ao de lagos proglaciais, anteriormente tratados. Do mesmo modo, são também semelhantes às dos lagos, as formas de terreno geradas no ambiente glácio-estuarino. Além de deltas e leques de sedimentos proglaciais, ocorrem ainda acumulações de sedimentos "despejados" das frentes de geleiras em contato com o mar e vários tipos de cristas ou bancos proglaciais de *till* ou detritos (morenas de empurrão).

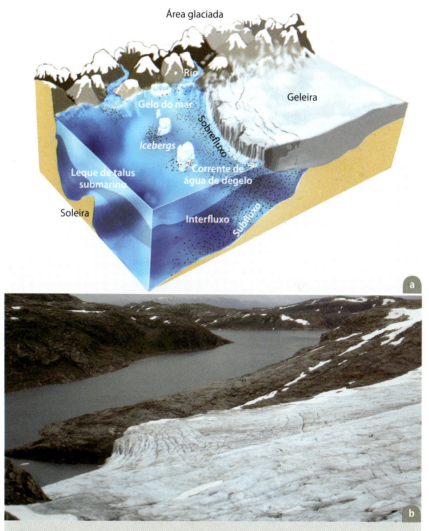

Figura 13.28 – a) Esquema de estuário glacial mostrando processos de entrada e transporte de sedimentos (sem escala); a geleira está em contato com a água. Sedimentos introduzidos pela água de degelo distribuem-se por meio de subfluxos (correntes de turbidez), inter e sobrefluxos (subsuperficiais). Outros mecanismos de deposição de sedimentos incluem: vento, rios, avalanches e *icebergs*. b) O fiorde de Folgefonna, situado nas proximidades de Bergen, Noruega, é um dos poucos que permanecem nevados ao longo de todo o ano. É também um dos poucos que apresenta considerável aumento da precipitação de neve nos dias de hoje, curiosamente relacionada ao aquecimento global. Explica-se: o aquecimento relativo das águas do Mar do Norte provoca também um aumento na umidade das massas de ar que adentram o continente, precipitando um volume sensivelmente maior de neve na região montanhosa de Folgefonna. Foto: L. F. Cury

Estas feições são formadas por empurrão de geleiras ou por concentração de sedimentos gerados pela fusão do gelo.

Depósitos glaciais neopaleozoicos do Brasil ocorrem em vales pré-glaciais identificados como paleoestuários.

13.3.2 Ambiente glácio-marinho

Apesar de os processos que operam em ambientes glácio-marinhos modernos serem já razoavelmente conhecidos, pouco se sabe das características das sequências sedimentares que se acumulam nessas regiões. Quando o volume de gelo de uma região e sua taxa de descarga no mar são altos, ocorre depressão glácio-isostática causada pelo peso da massa de gelo sobre a crosta da Terra, e submergência do substrato marginal sobre o qual o gelo se assenta. Nessas condições, porções dos mantos de gelo podem avançar mar adentro aterrados e, a partir de certa altura, da chamada linha ou zona de aterramento (Figura 13.29), tornarem-se flutuantes, projetando-se sob a forma de plataformas ou línguas de gelo (ver figuras 13.2 e 13.3), em resposta ao estreitamento da geleira causado pelo rastejamento do gelo. A maior parte dos sedimentos transportados na base da geleira é liberada na zona de aterramento. Assim, é limitado o aporte de detritos até a plataforma continental, liberados pela fusão basal do gelo ou, mais distalmente, a partir de *icebergs*. São predominantemente depósitos finos, lamosos. Plataformas e línguas de gelo são, entretanto, instáveis e, em épocas de balanço de massa negativo podem se desintegrar e recuar até a margem continental ou ainda até a terra emersa onde formam geleiras de maré ou geleiras aterradas, respectivamente. As extensas plataformas de Ross e Weddell-Filchner, na Antártica, têm mais de 500.000 km² de área cada uma, portanto, dimensão superior à da França.

Vários fatores que influenciam a deposição de sedimentos em estuários afetados pela ação de geleiras (circulação marinha, força de Coriolis, entrada de sedimentos, floculação etc.) são também relevantes no caso de ambientes glácio-marinhos abertos. Outros como, por exemplo, a estratificação da massa de água são de pouca importância. O padrão de circulação da massa de água difere substancialmente do que caracteriza os ambientes glácio-marinhos confinados.

Além dos já referidos, diversos outros fatores interferem na sedimentação glácio-marinha, tais como: o regime térmico basal da geleira, as características da massa de água, a energia das ondas, a batimetria e o relevo do fundo marinho. De importância particular são o regime térmico basal e a dinâmica do fluxo de gelo, essa já discutida no início deste item. Diferenças no regime térmico basal determinam o volume de água de degelo produzido pelas geleiras, o que, por sua vez, influencia a quantidade de sedimentos que atinge o ambiente marinho. Em geleiras de base quente, a água de degelo subglacial remove os produtos da erosão glacial transportando-os para o mar. No caso das geleiras de base fria, a água de degelo é limitada ou inexistente, e muito pouco sedimento atinge o ambiente marinho.

Plataformas continentais margeando continentes glaciados constituem os maiores depositários de sedimentos produzidos pela ação glacial. De modo geral, a sedimentação no ambiente glácio-marinho sofre os efeitos da ação combinada de vários processos deposicionais, muitos dos quais similares aos que ocorrem nos lagos glaciais. Detritos englaciais e supraglaciais, por exemplo, são liberados ou "despejados" pelo degelo, junto à margem das geleiras. Correntes subglaciais de água de degelo carregando sedimentos são introduzidas no mar, sob a forma de fluxos de superfície ou de fundo (plumas de sedimentos).

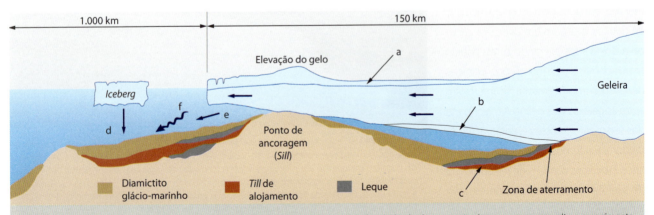

Figura 13.29 – Processos e depósitos associados à plataforma de gelo marinho. A existência de um ponto de ancoragem permite o crescimento da plataforma. a) Zona de acumulação de gelo e neve. b) Zona de adição de gelo por regelamento basal. c) *Till* e depósitos de leque sedimentar formados durante avanço prévio de geleira aterrada; d) deposição por chuva de detritos a partir de *icebergs*; e) ressedimentação de diamicto; f) retrabalhamento por correntes marinhas; setas horizontais indicam velocidade relativa de fluxo de gelo. Fonte: Eyles & Menzies, 1985.

Os sedimentos suspensos nas plumas assentam-se ou decantam-se, processo que pode ser acelerado pela floculação de partículas argilosas em contato com a água do mar. Desagregação acelerada da margem de geleiras marinhas é fenômeno comum. Esse processo leva à produção intensa de *icebergs*. Finalmente, a fusão de *icebergs* e/ou o seu emborcamento leva à liberação de detritos contidos no gelo, a distâncias variáveis das geleiras. Partículas da chuva de detritos, proveniente de *icebergs*, incluem clastos isolados e quantidades variáveis de fragmentos mais finos. Em alguns casos, esses fragmentos formam depósitos semelhantes a *till*, denominados erroneamente de *tills* de deposição subaquática (ver figuras 13.18 e 13.19). *Icebergs* podem ainda remobilizar sedimentos ao se arrastar sobre fundos marinhos rasos.

Retrabalhamento por correntes marinhas de fundo e ressedimentação por fluxo gravitacional de sedimentos (deslizamento, fluxos de detritos e/ou lama) podem afetar depósitos glácio-marinhos acumulados sobre declives locais. Essa movimentação pode ainda gerar correntes de turbidez.

Do ponto de vista da deposição sedimentar, a interação dos fatores acima mencionados e suas variações resultantes permitem distinguir dois subambientes glácio-marinhos. O glácio-marinho proximal (incluindo a zona de contato com a margem da geleira) e o glácio-marinho distal. Embora a distância a partir da frente das geleiras seja utilizada para definir o limite entre as duas regiões (1-100 km e mais de 100 km, respectivamente), elas são mais bem caracterizadas pelos processos sedimentares que ocorrem tipicamente em cada uma delas.

Depósitos sedimentares típicos do ambiente glácio-marinho proximal (Figura 13.30), também denominados proglaciais subaquáticos, incluem leques subaquáticos de seixos e areias, diamictos, lama e *till*, formados próximo e sob a influência de margem glacial aterrada. Leques subaquáticos acumulam-se junto à abertura de condutos subglaciais ou englaciais. Areias de leque exibem estratificações cruzadas, enquanto depósitos de canais distributários de leques (cascalho e areia) mostram estratificação plano-paralela ou gradacional. *Tills* e outros depósitos dessa região podem formar bancos de morenas ou morenas de empurrão construídas pelo avanço ou oscilação da margem das geleiras em recessão. Esses depósitos exibem deformações glácio-tectônicas.

O subambiente glácio-marinho distal é determinado por processos sedimentares não glaciais. Depósitos característicos envolvem os formados a partir de sedimentos em suspensão e de chuva de detritos liberados de *icebergs* (Figuras 13.29 e 13.30). Dependendo da disponibilidade e dispersão desses detritos, as unidades sedimentares glácio-marinhas podem ser muito extensas, e apresentar geometria tabular e estratigrafia mais organizada do que no caso dos depósitos formados em fiordes ou no ambiente glácio-marinho proximal.

Remobilização de sedimentos por fluxo gravitacional de massa e o seu retrabalhamento por correntes de fundo são comuns no subambiente distal. Mais afastados dos leques, depósitos resultantes de decantação de sedimentos e de chuva de detritos de *icebergs* são comuns. Também aqui, *icebergs* podem revolver o fundo com suas quilhas, alterando os sedimentos depositados.

Depósitos atribuídos tanto ao subambiente glácio-proximal, quanto ao glácio-distal foram reconhecidos em rochas glaciais neopaleozoicas do Brasil.

Leitura recomendada

BENNETT, M. R.; GLASSER, N. F. *Glacial geology: ice sheets and landforms*. Chichester; New York: Wiley, 1996. 364 p.

EMBLETON, C.; KING, C. A. M. *Glacial geomorphology*. London: Edward Arnold, 1975. 573 p.

EYLES, N. (Ed.). *Glacial geology: an Introduction for engineers and Earth scientists*. Oxford: Pergamon, 1983. 409 p.

HAMBREY, M.; HARLAND, W. B. (Eds.). *Earth's pre-pleistocene glacial record*. Cambridge: Cambridge University, 1981. 1004 p.

HARLAND, M.; ALEAN, J. *Glaciers*. Cambridge: Cambridge University Press, 1992. 208 p.

IMBRIE, J.; IMBRIE, K. P. *Ice ages, solving the mistery*. Cambridge: Harvard University Press, 1986. 224 p.

MENDES, J. C. *Elementos de Estratigrafia*. São Paulo: T. A. Queiroz; EDUSP, 1984. 566 p.

SHARP, R. P. *Living ice: understanding glaciers and glaciation*. Cambridge: Cambridge University Press, 1988. 225 p.

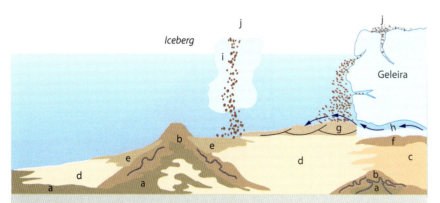

Figura 13.30 – Depósitos, processos e feições sedimentares do ambiente glácio-marinho proximal. a) Sedimentos marinhos deformados pelo avanço anterior da geleira. b) Bancos de morena de empurrão. c) Sedimento grosso de leque de lavagem subaquosa. d) Diamictitos grossos estratificados. e) Lama/diamictos de zona de iceberg. f) *Till* de alojamento. g) Arenitos de leque e conglomerados de canal. h) Canal de água de degelo subglacial. i) *Iceberg* liberando detritos. j) Detritos supraglaciais.

Capítulo 14

Processos oceânicos e produtos sedimentares

**Moysés Gonsalez Tessler,
Michel Michaelovitch de Mahiques**

Sumário

14.1 Relevo dos oceanos

14.2 Origem e a constituição dos sedimentos nos fundos oceânicos atuais

14.3 Distribuição dos sedimentos marinhos

14.4 Ocupação e exploração do litoral e da margem continental brasileira

14.5 Perspectivas da exploração dos fundos oceânicos

Muitos podem se perguntar com o quê se parece a morfologia dos fundos dos oceanos que recobrem cerca de 2/3 da superfície da Terra? Será que, como é observado sobre os continentes, esses fundos também são formados por montanhas e vales? Nesse aspecto, as maiores distinções entre os continentes e os fundos oceânicos são as diferenças nas médias das alturas de seus relevos.

Um valor aproximado de 840 m corresponde à média das altitudes do relevo continental, tomado como referência o atual nível do mar, enquanto que a média dos fundos marinhos corresponderia a uma profundidade de cerca de 3.700 m, ou seja, cerca de quatro vezes maior em profundidade do que a altitude média das áreas emersas do planeta.

A busca do desconhecido e o fascínio por um ambiente tão distinto daquele dominado pela humanidade tem, desde a Antiguidade, impulsionado a exploração e conhecimento do meio marinho. Embora o ciclo das Grandes Navegações, nos séculos XV e XVI, tenha possibilitado revelar a imensidão dos mares e iniciar a cartografia dos continentes (Figura 14.1), e suas correntes superficiais tenham sido aproveitadas pelas frágeis embarcações de madeira, as quais conduziram o homem ao encontro de novos continentes, foi apenas em 1872 que foi lançado ao mar um navio com a missão científica de, pela primeira vez, estudar e sistematizar todo o conhecimento até então existente sobre os animais e as plantas marinhas, a química da água do mar e a profundidade dos oceanos. Durante os quatro anos de duração da viagem de circum-navegação do H.M.S Challenger, o volume de informação foi tal que permitiu a publicação de 50 livros volumosos com os resultados das observações, coletas e análises executadas.

Graças à expedição Challenger obteve-se, por exemplo, as primeiras informações sobre o relevo da Cordilheira Mesoatlântica, a elevada e extensa cadeia de montanhas, de origem vulcânica, submersa no meio do oceano Atlântico. Obteve-se ainda informações sobre a existência de áreas profundas e planas presentes no fundo de todos os oceanos, além de montanhas, morros isolados e vulcões submarinos.

Passado pouco mais de um século da expedição pioneira, o desenvolvimento da tecnologia de exploração do meio marinho permitiu aos navios de pesquisa oceanográfica, tripulados por equipes multidisciplinares, mapear os fundos marinhos, subdividi-los em grandes províncias fisiográficas, detalhar sua composição e, principalmente, compreender a origem e evolução de seu relevo extremamente variado, associando-o aos grandes processos tectônicos atuantes na crosta terrestre.

Muitos livros didáticos e científicos trazem ao leitor a informação de que os oceanos cobrem cerca de 70% da superfície da Terra. Mas, qual a importância dos oceanos além da imensidão de sua área? Entre suas propriedades, sabemos que os oceanos constituem um reservatório de sais e gases, atuando como elemento regulador na ciclagem de grande número de elementos no planeta. Sabemos também que os processos oceânicos estão entre os maiores agentes transportadores de calor do planeta, controlando o clima e contribuindo para a distribuição espacial dos processos intempéricos e erosivos.

E sob o ponto de vista dos processos geológicos? Qual a importância dos fundos oceânicos no conhecimento da história evolutiva da Terra? Qual o papel dos fenômenos oceânicos na recepção e redistribuição das partículas sedimentares?

Neste capítulo, discutiremos alguns aspectos relacionados aos processos oceanográficos e aos fundos marinhos, principalmente relacionados à sua morfologia e aos materiais que os compõem.

Figura 14.1 – Mapa-múndi desenhado por Jerônimo Marini, em 1512 mostando uma visão diferente da convenção atual. Fonte: <www.novomilenio.inf.br/santos/mapas/mapa83g.jpg>.

Curiosidade

A salinidade da água do mar decorre de dois fatores. Um é o transporte, em solução, dos elementos químicos dissolvidos a partir do intemperismo das rochas da crosta continental, cujos constituintes mais abundantes e mais solúveis são: Na, Ca, Mg e K e, portanto, são os mais lixiviados durante a denudação das terras emersas. Deles, apenas o Na se mantém dissolvido em grande quantidade no oceano. O Ca e o Mg participam de precipitações minerais, contribuindo à extensa formação dos calcários oceânicos, orgânicos ou não. O K fica retido nos argilominerais dos solos e pouco chega ao ambiente marinho. Além desses, o Si, apesar de pouco solúvel, também é levado ao ambiente oceânico, participando da sedimentação profunda, com parcela orgânica. O Cl, embora não seja muito abundante nas rochas continentais, foi acumulado ao longo do tempo, constituindo o principal ânion dissolvido no mar. O outro fator para a salinidade das águas é o vulcanismo oceânico, que traz, do manto, água juvenil carregada em elementos químicos metálicos dissolvidos das rochas atravessadas. Esses elementos podem ser a fonte para os nódulos polimetálicos observados em certas regiões do assoalho oceânico.

Capítulo 14 - Processos oceânicos e produtos sedimentares

14.1 Relevo dos oceanos

A superfície recoberta pelos oceanos Pacífico, Índico e Atlântico representa cerca de 70% da área da Terra. O oceano Pacífico tem uma área aproximada de 180 milhões de km² (53% da área oceânica).

O oceano Índico representa 24% em área e o Atlântico, cerca de 23% da área total coberta pelos oceanos (Figura 14.2). A profundidade média dos oceanos é estimada em 3.870 m, com as maiores profundidades localizadas no *Challenger Deep* (11.037 m) na Fossa das Marianas, no oceano Pacífico que, entre todos os oceanos, é o que possui também a maior profundidade média (4.282 m) com cerca de 87% de seus fundos localizados a mais de 3.000 m. As maiores profundidades do oceano Atlântico, cuja profundidade média não ultrapassa os 3.600 m, estão localizadas junto às fossas de Porto Rico (9.220 m) e próximas às ilhas Sandwich do Sul (8.264 m). O oceano Índico, que possui profundidade média de 4.000 m, tem sua maior profundidade localizada na Fossa do Almirante (9.000 m).

A análise da configuração atual do relevo da crosta terrestre presente sob a coluna de água dos oceanos tem possibilitado a compartimentação dos fundos marinhos atuais em grandes unidades de relevo, moldadas tanto pelos processos tectônicos globais como pelos eventos relacionados à dinâmica sedimentar atuante nos últimos milhares de anos.

Margeando os continentes predominam relevos relativamente planos, de natureza essencialmente sedimentar que constituem a plataforma continental (Figura 14.3).

As plataformas continentais são extensões submersas dos continentes, apresentando pequena declividade rumo ao alto mar (1:1 000). São contínuas e largas em margens do tipo Atlântico, onde estão presentes como margens passivas (ver capítulo 3), a exemplo do encontrado no sudeste brasileiro, cuja plataforma continental pode apresentar largura de mais de 160 km. Plataformas continentais do tipo Pacífico, localizadas em margens tectonicamente ativas,

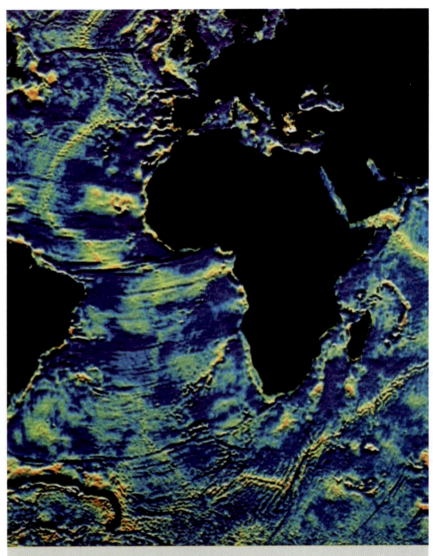

Figura 14.2 – Mapa fisiográfico de parte do fundo oceânico.

apresentam larguras reduzidas e são ladeadas por fossas submarinas, como é observado nas plataformas continentais adjacentes do Peru e do Chile.

Ao longo do tempo geológico, os eventos de oscilação relativa do nível do mar têm exposto, totalmente ou em parte, as plataformas continentais, transformando-as em planícies costeiras, onde se estabeleceram prolongamentos da drenagem continental.

Em algumas áreas do planeta, principalmente naquelas submetidas, no presente ou no passado recente, a alterações decorrentes dos fenômenos de glaciação, as plataformas continentais apresentam relevos irregulares, com amplitudes de dezenas de metros, recortados por vales profundos.

A análise mais detalhada das plataformas continentais mostra a ocorrência de interrupções topográficas nesse relevo plano, dadas pela presença de feições de construção biogênica (recifes, atóis), além de deformações crustais, geradas por atividades vulcânicas ou outros eventos tectônicos.

A mudança acentuada na declividade do relevo marca o limite externo da plataforma continental. Essa transição, denominada de quebra da plataforma, marca a passagem para o talude continental (Figura 14.3).

O talude continental constitui uma unidade de relevo, também de construção sedimentar, que se inclina acentuadamente (1:40) rumo aos fundos oceânicos, até profundidades da ordem de 3.000 m (Tabela 14.1). O relevo do talude continental não é homogêneo, ocorrendo quebras de declividade e também, frequentemente, cânions e vales submersos.

Os cânions submarinos são vales profundos, erodidos sobre a plataforma continental externa e o talude continental, atingindo, por vezes, até a elevação continental.

Na base dos taludes continentais, em margens do tipo Atlântico, pode se individualizar uma unidade de relevo irregular, construída por sequências sedimentares, diretamente relacionadas aos processos de transporte e deposição de sedimentos que moldam as plataformas e taludes continentais, conhecida como elevação ou sopé continental (ver figura 14.3). A elevação continental estende-se em profundidades entre 3.000 e 5.000 m e apresenta declividades intermediárias

Figura 14.3 – Perfil das unidades do relevo submarino.

Capítulo 14 - Processos oceânicos e produtos sedimentares

entre as observadas nas plataformas e nos taludes continentais (Tabela 14.1). Essa feição é constituída predominantemente por depósitos de sedimentos de origem continental, muitas vezes associados a feições de deslocamento e/ou escorregamento, ou então a feições de escarpamento erosivo no talude continental.

Esse grande compartimento fisiográfico, formado pelas três unidades descritas acima, com estrutura crustal similar à dos continentes adjacentes, é denominado de margem continental.

Nas margens continentais do tipo Atlântico, após a margem continental, desenvolve-se a planície abissal (ver figura 14.3). As planícies abissais são áreas extensas e profundas, de relevo relativamente plano, que se estendem da base das elevações continentais até os relevos íngremes e abruptos das cordilheiras oceânicas, em profundidades superiores a 5.000 m. Esses compartimentos, que constituem as maiores extensões territoriais dos relevos do fundo de todos os oceanos atuais, são interrompidos pela presença de séries de montes submarinos (elevações oceânicas ligadas às cordilheiras oceânicas e às elevações continentais, com alturas entre 200 e 1.000 m), ou ainda por montanhas submarinas, que são elevações isoladas, podendo apresentar mais de 1.000 m de altura. A parte emersa das irregularidades do relevo das planícies abissais constitui as ilhas oceânicas.

O relevo oceânico apresenta, ainda, uma importante feição, presente nas zonas de subducção de placas tectônicas (ver capítulo 3) denominadas de fossa submarina (ver figura 14.3). As fossas constituem depressões alongadas e estreitas, com laterais de altas declividades.

A cordilheira oceânica (ver figura 14.3) é o compartimento fisiográfico construído predominantemente pelos processos vulcânicos e tectônicos de formação de crosta oceânica, relacionados aos movimentos das placas e superpostos por processos deposicionais de oceano profundo.

As cordilheiras oceânicas são feições longas e contínuas, fraturadas, com escarpamentos ladeados pelas planícies abissais. Esse compartimento, presente em todos os oceanos, é a expressão espacial das zonas de acreção das placas litosféricas. As regiões centrais das cordilheiras oceânicas apresentam as porções de maior atividade tectônica dos fundos oceânicos atuais, com fraturamentos e intrusões de diques e soleiras de basalto, além de atividades hidrotermais.

No oceano Atlântico, a cordilheira Oceânica, denominada mesoatlântica, ocupa a região central, partindo-o em duas porções de configuração de relevo similar. Nos oceanos Pacífico e Índico há cordilheiras que ocupam posições marginais, bem como riftes que resultam do arranjo das várias placas que compõem a crosta oceânica.

14.1.1 A margem continental brasileira e os fundos oceânicos adjacentes

A margem continental brasileira (ver figura 14.4), as bacias sedimentares costeiras de idades mesocenozoicas que a margeiam e os fundos oceânicos adjacentes têm sua história evolutiva diretamente vinculada aos fenômenos tectônicos que deram origem ao oceano Atlântico Sul, a partir da separação dos continentes africano e sul-americano.

Geomorfologicamente, o Atlântico Sul tem sido dividido em três grandes domínios fisiográficos: margem continental, assoalho das bacias oceânicas e dorsal mesoatlântica.

A margem continental constitui a unidade de transição entre o continente emerso e o assoalho oceânico, abrange uma subdivisão longitudinal à costa em três províncias bem definidas – plataforma continental, talude continental e elevação ou sopé continental. Esse domínio marca o limite entre a crosta continental e a crosta oceânica e suas províncias são geneticamente relacionadas aos continentes. A margem continental brasileira é subdividida em três grandes setores, transversalmente à costa:

Dados geométricos	Oceano Pacífico	Oceano Atlântico	Oceano Índico
% em área dos oceanos	53%	23%	24%
Profundidade média	4.282 m	3.600 m	4.000 m
Área da plataforma continental ($\times 10^6$ km^2)	2.712 (1,6%)	6.080 (7,9%)	2.622 (3,6%)
Área do talude continental ($\times 10^6$ km^2)	8.587 (5,2%)	6.578 (7,6%)	3.475 (4,7%)
Área de elevação continental ($\times 10^6$ km^2)	2.090 (1,6%)	5.381 (6,25%)	4.212 (5,7%)

Tabela 14.1 – Porcentagem em área dos oceanos e compartimentos fisiográficos dos oceanos Pacífico, Atlântico e Índico.

Norte ou Equatorial, do Cabo Orange (AM) até o Cabo Calcanhar (RN), Leste, do Cabo Calcanhar até Vitória (ES) e Sul, de Vitória até o extremo sul brasileiro. Estas subdivisões foram elaboradas principalmente a partir das características topográficas mais peculiares de cada setor e, secundariamente, das diferenciações genéticas e estruturais entre cada segmento da margem continental. Essas peculiaridades resultaram, por sua vez, em uma evolução sedimentar particular para cada um dos setores.

A plataforma continental brasileira apresenta suas maiores dimensões junto à foz do rio Amazonas, com larguras de cerca de 350 km, na região de Abrolhos, e ao longo de todo o setor sul, onde atinge cerca de 200 km na área entre Santos e Cananeia (SP) (Figura 14.4).

A margem continental sul possui espesso pacote de sedimentos terrígenos. A presença de um complexo serrano junto à linha de costa, representando um declive acentuado entre a área emersa e a área oceânica, associada a uma contínua e prolongada subsidência da área marinha, originou a formação dessa sequência sedimentar. Esta deposição, avançando continuamente mar adentro, resultou no estabelecimento de uma plataforma larga com suave transição para o talude continental.

A plataforma leste, gerada mais recentemente que a plataforma sul, durante o evento de formação do Atlântico Sul, apresenta largura reduzida atingindo o mínimo de 8 km de largura defronte a Salvador (BA). Ali ocorre uma transição plataforma–talude continental situada a pequenas profundidades (~ 60-80 m), com uma contribuição de sedimentos terrígenos pouco expressiva na modelagem do relevo submarino. Essa pequena contribuição de sedimentos terrígenos, associada às

características da circulação oceânica, com massas d'água de temperatura elevada e salina, implicou no desenvolvimento de extensas formações calcárias de algas e corais, e no predomínio de sedimentos biogênicos.

A transição entre a plataforma e o talude continental é diferenciada em cada setor, estando localizada entre as isóbatas de 75 e 80 m no setor norte, 40 e 80 m no leste e até 160 m no sul. Essa transição é recortada por cânions e canais (ver figura 14.4), testemunhos de drenagens desenvolvidas quando o nível do mar está mais baixo, ou por depressões originadas a partir do deslocamento de sedimentos, como fluxos de massa subaquosos, do talude superior para o oceano profundo. A distribuição dessas feições ao longo do talude continental brasileiro é descontínua, e a aparente falta de conexão entre a drenagem continental atual e os vales e cânions da borda superior do talude continental sugere a inatividade de algumas dessas feições como elemento de transferência da carga de sedimentos terrígenos para o oceano profundo.

O talude continental apresenta declividades acentuadas (4° a 12° em sua porção superior e 1,5° a 2° na inferior) e alcança, na margem continental brasileira, profundidades entre 2.000 e 3.200 m no norte, entre 1.600 e 3.600 m no leste, e entre 2.000 e 3.000 m no sul.

Em trechos do talude continental, os relevos acentuados são substituídos por níveis menos inclinados, sub-horizontais, formando platôs ou terraços marginais. Os platôs marginais mais proeminentes da margem continental brasileira encontram-se na margem leste (platô do Rio Grande do Norte e platô de Pernambuco) e na margem sul (platô de São Paulo)

A elevação continental ou sopé continental é a província fisiográfica mais

desenvolvida da margem continental brasileira. Sua cobertura sedimentar é constituída predominantemente por sedimentos terrígenos, provenientes da plataforma continental, transportados e depositados por fluxos gravitacionais de massa (deslizamentos, correntes de turbidez) da borda externa da plataforma e do talude continental. A elevação continental do Atlântico Sul oriental desenvolve-se a profundidades que variam de 2.000 a 5.000 m. Na porção externa da margem continental brasileira (talude e elevação continental) destacam-se duas marcantes feições: o cone submarino do Amazonas, ao norte, e o cone do Rio Grande, ao sul.

O cone do Amazonas abrange uma área que se estende da borda externa da plataforma continental até a elevação continental, ao largo da costa do Amapá, projetando-se por 700 km para norte, atingindo profundidades entre 4.750 e 4.850 m na planície abissal de Demerara. O cone de Rio Grande, de menor expressão, se desenvolve desde a borda da plataforma do Rio Grande do Sul até profundidades de 4.000 m.

Assim como as feições atuais do relevo de fundo, a distribuição dos sedimentos que recobrem a plataforma continental brasileira tem seus processos evolutivos ligados às variações relativas do nível do mar, ocorridas ao longo do Quaternário, as quais foram responsáveis pela redistribuição da cobertura sedimentar inconsolidada dos fundos marinhos, desde o último grande evento glacial ocorrido há 18 mil anos. Em consequência, ocorreu um rebaixamento do nível do mar de cerca de 110 m, expondo à atmosfera quase toda a plataforma continental brasileira, deslocando progressivamente a linha de costa e os ambientes costeiros em direção ao oceano profundo (regressão marinha). Esses ambientes costeiros, relativamente planos e predominantemente

Capítulo 14 - Processos oceânicos e produtos sedimentares

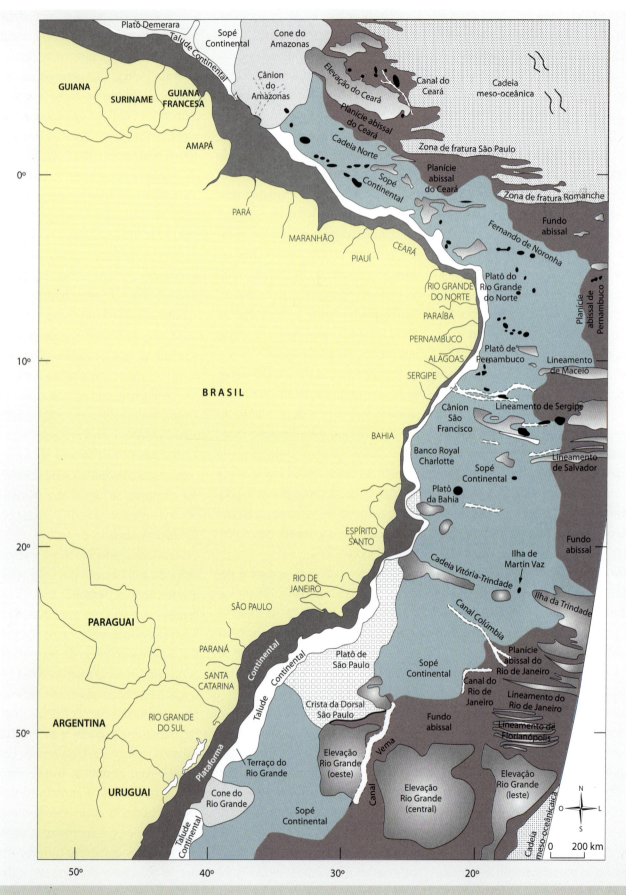

Figura 14.4 – A topografia e a compartimentação geomorfológica da margem continental brasileira e dos fundos oceânicos adjacentes.

arenosos, seccionados por uma rede de drenagem que avançou sobre a plataforma, acompanhando o recuo relativo do nível marinho, foram remodelados no evento subsequente de subida do nível do mar.

Feições resultantes desta modelagem são encontradas na plataforma continental brasileira, onde escarpas, terraços e paleolagunas representam remanescentes de antigas linhas de costa, construídas em períodos de estabilização do nível relativo do mar durante o processo de subida do nível do mar (transgressão marinha) ocorrido após o evento glacial do Pleistoceno. Este remodelado, resultado da interação dos processos oceanográficos sobre os fundos móveis, representa também, em grande escala, o padrão de distribuição sedimentar que recobre, atualmente, a plataforma continental brasileira.

Na plataforma continental norte é predominante a ocorrência de extensas faixas constituídas por areias bem arredondadas, além de fragmentos calcários amplamente distribuídos.

Na plataforma continental leste, as construções calcárias popularmente denominadas de arrecifes, de natureza biogênica, dominam os fundos marinhos com a presença, entre a linha de costa e as construções carbonáticas mais externas, de faixas contínuas de areias subarcosianas e areias biodetríticas. Na região mais ao norte da plataforma continental leste, a ocorrência de construções carbonáticas próximas à linha de costa reduz essas faixas de sedimentos arenosos. Uma interrupção no padrão deposicional da plataforma continental leste ocorre na região de influência do rio São Francisco, onde estão presentes faixas de lamas terrígenas. Ao sul desta área até a região de Vitória (Espírito Santo), as construções carbonáticas estão mais afastadas da costa, em razão de um aumento relativo da contribuição terrígena, proveniente de vários rios que deságuam no meio marinho, tais como o rio Doce e o rio Jequitinhonha.

A plataforma continental sul caracteriza-se pela predominância de areias quartzosas, com contribuição secundária de carbonato biodetrítico, e suas áreas mais externas são recobertas por termos finos (siltes e argilas), que se associam a faixas de sedimentos de natureza carbonática. Estes últimos são compostos por conchas e restos de moluscos, foraminíferos, algas calcárias, briozoários e equinodermos, entre outros.

O assoalho das bacias oceânicas é constituído por crosta oceânica, gerada na ruptura e separação crustal, podendo estar recoberto por sedimentos de naturezas e proveniências diversas. É formado também por áreas de relevo relativamente plano, nivelado por depósitos de correntes de turbidez e sedimentos transportados por correntes de fundo. Os fundos oceânicos do Atlântico Sul oriental são pouco conhecidos, tendo sido compartimentados principalmente com base em levantamentos batimétricos e geofísicos.

O relevo das planícies abissais do Atlântico Sul oriental é interrompido, em algumas áreas, por altos topográficos vulcânicos. Esses abrangem extensas áreas dos fundos das bacias oceânicas (elevações oceânicas). Eventos vulcânicos mais localizados foram também responsáveis pela formação de colinas ou montes submarinos que podem estar agrupados em cadeias ou alinhamentos. Colinas e montes submarinos ocorrem disseminados em todas as províncias da região oceânica adjacente do Brasil. As elevações do Ceará, no setor norte, e a elevação do Rio Grande, no setor sul, constituem as duas mais destacadas ocorrências anômalas de efusivas basálticas, de expressão regional nos fundos abissais do Atlântico Sul oriental.

A cadeia norte brasileira é descrita como um conjunto de colinas e montes submarinos, com crista quase contínua de aproximadamente 1.300 km de comprimento e cerca de 45 a 75 km de largura, elevando-se, em média, de 300 a 400 m a partir do fundo oceânico. A cadeia de Fernando de Noronha é constituída por um agrupamento de montes, alinhados na direção leste-oeste, elevados desde 4.000 m de profundidade até a superfície (Figura 14.4). Essa cadeia estende-se desde o talude continental até o arquipélago homônimo, que representa o topo de um monte submarino cuja base tem diâmetro aproximado de 60 km. O atol das Rocas também representa um monte da mesma cadeia, com topo localizado quase à superfície do mar, colonizado por organismos marinhos.

A cadeia Vitória–Trindade é constituída igualmente por montes submarinos com topos muito rasos, alinhados segundo a direção leste-oeste. Suas expressões mais elevadas são as ilhas de Trindade e Martim Vaz na extremidade oriental da cadeia (Figura 14.4). Trata-se de uma cadeia montanhosa na porção central do Atlântico, representativa dos eventos magmáticos recentes de formação de crosta oceânica no Atlântico Sul (ver quadro 14.1). Constitui o limite geográfico de separação, com sentidos divergentes de propagação, das placas Sul-americana e Africana. Apresenta uma cobertura sedimentar pouco expressiva em decorrência da intensa atividade vulcânica associada à área.

A crista da cordilheira define a linha média que subdivide o oceano Atlântico em duas porções geomorfologicamente semelhantes; varia a sua profundidade entre 1.800 e 3.000 m e a largura entre 100 e 400 km. A região central da crista é assinalada por uma depressão (*rift valley*) de 25 a 60 km de largura, alcançando profundidades de até 4.000 m.

Capítulo 14 - Processos oceânicos e produtos sedimentares

Quadro 14.1 – Reconstituindo o passado dos oceanos

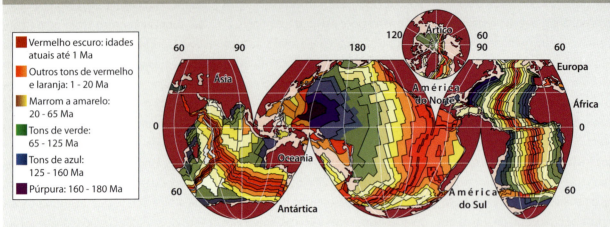

Figura 14.5 – Mapa das idades do assoalho oceânico, mostrando sua origem a partir de cadeias meso-oceânicas, desde há 180 milhões de anos (Ma). Fonte: http://ftp.agg.nrcan.gc.ca/app/agegrid_e.html.

O estudo de sequências sedimentares dos assoalhos oceânicos, iniciado após a Segunda Guerra Mundial, teve um grande impulso a partir do Ano Geofísico Internacional (1956-1957) e com o desenvolvimento do *Deep Sea Drilling Project* (DSDP), durante a década de 1960. As perfurações sistemáticas realizadas nesse projeto nos assoalhos das bacias oceânicas, fazendo uso do navio Globar Challenger, permitiram consolidar as bases científicas da Tectônica de Placas (ver capítulo 3), através da determinação da idade das amostras de basalto recolhidas que possibilitou também interpretar a paleogeografia dos continentes a partir da obtenção de dados paleomagnéticos (Figura 14.5).

O Projeto DSDP deu lugar a um outro projeto, intitulado *Ocean Drilling Project* (ODP), cujas perfurações foram realizadas pela equipe do navio Joides Resolution (Figura 14.6). Ambos os projetos produziram milhares de metros de testemunhos de sondagens, nas mais diferentes profundidades dos fundos oceânicos, e que contribuíram não só para estabelecer a evolução mesozoica do planeta, como também à identificação das variações da circulação das correntes marinhas e do clima da Terra, com ênfase no Cenozoico.

Figura 14.6 – Navio de perfuração Resolution.

Em escala mais detalhada, os dados a partir dos testemunhos dos sedimentos permitiram analisar variações ambientais em intervalos de milhares ou até centenas de anos. Esses estudos envolveram a análise da textura, composição química, isotópica e mineralógica dos sedimentos, medidas de densidade, associações de microfósseis presentes, além de indicadores paleomagnéticos. Atualmente, com o acervo de dados paleoceanográficos e paleoclimáticos, é possível estimar a temperatura da água do oceano, de um determinado período, nos últimos 20 mil anos, com uma precisão de 0,5 °C.

14.2 Origem e a constituição dos sedimentos nos fundos oceânicos atuais

A maioria das partículas geradas pelo intemperismo e erodidas nos continentes é depositada nas áreas oceânicas. No entanto, esses sedimentos terrígenos aí depositados, constituídos por grande variedade de tipos de partículas, podem também provir de outros processos.

Grande parte dos depósitos sedimentares marinhos (Figura 14.7) é composta por um tipo predominante ou misturas variadas de sedimentos originários de fontes diversas. Estas podem ser: a) precipitados de sais a partir da água do mar, que é constituída de uma solução rica em sais correspondente a 35 gramas de sal para cada 1.000 gramas de água, com 85% de cloreto de sódio (NaCl) (sedimentos autigênicos); b) conchas e matéria orgânica derivadas da vida marinha e terrestre (sedimentos biogênicos); c) produtos vulcânicos e hidrotermais das atividades magmáticas no meio marinho (sedimentos vulcanogênicos); d) uma pequena quantidade de fragmentos cósmicos, atraídos pela gravidade terrestre, que se depositam em bacias oceânicas (sedimentos cosmogênicos).

Entre essas cinco possíveis fontes de sedimentos para os fundos oceânicos, apenas os produtos de três (terrígenos, biogênicos e autigênicos) respondem pela quase totalidade dos sedimentos recentes que recobrem as bacias oceânicas atuais.

Ao longo das margens continentais estão depositadas predominantemente as partículas terrígenas, transportadas para o meio marinho na forma de sedimentos levados por tração (grânulos, areias) ou suspensão (siltes, argilas) (Figura 14.8). Apesar do predomínio de sedimentos terrígenos, em algumas áreas de margens continentais, a alta produtividade biológica ou condições físico-químicas adequadas levam à deposição de volumes significativos de sedimentos biogênicos, seja de natureza carbonática (restos de conchas e esqueletos), seja carbonosa (matéria orgânica resultante da decomposição de organismos marinhos). Depósitos de sedimentos terrígenos em áreas de bacias oceânicas são formados quase que exclusivamente por argilas transportadas em suspensão, em áreas adjacentes a desembocaduras de grandes rios, e depositadas onde a sedimentação de partículas de outras naturezas não é propícia.

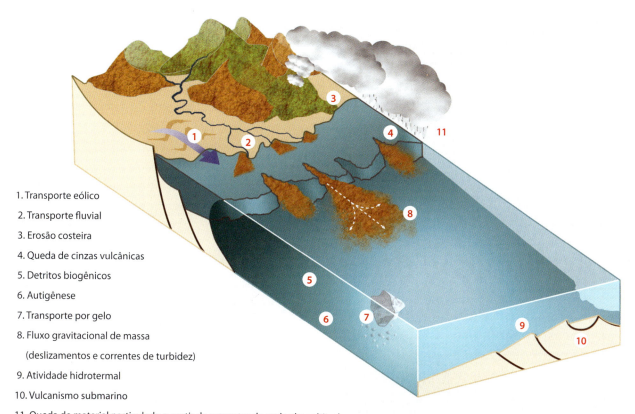

1. Transporte eólico
2. Transporte fluvial
3. Erosão costeira
4. Queda de cinzas vulcânicas
5. Detritos biogênicos
6. Autigênese
7. Transporte por gelo
8. Fluxo gravitacional de massa (deslizamentos e correntes de turbidez)
9. Atividade hidrotermal
10. Vulcanismo submarino
11. Queda de material particulado a partir de correntes de ar de altas altitudes

Figura 14.7 – Os processos de transporte e deposição de sedimentos no meio marinho.

Sedimentos	Oceano Pacífico	Oceano Atlântico	Oceano Índico
Vasas de foraminíferos	36%	65%	54%
Vasas de diatomáceas	10%	7%	20%
Vasas de radiolários	5%	–	1%
Argilas continentais	49%	26%	25%

Tabela 14.2 – Porcentagem de tipos de sedimentos que recobrem as bacias oceânicas.

385

O predomínio das partículas biogênicas ocorre, porém, em assoalhos de bacias oceânicas, onde a entrada de material terrígeno é limitada. Os sedimentos finos, de origem biogênica são denominados de vasas, compreendendo as carapaças de constituição carbonática ou silicosa. A ocorrência de depósitos carbonáticos ou silicosos no fundo das bacias oceânicas é dependente de condições físico-químicas, que determinam a solubilidade da sílica ou do carbonato de cálcio (Tabela 14.2).

Depósitos de minerais autigênicos podem ser encontrados nas margens continentais ou nos assoalhos das bacias oceânicas, porém apenas onde tenham sido criadas condições físico-químicas (temperatura, Eh e pH) adequadas à cristalização dos minerais a partir da água do mar.

Os depósitos de sedimentos vulcanogênicos estão presentes apenas junto às áreas de atividade magmática, tais como as cadeias oceânicas e os *hot-spots*, ou de atividade hidrotermal (ver capítulos 3 e 6). Estas áreas representam regiões restritas dos fundos oceânicos, comparativamente às dimensões dos demais compartimentos fisiográficos marinhos.

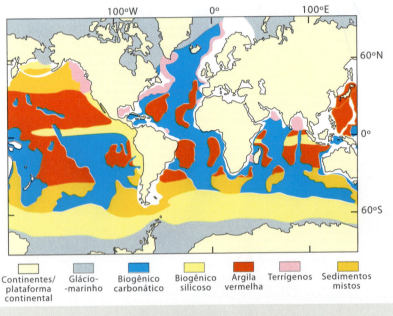

Figura 14.8 – Mapa de distribuição atual de sedimentos nos fundos oceânicos.

14.3 Distribuição dos sedimentos marinhos

A distribuição sedimentar nos fundos marinhos obedece a um padrão determinado por uma série de processos geológicos e oceanográficos, de escalas temporal e espacial distinta. Veremos a seguir quais são os principais processos relacionados e como eles atuam na distribuição de sedimentos nos fundos oceanos.

14.3.1 Tectônica Global

A Tectônica Global (ver capítulo 3) é o grande mecanismo responsável pela movimentação e distribuição das massas continentais e, portanto, das bacias oceânicas.

Ao longo do tempo geológico, em situações distintas de distribuição de massas continentais e, portanto, de oceanos, a circulação oceânica foi, certamente, diferente da atual, ocasionando desenvolvimento de processos oceanográficos e de deposição de sedimentos bastante diversos dos atuais.

Além disso, os processos de formação e subducção de placas permitiu o desenvolvimento das grandes unidades do relevo oceânico, tais como as dorsais oceânicas, associadas a zonas de fraturas, e as margens continentais ativas.

A orientação e forma dessas grandes unidades de relevo controlam a circulação oceânica, que é uma das principais responsáveis pelos processos deposicionais em oceano aberto. Dessa maneira, são os processos tectônicos que irão estabelecer a distribuição da maior parte dos principais tipos de sedimentos (vulcanogênicos, terrígenos, biogênicos, autigênicos). Além disso, a configuração atual das bacias oceânicas determina a distribuição dos principais sistemas de circulação oceânica.

14.3.2 Circulação oceânica e os processos gravitacionais das margens continentais

A circulação superficial dos oceanos é um importantíssimo mecanismo de controle e distribuição dos fluxos de partículas sedimentares que recobrem os fundos oceânicos atuais. Essa circulação é estabelecida pela interação entre os processos atmosféricos, a disposição das massas continentais e o movimento de rotação da Terra (ver capítulo 4). Assim, no hemisfério norte a circulação oceânica de superfície se processa no sentido horário e no hemisfério sul no sentido anti-horário. Por exemplo, no Atlântico Sul desenvolve-se um fluxo principal a partir do deslocamento da corrente de Benguela, de águas frias, ao longo da costa africana, até a altura de Angola. Atingindo latitudes menores, esse fluxo vai ganhando calor e, nas proximidades do Equador, desloca-se para oeste, gerando a corrente Sul Equatorial, que chega até o litoral nordeste brasileiro. A partir daí, desenvolve-se, para sul, a corrente do Brasil, de águas quentes, que se estende por quase toda a margem continental brasileira. Esta distribuição de águas quentes e frias condiciona fortemente a produtividade biológica na costa africana, com abundante produção de matéria orgânica e deposição da mesma nos sedimentos. Por outro lado, as águas quentes da corrente do Brasil, se não favorecem a produção primária, são responsáveis pela manutenção dos extensos depósitos carbonáticos da costa leste e nordeste brasileira.

A circulação termohalina é a circulação induzida pela mudança de densidade que, por sua vez, é determinada pelas variações de temperatura e salinidade da água do mar, sendo, portanto, a grande responsável pela circulação oceânica de profundidade. A termohalina tem como origem a fusão de gelo das calotas polares, com a consequente formação de águas muito frias e, por isso, mais densas, e seu deslocamento em direção a latitudes mais baixas. Esse deslocamento leva, por sua vez, à movimentação lateral e vertical de massas d'água de densidades menores e a sua ordenação, segundo a latitude e a profundidade (Figura 14.9).

Além de apresentar fluxo intenso o bastante para promover a erosão de fundos marinhos e a redistribuição de sedimentos previamente depositados, a circulação termohalina controla físico-quimicamente a deposição de partículas no fundo oceânico. Há uma forte dependência entre a solubilidade iônica e a temperatura. No caso dos oceanos, o exemplo mais evidente está relacionado à solubilidade do carbonato, que representa a base das partes duras de diversos organismos marinhos. Assim, dependendo da temperatura da água do fundo, pode ser que não ocorra a deposição das carapaças carbonáticas, após a morte dos organismos, devido à sua solubilização. Definimos o conceito de profundidade de compensação do carbonato, como a profundidade limite, determinada pela temperatura, abaixo da qual o carbonato será solubilizado. Dessa maneira, entende-se que, mesmo em áreas de alta produção biológica, se a temperatura da água de fundo estiver baixa o bastante para permitir a solubilização do carbonato, não haverá a formação de depósitos biogênicos carbonáticos. Nos oceanos circumpolares, as baixas temperaturas, associadas à alta produção biológica, levam à formação predominante de depósitos biogênicos silicosos, constituídos por esqueletos de diatomáceas e radiolários.

Os processos gravitacionais associados às correntes de turbidez são os mecanismos mais efetivos na construção de cânions e na transferência de sedimentos para o oceano profundo. Essas correntes se projetam, a partir da borda da plataforma e do talude continental, a velocidades proporcionais às diferenças de densidades entre o fluxo e o meio aquoso e à declividade do talude. Os depósitos sedimentares associados às correntes de turbidez são chamados de turbiditos e podem recobrir extensas áreas dos fundos oceânicos próximas às margens continentais.

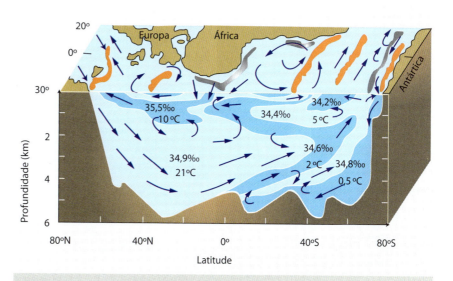

Figura 14.9 – O esquema de circulação termohalina no oceano Atlântico.

14.3.3 As mudanças climáticas globais e as variações relativas do nível do mar

O registro geológico revela que o planeta está sujeito a importantes mudanças climáticas, as quais têm como principais causas fatores astronômicos, atmosféricos e tectônicos. As mudanças climáticas, com registros de períodos glaciais e interglaciais, têm reflexo marcante, não apenas no volume de água armazenada nas bacias oceânicas, mas também em grandes modificações nos sistemas de circulação oceânica (Figura 14.10).

Sabe-se que o último evento glacial com alcance global teve seu máximo há cerca de 18 mil anos e que o aprisionamento de água nas calotas levou a um abaixamento do nível do mar de até 120 m. Isso significa que, durante o último máximo glacial, quase todas as áreas que formam as plataformas continentais atuais estavam emersas, ou seja, submetidas a condições ambientais completamente diferentes das de agora. Assim a maioria dos grandes rios transportava sua carga de sedimentos diretamente até o talude, acarretando maior deposição de sedimentos terrígenos nas partes mais profundas dos oceanos.

Mudanças climáticas globais implicam, também, alterações na umidade relativa e na pluviosidade sobre áreas continentais, o que influencia diretamente o intemperismo, a erosão e o aporte de sedimentos terrígenos para os oceanos.

14.3.4 Processos hidrodinâmicos em áreas costeiras e plataformas continentais

Os fundos marinhos de áreas costeiras e as plataformas continentais são as porções dos oceanos onde as interações entre os processos astronômicos, meteorológicos e oceanográficos com os processos sedimentares são mais intensas. Nessas áreas, além dos fenômenos analisados anteriormente, ocorre também a ação de três processos hidrodinâmicos que têm papel fundamental nos mecanismos de erosão, transporte e deposição de sedimentos: as ondas, as marés e as correntes costeiras.

As ondas oceânicas são as grandes responsáveis pela remobilização de se-

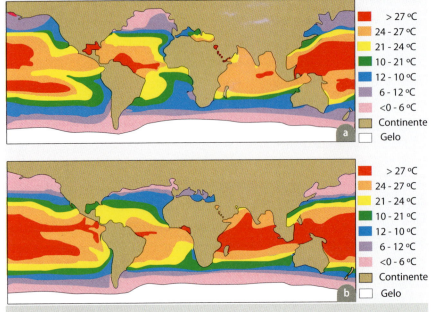

Figura 14.10 – Mapa das temperaturas oceânicas. a) representação das temperaturas durante o máximo glacial há 18 mil anos; b) representação das temperaturas atuais dos oceanos.

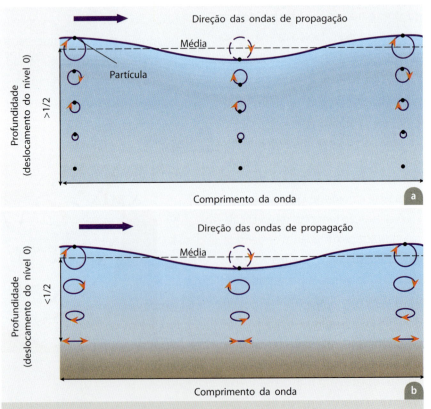

Figura 14.11 – Esquema de movimentação de onda em águas profundas e rasas.

dimentos nas plataformas continentais e na formação das praias (Figura 14.11). Para entender sua ação sobre esses processos é importante compreender a movimentação de uma partícula de água em uma onda.

A maioria das ondas que atinge a costa é gerada em zonas de alta pressão atmosférica, no meio dos oceanos, propagando-se, a partir daí, em direção aos continentes. A rigor, não ocorre transporte de massa pela onda, e sim de energia. Por outro lado, ao se observar o comportamento de uma partícula de água, próximo à superfície da água, em uma onda de mar aberto, verifica-se que esta exerce um movimento orbital, quase circular. Partículas localizadas abaixo da superfície irão também executar este movimento, porém com raios progressivamente menores, até que, a uma profundidade equivalente à metade do comprimento de onda da que foi gerada, não haverá mais movimento orbital da partícula de água.

Quando as ondas de superfície, produzidas em mar aberto, se propagam em direção às áreas mais rasas, passam a sofrer um processo de modificação, determinado por sua interação com o fundo marinho. A profundidade na qual passa a ocorrer essa interação é equivalente à metade do comprimento de onda das ondas incidentes. Essa profundidade é considerada como o limite exterior da plataforma continental interna, sendo também denominada de nível de base das ondas.

Ao se aproximarem de áreas mais rasas, o movimento das partículas de água nas ondas, originalmente circular, passa a elíptico, apresentando, junto ao fundo, um movimento que se assemelha a um vaivém no sentido de propagação da onda. Sob o ponto de vista da dinâmica sedimentar, esta movimentação pode ser suficiente para não permitir que partículas finas (areias muito finas, siltes e argilas) se depositem, levando a uma deposição preferencial de frações granulométricas mais grosseiras (areias médias e grossas) nos fundos dominados por ondas.

Ao atingir áreas de profundidades menores que 1/25 do seu comprimento de onda, a diminuição das velocidades orbitais, junto ao fundo, em comparação com a superfície, faz com que a onda perca o equilíbrio, ocorrendo a arrebentação. Existem três tipos de arrebentação mais evidentes (Figura 14.12), definidos pela forma e energia das ondas incidentes e pela topografia da zona costeira na qual a onda incide. A arrebentação ascendente ocorre em fundos de alta declividade. A arrebentação mergulhante ocorre em fundos de declividade média, quando as cristas das ondas se rompem após formarem um enrolamento em espiral. Finalmente a arrebentação deslizante ocorre nas regiões de topografia de fundo mais suave, quando as ondas quebram percorrendo uma grande distância.

Em zonas preferenciais de deposição de sedimentos, como resultado dos processos de arrebentação de ondas, desenvolve-se o ambiente praial.

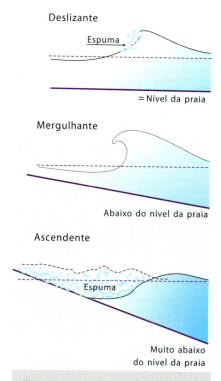

Figura 14.12 – Tipos de arrebentação.

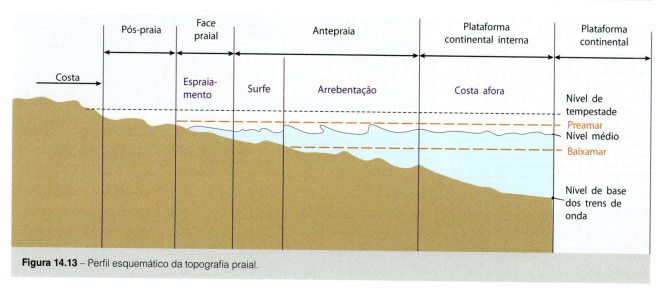

Figura 14.13 – Perfil esquemático da topografia praial.

389

Praias podem ser definidas como ambientes sedimentares costeiros, formados mais comumente por areias, de composição variada (ver figura 14.13). O limite externo da praia é marcado pela ocorrência de uma feição de fundo, formada pelo início do processo de arrebentação. Seu limite interno consiste na zona de máxima incidência de ondas de tempestade (berma).

Em um ambiente praial, após a arrebentação ocorre a zona de surfe e, após esta, a zona de espraiamento.

Os processos de incidência de ondas sobre as praias levam à formação de feições topográficas características de cada um dos processos descritos acima. A morfologia dos perfis praiais depende da geomorfologia costeira e mais ainda da interação entre "o clima de ondas" e a granulometria dos sedimentos. Consequentemente, os perfis praiais sofrem variações temporais em função das alternâncias das condições de tempo bom (acreção) e de tempestade (erosão).

Quando de sua incidência em situação não normal à linha de costa, a ação das ondas desenvolve dois tipos de transporte de sedimento. Um, unidirecional, paralelo à linha de costa, é devido à corrente longitudinal, também chamada de corrente de deriva litorânea, presente entre a zona de arrebentação e a zona de espraiamento. O outro tipo corresponde ao transporte de sedimentos na zona de espraiamento, por ação combinada do espraiamento com o refluxo da onda. Desses dois tipos resulta um padrão de deslocamento do tipo ziguezague ou serrilhado.

As correntes costeiras constituem alguns dos mais importantes agentes de remobilização de sedimentos. Essas correntes são responsáveis pelo transporte de material ao longo da costa, a partir de uma fonte, tal como um rio. Constituem, também, o grande mecanismo de circulação responsável pela manutenção da estabilidade e do equilíbrio dos ambientes praianos (Figura 14.14).

Além das correntes de deriva, ocorrem, em regiões costeiras, as chamadas correntes de retorno, que constituem um fluxo transversal à costa, no sentido do mar aberto; estas correntes são, muitas vezes, associadas a canais ou cânions de plataforma e, portanto, permitem o trans-

Figura 14.14 – Ação de correntes de deriva (Cananeia, SP). A pluma de sedimentos que sai pela desembocadura do sistema costeiro é transportada ao longo do litoral (Ilha Comprida) pelas correntes de deriva litorânea. Fonte: INPE/ Ministério da Ciência e Tecnologia.

porte de sedimentos costeiros em direção a porções mais profundas dos oceanos.

As marés são fenômenos ondulatórios, gerados pelos processos de atração gravitacional entre a Terra, o Sol e a Lua (Figura 14.15). Tanto a periodicidade quanto a intensidade e amplitude das marés não são homogêneas nos oceanos. Na verdade, há vários fatores influentes nas características das marés de uma área, tais como as características morfológicas da bacia oceânica e a distância entre essa área e o ponto anfidrômico (ponto onde não há maré, a partir do qual se distribuem as linhas de mesma amplitude de maré).

A amplitude das marés pode variar de alguns centímetros a mais de dez metros, fazendo com que o efeito da maré sobre os processos sedimentares seja extremamente diversificado. De qualquer modo, é importante observar que existem, mesmo em áreas de plataformas continentais com amplitudes de maré inferiores a 2 m (regime de micromarés), componentes das correntes junto ao fundo que podem ser atribuídas às marés, e que possibilitam o transporte de sedimentos perpendicularmente e longitudinalmente à costa (Figura 14.16).

As marés também exercem importante papel na configuração e dinâmica de todas as desembocaduras fluviais, podendo formar estuários, que constituem áreas de grande importância para o crescimento de espécies de organismos marinhos de interesse comercial (Figura 14.17).

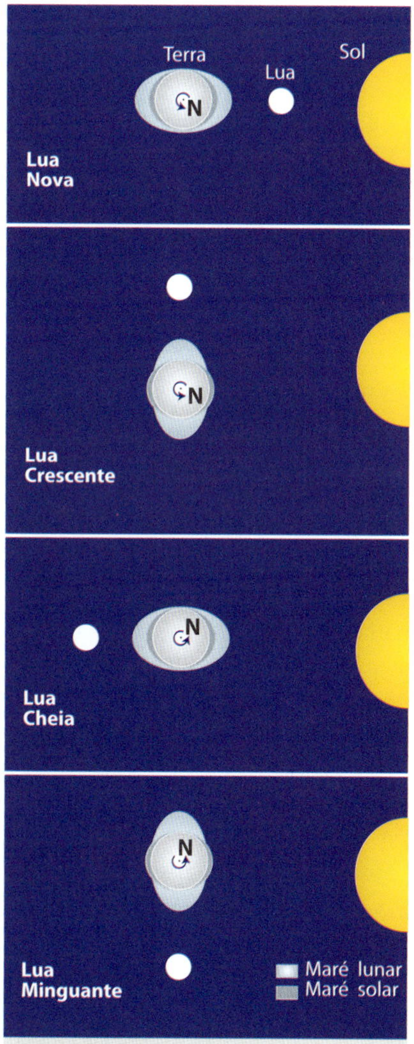

Figura 14.16 – Ação das marés. Monte Saint Michel (França). Foto: <www.linternaute.com/sortir/diaporama_mer_du_ciel>.

Figura 14.15 – Ação do Sol e da Lua sobre as marés (sem escala).

Figura 14.17 – Ambiente estuarino (Brasil). Foto: M. Velloso.

391

14.4 Ocupação e exploração do litoral e da margem continental brasileira

A configuração do litoral brasileiro resulta da interação, durante longo período de tempo, entre processos geológicos, geomorfológicos, climáticos e oceânicos. Em direção ao sul do Brasil, diminui progressivamente a importância da maré, paralelamente ao aumento da importância das ondas como o principal agente dinâmico dos ambientes costeiros.

Essa transição faz com que haja diferenças bastante significativas nas características do litoral brasileiro.

O litoral brasileiro é dividido em cinco grandes compartimentos: Norte, Nordeste, Leste ou Oriental, Sudeste ou das Escarpas Cristalinas e Sul (Figura 14.18).

O compartimento Norte vai do extremo norte do Amapá até o Golfão Maranhense (Maranhão). Nesse trecho da costa, a amplitude da maré, que pode chegar a mais de 12 m, favorece o desenvolvimento de extensos manguezais. Além disso, grande parte deste litoral é formada por costas lamosas, cujos sedimentos são originados da descarga do rio Amazonas. A média da descarga sólida total do rio Amazonas para o oceano Atlântico é aproximadamente de 1.227 milhões de ton/ano. A descarga sólida total de sedimentos dos sistemas fluviais para os oceanos, na superfície do planeta, está entre 15.000 milhões a 20.000 milhões de ton/ano. Dessa forma, o rio Amazonas contribui com uma carga de sedimentos entre 7% e 9% para os oceanos e com cerca de 10% do total de água doce.

O compartimento Nordeste, também chamado de Litoral das Barreiras, se caracteriza pela presença, junto à costa, de tabuleiros terciários da Formação Barreiras. Estende-se até a baía de Todos os Santos, Bahia (Figura 14.19). É um setor da costa dominado pelo clima seco, principalmente ao norte do Rio Grande do Norte, e por uma tendência marcada de processos erosivos da costa.

O compartimento Leste ou Oriental tem o Cabo Frio (Rio de Janeiro) como seu limite sul. É um trecho do litoral brasileiro marcado pela desembocadura de grandes rios (Doce, Jequitinhonha), e pela formação de extensas planícies de idade quaternária. Merece destaque, nesse trecho, a ocorrência dos bancos de Abrolhos, construídos por organismos com estrutura carbonática sobre elevações de natureza vulcânica mais antiga. Na plataforma de Abrolhos, formações calcárias constituem um relevo irregular com parcéis e cabeços pontiagudos que atingem a superfície do mar.

Do Cabo Frio até o Cabo de Santa Marta (Santa Catarina) desenvolve-se o litoral Sudeste, também denominado

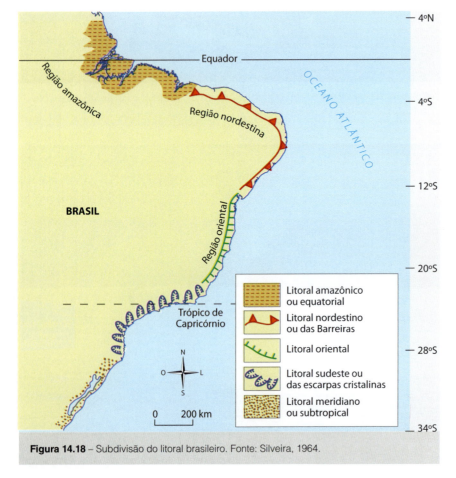

Figura 14.18 – Subdivisão do litoral brasileiro. Fonte: Silveira, 1964.

de Litoral das Escarpas Cristalinas. É caracterizado pelas encostas da Serra do Mar próximas à costa, que favorece o desenvolvimento de pequenas planícies costeiras ou de praias de bolso entre costões rochosos.

O litoral Sul prolonga-se até o limite meridional do território brasileiro (Chuí, RS) em uma linha de costa retilínea, desenvolvida a partir da sucessão de cordões arenosos, depositados em períodos de nível de mar mais altos que o atual. Essas sequências de cordões favoreceram desenvolvimento de vários ambientes lagunares, destacando-se as lagunas dos Patos e Mangueira.

Muito antes do Descobrimento, o litoral brasileiro foi ocupado e explorado pelo ser humano. Os inúmeros sambaquis, presentes no litoral Sul e Sudeste, são testemunhos de que povos habitaram e exploraram os recursos alimentares de praias e outros ambientes costeiros.

Datam do período colonial as primeiras intervenções humanas sobre a linha de costa, tais como construção de portos e cais de atracação em lugares como o Rio de Janeiro, talvez a cidade brasileira que tenha sofrido as maiores modificações de sua configuração costeira.

14.4.1 Erosão costeira

Quem não se lembra da primeira vez em que esteve em contato com o mar, com a faixa de areia onde se construíam os castelos que o vaivém do mar e das ondas faziam desaparecer sem que nossos esforços de contenção dessa destruição fossem recompensados, ou mesmo quando as marés enchentes cobriam parte da areia da praia e obrigavam os frequentadores a mudar a posição das barracas e dos guarda-sóis?

Quantas vezes durante as férias ao retornar às praias depois de um período de tempestade, com ventos e chuvas intensas, era possível observar no mar a presença de grandes ondas, e a faixa de areia quase toda recoberta pela água do mar apresentando muitas vezes degraus íngremes onde antes só existia uma suave superfície arenosa que parecia desaparecer por sob a água salgada.

As áreas de contato entre as superfícies emersas do planeta, continentes e ilhas, e os mares e oceanos, geralmente denominadas de ambientes costeiros, ou costas, ambientes litorâneos ou litoral, representam na superfície do planeta os locais onde os processos de modificação do relevo podem ser continuamente observados, como resultado da ação integrada dos agentes marinhos (correntes geradas por ondas e marés), atmosféricos (ventos e tempestades) e dos atuantes sobre os continentes (intemperismo e erosão). (Figura 14.20)

Frequentemente, os jornais trazem notícias sobre a região litorânea, apontando para a exploração de gás e petróleo da plataforma continental, para a ocupação (organizada ou não) do solo e das imensas perspectivas em termos turísticos e de recursos naturais do litoral brasileiro. Entretanto, veiculam principalmente notícias ligadas a perdas do espaço físico desses litorais ocasionadas pelo avanço das águas marinhas sobre praias, dunas, estuários e estruturas como residências, hotéis, marinas e portos.

Esse destaque é relevante, em particular o relacionado ao litoral brasileiro. Nosso litoral compreende cerca de 8.000 km de extensão, abrangendo os mais variados tipos de sistemas costeiros como praias arenosas, falésias ígneas e sedimentares, estuários, dunas e manguezais. Essas variadas paisagens possuem um valor incalculável e são muitas vezes ameaçadas por intervenções antropogênicas, ou por causas naturais associadas a variações climáticas e, consequentemente, também por variações relativas do nível do mar (Figura 14.21).

Figura 14.19 – Tabuleiros terciários da Formação Barreiras no litoral do Ceará. Foto: M. Tessler.

Figura 14.20 – Ambiente praiano da Praia de Massaguaçu, Caraguatatuba, São Paulo. Foto: S. C. Goya.

393

A industrialização do Brasil, incrementada a partir da segunda metade do século XX trouxe, para a região costeira, tanto um expressivo grau de desenvolvimento como também problemas geológicos relacionados à ausência de planejamento de uso e ocupação. Além disso, processos de exploração turística com construções em zonas praianas, construção de molhes (Figura 14.22), dragagem de sedimentos para obras de engordamento de costa e outras intervenções humanas têm promovido modificações na dinâmica costeira, tais como a erosão de praias e o assoreamento de baías e estuários, que constituem problemas ambientais.

Atualmente cerca de 70% das linhas de costa do mundo todo, principalmente as ligadas a antigas planícies litorâneas, com apenas alguns poucos milhares de anos de existência, como é o caso do litoral brasileiro, estariam em retrogradação (recuo) por perda de areia para as dunas continentais, ou para os fundos marinhos próximos. Concomitantemente aos predominantes processos erosivos de linha de costa, temos que cerca de 10% das faixas arenosas costeiras localizadas ao redor dos continentes apresentam avanço (progradação), e 20% não indicam a ocorrência de mudanças significativas.

Esse predomínio de processos erosivos nas linhas de costa atuais está relacionado a um conjunto de fatores de atuação combinada ou isolada, como as variações relativas do nível do mar em grande escala de tempo, as mudanças do padrão de dinâmica atual por variações naturais, ou mesmo as alterações do padrão de dinâmica atual por variações induzidas pela atividade humana (Figura 14.23).

As elevações ou descidas do nível relativo do mar modificam o equilíbrio de uma zona litorânea. Com a elevação do nível marinho, por exemplo, toda a linha de costa estará submetida à ação de processos erosivos até que um novo perfil de equilíbrio do ambiente costeiro seja atingido.

As variações do nível relativo do mar podem ser causadas por três fatores: alterações climáticas de larga escala, glaciações (glácio-eustasia), atividades tectônicas ligadas aos processos condicionantes da tectônica global (tectono-eustasia), e as alterações que são relacionadas às variações da forma do geoide (geoido-eustasia).

Figura 14.21 – Ambientes costeiros. a) Praia, Parati, Rio de Janeiro. Foto: Superstock. b) Estuário de São Luís, vista do Golfão Maranhense (estuário de rios caudalosos). Ilha do Medo à esquerda. Foto: acervo da Editora. c) Dunas nas Ilhas Canárias, Espanha. Foto: R. Juno/Córbis/LatinStock. d) Falésia, Praia de Pitinga - Arraial d'Ajuda. Foto: D. Martins/Pulsar Imagens. e) Manguezal, Barra do Cunhaú, Rio Grande do Norte. Foto: D. Martins/Pulsar Imagens.

Figura 14.22 – Molhes construídos na Europa. a) Enrocamento em Cyprus. Foto: D. G. Houser/Corbis/LatinStock. b) Bournemouth na Inglaterra. Foto: TopFoto/Grupo Keystone.

Figura 14.23 – Praias em erosão. a) Parque Natural de Cabo de Gata, Espanha. Foto: M. Raurich/LatinStock. b) Atafona - Ruína de casa pela ação do mar, Campos dos Goytacazes - RJ. Foto: R. Azoury/Pulsar Imagens. c) Erosão litorânea em Palm Beach, Florida. Foto: T. Arruza/LatinStock.

No caso da costa brasileira, em escala milenar, dados coletados apontam a ocorrência de uma regressão marinha a partir de 5.100 anos atrás, que fez com que o nível do mar, que estava nesta época cerca de 4 m acima do atual, atingisse o que se considera o zero atual.

Em escala secular, variações maregráficas obtidas ao longo do litoral brasileiro têm evidenciado tendências de elevação do nível marinho atual ao longo dos últimos 50 anos.

Considerando esses dados sob a ótica de uma escala milenar, pode-se então afirmar que a costa brasileira está em processo de avanço (progradação), resultante de uma tendência de regressão marinha. Mas, se forem levados em conta os estudos em escala secular, essa tendência mostra o processo inverso, ou seja, o de elevação do nível marinho, com o litoral sendo submetido a um processo erosivo.

As alterações de dinâmica costeira essencialmente comandadas pela ação dos agentes oceanográficos (ondas, marés e correntes litorâneas), sofrem por vezes mudanças permanentes ou transitórias, em função de eventos episódicos como tormentas, furacões, deslocamentos da foz de rios, ou mesmo pelo desenvolvimento de deltas.

No caso do litoral brasileiro, esses tipos de perturbações são comuns, como por exemplo o deslocamento de sistemas frontais ao longo do litoral sul e sudeste brasileiro, que acabam por induzir variações nas configurações das linhas da costa.

Variações climáticas também estão ligadas a fenômenos de aumento da intensidade das tempestades, como, por exemplo, aquelas relacionadas aos efeitos causados pela passagem do furacão da classe 1 denominado Catarina, entre os dias 27 e 28 de março de 2004. Os sistemas de ondas gerados por este evento causaram significativas alterações nas regiões costeiras, em especial as costas dos estados de Santa Catarina e Paraná. Esse foi o primeiro furacão conhecido a se formar no Atlântico Sul (Figura 14.25).

Existem também diversos tipos de intervenções antropogênicas, que alteram o balanço de sedimentos de uma área, fazendo com que ocorra insuficiência de material sedimentar disponibilizado para os processos de dinâmica costeira, implicando desequilíbrios e, consequentemente, originando processos de recuos das linhas de costa.

Quadro 14.2 – Ressacas

A hidrosfera do nosso planeta está em constante modificação para que as forças nela contidas estejam, de certa forma, em equilíbrio. Esses ajustes se fazem de modo intenso, médio ou brando, dependendo de uma série de condicionantes climáticos, oceânicos e fisiográficos.

Os meios de comunicação no Brasil costumam mostrar os efeitos devastadores que fortes tempestades originadas nos oceanos, acompanhadas de grandes ondas, causam sobre áreas litorâneas habitadas ou não. E não é desprovida de razão que esta ênfase toda seja dada ao ambiente litorâneo, em particular ao brasileiro, que compreende mais de 8.000 km de extensão, onde ocorrem praias, falésias, estuários, dunas, lagunas e manguezais. Esta variedade de ambientes costeiros possui valor incalculável para o ser humano, seja pelos aspectos relacionados à sua ocupação, organizada ou não, seja pelo seu potencial turístico.

A formação do litoral brasileiro e a sua configuração estão associadas a três fatores principais, que atuaram e atuam em várias escalas temporais e espaciais: *i)* as características geológicas pretéritas dos terrenos costeiros, *ii)* o relevo modelado pelas variações relativas do nível do mar na linha de costa, e *iii)* as ações dos agentes meteorológicos e oceanográficos na linha de costa.

As mudanças nas características físicas das praias atuais são regidas principalmente por dois condicionantes oceanográficos, as ondas e as marés. A atuação conjunta desses fenômenos responde pelas variações da linha de costa, quer sejam de caráter momentâneo quer sejam apenas indicativas de tendência do processo sedimentar (erosão costeira ou de acúmulo sedimentar junto à linha de costa).

No litoral do Brasil é a energia das ondas e a recorrência das tempestades associadas às frentes frias que mais comandam a dinâmica dos processos de erosão e acúmulo sedimentar na interface entre o continente e o oceano.

O período de maior ocorrência das frentes frias que atingem o sul do Brasil vai do meio do outono (abril e maio) ao início da primavera (setembro). São observadas, tipicamente 48 a 54 passagens de sistemas frontais sobre a região anualmente.

Em circunstâncias especiais, os deslocamentos dos sistemas frontais frios originados no sul do continente ocorrem muito próximo da interface continente/oceano, associados a períodos de marés elevadas (luas cheia e nova), e ventos e chuvas intensas. Com isso, as regiões costeiras sofrem os reflexos da elevação anormal do nível das marés (marés meteorológicas), especialmente as praias arenosas. Estas são atingidas por ondas de grande energia que alteram, em pouco tempo, a configuração das porções emersas das praias.

Durante estes eventos extremos, chamados de ressacas (Figura 14.24), as regiões costeiras são golpeadas pela energia das ondas que, em decorrência do nível elevado das marés, vão dissipar sua energia em locais onde, normalmente, as ondas de tempo bom não alcançam. Nestes eventos, nas zonas costeiras urbanizadas, as avenidas são recobertas pela água do mar e se cobrem de areias que as ondas retiraram das praias. Casas e muros são destruídos pela instabilidade dos solos arenosos encharcados de água e pela força do impacto das ondas contra as edificações.

Apenas durante estes eventos extremos é que nos damos conta de que o espaço costeiro representa fisicamente a zona de interação entre os processos dos ambientes (continental e marinho). Embora tenhamos capacidade técnica para ocupar este espaço, ele está sujeito a uma dinâmica própria independente de nossa vontade.

Nesta época em que se debate a eventual inundação pelo mar das áreas costeiras e cidades litorâneas, como consequência das mudanças climáticas globais, surge o dilema de como compatibilizar o uso e ocupação do litoral diante das tendências evolutivas, naturais ou induzidas, no futuro próximo.

Figura 14.24 – Ondas de ressaca que atingiram 3 metros de altura no litoral de São Paulo. Foto: F. Donasci/Folha Imagem.

Essas intervenções podem ser induzidas de diversas maneiras. A mais comum está relacionada à má ocupação do solo, ou seja, à construção de infraestruturas urbanísticas como ruas, calçadas e mesmo residências em regiões ainda sob a faixa costeira de ação do mar em períodos de tempestades e ressacas (Quadro 14.2). Em toda a costa do Brasil existem relatos de retirada de dunas, retificações de canais de drenagem e realização de aterros nesses locais, o que instabiliza o equilíbrio sedimentar da faixa costeira e as torna suscetível à ação de ondas mais energéticas associadas aos períodos de tempestades. No litoral do Rio Grande do Sul esse processo induzido foi o fator condicionante do processo erosivo observado na praia do Hermenegildo, onde casas foram construídas em uma área muito próxima à faixa de ação das marés diárias, e que na passagem de uma frente fria, com a elevação do nível das marés e a presença de ondas mais altas, resultaram na destruição de muitas delas (Figura 14.26).

Outro tipo de alteração, facilmente verificada na costa brasileira, é a construção de obras rígidas, de engenharia, que acabam por alterar ou até mesmo reter a deriva litorânea atuante nessas áreas. Exemplos de obra rígida, que alteram trecho da costa gaúcha, são os molhes construídos na desembocadura da Laguna dos Patos (Figura 14.27).

Outro exemplo de obra rígida são pequenos espigões de blocos rochosos, construídos paralelamente, a fim de minimizar processos erosivos já existentes ou mesmo alargar praias para fins turísticos. Exemplos desse tipo de obra podem ser encontrados ao longo de toda a área urbana de Recife e Olinda, em Pernambuco (Figura 14.28).

Muito embora tenha sido criada em fevereiro de 1876, por Decreto Imperial, a Repartição Hidrográfica, primeiro organismo brasileiro oficial encarregado de executar o levantamento hidrográfico da costa brasileira, estudos sistematizados objetivando o conhecimento da fisiografia e geologia da margem continental só passaram a ser executados a partir do final dos anos 1960. Esses levantamentos foram realizados tanto pelo interesse da Petróleo Brasileiro S.A. (Petrobrás), que estendeu ao mar a exploração de petróleo, como por programas de caráter técnico-científico, como o Programa de Geologia e Geofísica Marinha (PGGM), iniciado em 1969 e o Programa de Reconhecimento Global da Margem Continental Brasileira (REMAC), iniciado em 1972. Esse último foi responsável pela execução do mais sistemático reconhecimento fisiográfico e geológico de toda a margem continental do Brasil. Todos esses programas envolveram o esforço conjunto de várias instituições de pesquisa do país com interesse no meio marinho.

Mais recentemente, para atender às exigências da Convenção das Nações Unidas sobre o Direito do Mar (CNUDM), de 1982, da qual o Brasil é signatário, foi criado o Plano de Levantamento da Plataforma Continental Brasileira (LEPLAC). O plano tem como objetivo principal estabelecer os limites do bordo exterior da plataforma continental brasileira, no seu enfoque jurídico e não geomorfológico, nos termos em que esse limite é definido no artigo nº 76 da Convenção. Para demarcar essa plataforma, o projeto LEPLAC (Levantamento da Plataforma Continental Jurídica Brasileira) vem executando levantamentos geofísicos e batimétricos de precisão de toda a margem continental.

Figura 14.25 – Furacão Catarina, de classe 1, primeiro a ser registrado no Atlântico Sul. Fonte: INPE/CPTEC.

Figura 14.26 – Balneário do Hermenegildo (RS) onde casas foram destruídas pela ação das marés. Foto: L. Esteves.

Figura 14.27 – Desembocadura da Laguna dos Patos (RS). Foto: <http://www.popa.com.br>.

Figura 14.28 – Enrocamento na praia da Boa Viagem, Recife estado de Pernambuco. Foto: D. Gidsicki.

Os fundos da margem continental brasileira têm sido objeto de exploração econômica em época recente. Em geral, com exceção dos campos petrolíferos, principalmente os localizados nas bacias de Campos e Santos, e de depósitos de calcário, o fundo marinho brasileiro é considerado de perspectiva exploratória mineral reduzida. Entretanto, a exploração petrolífera tem levado a estudos bastante aprofundados, relacionados à ocupação do fundo marinho, tanto na instalação de plataformas e exploração do petróleo, propriamente dito, quanto no seu transporte. Com a exploração atingindo profundidades cada vez maiores, crescem os problemas relacionados à estabilidade de estruturas de perfuração e exploração no talude, tornando-se necessária uma melhor compreensão dos processos sedimentares de talude, como as correntes de turbidez.

14.5 Perspectivas da exploração dos fundos oceânicos

Passados pouco mais de 120 anos da expedição desbravadora do H.M.S. Challenger e mais de sete décadas das primeiras determinações de profundidades oceânicas por meio de sinais sonoros a bordo do navio alemão Meteor, a pesquisa dos fundos oceânicos mostra um avanço tecnológico e científico extraordinário.

Os estudos modernos em Geologia Marinha incorporam a tecnologia de satélites para investigação do transporte de sedimentos e do relevo oceânico. Equipamentos de pesquisa tornam-se cada vez mais precisos, confiáveis e baratos com a incorporação de recursos eletrônicos e computacionais.

Na pesquisa de recursos minerais, as profundidades oceânicas estão paulatinamente deixando de ser limitantes na exploração petrolífera. Em cerca de 30 anos o petróleo passou a ser explorado além dos limites da plataforma continental rasa para até 2.000 m, já no talude continental (ver capítulo 18). Os fundos marinhos sustentam oleodutos, plataformas de exploração, cabos submarinos, fibras ópticas e estudos sobre sua estabilidade são cada vez mais necessários. Nódulos e crostas de sulfetos polimetálicos, associados a zonas de atividade vulcânica têm revelado uma riqueza em metais de alto valor econômico, que desfaz algumas ideias iniciais sobre sua importância apenas como fonte potencial de ferro e manganês (Figura 14.29).

Figura 14.29 – Nódulos e crosta de sulfetos que ocorrem nos fundos marinhos. Foto: acervo da Editora.

Os oceanos e as regiões costeiras são também foco de atenção científica em virtude de problemas com os resíduos gerados pela atividade econômica. Têm sido realizados estudos sobre a viabilidade de acondicionamento de resíduos radioativos em fundos de planícies abissais tectonicamente estáveis. Muitas vezes as regiões costeiras têm sido usadas como repositório de dejetos industriais e urbanos, funcionando como verdadeiros lixões (Figura 14.30).

Além disso, interesses estratégicos, como o cálculo do desvio de rotas de mísseis, têm justificado o interesse científico e militar sobre variações nos campos magnéticos e gravitacionais dos oceanos.

Em regiões costeiras, pesquisas associando processos sedimentológicos e oceanográficos atuais têm sido exaustivamente realizadas com o objetivo de identificar as relações de causa e efeito entre as variações do nível marinho, a atividade antrópica e os processos de tendências erosivas e deposicionais das linhas de costa do planeta.

Existe, ainda, um imenso esforço na pesquisa paleo-oceanográfica que ultrapassa o interesse meramente científico e que se apoia nos estudos de tendências de evolução do clima da Terra. Hoje em dia é possível determinar paleotemperaturas da água do mar, ao longo do Quaternário, com precisão de 0,5 °C.

Finalmente, cabe destacar a associação intrínseca entre os fundos oceânicos e os recursos renováveis. Nesse aspecto, é importante ressaltar que os organismos marinhos não se revelam apenas como fonte de alimento; há inúmeras pesquisas na indústria química e farmacêutica efetuadas com a análise de substâncias extraídas de algas, peixes, moluscos, crustáceos e vários outros grupos de organismos marinhos.

Em pouco mais de 120 anos da ciência oceanográfica, muito foi feito na investigação científica dos fundos marinhos mas, muito mais há para ser explorado.

Figura 14.30 – Depósito de resíduos. Foto: A. Morgan, University of Waterloo, Canadá.

Leitura recomendada

KENNETT, J. P. *Marine geology*. New Jersey: Prentice-Hall, 1982. 813 p.

MAGLIOCCA, A. *Glossário de oceanografia*. São Paulo: Nova Stella: EDUSP, 1987. 355 p.

OPEN UNIVERSITY. *The ocean basins: their structure and evolution*. Oxford: Pergamon Press, 1989. 171 p.

OSBORNE, R.; TARLING, D. (Eds.). *The historical atlas of the earth: a visual celebration of Earth's physical past*. New York: Henry Holt and Company, 1996. 191 p.

SEIBOLD, E.; BERGER, W. H. *The sea floor: an introduction to marine geology*. 3 ed. Berlim: Springer-Verlag, 1996. p. 355.

SUGUIO, K. *Dicionário de geologia marinha: com termos correspondentes em inglês, francês e espanhol*. São Paulo: T. A. Queiroz. 1992. 171 p.

SUGUIO, K.; MARTIN, L. Formações quaternárias marinhas do litoral paulista e sul fluminense (quaternary marine formations of the state of São Paulo and southern Rio de Janeiro). In: International Symposium on Coastal Evolution in the Quaternary, 1978, São Paulo. *Special Publication*, 1... São Paulo: SBG/IGUSP, 1978. p. 1-55.

Capítulo 15

Metamorfismo: processos e produtos

Excelso Ruberti, Gergely Andres Julio Szabó, Rômulo Machado

Sumário

15.1 Distribuição das rochas metamórficas na crosta
15.2 Fatores condicionantes do metamorfismo
15.3 Processos físico-químicos do metamorfismo
15.4 Tipos de metamorfismo
15.5 Estudo de terrenos metamórficos
15.6 Mineralogia, texturas e estruturas de rochas metamórficas
15.7 Nomenclatura de rochas metamórficas

Figura 15.1 – Rochas gnáissicas migmetizadas. Rio Grande do Norte. Foto: E. L. Dantas.

Rochas metamórficas se originam de outras rochas preexistentes, em resposta a mudanças nas condições de temperatura e pressão no interior da crosta terrestre (Figura 15.1).

Entre os três grupos de rochas, o das metamórficas é o de mais difícil compreensão. No caso das rochas ígneas, podemos observar sua consolidação a partir de lavas. Também podemos observar os processos de transporte e deposição dos sedimentos, que definem as características das rochas sedimentares. No caso das rochas metamórficas, contudo, seus processos formadores desenvolvem-se em ambientes inacessíveis à observação direta. Assim, o que conhecemos sobre metamorfismo deve-se à interpretação de feições observadas nas rochas deste tipo expostas à superfície e aos estudos que reproduzem em laboratório as condições do interior da crosta.

As primeiras observações sobre rochas metamórficas se devem a Giovanni Arduino, que em 1779, encontrou evidências da transformação de calcário em mármore nos Alpes italianos. Quase simultaneamente, James Hutton reconheceu que alguns micaxistos na Escócia representavam rochas sedimentares argilosas modificadas no interior da crosta por causa do aumento de pressão e temperatura. Em 1830, Charles Lyell cunhou o termo "metamorfismo" para descrever o processo formador dessas rochas. Em 1877, Harry Rosenbusch estudou as rochas metamórficas da auréola de contato de uma intrusão ígnea. George Barrow, em 1893, identificou a distribuição de minerais que registram o aumento da intensidade do metamorfismo de folhelhos nas Terras Altas da Escócia (ver item 15.5).

Na Noruega, no início do século XX, Viktor Goldschmidt verificou que os minerais metamórficos se associam não ao acaso, mas de acordo com determinadas combinações, estudando sua formação e estabilidade com enfoque termodinâmico. Em seguida, Pentti Eskola aplicou princípios de equilíbrio químico a associações minerais em terrenos metamórficos, concluindo que elas refletem as condições de temperatura e pressão do metamorfismo. Esses estudos aceleraram desenvolvimento da petrologia metamórfica na segunda metade do século XX.

Metamorfismo é o conjunto de transformações com mudanças na estrutura, textura, composição mineralógica ou mesmo composição química, pelas quais uma rocha preexistente – chamada de protolito – adapta-se a novas condições físico-químicas no interior da crosta. As mudanças mineralógicas resultam de reações no estado sólido.

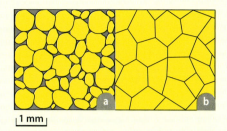

Figura 15.2 – a) Arenito com textura sedimentar clástica bem selecionada, poroso, com grãos de quartzo arredondados e o seu equivalente metamórfico, um quartzito (b), com textura granoblástica em mosaico (poligonizada), onde os grãos de quartzo preenchem todo o espaço, com contato reto, em ângulo de 120° entre si.

Os principais parâmetros físicos envolvidos no metamorfismo são temperatura e pressão. Com o aumento da temperatura, por exemplo, os argilominerais das rochas sedimentares são substituídos por micas e outros silicatos aluminosos, como granada, e a textura sedimentar clástica de um arenito é recristalizada para uma textura em mosaico, onde desaparecem os poros entre os grãos (Figura 15.2). A pressão pode ser litostática, que depende da profundidade, ou dirigida, quando envolve esforços que levam à deformação das rochas. Em algumas rochas, chamadas eclogitos, minúsculas inclusões de diamante testemunham as pressões litostáticas extremas a que essas rochas foram submetidas.

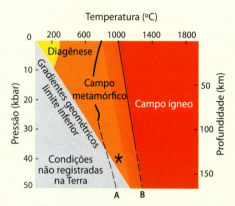

Figura 15.3 – O campo do metamorfismo em diagrama P x T. O asterisco indica as condições de pressão mais elevada registradas em rochas expostas à superfície da crosta terrestre. A) curva de fusão para granitos sob condições hidratadas ($P_{tot}=P_{H_2O}$); B) curva de fusão para granitos sob condições anidras ($P_{H_2O}= 0$). Fonte: Bucher & Frey, 1994.

Outros fatores importantes no metamorfismo são: a presença de fluidos quimicamente ativos a natureza dos protolitos. Os protolitos são as rochas preexistentes que dão origem às rochas metamórficas. Algumas de suas características, como a composição química, estruturas e texturas primárias, e até alguns de seus minerais originais, podem ser preservadas durante as transformações metamórficas. Essas feições representam a memória da rocha que existiu antes do metamorfismo. Já as feições adquiridas – associações minerais, texturas e estruturas – permitem deduzir as condições físico-químicas atuantes durante o metamorfismo e reconstituir a evolução dessas rochas no interior da crosta.

O campo do metamorfismo abrange temperaturas e pressões maiores que as do campo diagenético (aproximadamente entre 200 e 300 °C) até temperaturas muito elevadas (900 a 1000 °C), situação em que as rochas começam a se fundir (ver capítulo 6), conforme ilustrado na figura 15.3.

Curiosidade

A pedra-sabão foi para Antônio Francisco Lisboa, o "Aleijadinho", o que o mármore de Carrara foi para Michelangelo. Ambas são rochas metamórficas, constituídas por minerais de baixa dureza (talco e calcita, respectivamente), com grande homogeneidade estrutural, características que facilitam o trabalho do escultor. Enquanto o mármore é produto da recristalização de calcário, a pedra-sabão resulta do metamorfismo de lavas muito antigas, ricas em magnésio. Quem visita Ouro Preto e Congonhas do Campo, cidades históricas do ciclo do ouro em Minas Gerais, encanta-se com a beleza dos entalhes em pedra-sabão das igrejas barrocas e com a silenciosa eloquência dos profetas – tributos ao gênio do primeiro escultor autenticamente brasileiro, que se valeu de uma rocha metamórfica para realizar suas obras de arte.

Capítulo 15 - Metamorfismo: processos e produtos

15.1 Distribuição das rochas metamórficas na crosta

O metamorfismo é um processo que existe, de maneira significativa, apenas em planetas com atividade geológica, com uma dinâmica interna que reflete contínua evolução no tempo. Nesses planetas, a diferenciação interna produz crosta, constantemente deformada e modificada pelos processos endógenos e exógenos.

No caso da Terra, a maioria dos processos metamórficos ocorre associada às margens de placas convergentes, onde se desenvolvem as grandes cadeias de montanhas, como os Andes, os Alpes, as Montanhas Rochosas ou os Himalaias e os arcos de ilha, como os arquipélagos do Japão ou da Indonésia. Rochas metamórficas são constituintes predominantes nestas grandes estruturas lineares, principalmente nas suas partes internas, na forma de extensas faixas, denominadas cinturões metamórficos, onde muitas vezes ocorrem intimamente associadas a rochas magmáticas plutônicas. A figura 15.4 apresenta o esquema da distribuição dos ambientes metamórficos em uma seção da crosta terrestre.

No fundo dos oceanos, nas margens construtivas, rochas metamórficas desenvolvem-se nas proximidades das dorsais meso-oceânicas, em consequência do alto fluxo de calor nestas regiões. No interior das placas tectônicas, as rochas metamórficas formam-se ao redor de corpos ígneos intrusivos, nas bacias sedimentares profundas, ao longo de grandes zonas de falhas ou ainda, de maneira mais rara e efêmera, nas crateras de impacto de meteoritos.

Em planetas e satélites rochosos sem dinâmica interna capaz de produzir crosta diferenciada e modificá-la continuamente ao longo do tempo, o metamorfismo limita-se ao impacto de meteoritos e, eventualmente, a raras intrusões magmáticas e a zonas de falha.

Afora a crosta, devemos reconhecer que, por definição, o manto terrestre também é constituído, em sua maioria, por rochas metamórficas. Os peridotitos mantélicos sofrem constante deformação e recristalização, em consequência do lento fluxo convectivo do manto, que se processa essencialmente no estado sólido. Apenas em algumas regiões especiais, na astenosfera ou em plumas mantélicas, ocorre fusão parcial, gerando magmas basálticos.

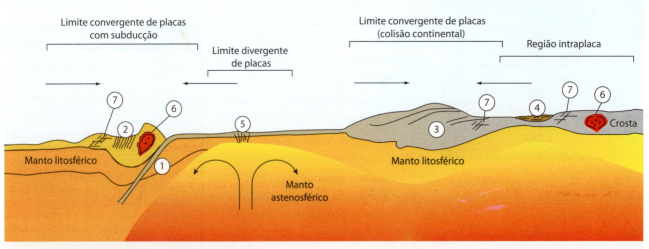

1. Metamorfismo regional -alta P (zona de subducção)
2. Metamorfismo regional -baixa P (região sobre a zona de subducção)
3. Metamorfismo regional -colisão continental
4. Metamorfismo de soterramento
5. Metamorfismo de fundo oceânico
6. Metamorfismo de contato (intrusões magmáticas)
7. Metamorfismo dinâmico (zonas de falha)

Figura 15.4 – Distribuição dos ambientes metamórficos na crosta terrestre.

15.1.1 Metamorfismo em zonas de subducção

Nas zonas de subducção, a placa oceânica, já relativamente fria, é carregada para dentro do manto, mais quente. A figura 15.5 mostra o padrão de variação da temperatura na zona de subducção. Nota-se que as isotermas (linhas de mesma temperatura) acompanham a geometria da placa oceânica descendente e da cunha mantélica na placa continental adjacente (ver capítulo 3). Na região da fossa, elas seguem em profundidade com geometria em forma de "ponta de lápis" paralela ao plano de subducção e retornam para cima com um forte degrau inverso em direção à placa superior. Essa geometria em degraus se deve ao contraste de temperatura entre as rochas "frias" da placa oceânica descendente e a cunha mantélica quente em ascensão, que é a fonte principal de calor para o metamorfismo dos basaltos e sedimentos em subducção. Na placa descendente, portanto, a taxa de aumento da temperatura será pequena quando comparada ao incremento de pressão. Já na placa superior, ocorrerá o inverso: a temperatura aumentará rapidamente, enquanto a pressão permanecerá baixa. O patamar exibido pelas isotermas nessa placa é devido ao magmatismo produzido pela fusão parcial do manto e da base da crosta (ver capítulo 6).

15.1.2 Metamorfismo em zonas de colisão continental

Quando no decorrer do processo de subducção duas massas continentais se aproximam, até finalmente colidirem, elas tendem a "flutuar", em razão de sua densidade mais baixa em relação à crosta oceânica e ao manto. A consequência desse tipo de colisão é o espessamento da crosta continental, pelo empilhamento das massas rochosas que se chocam, deslocando-se umas sobre as outras, gerando grandes cadeias montanhosas, a exemplo dos Himalaias, onde a placa da Índia colidiu com a placa da Ásia. Esse processo provoca intensas alterações na disposição das isotermas no interior da cadeia de montanhas. Em geral, a temperatura aumenta concomitantemente com a pressão, com rochas mais aquecidas ocorrendo nas partes mais profundas da cadeia de montanhas, indicando o deslocamento das isotermas em direção à superfície à medida que os corpos rochosos são soterrados pelo empilhamento tectônico. Em alguns casos, pode ocorrer inversão das isotermas, com rochas de temperatura mais alta, procedentes de partes mais profundas, sendo colocadas sobre rochas de temperatura mais baixa, originalmente em posição mais rasa. Assim, em seção estratigráfica, podem ocorrer rochas metamórficas de mais alta temperatura, como gnaisses, por exemplo, sobrepostas a rochas de mais baixa temperatura, como micaxistos e filitos.

15.1.3 Metamorfismo nas dorsais meso-oceânicas

As dorsais meso-oceânicas são regiões de alto fluxo térmico, provocado pela ascensão dos magmas procedentes da fusão do manto (ver capítulo 6). Nessas regiões, os elevados gradientes de temperatura aquecem a água do mar infiltrada na pilha de rochas ígneas (basaltos e gabros, principalmente), provocando o deslocamento da água aquecida em direção à superfície e a infiltração de água mais fria

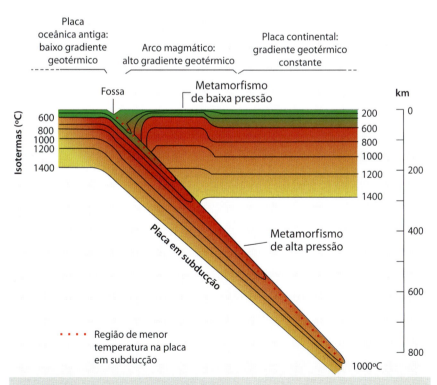

Figura 15.5 – Padrão das isotermas em uma zona de subducção. Fonte: Peacock S. M., In: Bucher & Frey: *Petrogenesis of Metamorphic Rocks*. Springer-Verlag, 7. ed., 2002, fig. 3.8.

403

Capítulo 15 - Metamorfismo: processos e produtos

em seu lugar. Isto gera um processo convectivo, onde as águas aquecidas circulam nas rochas por meio das fraturas e interagem com seus minerais, removendo ou substituindo determinados elementos químicos e produzindo modificações na sua composição química e mineralógica. Ao retornarem à superfície, sofrem resfriamento súbito e precipitam os elementos dissolvidos a altas temperaturas, gerando importantes depósitos minerais. Os *black smokers*, caracterizados por condutos que expelem água quente, escura, saturada em diversos elementos, são manifestações desse processo nas encostas das dorsais meso-oceânicas.

15.1.4 Metamorfismo no interior das placas

Ainda que o grande volume das rochas metamórficas na crosta da Terra se concentre nos cinturões metamórficos associados às grandes cadeias de montanhas e arcos de ilhas, nas margens das placas tectônicas, as rochas metamórficas também podem se formar no interior das placas. Algumas bacias sedimentares desenvolvem-se em regiões onde a crosta continental é adelgaçada e o fluxo térmico mais acentuado. Condições metamórficas podem ser atingidas nas partes mais profundas dessas bacias, gerando rochas pouco deformadas e ou de metamorfismo fraco. Metamorfismo pode acontecer, ainda, no interior das placas, ao redor de intrusões, onde o calor do corpo magmático produz recristalização nas rochas encaixantes, com intensidade decrescente do contato para fora. Finalmente, em regiões de grandes falhas, podem ser geradas rochas metamórficas cuja estrutura característica é a intensa deformação de seus constituintes, com grau variável de recristalização.

15.2 Fatores condicionantes do metamorfismo

Os fatores principais que controlam os processos metamórficos são: natureza do protolito, temperatura, pressão (litostática e dirigida), presença de fluidos e tempo de duração desses processos.

15.2.1 Natureza do protolito

As características mineralógicas, químicas, texturais e estruturais da rocha precursora serão determinantes para o desenvolvimento das feições adquiridas no metamorfismo. A composição mineralógica e, por conseguinte, a química irão definir que associações minerais poderão se formar à medida que variam a temperatura, a pressão e a composição da fase fluída ao redor. Algumas rochas são pouco sensíveis a essas variações, mantendo imutável a composição mineralógica original, enquanto outras rochas irão desenvolver associações minerais variadas à medida que o metamorfismo progride. Arenitos constituídos essencialmente de quartzo, por exemplo, sofrerão recristalização e, eventualmente, deformação, adquirindo texturas e estruturas novas, mas o quartzito resultante continuará sendo composto de quartzo. Fato semelhante ocorre com os calcários, que contém predominantemente calcita: o mármore resultante terá a mesma composição mineralógica, mas com a textura reconstituída. Nesses dois casos, a composição mineralógica não reflete as condições de metamorfismo. Já no caso de rochas argilosas – os pelitos – a composição silicosa-aluminosa rica em água, com elementos como K, Na, Fe, Mg e Mn disponíveis em proporções variadas, permite o aparecimento sequenciado de associações mineralógicas diversas, que se sucedem de maneira sistemática à medida que a temperatura e a pressão aumentam. Nas etapas iniciais do metamorfismo, em baixas temperaturas, as rochas sedimentares argilosas serão substituídas por ardósias e filitos, constituídos de sericita (muscovita fina), clorita e quartzo. Conforme as condições metamórficas se tornam mais intensas, os filitos são substituídos pelos micaxistos, com composição mineralógica mais variada, desenvolvendo, sucessivamente, os minerais biotita, granada, estaurolita, cianita e sillimanita, como será discutido a seguir no item 15.5.1. Finalmente, sob condições muito enérgicas, os micaxistos serão substituídos por gnaisses, quando então a muscovita dá lugar ao feldspato potássico. Protolitos ígneos máficos, como basaltos e gabros, ricos em piroxênios, resultarão em rochas metamórficas também ricas em minerais máficos, principalmente anfibólios.

A forma e as dimensões dos corpos de rochas, bem como suas características texturais e estruturais também terão influência durante o metamorfismo. Rochas sedimentares, mais porosas e ricas em água, são metamorfizadas de maneira mais eficiente, sofrendo as transformações mineralógicas e texturais

404

por toda a extensão do corpo rochoso, de modo pervasivo. Por sua vez, corpos de rochas ígneas maciças, como diques e *sills* de diabásio intrusivos em rochas sedimentares, frequentemente se deformam de forma heterogênea, desenvolvendo núcleos lenticulares maciços envoltos por bordas foliadas. Nos núcleos, onde a deformação é mínima e o acesso de fluidos metamórficos é restrito, as feições do protolito podem se preservar, incluindo texturas e restos dos minerais ígneos, apenas parcialmente substituídos pelas associações metamórficas. Já nas bordas foliadas, onde a deformação é mais intensa e o acesso de fluidos livre, o reequilíbrio será mais eficiente, obliterando por completo quaisquer vestígios da rocha precursora.

15.2.2 Temperatura

As principais fontes de calor na Terra são o calor residual do manto e do núcleo, e o calor gerado por desintegração radioativa (ver capítulo 2). O mecanismo mais importante de transferência de calor do seu interior para a superfície é promovido pelo sistema motor da tectônica de placas, as correntes de convecção (ver capítulo 3), por meio das quais grande volume de material mantélico de alta temperatura é trazido à superfície junto às cadeias meso-oceânicas. Na crosta continental, o calor é transportado por advecção, por meio de intrusões ígneas e, de forma menos efetiva, por condução térmica pelas rochas. Apesar da sua baixa eficiência, é a condução térmica a principal responsável pela distribuição do calor na maior parte dos terrenos metamórficos.

Em áreas tectonicamente ativas as variações de temperatura com a profundidade são bastante complexas. A mudança de temperatura em um ambiente geológico provoca reações químicas entre os minerais presentes na rocha, reequilibrando-os sob as novas condições. As reações metamórficas propriamente ditas iniciam-se a temperaturas superiores a 200 °C. Em temperaturas muito elevadas, o metamorfismo se desenvolve até o limite do campo de geração das rochas ígneas, quando então ocorrem processos de fusão parcial, que originam rochas mistas denominadas migmatitos (Figura 15.6). Essas rochas apresentam porções metamórficas, recristalizadas em estado sólido, e porções ígneas, cristalizadas a partir do material fundido.

As oscilações térmicas existentes na crosta terrestre se devem ao fluxo de calor da Terra, que é variável nos distintos ambientes tectônicos, sendo maior sob as cadeias de montanhas modernas, como os Alpes, Andes, Himalaias e Atlas, por exemplo, quando comparado a crostas oceânicas mais antigas. Os valores de fluxo de calor mais elevados foram medidos em crostas oceânicas jovens (< 40 Ma). Como regra, a temperatura aumenta com a profundidade, segundo uma razão denominada gradiente geotérmico. Em geral, os gradientes geotérmicos na crosta variam entre 15 e 30 °C/km, podendo ocorrer gradientes anômalos desde valores muito baixos de 5 °C/km a extremamente altos de 60 °C/km. Essas variações dependem das fontes de calor e seus mecanismos de transferência para a superfície. Por exemplo, nas áreas de cadeias de montanhas jovens, o gradiente geotérmico mais elevado é devido à rápida exumação (soerguimento e erosão) destas regiões, trazendo à superfície rochas mais "quentes", antes que o seu calor possa se dissipar em profundidade.

15.2.3 Pressão litostática e dirigida

Existem dois tipos de pressões atuantes na crosta: a litostática (ou confinante) e a dirigida (tensão ou esforço, do inglês *stress*). A pressão litostática atua à semelhança da pressão hidrostática, onde um corpo mergulhado em água recebe o mesmo módulo de pressão em todas as direções, variando de intensidade com a profundidade. A intensidade da pressão litostática é função da coluna de rochas sobrejacente e de sua densidade, sendo definida pela equação:

$$P_l = dgh$$

Onde, P_l é a pressão litostática, d a densidade das rochas, g a aceleração da gravidade e h a profundidade considerada. Em geologia, as unidades de pressão mais utilizadas são bar, ou bária (bar), e kilobar ou kilobária (kbar) e, mais recentemente, pascal (Pa) ou giga-pascal (GPa). Em rochas sem a presença de fluido intersticial, a pressão

Figura 15.6 – Migmatito: rocha híbrida, com feições metamórficas (estrutura gnáissica, bandamento) interdigitadas com feições ígneas (bolsões e veios graníticos). Foto: R. N. Rüegg.

litostática é transmitida por meio dos contatos entre os minerais. A presença de fase fluida intersticial atua como componente de pressão no sentido contrário, tendendo a aliviar a pressão litostática e favorecendo o desenvolvimento de fraturas.

Em regiões profundas (35-40 km) da crosta, as rochas são submetidas a pressões confinantes da ordem de 10 a 12 kbar, ou seja: cerca de 10.000 a 12.000 vezes a pressão atmosférica na superfície. Em alguns ambientes geológicos as rochas podem atingir pressões muito elevadas, superiores a 25 ou 45 kbar, sendo posteriormente expostas à superfície pela ação de processos tectônicos e da erosão, preservando, contudo, as associações mineralógicas geradas sob aquelas condições.

Figura 15.7 – Muscovita-biotita xisto (micaxisto) com estrutura xistosa e textura lepidoblástica. Petúnia, MG. Foto: G. A. J. Szabó.

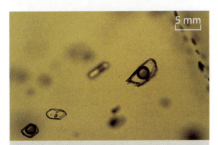

Figura 15.8 – Inclusões fluidas em água-marinha. A inclusão maior é bifásica, aquosa-carbonosa (H_2O-CO_2), com uma bolha de CO_2 (gasoso) em meio à água líquida, e tem comprimento de aproximadamente 100 μm. Fotomicrografia: L. E. Gandini.

A pressão litostática, por ter intensidade uniforme em todas as direções, não causa deformação mecânica acentuada durante o metamorfismo. Conforme a intensidade da pressão litostática pode-se definir os regimes báricos de baixa, média e alta pressão. Por outro lado, a pressão dirigida é produzida pela movimentação das placas litosféricas e atua de forma vetorial, produzindo tensões e deformações. Durante o metamorfismo, a deformação mecânica das rochas exerce grande influência na geração de texturas e estruturas orientadas e na migração de fluidos. Como consequência dessa deformação, os minerais com estrutura em folha, tais como as micas e cloritas, se desenvolvem orientados segundo direção perpendicular à de máxima pressão, originando rochas tipicamente foliadas, como os filitos e micaxistos (Figura 15.7). Quando a pressão dirigida prevalece, os processos de deformação, mais intensos, dão origem aos milonitos e cataclasitos das zonas de cisalhamento, como será visto mais adiante (ver item 15.7.3).

15.2.4 Fluidos

As transformações mineralógicas que ocorrem durante o metamorfismo se desenvolvem no estado sólido. No entanto, sistemas metamórficos contêm uma fase fluida, constituída, sobretudo, por H_2O e/ou CO_2, cuja existência pode ser constatada pela presença de minerais hidratados (micas, anfibólios, cloritas) e/ou de carbonatos na maioria das rochas metamórficas. Além disso, os minerais podem conter diminutas inclusões fluidas (diâmetro geralmente < 10^{-2} mm) que representam amostras do fluido que foram aprisionadas durante a sua cristalização (Figura 15.8).

A pressão de fluidos (P_{fl}) é a pressão exercida pelos fluidos intersticiais sobre os minerais e pode se equiparar à pressão litostática ($P_{fl} = P_{lit}$ ou P_{tot}), ser inferior ou superior à mesma. No último caso, se a pressão de fluidos superar a resistência mecânica da rocha, ocorrerá seu fraturamento hidráulico e perda dos fluidos por meio das fraturas. Esse processo é importante para a formação de depósitos minerais, pois possibilita a concentração de minérios em veios. A pressão de fluidos interfere nos processos termodinâmicos do sistema como temperatura de equilíbrio das reações entre os minerais, estado de valência dos elementos químicos (reações de oxi-redução) e natureza da assembleia mineral resultante. A presença de fluidos acelera as reações metamórficas, facilitando a migração dos elementos. A composição do fluido muda constantemente durante o processo metamórfico, havendo trocas de elementos entre o fluido e os minerais recém-formados. Em rochas pobres em fluidos ($P_{fl} << P_{tot}$), as reações metamórficas são lentas porque toda migração de elementos se faz por difusão iônica em meio sólido, por meio dos retículos cristalinos dos minerais, dificultando o processo de transporte de componentes químicos.

15.2.5 Tempo

O tempo é um fator importante no metamorfismo, mas de difícil aferição na prática. Em muitos casos, as reações metamórficas se processam de maneira lenta em resposta às mudanças das condições físicas, formando-se associações minerais e

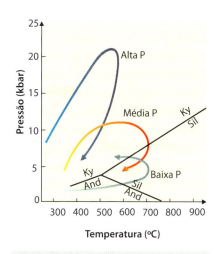

Figura 15.9 – Exemplos de trajetórias em diagrama P-T-t para metamorfismo regional de alta, média e baixa pressão. As trajetórias de alta e média pressão ilustram desenvolvimento no sentido horário, enquanto a trilha de baixa pressão, neste exemplo, segue sentido anti-horário. Fonte: Spear – Metamorphic Phase Equilibria and Pressure-Temperature-Time Paths.

texturas "mistas", que registram toda a série de mudanças sofridas pela rocha e sua contínua adaptação às novas condições. Contudo, a velocidade nas quais essas mudanças ocorrem é muito variável e, em outras situações, as condições metamórficas variam de forma lenta o bastante para que as reações metamórficas se completem, produzindo rochas que registram apenas um determinado instante – aquele que as modificou por último – do regime metamórfico. Em geral, as rochas evidenciam, de maneira mais eficaz, as condições metamórficas mais intensas a que foram submetidas, porém às vezes esse registro é obliterado por reequilíbrios posteriores sob condições mais brandas, em consequência do resfriamento que ocorre ao final de um episódio metamórfico.

Estudos geocronológicos e modelagens teóricas fundamentados em regimes termais atuantes na crosta mostram, para terrenos metamórficos, eventos de 10 a 50 Ma de duração. A evolução metamórfica de um determinado terreno ao longo do tempo costuma ser retratada por meio de trajetórias em diagramas P-T-t (pressão – temperatura – tempo), (Figura 15.9), nos quais a variação das condições metamórficas é expressa com base na pressão litostática (geralmente, com $P_{lit} = P_{fl}$) e temperatura (T) ao longo de um caminho que indica a evolução temporal (t) desses parâmetros.

15.3 Processos físico-químicos do metamorfismo

Quando uma rocha é submetida ao metamorfismo, os minerais originais são substituídos por minerais estáveis nas novas condições de pressão e temperatura.

A substituição dos minerais antigos pelos novos requer a dissolução das estruturas cristalinas antigas, a formação de núcleos de cristalização dos minerais novos, e o transporte dos constituintes químicos dos minerais antigos para os sítios de desenvolvimento dos novos minerais. Esse processo de transporte, que ocorre no estado sólido, chama-se difusão. A difusão pode ocorrer entre os minerais, ao longo de contatos de grãos ou de microfraturas produzidas pela deformação que acompanha o metamorfismo, ou dentro dos grãos, no retículo cristalino dos mesmos. No primeiro caso, os elementos são transportados predominantemente pela fase fluida presente durante o metamorfismo: por isso a maior facilidade para as transformações metamórficas ocorrerem em rochas deformadas, nas quais a fase fluida percola com maior eficiência.

Já no segundo caso, na difusão intracristalina, a movimentação das partículas é muito lenta, e depende da agitação térmica dos átomos do retículo cristalino. À medida que a temperatura cresce, a energia cinética das partículas constituintes do retículo cristalino dos minerais também aumenta, provocando uma maior vibração delas nos seus sítios. Eventualmente, a vibração se torna muito intensa, e as partículas começam a "saltar" para sítios vizinhos, deslocando-se dentro do retículo cristalino. Defeitos cristalinos frequentes em minerais, como posições atômicas vazias ou partículas fora do lugar que deveriam ocupar, facilitam esse processo, permitindo uma movimentação mais eficiente das partículas por meio do retículo cristalino. Em temperaturas baixas, a agitação é insuficiente e a difusão se torna muito lenta, inviabilizando as transformações mineralógicas.

15.3.1 Reações metamórficas

A substituição da associação mineral de um protolito pela associação metamórfica estável sob as novas condições se processa por intermédio de reações metamórficas que ocorrem para reduzir a energia livre do sistema (da rocha em transformação) em resposta às novas condições físico-químicas. Vários tipos de reações são possíveis: a) envolvendo apenas fases sólidas, sem geração ou consumo de fase fluida; b) entre minerais e uma fase fluida, produzindo associações hidratadas e/ou carbonatadas; c) associações previamente hidratadas gerando associações anidras e uma fase fluida rica em H_2O; e assim por diante. A reação de formação da wollastonita a partir de quartzo e calcita ($CaCO_3 + SiO_2 = CaSiO_3 + CO_2\uparrow$), antes mencionada, é exemplo de reação com devolatilização, no caso, decarbonatação.

Um exemplo de reação metamórfica com desidratação é a reação do argilomineral caolinita com quartzo para formar a mica branca pirofilita (Figura 15.10), que acontece logo no início do metamorfismo de rochas pelíticas:

$Al_2Si_2O_5(OH)_4$ (caolinita) + 2 SiO_2 (quartzo) = $Al_2Si_4O_{10}(OH)_2$ (pirofilita) + H_2O (fase fluida)

Com o incremento da temperatura, a pirofilita atinge seu limite máximo de estabilidade, ocorrendo então sua "quebra" ou consumo segundo a reação:

$Al_2Si_4O_{10}(OH)_2$ (pirofilita) = Al_2SiO_5 (aluminossilicato: andaluzita ou cianita) + SiO_2 (quartzo) + H_2O (fase fluida)

O aluminossilicato formado nessa reação dependerá das condições de pressão: sob pressões relativamente baixas (< 4,5 kbar), será formada a andaluzita, e sob pressões mais altas, a cianita (Figura 15.11). Juntamente com a sillimanita, estável em temperaturas mais elevadas, esses minerais constituem um trio de polimorfos (minerais com mesma composição, mas com estruturas cristalinas distintas – ver capítulo 5) muito importante na interpretação das condições reinantes em terrenos metamórficos (Figura 15.10).

A cinética das reações depende de uma série de fatores: natureza da associação mineral original e sua textura, presença (ou não) de uma fase fluida e sua composição, temperatura e pressão, e da deformação que a rocha sofre durante o metamorfismo. As reações se processam de maneira mais eficiente em rochas porosas, de granulação fina, constituídas de minerais hidratados, submetidas a temperaturas elevadas e que sofreram deformação na presença de uma fase fluida abundante. Por outro lado, rochas de constituição originalmente anidra, maciças, de granulação grossa e não deformadas são impermeáveis à circulação de fluidos e podem permanecer praticamente imutáveis por longos intervalos de tempo, mesmo em condições de temperaturas relativamente elevadas, preservando os minerais e as texturas dos protolitos.

15.3.2 Paragêneses minerais

Uma associação de minerais em equilíbrio termodinâmico denomina-se paragênese mineral. Nas rochas metamórficas, a identificação nem sempre é imediata, e o desequilíbrio é a regra. No entanto, as relações texturais permitem reconhecer as "tendências de equilíbrio" mesmo que elas não tenham sido atingidas plenamente. Os trabalhos experimentais complementam as observações feitas em associações naturais, possibilitando identificar paragêneses ideais.

Rochas de mesma composição química podem apresentar associações minerais diferentes em função da variação dos fatores atuantes durante o metamorfismo. Como exemplo, uma rocha metamórfica A, constituída de clorita, epidoto, actinolita (anfibólio cálcico ferro-magnesiano) e albita (plagioclásio sódico, com teor de anortita < 10%), tem a mesma composição química que outra rocha B, constituída

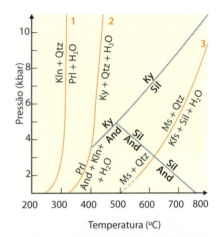

Figura 15.10 – Curvas de equilíbrio P x T para as reações: 1) $Al_2Si_2O_5(OH)_4$ (Kln-caolinita) + 2 SiO_2 (Qtz-quartzo) = $Al_2Si_4O_{10}(OH)_2$ (Prl-pirofilita) + H_2O (fase fluida), 2) $Al_2Si_4O_{10}(OH)_2$ (Prl-pirofilita) = Al_2SiO_5 (aluminossilicato: And-andaluzita ou Ky-cianita) + SiO_2 (Qtz-quartzo) + H_2O (fase fluida), e 3) $KAl_3Si_3O_{10}(OH)_2$ (Ms-muscovita) + SiO_2 (Qtz-quartzo) = $KAlSi_3O_8$ (Kfs-feldspato potássico) + Al_2SiO_5 (aluminossilicato: Ky-cianita ou Sil-sillimanita) + H_2O (fase fluida), com indicação dos campos de estabilidade e curvas de equilíbrio para os polimorfos Al_2SiO_5: andaluzita, cianita e sillimanita. Fonte: Bucher & Frey. *Petrogenesis of Metamorphic Rocks*. Springer-Verlag. 7. ed, 2002.

Figura 15.11 – Cianita-muscovita-biotita xisto, com porfiroblastos de cianita em matriz lepidoblástica. Lapônia, Finlândia. Foto: G. A. J. Szabó.

de andesina (plagioclásio com teor de anortita entre 30% e 50%) e hornblenda (anfibólio cálcico ferro-magnesiano aluminoso), diferindo, entretanto, pelo conteúdo em água, que é mais elevado para a rocha A. Os estudos experimentais revelam que a paragênese da rocha B se equilibrou em temperaturas mais altas (entre 500 e 650 °C), enquanto a da rocha A se equilibrou em temperaturas mais baixas (entre 350 e 500 °C). Portanto, em função das diferentes condições de metamorfismo, um mesmo protolito gerou duas paragêneses distintas.

15.3.3 Metamorfismo isoquímico x metassomatismo

Um dos problemas fundamentais da Petrologia Metamórfica é definir se houve ou não modificações na composição química de uma rocha durante o metamorfismo. Há duas situações extremas: na primeira, a rocha pode se comportar como sistema fechado, sem ganho nem perda de constituintes químicos ou, na segunda, ser submetida a variações composicionais intensas, em sistema aberto. No primeiro caso, considera-se que o metamorfismo foi isoquímico; no segundo, o processo é denominado metassomatismo. Para efeitos práticos, assume-se que a maioria dos ambientes metamórficos comporta-se como sistema parcialmente aberto, podendo ocorrer trocas livres de fluidos, constituídos por misturas de H_2O e CO_2, porém com variações desprezíveis para os demais constituintes químicos. Essa premissa tem se mostrado satisfatória para a maioria dos casos, porém é preciso estar sempre atento, pois podem ocorrer variações composicionais significativas entre o protolito e a rocha metamórfica resultante.

15.4 Tipos de metamorfismo

O metamorfismo se desenvolve em diversos ambientes na crosta e possui extensões variáveis: desde pequenas áreas, de dimensões de poucos centímetros, até grandes faixas, com milhares de quilômetros, em profundidades que vão de níveis mais rasos, até os mais profundos, a mais de 100 km da superfície.

Essa grande diversidade pode, porém, ser sistematizada em alguns poucos cenários, estabelecidos com base nos seguintes fatores essenciais:

- principais parâmetros físicos envolvidos;
- mecanismo responsável pela conjunção desses parâmetros;
- localização e extensão na crosta terrestre;
- os tipos de rochas metamórficas que se formam.

Tradicionalmente, são identificados, com base nesses fatores, três cenários ou tipos de metamorfismo fundamentais: a) regional ou dinamotermal, b) de contato ou termal, c) dinâmico ou cataclástico. Foram reconhecidos, porém, outros tipos de metamorfismo, que podem se confundir com os três tipos já mencionados, mas que apresentam combinações de fatores suficientemente particulares para serem considerados à parte. Desses, pode-se mencionar os metamorfismos de soterramento, hidrotermal, de fundo oceânico e de impacto. Os diferentes tipos de metamorfismo são descritos a seguir, de maneira sucinta.

15.4.1 Metamorfismo regional ou dinamotermal

Esse tipo de metamorfismo desenvolve-se em extensas regiões crustais e alcança níveis profundos da crosta, relacionado geralmente a cinturões orogênicos nos limites de placas convergentes (ver figura 15.12). As transformações metamórficas se processam pela ação combinada da temperatura, pressão litostática e pressão dirigida, que persistem durante centenas de milhares a alguns milhões de anos. O fluxo de calor pode ser muito intenso, com gradientes geotérmicos elevados, de até 60 °C/km. Os protolitos são fortemente deformados (dobrados e falhados – ver capítulo 16), ao mesmo tempo em que sofrem recristalização, formando novas texturas e associações minerais estáveis nas novas condições. As rochas metamórficas resultantes (ardósias, filitos, micaxistos, gnaisses, anfibolitos, granulitos, migmatitos) apresentam geralmente estrutura foliada.

O metamorfismo regional é responsável pela formação da maioria das rochas metamórficas na crosta da Terra e está frequentemente associado a expressivos volumes de rochas graníticas. No decorrer desse tipo de metamorfismo desenvolvem-se sequências de minerais, as quais definem as zonas metamórficas, e texturas

409

que são estabilizadas em condições físicas de pressão e temperatura crescentes com a profundidade, caracterizando o que se chama de metamorfismo regional progressivo. Em geral, temperatura e pressão aumentam de maneira concomitante: zonas mais profundas apresentam associações minerais desenvolvidas sob condições de temperatura e pressão elevadas (650 a 750 °C e 8 a 10 kbar), ocorrendo o inverso para zonas mais rasas. Há, no entanto, algumas situações de metamorfismo regional nas quais as relações entre pressão litostática e temperatura são anômalas, como nos terrenos de alta pressão, onde a pressão litostática é sobremaneira elevada. Sob condições de temperaturas relativamente baixas e pressões da ordem de 15 a 20 kbar, formam-se xistos azuis e eclogitos. Pressões mais elevadas (P > 45 kbar) podem ser identificadas em rochas crustais levadas a profundidades mantélicas, sendo caracterizadas pela presença de coesita (polimorfo de sílica de alta pressão) ou de diamantes metamórficos. Em terrenos de baixa pressão, com acentuado gradiente geotérmico, as rochas podem ser submetidas a temperaturas elevadas e sob condições de pressão litostática relativamente baixa, da ordem de 2 a 3 kbar (ver item 15.2.2).

15.4.2 Metamorfismo de contato ou termal

O metamorfismo de contato ou termal desenvolve-se nas rochas encaixantes ao redor de intrusões magmáticas, formando as auréolas de metamorfismo de contato (Figura 15.13). As principais transformações metamórficas geradas nessas auréolas se devem ao calor emanado do magma durante o seu resfriamento. O metamorfismo transcorre sem deformação acentuada. A rocha resultante, denominada genericamente *hornfels* (ou *granofels*, ou cornubianito), apresenta textura granular fina, isótropa e estrutura maciça.

A extensão da auréola de metamorfismo depende do volume e da natureza do magma invasor, do gradiente térmico em torno da intrusão e da natureza da rocha encaixante. Os gradientes térmicos mais acentuados ocorrem ao redor de corpos intrusivos nos níveis intermediários e mais superficiais da crosta, onde o contraste de temperatura entre a rocha encaixante e o corpo magmático é mais acentuado. No contato com pequenos corpos intrusivos rasos, como *sills* e diques (ver capítulo 6), a auréola é geralmente centimétrica, enquanto ao redor de um corpo com diâmetro de quilômetros pode ter centenas de metros. Auréolas metamórficas apresentam geralmente zoneamento mineralógico. Nas proximidades do corpo intrusivo formam-se associações minerais de temperaturas mais elevadas, constituídas preferencialmente por minerais anidros (granada, sillimanita, piroxênio, wollastonita), enquanto nas regiões mais distantes formam-se associações constituídas por minerais geralmente hidratados (principalmente micas), estáveis em temperaturas mais baixas. Em níveis crustais profundos, como as rochas já se encontram sob temperaturas elevadas, o gradiente térmico resultante ao redor de corpos magmáticos intrusivos será pouco acentuado.

15.4.3 Metamorfismo cataclástico ou dinâmico

O metamorfismo cataclástico ou dinâmico desenvolve-se em faixas longas e estreitas nas adjacências de falhas ou zonas de cisalhamento (ver capítulo 16), onde pressões dirigidas de grande intensidade causam movimentação e rupturas na crosta (ver figura 15.14). A energia mecânica envolvida produz intensa cominuição dos minerais na zona de maior deformação, reduzindo a granulação das rochas em escalas diversas e deformando-as com intensidade

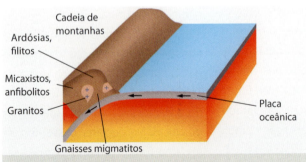

Figura 15.12 – Representação esquemática do metamorfismo regional ou dinamotermal.

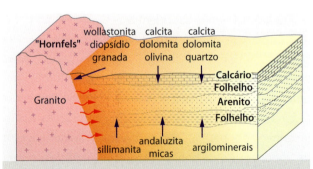

Figura 15.13 – Representação esquemática do metamorfismo de contato ou termal.

variável. O metamorfismo dinâmico provoca transformações texturais e estruturais, como microbandamento ou laminações tectônicas. Nos níveis superficiais das zonas de cisalhamento, as deformações são conhecidas como do tipo rúptil (ver capítulo 16), com os minerais sendo fragmentados e fraturados ou mesmo pulverizados. Em zonas de cisalhamento mais profundas, em razão das condições de pressão litostática e de temperatura elevadas, os minerais passam a se comportar de forma dúctil, sofrendo forte deformação plástica e estiramento. Sob estas condições, a cominuição ocorre por recristalização dinâmica em vez de, simplesmente, por fragmentação mecânica, ou seja, os minerais se recristalizam continuamente em grãos cada vez mais finos. Em muitos casos, a deformação é acompanhada por percolação de fluidos, provocando a cristalização de novos minerais, geralmente hidratados.

15.4.4 Metamorfismo de soterramento

O metamorfismo de soterramento ocorre durante a subsidência de bacias sedimentares, em regiões onde a crosta terrestre se adelgaça, originando gradientes geotérmicos elevados. É resultado do empilhamento de espessas sequências de rochas sedimentares e vulcânicas onde, em profundidade, a temperatura pode chegar a 300 °C ou mais, em virtude do intenso fluxo de calor (Figura 15.15). Prevalece a pressão litostática, enquanto a pressão dirigida é ausente ou insuficiente para causar deformações significativas, podendo se formar uma sutil foliação horizontal paralela aos planos de estratificação, como resultado da cristalização incipiente de micas, que se orientam por causa do peso das camadas sobrejacentes. As transformações metamórficas se desenvolvem com a cristalização de novos minerais sob influência de fluidos intergranulares dos sedimentos, preservando contudo a textura e a estrutura das rochas originais. Zeólitas, prehnita e pumpellyita são os minerais típicos desse tipo de metamorfismo.

15.4.5 Metamorfismo hidrotermal

O metamorfismo hidrotermal resulta da percolação de águas quentes ao longo de fraturas e espaços intergranulares das rochas (Figura 15.16). É um processo metassomático que se desenvolve por meio das trocas iônicas entre a água quente circulante e as paredes das fraturas. Nesse processo, os minerais perdem a estabilidade e recristalizam-se em novas associações mineralógicas sob temperaturas entre 100 a 370 °C. O metamorfismo hidrotermal ocorre frequentemente nas bordas de intrusões graníticas, em áreas de vulcanismo basáltico submarino e em campos geotermais, representando importante processo gerador de depósitos minerais.

15.4.6 Metamorfismo de fundo oceânico

O metamorfismo de fundo oceânico ocorre nas vizinhanças dos riftes das dorsais meso-oceânicas, onde a crosta recém-formada e quente interage com a água fria do mar por meio de processos metassomáticos e metamórficos termais (Figura 15.17). A água aquecida carregando íons dissolvidos percola as rochas básicas e ultrabásicas da litosfera oceânica segundo um movimento convectivo, removendo ou precipitando elementos e provocando mudanças químicas. De forma mais abrangente, pode ser considerado como um tipo particular de metamorfismo hidrotermal.

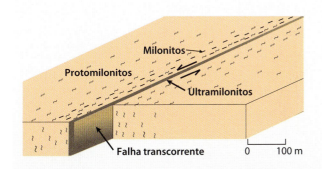

Figura 15.14 – Representação esquemática do metamorfismo dinâmico ou cataclástico.

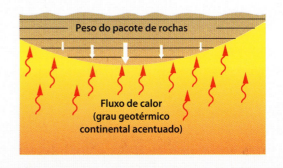

Figura 15.15 – Representação esquemática do metamorfismo de soterramento.

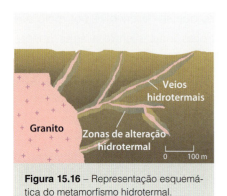

Figura 15.16 – Representação esquemática do metamorfismo hidrotermal.

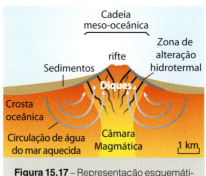

Figura 15.17 – Representação esquemática do metamorfismo de fundo oceânico.

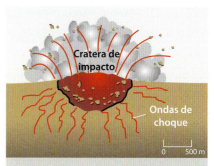

Figura 15.18 – Representação esquemática do metamorfismo de impacto.

15.4.7 Metamorfismo de impacto

De extensão reduzida na crosta terrestre, o metamorfismo de impacto desenvolve-se em locais submetidos ao impacto de grandes meteoritos (Figura 15.18). A energia do impacto é dissipada na forma de ondas de choque, que fraturam e deslocam as rochas formando a cratera de impacto, e de calor (com temperaturas que alcançam até 5000 °C), que vaporiza o meteorito e funde as rochas. As ondas de choque são transmitidas pelas rochas em frações de segundo, produzindo pressões elevadas (da ordem de até 1000 kbar) que reequilibram os minerais quase instantaneamente, transformando quartzo nos seus polimorfos de alta pressão, a stishovita e a coesita. Na Terra, um exemplo desse processo é a *Meteor Crater* no Arizona, Estados Unidos, onde o impacto de um meteorito nos arenitos do Cretáceo gerou uma cratera, ou astroblema, com 1,2 km de diâmetro e 200 m de profundidade. Estruturas semelhantes são conhecidas também no Brasil, como o "Domo de Araguainha" em Goiás, ou a estrutura de Colônia, na parte sul do município de São Paulo. O metamorfismo de impacto é praticamente o único tipo de metamorfismo atuante em planetas e satélites rochosos onde a crosta não sofre modificações por falta de uma dinâmica interna. Nesses corpos, as marcas dos impactos permanecem inalteradas por milhões ou mesmo bilhões de anos, enquanto na superfície da Terra, elas têm duração relativamente efêmera, sendo obliteradas rapidamente pelos processos exógenos ou pelas constantes modificações da crosta.

15.5 Estudo de terrenos metamórficos

Rochas metamórficas são produzidas por uma combinação de fatores geológicos. Qualquer rocha sedimentar, ígnea ou metamórfica, representa um protolito em potencial para a geração de uma nova rocha metamórfica.

A atuação dos fatores responsáveis pelo metamorfismo sobre a grande variedade de protolitos, em combinações e intensidades diversas, resulta em um universo de rochas complexo e de difícil sistematização.

Alguns tipos de rochas são mais frequentes na crosta e o metamorfismo se desenvolve segundo padrões repetitivos. Assim, é possível correlacionar rochas de composição similar de terrenos metamórficos distintos. As variações sistemáticas na composição mineralógica, textura e estrutura das rochas metamórficas podem ser seguidas de maneira mais ou menos contínua em muitos terrenos. Adicionalmente, estudos experimentais permitem reconstituir as condições sob as quais se desenvolvem as reações metamórficas e analisar as variações das associações minerais, além de fornecer dados termodinâmicos para a modelagem teórica destas transformações.

Tanto em auréolas de metamorfismo de contato, quanto em áreas de metamorfismo regional, as variações nas paragêneses minerais acontecem de modo transicional. Essas variações servem de base para a sistematização do mapeamento destes terrenos: procura-se definir faixas, ou zonas, onde o metamorfismo atuou sob as mesmas condições, correlacionando-as entre si, de modo a definir o padrão de variação do metamorfismo.

15.5.1 Minerais-índice, isógradas e zonas metamórficas

Deve-se a George Barrow o reconhecimento do desenvolvimento de determinados minerais de forma sequenciada em rochas pelíticas submetidas a metamorfismo progressivamente mais intenso na Escócia oriental (Figura 15.19). Esses minerais, denominados minerais-índice, na ordem de aparecimento são: clorita – biotita – granada (composição almandínica) – estaurolita – cianita – sillimanita. A linha definida pelos locais do primeiro aparecimento de cada um deles na superfície do terreno denomina-se isógrada, que separa faixas de disposição mais ou menos paralelas, chamadas de zonas metamórficas, que recebem o nome do mineral da isógrada anterior. Assim, a zona da clorita inicia-se na isógrada da clorita, e termina na isógrada da biotita, onde esse mineral-índice aparece pela primeira vez. Nessa isógrada inicia-se a zona da biotita, que segue até o primeiro aparecimento da granada de composição almandínica, na isógrada da granada. Dessa isógrada em diante fala-se em zona da granada, e assim por diante. É importante notar que, ao iniciar-se uma nova zona metamórfica, o mineral-índice da zona anterior não desaparece necessariamente: a biotita, por exemplo, persiste ao longo das zonas da granada, da estaurolita e da cianita, alcançando até a zona da sillimanita. Por outro lado, alguns dos minerais-índice das etapas iniciais podem ser completamente consumidos à medida que o metamorfismo progride: clorita, por exemplo, geralmente desaparece quando a granada é formada, e raras vezes ocorre associada à estaurolita e cianita.

15.5.2 Fácies metamórficas

Uma mesma rocha apresenta associações minerais distintas quando submetida a diferentes condições de temperatura e pressão. Com base nesse princípio, Pentti Eskola estabeleceu que rochas de mesma composição, mas de terrenos distintos, irão apresentar paragêneses similares quando submetidas a metamorfismo sob condições idênticas. Rochas com paragêneses desenvolvidas sob mesmas condições são referidas como pertencentes a uma mesma fácies metamórfica. Eskola denominou as fácies segundo as paragêneses observadas em rochas metabásicas, uma vez que estas são constituintes frequentes dos terrenos metamórficos. As principais fácies metamórficas encontram-se situadas no campo P x T na figura 15.20. Algumas das características mais importantes de cada fácies são descritas sucintamente a seguir:

a) Fácies subxisto verde (fácies da zeólita e fácies da prehnita-pumpellyita) – é representada pelas primeiras associações minerais desenvolvidas no metamorfismo de

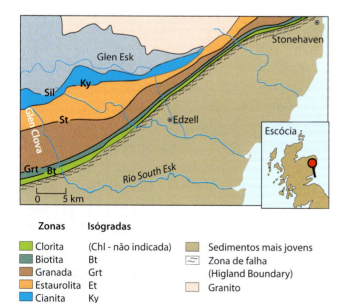

Figura 15.19 – Esquema geológico da região estudada por Barrow nas Terras Altas (Highlands) da Escócia oriental, com as isógradas minerais e zonas metamórficas. Fonte: Yardley, B. W. D. *Introdução à petrologia metamórfica*, 1994, 340 p.

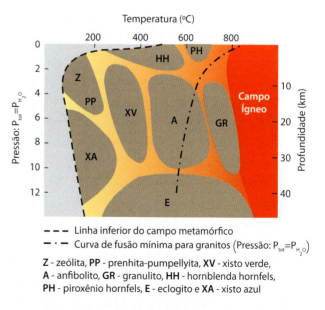

Figura 15.20 – Distribuição das principais fácies metamórficas no campo pressão (P) x temperatura (T). Fontes: Klein & Hurlbut – *Manual of Mineralogy* Fig.12.28 (p.505) e Yardley, B. W. D. *Introdução à petrologia metamórfica*. 1994, 340 p.

soterramento de rochas vulcânicas e sedimentares (basaltos, vidros vulcânicos, arenitos líticos). Em profundidades de poucos quilômetros, desenvolvem-se zeólitas (fácies zeólita), particularmente a laumontita, juntamente com outros minerais de baixa temperatura: clorita, quartzo, albita, carbonatos. Com aumento da temperatura, desaparece a laumontita e formam-se prehnita e pumpellyita (fácies prehnita-pumpellyita).

b) Fácies xisto verde – é uma fácies de baixas temperaturas de metamorfismo que se desenvolve em cadeias de montanha fanerozóicas, áreas de escudos pré-cambrianos e no assoalho oceânico. Os minerais característicos são albita, epídoto, clorita, fengita e actinolita (anfibólio cálcico ferro-magnesiano). A transição das fácies sub-xisto verde é marcada pelo aparecimento de epídoto em lugar da pumpellyita; e na transição para a fácies xisto azul (ver a seguir, no item c), pela substituição da actinolita por glaucofânio (anfibólio sódico). Rochas pelíticas desta fácies apresentam clorita, muscovita, biotita e granada (almandina).

c) Fácies anfibolito – é caracterizada por paragêneses cristalizadas em gradiente geotérmico moderado, no intervalo de 500 a 750 °C aproximadamente. Em rochas básicas, a paragênese diagnóstica é constituída de hornblenda (anfibólio cálcico ferro-magnesiano aluminoso) e plagioclásio, esse com teor de anortita tipicamente superior a 20%, caracterizando os anfibolitos (item 15.7.2). Em metapelitos, o aparecimento de estaurolita é diagnóstico, seguido pela cianita, em rochas ricas em muscovita, biotita e quartzo, frequentemente com granada. No limite superior da fácies anfibolito, a muscovita, em presença de quartzo, torna-se instável, produzindo feldspato potássico e sillimanita.

d) Fácies granulito – ocorre principalmente em áreas de escudos pré-cambrianos e representa as condições mais altas de temperatura normalmente encontradas em metamorfismo progressivo de pressão intermediária. Hornblenda e biotita desaparecem paulatinamente e as rochas tornam-se desidratadas. O limite inferior da fácies granulito é marcado pelo aparecimento de ortopiroxênio em rochas metabásicas e metapelíticas. Em mármores magnesianos silicosos, forma-se olivina, e em mármores silicosos o quartzo reage com calcita formando wollastonita.

e) Fácies xisto azul – é marcada por associações contendo minerais de alta densidade (lawsonita e aragonita) e de baixa temperatura (clorita), indicando ambientes de pressão elevada e temperatura baixa. As rochas são constituídas de combinações variadas de lawsonita, aragonita e glaucofânio com minerais da fácies xisto verde (clorita e albita). É encontrada em regiões de subducção, como Japão e Nova Caledônia (ver item 15.1.1).

f) Fácies eclogito – é caracterizada por associações minerais desenvolvidas sob condições de pressões muito elevadas (> 12 kbar) e altas temperaturas (entre 500 e > 950 °C), em placas oceânicas transportadas para o manto em zonas de subducção, ou na base de cadeias de montanhas com crosta espessada, como nos Himalaias (item 15.1.2). Os eclogitos são formados principalmente por onfacita (piroxênio rico em sódio) e por piropo (granada rica em magnésio).

g) Fácies hornblenda hornfels – desenvolve-se em condições de pressão baixa, principalmente em auréolas de metamorfismo de contato ao redor de corpos intrusivos como gabros e granitos. Em rochas pelíticas, distingue-se pela cristalização abundante de cordierita e rara de granada e pelo aparecimento de andaluzita em lugar da cianita.

h) Fácies piroxênio hornfels – é representada pelas paragêneses cordierita + ortopiroxênio + feldspato potássico + plagioclásio + quartzo, em metapelitos ou ortopiroxênio + clinopiroxênio + plagioclásio + quartzo, em rochas metabásicas. Ocorre nas zonas internas, de temperaturas mais elevadas, de auréolas de metamorfismo de contato.

15.5.3 Grau metamórfico

A intensidade do metamorfismo pode ser referida ainda, de maneira geral, como grau metamórfico. Alto grau metamórfico implica condições enérgicas, de altas temperaturas, como na fácies granulito, enquanto baixo grau define condições brandas, de temperaturas baixas, como na fácies xisto verde. Entre os dois extremos, encontra-se o metamorfismo de médio grau, que corresponde a condições de fácies anfibolito. Fala-se ainda em grau incipiente quando as condições metamórficas foram muito brandas, no limiar entre diagênese e metamorfismo, de acordo com as condições das fácies sub-xisto verde. O termo grau metamórfico é utilizado geralmente para o metamorfismo regional ou dinamotermal.

A tabela 15.1 correlaciona grau metamórfico e as fácies metamórficas do metamorfismo dinamotermal, indicando as paraêneses minerais diagnósticas para as rochas metapelíticas e metabásicas, que cinstituem grande parte do registro metamórfico na crosta.

Grau metamórfico	Fácies metamórficas	Zona metamórfica	Metapelitos	Metabasitos
Baixo	Xisto Verde	Clorita	Chl+Ms+Qtz	Chl+Act+Ep+Ab (±Qtz,±Cal)
		Biotita	Bt+Chl+Ms+Qtz	
		Granada	Grt+Bt+Ms+Qtz (±Chl)	
Médio	Anfibolito	Estaurolita	St+Grt+Bi+Ms+Qtz	Hbl+Pl (An ≥ 20)
		Cianita	Ky+Grt+Bi+Ms+Qtz (±St)	
		Sillimanita	Sill+Grt+KF+Bi+Qtz±Ms	
Alto	Granulito	K-Feldspato + sillimanita	Crd+Grt+KF (±Bi, ±Sil)	Opx+Cpx+Pl±Hbl
		Ortopiroxênio	Opx±Crd±Grt	

Abreviações segundo as normas internacionais:

Ab – albita;	Act – actinolita;	An – anortita;	Bt – biotita;	Chl – clorita;	Cpx – clinopiroxênio;
Crd – cordierita;	Ep – epidoto;	Hbl – hornblenda;	Grt – granada;	Kfs – feldspato potássico;	Ky – cianita;
Ms – muscovita;	Opx – ortopiroxênio;	Pl – plagioclásio;	Qtz – quartzo;	Sil – sillimanita;	St – estaurolita.

Tabela 15.1 – Correlação entre grau metamórfico, fácies metamórficas e as principais paragêneses minerais em rochas metapelíticas e metabásicas para o metamorfismo regional ou dinamotermal.

15.6 Mineralogia, texturas e estruturas de rochas metamórficas

A composição mineralógica de uma rocha metamórfica depende da natureza do seu protolito e das condições metamórficas sob as quais foi gerada.

15.6.1 Mineralogia

Rochas metamórficas podem ser monominerálicas, como muitos quartzitos e mármores. Rochas metapelíticas apresentam grandes quantidades de micas (biotita, muscovita) em sua composição, além de quartzo e minerais ricos em alumínio. Desses, os mais importantes são pirofilita, clorita, cloritoide, granada, estaurolita, o trio de aluminossilicatos polimórficos constituído pela andaluzita, cianita e sillimanita. Sob condições de alto grau metamórfico a muscovita é consumida na presença de quartzo, formando-se feldspato potássico em seu lugar, segundo a reação (ver figura 15.10):

$KAl_3Si_3O_{10}(OH)_2$ (muscovita) + SiO_2 (quartzo) = $KAlSi_3O_8$ (feldspato potássico) + Al_2SiO_5 (aluminossilicato: cianita ou sillimanita) + H_2O (fase fluida).

Em temperaturas mais elevadas ainda, ocorre a fusão parcial das rochas, à medida que muscovita e, em seguida, biotita são consumidas, formando os migmatitos, rochas mistas com feições metamórficas e ígneas. Nos granulitos, rochas de altas temperaturas que geralmente são resíduos de processos de fusão, ocorrem granada, sillimanita, cordierita e ortopiroxênio.

Em rochas metabásicas, a riqueza em anfibólios caracteriza as paragêneses sob condições de fácies xisto verde, anfibolito e xisto azul, sendo substituídos pelos piroxênios nas fácies granulito e eclogito. Na fácies xisto verde, o anfibólio é actinolita, acompanhado de albita, epidoto e clorita; na fácies anfibolito, o anfibólio se torna mais rico em alumínio, passando a hornblenda, acompanhada de plagioclásio com teor de anortita superior a 20%. Rochas carbonáticas magnesianas, com argilominerais e quartzo na sua constituição, produzem associações minerais variadas, com diopsídio, tremolita (respectivamente piroxênio e anfibólio de Ca e Mg), talco, olivina, wollastonita, granada e plagioclásio cálcico, entre outros, em função das proporções entre os constituintes químicos (fundamentalmente CaO, SiO_2, MgO e Al_2O_3) e da fácies metamórfica. Em rochas ultramáficas, ricas em MgO, as associações minerais mais hidratadas, da fácies xisto verde, são dominadas por minerais do grupo das serpentinas, talco e clorita, enquanto os anfibólios tremolita e antofilita (ortoanfibólio magnesiano), os piroxênios diopsídio e enstatita (ortopiroxênio magnesiano) e olivina caracterizam as paragêneses das fácies anfibolito e granulito.

15.6.2 Texturas

As texturas das rochas metamórficas desenvolvem-se por blastese, processo que implica nucleação e crescimento

415

Figura 15.21 – Hornblenda (h) em anfibolito, com textura granoblástica poligonizada. Alpinópolis, MG. Fotomicrografia: G. A. J. Szabó.

Figura 15.22 – Granada-clorita xisto. Notar os porfiroblastos de granada (grãos escuros) em matriz lepidoblástica. Mariana, MG. Foto: G. A. J. Szabó.

Figura 15.23 – Porfiroclastos de feldspato (grãos róseos) em milonito de granito. Foto: G. A. J. Szabó.

mineral no estado sólido. Por essa razão, o radical "blasto" é utilizado para designar texturas metamórficas. Texturas granulares isótropas, sem predomínio de uma ou outra dimensão nos minerais, são denominadas granoblásticas. Essa textura pode se desenvolver na forma de mosaicos, caracterizando a textura granoblástica poligonizada, onde os grãos adquirem dimensões similares entre si, com interfaces retas e junções tríplices (Figuras 15.2 e 15.21).

Rochas com predomínio de minerais micáceos orientados, como muscovita, biotita ou clorita, apresentam textura lepidoblástica (Figuras 15.7, 15.11 e 15.22). Quando os minerais orientados forem prismáticos, como anfibólios e piroxênios, a textura é nematoblástica. Algumas espécies minerais podem se destacar no tamanho por pelo menos uma ordem de grandeza: nesse caso, são denominados porfiroblastos (Figura 15.22) e o conjunto de granulação mais fina que os cerca constitui a matriz, definindo a textura porfiroblástica. Os vários tipos de textura podem ocorrer combinados: fala-se, por exemplo, de uma granada anfibolito porfiroblástico com matriz nematoblástica, ou de textura lepido-granoblástica, quando há uma quantidade menor de minerais micáceos orientados em meio a minerais granulares. Em rochas que sofreram intenso cisalhamento ocorre cominuição de grãos, ou redução granulométrica, gerando texturas granoblásticas ou lepido-granoblásticas muito finas, também chamadas de texturas miloníticas. Alguns minerais são mais resistentes a esse processo, e tendem a preservar dimensões maiores em meio à matriz de granulação reduzida, sendo denominados porfiroclastos (Figura 15.23), e apresentam geralmente contornos lenticulares, com a foliação da matriz amoldando-se ao seu redor. Texturas remanescentes dos protolitos são identificadas utilizando-se o termo "blasto" como prefixo: assim, pode-se falar em textura blastosubofítica, blastopsamítica, blastoporfirítica, e assim por diante.

15.6.3 Estruturas

As estruturas de rochas metamórficas fornecem importantes informações sobre o processo metamórfico. Rochas geradas sem a atuação de pressão dirigida apresentam estrutura maciça, ou preservam vestígios indeformados das estruturas herdadas dos protolitos. Quando as paragêneses metamórficas são formadas durante a atuação de pressão dirigida, as rochas adquirem estruturas orientadas e desenvolvem foliações de diversos tipos. Rochas com foliação definida pela orientação de minerais placoides (micas, clorita, talco) ou prismáticos (anfibólios) apresentam estrutura xistosa (ver figuras 15.7 e 15.11). Quando a foliação é incipiente, definida pela orientação de minerais micáceos finos, indistintos a olho nu, a rocha apresenta uma fissilidade denominada clivagem ardosiana. Por sua vez, gnaisses desenvolvem orientação dos feldspatos e quartzo, seus constituintes fundamentais, definindo a estrutura ou foliação gnáissica (Figura 15.24). Outra feição comum em gnaisses é o bandamento, ou estrutura bandada, que resulta da presença de faixas de coloração alternadamente mais clara – mais escura, ora mais contínuas, nítidas, ora descontínuas e difusas (Figura 15.25). Em migmatitos, as estruturas gnáissica e bandada adquirem aspecto frequentemente caótico, interdigitadas em escala variável com material granítico em veios ou bolsões (ver figuras 15.1 e 15.5), configurando uma ampla variedade de estruturas conhecidas como estruturas migmatíticas.

Figura 15.24 – Ortognaisse com foliação gnáissica. Foto: R. N. Rüegg.

Figura 15.25 – Biotita-anfibólio gnaisse bandado. Foto: G. A. J. Szabó.

15.7 Nomenclatura de rochas metamórficas

Dar nome às rochas metamórficas é uma tarefa muitas vezes difícil. A grande variabilidade mineralógica, textural e estrutural, fruto da combinação dos diversos fatores envolvidos na sua gênese, impossibilita o estabelecimento de um critério de classificação expedito para elas.

Algumas vezes as feições adquiridas durante o processo metamórfico prevalecem, outras vezes persistem as feições herdadas dos protolitos. A mesma rocha pode se apresentar com texturas e paragêneses diversas quando submetida a condições metamórficas variáveis. Dessa maneira, os critérios de nomenclatura adotados podem variar em função do contexto no qual se deseja referir a uma determinada rocha ou conjunto de rochas. O prefixo "meta" pode ser utilizado, como em metabasalto ou metagrauvaca, ou pode-se falar de rochas metapelíticas, metacarbonáticas ou metabásicas, quando se deseja ressaltar a natureza dos protolitos. Quando for importante destacar as condições metamórficas, pode-se designar as rochas coletivamente de "rochas de fácies xisto verde", "de baixo grau metamórfico", "de alta pressão", e assim por diante.

O critério de nomenclatura mais adotado, essencialmente petrográfico, combina estrutura e composição mineralógica (ver tabela 15.2). Assim, surgem os termos fundamentais como ardósia, filito, xisto, gnaisse, mármore, anfibolito e quartzito, utilizados como nomes-raiz que podem ser complementados com informações adicionais julgadas relevantes, como presença de minerais acessórios diagnósticos ou feições específicas.

A composição mineralógica dá importantes informações sobre as condições metamórficas sob as quais se formou uma determinada rocha. Em geral, lista-se os minerais volumetricamente mais representativos (com frequência superior a 5% em volume) em ordem crescente de abundância, separados entre si por hífen, que deve ser evitado após o último mineral, mais abundante, que precede imediatamente o nome-raiz. Minerais que ocorrem em quantidade subordinada, mas cuja presença se deseja destacar, devem ser acrescentados após o nome-raiz precedidos da palavra "com". Desta maneira, uma granada-biotita-quartzo-muscovita xisto porfiroblástico com estaurolita significa que muscovita é o mineral volumetricamente mais importante, seguida, em ordem decrescente, por quartzo, biotita e granada, além de estaurolita, essa em pequena quantidade, porém importante porque sua presença indica condições de fácies anfibolito. A textura porfiroblástica, considerada relevante, é também acrescentada no nome da rocha.

15.7.1 Ardósia, filito, xisto e gnaisse

Ardósia é uma rocha metassedimentar de baixo grau metamórfico e granulação muito fina, indistinta, constituída de muscovita, clorita e quartzo. Geralmente preserva a estratificação sedimentar, e apresenta clivagem ardosiana, reconhecida pelo brilho acetinado das micas quer paralelamente à superfície de estratificação, quer ao longo de planos de foliação oblíquos. Sua resistência mecânica é superior à dos folhelhos dos quais se originou. Com aumento do grau metamórfico, a ardósia transforma-se gradativamente em filito, constituído também de muscovita, clorita e quartzo, porém com granulação mais desenvolvida, e uma foliação metamórfica pervasiva, cujas superfícies apresentam-se sedosas a prateadas, frequentemente onduladas.

O aumento progressivo do grau metamórfico leva à transformação dos filitos em micaxistos (ver figuras 15.7 e 15.22), com muscovita, clorita e/ou biotita em palhetas bem visíveis e iso-orientadas. Além do crescimento mais acentuado dos minerais micáceos, podem se desenvolver andaluzita, cloritóide, granada (Figura 15.22), estaurolita, cianita (ver figura 15.11),

sillimanita ou cordierita em função da temperatura e da pressão.

Rochas com estrutura xistosa de origem metassedimentar, de composição pelítica ou psamo-pelítica (argilosa ou areno-argilosa) podem ser denominadas genericamente de micaxistos quando sua composição é micácea. Rochas de origem ígnea básica ou ultrabásica podem também ostentar estrutura xistosa, como os xistos verdes, constituídos de clorita, actinolita, epídoto e albita, ou anfibólio xistos e talco xistos.

O nome-raiz gnaisse é reservado para rochas constituídas por feldspatos e quartzo, com mais de 20% de feldspato em volume (ver figuras 15.24 e 15.25). A estrutura bandada é comum em gnaisses: algumas classificações chegam a considerá-la essencial para

a sua definição. De maneira mais abrangente, porém, são a composição quartzo-feldspática e a foliação gnáissica que os caracterizam. Gnaisses originados de rochas graníticas são denominados ortognaisses: o prefixo "orto" designa rocha metamórfica derivada de protolito ígneo. Gnaisses podem também ser gerados pelo metamorfismo progressivo de micaxistos, quando são ricos em quartzo, e podem conter granada, cordierita, cianita ou sillimanita, ou de arcóseos (arenitos feldspáticos) ou *wackes* (rochas sedimentares arenosas ricas em argilo-minerais). Quando originados do metamorfismo de rochas sedimentares, são denominados paragnaisses: o prefixo "para" designa rochas metamórficas de protolito sedimentar.

Minerais predominantes	Minerais acessórios comuns	Estruturas	Granulação	Nome genérico
Muscovita (sericita) + clorita	Quartzo	Estratificada, foliada (clivagem ardosiana)	Muito fina (indistinta, superfícies foscas)	Ardósia
Muscovita (sericita) + clorita	Quartzo	Foliada, às vezes com estratificação	Muito fina (superfícies de aspecto sedoso)	Filito
Muscovita + biotita, Quartzo	Granada, estaurolita, cianita, sillimanita etc.	Foliada (xistosa – em escamas)	Fina a grossa	Micaxisto
Quartzo	Muscovita, biotita, granada	Maciça, foliada (xistosa)	Fina a grossa	Quartzito, Quartzo Xisto
Feldspato, quartzo	Biotita, anfibólios, granada, piroxênio, cordierita	Foliada (foliação gnáissica), bandada	Fina a grossa	Gnaisse
Clorita, anfibólio (actinolita), epidoto, albita	Carbonatos, quartzo	Foliada (xistosa)	Fina a média	Xisto verde
Anfibólio (hornblenda), Feldspato (plagioclásio)	Granada, quartzo, piroxênio	Foliada (xistosa), maciça	Fina a média	Anfibolito
Carbonatos (calcita + dolomita)	Clorita, olivina, tremolita, diopsídio, talco, wollastonita	Bandada, maciça	Fina a grossa	Mármore
Serpentinas	Magnetita, cromita	Foliada, maciça	Fina a muito fina	Serpentinito
Talco	Carbonatos, anfibólios	Foliada, maciça	Fina a muito fina	Talco xisto, Esteatito
Quartzo, biotita, muscovita	Granada, andaluzita, clorita	Maciça	Fina a muito fina	Granofels (Hornfels)

Tabela 15.2 – Classificação simplificada das principais rochas metamórficas baseada na composição mineralógica, estrutura e granulação.

15.7.2 Quartzitos, mármores, talco xistos, serpentinitos e anfibolitos

A composição mineralógica é o principal critério para a nomenclatura de algumas rochas, especialmente as monominerálicas. Quartzitos, originados do metamorfismo de arenitos, são constituídos predominantemente por quartzo. Mármores, originados de calcários, são constituídos por carbonatos e podem ser bandados ou maciços. Com frequência contêm minerais acessórios como tremolita e diopsídio (respectivamente, anfibólio e piroxênio cálcico-magnesianos), olivina, wollastonita ou talco, quando o protolito tiver sido calcário dolomítico silicoso. Rochas maciças constituídas por talco são designadas esteatitos ou, quando foliadas, talco xistos. De maneira similar, rochas constituídas por minerais do grupo da serpentina são chamadas serpentinitos. Anfibolitos são originados, na maioria, do metamorfismo de rochas ígneas básicas, como basaltos e gabros (ortoanfibolitos) ou, menos frequentemente, de margas, que são rochas sedimentares mistas, carbonáticas e argilosas (para-anfibolitos). Em ambos os casos, são rochas maciças ou foliadas, com texturas granoblástica a grano-nematoblástica, constituídas de proporções variáveis de plagioclásio e anfibólio verde (actinolita ou hornblenda), que podem conter ainda granada, quartzo, biotita ou epídoto.

15.7.3 Rochas cataclásticas: brechas de falha, cataclasitos e milonitos

Rochas cataclásticas correspondem a uma categoria especial de rochas metamórficas formadas pela atuação combinada da fragmentação mecânica ou cataclase (deformação rúptil) e recristalização dinâmica (deformação dúctil) dos minerais durante o metamorfismo dinâmico, em zonas de falhas. As rochas cataclásticas podem ser divididas em dois grupos: a) com estrutura não orientada e b) com estrutura orientada (Tabela 15.3).

O primeiro grupo engloba as brechas de falha e cataclasitos e o segundo, os milonitos (ver figura 15.23). São comuns transições entre esses dois grupos e variações internas em cada um deles. Cataclasitos são rochas coesivas, sem estrutura de fluxo, afaníticas ou de matriz afanítica ou muito fina, formadas em condições de deformação rúptil ou rúptil-dúctil. Por outro lado, brechas de falha são rochas sem coesão primária, caracterizadas por fragmentos angulosos de tamanhos variáveis em uma matriz fina com aspecto de farinha. Milonitos são rochas coesivas de granulação fina e estrutura foliada, formadas sob condições dúcteis, e caracterizadas pela presença de porfiroclastos que se destacam na matriz fina. Os milonitos fazem parte da série milonítica, na qual protomilonito e ultramilonito aparecem como termos extremos. A separação é feita com base na relação entre porfiroclastos e matriz: nos protomilonitos, a proporção de matriz é inferior a 50%, nos milonitos, entre 50% e 90%, enquanto nos ultramilonitos é superior a 90%.

O processo metamórfico, que atua principalmente nos limites das placas litosféricas, é um mecanismo eficiente de renovação dos materiais que passaram pelo ciclo supérgeno (ver capítulo 8). As novas condições ambientais (temperatura, pressão e fluidos quimicamente ativos) permitem a geração de novos minerais e novas estruturas litológicas, cujas características geoquímicas são diferenciadas em relação aos materiais sedimentares originais. Além disso, atuam também sobre as rochas ígneas e outras metamórficas, fechando o ciclo das rochas (descrito no capítulo 5).

Leitura recomendada

BEST, M. G. *Igneous and metamorphic petrology.* San Francisco: Freeman, 1982. 630 p.

BUCHER, K.; FREY, M. *Petrogenesis of metamorphic rocks.* 7. ed. Berlin; London: Springer-Verlag, 2002. 318 p.

PRESS, F.; SIEVER, R. *Understanding Earth.* 2. ed. New York: W. H. Freeman, 1998. 682 p.

SKINNER, B. J.; PORTER, S. C. *Physical geology.* New York: John Wiley & Sons, 1987. 750 p.

WINKLER, H. G. R. *Petrogênese das rochas metamórficas.* Tradução de Carlos Burger Junior. Porto Alegre: Edgard Blücher/UFRGS, 1997.

YARDLEY, B. W. D. *Introdução à petrologia metamórfica.* Tradução de Reinhardt A. Fuck. Brasília: Editora Universidade de Brasília, 1994. 340 p.

| Estrutura | Nome | Componentes | | Condições (deformação e temperatura) | Profundidade |
		Matriz %	Fragmentos/ porfiroclastos		
Não orientada	Brechas de folha	> 30%	> 5 mm	Rúptil < 250°	1 - 4 km
	Cataclasitos	50% - 90%	< 0,2 mm		4 - 10 km
Orientada	Milonitos		> 0,2 mm	Dúctil > 250°	> 10 km

Tabela 15.3 – Classificação simplificada de rochas cataclásticas.

Deformações de rochas: estruturas e processos

Marcos Egydio Silva, Rômulo Machado

Sumário
16.1 Parâmetros mecânicos da deformação
16.2 Como se formam as dobras?
16.3 Como se formam as falhas?
16.4 Regimes de deformação

Nosso planeta está em contínua transformação, modificando as estruturas das rochas e as características fisiográficas superficiais, como resultado de sua dinâmica interna. Tais feições estruturais têm sua origem no manto superior e envolvem transferência de matéria e de calor para níveis mais altos da litosfera. Esse caráter transformador da Terra mantém a litosfera submetida constantemente a esforços (compressão, distensão ou cisalhamento). Ao mesmo tempo, ocorrem vários processos associados, tais como magmatismo (ver capítulo 6) e metamorfismo (ver capítulo 15) que resultam da interação entre placas litosféricas. A Tectônica Global revela que durante a evolução geológica da Terra ocorreram várias fases de separação e aglutinação dos continentes (ver capítulo 3). Essas fases foram acompanhadas por deformação desses continentes, com predomínio de ruptura e fragmentação durante o processo de separação com o surgimento e o desaparecimento de oceanos e de formação de cadeias de montanhas durante eventos de colisão – resultando em deformação e ruptura das rochas de origens das mais diversas. Em sua maioria, as modificações citadas são imperceptíveis pelo ser humano, pois ocorrem muito lentamente. No entanto, têm significado relevante para a Terra, quando consideradas em termos do tempo geológico (ver capítulo 10).

A geologia estrutural, uma especialidade das Ciências da Terra, trata dos processos deformacionais da litosfera e das estruturas decorrentes dessas deformações (Figura 16.1). Investiga, de maneira detalhada, as formas geométricas abrangendo da escala microscópica à macroscópica o que inclui deformações desde a dimensão dos cristais formadores de rochas até a escala continental, neste último caso examinando o deslocamento e a estrutura de blocos de grandes dimensões.

O estudo e o reconhecimento das estruturas geológicas possuem importância científica e prática. Do ponto de vista científico, os estudos em geologia estrutural demonstram que a humanidade habita placas litosféricas, as quais estão em lento e contínuo deslocamento. Do ponto de vista prático, muitas dessas estruturas têm importância enorme para a sociedade, pois são responsáveis por terremotos e também pelo armazenamento de hidrocarbonetos (petróleo e gás), água, minérios etc. São importantes também em obras de engenharia civil, em que o estudo detalhado das estruturas geológicas constitui a base para a construção segura de grandes obras, como barragens, pontes, túneis, estradas, etc.

A primeira parte deste capítulo fornece os princípios físicos e os parâmetros que controlam a deformação das rochas na natureza. A sua segunda parte contém uma descrição das principais estruturas geológicas e dos regimes de deformação em que elas são formadas.

Figura 16.1 – Dobramento de idade cambriana em complexo turbidítico do cinturão Kaoko (Neoproterozoico), Namíbia. Foto: R. A. J. Trouw. Fonte: Geological Society Special Publication, 294.

> ### Curiosidade
>
> A dinâmica do manto, responsável pelos deslocamentos das placas tectônicas, é também motriz das estruturas rochosas do planeta, na superfície e em seu interior. As primeiras dão origem a paisagens surpreendentes que condicionam o relevo e a rede de drenagem; ao mesmo tempo são de extrema importância para a seleção de locais adequados para a construção, por exemplo, de obras de engenharia. Por sua vez, as estruturas internas podem funcionar como "armadilhas" para os mais diversos tipos de mineralizações, até mesmo hidrocarbonetos, sendo alvos fundamentais para as pesquisas no setor energético.

16.1 Parâmetros mecânicos da deformação

Por que as deformações ocorrem? Essa é uma questão que instigou os cientistas desde o século XVIII. Com base em observação e empirismo, eles compreenderam que as rochas sedimentares foram depositadas originalmente em estratos horizontais sucessivos nos assoalhos de lagos, rios e oceanos.

Os cientistas debatiam, porém, o porquê dessas camadas terem sido modificadas dessa posição original, passando a ser inclinadas e deformadas. Qual o tipo de força que poderia deformar uma rocha dura e resistente como as estruturas retorcidas observadas nas grandes montanhas? Somente no final da década de 1960, em função dos avanços no conhecimento geológico em continentes e fundos oceânicos, chegaram à conclusão de que as deformações e falhas estavam associadas à movimentação das placas litosféricas, à semelhança de outros fenômenos a elas vinculados, como os terremotos e vulcanismo.

16.1.1 Processos deformacionais: conceitos básicos

Um corpo rígido rochoso, uma vez submetido à ação de esforços, qualquer que seja a causa, pode sofrer modificações em relação à sua posição, por translação e/ou rotação (Figuras 16.2b e 16.2c), ou em relação à sua forma, por dilatação e/ou distorção (Figuras 16.2a e 16.2d).

O conjunto de modificações estruturais retrata que o corpo sofreu uma deformação. Esta, portanto, é uma resposta das rochas submetidas a esforços, os quais são gerados por forças que podem ser de dois tipos: de volume ou de contato.

Os conceitos de força e esforço na geologia estrutural estão diretamente relacionados com a formação das estruturas observadas no terreno.

Força é definida, como uma entidade física que altera, ou tende a alterar, o estado de repouso de um corpo ou seu movimento retilíneo uniforme. Essa definição refere-se à primeira lei de Newton.

Em relação à segunda lei, Newton observou que a aceleração de um objeto é diretamente proporcional à força resultante que atua sobre o corpo, e inversamente proporcional à sua massa – expressa, matematicamente, pela equação:

$$F = m\,a$$

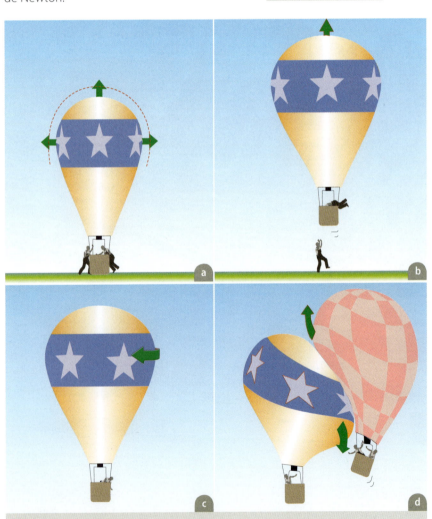

Figura 16.2 – Movimentos fundamentais por causa da ação de esforços: a) dilatação – variação de volume; b) translação – mudança de posição; c) rotação – variação de orientação; d) distorção – mudança de forma. Fonte: Davis & Reynolds, 1996.

O newton (N) – a unidade básica de força no Sistema Internacional de Unidades (MKS) – é a força necessária para imprimir aceleração de 1 m/s^2 em um corpo de 1 kg de massa. No sistema CGS, a unidade básica de força chama-se dina, que é a força necessária para imprimir aceleração de 1 cm/s^2 a um corpo com massa de 1 grama.

Descrever a magnitude de uma força, seja em *newton* ou em *dina*, não é suficiente, contudo, para definir força. Forças são entidades vetoriais, sendo, portanto, necessário especificar sua direção e seu sentido. A caracterização das propriedades vetoriais da força utiliza-se, por sua vez, dos princípios de álgebra vetorial.

Uma força vertical F atuando sobre um plano inclinado de θ graus em relação a um plano horizontal pode ser decomposta em uma componente normal ao plano, denominada força normal Fn e outra componente paralela ao plano, denominada força cisalhante Fs, sendo que Fn = F cosθ e Fs = F senθ (Figura 16.3a).

Consideram-se dois tipos fundamentais de forças que afetam os corpos geológicos: forças de corpo (ou de volume) e forças de contato (ou de superfície). As forças de volume atuam sobre a massa de um corpo como um todo, a exemplo das forças gravitacional e eletromagnética. As forças de contato atuam empurrando ou puxando determinado corpo ao longo de uma superfície imaginária, como acamamento de uma rocha sedimentar ou fratura em uma rocha qualquer.

Quando uma força F atua sobre uma superfície, tem-se outro elemento físico-matemático denominado esforço (Figura 16.3b). Isso significa que a magnitude do esforço não é simplesmente função da força F, mas se relaciona também com a área sobre a qual essa força atua, ou seja, esforço é a relação entre força e área:

$$\sigma = \frac{F}{A} \quad (2)$$

No Sistema Internacional quantifica-se o esforço através da relação entre força e área $\left(\frac{Newton}{m^2}\right)$, cuja unidade é Pascal (Pa). Em virtude da pequena magnitude dessa unidade comparada à magnitude dos esforços que atuam em nosso planeta, o Pascal é normalmente empregado precedido de um prefixo como quilo (10^3), mega (10^6) ou giga (10^9). Outra unidade de esforço utilizada em Geologia é o bar, que equivale a 10^5 Pa. Pressões elevadas no interior da Terra são frequentemente fornecidas em kbar, sendo que 1 kbar corresponde a 100 MPa.

Para ilustrar a importância do assunto, será utilizado um caso não geológico, no qual se exemplifica a estratégia de resgate de um patinador que se num lago congelado (Figura 16.4). Em razão do "peso" do patinador (77 kg), houve a ruptura da camada de gelo do lago. Esse "peso" estava distribuído uniformemente sobre as lâminas dos patins e a área de contato com o gelo era de apenas 5,08 cm^2, o que significa que o esforço atuando sobre a camada de gelo era:

$$\sigma = \frac{F}{A} = \frac{77 \text{ kg} \times 9{,}8 \text{ m.s}^{-2}}{5{,}08 \times 10^{-4} \text{ m}^2} =$$
$$= 1.487.362{,}2 \text{ Pa} = 14{,}87 \text{ bar}$$

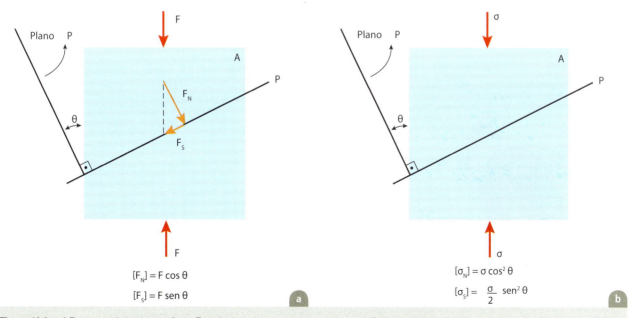

Figura 16.3 – a) Decomposição de uma força F vertical em suas componentes normal (Fn) e cisalhante (Fs) atuando sobre um plano inclinado de θ graus em relação ao plano horizontal. b) Componentes normal (σ_N) e cisalhante (σ_S) do esforço vertical σ sobre um plano P inclinado de θ graus em relação ao plano horizontal. Fonte: Hobbs *et al.*, 1976.

Observa-se que a camada de gelo se rompe em razão de não suportar uma pressão de 14,87 bar. A figura 16.4 ilustra uma pessoa que, para se aproximar da vítima em segurança, utilizou uma tábua suficientemente larga, evitando assim que a camada de gelo se rompesse. A explicação para isso está no fato de a tábua apresentar uma área superficial grande, fazendo com que o esforço exercido sobre a camada de gelo seja igualmente distribuído em uma área maior. Nesse caso, o "peso" da prancha somado ao "peso" da pessoa é igual a 81,64 kg. Sendo a área da tábua 5486,4 cm², o peso passou a ser distribuído de tal maneira que a concentração do esforço, em qualquer ponto sob a tábua, é significativamente menor, e, portanto, inferior à resistência de ruptura do gelo:

$$\sigma = \frac{F}{A} = \frac{81{,}6 \text{ kg} \times 9{,}8 \text{ m.s}^{-2}}{0{,}54864 \text{ m}^2} =$$
$$= 1.458{,}28 \text{ Pa} = 0{,}01 \text{ bar}$$

A pressão exercida sobre o gelo é cerca 1.500 vezes menor do que a do patinador.

16.1.2 Fundamentos de reologia

Para a geologia estrutural interessam, particularmente, o estudo dos corpos deformados (seja por translação, rotação ou distorção), bem como a investigação de suas causas, seus processos e aspectos geométricos. As relações entre esforço e deformação são úteis para o estudo do comportamento mecânico das rochas durante o processo deformacional. A disciplina que estuda o comportamento dos materiais submetidos à ação de esforços denomina-se reologia, termo cujo sentido etimológico é o estudo da deformação e do fluxo da matéria.

As condições físicas reinantes em profundidade durante a deformação são fundamentais no comportamento do corpo submetido aos esforços. Para um material geológico qualquer, as condições físicas são: a) pressão hidrostática/litostática e temperatura, as quais dependem da profundidade onde ocorre a deformação, b) condições termodinâmicas, c) velocidade ou taxa de deformação e d) esforço aplicado à rocha.

Em função dessas variáveis, as deformações podem ser caracterizadas como rúpteis ou dúcteis, isto é, podem ocorrer, respectivamente, quebras e descontinuidades ou apenas deformação plástica, sem perda de continuidade. A figura 16.5 mostra, esquematicamente, o comportamento deformacional dos materiais em função da temperatura e da pressão hidrostática.

Um corpo ao se deformar pode sofrer distorções, com comportamentos mecânicos distintos. Deformações podem ser recuperáveis em determinadas

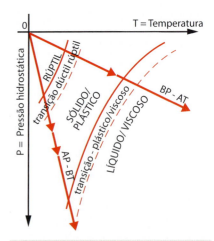

Figura 16.5 – Gráfico esquemático dos domínios de deformação natural em função da pressão hidrostática/litostática e da temperatura. AP = alta pressão; BP = baixa pressão; AT = alta temperatura; BT = baixa temperatura. Fonte: Mercier & Verley, 1992.

situações geológicas, isto é, um corpo pode sofrer contração ou estiramento quando submetido à ação de esforços. Porém, quando esses esforços deixam de atuar, o corpo retorna às suas forma e posição originais. Esse tipo de deformação é denominado elástica (*e*). Por exemplo: a expansão térmica de um

Figura 16.4 – Importância da intensidade do esforço em relação ao peso. Fonte: Davis & Reynolds, 1976.

corpo rochoso não envolve quebra ou ruptura, mas apenas alongamento (dilatação) que pode ter duração em um determinado período apenas. Encurtamento ou flexura é outro exemplo de deformação elástica.

Para ilustrar esse tipo de deformação, considera-se um corpo submetido a um esforço uniaxial, expresso pela letra σ. A ação desse esforço fará com que o corpo sofra uma deformação caracterizada por um alongamento ou encurtamento em relação ao seu tamanho inicial. Essa deformação, conhecida como elongação, é definida fisicamente pela relação:

$$e = \frac{\Delta \ell}{\ell},$$

onde: e é a elongação, ℓ o comprimento inicial e $\Delta \ell$ a variação do comprimento devida à deformação.

Supondo-se que o corpo sofra um encurtamento relativo homogêneo, isso pode ser representado em gráfico σ = f(e), ou seja, esforço em função do encurtamento (Figura 16.6a). O gráfico resultante desse tipo de deformação mostra, inicialmente, uma relação linear entre o esforço e a deformação, isto é, o esforço é diretamente proporcional à deformação (σ = Eε), onde E é a constante de proporcionalidade denominada *módulo de Young*. Porém, se o esforço é retirado, a deformação é instantaneamente reversível, ou seja, elástica. A partir de um determinado valor do esforço, denominado esforço limite (σ_e), conhecido também como limite de elasticidade, ocorre uma diminuição da inclinação do gráfico, deixando de existir uma relação linear com a deformação do corpo. Nesse setor do gráfico, caso o esforço aplicado seja retirado, tornando-se zero, a deformação é restituída apenas parcialmente (trajetória XX'), permanecendo ainda uma deformação, denominada deformação plástica (ε_p) (Figura 16.6a). Se a carga é reaplicada nesse mesmo corpo, verifica-se, no gráfico σ versus ε, a trajetória X'X; onde o novo limite de elasticidade é agora σ_x, o qual é maior que σ_e [notar a nova deformação elástica (ε_e) em relação ao novo limite de elasticidade σ_x]. Quando isso ocorre, diz-se que houve um "endurecimento" do material, ou seja, a deformação plástica modificou o estado do material, o qual pode ser quantificado no eixo das abscissas por (ε_e). É esse aumento da deformação que leva à ruptura do corpo. Quando as rochas são deformadas sob condições de pressão e temperatura ambientes, ocorre a ruptura sem haver uma deformação plástica significativa.

Fatores que determinam se uma rocha se rompe ou sofre apenas flexão

O exame da influência da pressão hidrostática/litostática, da temperatura e da velocidade de deformação no comportamento dúctil ou rúptil das rochas, durante o processo deformacional, permite melhor compreensão do processo.

- *Pressão hidrostática/litostática*: é a pressão vertical em um determinado ponto da crosta terrestre, que é igual à pressão exercida pelas rochas sobrejacentes. Rochas submetidas a pressões elevadas, por longos períodos não apresentam grandes resistências aos esforços, diferentemente, fluem como um líquido extremamente viscoso na escala do tempo geológico. Esse é o caso do comportamento do manto terrestre, que se movimenta muito lentamente na escala de milhões de anos, por estar submetido a pressões

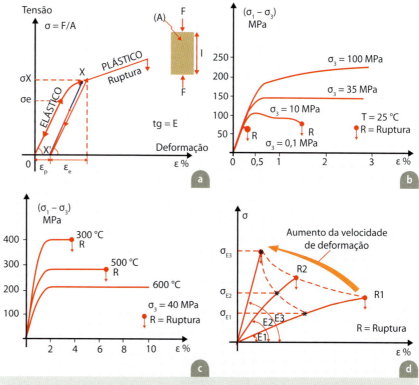

Figura 16.6 – Gráficos da deformação em função do esforço: a) para um cilindro sob compressão uniaxial; b) deformação sob temperatura constante e pressões de confinamento (σ_3) variáveis; c) deformação sob pressão confinante constante (σ_3 = 40 MPa) e temperatura variável; d) deformação sob condições de velocidade e deformação variáveis. Fonte: Mercier & Vergely, 1992.

litostáticas elevadas, entre outras condições. Esse tipo de pressão no interior da Terra aumenta com a profundidade, o que pode ser enunciado pela seguinte equação:

$$P = \rho gz$$

onde: "ρ" é a densidade da rocha, "g" é a aceleração da gravidade e "z" a profundidade.

Os ensaios laboratoriais em amostras de rochas mostram que o aumento da pressão confinante, que desempenha o papel da pressão litostática, torna as rochas mais resistentes à deformação, isto é, elas necessitam de uma pressão de carga maior para se deformarem. Se a pressão litostática for muito elevada, as rochas se deformam, sem ocorrência de ruptura. Esse outro tipo de deformação denomina-se dúctil (Figura 16.6b).

Portanto, um aumento da pressão litostática torna as rochas mais resistentes ao fraturamento, fazendo com que a deformação ocorra no campo dúctil.

- *Temperatura*: aumenta com a profundidade. O gradiente térmico médio no interior terrestre é da ordem de 20 °C a 30 °C/km, podendo em algumas regiões continentais chegar a 60 °C a 70 °C/km.

Estudos experimentais, sob pressão confinante constante (σ_p = 40 MPa) e temperatura variável, mostram, em geral, que o comportamento mecânico das rochas varia conforme o gráfico da figura 16.6c. Com o aumento da temperatura, a rocha se deforma mais facilmente, isto é, um menor esforço é necessário para causar uma deformação, fenômeno este acompanhado pelo abaixamento do limite de plasticidade do material.

O aumento de profundidade é acompanhado pelo aumento tanto da pressão litostática quanto da temperatura, fazendo com que a rocha se deforme plasticamente, retardando assim a ruptura.

- *Velocidade ou taxa de deformação*: corresponde à deformação ocorrida em uma rocha durante certo intervalo de tempo. Na natureza, essas deformações são extremamente lentas, da ordem de 5% a 10% em um milhão de anos. Desse modo, a velocidade de deformação pode ser representada pela seguinte equação:

$$\upsilon = \frac{\varepsilon}{t}$$

onde (t) é o tempo em segundos e (ε) a medida da elongação, que é adimensional. A taxa de deformação (ε) é fornecida em s^{-1}.

Em ensaios laboratoriais, as taxas de deformação são da ordem de 10^{-5} a 10^{-8} s^{-1}, chegando a 10^{-9} s^{-1} para o fluxo experimental. Esses valores estão longe de representar as velocidades dos fenômenos geológicos naturais, que são da ordem de 10^{-14} a 10^{-15} s^{-1} para os deslocamentos horizontais. Qual seria então o comportamento dos materiais rochosos em função da taxa de deformação? Experiências semelhantes àquelas representadas na figura 16.6a, foram realizadas com diferentes velocidades de colocação das cargas, sobre testemunhos de material rochoso. Finalmente, a figura 16.6d mostra que, com o aumento da velocidade de deformação, diminui consideravelmente o domínio da deformação plástica e aumenta o limite de elasticidade σ_e. Portanto, para velocidades de deformação crescentes, o domínio da plasticidade diminui, com a rocha tornando-se rúptil ou friável.

16.1.3 Domínios deformacionais em função da profundidade

Os fatores físicos descritos anteriormente, em particular a temperatura e a pressão hidrostática/litostática, e que são função da profundidade crustal onde atuam, podem ser caracterizados, em termos práticos, em dois domínios deformacionais: o superficial e o profundo. Desse modo, nesses diferentes domínios deformacionais são produzidas estruturas geológicas também distintas, embora os limites entre eles não sejam bem definidos em função da própria heterogeneidade das rochas constituintes da crosta.

O domínio superficial caracteriza-se por deformação essencialmente rúptil, e o domínio mais profundo, devido ao aumento da pressão e da temperatura, entre outros fatores, caracteriza-se por uma deformação dúctil. Neste último, a rocha pode sofrer fusão parcial, se a temperatura for suficientemente elevada. Assim, estruturas formadas a cerca de 40 km de profundidade, com pressões da ordem de 10 kbar e temperaturas de 800 °C a 1000 °C são muito diferentes de estruturas formadas em níveis superficiais. Isso significa dizer que, para o estudo das estruturas geológicas, é necessário levar em consideração o nível da crosta onde ela foi formada. Cada nível apresenta estruturas com geometria e mecanismos de formação similares que, no entanto, são diferentes de outros níveis crustais por conta das leis reológicas específicas.

De outra parte, o termo "nível estrutural" pode ser aplicado aos diferentes domínios da crosta, onde ocorrem os mesmos mecanismos dominantes da deformação. Já os mecanismos da deformação tratam dos processos ou meios, os quais permitem a uma rocha se deformar, seja no campo rúptil, seja no campo dúctil.

Os campos da deformação natural em função da pressão hidrostática e da profundidade foram apresentados na figura 16.5. Contudo, deve-se levar em conta o gradiente térmico regional, isto é, a variação da temperatura em função da profundidade na crosta. Neste sentido, são considerados dois gradientes geotérmicos distintos, cada um deles apresentando uma evolução deformacional diferente. É importante salientar que a deformação natural não depende apenas de temperatura, pressão e profundidade, mas também de outros parâmetros, como natureza da rocha, velocidade de deformação, pressão confinante, pressão de fluidos etc.

No caso do gradiente térmico mais elevado (ver figura 16.5), representado pela reta de menor inclinação (BP-AT), observa-se que a uma profundidade menor são atingidas temperaturas suficientemente elevadas para que a deformação ocorra no domínio da plasticidade ou até da viscosidade (no campo dúctil). Para um gradiente térmico menor (reta de maior inclinação; AP-BT) é necessário atingir pressões elevadíssimas, para que as deformações ocorram nos campos plástico e viscoso. Essas condições são compatíveis com ambientes muito profundos.

As estruturas rúpteis e dúcteis, características de cada um desses campos deformacionais, são descritas a seguir, levando-se em consideração as principais classificações geométricas existentes.

16.2 Como se formam as dobras?

As deformações dúcteis que afetam os corpos rochosos são denominadas de dobras. Essas estruturas originam-se em ambientes compressivos ou extensionais, associados à formação de cadeias de montanhas de diferentes idades, resultantes da interação de placas litosféricas.

As dobras possuem expressão na paisagem, sendo visíveis em imagens de satélite, fotos aéreas e em escala local. São caracterizadas por ondulações de dimensões variáveis e podem ser quantificadas individualmente por parâmetros como amplitude e comprimento de onda. Sua formação se deve à existência de uma superfície anterior que pode ser o acamamento sedimentar ou a foliação metamórfica (clivagem, xistosidade, bandamento gnáissico), ver capítulo 15.

O estudo das dobras pode ser conduzido em três escalas: macroscópica, mesoscópica e microscópica. A escala microscópica corresponde à escala de estudo em que a estrutura é observada com o auxílio de microscópio ou de lupa. Na escala mesoscópica, a estrutura é visualizada de modo contínuo em amostras de mão, em afloramento, ou ainda em escala maior. Na escala macroscópica a estrutura observada é produto da integração e reconstrução de afloramentos, sendo, em geral, representada em perfis ou mapas geológicos.

O estudo das dobras é importante na pesquisa mineral, em programas de prospecção mineral, exploração e lavra de jazidas, além da pesquisa de petróleo e obras de engenharia, como escavação de túneis, construção de estradas, barragens etc.

16.2.1 Elementos geométricos de uma superfície dobrada

A superfície dobrada é elemento fundamental para a classificação geométrica das dobras e baseia-se na curvatura da superfície, sendo ela referenciada à curvatura de um círculo (Figura. 16.7a). Sua determinação, em um ponto qualquer do círculo, é feita mediante o traçado de uma tangente e de sua normal a partir do ponto considerado. A normal corresponde ao próprio raio do círculo de referência. A posição de uma dobra no espaço é definida a partir de dois elementos geométricos básicos: a linha de charneira e o plano axial.

Os principais elementos geométricos de uma superfície dobrada cilíndrica estão indicados na figura 16.7b, definidos a seguir:

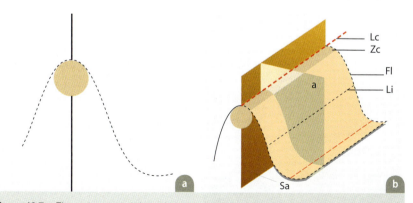

Figura 16.7 – Elementos geométricos de uma superfície dobrada. a) Círculo utilizado como referência para a classificação das dobras. b) Plano de perfil de uma dobra: Sa – Superfície axial; Lc – Linha de charneira; Li – Linha de inflexão; Zc – Zona de charneira e Fl – Flancos.

- *Linha de charneira*: corresponde à linha que une os pontos de curvatura máxima da superfície dobrada. Outra linha dessa superfície que une os pontos de curvatura mínima é denominada linha de inflexão da dobra. Essa linha divide as dobras em dois setores: um de convexidade voltada para cima e outro, para baixo. Por outro lado, essas duas linhas podem ser retas ou curvas, dependendo da geometria da superfície dobrada. Uma linha de charneira reta é conhecida como geratriz ou eixo da dobra, e sua orientação define a posição espacial da dobra, horizontal, vertical ou inclinada. Ela situa-se numa região da superfície dobrada conhecida como zona de charneira da dobra. Essa região corresponde ao segmento de curvatura máxima dessa superfície e é definida em relação a um arco de círculo unitário em que ela é inscrita. Assim, obtém-se um parâmetro descritivo útil que expressa a relação entre a curvatura da superfície e do círculo.

- *Linha de crista e linha de quilha*: são elementos geométricos que unem, respectivamente, os pontos mais alto e mais baixo da superfície dobrada. Essas linhas, em geral, não coincidem com a linha de charneira das dobras, exceto no caso de dobras simétricas com superfície axial vertical e eixo horizontal.

- *Superfície axial:* pode ser curva ou plana, sendo neste caso referida como plano axial. É definida como uma superfície que contém as linhas de charneira das superfícies dobradas (ver figura 16.7 b). A intersecção dela com a topografia (em mapa ou em perfil) é uma linha chamada "traço axial da dobra". O espaçamento e a configuração dessas linhas, em mapa, refletem a arquitetura e a posição espacial das dobras, constituindo, assim, outro parâmetro muito útil à sua interpretação.

16.2.2 Tipos de dobras

Existem dois tipos principais de dobras: as tectônicas e atectônicas. As dobras atectônicas vinculam-se à dinâmica externa do planeta, e as tectônicas, à dinâmica interna. As primeiras são formadas superficialmente ou próximo a ela, em condições muito semelhantes às condições ambientes, sendo desencadeadas pela ação da força da gravidade (Figura 16.8). Possuem expressão apenas local. As deformações tectônicas são produzidas sob condições variadas de esforço, temperatura e pressão (hidrostática, de fluidos), sendo relacionadas com processos de evolução crustal, em particular com a formação de cadeias de montanhas.

As dobras atectônicas podem ser formadas a partir de sedimentos saturados em água, os quais, após o rompimento da força de coesão entre os grãos, adquirem fluidez e se movimentam num meio de menor densidade, em geral aquoso. A quebra de estabilidade de um sedimento pode gerar fluxo de detritos (subaéreos ou subaquosos), ou promover a formação de correntes de turbidez, que são capazes de transportar sedimentos para regiões mais profundas de uma bacia (ver capítulo 9). Nos sedimentos assim depositados são comuns pequenas dobras (escalas de cm a mm) restritas a um mesmo nível sedimentar, as quais não se propagam nos níveis vizinhos. A compactação e a diagênese dos sedimentos podem levar também à formação das estruturas atectônicas.

As dobras tectônicas são formadas por dois mecanismos básicos: flambagem (*buckling*, em inglês) e cisalhamento (Figura 16.9). O mecanismo de flambagem promove o encurtamento das camadas perpendicularmente à superfície axial das dobras, preservando, porém, sua espessura e seu comprimento.

Figura 16.8 – Dobras atectônicas em rochas sedimentares da região de Punta Arenas, Chile. Observar que esse tipo de deformação está restrito à parte inferior das camadas. Foto: R. Machado.

Esse mecanismo é acompanhado pelo deslizamento entre as camadas de forma análoga ao que ocorre em cartões (ou cartas de baralho), ou placas de isopor (ou de espuma) quando um conjunto delas é flexionado (Figura 16.9a). No caso de sequências estratificadas com alternância de camadas de quartzitos e xistos submetidas à flambagem, a heterogeneidade litológica se traduz em diferenças mecânicas importantes que vão controlar a geração de dobras, sobretudo em níveis superiores da crosta. Com a profundidade, essas diferenças mecânicas tendem a se reduzir, pois parâmetros como pressão e temperatura passam a ser mais importantes no controle do estado físico das rochas.

O mecanismo por cisalhamento simples, em vez disso, não envolve encurtamento perpendicular às camadas, pois os planos de deslizamento são ortogonais ou oblíquos a elas (Figura 16.9b). As dobras formadas por esse mecanismo são acompanhadas de mudanças na espessura e no comprimento das camadas. As zonas de charneiras são, em geral, espessadas e os flancos, adelgaçados, ocorrendo mesmo o rompimento destes, com formação de dobras isoladas conhecidas como dobras intrafoliais (Figura 16.10).

16.2.3 Classificando dobras

As dobras podem ser diferenciadas de várias maneiras por meio de parâmetros distintos. Uma das classificações mais simples de dobras baseia-se na posição espacial de seus elementos geométricos (linha de charneira e superfície axial ou na combinação desses elementos), no grau de fechamento das dobras (ângulo interflancos), na análise geométrica da superfície dobrada ou mais comumente na combinação de critérios geométricos e/ou estratigráficos.

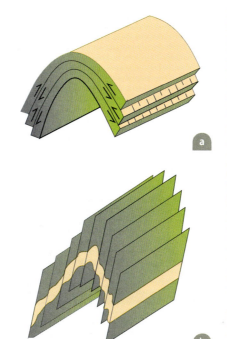

Figura 16.9 – Mecanismos de formação de dobras: a) flambagem e b) cisalhamento simples.

Figura 16.10 – Dobras intrafoliais em gnaisses do Grupo Paraíba do Sul, Rio de Janeiro (Rodovia Presidente Dutra, Belvedere/Serra das Araras). Foto: R. Machado.

Como visto anteriormente, a classificação de uma superfície dobrada (dobra) é feita em relação ao círculo, definindo-se então o grau de curvatura da dobra, na região de charneira ou nos flancos. Além disso, podemos saber se a dobra é ou não cilíndrica. A curvatura (C) de uma superfície é definida pelo inverso do raio (r) do círculo: $C = 1/r$. Contudo, apenas as dobras perfeitamente cilíndricas possuem curvatura igual à do círculo, as demais são maiores ou menores. Assim, as dobras possuem variação de curvatura ao longo de sua superfície, sendo a curvatura maior na região central (zona de charneira) e menor nos limbos (ou flancos). De outra parte, as camadas dobradas podem apresentar espessamento na zona de charneira ou nos flancos. Para avaliar isso é necessário examinar a dobra segundo seu plano de perfil (ver figura 16.7). Em qualquer outro plano diferente deste, essas relações podem ser alteradas.

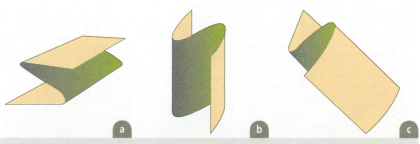

Figura 16.11 – Classificação de dobras com base na linha de charneira: a) horizontais; b) verticais; c) inclinadas.

Figura 16.12 – Dobra com eixo sub-horizontal em metarenitos da Unidade La Palona na região de Piriápolis, Uruguai. Foto: R. Machado.

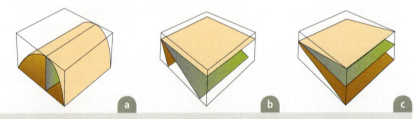

Figura 16.13 – Classificação de dobras com base na superfície axial: a) normal; b) inversa; c) recumbente. Fonte: modificado de Loczy & Ladeira, 1975.

Figura 16.14 – Dobra recumbente nos Pirineus ocidentais, França. Fonte: Mattauer, 1998.

Classificação com base na linha de charneira e superfície axial

Com base na linha de charneira podem-se caracterizar geometricamente as dobras em dois grupos: um com linha de charneira reta (eixo) e outro com linha de charneira curva. Em ambos os casos a classificação se aplica apenas para as dobras cilíndricas (ou planas). As dobras com linha de charneira reta podem ser divididas em três tipos principais: dobras horizontais, dobras verticais e dobras com caimento ou inclinadas (Figuras 16.11a, b e c). As dobras horizontais (ou sub-horizontais) possuem caimento do eixo no intervalo de 0° a 10° (Figura 16.12); as verticais, entre de 80° e 90°, e as inclinadas, entre 10° a 80°.

A classificação das dobras com base na superfície axial pode ser em relação à simetria da dobra ou em relação à sua posição no espaço. No primeiro caso, a superfície axial corresponde a uma superfície bissetora, com as dobras sendo divididas em dois grupos: simétricas e assimétricas. No segundo caso, as dobras podem ser normais, inversas e recumbentes (Figuras 16.13a, b e c).

As dobras normais possuem superfícies axiais subverticais (entre 80° e 90°) e eixo horizontal, e as recumbentes têm superfícies axiais sub-horizontais (entre 0° e 10°). As dobras inversas possuem superfícies axiais inclinadas (entre 10° e 80°), porém com os flancos mergulhando no mesmo sentido e usualmente com ângulos diferentes (Figura 16.13). Dobras recumbentes de grandes dimensões são referidas como *nappes*, e são comumente observadas em cadeias de montanhas como os Alpes e Himalaias, e mesmo em sistemas montanhosos mais antigos (Figura 16.14). Uma característica das dobras inversas e recumbentes é a inversão estratigráfica em um de seus flancos.

As duas classificações acima podem ser combinadas em um mesmo gráfico, representando-se a variação de mergulho da superfície axial *versus* o caimento da linha de charneira (Figura 16.15). Nota-se, no diagrama, que a passagem de uma dobra para outra ocorre com a variação de um desses parâmetros, isolado ou em conjunto. Assim, passa-se de uma dobra normal para uma recumbente com variação apenas do mergulho da superfície axial, ou ainda, para uma dobra vertical, variando apenas o caimento da linha de charneira.

Classificação com base na geometria da superfície dobrada

Trata-se de uma classificação mais elaborada que envolve a análise da superfície dobrada com bússola e tratamento dos dados em diagramas de projeção estereográfica que permitem especificar a geometria das dobras, cilíndricas ou não cilíndricas. As primeiras possuem um eixo ou geratriz, cuja translação no espaço permite reproduzir a superfície cilíndrica. Essa classificação leva em conta o ângulo interflancos (α) de uma dobra, o qual é determinado a partir de duas tangentes que passam nos pontos de inflexão da superfície dobrada (Figura 16.16a). As dobras são assim classificadas em suaves (180°-120°), abertas (120°-70°), fechadas (70°-30°), apertadas ou cerradas (30°-0°) (Figura 16.16b). Exemplos de dobras fechadas e isoclinais podem ser facilmente observados em rochas de idade pré-cambriana no estado de Minas Gerais, entre outras regiões (Figuras 16.17 e 16.18).

Classificação com base em critérios geométricos e estratigráficos

O sentido de fechamento de uma superfície dobrada é outro critério geométrico muito simples utilizado na classificação de dobras. Segundo esse

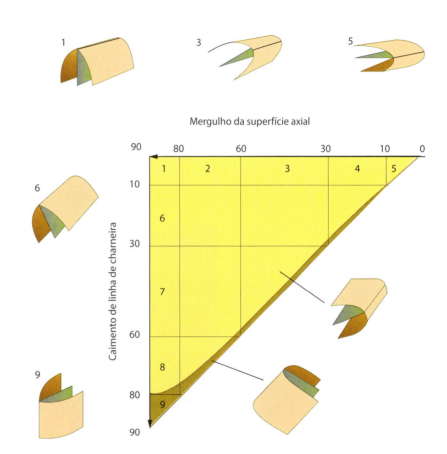

Figura 16.15 – Classificação de dobras com base no mergulho da superfície axial *versus* caimento da linha de charneira. Fonte: adaptado de Fleuty, 1964.

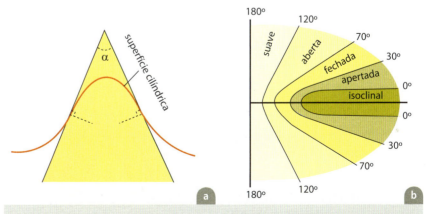

Figura 16.16 – Classificação de dobras com base no ângulo interflancos: a) definição do ângulo interflancos (α); b) classificação dos tipos de dobras com base nos diferentes ângulos interflancos.

critério, dobras com fechamento para cima são denominadas antiforme ou, para baixo, de sinforme (Figuras 16.19a e b). Contudo, essa classificação apresenta duas restrições importantes: 1) deixa de fora determinados tipos de dobras; 2) enquadra-se sob a mesma denominação dobras com posições cronoestratigráficas distintas.

A classificação das dobras (em sinclinal e anticlinal) está muito arraigada em estudos geológicos. Embora seja uma classificação que implica uso de critérios estratigráficos, isto nem sempre é seguido com rigor e, nesse caso, essas denominações têm um significado mais geral.

Considerando-se uma sequência de rochas em sua posição estratigráfica normal, define-se o sinclinal como uma dobra que possui camadas mais novas em seu interior, e externas mais antigas. Anticlinal é o oposto; as camadas mais antigas posicionam-se no núcleo da dobra (Figura 16.20a). Em dobras onde as camadas estão invertidas estratigraficamente, isto é, as camadas mais antigas na parte superior da sequência, um sinclinal (camadas mais novas em seu interior) será denominado de sinclinal antiformal. Já um anticlinal com camadas mais antigas em seu núcleo será denominado anticlinal sinformal (Figura 16.20b).

Finalmente, pode-se se levar ainda em consideração, para fins de classificação, uma relação entre dobras de pequena escala com estruturas maiores na crosta, ao longo das quais ocorreu o deslocamento de blocos rochosos. Tais dobras peculiares são denominadas dobras de arrasto e podem se formar à medida que ocorrem movimentos diferenciais entre camadas ou unidades rochosas adjacentes.

Figura 16.17 – Dobra fechada afetando gnaisses da base do grupo Andrelândia (região de São Vicente de Minas, MG). Foto: R. Machado.

Figura 16.18 – Dobra isoclinal em xistos do grupo Andrelândia. Serra da Pedra Branca, estrada Luminárias (MG). Foto: R. Machado.

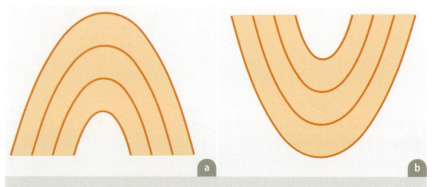

Figura 16.19 – Classificação de dobras com base no sentido de fechamento da superfície dobrada: a) antiformal; b) sinformal.

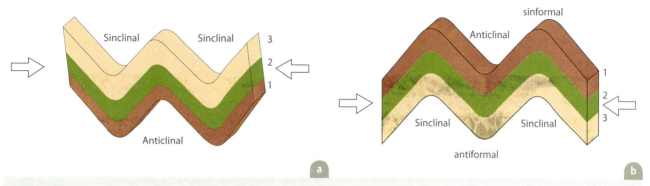

Figura 16.20 – Classificação de dobras com base na estratigrafia das camadas: sinclinal e anticlinal. Sequência estratigráfica das camadas: 1- mais antiga, 2- intermediária, 3- mais nova. Em a), sequência estratigráfica normal, em b), sequência invertida.

16.3 Como se formam as falhas?

As falhas resultam de deformações rúpteis nas rochas da crosta terrestre. Essas estruturas são expressas por superfícies descontínuas com deslocamento diferencial de poucos centímetros a dezenas e centenas de quilômetros, sendo esta a ordem de grandeza para o deslocamento nas grandes falhas.

No caso mais comum, as falhas representam uma região deformada de grande magnitude, que é a zona de falha, onde o deslocamento total do conjunto de rochas é a soma dos deslocamentos individuais. A condição básica para a existência de uma falha é que esse deslocamento tenha ocorrido ao longo de sua superfície. Contudo, se ocorrer o movimento perpendicularmente à superfície, a estrutura receberá o nome de fratura. Sua identificação é muito importante em obras de engenharia, pois as rupturas na rocha favorecem a infiltração de água, diminuem a estabilidade de túneis, escavações, cortes de rodovias, barragens etc. A resolução das questões técnicas envolvidas na estabilidade dos materiais rochosos eleva os custos construtivos das obras.

O relevo condicionado pelas falhas é, em geral, retilíneo e bem estruturado topograficamente, com escalonamentos e condicionamento de drenagens, sendo facilmente reconhecível em fotos aéreas e imagens de satélites (Figura 16.21). Em alguns casos, sobretudo quando se tem uma referência estratigráfica (uma camada de carvão, por exemplo) em meio à sucessão de camadas, a identificação da falha é imediata. Em outras situações pode ser mais difícil caracterizá-la, mesmo para aqueles já familiarizados com o assunto. Essa dificuldade é crescente em regiões com densa cobertura vegetal e espesso manto de alteração, como na Amazônia e boa parte das regiões sul e sudeste do Brasil.

Figura 16.21 – Imagem de satélite Landsat do rio Paraíba do Sul, no estado do Rio de Janeiro, mostrando o relevo fortemente orientado ao longo do vale do rio, como resultado da falha de Além-Paraíba. Fonte: CPRM/P. D. Jacques.

As falhas são encontradas em vários ambientes tectônicos, sendo associadas aos regimes deformacionais: compressivos, distensivos e cisalhantes. São feições comuns em cadeias de montanhas e aparecem em diferentes estágios de sua evolução, associando-se a dobramentos.

As falhas rasas afetam camadas superficiais da crosta, sendo muitas vezes ligadas à dinâmica externa do planeta, podendo ser de origem atectônica. Em certos casos, falhas são formadas durante o dobramento, logo no início ou no final do processo. Em determinadas situações, o desenvolvimento de falhas pode originar as dobras de arrasto, como já comentado. Isso ocorre em condições mais profundas da crosta, onde o material rochoso começa a se deformar plasticamente. A atividade sísmica (rasa ou profunda) pode também formar falhas superficiais (Figura 16.22).

As falhas profundas podem atravessar toda a litosfera constituindo-se em limites de placas (ver capítulo 3), sendo então referidas como falhas transformantes. Um desses exemplos é a falha de San Andreas na costa oeste dos Estados Unidos (Figura 16.23), e outro é a falha de Anatólia na Turquia. Ambas as estruturas são causadoras de terremotos.

16.3.1 Elementos geométricos de uma falha

A posição espacial da superfície de uma falha é fundamental para sua classificação geométrica. Outro parâmetro importante são as estrias de atrito desenvolvidas no plano de falha (Figuras 16.24, 16.25 e 16.30). Ele permite deduzir o tipo de movimento nele ocorrido. Comumente, a falha exibe

Figura 16.22 – Falha formada por terremoto de magnitude 7,3 em Asnam (Argélia), em 10 de outubro de 1980. Fonte: Mattauer, 1998.

Figura 16.23 – Traço de falha no terreno (feição retilínea) resultante da falha de San Andreas, Califórnia, EUA.

uma superfície brilhante, conhecida como espelho de falha ou *slickenside* (Figura 16.26). Em uma falha inclinada, os blocos separados são denominados capa ou teto e lapa ou muro (Figura 16.24). A capa corresponde ao bloco situado acima do plano de falha, e a lapa, ao bloco situado abaixo.

A existência de um nível de referência em ambos os blocos permite classificar a falha com base em seu movimento relativo, conforme será visto mais adiante.

Outros elementos geométricos reconhecíveis em falhas, como a escarpa e o traço (linha) da falha, resultam da intersecção do plano de falha com a superfície topográfica (ver figura 16.23). A escarpa de falha é a parte exposta da falha na topografia (Figuras 10.22 e 10.27) e o traço de falha corresponde a uma linha no terreno que, em mapa, é representado por uma simbologia característica. Trata-se, na realidade, de simplificação cartográfica, pois as falhas são constituídas por inúmeras superfícies subparalelas, dispostas em um arranjo tabular que define a zona de falha. A escarpa de falha original pode ser erodida, dando lugar a uma escarpa de recuo de falha (Figura 16.27).

O rejeito de uma falha corresponde por definição ao deslocamento entre dois pontos originalmente contíguos, situados em lados opostos da falha, medido no plano de falha. O rejeito é expresso por uma estrutura linear determinada por meio de seu valor angular de duas maneiras: 1) medindo-se o ângulo (β) entre a linha e a projeção desta em relação a uma horizontal contida no plano da falha, isto é, em relação à direção desta. Esse ângulo é denominado de obliquidade (*rake*); ou 2) determinando-se o ângulo entre a linha e sua projeção horizontal β segundo um plano vertical. Esse ângulo é denominado caimento α (*plunge*) (Figura 16.28). Já o rejeito total pode ser decomposto segundo a direção e o mergulho do plano de falha, em rejeitos direcional, horizontal, vertical e de mergulho (Figura 16.29).

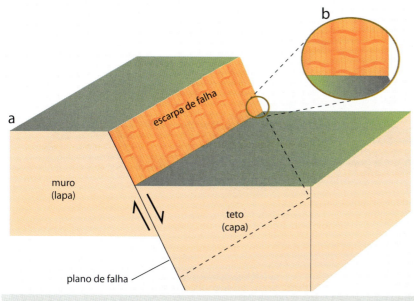

Figura 16.24 – Elementos geométricos de uma falha. a) blocos de falha: muro ou lapa e teto ou capa; b) escarpa e plano de falha com estrias de atrito.

Figura 16.25 – Estrias de atrito horizontais em metarenitos do Grupo Camaquã, RS. Foto: R. Machado.

16.3.2 Evidências de uma falha

A ocorrência ou a existência de uma falha produz reflexos geomorfológicos, com evidências que podem ser diretas ou indiretas. As primeiras são observadas

Capítulo 16 - Deformações de rochas: estruturas e processos

Figura 16.26 – Espelho de falha ou *slickenside* em arenitos da bacia do Recôncavo, BA. Foto: F. Taioli.

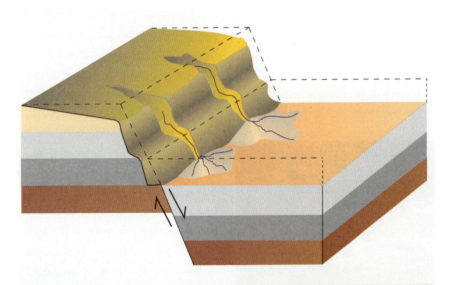

Figura 16.27 – Bloco diagrama com aspectos geomorfológicos de uma escarpa de recuo de falha.

em afloramentos ou na superfície do terreno, como o deslocamento de uma camada de referência estratigráfica em relação ao bloco adjacente ou ainda as estrias da falha que refletem o atrito ocorrido pelo deslocamento entre os blocos rochosos envolvidos (Figuras 16.22, 16.23, 16.25 e 16.30). As estrias resultam de diferenças de dureza entre os minerais constituintes das rochas dos dois blocos e sua formação se dá paralela à direção de movimento ocorrido. Adicionalmente, minerais fibrosos podem ser formados nessa mesma direção, preenchendo e recobrindo sucessivamente os planos de falha. O sentido de aspereza dado pelo recobrimento mineral na superfície de falha corresponde ao sentido de movimento do bloco (Figura 16.30).

Na zona de falha podem ocorrer fragmentação e moagem, acompanhadas ou não de recristalização, de modo a produzir uma rocha metamórfica denominada cataclástica (ver capítulo 15). Esse tipo de rocha divide-se em dois grupos principais: os cataclasitos e as brechas de falhas

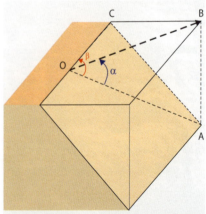

Figura 16.28 – Bloco diagrama mostrando a projeção horizontal de uma linha segundo um plano vertical que a contém (OBA), identificada com o caimento α (*plunge*) e a obliquidade β (*rake*).

436

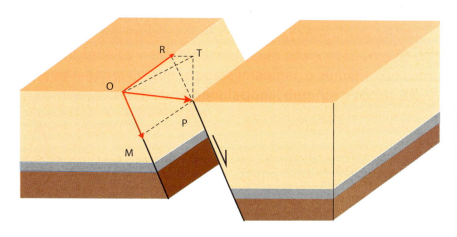

Figura 16.29 – Componentes do rejeito e separação de uma falha: OP = rejeito total; OR = MP = rejeito direcional, OM = RP = rejeito de mergulho; OT = rejeito horizontal; PT = rejeito vertical.

ou tectônicas (Figura 16.31), e os milonitos (Figura 16.32). Os primeiros, caracterizados pela presença de fragmentos em trama caótica, são formados em profundidades relativamente rasas na crosta (entre 4 km e 8 km), onde predominam condições de deformação rúptil. Já os milonitos, distinguidos por sua trama mineral muito fina e fortemente orientada, são formados em maior profundidade (superior a 10 km), onde predominam condições de deformação dúctil das rochas, com a recristalização sendo o processo mais importante.

Evidências de falhas podem também ser fornecidas indiretamente por métodos geofísicos, critérios geomorfológicos (presença de escarpa de falha, vales triangulares e trapezoidais etc.), fotografias aéreas, imagens de satélite, mapas geológicos e topográficos (ver quadro 16.1). Nesses mapas, as evidências de falhas são dadas também pela análise dos padrões de drenagem em treliça ou retangular. No caso das imagens e fotos aéreas, a existência de falhas pode ser sugerida por estruturação e alinhamento do relevo, organização e condicionamento de drenagens, rebaixamento topográfico em forma de degraus (escalonamentos) com formação de escarpas, deslocamentos abruptos de cristas de serras etc. Ainda em relação às feições registradas em imagens aéreas, o tratamento de dados estruturais em programas

Figura 16.30 – Espelho estriado de falha inversa (no sentido da ponta da caneta) cortando calcários. Recristalização de calcitas perpendiculares às estrias permite determinar o sentido do movimento. Lhasa, Tibet. Fonte: Mattauer, 1998.

Figura 16.31 – Brecha tectônica em calcários do Grupo Bambuí, região Vazantes, MG. Foto: R. Machado.

Figura 16.32 – Milonitos da zona de cisalhamento de Patos (PB). Foto: C. Archanjo.

específicos de computador permite ressaltar linearidades de relevo associadas às falhas e outras estruturas associadas, bem como gerar diferentes tipos de mapas morfométricos (declividade, hipsométrico, relevo sombreado, orientação das vertentes, rugosidade, gradiente hidráulico etc.) e até modelos digitais de elevação de terreno. Trata-se de ferramentas muito úteis utilizadas em diferentes tipos de investigações geológicas e ambientais. Esse recurso é muito aplicado em regiões de clima tropical, onde a espessa cobertura de solo e a vegetação densa geralmente mascaram tais feições superficiais.

De outra parte, as falhas normais estão comumente associadas à *grabens* (blocos rebaixados) e *horstes* (blocos elevados) que se destacam geralmente por sua enorme expressão topográfica. Alguns exemplos brasileiros são os *grabens* do Recôncavo na Bahia, Paraíba do Sul no estado de São Paulo (Figura 16.33a), e o de Takutu em Roraima.

16.3.3 Classificando as falhas

As falhas podem ser classificadas com base em seus elementos geométricos: mergulho do plano de falha; forma da superfície da falha; rejeito do plano de falha; movimento relativo entre os blocos; ou ainda utilizando-se o critério do comportamento mecânico das rochas. Neste último critério, considera-se a orientação dos esforços: principal, mínimo e intermediário.

Uma classificação de falhas muito comum baseia-se no movimento relativo entre os dois blocos. Para sua utilização, é suficiente identificar cada um dos dois blocos separados pela falha: um deles denomina-se capa (ou teto) e o outro, lapa (ou muro). A capa corresponde ao bloco situado acima do plano de falha, e a lapa, o bloco situado abaixo (Figura 16.34). O movimento de subida ou descida dos blocos é deduzido a partir de uma camada de rocha de referência que sofreu deslocamento, identificada em ambos os blocos, e que marca o deslocamento ocorrido. Essa camada também é denominada marcador estratigráfico.

Ao se utilizar essa classificação, deve-se ter claro que o movimento ocorrido entre os dois blocos é relativo. Portanto, é difícil saber como ocorreu o deslocamento, pois várias combinações são possíveis: os dois blocos podem descer ou subir conjuntamente, porém em velocidades diferentes, ou ainda, um deles pode permanecer estacionário, enquanto o outro sobe, ou desce.

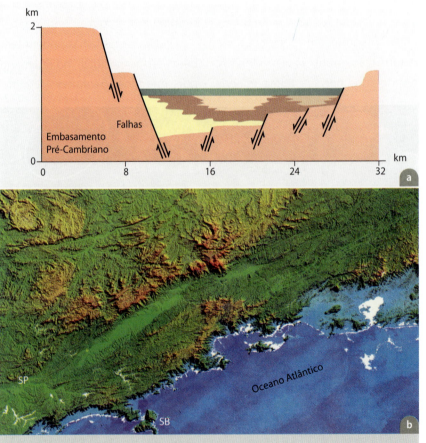

Figura 16.33 – a) Secção geológica esquemática transversal ao *graben* terciário de Taubaté, Vale do rio Paraíba do Sul; b) Imagem de satélite da região do Vale do rio Paraíba do Sul cujas feições geomorfológicas são resultantes de falhamentos normais e transcorrentes (SP = São Paulo, SB = São Sebastião). Fonte: C. Riccomini.

16.3.4 Tipos principais de falhas e estruturas associadas

Os principais tipos de falhas são: 1) normal ou de gravidade, 2) inversa, reversa ou de empurrão (Figuras 16.34a e 16.35) e 3) transcorrente ou de deslocamento direcional (Figura 16.34c). O quadro 16.1 e a tabela 16.1 adiante apresentam as principais feições associadas às falhas.

Falha normal ou de gravidade

Trata-se de uma falha, em geral, de alto ângulo, em que a capa desce em relação à lapa (Figuras 16.34a e 16.36a). Portanto, nesse tipo de falha, as camadas são elevadas de um lado (na lapa) e rebaixadas de outro (capa). O deslocamento principal é vertical e o componente de movimento é segundo o mergulho do plano de falha.

Esse tipo de estrutura está associada principalmente à tectônica extensional da crosta. Na escala global, elas ocorrem associadas às cadeias meso-oceânicas e às margens continentais do tipo atlântico. São também condicionantes na formação e na evolução de bacias sedimentares tectônicas que podem ser encontradas tanto nos continentes quanto nos oceanos. Em adição, associam-se, frequentemente, a arqueamentos regionais e a estruturas dômicas ou antiformais (ver item 16.2), representando o reflexo da fase de extensão que acompanha o soerguimento dessas estruturas. As falhas normais podem favorecer deslizamentos de encostas e taludes, particularmente nas regiões serranas em períodos das chuvas, como tem sido observado na Serra do Mar, em trechos do estado de São Paulo.

As falhas normais são, em geral, planas em perfil, porém há situações em que elas se apresentam com superfícies curvilíneas, sendo então denominadas falhas lístricas. Estas, em perfil, variam desde falhas de alto ângulo até baixo ângulo, podendo até mesmo horizontalizarem-se. Tais falhas são também denominadas falhas em forma de "pá" ou "colher" (Figura 16.40).

Falha inversa, reversa ou de empurrão

É uma falha inclinada com mergulhos de seu plano ou sua superfície, em geral, inferior a 45°. No Brasil, é comum o emprego da denominação falha de empurrão para falhas de baixo ângulo ou, ainda, falha de cavalgamento para empurrões com mergulhos inferiores a 30° (Figura 16.34b).

Na falha inversa, a tensão máxima é horizontal, e a mínima, vertical. Em termos de movimento relativo, a capa sobe em relação à lapa. O rejeito é medido no plano de falha (ver figura 16.29), porém o componente principal de encurtamento se dá

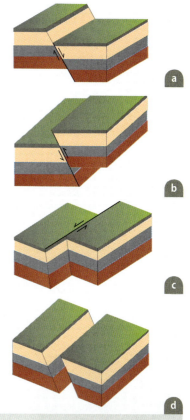

Figura 16.34 – Classificação de falhas com base no movimento relativo entre blocos adjacentes. a) falha normal; b) falha inversa; c) falha transcorrente. No caso das falhas normais e inversas ("a" e "b"), a capa corresponde ao bloco rochoso acima do plano das falhas e a lapa, ao bloco abaixo desta. Em d), o movimento relativo foi também associado à separação dos blocos.

Quadro 16.1 – As falhas e o relevo

As falhas normais e transcorrentes possuem, em geral, expressão topográfica excepcional, sendo marcadas por relevo estruturado e alinhado, com vales alongados de fundo plano, onde se depositam grande espessura de sedimentos (Figura 16.33b). Em condições de clima tropical, essas feições morfológicas são acentuadas, pois as rochas da zona de falha são, em geral, as que mais sofrem intemperismo em relação às rochas mais distantes dela. Por outro lado, as falhas promovem o ajuste regional da drenagem, resultando em diferentes padrões de drenagens que podem ser identificados em mapas, fotos aéreas e imagens de satélite. É comum, na paisagem, a existência de escarpas de falha, que, quando jovens, são recortadas por vales triangulares e trapezoidais, ocorrendo, junto à sua base, depósitos coluvionares e aluvionares, como consequência do relevo produzido pelo deslocamento dos blocos (ver figura 16.27), e relacionados com a evolução do próprio falhamento e da escarpa associada. Em falhas antigas, esses depósitos geralmente já foram erodidos, apagando assim seu vestígio sedimentar vinculado ao falhamento. Com o decorrer do tempo, o processo erosivo progride fazendo com que ocorra um recuo da escarpa de falha, deixando para trás a linha de falha. Essa situação é observada na falha de Cubatão, em São Paulo, no trecho que ela corta a rodovia dos Imigrantes.

Capítulo 16 - Deformações de rochas: estruturas e processos

Figura 16.35 – Falhas inversas em gnaisses do Complexo Mantiqueira, MG. Foto: R. Machado.

	Normal	**Inversa**	**Transcorrente**
Mergulho do plano de falha	Alto ângulo	Médio a baixo ângulo	Alto ângulo
Estrias	Segundo o mergulho da falha	Segundo o mergulho da falha	Sub-horizontal
Traço superficial	Retilíneo	Sinuoso	Retilíneo
Movimento entre os blocos	Bloco da capa (ou teto) desce em relação à lapa (ou muro)	Bloco da capa (ou teto) sobe em relação à lapa (ou muro)	Paralelo aos blocos
Rejeito	Segundo o mergulho do plano de falha	Segundo o mergulho do plano de falha	Direcional a levemente oblíquo
Deslocamento	Vertical	Vertical	Horizontal
Rochas cataclásticas	Cataclasitos, brechas de falha	Cataclasitos	Milonitos, cataclasitos e brechas de falha
Largura da zona de falha	Métrica a dezenas de metros	Métrica a dezenas de metros	Dezenas a centenas de metros
Extensão	Dezenas a centenas de km	Dezenas a centenas de km	Dezenas a centenas de km
Esforço principal	Vertical	Horizontal	Horizontal
Regime de esforço	Distensivo	Compressivo	Compressivo
Estruturas associadas	Dobras de arrasto, estrias de atrito, espelho de falha	Dobras de arrasto, estrias de atrito, fatias tectônicas, veios	Dobras apertadas a isoclinais
Região da crosta	Cadeias meso-oceânicas e margem continental tipo atlântico	Cinturões orogênicos	Cinturões orogênicos

Tabela 16.1 – Principais características das falhas e tipos de regime associados.

na horizontal. Seu traço em mapa é geralmente sinuoso, e pode acompanhar o padrão das curvas de nível. Falhas desse tipo, de origem recente, comumente apresentam feições geomorfológicas como escarpas de falha (ver figura 16.27).

As zonas de falhas apresentam desenvolvimento de rochas cataclásticas e têm sua instalação favorecida pela ocorrência no terreno de tipos litológicos muito contrastantes (por exemplo: rochas do embasamento *versus* rochas sedimentares), ou pela presença de um nível de comportamento mais plástico, como sal (anidrita ou halita), talco, folhelho ou grafita. Esses materiais funcionam como "camadas lubrificantes" que favorecem o deslocamento. Esse tipo de situação é exemplificado nos alpes franceses (montanhas do Jura), onde rochas pelitocarbonáticas dobradas sofreram deslizamento horizontal ao longo de níveis mais plásticos (folhelhos e sal) dispostos sobre um substrato rochoso mais antigo.

A geometria dessas falhas, em perfil ou em planta, é, muitas vezes, complexa. Falhas individuais conectam-se vertical e lateralmente entre si, resultando, em mapa, em padrões de falhas subparalelas interligadas, com geometria em forma de fatias ou escamas.

Falha transcorrente ou de deslocamento direcional

Essas falhas correspondem a uma das feições estruturais mais espetaculares da crosta terrestre. Alguns autores consideram as falhas transcorrentes e transformantes como uma divisão das falhas direcionais.

As falhas transcorrentes (Figura 16.34c) são, em geral, subverticais e apresentam deslocamento (ou rejeito) horizontal entre os blocos. Sua caracterização pode ser realizada a partir de marcador estratigráfico inclinado ou vertical (por exemplo, um dique) que foi deslocado pela falha. Essas falhas respondem pela organização e estruturação de muitos terrenos metamórficos antigos (pré-cambrianos). Possuem extensão da ordem de dezenas a centenas de quilômetros e largura da ordem de dezenas a centenas de metros. Algumas delas cortam a litosfera e atingem o manto, correspondendo, assim, a limites de placas litosféricas. Essas estruturas seccionam e deslocam as cadeias meso-oceânicas e desempenham um importante papel na expansão do assoalho oceânico, sendo denominadas, neste caso específico, falhas transformantes (ver capítulo 3).

O movimento em uma falha transcorrente pode ser de dois tipos: sinistral ou anti-horário, destral ou horário. Esses termos são usados em analogia ao movimento observado nos ponteiros do relógio. Nos dois casos, considera-se um observador fixo situado em um dos blocos de falha e olhando o sentido de deslocamento do outro bloco. Quando o bloco observado se desloca para esquerda, o movimento da falha é sinistral, caso contrário, ele é destral.

É comum o aparecimento de faixas com milonitos associadas a essas falhas, com largura superior a 1 km ou 2 km e extensão da ordem de dezenas a centenas de quilômetros (ver figura 16.37). A falha de San Andreas, por exemplo, estende-se pela costa oeste dos Estados Unidos por mais de 1.000 km

Figura 16.36 – Falha normal em sedimentos horizontais da bacia do Recôncavo.
Foto: F. Taioli.

(ver figura 16.23) e o deslocamento destral acumulado é de cerca de 330 km. A falha Alpina, na Nova Zelândia, acomodou nos últimos 40 milhões de anos de atividade um deslocamento destral de cerca de 460 km.

Extensas zonas de falhas transcorrentes pré-cambrianas têm sido descritas nas regiões sudeste e nordeste do Brasil. Nesta última, destacam-se as falhas de Pernambuco (PE), Patos (PB) e Sobral-Pedro II (CE e PI). As duas primeiras possuem direção W-E e a última NE-SW, e atingem extensões superiores a 300 km. Na região sudeste, ocorrem também outras importantes falhas transcorrentes, como as de Jundiuvira e Taxaquara, situadas a norte da cidade de São Paulo, e a falha de Cubatão, situada a leste da capital paulista, entre outras desse tipo. A falha de Cubatão integra o sistema estrutural Lancinha-Cubatão-Além-Paraíba, que se prolonga desde o Paraná até

Figura 16.37 – Milonitos do falhamento transcorrente de Além-Paraíba. Região de Sapucaia (RJ). Foto: M. Egydio Silva.

o Rio de Janeiro, com quase 1.000 km de extensão.

As falhas transcorrentes são comumente reativadas, podendo ocorrer mudanças ou não no tipo de movimento da falha. No primeiro caso, há também modificações no quadro das tensões local ou regional, causando reativações na forma de estruturas normais, com abatimento de blocos. Na região sudeste do Brasil são comuns falhas transcorrentes pré-cambrianas reativadas, como falhas normais durante o Terciário. Esse regime tectônico de reativação, que em sua origem vincula-se à Tectônica Global, é responsável pela formação de bacias sedimentares, como as de Santos, no assoalho oceânico, e Itaboraí, Taubaté, São Paulo, Curitiba, no continente, entre outras.

16.4 Regimes de deformação

As deformações da litosfera, representadas pela dobras e falhas, ocorrem por meio de dois regimes principais: compressivos e distensivos. Os primeiros englobam também os regimes transcorrentes em que a deformação pode ser por cisalhamento.

16.4.1 Regime compressivo

Os regimes compressivos são produzidos pela convergência entre placas litosféricas e são os responsáveis pela formação de estruturas desde dimensões globais até microscópicas. No primeiro caso, tem-se a formação de cadeias de montanhas com a geração de grandes dobramentos e falhamentos dos tipos transcorrentes, inversos e de empurrão, enquanto que, no segundo caso, refere-se à deformação da rede cristalina dos minerais formadores das rochas (Figura 16.38).

As cadeias de montanhas correspondem a zonas comprimidas da crosta onde a diversidade de estruturas pode ser estudada em detalhe. A variedade de deformação que se observa é infinita, sobretudo ao se considerar a diversidade de cadeias de montanhas das mais diferentes idades e os diferentes níveis de exposição dos pacotes rochosos.

A esse processo de compressão está associado um encurtamento, a tensão dominante é horizontal, provocando modificações importantes, como dobramento e fraturamento generalizado em toda a espessura da crosta, com o desenvolvimento de falhas inversas e transcorrentes, acompanhado de espessamento crustal com formação de relevo para cima e para baixo, com geração de uma "raiz" por conta de ajustes isostáticos. Graças às cadeias recentes,

Figura 16.38 – Deformação plástica em olivina. Foto: M. Egydio Silva.

cujos relevos chegam a ultrapassar 8.000 metros e raízes entre 30 e 40 km, pode-se medir, nesse tipo de cadeia, a profundidade da descontinuidade de Moho, que pode alcançar 70 km de profundidade. O encurtamento e a concomitante formação em que de uma raiz profunda levam a crosta continental a novas condições físicas distintas da que se encontrava anteriormente. Essa nova situação acarreta transformações cujos fenômenos mecânicos induzem dobramentos regionais, que dão origem ao metamorfismo dínamo-termal (ver capítulo 15), e ao qual se associam comumente episódios magmáticos.

A origem das cadeias de montanhas está ligada aos movimentos tridimensionais de matéria rochosa no manto. Uma cadeia se forma quando duas placas se chocam ou se aproximam uma da outra, processo este que assume dimensões consideráveis na escala do planeta e que se reflete também em todas as estruturas de compressão, independentemente das escalas envolvidas, seja superficialmente, seja no interior da crosta.

16.4.2 Regime distensivo

As estruturas devidas à distensão são numerosas e variadas e são formadas em todas as escalas. Essas feições talvez sejam menos espetaculares que as estruturas formadas por compressão, além do que, a maior parte delas está coberta pelos oceanos. Contudo, elas evidenciam a atuação de movimentos e modificações extremamente importantes da crosta durante o tempo geológico e, em muitos casos, são mais relevantes que aquelas originadas por regimes compressivos.

De qualquer maneira, o estudo da distensão não pode ser dissociado da compressão, pois na Tectônica Global os dois fenômenos se compensam, tendo em vista que são dois aspectos de uma determinada dinâmica do manto no tempo e no espaço. O fenômeno da distensão gera as grandes depressões que ocorrem nos continentes (bacias, *grabens*) e nos oceanos (bacias oceânicas e as cadeias meso-oceânicas). Por outro lado, essas estruturas estão quase sempre associadas a eventos vulcânicos gigantes.

Como um fenômeno global, a distensão origina estruturas espetaculares que estão ainda em desenvolvimento, entre elas as dorsais meso-oceânicas que se estendem por dezenas de milhares de quilômetros e os riftes continentais (ver capítulo 3). No leste da África, um desses exemplos mais notáveis é dado por uma série de depressões alongadas e profundas que atravessam toda a parte oriental do continente, pontuada por vulcões ativos, como o Kenya e o Killimanjaro. Essas depressões são quase todas limitadas por relevos abruptos e retilíneos que correspondem às escarpas de falhas, as quais são do tipo falha normal. Isto significa que a placa africana está submetida atualmente a uma tração de direção aproximadamente E-W (Figura 16.39).

No arcabouço geológico atual, há outros exemplos magníficos dessas estruturas, como aquela que induz a ampliação do Mar Vermelho por meio do afastamento rotacional entre os blocos africano e arábico (ver figura 16.39), e que apresenta todas as características morfológicas de um rifte. Outro exemplo de distensão atual é a formação do mar Morto por meio do desenvolvimento de uma falha sinistral de direção aproximadamente N-S, assim como o *graben* do Reno, na Alemanha. Trata-se de uma estrutura de direção NNE com cerca de 300 km de extensão e largura entre 35 e 40 km, com sedimentação terciária, lacustre na base e marinha para o topo. A espessura de sedimentos atinge cerca de 1.500 m, o que dá uma ideia do longo período de movimentação dos blocos da crosta submetida ao regime distensivo.

Capítulo 16 - Deformações de rochas: estruturas e processos

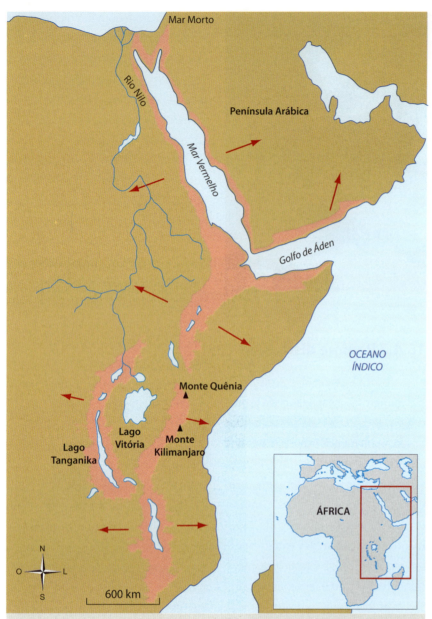

Figura 16.39 – Rifte do Leste Africano e feições associadas. As flechas indicam o sentido dos movimentos das placas. Fonte: E. J. Tarbuck & F. K. Lutgens, 1985.

tectônica sincrônica à sedimentação. Dois sistemas principais de falhas compõem a estrutura: um mais antigo, com falhas normais associadas a *horstes* e *grabens*, que afeta as unidades basais; e outro mais jovem, associado com falhas listrícas, que afeta as unidades de topo. Essas estruturas foram importantes no condicionamento de hidrocarbonetos na bacia, principalmente os *horstes*. As falhas, além de terem servido de condutos para migração ascendente do petróleo, propiciaram também a colocação lado a lado de rochas geradoras (folhelhos) com rochas reservatórios (arenitos), favorecendo, assim, sua migração lateral. Nas áreas submersas da plataforma continental brasileira também existem vários exemplos de estruturas distensionais que são responsáveis pela formação das bacias petrolíferas de Campos (RJ e ES), Potiguar (RN) e Santos (entre SP e SC).

Ao mesmo tempo em que essas bacias estavam sendo desenvolvidas pela subsidência escalonada da crosta em associação com a ampliação do assoalho oceânico, outras regiões adjacentes eram soerguidas, com formação de estruturas também alongadas, em forma de blocos soerguidos, e que hoje subsistem na paisagem, a exemplo das Serras do Mar e da Mantiqueira. (ver quadro 16.1) Esse soerguimento ocorreu como resultado de uma compensação lateral de massas rochosas (isostática), de forma análoga ao que acontece em um tanque de água com pedaços de cortiça, quando o vizinho de um deles é pressionado para baixo.

Como exemplo brasileiro, o sistema de rifte da Serra do Mar é um dos mais importantes, com mais de 800 km de extensão ao longo da costa sudeste. A diferença de nível entre a Serra da Mantiqueira (topo) e a base da bacia de Santos é superior a 11 km, e somente a escarpa da Mantiqueira possui um desnível de cerca de 1.500 metros. No nordeste do Brasil, o *graben* do Recôncavo Baiano (ver figura 16.40) conecta-se para norte com as bacias Tucano e Jatobá. Essa estrutura de distensão de direção N e NNE tem extensão superior a 400 km e contém mais de 5.000 metros de sedimentos. O *graben* possui, em perfil, uma forma assimétrica, sendo limitado a oeste pela falha de Maragogipe, e a leste pela falha de Salvador, esta última com rejeito vertical superior a 5 km. Junto a essa falha, formou-se um espesso conglomerado, que testemunha atividade

Em regiões da crosta sujeitas aos levantamentos tectônicos podem

444

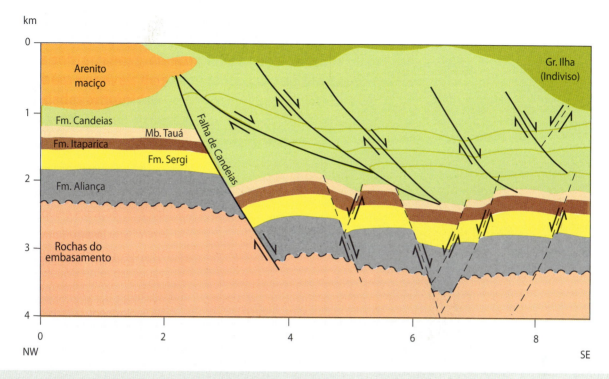

Figura 16.40 – Seção geológica do *graben* do Recôncavo, Bahia. (Gr = Grupo; Fm = Formação; Mb = Membro).

surgir estruturas de forma dômica (domos), onde as camadas mergulham do centro para a periferia da estrutura. Essas estruturas são formadas em diferentes profundidades na crosta, sob condições de deformação rúptil ou dúctil. Algumas delas associam-se a corpos ígneos intrusivos na porção central, ao passo que outras estão interligadas à formação de cadeias de montanhas e aparecem em seu interior. Como essas cadeias não conseguem subir indefinidamente, a partir de um dado momento, por causa de seu próprio peso, elas começam a sofrer uma subsidência generalizada (colapso), aparecendo, então, estruturas dômicas, em cujos flancos desenvolvem-se por deslizamento, em regime distensional, outras estruturas associadas como dobras e falhas. Essas estruturas são referidas também como de origem gravitacional.

Na porção central desses domos, o regime distensivo cria condições para o desenvolvimento de falhas normais (ou de gravidade). Esse regime condiciona a formação de bacias alongadas e altos estruturais, como é o caso das bacias tectônicas do Sudeste brasileiro. Nesse tipo de estrutura, o deslocamento vertical total envolvido entre as bacias de Taubaté (no continente) e de Santos (na plataforma) é de cerca de 8 a 10 km, sendo este um dos maiores deslocamentos verticais conhecidos no mundo em margem continental do tipo atlântico. Considerando que essa subsidência se iniciou há cerca de 110 milhões de anos, e que se prolongou até por volta de 30 milhões de anos atrás, o deslocamento médio foi aproximadamente de 0,1 mm/ano.

Esse é mais um exemplo que ilustra a importância prática do estudo das estruturas e de seus regimes e processos de formação para a compreensão da organização espacial dos materiais rochosos, com implicações de interesse econômico, na litosfera.

Leitura recomendada

DAVIS, G. H.; REYNOLDS, S. J. *Structural geology of rocks and regions*. 2. ed. New York: John Wiley & Sons, 1996. 776 p.

HOBBS, B. E.; MEANS, W. D.; WILLIANS, P. F. *An outline of structural geology*. New York: John Wiley & Sons, 1976. 571 p.

LOCZY, L.; LADEIRA, E. A. *Geologia estrutural e introdução à geotectônica*. São Paulo: Edgard Blücher, 1976. 528 p.

MATTAUER, M. *Ce que disent les pierres*. Bibliothéque Scientifique. Berlin: Pour la Science, 1998. p. 144.

PRESS F.; SIEVER, R.; GROTZINGER, J.; JORDAN, T. H. *Para entender a Terra*. Tradução: Menegat, R., cap.11, p. 271-290, Porto Alegre: Editora Bookman, 2006. p. 656.

RAMSAY, J. G.; HUBER, M. I. *The techniques of modern structural geology*. London: Academic Press, 1987. v. 2.

VAN DER PLUIJM, B. A.; MARSHAK, S. *Earth structure: an introduction to structural geology and tectonics*. New York: W. W. Norton, 2004. 656 p.

unidade 4

17 A água como recurso
Ricardo Hirata
Juliana Baitz Viviani-Lima
Haroldo Hirata

18 Recursos energéticos e meio ambiente
Fabio Taioli

19 Recursos minerais da Terra
Jorge Silva Bettencourt
João Batista Moreschi
M. Cristina Motta de Toledo

20 Planeta Terra: passado, presente e futuro
Thomas Rich Fairchild

21 As Ciências da Terra: sustentabilidade e desenvolvimento
Umberto Giuseppe Cordani
Fabio Taioli

Fotos: V. Tolshin / D. Morrison

A água como recurso

Ricardo Hirata, Juliana Baitz Viviani-Lima, Haroldo Hirata

Capítulo 17

Sumário

17.1 Distribuição de água no planeta

17.2 Uso da água

17.3 Disponibilidade de água no Brasil e no mundo

17.4 Vulnerabilidade das águas subterrâneas

17.5 Manejo

A água é um dos componentes mais importantes do planeta Terra, e sua importância na vida e nos processos geológicos está detalhada nos capítulos anteriores. É o líquido vital e, sem sua ingestão, animais, vegetais e seres humanos padecem em poucos dias (o corpo humano possui 70% de água em sua composição). Para a agricultura, em particular, a água é imprescindível, como também para a continuidade das florestas ainda existentes. Além disso, a água é agente fundamental na transformação da superfície do planeta rios, lagos, geleiras e oceanos erodem as rochas, depositam sedimentos, e assim a moldam, ao longo do tempo geológico.

O acesso a imagens de ampla escala revela a magnificência da água na superfície terrestre (Figura 17.1): onde cerca de dois terços são cobertos por ela. Um grave problema porém é que boa parte dessa água não é diretamente utilizável para consumo humano. De toda a água da superfície apenas 3% não é salgada, mas desse percentual 68,7% encontram-se indisponíveis, por estarem em geleiras e capas de gelo. Acrescente-se que a maior parte da água doce restante superficial (30,1%) está em reservatórios subterrâneos. Pode-se dizer, portanto, que, de toda água doce líquida (ou seja, toda água que potencialmente serviria para o consumo), 99,01% são subterrâneas e apenas 0,99% são superficiais. Esse número é impressionante se for considerada a imponência de corpos de água superficiais, como o rio Amazonas, por exemplo. Mesmo essa água não está totalmente disponível pelas tecnologias atuais, por estar localizada em áreas de difícil acesso ou em aquíferos muito profundos. A água como recurso, ou seja, aquela que pode ser explorada economicamente, é bem mais restrita e representa apenas uma ínfima parte do total de água do planeta: 0,007%.

A água dos reservatórios superficiais, em especial a do oceano, que possui maior superfície exposta, sofre evaporação, saindo da hidrosfera e agregando-se à atmosfera (ver capítulo 4). Além disso, as plantas exercem transpiração, que, somada à evaporação, forma a evapotranspiração. Esse vapor de água é transportado pelo vento, forma nuvens, cujas gotículas eventualmente se agregam, transformando-se em gotas que podem atingir tamanhos e pesos suficientes para se precipitar na forma de chuva, granizo ou neve. Essa água precipitada retorna à superfície (e à hidrosfera), onde pode seguir três caminhos. O primeiro deles é a evaporação, retornando à atmosfera e reiniciando esse ciclo. Isto ocorre, por exemplo, quando a água atinge reservatórios superficiais como lagos, lagoas ou oceanos, ou então, quando a água precipitada é interceptada pelas copas das árvores e pelas construções, não atingindo a superfície terrestre (esse último caminho é denominado interceptação).

Figura 17.1 – Imagem aérea do Pantanal Matogrossense, em época de cheia, mostrando braços do rio Negro. Foto: F. Taioli.

Outro caminho que a água segue é o escoamento superficial (ver capítulo 11), no qual se agrega aos riachos, rios e lagos, quando é escoada até chegar ao oceano, podendo sofrer evaporação ao longo de todo esse caminho, reiniciando o ciclo. Outra possibilidade, após atingir a superfície, é a infiltração ou a percolação no solo. A partir da infiltração, a água pode alcançar os reservatórios subterrâneos, o que é denominado recarga de água subterrânea, ou evaporar a partir do solo, antes mesmo de se incorporar a esses reservatórios. A água infiltrada, que não alcançar o aquífero, pode ser interceptada por camadas menos permeáveis e sofrer escoamento subsuperficial, até atingirem a superfície do terreno novamente (em encostas de morros e escarpas, por exemplo). As águas do aquífero também se movimentam lentamente, a razão de centímetros ou milímetros por dia, até atingirem uma zona de onde retornam à superfície, quer em oceanos, rios, lagos ou em outros aquíferos. Esse processo é conhecido como descarga. E durante todo esse processo há a possibilidade de ocorrência de evaporação novamente.

Mas nem toda a água do planeta é considerada recurso. Mesmo a água já utilizada pode deixar de ser recurso, se tiver passado por processos de poluição ou contaminação que inviabilizem sua reutilização; nesse caso, a água deixa de ser um recurso renovável. Assim, a educação para a sustentabilidade deve incluir essa questão.

O Brasil contém 40% da água doce do mundo, distribuída em grandes bacias hidrográficas como a do Amazonas, do Tocantins, do Paraná e do São Francisco e em aquíferos, como o Guarani, considerado o maior do mundo, que extrapola as fronteiras nacionais. Neste capítulo, serão tratados os aspectos relativos ao aproveitamento da água como recurso para a sociedade.

> **Curiosidade**
>
> Os povos antigos já sabiam a importância de manejar os recursos hídricos, como demonstrado pelas ruínas mesopotâmicas de aquedutos de 2.500 a.C. Essas estruturas, um sinal da grandiosidade dos impérios e da capacidade de seus arquitetos e construtores, levava a água dos rios e lagos para as cidades, irrigando áreas para cultivo ao longo de seu trajeto.
>
> A cidade de Roma possuía 11 aquedutos que distribuíam água por distâncias de até 90 km. Alguns aquedutos antigos continuam em bom estado de conservação, como os de Gard (França), Segóvia (Espanha) e Éfeso (Turquia). No Rio de Janeiro, o aqueduto dos Arcos, construído entre 1744 e 1750, trazia água de Santa Teresa para o Morro de Santo Antonio.

Capítulo 17 - A água como recurso

17.1 Distribuição de água no planeta

A água é um dos elementos mais importantes do nosso planeta. Ela é o agente fundamental na transformação da sua superfície, como visto nos capítulos precedentes. Rios, lagos, geleiras e oceanos erodem as rochas, depositam sedimentos e minerais, e assim a moldam, ao longo do tempo geológico.

Numa era em que a aparência de nosso planeta não é mais mistério e há pleno acesso a fotos e imagens de satélite e o Google, percebe-se ainda mais a magnificência da água na superfície da Terra (ver figura 17.1).

A água não permanece num mesmo reservatório indefinidamente. Ao contrário, ela está em constante movimento e renovação. Uma das maneiras de a água se transferir de um reservatório a outro é pela transformação entre seus estados físicos (sólido, líquido e gasoso), devido a variações de temperatura e pressão que acontecem na superfície. Desta forma, a água pode passar da hidrosfera para a atmosfera e para a biosfera, e se mover indefinidamente entre essas esferas terrestres como ilustrado pela sua distribuição heterogênea na superfície (Tabela 17.1)

O conjunto desses processos de circulação de água nos reservatórios terrestres, incluindo a crosta, é denominado ciclo hidrológico, e já foi detalhado no capítulo 7.

Reservatório		Volume (km³ x 1.000.000)	Porcentagem do total	Porcentagem da água doce	Tempo médio de residência
Oceanos		1,338	96,5		3.200 anos
Geleiras e capas de gelo		24,1	1,74	68,7	20 a 10.000 anos
Água subterrânea	Total	23,4	1,7		Rasa – 100 a 200 anos
	Doce	10,5	0,76	30,1	Profunda – 10.000 anos
	Salgada	12,9	0,94		
Umidade do solo		0,017	0,001	0,05	1 a 2 meses
Permafrost e gelo no solo		0,300	0,022	0,86	10 a 10.000 anos
Lagos	Total	0,176	0,013		
	Doce	0,091	0,007	0,26	50 a 100 anos
	Salgado	0,085	0,006		
Atmosfera		0,013	0,001	0,04	cerca de 8 dias
Áreas pantanosas		0,011	0,0008	0,03	1 a 10 anos
Rios		0,002	0,0002	0,006	poucos dias a 6 meses
Biosfera		0,001	0,0001	0,003	6 dias
Total		1,386	100		

Tabela 17.1 – A distribuição da água no planeta e os tempos de residência em seus principais reservatórios. Fonte: Modificado de: Gleick, P. H., 1996: Water resources. In: Shneider, S.H. (ed.) *Encyclopedia of Climate and Weather*, Nova York: Oxford University Press, 1996. p. 817-823.

17.2 Uso da água

O uso da água aumenta de acordo com as necessidades da população no mundo. Porém, diferentemente do que se possa imaginar, o aumento do consumo de água superou em duas vezes o crescimento populacional durante o século XX.

Até o momento, segundo o paradigma norte-americano de desenvolvimento, quanto maior a renda – e, portanto, o poder de consumo da população – maior é o gasto de água. Além do consumo de água, o aumento populacional também demanda um aumento na produção agrícola e industrial. Esses dois setores, aliados ao suprimento de água para o consumo humano direto, são os usos mais importantes da água na superfície terrestre.

É necessária uma mudança no padrão de consumo de água, seguindo um panorama sustentável de utilização dos recursos. Desta forma, o uso racional e a reutilização da água devem ser postos em prática, eliminando a relação de maior desenvolvimento aliado a mais consumo. Novas práticas agrícolas que incorporam tecnologias inovadoras de irrigação têm sido introduzidas para reduzir as perdas por evaporação desnecessária. O mesmo tem acontecido com a indústria. Paralelamente ao que ocorre com a energia, essas novas técnicas de uso eficiente de água têm garantido também menores custos de produção, quebrando outro paradigma de que o ambientalmente correto é sempre mais caro.

No mundo todo, cerca de 2.600 km^3/ano de água são utilizados para abastecimento agrícola. Sem dúvida alguma, esse setor é o que mais consome água e ele teve um crescimento significativo nos últimos 50 anos, cerca de 60%.

A figura 17.2 relaciona o consumo total de água e os usos individuais com o crescimento ao longo dos anos.

Estima-se que em 2007, pela primeira vez, a população que vive em áreas urbanas ultrapassou aquela que vive em áreas rurais. Das 23 megacidades (cidades com populações maiores que 10 milhões de habitantes),

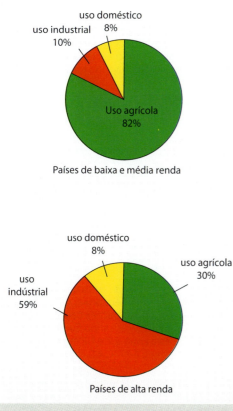

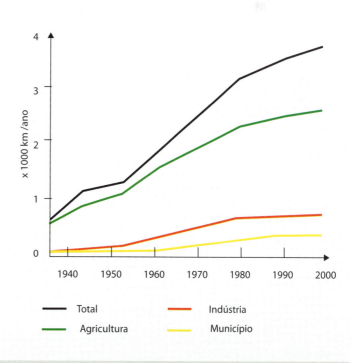

Figura 17.2 – Consumo de água para diversos fins.

Capítulo 17 - A água como recurso

12 são fortemente dependentes de água subterrânea. A água subterrânea é um recurso extremamente democrático. Em países em desenvolvimento, o que se tem observado é que as classes médias e altas utilizam a água subterrânea como uma alternativa mais barata em relação aos valores cobrados pelas companhias de abastecimento público. Por outro lado, a única alternativa da população mais carente, muitas vezes desprovida de água da rede pública, é a água subterrânea. Dessa forma, a água subterrânea é um bem acessível a todos, sem restrição à posição ou à classe social, embora, neste último caso, a qualidade do recurso esteja, frequentemente, abaixo dos padrões exigidos para a água potável, sobretudo pela péssima qualidade das obras de captação e deposição de esgoto doméstico. Nesse sentido, a água mineral tem sido cada vez mais utilizada nas grandes cidades brasileiras (Quadro 17.1)

Quadro 17.1 – Que informação está contida no rótulo de uma garrafa de água mineral?

Primeiro, como se forma a água mineral? A água mineral é a água subterrânea formada pela infiltração de água no solo que, em consequência ao contato com as rochas e sedimentos pela qual percola, enriquece-se com minerais e gases. Por esse motivo, as águas minerais adquirem características que são próprias de rochas ou sedimentos, sendo possível, somente com base em suas características químicas, identificar com qual rocha essa água teve contato.

A figura 17.3 e a tabela abaixo representam a análise química de uma água mineral. Mas o que querem dizer os dados contidos no rótulo? Aqui estão definidos os principais constituintes das análises, apresentados no rótulo de águas minerais.

pH	Os principais fatores que determinam o pH da água são o gás carbônico dissolvido e a alcalinidade. Geralmente, o pH das águas subterrâneas varia entre 5,5 e 8,5.
Temperatura	As águas subterrâneas, em geral, apresentam temperatura que representa a média da temperatura do ar numa região. Porém, temperaturas maiores que aproximadamente 25 ºC podem mostrar influência do gradiente geotérmico, indicando proveniência profunda.
Condutividade elétrica	Há uma relação direta entre a quantidade de sais dissolvidos (salinidade) e a condutividade elétrica da água. Normalmente, as águas muito salinas indicam que ou a água percolou por materiais muito reativos ou que o tempo de trânsito da água na rocha foi prolongado.
Radioatividade	Medida pelo teor de determinado gás (radônio, torônio ou sulfídrico), numa fonte com vazão gasosa de 1 litro por minuto, a 20 °C e 760 mmHg de pressão. Ela é fracamente radioativa caso o teor de radônio esteja entre 5 e 10 maches, por litro de gás espontâneo; é radioativa caso o teor de radônio esteja entre 10 e 50 maches; fortemente radioativa se o teor em radônio for maior que 50 maches; toriativa, caso o teor de torônio, na fonte, seja equivalente a 2 maches por litro e sulfurosa, caso haja, na fonte, desprendimento de gás sulfídrico.
Características químicas	
Bicarbonato	Este composto pode ser provindo de rocha rica em carbonato de cálcio, que, em contato com a água e em ambiente em que CO_2 é produzido pela respiração de micro-organismos, reage e forma o bicarbonato.
Cálcio	Varia, de uma forma geral, de 10 a 100 mg/L. Pode provir da alteração os plagioclásios cálcicos, calcita, dolomita, apatita, entre outros. O cálcio é o principal elemento responsável pela dureza de uma água ou a capacidade da água de retirar o sabão.
Cloretos	Geralmente menor que 100 mg/L. Teores anômalos são indicadores de contaminação por água do mar ou por aterros sanitários. Áreas de recarga de aquíferos próximos ao mar também apresentam águas com teores elevados de cloreto.
Fluoretos	Naturalmente ocorre em concentrações baixas, cerca de 0,1 a 2,0 mg/L. As principais fontes de flúor são minerais, como fluorita, apatita, flúor-apatita, turmalina, topázio e mica. Pode também provir de atividades antrópicas (indústria siderúrgica, fundição, fabricação do alumínio etc.). Em concentrações baixas, o flúor é benéfico à saúde humana, porém, quando em concentrações altas, é prejudicial, causando fluorose dental e esquelética. O teor recomendável pela Organização Mundial da Saúde está entre 0,7 e 1,2 mg/L, dependendo da média de temperatura anual (18 °C = 1,2 mg/L, 19 a 26 °C = 0,9 mg/L e 27 °C = 0,7 mg/L).
Magnésio	Ocorre geralmente em concentrações que variam entre 1 e 40 mg/L. A presença de magnésio na água está relacionada principalmente à presença de biotita, anfibólios e piroxênios nas rochas-reservatório, ou mesmo de dolomita. O magnésio, depois do cálcio, é o principal responsável pela dureza das águas.

Nitrato	Nas águas subterrâneas, os nitratos ocorrem em teores comumente abaixo de 5 mg/L-NO_3. Em geral, sua presença está relacionada à contaminação por dejetos animais ou humanos, ou à aplicação de fertilizantes nitrogenados no solo. A presença de nitrato (> 5 mg/L-NO_3) indica uma contaminação por águas mais superficiais, mesmo que em concentrações abaixo do limite recomendável ao consumo humano, e pode indicar a presença de outros compostos contaminantes não analisados na água.
Potássio	Ocorre em baixas concentrações nas águas subterrâneas, em geral, menos que 10 mg/L, frequentemente entre 1 e 5mg/L. As principais fontes de potássio são feldspato potássico, muscovita e biotita.
Sódio	Geralmente presente em concentrações entre 0,1 e 100 mg/L nas águas subterrâneas. Seus principais minerais-fonte são os plagioclásios. Nas regiões litorâneas, sua presença pode estar relacionada à intrusão da água do mar. Segundo a OMS, o valor máximo recomendável de sódio na água potável é 200 mg/L
Sulfato	Geralmente presente em concentrações que variam de 0,9 a 480 mg/L. Sua presença em águas subterrâneas está relacionada à presença de gipso e sulfetos ou pode provir de deposição atmosférica.

Classificação da água quanto à composição química

A água mineral recebe diversas denominações devidas à predominância de determinadas substâncias químicas. Algumas delas são:

Alcalinas bicarbonatadas	Apresentam mais de cerca de 200 mg/L de bicarbonato de sódio.
Alcalino-terrosas	Apresentam mais de cerca de 120 mg/L de elementos alcalino-terrosos.
Alcalino-terrosas cálcicas	Apresentam mais de aproximadamente 48 mg/ L de cálcio na forma de bicarbonato de cálcio.
Alcalino-terrosas magnesianas	Apresentam mais de cerca de 30 mg/L de magnésio na forma de bicarbonato de magnésio.
Sulfatadas	Apresentam mais de 100 mg/L de sulfato de Na, K ou Mg.
Sulfurosas	Apresentam mais de 1 mg/L do ânion S.
Nitratadas	Apresentam nitrato de origem mineral em concentração de aproximadamente 100 mg/L e têm ação medicamentosa.
Cloretadas	Presença de mais de 500 mg/L de cloreto de sódio, com ação medicamentosa.
Ferruginosas	Apresentam mais de 500 mg/L de ferro.
Carbogasosas	Apresentam mais de cerca de 0,200 mL/L de gás carbônico livre dissolvido.

Algumas vezes, quando um elemento raro ou digno de nota está presente na água, ele é mencionado em sua classificação, como: iodetada, fluoretada, litinada, brometada etc.

INDÚSTRIA BRASILEIRA
CARACTERÍSTÍCAS FÍSICO-QUÍMICAS

pH a 25 ºC 7,59
Temperatura da água na fonte ....23,1 ºC
Condutividade elétrica a 25 ºC ....3,56 x 10^-mhos/cm
Resíduo de evaporação a 180 ºC, calculado ....242,79 mg/L
Radioatividade na fonte a 20 ºC a 760 mmHg ....5,70 maches
Conservar ao abrigo do sol em local limpo, seco, arejado e sem odor.
Não congelar.

Composição química (mg/L)

Bicarbonatos 194,47
Cálcio 39,90
Cloretos 8,68
Fluoretos 0,038
Magnésio 12,90
Nitratos 14,81
Potássio 2,01
Sódio 17,40
Sulfato 10,24
CLASSIFICAÇÃO: Água Mineral
Alcalino-Terrosa, Fluoretada, Fracamente Radioativa na Fonte.

Figura 17.3 – Rótulo de uma garrafa de água mineral com as principais informações de composição físico-química.

17.3 Disponibilidade de água no Brasil e no mundo

A divisão de toda a água existente pela população mundial resultaria em cerca de 6.500 m³/ano/pessoa, que é mais do que o mínimo razoável para um bom nível de conforto para um indivíduo, estimado em 1.500 m³/hab/ano.

Nesse valor, estão incluídos todos os usos da água pelo indivíduo, até mesmo a produção industrial e agrícola dos bens utilizados por ele, e não somente o consumo próprio. Essa quantidade de água foi estabelecida em 1995 pelas Nações Unidas, que classificou os países em cinco níveis, segundo a abundância natural de água (Figura 17.5).

Entretanto, a simples divisão entre o volume de água doce do planeta e sua população é irreal para definir o estresse hídrico que se vive, pois não considera a heterogeneidade entre demanda e oferta ou mesmo sua distribuição geográfica. Dessa forma, apenas seis países (Brasil, Rússia, Canadá, Indonésia, China e Colômbia) possuem metade de toda a reserva renovável de água doce (Quadro 17.2). O Canadá está entre os países mais ricos em água, com cerca de 94.000 m³ de água por habitante. Do lado pobre em água, estão Jordânia, com reservas renováveis de 179 m³ de água por habitante, e Kuwait, com praticamente zero de água por habitante. Apesar de a China ser um país relativamente rico em água (cerca de 7% do total), é um dos mais populosos (21% da população mundial) e suas reservas estão concentradas na porção sul, o que faz com que a disponibilidade do recurso *per capita* não seja significativa.

Nota-se que, neste contexto, o Brasil encontra-se em posição privilegiada, com 53% da água doce da América do Sul e 12% da vazão total mundial dos rios, o que equivale a 177.900 m³/s.

Isso se deve à situação geográfica e climática privilegiadas do país, que apresenta índices pluviométricos em mais de 90% do território na faixa de 1.000 a 3.000 mm/ano. Por outro lado, há situações locais em que a disponibilidade hídrica não é favorável, isso ocorre em três estados (Pernambuco, Paraíba e Sergipe)

Quadro 17.2 – Como calcular quanto de água existe em uma bacia hidrográfica?

Uma das maneiras de se avaliar a disponibilidade hídrica em uma bacia hidrográfica é estimando-se o balanço hídrico (Figura 17.4). O método do balanço hídrico é relativamente simples de se utilizar, já que diversos dos parâmetros usados são medidos diretamente, como a precipitação, o fluxo das drenagens e a evaporação do reservatório. Se os divisores de água da bacia hidrográfica coincidem com os divisores de água do aquífero, a equação do balanço hídrico na porção da bacia sujeita à recarga equivale a:

$$P = Q_s + R + E_r$$

onde P é a precipitação na área da bacia, Qs é o escoamento superficial, R é a recarga e Er é a evapotranspiração na área de recarga.

Desse modo, calculando apenas a precipitação, o escoamento superficial e a evapotranspiração na área de recarga, pode-se ter uma avaliação do volume de água que recarrega o aquífero e que, potencialmente, estaria disponível para ser explorado.

Por outro lado, na porção da bacia sujeita à descarga, novos componentes se agregam ao balanço:

$$Q = Q_S = D - E_d$$

onde Q é o escoamento total (superficial e subterrâneo), D é a descarga, Ed é a evapotranspiração na área de descarga. Dessa forma, a equação que rege o balanço hídrico da bacia como um todo é descrito por:

$$P = Q - D + R + E$$

E é a evapotranspiração total:

$$(E_r + E_d)$$

Com base nisto, pode-se dizer que a recarga está virtualmente em equilíbrio com a descarga da bacia. A descarga é responsável pela manutenção de muitos ecossistemas, como áreas alagadiças, lagos e rios. Sendo assim, há uma diferença entre recarga e volume de extração seguro (*safe yield*). O uso do volume potencialmente disponível pela recarga acarreta a quebra do equilíbrio dinâmico do sistema hidrológico, e isso deve ser considerado quando essa fonte for utilizada. Um novo equilíbrio é estabelecido e, portanto, a avaliação das consequências desse novo equilíbrio no sistema natural é imprescindível para o estabelecimento da vazão segura e o bom uso dos recursos hídricos.

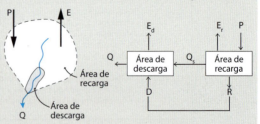

Figura 17.4 – Balanço hídrico de uma bacia hidrográfica.
Fonte: Freeze, R. A. & Cherry, J. A. *Groundwater*. 1. ed. New Jersey: Prentice Hall, 1979. p. 604.

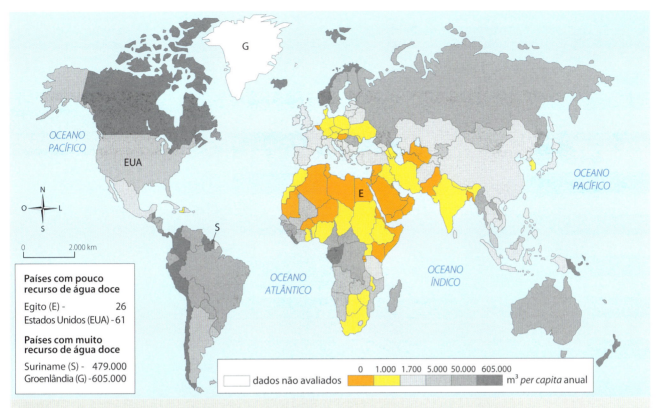

Figura 17.5 – Disponibilidade de água doce em 2000. Fluxos médios de rios e recarga da água subterrânea. Fonte: World Resources 2000-2001. *People and ecosystems: the fraying web of life*. World Resources Institute (WRI) Washington DC, 2000.

e no Distrito Federal. Além disso, se uma análise mais detalhada for realizada, encontram-se situações críticas, como é o caso das bacias do Alto Tietê (SP), do Oriental Pernambuco (PE), do Leste Potiguar (RN) e de Fortaleza (CE). No caso brasileiro, o estresse hídrico ocorre devido a condições climáticas ou econômicas desfavoráveis, ao manejo inadequado do recurso hídrico e/ou à grande concentração urbana. Um levantamento realizado entre a oferta de recursos, a população considerada sustentável e a população real demonstra que muitas das grandes cidades brasileiras se encontram em situação preocupante quanto aos recursos hídricos (Tabela 17.2a e b).

Para se ter condições plenas de sobrevivência, com bons níveis de saúde e higiene, estima-se que um volume de 80 L de água por dia, por indivíduo, seria mais que suficiente. O que ocorre, porém, é que quanto maior a renda, maior o consumo de água. Um cidadão de

Estados	Disponibilidade hídrica social (m³/hab/ano)	Utilização (%, em 1977)
Pernambuco	1.270	20,3
São Paulo	2.209	12,0
Paraíba	1.294	12,0
Rio Grande do Norte	1.654	11,6
Ceará	2.279	10,6
Rio de Janeiro	2.189	9,7
Alagoas	1.692	9,1
Bahia	2.872	5,7
Rio Grande do Sul	19.792	4,9
Espírito Santo	6.714	3,1
Santa Catarina	12.653	2,7
Paraná	12.600	1,4
Estados do Norte	> 100.000	< 0,5
BRASIL	35.732	0,71

valores < 1000 m³/hab/ano indica estresse hídrico e entre 1.000 e 2.000 m³/hab/ano atenção

Tabela 17.2a – A disponibilidade de água no Brasil.

Capítulo 17 - A água como recurso

Metrópole	Área da bacia (km²)	Vazão específica (L/s/km²)	Vazão disponível (oferta) (m³/s)	População atual	População sustentável (Qdisp. x 31.536)
São Paulo[1]	5.650	18,6	Qref 105,00	17.655.000	3.311.280
		5,3	Q95 30,00		946.080
		3,2	Q7,10 18,00		567.648
Campinas[1]	11.020	4,5	Qref 50,00	2.181.000	1.576.800
		4,9	Q95 54,00		1.702.944
		3,1	Q7,10 34,00		1.072.244
Rio de Janeiro[2]	5.111	12,5	Qmlt 63,9	10.777.000	2.015.150
Belo Horizonte[2]	7.020	12,5	Qmlt 87,8	4.145.000	2.768.861
Porto Alegre[2]	94.500	15,6	Qmlt 1.474,2	3.484.000	*
Recife[3]	7.420	5,7	Qmlt 42,3	3.404.000	1.333.973
Salvador[2]	12.800	5,7	Qmlt 73,0	2.957.000	2.302.128
Fortaleza[5]	8.664	2,3	Qref 24,2	2.896.000	763.171
		8,6	Qmlt 74,9		2.362.046
Brasília[4]	2.175	10,7	Qmlt 23,3	2.721.000	734.789
Curitiba[2]	5.202	12,5	Qmlt 65,0	2.688.000	2.049.840
Belém[2]	757.000	15,6	Qmlt 11.809	1.790.000	*
Goiânia[2]	3.750	15,6	Qmlt 58,5	1.614.000	1.844.856
Manaus[2]	437.400	48,2	Qmlt 21.083	1.289.000	*

Tabela 17.2b – Oferta global de recursos hídricos e população atual e "sustentável" para as regiões metropolitanas brasileiras. Fonte: [1] Plano Estadual de Recursos Hídricos; [2] área: Pauwels (1998); vazão específica: ANEEL; [3] V Simpósio Brasileiro de Hidrologia e Recursos Hídricos; ANEEL; [4] V Simpósio Brasileiro de Hidrologia e Recursos Hídricos; [5] Pauwels (1998); V Simpósio Brasileiro de Recursos Hídricos.
*valores não calculados para cidades que têm excelente disponibilidade hídrica.
Qref = vazão regularizada por reservatórios; Q95 = vazão para 95% de permanência no tempo; Q7,10 = vazão mínima anual de sete dias consecutivos e dez anos de período de retorno. Para o cálculo da população "sustentável" multiplicou-se a vazão disponível pelo número de segundos do ano e dividiu-se o resultado pelo parâmetro de 1.000 m³/hab/ano (Carlos Alberto Mariotoni & Antonio Carlos Demanboro, 2000).

Madagáscar consegue sobreviver com 5,4 L/dia, enquanto um cidadão americano consome quantidades superiores a 500 L/dia, principalmente em função do grande desperdício. No Brasil, o consumo é de cerca de 140 L/hab/dia, segundo relatório do Sistema Nacional de Informações sobre Saneamento de 2005, do Ministério das Cidades. Observam-se, dentro do próprio Brasil, discrepâncias no consumo de água entre estados mais ricos e pobres. O Rio de Janeiro é, destacadamente, o estado que mais consome água, com 232 L/hab/dia, e Pernambuco é o que menos consome, com 85 L/hab/dia.

As Nações Unidas definiram 2005-2015 como a Década Internacional para Ação: Água para Vida (*Water for Life*).

Várias ações relacionadas à água, internacionalmente acordadas, foram propostas na Declaração do Milênio da ONU. A prioridade é atender ao problema de escassez de água, facilitando o acesso a água potável, saneamento e higiene, e reduzindo o risco de desastres e mortes, sobretudo para as populações pobres.

Neste contexto, além de representar 97% da água doce em todo o mundo, a água subterrânea possui um papel fundamental no abastecimento público e privado das cidades e das áreas agrícolas. A tendência é que cada vez mais pessoas no mundo se beneficiem desse manancial, especialmente em países com economias periféricas, por causa a sua fácil obtenção e sua excelente qualidade

natural. Além disso, a água subterrânea é um reservatório estratégico, por estar mais bem protegido, mesmo em períodos de guerra ou catástrofes naturais, até mesmo as prenunciadas pelas mudanças climáticas, que podem afetar diretamente os reservatórios superficiais.

O valor econômico desse recurso também é grande. O uso agrícola na irrigação de pequenas e grandes propriedades tem aumentado, permitindo a regularização no suprimento de água em épocas e em locais de seca prolongadas. Ao mesmo tempo, em muitas regiões a radiestesia continua sendo praticada na localização de poços (Quadro 17.3).

Em pequenos e médios centros urbanos, a água subterrânea é o recurso com os menores custos de obtenção. Em grandes centros, quando se exige grandes vazões e os aquíferos não são muito produtivos, as águas subterrâneas têm sido utilizadas extensivamente pela população, por meio de poços privados, em razão dos custos e da perenidade do recurso, menos afetado por estiagem.

Estatísticas sistemáticas, relacionadas ao uso de águas subterrâneas, são raras no mundo. Estas devem representar cerca de 50% do suprimento atual de água potável, abastecendo 1,5 bilhão de pessoas, 40% do consumo de indústrias autossuficientes e 20% das águas utilizadas na agricultura (Zekster; Lorge, 2004). Essas proporções variam de acordo com as características climáticas e com o tipo de economia que rege a região ou o país, bem como com a disponibilidade de água superficial em relação à subterrânea.

A agricultura é o maior consumidor de água subterrânea no mundo. Uma pesquisa realizada nos Estados Unidos demonstrou que o segundo maior consumidor da água subterrânea é o abastecimento público, seguido pelo uso industrial e pelos doméstico e comercial.

Na América Latina, embora não existam valores oficiais seguros sobre o uso do recurso hídrico subterrâneo para o abastecimento público e privado, ele é fundamental para muitos países. A figura 17.6 mostra a dependência dos países latino-americanos da água subterrânea, indicando também alguns núcleos urbanos com importante demanda. Numa das maiores concentrações urbanas do continente americano, a Cidade do México (México), os recursos hídricos subterrâneos suprem a maior parte das necessidades municipais e domésticas de água potável. No caso da Cidade do México, a impressionante cifra de 3,2 bilhões de litros de água por dia, representando 94% do total suprido, é fornecida por 1.330 poços tubulares.

San José (Costa Rica), Lima (Peru) e Santiago (Chile) também têm a maior parte de sua demanda de água potável atendida pela água subterrânea.

Mesmo os locais úmidos, com excedente hídrico, beneficiam-se da boa qualidade natural aliada ao baixo custo de produção, como é o caso da América Central e do Brasil, onde a água subterrânea supre 35% da população com água potável. No estado de São Paulo, cerca de 70% dos municípios são abastecidos parcial ou exclusivamente por água subterrânea. A bacia do Alto Tietê (ver quadro 17.4), cujo contorno corresponde aproximadamente ao da região metropolitana de São Paulo, tem cerca de 8.000 poços tubulares em operação (de um total de mais de 12.000 poços perfurados até o ano 2004), extraindo um volume estimado de 8 m^3/s (315 mm^3/a) dos sistemas aquíferos. Esse

volume representa 13% do total de água distribuída pelas companhias de abastecimento público, o que poderia suprir cerca de 3,5 milhões de pessoas (consumindo cerca de 200 L/hab/dia). Embora a proporção do abastecimento final seja pequena, a situação atual do abastecimento da bacia do Alto Tietê não permite prescindir desse volume de água. Dessa forma, se por algum problema a população abandonasse seus poços e passasse a consumir a água da rede pública, o sistema público entraria em colapso.

Além disso, a importância da água subterrânea é confirmada pelo papel que desempenha na descarga em cursos de água superficial (manutenção do fluxo de base), tais como rios, lagos e pântanos, o que permite sua conservação em épocas de seca. Em alguns locais, em épocas de seca, o fluxo de base é o único responsável

Quadro 17.3 – Radiestesia para encontrar o melhor local para um poço

Você já deve ter ouvido que alguém encontrou água no terreno de sua casa por radiestesia. Os praticantes de radiestesia encontram a água ao caminharem pelo terreno com uma espécie de vareta em mãos, até que esta vareta pareça entortar, voltar para o chão ou balançar incontrolavelmente em direção ao local onde a água será encontrada. Eles dizem que a presença de água faz com que a vareta se comporte dessa maneira. Será que isso é verdade? Será que são fraudes? Provavelmente em alguns casos, não. Muitas vezes, o serviço nem é cobrado.

Mas será que eles realmente encontram água? Os céticos dizem que eles seguram a vareta de maneira tão sutil que ela facilmente "treme". Em locais úmidos como o Brasil, dificilmente há uma diferença tão grande de nível d'água de um lugar para o outro num mesmo terreno: a água subterrânea está praticamente dentro desse pequeno espaço, em todos os lugares, na mesma posição. Alguns estudos realizados na Austrália mostraram que radiestesistas indicaram duas vezes mais locais onde se perfuraram poços secos do que os indicados por hidrogeólogos. Na Universidade do Estado do Iowa, radiestesistas foram convidados para indicar locais com água ao longo do *campus*, mas eles não conseguiram nem identificar as tubulações de água que estavam bem próximas de seus pés.

Os praticantes de radiestesia têm um percepção comum sobre os locais que podem ser mais propícios à existência de água, por exemplo, que poços perfurados em vales apresentam água em menor profundidade do que aqueles perfurados em topos de morros, ou que certas plantas florescem no solo em consequência à presença de água subterrânea rasa. Radiestesistas experientes devem saber os locais mais propícios para a existência de água subterrânea rasa. Essa percepção e esse conhecimento permitem que os radiestesistas tenham a "clarividência" necessária para achar a água subterrânea ou mesmo para localizar um grande "veio de água subterrâneo".

pela perenidade do rio, permitindo que estes corpos de água superficial continuem a ser utilizados, até mesmo para a diluição de esgoto lançado pelas cidades. O mesmo mecanismo garante a manutenção de áreas alagadiças, como brejos, pântanos, manguezais e restingas, essenciais para o equilíbrio ecológico e a manutenção de espécies frágeis. Em áreas desérticas, os oásis são ótimos exemplos de sistemas alimentados pela descarga subterrânea de aquíferos. Outro sistema ecológico que necessita da descarga de aquíferos para existir são aqueles associados a zonas costeiras. Aquíferos que descarregam nessas áreas reduzem a salinidade das águas marinhas e permitem a sobrevivência de algumas espécies.

Figura 17.6 – O uso da água subterrânea na América Latina e no Caribe.

17.4 Vulnerabilidade das águas subterrâneas

As águas subterrâneas, embora mais bem protegidas e em maior volume que as superficiais, são também passíveis de serem afetadas pela má exploração ou pela contaminação causada por atividades antrópicas.

A exploração excessiva, ou seja, a extração da água realizada de forma a não respeitar as características do aquífero, pode exauri-lo, fazer com que a extração de água não seja mais economicamente viável ou mesmo causar impactos aos sistemas ecológicos dependentes das águas subterrâneas. Essa situação é conhecida popularmente como superexploração.

Já o problema de contaminação das águas subterrâneas está associado a atividades em superfície que lançam substâncias que degradam as águas subterrâneas ou mesmo à má construção de captações subterrâneas, que permite o ingresso de contaminantes no poço ou na fonte ou até no aquífero (Tabela 17.3).

Tipo de problema	Causa	Contaminantes
Poluição do aquífero	Proteção inadequada de aquíferos vulneráveis contra descargas antropogênicas e lixiviados de atividades urbanas/industriais e intensificação do cultivo agrícola	Patogênicos, nitrato, amônio, cloreto, sulfato, boro, arsênico, metais pesados, carbono orgânico dissolvido, hidrocarbonetos aromáticos e halogenados, determinados pesticidas
Contaminação de poços	Planejamento/construção inadequada de poço, permitindo o ingresso direto de água superficial poluída ou água subterrânea rasa	Principalmente patógenos
Intrusão salina	Água subterrânea salina (e algumas vezes contaminada) induzida a fluir no aquífero de água doce como resultado de extração excessiva	Principalmente cloreto de sódio, mas também pode incluir contaminantes antropogênicos
Contaminação natural	Relacionada à evolução química de água subterrânea e solução de minerais (pode ser agravada por contaminação antropogênica e/ou extração excessiva)	Principalmente ferro solúvel e fluoreto, por vezes sulfato de magnésio, arsênico, manganês, selênio e outras espécies inorgânicas

Tabela 17.3 – Classificação quanto à origem dos problemas de qualidade de água subterrânea.

17.4.1 Exploração intensiva de água subterrânea

O uso intenso das águas subterrâneas sem planejamento tem causado sérios prejuízos à sociedade, ao usuário e ao meio ambiente. Em várias partes do mundo, percebe-se que a exploração de forma incorreta tem levado ao encarecimento da exploração da água e, em alguns casos, a perdas do próprio aquífero. Mas, então, qual é a vazão segura (*safe yield*) ou, mais modernamente, a vazão sustentável, que um aquífero pode suportar de forma ambientalmente segura?

Dois aspectos devem ser considerados no estabelecimento da vazão sustentável, o físico e o econômico. Ao primeiro, está associada a capacidade do aquífero em fornecer a água demandada sem causar prejuízos ao ambiente e, ao segundo, os custos dessa obtenção ou os custos dos prejuízos causados, até mesmo ambientais, pela exploração excessiva das águas subterrâneas. A vazão sustentável será então aquela em que os custos sejam menores que os benefícios da água extraída.

O rebaixamento dos níveis de um aquífero é a resposta natural a qualquer bombeamento de um poço. Esse volume, rebaixado pela exploração individual do poço, é conhecido também como cone de depressão (ver figura 17.7). O rebaixamento representa também uma redução no armazenamento do aquífero, que obviamente é limitado. Portanto, quedas pronunciadas e constantes dos níveis podem ser interpretadas como problemas de exploração intensa do aquífero.

Qualquer retirada de água de um aquífero vai causar um abatimento de seus níveis. Entretanto, se o aquífero estiver recebendo recarga e o volume retirado for pequeno, ele terá capacidade de cedê-lo sem afetar sua capacidade futura, pois o bombeamento estará sendo equilibrado pela recarga. Nesse caso, os níveis do aquífero se equilibrarão em um novo patamar. O cálculo da vazão sustentável deve ser estabelecido pelo balanço hídrico de longo período entre os volumes de água que ingressam e são retirados do aquífero em bases anuais. Dessa forma, a vazão sustentável é relacionada com a água que é reposta naturalmente. Quando, por outro lado, a extração for maior que a capacidade de reposição do aquífero, o nível da água continuará a cair indefinidamente, podendo afetar seriamente o recurso hídrico subterrâneo. Há outra situação em que, em algumas áreas, mesmo respeitando-se a recarga do aquífero, a extração efetuada por um conjunto de poços próximos pode, por meio do rebaixamento conjunto, comprometer o aquífero ou as outras captações. Nesse caso, o conceito original de vazão segura, que era definido para o aquífero todo, não contemplava esse problema de interferência entre poços, em que a distância entre as obras de captação deveria ser considerada, sob pena de a exploração ser impraticável por razões físicas ou econômicas.

Outro aspecto importante da evolução do conceito de vazão segura, incorporado à vazão sustentável, é o de se considerar a manutenção de ambientes ecologicamente importantes. A vegetação e os animais que fazem parte desse equilíbrio podem deixar de existir, caso se reduzam as descargas de aquíferos, mesmo que o equilíbrio com a recarga seja mantido.

Logo, é impossível fazer uso de um recurso natural sem alterar o equilíbrio existente previamente (Quadro 17.4). Uma vazão sustentável deve considerar esse novo equilíbrio e quais consequências seriam aceitáveis dentro dessa nova situação. A exploração excessiva implica, então, um desequilíbrio no balanço entre as entradas e as saídas de água de um aquífero, afetando negativamente as funções do manancial, até mesmo os usos ecológicos; isso acontecerá também quando os custos de obtenção da água forem maiores que os benefícios por ela proporcionados. Há, entretanto, outros indicadores de exploração excessiva que devem também ser considerados, alguns deles até mesmo irreversíveis:

- redução na capacidade produtiva de um poço ou poços próximos, implicando o aumento dos custos de

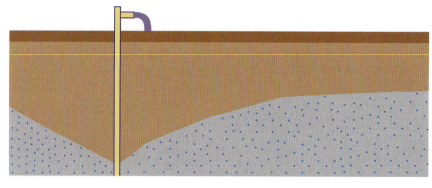
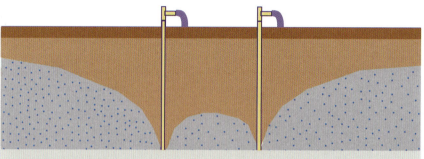

Figura 17.7 – Cone de rebaixamento ou depressão causado pela exploração de um poço.

bombeamento, pela maior profundidade a ser bombeada, pela necessidade de aprofundamento dos poços ou pelo aumento nos diâmetros das câmaras de bombeamento;
- indução de fluxos laterais de água salina em regiões de costa marítima;
- infiltração de água subterrânea de baixa qualidade advinda de unidades aquíferas mais superficiais;
- drenagem de rios e outros corpos de água superficial, pelo rebaixamento do nível hidráulico do aquífero;
- subsidência do terreno, resultando em problemas de estabilidade e danos a edificações e tubulações subterrâneas de água, gás, esgoto e eletricidade.

O aquífero é um grande reservatório de água, cuja característica é responder a qualquer impacto, positivo ou negativo, de forma muito lenta (ver quadro 17.5). Assim, se uma grande vazão de água é continuamente retirada, poderá levar anos ou até décadas para que os efeitos negativos sejam sentidos. Da mesma forma, essa nova situação vai causar um novo equilíbrio nas entradas e saídas de água do aquífero, bem como em seu armazenamento. Esse novo equilíbrio, não causando prejuízos aos sistemas ecológicos dependentes do aquífero, poderá ser igualmente sustentável.

Estudos em vários aquíferos no mundo têm mostrado que a exploração geralmente causa um aumento da recarga e até na disponibilidade total de água. Isso ocorre por causa da diminuição de perdas das descargas, que geralmente fluiriam aos corpos de água superficial, entre períodos de excedentes hídricos e secos, ou mesmo porque a exploração causará um aumento na área de captação dos poços em exploração.

Problemas associados à intensa exploração têm sido cada vez mais comuns, especialmente porque os centros urbanos têm crescido sem planejamento adequado do uso dos recursos hídricos (ver figura 17.11). Em várias cidades da Ásia, têm-se observado quedas de 20 a 50 m no nível hidráulico dos aquíferos. A situação mais dramática é encontrada em León-Guanajuato, no México, onde uma queda de 90 metros foi observada no período de 1960 a 1990 e, desde então, o nível tem caído de 1 a 5 m por ano.

Quadro 17.4 – A recarga dos aquíferos da bacia hidrográfica do Alto Tietê (BAT)

Você já se perguntou o que ocorre nas cidades, com toda aquela impermeabilização da superfície por asfalto, cimento e piso dos quintais, grandes e pequenas construções? Estaria a infiltração prejudicada? Quanto às cidades, elas interferem no balanço hídrico?

Pegue, como exemplo, a cidade de São Paulo (Figura 17.8). É claro que toda a impermeabilização da superfície implica perda de infiltração. Caso este fosse o único diferencial causado no ambiente natural por uma cidade, com a infiltração prejudicada, pode-se imaginar que os níveis d'água dos aquíferos diminuiriam indefinidamente. Porém, outro problema relacionado às cidades é que muitas vezes, o sistema de abastecimento de água e o sistema de esgoto não são totalmente estanques. Vazamentos de ambos são frequentes, assim como do sistema de coleta das águas pluviais. Desse modo, novas fontes são introduzidas, que muitas vezes são mais significativas e agregam mais infiltração ao terreno do que se a área estivesse totalmente livre de impermeabilização.

Neste caso, ocorre um equilíbrio, pois, apesar de mais fontes representarem maior recarga, há a extração da água subterrânea para consumo por meio de poços. Portanto, o balanço hídrico numa área urbana inclui mais dois itens no balanço hídrico: os vazamentos do sistema urbano (água e esgoto) e o bombeamento de poços.

A equação do balanço hídrico seria então:

$$Q = P - E + R_n + R_u - Q_p$$

Onde:

Q = escoamento total

P = precipitação

E = evaporação

R_n = recarga natural

R_u = vazamentos urbanos do sistema de água e esgoto

Q_p = bombeamento de poços

A avaliação do efeito líquido da urbanização na recarga de água subterrânea, pode ser realizado pelo gráfico da figura a seguir, que indica aproximadamente a variação normal da relação de infiltração de chuva para condições naturais (não urbanizadas) e a infiltração potencial resultante da ocupação urbana, ou seja, das novas fontes introduzidas (especialmente os vazamentos), reconhecendo que estas variam largamente com a densidade da população e com o nível de desenvolvimento. Nele, estão plotados os valores de recarga obtidos em alguns estudos realizados em diferentes tipos de climas ao redor do mundo, inclusive uma estimativa realizada para a cidade de São Paulo, concluída em 2007. Este gráfico ratifica a afirmação de que a recarga urbana é significativamente maior que a recarga em situação sem urbanização, em todos os casos analisados.

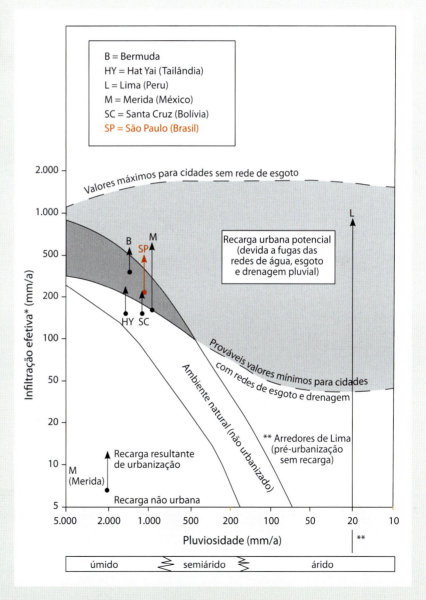

Figura 17.8 – Potencial variação do aumento da infiltração subterrânea em razão da urbanização. Fonte: modificado de Lawrence et al., 1998.

Quadro 17.5 – O Sistema Aquífero Guarani

O Guarani é o aquífero mais famoso do momento. Essa fama se deve ao fato de ser o maior aquífero transfronteiriço do mundo. Sua extensão atinge uma área de cerca de 1.195.500 km², da qual 840.000 km² (cerca de 70% do total) estão no Brasil. Dá-se o nome transfronteiriço, pois, além do Brasil, estende-se sob os territórios do Paraguai, do Uruguai e da Argentina. Sua extensão no país abrange os estados de Goiás, Mato Grosso do Sul, Minas Gerais, São Paulo, Paraná, Santa Catarina e Rio Grande do Sul (Figura 17.9).

O Guarani é um aquífero sedimentar. As rochas sedimentares que o formam foram depositadas durante os períodos Triássico, Jurássico e eo-Cretáceo, em ambientes fluviolacustrino (Formação Pirambóia e Rosário do Sul, no Brasil, e Buena Vista, no Uruguai) e eólico (Formação Botucatu, no Brasil, Misiones, no Paraguai, e Tacuarembó, no Uruguai e na Argentina). A espessura do pacote sedimentar atinge 800 m em alguns pontos da bacia. Em média, a espessura do pacote é de 230 m. Considerando uma porosidade de 17%, o armazenamento total desse aquífero é estimado em mais de 46.000 km³, entretanto, nem toda essa água está disponível.

O Aquífero Guarani é principalmente confinado, sendo que a camada confinante é formada especialmente por derrames basálticos da Formação Serra Geral (Figura 17.10). O fato de estar confinado em sua maior parte favorece condições de artesianismo, já a partir de algumas dezenas de quilômetros de distância de suas áreas de afloramento. Estudos mais recentes nos estados do Paraná e Rio Grande do Sul têm mostrado que, em algumas regiões, o aquífero não é contínuo (ocorrem falhas ou descontinuidades de pouca permeabilidade), reduzindo sua produtividade ou criando especificidades hidroquímicas, como maior salinidade.

A água desse aquífero também é, em geral, própria para o consumo humano sem tratamento prévio, com poucas exceções. Em algumas áreas, há elevado teor de sólidos totais dissolvidos ou concentração elevada de sulfatos e de flúor, acima dos limites aceitáveis para o consumo humano. Suas características hidráulicas propiciam taxas de extração de água que podem chegar a 1.000 m³/h (ou seja, 1.000.000 L/h)! A profundidade do aquífero ainda favorece

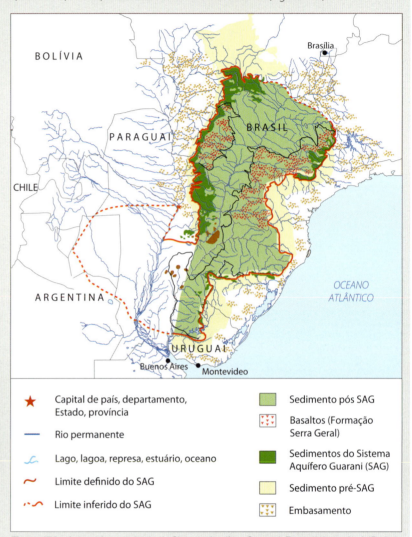

Figura 17.9 – A área de ocorrência do Sistema Aquífero Guarani. Fonte: adaptado do Projeto Aquífero Guarani, http://www.sg-guarani.org.

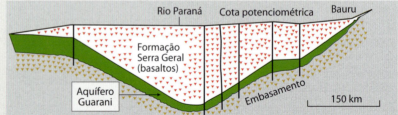

Figura 17.10 – Perfil esquemático do Sistema Aquífero Guarani e o confinamento pela formação Serra Geral.

ao geotermalismo, sendo que, nas porções mais profundas, a temperatura da água do aquífero pode chegar a mais de 50 °C.

O Aquífero Guarani já é explorado, especialmente na porção brasileira. Só no estado de São Paulo mais de mil poços extraem sua água. Os principais usos estão relacionados ao abastecimento público, ao turismo termal e à agricultura. Nos outros países onde ocorre esse reservatório, o principal uso se baseia nas águas termais para turismo e hidroterapia.

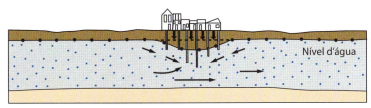

Primeiros aglomerados
- abastecimento de água vem de poços urbanos e cacimba rasos
- esgoto despejado no solo
- drenagem pluvial despejada no solo ou em cursos d'água

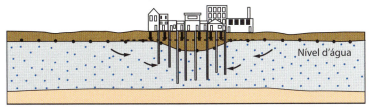

Vilarejo se transforma em cidade
- nível d'água rebaixado sob a cidade, poços aprofundados
- esgoto despejado no solo
- água subterrânea no centro da cidade é poluída
- pode ocorrer subsidência se o aquífero é inconsolidado e composto por intercalações de camadas
- expansão da drenagem pluvial para o solo ou os cursos d'água locais

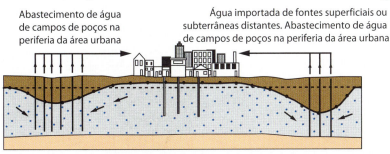

Cidade expande
- o aquífero abaixo da cidade é abandonado em razão de contaminação
- nível d'água começa a subir em razão de abandono do bombeamento e alta taxa de recarga urbana
- rebaixamento significativo dos níveis d'água na periferia das cidades devido ao bombeamento de campos de poços
- contaminação incipiente de campos de poços por água subterrânea recarregada abaixo do centro da cidade

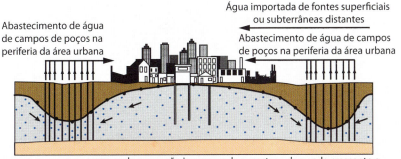

Cidade expande ainda mais
- campos de poços são incapazes de suportar a demanda crescente e são ameaçados pelo crescimento e espalhamento da cidade
- o uso de águas importadas de grandes distâncias, apesar de caro, é necessário ou são utilizados esquemas de fontes combinadas
- nível d'água aumenta sob o centro da cidade – problemas de inundações, disposição de esgoto etc.
- alcance reduzido para drenagem pluvial (de baixo custo) para o solo

Figura 17.11 – O crescimento de uma cidade e os impactos nos recursos hídricos subterrâneos. Fonte: Foster *et al.*, 2002.

No Brasil, os casos de exploração intensiva são ainda poucos, mas já presentes em algumas cidades. No Nordeste, Fortaleza e Natal, pode ser observado o avanço da cunha de água salgada advinda do bombeamento de poços privados próximos à orla litorânea. Os prédios residenciais perfuram poços sem controle e sem a autorização dos órgãos públicos. A falta de estudos sobre as capacidades aquíferas tem também contribuído para esse problema. No estado de São Paulo, o governo se viu obrigado a proibir a perfuração de novos poços em Ribeirão Preto e em São José do Rio Preto, onde a queda dos níveis de água prenunciava problemas de exploração excessiva (Figura 17.12). No caso paulista, um estudo da elevação dos custos na exploração, associado ao de potencial aquífero, deveria ser feito para a real caracterização da exploração excessiva.

Mesmo em áreas onde há acesso à rede de água tratada, a perfuração de poços para uso privado é bastante comum, sobretudo para indústrias, empresas e condomínios residenciais. Essa prática é motivada pela economia direta que essa fonte alternativa proporciona e pela possibilidade de se contar com uma fonte segura, em locais onde o fornecimento de água não é regular. Por causa da falta de disciplina nas autorizações de perfuração e de exploração de poços na maioria dos países, a grande densidade de poços em núcleos urbanos acaba provocando problemas de redução dramática nos níveis dos aquíferos, algumas vezes chegando a exauri-lo.

A urbanização causa a impermeabilização do solo e a expulsão das áreas verdes e agrícolas em torno das cidades, o que acaba reduzindo a infiltração e a recarga natural do aquífero. Por outro lado, as perdas de água potável por vazamento da rede de distribuição, que facilmente chega a 45% do volume total, bem como as fugas da rede de esgoto e de águas pluviais, contribuem de forma bastante eficiente na recarga do aquífero. Muitas vezes, a urbanização faz com que a contabilidade hidráulica seja mais favorável ao aquífero. Se esse excedente não for explorado, em alguns casos, pode causar um novo problema, que é o comprometimento de estruturas subterrâneas de edificações existentes e inundação de túneis, metrôs e outras obras subterrâneas pela recuperação dos níveis do aquífero. Esse problema já é observado em algumas cidades como Riyadh (Arábia Saudita), Buenos Aires (Argentina), Londres (Inglaterra), Barcelona (Espanha), ente outras. Em muitos casos, essa recuperação pode atingir níveis maiores até mesmo do que aqueles de antes da ocupação urbana.

A exploração excessiva é também relacionada à queda de qualidade das águas subterrâneas. Nas regiões costeiras, os aquíferos chegam a uma interface importante no ciclo hidrológico, em que descarregam suas águas nos oceanos. Existe um equilíbrio dinâmico entre as águas subterrâneas, de baixo conteúdo salino, e as águas salgadas que saturam as rochas e os sedimentos sob o mar. Quando esse equilíbrio é quebrado, com o bombeamento de poços, por exemplo, há invasão de água marinha salina no interior do aquífero, causando sua degradação.

A água do mar é mais densa que a subterrânea, o que faz com que a cunha de água salgada se posicione sob a água doce do aquífero (Figura 17.13). Obviamente, o formato preciso dessa cunha, bem como suas dimensões, vai depender de diversos fatores, tais como o fluxo da água subterrânea, o gradiente hidráulico do aquífero, a variação do nível do mar, o efeito de maré, a heterogeneidade e anisotropia do aquífero e, caso exista, a intervenção do ser humano.

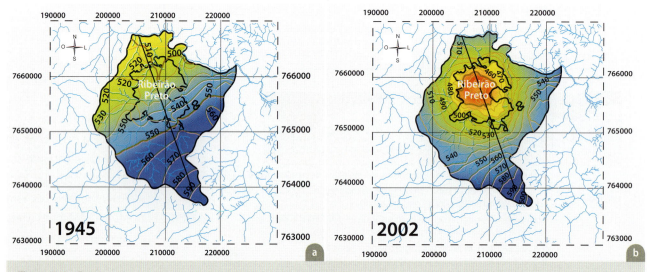

Figura 17.12 – Rebaixamentos dos níveis potenciométricos em Ribeirão Preto (SP) causados pela exploração de poços no Sistema Aquífero Guarani.

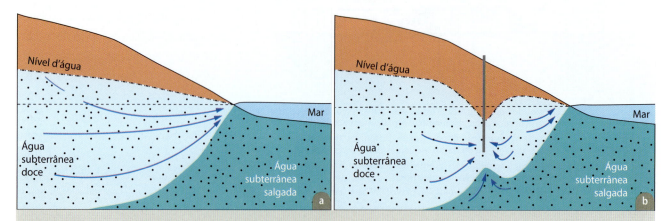

Figura 17.13 – A cunha de água salgada e a intrusão marinha em aquíferos costeiros.

Na virada do século XIX, os pesquisadores Ghyben e Herzberg, trabalhando independentemente, estabeleceram uma relação entre um aquífero livre, de porosidade primária, homogêneo e isotrópico e as águas do mar, utilizando um modelo hidrostático, que levava em consideração apenas as densidades dos fluidos. Embora o modelo seja bastante simples, ele dá uma noção da sensibilidade desse sistema diante do bombeamento de poços na linha de costa. Segundo esses autores, o rebaixamento de apenas um metro do nível do aquífero, por meio da extração de um poço próximo à cunha salina, causaria uma ascensão ou intrusão de até 40 metros de água salgada. Segundo a equação de Ghyben-Herzberg:

$$z_{(x,y)} = \frac{\rho_a}{\rho_s - \rho_a} h_{(x,y)}$$

onde:

$z_{(x,y)}$ é a profundidade da interface entre a água doce e a salgada na posição (x,y) (m);
$h_{(x,y)}$ é a elevação do nível d'água sobre o nível do mar no ponto (x,y) (m);
ρ_a é a densidade da água doce (g/cm^3);
ρ_s é a densidade da água salgada (g/cm^3).

Sendo a densidade da água salgada, em geral, $1,025$ g/cm^3 e a densidade da água doce, $1,000$ g/cm^3, a equação ficaria:

$$z_{(x,y)} = 40h_{(x,y)}$$

A relação de Ghyben-Herzberg subestima a profundidade de interface da água salgada. Além disso, só é aplicada em situações em que essa interface é estática. Na verdade, para uma representação mais realista da interface, deve-se levar em consideração o fluxo de água do aquífero para o oceano, a espessura da interface água doce – água salgada e a dispersão – difusão da água salgada no aquífero, entre outros parâmetros.

Outro problema bastante comum a áreas urbanas é quando o bombeamento de aquíferos mais profundos induz fluxos verticais, trazendo águas de baixa qualidade de aquíferos mais superficiais contaminados. Essa situação também caracteriza um problema de gerenciamento inadequado da exploração dos recursos hídricos subterrâneos.

A exploração de aquíferos pode levar também a sérios problemas geotécnicos. A subsidência é o abatimento dos níveis do terreno, com sérias consequências para obras civis, tais como casas, edifícios, tubulações e pontes. Em alguns casos, a subsidência pode causar enchentes devidas a mudanças na relação entre a superfície do terreno e o nível dos corpos de água superficiais, o que também traz sérias consequências às áreas urbanas. A tabela 17.4 mostra os casos mais conhecidos de subsidência no mundo.

O efeito da subsidência é particularmente pronunciado em aquíferos espessos, compostos por sedimentos pouco consolidados, formados pela intercalação de camadas aquíferas, mais arenosas e mais argilosas. A extração de água do aquífero se dá preferencialmente pelas camadas mais arenosas, drenando verticalmente a água das argilas. Duas forças atuam sobre o aquífero: a pressão hidrostática, representada pela carga hidráulica, e a tensão efetiva, resultante da massa de sólidos que compõe as camadas confinantes do aquífero. A extração da água reduz a pressão hidrostática e isso acaba por impor ao sedimento uma carga maior (tensão efetiva), que compacta o meio aquífero, reduzindo os espaços porosos. A compactação é pouco eficiente em materiais grossos, como areias ou cascalhos, mas é até três ordens de magnitude mais importante em argilas.

Outro problema associado ao bombeamento de aquíferos ocorre em terrenos cársticos. Neste caso, o mecanismo é mais simples e está ligado ao colapso de vazios em rocha calcária que eram parcial ou totalmente preenchidos e suportados por água existente em seu interior. A extração e a não reposição de água destas cavidades aumentam o perigo do teto ceder às pressões das porções superiores. Tal problema foi dramaticamente vivenciado na cidade de Cajamar, no interior de São Paulo, na década de 1990.

Local	Período de extração	Subsidência máxima (m)
San Joaquin Valley, Califórnia, EUA	Principalmente desde 1920	8,5
Cidade do México, México	Principalmente de 1940-1960	8,2
Arizona, EUA (diversas áreas)	Desde 1900 (crescendo em 1940)	4,5
Santa Clara Valley, Califórnia, EUA	Desde 1854	4,0
Veneza, Itália	Desde 1930	3,0
Las Vegas, Nevada	Principalmente desde 1935	2,0
New Orleans, Louisiana	Desde cerca de 1900	2,0
Houston, Texas	Desde 1920	2,0
Bangkok, Tailândia	Desde 1975	0,6

Tabela 17.4 – Eventos de subsidências devido à exploração das águas subterrâneas.

17.4.2 Contaminação das águas subterrâneas

A água subterrânea geralmente apresenta boa qualidade natural, estando apta ao consumo humano, muitas vezes, sem necessitar de nenhum tratamento prévio. Quando essa qualidade se encontra alterada, colocando em risco a saúde ou o bem-estar da população, diz-se que a água está contaminada.

Segundo as normas brasileiras, as águas, para serem consideradas potáveis, devem seguir os padrões microbiológicos, de substâncias químicas que representam risco à saúde, de radioatividade e organolépticos, incluindo cor, odor e gosto. Muito embora cada país tenha suas próprias normas, elas são coincidentes na maioria de seus parâmetros.

A qualidade das águas subterrâneas depende de fatores internos, próprios do aquífero, e fatores externos, geralmente associados à degradação de origem antrópica. No primeiro caso, as águas percolando a rocha e os sedimentos vão modificando seu quimismo e entrando em equilíbrio com o meio. A reatividade dos minerais e o tempo de trânsito controlam a composição química final da água. Esse tipo de interação água-rocha pode acabar provocando algumas anomalias que tornam as águas subterrâneas não aptas para alguns usos. Este tipo de anomalia é conhecido como contaminação natural. Já os fatores externos são resultantes do mau gerenciamento de atividades humanas, como o excesso de fertilizante na agricultura, os acidentes ambientais, a deposição inadequada de lixo, o vazamento de tanques subterrâneos, entre outros.

Fatores internos que controlam a qualidade natural das águas subterrâneas

A água da chuva pode ser considerada a mais pura que se encontra naturalmente. Ela tem composição parecida com a água dos oceanos, porém extremamente diluída. Em regiões bastante urbanizadas, a água da chuva perde essa pureza, pois agrega os poluentes presentes no ar à sua composição.

A água é o solvente universal. Por causa dessa propriedade, ela reage, de maneiras e a velocidades diferentes, com virtualmente qualquer substância que esteja formando as rochas, os sedimentos e os solos. A água subterrânea, por se mover muito lentamente e, por isso, estar por mais tempo em contato com os materiais por onde passa, tem a possibilidade de solubilizá-los, apresentando, portanto, uma maior concentração de elementos e sais do que a água superficial.

A concentração dos elementos nas águas depende principalmente do tipo de rocha pela qual a água passa e de sua velocidade (que, por sua vez, depende da condutividade hidráulica do sedimento ou da rocha). Além disso, a composição da água subterrânea pode ser modificada pela evaporação e concentração de sais, geralmente afetadas pela temperatura e pelo clima, e também pela disponibilidade de oxigênio e gás carbônico. Geralmente as concentrações das substâncias presentes na água são muito baixas, sendo medidas em ppm (partes por milhão) ou miligrama por litro (mg/L). Usualmente, as substâncias naturalmente presentes na água não passam de aproximadamente 150 mg/L.

As águas subterrâneas geralmente possuem características químicas que as ligam diretamente às rochas pelas quais elas fluem. Os principais cátions presentes nas águas subterrâneas são Ca^{2+}, Mg^{2+}, Na^+, K^+ e Fe (II e III), e os principais ânions são Cl^-, SO_4^{2-}, HCO_3^{2-}. Esses são os chamados íons maiores. Um íon que era considerado menor, mas atualmente é um dos mais graves problemas de contaminação da água subterrânea, é o nitrato (NO_3^-), que foi incorporado ao grupo dos ânions maiores. A poluição é, portanto, um grande agente modificador da composição química da água subterrânea.

A tabela 17.5 mostra uma possível evolução da água da chuva que se infiltra até a descarga, passando por rochas graníticas. É possível identificar os aportes dos íons associados ao intemperismo das rochas.

A água subterrânea é protegida das variações bruscas da temperatura externa, por isso a água subterrânea de aquíferos livres apresenta temperatura, em geral, igual à média anual da temperatura ambiente. Quando a água, de origem subterrânea, apresenta temperatura cerca de 6 °C acima da temperatura média anual local, ela é denominada *água termal*. Isso ocorre por causa da profundidade de captação, relacionada ao grau geotérmico, a uma área de anomalia geotérmica, ou mesmo, se estiver em áreas de atividade tectônica, ao contato com magmas. Após a água subterrânea infiltrar e descender por centenas de metros, ela pode atingir e ser aquecida por rochas ígneas que ainda estão quentes, muitas vezes, chegando ao ponto de ebulição. Em virtude da alta temperatura atingida, essa água retorna à superfície, por convecção, aflorando na forma de fontes termais. No Brasil, as águas termais estão associadas ao grau geotérmico, geralmente em águas provindas de poços tubulares de grande profundidade, como aqueles que exploram o Sistema Aquífero Guarani, que têm, em

Reação	Concentrações em água (mol/L x 10^{-4})								Produto mineral (mol/L x 10^{-4})
	Na^+	Ca^{2+}	Mg^{2+}	K^+	HCO_3^-	SO_4^{2-}	Cl^-	SiO_2	
Concentrações iniciais na fonte	1,34	0,78	0,29	0,28	3,28	0,10	0,14	2,73	
1) Mudança da caolinita para plagioclásio $1,23Al_2Si_2O_5(OH)_4 + 1,10Na^+ + 0,68Ca^{2+} + 2,44HCO_3^- + 2,20SiO_2 =$ $1,77Na_{0,62}Ca_{0,38}Al_{1,38}Si_{2,62}O_8 + 2,44CO_2 + 3,67H_2O$	0,00	0,00	0,22	0,20	0,20	0,64	0,00	0,50	1,77 $Na_{0,62}Ca_{0,38}$ feldspato
2) Mudança da caolinita para biotita $0,037Al_2Si_2O_5(OH)_4 + 0,073K^+ + 0,22Mg^{2+} + 0,15SiO_2 + 0,51HCO_3^- =$ $0,073KMg_3AlSi_3O_{10}(OH)_2 + 0,51CO_2 + 0,26H_2O$	0,00	0,00	0,00	0,13	0,13	0,13	0,00	0,35	0,073 biotita
3) Mudança da caolinita para K-feldspato $0,065Al_2Si_2O_5(OH)_4 + 0,13K^+ + 0,13HCO_3^- + 0,26SiO_2 = 0,13KAlSi_3O_8 + 0,13CO_2 + 0,195H_2O$	0,00	0,00	0,00	0,00	0,00	0,00	0,00	0,12	0,13 K-feldspato
As concentrações na água após os passos 1, 2 e 3 são residuais e dissolvidas após a reação estar completa.									

Tabela 17.5 – Evolução química das águas desde a recarga pela chuva até sua descarga. Fonte: Garrels & MacKenzie, 1967.

sua parte mais confinada, águas que chegam a mais de 65 °C. Algumas áreas de anomalias geotérmicas também são registradas no país, como em Caldas Novas, em Goiás.

Em alguns casos, a contaminação da água subterrânea pode ocorrer em razão de causas naturais. A interação entre a água e a rocha faz com que a água se enriqueça de certas substâncias, algumas das quais chegam a concentrações que a tornam não potável. Esses problemas, embora não tão comuns, ocorrem em locais onde a matriz mineral apresenta determinadas substâncias em abundância e o ambiente frequentemente propicia a solubilização. Os contaminantes mais comuns são ferro, manganês e flúor, e, em concentrações menores, arsênio, cromo, cádmio, níquel, zinco e cobre.

Uma das mais graves contaminações de origem natural, envolvendo arsênio, ocorreu em Bangladesh. Um programa coordenado pelas Nações Unidas perfurou milhares de poços nos vales deltáicos daquele país, como alternativa para o abastecimento de água da população ali residente, que anteriormente extraía água diretamente de rios contaminados. A exploração dos aquíferos rebaixou os níveis freáticos, que induziu a oxidação do sedimento. Essa alteração do ambiente físico-químico solubilizou o arsênio, que contaminou milhares de pessoas, causando graves problemas de saúde.

Um caso de contaminação natural que ocorre no Brasil é o de elevada concentração de flúor na água subterrânea na bacia sedimentar do Paraná. Em vários poços, até mesmo os de grande profundidade, explorando o Sistema Aquífero Guarani (formações Botucatu-Piramboia), as águas atingem a concentração de 13 mg/L de flúor, quando a norma é de 1 mg/L. Esses poços estão inoperantes ou sendo subutilizados. Embora muitos estudos tenham sido realizados, ainda há muita dúvida sobre a origem desse íon na água.

O cromo tem sido detectado nas águas subterrâneas do Aquífero Adamantina, no oeste do estado de São Paulo. Em vários poços, a concentração chega a 0,8 mg/L, quando a norma de potabilidade não deve superar a 0,05 mg/L. Em algumas cidades, como Urânia, os poços que abasteciam a cidade foram abandonados e a água do Sistema Aquífero Guarani teve de ser aduzida de Jales.

Fatores externos que controlam a qualidade das águas subterrâneas

Um dos principais contaminantes das águas subterrâneas é o nitrato, que é o composto inorgânico de ocorrência mais ampla nos aquíferos. As fontes mais comuns desse composto são os sistemas de saneamento in situ (fossas e latrinas), a aplicação incorreta de fertilizantes nitrogenados na agricultura e os vazamentos da rede de esgoto nas áreas urbanas.

A grande preocupação ambiental associada ao nitrato é o fato de ele possuir grande mobilidade e persistência em *condições aeróbicas*, geralmente observadas em aquíferos livres. Grande mobilidade significa que o contaminante terá sua velocidade aproximadamente igual à água subterrânea, sem adsorção da substância à matriz da rocha. Persistência, por outro lado, refere-se ao contaminante que dificilmente será degradado, alterado ou transformado em outro composto.

Em geral, os contaminantes são considerados perigosos, por serem inflamáveis, corrosivos ou tóxicos. Uma grande variedade de produtos químicos pode vazar de tubulações, tanques de armazenamento, aterros e lagoas de contenção, trazendo perigo à saúde humana e ao meio ambiente. Metais pesados, tais como cádmio, cromo, chumbo e mercúrio, apresentam baixa mobilidade em muitos ambientes naturais. Esse comportamento pode ser alterado sob fortes mudanças nas condições físico-químicas (pH e Eh). Os compostos orgânicos sintéticos são, pela toxicidade, aqueles que provocam maior preocupação ambiental. A velocidade da tecnologia para criar e produzir novos compostos químicos e a dificuldade da medicina em estabelecer suficiente evidência dos danos causados à saúde e ao bem-estar da população e ao ambiente trazem à tona outro problema: o de se terem valores aceitáveis para esses compostos nos padrões de potabilidade da água e ambientalmente seguros para os outros seres vivos.

Alguns compostos orgânicos halogenados, amplamente utilizados como solventes ou desengraxantes, ou alguns hidrocarbonetos, como os combustíveis, podem causar problemas muitas vezes irremediáveis aos aquíferos. Esses compostos são altamente tóxicos e bastante persistentes em subsuperfície. Águas com baixíssimas concentrações, como alguns µg/L (microgramas por litro), podem não ser potáveis. Para se ter ideia do quão diminuta é essa concentração, pode-se igualar 1 µg/L com 1 ppb (parte por bilhão). A relação de 1 ppb é igual àquela que se observa entre uma moeda de 25 centavos e o equador da Terra (4 cm/40.000 km).

Devido a suas características físicas, os compostos halogenados geralmente são mais densos que a água, sendo denominados DNAPLs (*Dense Non-Aqueous Phase Liquid*), e os hidrocarbonetos, menos densos que a água, denominam-se LNAPLs (*Light Non-Aqueous Phase Liquid*). Por apresentarem baixa solubilidade, esses compostos geralmente formam uma fase imiscível que afunda ou flutua no aquífero, dependendo do composto (Figura 17.14). Têm-se, então, dois tipos principais de fases contaminantes da água subterrânea, a fase dissolvida, que está misturada à água subterrânea, e a fase livre, que é imiscível à água, que pode ser tanto DNAPL quanto LNAPL. A remoção total desses compostos em meios porosos, principalmente quando frações argilosas estão presentes, é praticamente impossível. Ainda não existe tecnologia disponível que permita que aquíferos seriamente contaminados, sobretudo por DNAPL (Figura 17.14a), sejam remediados ou limpos no nível anterior à sua contaminação. A preocupação ambiental ainda é maior quando se verifica que pequenas quantidades desses compostos podem gerar gigantescos volumes de aquíferos contaminados, conhecidos como *plumas contaminantes* (Tabela 17.6). Um caso impressionante ocorreu em San José (Califórnia, Estados Unidos da América), onde apenas 130 litros de solventes geraram uma pluma de 5 bilhões de litros.

Outros contaminantes importantes das águas subterrâneas, que estão geralmente relacionados com fossas e latrinas, são os micro-organismos patogênicos, incluindo bactérias e vírus. Para a medição de qualidade da água para o consumo humano, tanto super-

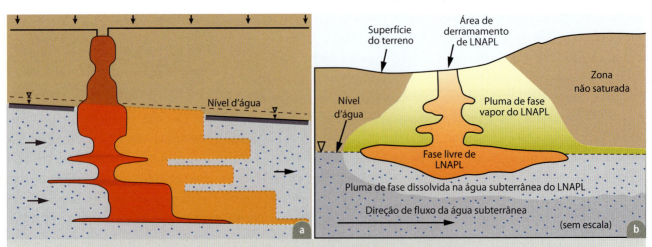

Figura 17.14 – Fase livre de compostos mais e menos densos que a água. (a) DNAPL – *dense non-aqueous phase liquid* e (b) LNAPL – *light non-aqueous phase liquid*.

Local da pluma contaminante ⊢ 2,5 km ⊣ Fluxo ⟶	Fonte provável	Contaminante predominante	Volume da pluma	Volume estimado do contaminante lançado no aquífero (litros)
Ocean City, Nova Jersey	Indústria quimica	Tricloroetileno 1,1,1-Tricloroetano Tetracloroetileno	5.700.000.000	15.000
Montana View, Califórnia	Indústria eletrônica	Tricloroetileno 1,1,1-Tricloroetano	6.000.000.000	9.800
Cape Cod, Massachusetts	Drenos de infiltração de esgoto	Tricloroetileno Tetracloroetileno	40.000.000.000	1.500
Glouscester, Ontário	Aterro sanitário	1,4 Dioxano Freon 113	102.000.000	190
San José, Califórnia	Indústria eletrônica	1,1,1-Tricloroetano Freon 113 1,1-Dicloroetileno	5.000.000.000	130
Denver, Colorado	Aeroporto	1,1,1-Tricloroetano Tricloroetileno Dibromocloropropano	4.500.000.000	80

Tabela 17.6 – Plumas contaminantes na América do Norte em aquíferos muito permeáveis.

ficial quanto subterrânea, utiliza-se o padrão de contagem de coliformes fecais. Embora essas bactérias sejam inofensivas ao homem, elas são utilizadas para controle da qualidade da água em razão de sua grande abundância nas fezes de animais de sangue quente. Assim, a detecção de coliformes na água é um indicador de contaminação recente.

Esse procedimento padrão apesar de ser mundialmente aceito e disseminado, para as águas subterrâneas, ele é bastante limitado, uma vez que essas bactérias sobrevivem em aquíferos, em média, uma semana, contra mais de 200 dias de alguns vírus patogênicos. Isto faz com que, muitas vezes, a ausência de coliformes não exclua problemas de qualidade da água por outros micro-organismos patogênicos mais persistentes.

17.4.3 Comportamento de contaminante e vulnerabilidade de aquíferos

O movimento e o comportamento de um contaminante na zona não saturada ou no aquífero podem ser decompostos em quatro fatores, que naturalmente ocorrem em conjunto.

1) *Advecção*: é o transporte de uma substância causada pela própria movimentação da água subterrânea, que, ao se mover, leva consigo todos os compostos que nela estão dissolvidos. O mecanismo responsável por esse movimento é o gradiente hidráulico, quantificado pela lei de Darcy.

2) *Retardação*: a adsorção causa a atração das substâncias contaminantes à matriz sólida do meio. Essa atração acaba por reduzir a velocidade do contaminante, comparativamente àquela observada pela própria água subterrânea. Com a retardação, o contaminante andará a uma velocidade que é uma fração da velocidade advectiva. A retardação pode ser extremamente elevada, fazendo com que alguns contaminantes sejam, até mesmo, considerados imóveis para uma situação físico-química. O mecanismo responsável por esse parâmetro é a adsorção contaminante solúvel em meio sólido, quantificado pela constante de partição Kd.

469

3) *Dispersão*: o movimento advectivo causa um espalhamento da substância contaminante no meio, fazendo com que a pluma contaminante se torne volumetricamente maior. Sob efeito da dispersão, não há perda de massa, apenas redução da concentração. O mecanismo responsável por esse fenômeno é a variação da velocidade advectiva dentro da pluma contaminante causada pela heterogeneidade da condutividade hidráulica do meio.

4) *Degradação*: é o fenômeno em que há destruição da massa de contaminante. Nesse caso, há a transformação de um composto em outro e, portanto, a diminuição da quantidade da substância contaminante. O principal mecanismo está associado a reações químicas, físicas ou biológicas que atacam a substância contaminante.

Prever se um composto atingirá um determinado ponto do aquífero vai depender da integração desses quatro fatores. Uma maior advecção fará com que o transporte seja mais rápido, reduzindo as chances de degradação do contaminante ao longo do percurso. Uma distância maior causará mais dispersão da pluma contaminante (ela encontrará ao longo do percurso mais heterogeneidades da condutividade hidráulica), e a presença de uma matriz aquífera mais fina, como aquelas encontradas em argilas e matéria orgânica, propiciará uma retardação da velocidade da pluma contaminante pela adsorção.

O solo participa ativamente na atenuação de muitos contaminantes da água subterrânea. O processo de atenuação continua em menor grau na zona não saturada, especialmente onde sedimentos não consolidados, em oposição a rochas fraturadas (pouco reativas), estão presentes (Figura 17.15). Tanto o solo quanto a zona não saturada é a primeira linha de defesa natural contra a poluição da água subterrânea. Isso ocorre não somente por sua posição estratégica, como também pelo ambiente mais favorável à atenuação e à eliminação de poluentes e pela presença de grande quantidade de micro-organismos que acabam por degradar vários compostos químicos.

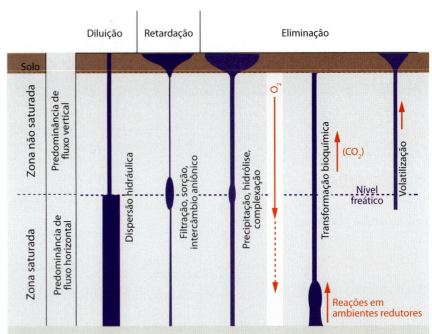

Figura 17.15 – Perfil do solo e das zonas não saturada e saturada e a capacidade de atenuação da contaminação.

A água na zona não saturada movimenta-se normalmente de forma lenta, restrita aos menores poros. As velocidades usualmente não excedem os 0,2 m/dia em curtos períodos, sendo menores ainda para períodos mais longos. As condições químicas geralmente são aeróbicas e frequentemente alcalinas, agregando uma boa proteção à zona saturada do aquífero. Particularmente nessa zona, ocorrem adsorções e transformações que propiciam a degradação de muitos compostos e micro-organismos poluentes.

Tais processos continuam, em menor grau, na zona saturada. Nessa zona, a redução das concentrações ocorre principalmente pela diluição, resultado da dispersão que acompanha o fluxo da água subterrânea e a grande massa de água limpa que compõe essa zona.

A atenuação de contaminantes não é a mesma para todos os aquíferos. Algumas unidades oferecem mais proteção que outras em consequência às características litológicas e hidráulicas da zona não saturada ou do aquitarde, caso este exista. Desta forma, a *vulnerabilidade à poluição* de um aquífero é uma característica intrínseca que determina a sensibilidade do aquífero para ser contaminado por uma atividade antrópica específica. Essa propriedade pode, utilizando-se métodos apropriados, ser estimada e mapeada, gerando cartas de vulnerabilidade dos aquíferos.

17.4.4 Causas antrópicas da poluição de aquíferos

O modo de vida da sociedade moderna tem causado sérios impactos ao ambiente. Várias atividades humanas podem gerar cargas contaminantes que acabam por degradar o solo e os aquíferos. Uma lista das principais ações potencialmente contaminantes é apresentada na tabela 17.7, destacando-se aquelas com maior relevância para o continente latino-americano.

Tipo de atividade	Categoria Distribuição	Caráter da carga de contaminação		
		Principais tipos de poluentes	Sobrecarga hidráulica	Desvio da zona de solo
			(+ indica importância crescente)	
Urbana				
Saneamento sem tubulações de esgoto	u/r P-D	n f o t	+	+
Tubulações de esgoto com vazamentos (a)	u P-L	o f n t	+	
Lagoas de oxidação de esgoto (a)	u/r P	o f n t	++	+
Descarga superficial de esgoto (a)	u/r P-D	n s o f t	+	
Descarga para rio influente (a)	u/r P-L	n o f t	++	++
Aterro de rejeito lixiviante	u/r P	o s m t		+
Tanques de armazenamento de combustíveis	u/r P-D	t		
Drenagem de rodovias	u/r P-D	s* t	+	++
Produção industrial				
Tanques/tubulações com vazamentos (b)	u P-D	t m		
Derrames acidentais	u P-D	t m	+	
Lagoas de água de processo/efluente	u P	t o m s	++	+
Descarga superficial de efluente	u P-D	t o m s	+	
Efluentes direcionados a rio influente	u P-L	t o m s	++	++
Resíduos lixiviantes	u/r P	o m s t		
Drenos	u/r P	t m	++	++
Deposição aérea	u/r D	s t		
Produção agrícola (c)				
a) Cultivo agrícola				
Com agroquímicos	r D	n t		
Com irrigação	r D	n t s	+	
Com iodo	r D	n t s o		
Com irrigação por água de reuso	r D	n t o s f	+	
b) Criação pecuária / processamento agrícola				
Lagoas de efluente	r P	o f n t	++	+
Descarga superficial de efluente	r P-D	n s o f t		
Efluentes direcionados para rio influente	r P-L	o n f t	++	++
Extração mineral				
Distúrbio hidráulico	r/u P-D	s m		
Descarga de água drenada	r/u P-D	m s	++	++
Lagoas de água de processo / efluente	r/u P	m s	+	+
Resíduos lixiviantes	r/u P	s m		

(a) podem incluir componentes industriais;

(b) pode também ocorrer em áreas não industriais;

(c) intensificação apresenta o maior risco de poluição;

u/r urbana/rural;

P/L/D pontual/linear/difusa;

n   compostos nutrientes;

f   patógenos fecais;

o   carga orgânica total;

s   salinidade;

m   metais pesados;

t   micro-organismos tóxicos;

+   significância crescente;

* em países com neve, onde se usa sal nas ruas.

Tabela 17.7 – Principais atividades antrópicas potencialmente contaminantes, com ênfase na América Latina.

Esgoto em áreas urbanas

Sistemas *in situ* de esgotamento sanitário, como fossas sépticas, latrinas, fossas ventiladas e secas, entre outros, são adequados para a disposição de efluentes domésticos em zonas rurais e pequenas vilas a um custo bastante reduzido, comparativamente a redes de esgoto e estações de tratamento de efluentes. Entretanto, esses sistemas são inadequados às áreas urbanas ou cidades, onde os o tamanho dos terrenos obrigam que várias delas sejam construídas em pequenas áreas. Mesmo as áreas urbanas com rede de esgoto têm apresentado problemas devidos a vazamento de suas linhas. Estes, aliás, não são incomuns e representam um perigo direto à qualidade da água subterrânea (Figura 17.16).

Os efluentes domésticos municipais apresentam elevadas concentrações de carbono orgânico, cloreto, nitrogênio, sódio, magnésio, sulfato e alguns metais, incluindo ferro, zinco e cobre, além de concentrações variadas de micro-organismos patogênicos e, em pequenas proporções, solventes clorados. Destes compostos, os que apresentam os maiores perigos à qualidade da água subterrânea são o nitrogênio e os micro-organismos patogênicos.

Compostos nitrogenados nos dejetos humanos podem causar uma persistente e extensa contaminação em aquíferos freáticos (livres e rasos) em zonas urbanas e periurbanas. Por exemplo, uma área de densidade populacional de 20 pessoas por hectare pode gerar uma carga de 100 kg/ha/ano de nitrogênio que, se oxidado por 100 mm/a de infiltração de água de chuva, poderia resultar em uma recarga local ao aquífero de 100 mg/L de nitrato, ou seja, mais de duas vezes o padrão de potabilidade aceito para água (45 mg/L). Na prática, a proporção de nitrogênio depositado que será lixiviado é de difícil previsão, bem como sua diluição e a redução química, em razão dos vários processos que ocorrem em subsuperfície. Entretanto, o exemplo mostra que áreas sem rede de esgoto ou com grandes vazamentos no sistema existente, mesmo em climas bastante úmidos, podem ser alvos de contaminações significativas. Em áreas mais secas, onde o fluxo regional é menor, as concentrações dos contaminantes podem ser ainda maiores.

Atividades industriais

O setor industrial produz e utiliza em seu processo produtivo uma grande variedade de compostos orgânicos e inorgânicos, além de gerar efluentes líquidos, gasosos e resíduos sólidos que, se depositados de maneira mal planejada ou mal controlada, podem resultar em contaminação do solo e da água subterrânea. Entre outras causas de contaminação estão também o transporte e o armazenamento inadequado de matérias-primas e resíduos sólidos e líquidos e os acidentes durante o manuseio,

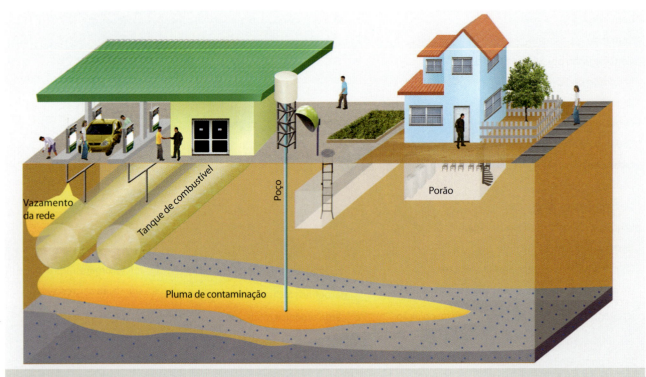

Figura 17.16 – Contaminação de aquíferos por um posto de gasolina.

o transporte ou a estocagem desses produtos (Figura 17.17).

Não são necessariamente as indústrias causadoras dos maiores problemas das águas superficiais que representam mais perigo para as águas subterrâneas. O lançamento de efluentes com altos valores de DBO (Demanda Bioquímica de Oxigênio), que causa a mortalidade de peixes na água superficial, representa uma menor preocupação aos aquíferos, por causa da alta capacidade depurativa do solo em relação a esse contaminante. Da mesma forma, pequenas indústrias e oficinas mecânicas que manuseiam produtos tóxicos sem muito cuidado podem causar sérias contaminações ao subsolo, sem atingir, contudo, os corpos de água superficial. As dificuldades de identificação e fiscalização desses pequenos empreendimentos complicam a aplicação de programas eficazes de proteção de águas subterrâneas.

Uma prática muito comum é a utilização de lagoas para estocagem, manuseio, evaporação, sedimentação e tratamento de efluentes industriais e sanitários. A maioria dessas lagoas tem uma base em terreno natural, que, em certo grau, é impermeabilizado pela compactação ou pela sedimentação dos sólidos trazidos pelos efluentes. Tal condição, entretanto, não é capaz de evitar uma infiltração, que, em alguns casos, é maior do que 20 mm/dia, e a frequente contaminação dos aquíferos.

Resíduos sólidos

As atividades humanas, domésticas ou industriais produzem resíduos sólidos de vários tipos e sua deposição tem causado diversos incidentes de contaminação de água subterrânea em nosso país, especialmente quando feita sem controle e quando a deposição, que muitas vezes envolve líquidos perigosos, é realizada em locais hidrogeologicamente vulneráveis (Figura 17.18). No passado, vários resíduos foram enterrados para evitar a contaminação de águas superficiais e a exposição ao ar livre. Hoje, muitos desses depósitos estão poluindo os aquíferos e geraram importantes passivos ambientais. Passivo ambiental é o custo econômico que foi adicionado a uma área ou um empreendimento advindo dos investimentos necessários para a reparação dos danos causados ao ambiente.

Em vários casos, resíduos industriais perigosos, que podem conter metais pesados e solventes orgânicos, são colocados em áreas destinadas aos resíduos domésticos. Outras vezes, a deposição clandestina de substâncias tóxicas, comum em muitas regiões, dificulta a avaliação precisa dos perigos para o aquífero e da qualidade dos líquidos que percolam através do lixo, o chorume.

A construção de aterros de resíduos sólidos tem de obedecer a normas mínimas, regidas por legislação. A obra

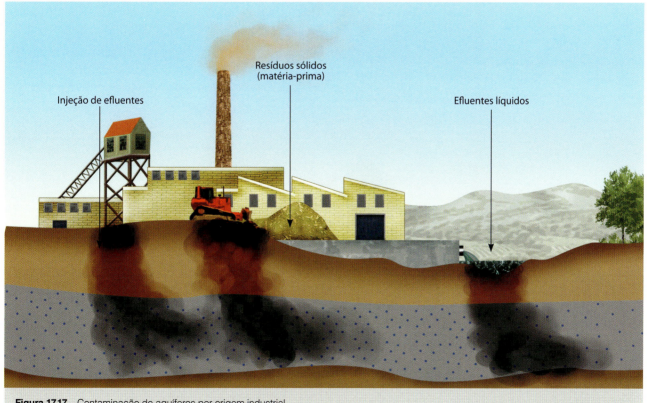

Figura 17.17 – Contaminação de aquíferos por origem industrial.

deve ser bem localizada em relação aos aquíferos existentes e aos corpos de água superficial. Atualmente, estudos hidrogeológicos prévios são necessários e, quando da construção, é exigida uma camada inferior impermeável de argila de 0,6 a 1,5 m de espessura e um recobrimento diário de 0,1 a 0,3 m de solo compactado. Algumas vezes, é necessária a colocação de camadas de material sintético, de grande resistência mecânica e química, para garantir a completa vedação hidráulica do empreendimento. Drenos superficiais são necessários para escoar as águas de chuva e diminuir a infiltração no núcleo do aterro.

Atividades agrícolas

Como consequência do aumento do uso de fertilizantes inorgânicos depois da II Guerra Mundial, muitos solos, anteriormente pobres em nutrientes, passaram a conter intermitentemente excessos de sais, compostos nitrogenados e outros produtos que, uma vez mobilizados pela água infiltrada, podem atingir os aquíferos. Sérios problemas associados aos fertilizantes nitrogenados são observados em várias partes do mundo, incluindo os países do oeste europeu e a América do Norte (Figura 17.19).

O comportamento pouco conhecido de agrotóxicos (herbicidas, inseticidas, fungicidas, acaricidas, entre outros) em subsuperfície, associado às baixas concentrações e à sua ampla aplicação, faz da atividade agrícola uma das mais difíceis de serem avaliadas em termos de perigos à degradação dos ambientes hidrogeológicos. Com as facilidades analíticas das instituições de controle ambiental, iniciou-se uma ampla monitoração da água subterrânea em muitos países da América do Norte e da Europa na década de 1990. Os resultados mostram que mais de 70 agrotóxicos foram detectados, mas, na maioria dos casos, em concentrações seguras, inferiores aos padrões de potabilidade. O número de trabalhos desenvolvidos ainda é insuficiente para permitir a caracterização satisfatória de impactos causados por agrotóxicos, fazendo com que esses contaminantes mereçam estudos mais detalhados, em especial, pelo fato de que nas últimas décadas, a agricultura vem utilizando cada vez mais água subterrânea (ver quadro 17.6).

Pecuária

A atividade pecuária é potencialmente contaminante da água subterrânea à semelhança do que ocorre em áreas urbanas sem rede de esgoto. Os principais compostos advindos dos dejetos produzidos pela pecuárias são nitrogênio, fósforo, sais e bactérias. O nitrogênio dá origem, após sua oxidação completa, ao nitrato, que, em altos níveis, pode causar sérios problemas aos aquíferos. O problema maior é quando há muita concentração de animais em uma pequena área (pecuária intensiva), com lançamento dos dejetos diretamente no solo, contaminando assim a água subterrânea.

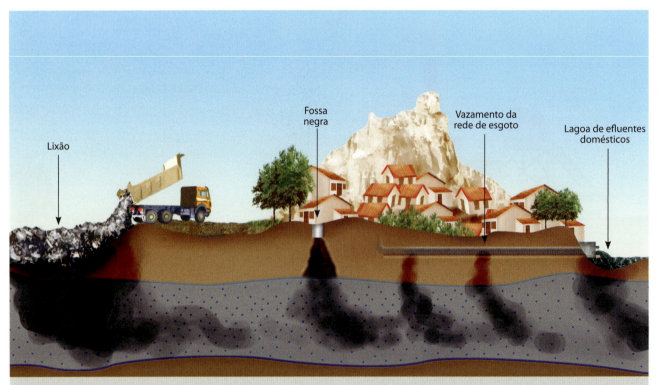

Figura 17.18 – Contaminação de aquíferos por origem urbana.

Entre as atividades pecuárias, a suinocultura é a que apresenta maior perigo à contaminação das águas, já que produz efluentes altamente poluentes em grande quantidade, os quais são lançados em solo e cursos de água sem tratamento prévio. No caso do Brasil, a contaminação causada pela suinocultura está principalmente relacionada aos estados da região Sul, que concentram cerca de 70% do rebanho suíno do país.

Extrativismo mineral

A extração de minérios que traz maior risco aos recursos hídricos subterrâneos está ligada aos bens minerais metálicos, à exploração de petróleo e gás e a algumas substâncias não metálicas muito solúveis. Esses materiais representam perigo para os aquíferos devido às suas características de solubilidade e toxicidade ou por estarem associados a processos de beneficiamento que podem gerar substâncias perigosas.

Um grande problema ambiental associado ao extrativismo mineral está relacionado à drenagem ácida, resultado da oxidação, por exemplo, em pilhas de estéril e bota-foras contendo pirita e arsenopirita. Essa acidez pode causar a mobilização de alguns metais poluentes até então não disponíveis (adsorvidos ou parte de minerais), que percolam e colocam em perigo corpos de água superficiais e subterrâneos.

Mesmo quando o bem mineral explorado representa pouco perigo à qualidade das águas subterrâneas, podem ocorrer impactos devidos a perturbações hidráulicas nos aquíferos e, nas águas superficiais, deposição de líquidos com alto conteúdo salino ou tóxico ou lixiviação do material estéril, removido durante a extração mineral. Quando os campos de petróleo e as jazidas de bens minerais estão localizados sob aquíferos importantes, deve haver um cuidado especial durante a construção dos poços e outros acessos à mina, a fim de isolar hidraulicamente os aquíferos mais importantes. A exploração de petróleo gera uma grande quantidade de efluentes com alto teor salino (água de formação), que, uma vez contaminando o aquífero, é dificilmente removido, sem a utilização de métodos custosos de tratamento de água.

Os bens minerais não metálicos, por exemplo, de emprego imediato na construção civil, apresentam baixo potencial gerador de cargas contaminantes, já que compreendem substâncias não perigosas e muitas vezes inertes. O perigo maior está relacionado à remoção do solo e da camada não saturada, expondo muitas vezes o nível freático, o que não só reduz a capacidade de degradação dos contaminantes no perfil geológico como também aumenta a vulnerabilidade do aquífero à poluição.

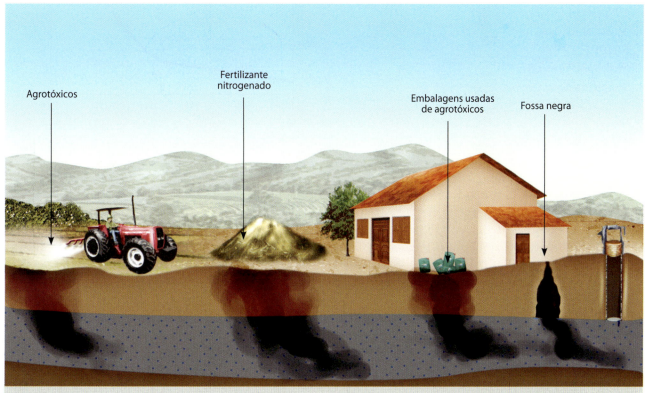

Figura 17.19 – Contaminação de aquíferos pela atividade agrícola.

475

Tanques enterrados

Um dos mais frequentes casos de contaminação de aquíferos em centros urbanos refere-se aos tanques enterrados que contêm líquidos perigosos, incluindo combustíveis (ver figura 17.16). Estatísticas na Holanda, por exemplo, mostraram que, até 1985, os postos de serviços foram responsáveis por mais de 30% dos casos de contaminação, seguidos de perto pelos resíduos sólidos (24%), muito embora não fossem os casos mais graves de degradação de aquíferos naquele país.

O número elevado de contaminações por postos de serviço decorre da quantidade de empreendimentos existentes, da forma de estocagem dos produtos e da alta toxicidade dos produtos. Atualmente, em áreas de mais risco ambiental, vários tanques tradicionais estão sendo substituídos por tanques de paredes duplas, com detectores de fuga e poços de monitoramento.

O vazamento de tanques e tubulações, choques de caminhões transportando compostos perigosos, a falta de cuidado na carga e descarga de produtos são alguns dos possíveis vetores de contaminação. Desse modo, ferrovias e rodovias são áreas importantes que merecem atenção pela possibilidade de ocorrência de acidentes ambientais, sobretudo quando cortam importantes aquíferos em áreas vulneráveis.

Quadro 17.6 – A revolução silenciosa

Durante as últimas décadas, a agricultura, especialmente em países áridos e semiáridos, vem utilizando cada vez mais água subterrânea para suprir suas necessidades. Milhões de agricultores, por iniciativa própria, têm-se tornado dependentes deste recurso hídrico. Hoje, cerca de 50% dos produtos agrícolas são provenientes de terras irrigadas com água subterrânea. Dados de vários países demonstram que a irrigação com água subterrânea apresenta maior eficiência, propiciando o aumento de produção com menos consumo de água. A tabela 17.8 mostra a relação entre produção agrícola e água subterrânea na Espanha, nos últimos anos, e a figura 17.20, o incremento do uso desse recurso. Por outro lado, essa mudança de uso do recurso superficial para o recurso subterrâneo foi realizada sem planejamento algum e sem controle governamental. Dados da Espanha ilustram essa mudança que vem sendo denominada pelo Professor Ramón Llamas *et al.* como uma verdadeira "revolução silenciosa".

Indicador	Água superficial	Água subterrânea	Total
Água irrigada (10^3 ha)	600	210	810
Produção total (10^9 pesetas)	325	300	625
Média de consumo na origem (m^3/ha/yr)	7400	4000	6500
Produtividade (pesetas/m^3)	70	360	120
Geração de emprego (UTA/10^6 m^3)	17	58	25

Tabela 17.8 – Uso da água subterrânea na Espanha. Fonte: modificado de Libro Blanco del Agua, MIMAM, 2000.

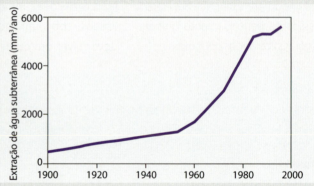

Figura 17.20 – O incremento do uso da água subterrânea na Espanha durante o século XX.

Essa revolução só foi possível graças ao aperfeiçoamento das técnicas de extração de água, permitindo a perfuração de poços mais profundos e a extração de maiores volumes, com a utilização de bombas. A revolução silenciosa foi um advento diretamente ligado ao mercado, criado por uma conjunção de fatores, como a busca pela água de forma individual pelo usuário e a demanda por mais água de melhor qualidade e de menor preço.

A revolução silenciosa tornou possível a transição de agricultores que produziam pouco para agricultores com taxas de produtividade mais altas, melhorando sua condição de vida. Além disso, trouxe água e alimentos de melhor qualidade para países que possuíam poucas alternativas. A água subterrânea é geralmente de boa qualidade natural, sem necessidade de tratamentos prévios.

Como em toda revolução, porém, vieram também problemas em algumas áreas, como a degradação de sua qualidade natural, o rebaixamento dos níveis de água nos aquíferos (levando algumas vezes à subsidência da superfície, à redução do número de nascentes de fluxo de base de rios e córregos), entre outros.

Esses problemas podem ser evitados se os "hidromitos" existentes e antigos paradigmas de não sustentabilidade do recurso fossem quebrados. Há necessidade de que seja dada mais importância à necessidade de monitoramento e gerenciamento dos recursos hídricos subterrâneos para que o mau uso atual não prejudique usos futuros.

Além disso, o uso racional das águas subterrâneas será a maneira mais fácil e rápida de se atingir a meta do milênio, proposta pela ONU, que é diminuir pela metade o número de pessoas sem água potável acessível ou malnutridas até 2015.

17.5 Manejo

Uma das estratégias políticas mais urgentes do mundo atual é prover todas as pessoas com, a quantidade mínima de água limpa e o saneamento necessários para a boa saúde. O problema porém está menos associado à escassez de água e mais diretamente relacionado ao bom uso e gerenciamento desse recurso.

Atualmente, um em cada cinco habitantes dos países em desenvolvimento, perfazendo um total de 1,1 bilhão de pessoas, enfrenta riscos diários de doenças e morte devidos à falta de acesso à água potável. No caso das águas subterrâneas, seu uso tem sido incrementado intensa e extensivamente, em virtude de sua grande disponibilidade, seu menor custo de produção e distribuição em relação à água superficial e qualidade natural, normalmente excelente. Esses fatores também têm levado a sociedade a se preocupar mais com a proteção desse recurso. A implantação de programas de proteção da quantidade e da qualidade da água é bastante recente no mundo e ainda incipiente em países de economias periféricas, como o Brasil.

Como foi observado, no caso dos recursos hídricos subterrâneos, o ditado popular "é melhor prevenir do que remediar" é diretamente aplicável. Isso porque, conforme abordado neste capítulo, em alguns casos de contaminação, especialmente por substâncias altamente tóxicas e persistentes, a limpeza do aquífero em condições naturais é ainda impraticável, técnica e economicamente, em muitos casos. Estudos para caracterizar a contaminação de um aquífero chegam facilmente a centenas de milhares de dólares, a sua recuperação, que em geral é pouco eficiente, custa dezenas de milhões de dólares. Da mesma forma, a intensa ocupação territorial, associada ao uso da água subterrânea, torna o gerenciamento do recurso bastante complexo.

Definir programas de proteção, visando à prevenção desses incidentes, é, portanto, permitir o uso racional e sustentável da maior reserva de água doce do planeta, em termos quantitativos e qualitativos.

17.5.1 Gerenciamento e a disponibilidade das águas subterrâneas

O grande problema no gerenciamento da quantidade dos recursos hídricos subterrâneos é estabelecer o volume total explotável de um aquífero ou parte dele, sem que isso esgote o recurso ou traga outros problemas ambientais decorrentes, ou seja, a vazão ambientalmente segura (*safe yield*).

A estratégia mais comum é estabelecer prioridades de ação, com base no reconhecimento de áreas onde o recurso encontra-se sob maior exploração do que outras, onde ele está sendo subutilizado. A figura 17.21 mostra a estrutura geral de um possível programa de proteção dos recursos hídricos, que parte do reconhecimento do potencial aquífero, o estabelecimento das áreas críticas, ou seja, de intensa exploração, e nessas áreas, o controle de novas perfurações e da exploração das captações existentes. O programa de proteção da quantidade do recurso prossegue com o monitoramento para a avaliação continuada dessas ações de controle.

A perfuração dos poços deve ser antecedida de uma licença de perfuração, obtida junto ao órgão responsável pelo gerenciamento do recurso hídrico, e, uma vez completada a obra, de uma licença de exploração ou outorga. A outorga é

a permissão de exploração da água por parte do usuário, geralmente concedida por um período determinado. A outorga deve ser dada baseada na capacidade de sustentabilidade do aquífero, bem como no uso que se dará à água, sempre se lembrando da primazia do abastecimento público sobre os outros usos.

Geralmente, o estudo em que se baseia a outorga deve contemplar a quantificação da recarga do aquífero, do rebaixamento hidráulico causado pelo conjunto das captações e dos potenciais impactos aos corpos de água superficial, até mesmo a perda de fluxo de base. Em áreas de baixo uso, as restrições poderão ser menores.

No Brasil, a perfuração descontrolada de poços tem sido apontada como a principal causadora de problemas de extração excessiva em aquíferos brasileiros. Em muitos casos, essa perfuração tem ocorrido pela inexistência de dispositivos legais ou mesmo em razão da não aplicação das leis existentes, quando o Estado, responsável pela gestão das águas subterrâneas, as tem. Mas mesmo nesses estados onde há leis que disciplinam a perfuração de poços, vê-se seu não cumprimento. Isso tem mostrado que os métodos clássicos de controle por parte do governo são pouco eficientes. De outro lado, a falta de estudos da potencialidade aquífera, inclusive com quantificação confiável das recargas dos aquíferos, tem feito com que os órgãos, no ato de licenciar a exploração, realizem-no somente formalmente, não avaliando os reais impactos das novas explorações no ambiente e no próprio aquífero.

O gerenciamento das águas subterrâneas apresenta características que o diferem das águas superficiais. Um rio ou um reservatório tem um número pequeno de tomadores de água, facilmente identificáveis. Já nas águas subterrâneas, o aquífero é explorado por centenas, se não milhares, de usuários, distribuídos dentro de uma cidade, com poços que dificilmente podem ser identificados depois de construídos. Um poço tubular, por exemplo, ocupa uma área pouco menor que 1 m². Portanto, em países pobres e em desenvolvimento, onde a atuação do estado no setor de controle ambiental é fraca e onde não há uma tradição da regulamentação por parte da sociedade, o sistema de gerenciamento, apoiado exclusivamente na atuação de fiscalização (e de polícia) do órgão de controle, é pouco eficiente para as águas subterrâneas.

Algumas novas experiências têm mostrado que a efetiva aplicação de programas de gerenciamento dos recursos hídricos subterrâneos deve envolver a sociedade e, sobretudo, o usuário, por meio de mecanismos de comunicação social, sem prescindir, entretanto, da atuação de fiscalização dos órgãos gestores do estado. Usuários reunidos em torno do bem comum que é a água subterrânea, em associações, têm mostrado que, se não suficiente, são importantes para garantir o bom manejo do recurso.

Proteção das águas subterrâneas

Uma análise das estratégias de proteção de qualidade de aquíferos em vários países revela duas linhas clássicas de ação, muitas vezes independentes entre si

Figura 17.21 – Elementos de um programa de proteção dos recursos hídricos subterrâneos.

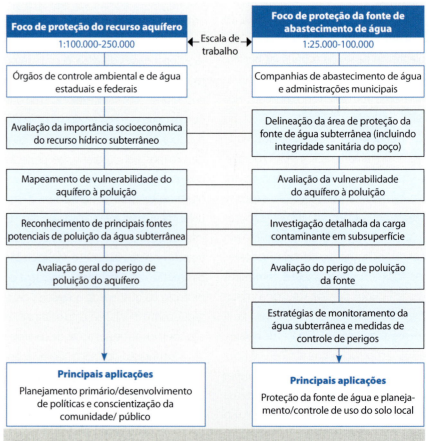

Figura 17.22 – Foco e aplicação dos diferentes níveis de avaliação dos perigos de poluição.

e baseadas no controle da ocupação diante de um zoneamento do terreno (Figura 17.22). A primeira linha restringe o uso do terreno com base em mapas de vulnerabilidade à poluição do aquífero, proibindo ou autorizando a instalação de novas atividades potencialmente contaminantes, segundo áreas de alta ou baixa vulnerabilidade (Figura 17.23). A segunda linha se baseia no estabelecimento de zonas ao redor de poços ou fontes de abastecimento, com diferentes graus de restrição, segundo a proximidade espacial ou temporal da atividade à fonte de captação de água. Neste caso, é importante a identificação das zonas que contribuem com a recarga da captação que se quer proteger (ZOC) (ver figura 17.24). Quando o poder público estabelece o zoneamento e o oficializa por meio de um instrumento legal, essas diferentes zonas são chamadas de *Perímetro de Proteção de Poço* (PPP).

A cartografia de vulnerabilidade à poluição é mais abrangente e permite a proteção do aquífero, os PPP, ao contrário, são voltados à proteção da captação ou fonte de água subterrânea. Os PPP são mais eficientes em aquíferos simples, homogêneos e isotrópicos e em pequenas áreas. A grande densidade de poços explorados de forma irregular dificulta a definição das zonas a serem protegidas. A estratégia de mapas de vulnerabilidade é melhor em áreas maiores, com a análise de um número relativamente grande de atividades potencialmente contaminantes e com a existência de uma quantidade reduzida de informação ou grande complexidade hidrogeológica, servindo a propósitos mais regionais.

Por essas características, o emprego de uma ou outra técnica no gerenciamento dos recursos hídricos também será diferenciado (ver figura 17.25).

A proteção dos aquíferos no Brasil é uma atribuição de órgãos estaduais, geralmente trabalhando em uma escala mais regional, ao contrário do enfoque à captação, este voltado às empresas

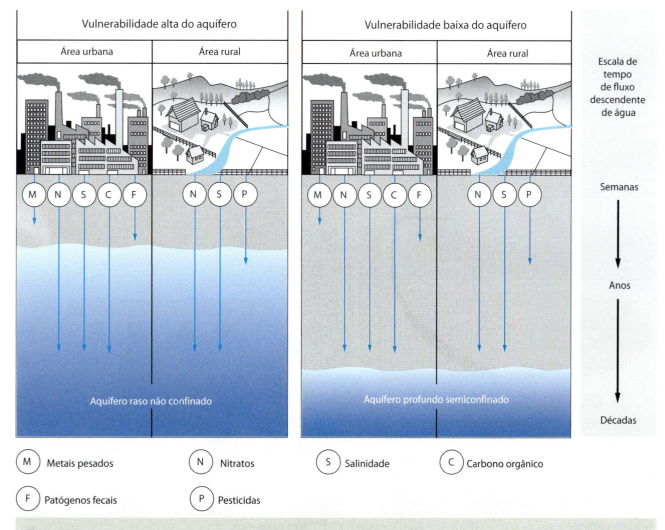

Figura 17.23 – A vulnerabilidade de aquíferos à poluição. Fonte: Foster *et al.*, 2002.

de abastecimento público de água, que quer garantir a qualidade de seus mananciais. Uma vez que a gestão das águas subterrâneas é estadual, mas o controle do uso e a ocupação do solo é municipal ou estadual, a proteção dos recursos hídricos deverá contemplar essa diversidade.

O planejamento de uso do solo, a fim de proteger as águas subterrâneas, pode se dar de três formas, de acordo com a presença ou não de fontes de contaminação antrópica: em áreas onde já se comprovou a contaminação de aquíferos por uma atividade específica (fontes herdadas), em áreas onde novas atividades potencialmente contaminantes serão instaladas e em áreas onde a ocupação já ocorreu, porém não foram ainda detectados problemas de contaminação (Figura 17.25). O uso dos instrumentos de cartografia de vulnerabilidade à poluição, cadastro e classificação de cargas contaminantes potenciais e perímetros de proteção de poços pode ser utilizado em diferentes níveis para auxiliar no disciplinamento das atividades potencialmente contaminantes em relação a essas três situações.

Particularmente, os mapas de vulnerabilidade são ferramentas bastante úteis para planejar a ocupação futura de uma determinada área. Maiores e menores exigências poderão ser pedidas caso uma atividade potencialmente contaminante esteja sendo instalada em uma área de maior ou menor vulnerabilidade. Listas de aceitabilidade de ocupação podem ser utilizadas para esse propósito (ver tabela 17.9).

Em zonas altamente urbanizadas e industrializadas ou com intensiva atividade agrícola, a prioridade será a identificação de áreas ou atividades que apresentem mais perigo à poluição dos aquíferos (Figura 17.25). Para isso, precisam ser identificadas e cadastradas as atividades antrópicas e estes dados, confrontados com uma carta de vulnerabilidade à poluição de aquíferos ou com a localização das zonas de captura de poços e seus perímetros de proteção. O perigo maior será definido pela atividade que apresente maior potencial contaminante e que esteja locada em área com elevada vulnerabilidade do aquífero ou mais próxima de poços importantes. Assim, esses instrumentos auxiliarão na identificação daquelas áreas ou atividades que requererão maior atenção para a proteção das águas subterrâneas, ou seja, aquelas onde serão necessários estudos de detalhes.

Em áreas degradadas de aquíferos, haverá a necessidade de proceder à remediação de solos e aquíferos segundo determinadas regras e valores conforme sintetizados no quadro 17.7 adiante. Uma prática bastante aceita é proceder a avaliações de risco à saúde humana e ao meio

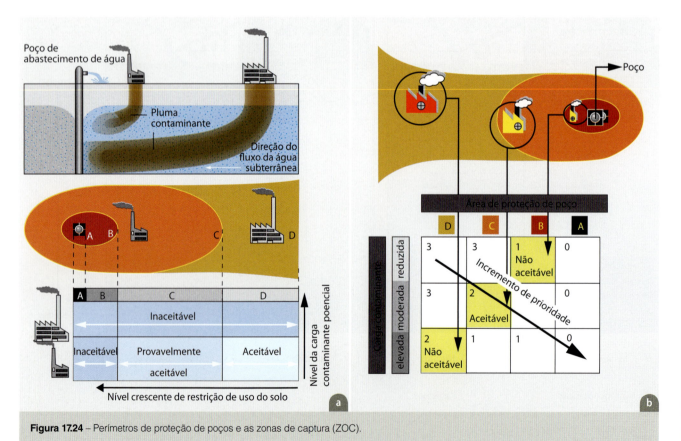

Figura 17.24 – Perímetros de proteção de poços e as zonas de captura (ZOC).

ambiente antes de se exigir a sua remediação. Nesse caso, somente será pedida a limpeza da área onde a contaminação tenha atingido valores que coloquem efetivamente a população exposta a um nível não aceitável de risco. O nível de risco aceitável também poderá ser utilizado como meta para a remediação, ou seja, o grau de limpeza que se deve atingir.

No terceiro caso (Figura 17.25), em áreas novas, onde se planeja ocupar o solo, a instalação de atividades de reconhecido potencial poluente deverá ser precedida por estudos de impactos ao meio ambiente específicos, para definir as restrições que deverão ser impostas à atividade. Listas de aceitabilidade à ocupação poderão auxiliar no grau de exigência que se adotará neste estudo e no nível de proteção ao meio ambiente que esta nova atividade deverá ter (Tabela 17.9a e b).

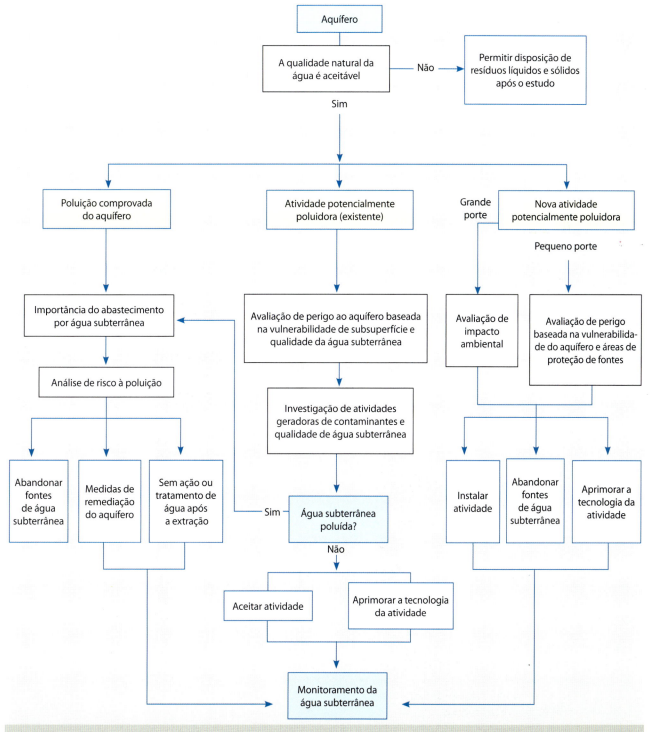

Figura 17.25 – A ocupação do terreno e as ações de proteção das águas subterrâneas.

Atividade potencialmente poluidora requerendo medidas de controle	Por vulnerabilidade de aquífero		
	alta	média	baixa
Tanques sépticos, fossas e latrinas			
Propriedades individuais	A	A	A
Propriedades comunitárias, públicas	A	A	A
Posto de gasolina	PA	A	A
Instalações para disposição de resíduos sólidos			
Doméstico municipal	PN	PA	A
Construção/inerte	A	A	A
Perigoso industrial	N	N	PA
Industrial (classe I)	PN	PA	A
Industrial (classe II e III)	N	N	PA
Cemitério	PA	A	A
Incinerador	N	PN	PA
Extração mineral e de óleo			
Material de construção (inerte)	PA	PA	A
Outros, incluindo petróleo e gás	N	PA	A
Linhas de combustível	N	PA	A
Propriedades industriais			
Tipo I	PA	PA	A
Tipo II e III	PN/N	PA/N	PA/PN
Propriedades militares	PN	PA	PA
Lagoas de infiltração			
Água municipal/de refrigeração	A	A	A
Efluente industrial	PN	PA	PA
Drenos			
Telhados de prédios	A	A	A
Estrada principal	PN	PA	A
Estrada secundária	PA	A	A
Áreas de recreação	A	A	A

Estacionamentos	PA	A	A
Áreas industriais	PN*	PA	A
Aeroporto/estação ferroviária	PN	PA	A
Aplicação de efluentes no solo			
Indústria alimentícia	PA	A	A
Outras indústrias	PN	PA	A
Efluentes industriais	PA	A	A
Lodo de esgoto	PA	A	A
Lodo de terreiro rural	A	A	A
Criação pecuária intensiva			
Lagoa de efluente	PA	A	A
Drenagem de terreiro e área de alimentação	PA	A	A
Áreas agrícolas			
Com pesticida	PN	A	A
Com uso controlado de fertilizantes	PN	A	A
Estoque de pesticidas	PN	PA	A

Tabela 17.9a – Relação das atividades permitidas e não permitidas para cada situação de vulnerabilidade e de perímetro de proteção de poços.

Atividade potencialmente poluidora requerendo medidas de controle	Por área de proteção de fonte			
	I	II	III	IV
Tanques sépticos, fossas e latrinas				
Propriedades individuais	N	N	A	A
Propriedades comunitárias, públicas	N	N	PA	A
Posto de gasolina	N	N	PN	PA
Instalações para disposição de resíduos sólidos				
Doméstico municipal	N	N	N	PN
Construção/inerte	N	N	PA	PA
Perigoso industrial	N	N	N	N
Industrial (classe I)	N	N	N	PN
Industrial (classe II e III)	N	N	N	N
Cemitério	N	N	PN	A
Incinerador	N	N	N	PN

Capítulo 17 - A água como recurso

Extração mineral				
Material de construção (inerte)	N	N	PN	PA
Outros, incluindo petróleo e gás	N	N	N	N
Linhas de combustível	N	N	N	PN
Propriedades industriais				
Tipo I	N	N	PA	A
Tipo II e III	N	N	N	N
Drenos				
Telhados de prédios	PA	A	A	A
Estrada principal	N	N	N	PN
Estrada secundária	N	PN	PA	PA
Áreas de recreação	N	PA	PA	A
Estacionamentos	N	N	PN	PA
Áreas industriais	N	N	N	PN
Aeroporto/estação ferroviária	N	N	N	PN

N não aceitável em praticamente todos os casos; PN provavelmente não aceitável, exceto em alguns casos sujeitos a investigação detalhada e planejamento especial; PA provavelmente aceitável, sujeito a investigação e planejamento específicos; A aceitável, sujeito a planejamento padrão
I zona operacional; II zona microbiológica; III zona intermediária; IV toda a zona de captura.

Tabela 17.9b – Relação das atividades permitidas e não permitidas para cada situação de vulnerabilidade e de perímetro de proteção de poços. Fonte: modificado de Foster et al., 1993; Hirata, 1993.

Quadro 17.7 – Manejo de áreas contaminadas

Uma área contaminada tem de ser remediada, entretanto há regras e valores para esta limpeza de solos e aquíferos (Figura 17.26). Primeiro, define-se a região de interesse, onde são estabelecidos os limites da área e os bens a proteger (águas subterrâneas, solo, saúde humana etc.). Uma vez definida a área, passa-se à etapa de *Identificação de Áreas Potencialmente Contaminadas*. Nessa etapa, são identificadas, dentro da área de interesse, regiões onde há possibilidade de se encontrar contaminação, ou seja, onde são ou foram manipulados compostos que possam trazer danos aos bens a proteger. Nesta fase, consideram-se as substâncias, o potencial contaminante da atividade em desenvolvimento ou previamente desenvolvida na área e a proximidade dos bens a proteger.

Após a identificação das áreas potencialmente contaminadas, passa-se à *Avaliação Preliminar*. Durante esta etapa, é elaborado um estudo inicial das áreas potencialmente contaminadas. Para isso, são levantadas as principais informações das áreas, das atividades e das substâncias, por meio de uma investigação, possibilitando classificar a área como Área Suspeita (AS), Área Potencialmente Contaminada (AP) e Área Contaminada (AC) ou excluir a área do cadastro de áreas potencialmente contaminadas. Essa etapa é guiada pela Ficha Cadastral de Áreas Contaminadas, segundo padronização da agência ambiental para o solo e a água subterrânea.

Passa-se, então, para a etapa de *Investigação Confirmatória*, cujo objetivo é confirmar ou não a existência de contaminação nas áreas suspeitas. Nessa etapa, são coletadas amostras de solo e de água subterrânea para a realização de análises químicas, de forma a confirmar as suspeitas. Para confirmação da existência de contaminação, comparam-se os resultados das análises químicas com valores estabelecidos nas listas de padrões da agência ambiental.

Caso seja confirmada a presença de contaminação, inicia-se um processo que irá nortear a tomada de decisões para a recuperação da área contaminada. Neste contexto, procede-se à *Investigação Detalhada*. O objetivo é quantificar a contaminação existente. São coletadas, nesta etapa, também amostras do solo e da água subterrânea, com vistas a identificar a área e o volume efetivamente afetados pela contaminação. Além disso, são realizados testes no aquífero para definir as características da pluma de contaminação, como os limites e o transporte desta no solo e no aquífero.

Inicia-se, posteriormente, um processo que permitirá estabelecer até que ponto a área precisa ser remediada. Os valores estabelecidos pelos órgãos ambientais estaduais são valores conservadores e permitem nortear as etapas iniciais da investigação. Para a definição mais detalhada de valores aceitáveis específicos para a área, considerando os receptores da contaminação, as características da exposição a este contaminante e sua toxicidade, e a determinação dos riscos, procede-se à etapa de *Avaliação de Risco*. Os resultados desta etapa irão indicar os riscos aceitáveis para a área, permitindo estabelecer quais as medidas a serem tomadas nas próximas etapas do processo de recuperação da área.

Caso seja necessária a remediação da área, procede-se à *Investigação para Remediação*, que tem como objetivo estabelecer a metodologia (ou combinação de metodologias) mais adequada para aplicação à área contaminada. Devem-se levar em conta as metodologias disponíveis no mercado e que sejam legalmente permitidas para a aplicação. Nesta fase, são ainda realizados testes-piloto, que permitirão avaliar a eficácia do método à área. Procede-se, então ao *Projeto de Remediação*, que é apresentado para apreciação do órgão ambiental, que avaliará a possibilidade de autorizar a implantação e operação dos sistemas de remediação propostos ao caso em questão. O projeto de remediação deve incluir todo o planejamento de implantação e operação do sistema, além do seu monitoramento, para verificação da sua eficiência.

Caso o projeto de remediação seja aprovado pelo órgão ambiental, procede-se à etapa de *Remediação* propriamente dita. Nessa etapa, a metodologia proposta será implantada e deverá ser monitorada continuamente de modo a verificar a sua eficiência, bem como possíveis impactos causados aos bens a proteger pelas medidas de remediação.

O órgão ambiental, com base nos relatórios de *Monitoramento* e avaliação do sistema, indicará a possibilidade de encerramento das medidas de remedição, após os níveis de remediação, definidos no projeto, serem atingidos. A área poderá então ser reclassificada.

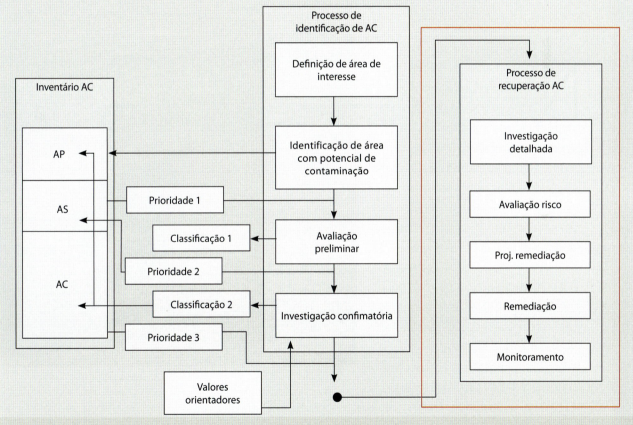

Figura 17.26 – Estrutura de manejo de áreas contaminadas adotada no estado de São Paulo.

Leitura recomendada

FOSTER, S.; HIRATA, R. *Determinación del riesgo de contaminación de las aguas subterráneas*: un método basado en datos existentes. Lima: Organização Pan Americana da Saúde, CEPIS, 1988. p. 81.

FOSTER, S.; HIRATA, R.; GOMES, D.; D'ELIA, M.; PARIS, M. *Proteção da qualidade da água subterrânea*: um guia para empresas de abastecimento de água, órgãos municipais e agências ambientais. Tradução Silvana Vieira. Washington, D.C.: Banco Mundial, 2006. 104 p.

MARIOTONI, C. A.; DEMANBORO, A. C. A Gestão dos recursos hídricos em mega-cidades: desafios da sustentabilidade econômico-ecológica. In: VIII encontro nacional de tecnologia do ambiente construído - modernidade e sustentabilidade, ENTAC. Salvador, 2000.

MIMAM. Ministerio del Medio Ambiente. *Libro Blanco del Agua en España*, España, 2000.

BRASIL. Ministério das Cidades. Sistema nacional de Informações sobre Saneamento. *Diagnóstico dos Serviços de Água e Esgoto*. 2005.

ZEKSTER I.; LORGE G. E. *Groundwater resources of the world and their use*. Paris: Unesco International Hydrological Programme Monograph, 2004.

Recursos energéticos e meio ambiente

Fabio Taioli

Sumário

18.1 Recursos renováveis
18.2 Recursos não renováveis
18.3 E o futuro?

Não há animal ou vegetal que subsista sem consumir alguma forma de energia. Mas de onde vem a energia que utilizamos? Os vegetais usam a energia proveniente do sol para efetuar a fotossíntese e assim fabricar seus constituintes. Os animais, por sua vez, alimentam-se de vegetais ou de outros animais para obter a energia necessária para viver. No entanto, em última instância, só podemos dispor de duas fontes de energia: a energia original do nosso planeta desde sua formação – o combustível que faz o "motor" do sistema Terra funcionar – e aquela energia proveniente do Sol, que chega continuamente na superfície terrestre.

Os seres humanos aprenderam, ao longo dos séculos, a utilizar diversas formas de energia, sendo esse um fator de extrema importância no desenvolvimento da civilização, pois possibilitou a fabricação de instrumentos e armas, para o atendimento mais eficaz das necessidades de proteção, abrigo e alimentação, como o cozimento de alimentos e o aquecimento de ambientes. A habilidade em obter e utilizar energia tem permitido à humanidade ocupar áreas do planeta de clima extremamente adverso a sua locomoção de forma rápida e manutenção de um complexo sistema de civilização, empregando diferentes fontes energéticas em distintas regiões do planeta.

Os recursos energéticos usados atualmente pelas nações industrializadas podem ser classificados de várias formas, sendo que uma classificação usual é baseada na possibilidade de renovação numa escala de tempo compatível com a expectativa de vida do ser humano. Assim, nesta escala temporal, eles podem ser considerados renováveis e não renováveis. Entre os recursos renováveis, estão a biomassa, a hidroeletricidade, a energia proveniente do Sol (solar), a energia produzida pelos ventos (eólica), a energia produzida pelas marés e a aproveitada das ondas. Entre os recursos não renováveis (Figura 18.1), classificam-se os combustíveis fósseis (carvão mineral, petróleo e gás natural), a energia nuclear e a energia geotérmica. Em adição, têm-se, hoje, as células de combustíveis, que possibilitam armazenar energia obtida por alguma das fontes citadas (ver quadro 18.1).

O conjunto de formas de energia utilizado por uma nação define sua matriz energética, na qual cada tipo é representado percentualmente (Figura 18.2).

Figura 18.1 – Bacia de Campos, Campos de Goytacazes, Rio de Janeiro. Foto: R. Azoury/Pulsar Imagem.

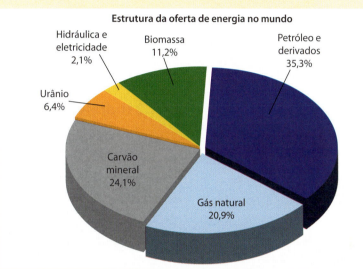

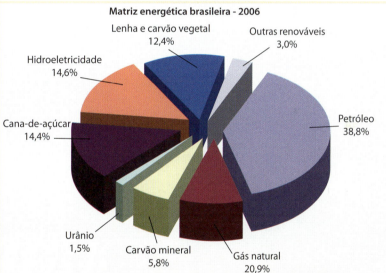

Figura 18.2 – Comparação do perfil de oferta de energia no mundo e no Brasil. Fonte: MME, 2007.

Qual o cheiro do gás?

O chamado Gás Natural (conhecido popularmente como gás de rua, quando canalizado, como ocorre nas grandes cidades, ou como GNV – gás natural veicular, quando fornecido em postos de abastecimento de veículos), é aquele gás que ocorre naturalmente nas rochas das bacias sedimentares, eventualmente associado ao petróleo. É uma mistura de hidrocarbonetos leves, principalmente metano (CH_4) > 70%, etano (C_2H_6) e propano (C_3H_8). Difere do GLP (Gás Liquefeito de Petróleo – conhecido como gás de bujão), que é um subproduto obtido no fracionamento (refino) do petróleo, ou seja, trata-se de uma fração de gás que estava "diluída" no petróleo e é extraída no processo de refino e se constitui basicamente de propano e butano (C_4H_{10}).

Todos esses compostos são incolores e inodoros, fazendo com que o gás natural e o GLP também o sejam. No entanto, o gás que utilizamos nos fogões de casa ou nos veículos automotores tem um cheiro forte e enjoativo. De onde vem esse cheiro? O que ocorre é que, como o gás é extremamente inflamável, no processo de refino é adicionada pequena quantidade do gás etanotiol (CH_3CH_2SH), que possui um odor desagradável. Muitas pessoas perguntam: por que não adicionam um cheiro "gostoso" ao gás? O motivo é que o odor desagradável é justamente para incomodar as pessoas e alertá-las de que há um vazamento e, consequentemente, o risco de explosão.

18.1 Recursos renováveis

A biomassa vegetal foi, sem dúvida, o primeiro recurso energético renovável utilizado pela humanidade ao longo do tempo.

18.1.1 Biomassa

A queima de lenha foi responsável pelo fornecimento de energia desde os primórdios das civilizações, sendo, ainda, muito utilizada, principalmente nos países menos desenvolvidos, chegando a ser responsável por até 95% da energia consumida nesses países. No Brasil, sua utilização representa menos de 10% da matriz energética. Com poder calorífico de cerca de 4.300 kcal/kg e, apesar de envolver a destruição de florestas nativas, o cultivo controlado de florestas é uma importante forma de geração de energia a custos relativamente baixos.

A biomassa vegetal pode também ser utilizada para a produção de combustíveis (por exemplo, etanol, metanol, biodiesel), e é capaz de substituir com certas vantagens outras fontes de energia (ver quadro 18.2).

18.1.2 Hidreletricidade

Barragens já eram construídas na Antiguidade para regularizar o suprimento de água das cidades, para irrigação das lavouras e para o controle de inundações. Com o desenvolvimento do uso de energia elétrica, no final do século XIX, as barragens passaram a ser utilizadas também para a geração de energia elétrica, aproveitando o gradiente hidráulico dos rios, que promove um fluxo de água contínuo, utilizado para mover turbinas e geradores de energia elétrica. A seleção dos locais para a implantação de barragens leva em consideração a largura do rio e a topografia no entorno para melhor aproveitamento do gradiente do rio e para evitar a inundação de uma área muito extensa, já que esta área será inutilizada para outro emprego econômico.

A energia elétrica assim gerada é considerada energia renovável. Ela é muito utilizada no Brasil, principalmente nas regiões Sul e Sudeste, graças à extensa rede fluvial, responsável por cerca de 15% de toda energia utilizada no país (Figura 18.3).

Figura 18.3 – Usina de aproveitamento múltiplo de Xingó. Foto: W. Rudhart/Kino.

Os lagos formados pelas barragens dos rios podem, por sua vez, propiciar o desenvolvimento da navegação fluvial, servir para a piscicultura, recreação e como fonte de água tanto para o consumo humano quanto para a irrigação, tornando-se importante fator de desenvolvimento e via de escoamento da produção agrícola, além de serem utilizados também para o lazer.

Apesar de a geração de energia por hidrelétricas poder ser considerada limpa, têm sido colocadas restrições quanto à área inundada pela barragem. A relação entre a energia gerada e a área inundada depende da altura de crista da barragem e das condições topográficas locais, sendo considerada como ideal a relação de 10 W por metro quadrado de área inundada. A região Norte do Brasil, apesar da enorme malha hidrográfica, sofre restrições à implantação de mais usinas hidrelétricas, justamente devido às suas características topográficas, relativamente planas, que exigem o alagamento de áreas muito maiores daquela considerada ideal, como pode ser observado na tabela 18.1.

Diversos fatores contribuem para aumentar as restrições à implantação de barragens. Entre eles, pode-se destacar a necessidade de desmatar a área do lago, a possibilidade de ocorrer salinização da água do reservatório devido ao aumento da evaporação, a eventual necessidade de deslocar cidades, povoados ou populações indígenas e a também eventual inundação de sítios históricos e arqueológicos e atrações turísticas (a exemplo do que ocorreu com Sete Quedas, no Rio Paraná). Pode também ocorrer assoreamento nos reservatórios das barragens, o que leva a uma diminuição significativa de sua capacidade de geração de energia e mesmo de sua vida útil. Este fator se torna mais relevante com o passar do tempo, pois, normalmente, a implantação de uma barragem gera desenvolvimento populacional nas margens do lago e o consequente incremento na taxa de urbanização que, se não seguir um planejamento adequado, pode contribuir ainda mais para o assoreamento dos lagos. Outro questionamento diz respeito à destinação que será dada às barragens quando acabar sua vida útil.

18.1.3 Energia eólica

A energia eólica é produzida pela ação do vento que movimenta as hélices. A energia gerada pode ser utilizada diretamente para bombear água ou mover moinhos, ou ainda para gerar energia elétrica. O uso para bombear água é bastante antigo e conhecido, porém, a geração de energia elétrica utilizando a energia dos ventos só se tornou economicamente viável após o desenvolvimento de rotores e geradores de alta eficiência. Hoje este tipo de energia é aproveitado em várias partes do mundo que apresentam incidência constante de ventos, inclusive no Brasil, que dispõe de várias usinas em operação (Figura 18.4), além de várias áreas potencialmente favoráveis, uma vez que o custo de energia eólica gerada torna-se competitivo à medida que as melhores possibilidades de

Usina	Produção/ Área inundada (W/m²)
Xingó (SE/AL)	58,8
Segredo (SC)	15,3
Itaipu (PR)	9,4
Itaparica (PE)	1,8
Tucuruí (PA)	1,4
Porto Primavera (SP/MS)	0,85
Serra da Mesa (GO)	0,67
Balbina (AM)	0,11
Ideal	10

Tabela 18.1 – Comprometimento ambiental de algumas usinas hidrelétricas brasileiras.

Figura 18.4 – Usina eólica da Taíba, CE, que produz 5 MW, e foi a primeira a ser implantada sobre dunas. Foto: Wobben Windpower.

aproveitamento hidrelétrico forem se esgotando. É importante ressaltar que, por se tratar de uma fonte limpa de energia e a área ocupada poder ser usada simultaneamente tanto pela agricultura quanto pela pecuária, sua utilização tem crescido sensivelmente. Em 1990, a capacidade de geração instalada no mundo era da ordem de 2 MW, tendo saltado para 10,2 MW, em 1998, e para 13.500 MW, no final de 2006. Na Europa, estima-se que, a partir de 2020, cerca de 10% de toda energia elétrica gerada será de origem eólica.

O Brasil tem grande potencial para o aproveitamento da energia eólica. O mapa apresentado na figura 18.5 mostra as regiões mais favoráveis em função dos ventos, destacando-se os litorais norte e sul do país, a região do vale do rio São Francisco e oeste dos estados do Paraná e Santa Catarina.

18.1.4 Energia solar

A energia solar é aquela aproveitada da incidência de raios solares na superfície terrestre. Pode ser utilizada de forma passiva, simplesmente para o aquecimento de água ou mesmo de ambientes; nos últimos anos, cada vez mais unidades coletoras de calor podem ser vistas sobre os telhados nas cidades brasileiras. A energia solar pode também ser aproveitada por meio de células fotovoltaicas, que geram uma corrente elétrica capaz de carregar baterias ou mesmo, após a conversão da corrente contínua para a alternada (AC), serem ligadas à rede de distribuição. O custo relativamente elevado destas células tem caído sensivelmente nos últimos anos, possibilitando sua utilização em áreas que não dispõem de outras formas de energia, a preços que, em longo prazo, tornam-se compensatórios, já que não necessitam de extensas redes de distribuição. Levando em conta o retorno social que o acesso à energia elétrica provoca, o uso de células fotovoltaicas pode passar a ser um importante meio de promoção social, principalmente para as regiões mais distantes dos centros urbanos. A figura 18.6 mostra o mapa de potencial de aproveitamento da energia solar, destacando a região do vale do rio São Francisco e boa parte do nordeste do Brasil.

18.1.5 Energia das marés

A maré é um fenômeno que ocorre duas vezes ao dia, causado pela interação gravitacional entre a Terra, a Lua e o Sol, dependendo de suas posições relativas. O aproveitamento energético se dá basicamente pela conversão de energia potencial em energia cinética, com o armazenamento da água durante a maré cheia por meio da abertura de uma barragem que permite a entrada da água em uma baía semiconfinada (quando a entrada da baía apresenta pequena extensão se comparada com a sua área total), e a liberação da água armazenada, através de turbinas geradoras de energia elétrica, durante a maré baixa.

Alguns países já aproveitam as marés para geração de energia, como a França (Figura 18.7), Rússia, Estados Unidos e China; porém, a instalação desse tipo de usina depende da configuração geográfica do litoral e da amplitude da maré naquele local. No litoral do Brasil, não ocorre o tipo de baía semiconfinada nem amplitude de marés que permitam o aproveitamento econômico desse tipo de energia.

18.1.6 Energia das ondas

O aproveitamento da energia das ondas desafia o homem há alguns séculos, porém, somente a partir de meados do século passado alguns sistemas viáveis foram desenvolvidos. Atualmente, existem alguns protótipos, tanto fixos quanto flutuantes, desenvolvidos em vários países, que utilizam diferentes tecnologias, porém, o custo ainda não atingiu patamares que permitam a implantação de usinas em escala comercial. Por outro lado, a tecnologia que vem sendo criada poderá ter outras aplicações, além da geração de energia, por exemplo, dessalinização da água do mar, proteção costeira, bombeamento de água, entre outras.

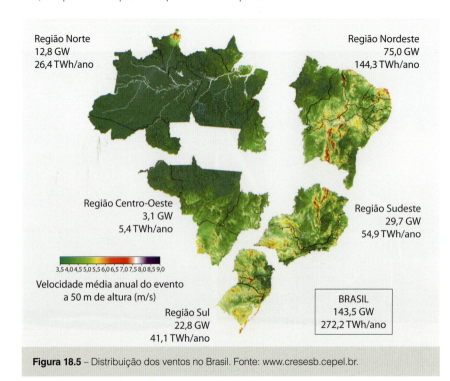

Figura 18.5 – Distribuição dos ventos no Brasil. Fonte: www.cresesb.cepel.br.

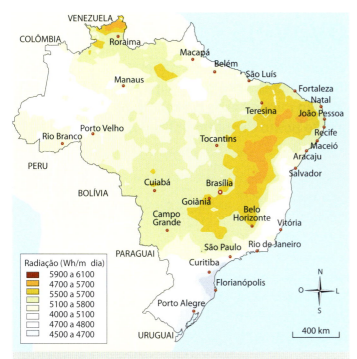

Figura 18.6 – Média anual típica da radiação solar no Brasil (Wh/m²/dia). Fonte: www.aneel.gov.br

Figura 18.7 – Usina La Rance, França, que tem capacidade para produzir 240 MW utilizando a energia das marés. Foto: Y. Arthus-Bertrand/Corbis/LatinsStock.

Quadro 18.1 – Célula de combustível

A célula de combustível é uma tecnologia que utiliza o hidrogênio e o oxigênio para produzir energia elétrica ou térmica com alta eficiência. O resíduo da reação é água, o que torna esta forma de aproveitamento energético muito interessante, pois não gera poluentes.

O combustível básico é o hidrogênio, o elemento mais comum no universo e que está presente em cerca de 90% das moléculas e também nas proteínas dos organismos, portanto, encontra-se distribuído em toda a superfície da Terra. Várias tecnologias estão disponíveis para a obtenção de hidrogênio, utilizando tanto fontes renováveis quanto combustíveis fósseis.

Há intensa pesquisa para a otimização da produção e armazenamento de hidrogênio, assim como na otimização das próprias células de combustível. Tais pesquisas objetivam o desenvolvimento de células que possam ser instaladas no próprio local de consumo e para gerar energia, evitando grandes redes de distribuição. Outra vantagem adicional é o fato de operarem silenciosamente. Os componentes das células de combustível (ver figura) são basicamente o ânodo, o catalisador, o eletrólito ou membrana e o cátodo. Na maioria das células a combustível, o ânodo é alimentado com hidrogênio pressurizado, onde ocorre a ionização desse, por reação catalítica na platina, convertendo o hidrogênio H_2 em prótons H^+ e elétrons H^-. O cátodo é alimentado pelo oxigênio retirado do ar. Os elétrons circulam por um circuito externo gerando corrente elétrica no sentido do cátodo, o terminal positivo. Os prótons atravessam o eletrólito (que pode ser líquido ou sólido) também no sentido do cátodo. No cátodo, o elétron e o próton reagem com o oxigênio formando moléculas de água e liberando calor por causa da reação exotérmica. Tem-se então, como resíduo, apenas o vapor d'água.

O vapor quente pode ser utilizado para aquecimento ou ser integrado a uma turbina a vapor para gerar mais eletricidade. Pode também ser utilizado para produzir hidrogênio novamente por meio da eletrólise (quebra da molécula de água em hidrogênio e oxigênio), utilizando, por exemplo, um painel solar (células regenerativas). Inúmeras empresas em todo o mundo estão desenvolvendo pesquisas em células de combustível com o objetivo de diminuir seus custos, suas dimensões, aumentar a eficiência dos equipamentos e, para muitos países, diminuir a dependência de combustíveis fósseis, como o petróleo, e a consequente poluição atmosférica.

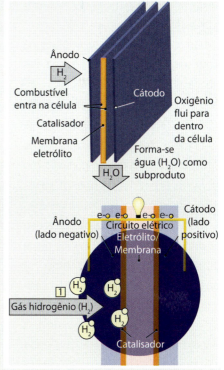

Esquema de funcionamento de uma célula de combustível.

Capítulo 18 - Recursos energéticos e meio ambiente

18.2 Recursos não renováveis

As fontes de energia não renováveis são aquelas que estão disponíveis na Terra em quantidades finitas e que se esgotam à medida que vão sendo utilizadas. Considera-se para isto a escala de tempo humana pois, apesar de petróleo, gás e carvão mineral estarem continuamente se formando, levam milhões de anos para chegarem ao ponto de serem utilizados.

18.2.1 Combustíveis fósseis

Os combustíveis fósseis recebem esta denominação por derivarem de restos de plantas e animais soterrados junto com os sedimentos que formam as rochas sedimentares. O tipo de combustível fóssil formado depende da matéria orgânica original e da sua subsequente história geológica. São combustíveis fósseis o carvão mineral, o petróleo e o gás natural.

Carvão mineral

O carvão mineral é utilizado há mais de 2000 anos, desde, pelo menos, a época da ocupação romana da Inglaterra, quando era usado para aquecer as casas dos romanos. No entanto, sua importância maior surgiu com o desenvolvimento das máquinas a vapor, graças a seu alto conteúdo energético e sua grande disponibilidade na Europa e Ásia, e posteriormente no nordeste dos Estados Unidos. Ainda hoje é um componente importantíssimo na matriz energética de diversos países, por exemplo, Estados Unidos e Inglaterra.

No Brasil, a existência de carvão no sul de Santa Catarina é conhecida desde 1827, quando tropeiros, acampados na região conhecida como Barro Branco, perceberam que algumas das rochas que haviam utilizado para a montagem de uma fogueira haviam entrado em combustão, transformando-se em cinzas. No entanto, foi somente durante a II Grande Guerra que a exploração de carvão ganhou relevância, devido à necessidade de substituir os combustíveis importados. Outro grande avanço se deu após a primeira grande crise do petróleo (1973/1974), quando houve um enorme incentivo à produção de recursos energéticos alternativos. Atualmente, a produção brasileira de carvão mineral é praticamente toda consumida em termoelétricas, ou seja, em usinas de geração de energia elétrica que usam o calor gerado pela combustão desse combustível, representando hoje cerca de 1,5% da matriz energética do Brasil.

Como se forma o carvão?

O carvão é uma rocha sedimentar combustível, formada pelo soterramento e compactação de uma massa vegetal em ambiente anaeróbico, em bacias originalmente pouco profundas (da ordem de dezenas a centenas de metros). À medida que a matéria orgânica vegetal vai sendo soterrada, começa o seu processo de transformação em carvão, devido, principalmente, ao aumento de pressão e temperatura, aliado à tectônica. Graças ao ambiente anaeróbico, e com a crescente compactação, os elementos voláteis e a água, presentes na matéria orgânica original, vão sendo expelidos, gerando, concomitantemente, uma concentração relativa de carbono cada vez maior. A principal matéria-prima do carvão é a celulose ($C_6H_{10}O_5$) e, dependendo das condições de P e T, e do tempo de sua atuação, sua transformação pode gerar, progressivamente, turfa, linhito, carvão (também chamado de carvão betuminoso) e antracito, de acordo com o grau de maturação ou carbonificação, exemplificado pelas seguintes equações:

$$5(\underbrace{C_6H_{10}O_5}_{\text{celulose}}) \rightarrow \underbrace{C_{20}H_{22}O_4}_{\text{linhito}} + 3CH_4 +$$
$$+ 8H_2O + 6CO_2 + CO$$

$$6(\underbrace{C_6H_{10}O_5}_{\text{celulose}}) \rightarrow \underbrace{C_{22}H_{20}O_3}_{\text{antracito}} + 5CH_4 + 10H_2O$$
$$+ 8CO_2 + CO$$

A tabela 18.2 mostra a classificação adotada no Brasil para os diversos tipos de carvão mineral.

O carvão é denominado húmico, quando formado por vegetais superiores de origem continental ou paludal, e sapropélico ou saprotético, quando constituído por algas marinhas. Os carvões húmicos só se formaram na Terra a partir do Devoniano, período em que os vegetais superiores surgiram e passaram a ocupar grandes áreas. Hoje em dia, os carvões húmicos perfazem cerca de 95% das reservas conhecidas de carvão no mundo.

Os ambientes propícios à formação de depósitos de carvão são bacias rasas, deltas, estuários ou ambientes pantanosos, relativamente mal oxigenados. Muitos depósitos ocorrem em sucessões de repetidas transgressões e regressões marinhas que, com a variação do nível de base, seguida de soterramento quando o mar invadiu a região costeira novamente, possibilitaram o avanço de florestas durante o recuo do mar. Isto explica a ocorrência, numa mesma região, de diversas camadas de carvão intercaladas por sedimentos.

A distribuição de carvão mineral no mundo é irregular. A Rússia detém cerca

Parâmetros	Turfa	Linhito	Carvão	Antracito
Densidade (kg/m^3)	1.000	1.000 a 1.300	1.200 a 1.500	1.300 a 1.700
Umidade (%)	65 a 90	15 a 45	1 a 3	-
Carbono * (%)	± 55	65 a 75	75 a 90	90 a 96
Hidrogênio (%)	± 6	5	4,5 a 5,5	2 a 5
Oxigênio* (%)	± 33	25	3 a 11	4 a 11
Componentes voláteis * (%)	± 60	± 40	10 a 45	3 a 10
Carbono fixo (%)	± 25	± 35	25 a 80	± 90
Cinzas (%) (material não combustível)	± 10	± 9	0,5 a 40	3 a 30
Poder calorífico (cal/g)	4.000 a 5.700	Até 5.700	5.700 a 9.600	8.200 a 9.200
Brilho	fosco	baixo	moderado	alto

(*) medidas sobre o carvão isento de umidade e cinza.

Tabela 18.2 – Variação das características do carvão de acordo com o grau de carbonificação.

de 50% das reservas conhecidas, enquanto os Estados Unidos, aproximadamente 30%. O Brasil conta com cerca de apenas 0,1% do carvão conhecido no mundo.

O carvão brasileiro

Os carvões minerais explorados no Brasil são do tipo húmico, originados a partir de tecidos lenhosos, celulose, esporos, ceras, resinas, géis, betumes e hidrocarbonetos derivados de uma paleoflora, típica do Carbonífero e Permiano do antigo paleocontinente Gondwana (ver capítulo 3) e por diversas espécies de *gimnospermas*, *pteridófitas* (samambaias), *licófitas* e *estenófitas* extintas.

O carvão brasileiro utiliza os depósitos na borda leste da bacia do Paraná, principalmente nos Estados de Santa Catarina e Rio Grande do Sul, em rochas de idade permiana inferior (cerca de 260 Ma) (Figura 18.8).

O carvão e o problema ambiental

A exploração do carvão mineral envolve a remoção, o transporte e o beneficiamento de grandes volumes de massa mineral, atividades que modificam o meio ambiente (Figura 18.9). Contudo, a conscientização da necessidade da preservação do meio ambiente e a adoção de políticas que permitem um desenvolvimento sustentável são posturas relativamente recentes. Quando a mineração do carvão no Brasil intensificou-se, no início do século XX, poucos cuidados de preservação ambiental foram tomados. Com isso, muitas áreas produtoras de carvão mineral têm sofrido as consequências indesejadas de tal atitude.

O carvão mineral, por se formar sob condições anóxicas, é comumente associado a sulfetos, principalmente à pirita. Exposta à ação do oxigênio do ar e da água, a pirita sofre oxidação, gerando uma solução de ácido sulfúrico e sulfato ferroso, que é a principal fonte poluidora. Quando estes produtos, provenientes dos depósitos de rejeitos e das minas, alcançam os cursos d'água, acidificam as águas, aumentando o teor de sulfato, e desencadeiam uma série de reações químicas, como a solubilização de metais pesados, ferro, manganês, cálcio, sódio etc. Adicionalmente, a reação exotérmica da oxidação dos sulfetos pode gerar calor suficiente para iniciar a autocombustão do carvão, com a liberação de H_2S; além do odor desagradável, a liberação deste gás na atmosfera pode promover a posterior ocorrência de chuvas ácidas. Esse grave problema ambiental compromete periodicamente grandes áreas dos Estados Unidos e Canadá.

Até poucos anos atrás, os rejeitos das usinas de beneficiamento eram depositados a céu aberto, sem qualquer critério técnico, em áreas próximas às usinas, enquanto os efluentes (resíduos) líquidos eram lançados diretamente nas drenagens. Só a partir do início da década de 1980 é que as primeiras providências oficiais foram tomadas para diminuir os impactos ambientais das atividades mineiras de carvão.

Figura 18.8 – Mineração subterrânea de carvão na região de Criciúma, Santa Catarina. Foto: S. L. F. de Matos.

Capítulo 18 - Recursos energéticos e meio ambiente

Figura 18.9 – Mineração a céu-aberto de carvão na região de Charqueadas (RS), onde se pode observar a grande mobilização de material para exploração do carvão mineral. Foto: S. L. F. de Matos.

Embora a acidificação dos rios e a geração de chuva ácida sejam os mais graves problemas ambientais decorrentes da mineração do carvão, outros impactos, também graves podem ocorrer, como degradação da paisagem, subsidência local, rebaixamento do nível freático, assoreamento das drenagens, poluição dos solos e doenças relacionadas ao trabalho.

Petróleo e gás natural

O petróleo é um líquido oleoso, normalmente com densidade menor que a da água. Sua cor varia desde o incolor até o preto, passando por verde e marrom.

O petróleo é conhecido desde tempos remotos. A Bíblia já trazia referências sobre a existência de lagos de asfalto que surgiam naturalmente. Nabucodonosor pavimentava estradas com esse produto na Babilônia, enquanto os egípcios o utilizavam como impermeabilizante. Por vários séculos, o petróleo também foi utilizado para a iluminação.

Apesar de a técnica de perfuração de poços profundos ser dominada desde 200 a.C, o objetivo exploratório dessas perfurações era sempre obter água potável. Entretanto, durante o século XVIII, já eram cavados poços a profundidades de até 50 m para se buscar petróleo. A vantagem desse procedimento era que o petróleo, assim produzido, era mais "leve" do que aquele que aflorava naturalmente, ou seja, com os seus constituintes mais voláteis ainda presentes. No entanto, a construção desses poços era uma tarefa extremamente arriscada, devido à presença de gases altamente inflamáveis. No início do século XIX, as primeiras destilarias foram construídas, visando à separação dos constituintes do petróleo. Paralelamente, foi desenvolvido o lampião a querosene, que produzia uma chama muito mais brilhante e com muito menos fumaça do que os que utilizavam petróleo bruto ou mesmo óleo de baleia. Na primeira metade do século XIX, foram construídas também as primeiras refinarias, que processavam o petróleo extraído dos poços cavados manualmente.

A era moderna do petróleo teve início quando um norte-americano, conhecido como Coronel Drake, encontrou petróleo a cerca de 20 m de profundidade no oeste do estado da Pensilvânia, EUA, utilizando uma máquina perfuratriz para a construção do poço. Sua descoberta causou tanta sensação na época que, em apenas um ano, 15 refinarias de petróleo foram instaladas na região. Na verdade, nessa época, os primeiros exploradores de petróleo foram pessoas ou empresas ligadas ao ramo da mineração, que estavam acostumadas ao ciclo da indústria mineral (do ouro e do carvão); nestes setores, o minério é retirado da mina e comercializado ou armazenado em pilhas até a chegada de um comprador. Para eles, havia também a possibilidade de interromper a mineração em épocas de baixa demanda, sem que o minério fosse perdido. A exploração do petróleo mostrou-se completamente diferente. Devido a seu estado líquido, após a perfuração, normalmente ocorre afloramento natural, o que torna difícil e extremamente oneroso tanto seu armazenamento para regular o fluxo de mercado, quanto seu transporte por grandes distâncias. Isso, aliado à descoberta de inúmeros outros campos petrolíferos, fez com que diversos desses exploradores, acostumados com outra realidade, falissem e o preço do petróleo caísse tremendamente. Para se ter uma ideia, o preço do barril de petróleo (unidade de medida de volume que equivale a aproximadamente 159 litros) caiu de cerca de US$ 20.00, em 1860, para US$ 0.10, em apenas dois anos!

No entanto, a grande revolução da indústria do petróleo ocorreu com a invenção dos motores de combustão interna e a produção de automóveis em grande escala que deram, à gasolina (obtida com o refino do petróleo), uma utilidade mais nobre do que a simples queima ou descarte nos rios (prática comum no século XIX).

Origem do petróleo e gás

Existem diversas teorias para explicar a origem do petróleo. A mais aceita atualmente está relacionada à sua origem orgânica, ou seja, tanto o petróleo quanto o gás natural são combustíveis fósseis, a exemplo do carvão. Sua origem está na matéria orgânica (principalmente algas) soterrada com sedimentos lacustres ou marinhos.

Os ambientes que impedem a oxidação da matéria orgânica são aqueles de rápida sedimentação (e.g. plataformas continentais rasas) ou de teor de oxigênio restrito (e.g. fundo oceânico). Em ambos os casos, o ambiente anaeróbico permite o aprisionamento de matéria orgânica não oxidada. À semelhança dos processos que transformam restos vegetais em carvão mineral, analisados anteriormente, a matéria orgânica vai se transformando em razão do aumento de pressão e temperatura, com a perda dos componentes voláteis e a concentração de carbono até sua completa modificação para hidrocarbonetos. A grande diferença entre a formação do carvão mineral e dos hidrocarbonetos é a matéria-prima, ou seja, principalmente material lenhoso para o carvão e algas para os hidrocarbonetos, o que é definido justamente pelo ambiente de sedimentação. Normalmente, o petróleo e o gás coexistem, porém, dependendo das condições de pressão e temperatura, haverá maior quantidade de um ou de outro. A figura 18.10 mostra as modificações da matéria orgânica em hidrocarboneto com o incremento da profundidade e, consequentemente, das condições de pressão e temperatura.

A mais importante rocha-fonte de óleo e gás é formada por sedimentos finos, ricos em matéria orgânica, soterrados a uma profundidade mínima de 500 m, onde a rocha se comprime, diminuindo sua porosidade e, com a alta temperatura, induz os hidrocarbonetos a migrarem para cima, para um ambiente de menor pressão e maior porosidade. Esse movimento é chamado de migração primária.

À medida que o hidrocarboneto atinge materiais de maior permeabilidade, ele se move mais livremente, porém, devido ao fato de sua densidade ser inferior à da água, tende a subir para a superfície. Esta migração é chamada de migração secundária. Em seu caminho para a superfície, o hidrocarboneto, ao encontrar uma barreira relativamente impermeável, irá se acumular logo abaixo dela. Diversos tipos de rocha podem ter esse papel, por exemplo, folhelhos, argilitos, sal etc. Essas rochas são chamadas de "rochas capeadoras". A rocha permeável em que o hidrocarboneto se acumula é chamada de "rocha reservatório".

Caso esse sistema (rocha reservatório mais rocha capeadora) forme uma estrutura que bloqueie o movimento ascendente do hidrocarboneto, este se acumulará, formando, assim, uma estrutura armazenadora de hidrocarboneto. Esse sistema, composto pela rocha reservatório e pela rocha capeadora, associado à estrutura, é chamado de "armadilha" ou "trapa". Um aspecto curioso é que as concentrações de hidrocarbonetos apresentam, devido às diferenças de densidades, três níveis de fluidos, sendo que, no superior, fica o gás; no intermediário, o petróleo; e, no inferior, a água.

As armadilhas têm basicamente duas origens distintas: estratigráfica ou estrutural, mas podem ter diversas formas. Alguns exemplos são apresentados na figura 18.11.

A "indústria" de hidrocarbonetos

A prospecção de hidrocarbonetos envolve as fases comuns de prospecção mineral, ou seja, o mapeamento geológico e geofísico da área, por meio de levantamentos aéreos e terrestres, o processamento desses dados e sua posterior interpretação. Paralelamente, são perfurados alguns poços exploratórios para que os dados de mapeamento sejam correlacionados com a estratigrafia da região. Dos poços exploratórios, são extraídos testemunhos, os quais são submetidos a análises geoquímicas e paleontológicas que indicarão a possibilidade de existência de hidrocarbonetos na região. A partir do conjunto de dados adquiridos nessa fase, é elaborado um modelo geológico-estratigráfico-estrutural da bacia, que servirá de base para a locação de levantamentos mais detalhados, definindo assim possíveis armadilhas portadoras de hidrocarbonetos. Uma vez identificada uma

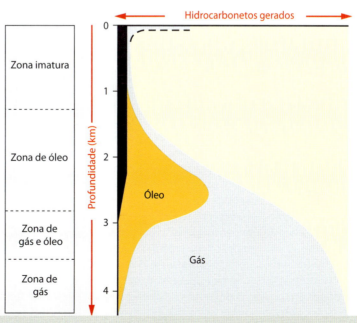

Figura 18.10 – Esquema simplificado da ampliação da matéria orgânica (preto) hidrocarbonetos em função da profundidade.

Capítulo 18 - Recursos energéticos e meio ambiente

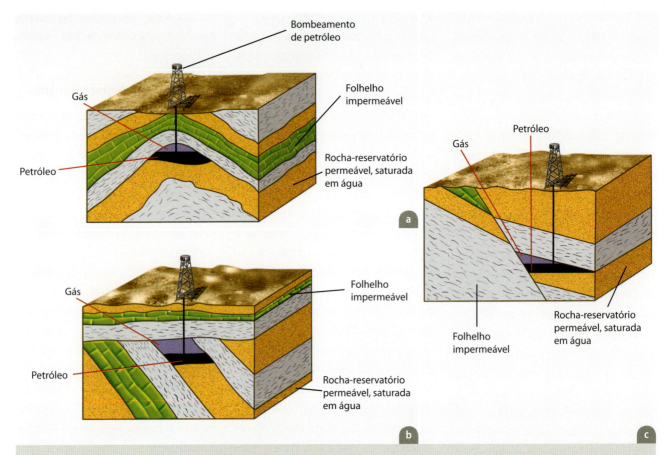

Figura 18.11 – Exemplos de trapas: a) anticlinal, b) falha, c) discordância.

Quadro 18.2 – O que é o "pré-sal" e a importância do campo Tupi

No final de 2007, a Petrobras anunciou a descoberta de um campo gigante de petróleo e gás no litoral sudeste do Brasil, o qual chamou de campo Tupi. Localizado na bacia Sedimentar de Santos, este campo despertou grande interesse mundial, não só pela sua importância econômica, como também pelas suas características geológicas. O hidrocarboneto está acumulado num estrato geológico chamado "pré-sal", ou seja, mais antigo do que a camada de sal que o recobre. Para entender melhor o que isso significa, devemos lembrar que os continentes sul-americano e africano formavam uma única massa continental há cerca de 150 milhões de anos (ver capítulo 3). Quando ocorreu a ruptura que deu início à separação dos dois blocos (fase rifte), formou-se um lago na área de fissura, recebendo grande quantidade de água e sedimentos de rios existentes (ambiente flúvio-lacustre; ver capítulo 11). Esse ambiente propiciou a existência de vida aquática que, após a morte, depositava-se e rapidamente era soterrada por novos sedimentos. Com a contínua separação dos continentes, esse lago foi finalmente invadido pelas águas do mar, formando o que se chama de mar restrito, numa região que se estende do atual litoral do Espírito Santo até Santa Catarina, ao longo de mais de 800 km de extensão por até 200 km de largura. Esse tipo de ambiente geológico favoreceu a ocorrência de uma alta taxa de evaporação, que, por sua vez, provocou a precipitação de grande quantidade de sal. Portanto, ocorreu um soterramento daquele sedimento rico em matéria orgânica por grande quantidade de sal. Com o processo diagenético (aumento de pressão e temperatura) ao longo de milhões de anos, a matéria orgânica se transformou em hidrocarboneto (petróleo e gás), ficando, no entanto, confinada pela camada de sal que impediu sua migração para estratos superiores. Um aspecto importante é que, pelo fato de ter ficado aprisionado nos poros da camada rochosa desde sua formação, esse hidrocarboneto não perdeu seus constituintes mais voláteis. Esse tipo de petróleo é chamado de "óleo leve" e, devido suas características, tem maior valor comercial. Portanto, a grande importância dada a essa descoberta foi devido à confirmação de que há grande quantidade de hidrocarbonetos na camada "pré-sal" e, também, ao fato desse ambiente se prolongar por extensa área do litoral sudeste brasileiro. A descoberta do campo Tupi foi logo seguida pela descoberta de outro campo com características e dimensões semelhantes, o chamado campo Júpiter, localizado a leste do campo Tupi, e que veio confirmar o modelo geológico adotado. O petróleo encontra-se nos poros de rochas siliclásticas e carbonáticas da Formação Guaratiba (idade de 120 a 130 milhões de anos), enquanto a camada de sal pertence à Formação Ariri (idade de 112 a 120 milhões de anos). É importante ressaltar, no entanto, que a exploração dessa camada "pré-sal" exige tecnologia extremamente sofisticada e de altíssimo custo. Para se ter uma ideia, a lâmina d'água na região atinge mais de 2.000 m e a camada de sal tem espessuras da mesma ordem, sendo que a profundidade atingida, desde a superfície do oceano é maior do que 5 km! Porém, essa descoberta abriu uma nova fronteira exploratória para outras áreas similares existentes nas bacias brasileiras e no mundo.

armadilha em potencial (principalmente por meio de métodos geofísicos), é realizada uma sondagem mecânica (perfuração) que irá comprovar a existência, ou não, do hidrocarboneto. Se for encontrado, é iniciada a delimitação da reserva, quando diversos furos de sondagem são feitos, visando definir o volume de hidrocarboneto contido. A fase seguinte é chamada de desenvolvimento, quando é montada a infraestrutura para a exploração comercial (produção) do hidrocarboneto.

Durante a fase de produção, são efetuadas constantes reavaliações com o objeto de se verificar se as hipóteses adotadas nas fases anteriores estão se confirmando.

Eventualmente, poderão ser necessários estudos mais detalhados para se averiguar se a recuperação do hidrocarboneto está ocorrendo de acordo com o esperado. Nesta fase, são utilizados levantamentos sísmicos detalhados que geram imagens em três dimensões do reservatório.

Na moderna indústria de hidrocarbonetos, em todas as fases de exploração (ou prospecção) e produção, os diversos profissionais (geólogos, geofísicos, engenheiros, químicos, biólogos físicos e matemáticos) trabalham em conjunto, de forma a garantir uma perfeita integração dos dados gerados por meio de cada técnica específica. Essa atitude tem levado a um impressionante desenvolvimento de técnicas indiretas de mapeamento e monitoramento, destacando-se, entre elas, a sísmica de reflexão, capaz de gerar imagens de grande fidelidade e correlação com a estratigrafia da área (Figura 18.12).

Uma vez trazido à superfície, o petróleo é transportado à refinaria para a separação de seus diversos constituintes, produzindo desde os combustíveis de uso consagrado, tais como gasolina, óleo diesel, óleo combustível, querosene, GLP (gás liquefeito de petróleo), até asfalto e outros produtos. Já o gás natural, após um beneficiamento muito simples, é utilizado diretamente como combustível.

Ocorrência dos hidrocarbonetos no mundo

A ocorrência de hidrocarbonetos é variável no espaço e no tempo. Isto se deve ao fato de que as regiões outrora importantes produtoras podem ter exaurido suas reservas, ao mesmo tempo em que novas reservas são descobertas em outras regiões (Quadro 18.2).

Atualmente, a distribuição conhecida de hidrocarbonetos no mundo é extremamente irregular, ocorrendo uma grande concentração de petróleo no Oriente Médio e de gás na Europa Oriental.

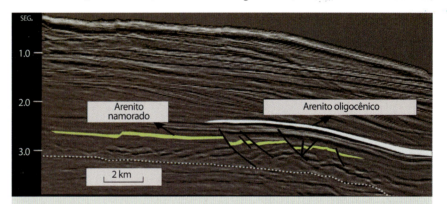

Figura 18.12 – Seção sísmica de uma armadilha e sua interpretação sismo-estratigráfica, onde o reservatório está marcado em amarelo. Fonte: Pessoa, et al., 1999.

A figura 18.13 mostra a distribuição mundial das reservas de petróleo e gás.

Distribuição dos hidrocarbonetos no Brasil

No Brasil, já existiam referências à existência de petróleo na região sul do estado da Bahia desde o final do século XIX; nesta época, durante a construção da Estrada de Ferro Leste Brasileiro, as ferramentas utilizadas ficavam sujas de óleo. Porém, a primeira descoberta de petróleo de interesse comercial data de 1938, no município de Lobato, Bahia, na bacia sedimentar do Recôncavo. Depois, vieram as descobertas na bacia de Sergipe-Alagoas. Em 1968, foi encontrado o primeiro campo petrolífero na plataforma continental brasileira (Sergipe), seguindo-se, então, diversas descobertas,

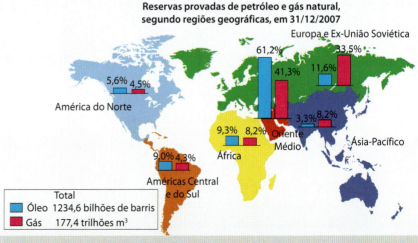

Figura 18.13 – Distribuição de petróleo e gás no mundo. Fonte: BP Statistical of World Energy 2008; ANP/SDP.

Figura 18.14 – Distribuição das bacias sedimentares brasileiras.

Apesar de as bacias do Recôncavo e de Sergipe-Alagoas terem sido importantes produtoras, atualmente as bacias de Campos (Rio de Janeiro), Espírito Santo e Potiguar (Rio Grande do Norte) respondem por quase toda a produção de hidrocarbonetos do Brasil, como pode ser observado na figura 18.16.

Impactos ambientais devido à exploração e consumo de hidrocarbonetos

Como os outros combustíveis fósseis, os hidrocarbonetos devem ser queimados para aproveitar a energia neles armazenada.

Se imaginarmos que uma gigantesca quantidade de matéria orgânica extraiu gás carbônico da atmosfera terrestre, ficou soterrada durante milhões de anos e depois, em poucas décadas, for queimada, é intuitivo imaginar que essa queima irá liberar, à atmosfera, uma grande quantidade de CO_2, num espaço de tempo relativamente pequeno. Sabe-se que o CO_2 na atmosfera deixa passar os raios solares, mas tende a absorver os raios infravermelhos irradiados pela Terra, funcionando como uma camada de "isolante" térmico. Portanto, essa produção de CO_2 antrópica, derivada da queima de grande quantidade de combustível, pode provocar o aquecimento global, em razão da intensificação do efeito estufa natural (ver capítulo 4). Isto pode acarretar no futuro o derretimento das calotas polares e a inundação de terrenos litorâneos ou de baixa altitude. É exatamente esse o maior dano ambiental atribuído ao uso de hidrocarbonetos.

Outros danos dizem respeito à geração de SO_2 e NO_2 durante a queima, que se concentram na atmosfera e, na presença da água, geram ácidos que se precipitam em forma de chuva ácida, com evidentes reflexos na biosfera em geral e na saúde da população em par-

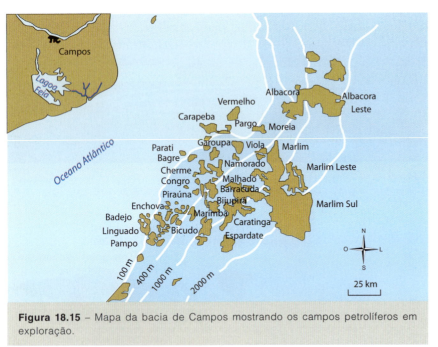

Figura 18.15 – Mapa da bacia de Campos mostrando os campos petrolíferos em exploração.

tanto no continente (bacia do Espírito Santo, bacia Potiguar, bacia do Solimões e mais recentemente na bacia do Paraná) quanto na plataforma continental (Potiguar, Campos, Foz do Amazonas, Ceará, Santos, Espírito Santo e Costa da Bahia) (Figura 18.14). A bacia de Campos possui as maiores reservas de petróleo em produção no Brasil (figura 18.15), destacando-se os campos de Albacora, Marlin e Barracuda, todos em águas profundas (lâmina d'água superior a 800 metros), o que exigiu o desenvolvimento de tecnologia especial para torná-los produtores.

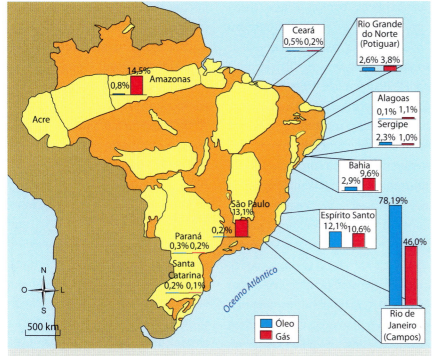

Figura 18.16 – Mapa com a distribuição de petróleo e gás no Brasil em 31/12/2007. Fonte: ANP/SDP, 2008.

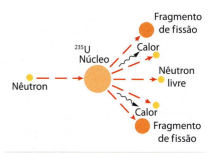

Figura 18.17 – Esquema da fissão nuclear do ^{235}U.

ticular. Podem, ainda, ocorrer eventuais derramamentos acidentais de óleo durante o ciclo produtivo do hidrocarboneto. Exemplos danosos foram os acidentes na costa do Alasca, em 1989, e na Baía da Guanabara, em 2000, que provocaram a morte por asfixia de milhares de animais.

Folhelho betuminoso

O folhelho betuminoso (também chamado de "xisto" betuminoso) é uma rocha de granulação fina, relativamente rica em petróleo que, contudo, não sofreu os processos de migração. Devido à baixa permeabilidade intrínseca da rocha, a extração deste petróleo exige um processo de beneficiamento que só se torna economicamente viável se a quantidade de óleo contida for maior do que 40 litros por tonelada de rocha.

No Brasil, está localizada a segunda maior reserva de folhelho betuminoso do mundo, na Formação Irati, bacia do Paraná, que vem sendo explorada economicamente há décadas no município de São Mateus do Sul (PR), graças a um inovador processo de beneficiamento desenvolvido pela Petrobras e denominado de "Petrosix".

No entanto, a exploração do folhelho betuminoso gera grande quantidade de rejeito, eventualmente rico em enxofre, que deve ser criteriosamente disposto de forma a não comprometer o solo ou as águas superficiais e subterrâneas.

18.2.2 Energia nuclear

A energia nuclear é gerada pela fissão do núcleo do elemento Urânio (^{235}U) por bombardeamento de nêutrons (Figura 18.17). Esta reação libera três nêutrons e calor. Os nêutrons liberados ativam novas reações que liberam mais nêutrons e mais calor, produzindo uma reação em cadeia. Com o desenvolvimento de sistemas de controle dessa reação em cadeia, cuja descoberta ocorreu em 1942, foi possível utilizar a energia produzida na reação tanto para fins militares (na II Grande Guerra), quanto para a obtenção de energia termoelétrica. Atualmente, estão em operação no mundo todo cerca de 440 usinas nucleares. É uma importante fonte de energia para alguns países, por exemplo, a França, onde 75% da energia elétrica é produzida por usinas nucleares. No Brasil, a energia nuclear ainda foi pouco explorada.

Os sistemas de geração de energia por fissão nuclear são chamados de reatores e fazem parte das usinas geradoras de eletricidade, conhecidas também como usinas termonucleares, uma vez que a geração de energia elétrica é feita por meio de turbinas movidas a vapor de água, aquecida por combustível nuclear.

Na natureza, existem três isótopos de urânio em proporções desiguais. ^{238}U representa cerca de 99,3% de todo urânio encontrado, enquanto ^{235}U perfaz 0,7% e ^{234}U contribui com 0,005%.

O ^{235}U é o único elemento fissionável que ocorre naturalmente, sendo, portanto, essencial para a produção de energia nuclear. No entanto, para ser utilizado como combustível, o minério de urânio deve ser concentrado artificialmente até atingir um conteúdo de urânio de cerca de 3% (na forma de UO_2), gerando um produto chamado de urânio enriquecido. O urânio enriquecido é colocado dentro de tubos feitos de uma liga metálica de zircônio e estanho (*zircaloy*) ou, eventualmente, de aço inoxidável. Estes tubos são enfeixados, formando um arranjo reticulado que varia de tamanho, geometria e quantidade de tubos, dependendo do tipo de reator.

Existem basicamente dois tipos de reatores, conhecidos como BWR (*Boiling Water Reactor* – reator de água fervente) e PWR (*Pressurized Water Reactor* – reator de água pressurizada). Em média, os reatores do tipo BWR utilizam arranjo de aproximadamente 60 tubos, pesando cerca de 320 kg, dos quais, 180 kg são de urânio enriquecido. Já os arranjos para os reatores do tipo PWR pesam cerca de 650 kg, dos quais, 460 são de urânio enriquecido, dispostos em 260 tubos. Os reatores BWR têm, em média, 750 arranjos, enquanto os do tipo PWR têm cerca de 150. A vida útil desses arranjos de combustível nuclear varia de quatro a seis anos, quando então devem ser substituídos.

Como o reator funciona?

O reator nuclear é formado por uma cápsula de contenção que envolve a cápsula do reator, um certo número de arranjos de combustível nuclear, um circuito de tubos que leva a água do reator para um gerador de vapor e de volta ao reator por meio de uma bomba, outro circuito de tubos que transporta o vapor de água à turbina geradora e outra bomba que faz o seu retorno para o gerador de vapor para ser reaquecido (Figura 18.18). A chave do processo é o controle da reação em cadeia gerada pela fissão do ^{235}U, que produz calor. Esse controle é obtido por meio da inserção de varetas metálicas que absorvem nêutrons (feitas de cádmio ou boro), entre os arranjos de combustível, limitando a reação. Adicionalmente, como são mantidos em água circulante, os arranjos de combustível são resfriados, evitando a fusão do núcleo do reator. Se as varetas de controle forem todas inseridas entre os arranjos de combustível, a reação cessa, enquanto sua progressiva retirada gera cada vez mais calor.

Uma reação em cadeia de fissão estável no núcleo é mantida controlando-se o número de nêutrons que causam fissão, bem como a concentração de combustível. Uma concentração mínima de combustível é necessária para assegurar a reação crítica.

O núcleo do reator é mantido em uma caixa de aço inoxidável e, como segurança extra, o reator inteiro é guardado em uma construção de concreto.

No Brasil, é gerada energia elétrica em usinas nucleares no município de Angra dos Reis (RJ), com reatores do tipo PWR, com água como elemento moderador.

Distribuição do urânio

A concentração média de urânio na crosta terrestre é de cerca de 2 ppm. Para ser considerada jazida, a concentração de urânio deve ser de 400 a 2.500 vezes sua concentração média.

No Brasil, já foram estudadas e catalogadas dezenas de milhares de ocorrências de urânio. No entanto, uma ocorrência não leva necessariamente à descoberta de um depósito economicamente explorável. A primeira unidade mineira e de beneficiamento do Brasil iniciou suas atividades em 1982, no município de Caldas (sul de MG), tendo fornecido combustível para a usina nuclear de Angra dos Reis. Com a exaustão

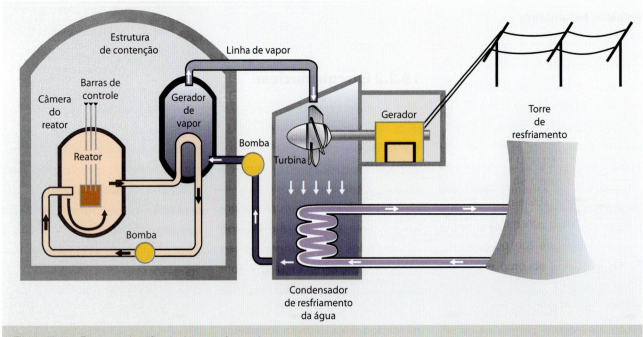

Figura 18.18 – Esquema simplificado de uma usina nuclear.

dessa mina, o urânio passará a ser produzido na região sudoeste da Bahia, nos municípios de Lagoa Real e Catité, que apresentam reservas estimadas em 100 mil toneladas de U_3O_8, sem outros minerais associados. No Ceará, município de Santa Quitéria, há outra jazida com reserva da ordem de 140 mil toneladas de U_3O_8. Estas jazidas, adicionadas a outras menores, fazem com que o Brasil possua a 6ª maior reserva de urânio do mundo, com cerca de 309.000 t de U_3O_8.

Energia nuclear (fissão) e meio ambiente

Energia nuclear e os possíveis efeitos adversos associados a ela têm motivado muitos debates, pois o número de reatores em operação tende a aumentar e, junto com eles, os riscos e as reais possibilidades de desastres de terríveis consequências para a humanidade.

A utilização de combustível nuclear pode ser considerada uma forma bastante "limpa" de geração de energia elétrica, uma vez que não gera H_2S ou NO_x (óxidos de nitrogênio). No entanto, há vários problemas que devem ser considerados, por exemplo, se uma usina sofre um acidente e se rompe, como o ocorrido em Chernobyl, em 1986, quando erros de operação, aliados ao mau funcionamento dos sistemas de segurança, provocaram o superaquecimento e posterior combustão do núcleo do reator, causando uma explosão e liberando grande quantidade de gases e partículas radioativas para a atmosfera. A repetição de um acidente desse tipo, contudo, é muito difícil de ocorrer, uma vez que aquela usina utilizava tecnologia ultrapassada e fora de uso há muitos anos. Para se ter uma ideia, ocorreram apenas dois acidentes com vazamento de radioatividade em cerca de 50 anos de operação das usinas nucleares, o que evidencia os grandes cuidados com a segurança das usinas. Contudo, deve ser lembrado que um único acidente com qualquer das usinas pode atingir grandes proporções, com efeitos ambientais duradouros. No entanto, o maior problema ambiental diz respeito à disposição dos rejeitos radioativos gerados pela usina, que são compostos de elementos radioativos de meia-vida longa. A grande questão é como dispor e isolar de maneira segura tais rejeitos, para não contaminar os recursos hídricos ou mesmo a atmosfera. Nenhum país usuário de energia nuclear encontrou uma solução definitiva para este problema, que se agrava a cada ano à medida que novas unidades entram em operação e os rejeitos são acumulados em depósitos provisórios, sem condições adequadas de segurança em longo prazo, inclusive no Brasil.

Recentemente, atendendo a enorme pressão dos órgãos ambientalistas, a Alemanha resolveu desativar progressivamente suas usinas nucleares.

Fusão nuclear

Em contraste com a fissão nuclear, que envolve a quebra de átomos pesados, como o urânio, a fusão nuclear envolve a combinação de elementos leves, como o hidrogênio, para a formação de hélio, a exemplo do que ocorre no Sol e em outras estrelas. A figura 18.19 esquematiza a reação provocada na fusão, com a respectiva liberação de energia.

Em um hipotético reator de fusão, dois isótopos de hidrogênio (átomos com diferentes massas devido a diferentes números de nêutrons presentes no núcleo), deutério (D) e trítio (T) são injetados na câmara do reator onde são mantidas as condições necessárias para a fusão (temperatura, tempo, densidade).

Como produto da fusão D-T, 20% da energia liberada é utilizada na formação de hélio, enquanto os outros 80% de energia são liberados em nêutrons.

Para a ocorrência desta fusão, no entanto, é necessária a criação de um ambiente com condições favoráveis: 1) temperatura extremamente elevada (aproximadamente 100 milhões de graus Celsius); 2) elevada pressão de confinamento, criando um plasma; e 3) confinamento do plasma durante um certo tempo, de modo a assegurar que a energia liberada pela fusão exceda a energia necessária para manter o material em estado de plasma.

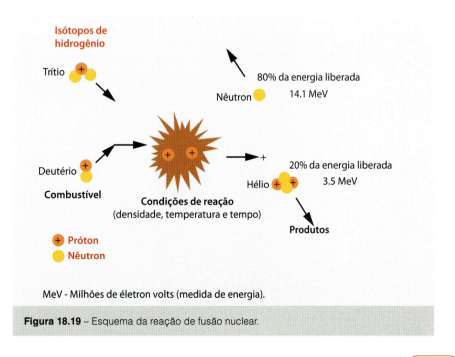

MeV – Milhões de életron volts (medida de energia).

Figura 18.19 – Esquema da reação de fusão nuclear.

Capítulo 18 - Recursos energéticos e meio ambiente

Com este sistema, um grama de combustível D-T (de um suprimento combustível de água e lítio) tem a energia equivalente a 45 barris de óleo, sendo que o deutério pode ser extraído economicamente da água dos oceanos, enquanto o trítio pode ser produzido em uma reação com lítio em um reator de fusão.

No entanto, para que a fusão nuclear se torne comercialmente viável, as tecnologias de geração de altíssimas temperaturas e pressões, necessárias para sua ocorrência, devem ser desenvolvidas.

A energia gerada pela fusão teria aplicações diversas, tais como a geração de energia elétrica e a produção de combustíveis sintéticos.

Do ponto de vista ambiental, a fusão nuclear se mostra atrativa quando comparada com os combustíveis fósseis ou com a fissão nuclear, pois gera uma quantidade mínima de resíduos, além da possibilidade de instalação de usinas próximas às regiões que consumem mais energia.

18.2.3 Energia geotérmica

A variação da temperatura (gradiente geotérmico) tanto espacial quanto temporalmente é uma das mais importantes propriedades físicas da Terra. Tal variação se reflete na superfície do planeta devido às peculiaridades sazonais e, internamente, em função da evolução térmica do planeta ao longo dos bilhões de anos de sua história (ver capítulos 2 e 10).

As diferentes temperaturas são o resultado de heterogeneidades laterais e verticais em pequena escala ou na escala da Terra como um todo. A tendência de equilíbrio destas diferenças é regida pelo transporte de calor, que, sob o ponto de vista da Geologia, e mais especificamente da movimentação das placas litosféricas (ver capítulo 3), influi na distribuição de calor na Terra, modificando-o continuamente tanto no interior quanto nas camadas mais superficiais do planeta.

Gradiente geotérmico

O gradiente geotérmico é simplesmente uma expressão da diferença de temperatura entre duas superfícies ou dois pontos na Terra. O gradiente, assim como a temperatura, depende do tempo e de sua posição espacial, e sua dimensão é normalmente dada em °C/km.

Sempre que houver um gradiente térmico entre dois pontos, ocorre um processo dinâmico que visa ao estabelecimento do equilíbrio, diminuindo esse gradiente. Durante este processo, ocorre a transferência de calor do ponto mais quente para o mais frio, segundo a direção do gradiente. Essa transferência de energia é chamada de fluxo térmico (Q). O fluxo térmico, por sua vez, depende de uma característica de cada material, chamada de condutividade térmica. A unidade normalmente utilizada para dimensionar o fluxo térmico é mW/m^2.

A transferência de calor na Terra é dada, por sua vez, por meio de três mecanismos distintos, descritos a seguir.

Condução

A transferência de calor por condução acontece pela transferência de calor entre moléculas por causa do contato físico entre elas. Portanto, a condução depende da estrutura molecular do material. Desta forma, observa-se que os metais são bons condutores de calor, enquanto as rochas em geral são pobres condutores. Dentre estas, as rochas básicas e ultrabásicas (ver capítulo 6) apresentam melhor condutividade térmica do que as alcalinas e ácidas.

Convecção

A transferência de calor causada pelo deslocamento de um fluido é chamada de convecção. Trata-se de um processo extremamente mais eficiente do que a condução, predominando na astenosfera e também no núcleo externo (ver capítulo 2).

Radiação

Todo objeto emite energia na forma de radiação eletromagnética; a emissão na faixa de comprimento de onda entre 10^{-3} e 10^{-6} metros (região do infravermelho) é um poderoso mecanismo de transferência de calor. Este processo pode ocorrer mesmo quando a transferência por condução e convecção é impossível, pois independe de contato molecular, e torna-se particularmente eficiente quando a temperatura do material ultrapassa os 1000 °C. É o mecanismo principal de transferência de calor do núcleo interno para as camadas mais periféricas.

Condições térmicas da crosta terrestre

Vários fatores ambientais afetam a temperatura das camadas superiores da crosta terrestre, sendo que três deles merecem ser citados:

a) a temperatura em subsuperfície é alterada por variações de temperatura tanto diárias quanto anuais ou de longo termo, o que se percebe por exemplo, pelas glaciações e deglaciações;

b) a distribuição de temperatura é modificada pela morfologia da superfície (por exemplo, pela presença de cadeias de montanhas) e estruturas geológicas de regiões adjacentes à crosta (por exemplo, pela presença de batólitos);

c) os movimentos de água, fluidos hidrotermais e eventos tectônicos que são capazes de movimentar grande quantidade de calor por meio de convecção ao invés de condução térmica.

Apesar da quantidade de calor irradiado pelo Sol e recebido pela crosta terrestre ser da ordem de 2.500 vezes o irradiado pela Terra, esta energia é dissipada nos primeiros centímetros ou metros da crosta (Figura 18.20). Portanto, são as fontes de calor internas na Terra que exercem total influência nos eventos tectônicos.

Fontes de calor da Terra

As teorias hoje aceitas para a origem do calor da Terra consideram duas fontes principais, o calor original, gerado por ocasião de sua formação, e o calor gerado pelo decaimento natural de elementos radioativos presentes na composição da Terra (ver capítulo 10).

A principal fonte de calor da Terra, a partir do Arqueano, tem sido o decaimento isotópico de elementos radioativos de longa vida média (comparável à idade da Terra). Estes elementos são apresentados na tabela 18.3, com dados de suas abundâncias relativas calculadas com base no conhecimento de suas meias-vidas. Evidentemente, durante os primeiros estágios do desenvolvimento da Terra, o calor gerado pelo decaimento isotópico de elementos radioativos de meia-vida média e curta contribuiu significativamente no balanço energético.

	Meia-vida x10⁹ anos	Geração de calor (mW/Kg)	Hoje	10⁹ anos atrás	2x10⁹ anos atrás	3x10⁹ anos atrás	4,5x10⁹ anos atrás
^{40}K	1,30	2,8	1,00	1,70	2,89	4,91	10,90
^{232}Th	14,01	2,6	1,00	1,05	1,11	1,16	1,25
^{235}U	0,704	56	1,00	2,64	6,99	18,50	80,00
^{238}U	4,97	9,6	1,00	1,17	1,36	80,00	2,00

Tabela 18.3 – Meia-vida e abundância relativa de isótopos produtores de calor no passado em relação ao presente.

Comparação térmica entre litosfera continental e oceânica

O fluxo térmico nos continentes é menor do que nos assoalhos oceânicos. Valores médios podem ser considerados 55 ± 5 mW/m², para os continentes e 95 ± 10 mW/m², para os oceanos. Além da diferença de condutividade térmica entre a crosta continental e oceânica (devido à própria diferença litológica), a diferença em fluxo térmico é também atribuída ao fenômeno de formação de nova crosta ao longo das cadeias meso-oceânicas (ver capítulo 3), onde a adição de novo material rochoso e a ação hidrotermal nos oceanos com crosta oceânica jovem geram calor convectivo. Portanto, à medida que se afasta das cadeias meso-oceânicas, ocorre uma grande diminuição no fluxo térmico.

O fluxo térmico é mais elevado (100 a 200 mW/m²) em regiões de crosta oceânica mais jovem, decaindo até um valor constante de 50 mW/m² para as rochas oceânicas mais antigas (200 milhões de anos), valor este que representa uma estabilidade da crosta oceânica. Por outro lado, o fluxo térmico em regiões continentais que experimentaram algum tipo de magmatismo ou metamorfismo é elevado, decrescendo para um valor constante de 40 a 50 mW/m² após 1.000 milhões de anos de tal atividade, e só então atingindo a estabilidade. Uma vez que a concentração de materiais radioativos na litosfera oceânica é tão pequena que chega a ser desprezível, o fluxo térmico aí é função apenas do calor conduzido e do último evento magmático. Já para a litosfera continental, devido à sua maior heterogeneidade, o fluxo térmico advém da crosta inferior, manto superior, elementos radioativos e também do último evento metamórfico ou magmático.

Apesar das dificuldades para a determinação do valor de fluxo térmico, tanto em escala global quanto em escala local, áreas geotermicamente anômalas apresentam-se também sismicamente ativas, conforme já foi discutido no capítulo 2.

No Brasil, há uma relativa estabilidade tectônica, porém, a distribuição geotérmica não é regular, como pode ser observado no mapa geotérmico apresentado na figura 18.21.

Sistemas de aproveitamento da energia geotérmica

A conversão do calor natural do interior da Terra (energia geotérmica) para aquecimento de edifícios e geração de eletricidade resulta da aplicação dos conhecimentos geológicos à engenharia. A ideia de se trabalhar com o calor interno da Terra não é nova. Já em 1904, a energia geotérmica foi aproveitada na Itália, usando-se o vapor seco (situação muito especial e rara, caracterizada pela altíssima pressão, capaz de movimentar as turbinas da usina). No entanto, o interesse pela energia geotérmica aumentou na crise energética da década de 1970, devido à elevação mundial do preço do petróleo. Constitui-se numa fonte energética considerada limpa, quando comparada às energias termoelétrica e nuclear, já que o vapor e a água geotermal não produzem resíduos e geralmente contêm baixa quantidade de CO_2, um dos gases que pode causar o aquecimento global pelo efeito estufa.

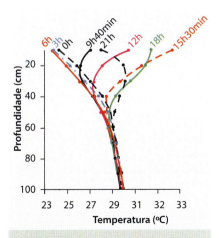

Figura 18.20 – Variação da temperatura do solo a diferentes profundidades, em diferentes horários do dia. Medidas efetuadas no nordeste do Brasil. Fonte: Demétrio, 1998.

O desenvolvimento comercial de energia geotérmica é possível em regiões com fluxo relativamente alto de calor, ou seja, em áreas onde a fonte de calor, tal como o magma, é relativamente próxima à superfície (3 a 10 km) e está em contato com as águas subterrâneas circulantes. Um exemplo de local apropriado para seu aproveitamento comercial é onde ocorrem gêiseres (ver capítulo 6), com atividade vulcânica recente ou outros pontos quentes localizados próximos à superfície, que podem ser detectados ao se utilizar métodos diretos (sondagem) ou indiretos (geofísica) de prospecção.

Dependendo das características geológicas da área geotermicamente anômala, diferentes sistemas de aproveitamento são usados. Estes sistemas são chamados de: 1) convecção hidrotermal, 2) sistemas ígneos quentes e 3) sistemas de geopressurização.

Sistema convectivo hidrotermal

Este sistema é caracterizado por um leito permeável no qual circula uma quantidade variável de água quente. Os sistemas de convecção hidrotermal compreendem reservatórios naturais de água e vapor em profundidade. Próximo à superfície, onde a pressão é menor, a água flui na forma de vapor superaquecido, o qual pode ser captado e canalizado diretamente para turbinas para produzir eletricidade (analogamente a uma termoelétrica) (Figura 18. 22). Nesse sistema, a recarga de água subterrânea lenta permite que as rochas quentes convertam a água em vapor.

Sistema ígneo quente

Este sistema pode envolver a presença de magma a temperaturas de 650 a 1.200 °C. Contudo, mesmo se a massa ígnea não estiver fundida, ela pode envolver uma grande quantidade de rochas quentes. Estes sistemas contêm mais calor armazenado por unidade de volume que qualquer outro sistema geotermal; entretanto, neles falta a água quente de circulação que existe no sistema de convecção.

Alguns destes reservatórios geotérmicos com rochas quentes e secas, por serem subsuperficiais, são acessíveis para perfuração, podendo mesmo serem fraturadas com explosivos ou técnicas de hidrofraturamento. Assim, a água pode ser injetada, da superfície, dentro da rocha em um local e bombeada com temperaturas elevadas em outro local, recuperando-se o calor. O vapor d'água assim produzido é utilizado na geração de energia elétrica, analogamente ao sistema convectivo hidrotermal (ver figura 18.23). Apesar de ser um sistema tecnicamente aplicável para profundidades de até 10 km, a tecnologia de perfuração e aproveitamento do calor ainda não está desenvolvida.

Sistema geopressurizado

Este sistema acontece naturalmente quando o fluxo normal de calor da Terra é impedido por rochas impermeáveis que atuam como um eficiente isolante térmico. Tal situação pode ocorrer em sedimentos depositados rapidamente em bacias que estão passando por subsidência regional. A água, assim aprisionada, ganha considerável pressão e consequente temperatura. Adicionalmente, a água aprisionada pode conter grande quantidade de gás metano, que também pode ser explorado.

Utilizações de energia geotérmica

A utilização da energia geotérmica para fins elétricos foi efetuada pela primeira vez no início do século XX, na Itália. O aproveitamento de campos geotermais de regiões vulcânicas recentes encontra-se em franca expansão. Vapores

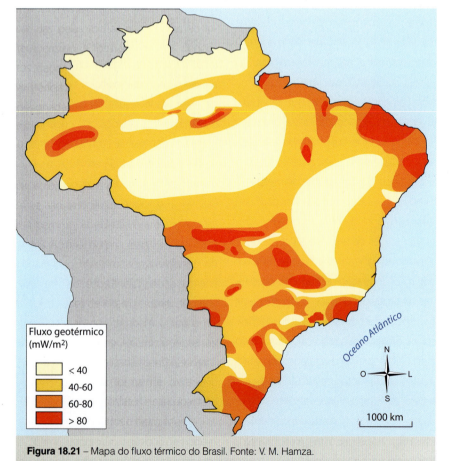

Figura 18.21 – Mapa do fluxo térmico do Brasil. Fonte: V. M. Hamza.

geotermais são empregados em usinas de produção de eletricidade em regiões da Europa, Nova Zelândia, Japão, Islândia, América Central, América do Norte e América do Sul. No Havaí, por exemplo, na primeira perfuração (1.970 m) realizada nas proximidades do vulcão Kilauea, foi obtido vapor geotermal com temperatura de 350 °C. A realização de outros poços na área permitiu a instalação de uma usina de energia de 25 MW, responsável pela produção de uma parte significativa da eletricidade da ilha.

O maior campo de exploração de energia geotérmica localiza-se na costa da Califórnia (EUA). São cerca de 600 perfurações que produzem vapor a 240 °C, extraído de um reservatório de arenito argiloso muito fraturado. A produção atual alcança 1.200 MW de energia, suficiente para abastecer uma cidade com cerca de 1 milhão de pessoas. A energia geotérmica pode ser considerada, a primeira vista, uma fonte inesgotável de energia na escala humana de tempo, uma vez que a recarga de água meteórica que penetra além dos limites externos da cobertura rochosa impermeável é contínua. Entretanto, na usina da Califórnia, a extração rápida de enormes quantidades de vapor tem causado uma diminuição na pressão com consequente redução na produção de energia no campo geotérmico. Novas técnicas de injeção de água e taxas menores de produção de vapor deverão ainda prolongar a vida útil deste campo por várias décadas.

Os aquíferos com baixo conteúdo de calor (baixa entalpia) podem também ser úteis para substituir fontes de energia mais caras em determinadas situações, uma vez que as tecnologias modernas de isolamento térmico permitem o transporte destes fluidos a distâncias superiores a 10 km sem grandes perdas de calor. Águas com temperaturas inferiores a 100 °C podem ser empregadas, por exemplo, em habitações e estufas, nas indústrias de lã e de refrigeração, nos processos de dessalinização de água do mar e na criação de animais.

Aplicações não elétricas dos fluidos geotérmicos a baixa entalpia já existem em muitos países do mundo. Por exemplo, na região de Paris, milhares de habitações são aquecidas por águas com temperaturas entre 60 e 73 °C, provenientes de profundidades em torno de 1.800 m. Na Islândia, os gêiseres e as fontes quentes que nascem em meio aos derrames de lava constituem parte da vida diária. Em Reykjavik, a capital, a maioria das habitações é aquecida e servida por águas com temperaturas até 100 °C, cujas fontes termais são basaltos muito porosos. Essas águas quentes são utilizadas por lavanderias e também para irrigar a terra, possibilitando o cultivo de plantações próximo ao círculo ártico.

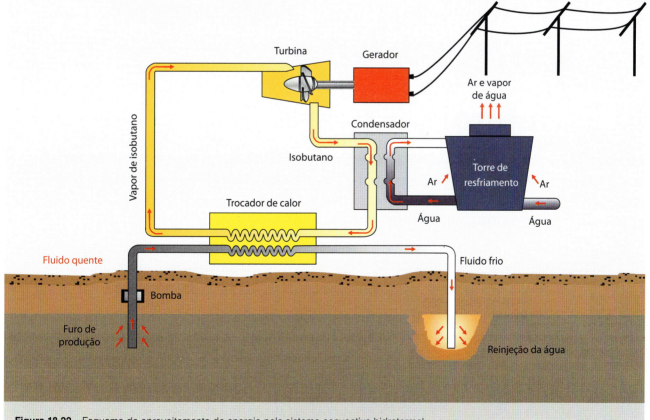

Figura 18.22 – Esquema do aproveitamento de energia pelo sistema convectivo hidrotermal.

As águas termais das ilhas vulcânicas do Japão são há muito tempo uma fonte de lazer, a exemplo dos tradicionais banhos comunitários até hoje praticados, e de tratamento em hospitais, que as usam nos programas de reabilitação de pacientes com artrose e reumatismo.

No Brasil, a utilização dessas águas já ocorre em algumas regiões. Experimentos estimaram temperaturas médias da ordem de 60 °C para o aquífero Botucatu, bacia do Paraná, para profundidades inferiores a 2.500 m, e, em Presidente Prudente (SP), águas termais bombeadas da rocha basáltica em profundidade abastecem balneários. Famosos são, também, os balneários de Termas do Rio Quente (GO) e de Gravatal (SC).

Impacto ambiental

Os impactos ambientais provenientes do aproveitamento intensivo de energia geotérmica são talvez menores em extensão que as outras fontes de energia, uma vez que não é necessário o transporte de matéria-prima ou beneficiamento do combustível. Devemos lembrar, contudo, que a energia geotérmica é aproveitada em locais bastante particulares e os problemas também serão localizados, consistindo em ruído ambiental e geração de gases. Sua produção, ao contrário de outras fontes energéticas, não necessita de queima nem da disposição de rejeitos radioativos. Por outro lado, a exploração contínua pode causar subsidência, devido tanto ao alívio de pressão do sistema, quanto ao resfriamento e consequente contração da rocha. Os demais problemas ambientais decorrem das obras de engenharia civil necessárias para a implantação de uma usina de energia geotérmica.

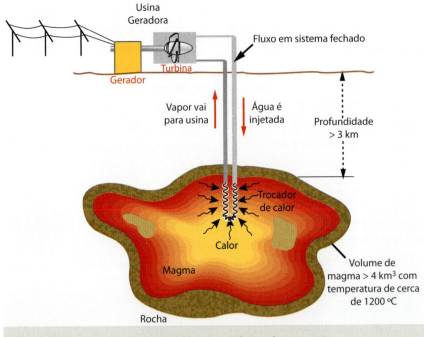

Figura 18.23 – Aproveitamento energético de um sistema ígneo quente.

18.3 E o futuro?

Cada uma das alternativas de produção de energia apresenta algum impacto ao meio ambiente, que não tem sido contabilizado no seu custo. Os combustíveis fósseis apresentam problemas com respeito ao efeito estufa, a alternativa nuclear, com a disposição final dos rejeitos radioativos e as barragens, com a área inundada e a alteração do regime dos rios.

As demais alternativas têm uma aplicação muito localizada (ver quadro 18.2). As questões inevitáveis para a humanidade são duas: 1) haverá energia suficiente para suprir uma população crescente? e 2) até quando o planeta suportará a degradação ambiental causada pelas fontes de energia em uso atualmente? Os especialistas que se ocupam em avaliar o comportamento do mercado internacional e o futuro dos recursos energéticos não acreditam que possa haver uma crise energética em curto prazo. Estimam que haja reservas de petróleo para mais um século de consumo, além da possibilidade de se implantar muitas novas usinas nucleares. Paralelamente, o decréscimo de custo das unidades eólicas e fotovoltaicas e das células de combustíveis tem levado a um incremento no uso destas alternativas. Preveem, também, que, em tempo muito menor (talvez 50 anos), já se tenha desenvolvido um recurso energético que substitua o petróleo e que não cause tantos problemas ambientais.

18.3.1 Proálcool

Com a primeira crise do petróleo no final de 1973, diversos países incentivaram pesquisas para o desenvolvimento de energias alternativas. Dentro de tal cenário, o Brasil criou o que, sem dúvida, tem sido a maior experiência mundial na produção e utilização de energia provinda de combustíveis derivados da biomassa no mundo.

Trata-se de um programa, desenvolvido em 1975, cujo objetivo central era substituir parte das importações de petróleo, que comprometiam pesadamente a balança comercial do Brasil, por causa de seu repentino aumento de preços.

Esse programa visava à utilização de álcool (etanol) produzido com a cana-de-açúcar em substituição aos combustíveis derivados do petróleo, principalmente a gasolina. Para isso, dever-se-ia criar uma infra estrutura de plantio, destilação e distribuição que atendesse a tal objetivo. Paralelamente, o programa exigia, por parte dos fabricantes de veículos automotores, um esforço de desenvolvimento tecnológico na adaptação dos motores movidos à gasolina.

A implantação do programa aconteceria paulatinamente, primeiro, com a adição de um percentual crescente (até 25%) de álcool à gasolina para, posteriormente, implantar-se veículos movidos exclusivamente a álcool.

O Proálcool foi sendo implantado com sucesso, apesar da sua inerente complexidade, em razão da extensão territorial e a conjunturas políticas internas, e, em 1985, cerca de 96 % dos automóveis novos eram movidos exclusivamente a álcool.

Apesar do êxito alcançado, a partir de 1986, com o decréscimo dos preços internacionais do petróleo, paralelamente ao aumento dos preços do açúcar, o álcool combustível perdeu sua competitividade, provocando uma crise no abastecimento interno. Tais fatores levaram a um relativo descrédito popular ao programa, decrescendo sensivelmente a produção de novos veículos movidos a álcool. No entanto, o programa possibilitou expressivo desenvolvimento tecnológico tanto na área de refino quanto na biotecnologia e na cultura da cana-de-açúcar. Em 2003, no entanto, foram lançados veículos apropriados para uso tanto de gasolina quanto de álcool, assim como a mistura dos dois combustíveis. Tais veículos ficaram extremamente populares devido à flexibilidade que oferece ao consumidor, que fica mais independente de eventuais flutuações de preços.

O Proálcool é considerado o mais bem-sucedido programa de desenvolvimento de combustíveis "verdes" e, mais recentemente, foi implantado no Brasil o Programa Nacional de Produção e Uso de Biodiesel (PNPB) que obriga a utilização de um percentual de biodiesel (óleo diesel produzido a partir da biomassa) misturado ao óleo diesel convencional. O biodiesel pode ser produzido com gorduras animais ou de óleos vegetais, existindo dezenas de espécies vegetais no Brasil que podem ser utilizadas, como mamona, dendê, girassol, babaçu, amendoim, pinhão manso e soja, dentre outras. Tais programas, sem dúvida, contribuem para a minimização de uso de combustíveis fósseis e fornecem uma fonte de energia renovável e muito menos poluente.

Leitura recomendada

BOYLE, G. *Renewable energy. Power for a sustainable future.* 2. ed. Oxford: Oxford University Press, 2004. 452 p.

BUNTERBARTH, G. *Geothermics:* an Introduction. New York: Springer-Verlag, 1984. 144 p.

CERMAK, V.; RYBACH, L.; CHAPMAN, D. S. (Eds). Terrestrial heat flow studies and the structure of the lithosfere. *Tectonophysics,* v.103, n.1-4, Special Issue, p. 345-54, 1984.

CONDIE, K. C. *Plate tectonics & crustal evolution.* 2. ed. Pergamon Press Inc., 1983.

DAVIES, P. A.; RUNCORN, S. K. (Eds.). *Mechanisms of continental drift and plate tectonics.* London: Academic Press, 1980. 361 p.

DEMETRIO, J. G. A. *Perfis de temperatura na locação de poços tubulares no cristalino do nordeste brasileiro.*1998. 96 f. Tese (Doutorado) - Instituto de Geociências, Universidade de São Paulo, São Paulo.

European Wind Energy Association; Forum for Energy and Development; Green¬peace International. Windforce 10. A blueprint to achieve 10% of the world's electricity from wind power by 2020, 1999. 52 p.

FERNANDES, E. S. L.; COELHO, S. T. (Orgs.) Perspectivas do álcool combustível no Brasil. São Paulo: Instituto de Eletrotécnica e Energia USP,1996. 166 p.

GOLDEMBERG, J.; VILLANUEVA, L. D. *Energia, meio ambiente e desenvolvimento.* 2. ed. São Paulo: Edusp, 2003. 226 p.

KELLER, E. A. *Environmental Geology.* 7. ed. New Jersey: Prentice-Hall, 1996. 569 p.

Ministério das Minas e Energia (MME). Balanço energético nacional – Ano Base 2006 (preliminar), 2007. www.mme.gov.br.

MIOTO, J. A.; DEL REY, A. C. Distribuição geográfica de sismos e fontes termais da parte oriental do Brasil: uma ferramenta de exploração geotermal em escala regional. In: Simpósio Brasileiro sobre Técnicas Exploratórias aplicadas à Geologia, 1984, Salvador. Anais... Salvador: SBG, 1984. p. 62-77.

OMETTO, J. G. S. *O álcool combustível e o desenvolvimento sustentado.* São Paulo: PiC Editorial, 1998. 80 p.

PESSOA, J.; MARTINS, C. C.; HEINRICI, J.; JAHNERT, R. J.; FRANÇA, A. B.; TRINDADE, L. A.; FRANCISCO, C. Petroleum system and seismic expression in the Campos Basin. In: International Congress of the Brazilian Geophysical Society, 6., 1999, Rio de Janeiro, Proceedings…Rio de Janeiro: SBGf, 1999. p.

RIBEIRO, S. K. *O álcool e o aquecimento global.* Rio de Janeiro: CNI/Copersucar. 1997.

SANTOS, M. H. C. *Política e políticas de uma energia alternativa*: o caso do proálcool. Rio de Janeiro: Notrya, 1993. 352 p.

THOMPSON, A. B. Geothermal gradients through time. Report of the Dahlem Workshop in Earth evolution. Berlin: Springer-Verlag, 1984. 345-55 p.

TURCOTTE, D. L.; SCHUBERT, G. *Geodynamics: applications of continuum physics to geological problems.* New York: John Wiley & Sons, 1982. 450 p.

WINDLEY, B. F. *The evolving continents.* 2nd ed. Chichester [West Sussex]; New York: Wiley 1984. 399 p.

Capítulo 19

Recursos minerais da Terra

Jorge Silva Bettencourt, João Batista Moreschi, M. Cristina Motta de Toledo

Sumário

19.1 Recurso mineral: conceitos básicos
19.2 Os principais tipos genéticos de depósitos minerais
19.3 Tectônica Global e depósitos minerais
19.4 Pesquisa de novos depósitos minerais
19.5 Recursos minerais do Brasil
19.6 Recursos minerais e desenvolvimento

A história da humanidade está ligada à utilização de recursos retirados da natureza (Figura 19.1). Sem os recursos de materiais minerais, inclusive a água, o ar e os solos, bem como os recursos energéticos, a humanidade não teria como subsidiar seu crescente desenvolvimento tecnológico. Nos primórdios da civilização, nossos antecedentes, utilizavam lascas de quartzo para confeccionar instrumentos rudimentares de caça ou luta e hoje ainda utilizamos este mineral para transformar a natureza e produzir um amplo conjunto de objetos, incluindo alguns sofisticados, como transistores ou fibras ópticas.

Passando pela Idade da Pedra Lascada (Paleolítico), Idade da Pedra Polida (Neolítico) e Idade dos Metais (Bronze e Ferro), a humanidade teve vários estágios de desenvolvimento das técnicas de descoberta de usos e transformações das substâncias naturais. Hoje, a aplicação de técnicas modernas, por vezes altamente refinadas, permitiu descobrir, obter e transformar bens minerais em bens manufaturados que tornaram a vida mais confortável; e uma diversidade de tipos de minerais e rochas vem sendo usada em quantidade crescente.

As substâncias minerais, sejam elas metálicas, não metálicas, combustíveis fósseis ou pedras preciosas, passaram a fazer parte inalienável vida moderna. Essa dependência, às vezes imperceptível, mantém e aprimora nossa qualidade de vida. No entanto, a mineração tem uma imagem de indústria "nociva" para a sociedade, pois transforma a paisagem rapidamente, mobilizando imensas quantidades de material, e gera uma enorme quanti-

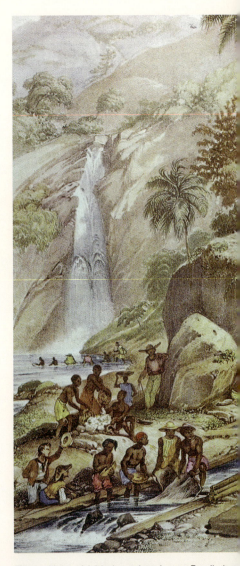

Figura 19.1 – Atividade garimpeira no Brasil dos tempos coloniais. A gravura ilustra a lavagem de minério de ouro na Serra do Itacolomi, em Minas Gerais. Fonte: Martins, R. B.; Brito, O. E. A. *História da mineração no Brasil*, 1989. 199 p.

dade de resíduos não utilizados. Por isso mesmo, cada vez mais o conhecimento sobre a importância dos recursos minerais é levado à população por meio de programas de Educação Ambiental; o apoio da população às iniciativas de redução do desperdício de bens minerais pode retardar os problemas de escassez ou exaustão dos depósitos. Paralelamente, a demanda de bens minerais pelas futuras gerações é pauta de estudos dos governos, pois as acumulações econômicas de substâncias minerais úteis constituem porções muito restritas nos continentes. Além disso, para a formação de qualquer bem mineral é necessário um período de tempo muito, muito maior do que aquele decorrido desde que começamos a utilizar as primeiras lascas de quartzo. Assim, pesquisas e ações governamentais e institucionais para a otimização da extração e o prolongamento da vida útil dos recursos têm se multiplicado, já que volumes gigantescos de bens minerais, que não são renováveis estão sendo rapidamente extraídos de seus depósitos.

A conservação do recurso mineral, ou seja, o prolongamento de sua vida útil para atendimento das necessidades da crescente população mundial, evitando os excessos de um consumo ambicioso, é uma atitude necessária para garantir o suprimento de insumos minerais praticamente imprescindíveis à manutenção de uma forma de desenvolvimento sustentável. Dentro dessa perspectiva, muitos metais têm sido atualmente produzidos por meio de técnicas de reciclagem, utilizando bens manufaturados sucateados, assim como outros, menos abundantes na natureza, vêm sendo substituídos por metais mais abundantes. Essa atitude permitirá que preservemos por mais tempo os recursos minerais, diminuindo assim o impacto ao meio ambiente.

Neste capítulo, abordaremos vários conceitos básicos relativos aos diferentes tipos de recursos naturais relacionados aos materiais geológicos sólidos. De início, procuraremos olhar o recurso mineral do ponto de vista essencialmente geológico, mostrando como se formam as concentrações minerais, diferenciadas das demais rochas que as envolvem. Veremos que as concentrações minerais, caracterizadas por quantidades elevadas de um ou mais minerais úteis, são formadas por processos geológicos comuns, discutidos em capítulos anteriores.

Prosseguiremos comentando o papel importante dos recursos minerais como fonte comercial de minerais e materiais rochosos, necessários à fabricação de uma infinidade de produtos industriais, assim como apresentando noções sobre sua extração e aplicações.

As ocorrências de substâncias minerais úteis, além de poderem constituir porções muito restritas na crosta terrestre, estão bastante espalhadas ao redor de nosso planeta e constituem recursos naturais finitos. Dessa forma, serão abordadas, em linhas gerais, as ações necessárias à procura, descoberta e reposição de novos recursos minerais.

Por fim, esboçaremos um panorama sobre a situação mineral brasileira, enfocando aspectos de reserva, produção e comércio de suprimentos minerais.

Curiosidade

O ciclo natural do fósforo (P) inclui todos os processos geológicos e também biológicos, pois é um elemento insubstituível na formação de ossos e dentes nos animais vertebrados, e na molécula de adenosina-trifosfato (ATP), componente responsável pelo armazenamento e liberação de energia para os processos vitais de todos os organismos. Atualmente, é um dos cinco elementos químicos mais utilizados pela sociedade, junto com C, Na, Cl e Fe. Cerca de 300 milhões de toneladas de P_2O_5 são utilizados por ano no mundo todo, sendo cerca de 80% para fabricação de fertilizantes. A modificação do ciclo biogeoquímico natural do P pela utilização deste recurso praticamente dobrou o aporte de fósforo aos oceanos.

O mineral de minério para extração do P é a apatita, fosfato de cálcio que pode ser concentrado em rochas ígneas (principal fonte brasileira de P) e em rochas sedimentares (principal fonte ao redor do mundo). As reservas conhecidas durarão ainda cerca de 200 anos, mas devem ser descobertas novas reservas e aperfeiçoados os processos de aproveitamento, de modo que a expectativa de duração das reservas pode aumentar. Mesmo assim, as reservas serão futuramente esgotadas, restando a alternativa de reaproveitar o P existente em todos os resíduos dos produtos fabricados anteriormente, incluindo o P liberado no ambiente e fixado nos minerais dos solos.

Capítulo 19 - Recursos minerais da Terra

19.1 Recurso mineral: conceitos básicos

Os recursos minerais são parte dos recursos naturais do planeta. Uma das classificações aplicadas aos recursos naturais considera a possibilidade de sua renovação num curto período de tempo após a utilização. De acordo com esta avaliação eles podem ser denominados de renováveis ou não renováveis.

19.1.1 Recursos naturais renováveis e não renováveis

Os primeiros seriam aqueles cuja velocidade de reposição é suficiente para sua utilização sem o perigo de seu esgotamento. Em geral, são considerados renováveis os recursos repostos em semanas ou meses, por exemplo, recursos vegetais ou animais, utilizados principalmente para a alimentação, bem como o calor do Sol, ou mesmo a água corrente e o ar atmosférico. No entanto, certas formas de utilização podem tornar estes recursos não renováveis, impossibilitando a continuidade de utilização; é o caso de alguns aquíferos poluídos, por exemplo (ver capítulo 17). Já os não renováveis são, em sua maioria, recursos minerais. Segundo o United States Geological Survey (USGS), "recurso" é definido como uma concentração de material sólido, líquido ou gasoso, de ocorrência natural, dentro ou sobre a crosta terrestre, em tal forma e quantidade que a sua extração econômica seja atualmente ou potencialmente viável (USGS, 2002). Em geral, os recursos minerais representam desde porções relativamente restritas até grandes massas de crosta terrestre onde a própria rocha ou um ou mais de seus constituintes – minerais ou elementos químicos específicos – despertam um interesse utilitário.

19.1.2 Tipos de recursos minerais

Os recursos minerais, essencialmente não renováveis, podem ser classifi-

cados conforme as propriedades dos materiais e sua utilização. Costuma-se distinguí-los em duas classes bastante amplas, designadas de recursos metálicos e recursos não metálicos, conforme sejam ou não fontes de substâncias

metálicas ou, também, tenham ou não, em sua composição, minerais úteis de brilho metálico. (Tabela 19.1).

Os recursos metálicos (ferrosos e não ferrosos) são aqueles que contêm elementos químicos isolados em com-

Metálicos	Categorias	Exemplos
Ferrosos	ferroligas	ferro, manganês, cromo, molibdênio, níquel, cobalto, wolfrâmio, vanádio
Não ferrosos	básicos	cobre, chumbo, zinco, estanho
	leves	alumínio, magnésio, titânio, berílio
	preciosos	ouro, prata, platina
	raros	berílio, césio, lítio
Não metálicos	**Categorias**	**Exemplos**
	materiais de construção	areia, cascalho, rochas industriais, brita
	materiais para a indústria química	enxofre, fluorita, sais, pirita, cromita
	fertilizantes	fosfatos, potássio, nitrato
	cimento	calcário, argila, gipsita
	cerâmica	argilas, feldspato, sílica
	refratários	cromita, magnesita, argilas, sílica
	abrasivos	córindon, diamante, granada, quartzito
	isolantes	amianto, mica
	fundentes	carbonatos, fluorita
	pigmentos	barita, ocre, titânio
	gemas	diamante, rubi, turmalina

Tabela 19.1 – Classificação das substâncias minerais e sua utilização por categorias.

postos, apresentando propriedades especiais de maleabilidade, ductibilidade, fusibilidade, condutividade térmica e elétrica que os fazem adequados a uma ampla gama de aplicações técnicas; os metais têm sido utilizados desde cedo na história da humanidade, e a habilidade dos seres humanos pré-históricos em transformar os metais era um parâmetro de interpretação de seu grau de desenvolvimento.

Já os recursos minerais não metálicos incluem todos os outros, como aqueles utilizados na indústria química, para alimentos, fertilizantes, fármacos, cosméticos etc., na indústria da construção civil e, ainda, numa concepção mais ampla de recursos minerais, as águas e os solos, estudados em outros capítulos deste livro.

19.1.3 Recursos e reservas minerais

Do ponto de vista do aproveitamento econômico, os recursos minerais podem ser distinguidos em diferentes classes, correspondentes a volumes rochosos, discriminados de acordo com o grau de conhecimento geológico e técnico-econômico de suas diferentes porções, sem excluir também as implicações legais, políticas e econômicas. Um dos modelos correntes para a estimativa de reservas a partir de recursos é aquele proposto pela indústria mineral da Austrália, o chamado *Jorc Code*, conforme Figura 19.2. Assim, a reserva mineral, como parte do recurso mineral, representa volumes rochosos com determinadas características indicativas de seu aproveitamento econômico. Por sua vez, o recurso mineral pode ser dividido em três classes, designadas de inferida, indicada e medida, as quais refletem, nesta ordem, um conhecimento geológico e econômico crescente, bem como confiabilidade.

Por outro lado, recursos minerais medidos, podem ser convertidos nas categorias: reserva provada e reserva provável. Esta relação é mostrada na figura 19.2 pela flecha interna tracejada (na caixa azul) que é função de incertezas inerentes ao cálculo de reserva.

O estudo detalhado de um recurso ou reserva minerais pode levar à individualização do chamado depósito mineral. Este, como um objeto geológico, é uma massa ou volume rochoso onde substâncias minerais ou químicas estão concentradas de modo anômalo, quando comparadas com sua distribuição média na crosta terrestre, e em quantidade suficiente para indicar um potencial mineral econômico. Quanto maior for o teor, que é o grau de concentração dessas substâncias no depósito mineral, mais valioso ele será, pois somente com um valor mínimo de teor é que suas substâncias úteis poderão ser extraídas com lucratividade. Assim, comumente se utiliza os termos jazida mineral e minério para designarem o depósito mineral em que suas substâncias úteis podem ser economicamente extraídas.

A identificação de um depósito mineral frequentemente começa com o exame do indício mineral ou da ocorrência mineral. Essas expressões são praticamente equivalentes e, em essência, referem-se a concentrações usualmente superficiais de um ou mais minerais úteis suscetíveis de indicar a localização de um depósito mineral.

19.1.4 Como nasce um depósito mineral

Podemos agora nos perguntar: como nasce um depósito mineral? Ou de uma forma mais explícita: como ocorre o enriquecimento de uma substância mineral num dado local da crosta terrestre gerando um depósito mineral? Este é um assunto extenso e relativamente complexo que usualmente é abordado na geologia econômica, o ramo da geologia que estuda as rochas e minerais de interesse econômico.

O depósito mineral, embora sendo um corpo rochoso diferenciado devido a sua inusitada composição química e mineral, tem sua origem relacionada aos processos geológicos comuns, tais como sedimentação, intemperismo, metamorfismo, vulcanismo, plutonismo etc. Durante o desenvolvimento desses processos geológicos podem ocorrer, coeva ou sucessivamente, mecanismos ou condições especiais que conduzem à concentração de substâncias úteis, podendo, então, a partir desse

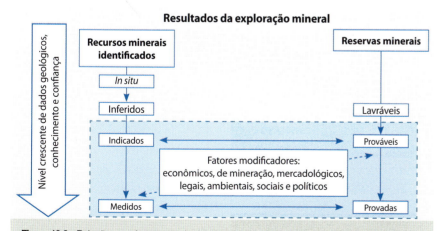

Figura 19.2 – Relações gerais entre resultados de exploração mineral, recursos minerais e reservas de minério, segundo o código australiano de 2004 para comunicação de recursos minerais identificados e reservas minerais. As reservas minerais, indicadas dentro da caixa azul, dependem dos fatores modificadores que afetam a extração. Fonte: adaptado de Yamamoto, J. K. & Rocha, M. M., 1996. Uma revisão das classificações de reservas minerais adotadas no Brasil e Recomendações para a cálculo/ classificação de reservas. *Rev. Bras. de Geociências*, 26(4):243-254.

instante, serem denominados de processos de mineralização. Tanto é que frequentemente nós nos referimos, como que fazendo uma classificação de depósitos minerais, a depósitos sedimentares, intempéricos, metamórficos, hidrotermais etc., conforme a dominância de um desses processos na geração do depósito.

No entanto, não é no decorrer de todo processo geológico que depósitos minerais são formados. Ou seja, nem todo granito é portador de pegmatito estanífero, assim como nem todo folhelho contém depósitos sedimentares de cobre. Para ocorrer uma mineralização, devem estar presentes uma fonte que forneça a substância útil e um local/ambiente para sua deposição de forma concentrada. A substância útil geralmente sofre um menor ou maior transporte, envolvendo energia (força motriz), em um meio que permita sua migração (Figura 19.3). Esses fatores deverão atuar de forma eficiente, convergindo cumulativamente para a elevação do conteúdo de um dado elemento químico, em determinado lugar da crosta terrestre, gerando um depósito mineral.

A fonte pode ser simplesmente uma rocha preexistente particular, um sistema geológico mais complexo, como um magma – porções mais profundas da Terra – o manto superior ou águas retidas dentro de uma sequência sedimentar ou vulcano-sedimentar. O transporte, usualmente promovido pela água (superficial ou profunda), pode ser acionado por energia térmica (um corpo intrusivo, por exemplo) ou pela força gravitacional (carreamento de detritos por um fluxo d'água). A substância útil ou seus constituintes podem ser transportados, conforme o caso, mecanicamente ou como soluto numa solução natural. O ambiente de deposição, por outro lado, varia muito quanto à sua escala e natureza, podendo ser representado pelo manto de intemperismo, sistemas de fraturas, plataforma continental etc.

A fixação da substância mineral útil comumente se faz em uma porção mais restrita do ambiente de deposição, em consequência da ação de fatores que, agindo como armadilhas, favorecem, naquele local, sua maior acumulação em relação ao resto do ambiente de deposição. Tais fatores são designados de controles da mineralização ou metalotectos e são de naturezas diversas, como geoquímica, mineralógica, estrutural, paleogeográfica etc. Assim, certos jazimentos do ambiente sedimentar ocupam volumes rochosos limitados dentro da sequência sedimentar hospedeira. É o caso de alguns jazimentos de Pb, Zn ou Cu na forma de sulfetos, que aparecem como estratos rochosos relativamente delgados, dentro de uma sequência sedimentar mais ampla e espessa que constitui o ambiente de deposição. Também é o caso das concentrações aluvionares auríferas que preferencialmente se associam aos níveis conglomeráticos de uma bacia sedimentar aluvionar.

Há muitas razões para se considerar um depósito mineral como um objeto rochoso especial quanto à sua natureza mineralógica e/ou geoquímica. Uma delas decorre da observação da composição química média da crosta continental (ver capítulo 2), onde oito elementos, com abundância crustal acima de 1% (O, Si, Al, Fe, Ca, Mg, Na, K), correspondem a aproximadamente 98% em peso da sua composição total. Um depósito mineral para os demais elementos menos abundantes, que perfazem em conjunto cerca de 2% da composição da crosta continental, incluindo a maioria dos que são úteis ao ser humano, certamente é uma anomalia geoquímica.

Apesar de suas feições peculiares, os depósitos minerais resultam de processos naturais que se expressam paralela e/ou sucessivamente; são processos, na maioria, geológicos, mas também incluem processos climáticos (tal como nos depósitos gerados por intemperismo) e/ou biológicos (frequentes nos depósitos sedimentares). Por exemplo, a gênese de depósitos estaníferos alojados no manto de intemperismo (Figura 19.4) ou, mesmo, em sedimentos detríticos (ver capítulos 8 e 9) pode se vincular à formação de magmas pré-enriquecidos em Sn (estágio 1), os quais tardiamente, em sua consolidação, geraram mineralizações de cassiterita hospedadas em rochas graníticas (estágio 2), que por sua vez foram alteradas e mobilizadas por intemperismo e erosão (estágio 3).

Nesse sentido, a gênese de um depósito mineral guarda um paralelismo com a maioria dos processos de

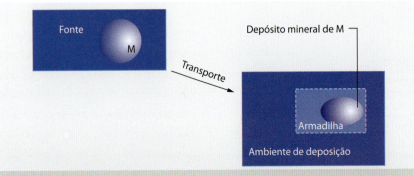

Figura 19.3 – Elementos essenciais de um modelo de geração de um depósito mineral. Usualmente mais de uma fonte pode contribuir com substâncias úteis para o depósito. M = substância útil (elementos químicos, minerais, fragmentos de rocha etc.). Fonte: Routhier, P. *Où sont les métaux pour l'avenir? Mémoire BRGM*, n. 105, 1980.

preparação de minérios e de obtenção de metais: a obtenção do metal não se realiza instantaneamente durante um estágio, e sim numa sequência progressiva de estágios, cada um deles contribuindo para o produto final, como, por exemplo, a obtenção do metal estanho a partir de um minério, a cassiterita. Assim, a fonte inicial de um depósito mineral pode estar bastante afastada no tempo e no espaço e o depósito mineral é uma consequência da evolução geológica da área na qual ele ocorre.

As substâncias minerais, salvo raras exceções, estão presentes em seus depósitos em concentrações superiores àquelas com que participam na composição química média da crosta terrestre (ver capítulo 2), ou seja, acima de seu *clarke* (Tabela 19.2).

A razão entre o conteúdo (teor) de uma substância num minério e seu *clarke* é o chamado fator de concentração (f.c.).

f.c. = conteúdo no minério/ *clarke*

Assim, nos casos do Al e do Pb, de acordo com os valores da Tabela 19.2, teríamos:

Metal	*Clarke* (ppm)	Teores aproximados (%) mínimo	Teores aproximados (%) médio
Alumínio	82.300	17	22
Ferro	56.300	20	40
Titânio	5.650	3	7
Manganês	1.000	7	20
Zircônio	165	---	0,5
Vanádio	120	0,12	0,2
Cromo	102	7	30
Níquel	84	0,25	1,1
Zinco	70	1,5	4,5
Cobre	60	0,35	1,0
Cobalto	25	0,1	0,3
Nióbio	20	0,34	0,6
Chumbo	14	1,5	3,5
Tório	9	0,01	0,05
Urânio	3	0,005	0,13
Estanho	2,3	0,1	0,4
Arsênio	1,8	---	---
Tungstênio	1,2	0,1	0,4
Antimônio	0,2	0,5	1,2
Ouro	0,004	1 (ppm)	6 (ppm)

Tabela 19.2 – Conteúdos médios de alguns metais (*clarke*) na crosta continental e em seus depósitos minerais (teores aproximados). 1 ppm = 0,0001%. Fonte: Laznicka, P. *Handbook of Stratabound and Stratiform Ore Deposits*, 1985, v. 12.

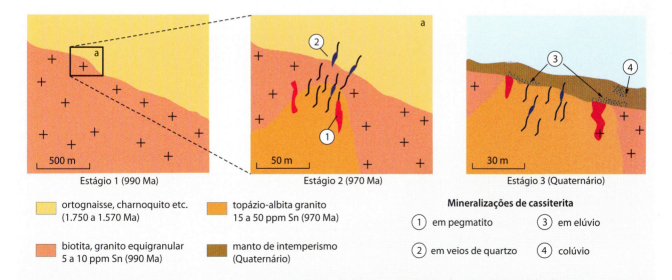

Figura 19.4 – Sucessão no tempo (Ma = milhões de anos) e no espaço de eventos geológicos, magmáticos e de intemperismo, convergindo para a geração de depósitos de cassiterita hospedados em elúvios e colúvios, como ocorrem na Província Estanífera de Rondônia, Brasil.

f.c. Al = 22% / 8,2% ≈ 2 a 3
f.c. Pb = 4% / 14ppm ≈ 2.850

O valor do fator de concentração pode variar amplamente (Figura 19.5). Uma vez que a abundância dos elementos é variável na crosta terrestre, assim como há minérios que exigem maior ou menor conteúdo da substância útil.

O fator de concentração pode ser aplicado para estimar o grau de facilidade com que os depósitos minerais podem ser formados. Pelos valores dos fatores de concentração, podemos entender que, para a formação de uma jazida de flúor ou de estanho, estes elementos deverão ser concentrados, respectivamente, em 200 e 2.000 vezes em relação às suas concentrações médias (*clarke*) na crosta terrestre, ou a uma fonte particular com conteúdos de flúor e estanho iguais aos da crosta (Tabela 19.3).

Como diferentes tipos de rochas contêm diferentes quantidades de um mesmo elemento químico (ver capítulo 2), podemos dizer que as rochas onde o elemento está originalmente mais concentrado seriam as mais adequadas como fontes de depósitos minerais. Para a geração de um depósito de chumbo, por exemplo, cujo *clarke* é 14 ppm, os fatores de concentração devem ser de cerca de 40.000 para uma rocha ultramáfica (teor médio de 1 ppm de Pb), 2.000 para uma rocha granítica (que contém em média 19 ppm de Pb) e 500 para argilas (com 80 ppm de Pb em média). Os processos naturais responsáveis pela geração de minérios terão maior rendimento e eficiência se partirem de fontes previamente enriquecidas.

Aparentemente, alguns depósitos minerais são gerados somente de rochas-fonte especiais, como os depósitos de metais raros (elementos presentes na crosta em teores menores que 0,1% em peso), entre eles o estanho. Rochas-fonte especiais são as que tiveram um modo particular de formação em relação às suas congêneres, tornando-se previamente enriquecidas com metais ou minerais úteis.

Assim, os depósitos primários de estanho estão associados a granitoides especializados que se distinguem dos demais por feições tectônicas, texturais, mineralógicas e químicas específicas. Os granitos estaníferos derivam de um magmatismo essencialmente siálico, típico dos estágios finais de um evento orogenético (ver capítulo 3), ocorrendo junto às porções mais superiores de complexos rochosos intrusivos. Isto lhes confere feições químicas peculiares em relação a granitos normais, com aumento no conteúdo de elementos raros específicos, como F, Rb, Li, Sn, Be, W, Mo, e também em SiO_2 e K_2O; por outro lado, são mais pobres em MgO, CaO, Fe_2O_3 e TiO_2 que os granitos normais.

19.1.5 Minerais e minérios

Associado ao conceito de depósito mineral, vimos que se utiliza o termo minério para designar a rocha da qual podem ser economicamente obtidas uma ou mais substâncias úteis. Como

Elemento	*clarke* (ppm)	teor médio (%)	f.c.
Al	82.300	22	3
Fe	56.300	40	8
F	625	12	200
Sn	2,3	0,4	2000

Tabela 19.3 – Comparação entre fatores de concentração. Os processos geradores dos depósitos de flúor ou de estanho deverão ser mais eficientes que os de alumínio ou de ferro para concentrar, num dado local da crosta terrestre, quantidades economicamente viáveis desses elementos.

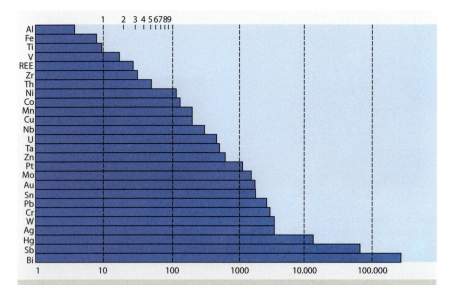

Figura 19.5 – Fatores de concentração necessários para a geração de minérios de alguns metais, com base no *clarke* crustal. Escala logarítmica. Fonte: Laznicka, P. *Handbook of Stratabound and Stratiform Ore Deposits*, 1985, v. 12.

uma rocha, um minério tem uma composição mineral especial, pois nele estão presentes, de forma concentrada, minerais que usualmente ocorrem dispersos na maioria das outras rochas. Assim, hematita (Fe_2O_3) pode ser mineral acessório em muitos tipos de rochas, como nos granitoides e gnaisses, mas, num minério de ferro, este mineral está altamente concentrado, podendo ser praticamente a única fase mineral presente (Tabela 19.4).

No minério, associam-se dois tipos de minerais: o mineral de minério, que é o mineral que lhe confere valor econômico, e o mineral de ganga ou, simplesmente, ganga, que não apresenta valor econômico. Assim, num minério de estanho em granito, a cassiterita (SnO_2) é o mineral de minério, enquanto os demais minerais presentes, como feldspatos, quartzo e mica, constituem a ganga (Tabela 19.4). Os conceitos de mineral de minério e de ganga não são absolutos, uma vez que um mesmo mineral pode passar de uma a outra categoria conforme o depósito mineral considerado ou até pertencer a ambas as categorias em um mesmo minério. Assim, tanto o feldspato quanto o quartzo e a mica podem constituir minerais de minério importantes em muitos pegmatitos.

Os minérios são usualmente diferenciados em minérios metálicos (fontes de substâncias metálicas ou com minerais de minério de brilho metálico) e minérios não metálicos. Para sua utilização, o minério metálico normalmente necessita ser trabalhado e profundamente transformado, na forma de metais ou ligas metálicas. Diferentemente, o minério não metálico pode ser utilizado sem maiores alterações de suas características originais, a exemplo do amianto, utilizado na fabricação de artefatos de fibrocimento, ou do talco, como constituinte de massa cerâmica. Outros minérios não metálicos precisam também ser transformados química ou fisicamente para que possam ser comercialmente utilizados. Fluorita e enxofre ilustram este caso, pois é respectivamente na forma de ácido fluorídrico e ácido sulfúrico que estes dois minerais têm mais aplicações industriais.

Um grupo amplo de materiais minerais vem merecendo atenção decorrente da diversidade de suas aplicações, da demanda e da dependência crescentes de nossa civilização em relação a eles, assim como das perspectivas de novos usos solicitados por inovações tecnológicas atuais (cerâmica fina, fibras ópticas, supercondutores). Trata-se dos minerais industriais e rochas industriais, definidos simplificadamente como materiais minerais que, dadas suas qualidades físicas e químicas particulares, são consumidos praticamente sem alteração de suas propriedades originais, por terem aplicação direta na indústria.

Os minerais e rochas industriais participam ativamente nas engrenagens de nossa civilização, estando presentes em diversos segmentos industriais modernos: fabricação de fertilizantes fosfatados (fosforita, apatita) e potássicos (silvita, carnalita), indústria da construção civil (brita, calcário, quartzito, areia, cascalho), materiais cerâmicos e refratários (argilas, magnesita), papel (caolim), isolantes (amianto, mica), rochas ornamentais (granito, mármore), perfuração de poços para petróleo e gás natural (argila, barita), cimento (calcário, argila, gipsita), além da indústria de vidros, tintas, borrachas, abrasivos, eletroeletrônicos etc.

Na maioria, os minerais industriais são representados por minerais ou minérios não metálicos, como o amianto e o talco nas aplicações já citadas. Entre outros minérios metálicos, a cromita pode também ser considerada um mineral industrial quando é utilizada na fabricação de peças cerâmicas refratárias.

Nos países industrializados, a produção e o consumo dos minerais e rochas industriais superam, na maioria das vezes, os metais. A taxa de seu consumo constitui, inclusive, um dos indicadores do nível de desenvolvimento e de maturidade industrial de um país. No Brasil, a demanda e consumo de minerais e rochas industriais

	Minerais de ganga		Minerais de minério		
Granito	feldspato quartzo mica	+	cassiterita (SnO_2)	→	minério de estanho
Pegmatito	feldspato quartzo mica	+	espodumênio ($LiAlSi_2O_6$)	→	minério de lítio
Serpentinito	serpentina clorita talco	+	amianto ($Mg_2Si_4O_{10}(OH)_8$)	→	minério de amianto
Aluvião	areia cascalho argila	+	ouro (Au)	→	minério de ouro

Tabela 19.4 – Os minérios distinguem-se das rochas comuns por estarem enriquecidos com substâncias minerais úteis, ou seja, com minerais de minério, como o granito com a cassiterita.

515

Capítulo 19 - Recursos minerais da Terra

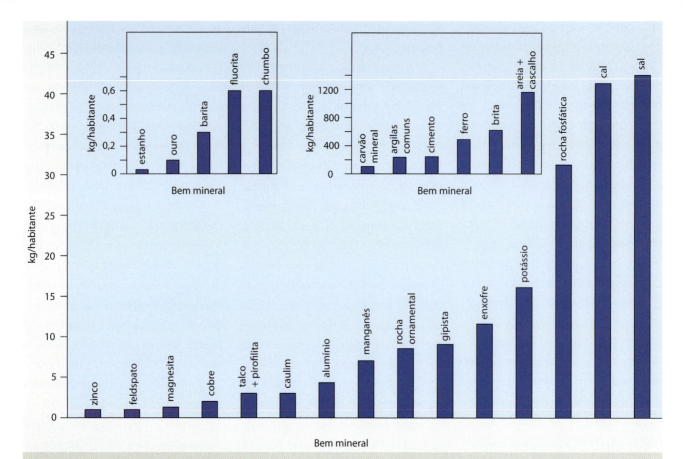

Figura 19.6 – Estimativa do consumo anual médio por habitante de alguns bens minerais metálicos e não metálicos no Brasil. Fonte: Departamento Nacional da Produção Mineral. Sumário Mineral, 1998.

Figura 19.7 – Lavra por desmonte hidráulico de depósito de cassiterita em aluvião (Mineração Oriente Novo, Rondônia). Foto: J. S. Bettencourt.

é grande, principalmente no setor da construção civil, com forte tendência de aumento. As causas estão relacionadas à industrialização, à melhoria da infra estrutura social (saneamento básico, habitação, transporte), ao aumento da produtividade agrícola, mas, acima de tudo, ao aumento da renda *per capita*, associado ao crescimento industrial e ao aumento populacional. A figura 19.6 ilustra uma comparação do consumo de alguns minérios não metálicos/industriais e metálicos por habitante no Brasil.

19.1.6 Extração, viabilidade econômica e utilização de minérios

A lavra, por definição, é o conjunto de operações que são realizadas visando à retirada do minério a partir do depósito mineral. O depósito mineral que está sendo lavrado é denominado de mina, e esta designação continua sendo aplicada mesmo que a lavra tenha sido suspensa. A lavra pode ser executada desde um modo bastante simples, como por atividades manuais, até por meios altamente mecanizados e em larga escala, como ocorre nas grandes minerações (Figuras 19.7 e 19.8).

O garimpo também constitui uma jazida mineral em lavra, na qual, para extração de suas substâncias úteis, não foram realizados estudos prévios da jazida. Historicamente, os métodos extrativos utilizados são rudimentares (Figuras 19.1, 19.9 e 19.10; ver quadro 19.1). Apesar disso, os garimpos podem responder por uma parcela significativa da produção de certos bens minerais, tais como esmeralda, topázio, minerais litiníferos, diamante, ouro e cassiterita.

No início dos anos 1980, no depósito de ouro de Serra Pelada, localizado na Província Mineral de Carajás, no estado do Pará, instalou-se uma das mais intensas atividades garimpeiras do país. Este garimpo

Figura 19.8 – Lavra a céu aberto de minério de ferro na mina Cauê (Itabira, Minas Gerais). Foto: E. Ribeiro Filho.

revestiu-se de caráter único não só por uma expressiva produção de ouro, como também por uma assombrosa concentração de pessoas nas suas escavações, resultando em imagens semelhantes a um "formigueiro" humano (ver figuras 19.11 e 19.12).

O depósito mineral por ser um produto natural, não permite ao homem decidir sobre suas características intrínsecas (tais como composição mineral e química, teor, quantidade da substância útil, localização geográfica, profundidade etc.); podendo apenas aceitá-las. Em decorrência dessa situação, a obtenção de substâncias provenientes de um depósito mineral depende de vários fatores, que incluem desde suas feições intrínsecas até os preços e modos de aplicação de suas substâncias úteis. A análise desses fatores é que indicará se a substância mineralizada pode ser lavrada e gerar produtos comerciais economicamente rentáveis. Assim, a quantidade da substância útil deve ser expressiva o bastante para garantir a lavra e suprimento adequado em longo prazo, assim como o teor da substância útil deve proporcionar uma extração lucrativa.

Além disso, a composição química, feições mineralógicas e características físicas do minério devem ser favoráveis diante das aplicações antevistas para a sociedade. Por exemplo, os minérios de ferro devem ter baixos conteúdos em fósforo e a bauxita deve ser pobre em sílica; pirita, apesar de ser o mais comum dos sulfetos, não é mineral de minério de ferro, que é obtido em larga escala a partir de seus óxidos, como hematita e magnetita, bem como quartzitos friáveis podem constituir excelentes fontes de areias quartzosas, por intemperismo, em oposição ao quartzito compacto, não intemperizado.

Para muitos bens minerais, notadamente aqueles de baixo valor unitário (usualmente não metálicos), a localização geográfica do recurso constitui um parâmetro crítico à vista de sua lavra. Uma das caraterísticas inerentes do depósito mineral, tal como vimos, é que "ele está onde ocorre", ou seja, não podemos alterar sua localização com o intuito de melhor lavrá-lo. Já no manejo agrícola, o fazendeiro pode mudar o local de pastagem de seu gado ou de cultivo de suas plantações, a fim de melhorar a produtividade.

A irregularidade na distribuição geográfica dos recursos minerais, que podem acontecer em regiões inóspitas, climaticamente agressivas ou deficientes em água e energia elétrica, constitui um fator limitante para a extração de muitos minérios ou, mesmo antes, para sua descoberta. Da mesma forma, a instalação das atividades de lavra ou o custo de transporte (frete) da substância útil, entre outras implicações, podem ser críticos para viabilizar a lavra de um recurso mineral distante dos centros industriais e/ou de consumo.

Ao mesmo tempo, fatores técnicos e econômicos devem ser considerados quanto ao aproveitamento de um recurso mineral. Eles podem viabilizar a utilização de substâncias minerais até então marginalizadas devido a características inadequadas de teor, composição mineral ou química, assim como condicionar a extração do

Figura 19.9 – O minério extraído do depósito é lavado com água no *sluice* (um tipo de calha usada pelos garimpeiros, também conhecida como "cobra fumando"), para concentrar a substância útil (ouro, cassiterita, diamante) nas ripas transversais da calha. Foto: J. S. Bettencourt.

minério em função de preço, mercado, demanda e oferta.

Designa-se de minério bruto, o minério tal como ocorre na natureza, porém, desmontado, e deslocado, por uma operação qualquer de lavra. Na maioria dos casos, o minério bruto não se encontra suficientemente puro ou adequado para que seja submetido a processos metalúrgicos ou para sua utilização industrial. Assim, após a lavra, os minérios são submetidos a um conjunto de processos industriais, denominado de tratamento ou beneficiamento, que os torna aptos para a utilização.

O tratamento divide o minério bruto em duas frações: concentrado e rejeito. O concentrado é o produto em que a substância útil apresenta teor mais elevado ou as qualidades tecnológicas do minério estão aprimoradas. O rejeito é a fração constituída quase que exclusivamente pelos minerais de ganga e usualmente é descartada. Assim, por meio de métodos adequados de tratamento, um minério de berílio a 10% de berilo poderá produzir um concentrado composto dominantemente (80% a 90%) pelo mineral berilo; do mesmo modo, um minério de ferro de alto teor, naturalmente friável, poderá ser tratado por simples lavagem, seguida por classificação granulométrica, produzindo, como concentrados, seus diferentes tipos comerciais.

Certos minérios de ouro, metais básicos, urânio, platina, fosfato, grafita, tantalita, em virtude de sua particular composição mineral ou baixos teores, exigem métodos de tratamento mais sofisticados, às vezes de alto custo, tais como químicos e elétricos, com o objetivo de preparar a substância útil para sua utilização industrial.

Os usos e as aplicações das substâncias minerais permitem avaliar sua importância para a humanidade e, ao mesmo tempo, constituem um critério para classificá-las. A classificação utilitária é uma proposta clássica de sistematização das substâncias minerais úteis, fundamentada nas suas aplicações (ver tabela 19.1).

Os metais ferrosos distinguem-se dos metais não ferrosos por sua utilização essencial na indústria do aço e na fabricação das demais ferroligas. As classes dos não metálicos são definidas notadamente em função do uso da substância mineral. Note que alguns minerais são colocados em mais de uma classe em virtude de terem duas ou mais utilizações distintas, como cromita metalúrgica e cromita refratária ou diamante industrial (para fabricação de ferramentas de corte) e diamante como pedra preciosa. As qualificações para as diferentes aplicações de uma substância mineral podem ser impostas pelas características naturais do minério ou elaboradas por métodos próprios de tratamento.

Figura 19.10 – Processo de concentração de minerais pesados utilizando bateia. Foto: R. Falzoni.

Figura 19.11 – Visão geral da garimpagem de ouro em Serra Pelada (Pará), em 1982. Foto: E. Ribeiro Filho.

Figura 19.12 – Escavação manual, utilizando-se ferramentas comuns no garimpo de ouro de Serra Pelada (Pará), em 1982. Foto: E. Ribeiro Filho.

Quadro 19.1 – Diamantes no Brasil: uma resenha histórica à luz da "Lei do Contrato de Diamantes do Brasil" ou "Lei Pombalina"

Jorge Valente

A "Lei do Contrato dos Diamantes do Brasil", assinada pelo Marquês de Pombal em 11 de agosto de 1753, é uma peça fundamental para a história da mineração no Brasil apesar de estar praticamente esquecida. Nem o Museu do Diamante, em Diamantina (Minas Gerais) a expõe. Oficialmente, a descoberta de diamantes no Brasil ocorreu na região denominada Arraial do Tejuco, em 1729, apesar de registros anteriores, desde o século XVI. Desde então, a mineração e a comercialização de diamantes no Brasil cresceu rapidamente mas ao mesmo tempo transformou-se num problema legal, fiscal e social.

A lei contém disposições passíveis de aplicação ainda hoje, 250 anos depois. A lavra de metais preciosos continua a envolver "desordens" na "administração e manuseio, preferindo-se os interesses particulares ao bem público", "contrabandos", com "prejuízo" do fisco (o "Real serviço") e dos investidores legais, os "vassalos que licitamente empregam o seu cabedal neste negócio".

A partir do Artigo VII desta lei, são mencionadas as "Terras Diamantinas", que significam as áreas de ocorrência de diamante, incluindo "cinco léguas ao seu redor", "demarcando-se", assim, o "distrito" onde a "Intendência dos Diamantes" tudo governa, dirige, controla e fiscaliza. Nessas mesmas terras, situava-se o Arraial do Tejuco.

O termo "diamantinas", que só então começa a aparecer, está na origem do nome dado subsequentemente ao Tejuco, quando, em 1831, o antigo "arraial" recebe o estatuto de cidade, com o nome de Diamantina.

Na lei, há uma evidente intenção de separar o poder militar do civil. O primeiro – exercido pela "Companhia de Dragões", força militar responsável pela aplicação das disposições especiais definidas por esta lei, conforme Artigo XII – ficava aquartelado fora da área demarcada, embora dentro do município de Serro do Frio, com sede em Vila do Príncipe, hoje cidade do Serro. Eram as únicas autoridades com poder sobre as "Terras Diamantinas" a residir fora delas. O segundo, o poder civil, pertencia ao "Intendente dos Diamantes" e seus "Caixas", independentes não só do responsável pelo município onde tais terras se situavam, como também do "Governador das Minas" (hoje Minas Gerais). Este último tinha a seu cargo apenas a nomeação dos oficiais da "Companhia de Dragões do Serro do Frio" e dos "Capitães do Mato" da região. Na prática, no que se refere ao poder civil, "cria-se um Estado dentro de um outro Estado".

De "faísqueiros" a "garimpeiros"

O Artigo IX da Lei Pombalina refere-se à proibição das "faísqueiras", que correspondem aos atuais garimpos. A lei reconhece que é necessário ocupar "a gente que ali vive deste trabalho", dando-lhe até áreas, mas verificando-se antes que "nelas não se acham diamantes", ou seja, forçando-a ao trabalho agrícola. Pessoas que recebessem terras e continuassem a "faíscar", sujeitavam-se a duras penas, incluindo o degredo em Angola.

As "faísqueiras" continuaram a existir, por incompetência técnica ou por corrupção dos governantes, mas passaram a ser rodeadas e disfarçadas com culturas agrícolas, para não serem identificadas por quem olhasse dos morros vizinhos. Nos arraiais, também se dizia "trabalhar na lavra" (trabalhar na agricultura), quando, na verdade, ia-se trabalhar no garimpo.

Aqui está a origem de duas palavras novas no vocabulário da língua portuguesa. A primeira delas é "lavra" um termo agrícola, como sinônimo de "exploração", ou "extração" de minérios (e não apenas de diamantes), só usada assim no Brasil. A outra palavra é "garimpeiro", como sucedânea do termo "faísqueiro", originado de "grimpa", que significa "ravina rochosa, muito acidentada e quase vertical". Era o caso dos "faísqueiros" colocarem vigias nos pontos altos, para avistarem os militares da Companhia de Dragões, vindos a cavalo, alertados por denúncias. Em caso de alarme, escalavam – "grimpavam" – as ravinas, por onde a cavalaria não os podia seguir. Os "Dragões" passaram a chamar "grimpeiros" aos fugitivos, assim os nomeando nos seus relatórios, daí deriva o termo "garimpeiro", significando mineiro artesanal, legal ou ilegal.

Punições e tentações

A maior parte da Lei Pompalina – dez dos 18 artigos – trata de punições para quem a violar, matéria mais de código penal do que de uma lei de minas. Em matéria de punições, a lei é bem elucidativa quanto ao poder discricionário e absolutista, mesmo ditatorial e repressivo, existente no tempo colonial, em especial no do governo do Marquês de Pombal, o "déspota iluminado" de Portugal.

Perante o mesmo crime, o castigo dependia da classe do criminoso. Havia prisões arbitrárias, até que o próprio rei se decidisse pela libertação do preso ("à minha mercê", Artigo IV). Havia estímulos à denuncia "em segredo" por parte dos escravos e controles de entrada e saída de pessoas, bens e degredos, além de multas em dobro e expropriações (para alguns, para outros, não...).

Apesar de tamanha severidade, a extração e comércio ilegais de diamantes devia ser um "bom negócio", tão bom que se tornava difícil resistir às "tentações". Só assim se justifica a possibilidade das "faísqueiras" continuarem em atividade e a necessidade da substituição

Capítulo 19 - Recursos minerais da Terra

obrigatória, de meio em meio ano, de todos os militares da Companhia de Dragões e Capitães do Mato (artigos XII e XIII), não fosse essa gente corrompida pelos "faísqueiros", ou até pelos "contratadores", como foi o caso célebre, mas não único, de João Fernandes, "contratador" amante de Chica da Silva.

O último artigo da Lei Pombalina dispõe que os "contratos" a celebrar dizem respeito "privativamente a mim" – ou seja, ao rei em pessoa – sendo, por isso, secretos. Resultado: os "contratadores" tornaram-se mais ricos e influentes do que os "Intendentes dos Diamantes", representantes do rei nas "Terras Diamantinas", e, depois, eram eles próprios os corruptores dos "Caixas" da Intendência e dos oficiais das sucessivas Companhias de Dragões.

Os "desvios" de diamantes, assim cometidos, seriam muito superiores aos que eram produzidos legalmente, mas, mesmo assim, as rendas obtidas com os impostos sobre os diamantes e o ouro do Brasil geraram os vultosos recursos financeiros que permitiram a reconstrução de Lisboa, destruída pelo terremoto de 1755.

19.2 Os principais tipos genéticos de depósitos minerais

Os depósitos minerais resultam da ação de processos geológicos comuns, mas o processo que foi dominante na sua geração confere-lhe classificação genética. Assim, tipo genético de depósito mineral correspondem a grupos de depósitos semelhantes.

19.2.1 Supérgeno

O tipo supérgeno inclui um grupo de depósitos cuja geração se relaciona às alterações físicas e químicas sofridas pelas rochas submetidas ao intemperismo. A formação desses depósitos depende, em primeira instância, da existência prévia de uma rocha adequada, designada de rocha inalterada, parental ou rocha-mãe, sobre a qual agirá a alteração supérgena. De acordo com seu comportamento geoquímico supérgeno (ver capítulo 8), alguns constituintes da rocha-mãe são imobilizados no manto de intemperismo, enquanto outros são eliminados. Ao final do processo, concentra-se, um resíduo químico constituído essencialmente por substâncias pouco solúveis nas condições de intemperismo, de onde vem a designação também utilizada de depósitos residuais. Quimicamente, as substâncias mineralizadas se apresentam principalmente na forma de oxiânions, tais como silicatos, fosfatos e carbonatos e, também, como óxidos e hidróxidos.

Clima, vegetação, relevo e drenagem igualmente influem na formação do de-

pósito supérgeno, governando a alteração química dos minerais da rocha-mãe, retendo a fase química insolúvel ou promovendo a eliminação da fase solúvel. Sendo gerados no manto de intemperismo, e, portanto, próximos da superfície, os depósitos supérgenos podem ser facilmente erodidos. Por isso, a maior parte dos depósitos conhecidos e lavrados desta classe é relativamente jovem (pós-mesozoico) e, com mais frequência, ocorrem na região intertropical, onde os processos intempéricos são mais intensos. Como tal, são comuns e importantes economicamente no Brasil, onde o clima equatorial e tropical favorece sua formação.

O alumínio em depósitos lateríticos de bauxita (ver capítulo 8) é um dos bens minerais obtidos de depósitos deste tipo genético. Além deste, também são conhecidos depósitos supérgenos significativos de manganês, níquel, fosfatos, urânio, caolim, areia quartzosa etc. Volumosos depósitos de cobre foram viabilizados economicamente graças ao enriquecimento supérgeno atuante sobre suas mineralizações disseminadas

a baixo teor, tal como nos depósitos de cobre porfirítico, com muitos exemplos na cadeia andina.

Os depósitos supérgenos formam com os depósitos sedimentares, o conjunto de depósitos exógenos, na interface litosfera/hidrosfera/atmosfera/biosfera.

19.2.2 Sedimentar

Dois grandes grupos de depósitos minerais são diferenciados entre os depósitos sedimentares: os detríticos, também conhecidos como placer, e os químicos. Esses depósitos decorrem, tal como uma rocha sedimentar (ver capítulo 9), do transporte de substâncias úteis pelos agentes geológicos superficiais e da subsequente deposição mecânica (depósitos sedimentares detríticos) ou da precipitação química (depósitos sedimentares químicos) das substâncias transportadas em lagos, deltas, linhas de praia, planícies aluvionares, plataforma continental etc. (ver figura 19.13). Daí podermos também qualificar os depósitos minerais sedimentares de acordo com o ambiente de deposição, por exemplo, lagunares, deltáicos, marinhos, aluvionares etc.

Eles representam um grupo economicamente importante e diversificado de substâncias que incluem ferro, manganês, metais básicos, rochas carbonáticas, evaporitos, ouro, fosfato, gipsita, cassiterita etc. Podem também aqui ser incluídos os chamados combustíveis fósseis (petróleo, carvão, gás natural) que igualmente são gerados em ambientes sedimentares.

Os mecanismos envolvidos na acumulação das substâncias úteis na sequência sedimentar são bastante distintos. Nos pláceres, onde se concentram minerais usualmente de dureza e densidade elevadas, variações na capacidade de transporte do meio aquoso podem condicionar a deposição do material que está sendo transportado em suspensão ou por arrasto. Nos pláceres aluvionares, por exemplo, a deposição pode ser consequência da diminuição da velocidade da água do rio. Assim, partículas finas de minerais bastante densos, como a cassiterita, podem estar disseminadas na fração sedimentar de granulação maior e menos densa, como em areias grossas ou em cascalhos. Mecanismos de natureza química mais complexa, frequentemente interagindo com a atividade biológica, governam a deposição de substâncias previamente dissolvidas na fase aquosa de um ambiente sedimentar. Condições redutoras ou oxidantes e ácidas ou básicas reinantes num sítio deposicional podem, conforme o caso, acarretar a insolubilidade de espécies químicas dissolvidas e condicionar a deposição de metais na forma de sulfetos, carbonatos, hidróxidos, sulfatos, cloretos etc.

Os depósitos sedimentares, tanto detríticos quanto químicos, costumeiramente se alojam em horizontes rochosos particulares da sequência sedimentar hospedeira, os quais podem corresponder a algum tipo de controle sedimentar, litológico ou estratigráfico. Feições do ambiente deposicional, associadas à paleogeografia e ao paleoclima, podem igualmente influir na geração desses depósitos.

19.2.3 Magmático

Os depósitos magmáticos são gerados pela cristalização de magmas (ver capítulo 6). Aqueles formados concomitante com a fase principal da cristalização são denominados de depósitos ortomagmáticos ou sin-magmáticos. Comumente hospedam-se em rochas ricas em olivina e piroxênio (tais como dunito, peridotito, gabro). De outro lado, os depósitos gerados na fase final da cristalização são conhecidos como depósitos tardi e pós-magmáticos. Ocorrem frequentemente em rochas enriquecidas em quartzo e feldspatos (tais como granito e granodiorito).

Durante a cristalização do magma, devido à queda da temperatura, alguns dos seus constituintes tornam-se pouco solúveis na fusão e segregam-se como minerais (por exemplo, cromita) ou mesmo como fases ainda fundidas imiscíveis (por exemplo, sulfetos de ferro e níquel). Essas fases, no decorrer da consolidação, podem se concentrar, gerando porções de rocha

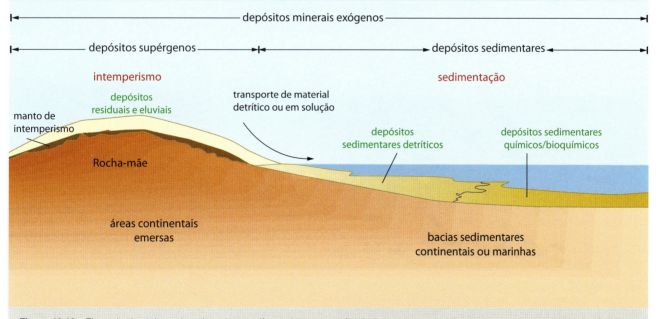

Figura 19.13 – Tipos de depósitos minerais exógenos (formados na superfície), dependentes do intemperismo e de sedimentação. Os depósitos supérgenos frequentemente se limitam ao manto do intemperismo sobre a rocha-mãe. Os depósitos sedimentares envolvem também um transporte da substância útil, seguido de deposição. Pode ocorrer deposição mecânica da fração sólida (depósitos detríticos) ou precipitação química da fração solúvel (depósitos químicos/bioquímicos).

magmática enriquecidas que podem ser substâncias úteis (Figura 19.14). Esse processo de geração de depósitos minerais é chamado de segregação magmática. Dessa forma, um minério ortomagmático é a própria rocha ígnea, assemelhando-se a ela em sua textura e estrutura, porém com uma composição mineral especial que lhe confere um valor econômico. São importantes os depósitos associados a rochas básicas e ultrabásicas (cromita, metais do grupo da platina, níquel, cobalto), rochas alcalinas (elementos de terras raras, zircônio, urânio), carbonatitos (fosfato, nióbio, elementos de terras raras, barita), rochas granitoides (estanho, wolfrâmio).

As mineralizações tardi a pós-magmáticas ocorrem durante as fases terminais de cristalização de rochas magmáticas, em especial aquelas de natureza granítica. Uma fração fundida residual decorrente da consolidação do magma é enriquecida em voláteis, principalmente água, o que lhe confere bastante fluidez. Dadas as condições de pressão e temperatura a que está submetida, pode migrar para regiões apicais das cúpulas graníticas ou para suas encaixantes próximas, gerando produtos rochosos e minérios bastante distintos do granitoide-fonte (Figura 19.15). À medida que se movimenta, este fluido também promove transformações químicas/mineralógicas nas rochas percoladas. A deposição dos metais comumente mostra um zoneamento, ou seja, das regiões albitizadas até os veios hidrotermais, e podem concentrar-se sucessivamente Sn, Mo, Be, W, Bi, Zn, Pb, Ag.

Depois dessa fase magmática residual e fluida, como também de sua interação com a rocha já cristalizada ou com suas encaixantes, poderão surgir mineralizações geoquimicamente especializadas, tais como pegmatitos, albititos, escarnitos, *greisens* e depósitos hidrotermais de filiação magmática. A diversificação e variedade mineralógicas nesses depósitos são notáveis e incluem bens minerais, entre outros, de metais raros, fluorita, mica, feldspato, quartzo, sulfetos e sulfossais de vários metais e, praticamente, todas as pedras preciosas.

19.2.4 Hidrotermal

Este tipo de depósito é produzido pelas soluções hidrotermais. Estas, de um modo simples, podem ser entendidas como soluções aquosas aquecidas (usualmente acima de 50 °C), caracterizadas por composição química complexa, dada por diversas substâncias dissolvidas. Essas soluções ou fluidos podem ser gerados em diversos sistemas geológicos, motivo pelo qual a fase aquosa e seus solutos têm fontes diversas, tal como magmática, metamórfica, meteórica de circulação crustal profunda, sedimentar, entre outras (ver figura 19.16). Nestes diferentes ambientes geológicos, a água pode ser progressivamente aquecida e reagir quimicamente com os minerais e rochas percolados, transformando-se, então, numa solução/fluido mineralizador. A deposição das substâncias transportadas e a geração do minério decorrerão, conforme o caso, da intervenção combinada de diversos fatores, tais como resfriamento e queda de pressão da solução, reações com as rochas percoladas, variação de pH, Eh, concentração de oxigênio etc.

Os depósitos hidrotermais talvez sejam o processo de mineralização mais comum atuante na crosta terrestre, ilustrado por depósitos minerais portadores de quase todos os elementos químicos de ocorrência natural. Morfologicamente, os depósitos hidrotermais podem se apresentar como veios ou filões, onde os minerais úteis preenchem, por exemplo, fraturas ou falhas, formando corpos de minério ta-

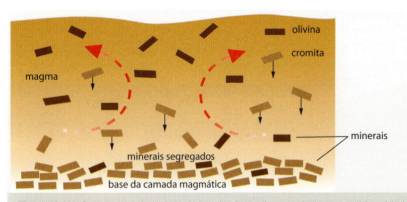

Figura 19.14 – Separação e deposição de cromita dentro de uma câmara magmática. A baixa viscosidade do magma básico ou ultrabásico, submetido a temperaturas elevadas (≈ 1.200 °C), permite um movimento convectivo (setas). Variações na intensidade do fluxo convectivo conduzem à deposição alternada de camadas ricas em cromita e camadas ricas em olivina. Esses minérios são chamados de depósitos estratiformes de cromita. Mecanismos semelhantes podem conduzir à segregação e concentração de fases magmáticas imiscíveis, ricas em sulfetos (Fe, Ni, Cu) ou em óxidos (Fe, Ti).

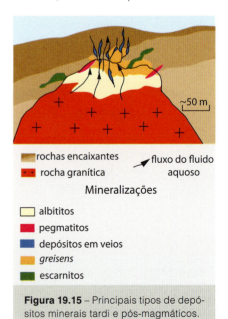

Figura 19.15 – Principais tipos de depósitos minerais tardi e pós-magmáticos.

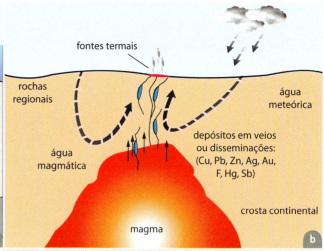
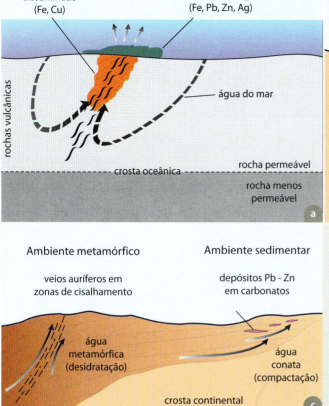

Figura 19.16 – Situações geológicas em que podem ocorrer depósitos minerais hidrotermais, por percolação oceânica (a) ou continental (b, c). De início, a água tem circulação descendente, difusa, envolvendo grandes volumes de rocha. Ocorre a lixiviação de metais, que são transportados como solutos e mais tarde precipitados. A circulação ascendente ocorre usualmente ao longo de fraturas, falhas, planos de acamamento ou de foliação, onde também pode ocorrer a precipitação das substâncias que estão sendo transportadas. A situação em (a) pode estar associada ao vulcanismo intermediário e félsico em zonas de subducção, a situação em (b) pode ser encontrada em zonas de riftes continentais. Em (c) os depósitos estão associados a sucessões sedimentares de margens continentais passivas ou aos cinturões metamórficos em zonas de colisão de placas.

bulares, ou ainda depósitos disseminados. Nestes últimos, a mineralização envolve um maior volume de rocha, preenchendo fraturas delgadas ou substituindo minerais da rocha hospedeira, como carbonatos. Exemplos comuns são os depósitos de ouro hospedados em zonas de cisalhamento, onde fluido e soluto podem ter origem no metamorfismo da sequência rochosa hospedeira das mineralizações.

Os depósitos hidrotermais constituem uma das mais importantes fontes comerciais de metais, que se expressam comumente na forma de sulfetos, tais como os de ferro (pirita), zinco (esfalerita), cobre (calcopirita), chumbo (galena), prata (argentita), mercúrio (cinábrio) e arsênio (realgar, arsenopirita). Ocorrem com frequência em cinturões orogênicos, onde o aquecimento dos fluidos, aliado à geração de feições estruturais (falhas, brechas, faixas cisalhadas, foliação etc.), que servirão de condutos para a circulação das soluções, facilita a interação fluido-rocha. Ao longo dessas estruturas, poderá ocorrer também a precipitação dos solutos. Daí muitos depósitos hidrotermais apresentarem um controle estrutural evidente na deposição e localização de seus minérios.

19.2.5 Vulcano-sedimentar

A atividade vulcânica que se instala concomitante ao processo sedimentar, por meio de seus fluidos e exalações que atingem o assoalho do sítio deposicional usualmente marinho, pode gerar os depósitos vulcano-sedimentares.

Esse processo de mineralização pode ser atualmente observado junto aos sistemas de riftes das dorsais meso-oceânicas. Equipamentos e veículos submergíveis, próprios para atuar em grandes profundidades, puderam registrar e filmar a atividade vulcânica exalativa nessas dorsais, bem como amostrar materiais já mineralizados de uma jazida em formação a partir da precipitação dessas soluções. Estas são constituídas pela própria água marinha que, infiltrando-se profundamente na crosta oceânica, aquece-se e interage quimicamente com suas rochas, mineralizando-se e retornando ao assoalho oceânico como uma salmoura hidrotermal. A percolação descendente e ascendente da água configura um sistema hidrotermal, no qual a água percolante, inicialmente de natureza marinha, sofre modificações físicas e químicas, tornando-se, em diferentes graus, mais ácida, mais reduzida, enriquecida em solutos e, evidentemente, quente. A instabilidade química dessas soluções, em níveis mais rasos do assoalho oceânico ou sobre o próprio assoalho oceânico, conduz à precipitação dos metais carreados em solução, concomitante à atividade vulcânica e ao processo sedimentar (Figura 19.16a). A descarga

Capítulo 19 - Recursos minerais da Terra

do fluido sobre o assoalho oceânico pode levar à construção de estruturas em forma de chaminé (tais como os *black smokers* e *white smokers*), constituídas por substâncias químicas (sulfatos e sulfetos) precipitadas em contato com a água do mar.

Essas mineralizações não são somente visualizadas nas atuais bordas de placas divergentes. Exemplos dessas mineralizações são conhecidos desde o Arqueano. Os principais depósitos são de metais de base (tais como cobre, zinco, chumbo), níquel e ouro, correspondendo a importante parcela dos recursos mundiais desses bens minerais.

19.2.6 Metamórfico

Os depósitos metamórficos mais evidentes decorrem da recristalização de rochas ou minérios preexistentes por ação da pressão e temperatura. Entre as transformações impostas, o aumento da granulação e cristalinidade das fases minerais iniciais comumente confere ao minério melhor qualidade para sua utilização, a exemplo dos mármores e grafita, também designados de depósitos metamorfizados. O mármore é o equivalente metamórfico de rochas sedimentares calcárias e a grafita, de sedimentos carbonosos.

No entanto, os fluidos metamórficos, gerados em condições de temperatura e pressão elevadas (ver capítulo 15), podem conter substâncias passíveis de serem precipitadas em resposta a mudanças químicas, físicas, geomecânicas ou devido a reações com as rochas percoladas. A deposição ocorre durante a percolação desses fluidos através de rochas mais permeáveis ou de estruturas tectônicas favoráveis, como foliações, planos de falha ou zonas de cisalhamento, conduzindo à formação de depósitos hidrotermais de filiação metamórfica.

A maioria dos depósitos dessa classe origina-se da ação de eventos regionais usualmente progressivos. Durante esses eventos, pelo menos parte das substâncias mineralizadas é transportada por fluidos devolatilizados, concomitantes ao metamorfismo, e interatuantes com as rochas percoladas. Mineralizações de ouro, frequentemente na forma de filões, são alguns dos exemplos desse processo genético, constituindo os valiosos *lodes* auríferos (Figura 19.16c).

Além do metamorfismo regional, o de contato pode formar depósitos específicos, ditos depósitos metassomáticos de contato ou escarnitos. Estes se associam preferencialmente à zona de contato entre intrusões magmáticas, usualmente de natureza granítica, e sequências rochosas carbonatadas. Minerais neoformados, tais como de wolfrâmio, ferro, ouro, cobre, wollastonita, granada etc., podem se tornar enriquecidos dentro da auréola de contato com a rocha encaixante.

19.3 Tectônica Global e depósitos minerais

A parte superfícial da Terra é constituída por placas litosféricas em movimento relativo umas às outras. Esta dinâmica relaciona-se à origem dos recursos minerais.

Os processos tectônicos, magmáticos, termais e sedimentares que se instalam ao longo dos limites de placas podem conduzir à geração de distintos depósitos minerais (ver figura 19.17). As margens de placas tectônicas de maior interesse metalogenético são as convergentes e divergentes; as margens continentais passivas, de posição intraplaca, também são importantes locais para certas mineralizações, conforme exemplificado (ver tabela 19.5).

O impacto da tectônica global na geologia econômica está na possibilidade concreta de entendermos melhor o ambiente tectônico, as associações litológicas e a metalogênese correlata no ambiente da evolução continental, o que, por sua vez, facilita a elaboração de modelos e programas exploratórios dirigidos à procura e à descoberta de novos recursos minerais.

A maior parte dos exemplos de depósitos minerais fanerozoicos mostra uma clara relação espacial e genética com a tectônica global. Esta foi a época em que a tectônica global, por meio de seus mecanismos e processos, atuou de forma mais evidente até hoje conhecida e registrada. Ela é considerada a causa maior, evidentemente não exclusiva, da proliferação abundante e variada de depósitos minerais durante o Fanerozoico.

Vários tipos de depósitos proterozoicos, ou mesmo arqueanos, vêm sendo também interpretados à luz de mecanismos semelhantes à tectônica global, atuantes nessas épocas mais antigas. Entre eles, podem ser citados: formações ferríferas paleoproterozoicas (portadoras dos importantes depósitos de minério de ferro do Quadrilátero Ferrífero em Minas Gerais, entre outros locais), mineralizações de Sn mesoproterozoicas (província estanífera de Rondônia, por exemplo), minérios (Cr, Ni, Cu, platinoides) em complexos máficos/ultramáficos arqueanos ou paleoproterozoicos (por exemplo, na África do Sul e Canadá), sulfetos de Zn, Cu, Ni em sequências vulcano-sedimentares arqueanas (Canadá e Austrália, entre outros).

Ambientes tectônicos	Depósitos minerais
Margens divergentes	
Área oceânica	Mineralizações de sulfetos nas cadeias meso-oceânicas atuais: exalações na dorsal do oceano Pacífico, lama metalífera do mar Vermelho
	Mineralizações em ofiolitos: sulfetos vulcanogênicos de Cu - Zn (Canadá) e Cr (Turquia)
	Nódulos polimetálicos (Fe, Mn, Ni, Cu) no assoalho oceânico
Área continental	Depósitos de Ni e Cu em basaltos (Rússia)
	Mineralizações em rochas magmáticas associadas a rifte continental: granitos estaníferos (Brasil), carbonatitos com Nb, apatita e elementos de terras raras (Brasil)
Margens convergentes	
Com subducção	Depósitos de sulfetos polimetálicos (Cu, Pb, Zn) e vulcanogênicos (Japão)
	Mineralizações porfiríticas de Cu (Chile e outros países andinos)
	Depósitos hidrotermais de Sn, W, Bi, Pb, Zn, Ag (Bolívia, Peru)
Com colisão	Mineralizações de Sn e W: província estanífera do sudeste asiático (Malásia, Indonésia, Tailândia)
	Depósitos de Pb - Zn em rochas carbonáticas: EUA
Margens passivas	Petróleo, gás natural, evaporitos, fosfato: bacias marginais do tipo Atlântico (Sergipe-Alagoas, Recôncavo-Tucano, Campos)

Tabela 19.5 – Tipos de margens tectônicas e mineralizações associadas.

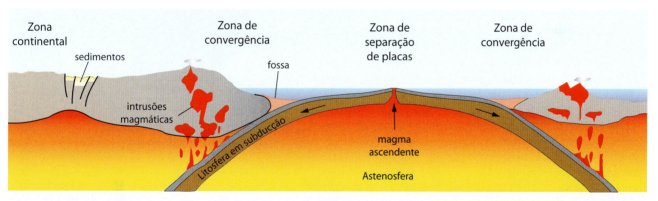

Figura 19.17 – Exemplos de depósitos minerais freqüentemente associados a ambientes da tectônica global.

19.4 Pesquisa de novos depósitos minerais

As reservas minerais mundiais conhecidas estão sendo exauridas devido à grande produção de minérios, podendo no futuro haver escassez dos depósitos com concentrações econômicas de elementos ou substâncias minerais úteis à sociedade.

Descobrir novos depósitos minerais significa, acima de tudo, assegurar o suprimento de metais e insumos minerais não metálicos para benefício geral da humanidade e também proporcionar meios para estabelecer novas minas, vilas mineiras, cidades e atividades comerciais inerentes.

Pesquisa mineral significa a execução de uma sequência contínua de atividades, que possibilitam a descoberta de novos depósitos e recursos minerais. Essas atividades vão desde a procura de indícios de mineralização, passando pelo estudo localizado desses indícios, delineamento do corpo de minério, até à determinação de seu aproveitamento econômico. Ela é, em si, um negócio de alto risco, mas de retorno econômico e social atraente. É um exercício de criatividade intelectual e científica, envolvendo geração de ideias e teste contínuo dessas ideias. A pesquisa mineral é a primeira fase do processo de suprimento de matérias-primas minerais. Este processo é dinâmico, pois a demanda estimula a pesquisa mineral e, ao mesmo tempo, a busca de alternativas de suprimento.

Quadro 19.2 – Métodos modernos de exploração mineral

A exploração mineral de depósitos metálicos e minerais industriais foi dirigida, tradicionalmente, a profundidades rasas da crosta terrestre. Contudo, os avanços de conhecimento em microeletrônica, informática, computadores, tecnologia de sensores e satélites, hoje alcançados, têm permitido o desenvolvimento de novos equipamentos que exibem alta resolução espacial e capacidade de penetração e investigação em profundidade. Esses avanços ajudam a produzir dados de alta qualidade e grande diversidade, a custo adicional baixo, possibilitando a melhoria da probabilidade de descobertas, diretas ou indiretas, de novos depósitos minerais profundos (>1.000 m). A integração de dados geofísicos, resultante de levantamentos aerotransportados e terrestres (como magnetometria, gamaespectrometria, gravimetria, polarização induzida espectral, eletrorresistividade e outros métodos eletromagnéticos), de sensoreamento remoto, geológicos, estruturais e geoquímicos, possibilita a elaboração de mapas temáticos de potencial mineral, construídos em ambiente GIS que, em si, é um sistema de informação que permite a visualização georeferenciada de todos esses dados pluridisciplinares, obtidos durante a exploração mineral. Atualmente, o conhecimento refinado e inteligente e os sistemas de informação proporcionam, adicionalmente, a capacidade de teste de sensibilidade de exploração frente às diferentes teorias em voga e a possibilidade de aplicação de um vasto conjunto de informações, indispensáveis à tomada de decisão de prosseguimento de qualquer programa de pesquisa mineral. Contudo, é claro que o trabalho de levantamento geológico detalhado, cuidadoso e de alta qualidade é decisório e contribui muito mais para a redução das taxas de risco de exploração mineral, do que a complexa estrutura computacional colocada à disposição.

O sucesso em exploração mineral exige: excelência técnica, persistência, flexibilidade, gestão descentralizada, apoio financeiro estável e seguro, e a tomada de decisões precisa estar nas mãos de cientistas e técnicos altamente motivados.

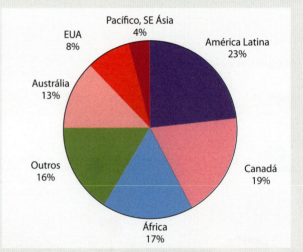

Figura 19.18a: Distribuição global de dispêndios em exploração mineral em 2005. Fonte: Metals Economics Group, 2006.

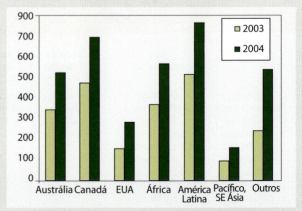

Figura 19.18b: Dispêndios em exploração mineral, por região, em 2004, valores em milhões de dólares ($). Fonte: Metals Economics Group, 2004.

Em escala mundial, a exploração mineral é empreendida por inúmeras companhias mineradoras (seniores, intermediárias e juniores) e pessoas físicas (prospectores e garimpeiros), ressalvando-se o papel importante individual, para a descoberta de novos depósitos minerais. Nos últimos anos, os dispêndios em pesquisa mineral variaram entre US$ 2 a US$ 5 bilhões de dólares (Figura 19.18a, b, c).

No contexto específico da indústria mineral brasileira (mercado e evolução da demanda de insumos minerais), chegou-se à projeção da necessidade de investimentos em exploração mineral (prospecção e pesquisa) da ordem de US$ 4 bilhões, até o ano de 2010.

O custo total estimado, relativo a todas as operações desde a descoberta de um depósito mineral até ao ponto de tomada de decisão para a lavra, varia entre US$ 15 a US$ 100 milhões de dólares.

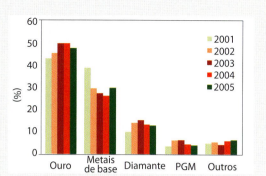

Figura 19.18c: Dispêndios em exploração mineral por alvos, em 2001-2005. (PGM = grupo dos metais platinoides). Fonte: Metals Economics Group, 2006.

Até a década de 1950, a pesquisa mineral resumia-se basicamente ao exame de indícios minerais, em que o prospector era a figura central. Atualmente, os esforços são dirigidos e baseados em uma análise regional mais ampla, na qual os programas de pesquisa mineral constituem operações sincronizadas ou negócios de organizações, e não ações individuais, envolvendo a análise de áreas e alvos favoráveis à existência de minérios (Quadro 19.2).

No Brasil, nas últimas décadas, muito pouco se fez em relação à pesquisa mineral, embora, recentemente, novas áreas estejam sendo pesquisadas para ouro, diamante, platinoides, rochas e minerais industriais. Novas técnicas de pesquisa estão sendo aplicadas para avaliar o potencial mineral principalmente em áreas mais favoráveis à ocorrência de novos depósitos minerais.

19.4.1 Objetivos da pesquisa mineral

A descoberta, caracterização e avaliação de substâncias minerais úteis, existentes no interior ou na superfície da Terra, constituem os objetivos essenciais da pesquisa mineral. Ela procura descobrir corpos minerais que possam ser colocados em produção lucrativa no menor intervalo de tempo possível, ao menor custo e, frequentemente, em situação econômica e tecnológica diferente da época em que a pesquisa foi executada (geralmente alguns anos depois). O modelo econômico utilizado na programação da pesquisa vale naquela época, naquela região e naquele caso, podendo exigir reformulação e adaptações à medida que o tempo passa.

Qualquer programa de pesquisa mineral segue uma sequência lógica de atividades e é parte essencial de um empreendimento mineiro (Tabela 19.6). O sucesso caracteriza-se por um aumento crescente de

Etapas	Objetivos
1. Análise regional	Seleção de áreas favoráveis à ocorrência de mineralizações de interesse; investigação do conhecimento e de trabalhos já realizados nas áreas selecionadas; procura de indícios de mineralização; seleção de áreas prioritárias para estudo de detalhe nas etapas seguintes.
2. Levantamento regional	Procurar alvos dentro das áreas selecionadas favoráveis à ocorrência de depósitos minerais.
3. Prospecção	Investigar os indícios de mineralização superficiais e subsuperficiais; hierarquizar ou classificar os indícios por ordem de prioridade para posterior estudo de detalhe.
4. Avaliação de depósito	Caracterizar o depósito mineral (forma, extensão, profundidade, quantidade das substâncias úteis, teores etc.), para decidir se ele é ou não viável economicamente.
5. Lavra	Estabelecer métodos de lavra e de beneficiamento. Definir equipamentos para essas atividades e estudar a viabilidade econômica do empreendimento mineiro.
6. Controle e recuperação do meio ambiente	Coletar dados que permitam conciliar os trabalhos de mineração *versus* a proteção do meio ambiente, recuperando áreas já degradadas por essas atividades.

Tabela 19.6 – Sequência lógica de atividades de um empreendimento mineral.

Capítulo 19 - Recursos minerais da Terra

favorabilidade da área a pesquisar. O caráter progressivo e a redução do tamanho da área são características intrínsecas de um programa bem-sucedido.

Para direcionar a escolha de áreas de pesquisa e descoberta de novos depósitos minerais, o prospector usa métodos e técnicas que possibilitam uma análise previsível do sucesso ou não do empreendimento.

Atualmente faz-se uso intensivo do chamado modelo de depósito mineral, que consiste em um arranjo sistemático de informações que descrevem os atributos essenciais de uma dada classe de depósito mineral. Alguns exemplos de atributos essenciais são: ambiente geológico de formação, ambiente deposicional, idade do evento gerador e feições do depósito (tais como as referentes à mineralogia, aos controles da mineralização, às assinaturas geoquímica e geofísica, ao tamanho e ao teor de elementos ou substâncias úteis).

A utilização criteriosa do modelo de depósito mineral pode conduzir ao reconhecimento, em uma nova área de pesquisa, de atributos semelhantes ou idênticos àqueles já descritos em áreas onde são conhecidos ou lavrados depósitos minerais. Assim, as novas descobertas, mesmo de corpos não imediatamente reconhecíveis junto à superfície, decorrem da seleção de áreas com base em levantamentos científicos e técnicos planejados.

19.5 Recursos minerais do Brasil

Uma avaliação sobre a situação dos bens minerais em um país pode ser feita observando-se as suas reservas minerais disponíveis e a produção realizada, assim como o comércio exterior que mantém com importadores e exportadores de bens minerais.

O Brasil ocupa uma posição de destaque na hierarquização internacional de reservas minerais. Algumas das principais reservas minerais brasileiras estão relacionadas na tabela 19.7, ordenadas conforme suas participações percentuais na disponibilidade mundial da matéria--prima mineral.

O nióbio confere ao Brasil a posição de maior detentor de reservas desse bem mineral e vem mantendo essa posição desde alguns anos no quadro mundial das reservas minerais. O depósito localizado no carbonatito do Barreiro (Araxá, MG) é o principal responsável pelas nossas reservas e também pela maior produção. Outros bens minerais listados na Tabela 19.8, representam frações importantes da disponibilidade mundial. Os bens minerais com participação percentual pequena, mas ocupando posição de destaque, comumente correspondem àqueles com distribuição geográfica

heterogênea, em que poucos países detêm a maior parte das reservas mundiais conhecidas.

Estudos recentes têm mostrado que parece haver uma relação entre a área de um país e a quantidade de substâncias minerais produzidas (ver figura 19.19). Para os chamados países mais desenvolvidos, esta correlação é bastante evidente: aqueles de maior área produzem mais, certamente como decorrência de maior possibilidade de encontrar substâncias minerais e por serem regiões geologicamente bem conhecidas, nas quais foram realizados estudos e levantamentos geológicos, geofísicos, geoquímicos ao longo do tempo.

Bem mineral	Reserva medida + reserva indicada (10^6t)	Reserva mundial (%)	Posição brasileira
Nióbio (Nb_2O_5)	4,5	96,9	1ª
Tântalo (Ta_2O_5)	0,08	46,3	1ª
Grafita	13,0	26,8	2ª
Caolim	4.421,0	-	2ª
Alumínio (bauxita)	2.900,0	8,3	3ª
Vermiculita e perlita	113,0	5,7	3ª
Estanho (Sn)[1]	0,78	-	6ª
Magnesita*	180,0	8,9	4ª
Ferro	26.517,0	7,2	5ª
Manganês	570,0	2,5	5ª

Tabela 19.7 – Principais reservas minerais brasileiras. (1) Metal contido. * Dados de 1998. Fonte: Anuário Mineral Brasileiro, 2006.

Nesse aspecto, o Brasil detém também uma posição privilegiada na produção bruta mundial de matérias-primas de origem mineral, principalmente em relação aos principais bens minerais metálicos e não metálicos produzidos. Na tabela 19.8, eles estão ordenados de acordo com a oferta mundial da matéria-prima mineral, destacando-se o nióbio, que corresponde a 91,4% da produção mundial.

As principais produções físicas (produção expressa em termos de quantidade) correspondem, em boa parte, a minérios com reservas igualmente importantes internacionalmente. Alguns depósitos minerais brasileiros com reserva e/ou produção expressivas, (exceto substâncias combustíveis), estão indicados na figura 19.20 adiante.

A quantidade de bens minerais produzida por uma nação é fundamental para o atendimento de suas necessidades internas e para a geração de divisas por meio de exportação. A razão produção/consumo, que pode ser expressa em porcentagem, permite qualificar os bens minerais de um país em excedente, suficiente ou insuficiente, embora a posição de um dado bem mineral possa variar no tempo entre essas três classes. No Brasil, atualmente, nióbio, ferro, bauxita, manganês, grafita, vermiculita, tântalo, níquel, caolim, entre outros, exemplificam o caso de bens minerais excedentes, ao passo que fosfato, potássio, enxofre, carvão e chumbo podem, entre outros, exemplificar a situação de bens minerais insuficientes, necessitando ser importados para o completo atendimento da demanda interna.

A razão entre reserva e produção anual, que pode ser expressa em anos, fornece uma estimativa de duração das reservas conhecidas (ver figura 19.21) e, sob esse critério, qualificam-se as reservas em abundante (duração acima de 20 anos), suficiente (duração aproximada de 20 anos) ou carente (duração menor que 20 anos). A referência temporal convencionada (20 anos) representa o período de tempo no qual novos depósitos poderiam ser descobertos ou minas já conhecidas poderiam ser ampliadas ou, ainda, a implementação de novas técnicas poderia ser realizada, de modo a permitir a utilização de minérios até então

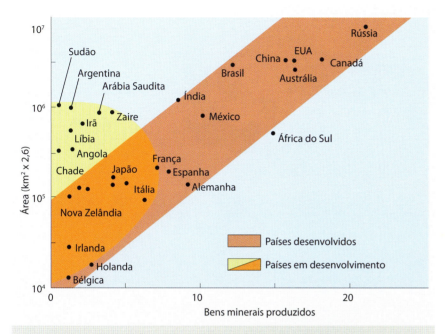

Figura 19.19 – Relação entre área e substâncias minerais produzidas em países mais desenvolvidos (boa correlação) e países menos desenvolvidos (sem correlação). Fonte: Kesler, 1994.

Bem mineral	Produção (10^3 t)	Participação na produção mundial (%)	Posição
Nióbio (Nb_2O_5)	87,0	91,4	1ª
Ferro	229.116,0	20,8	2ª
Tântalo	0,00021	20,1	2ª
Alumínio	11.010,0	13,0	2ª
Manganês[1]	2.597,0	11,8	3ª
Grafita natural	95,0	10,1	3ª
Magnesita calcinada	295,0	9,6	3ª
Crisotila/amianto	273,0	11,1	4ª
Rochas ornamentais	761,0	8,2	2ª
Vermiculita	110,0	6,8	4ª
Caolim	6.621,0	5,4	5ª
Estanho[1]	12,0	5,0	5ª

(1) metal contido

Tabela 19.8 – Principais produções minerais brasileiras. Fonte: Anuário Mineral Brasileiro, 2006.

Capítulo 19 - Recursos minerais da Terra

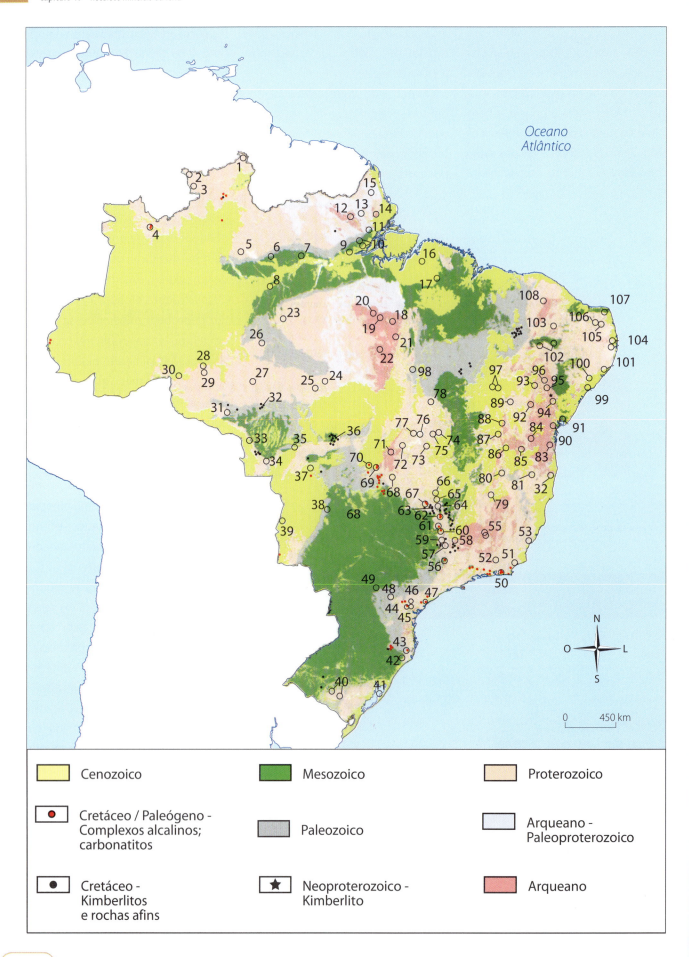

530

1. Roraima (diamante)
2. Rio Uauaris (Au, Sn)
3. Surucucus (Sn)
4. Seis Lagos (P, Nb, ETR, Ti)
5. Pitinga (Sn, Nb, ETR, Zr)
6. Jatapu/Urucará (Fe oolítico)
7. Trombetas (bauxita)
8. Fazendinha/Nova Olinda (K, salgema)
9. Almeirim (bauxita)
10. Morro do Felipe/Rio Jari (caolim), Mazagão (bauxita)
11. Bacuri (Cr)
12. Serra do Ipitinga
13. Serra do Navio (Mn), Amapari (Au)
14. Tartarugalzinho (Au)
15. Salamangone, Yoshidome, Labourie (Au)
16. Rio Capim (caolim)
17. Paragominas (bauxita)
18. Serra dos Carajás (Fe)
19. Igarapé Bahia, Alemão (Cu, Au)
20. Salobo (Cu, Au)
21. Babaçu/ Lagoa Seca (Au)
22. Cumaru (Cu, Au)
23. Batalha (Au, Cu, Mo)
24. Matupá (Au, Cu, Mo)
25. Paraíba (Au)
26. Terra Preta (Cu, Pb, Zn)
27. Aripuanã (Pb, Zn, Cu, Au)
28. Santa Bárbara (Sn)
29. Bom Futuro (Sn)
30. São Lourenço-Caripunas (Sn)
31. Colorado (Cu)
32. Juína (diamante)
33. São Vicente (Sn)
34. Alto Jauru/Cabaçal (Cu, Zn, Au)
35. Arenápolis/Nortelândia (diamante)
36. Paranatinga (diamante)
37. São Vicente (Pb, Zn)
38. Coxim (diamante)
39. Urucum (Fe, Mn)
40. Lavras do Sul (Cu, Au), Camaquã/Santa Maria (Cu, Pb, Zn, Au)
41. Bujuru (Ti)
42. Morro da Fumaça (fluorita)
43. Anitápolis (fosfato)
44. Mato Preto (fluorita)
45. Panelas/Rocha (Pb, Zn, Ag), Perau/Canoas (Pb, Zn, Ag, Ba, Cu)
46. Itaoca (W)
47. Jacupiranga (fosfato)
48. Figueira (U)
49. Tibagi (diamante)
50. Rio Bonito (fluorita)
51. São João da Barra (Ti, ETR/monazita, Zr)
52. Zona da Mata (bauxita)
53. Aracruz, Guarapari, Itapemirim (ETR/monarita, Zr)
54. Morro Velho (Au)
55. Águas Claras/Quadrilátero Ferrífero (Fe)
56. Poços de Caldas (U)
57. O'Toole/Morro do Ferro (Ni, Cu, Co, Pt)
58. Pium-hi (Cr)
59. Morro do Níquel (Ni)
60. Tapira (fosfato, Nb, Ti)
61. Araxá (Nb, Ba, fosfato)
62. Salitre e Serra Negra (Ti, fosfato)
63. Alto Paranaíba (diamante)
64. Patos de Minas/Rocinha (fosfato)
65. Vazante e Morro Agudo (Pb, Zn)
66. Morro do Ouro/Paracatu (Au)
67. Catalão (fosfato, Nb, Ti, ETR, vermiculita)
68. Americano do Brasil/Mangabal (Cu, Ni, Co)
69. Santa Fé (Ni)
70. Morro do Engenho (Ni)
71. Crixás (Au)
72. Chapada/Mara Rosa (Cu, Au)
73. Niquelândia (Ni)
74. Serra Dourada, Serra Branca, Pedra Branca (Sn)
75. Buraco do Ouro (Au)
76. Minaçu (asbesto, Pt)
77. Palmeirópolis (Pb, Zn, Cu)
78. Almas/Dianópolis (Au)
79. Macaúbas (diamante)
80. Porteirinha (Fe)
81. Pedra Azul (grafita)
82. Porto Seguro (ETR/monarita, Zr)
83. Camamu (Ba)
84. Rio Jacaré (Fe, Ti, V, Pt)
85. Serra das Éguas (magnésita)
86. Lagoa Real (U)
87. Riacho de Santana (Au, Cu)
88. Boquira (Pb, Zn, Ag)
89. Irecê (fosfato)
90. Ilha de Matarandiba (salgema)
91. Fazenda Barra (Ba)
92. Jacobina/Itapura (Au, Ba)
93. Campo Formoso (Cr, esmeralda)
94. Fazenda Brasileiro (Au)
95. Medrado e Ipueira (Cr)
96. Caraíba (Cu)
97. Angico dos Dias (fosfato), Campo Alegre de Lourdes (Fe, Ti, V)
98. Paraíso do Norte (Fe oolítico)
99. Taquari-Vassouras, Santa Rosa de Lima/SE (K, salgema), Castanhal/SE (S)
100. Serrote da Lage (Cu, Ni, Co)
101. Bebedouro/AL (salgema)
102. Chapada do Araripe (gipsita)
103. Orós/José de Alencar (magnesita)
104. Recife/PE, João Pessoa/PB (fosfato)
105. São Francisco (Au)
106. Brejuí (W)
107. Mataraca (Ti, Zr)
108. Itataia (U, P_2O_5)

Figura 19.20 – Localização dos distritos e depósitos minerais mais importantes do Brasil. Fonte: Bizzi, L. A.; Schobbenhaus, C.; Vidotti, R. M.; Gonçalves, J. H. *Geologia, Tectônica e Recursos Minerais do Brasil*. 1. ed. Brasília: Editora Universidade de Brasília, 2004. v. 1. 674 p.

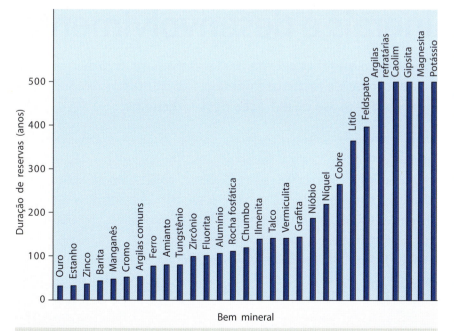

Figura 19.21 – Duração estimada de reservas brasileiras de alguns bens minerais, com base na razão reserva/produção anual. Fonte: Departamento Nacional da Produção Mineral. Anuário Mineral Brasileiro, 1997, e Sumário Mineral, 1998.

descartados, levando a alterações no quadro de previsões de duração de reservas minerais.

A produção física de bens minerais tem, do ponto de vista econômico, um significado muito relativo se não associarmos a ela o valor da substância produzida, pois há bens minerais extremamente valiosos e outros com preço unitário muito baixo. Por exemplo, o valor da produção de centenas de milhões de toneladas de minério de ferro pode ser comparável àquele de apenas centenas de toneladas de produção de ouro. Assim, o elevado valor da produção mineral de um país dependerá basicamente das quantidades produzidas de minérios valiosos e que

Capítulo 19 - Recursos minerais da Terra

Classes	Produtos minerais (exemplos)
Bens minerais primários	minério bruto ou beneficiado, mas ainda substância mineral: minério de ferro (hematita), concentrado de minério de cobre (calcopirita)
Semi-manufaturados	produtos da indústria de transformação mineral: ferroligas, cátodos de cobre.
Manufaturados	produtos comerciais finais: tubos de aço, chapas de cobre.
Compostos químicos	produtos específicos da indústria de transformação mineral da área química: óxido férrico, cloreto de cobre.

Tabela 19.9 – Classificação e exemplos de produtos minerais comercializados pelo Brasil.

comumente podem corresponder quantitativamente a produções físicas menos expressivas.

A importância da indústria extrativa mineral pode ser mais bem percebida, no contexto econômico, considerando-se a indústria de transformação mineral que a sucede na cadeia produtiva e que soma valor à matéria-prima mineral primária. Entre outros, estão os segmentos metalúrgico, petroquímico, de cimento e de fertilizante que transformam, por exemplo, respectivamente, a cassiterita em folha de flandres, o petróleo em combustíveis, o calcário em cimento e apatita em ácido fosfórico.

O Brasil vende e compra diversos produtos de origem mineral que são agrupados em quatro classes (Tabela 19.9), constituindo o denominado setor mineral, conforme sistematização do Departamento Nacional da Produção Mineral.

O país possui uma pauta diversificada de exportações de bens minerais primários, na qual tem se destacado o minério de ferro, além de bauxita, rochas ornamentais, manganês, caolim, amianto, diamante e magnesita. Por outro lado, o consumo doméstico depende, em diferentes graus, da importação de vários produtos de origem mineral, em que o petróleo tem sido o item mais oneroso, apesar dos avanços na produção interna com base em novas descobertas realizadas pela Petrobras. Produção insuficiente ou ausência de recursos minerais economicamente viáveis implicam forte dependência externa de outros bens minerais, tais como carvão metalúrgico, cobre, fertilizante potássico, enxofre, gás natural, fosfato, titânio e chumbo.

19.6 Recursos minerais e desenvolvimento

O estilo de vida que herdamos, praticamos e que certamente passaremos para as próximas gerações é dependente do uso e de aplicações de recursos minerais. São muitos os exemplos de situações cotidianas que só são possíveis por causa da extração desses recursos.

No ambiente de trabalho, em nossa casa e na escola, e mesmo no nosso lazer podemos facilmente identificar equipamentos, aparelhos, móveis, utensílios – uma série de objetos – cuja fabricação envolve uma variedade de produtos derivados de bens minerais de todas as classes (metais, não metálicos, combustíveis fósseis, metais preciosos, gemas etc.).

As atividades industriais modernas – em diferentes áreas de metalurgia, química, fertilizante, cimento, construção civil, elétrica etc. – usam e transformam bens minerais, gerando produtos manufaturados, inimagináveis pelos nossos antepassados, que permitem a execução de nossas atividades com eficiência e certo conforto.

Se analisarmos os usos que a humanidade faz dos diversos bens minerais, perceberemos a dependência que temos deles e, se somarmos as quantidades utilizadas, poderemos chegar a números expressivos em termos do consumo *per capita* desses bens (Figura 19.22), em particular nos países altamente industrializados.

Diferentemente de outros recursos naturais, tais como os de origem vegetal ou animal, a maioria dos recursos minerais não é renovável, e a extração acontece em uma velocidade bem maior do que aquela com que eles se formam (milhares ou mesmo milhões de anos): uma vez lavrados e utilizados, eles

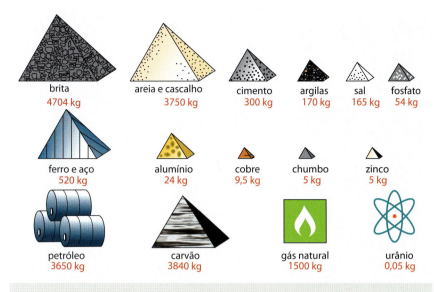

Figura 19.22 – Consumo anual médio de alguns recursos minerais por pessoa nos EUA. Fonte: Craig; Vaughan; Skinner, 1996.

podem não mais se formar na escala de tempo da vida humana. Decorre daí o caráter finito da disponibilidade dos bens minerais, pelo menos em termos dos tipos de depósitos que atualmente conhecemos e que estamos habituados a lavrar. Uma estimativa de duração de reserva de um dado bem mineral pode ser visualizada, de uma forma simples, pela razão entre sua reserva e sua produção atuais (ver figura 19.23).

Os aproximadamente seis bilhões de habitantes da Terra estão progressivamente procurando o bem-estar que o consumo mineral pode lhes proporcionar e pressionando para que bens minerais sejam encontrados e produzidos cada vez mais. No entanto, notamos uma distribuição desequilibrada do consumo dos bens minerais, cabendo a maior fatia aos países industrializados, ao passo que um menor consumo caracteriza os menos desenvolvidos. Para estes países, é lógico prever que, com o aumento do padrão de vida, eles passarão a consumir sua parte de minerais, necessária a seu desenvolvimento, levando o consumo mineral *per capita* a aumentar mais rápido, exigindo a intensificação da produção mineral. O crescimento populacional é também um fator da aceleração da produção mineral. Embora a taxa de expansão demográfica venha diminuindo globalmente, é evidente que o consumo de vários bens minerais tem crescido mais rápido que a população, tal como é observado com o petróleo (ver figura 19.24).

Essa situação delega aos geólogos em particular, uma grande responsabilidade, pois a eles cabe a missão de procurar e identificar depósitos minerais, assim como avaliar suas características para a obtenção do bem mineral. Nesse contexto, pode-se perguntar: será ainda possível descobrir novos depósitos minerais parecidos com os de hoje, quanto a porte, teor e viabilidade técnica e econômica? Boa parte dos bens minerais, notadamente aqueles de elementos menos abundantes, tem sido historicamente lavrada com teores decrescentes e, com isso, os custos energéticos são cada vez mais elevados para transformar esses minérios em produtos manufaturados.

Fisicamente, os recursos minerais são praticamente inesgotáveis, pois a crosta terrestre dispõe de gigantescas quantidades de substâncias minerais úteis. No entanto, a utilização e o esgotamento de depósitos de maior lucratividade obrigam as companhias mineiras a dirigirem suas atividades para depósitos de menor teor ou com outras características que aumentam os custos para seu

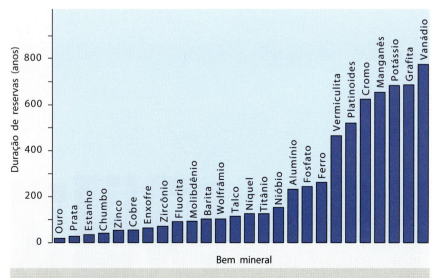

Figura 19.23 – Estimativa de duração das reservas mundiais para alguns bens minerais com base na razão reserva/produção anual. Fonte: Departamento Nacional da Produção Mineral. Sumário Mineral, 1998.

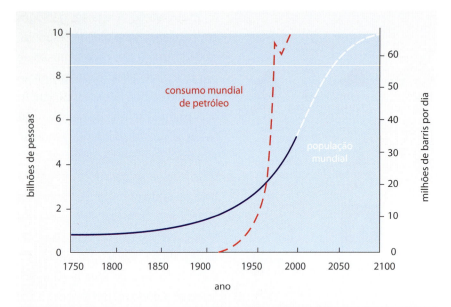

Figura 19.24 – Relação entre o crescimento da população mundial e o consumo de petróleo. Fonte: Kesler, 1994.

aproveitamento. A viabilização destes depósitos minerais econômicos exige competência técnica, investimentos vultosos, maior consumo de energia etc., o que pode vir a ser uma das grandes dificuldades para as futuras gerações, que dependerão de fontes abundantes e baratas de energia, que é um insumo essencial na extração e tratamento de bens minerais, assim como na fabricação de seus produtos derivados.

Além disso, existe cada vez mais pressão social de que sua produção e uso devam ser conduzidos de modo a preservar o meio ambiente. A produção e o uso inadequados do bem mineral podem, direta ou indiretamente, levar a diferentes formas da degradação ambiental, outrora de efeitos locais ou regionais, mas agora amplos (aquecimento global, chuva ácida, deterioração da camada de ozônio, poluição de reservatórios de água etc.). Assim, não só a provável futura escassez do bem mineral nos aflige, como também as consequências nocivas e, às vezes, desastrosas de sua lavra e utilização.

A pressão exercida por esses fatores levou à elaboração do conceito de conservação do recurso, como sendo o uso adequado do bem mineral ("Sabendo usar, não vai faltar"): evitar o excesso e atender às necessidades de melhoria das condições de vida da nossa geração e das futuras.

Apesar dessa complexidade, é possível uma perspectiva otimista (Quadro 19.3). A engenhosidade do ser humano pode propiciar o surgimento de novas tecnologias em suas diversas atividades, paralelamente ao crescimento contínuo da população, ainda acelerado em certas regiões do nosso planeta. Em particular na indústria extrativa mineral e na indústria de transformação mineral, as inovações tecnológicas incidiriam em suas diferentes fases ou etapas, levando-nos, por exemplo, a um melhor aproveitamento dos recursos minerais já conhecidos, ao incremento da reciclagem de produtos manufaturados ou à viabilização de recursos outrora marginalizados.

Quadro 19.3 – Novos metais e novos materiais: "chaves" indispensáveis à garantia de tecnologia avançada

Introdução

Os novos metais, incluindo os metais raros, materiais de alta pureza, pós de metais e outros, ocupam, hoje, uma posição de destaque nas indústrias, particularmente em relação a novos processos tecnológicos. Constituem-se em "materiais-chave" que sustentam e garantem novas tecnologias. Os novos metais têm aplicações variadas nos campos da indústria eletrônica, ótico-eletrônica e indústria atômica. São eles:

Metais raros: esta categoria envolve 17 elementos de terras raras (ETR), incluindo scândio, ítrio e a série lantanídea, do lantânio até o lutércio, cujos produtos finais (CeO$_2$, La$_2$O$_3$, Y$_2$O$_3$, óxidos de ETR, metais de ETR) constituem componentes metálicos de terras raras leves, médias e pesadas.

Materiais de alta pureza: com o avanço da tecnologia eletrônica, esses insumos (In, Ga, Te, Se, Zn, In_2O_3, WO_3, Bi_2O_3, ZrF_4, M_OO_3, ZnO, PbO, TeO2, GaPO4, Ga_2O_3, entre outros), devido à solidez e durabilidade, são requisitados para a manufatura de produtos, tais como cristais simples, fibras óticas e ótico-eletrônicas, filmes finos e semicondutores, entre outros produtos eletrônicos.

1 Ga 2 Zn 3 In 4 Se 5 Te   1 WO_3 2 In_2O_3 3 Bi_2O_3 4 ZrF_4

Pós de metais: no âmbito da tecnologia avançada constituem tipos especiais de pós de ferro e de magnetita, ferrita, pó eletrolítico de cobre, pós atomizados de cobre e ligas de cobre, incluindo também chumbo, zinco, estanho e bismuto, e pós ultrafinos. Todos esses insumos possibilitam produzir os produtos eletrônicos, os magnetos, as ferramentas de corte, a cerâmica, os catalizadores etc.

agregados com ferrita

pós

Tântalo e nióbio: os óxidos (Ta_2O_5 e Nb_2O_5) e carbetos (TaC e NbC) desses elementos são usados, respectivamente, para a melhoria das características de vidros óticos, cerâmicas dielétricas, ferramentas de alta dureza etc. Metais de nióbio (lingotes e pós) são úteis como materiais supercondutores.

Ta_2O_5, Nb_2O_5 NbC, TaC

Selênio, telúrio e índio: devido à alta sensitividade, alta resistência à fadiga e baixo potencial residual, o selênio é usado como material fotossensível, pigmento e aditivo em vidros; o telúrio, em aditivos variados. O elemento índio é necessário à indústria eletrônica, além de ser amplamente utilizado na confecção de ligas metálicas, por ser um metal de baixo ponto de fusão.

Ligas de metais ferrosos, como boro: os principais tipos (por exemplo, Fe-B, Co-B, e Ni-B) são metais amorfos que exibem excelentes propriedades, não reveladas pelos metais cristalinos.

Cianeto áurico de potássio: tem grande demanda pela indústria de microeletrônica.

Carbono ativado: muito utilizado como descolorizador e removedor de produtos orgânicos em água corrente, água industrial e efluente industrial.

Fonte: Mitsui New Metals, Mitsui Mining & Smelting Co., Ltd., Tokyo, Japan.

Leitura recomendada

CRAIG, J. R.; VAUGHAN, D. J.; SKINNER, B. J. *Resources of the Earth*: origin, use and environmental impact. 2. ed. New Jersey: Prentice-Hall, 1996. 472 p.

EVANS, A. M. *Ore geology and industrial minerals*: an introduction. 3. ed. Oxford: Blackwell, 1994. 389 p.

KESLER, S. E. *Mineral resources, economics and the environment*. New York: MacMillan College Publishing Company, 1994. 391 p.

MARTINS, R. B.; BRITO, O. E. A. *História da mineração no Brasil*. Fotografia R. Falzoni. Empresa das Artes Projetos e Edições Artísticas Ltda., 1989. 119 p.

PRESS, F.; SIEVER, R. *Understanding Earth*. 2. ed. New York: W. H. Freeman, 1998. cap. 23, 584-609 p.

SKINNER, B. J.; PORTER, S. C. *The dymanic Earth*. 3. ed. John Wiley & Sons, 1995. cap. 17, 497-519 p.

SUSLICK, S. B.; MACHADO, F. F.; FERREIRA, D. F. *Recursos minerais e sustentabilidade*. Campinas: Komedi, 2005. 246 p.

TARBUCK, C. J.; LUTGENS, F. K. *Earth – an introduction to physical geology*. Prentice-Hall, 1996. cap. 21, p. 505- 35.

USGS Bulletin. Principles of the mineral resource classification system of the U. S. Bureau of Mines and U. S. Geological Survey. *U. S. Geological Survey Bulletin*, n. 1450-A, 1976. A1-A5 p.

YAMAMOTO, J. K. *Avaliação e classificação de reservas minerais*. São Paulo: EDUSP; FAPESP, 2001. 226 p. (Acadêmica, 38).

Capítulo 20

Planeta Terra: passado, presente e futuro

Thomas Rich Fairchild

Sumário

20.1 O ritmo e o pulso da Terra
20.2 As linhas-mestre da história da Terra
20.3 Tendências seculares na história geológica
20.4 Ciclos astronômicos e geológicos
20.5 Eventos singulares e seus efeitos
20.6 O amanhã e o depois

Figura 20.1 – A ilha Nea Kameni vista da ilha Palea Kameni, na caldeira vulcânica de Santorini (Grécia). Ao fundo vê-se a ilha de Thira, de 300 m de altitude, um dos três fragmentos do antigo vulcão Strongili, que explodiu antes de 1.400 a.C. e que destruiu a civilização minoana, na ilha de Creta. Eventos assim parecem raros na história humana, mas as duas ilhas em formação no meio desta caldeira são testemunhas da perda contínua do calor do interior da Terra através da atividade vulcânica. Daqui alguns milhares de anos, poderão ter o mesmo destino de Strongili, completando o ciclo natural de vulcanismo neste lugar. Fonte: G. Vougiokalakis, 1995.

A Geologia é uma ciência essencialmente histórica. Embora complexa em seus detalhes, a história geológica pode ser reconstituída em termos de um pequeno número de elementos, parâmetros e princípios que permitem entender o passado, avaliar criticamente o presente e fazer previsões sobre o futuro do planeta.

Desde que a Terra se diferenciou em litosfera, hidrosfera e atmosfera há mais de 4 bilhões de anos, processos naturais, ainda ativos hoje, ditaram os rumos da evolução geológica e biológica. Em razão disso, o geólogo norteia-se pelo princípio de atualismo – "O presente é a chave do passado". No entanto, em muitos aspectos o passado difere do presente, ainda que os processos geológicos atuais e do passado obedeçam às mesmas leis universais da Física e da Química.

A planetologia comparada, por exemplo, revela semelhança entre as atmosferas originais da Terra, de Vênus e de Marte (Tabela. 20.1), apesar do caráter singular da atmosfera terrestre atual. Há mais de 3,5 bilhões de anos, a biosfera vem transformando-se constantemente, e, apesar de sua massa diminuta (Tabela 20.2), interagindo com a atmosfera, a hidrosfera e a litosfera. A geografia atual da Terra representa apenas o mais recente arranjo de continentes e oceanos, também em constante transformação. Sabemos, ainda, que o clima global oscila ao longo do tempo, entre condições muito mais frias e quentes do que hoje, ou seja, entre períodos em que a Terra mais parecia uma imensa "bola de neve" e outros sem gelo, nem nos polos.

Diante desses paradoxos, o paleontólogo sueco Stefan Bengtson oferece uma analogia alternativa para o princípio de atualismo. Para ele, o estudo do presente, em vez de abrir a "porta do passado", proporciona uma visão limitada e apenas parcialmente representativa do passado; ou seja, é como se o estivéssemos espiando pelo buraco da fechadura dessa porta. A mensagem de Bengtson, portanto, é que precisamos ficar atentos ao analisar o registro geológico, para fenômenos raros ou até estranhos ao mundo atual.

Contudo, elucidar a história geológica da litosfera, da hidrosfera, da atmosfera e da biosfera, quando tratada em termos gerais, não é tão complexo assim. Requer apenas conhecimentos do registro geológico, uma apreciação da escala de tempo geológico e os princípios de análise geológica de Steno, Hutton, Lyell, Smith, Boltwood e outros. Cada rocha, seja ela sedimentar, ígnea ou metamórfica, tem história própria, desenvolvida sob condições físicas, químicas e biológicas específicas, cuja natureza pode ser inferida a partir do estudo de seus aspectos minerais, biológicos (fósseis), texturais e estruturais.

As rochas sedimentares, por exemplo, se originam sob temperaturas e pressões baixas, em ambientes aquosos ou subaéreos, típicos da superfície terrestre; rochas ígneas são geradas em profundidade a temperaturas altas, mas podem invadir qualquer parte da crosta (rochas plutônicas) ou extravasar na superfície (rochas vulcânicas); e rochas metamórficas resultam da reorganização física e química de rochas preexistentes submetidas a condições extremas de pressão e temperatura dentro da litosfera. Os fósseis, por sua vez, documentam a evolução da vida, registram características paleoambientais dos sítios onde se acumularam, permitem correlacionar rochas e eventos geológicos, tanto local quanto globalmente, e posicioná-los temporalmente. Avanços tecnológicos nos campos de geocronologia, geoquímica e geofísica tornam possível não só ordenar a história da Terra e inferir condições paleoambientais mas também calibrá-la em milhares, milhões e bilhões de anos, propiciando maior precisão da escala do tempo geológico.

Se, por um lado, o presente nos permite desvendar o passado, por outro, a análise do passado nos ajuda a entender o mundo hoje e a determinar o que poderá ocorrer no futuro. Trata-se de uma percepção nada trivial, especialmente no que diz respeito à previsão tanto de riscos naturais, como terremotos, enchentes, *tsunamis*, erupções vulcânicas etc., quanto dos efeitos de mudanças globais referentes à biodiversidade e ao clima. Assim, por oferecer uma visão abrangente e histórica do funcionamento do planeta, o conhecimento geológico sempre será fundamental no dimensionamento e na mitigação dos problemas que a humanidade fatalmente terá de enfrentar nas próximas décadas, como o suprimento de água potável, a degradação de áreas aráveis, o fornecimento de energia, a extração de recursos minerais e energéticos, o planejamento urbano e a conservação da natureza.

Atributo	Vênus	Marte	Terra sem biosfera	Terra hoje
Dióxido de carbono	96,5%	95%	98%	0,03%
Nitrogênio	3,5%	2,7%	1,9%	78%
Oxigênio	traços	0,13%	0,0	21%
Argônio	70 ppm	1,6%	0,1%	0,93%
Metano	0,0	0,0	0,0	1,7 ppm
Temperatura média da superfície (ºC)	459	-53	240 a 340	15
Pressão atmosférica, em bares	90	0,0064	60	1

Tabela 20.1 – Comparação das atmosferas de Marte, Vênus e Terra. Fonte: J. Lovelock, 1991.

	Massa (kg)	Massa relativa	Espessura (km)
Biosfera	1×10^{15}	1	c. 0,1
Atmosfera	$5,3 \times 10^{18}$	$5,3 \times 10^3$	100
Hidrosfera	$1,4 \times 10^{21}$	$1,4 \times 10^6$	3,8
Litosfera	c. 6×10^{24}	c. 6×10^9	6.370

Tabela 20.2 – Comparação da biosfera, atmosfera, hidrosfera e litosfera terrestres. As massas são, respectivamente, milhares, milhões e bilhões de vezes maiores que a massa da biosfera. Mesmo assim, a interação da biosfera com essas outras resultou na diferenciação da superfície da Terra como em nenhum outro planeta. Fonte: W. S. Fyfe & R. Kerrich, 1981.

Morre uma ilha, nasce uma lenda

Há mais de 3.400 anos, uma das mais violentas erupções vulcânicas destruiu, repentinamente, a ilha vulcânica Strongili, hoje Santorini, no sul do mar Egeu (Figura 20.1), dizimando uma das civilizações mais avançadas da época. Meia hora após a primeira erupção, as ricas cidades costeiras da civilização minoana na ilha de Creta, 120 km ao sul, foram atingidas em cheio por *tsunamis* e, pouco depois, suas plantações, foram cobertas por cinzas vulcânicas. Tanta rocha pulverizada foi lançada na atmosfera que os céus desde a Grécia até o Egito permaneceram escuros por vários dias. A devastação dos minoanos foi tão súbita e completa que o pouco que se sabia de sua existência até a Idade Média era mais lenda do que história. Muitos estudiosos acreditam, pois, que a erupção de Strongili e a extinção da civilização minoana constituem a base da lenda de Atlântida.

Capítulo 20 - Planeta Terra: passado, presente e futuro

20.1 O ritmo e o pulso da Terra

Na história da Terra, a superposição de ciclos, tendências seculares e eventos singulares nos processos atuantes ainda no interior e na superfície do planeta determinou a variação e a intensidade do dinamismo da Terra, isto é, o ritmo e o pulso de nosso planeta "vivo".

O registro de rochas e fósseis demonstra que o passado nunca foi igual ao presente. Mesmo com mais de 6 mil anos da história humana documentada pela escrita, nós ainda não experimentamos toda a variedade e magnitude dos fenômenos geológicos mais comuns da Terra. Por exemplo, não há registro, nem histórico, nem nas lendas indígenas do Sudeste do Brasil, que mencione tremores de terra capazes de produzir a feição ilustrada na figura 20.2. Com efeito, no vale do rio Paraíba do Sul, na região de São José dos Campos (SP), o regolito sofreu falhamento, com deslocamento vertical de seis metros, certamente acompanhado de fortes tremores, deslizamentos e destruição em toda a região.

Pode-se pensar ainda nas muitas vezes em que o mundo foi palco de fenômenos meteorológicos – inundações, secas e furacões – tidos como sem iguais na memória do povo local ou nos registros históricos das regiões afetadas. Embora esses eventos nos pareçam muito raros no contexto de nossas vidas, são muito comuns, até corriqueiros, na história planetária. Muito mais do que as tempestades, estiagens e vendavais, que comumente modelam a paisagem da Terra, estes eventos excepcionais são capazes de modificar as linhas de costa e deixar marcas no registro sedimentar ao surgir, repentinamente, com sua tremenda capacidade para erosão, transporte e deposição (Figura 20.3). Por exemplo, estima-se, com base em registros históricos dos últimos 150 anos, que cada segmento da costa norte do Golfo do México é atingido por um furacão, pelo menos, uma vez por século. Embora isso possa nos parecer um evento raro, significa que em 1 milhão de anos (um intervalo de tempo curto na história da Terra), cada parte dessa costa será varrida por essas tempestades pelo menos 10 mil vezes! Entretanto, quando se estendeu a investigação de grandes tempestades nessa região ao registro sedimentar dos últimos 5 mil anos, percebeu-se que os últimos 150 anos (cobertos pelos relatos históricos) foram anomalamente calmos, tanto em intensidade quanto em frequência de furacões. Os registros históricos seriam, portanto, de pouca confiabilidade estatística para projeções futuras ou cálculos de médias passadas. Também demonstrou-se que furacões verdadeiramente cataclísmicos, aqueles de intensidade máxima (categorias 4 e 5), são muito mais comuns (entre um e cinco por milênio) do que se pensava (Figura 20.4).

O registro da saga humana registrada nas lendas, nas escrituras antigas e na literatura científica dos últimos dois séculos nos fornece um quadro geral da frequência, duração e magnitude dos eventos da dinâmica externa e interna da Terra. Muitos dos relatos dos terríveis flagelos bíblicos encontram fundamento científico na instabilidade tectônica da região do Oriente Médio. A destruição das cidades de Sodoma e Gomorra pode ser explicada, por exemplo, por atividades sísmicas e vulcânicas na zona de falha do

Figura 20.2 – Deslocamento vertical ao longo de falhas nos últimos 10 mil anos colocou o bloco trapezoidal (*horst*) de rochas sedimentares cenozoicas em contato com o regolito homogêneo nas proximidades de Taubaté, São Paulo. Foto: C. Riccomini.

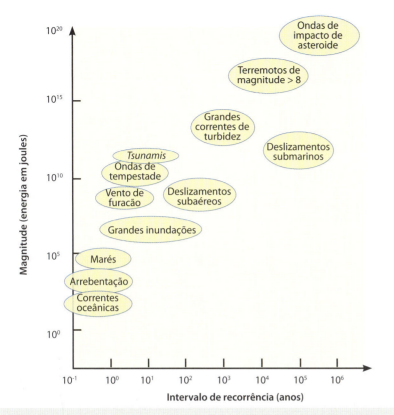

Figura 20.3 – Magnitude (energia) *versus* frequência de importantes processos da dinâmica externa. Quanto maior a magnitude do processo, maior a chance de deixar sua marca no registro sedimentar. Fonte: R. L. Dott, 1983.

Figura 20.4 – O furacão Rita, no Golfo do México, ao atingir força máxima (categoria 5) no dia 22 de setembro de 2004, apenas um mês após a passagem devastadora do furacão Katrina pela mesma região. Estima-se que, em 1 milhão de anos, a costa do Golfo de México é atingida pelo menos 10 mil vezes por furacões, dos quais pelo menos mil atingem força máxima. Fonte: NASA. Imagem da cobertura de nuvens obtida pelo satélite NOAA GOES-12, projetada sobre imagem de fundo em cor natural da MODIS.

Mar Morto (limite entre as placas africana e da Arábia – ver capítulo 6, figura 6.39), onde essas duas cidades se localizavam. Histórias desse tipo, interpretadas cientificamente, com inferências obtidas da própria análise do registro geológico, permitem-nos compreender melhor a dinâmica da Terra em termos da frequência e da duração de suas manifestações, como mostram as tabelas 20.3, 20.4 e 20.5.

Podemos ter uma ideia da magnitude de eventos geológicos pelos resultados impressionantes de um terremoto (Tabela 20.6) ou pelas irregularidades topográficas da Terra nos continentes e oceanos (Quadro 20.1). Tomemos como outro exemplo a falha mais estudada da Terra, a falha transcorrente de San Andreas, que se estende por mais de 1.200 km na Califórnia (Estados Unidos) e apresenta 560 km de deslocamento cumulativo desde que surgiu, há 15 a 20 milhões de anos (Figura 20.5). Na porção sul da falha, rochas, antes contíguas, estão separadas hoje por 240 km. Um simples cálculo demonstra que seriam necessários quase 34 mil terremotos com o mesmo deslocamento lateral (sete metros) observado na cidade de San Francisco, em 1906, para obter tal separação. Um terremoto dessa magnitude ocorre ao longo dessa falha, em média, a cada 140 anos. Levaria, portanto, em torno de 5 milhões de anos, para produzir os 240 km de afastamento, o que mal corresponde a um terço do período de atividade da falha. Evidentemente, deslocamentos laterais de sete metros devem ser muito mais raros do que se imaginava, mesmo nos grandes terremotos. A maior parte da separação lateral ao longo da falha de San Andreas se deve não aos grandes abalos ocasionais, e sim aos abalos menores, muito mais frequentes.

Mesmo assim, ocorrem movimentos que, embora geologicamente bruscos, passam despercebidos, porque sua ação, mesmo sendo contínua, é relativamente pouco notada durante a vida de uma pessoa. Um exemplo disso seriam os movimentos verticais glacioisostáticos da crosta (ver capítulo 13), relacionados à remoção dos espessos mantos de gelo que cobriam várias regiões do hemisfério norte até cerca de 10 mil anos atrás. São documentados soerguimentos com taxas de milímetros a decímetros por ano. Na Escandinávia, o soerguimento total nos últimos 10 mil anos alcançou cerca de 250 metros. Em contrapartida, as regiões adjacentes da Rússia e da Holanda apresentam taxas de subsidência também altas (Tabela 20.7), exemplificada pela subsidência de 20 cm, em apenas 40 anos, da região onde se localiza a cidade de Amsterdã. Não é à toa, portanto, que os holandeses chamam sua pátria de *Nederland*, literalmente, "país baixo".

Dos movimentos verticais da crosta terrestre, o soerguimento em regiões orogenéticas de alto fluxo térmico (principalmente nas margens ativas das placas) costuma ser mais rápido do que a subsidência de regiões, dadas como estáveis, de fluxo térmico baixo. Mesmo assim, essas taxas de subida não são tão espetaculares quanto se esperaria. Oscilam, em curto prazo, nas fases mais rápidas de soerguimento entre 1 mm e 3 mm por ano, o que é quase imperceptível. E, quando se calcula a taxa média de soerguimento para toda a história de uma cadeia de montanhas, os valores caem para 0,4 a 0,6 mm/ano. A maior taxa de soerguimento conhecida, de 10 mm/ano, é da cadeia Karakoram, no norte do Paquistão, e vem-se mantendo ao longo dos últimos 500 mil anos. Em comparação, a elevação do Himalaia e dos Alpes ocorre a uma taxa mais de dez vezes menor, em torno de 0,6 mm/ano. Nas porções estáveis das placas litosféricas, longe das margens ativas, os movimen-

Evento ou processo	Período de recorrência
Deposição de varves Erosão e deposição durante furacões	Anualmente, ou mais frequente
Tempestades e inundações excepcionais Correntes de turbidez normais Erupções vulcânicas cataclísmicas	10 a 100 anos
Oscilações climáticas Correntes de turbidez gigantescas	10^2 a 10^4 anos
Oscilações climáticas maiores Alterações nos padrões de circulação oceânica profunda	10^3 a 10^5 anos
Inversões dos polos magnéticos Mudanças críticas no movimento/reorganização de placas litosféricas Principais ciclos de mudanças no nível do mar da ordem de dezenas a centenas de metros	10^5 a 10^7 anos
Impactos de meteoritos, cometas ou asteroides com diâmetros ≥ 100 m Ciclos de Wilson (abertura/fechamento de bacias oceânicas) Ciclos de agregação/desmantelamento de supercontinentes	10^6 a 10^8 anos

Tabela 20.3 – Frequência de eventos recorrentes da dinâmica terrestre. Fonte: Z. Kukal, 1990.

Processos contínuos	Processos descontínuos
Erosão do canal de um rio meandrante	Inundações
Compactação de sedimentos	Colapso de caverna
Crescimento de recifes	Reorganização da faixa litoral por tempestades
Subsidência e soerguimento	Terremotos e falhamento
Diapirismo	Escorregamentos
Deposição de vasas em águas oceânicas profundas	Deposição de turbiditos
Fluxo térmico	Intrusões de diques e *sills*
Separação de placas tectônicas	Colisão entre continentes
Geração do campo magnético	Inversões dos polos magnéticos
Fluxo de raios cósmicos	Impactos de meteoritos

Tabela 20.4 – Processos contínuos e descontínuos da dinâmica terrestre. Fonte: adaptado de D. V. Ager, 1993.

Evento	Duração	Resultado
Queda de meteorito	segundos	Onda de choque, devastação local a global, cratera
Mudança de velocidade em correntezas	segundos	Deposição de uma lâmina de sedimento
Tempestades (inclusive furacões), correntes gravitacionais de turbidez e *tsunamis*	minutos, horas ou dias	Depósitos sedimentares proporcionais à magnitude do evento (tempestitos, turbiditos, tsunamitos)
Erupções vulcânicas	horas, dias	Derrames de lava, depósitos piroclásticos
Inundações	semanas	Deposição de camadas típicas (inunditos)
Ciclos climáticos sazonais	meses, ano	Formação de varves (varvitos); crescimento sazonal ou anual em árvores e outros organismos
Alternâncias climáticas regionais	centenas a milhares de anos	Alternâncias nas características dos sedimentos
Alterações em processos no núcleo da Terra	10^3-10^5 anos	Geração de anomalias magnéticas no assoalho oceânico; inversão dos polos magnéticos
Mudanças na atividade vulcânica (produção de assoalho oceânico) nas dorsais meso-oceânicas	10^3-10^5 anos	Mudanças no nível do mar em escala global (de dezenas até centenas de metros); reflexos nos regimes de tensões dentro das placas
Mudanças globais no regime climático	10^5-10^6 anos	Mudanças nos estilos de deposição, extinções, novidades evolutivas

Tabela 20.5 – Duração de eventos importantes na história geológica da Terra. Fonte: Z. Kukal, 1990.

Figura 20.5 – Falha de San Andreas, planície de Carrizo, Califórnia (EUA). Foto: USGS.

tos, principalmente de subsidência, são ainda mais lentos, de 1 a 2 mm/ano em curto prazo e de apenas 0,1 mm/ano a longo prazo.

Essas considerações levantam uma questão importante: por que os fenômenos geológicos – erosão, sedimentação, soerguimento, subsidência etc –, quando observados em curto prazo, apresentam taxas maiores daquelas calculadas a longo prazo? A resposta está na variação da intensidade e da magnitude desses fenômenos ao longo do tempo geológico. Quando analisados de perto, são os efeitos mais espetaculares do fenômeno que chamam a atenção do pesquisador, mas, ao levar em conta todo o registro, na escala de milhões ou dezenas de milhões de anos, esses episódios mais intensos ficam diluídos no meio de longos períodos relativamente calmos.

Capítulo 20 - Planeta Terra: passado, presente e futuro

Data	Local	Deslocamento vertical
1897	Assam, Índia oriental	Margem norte do planalto Shillong elevou-se 11 m
1899	Baía de Yakutat, Alasca	15 m (maior deslocamento vertical documentado)
1960	Chile	Continente desceu 2 m. Plataforma continental elevou-se 1 a 3 m
1964	Anchorage, Alasca	Uma ilha elevou-se 10 m. Continente elevou-se até 8 m

Data	Local	Deslocamento horizontal
1897	Assam, Índia oriental	18 m
1906	San Francisco, Califórnia	7 m
1940	Vale Imperial, Califórnia	5,5 m
1964	Anchorage, Alasca	8 m
1980	Al Asnam, Argélia	6,5 m (evidente por 30 km ao longo do traço da falha)

Tabela 20.6 – Magnitude de movimentos geológicos bruscos – deslocamentos provocados por terremotos históricos. Fonte: modificado de Z. Kukal, 1990.

Região	Movimento vertical resultante de processos glácio-isostáticos
Escandinávia, Norte da Europa (Golfo de Bótnia, Escudo Báltico)	Soerguimento de 250 m em 10 mil anos, ou seja, 2,5 m/século ou 2,5 cm/ano
Plataforma Russa, Norte da Europa, (adjacente à Escandinávia)	Subsidência de 2-3 mm/ano em compensação ao soerguimento na Escandinávia
Canadá	Soerguimento a cerca de 5 mm/ano
Groenlândia	Soerguimento de até 105 mm/ano
EUA: lago Bonneville, Nevada (antigo lago glacial, agora seco)	Soerguimento de 70 m nos últimos 10 mil anos como resposta isostática ao derretimento das geleiras e à subsequente evaporação do lago

Tabela 20.7 – Reajuste glacioisostático da crosta, em consequência do derretimento dos grandes mantos de gelo pleistocênicos. Fonte: Z. Kukal, 1990.

Quadro 20.1 – O planeta Terra e seus "altos e baixos"

Existe algum limite máximo para a altitude de uma cadeia de montanhas? Parece que sim, pois, quando as partes mais elevadas de uma região sobressaem de 2 a 4 km acima dos terrenos circundantes, o próprio "peso" da cadeia começa a atuar em sentido contrário. O resultado são falhamentos normais (ou gravitacionais), que, com as onipresentes forças erosivas, opõem-se ao soerguimento. É isso que acontece atualmente na parte central da cadeia andina, por exemplo, nos grandes vales de origem tectônica (*grabens*), como o Altiplano Andino na Bolívia e no Peru, onde se localizam o lago Titicaca e La Paz.

Acredita-se que se encontrem no limite máximo de altura a cadeia Himalaia, que atinge 8.840 metros acima do nível do mar no cume do monte Everest, e o vulcão Mauna Loa, na ilha do Havaí, que se eleva a quase 9 km acima do assoalho oceânico adjacente. O mesmo não parece aplicar-se ao planeta Marte, onde o vulcão Monte Olimpus (capítulo 1) se eleva 24 km acima dos terrenos adjacentes, o que o torna o maior pico conhecido no sistema solar (Figura 20.6). Essa elevação, entretanto, não representa o soerguimento da crosta, e sim a evasão de materiais magmáticos derivados de uma imensa pluma mantélica que, na ausência de um regime de movimento de placas em Marte, sempre permaneceu no mesmo ponto geográfico. Plumas mantélicas na Terra, também, produzem volumes equivalentes de rochas vulcânicas, mas, em razão da Tectônica Global, suas lavas se espalham sobre áreas muito maiores, como no arquipélago das ilhas do Havaí ou na bacia do Paraná, no Brasil, e de Etendeka, na Namíbia, hoje separados pelo oceano Atlântico (ver figura 3.21).

Por outro lado, as maiores profundidades nos oceanos ocorrem nas 22 fossas associadas às zonas de subducção, havendo 18 no oceano Pacífico, três no Atlântico e uma no Índico. O ponto no assoalho oceânico mais profundo ocorre a 11.033 metros da superfície no abismo Challenger, na fossa das ilhas Marianas, que se estende por mais de 2.500 km e tem 70 km de largura, próximo do Japão. Esse é o maior desnível topográfico da face da Terra. Se o monte Everest fosse colocado nesse rasgo, no fundo do Pacífico, seu cume ainda estaria a quase 2.200 metros abaixo do nível do mar.

542

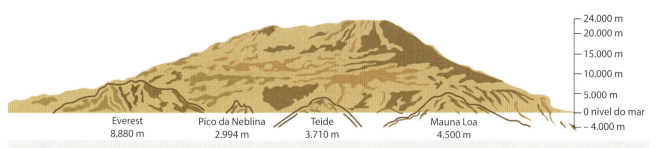

Figura 20.6 – As maiores montanhas da Terra, monte Everest, o ponto mais alto do planeta, na Ásia, e os vulcões Mauna Loa, no Havaí, no oceano Pacífico, e Teide, nas ilhas Canárias, (Espanha), no Atlântico, comparados com o monte Olimpus, em Marte, o maior edifício vulcânico do Sistema Solar (24 km de altitude). Para comparação, está incluído o ponto mais alto do Brasil, o Pico da Neblina (AM), de apenas 2.994 metros. Fonte: Adaptada de R. Reginaldo, 2007.

20.2 As linhas-mestre da história da Terra

Para entender a história geológica da Terra, é importante não se prender a detalhes locais ou eventos particulares de um episódio geológico qualquer, por mais marcantes que possam parecer.

Sinteticamente, esta história pode ser contada por meio de três linhas-mestre da evolução de nosso Planeta:

- tendências seculares;
- processos cíclicos;
- eventos singulares.

O termo "tendências seculares" é aplicado àqueles processos físicos, químicos ou biológicos que, uma vez iniciados, tendem a produzir efeitos cada vez mais distintos das condições originais. Atuam durante longos períodos, milhares, milhões ou até bilhões de anos, ou seja, por muitos "séculos" – daí a razão do apelido "secular". Nem sempre a progressão das tendências pode ser resumida por uma função matemática regular, uma linha reta ou uma curva regular, pois a complexa interação das múltiplas partes do sistema Terra costuma introduzir irregularidades na tendência normal. Às vezes, porém, essas irregularidades podem demorar a desaparecer ou ser tão marcantes que criam um sinal distinto, como se fosse um desvio do caminho normal de eventos, com significado geológico e temporal próprio. Analisaremos, no decorrer do capítulo, as tendências seculares relacionadas a quatro elementos importantes da história terrestre: 1) impactos de meteoritos; 2) decaimento radioativo, que gera o fluxo térmico; 3) evolução biológica; e 4) o sistema Terra-Lua.

Quanto aos processos cíclicos, vale lembrar que o termo "ciclo" é empregado de pelo menos três maneiras diferentes na Geologia, ou seja, para uma série de eventos, normalmente recorrentes, que perfazem parte de um processo mais amplo que se inicia e termina mais ou menos no mesmo estado, como os ciclos das rochas e da água; para o período necessário para completar uma sucessão mais ou menos regular de eventos, como o ciclo de evolução do relevo; e para um conjunto de unidades litológicas que se repetem sempre na mesma ordem, por exemplo, ciclotemas e varvitos. Aqui, enfatizaremos os fenômenos do primeiro tipo, os eventos cíclicos da primeira grandeza na história da Terra, especificamente os ciclos astronômicos e geológicos.

Eventos singulares, no sentido empregado aqui, não representam necessariamente acontecimentos únicos na história do planeta, mas, sim, eventos imprevisíveis que se destacaram por sua magnitude excepcional ou pelo efeito que tiveram no desenrolar subsequente da história do planeta, por exemplo, o impacto de um grande meteorito no fim do Mesozoico, apontado como responsável pela extinção dos dinossauros. O mais importante dos eventos singulares, porém, foi, sem dúvida, a origem da vida no mar, há bilhões de anos. A partir dela, surgiu, mais tarde, a biosfera, que transformou a superfície e a atmosfera de nosso planeta, tornando-o único no Sistema Solar (Tabela 20.1).

20.3 Tendências seculares na história geológica

Das tendências seculares observadas na natureza, a mais fundamental é expressa pela segunda lei da termodinâmica: a entropia no Universo sempre tenderá a aumentar, ou seja, a matéria e a energia estão degradando-se rumo a um suposto estágio final de inércia uniforme e total.

Por meio desse fenômeno termodinâmico, podemos entender a passagem do tempo, pois, se tudo permanecesse igual, como poderíamos distinguir entre o presente, o passado e o futuro? Essa lei fundamenta, ainda, as teorias da evolução do Universo (capítulo 1) e explica o decréscimo secular na geração de calor pelo decaimento radioativo de materiais naturais (capítulo 10). O aumento de complexidade da biosfera na história da Terra pode parecer, à primeira vista, uma exceção à segunda lei da termodinâmica, um paradoxo. Mas não é, porque, em termos cósmicos, a biosfera é efêmera, dependente da fotossíntese, que é sustentada pela energia irradiada pelo Sol. Quando o Sol se extinguir, daqui a quatro ou cinco bilhões de anos, toda a complexidade biológica acumulada será desfeita e a energia e a matéria associada a ela se dissiparão, finalmente, no Cosmos.

20.3.1 A fase cósmica de impactos meteoríticos na superfície terrestre

A Terra, como todos os outros corpos maiores do Sistema Solar, formou-se pela aglutinação de partículas de tamanhos diversos, desde poeira até asteroides (ver capítulo 1). Contudo, mesmo depois de formada, a Terra continuou a sofrer uma chuva de poeira e a ser bombardeada por meteoritos e cometas dos mais variados tamanhos e composições. No início, entre 4,56 e 3,85 bilhões de anos atrás, a

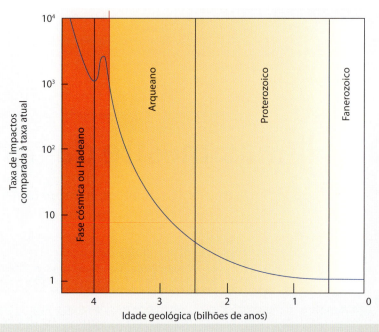

Figura 20.7 – Estimativa da frequência relativa de impactos meteoríticos ao longo do tempo na Lua. O pico no fim do Hadeano representa um breve período de bombardeio anomalamente intenso responsável pela formação das maiores crateras na Lua. A Terra, por possuir atração gravitacional muito maior do que a Lua, deve ter sofrido bombardeio ainda mais intenso nessa mesma época. Fonte: modificada de Z. Kukal, 1990.

frequência de impactos era, no mínimo, cem vezes maior do que hoje em dia (Figura 20.7). Nesse intervalo, calcula-se que dezenas de crateras com diâmetros maiores que 500 km, e pelo menos 25 maiores que 1.000 km, devam ter-se formado, como ilustrado na figura 20.8. Depois, a taxa de impactos diminuiu, geometricamente, até atingir um valor mais ou menos constante, próximo ao atual, em torno de 3 bilhões de anos atrás.

Nessa época, esses impactos teriam sido tão importantes na diferenciação e na remodelagem da crosta e porção externa do manto superior como os processos normais da dinâmica terrestre.

Os efeitos desses impactos foram diversos, desde devastadores até restauradores. Os maiores teriam volatilizado grandes massas de crosta e manto, elevando a temperatura atmosférica globalmente, a ponto de causar a evaporação dos mares e extinguindo qualquer tipo de vida precoce que porventura existisse na época. Teriam sido, assim, verdadeiros impactos esterilizantes. No entanto, há quem considere que parte da hidrosfera ou até as primeiras formas de vida possam ter sido trazidas à Terra por cometas nesse período.

Não é de se estranhar, portanto, a dificuldade de encontrar vestígios de crosta terrestre dessa fase da história da

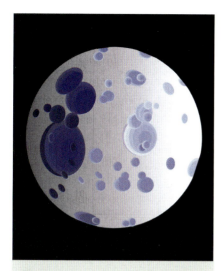

Figura 20.8a – A superfície da Terra durante sua fase cósmica, anterior a 3,85 bilhões de anos atrás. São mostradas apenas as crateras com diâmetros maiores que 500 km. Pelo menos 25 destas teriam tido diâmetros superiores a 1.000 km! Fonte: R. A. F. Grieve, 1980.

Figura 20.8b – A Terra bombardeada por um asteroide de porte médio durante a fase cósmica. Enquanto isso, na Lua, recém-formada, muito perto da Terra e ainda sem as grandes crateras tão evidentes hoje em dia, ocorrem vários impactos menores, percebidos como pontos luminosos na parte escura da Lua. Ilhas vulcânicas já existiam no oceano primitivo, debaixo da atmosfera densa, ainda dominada pelo dióxido de carbono. Fonte: adaptado de Dona Jalufka em C. Koeberl, 2006.

Terra. Dizem alguns geólogos que os impactos teriam induzido as primeiras subducções de crosta máfica fina (microplacas). Por essas razões, o período anterior a 3,85 bilhões de anos é chamado de fase cósmica da Terra, que corresponde aproximadamente ao Éon Hadeano (ver capítulo 10). Dessa fase, as evidências mais antigas da crosta terrestre primitiva são alguns cristais de zircão com idades SHRIMP de até 4,4 bilhões de anos, que sobreviveram como grãos em um conglomerado depositado na Austrália, há mais de 3 bilhões de anos.

Desde pelo menos 3,8 bilhões de anos atrás não houve qualquer impacto esterilizante à vida. Nos últimos 3 bilhões de anos, o bombardeio cósmico do planeta mantém-se mais ou menos constante, com impactos maiores ocasionais. De fato, sabemos, pelos vestígios de mais de duas centenas de crateras preservadas na Terra, que, desde então, houve inúmeros impactos de corpos cósmicos maiores de uma centena de metros de diâmetro que causaram danos nunca vistos pela humanidade (ver tabela 20.12). Pelo menos um deles é tido como a provável causa da extinção de vida no fim do Cretáceo, que acabou com os dinossauros, répteis voadores e muitos outros organismos. Em razão de sua imprevisibilidade, podemos considerar impactos grandes desse tipo como eventos singulares. Voltaremos a esse assunto mais adiante no item 20.5.

20.3.2 Fluxo de calor radiogênico e a formação de crosta continental

Semelhantemente à taxa de impactos de meteoritos, o fluxo de calor gerado por decaimento radioativo (ver capítulo 10) também foi muito maior durante a fase cósmica da Terra, por causa da maior abundância dos elementos de meias-vidas curtas nas primeiras etapas da evolução geológica (Figura 20.9). O calor gerado dessa maneira há 4,5 bilhões de anos era mais de quatro vezes superior ao valor atual de 13 picowatts por quilograma (pW/kg). Já que essa é a principal fonte de calor que movimenta as placas litosféricas, funde as rochas e promove a desvolatização do interior do planeta, responsável pela liberação de boa parte da atmosfera e hidrosfera, podemos imaginar um

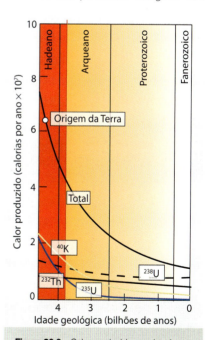

Figura 20.9 – Calor produzido por decaimento radioativo ao longo da história da Terra. O calor gerado na Terra recém-formada era quatro vezes mais que a taxa atual. Por isso, a dinâmica do planeta (geração e consumo de crosta) nessa época deve ter sido muito mais rápida do que hoje.

545

Feição	Arqueano	Proterozoico e Fanerozoico
Rochas graníticas e gnaisses	Rochas geralmente acinzentadas O feldspato mais comum é plagioclásio sódico	Rochas comumente avermelhadas Os feldspatos mais comuns são os potássicos: ortoclásio e microclínio.
Rochas vulcânicas	Comumente ultramáficas (komatiitos) Conteúdo baixo de cátions litófilos grandes (K, Rb, Th, U) e de elementos de terras-raras (TR) Não empobrecidas no elemento Eu	Menos comumente ultramáficas Conteúdo mais alto em cátions litófilos grandes e elementos TR Empobrecidas em Eu
Rochas sedimentares	Geralmente imaturas, mal selecionadas e com clastos angulosos Relativamente enriquecidas em Na, Mg e Ca Conteúdo relativamente baixo em Si, K, TR e outros cátions litófilos grandes Aumento gradativo da massa sedimentar no éon	Muito mais maturas, comumente bem selecionadas e com clastos arredondados Relativamente empobrecidos em Na, Mg e Ca Conteúdo mais rico em Si, K, TR e outros cátions litófilos grandes Reciclagem de uma massa sedimentar aproximadamente constante desde pelo menos 1,5 bilhão de anos atrás
Placas tectônicas	Microplacas	Placas grandes

Tabela 20.8 – Comparação de feições gerais dos registros geológicos do Arqueano (há mais de 2,5 bilhões de anos) e do Proterozoico e Fanerozoico, mais recentes. Fonte: P. Cloud, 1988.

tenebroso mundo hadeano de intenso vulcanismo – um cenário que só se atenuou ao longo do Éon Arqueano. De fato, o registro geológico confirma essa expectativa (Tabela 20.8), uma vez que muitos dos magmas máficos (komatiitos) do Arqueano se originaram em altíssimas temperaturas. Essas evidências apontam para um regime tectônico caracterizado por placas pequenas (microplacas) e células de convecção menores, mas com taxas de reciclagem talvez cinco a dez vezes mais rápidas do que hoje (ver figura 20.17).

É de se esperar que, em função da maior intensidade dos processos de diferenciação e fracionamento de crosta oceânica em crosta continental, um volume considerável de crosta continental deve ter-se formado nos primeiros 40% da história geológica da Terra, correspondentes aos éons Hadeano e Arqueano (Figura 20.10). Nesse período, conforme mostra a tabela 20.8, os basaltos, as rochas sedimentares e as rochas graníticas tornaram-se geoquimicamente cada vez mais diferenciados, e as microplacas,

ao colidirem entre si, deram lugar gradativamente a novas placas cada vez maiores (ver figura 20.17). Essa etapa culminou, ao final do Arqueano, com a aglutinação de grandes massas siá-licas de dimensões continentais, regidas por ciclos tectônicos mais lentos. Desde então, o ritmo de diferenciação e formação de nova crosta vem diminuindo, de modo geral, em consonância com o decréscimo na produção de energia radiogênica (ver figura 20.7).

20.3.3 Evolução biológica

Noções básicas da evolução biológica e da preservação de fósseis, bem como os principais eventos na história da biosfera, foram tratadas brevemente no capítulo 10 e estão resumidas no "Ano-Terra", na contracapa deste livro. Já vimos que o registro fóssil do Fanerozoico difere fundamentalmente do registro do Pré-Cambriano por causa da expansão explosiva de metazoários com partes duras (conchas, carapaças, escamas etc.), começando em torno de 550 milhões de anos atrás. A análise dos fósseis e

dos organismos que os deixaram antes e depois dessa data revela como o próprio modo e o ritmo da evolução se modificaram com a irradiação evolutiva dos animais (Tabela 20.9). Os primeiros $7/8$ do desenvolvimento da vida (durante o Pré-Cambriano) foram dominados por formas microscópicas, organismos procarióticos, de morfologia simples, hábitos de vida generalizados, reprodução assexuada e taxas evolutivas lentas. O Fanerozoico, o mais recente $1/8$ dessa história, foi palco da ascensão dos organismos eucarióticos de tamanho macroscópico, morfologia complexa, hábitos especializados, reprodução sexuada e taxas evolutivas rápidas.

Na história dos organismos eucarióticos houve muitos eventos de diversificação e extinção, tanto nas formas macroscópicas quanto nas microscópicas (microalgas, protistas e outros). A evolução biológica é marcada, na verdade, por uma série de saltos na complexidade da biosfera, provocados por inovações evolutivas com importantes consequências para a própria evolução do sistema Terra. Nos ecossistemas microbianos dos mares hadeanos e arqueanos, surgiram praticamente todos os processos metabólicos básicos à vida, com destaque para a fotossíntese. Após o aparecimento, há pelo menos 2,7 bilhões de anos (e provavelmente antes), da fotossíntese que forma compostos orgânicos e libera oxigênio a partir de dióxido de carbono e água, a litosfera, a atmosfera, a hidrosfera e a própria biosfera sofreram profundas transformações.

Embora a fotossíntese seja uma reação reversível, na qual o oxigênio reage com a matéria orgânica para formar água mais dióxido de carbono, isso não acontece instantaneamente, o que dá margem à possibilidade de soterramento de parte da matéria orgânica. Isso coloca-a efetivamente fora do alcance do oxigênio, liberando, assim, uma parcela equivalente

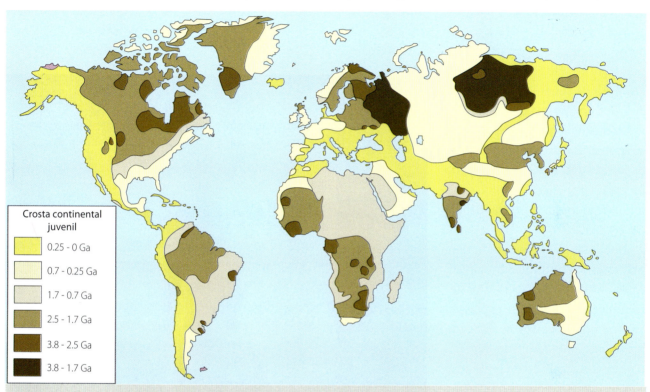

Figura 20.10 – Mapa-múndi mostrando a idade de formação da crosta continental ("crosta juvenil"). Antes do surgimento dos primeiros animais, há 600 milhões de anos, um pouco antes do início do Fanerozoico, a crosta continental já cobria mais de 80% de sua área atual. Fonte: K.C. Condie, 2005.

	Durante o Pré-Cambriano	**Durante o Fanerozoico**
Duração do período considerado	85% do registro fóssil: 2.900 milhões de anos	15% do registro fóssil: 542 milhões de anos
Organismos dominantes	Procariotos unicelulares e coloniais, microscópicos: eubactérias, cianobactérias e arquebactérias	Eucariotos multicelulares e megascópicos: metazoários e plantas
Metabolismo dos organismos dominantes	Anaeróbicos ou facultativamente aeróbicos	Dependentes do oxigênio (aeróbicos)
Modo de reprodução	Assexuado	Sexuado
Modo de vida	Generalistas, populações de muitos indivíduos	Especialistas, populações de relativamente poucos indivíduos
Aspectos evolutivos mais afetados	Metabolismo celular	Morfologia (tecidos, órgãos, tamanho) e ecoespaço (hábitos e *habitat*)
Ritmo evolutivo	Lento. Espécies de longa duração	Rápido. Espécies de curta duração. Extinções e irradiações sucessivas

Tabela 20.9 – Contrastes no carácter da evolução biológica entre o Pré-Cambriano e o Fanerozoico. Fonte: J. W. Schopf, 1995.

de oxigênio para o ambiente. No Arqueano, esse oxigênio em excesso reagia quase imediatamente com os compostos químicos reduzidos ao seu alcance, em especial gases vulcânicos, minerais e compostos químicos dissolvidos na hidrosfera. Portanto, o oxigênio não se acumulava, pelo menos inicialmente, na atmosfera primitiva. Entre 3 e 2 bilhões de anos atrás, contudo, esse processo resultou finalmente na oxidação da superfície da Terra, do ar e dos compostos quimicamente reduzidos na água (principalmente o ferro ferroso nos mares), levando a deposição de dezenas de bilhões de toneladas de minério de ferro, sob a forma de formações ferríferas bandadas (Figura 20.11).

Depois da oxidação da hidrosfera e da superfície terrestre, o crescimento do nível de oxigênio na atmosfera começou a exercer forte pressão seletiva nos processos de evolução biológica. Como resultado, surgiu o processo metabólico de respiração aeróbica, que aproveita o oxigênio para produzir energia para as células de uma forma muito eficiente sob condições oxidantes. Uma vez implantado em micro-organismos eucarióticos, permitiu o desenvolvimento de células maiores e mais complexas e a compartimentalização de funções metabólicas em organelas intracelulares, até mesmo a diferenciação de um núcleo distinto. Evidências geoquímicas e paleontológicas sugerem que o teor crítico de oxigênio na atmosfera (1% do nível atual) para o surgimento dos eucariotos teria sido atingido há mais de 2 bilhões de anos. Mesmo assim, os eucariotos, ainda microscópicos, só começaram a se destacar no registro paleontológico em torno de 1,2 bilhão de anos atrás, como consequência, aparentemente, do aparecimento da reprodução sexuada. A diversidade genética e morfológica proporcionada pela sexualidade, juntamente com o aumento do nível de oxigênio na atmosfera até um patamar crítico, há cerca de 590 milhões de anos, levou ao surgimento dos primeiros metazoários megascópicos, representados por embriões fosfatizados na China e, logo em seguida, pelos fósseis da biota de Ediacara (ver capítulo 10). Pouco depois, entre 545 e 525 milhões de anos atrás, ocorreu a "explosão cambriana" de animais com conchas e carapaças (Figura 20.12), na verdade, uma irradiação muito rápida dos filos de invertebrados – moluscos, artrópodes, equinodermes

Figura 20.11 – Formação ferrífera bandada, explorada como minério de ferro no Quadrilátero Ferrífero, MG. Essas rochas se formaram pela oxidação do ferro ferroso nos mares, entre 2,5 e 2,2 bilhões de anos atrás, durante a transição da atmosfera de anóxica para oxidante. Posteriormente, sofreram deformação e metamorfismo há cerca de 2,0 bilhões de anos. Foto: T. R. Fairchild.

Figura 20.12 – *Canadia spinosa*, um poliqueta (anelídeo) fóssil, típico da explosão evolutiva dos invertebrados no Cambriano, preservado com grande riqueza de detalhes no folhelho de Burgess, de idade cambriana, da Colômbia Britânica, Canadá. Os feixes de cerdas finas funcionavam como órgãos de locomoção. Foto: S. Conway Morris, Oxford University.

etc. – que estabeleceu novos modos e um ritmo mais rápido da evolução biológica no Fanerozoico.

Desde pelo menos 3,5 bilhões de anos atrás, a interação entre biosfera, atmosfera, hidrosfera e litosfera, representada por processos intempéricos e biológicos, resultou na transformação de praticamente todo o CO_2 originalmente presente na atmosfera em rochas carbonáticas (calcários) e matéria orgânica soterrada na litosfera (ver tabela 20.1 e figura 20.13). Consequentemente, a densidade e a pressão da atmosfera caíram para 1/60 de seu valor original; a proporção relativa de nitrogênio e outros gases pouco reativos na atmosfera aumentou; e a fotossíntese elevou o nível de oxigênio a quase 21% da atmosfera. Com isso, a alta temperatura da superfície terrestre, resultante do efeito estufa exercido pelo gás carbônico na atmosfera original, diminuiu gradativamente a ponto de permitir a formação de calotas de gelo, pela primeira vez, no início do Proterozoico e, a partir de 750 milhões de anos atrás, de maneira mais frequente (como veremos mais adiante). Desde o Cambriano, há mais de 500 milhões de anos, a atmosfera, a litosfera e a hidrosfera, originalmente inóspitas à vida pluricelular, sustentam ciclos e interações envolvendo a biosfera que sustentam a continuidade da vida complexa até hoje.

Ao longo do Fanerozoico, a biosfera experimentou outros saltos na complexidade de suas relações com as outras "esferas", por exemplo, ao invadir os sedimentos no fundo dos mares (animais da infauna), no Cambriano, e especialmente com a conquista dos continentes pelas plantas vasculares, alguns poucos filos de invertebrados (anelídeos, artrópodes, moluscos etc.) e vertebrados, no Paleozoico inferior e médio (ver contracapa do livro). Com isso, a vida vegetal passou a constituir parte, *fisicamente* importante, da superfície dos continentes que exerce forte influência na transformação físico-química de materiais rochosos expostos na superfície. O sucesso atual dos artrópodes, com milhões de espécies só de insetos, e das plantas com flores (angiospermas), que somam quase 300 mil espécies, sugere que a Terra vive atualmente seu período de maior complexidade biológica.

20.3.4 Sistema Terra-Lua e seus efeitos

Atualmente, a teoria mais aceita para a origem da Lua considera que ela se formou há 4,5 bilhões de anos em razão do impacto tangencial entre um asteroide ou planetésimo e a própria Terra (ver capítulo 1). Desde então, a dinâmica entre esses dois corpos é responsável pelas marés nos oceanos da Terra e, em menor escala, por distorções análogas das partes sólidas da Lua e da Terra. Essas marés, ao longo do tempo, atuam como uma espécie de freio na rotação da Terra, transferindo momento angular para a Lua, que atualmente se afasta 4 cm por ano da Terra. Com isso, a velocidade da rotação da Terra diminui, enquanto a duração do dia aumenta dois segundos a cada 100 mil anos. Isto significa que, no final do Proterozoico, há 600 milhões de anos, o dia era bem mais curto, em torno de 20 horas e 40 minutos. Uma vez que a dinâmica do sistema Terra-Lua não afeta o período de aproximadamente 8.766 horas que a Terra leva para completar uma volta em torno do Sol, o ano, nessa época, era de 424 dias, quase 60 a mais do que atualmente.

Algumas observações paleontológicas apoiam a ideia do aumento linear na duração do dia e na diminuição do número de dias no ano, pelo menos desde o fim do Proterozoico. Os pesquisadores J. P. Vanyo e S. M. Awramik, na década de 1980,

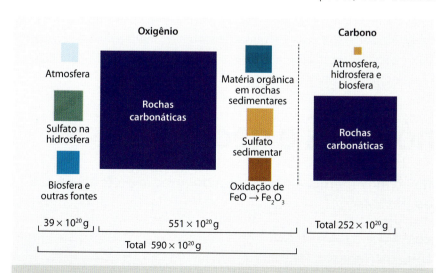

Figura 20.13 – Distribuição atual de oxigênio e carbono na superfície da Terra. Notar que o carbono da atmosfera original (ver tabela 20.1) já foi redistribuído na hidrosfera, na biosfera e, especialmente, na litosfera (rochas cabonáticas). Fonte: P. Cloud & A. Gibor, 1970.

constataram 410 a 485 lâminas entre as curvas regulares de estromatólitos colunares sinuosos (capítulo 10), formados há 850 milhões de anos na Austrália. Interpretaram as lâminas como incrementos diários de crescimento, uma conclusão coerente com as expectativas teóricas para o número de dias no ano para aquela época. Suas pesquisas foram inspiradas no estudo clássico de John Wells, da década de 1960, que detectou muito mais linhas de crescimento diário (400) por ano em corais devonianos – de 350 milhões de anos atrás – (Figura 20.14), do que em corais modernos (360 linhas), demonstrando, assim, que o aumento do dia em dois segundos a cada 100 mil anos podia ser extrapolado para trás pelo menos até o Devoniano.

Extrapolar essa tendência para o passado ainda mais remoto esbarra, contudo, num paradoxo relativo à estabilidade do sistema Terra-Lua, pois implica que no Paleoproterozoico, há mais de 1,6 bilhão de anos, a Lua e a Terra teriam estado tão próximas que as marés provocadas no interior da Lua pelo campo gravitacional da Terra deveriam ter despedaçado nosso satélite. Todavia, como se sabe, a Lua tem sido nossa companheira desde muito cedo na história da Terra (capítulo 1). Para explicar esse paradoxo, alguns pesquisadores postulam que um complexo equilíbrio entre os efeitos dos campos gravitacionais da Terra, da Lua e do Sol teria mantido a duração do dia em aproximadamente 21 horas durante a maior parte do Pré-Cambriano.

Figura 20.14 – O coral extinto *Holophragma calceoloides*, do Devoniano da Europa. O paleontólogo norte-americano John Wells interpretou as linhas mais finas no detalhe como linhas de crescimento diário, e as bandas mais largas, como ciclos mensais de crescimento. Ao contar essas linhas, demonstrou que, no Devoniano, havia mais dias no ano e menos horas no dia do que atualmente. Foto: R. M. Eaton, em D. M. Raup & S.M. Stanley, 1971.

20.4 Ciclos astronômicos e geológicos

Ciclos astronômicos dizem respeito ao movimento, à posição e à orientação da Terra e a sua interação com outros corpos do Sistema Solar.

Tais ciclos podem influir em processos da dinâmica externa de curto prazo, determinando, por exemplo, o curso das marés e a distribuição diária e sazonal de calor e luz sobre a face do planeta, com fortes reflexos nos padrões meteorológicos. Incluem também ciclos plurianuais, como o ciclo de manchas solares que pode afetar, globalmente, as condições do tempo a prazos relativamente curtos (11 a 12 anos) ou, ainda, ciclos de períodos muito maiores (dezenas de milhares de anos), como os da precessão dos polos ou dos equinócios, que consiste da oscilação do eixo terrestre, configurando um cone a cada 21 mil anos, em função da atração gravitacional do Sol e da Lua; da variação na excentricidade da órbita da Terra que passa de circular a ligeiramente elíptica a cada 91 mil anos; e da inclinação do polo terrestre entre 21,5° e 24,5° a cada 41 mil anos, atualmente em 23,5° (Figura 20.15). O astrônomo iugoslavo Milutin Milankovitch identificou esses ciclos maiores como potencialmente determinantes das mudanças climáticas (Figura 20.16). Seu efeito mais espetacular ocorre quando se combinam de modo a impedir que o gelo do inverno se derrete no verão, permitindo assim o avanço de geleiras, a expansão de calotas polares e, eventualmente, o início de uma "idade de gelo". Efeitos desse tipo, em conjunção com condições paleogeográficas apropriadas, podem resultar na alternação de etapas ainda mais longas, dominadas ora por climas frios, ora por climas quentes, denominadas, respectivamente, etapas "Terra-refrigeradora" (ice house Earth) e "Terra-estufa" (green-house Earth), que serão comentadas mais detalhadamente adiante.

Dos muitos ciclos geológicos do planeta, o mais importante é o ciclo de supercontinentes, que permite colocar em perspectiva histórica as sucessivas orogêneses e mudanças paleogeográficas relacionadas à tectônica global (capítulo 3) e que têm, ainda, importantes implicações em relação às mudanças cíclicas na atmosfera, no clima e no nível do mar no passado, bem como na modelagem da superfície terrestre e no caráter do registro geológico. O conceito do ciclo de supercontinentes é mais abrangente do que o ciclo de Wilson (capítulo 3), pois, além de englobar a formação e o desaparecimento de grandes bacias oceânicas, inclui o fenômeno mais amplo, demorado e contínuo da agregação e desmantelamento das massas continentais durante a história da Terra.

No contexto histórico, é importante frisar que o ciclo de supercontinentes diz respeito somente ao período dos processos peculiares da tectônica de placas, ou seja, começando há 2,7 bilhões de anos e adquirindo seus traços modernos em torno de 1 bilhão de anos atrás. Antes disso, nos primeiros 2 bilhões de anos do planeta, como se pode ver na figura 20.17, o alto fluxo de calor, derivado do decaimento radioativo (ver figura 20.8) e da liberação de calor primordial proveniente da acreção inicial, formação do núcleo e impactos no Hadeano (Figuras 20.6 e 20.7), favorecia um regime tectônico de circulação convectiva rápida e intensa no manto e processos de ascendência de massas quentes (plumas mantélicas) de grandes profundezas). Aparentemente, antes de

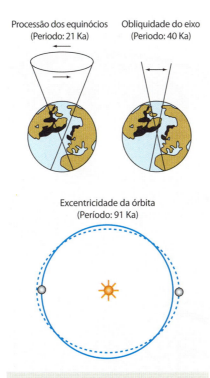

Figura 20.15 – Diagramas ilustrativos dos ciclos de Milankovitch, que envolvem mudanças na geometria (excentricidade) da órbita, alteração do ângulo do eixo de rotação da Terra (obliquidade) e o período de precessão dos equinócios. Os períodos estão expressos em milhares de anos (Ka).

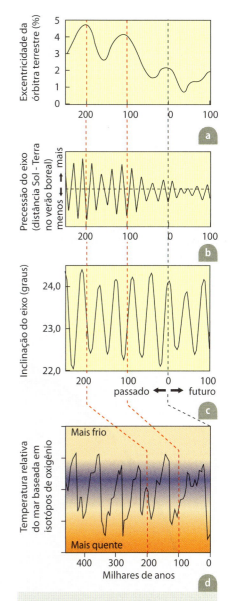

Figura 20.16 – A superposição dos ciclos astronômicos – os ciclos de Milankovitch –, (a) excentricidade da órbita terrestre; (b) precessão dos equinócios; e (c) inclinação do eixo de rotação – exerce importante influência no clima terrestre, especialmente na alternância de estágios frios (glaciais) e mornos (interglaciais) da atual "idade de gelo" (d), iniciada entre 3 e 4 milhões de anos atrás no hemisfério norte. Fonte: D. G. Smith, 1981.

4,4 bilhões de anos atrás, a alta temperatura e a circulação caótica do oceano magmático que cobria a Terra naquela época teriam impedido a formação de placas litosféricas, num período que podemos chamar de fase pré-placa (Figura 20.17a).

À medida que a temperatura planetária caía, formava-se uma fina e descontínua película rochosa, constituindo as primeiras microplacas oceânicas e continentais, que eram continuamente recicladas pela circulação convectiva turbulenta e mal organizada do manto até aproximadamente bilhões de anos atrás. A partir de então, as microplacas começaram a se aglutinar em massas cada vez maiores, mais diferenciadas, espessas e boiantes, com a formação, até mesmo, de pequenos protocontinentes (Figura 20.17b). Nessa etapa, a circulação na astenosfera, ainda intensa, se dava em células de convecção pequenas. Como antes, os processos importantes na formação da litosfera continuavam a ser alimentados pelo calor e por plumas mantélicas provenientes de níveis profundos no manto. A fase de microplacas, iniciada há 4,4 bilhões de anos, evoluiu, em torno de 2,7 bilhões de anos, para uma fase transicional, quando os protocontinentes começaram a se amalgamar em massas continentais de relevo e dimensões realmente expressivas e as células de convecção se tornaram cada vez mais amplas e regulares (Figura 20.17c). Com o tempo, tanto os continentes quanto as células de convecção na astenosfera não apenas ampliaram-se lateralmente, como também se espessaram de forma progressiva. Com isso, a circulação convectiva, agora mais laminar, deixou de ser regulada pela ascensão de calor e plumas do manto inferior e passou, há 1 bilhão de anos, a ser controlada por processos no próprio manto superior, especialmente pela subducção das placas oceânicas, mais densas que as continentais. Iniciou-se, assim, a fase moderna da tectônica de placas, caracterizada pelo ciclo de Wilson (Figura 20.17d).

Os cientistas que estudam a evolução geológica planetária reconhecem que, em vários momentos, desde o fim da fase de microplacas, os continentes se juntaram para formar massas continentais gigantescas –

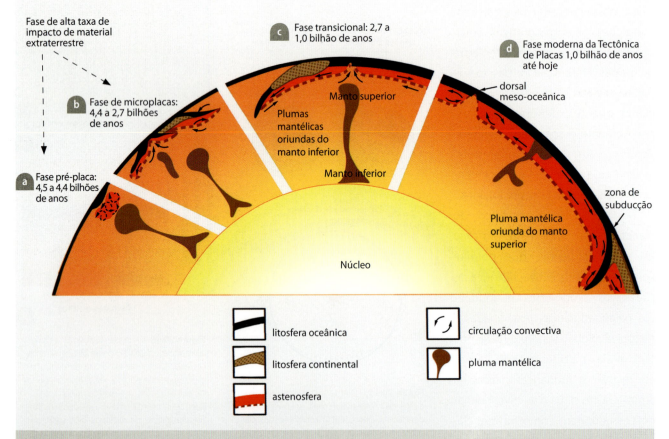

Figura 20.17 – Fases no desenvolvimento da geodinâmica global. Observar que, com o tempo, as células convectivas na astenosfera e as placas litosféricas se tornaram cada vez mais amplas, tanto vertical quanto lateralmente, e que as principais fontes do calor que alimentam os processos tectônicos, passaram do manto inferior (a – c) para o manto superior (d). Fonte: Adaptada de W. G. Ernst, 2007.

supercontinentes – e que estas também se desagregaram para formar novos continentes e oceanos, em diferentes posições paleogeográficas dos antecessores. O mais recente supercontinente foi a Pangea (ver capítulo 3), que se formou no fim do Paleozoico, há 250 milhões de anos, aproximadamente. É possível reconstruir o formato desse supercontinente. Basta juntar os continentes atuais de acordo com sua disposição em relação às cadeias meso-oceânicas que os separam, como se fossem peças de um quebra-cabeça afastadas umas das outras sobre o tabuleiro. Num exame mais detalhado, porém, podemos identificar, em cada uma dessas peças a partir da idade das rochas, e correlação entre fósseis, os vestígios de quebra-cabeças paleogeográficos mais antigos, como os supercontinentes Gondwana (formado há 600-550 milhões de anos) e Rodínia (formado há mais de 1 bilhão de anos) (Figura 20.18a e b).

A tarefa de reconstituir supercontinentes ainda mais antigos é muito difícil, porque praticamente todos os registros litológicos, paleomagnéticos e geocronológicos dos assoalhos oceânicos com idades maiores que 200 milhões de anos já foram eliminados em zonas de subducção mais novas, exceto por algumas lascas (complexos ofiolíticos) incorporadas na zona de sutura entre antigas placas (ver capítulo 3). Por meio dessas lascas – "fósseis" fragmentários de oceanos extintos – junto com dados paleomagnéticos e geocronológicos de rochas continentais, análise comparativa de padrões estruturais regionais e mapeamento da distribuição de faunas e floras extintas, podemos identificar as margens de paleocontinentes antigos,

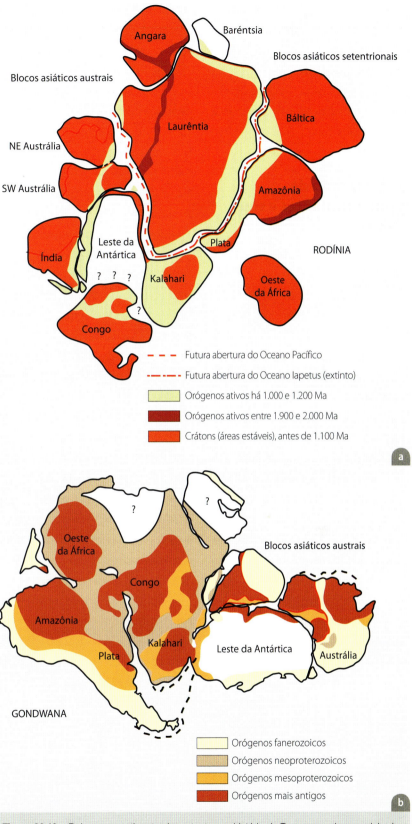

Figura 20.18 – Dois supercontinentes importantes na história da Terra segundo o modelo de P. F. Hoffman, 2004. (a) Rodínia, que existiu entre 1.050 e 750 milhões de anos atrás. Os fragmentos da Rodínia se reagrupariam durante o Paleozoico, para formar os supercontinentes de Gondwana (b) e Laurásia, que, por sua vez, se juntariam em Pangea, no fim do Paleozoico, há 250 milhões de anos. Desde então, Pangea já se fragmentou para formar os continentes e oceanos atuais.

Capítulo 20 - Planeta Terra: passado, presente e futuro

saber quando existiu o oceano entre elas e remontar os fragmentos de sucessivos quebra-cabeças paleogeográficos do passado. Mas, diante das limitações do registro geológico, temos de admitir que a reconstituição paleogeográfica para períodos muito antigos torna-se um exercício muito especulativo.

20.4.1 O ciclo de supercontinentes e seus efeitos

O desmantelamento de qualquer supercontinente inicia-se com uma fase de rifteamento em seu interior, como resposta ao acúmulo de calor fornecido por plumas mantélicas ou pontos quentes abaixo dele durante muitas dezenas a centenas de milhões de anos. Esse fenômeno levado ao extremo rompe a crosta continental e abre fendas profundas entre fragmentos do supercontinente, como acontece atualmente no rifte da África oriental (ver figura 3.21). O falhamento contínuo na zona de rifteamento abate parte da crosta a ponto de permitir a invasão do mar. Essas águas podem evaporar, formando espessos depósitos de sais, como ocorreu ao longo da costa brasileira quando do início da abertura do Atlântico. Eventualmente, a crosta continental se rompe de vez e um novo assoalho oceânico começa a se formar no meio do supercontinente em fragmentação. Durante um longo período, os oceanos se expandem por conta da atividade vulcânica e tectônica nas cristas meso-oceânicas, onde ocorre a criação do assoalho oceânico. Acompanhando todo esse processo, espessas pilhas de sedimentos se acumulam nas margens continentais, ditas "passivas", desses oceanos. Esta é a chamada fase de dispersão no ciclo de super-

continentes. Como vimos no capítulo 3, após duas centenas de milhões de anos, o resfriamento e o aumento de densidade das partes mais antigas da crosta oceânica, posicionadas às margens dos fragmentos do antigo supercontinente, tornam essa zona instável. Nos casos extremos ocorrem ruptura e afundamento da crosta oceânica velha, criando dessa forma uma nova zona de subducção.

Conforme o fundo oceânico é consumido, os fragmentos dispersos do antigo supercontinente começam a se aproximar novamente até que entrem na fase de colisão. Soerguem-se, então, extensas cadeias de montanhas, como aquelas formadas na Era Paleozoica, culminando na formação do supercontinente Pangea – os Caledonides (Escandinávia, Grã-Bretanha, Groenlândia, e nordeste da América do Norte), Hercinides (Europa central), Apalaches (leste da América do Norte), montes Atlas (noroeste da África) e montes Urais (que separam a Europa da Ásia, na Rússia) – bem como na formação das cadeias cenozoicas que se estendem dos Alpes até os Himalaias.

A amalgamação do novo supercontinente resulta em espessamento e forte elevação da crosta continental, provocando intensa erosão e alterando os padrões de circulação atmosférica e condições climáticas em seu interior, por conta do novo posicionamento paleográfico. Associados às zonas de subducção, ocorrem vulcanismo, tectonismo e orogênese. Enquanto isso, arcos de ilhas também são acrescidas lateralmente ao continente em sucessivas colisões. Finalmente, a atividade vulcânica e tectônica se atenuam, a erosão reduz as montanhas e o equilíbrio isostático se estabelece. A fase

orogenética passa e um novo supercontinente está formado.

Muitas dezenas, senão uma ou duas centenas, de milhões de anos passarão antes que um novo foco de calor no manto subdjacente possa iniciar processo de rifteamento dessa massa continental novamente.

O novo supercontinente nunca tem a mesma configuração do anterior, pois as fases envolvidas não operam simétrica nem simultaneamente. São fenômenos diacrônicos, que ocorrem ao longo de dezenas de milhões de anos. Isso porque a fase de rifteamento começa em momentos diferentes, em partes diferentes do supercontinente. Alguns dos riftes originais se abortam, inibindo a formação de novo assoalho oceânico. As velocidades de dispersão e de reaproximação variam consideravelmente, o que pode levar a colisões oblíquas, sem subducção, como ao longo da falha de San Andreas, na Califórnia.

Evidentemente, o ciclo de supercontinentes afeta muitas outras coisas além da distribuição e da forma dos continentes. Envolve a abertura e o fechamento de oceanos, alterando, consequentemente, a circulação oceânica e atmosférica e os padrões climáticos globais. O aumento ou a diminuição do número de continentes isola ou aproxima ecossistemas distintos, favorecendo ora a irradiação, ora a extinção de organismos. Nos períodos de maior atividade vulcânica, ocorre aumento no volume de gás carbônico na atmosfera, que, logo em seguida, começa a ser consumido por processos intempéricos e erosivos, especialmente quando a elevação continental é relativamente alta (Tabela 20.10).

Durante as fases de dispersão rápida e de vulcanismo intenso, as cadeias

Estágio	Crosta continental	Fluxo geotérmico	Concentração de CO_2 na atmosfera	Efeitos no clima mundial
1	Supercontinente formado	Calor acumula debaixo da crosta continental	Baixa	Temperatura baixa; efeito refrigerador
2	Adelgaçamento da crosta	Vulcanismo começa a se manifestar, dando vazão ao calor retido	Aumenta	Temperatura ainda baixa; o efeito refrigerador continua
3	Afinamento extremo; rifteamento profundo	Vulcanismo continua intenso	Continua a aumentar	A temperatura aumenta; início do efeito estufa
4	Fragmentação do supercontinente com rápida separação dos fragmentos e intensa produção de assoalho oceânico	Fluxo de calor e vulcanismo máximos	Alta	Temperatura alta; efeito estufa intenso
5	Dispersão mais lenta; fragmentos continentais entram em colisão formando o novo supercontinente	O fluxo de calor diminui com o fechamento dos mares; calor começa a ser retido de baixo do supercontinente em formação	Inicialmente alta, diminuindo à medida em que o CO_2 é consumido pelo intemperismo das novas cadeias de montanhas	A temperatura, inicialmente alta, diminui, podendo haver uma "mini-idade de gelo", seguida de novo aquecimento

Tabela 20.10 – O ciclo de supercontinentes e seus efeitos sobre o clima. Fonte: J. J. Veevers, 1990.

meso-oceânicas se "intumescem", o que desloca água das bacias oceânicas profundas para as margens baixas dos continentes (transgressão), aumentando, assim, o nível do mar, mundialmente. O abatimento das cadeias meso-oceânicas durante períodos de quiescência vulcânica inverte esse processo. A água recua das margens dos continentes e volta para as bacias oceânicas (regressão), reduzindo o nível do mar globalmente (Tabela 20.11). Queda semelhante ocorre quando as massas continentais se aproximam dos polos, favorecendo a formação de mantos de gelo à custa da água nos oceanos.

Essas mudanças não ocorrem independentemente, mas estão interligadas como evidenciadas pela relação das mudanças globais (eustáticas) no nível do mar, e o ciclo de supercontinentes. Durante períodos de mar alto, a presença de mares epicontinentais no interior dos continentes tende a amenizar o clima, elevando a temperatura média, alargando a faixa latitudinal tropical e reduzindo a diferença de temperatura entre o polo e o equador. A área continental sujeita à erosão diminui e, consequentemente, a quantidade de nutrientes que chegam ao mar também. Sob tais condições, a circulação oceânica se torna mais lenta, limitando a mistura e favorecendo a estratificação das massas de águas, com a estagnação das águas do fundo. As taxas evolutivas diminuem, ficando em compasso de espera.

Quando o nível do mar cai, mais área da margem continental fica exposta à erosão e mais nutrientes são carregados pelos rios aos oceanos. Sem o efeito amenizador dos mares epicontinentais, cai a temperatura média da Terra, as zonas latitudinais tropicais se retraem e o gradiente térmico entre o polo e o equador aumenta. A circulação atmosférica e oceânica se torna mais vigorosa, pondo fim às condições anóxicas do fundo. A regressão marinha reduz a área dos mares nas plataformas continentais a uma fração daquela que ocupavam durante as transgressões. Isso espreme ecossistemas entre si e provoca intensa competição por espaço e nutrientes, deflagrando rápidas mudanças evolutivas, inclusive extinções em muitos grupos de organismos.

20.4.2 O ciclo estufa – refrigerador

Talvez o efeito mais marcante do ciclo de supercontinentes esteja nos controles que parece impor ao clima. As diferentes fases no ciclo de supercontinentes podem provocar intervalos frios, marcados por glaciações (Terra-refrigeradora), ou períodos quentes (Terra-estufa), dependendo do consumo ou do incremento do CO_2 atmosférico em função da intensidade, respectivamente do intemperismo ou do vulcanismo.

Já vimos que o aumento de CO_2, derivado da queima de combustíveis fósseis, parece estar elevando a temperatura média da Terra atualmente, por meio do efeito estufa, discutido no capítulo 4. No entanto, quando a atividade vulcânica diminui ou quando os continentes estão mais altos ou mais expostos em épocas de nível do mar baixo, os processos intempéricos se encarregam de retirar CO_2 da atmosfera em reações com rochas expostas na superfície. O efeito estufa torna-se fraco e a temperatura atmosférica cai, podendo diminuir até o ponto de iniciar períodos de extensa glaciação. É o efeito "refrigerador". Sua expressão mais dramática ocorreu entre 750 e 600 milhões de anos atrás, quando, segundo especialistas, as geleiras avançaram até os trópicos, transformando o planeta numa gigantesca "bola de neve" em pelo menos duas ocasiões, (Figura 20.20, Quadro 20.2).

A alternância de períodos prolongados de frio e calor pode estar relacionada, pelo menos para o Fanerozoico (542 milhões de anos até hoje) (Figura 20.19), aos cinco estágios que J. J. Veevers reconhece no ciclo dos supercontinentes, conforme resumido na tabela 20.10. No exemplo da Pangea, os estágios 1 e 2 – formação do supercontinente e adelgaçamento inicial – teriam sido responsáveis pelo longo período de glaciação no Carbonífero e Permiano. Estágios 3 e 4 – rifteamento profundo e dispersão rápida dos fragmentos de Pangea – teriam mantido a temperatura muito quente na era Mesozoica que não apresenta nenhuma evidência de glaciação em toda sua duração. Estaríamos atualmente passando pelo estágio 5, a fase de dispersão mais lenta e o início das colisões. Com base nesse modelo, podemos concluir que o clima relativamente bom que experimentamos hoje em dia, diferentemente do que se pode imaginar, poderá ser passageiro e apenas parte de uma curta fase interglacial da mais recente "mini-idade" do gelo. Assim, os mantos de gelo polares poderão voltar a crescer daqui a alguns milhares ou dezenas de milhares de anos. Como observou Jonathan Selby em relação a esse modelo, se o presente ciclo de supercontinentes correr o curso esperado, a "previsão de tempo" para o futuro geológico imediato é de melhorias com aumento de nebulosidade e calor seguido de forte queda na temperatura, com intensa glaciação, daqui 80 milhões de anos, desde que as atividades antrópicas, especificamente o lançamento em excesso de CO_2 na atmosfera, não revertam esse processo.

Evidentemente, muitos outros fatores, além daqueles relacionados às mudanças na atmosfera e ao ciclo de supercontinentes, podem contribuir para iniciar períodos de glaciação e influir em sua intensidade. Como exemplos, os ciclos astronômicos de Milankovitch afetam a distribuição sazonal da radiação solar sobre a superfície da Terra e a concentração de massas continentais nos polos favorece o acúmulo de neve. Ou, ainda, grandes quantidades de poeira na atmosfera, levantadas por impactos de meteoritos ou vulcanismo intenso e prolongado podem bloquear a radiação solar.

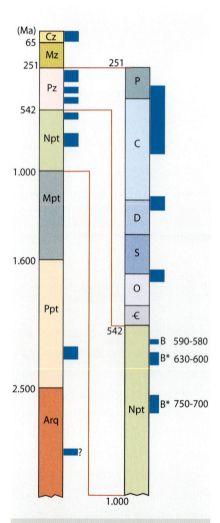

Figura 20.19 – Distribuição cronológica das idades glaciais da Terra. Todos os eventos assinalados já foram identificados no registro geológico do Brasil, inclusive as duas fases da "Terra bola de neve" (asteriscos). Legenda: Arq = Arqueano; Ppt = Paleoproterozoico; Mpt = Mesoproterozoico; Npt = Neoproterozoico; Pz = Paleozoico; Mz = Mesozoico; Cz = Cenozoico. € = Cambriano; O = Ordoviciano; S = Siluriano; D = Devoniano; C = Carbonífero; P = Permiano. Fonte: Modificada de A.C. Rocha-Campos & P.R. Santos, 2000.

Quadro 20.2 – A Terra como "bola de neve"

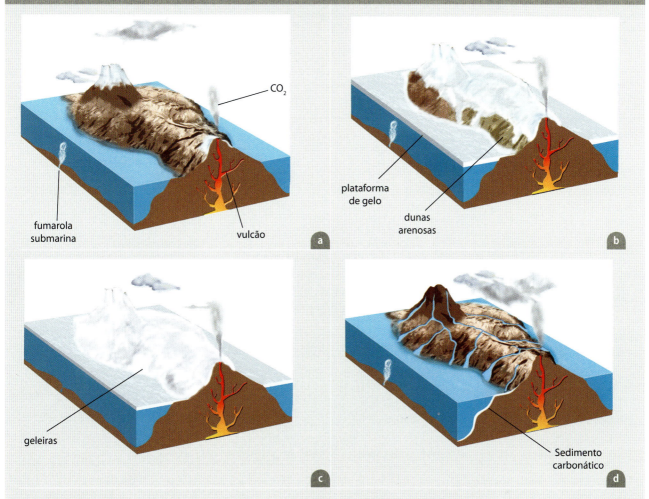

Figura 20.20 – O modelo da Terra "bola de neve", segundo P. F. Hoffman & D. P. Schrag, 2000.

a) *Fase 1: A "bola de neve" se forma*. A fragmentação do supercontinente Rodínia, há mais de 750 milhões de anos, deixa um conjunto de continentes menores em posição equatorial, em clima úmido e quente. Intenso intemperismo consome grandes quantidades de dióxido de carbono ao alterar e erodir os continentes. Com a diminuição do nível desse gás na atmosfera, temperaturas caem globalmente. Espessas plataformas de gelo formam-se nos mares polares e refletem da energia solar para o espaço, reduzindo ainda mais a temperatura global. Quanto mais gelo se forma, mais a temperatura global diminui, provocando o rápido avanço de gelo sobre o mar e os continentes. Os mantos de gelo chegam ao equador em poucos milhares de anos.

b) *Fase 2: A fase mais fria da Terra "bola de neve"*. A temperatura média da Terra cai até 50 °C negativos e os oceanos ficam cobertos por espessas camadas de gelo. Boa parte da vida marinha (toda ela microscópica nessa época) desaparece, a não ser em torno de fumarolas submarinas e numa faixa estreita de águas abertas no equador. A temperatura extremamente baixa e a falta de umidade no ar impedem a expansão das geleiras continentais; ventos fortes criam desertos arenosos gélidos. Sem chuva, o dióxido de carbono proveniente da atividade vulcânica (que nunca cessou) aumenta, continuamente.

c) *Fase 3: A Terra "bola de neve" descongela*. Após 10 milhões de anos sob condições hiperglaciais, o dióxido de carbono derivado da atividade vulcânica atinge mais de mil vezes sua concentração normal na atmosfera. O intenso efeito estufa eleva a temperatura acima de 0 °C no equador, permitindo a evaporação e a precipitação, que alimentam as geleiras continentais novamente. Nos trópicos, o gelo recua e os oceanos absorvem mais energia solar, aumentando ainda mais a temperatura global. Em poucas centenas de anos, o efeito estufa torna a Terra infernalmente quente e úmida.

d) *Fase 4: Termina a "bola de neve"*. O efeito estufa, alimentado cada vez mais pelo aumento da umidade na atmosfera, eleva a temperatura média a 50 °C positivos. Nessas condições extremas, muito do dióxido de carbono na atmosfera é transformado pelo intemperismo em bicarbonato e levado pelos rios aos mares, onde se deposita, como calcário, diretamente sobre os depósitos deixados pelo gelo. O clima retorna ao normal e a vida se dispersa pelos mares após longo período de isolamento genético e pressão seletiva intensa.

Capítulo 20 - Planeta Terra: passado, presente e futuro

Parâmetro	Tendências e efeitos esperados	
	Durante transgressões	Durante regressões
Temperatura mundial	Aumenta	Diminui
Circulação oceânica	Mais lenta, favorecendo estratificação das águas dos oceanos e anoxia em profundidade	Mais vigorosa, favorecendo a mistura das camadas de água e oxigenação do fundo
Área coberta por mares epicontinentais	Maior	Menor
Intensidade dos processos erosivos	Diminui	Aumenta
Suprimento de nutrientes aos oceanos	Menor	Maior
Complexidade ecológica nos mares rasos	Aumenta, oferecendo oportunidades de contato entre biotas	Diminui, isolando ou eliminando biotas
Pressão seletiva nos mares rasos	Pressão seletiva baixa, mudanças gradativas, irradiação evolutiva	Pressão seletiva aguda, mudanças abruptas, extinções
Diferença de temperatura entre o polo e o equador	Diminui	Aumenta
Zona tropical	Alarga-se	Estreita-se
Estabilidade climática	Aumenta	Diminui

Tabela 20.11 – Efeitos causados por transgressões e regressões do mar em escala global (mudanças eustáticas).

20.5 Eventos singulares e seus efeitos

Inseridos nos ciclos e tendências já discutidos, ocorrem eventos cuja raridade ou intensidade descomunal os transforma em marcos da história geológica da Terra.

Um desses eventos, verdadeiramente singular, deixou sua marca em jazidas de urânio, há dois bilhões de anos, na região de Oklo, no interior do Gabão (África Ocidental). Em 1972, a análise do minério de urânio desse local detectou uma percentagem anômala de 0,717% para o isótopo ^{235}U, 0,003% abaixo do esperado. Estudos pormenorizados dos elementos associados ao urânio revelaram uma causa surpreendente para a escassez desse isótopo: ele só poderia ter sido consumido por meio de reações naturais de fissão nuclear. Ou seja, há dois bilhões de anos, estabeleceu-se, em Oklo, a alguns quilômetros abaixo da superfície, um reator nuclear natural! Isso só foi possível graças à convergência de quatro condições particulares naquele ponto e naquele momento da evolução do planeta. O estabelecimento, um pouco antes, de oxigênio como elemento estável na atmosfera permitiu, pela primeira vez na Terra, a oxidação, a solubilização, o transporte e a concentração de urânio em rochas sedimentares, no caso os arenitos. Também naquela época a proporção do isótopo ^{235}U no urânio comum era três a quatro vezes seu valor atual. Desse modo, o urânio no minério, além de muito abundante, estava altamente enriquecido no único de seus três isótopos capaz de sustentar reações em cadeia. E, ainda, o minério estava soterrado sob pressão e temperatura suficientemente altas para permitir reações de fissão nuclear em pequena escala. Por fim, o minério estava encharcado de água subterrânea, que servia de moderador das reações de fissão, diminuindo a velocidade dos nêutrons liberados a tal ponto a promover reações em cadeia, exatamente como acontece em usinas nucleares.

De tempos em tempos, o calor gerado nessas reações levava à evaporação da água do local, interrompendo a reação e evitando uma explosão nuclear. Ao esfriar-se, a água, no estado líquido, infiltrava-se no arenito, novamente, e o processo reiniciava-se. Dessa maneira, os reatores nucleares naturais de Oklo mantiveram-se ativos durante séculos a dezenas de milhares de anos, consumindo uma quantidade de ^{235}U suficiente para gerar 500 bilhões de megajoules de energia ou construir seis bombas atômicas!

É pouco provável que outro evento desse tipo tenha ocorrido na história do planeta. Antes de dois bilhões de anos atrás, a ausência de oxigênio na atmosfera impedia a oxidação do urânio e, consequentemente, sua solubilização e concentração como minério. Após essa data, a proporção dos isótopos de urânio tornou-se desfavorável para reações nucleares naturais em função do decaimento radioativo do isótopo ^{235}U a uma taxa seis vezes mais rápida do que a do ^{238}U, o isótopo principal (99% do elemento).

Todavia, entre outros eventos notáveis, vale a pena destacar a origem da vida e o impacto de um gigantesco meteorito há 65 milhões de anos, responsável pela extinção de muitos grupos de animais terrestres e marinhos ao final do Cretáceo; o primeiro evento, pela importância que a vida tem na dinâmica e na evolução da Terra, e o segundo, pelo significado do acaso e de eventos cataclísmicos na história da vida.

Os maiores astroblemas identificados na Terra			
Diâmetro (km)	Astroblema	Localização	Idade em milhões de anos
300	Vredefort	África do Sul	2.023
250	Sudbury	Canadá	1.850
170	Chicxulub	México	65
100	Popigai	Rússia	35,7
100	Manicougan	Canadá	214
90	Acraman	Austrália	590
90	Chesapeake Bay	EUA	36,5
80	Puchez-Katunki	Rússia	167
70	Morokoweng	África do Sul	145
65	Kara	Rússia	70,3

Os astroblemas identificados no Brasil				
Diâmetro (km)	Localidade	Estado	Idade em milhões de anos	
40	Araguainha	Goiás	244	Triássico
20	São Miguel do Tapuio	Piauí		Antes do Jurássico
12	Serra da Cangalha	Tocantins	200	Limite Triássico/ Jurássico
12	Domo de Vargeão	Santa Catarina	110	Cretáceo
12	Piratininga	São Paulo	117	Cretáceo
10	Santa Marta	Piauí		Paleozoico tardio ou Mesozoico
9,5	Vista Alegre	Paraná	< 65	Cenozoico
6	Inajá	Pará		?
5,5	Cerro Jaraú	Rio Grande do Sul	117	Cretáceo
4,5	Riachão	Maranhão	200	Limite Triássico/ Jurássico
3,6	Colônia	São Paulo	36	Eoceno

Tabela 20.12 – Os maiores astroblemas da Terra e os exemplos brasileiros, em ordem de tamanho. Fonte: Earth Impact Database <www.unb.ca/passc/ImpactDatabase>.

20.5.1 A origem da vida

Durante a infância da Terra, no Hadeano, a superfície terrestre foi bombardeada constantemente por todo tipo de material que sobrou do processo da formação do Sol e dos planetas. Postula-se, até que boa parte dos gases e da água de nossa atmosfera e hidrosfera chegou à Terra por meio de impactos de cometas. Há quem especule que a vida teria originado-se em cometas quando o calor do Sol volatilizava suas capas externas geladas, criando, assim, o equivalente a um enorme laboratório químico à base de C, H e N. A maioria dos especialistas, no entanto, acredita que esse "laboratório" era aqui na Terra mesmo. A intensa interação entre o calor, a litosfera, a hidrosfera e a atmosfera primitiva teria transformado os oceanos precoces teriam-se transformado em soluções ricas em compostos orgânicos dos mais diversos – verdadeiras "sopas primordiais", em que os primeiros seres terrestres teriam-se originado.

Seja a vida indígena (surgida aqui) ou exógena (entregue "em domicílio" por um cometa), ela só experimentou sucesso após o último impacto esterilizante, que, como já dissemos, deve ter ocorrido em torno de 3,8 a 4,0 bilhões de anos atrás (ver figuras 20.7 e 20.8). Essas datas coincidem aproximadamente com a idade de compostos grafitosos da Groenlândia (3,85 bilhões de anos) que, por vários anos, foram considerados as mais antigas evidências de vida na Terra. Contudo, novas análises desses compostos e de supostos microfósseis orgânicos com 3,5 bilhões de anos do noroeste da Austrália lançaram sérias dúvidas se aqueles seriam de origem biológica. No momento, sem dúvida, os fósseis mais antigos são estromatólitos (ver capítulo 10), também datados em 3,5 bilhões de anos e localizados no noroeste da Austrália. De qualquer modo, chega-se à seguinte conclusão muito surpreendente: a vida pode ter surgido e se extinguido diversas vezes no Hadeano, mas o que sobreviveu até hoje, baseado em DNA, deve ter aparecido próximo do fim do Hadeano. Evoluiu rapidamente, pois em poucas centenas de milhões de anos, já existia ampla gama de processos metabólicos (fermentação, autotrofismo etc.), hábitos de vida (produtores primários, decompositores etc.) e ecossistemas variados.

20.5.2 O evento K/T e o "bólido assassino"

Atualmente, o número de meteoritos que cai sobre a Terra é muito pequeno e a maioria cai sobre o oceano. Por isso, os destroços de poucas dezenas de corpos celestiais recém-caídos são recuperados anualmente, e suas crateras normalmente não passam de alguns metros de diâmetro. O intemperismo e a erosão apagam praticamente todas essas feições do impacto. Mesmo assim, são conhecidas, mundialmente, em torno de 200 crateras ou astroblemas (literalmente, "feridas dos astros") de tamanhos e idades variados, formados pela queda de corpos celestiais, coletivamente

Figura 20.21 – Localização e diâmetros de crateras ou astroblemas produzidos por impactos de corpos extraterrenos no Brasil. Fonte: C. Riccomini, comunicação pessoal e Earth Impact Database <www.unb.ca/passc/ImpactDatabase>.

conhecidos como bólidos, tais como, cometas e asteroides (Tabela 20.12). O que poucos sabem é que o Brasil também tem sua cota de crateras, inclusive uma de 40 km de diâmetro, o domo de Araguaínha, em Goiás, na divisa com Mato Grosso, e outra de mais de 3 km de diâmetro, em Vargem Grande (Colônia), a apenas 35 km do centro da cidade de São Paulo (Figura 20.21).

Não há como negar os efeitos cataclísmicos locais, regionais e até globais dos impactos responsáveis por essas crateras, especialmente sobre a biosfera. Certamente, o mais impressionante desses impactos (e o mais comentado) foi aquele citado como responsável pela onda de extinções que demarcou o fim do período Cretáceo e da Era Mesozoica, há 65 milhões de anos. É conhecido como o evento "K/T", termo derivado das siglas adotadas em mapas geológicos para denotar rochas do Cretáceo (K) e Terciário (T). Foi a equipe de Luis Alvarez, professor da Universidade da Califórnia em Berkeley e ganhador do prêmio Nobel, que, em 1980, chamou a atenção da comunidade científica a essa ideia incomum, que lembrava inicialmente o raciocínio catastrofista do período anterior ao estabelecimento, por Charles Lyell, do uniformitarismo (atualismo) como o princípio fundamental da Geologia no século XIX (ver capítulo 10). Em rochas argilosas situadas no limite K/T em Umbria, Itália, Alvarez e colaboradores constataram uma concentração anômala do elemento irídio (Ir), um metal semelhante à platina, extremamente raro na crosta terrestre, mas presente no manto e relativamente enriquecido em asteroides, meteoritos e cometas. Alvarez e equipe propuseram, então, que estes argilitos representariam a poeira lançada na estratosfera pelo impacto de um bólido

de dimensões quilométricas e que este impacto teria causado a extinção dos dinossauros, répteis voadores, quase todos os grandes répteis marinhos, diversos grupos de invertebrados marinhos e até micro-organismos e plantas ao final do Cretáceo (Figura 20.22). No fervor que sucedeu à publicação dessa hipótese, foram encontradas muitas ocorrências novas da anomalia de irídio, e também outras evidências, como cristais de quartzo com sinais de fraturamento por impacto, na mesma posição estratigráfica em outras regiões do mundo, inclusive no Nordeste do Brasil, na bacia costeira Pernambuco-Paraíba.

Em 1991, geofísicos descobriram o principal candidato para o local de impacto do "bólido assassino", uma cratera de 170 km de diâmetro, formada há e 65 milhões de anos, recoberta por rochas cenozoicas, nas cercanias do povoado de Chicxulub, na península de Yucatán (México) (Figura 20.22d). Embora alguns geocientistas sustentam que a anomalia de irídio poderia ter sido originada do vulcanismo basáltico extraordinário, registrado na mesma época na Índia, tal hipótese não explica os grãos de quartzo fraturados e outras evidências favoráveis à hipótese do impacto, como uma anomalia em cromo (Cr), microdiamantes e pequenas gotículas vítreas de rochas siálicas no mesmo nível estratigráfico. Em 1999, F. T. Kyte, da Universidade da Califórnia, em Los Angeles (EUA), anunciou a descoberta de um fragmento de rocha de menos de 3 mm em diâmetro, em sedimentos do fundo do oceano Pacífico setentrional, a milhares de quilômetros de Chicxulub. A análise textural e química o convenceram de que se tratava de parte do próprio bólido K/T, provavelmente um asteroide.

O impacto do bólido assassino teria ocasionado o que Kyte descreve como

"um dos piores dias da história da Terra". Calcula-se em 10 km o diâmetro desse asteroide. Sua queda teria provocado, imediatamente, ondas de choque e calor (até 500 °C), terremotos de magnitudes até 13 na escala Richter e a vaporização de rochas, além de outras consequências igualmente aterrorizantes, sentidas ao longo de meses e até anos: *tsunamis* com ondas de até 1.000 m de altura, chuvas ácidas derivadas do dióxido de carbono e dos óxidos de enxofre oriundos da vaporização de calcários e sulfatos evaporíticos (como gipsita) no impacto, incêndios em escala continental, queda do material ejetado da cratera e, principalmente, o efeito "inverno nuclear".

O conceito de "inverno nuclear" surgiu na década de 1980, pelo menos em parte por causa das discussões geradas em torno das ideias de Alvarez e sua equipe. Concebeu-se que vários efeitos de uma guerra nuclear seriam parecidos com os do impacto de um asteroide. Em ambos, a poeira e a fuligem lançadas na estratosfera impediriam que grande parte da radiação solar penetrasse até a superfície terrestre por dias, semanas ou meses. A temperatura cairia rapidamente para valores negativos, mesmo nos trópicos, dizimando a vegetação terrestre e o fitoplâncton marinho, as bases das cadeias alimentícias. Um efeito em cascata levaria à morte organismos em todos os níveis tróficos dessas cadeias, desde consumidores primários até os carnívoros. Embora muitos grupos de animais sucumbissem, muitas plantas terrestres reapareceriam a partir de sementes ou raízes resistentes, quando a poeira se assentasse meses ou anos depois. Certamente, organismos não dependentes da fotossíntese poderiam sobreviver em nichos particulares, por exemplo, em torno de fumarolas oceânicas.

É este o cenário imaginado para o terrível fim do Cretáceo, um evento que acabou com o domínio dos répteis e finalmente permitiu a ascensão dos mamíferos, um grupo que se originou junto com os dinossauros, mas que, até então, atuava como meros coadjuvantes nas faunas mesozoicas.

A aceitação dessa hipótese pela maioria dos geocientistas tem forçado a comunidade geológica a repensar o papel de "catástrofes" (ou melhor, cataclismos) na história da Terra e, especialmente, na evolução biológica. O evento K/T eliminou grupos de organismos bem sucedidos, dominantes por muitas dezenas de milhões de anos, como os dinossauros, nos continentes, e os amonites (cefalópodes com conchas complexas), nos oceanos. A extinção não os selecionou porque eram necessariamente "inferiores" aos mamíferos e a outros grupos que vieram a substituí-los. Foram extintos em consequência de um evento aleatório instantaneamente devastador que nada tinha a ver com os processos normais da evolução, como competição e seleção natural. Dificilmente qualquer outro grupo dominante, de qualquer outra época geológica, escaparia ileso de um evento semelhante. Eles estavam, simplesmente, no lugar errado no momento errado.

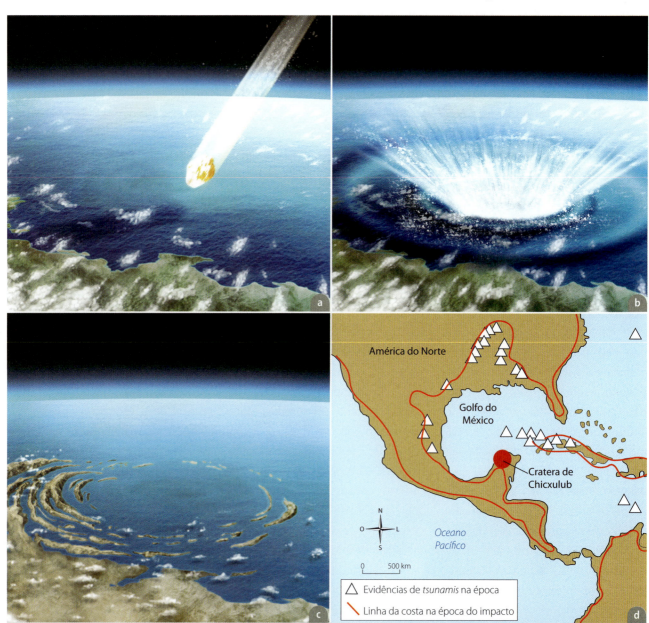

Figura 20.22 – O evento K/T. O impacto que teria causado a extinção dos dinossauros e de muitos outros organismos, no final do Cretáceo, há 65 milhões de anos. a) O asteroide assassino, de 10 km de diâmetro, a um segundo do impacto; b) O impacto; c) A cratera, mil anos depois; d) A localização da suposta cratera em Chicxulub, México. Fonte: *a-c*. Adaptada de W. K. Hartmann & R. Miller, 1991; d. A. R. Hildebrand & W. V. Boynton, 1991.

20.6 O amanhã e o depois

Há uma preocupação generalizada de que a ação antrópica cada vez mais intensa possa perturbar a diversidade da vida, o clima e o nível do mar, com efeitos trágicos para nosso mundo.

Entre as consequências danosas à humanidade estão a elevação da temperatura em razão da queima de combustíveis fósseis; o degelo das calotas polares e a inundação de ilhas oceânicas e regiões costeiras populosas; a destruição da camada de ozônio que nos protege dos efeitos danosos dos raios ultravioletas; o desequilíbrio de ecossistemas inteiros, como a desertificação de grandes regiões cobertas atualmente por florestas tropicais e extinções em massa. Organizações não Governamentais (ONGs), órgãos governamentais e comissões especiais têm realizado conferências internacionais para debater o tema. A preocupação com este tópico, apelidado de "mudanças globais", é real e o perigo também. Por exemplo, a população humana aumenta exponencialmente. Esse fato, por si só, é prova cabal da "mudança global" mais significativa dos últimos séculos: o superpovoamento da Terra, por nós, humanos, com todas as demandas e ameaças que isso impõe ao meio ambiente e à nossa capacidade de suprir alimentos e bens duráveis.

O que talvez esteja passando despercebido ao leitor recém-chegado a esse assunto é que, como vimos nesse capítulo, a Terra é um planeta dinâmico, em que mudanças globais atuando em diversas escalas temporais constituem a norma. É normal, portanto, que o clima mundial esquente ou resfrie, provocando o recuo ou o avanço dos mantos de gelo polares; que o nível do mar suba ou desça, redefinindo a geografia das regiões costeiras e modificando ecossistemas e o clima. É também normal que os continentes se afastem ou se aproximem e que espécies evoluam e sejam extintas, continuamente, em função dessas mudanças. A questão mais preocupante para nós é o ritmo dessas mudanças, pois o ser humano, como agente transformador do planeta, parece catalisar processos geológicos, induzindo, provocando e aumentando, num curto prazo, resultados que a natureza normalmente levaria séculos, milênios ou milhões de anos para fazer... ou desfazer. Mas isso não é problema para o planeta, pois ele já sobreviveu a inúmeras crises *sem* a presença do ser humano. Além do que, a vida é extremamente oportunista e rapidamente repovoa nichos vagos, mesmo após a extinção de grupos dominantes.

Enquanto isso, os ciclos dinâmicos e as tendências dos fenômenos naturais da Terra continuarão inexoravelmente, pontuados de vez em quando por eventos singulares. Em termos do futuro geológico do planeta, na escala de tempo de dezenas a centenas de milhões de anos, podemos imaginar que "o ritmo e o pulso" desses processos se tornem cada vez mais lentos, à medida que os elementos radioativos se extinguirem e o calor geotérmico se arrefecer nos próximos bilhões de anos. Antes disso, porém, entraremos mais uma vez na fase de agregação do ciclo de supercontinentes, daqui a algumas dezenas de milhões de anos, a começar pelo rompimento e afundação da crosta oceânica em uma das bordas do Atlântico, dando origem a uma nova zona de subducção e iniciando a reaproximação da África e América do Sul. Enquanto essa etapa não se completar, ocorrerão alternâncias climáticas de curta duração com certa tendência de aquecimento, terminando, daqui 80 milhões de anos, numa nova era glacial.

Resta, então, uma questão de fundo nessa história toda. E a espécie humana? Ela será capaz de sobreviver a si mesma?

Leitura recomendada

CONDIE, K. C. *Earth as an evolving planetary system*. Amsterdam; Boston: Elsevier Academic, 2005. 447 p.

ERNST, W. G. Speculations on evolution of the terrestrial lithosphere – asthenosphere system; plumes and plates. *Gondwana Research*, v.11, n. 1-2, p. 38-49, 2007.

KUKAL, Z. The rate of geological processes. *Earth-Science Reviews*, v. 28, n. 1-3, p. 1-284, 1990.

SALGADO-LABORIAU, M. L. *História ecológica da Terra*. 2. ed. São Paulo: Edgard Blücher, 1994. 307 p.

SCHOPF, J. W. Ritmo e modo da evolução microbiana pré-cambriana. *Estudos Avançados (IEA, USP)*, v. 9, n. 23, p. 195-216, 1995.

VEEVERS, J. J. Tectonic-climatic supercycle in the billion-year plate-tectonic eon: Permian Pangean icehouse alternates with Cretaceous dispersed-continents greenhouse. *Sedimentary Geology*, v. 68, n. 1-2, p. 1-16, 1990.

As Ciências da Terra: sustentabilidade e desenvolvimento

Capítulo 21

Umberto Giuseppe Cordani, Fabio Taioli

Sumário
21.1 Como surgiu o conceito de desenvolvimento sustentável?
21.2 Transição entre os séculos XX e XXI
21.3 Papel das Geociências no século XXI
21.4 Globalização *versus* sustentabilidade

Vimos nos capítulos anteriores que a Terra é um sistema, com sua dinâmica evolutiva própria. Montanhas e oceanos nascem, crescem e desaparecem, num processo cíclico. Enquanto os processos orogênicos trazem novas rochas à superfície, os materiais são intemperizados e mobilizados pela ação dos ventos, das águas, das geleiras. Os rios mudam constantemente seus cursos, e fenômenos climáticos alteram periodicamente as condições de vida e o balanço entre as espécies.

A Terra, graças à sua evolução ao longo de alguns bilhões de anos, propiciou condições para a existência de vida. É em sua superfície que vivemos, construímos nossas edificações, e dela extraímos tudo o que é necessário para a manutenção da espécie, tal como água, alimentos e matérias-primas para a produção de energia e fabricação de todos os produtos que usamos e consumimos. Contudo, também é nela que depositamos nossos resíduos, tanto domésticos quanto industriais.

Figura 21.1 – Cultivo de arroz em terraços criados sobre encostas, Bali, na Indonésia. Foto: AGEFotostock/Keystock.

Num breve histórico, as primeiras intervenções da humanidade nos processos naturais da Terra coincidem com o domínio do fogo. A partir daí, os seres humanos começaram a modificar as condições naturais da superfície do planeta. Estima-se que a exploração mineral iniciou-se há 40 mil anos, quando a hematita era minerada na África para ser utilizada como tinta para decoração. No entanto, os registros mais antigos do uso artificial da Terra e sua exploração mais ativa são de 8000 a.C., com o início da chamada Revolução Agrícola. Desde então, a humanidade vem explorando os recursos naturais do planeta e modificando a sua superfície para atender às suas necessidades que crescem continuamente com o desenvolvimento das civilizações e tecnologias. Por outro lado, a constante e crescente exploração dos recursos naturais tem ocasionado intensas pressões sobre o ambiente em determinadas regiões, causando a degradação ambiental e da própria vida.

A História fornece exemplos de diversas civilizações antigas que perderam sua importância por terem degradado o ambiente em que viviam. Vários séculos atrás, a civilização da Mesopotâmia utilizava um complexo de irrigação que, pelo manejo intenso e impróprio, levou à salinização dos solos e sua consequente degradação para a agricultura. Também a civilização Maia, na América Central, entrou em decadência pela má utilização do solo, o que provocou intensa erosão e escassez de água.

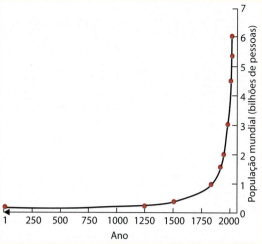

Figura 21.2 – Evolução da população mostrando tendência exponencial. Fonte: http://unstats.un.org/unsd/demographic/ em 2008.

Por outro lado, se analisarmos o histórico da ocupação da Terra pela humanidade, a população global era da ordem de 5 milhões de habitantes 10 mil anos atrás, aumentou para 250 milhões no início da era Cristã, atingindo 1 bilhão em torno de 1850. Em 2000, chegamos a 6 bilhões de pessoas e, segundo estimativas da Organização da Nações Unidas (ONU), seremos cerca de 8 bilhões de pessoas em 2020, o que caracteriza um crescimento populacional segundo uma tendência exponencial, como mostra a figura 21.2.

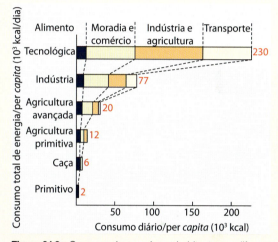

Figura 21.3 – Consumo de energia por habitante nos diferentes estágios de desenvolvimento da humanidade. Fonte: J. Goldemberg, 1996.

Thomas Malthus (1766-1834) sugeriu que a taxa de crescimento populacional era muito maior do que a capacidade do nosso planeta de produzir subsistência para a humanidade. Se os limites de subsistência ainda não foram superados, isto se deve basicamente à ocupação e exploração de novas áreas. Para se ter uma ideia, durante o século XIX, a área de terras destinadas à agricultura cresceu 74% em relação ao século anterior. Tal crescimento deu-se pelo desflorestamento de vastas áreas para essa finalidade. No fim do século XX, taxas anuais de desflorestamento eram da ordem de 1,7% na África, 1,4% na Ásia e 0,9% nas Américas Central e do Sul.

Salienta-se que o progresso tecnológico em todas as áreas do conhecimento levou à maior produção de alimentos por área cultivada, graças ao uso intenso de fertilizantes, agrotóxicos e sementes desenvolvidas em laboratório. Em contrapartida, esse avanço impôs enorme complexidade aos sistemas produtivos, de transporte e de abastecimento, ao mesmo tempo trouxe problemas de contaminação de solos, águas superficiais e aquíferos.

As características de desenvolvimento anteriormente descritas exigem um consumo cada vez maior de matérias-primas tanto minerais quanto energéticas. Estima-se que o consumo de matérias-primas minerais varie entre 8 toneladas ao ano, por pessoa, nas regiões menos desenvolvidas, e 15 ou até 20 toneladas ao ano, por pessoa, nas mais desenvolvidas. Além disso, o consumo de energia por habitante parece aumentar dependendo do estágio de desenvolvimento em que a sociedade se encontra, conforme mostram as figuras 21.3 e 21.4, levando-nos a supor que, quando os povos se desenvolvem, cresce a demanda de energia *per capita*.

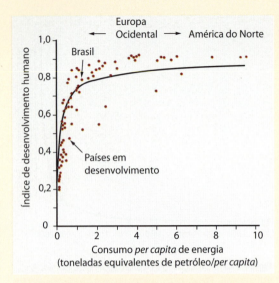

Figura 21.4 – Consumo de energia em relação ao índice de desenvolvimento humano. Este índice que leva em conta a renda *per capita*, expectativa de vida, mortalidade infantil, índice de analfabetismo etc. Fonte: Modificado de J. Goldemberg, 1996.

Para possibilitar o conforto da população atual da Terra, o volume de materiais mobilizados pela humanidade (materiais para construção, minerais e minérios) é maior do que aquele mobilizado pelos processos geológicos característicos da dinâmica externa da Terra. Tal constatação coloca a humanidade não só como um efetivo "agente geológico", mas também como o mais importante modificador da superfície na atualidade.

Paralelamente, o processo de ocupação de novas áreas para a garantia de suprimento das necessidades da humanidade leva à domesticação e à criação de algumas espécies animais, protegidas e utilizadas como alimento, enquanto outras, consideradas daninhas, são extintas, provocando perdas irreversíveis à biodiversidade do planeta e causando desequilíbrios ecológicos.

Com a evolução agrícola já mencionada, as civilizações que povoaram a Europa, o Mediterrâneo, a Ásia Menor, a Índia e o Leste Asiático transformaram por completo os territórios ocupados, explorando seus bosques e florestas e transformando-os em campos agrícolas. De modo análogo, o modelo de colonização adotado pelos europeus nas Américas e África, e particularmente no Brasil a partir do século XVIII, tem se baseado no desmatamento de extensas áreas florestadas para exploração da madeira. A área desmatada pode ser abandonada ou, eventualmente, ocupada por pastos e por uma pecuária extensiva que, à medida que são disponibilizados melhores meios de comunicação, progride para agricultura intensiva. A substituição de florestas por uma vegetação rasteira, frequentemente manipulada de forma inadequada, leva à maior exposição do solo. Este passa a ser mais suscetível aos agentes erosivos, com sua consequente desestruturação e perda da capacidade de absorção de água, o que provoca maior escoamento superficial que, por sua vez, intensifica a erosão (Figura 21.5). A perda de solo causará, de modo complementar, o assoreamento dos rios (Figura 21.6), dos lagos e, finalmente, a deposição de material sedimentar nas plataformas continentais dos oceanos.

Com a exaustão do solo, as populações procurarão novas áreas que sofrerão o mesmo processo de ocupação e degradação. Nas áreas em que a agricultura intensiva é implantada, quase sempre em associação com técnicas de irrigação, o desequilíbrio ecológico se faz presente, obrigando ao uso excessivo de fertilizantes e agrotóxicos. Tais práticas são agressivas ao solo, podendo levar à sua salinização. Além disso, podem provocar a contaminação tanto das águas superficiais quanto das subterrâneas, inviabilizando o aproveitamento da região por longo período de tempo, ou mesmo permanentemente, já que as águas subterrâneas deslocam-se a velocidades extremamente baixas e não se renovam facilmente.

Figura 21.5 – Erosão tipo boçoroca em área de cultivo agrícola.
Foto: IPT.

A necessidade de se conseguir mais produtividade da área cultivada tem obrigado a modernização e a progressiva mecanização da agricultura. Isto cria um grave problema social na medida em que alija os trabalhadores rurais do seu mercado de trabalho tradicional, fazendo com que grandes contingentes se mudem para as áreas urbanas à procura de novas oportunidades. Nos países menos desenvolvidos, estes trabalhadores chegam às metrópoles sem condições financeiras e instrução adequadas para competir no mercado de trabalho. Em muitos casos, estabelecem-se em áreas periféricas, geralmente inadequadas para ocupação, onde a vegetação é retirada e cortes e aterros são construídos sem qualquer controle técnico.

Tais alterações do meio físico aumentam a vulnerabilidade das populações, como é o caso de construções em áreas de risco sujeitas a escorregamentos (Figura 21.7).

Esse fenômeno é específico dos países menos desenvolvidos e, também, dos bolsões de pobreza no hemisfério norte, com populações ocupando vertentes de vulcões ativos, planícies de inundação, zonas sujeitas a movimentos de massa e avalanches, mangues etc. Assim, coloca em permanente evidência as desigualdades sociais e econômicas e cria um estado de continuada tensão social.

Voltando à questão demográfica, as taxas de crescimento populacional nos países menos desenvolvidos são muito maiores do que aquelas dos países desenvolvidos. Esses, na maioria dos casos, apresentam população estável e, devido às melhores condições, expectativas de vida mais elevadas. Esta distribuição populacional leva a crer que, mesmo que as taxas de natalidade nos países menos desenvolvidos decresçam, um patamar de relativa estabilidade populacional na Terra só será atingido depois de 2050, quando, estima-se, a população mundial será em torno de 11 a 12 bilhões de pessoas (Figura 21.8).

Além disso, os países mais desenvolvidos caracterizam-se por um perfil de consumo exagerado tanto de matérias-primas quanto de energia (ver figura 21.4). Consequentemente, produzem enormes quantidades de resíduos. Como exemplo, nos Estados Unidos da América, cada habitante gera cerca de uma tonelada de resíduos por ano, que têm de ser dispostos em áreas apropriadas para essa finalidade.

Na busca por melhor qualidade de vida, a tendência que está sendo seguida pelos países menos desenvolvidos é a de atingir os padrões de consumo dos países industrializados do hemisfério norte. Um exemplo notável é a China, cujo processo de inserção na economia de consumo vem provocando instabilidade mundial com alta demanda por bens minerais, combustíveis fósseis, papel, e mesmo alimentos. A Índia, com população semelhante à da China, tende a adotar o mesmo caminho de desenvolvimento. É evidente que, se for adotado, como modelo de prosperidade, o padrão de consumo vigente nos países do hemisfério norte, o consumo de alimentos, matérias-primas e combustíveis chegará a níveis extremos. Portanto, para o nosso ecossistema global, o tradicional modelo econômico é insustentável para o planeta.

Como corolário, as nações emergentes deverão buscar caminhos diferentes para o seu desenvolvimento, evitando o mesmo nível de consumo e desperdício praticados nos países industriais do hemisfério norte, uma vez que os recursos naturais da Terra são finitos.

Figura 21.6 – Assoreamento de rio. Foto: IPT.

Figura 21.7 – Escorregamento em área urbana de Campos de Jordão, São Paulo, com edificações em área de risco. Foto: IPT.

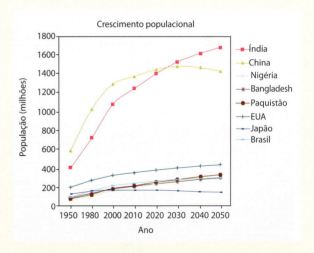

Figura 21.8 – Estimativa de crescimento populacional para diversos países durante o século XXI. Fonte: <http://esa.un.org/unpp/>.

Curiosidade

"Cada dolar americano investido em acesso à água e saneamento reverte em sete dólares de atividade produtiva. Isto sem considerar o ganho imensurável em diminuição da pobreza, melhoria da saúde e aumento do padrão de vida". (Ban Ki-moon, secretário geral das Nações Unidas, 2008).

Capítulo 21 - As Ciências da Terra: sustentabilidade e desenvolvimento

21.1 Como surgiu o conceito de desenvolvimento sustentável?

Os estudos sobre desenvolvimento socioeconômico iniciaram-se por volta de 1950, quando muitos territórios coloniais tornaram-se independentes.

A Organização das Nações Unidas (ONU) denominou a década seguinte como a Primeira Década das Nações Unidas para o Desenvolvimento, acreditando que a cooperação internacional proporcionaria crescimento econômico pela transferência de tecnologia, experiência e fundos monetários, resolvendo, assim, os problemas dos países menos desenvolvidos. Na realidade, tais ações mostraram-se inócuas, uma vez que criaram uma total dependência não só econômica, como também tecnológica daqueles países com os do mundo desenvolvido, acentuando as discrepâncias já existentes. Uma reavaliação do conceito de desenvolvimento orientou a Terceira Década das Nações Unidas para o Desenvolvimento (1980-1990), quando foram buscadas estratégias de distribuição, visando a uma melhor repartição dos benefícios do eventual crescimento da economia mundial.

A questão ambiental, fundamental para qualquer plano de desenvolvimento, começou a ganhar destaque nos meios de comunicação por volta de 1960. Na época, vários países em desenvolvimento, inclusive o Brasil, consideravam inviável incluir grandes programas de conservação ambiental em seus programas nacionais, pois acreditavam que poluição e deterioração ambiental eram consequências inevitáveis do desenvolvimento industrial. Evidentemente, tal atitude foi conveniente para os países mais desenvolvidos, pois, ao mesmo tempo em que restringiam a implantação de indústrias poluidoras do meio ambiente em seus territórios, tinham para quem transferir sua tecnologia e, ao mesmo tempo, garantiam o suprimento de bens provindo dos países menos desenvolvidos, que permitiam a instalação dessas indústrias.

No final dos anos 1960, a humanidade ganhou um aliado importante para a melhor compreensão da dinâmica terrestre, com as missões espaciais e a implantação de um sistema de satélites para o sensoriamento remoto da Terra, o que possibilitou o monitoramento integrado dos vários processos atmosféricos e climáticos, e forneceu a visão do planeta sob nova perspectiva global.

Em 1972, na Conferência das Nações Unidas sobre o Ambiente Humano (em Estocolmo) foi reconhecido o inter-relacionamento entre os conceitos de conservação ambiental e o desenvolvimento industrial; foram discutidos os efeitos causados pelo subdesenvolvimento e surgiram as ideias de "poluição da pobreza e ecodesenvolvimento".

Na década seguinte, a ONU resolveu criar uma comissão para efetuar um amplo estudo dos problemas globais de ambiente e desenvolvimento, e, em 1987, essa comissão apresentou o Relatório Brundtland (Nosso Futuro Comum), no qual foi introduzido o conceito de desenvolvimento sustentável. Este preconiza um sistema de desenvolvimento socioeconômico com justiça social e em harmonia com os sistemas de suporte da vida na Terra. Portanto, passa-se a reconhecer a necessidade da manutenção do equilíbrio ambiental e do alcance de justiça social. Em tal cenário, haveria uma melhor qualidade de vida coletiva, com as necessidades básicas da humanidade atendidas, bem como alguns de seus "desejos", sem que houvesse comprometimento do suprimento de recursos naturais e da qualidade de vida das futuras gerações. Portanto, como corolário, o de-

Figura 21.9 – Chapada Diamantina. Foto: F. Taioli

senvolvimento sustentável preconiza que estejam disponíveis recursos que atendam, pelo menos, às necessidades básicas de cerca de 80% da população da Terra. Por sinal, neste início do século XXI, vive em países menos desenvolvidos.

Em 1992, foi realizada, no Rio de Janeiro, a Conferência da ONU sobre Meio Ambiente e Desenvolvimento, ocasião em que o problema ambiental ocupou importante espaço nos meios de comunicação do mundo. Como resultado dessa conferência, foi elaborada a *Agenda 21*, um documento de grande relevância que representa um compromisso político das nações para agir em cooperação e harmonia na busca do desenvolvimento sustentável. A *Agenda 21* reconhece que os problemas de crescimento demográfico e da pobreza são internacionais. Para sua solução, devem-se desenvolver programas específicos locais e regionais, associados, entretanto, a programas de meio ambiente e desenvolvimento integrados, que contem com apoio nacional e internacional. Dessa forma, a consciência mundial despertou para a questão ambiental e sua relação com o desenvolvimento.

Por outro lado, em 2002 ocorreu, em Joanesburgo, a Cúpula Mundial sobre Desenvolvimento Sustentável, também chamada de *Rio +10*, cujo objetivo foi fazer um balanço dos resultados da conferência realizada na cidade do Rio de Janeiro.

O encerramento desta reunião foi marcado por uma generalizada decepção, com a constatação de que os problemas apontados na reunião anterior não só permaneciam, como haviam se agravado. Os dois maiores problemas globais, quais sejam o crescimento demográfico e a pobreza, estavam muito mais agudos diante da nova ordem econômica que surgiu nas últimas décadas do século XX.

21.2 Transição entre os séculos XX e XXI

A globalização, a nova ordem socioeconômica mundial, impôs uma transformação epistemológica fundamental para as ciências sociais, em que o seu paradigma clássico, com base nas sociedades nacionais, foi modificado pela necessidade de se levar em conta a realidade de uma "sociedade global".

Implica na intensificação das relações sociais em escala mundial, associando a globalização localidades distantes, de tal maneira que acontecimentos locais são influenciados por eventos que podem ocorrer em qualquer lugar do mundo. A globalização recoloca em discussão muitos dos conceitos das ciências políticas. Por exemplo, devem ser reformuladas as noções de soberania e hegemonia, associadas aos estados-nação como centros de poder. Na nova ordem mundial, sob a égide da economia capitalista neoliberal, operam novas forças sociais, econômicas e políticas, em escala mundial, que desafiam e reduzem os espaços dos estados-nação, mesmo daqueles de maior expressão política, anulando ou obrigando reformulações profundas em seus projetos nacionais. As nações buscam se proteger formando blocos geopolíticos, no interior dos quais cedem parte de sua autodeterminação, e também fazendo acordos sob os auspícios de organizações internacionais (ONU, FMI, UNCTAD, OMC, ALCA, Mercosul etc.), sujeitando-se às suas normas e conveniências temporais. Ao mesmo tempo, surgem novos centros de poder que agem em escalas local, regional, continental e mundial, e dispõem de condições para se impor aos diferentes regimes políticos por intermédio de redes e alianças, de seus planejamentos detalhados e da facilidade em tomar decisões instantâneas em virtude do fluxo de informações que

Figura 21.10 – Cidade de São Paulo. Foto: M. Simonetti/Keystock.

Capítulo 21 – As Ciências da Terra: sustentabilidade e desenvolvimento

lhes são disponíveis: são as grandes empresas multinacionais e os conglomerados transnacionais.

As multinacionais normalmente possuem recursos humanos entre os melhores de cada especialidade, os mais avançados recursos tecnológicos e sistemas de comunicação instantâneos, o que lhes permite controlar, na esfera de seus interesses, a produção e o comércio de bens e boa parte das finanças internacionais. Dispõem elas de mais recursos financeiros do que a maioria dos bancos centrais, até mesmo de alguns países desenvolvidos, e, desta forma, podem especular contra a estabilidade de várias moedas nacionais, auferindo lucros ainda maiores e frequentemente influenciando muito o destino político dos países envolvidos. Ao mesmo tempo, estados enfraquecidos perdem sua capacidade de controlar o fluxo de capitais, na medida em que diminui sua capacidade de gerar recursos por meio de taxas e impostos. Portanto, tais países têm reduzida sua capacidade para investimentos públicos ou para orientar adequadamente os investimentos privados, no sentido de atender com prioridade aos segmentos mais necessitados de suas populações.

O projeto político neoliberal vigente privilegia o livre-comércio, com redução ou abolição de tarifas alfandegárias, e induz a retração dos estados das funções de produção e planejamento, fazendo com que as privatizações sejam a opção natural hoje existente no mundo globalizado. No entanto, tal modelo econômico não está conseguindo reduzir a pobreza no mundo. Ao contrário, mesmo no país mais forte economicamente (EUA) tem aumentado a desigualdade entre ricos e pobres, assim como a proporção destes na população. Mais ainda, a economia neoliberal não conseguiu fazer com que o crescimento econômico na maioria dos países, por mais desenvolvidos que sejam, favoreça a diminuição da taxa de desemprego.

O aumento da riqueza sob controle de grupos privados é o melhor indicador da mudança de poder advinda com a globalização. Não se trata apenas de empresas multinacionais, mas também de outros atores maiores, como os grandes fundos de investimentos, fundos de pensão ou similares, sediados em países desenvolvidos, mas que operam globalmente. Trata-se de investimento especulativo, composto pelos capitais voláteis, que se movimentam rapidamente em transações controladas por redes eletrônicas, ignorando territórios e fronteiras nacionais, sem qualquer possibilidade de controle por parte dos estados ou das organizações internacionais do setor.

A globalização da economia, que atende especialmente aos interesses das corporações transnacionais e dos grandes investidores, acaba pressionando os governos, que de qualquer forma têm de estar inseridos na economia mundial, a estabelecer normas e leis nacionais segundo o ideário neoliberal. Desta forma, surgem medidas como eliminação de tarifas alfandegárias, liberação do fluxo de capitais, privatização dos serviços públicos essenciais etc., colocando setores estratégicos dos países nas mãos da iniciativa privada. Torna-se, portanto, difícil colocar em prática determinadas políticas públicas e estratégias alternativas de desenvolvimento regional ou nacional, cujo objetivo vise a uma melhor distribuição da riqueza.

Fica claro, pelo exposto, que a globalização da economia tem sido um retrocesso com relação ao caminho que a *Agenda 21* preconizou à humanidade, visando a sua sustentabilidade, principalmente porque os paradigmas associados à qualidade de vida são aqueles da sociedade de consumo, com seus desperdícios e injustiças sociais, e a degradação ambiental em nível global.

Se os estados estão perdendo a capacidade de planejar e de coordenar seus próprios processos de desenvolvimento, quem poderia substituí-los no novo contexto da globalização? É possível imaginar que o mercado global possa ser capaz de promover o desenvolvimento econômico no mundo todo e, ao mesmo tempo, tomar conta dos aspectos sociais na busca da sustentabilidade? Como compatibilizar a influência do estado e as forças da globalização? Como induzir sentimentos éticos de solidariedade e de responsabilidade nos diversos segmentos que têm o poder econômico, para que eles contribuam espontaneamente para o processo de desenvolvimento, sacrificando, se for o caso, alguns de seus objetivos restritos, para o alcance do bem-estar comum da sociedade? Como induzir os mesmos sentimentos de solidariedade nos setores que vêm sofrendo empobrecimento com a política neoliberal de globalização? É viável pensar em um governo supranacional ou global?

A ONU pode ser considerada o embrião de um poder político central e mundial. No entanto, durante mais de 60 anos de existência, ela vem se constituindo em um espaço de discussões intermináveis e pouco eficazes, e pela falta de ações que deveriam se seguir aos compromissos assumidos em suas assembleias gerais e conferências.

Além disso, as organizações internacionais, inclusive a própria ONU, acabam priorizando os interesses das nações desenvolvidas, com maior poder de influência, cujos problemas internos contrastam com os das nações emergentes e menos desenvolvidas e, paradoxalmente, são as que mais exercem pressão sobre o ambiente global, com seus elevados índices de consumo de energia e matérias-primas.

No entanto, o programa da ONU para o Meio Ambiente, criado em 1972 tem sido importante para coordenar as ações internacionais de proteção ao meio ambiente e de desenvolvimento sustentável. Suas ações culminaram na elaboração do Protocolo de Kyoto, proposto em 1997 e que conta com a adesão de mais de 175 países. Este protocolo obriga a maioria dos países a reduzir a emissão de gases que contribuem com o efeito estufa em 5,2% abaixo do nível de emissão de 1990. Paralelamente, criou a possibilidade de se comercializar créditos de carbono, privilegiando aqueles países que conseguem superar a meta e penalizando os que a ultrapassam, obrigando-os a comprar tais créditos. O seu quarto relatório, publicado em 2007, apresenta de forma conclusiva a contribuição antrópica nas mudanças climáticas observadas, particularmente pela utilização maciça de combustíveis fósseis (ver emissão de gases do efeito estufa – capítulo 4), e elaborou modelos do comportamento atmosférico da Terra para diversos cenários, causando grande comoção internacional. Tais resultados só foram possíveis pela ação coordenada dos geocientistas de inúmeros centros de pesquisa e universidades no mundo todo.

21.3 Papel das Geociências no século XXI

As Geociências englobam o estado da dinâmica evolutiva do planeta e de seus processos naturais, incluindo-se aqui, no presente escopo, especialmente aqueles que se manifestam em sua superfície.

Como uma ciência natural, a Geologia tem buscado aprimorar o conhecimento do planeta, a par da Geofísica, Oceanografia, Meteorologia, Botânica, Zoologia etc. Entretanto, para uma efetiva contribuição na solução das dificuldades que a sociedade enfrenta, para controle e gerenciamento dos processos naturais, os geocientistas devem, cada vez mais, estar sintonizados com os profissionais de outras especialidades, particularmente com os cientistas ligados às ciências humanas sociais, para se fazerem ouvir, principalmente pela classe política, nas discussões que envolvem a sustentabilidade do planeta. Em tal cenário, os geocientistas e os profissionais de especialidades afins devem ocupar o lugar que é inerente à sua formação, e exercer sua experiência e competência nos campos de atividade discriminados a seguir.

21.3.1 Monitoramento contínuo dos processos evolutivos

A Terra tem sua dinâmica própria, com flutuações e modificações ao longo do tempo, nas suas diversas escalas. Os geocientistas conhecem a dinâmica do "Sistema Terra" e dominam as ferramentas para o monitoramento das suas mudanças, a exemplo das redes internacionais de observações meteorológicas e sismológicas, da utilização de sensoriamento remoto para monitoramento dos fenômenos atmosféricos e oceanográficos, dos regimes hidrológicos, dos padrões de vegetação, do uso e ocupação territorial etc.

Alguns exemplos práticos dessa atuação podem ser citados: 1) as análises dos testemunhos de sondagem do projeto Vostok no gelo da Antártica, com registro contínuo de aproximadamente 800 mil anos de variações climáticas; 2) as medidas sistemáticas de temperatura e de nível do mar, que permitiram alertar sobre os problemas que poderão ocorrer em consequência do aquecimento global do planeta e do derretimento das calotas polares; 3) as antecipações de grandes erupções vulcânicas e eventos climáticos externos a tempo de evacuar populações assentadas em áreas de risco.

Com sistemas de monitoramento e posicionamento globais de grande precisão à disposição, gerando informações em tempo real, os geocientistas deverão ocupar um papel cada vez mais importante nas diversas atividades em que seu trabalho se aplica. As informações disponíveis pelo monitoramento podem ser críticas para a tomada de decisões de planejamento de uso e ocupação dos territórios, com o objetivo de tornar melhor e mais apropriada a disposição espacial das atividades econômicas, as quais devem se adaptar às características naturais do espaço físico, em consonância com os preceitos do desenvolvimento sustentável.

21.3.2 Busca, gerenciamento e fornecimento de recursos minerais

Prospecção, gerenciamento e fornecimento de recursos minerais são atividades tradicionais dos geocientistas, estando hoje inseridas em um complexo contexto econômico, no qual os minérios são considerados mercadorias padronizadas (*commodities*). Os empre-

571

endimentos mineiros devem levar em consideração, além da quantidade, teores e localização geográfica dos minérios, equipamentos utilizados para sua extração, beneficiamento e transporte, bem como aspectos de mercado.

Na década de 1980, o setor mineral sofreu séria retração devido a diversos fatores, dentre eles: o crescimento da reciclagem industrial, a substituição de diversos metais por novos materiais e a liberação de estoques estratégicos devido ao fim da Guerra Fria e à inserção mais acentuada dos países do Leste Europeu no mercado internacional, o que fez com que o preço das *commodities* fosse fixado pelo mercado consumidor. Por outro lado, nos primeiros anos do século XXI, com a expansão populacional e com a entrada da China e da Índia na economia de mercado, os preços das *commodities* atingiram patamares antes impensados. Desta forma, os padrões de demanda cresceram, aliados a uma maior necessidade de minerais não-metálicos e materiais de construção que, com a crescente urbanização e a preocupação com as consequências ambientais, lançam novos desafios para as atividades de mineração.

Sabemos que os recursos minerais da Terra são finitos. Dentro do panorama econômico e com o conhecimento tecnológico atuais, não se pode pensar que a humanidade seja capaz de manter os níveis atuais de consumo de recursos minerais, com a população atingindo cerca de 11 bilhões em 2050.

Qual será o caminho a ser seguido para garantir o suprimento de matérias-primas minerais para tantos habitantes do planeta? Provavelmente, esforços deverão ser reunidos para melhorar o aproveitamento mineral por meio de tecnologias de concentração mais eficientes e com o mesmo consumo energético possível, visando ao aproveitamento integral dos materiais mobilizados durante a mineração. Isto, aliado à maior reciclagem de material, poderá fazer com que muitos dos modelos tradicionais de jazidas minerais se tornem obsoletos e abandonados, sendo substituídos por outros que levem em consideração toda a cadeia econômica, na qual o custo ambiental ocupará um percentual importante. Em consequência, é de se esperar que o geocientista envolvido em atividades da indústria mineral venha a trabalhar, de forma criativa e inovadora, muito mais próximo dos setores de decisão econômica, assim como das engenharias de metalurgia, de transporte e também na reabilitação dos ambientes afetados pelos trabalhos de extração do bem mineral.

21.3.3 Busca, gerenciamento e fornecimento de recursos energéticos

Os combustíveis fósseis sempre foram um dos principais alvos prospectivos das atividades dos geocientistas. O petróleo e o gás natural, que levam milhões de anos para serem formados, têm reservas finitas e distribuição irregular na Terra (ver capítulo 18), com grande concentração de petróleo no Oriente Médio e de gás na Rússia. A continuar a sua extração na proporção que vem sendo efetuada, e com a perspectiva de aumento em razão da expansão populacional, mesmo encontrando novos depósitos em áreas a serem desenvolvidas, as reservas deverão se esgotar em dois ou três séculos.

Novas tecnologias de prospecção e recuperação nos campos petrolíferos têm obtido avanços significativos, assim como a busca de petróleo no mar, em águas profundas e ultraprofundas (ver quadro 18.2 sobre o Campo Tupi). À medida que os hidrocarbonetos escasseiem, serão necessários esforços adicionais nesta área, obrigando uma maior interação entre os geocientistas, os engenheiros de diversas especialidades e os profissionais ligados aos estudos econômicos. Antigos campos petrolíferos poderão inclusive vir a ser "minerados" para aproveitar as reservas não recuperadas por falta de tecnologia apropriada. Nesse contexto, os setores mineral e de hidrocarbonetos deverão compartilhar suas respectivas experiências, de forma a obter os melhores resultados.

As reservas de carvão mineral permitirão seu uso por mais tempo, devido às enormes reservas conhecidas, como as localizadas na China. Porém, da mesma forma, trata-se de recurso não-renovável e também de distribuição irregular na Terra.

Todavia, a queima de combustíveis fósseis, com a liberação de CO_2 e CO na atmosfera, acarreta os conhecidos problemas ambientais, sendo a maior responsável pelo aumento do efeito estufa do planeta e, portanto, do aquecimento global.

A energia gerada pela fissão nuclear é uma alternativa amplamente utilizada, principalmente no Japão e na França. Por outro lado, a implantação de novas usinas não tem ocorrido, sendo que alguns países (Alemanha, por exemplo) estão substituindo esta forma de geração de energia por apresentar o grave, e ainda não resolvido, problema da disposição dos rejeitos radiativos, de alta periculosidade para o meio ambiente. Cabe aos geocientistas a enorme responsabilidade de dispor de tais rejeitos, inclusive os já produzidos, de forma a garantir a saúde e a segurança das gerações futuras.

A implantação de usinas hidrelétricas será cada vez mais complexa perante os preceitos ambientais, uma vez que tal alternativa interrompe o fluxo natural dos rios – gerando, de um lado, a salinização e o assoreamento progressivo destes reservatórios e, de outro, a diminuição ou mesmo a interrupção do aporte de sedimentos aos oceanos – ocasionando alteração dos ecossistemas – a jusante e deflagração de processos erosivos na costa oceânica. Adicionalmente, as melhores locações já foram utilizadas. De toda forma, a instalação de novas usinas deverá contar com uma participação maior de geocientistas, tanto nas atividades tradicionais da busca de materiais de construção e análise geológica da região afetada, quanto na modelação e previsão das alterações geológicas e ecológicas locais e regionais que possam advir. Com relação às usinas já implantadas, soluções deverão ser encontradas para minimizar o assoreamento dos reservatórios e a salinização das águas.

A alternativa de produção de energia baseada nas anomalias geotérmicas, adotada hoje nas regiões de alto fluxo térmico, poderá se tornar viável mesmo nas regiões de baixo fluxo térmico (aproveitamento de baixa entalpia), à medida que a tecnologia vai se aperfeiçoando. A definição dos locais mais apropriados para seu aproveitamento é, sem dúvida, responsabilidade dos geocientistas.

A busca pela sustentabilidade do planeta fará com que a energia solar e suas variantes (eólica, marés e biomassa) contribuam com maior percentual na matriz energética dos países. Deverão contar, a exemplo do que já ocorre, com importante participação dos geocientistas tanto na escolha dos locais mais apropriados para sua implantação, quanto nas fases de operação e manutenção. Como resposta, vários países vêm desenvolvendo tecnologias e legislações que visam minimizar não só a emissão de gases de efeito estufa, como propiciar um desenvolvimento sustentável. Exemplo disso é a tecnologia de construção de casas ambientalmente corretas, cujo consumo de energia anual é zero, que deverá abranger todas as construções no Reino Unido até 2016.

21.3.4 Conservação e gerenciamento dos recursos hídricos

A disponibilidade de água é vital para a humanidade. Neste início do século XXI, mais de 1 bilhão de pessoas no mundo sofrem com a escassez crônica de água. Pode-se lembrar que um dos motivos da "Guerra dos Seis Dias", entre

Figura 21.11 – Chapada Diamantina. Foto: F. Taioli.

Capítulo 21 - As Ciências da Terra: sustentabilidade e desenvolvimento

os israelenses e os árabes em 1967, foi a ameaça dos árabes de desviarem as águas do rio Jordão, que fornece cerca de 60% da água consumida na Jordânia. Considera-se que outros conflitos entre países podem vir a ocorrer à medida que a disponibilidade de água se torne mais crítica, pois, a exemplo de quase todos os recursos naturais, sua distribuição no planeta não é regular.

Cabe aos geocientistas o estudo e gerenciamento da água subterrânea, cuja quantidade no planeta (ver capítulo 17), muito maior do que a água de superfície, permite certa tranquilidade quanto à disponibilidade futura do recurso. Por outro lado, se a água de superfície é rapidamente renovada pelo ciclo hídrico, o que permite a restauração de sua qualidade, a renovação da água subterrânea é extremamente mais lenta, sendo, por isso, muito mais vulnerável à poluição. Isto se torna mais crítico nas regiões metropolitanas, onde a grande concentração populacional impõe a instauração de complexos sistemas de distribuição de água, coleta e tratamento de esgotos e resíduos domiciliares e industriais etc. Muitas vezes, tais sistemas se apresentam muito vulneráveis e acarretam contaminação em importantes reservas naturais. Neste aspecto, os geocientistas devem influir fundamentalmente na busca de processos econômicos de remediação e recuperação dos aquíferos.

Por compreender a dinâmica envolvida no ciclo hidrológico, o geocientista tem a tarefa importante de educar, levando ao conhecimento dos políticos, industriais, agricultores e, principalmente, da população em geral a necessidade da preservação dos mananciais.

21.3.5 Conservação e gerenciamento de solos agrícolas

Solos aráveis, produto final da alteração intempérica das rochas, levam muitos milhares de anos para serem formados. Os solos ideais apresentam bom suprimento de nutrientes, estrutura e mineralogia adequadas para a retenção de água e hospedagem de micro-organismos, bem como espessura suficiente para suportar vários tipos de vida vegetal. Por outro lado, em terrenos utilizados exaustivamente na agricultura, muito solo é perdido por diversos fatores, entre os quais: a salinização, por causa da irrigação imprópria; a toxificação, pelo uso incorreto e/ou intenso de fertilizantes e pesticidas; e a erosão, em razão do manejo inadequado, com cultivo em declives, desflorestamento e atividades extrativas.

A tabela 21.1 mostra a taxa de perda do solo para diferentes usos agrícolas no estado de São Paulo.

Segundo estudos recentes, áreas já degradadas perfazem cerca de 300 milhões de hectares na África, 440 milhões de hectares na Ásia e 140 milhões de hectares na América Latina. Além disso, cerca de cinco a sete milhões de hectares de solos são perdidos, e impossíveis de serem repostos, anualmente para os oceanos. Por exemplo, 40% da área originalmente apta à agricultura na Índia encontram-se parcialmente ou totalmente degradada. Na bacia do Paraná (principalmente PR e SP), diversas e extensas áreas apresentam-se improdutivas, ocupadas por grandes feições erosivas denominadas boçorocas, formadas pela erosão intensa, ocasionada pelo desmatamento, uso inadequado do solo e descuido no

Tipo de cultura	Taxa de erosão do solo (t/ha/ano)
Algodão	24,8
Amendoim	26,7
Batata	18,4
Feijão	38,1
Mamona	41,5
Milho	12
Soja	20,1
Trigo	19
Culturas permanentes (café, laranja, banana etc.)	0,9
Floresta natural	0,004

Tabela **21.1** – Perdas anuais de solo em função do tipo de cultura no estado de São Paulo. Fonte: Bellinazzi, R. Jr.; Bertolini, D.; Lombardi Neto, F. *A ocorrência de erosão urbana no estado de São Paulo*. In: II Simpósio sobre o controle de erosão, 1981, São Paulo. Anais. São Paulo: ABGE, 1981. v.1, p. 17-137.

gerenciamento das águas superficiais. Em áreas urbanas, apesar do alto grau de impermeabilização do solo promovido pelas edificações e pavimentos, o problema de erosão também se faz presente de forma intensa (ver figura 21.5), devido à exposição de extensas áreas de solo sem qualquer proteção. Em vista do exposto, a par dos depósitos minerais e combustíveis fósseis, os solos devem ser também considerados como recursos naturais não renováveis, sendo de importância vital a sua conservação e adequada utilização.

Observa-se uma diversidade muito grande entre as práticas de conservação do solo utilizadas em diferentes regiões do planeta. Naquelas próximas dos principais centros consumidores, que já sofreram certa degradação pelo manejo impróprio dos solos, os agricultores têm tido uma crescente preocupação com sua conservação, adotando práticas simples e eficientes, de baixo custo. Aliam isto a diversas técnicas de monitoramento das condições atmosféricas e da variação das propriedades do solo ao longo do tempo. Têm também buscado o auxílio de sensoriamento remoto na avaliação da eficácia dos processos produtivos adotados. No entanto, nas chamadas fronteiras agrícolas, que vêm a ser as áreas recentemente desflorestadas, continuam a se repetir os erros e descuidos de antigamente. A figura 21.12 mostra, na região de Carajás, o avanço da ocupação com intenso desmatamento, enquanto a área sob responsabilidade da mineração permanece praticamente inalterada, conservando a floresta natural. Neste aspecto, os geocientistas deverão atuar junto aos agricultores na busca das soluções técnicas e economicamente viáveis para evitar ou mitigar a perda de áreas produtivas por manejo inadequado e consequente erosão, contaminação dos recursos hídricos e assoreamento dos reservatórios.

21.3.6 Redução de desastres naturais

Outra missão fundamental dos geocientistas é o conhecimento, o mais completo possível, dos fenômenos naturais que podem provocar grandes catástrofes, como terremotos, *tsunamis*, erupções vulcânicas (tanto de lavas quanto de cinzas), ciclones tropicais, inundações, escorregamentos de terra, secas prolongadas etc. Tais desastres naturais, além de provocarem a morte de muitas pessoas e a perda de propriedades, podem ocasionar também atrasos na evolução do desenvolvimento econômico, especialmente para os países mais pobres. A importância deste tema levou a ONU a dedicar a década de 1990 como a "Década Internacional para Redução de Desastres Naturais". Cabe às ciências da Terra a tarefa de fornecer os instrumentos para prevenir tais desastres naturais e preparar as comunidades para reduzir sua vulnerabili-

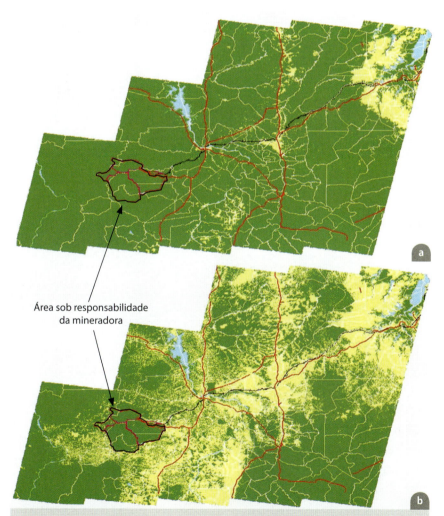

Figura 21.12 – Avanço da ocupação da região da serra dos Carajás entre os anos de 1975 (a) e 1999(b), onde se observa o progresso do desmatamento para a implantação de atividades agropecuárias, enquanto a área sob responsabilidade da mineração mantém a floresta preservada. Fonte: SGM-MME, 2006.

Capítulo 21 - As Ciências da Terra: sustentabilidade e desenvolvimento

dade. Isto é muito importante nas áreas urbanas, onde, como já mencionado, os processos são catalisados pela desorganizada ocupação antrópica.

Em termos de desastres naturais (Figura 21.13), a diferença de vulnerabilidade entre os países desenvolvidos e em desenvolvimento é marcante. Por exemplo, terremotos de mesma magnitude provocaram apenas pequenos danos em São Francisco (Estados Unidos, 1992) devido às construções antissísmicas, enquanto, na Armênia (1987), dezenas de milhares de pessoas foram mortas e feridas.

Um exemplo brasileiro bem-sucedido da aplicação do conhecimento dos processos geológicos na redução de acidentes é a correlação entre as taxas de precipitação pluviométrica e a ocorrência de escorregamentos na Serra do Mar (SP) (Figura 21.14). Por meio de estudo de inúmeros casos históricos de escorregamentos, foram definidas, pelo Instituto de Pesquisas Tecnológicas de São Paulo – IPT, as áreas ocupadas que apresentavam risco, bem como os limites críticos de precipitação que deflagravam processos de escorregamentos (ver figura 21.15). Quando esses limites pluviométricos estão próximos de serem atingidos, os geólogos acionam a Defesa Civil, que transfere para locais seguros a população que se encontra em áreas de risco. Tal experiência, já em prática desde o final da década de 1980, tem evitado periodicamente inúmeros acidentes com vítimas, e a experiência foi transmitida para outras áreas críticas, por exemplo, nas cidades de Salvador (BA), Rio de Janeiro (RJ), Petrópolis (RJ) etc. Contudo, esses estudos devem ser também priorizados em outros estados brasileiros para minimizar tragédias como a que aconteceu em Santa Catarina no final de 2008.

21.3.7 Disposição adequada de resíduos

A disposição de resíduos domésticos e industriais tem sido objeto de crescente preocupação dos setores de planejamento, da classe política e, mais recentemente, da população em

Figura 21.13 – Escorregamento de grandes proporções, ocorrido na cidade de Los Corales, Venezuela. Foto: Sociedad Venezuelana de Geotecnia, 1999.

Figura 21.14 – Cicatrizes deixadas por escorregamentos na Serra do Mar, no estado de São Paulo. Foto: IPT.

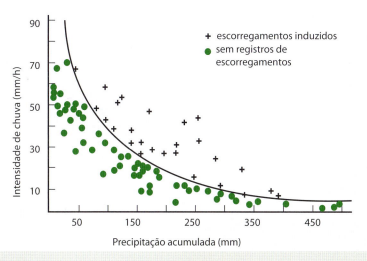

Figura 21.15 – Gráfico relacionando taxa de precipitação com escorregamentos na Serra do Mar. Fonte: IPT.

geral. Os espaços para a disposição convencional em aterros sanitários nos grandes centros urbanos estão se esgotando, enquanto que, nas regiões mais pobres, as práticas de disposição de resíduos são muitas vezes impróprias, causando contaminação nos solos e mananciais. Mesmo com a crescente adoção de políticas de reuso, reciclagem e reaproveitamento industrial de alguns resíduos, continua fundamental a escolha dos locais para a disposição do resíduo final, de forma a garantir a saúde e a segurança da população.

21.4 Globalização *versus* sustentabilidade

O modelo de desenvolvimento socioeconômico baseado no crescimento ilimitado do binômio produção–consumo não é sustentável, colocando em risco a nossa especie no planeta.

Diante do quadro até aqui exposto, entende-se que o modelo econômico fundamentado na globalização e a política neoliberal têm caminhado em direção oposta ao desenvolvimento sustentável, o que nos leva a algumas questões:

- Até que ponto o "sistema Terra" suportará o crescimento demográfico?

- Há condições de se reverter as taxas de crescimento demográfico existentes atualmente e se chegar a uma estabilidade populacional?

- Há como garantir qualidade de vida decente e satisfatória a uma população da ordem de 11 bilhões de pessoas?

- Há condições de melhorar os padrões de vida das populações mais pobres, aproximando-os dos padrões do mundo desenvolvido?

Ainda não há respostas definitivas e satisfatórias para tais questões, principalmente levando-se em consideração as estimativas de que a população da Terra deverá praticamente dobrar durante a vida de muitos dos leitores deste livro.

Graças à sua formação e ao seu conhecimento dos processos naturais, os geocientistas em conjunto com especialistas de áreas afins, têm condições de contribuir para a solução das muitas dificuldades que deverão surgir neste início do terceiro milênio. O principal problema a ser resolvido é exatamente o do crescimento demográfico, para que se chegue o mais rápido possível a um equilíbrio e uma estabilidade populacional.

Finalmente, qualquer modelo de desenvolvimento deverá se pautar em padrões éticos que objetivem um melhor equilíbrio nos padrões de consumo entre os povos, de forma a garantir um bem-estar mínimo a toda população, sem ultrapassar a capacidade do meio ambiente de se regenerar. Nesse contexto, os que têm muito e mais pressionam os ecossistemas do planeta terão de abrir mão de uma parte de seus privilégios para que aqueles que têm pouco possam também viver dignamente. Desta forma, os geocientistas são importantíssimos também para a educação e a conscientização das pessoas que terão, como todos, de participar na preservação do "sistema Terra", condição necessária para a própria sobrevivência da espécie humana.

Leitura recomendada

Conferência das Nações Unidas sobre meio ambiente e desenvolvimento. Agenda 21. 2. ed. Brasília, 1997. 598 p.

BELLINAZZI JR., R.; BERTOLINI, D.; LOMBARDI NETO, F. A ocorrência de erosão urbana no Estado de São Paulo. In: Simpósio sobre o Controle de Erosão, 2., 1981, São Paulo. Anais... São Paulo: ABGE, 1981. v. 1, p. 117-137.

CORDANI, U. G. As ciências da terra e a mundialização das sociedades. *Estudos Avançados*, v. 9, n. 25, p. 13-27, 1995.

FYFE, W. S.; CALDWELL, W. G. E. Earth sciences and global development: an IUGS perspective. *Episodes*, v.19, n. 1-2, p. 21-23, 1996.

GOLDEMBERG, J. *Energy, environment and development*. London: Earthscan, 1996. 158 p.

MULDER, E. F. J.; CORDANI, U. G. Geoscience for sustainable development; the next decade. In: International Geological Congress, 30, 1997, Utrech. Proceedings... Utrech: VSP, 1997. v. 2-3, p. 283-298.

I - Dados estatísticos do planeta Terra

Wilson Teixeira, Thomas Rich Fairchild, M. Cristina Motta de Toledo, Fabio Taioli

Raio equatorial	6378 km
Raio polar	6357 km
Circunferência equatorial	40.755 km
Volume	$10,83 \times 10^{20}$ m^3
Superfície	510×10^{16} km^2
Gravidade no Equador	978,032 cm/s^2

Terras emersas	150.142.300 km^2
Oceanos e mares	362.032.000 km^2
Planeta Terra	512.175.090 km^2

Porcentagem superficial dos oceanos	71%
Porcentagem superficial de terras emersas	29%
Altitude média dos continentes	623 m
Profundidade média dos oceanos	3,8 km

Elevações, profundidades e distâncias

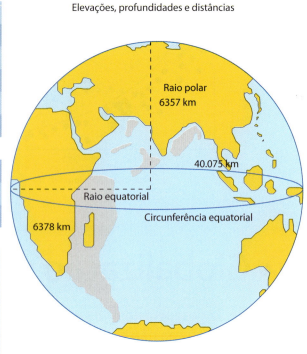

Áreas continentais

- América do Norte: 24.250.170 km^2
- América do Sul: 17.806.250 km^2
- Europa: 10.507.630 km^2
- Ásia: 44.362.815 km^2
- África: 30.321.130 km^2
- Austrália: 7.682.300 km^2
- Antártica: 14.245.000 km^2

Áreas dos oceanos

- Oceano Ártico: 14.056.000 km^2
- Oceano Pacífico: 166.241.700 km^2
- Oceano Atlântico: 82.522.600 km^2
- Oceano Índico: 73.426.500 km^2

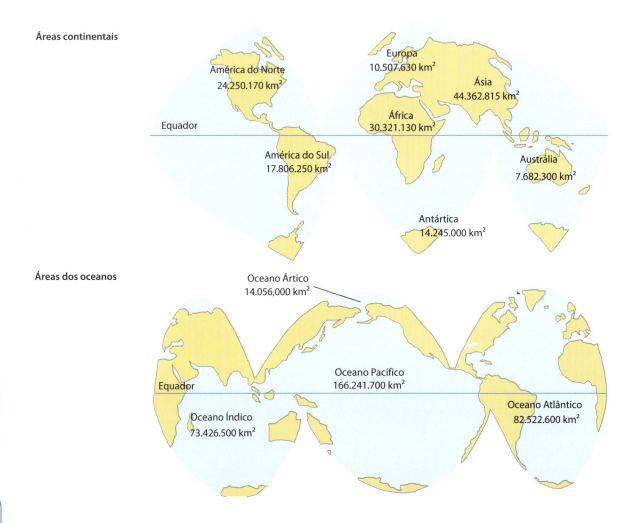

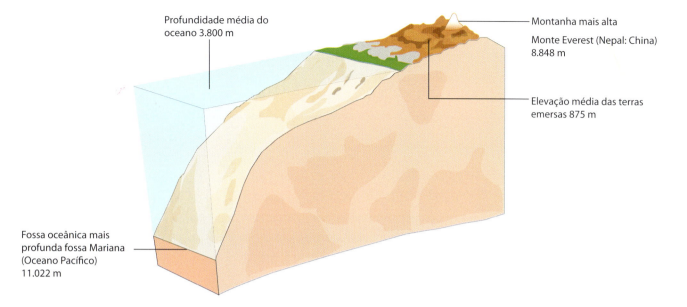

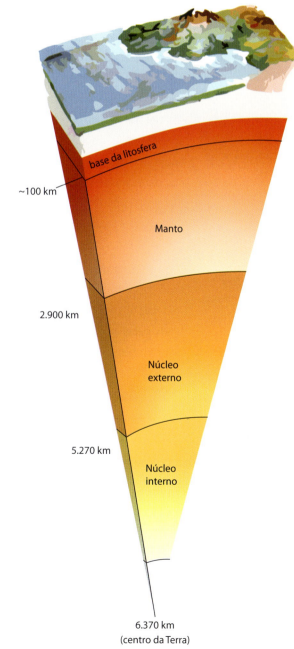

Distribuição da água (em volume)	
Oceanos e mares	$1{,}37 \times 10^9$ km^3
Geleiras	$2{,}5 \times 10^7$ km^3
Água subterrânea	$8{,}4 \times 10^6$ km^3
Lagos	$1{,}25 \times 10^5$ km^3
Rios	$1{,}25 \times 10^3$ km^3

Volume (v) e densidade (d)	
Crosta continental	(v) $1{,}12 \times 10^{10}$ km^3; (d) $2{,}7$ g/cm^3
Crosta oceânica	(v) $2{,}66 \times 10^8$ km^3; (d) $3{,}0$ g/cm^3
Manto	(v) $8{,}99 \times 10^{11}$ km^3; (d) $4{,}5$ g/cm^3
Núcleo	(v) $1{,}75 \times 10^5$ km^3; (d) $10{,}7$ g/cm^3
Planeta Terra	(v) $1{,}08 \times 10^{12}$ km^3; (d) $5{,}5$ g/cm^3

Massas	
Terra	$5{,}976 \times 10^{27}$ g
Atmosfera	$5{,}1 \times 10^{21}$ kg
Gelo	$25\text{-}30 \times 10^{18}$ kg
Oceanos	$1{,}4 \times 10^{21}$ kg
Crosta	$2{,}5 \times 10^{22}$ kg
Manto	$4{,}05 \times 10^{24}$ kg
Núcleo	$1{,}90 \times 10^{24}$ kg

Distância média do Sol	$1{,}496 \times 10^8$ km
Velocidade de rotação	40.000 km/dia no Equador
Velocidade média em volta do Sol	29,77 km/s
Massa do Sol/massa da Terra	$3{,}329 \times 10^5$
Massa da Terra/massa da Lua	81,303

Apêndice II

II - Especialidades em geociências
Wilson Teixeira, Thomas Rich Fairchild, M. Cristina Motta de Toledo, Fabio Taioli

As ciências da Terra englobam diversas especialidades, entre elas a Geologia, escopo principal deste livro. Com o desenvolvimento científico, muitas das vertentes de estudo da Terra passaram a constituir uma ciência distinta, como a oceanografia, a meteorologia, a geofísica e ainda outras. No entanto, todas têm como foco investigativo uma parte do Sistema Terra, guardando, consequentemente, suas relações com a Geologia. De modo geral, a Geologia tem sido definida como a ciência que estuda a Terra como um todo, em suas partes acessíveis e inacessíveis, reconstituindo sua história evolutiva e também seus materiais formadores, como formas fixadas resultantes dos processos dinâmicos terrestres. Tais estudos resultam num conhecimento detalhado do planeta, de seu funcionamento e de seus materiais, de forma a correlacionar os processos terrestres com os processos de outros planetas, a identificar materiais e ambientes favoráveis à utilização pelo ser humano e, também, a buscar modos de prevenção e remediação de eventuais consequências indesejáveis do uso e ocupação dos ambientes e materiais naturais.

Assim, com a crescente necessidade de otimização do aproveitamento dos recursos naturais, tais como o carvão, minerais, água, óleo e gás, e da redução da degradação dos ambientes naturais causada pela ocupação da sociedade industrial, as diferentes especialidades de estudo geológico do planeta têm assumido grande importância. O aproveitamento racional dos recursos naturais e a utilização e ocupação dos ambientes no conceito da sustentabilidade requer cada vez mais novos investimentos e estudos – uma grande parte dos quais a cargo de geólogos e de outros especialistas da área. Suas atividades estão ligadas à indústria energética, indústria da mineração, hidrogeologia, construções, e ocorrem nos governos federal, estaduais e municipais, empresas de engenharia, de avaliação e remediação ambiental, universidades e institutos de pesquisa e, ainda, empresas de consultoria para todas as áreas mencionadas, participando, assim, na utilização, ocupação, planejamento e remediação dos recursos e ambientes do nosso planeta, bem como na prevenção dos riscos ambientais naturais, como sismos, vulcões e avalanches, e antrópicos, como poluição dos solos e das águas.

Todos esses campos e locais de atuação envolvem um grande número de variantes. A indústria energética, por exemplo, necessita de especialistas em estratigrafia, paleontologia, geoquímica e sedimentologia: as carreiras em mineração requerem conhecimento técnico em geologia econômica, mineralogia, cristalografia, geologia estrutural, geoquímica e geofísica. Para preparar os profissionais, sua formação acadêmica em Geologia inclui disciplinas da área de exatas (matemática, física, química) e específicas de caráter geológico, incluindo aulas práticas de campo e experimentais, que estabelecem, ao final do curso, um perfil profissional adaptável às mais variadas funções e responsabilidades. Com isso, esse profissional tem galgado posições em outras áreas de atuação além das tradicionais, como a administração, gerenciamento de atividades empresariais, comunicação institucional, setor securitário, turismo ecológico e mesmo no âmbito da gestão pública.

Muito embora algumas atividades em Geologia tenham reputação negativa junto a uma parcela da sociedade, como a mineração ou a pesquisa do petróleo, por causa de riscos e danos ambientais, elas são essenciais para a sobrevivência e suporte da humanidade e desenvolvimento de um país. Cabe aos geólogos e aos geocientistas desmistificar a imagem negativa dessas atividades, esclarecendo sobre a importância estratégica dos recursos naturais e como eles podem ser aproveitados racionalmente, com apoio em estudos técnicos preventivos para causarem o menor impacto ambiental possível.

Algumas áreas em que os geólogos e geocientistas atuam são:

Cristalografia: compreende o estudo da estrutura cristaloquímica dos minerais e propriedades resultantes, tendo papel importantíssimo no estudo da aplicação dessas propriedades em vários setores industriais.

Educação ambiental: os conhecimentos em ciências da Terra têm lugar de destaque na educação em geral e na educação ambiental em particular, já que são necessários à adoção de atitudes compatíveis com a manutenção da qualidade ambiental. Cada vez mais as escolas e os ambientes de educação não formal desenvolvem atividades educativas envolvendo as ciências da Terra, geralmente de forma interdisciplinar, seja com as outras ciências da natureza, seja com as ciências humanas.

Estratigrafia: investiga as rochas, suas estruturas e disposição espacial, ligadas ao ordenamento cronológico dos corpos geológicos e dos eventos que os formaram e se transformaram ao longo do tempo, ou seja, à datação relativa. O estudo das relações temporais e espaciais entre sequências de rochas tem como objetivo reconstituir a história geológica de uma região e, com isso, chegar à reconstituição paleogeográfica e também a possíveis processos de formação de recursos naturais.

Geocronologia: especialidade que, por meio da análise e quantificação de isótopos radiogênicos e radioativos, determina a idade absoluta de materiais geológicos, contribuindo para o entendimento da história geológica terrestre e dos processos geradores envolvidos na gênese e transformação das rochas, como o plutonismo, o vulcanismo, a deformação e o metamorfismo.

Geofísica: trata da investigação da estrutura das camadas superficiais ou do interior da Terra, por meio de suas propriedades físicas, tais como geomagnetismo, gravidade, fluxo térmico, condutividade elétrica e propriedades elásticas responsáveis pela transmissão das ondas sísmicas. Os dados geofísicos contribuem para várias outras especialidades, como hidrogeologia, meteorologia, geodésia, oceanografia, sismologia, petrologia e vulcanologia.

Geologia ambiental: este ramo da Geologia trata da investigação e resolução de problemas ambientais, naturais ou não, ligados à perda de qualidade para uso e ocupação dos ambientes e materiais naturais, incluindo a poluição dos solos e das águas subterrâneas. O profissional atuante nessa área auxilia na instalação de depósitos de lixos domésticos e industriais de forma a gerar o menor impacto ambiental.

Geologia de engenharia: as obras de engenharia utilizam materiais geológicos ou são construídas sobre rochas, solos e sedimentos, sendo fundamental o conhecimento de como os materiais naturais comportam-se, uma vez utilizados como material de construções ou como substrato para elas, sendo esse o campo de investigação da geologia de engenharia, que utiliza informações e técnicas de várias outras especialidades, como mineralogia, geologia estrutural etc.

Geologia do petróleo: trata de todo o amplo conjunto de atividades relacionadas à compreensão dos processos de gênese de petróleo e gás, migração e armazenamento natural, utilizando informações da sedimentologia, da paleontologia, da geofísica, da geologia estrutural, da geoquímica e da geoquímica orgânica. Estuda também as técnicas de exploração e produção desse tipo de recurso energético a partir de reservatórios geológicos diversos.

Geologia econômica: investiga a origem e a distribuição de concentrações minerais e sua viabilidade econômica, utilizando informações mineralógicas, petrológicas, geoquímicas e geofísicas, além da economia local e global.

Geologia estrutural: investiga a disposição espacial das rochas da crosta, por meio de estruturas produzidas por fenômenos geológicos. A maioria dos dados utilizados nesta especialidade é coletada em trabalhos de campo objetivando classificações quanto às deformações e rupturas das rochas. As interpretações têm implicações importantes em muitas áreas, como a geologia de engenharia, hidrogeologia, geologia ambiental, mineração e geologia de petróleo, pois as estruturas em rochas podem ser condicionantes da formação ou armazenamento de recursos naturais, além de ter grande influência no trabalho dos agentes de superfície na modelagem do relevo.

Geologia marinha: estuda a configuração e a constituição do fundo marinho (rochas e sedimentos) e a dinâmica costeira, ou seja, a interação do mar com as rochas, solos e sedimentos costeiros. Tem grande interface com a geologia do petróleo, com a oceanografia e a sedimentologia.

Geologia médica: estuda a relação entre a disponibilidade ou ausência de determinados elementos no solo e nas rochas de uma área e a incidência de doenças devido a essas variações.

Geomatemática: aplica técnicas matemáticas e estatísticas para o tratamento numérico e representação gráfica de dados geológicos, visando a uma melhor previsão e visualização da distribuição dos materiais geológicos superficiais e subsuperficiais, bem como a interpretação de dados geológicos diversos.

Geomorfologia: estuda as formas de relevo da superfície terrestre, seus processos de formação e sua evolução ao longo do tempo, bem como sua associação com estruturas geológicas, tectonismo atuante e climas – fatores esses determinantes dos relevos.

Geoquímica: investiga a distribuição de elementos químicos nos diversos compartimentos e materiais terrestres e seu comportamento nos diferentes processos e ambientes dinâmicos da Terra. Inclui o estudo das pro-

581

Apêndice II

priedades geoquímicas dos elementos, para previsão de seu comportamento nos fenômenos terrestres, e das concentrações de substâncias úteis formadas sob várias condições.

Geotectônica: estuda a movimentação das porções da litosfera terrestre, que gera as grandes estruturas e o grande ciclo geológico global, hoje explicado pela dinâmica das placas litosféricas e as implicações para o chamado Sistema Terra.

Geoturismo: desenvolve o turismo em locais ou regiões que tenham importância geológica, ecoturística e cultural, divulgando e valorizando o patrimônio geológico e contribuindo para o caráter educativo de atividades de lazer.

Glaciologia: especialidade que investiga as características físicas e químicas das massas de gelo, estudando seus processos dinâmicos de avanço e recuo, suas relações com o clima atual e passado, e os efeitos geológicos de erosão, transporte e deposição das geleiras. Investiga, também, as características das geleiras como registros dos ambientes pretéritos, utilizando a geoquímica isotópica para a reconstituição paleoclimática.

Hidrogeologia: estuda a distribuição, movimento e qualidade da água subterrânea na crosta terrestre, além de outros aspectos correlatos; a exploração da água subterrânea tem sido a principal motivação destes estudos, assim como, na área ambiental, em colaboração estreita com outras áreas como a hidrologia, a climatologia e a meteorologia, na proteção dos recursos hídricos.

Hidrologia: dedica-se à distribuição, movimento e qualidade dos corpos superficiais de água doce, em associação com a hidrogeologia, a climatologia e a meteorologia, na proteção dos recursos hídricos.

Mineralogia: estuda a formação, composição e propriedades (físicas, químicas e ópticas) de minerais, utilizando a cristalografia e geoquímica e fornecendo subsídios para os estudos de gênese das rochas, bem como para os campos de aplicação dos minerais como matéria-prima para utilização econômica.

Paleontologia: investiga os registros fósseis e determina suas idades relativas, reconstruindo ambientes passados e correlacionando as camadas rochosas para determinação da evolução sequencial de conjuntos fósseis nelas encontrados. Tem grande aplicação no estudo da evolução da vida na Terra e na indústria petrolífera, pois permite a reconstituição de paleoambientes e a interpretação de ambientes favoráveis ou não à evolução biogeoquímica da matéria orgânica para a formação do petróleo e do gás natural.

Pedologia: trata dos processos químicos, físicos e biológicos de gênese e evolução dos solos, classificando-os e fornecendo subsídios para estudos de fertilidade, de conservação e de utilização para várias finalidades, em estrita associação com a geomorfologia, a geologia de engenharia, a agronomia, entre outros ramos do conhecimento.

Petrologia: estuda os processos químicos e físicos de gênese e evolução das rochas ígneas, metamórficas e sedimentares, com base em dados químicos, mineralógicos e estruturais, com abordagem macro e microscópica.

Planetologia: pesquisa os planetas e seus satélites para o conhecimento da origem, constituição, dinâmica e evolução do sistema solar, fazendo correlações entre a Terra e os outros corpos conhecidos.

Sedimentologia: estuda os sedimentos e a formação de rochas sedimentares com base em parâmetros e inferências dos registros de transporte, erosão e deposição de sedimentos atuais ou antigos. Abrange o estudo de recursos naturais concentrados por processos sedimentares, como carvão, petróleo, calcários, argilas, entre outros materiais geológicos. A indústria do petróleo necessita muito deste ramo do conhecimento, uma vez que são as rochas sedimentares que podem conter óleo ou gás e é a partir de suas características que se pode determinar a possibilidade de geração, migração e armazenamento desses bens naturais.

Sensoriamento remoto e aerofotogeologia: tratam da análise da superfície terrestre a partir de fotos ou imagens aéreas ou obtidas por satélites, permitindo o estudo de grandes áreas algumas vezes inacessíveis e possibilitando a visão de uma área de outra perspectiva. Tem grande interface com a geologia estrutural e a geotectônica e, hoje em dia, auxilia também o estudo de feições geológicas e sua interpretação em outros planetas, por correlação com a Terra.

Vulcanologia: estuda os vulcões, seu modo de ocorrência e dinâmica, os modos de erupção, os produtos gerados e suas relações com a dinâmica global do planeta; especial atenção tem sido dada, pela vulcanologia, ao estudo da possibilidade de previsão de erupções vulcânicas, com o intuito de diminuir a perda de vidas e prejuízos materiais às populações que vivem nas áreas sujeitas a esse fenômeno catastrófico natural.

III - O papel das Ciências da Terra na educação básica
M. Cristina Motta de Toledo

"A um quilômetro dali havia um morro com um grande desbarrancado – a "barreira", como se dizia lá no sítio. O Visconde levou-os para lá. Diante da barreira, parou e sorriu. Os meninos entreolharam-se. Não compreendiam que o Visconde encontrasse matéria para sorriso num barranco feio como todos os demais.
– Que gosto é esse, Visconde? – perguntou Emília.
– Ah, o sorriso que tenho nos lábios é um sorriso geológico – o sorriso de quem sabe, olha, vê e compreende. Este barranco é para mim um livro aberto no qual leio mil coisas interessantíssimas.
Os meninos olharam para o barranco e de novo se entreolharam com ar de quem pergunta: estará o Visconde a caçoar conosco?"

Monteiro Lobato, em *O poço do Visconde*

A inserção de conteúdos de ciências da Terra na educação básica pode trazer uma série de benefícios, além da formação de cidadãos com maior compreensão do meio que ocupam e dos recursos naturais que utilizam, podendo, assim, tomar decisões responsáveis sobre o futuro próprio e o da humanidade. O estudo da história e da dinâmica do planeta representa um contexto que permite integrar disciplinas normalmente dissociadas como Física, Química, Biologia, Matemática e mesmo História e Geografia (já que muitas das condicionantes históricas de evolução da humanidade, da sociedade – e da própria vida – estão intrinsecamente relacionadas aos ambientes geológicos, suas condições e sua evolução), sem contar Geografia, cujo ramo geografia física está estreitamente relacionado às Geociências, entre elas geologia, oceanografia e meteorologia. O estabelecimento de relações entre conceitos de diferentes disciplinas não é um processo espontâneo, e os conteúdos geocientíficos podem justamente representar o estímulo para que os alunos façam estas conexões.

Além disso, o conceito de tempo geológico é talvez uma das mais importantes contribuições da geologia para o pensamento humano, pois é reveladora da enorme dimensão temporal e complexidade dos processos que construíram nosso planeta, criando e modificando ambientes com base na tectônica global e que vieram condicionar o aparecimento da vida e a evolução das espécies na interface litosfera-hidrosfera-atmosfera. Nesse sentido, incluir este tema na educação básica é uma iniciativa riquíssima para o desenvolvimento intelectual dos alunos.

Monteiro Lobato, em *O poço do Visconde*, escreveu: "(...) *o sorriso que tenho nos lábios é um sorriso geológico – o sorriso de quem sabe, olha, vê e compreende* ", sugerindo, provavelmente, que o raciocínio geológico (aquele que leva em conta múltiplas facetas de um fenômeno, integrando muitos tipos de informações) é rico do ponto de vista do exercício intelectual e, portanto, muito útil na educação para o alcance de seus objetivos.

Conteúdos básicos sobre a história e a dinâmica do planeta já fazem parte de várias disciplinas do Ensino Fundamental e Médio no Brasil, nas quais, no entanto, são ministrados de forma geralmente fragmentada, sem constituir um todo ordenado e integrado de estudo do Sistema Terra, desde sua constituição, origem e evolução, fenômenos interiores e superficiais, as interações das diferentes esferas (oceanos, atmosfera, litosfera, biosfera), e as profundas e diversificadas relações entre meio físico e seres vivos, o que não contribui para a assimilação consistente de uma cultura geológica sólida. Em outros países, como França, Alemanha, Espanha, Portugal e também em países de outros continentes, são reconhecidas a importância do entendimento da história e a dinâmica terrestre para a formação do cidadão, para o alcance do desenvolvimento sustentado

Apêndice III

e para o entendimento de muitos dos grandes temas científicos em cuja pesquisa são investidos recursos financeiros e que merecem a dedicação de cientistas de todo o mundo. No Brasil, a cultura geológica praticamente inexiste nos alunos que completam a educação básica e ingressam na educação superior.

No nosso país, desde que os cursos de História Natural foram extintos, os conteúdos de ciências da Terra foram para os cursos superiores de geologia, geofísica, meteorologia, oceanografia e outros, que, por outro lado, não formam professores. Nesse contexto, os meios não-formais de ensino (museus, parques naturais, imprensa e a indústria cultural em geral) passaram a exercer um papel importante na difusão de conteúdos de geociências, mas ainda são insuficientes e muitas vezes carecem de precisão e atualização, pois a adaptação dos materiais é feita geralmente por pessoas sem conhecimento específico, e não contribui como poderiam para que alguém de escolaridade mediana possa se considerar bem informada e capaz de tomar decisões suportadas na ciência de boa qualidade existente no mundo hoje.

Particularmente na educação ambiental, as ciências da Terra têm enorme contribuição a dar, já que a compreensão da dinâmica e história da Terra e seus ambientes pode ser uma das formas de conscientização da responsabilidade da humanidade na manutenção de um ambiente saudável e favorável para a vida.

A própria decisão da Unesco em proclamar o ano internacional do planeta Terra no triênio 2007-2009, com os objetivos de demonstrar o grande potencial das ciências da Terra na construção de uma sociedade mais segura, sadia e sustentada, e encorajar essa mesma sociedade a aplicar esse potencial mais eficientemente em seu próprio benefício, mostra o reconhecimento internacional da importância das ciências da Terra na educação.

Em consonância com essas ideias, já se nota um aumento expressivo de iniciativas para maior inserção das ciências da Terra na educação em geral e particularmente na educação ambiental, com a criação de cursos de licenciatura nos quais as ciências da Terra têm papel central ou, pelo menos, equilibrado em relação às outras ciências da natureza, com a criação de materiais didáticos e paradidáticos correspondentes, com significativo aumento nos últimos tempos. Esses esforços, além de consolidar a importância da área, também contribuem para a maior compreensão do papel das ciências da Terra na ciência, na tecnologia e na vida.

IV - Propriedades físicas (dureza (D), densidade relativa (DR), cor, brilho e usos) dos minerais. Os grupos mineralógicos são desmembrados em seus principais minerais.

Mineral Composição química Sistema cristalino	D	DR	Cor	Brilho	Usos
Elementos nativos					
Cobre Cu Cúbico	2,5 a 3,0	8,9	vermelho, preto	metálico	metal, ligas metálicas, sais de cobre, indústria elétrica
Diamante C Cúbico	10,0	3,51	incolor, amarelo, verde, vermelho, azul, laranja e marrom	adamantino	gemológico, indústria de abrasivos
Enxofre S Ortorrômbico	1,5 a 2,5	2,05	amarelo	resinoso	fabricação de H_2S, H_2SO_4, inseticidas, fertilizantes e vulcanização de borracha
Grafita C Hexagonal	1,0 a 2,0	2,23	cinza, preto	metálico	cadinho refratário, lubrificante, mina de lápis, pigmentos protetores, baterias, eletrodos e escovas para motores elétricos
Sulfetos					
Esfalerita ZnS Cúbico	3,5 a 4,0	3,9 a 4,1	incolor, verde, amarelo, marrom-escuro	resinoso a adamantino	minério de zinco, minério de cádmio, índio, gálio e germânio
Galena PbS Cúbico	2,6	7,4 a 7,6	cinza-chumbo	metálico	minério de chumbo, minério de prata, indústria vidreira, pigmento
Pirita FeS_2 Cúbico	6,0 a 6,5	5,02	amarelo-latão	metálico	fabricação de H_2SO_4

Mineral Composição química Sistema cristalino	D	DR	Cor	Brilho	Usos
Sulfossais					
Enargita Cu_3AsS_4 Ortorrômbico	3,0	4,45	preto-acinzentado	metálico	minério de cobre
Tetraedrita $(Cu, Fe)_{12}Sb_4S_{13}$ Cúbico	3,0 a 4,5	4,7 a 5,0	preto-acinzentado	metálico	minério para a prata associada
Óxidos					
Cassiterita SnO_2 Tetragonal	6,0 a 7,0	6,8 a 7,1	marrom, preto	metálico a adamantino	minério de estanho
Coríndon Al_2O_3 Trigonal	9,0	4,02	incolor, marrom, vermelho, azul, amarelo	vítreo a adamantino	abrasivo, gemológico
Crisoberilo $BeAl_2O_4$ Ortorrômbico	8,5	3,65 a 3,80	verde, amarelo, castanho, fenômeno alexandrita	vítreo	gemológico
Espinélio $MgAl_2O_4$ Cúbico	7,5 a 8,0	3,5 a 4,1	branco, vermelho, azul, verde, castanho, preto	vítreo	gemológico, indústria de refratário (sintético)
Gelo H_2O Hexagonal	1,5	0,92	incolor	vítreo	diversos
Hematita Fe_2O_3 Trigonal	5,5 a 6,5	5,26	cinza-preto	metálico	minério de ferro, pigmentos, gemológico
Ilmenita $FeTiO_3$ Trigonal	5,5 a 6,0	4,7	preto	metálico	minério de titânio, pigmento
Magnetita Fe_3O_4 Cúbico	6,0	5,18	preto	metálico	minério de ferro
Pirolusita MnO_2 Tetragonal	1,0 a 2,0	4,75	preto	metálico	minério de manganês, oxidante na obtenção de cloro, bromo e oxigênio
Rutilo TiO_2 Tetragonal	6,0 a 6,5	4,18 a 4,25	vermelho, marrom-avermelhado	adamantino a submetálico	cobertura das barras de solda, pigmento
Haloides					
Fluorita CaF Cúbico	4,0	3,18	incolor, branco, verde-claro, verde-azulado, azul, vermelho-carmim rosa, marrom	vítreo	indústria química, fundente na indústria de aço, vidro, esmalte *fiberglass*, cerâmica, gemológico
Halita $NaCl$ Cúbico	2,5	2,16	incolor, branco, amarelo, vermelho, azul, vermelho-carmim	vítreo	indústria química, fertilizante, curtição de couro, carne; inibidor de formação de gelo em autoestradas
Silvita KCl Cúbico	2,0	1,99	incolor a branco, azul, amarelo, vermelho	vítreo	fertilizante

Apêndice IV

Mineral / Composição química / Sistema cristalino	D	DR	Cor	Brilho	Usos
Carbonatos					
Calcita $CaCO_3$ trigonal	3,0	2,71	branco, incolor, cinza, vermelho, verde, azul, amarelo, marrom, branco	vítreo a subvítreo	indústria de cimento *portland*, cal, argamassas e rochas ornamentais, indústria química, corretivo de solo
Dolomita $CaMg(CO_3)$ trigonal	3,5 a 4,0	2,85	incolor, rosa, branco, cinza, verde, marrom, preto	vítreo	indústria de refratários, corretivo de solo, fabricação de cimentos especiais
Magnesita $MgCO_3$ trigonal	3,5 a 4,5	2,9 a 3,2	branco, cinza, amarelo, marrom	vítreo	indústria química, indústria de refratários
Malaquita $CuCO_3Cu(OH)_2$ monoclínico	3,5 a 4,0	3,9 a 4,03	verde	adamantino a terroso	gemológico, minério de cobre
Siderita $FeCO_3$ trigonal	3,5 a 4,0	3,96	amarelo, castanho	vítreo	indústria de refratários
Nitratos					
Salitre KNO_3	2,0	2,11	incolor, branco, cinza	vítreo	
Salitre-do-chile $NaNO_3$	1,0 a 2,0	2,29	incolor, branco	vítreo	
Boratos					
Bórax $Na_2B_4O_7H_2O$	2,0 a 2,5	1,7	incolor, branco	vítreo	indústria de vidro, sabão, detergente; uso medicinal; solvente de óxidos metálicos; fundente
Sulfatos e cromatos					
Barita $BaSO_4$ ortorrômbico	3,0 a 3,5	4,5	incolor, branco, azulado, amarelo, vermelho, verde	vítreo	indústria, indústria petrolífera, fonte de Ba, pigmento, enchimento de papel e algodão, cosméticos e contraste radiológico
Gipsita $CaSO_4.2H_2O$ monoclínico	2,0	2,32	incolor, branco, cinza, amarelo, vermelho, marrom	perláceo	fabricação de gesso, cimento *portland* e fertilizante
Fosfatos, arseniatos e vanadatos					
Apatita $Ca_5(F,Cl,OH)(PO_4)_3$ hexagonal	5,0	3,15 a 3,20	incolor, verde, marrom, azul, violeta	vítreo	fertilizante fosfatado, gemológico
Lazulita $(Mg, Fe)Al_2(PO_4)_2(OH)_2$ monoclínico	5,5 a 6,0	3,09	azul, verde-azulado	vítreo	gemológico, mineral de rocha
Tungstatos e molibdatos					
Scheelita $CaWO_4$ tetragonal	4,5 a 5,0	5,9 a 6,1	branco, amarelo, verde, marrom	vítreo a adamantino	minério de tungstênio, gemológico

Mineral / Composição química / Sistema cristalino	D	DR	Cor	Brilho	Usos
Silicatos **Tetraedros isolados (nesossilicatos) – Si:O = 1:4**					
Andaluzita $Al^{[5]}Al^{[6]}OSiO_4$ Ortorrômbico	7,5	3,16 a 3,20	verde-oliva, marrom-avermelhado	vítreo	gemológico, cerâmica refratária
Cianita $Al^{[6]}Al^{[6]}OSiO_4$ Triclínico	5,0 e 7,0	3,55 a 3,66	branco, cinza, azul, verde	vítreo a perláceo	gemológico, cerâmica refratária
Granada (Fe,Mg,Ca,Mn)- $-Al_2(SiO_4)_3$ Cúbico	6,5-7,5	3,5 a 4,3	vermelho, amarelo, verde	vítreo a resinoso	gemológico, abrasivo, mineral de rocha
Olivina $(Fe,Mg)_2SiO_4$ Ortorrômbico	6,5 a 7,0	3,27 a 3,60	verde-oliva a verde-amarelado	vítreo	gemológico, refratário, mineral de rocha
Sillimanita $Al^{[4]}Al^{[6]}OSiO_4$ Ortorrômbico	6,0 a 7,0	3,23	verde-claro, castanho, cinza	vítreo	mineral de rocha
Titanita $CaTiO(SiO_4)$ Monoclínico	5,0 a 5,5	3,4 a 3,55	verde, amarelo, marrom, cinza	resinoso a adamantino	gemológico, pigmento (TiO_2)
Topázio $Al_2SiO_4(F,OH)_2$ Ortorrômbico	8,0	3,4 a 3,6	incolor, amarelo, rosa, azul	vítreo	gemológico
Zircão $ZrSiO_4$ Tetragonal	7,5	4,68	incolor, marrom, verde, amarelo	vítreo a adamantino	gemológico, refratário (ZrO_2), indústria nuclear
Duplas de tetraedros (sorossilicatos) – Si:O = 2:7					
Epídoto $Ca(Fe^{3+},Al)Al_2O(SiO_4)$- $-(Si_2O_7)(OH)$ Monoclínico	6,0 a 7,0	3,25 a 3,45	verde-pistache, verde-amarelado	vítreo	gemológico, mineral de rocha
Hemimorfita $Zn_4(Si_2O_7)(OH)_2$ Ortorrômbico	4,5 a 5,0	3,4 a 3,5	branco	vítreo	minério de zinco
Anéis de tetraedros (ciclossilicatos) – Si:O = 1:3					
Berilo $Be_3Al_2Si_6O_{18}$ Hexagonal	7,5 a 8,0	2,65 a 2,80	incolor, verde-amarelado, verde-esmeralda azul, amarelo, rosa	vítreo	gemológico, minério de berílio
Turmalina $(Na,Ca,)(Li,Mg,Al)$ $(Al,Fe,Mn)_6(BO_3)_3$ $(Si_6O_{18})(OH)_4$ Trigonal	7,0 a 7,5	3,0 a 3,25	incolor, verde, vermelho, azul amarelo	vítreo a resinoso	gemológico, pirômetros, bombas de pressão
Cadeias simples de tetraedros (inossilicatos de cadeia simples) – Si:O = 1:3 **Piroxênio**					
Enstatita $MgSiO_3$ Ortorrômbico	5,5 a 6,0	3,3 a 3,6	verde, marrom, amarelo	vítreo a perláceo	gema, mineral de rocha
Espodumênio $LiAlSi_2O_6$ Monoclínico	6,5 a 7,0	3,15 a 3,20	verde, rosa, amarelo	vítreo	gema, minério de lítio
Rodonita $MnSiO_3$ Triclínico	5,5 a 6,0	3,4 a 3,7	rosa, vermelho	vítreo	gemológico

Apêndice IV

Mineral / Composição química / Sistema cristalino	D	DR	Cor	Brilho	Usos
Cadeias duplas de tetraedros (inossilicatos de cadeia dupla) – Si : O = 4 : 11 **Anfibólio**					
Hornblenda $(Ca,Na)_{2-3}(Mg,Fe,Al)_5Si_6(Si,Al)_2O_{22}(OH)_2$ Monoclínico	5,0 a 6,0	3,0 a 3,4	verde a preto	vítreo	mineral de rocha
Tremolita $Ca_2Mg_5(Si_8O_{22})(OH)_2$ Monoclínico	5,0 a 6,0	3,0 a 3,2	cinza a verde	vítreo	gema, mineral de rocha
Folhas de tetraedros (filossilicatos) – Si:O = 2:5 **Argilominerais**					
Caolinita $Al_2Si_2O_5(OH)_4$ Monoclínico	1,5 a 2,5	2,2 a 2,6	branco	terroso	indústria de cerâmica, mineral de rocha
Crisocola $Cu_4H_4Si_4O_{10}(OH)_8$ Criptocristalino	2,0 a 3,5	2,0 a 2,4	verde, verde--azulado	vítreo a terroso	selante de fendas em solo, rocha e barragens
Micas e talco					
Biotita $K(Mg,Fe)_3(Al,Si_3O_{10})(OH)_2$ Monoclínico	2,5 a 3,0	2,7 a 3,2	verde-escuro a preto	micáceo	mineral de rocha
Muscovita $KAl_2(Al,Si_3O_{10})(OH)_2$ Monoclínico	2,0 a 2,5	2,8 a 3,1	incolor	micáceo	mineral de rocha, isolante elétrico e térmico
Talco $Mg_3Si_4O_{10}(OH)_2$ Monoclínico	1,0 a 1,5	2,6 a 2,8	verde-maçã	graxo a perláceo	mineral de rocha, veículo de tintas, inseticidas, indústria de cerâmica, papel e borracha
Cadeias helicoidais de tetraedros (tectossilicatos) Si:O = 1:1 **Feldspato potássicos**					
Microclínio $KAlSi_3O_8$ Triclínico	6,0	2,54 a 2,57	branco, amarelo, verde	vítreo	gemológico, mineral de rocha, indústria cerâmica, vidro, esmalte
Ortoclásio $KAlSi_3O_8$ Monoclínico	6,0	2,57	branco, cinza, vermelho-carne	vítreo	gemológico, mineral de rocha, indústria cerâmica
Plagioclásios					
Albita $NaAlSi_3O_8$ Triclínico	6,0 a 6,5	2,62	incolor, branco, cinza	vítreo a perláceo	gemológico, mineral de rocha, indústria cerâmica
Oligoclásio $(Na,Ca)Al_{1-2}Si_{3-2}O_8$ Triclínico	6,0 a 6,5	2,62 a 2,76	branco, verde--acinzentado	perláceo	gemológico, mineral de rocha
Labradorita $(Ca,Na)Al_{2-1}Si_{2-3}O_8$ Triclínico	6,0 a 6,5	2,62 a 2,76	azul, vermelho, verde, cinza	vítreo	gemológico, mineral de rocha
Anortita $CaAl_2Si_2O_8$ Triclínico	6,0 a 6,5	2,76	branco, cinza a preto	vítreo	mineral de rocha
Feldspatoides					
Lazurita $(Na,Ca)_8(AlSiO_4)_6(SO_4,S,Cl)_2$ Cúbico (modificações para ortorrômbico, mono e triclínico)	5,2	2,39	azul, violeta-azulado, azul-esverdeado	vítreo	gemológico, pigmento
Sodalita $Na_8(AlSiO_4)6Cl_2$ Cúbico	5,5 a 6,0	2,30	azul, cinza, verde, branco, amarelo	vítreo	gemológico
Quartzo					
Quartzo SiO_2 Trigonal	7,0	2,65	incolor, roxo, amarelo, azul, verde, fumê	vítreo	gemológico, lentes e prismas de instrumentos ópticos, rádio oscilador, medidor de altas pressões

V - Minerais de minério comumente utilizados como fontes de elementos químicos

Jorge da Silva Bittencourt, João Batista Moreschi

A maioria se refere a minérios metálicos cujo emprego final envolve graus variados de preparação pela indústria de transformação mineral (ver capítulo 19).

Elemento químico	Mineral de minério	Composição química	Usos mais frequentes, e/ou produtos manufaturados	Observações
Alumínio	Gibbsita Boehmita Dásporo	$Al_2O_3.3H_2O$ $Al_2O_3.H_2O$ $Al_3O_2.H_2O$	Obtenção do alumínio metálico, fabricação de materiais refratários e produtos químicos. Conteúdos de Al_2O_3, SiO_2 e Fe_2O_3 definem os empregos da bauxita.	Bauxita é o minério mais importante de alumínio.
Antimônio	Estibinita Tetraedrita Jamesonita	Sb_2S_3 $(Cu, Fe)_8Sb_2S_7$ $Pb_2Sb_2S_5$	Comumente em ligas com chumbo, cobre, bismuto para fabricação de munição e soldas.	Estibinita é a principal fonte de antimônio. Ocorre comumente em veios hidrotermais de baixa temperatura.
Arsênio	Arsenopirita Realgar Ouropigmento Loellinguita Esmaltita	FeAsS AsS As_2S_3 $FeAs_2$ $CoAs_2$	Em compostos para preservação de madeira, herbicidas e produtos químicos e farmacêuticos.	Constitui vários minerais, mas arsenopirita é o mais comum mineral de minério de arsênio, acompanhando frequentemente muitos minérios metálicos sulfetados. Seus minerais não são intencionalmente lavrados para arsênio; este é recuperado de outros minérios.
Berílio	Berilo Fenacita Bertrandita	$Be_3Al_2Si_6O_8$ Be_2SiO_2 $Be_4Si_2O_7(OH)_2$	Material produzido: Be-metal, BeO para cerâmica e ligas de Be-Cu. É consumido na forma de ligas, óxidos e metal principalmente em artefatos e instrumentos eletroeletrônicos e de comunicação (componentes de avião e eletrônicos, "microships" e circuitos, peças para automóveis, componentes de mísseis, conectores, sensores, laser, semicondutores, vidros especiais).	Berilo é a principal fonte do berílio, extraído notadamente de pegmatitos e de *placers*.
Bismuto	Bismuto nativo Bismutinita	Bi Bi_2S_3	Principalmente em produtos farmacêuticos e em ligas metálicas de baixa temperatura.	Normalmente é recuperado no processo metalúrgico (refino) de minérios de outros metais (Pb, Cu, Zn), onde a bismutinita ocorre como mineral acessório.
Boro	Bórax Colemanita	$Na_2B_4O_7.10H_2O$ $Ca_2B_6O_{11}.5H_2O$	Ampla aplicação na indústria química e também na fabricação de lã e fibra de vidro e em vidros especiais.	Diversos sais de boro estão presentes em lagos salgados ou salinos (*playa lake*), fontes termais e evaporitos continentais. Bórax é o de maior interesse comercial.
Bromo	Ocorre comumente em solução nas salmouras naturais.		Compõe ampla variedade de produtos químicos e farmacêuticos, como inseticidas e desinfetantes.	Ocorre em lagos salgados (de onde é normalmente extraído), água do mar e de poços de petróleo e em evaporitos marinhos. É muito solúvel e concentra-se (até alguns milhares de ppm) substituindo o cloro em minerais evaporíticos (halita, carnalita, taquidrita).
Cádmio	Greenockita	CdS	Usos restritos em algumas ligas, baterias e pigmentos.	Greenockita ocorre dispersa em alguns minérios sulfetados e raramente desperta interesse econômico. Cádmio é recuperado no refino de minério de zinco onde está associado à esfalerita $(Zn, Cd)S$ com conteúdos de fração de porcento.

Apêndice V

Elemento químico	Mineral de minério	Composição química	Usos mais frequentes, e/ou produtos manufaturados	Observações
Césio	Polucita	(Cs, Na)AlSi$_2$O$_6$	Uso em fotocélulas e processos termoelétricos.	Ocorre em pegmatitos complexos. Principal fonte econômica em depósitos/lagos salinos.
Chumbo	Galena Cerussita Anglesita Piromorfita	PbS PbCO$_3$ PbSO$_4$ Pb$_5$(PO$_4$)$_3$Cl	Usos variados desde baterias elétricas, munição, ligas metálicas (latão, bronze), capeamento de cabos, pigmentos.	Galena é o principal mineral de minério, ocorrendo em vários tipos de depósitos minerais. Os três outros minerais citados decorrem da oxidação supérgena da galena. Chumbo participa também de diversos sulfossais.
Cobalto	Cobaltita Linneaíta Carrollita Siegenita Skutterudita Gersdorffita	(Co, Fe)AsS Co$_3$S$_4$ Co$_2$CuS$_4$ (Co, Ni)$_3$S$_4$ (Co, Fe)As$_3$ (Ni, Co)As$_5$	Seus principais usos incluem a fabricação de ferroligas de alta temperatura, aços de elevada dureza e de catalisadores.	Usualmente é obtido como subproduto de minérios de cobre e de níquel.
Cobre	Cu nativo Calcopirita Bornita Calcosita Covelita Cubanita Enargita Cuprita Malaquita	Cu CuFeS$_2$ Cu$_5$FeS$_4$ Cu$_2$S CuS CuFe$_2$S$_3$ Cu$_3$AsS$_4$ Cu$_2$O Cu$_2$(OH)$_2$CO$_3$	Em virtude de suas qualidades especiais (ductilidade, resistência à corrosão e elevada condutividade elétrica e térmica), o metal cobre tem aplicação ampla e diversificada em ligas metálicas (bronze, latão), fios elétricos, equipamentos eletroeletrônicos e artefatos para construção civil.	Cobre é minerado de vários tipos de depósitos próprios, em particular dos porfiríticos, sedimentares e de filiação vulcanogênica. Nessa classe de depósitos, seus minérios são comumente polimetálicos, permitindo a lavra simultânea ou a recuperação de outros metais como Au, Ag, Zn, às vezes Se, como coprodutos ou subprodutos. Participa de vários outros minerais notadamente sulfetos e sulfossais (série da tetraedrita-tennantita, estanita etc.), porém de menor interesse econômico para cobre. Calcosita, covelita, cuprita e malaquita, além de azurita Cu$_3$(OH)$_2$(CO$_3$)$_2$ e tenorita CuO comumente ocorrem na zona de alteração supérgena de depósitos sulfetados de cobre (podem constituir importantes minerais de minério).
Cromo	Cromita	FeCr$_2$O$_4$	A mais evidente aplicação do cromo é na fabricação dos aços inoxidáveis e ferroligas de elevada resistência térmica e à corrosão. Também é utilizado em produtos químicos, na preparação de couro e, como cromita, na fabricação de peças e artefatos cerâmicos refratários. Para estes grupos de aplicações (metalúrgico, químico e refratários) exige-se especificações adequadas do minério, inclusive sobre a composição química da cromita.	Cromita é praticamente a única fonte econômica para cromo e forma depósitos comerciais exclusivamente de natureza magmática hospedados em complexos máficos-ultramáficos estratiformes e ofiolíticos. Pertencendo ao grupo dos espinélios, tem uma composição química variável, devido às substituições de Fe^{2+} por Mg e de Cr^{3+} por Al e Fe^{3+}, que influencia suas aplicações.
Elementos de terras raras ETR(I)	Monazita Bastnasita Xenotima	(Ce, La, Nd, Th)PO$_4$ CeFCO$_3$ YPO$_4$	Material produzido: ligas de aços de alta resistência, óxidos para cerâmica, fósforos, magnetos permanentes, granadas, produtos químicos e produtos eletrônicos. Vários empregos incluindo vidros especiais (tubos coloridos de TV, catalisadores, fibras ópticas), tubos de reatores nucleares, *pipes* para petróleo e gás, agentes colorantes, cerâmicas de alta temperatura, alto-falantes, geradores e alternadores, motores elétricos, granadas (ondas curtas, laser), capacitores, catodos e eletrodos, capacitores, catodos e eletrodos, semicondutores, ferramentas de corte etc.	Os ETRs têm ocorrência comum em rochas ígneas alcalinas e carbonatitos. Seus principais minerais (monazita e bastnaesita) são explotados em depósitos tipo *placer*. Monazita é a principal fonte de tório. Esse forma outros minerais como a torita (ThSiO$_4$). Brannerita (U, Ca, Ce)(Ti, Fe)$_2$O$_6$ é importante fonte de urânio.

Elemento químico	Mineral de minério	Composição química	Usos mais frequentes, e/ou produtos manufaturados	Observações
Enxofre	Enxofre nativo	S	Para a maioria de suas aplicações, o enxofre deve previamente ser transformado em ácido sulfúrico, o qual é essencial em uma multiplicidade de segmentos industriais: fabricação de fertilizantes, explosivos e inumeráveis produtos químicos e farmacêuticos.	Os depósitos de enxofre nativo são as únicas fontes naturais para a obtenção direta e a menor custo do enxofre elementar e de seus produtos derivados. O enxofre resulta como subproduto do petróleo e de folhelhos betuminosos durante o tratamento e refino desses combustíveis fósseis. Também é recuperado, usualmente sob a forma de ácido sulfúrico, a partir de minérios de sulfetos maciços de Cu, Pb, Zn e ouro ricos em pirita, pirrotita e marcassita e, também, de depósitos de carvão piritosos. As jazidas principais de enxofre nativo estão em ambientes sedimentares associados a domos salinos e depósitos evaporíticos. Menor parcela em depósitos vulcânicos.
Estanho	Cassiterita Estanita Cilindrita Teallita	SnO_2 Cu_2FeSnS_4 $Pb_2Sn_4Sb_2S_{14}$ $PbSnS_2$	Os mais destacados empregos do estanho são na fabricação de soldas (indústrias eletrônica e automobilística) e de folhas de flandres, utilizadas na confecção de enlatados de bebidas e alimentos. Além desses é também empregado em ligas metálicas e produtos químicos (utilizados como pesticidas e fungicidas), indústria de plástico, tintas, construção naval, desinfetantes, manufatura de tecidos e na agricultura.	Cassiterita é o mais importante mineral de minério de estanho e responde pela quase totalidade de sua produção, onde os sulfetos têm uma participação subordinada. É minerada em *placers* aluvionares e litorâneos deles derivados.
Estrôncio	Celestita Estroncianita	$SrSO_4$ $SrCO_3$	Tem aplicação em vidros especiais, peças eletrônicas e artefatos pirotécnicos.	O principal modo de ocorrência é em depósitos sedimentares.
Ferro	Hematita Magnetita Goethita Siderita	Fe_2O_3 Fe_3O_4 $FeO.OH$ $FeCO_3$	Ferro é o metal essencial de nossa civilização industrial. Seus múltiplos empregos se fazem basicamente na forma de ligas com outros metais, ditos ferrosos, resultando numa variedade de tipos de aços indispensáveis ao desenvolvimento e manutenção de nossa sociedade moderna. Óxidos de ferro hidratados são também explorados em cerâmica e vidro.	Hematita e magnetita são os principais minerais de minério de ferro. As maiores reservas e produção estão em depósitos associados a formações ferríferas bandadas que usualmente foram enriquecidas por processos metassomáticos hidrotermais e/ou supérgenos.
Iodo	Lautarita Dietzeíta	$Ca(IO_3)_2$ $Ca_2(IO_3)_2(CrO_4)$	Vários produtos químicos e farmacêuticos. Suplemento alimentar.	Obtido como subproduto do salitre do Chile (ou caliche, KNO_3) e recuperado das águas salgadas de poços petrolíferos e gás natural.
Lítio	Espodumênio Petalita Ambligonita Lepidolita	$LiAlSi_2O_6$ $LiAlSi_4O_{10}$ $LiAl(PO_4)(F, OH)$ $KLi_2AlSi_4O_{10}F_2$	A maior aplicação está em materiais cerâmicos, em vidros, nas indústrias de papel e tintas e na fabricação de compostos químicos. Lítio metálico é empregado na indústria de energia nuclear.	Os minerais litiníferos ocorrem e são minerados em pegmatitos graníticos; esporadicamente concentram-se em alguns *placers*.
Manganês	Pirolusita Polianita Psilomelana Criptomelana Hausmannita Braunita	MnO_2 MnO_2 $BaMn_9O_{18}.2H_2O$ KMn_8O_{16} Mn_3O_4 $(Mn, Si)_2O_3$	A mais evidente aplicação do manganês é na siderurgia para a fabricação do aço que consome quase a totalidade do minério produzido no mundo. Promove a dessulfurização e desoxigenação dos fundidos de minério de ferro. Menor aplicação está na fabricação de baterias secas e produtos químicos.	O manganês forma muitos minerais comumente como oxiânions, sendo raros seus sulfetos (alabandita e hauerita). Seus mais importantes minerais de minério são óxidos ou óxidos hidratados presentes em seus depósitos de filiação sedimentar ou supérgena. Como carbonato ($MnCO_3$ – rodocrosita e manganocalcita) ou associado a silicatos ($MnSiO_3$ – rodonita, $Mn_3Al_2(SiO_4)_3$ – espessartita), tem sido lavrado em alguns depósitos sedimentares ou metamorfizados.

Apêndice V

Elemento químico	Mineral de minério	Composição química	Usos mais frequentes, e/ou produtos manufaturados	Observações
Mercúrio	Mercúrio nativo Cinábrio	Hg HgS	O maior emprego está na preparação de compostos químicos e farmacêuticos.	Cinábrio é o principal mineral de minério. Associa-se a depósitos hidrotermais e sedimentares exalativos.
Molibdênio	Molibdenita	MoS_2	O maior uso se relaciona à fabricação do aço e ferroligas especiais. Também como componentes de lubrificantes.	Outros minerais de molibdênio são: $Ca(Mo,W)O_4$ powellita, $PbMoO_4$ wulfenita, $Fe_2(MoO_4)_3 \cdot 8H_2O$ ferrimolibdita. Molibdenita é o principal mineral de minério e comumente se apresenta em disseminações e *stockworks* hidrotermais em rochas graníticas porfiríticas e em alguns depósitos metassomáticos de contato. Pode ser fonte de rênio.
Nióbio	Pirocloro Columbita	$NaCaNb_2O_6F$ $(Fe,Mn)Nb_2O_6$	Material produzido: óxidos de alta pureza (Nb_2O_5), carbetos e Nb-metal. Como ligas Fe-Nb, é usado na manufatura de aços de alta resistência mecânica e elevada dureza. Também como: *pipes* para petróleo e gás, *pipes* para perfuração, componentes de automóveis, componentes eletrônicos e de motores a jato, ferramentas a carbeto, supercondutores, supermagnetos, vidro ótico etc.	Pirocloro é a maior fonte de nióbio e seus depósitos mais importantes estão em carbonatitos e rochas ígneas alcalinas que foram submetidas a graus diferentes de alteração intempérica. Columbita primariamente em pegmatitos, pode se concentrar em *placers*.
Níquel	Garnierita Pentlandita	$(Ni,Mg)_6Si_4O_{10}(OH)_8$ $(Fe,Ni)_9S_8$	Aos aços e ferroligas, o níquel confere resistência à corrosão e ao desempenho em altas temperaturas. É também usado em galvanoplastia e indústria química.	Níquel é minerado em dois tipos de depósitos: lateríticos ou supérgenos, onde a garnierita é a maior fonte de níquel, e os magmáticos, em que o níquel ocorre em forma de sulfetos, como a pentlandita. Em ambos os tipos, os depósitos estão relacionados a suites rochosas máfico-ultramáficas. Garnierita representa um termo geral para designar um grupo de minerais silicatados magnesianos hidratados portadores de níquel, onde são distinguidas algumas espécies minerais diferentes. Em seus depósitos sulfetados, além de pentlandita, podem ocorrer millerita (NiS), nicolita (NiAs) e gersdorffita (NiAsS).
Ouro	Ouro nativo Electrum Calaverita Silvanita	Au (Au, Ag) $AuTe_2$ $(Au,Ag)Te_2$	Boa parte do ouro é transformado em barras e lingotes como aplicações e investimentos financeiros. É empregado também na indústria eletrônica, odontologia e joalheria.	Ocorre predominantemente no estado nativo e comumente formando ligas naturais com outros metais como Ag (electrum), Cu, Fe, Pd e Bi. Forma depósitos numa ampla variedade de ambientes geológicos, destacando-se os *placers* e veios hidrotermais.
Platina (Grupo da)	Diversos minerais e ligas naturais		Os empregos são altamente diversificados, desde os simples cadinhos de laboratório até a composição de peças e equipamentos de alta precisão e desempenho em atividades industriais diversas (elétrica, química, metalúrgica, petrolífera), assim como para objetos de adorno e joalheria. A variedade de aplicações decorre das propriedades dos PGE como eficientes agentes catalisadores, elevada condutividade elétrica e alta resistência à corrosão.	Os metais ou elementos do grupo da platina (abreviadamente PGM e PGE) são: platina, paládio, irídio, ósmio, ródio e rutênio. Comumente formam ligas naturais entre si ou com outros metais, como Fe, Ni e Cu, ou compostos usualmente na forma de sulfetos e arsenetos: $PtAs_2$ (sperrylita), $(Ru,Ir,Os)S_2$ (laurita), $(Pt,Pd,Ni)S$ (bragguita), PtS (cooperita), $PtBi_2$ (froodita) etc. Formam depósitos em rochas ultrabásicas associados normalmente a sulfetos de Fe, Ni e Cu (que podem também conter platinoides em suas estruturas cristalinas) e em *placers* aluviais derivados dessas rochas.

Elemento químico	Mineral de minério	Composição química	Usos mais frequentes, e/ou produtos manufaturados	Observações
Prata	Prata nativa Argentita (Acantita) Electrum	Ag Ag_2S (Ag, Au)	Notadamente em materiais fotográficos e, também, em componentes eletrônicos e joalheria.	Boa parte de sua produção natural é representada por subprodutos de outros minérios (via de regra de metais base), mas ocorre também em veios hidrotermais de baixa temperatura. Nesses depósitos forma uma variedade de sulfoarsenietos e sulfoantomonietos com Cu, Pb e Fe.
Tântalo	Tantalita Microlita	$(Fe, Mn)Ta_2O_6(Na, Ca)_2$ $Ta_2O_6(OH)$	Material produzido: óxidos de alta pureza (Ta_2O_5), carbetos e metais. Os óxidos são usados, principalmente, para melhorar as características de lentes ópticas e cerâmicas dielétricas. Fabricação de produtos metalúrgicos resistentes a temperaturas elevadas e em tubos de raios X, bem como ferramentas de corte, e de perfuração e lavra de minas.	Ocorre em pegmatitos graníticos e pode se concentrar também em *placers*.
Telúrio	Calaverita Silvanita	$AuTe_2$ $(Au, Ag)Te_2$	Metalurgia e produtos de efeitos termoelétricos.	Ocorre como minerais acessórios (teluretos) em minérios de Cu, Pb, Au, Bi, Ag de onde é recuperado no processo metalúrgico.
Titânio	Rutilo Ilmenita	TiO_2 $FeTiO_3$	Ampla aplicação na indústria aeroespacial como ligas em motores e turbinas e na fabricação de pigmentos.	Ocorre em *placers* marinhos e litorâneos.
Urânio	Uraninita Coffinita Carnotita Brannerita	UO_2 $U(SiO_4)_{1-x}(OH)_{4x}$ $K_2(UO_2)_2(VO_4)_2.3H_2O$ $(U, Ca, Ce)(Ti, Fe)_2O_6$	Importante recurso energético e usos militares.	Forma vários minerais, principalmente secundários, tais como uranatos, uranovanadatos, uranofosfatos. Ocorre em diversos ambientes geológicos e primariamente se concentra em especial nas rochas ígneas alcalinas, granitóides albitizados e sequências sedimentares arenosas.
Vanádio	Carnotita Vanadinita	$K_2(UO_2)_2(VO_4)_2.3H_2O$ $Pb_5(VO_4)_3Cl$	Fabricação de aços especiais com elevada tenacidade.	São raros os minerais de vanádio. Carnotita e vanadinita formam-se por alteração supérgena de mineralizações primárias respectivamente de urânio e Pb-Zn.
Wolfrâmio	Wolframita Scheelita	$(Fe, Mn)WO_4$ $CaWO_4$	Principal aplicação em ligas com ferro, produzindo aços de elevada dureza (britadores, moinhos). Fabricação de carbeto de tungstênio.	Wolframita ocorre em pegmatito e veios hidrotermais de alta temperatura, scheelita, em depósitos metassomáticos de contato e pode conter molibdênio. Wolframita corresponde a uma série isomórfica entre ferberita $(FeWO_4)$ e huebnerita $(MnWO_4)$.
Zinco	Esfalerita Willemita Calamina (Hemimorfita) Smithsonita Hidrozincita	ZnS Zn_2SiO_4 $Zn_4Si_2O_7(OH)_2.H_2O$ $ZnCO_3$ $Zn_5(OH)_6(CO_3)_2$	Principalmente na fabricação de ligas e em galvanização. Como óxido na indústria química, de plásticos e em pigmentos.	A maior parte dos recursos de zinco está sob a forma de esfalerita, em depósitos hospedados em sedimentos e depósitos de filiação vulcanogênica. Ela pode conter quantidades significativas de Fe e de Cd. Os demais minerais citados ocorrem nas zonas de alteração supérgena de mineralizações sulfetadas de zinco.
Zircônio	Zircão (Zirco-nita) Baddeleyita	$ZrSiO_4$ ZrO_2	Material produzido: óxido de zircônio, refratários, cerâmicas, abrasivos. Na forma de areia zircônica e tijolos de zircônio na indústria de refratários, e molde em fundição. Como metal, em peças para reatores nucleares. Ainda usado como agentes colorantes, em componentes eletrônicos, ferramentas de corte e compostos vítreos para polimento.	Zircão é também uma fonte importante de háfnio e é lavrado notadamente em *placers* marinhos.

VI - Minerais de minério e substâncias minerais comumente empregados em suas formas naturais

Jorge da Silva Bettencourt, João Batista Moreschi

A maioria se refere a minerais não metálicos ou industriais e seu emprego final com frequência se faz de forma direta pela indústria. Alguns deles são também utilizados após alteração de suas características físicas e/ou químicas (ver capítulo 19).

Matéria-prima mineral	Composição química	Usos mais frequentes	Observações
Amianto Crisotila	$Mg_6Si_4O_{10}(OH)_8$	Tem inúmeras aplicações, notadamente na preparação do fibrocimento e na fabricação de produtos isolantes (resistência ao fogo), de fricção e para embalagens.	Amianto ou asbestos é a designação comercial de um grupo amplo de minerais fibrosos no qual a crisotila é o mais importante. Ocorrem associados a serpentinito, originando-se por alteração hidrotermal de dunitos e peridotitos. Outros minerais do grupo com interesse econômico: amosita e crocidolita. Lavra, industrialização e usos desses minerais têm sido constantemente controlados em virtude de danos que causam à saúde.
Areia silicosa Quartzo	SiO_2	Areia silicosa de alta pureza constitui o insumo mineral básico para a fabricação de vidros.	As melhores fontes estão em depósitos arenosos de dunas e em planícies de inundação de sistemas fluviais que foram submetidos a retrabalhamentos repetidos.
Argilas Caolinita Montmorillonia Palygorskita	$Al_4Si_4O_{10}(OH)_8$ $Al_2Si_4O_{10}.NH_2O$ $Mg_5Si_8O_{20}(OH_2)$ $4(OH)_2.4H_2O$	Os diferentes materiais argilosos têm algumas aplicações em comum (por exemplo, como carga ou enchimento em diferentes produtos), mas também aplicações específicas decorrentes de suas características particulares. Dada a baixa reatividade química, brancura e maciez, o caulim é amplamente utilizado, entre vários outros usos, na fabricação do papel, em porcelanas, pasta dental e produtos cosméticos. Bentonita é usada no tratamento (filtragem, descoloração, clareamento e refino) de substâncias oleosas (como petróleo), como aglutinante na pelotização de minério de ferro e aditivo em lamas para sondagem. "Terra de fuller" é aplicada em fluidos para perfuração, veículo para inseticidas e também como agente absorvente de substâncias oleosas.	Caulim é o termo comercial para materiais argilosos em que o principal constituinte é a caolinita, podendo naturalmente conter grãos de quartzo, plaquetas de mica e óxidos hidratados de ferro. Montmorillonita é o componente predominante da chamada bentonita. "Terra de fuller" (*fuller's earth*) designa igualmente um material argiloso rico em palygorskita e/ou montmorillonita. Comumente seus minérios resultam da alteração química supérgena de rochas feldspáticas e, previamente às aplicações industriais, passam por processos próprios de tratamento.
Barita	$BaSO_4$	É diretamente aplicada em lama para perfuração de poços de petróleo e gás natural (aumento da densidade), como carga em diversos materiais como borrachas e tintas, e na indústria de vidros. Outros usos incluem a fabricação de agregados para concreto denso (em usinas nucleares) e produção de diversos produtos químicos.	Barita é praticamente a única fonte comercial de bário. Outros minerais: witherita ($BaCO_3$). Ocorre em depósitos ígneos (carbonatito), hidrotermais (veios) e sedimentares exalativos. Concentra-se também em elúvios dada sua estabilidade química.
Calcita Dolomita	$CaCO_3$ $CaMg(CO_3)_2$	Calcário e dolomito são rochas abundante e intensamente utilizadas talvez no mais amplo leque de aplicações: construção, fundente, indústrias siderúrgica e química, agricultura, fabricação de cal, elemento de carga, tratamento de água etc. Calcário calcítico tem principal utilização na fabricação de cimento *portland*.	As reservas de calcário e dolomito são abundantes no mundo e usualmente correspondem a extensas e espessas sequências rochosas sedimentares ou metamórficas. Calcita e dolomita são frequentes minerais de ganga em vários tipos de depósitos minerais.

Matéria-prima mineral	Composição química	Usos mais frequentes	Observações
Cianita	Al_2SiO_5	Notadamente na confecção de produtos refratários, como cimento e argamassa, e também em porcelanas elétricas (velas de ignição).	Os polimorfos, sillimanita e andalusita, têm as mesmas aplicações que a cianita. Resultam do metamorfismo de médio a alto grau sobre sedimentos ricos em alumínio. Usualmente, são mineradas de depósitos secundários (residuais ou detríticos).
Córindon	Al_2O_3	Dada sua elevada dureza, é usado como abrasivo para polimento de metais e acabamento de componentes ópticos.	Resulta do metamorfismo de materiais sedimentares enriquecidos em alumínio ou de acumulações bauxíticas. Em algumas ocorrências está misturado com magnetita, hematita e granada, conforme material granular denominado de esmeril. Rubi e safira são variedades gemológicas do córindon.
Criolita	Na_3AlF_6	É essencial para a obtenção do alumínio metálico por meio de eletrólise. É produzida sinteticamente a partir do ácido fluorídrico.	Criolita é de ocorrência restrita e são raras suas mineralizações comerciais. Ocorre em pegmatitos e em produtos rochosos finais de magmas graníticos.
Diamante industrial	C	A maioria das aplicações baseia-se na sua elevada dureza e atendem a vários segmentos industriais: fabricação de diversos equipamentos e ferramentas de corte, abrasivos e pastas para polimento de diversos materiais.	O diamante industrial representa boa parte da produção mundial de diamante, que se faz a partir de quimberlitos e de depósitos sedimentares detríticos.
Diatomita	$SiO_2.nH_2O$	Notadamente como agente filtrante de líquidos e como elemento de carga.	Carapaças e espículas silicosas microscópicas de diatomáceas compõem essencialmente a diatomita.
Feldspato		Tem maior emprego na fabricação do vidro e na indústria cerâmica.	Os minerais do grupo do feldspato são abundantes, correspondendo a uma parcela significativa na composição mineral da crosta terrestre. Os minerais de minério mais importantes são microclínio/ortoclásio ($KAlSi_3O_8$) e albita ($NaAlSi_3O_8$). São notadamente explorados de rochas pegmatíticas, granitoides semialterados e sienitos, podendo ser acompanhados por quantidades variáveis de feldspatos cálcicos.
Fluorita	CaF_2	A fluorita tem dois grandes campos de aplicação: como fundente (metalurgia e vidros) e na fabricação do ácido fluorídrico que, por sua vez, é o insumo básico para a elaboração de uma imensa variedade de produtos. A principal utilização do HF é na fabricação da criolita sintética, essencial ao processo de obtenção do alumínio metálico a partir da bauxita. A fluorita comercial para usos metalúrgico e químico deve ter qualidades químicas e físicas específicas para essas aplicações.	Fluorita é a única fonte mineral econômica para flúor. Seus principais depósitos estão filiados a processos sedimentares com contribuição exalativa, processos hidrotermais (depósitos epigenéticos, filonares) e magmatismo alcalino-carbonatítico. Quantidades significativas de flúor ocorrem em minerais fosfatados de depósitos ígneos e sedimentares, representando recursos minerais futuros para flúor.
Gipsita (Gipso)	$CaSO_4.2H_2O$	A gipsita tem múltiplas aplicações. Na forma natural é usada comumente como carga mineral em diversos produtos, como condicionador de solos e no cimento *portland*, entre outros. Quando calcinada, obtendo-se o gesso, é usada em artefatos pré-moldados e pastas de revestimento para construção civil, montagem de moldes para fundição e cerâmica, em medicina e próteses dentárias. Às vezes para fabricação de ácido sulfúrico.	Os depósitos de gipsita se instalam em ambientes sedimentares submetidos a condições evaporíticas, levando à precipitação de diversos sais. Frequentemente está associada a calcários, anidrita ($CaSO_4$) e outros sais evaporíticos.

Apêndice VI

Matéria-prima mineral	Composição química	Usos mais frequentes	Observações
Grafita	C	Aplicações diversificadas: revestimento de moldes de fundição, lubrificantes, cadinhos e equipamentos elétricos.	Grafita corresponde à forma cristalina natural do elemento carbono. Comumente ocorre em depósitos metamórficos de natureza regional ou de contato.
Magnesita	$MgCO_3$	Para a maioria de suas aplicações, a magnesita é usualmente calcinada em intensidades variadas. Maior aplicação em tijolos, peças e artefatos refratários. Os produtos refratários magnesianos são resistentes às escórias básicas mesmo em altas temperaturas. Aplica-se também na indústria do vidro e cimento. Pode ser usada para obtenção do magnésio metálico.	Em seus mais importantes depósitos ocorre comumente como camadas em sequências sedimentares ou metamórficas, frequentemente associada a outras rochas carbonatadas menos magnesianas. Essas acumulações podem ter ocorrido em ambientes com tendência evaporítica. Pode se concentrar como massas irregulares e veios em rochas ultramáficas intemperizadas.
Mica (Muscovita)	$KAl_2(AlSi_3O_{10})(OH)_2$	Como placas ou folhas normalmente cortadas e moldadas à mão, aplica-se em isolantes elétricos e também térmicos. Lascas e fragmentos menores podem ser recompostos no chamado papel de mica ou submetidos à moagem, sendo empregados em máquinas elétricas, lamas de sondagem, cerâmica e tintas e como lubrificante.	É produzida a partir de pegmatitos ou recuperada como subproduto do tratamento de outros materiais rochosos, como caulim e feldspato. Flogopita (mica magnesiana) e lepidolita (mica litinífera) podem ter aplicações similares à muscovita. Flogopita comumente ocorre em quimberlitos e carbonatitos.
Ocre	Óxidos de ferro hidratados naturais	Componente de pigmentos em vidro, papel e cerâmica.	Comumente, contém outras substâncias como sílica, hidróxido de alumínio, óxidos de manganês. Ocorre em coberturas superficiais supérgenas sobre rochas fontes ricas em ferro.
Perlita	Rocha vulcânica vítrea	Basicamente em materiais acústicos e isolantes térmicos É empregada sempre na forma expandida, quando adquire um aspecto de espuma.	Associada a derrames vulcânicos.
Pirofilita	$Al_2Si_4O_{10}(OH)_2$	Propriedades físicas similares às do talco conferem-lhe usos finais semelhantes àquele mineral.	Com frequência, na prática, utiliza-se o termo agalmatolito para designar rochas metamórficas ricas em pirofilita.
Potássio Silvita Cainita Carnalita	KCl $4KCl.MgSO_4.11H_2O$ $KCl.MgCl_2.6H_2O$	Os minerais potássicos têm sua maior aplicação na preparação de fertilizante na forma de cloreto. Parte é destinada à fabricação de produtos químicos.	Embora os aluminossilicatos potássicos (feldspato, mica) sejam abundantes na crosta terrestre não constituem fonte para o elemento, pois são praticamente insolúveis em água, o que inviabiliza sua utilização. Usualmente, os minerais evaporíticos potássicos estão misturados à halita (NaCl) em seus depósitos, e os materiais naturais ricos em potássio recebem designações como silvinita (silvita+halita) e carnalitita (carnalita+halita), como nome de seus minérios. Os minérios potássicos cloretados são solúveis em água e exigem processos relativamente simples de tratamento, usualmente eliminação de halita, para seus empregos. É minerado a partir de evaporitos, onde ocorre como diversos sais na forma de cloretos e sulfatos de composições complexas.
Quartzo	SiO_2	As aplicações de quartzo decorrem fundamentalmente de suas qualidades naturais. Nas chamadas aplicações de alta tecnologia (componentes eletroeletrônicos e ópticos, fibras ópticas, semente para quartzo sintético, entre outras), deve apresentar características cristalinas praticamente perfeitas e baixa contaminação química. O emprego em outros setores industriais (cerâmica, vidraria, abrasivos, refratário, metalurgia) exige especificações mais brandas. Boa parte dos usos nobres do quartzo natural (cristal e lasca) tem sido substituída com vantagem pelo quartzo cultivado. Os segmentos industriais, em que as especificações do material quartzoso podem ser mais flexíveis, mesmo na fabricação de quartzo fundido, passaram a utilizar quartzito e areias quartzosas adequadamente beneficiadas.	Materiais naturais ricos em quartzo mostram-se em diferentes formas de ocorrência: veios simples ou sistema de veios, pegmatito, quartzito, chert, placers arenosos e certas rochas ígneas ácidas. No entanto, para emprego em técnicas mais avançadas, o quartzo é de ocorrência restrita em certos depósitos filonares onde a precipitação da sílica pode se dar na forma de cristais de alta qualidade.

Matéria-prima mineral	Composição química	Usos mais frequentes	Observações
Rocha fosfática			
Apatita	$Ca_5(PO_4)_3(F, Cl,OH)$	Quase a totalidade da produção mundial de rocha fosfática é dirigida à produção de fertilizante. Também é utilizada na fabricação de diversos produtos químicos. Dado o processo industrial utilizado para obtenção do fertilizante fosfatado solúvel (dissolução com ácido sulfúrico), resulta como subproduto o fosfogesso com características de aplicabilidade semelhantes às da gipsita. O ácido fosfórico tem larga aplicação nas indústrias química e farmacêutica e também na preparação de produtos para ração animal e alimentação humana.	As variedades de apatita (flúor-, cloro- e hidroxiapatita) constituem as fontes econômicas praticamente exclusivas de fósforo. Seus depósitos são magmáticos (usualmente relacionados a carbonatitos e rochas alcalinas) e sedimentares onde o minério comumente é chamado de fosforita.
Sódio			
(minerais de) Halita (Salgema) Trona Nahcolita Natrão Mirabilita Thenardita	$NaCl$ $Na_2CO_3.NaHCO_3.2_2O$ $NaHCO_3$ $Na_2CO_3.10H_2O$ $Na_2SO_4.10H_2O$ Na_2SO_4	A produção de carbonato de sódio comercial é quase que totalmente consumida pela indústria do vidro. Similarmente ao carbonato, o sulfato de sódio é empregado na fabricação do vidro e detergentes. É também usado na preparação da pasta de celulose para manufatura de papel. Halita tem múltiplos empregos, notadamente na indústria de alimentação e química.	Carbonato e sulfato de sódio naturais têm uma produção muito restrita e a oferta é mantida pelos equivalentes sintéticos, fabricados a partir da halita, que tem sua principal fonte nos evaporitos. Também é obtida artificialmente por evaporação da água do mar (salinas). Alguns desses sais, como a trona, formam-se em evaporitos continentais.
Talco	$Mg_3Si_4O_{10}(OH)_2$	Várias propriedades físicas do talco, tais como estrutura placoide fibrosa, maciez, resistência relativamente elevada a ações térmicas, elétricas e químicas dão-lhe um amplo leque de aplicações industriais, com dominância no segmento cerâmico e também como carga mineral inerte em diversos produtos químicos, agrícolas, farmacêuticos, cosméticos e em borracha.	Boa parte de seus depósitos relaciona-se ao metamorfismo e alteração hidrotermal de sequências sedimentares originalmente magnesianas e carbonáticas. O mineral talco e rochas talcosas (esteatito, pedra-sabão) podem ser gerados por serpentinização e talcificação de rochas originais ultramáficas, sob metamorfismo regional de baixo grau.
Vermiculita	$Mg_3Si_4O_{10}(OH)_2nH_2O$	Usualmente é comercializada em sua forma expandida (por aquecimento) em diversas finalidades. A principal é na fabricação de produtos isolantes de natureza acústica e térmica com utilização na construção civil (placas, argamassa, forro, agregado leve para concreto). Como condicionador de solo e veículo para fertilizante e produtos químicos agrícolas. Manufatura de embalagem anti-choque.	É uma importante matéria-prima para fabricação de agregados leves. Comumente ocorre em carbonatitos e como produtos de alteração hidrotermal de flogopita e biotita.
Wollastonita	$CaSiO_3$	Principal utilização em materiais cerâmicos (alta resistência térmica e mecânica).	Derivada de metamorfismo de alto grau ou de contato (escarnito) em calcários silicosos.
Zeólita	Silicatos hidratados complexos de metais alcalinos e alcalinos terrosos	Um amplo campo de aplicações, destacando-se na fabricação de cimento pozolânico na forma de rocha tufácea zeolítica e em equipamentos destinados a processos de troca iônica, por exemplo, para a purificação de água, separação de rejeitos radioativos e no tratamento de esgoto.	Corresponde a um grupo constituído por várias espécies minerais, os principais são: analcima $NaAlSi_2O_6.H_2O$, cabazita $(Ca, Na_2)Al_2Si_4O_{12}.6H_2O$ e estilbita $(Ca, Na_2)_4Al_8Si_{28}O_{72}.28H_2O$. Ocorrem e são exploradas em formações sedimentares frequentemente de natureza tufácea.

VII - Classificação simplificada de rochas comuns

Wilson Teixeira, Thomas Rich Fairchild, M. Cristina Motta de Toledo, Fabio Taioli

As rochas são comumente classificadas em função de sua origem: ígnea, sedimentar ou metamórfica. Cada uma dessas classes de rochas apresenta características próprias dos seus processos de origem, que incluem a estrutura, a textura e a composição. A identificação das rochas e sua correta classificação e denominação pressupõem um conhecimento teórico inicial e certa prática, mas é possível caracterizar de forma introdutória as rochas mais comuns, em função de particularidades que são inerentes à sua origem.

Cabe destacar também que a classificação geológica das rochas não coincide totalmente com a classificação comercial, utilizada no ramo das rochas ornamentais. Este mercado leva em conta características físicas das rochas diretamente ligadas às propriedades de interesse para a construção civil (basicamente resistência e beleza estética). Também é importante notar que, embora os minerais, que são os principais constituintes das rochas, devam ser de origem inorgânica para serem classificados como tal, as rochas, diferentemente, podem ser formadas também por materiais orgânicos naturais. De outra parte, segundo a sua composição química, os minerais podem ser agrupados em: silicatos e não silicatos. O primeiro é grupo mais abundante (por exemplo: quartzo – SiO_2). Os principais grupos de não silicatos são: óxidos (magnetita - Fe_3O_4), sulfetos (pirita – FeS_2), sulfatos (barita – $BaSO_4$), carbonatos (calcita – $CaCO_3$), fosfatos (apatita – $Ca_5(PO_4)_3(F, Cl, OH)$), haloides (fluorita – CaF_2) e elementos nativos (ouro – Au).

Rochas ígneas

A composição química do magma gerador condiciona a formação sequencial de diferentes minerais e, consequentemente, de distintas rochas ígneas. A taxa de resfriamento do magma determina o tamanho dos cristais, cujo arranjo condiciona a textura da rocha. A composição e a textura são a chave para a classificação das rochas ígneas.

A cor também é comumente utilizada como um diagnóstico complementar na classificação de rochas ígneas (clara, escura, intermediária). Contudo, muitas rochas apresentam dois componentes de coloração contrastante; outras exibem variações de cinza e rosa. Por isso, a caracterização de uma rocha pela cor pode ser útil no refinamento da sua identificação, apesar de não ser o principal elemento.

Quanto à textura, as rochas ígneas podem ser classificadas em:

Rochas faneríticas ou rochas de granulação grosseira

Apresentam cristais com dimensões predominantemente de 1 a 5 mm. A textura grosseira indica origem plutônica, em virtude do resfriamento lento do magma em profundidade na crosta. Entre os constituintes minerais, a abundância relativa do quartzo e feldspato (geralmente claros), biotita, anfibólio e piroxênio (minerais ferromagnesianos geralmente escuros), ou mesmo a ausência de determinado mineral (por exemplo, quartzo) são elementos que auxiliam na identificação preliminar de uma rocha ígnea.

a) presença abundante de quartzo e feldspato róseo: indicativo de um granito;
b) presença de plagioclásio branco (de 30% a 60% dos minerais constituintes), pouco quartzo e minerais escuros: indicativo de um diorito;
c) ausência de quartzo, presença abundante de plagioclásio branco ou cinza e de minerais escuros: indicativo de um gabro;
d) ausência de quartzo e plagioclásio, combinado com a predominância de minerais escuros: indicativo de um peridotito ultramáfico (constituído principalmente por olivina ou piroxênio).

Rochas afaníticas ou rochas de granulação muito fina

Essas rochas, em virtude de serem originadas por resfriamento bastante rápido, possuem minerais muito pequenos, visíveis apenas ao microscópio.

a) cor cinza-clara, branca, ou verde-clara são indicativas da presença de quartzo e feldspatos. Trata-se provavelmente de um riolito (rocha correspondente ao granito em nível superficial). Mas, a granulometria fina desta rocha impede de identificar seus minerais a olho nu.
b) presença de minúsculos cristais de quartzo em quantidades parecidas com o percentual de plagioclásio branco ou cinza e de minerais máficos: trata-se provavelmente de um andesito;

c) presença predominante de minerais escuros muito finos: trata-se provavelmente de um basalto.

Rochas porfiríticas

Possuem cristais macroscópicos que se destacam no arranjo mineralógico predominante e de menor tamanho. As classificações obedecem ao procedimento preliminar acima descrito para rochas ígneas, a exemplo de: riolitos porfiríticos, basaltos porfiríticos etc. Normalmente, a textura porfirítica indica mudança na taxa de resfriamento, refletida na existência de dimensões distintas dos cristais constituintes (grossa ou média em matriz fina).

Vidros vulcânicos

Os vidros vulcânicos são rochas ígneas especiais, formadas por resfriamento excepcionalmente rápido, o que impede a cristalização, formando material amorfo, ou seja, não cristalizado. O tipo mais comum é a obsidiana, cuja composição é riolítica.

Rochas sedimentares

Os sedimentos são geralmente constituídos por fragmentos de minerais ou rochas, de tamanhos variados. Esses materiais podem ser clásticos (areias das praias), de origem orgânica (restos vegetais), ou formados por precipitação química. De modo similar às rochas ígneas, as rochas sedimentares podem ser classificadas em termos texturais: como clásticas e não clásticas (entre essas, estão as de formação orgânica e química). Portanto, o tamanho das partículas constituintes das rochas sedimentares é o mais importante elemento classificatório: distinguindo-se os clastos como os elementos principais, ou seja, as partículas de tamanho maior, geralmente as dominantes, e outras de menor tamanho que constituem a chamada matriz dos clastos maiores. Às vezes, pode ocorrer um cimento intersticial de origem orgânica oriundo de precipitação química. Como uma grande quantidade de rochas sedimentares é formada por carbonatos de cálcio (calcita), o primeiro procedimento para classificação de uma rocha sedimentar é a verificação da sua presença, com aplicação de HCl diluído; a efervescência indica a reação de produção de CO_2, confirmando a presença de calcita. Esse tipo de rocha é denominado de calcário.

Rochas que não efervescem no teste com HCl, mesmo quando pulverizadas, não contêm minerais carbonáticos. Uma efervescência discreta sugere a presença de um cimento carbonático entre os cristais de minerais de outras composições.

Tipos comuns de rochas calcárias

a) rocha contendo fósseis diversos: denomina-se de calcário bioclástico; se é constituída por fragmentos de conchas calcárias, denomina-se de coquina.
b) se a rocha é composta por pequenas concreções esféricas de material calcário (frequentemente depositado como camadas concêntricas sobre pequenos clastos de areia), trata-se de um calcário oolítico.

Texturas principais de rochas sedimentares

Rochas com textura clástica:
1) clastos com mais de 2 mm de diâmetro:

a) angulosos: a rocha é uma brecha sedimentar;
b) arredondados: a rocha é um conglomerado.

2) clastos com 1/16 a 2 mm de diâmetro, material áspero ao tato: trata-se de um arenito.
   a) 90% dos grãos constituídos por quartzo: quartzo arenito;
   b) 25% dos grãos constituídos por feldspato: arcósio;
   c) 25% dos grãos constituídos por fragmentos finos de folhelho, ardósia, basalto e outros tipos rochosos: arenito lítico;
   d) 15% da rocha apresenta uma matriz fina: grauvaca.

3) Caso a rocha tenha, predominantemente, grãos menores que 1/16 mm, invisíveis mesmo com o uso de lupa, e se apresente laminada (em camadas finas), trata-se de um argilito, ou um folhelho, no caso de laminação muito pronunciada. Se os grãos são pouco mais grossos, visíveis sob a lupa, e a rocha não se apresenta laminada, trata-se de um siltito.

Rochas não clásticas:
1) os cristais de rocha se dissolvem em água: trata-se provavelmente de um sal (exemplo sal-gema);
2) os cristais apresentam tamanho variado (finos a grosseiros) e têm dureza inferior a 2 na escala de Mohs: gipso.

Rochas com texturas peculiares:
1) rocha com cristais finos de sílex que exibem fratura conchoidal: trata-se de um *chert*;
2) rocha de cor preta ou marrom-escura e que se quebra facilmente, impregnando-se nos dedos: trata-se de carvão.

Apêndice VIII

Rochas metamórficas

São rochas resultantes de transformações por ação da temperatura e pressão (T e P) no interior da crosta. Dois fatores determinam a variedade das rochas metamórficas: a composição das rochas originais e a combinação e a intensidade dos agentes atuantes (T e P). Situações diferentes produzem texturas distintas e, como tal, estas são fundamentais para a identificação de uma rocha metamórfica. Em termos texturais, os produtos metamórficos podem ser divididas em dois grupos: rochas foliadas e não-foliadas.

Rochas foliadas

a) Rocha fina, áspera ao tato e facilmente quebrável em placas: ardósia.

b) Rocha com as características da ardósia, porém mais frágil e sedosa ao tato: filito.

c) Rocha com minerais placoides ou prismáticos, em arranjo cristalino paralelo e orientado: xisto. Dependendo do conteúdo mineral, pode ser classificada como mica xisto, granada xisto, anfibólio xisto, talco xisto etc. Um xisto contendo o mineral serpentina recebe o nome de serpentinito.

d) Rocha exibindo bandas mineralógicas claras e escuras paralelas ou dobradas: gnaisse. Os leitos de cor clara neste tipo de rocha são compostos por feldspatos e eventualmente quartzo; as bandas de cor escura são constituídas provavelmente por biotita, anfibólio ou piroxênio.

Rochas não foliadas ou maciças

a) Havendo quartzo como mineral constituinte principal e sendo rocha suficientemente dura para riscar o vidro, trata-se de quartzito.

b) Havendo cristais de calcita e/ou dolomita como constituintes principais da rocha, trata-se de mármore.

VIII - Resistência mecânica de algumas rochas
Fabio Taioli

Tipo de rocha		Faixa de resistência à compressão (MPa)	Comentários
Ígneas	Granito	150 a 300	Granitos não alterados, com granulometria fina e pouco fraturados são os mais resistentes. São, em geral, apropriados para a maioria das aplicações em engenharia.
	Basalto	80 a 360	Zonas brechadas, amígdalas, vesículas e fraturas diminuem a resistência. Em climas tropicais, dependendo dos minerais secundários presentes, sofre intemperismo, perdendo a resistência rapidamente.
Metamórficas	Mármore	45 a 240	Dissoluções e fraturas podem diminuir sensivelmente sua resistência.
	Gnaisse	150 a 250	São apropriados para a maioria das aplicações em engenharia. Dependendo da aplicação, sua anisotropia pode comprometer o uso.
	Quartzito	145 a 630	Rocha de alta resistência quando não alterada.
Sedimentares	Folhelho	5 a 230	Pode ser pouco resistente para aplicações em engenharia. Seu uso deve ser avaliado cuidadosamente.
	Calcário	35 a 260	Pode apresentar nódulos de argila, dissoluções ou fraturas que diminuem sua resistência.
	Arenito	33 a 240	Sua resistência varia dependendo da quantidade e mineralogia do cimento e quantidade de fraturas.

IX - As rochas como material de construção: agregados, rochas ornamentais e para revestimento

Ely Borges Frazão

Figura 1 – Monumento às Bandeiras, Parque do Ibirapuera, São Paulo. Foto: D. Cavalcanti/Keydisc.

O uso das rochas sempre acompanhou o desenvolvimento da humanidade (ver capítulo 19), como mostram os artefatos de pedras lascadas e os grandes monumentos como as pirâmides do Egito antigo ou as obras artísticas, entre inúmeros exemplos de emprego das rochas como utensílios e como elementos estéticos e estruturais nas construções. Com o domínio da tecnologia do aço para construção de estruturas metálicas e com o surgimento do concreto, em que a rocha participa como um dos componentes na forma de agregados, o seu uso em edificações passou a ser, principalmente, em revestimento e em decoração.

1. Agregados

Os agregados para construção (pedras britadas, cascalhos e areias) são importantes bens minerais no Brasil e no mundo, e seu consumo está diretamente ligado à qualidade de vida da população pois é utilizado como material insubstituível no setor habitacional, energético, de saneamento e de transporte, como constituinte de concretos de cimentos (barragens de usinas hidrelétricas e de abastecimento de água, pontes e viadutos, pavimentos rodoviários especiais, edificações urbanas) e de concretos betuminosos (obras de infraestrutura, como as rodovias, vias públicas, camadas e pavimentos de diferentes tipos de uso nas cidades). O concreto de cimento é o principal material de construção no mundo, e sua produção alcança 6,5 bilhões de toneladas, sendo o segundo produto mais consumido, só perdendo para a água. Seu consumo médio mundial é de 8 t/hab/ano nos países desenvolvidos e apenas 2,3 t/hab/ano no Brasil (4,5 t/hab/ano no estado de São Paulo). Na região metropolitana de São Paulo, o consumo mensal é de 2,4 milhões de toneladas para edificações e obras de infraestrutura.

A produção de pedra britada no Brasil foi, em 2005, de 135 milhões de toneladas, e a de areia natural, de 96 milhões de toneladas, num total, portanto, de 331 milhões de toneladas.

Pedras britadas

O principal uso das pedras britadas é como constituinte de concretos de cimento, em até 85% em volume. As rochas usadas para produção de pedra britada, no Brasil, são granitos e gnaisses (85%), calcários e dolomitos (10%) e basaltos e diabásios (5%). A produção da pedra britada envolve o desmonte do maciço rochoso, a britagem dos blocos de rocha obtidos e a classificação do produto. A lavra dos maciços para produção de pedra britada é, geralmente, feita a céu aberto e é do tipo "desmonte em massa" por cargas detonantes inseridas em perfurações.

O processo de britagem reduz as dimensões dos blocos para os tamanhos convenientes, conforme as exigências dimensionais de uso. Para execução da britagem são utilizados os britadores de mandíbulas, mas os cônicos também podem ser utilizados.

As mandíbulas dos britadores estão sujeitas ao desgaste devido principalmente à abrasividade maior ou menor das rochas e às condições operacionais. A abrasividade das rochas, em ordem decrescente, é a seguinte: calcário < basalto

< diabásio < gnaisse < granodiorito < granito < quartzito. Após a britagem, o material produzido é classificado de acordo com as graduações granulométricas de uso por meio de sistemas de peneiras de grandes dimensões. Depois o material classificado é conduzido diretamente para silos, de onde é recolhido por veículos para transportá-lo até o centro consumidor.

Areias e cascalhos

Areias e cascalhos são explorados, geralmente, em jazidas situadas nos cursos d'água (a maior parte) ou em terraços e várzeas, a partir de materiais sedimentares, portanto. Podem também provir de mantos de intemperismo de rochas graníticas, geralmente desmontados por jatos d´água, ou ainda de lavra de rochas como arenitos brandos e de quartzitos friáveis, como subprodutos, ou, também, podem provir da produção da pedra britada.

Na extração em leitos de rios, utilizam-se dragas de sucção instaladas em plataformas flutuantes, comumente conhecidas como balsas. O material extraído é conduzido por tubulações até o depósito de estocagem, onde ocorre a secagem natural por escoamento e evaporação.

Se a jazida se encontra em várzea, a modalidade de extração é em cava seca, quando a jazida se encontra acima do nível d'água, ou em cava fechada, quando está próxima do nível d'água. No processo de lavra em cava seca, pode-se utilizar carregadeira de pneus, trator de esteira ou retroescavadeira. A lavra em cava fechada se faz com dragas de sucção que conduzem o material (areia e ou cascalho) até os depósitos, onde ocorre a secagem natural por escoamento gravitacional e evaporação.

No processo de produção da pedra britada há uma concomitante produção de partículas menores que a dimensão mínima estabelecida para a pedra britada, denominadas de finos de pedreiras, finos de britagem ou pó de pedra. A crescente escassez da areia natural tem forçado sua utilização. Tem sido usada em concretos de cimento *portland*, em mistura com a areia natural ou isoladamente após operação de beneficiamento, com ou sem lavagem, e uma operação de melhoria de seu formato por meio de britadores de impacto de eixo vertical.

Agregados: funções e propriedades requeridas

Os agregados têm a função de contribuir com grãos capazes de resistir aos esforços nas construções, propiciar economia de ligantes e dar estabilidade à massa na qual estiver inserido (concretos hidráulicos e betuminosos). Se for utilizado sem ligante, além de suportar os esforços, apresenta baixa alterabilidade.

Para atender a essas exigências, os agregados graúdos devem provir de rochas não alteradas, de baixa porosidade, resistentes à compressão, ao esmagamento, ao desgaste e ao impacto; devem, ainda, estar isentas de minerais que possam reagir com o cimento ou provocar má adesividade ao betume, entre outras propriedades. Características de resistência e de pureza são muito exigidas também para os agregados miúdos. Formatos tendentes a cúbicos ou esféricos dos grãos e adequada distribuição granulométrica são requisitos essenciais tanto para o agregado graúdo quanto para o miúdo, para garantir uma boa imbricação entre as partículas. A qualificação das rochas, ou dos agregados, é normalmente feita por procedimentos padronizados por entidades normalizadoras nacionais e internacionais.

2. Rochas ornamentais e para revestimento

Atualmente, na indústria da construção civil, 72% das rochas seguem para revestimentos, 17,5% para a arte funerária, 7,5% para obras estruturais e 3% para outros usos. No Brasil, os três maiores produtores de rochas ornamentais para revestimentos, em ordem decrescente, são os estados de Espírito Santo, Minas Gerais, Bahia, que respondem por mais de 80% da produção. Minas Gerais é o estado maior produtor de ardósias e quartzitos, e o Espírito Santo, de mármores.

Os tipos de rochas mais usados para revestimento de edificações são os comercialmente denominados *granitos* e *mármores*. Do ponto de vista comercial, *granitos* abrangem tanto os granitos como outras variedades de rochas ígneas. Da mesma forma, *mármores* abrangem não só os calcários metamorfizados como também brechas sedimentares carbonáticas. Com utilização para fins residenciais e arquitetônicos também são utilizadas rochas não enquadradas nos dois termos definidos acima, como os quartzitos, as ardósias e algumas rochas gnáissicas. Do total produzido no mundo, cerca de 45% correspondem a mármores, 40% a granitos, 5% a ardósias, 5% a quartzitos e 5% a outros tipos comerciais.

Produção das rochas ornamentais e de revestimento

As rochas com essas destinações são obtidas de matacões de pequenas e grandes dimensões (granitos) ou de maciços rochosos volumosos e com manto de intemperismo pouco espesso (granitos e mármores). Os matacões podem ser lavrados por encunhamento (inserção de cunhas de aço nos furos prévia e adequadamente distribuídos ou por fogacho (Figura 2). Modernamente, também se empregam fios diamantados acionados por máquinas especiais desenvolvidas para esse fim e se aplicam mais a maciços rochosos (Figura 3). As ardósias e os quartzitos são lavrados a partir dos seus planos estruturais com ferramentas metálicas adequadas.

Os blocos (Figuras 4 e 5) são levados para beneficiamento em serrarias onde são segmentados em chapas de diferentes espessuras, por meio de um engenho denominado tear, constituído por um quadro com lâminas de aço paralelas fixadas que, em movimento de vaivém, comprimem abrasivos de aço (granalhas) contra o bloco. Lâminas diamantadas e serras monodisco ou multidiscos também têm sido utilizadas na serragem de blocos de mármore.

As chapas seguem então para o processo de desbaste para se obter planura, seguido ou não de polimento. O desbaste e o polimento são feitos por meio de um maquinário que contém peças chamadas *rebolos*, constituídos de partículas abrasivas de aço imersas em resinas solidificadas. Existem outros tipos de tratamento da superfície das placas de rochas que são a flamagem (queima por maçarico), o jateamento (por impacto de abrasivos granulares), o apicoamento (percussão com picola), entre outros. A partir daí, as chapas são recortadas por serras diamantadas, na forma de ladrilhos ou de placas de diferentes dimensões, conforme a destinação. As ardósias e os quartzitos têm processos de beneficiamento mais simples e podem ser submetidos também a processos mecânicos de desbaste e depois recortados.

Características desejáveis da rocha para fins ornamentais e para revestimento

As rochas devem apresentar algumas características que facilitem tanto sua produção quanto seu uso,

Figura 2 – Desmonte por fogacho (fundo à esquerda) e corte por fio diamantado (fundo à direita). (Pedreira em Bragança Paulista, SP). Foto: F. C. Navarro.

Figura 3 – Desmonte secundário de bloco de granito ornamental com marteletes pneumáticos. Procedência: Distrito de Itaperuninha, Barra de São Francisco, ES (a névoa é de poeira dos marteletes). Foto: F. C. Navarro.

Apêndice IX

Figura 4 – Frente da lavra e pátio de blocos. Distrito de Itaperuninha, Barra de São Francisco, ES. Foto: F. C. Navarro.

Figura 5 – Mina Fontex no Município de Claúdio, Minas Gerais (Pedreira Kinawa). Foto: P. Boggiani.

revestimento, as características petrográficas, físicas e mecânicas são fundamentais para lhes garantir bom desempenho ao longo do tempo.

Se de um lado as características petrográficas são importantes na qualificação da rocha e na previsão de sua alterabilidade, de outro as propriedades físicas são críticas para a porosidade e o coeficiente de dilatação por variação térmica da rocha, que podem ter consequências na durabilidade e evolução da aparência. As propriedades mecânicas mais importantes são a resistência ao desgaste, à flexão e ao impacto.

tais como:
a) facilidade de beneficiamento, para alcançar os efeitos estéticos e geométricos desejados;
b) alta resistência ao intemperismo e a reagentes agressivos, para manter as características estéticas e funcionais;
c) resistências mecânicas adequadas, para suportar satisfatoriamente as solicitações de flexão, de impacto e de desgaste, entre outras, quando do transporte, aplicação e uso; e
d) baixa capacidade de absorção de líquidos, além de baixa dilatação térmica, para não afetar sua função estética e garantir a durabilidade desejada.

Embora os aspectos estéticos sejam determinantes na escolha das rochas para fins ornamentais e para

Referências

CUCHIERATO, G. *Caracterização tecnológica de resíduos da mineração de agregados da região metropolitana de São Paulo, visando seu aproveitamento econômico.* (Dissertação de Mestrado) IGc-USP, 2000.

FRAZÃO, E. B. *Tecnologia de rochas na construção civil.* São Paulo: ABGE, 2002. 132 p.

FRAZÃO, E. B. Tecnologia para a produção e utilização de agregados. *In:* TANNÚS, M. B., CARMO, J. C. do (Org.). *Agregados para a construção civil no Brasil – Contribuições para formulação de políticas públicas, Secretaria de Geologia,* Mineração e Transformação Mineral-Ministério de Minas e Energia / Fundação Centro Tecnológico de Minas Gerais – Cetec, 2007. p.123-164.

MELLO, I. S. de C. Indicadores do mercado nacional e internacional de rochas ornamentais e para Revestimento. *In:* MELLO, I. S. de C. (Coord.) *A cadeia produtiva de rochas ornamentais e para revestimentos no estado de São Paulo.* IPT, São Paulo: Publicação 2995, 2004. p.1-26.

PEITER, C. C.; CHIODI FILHO, C. *Rochas ornamentais no século XXI – Bases para uma política de desenvolvimento das exportações brasileiras,* Cetem/Abirochas, Rio de Janeiro: 2001. 160 p. il.

VALVERDE, F. M. Agregados para construção civil; Associação Nacional dos Produtores de Agregados para Construção Civil - Anepac (Relatório Interno), 2007.

X - Geologia médica: uma nova especialidade de estudo multidisciplinar
Wilson Scarpelli

A Geologia Médica estuda a influência dos materiais e fenômenos geológicos na saúde dos seres vivos, sejam eles animais ou vegetais. É ciência multidisciplinar que envolve geólogos, médicos, biólogos, nutricionistas, físicos, químicos, agrônomos e outros profissionais, e parte do princípio de que os seres vivos são feitos do que se alimentam e vivem sob a influência do ambiente em que se inserem.

Para ter boa saúde, os seres humanos dependem da assimilação de vários elementos químicos, mas não em iguais proporções. São essenciais, como macronutrientes, Ca, Cl, H, K, Mg, N, Na, O, P e S e, como micronutrientes, As, Co, Cr, Cu, Fe, Mn, Mo, Se, V e Zn, mais F, I e Si. Há séculos foi dito "Tudo é venenoso, nada é venenoso. É questão de dosagem". Todos esses nutrientes são importantes, e sua falta acarreta prejuízos à saúde. Mas, quanto aos micronutrientes, sua assimilação em excesso pode ser fatal. Elementos como Be, Cd, Hg, Ni, Pb, Sb, Sn, Ti e outros, que não são necessários à boa saúde, podem ser prejudiciais mesmo em pequenas quantidades.

Todos esses elementos encontram-se nas rochas, nas águas e no ar, servindo para alimentação das plantas e animais. É importante notar que apenas uma fração do conteúdo de um elemento em um produto natural é disponível e assimilável pela biota. Assim, o conteúdo de um elemento em um produto não define a toxicidade desse produto quanto ao elemento, havendo normas internacionais para medir e definir os graus de toxicidade ou não de um elemento em um produto, seja ele natural ou industrial. No Brasil, elas são atualizadas e divulgadas pela Associação Brasileira de Normas Técnicas. Além disso, vários organismos federais e estaduais, responsáveis pela saúde e pelo meio ambiente, definem conteúdos máximos permitidos em águas e solos.

De modo geral, as águas correntes refletem a composição química das rochas do substrato, as plantas refletem a composição química dos solos onde vivem, e os animais, a composição química da região, como um todo. Como consequência, populações que se alimentam exclusivamente de produtos locais podem ser mais afetadas por anomalias geoquímicas localizadas, havendo casos clássicos de problemas de saúde localizados devido à abundância ou à carência de elementos como As, Co, Fe, F, I, Se, Zn, Pb e outros.

A par das variações geológicas naturais, a poluição também atua para criar condições para a distribuição ir-

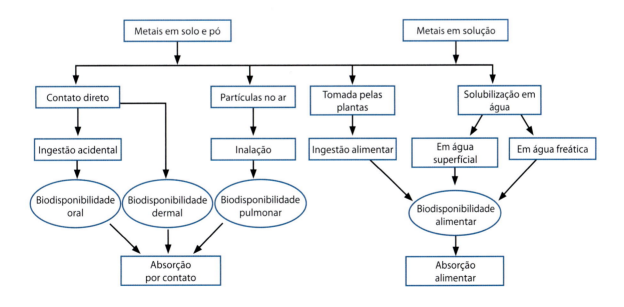

Figura 1 – Formas de absorção de metais pelos organismos vivos, a partir de sua ocorrência no estado sólido, no solo, no ar, ou em solução. Biodisponibilidade representa a fração de teor do elemento que é disponível para sua assimilação pelos seres vivos. Como exemplo, a biodisponibilidade de ferro para incorporação na estrutura de organismos vivos é maior quando o elemento é absorvido como hidróxidos ou sulfatos, que são solúveis, do que como carbonatos, sulfetos ou mesmo óxidos.

Apêndice X

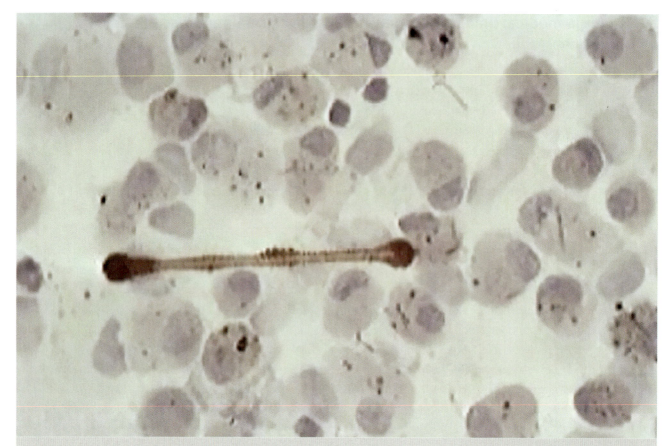

Figura 2 – Fibra de amianto anfibólio removida de pulmão humano. A fibra, ferrífera, tem suas extremidades oxidadas em hidróxidos de ferro, que tendem a aderir às paredes do pulmão. A oxidação é maior em fumantes, provavelmente devido ao aquecimento do ar inspirado aos pulmões.

regular e, às vezes, maléficas dos elementos químicos. Ao lado da poluição de origem antrópica, como os rejeitos industriais e de mineração, inseticidas agrícolas, desertificação e criação de centros urbanos, há também poluições que são naturais, como as tempestades de pó formadas sobre desertos e as emanações de gases e poeiras no vulcanismo.

No Brasil, existem contaminações naturais de flúor em águas potáveis de algumas regiões, de arsênio nas águas dos rios amazônicos que vêm dos Andes, e, como produto de ação antrópica, de mercúrio em garimpos de ouro, de arsênio e chumbo em águas de mineração de minérios sulfetados, de chumbo e de cromo em rejeitos industriais, de poluentes orgânicos próximos a postos de gasolina e outros casos mais.

Alguns minerais podem ser maléficos à saúde, como o amianto e pós de sílica e de óxido de manganês. Amianto é produto industrial obtido a partir de fibras de crisotila, mineral rico em magnésio, ou de anfibólios, ricos em ferro. Essas fibras podem ser carcinogênicas. O pulmão tem sistema natural para expelir pequenos grãos de poeira que chegam a seu interior, porém tem dificuldade de expelir fibras de amianto industrial. Quando retidas no pulmão, essas fibras criam condições para a formação de cânceres, principalmente entre fumantes. Por conterem ferro e oxidarem-se mais facilmente, os amiantos produzidos com anfibólios são mais cancerígenos. Pó de sílica inspirado em excesso pode causar silicose, doença que, até alguns anos atrás, era frequente em trabalhadores de minas de subsolo; hoje se usa aspersão de água para evitar esses pós. Pó de manganês pode causar danos ao sistema neurológico. Em mineração, obriga-se o uso de máscaras em locais de poeira manganesífera e com pouca ventilação.

Outro perigo que merece atenção é o radônio, gás intermediário, produzido na transformação radioativa, natural, de urânio em chumbo. Como o urânio é impureza comum em fosfatos, o radônio aparece em áreas com granitos, gnaisses, folhelhos e outras rochas que tenham fosfatos. Sendo gás, o radônio dissemina-se rapidamente pelo ambiente e, por ter vida média de apenas 3,8 dias, é alta a probabilidade de que parte do radônio inspirado transforme-se em chumbo 214 radiativo ainda nos pulmões, eventualmente levando ao desenvolvimento do câncer.

XI - Tabela periódica, pesos atômicos e números atômicos

Wilson Teixeira, Thomas Rich Fairchild, M. Cristina Motta de Toledo, Fabio Taioli

Tanto na ciência como em nosso cotidiano, procuramos organizar elementos e materiais por características semelhantes com o intuito de agrupá-los, entendê-los e, se possível, relacioná-los entre si. No campo da química dos elementos, talvez o passo mais importante nesse tipo de organização foi feito em 1869, por Dimitri Mendelev. Esse cientista demonstrou que quando elementos químicos são ordenados segundo pesos atômicos crescentes, suas respectivas propriedades físicas e químicas tendem a se repetir em ciclos ou intervalos.

A tabela periódica é uma forma moderna de organização de elementos químicos e tem muitas aplicações práticas nas ciências da Terra, uma vez que combinações químicas são responsáveis pela organização dos materiais terrestres (rochas, minerais, hidrosfera, atmosfera) e até extraterrestres. O nome "tabela periódica" deve-se à periodicidade inerente aos elementos químicos, ou seja, à repetição de propriedades, de ciclos em ciclos, como ocorre com as fases das marés que mudam durante o dia e se repetem mês após mês. Nela, cada quadrado tem a sua especificidade, a qual está vinculada a determinado elemento químico e seu número atômico. Com exceção dos dois agrupamentos que aparecem na base da tabela periódica, os demais elementos químicos estão representados em ordem crescente de seus números atômicos. As colunas verticais são denominadas de "grupos" ou "famílias", totalizando 18 colunas que contêm elementos com propriedades químicas e físicas similares. Por exemplo, na coluna 7A aparecem o flúor (F), cloro (Cl), bromo (Br) e iodo (I) – todos sendo coloridos e altamente reativos, além de outras similaridades. O flúor, contudo, é quimicamente o mais reativo desses elementos, o cloro um pouco menos reativo e assim por diante, com o iodo sendo o menos ativo quimicamente entre os quatro. Outro exemplo: exceto pelo hidrogênio (H), todos os elementos da coluna 1A são maleáveis e dúcteis, possuem brilho metálico característico e são fortemente reativos. As linhas horizontais da tabela representam os períodos e contêm sequências de elementos tendo configurações eletrônicas que variam de acordo com padrões característicos. Em resumo, a tabela periódica é uma forma prática e eficiente para mostrar as relações entre elementos químicos. Atualmente, dela constam 109 elementos, distribuídos em sete linhas horizontais (os períodos).

A classificação geral dos elementos da tabela periódica é a seguinte:

- **Hidrogênio:** elemento considerado à parte por ter um comportamento único.
- **Metais:** são a maioria dos elementos da tabela. São bons condutores de eletricidade e calor, dúcteis e maleáveis, possuem brilho metálico peculiar e são sólidos, com exceção do mercúrio; subdividem-se em: metais alcalinos, alcalino-terrosos, metais de transição, outros metais representativos e os semimetais.
- **Não metais:** são os elementos mais abundantes na Terra. São pouco condutores de calor e eletricidade, não são maleáveis e dúcteis, e não possuem brilho como os metais.
- **Gases nobres:** totalizam seis elementos, e sua característica mais importante é a não participação em ligações químicas.

Apêndice XI

Tabela Periódica dos Elementos

Legenda do quadro de cada elemento:
- Nº atômico
- Nº da massa de isótopo mais estável
- Eletronegatividade
- Símbolo
- ELÉTRONS NAS CAMADAS
- Nome do Elemento

Elementos de transição

Período	1A (1)	2A (2)	3B (3)	4B (4)	5B (5)	6B (6)	7B (7)	8B (8)	8B (9)	8B (10)	1B (11)	2B (12)	3A (13)	4A (14)	5A (15)	6A (16)	7A (17)	8A (18)
1	1 H Hidrogênio																	2 He Hélio
2	3 Li Lítio	4 Be Berílio											5 B Boro	6 C Carbono	7 N Nitrogênio	8 O Oxigênio	9 F Flúor	10 Ne Neônio
3	11 Na Sódio	12 Mg Magnésio											13 Al Alumínio	14 Si Silício	15 P Fósforo	16 S Enxofre	17 Cl Cloro	18 Ar Argônio
4	19 K Potássio	20 Ca Cálcio	21 Sc Escândio	22 Ti Titânio	23 V Vanádio	24 Cr Crômio	25 Mn Manganês	26 Fe Ferro	27 Co Cobalto	28 Ni Níquel	29 Cu Cobre	30 Zn Zinco	31 Ga Gálio	32 Ge Germânio	33 As Arsênio	34 Se Selênio	35 Br Bromo	36 Kr Criptônio
5	37 Rb Rubídio	38 Sr Estrôncio	39 Y Ítrio	40 Zr Zircônio	41 Nb Nióbio	42 Mo Molibdênio	43 Tc Tecnécio	44 Ru Rutênio	45 Rh Ródio	46 Pd Paládio	47 Ag Prata	48 Cd Cádmio	49 In Índio	50 Sn Estanho	51 Sb Antimônio	52 Te Telúrio	53 I Iodo	54 Xe Xenônio
6	55 Cs Césio	56 Ba Bário	71 Lu Lutécio	72 Hf Háfnio	73 Ta Tântalo	74 W Tungstênio	75 Re Rênio	76 Os Ósmio	77 Ir Irídio	78 Pt Platina	79 Au Ouro	80 Hg Mercúrio	81 Tl Tálio	82 Pb Chumbo	83 Bi Bismuto	84 Po Polônio	85 At Astato	86 Rn Radônio
7	87 Fr Frâncio	88 Ra Rádio	103 Lr Laurêncio	104 Rf Rutherfórdio	105 Db Dúbnio	106 Sg Seabórgio	107 Bh Bóhrio	108 Hs Hássio	109 Mt Meitnério	110	111	112						

Série dos Lantanídeos

57 La Lantânio	58 Ce Cério	59 Pr Praseodímio	60 Nd Neodímio	61 Pm Promécio	62 Sm Samário	63 Eu Európio	64 Gd Gadolínio	65 Tb Térbio	66 Dy Disprósio	67 Ho Hólmio	68 Er Érbio	69 Tm Túlio	70 Yb Itérbio

Série dos Actinídeos

89 Ac Actínio	90 Th Tório	91 Pa Protactínio	92 U Urânio	93 Np Netúnio	94 Pu Plutônio	95 Am Amerício	96 Cm Cúrio	97 Bk Berquélio	98 Cf Califórnio	99 Es Einstênio	100 Fm Férmio	101 Md Mendelévio	102 No Nobélio

XII - Comparação entre unidades do sistema métrico em inglês

	Conversões	
Para converter	**Multiplicar por**	**Para obter**
Comprimento		
Polegadas	2,54	centímetros
Centímetros	0,39	polegadas
Pés	0,30	metros
Metros	3,28	pés
Jardas	0,91	metros
Metros	1,09	jardas
Milhas	1,61	quilômetros
Quilômetros	0,62	milhas
Área		
Polegadas quadradas	6,45	centímetros quadrados
Centímetros quadrados	0,15	polegadas quadradas
Pés quadrados	0,09	metros quadrados
Metros quadrados	10,76	pés quadrados
Milhas quadradas	2,59	quilômetros quadrados
Quilômetros quadrados	0,39	milhas quadradas
Quilômetros quadrados	247,1	acres
Jardas quadradas	0,836	metros quadrados
Volume		
Polegadas cúbicas	16,38	centímetros cúbicos
Centímetros cúbicos	0,06	polegadas cúbicas
Pés cúbicos	0,028	metros cúbicos
Metros cúbicos	35,3	pés cúbicos
Milhas cúbicas	4,17	quilômetros cúbicos
Quilômetros cúbicos	0,24	milhas cúbicas

Para converter	**Multiplicar por**	**Para obter**
Litros	1,06	quartos
Litros	0,26	galões
Galões	3,78	litros
Massa e Peso		
Onças	18,35	gramas
Gramas	0,035	onças
Libras	0,454	quilogramas
Quilogramas	2,205	libras
Pressão		
atmosfera	1,01325	bar
atmosfera	101325	Pascal
bar	0,987	atmosfera
bar	1,02	kg/cm^2
bar	100000	Pascal
kg/cm^2	98066,5	Pascal
psi	6894,8	Pascal
mmHg	133,3	Pascal
Pascal	0,000145	psi

Temperatura

- Para converter graus Fahrenheit (ºF) em graus Celsius (ºC), subtraia 32 graus e divida por 1.8.
- Para converter graus Celsius (ºC) em graus Fahrenheit (ºF), multiplique por 1.8 e some 32 graus.
- Para converter graus Celsius (ºC) em Kelvins (K), apague o símbolo de graus e some 273 ao valor dado em ºC.
- Para converter Kelvins (K) para graus Celsius (ºC), adicione o símbolo de graus e subtraia 273 ao valor dado em K.

XIII - Prefixos para múltiplos e submúltiplos de unidades

Prefixo	**Abreviatura**	**Fator de multiplicação**
Giga	G	10^9
Mega	M	10^6
Quilo	k	10^3
Hecto	h	10^2
Deca	da	10
Deci	d	10^{-1}

Prefixo	**Abreviatura**	**Fator de multiplicação**
Centi	c	10^{-2}
Milli	m	10^{-3}
Micro	µ	10^{-6}
Nano	n	10^{-9}
Pico	p	10^{-12}

Bibliografia

AGER, D. V. *The Nature of the Stratigraphical Record*. 3. ed., 1993.

ALLEN, J. R. L. *Sedimentary Structures – Their Character and Physical Basis*. Amsterdam: Elsevier. 1984. 663 p. (Developments in Sedimentology, 30).

ARONCHI NETO, P. Fácies sedimentares e paleocorrentes da Formação Itaquaquecetuba (Cenozoico, Bacia de São Paulo). São Paulo, 1999. 22 p. e ilustrações. (Monografia de Trabalho de Formatura, Instituto de Geociências, Universidade de São Paulo).

BELLINAZZI, R. Jr.; BERTOLINI, D.; LOMBARDI Neto, F. *A ocorrência de erosão urbana no estado de São Paulo*. In: II SIMPÓSIO sobre o controle de erosão, 1981, São Paulo. Anais. São Paulo: ABGE, 1981. v.1, pp. 17-137.

BENNETT, M. R.; GLASSER, N. F. *Glacial geology: ice sheets and landforms*. Chichester; New York: Wiley, 1996. 364 p.

BERNER, E. K.; BERNER, R. A. *Global environment*: *water, air, and geochemical cycles*. Upper Saddle River, N. J.: Prentice-Hall, 1996. 376 p.

BHATTACHARYA, J. P.; WALKER, R. G. Alluvial deposits, in: WALKER, R. G. & JAMES, N.P. (eds.), *Facies models: response to sea level change*. St. Johnís: Geological Association of Canada, 1994. pp.157-177.

BIGARELLA, J. J. *A Serra do Mar e a Porção Oriental do Estado do Paraná*. Curitiba: Bigarella, J. J., Becker, R. D., Matos, D. J., Werner, A. (ed). 1978. 249 p.

BIZZI, L. A.; SCHOBBENHAUS, C.; VIDOTTI, R. M.; GONÇALVES, J. H. *Geologia, Tectônica e Recursos Minerais do Brasil*. 1. ed. Brasília: Editora Universidade de Brasília, 2004. v. 1. 674 p.

BLOOM, A. L. *Geomorphology: a systematic analysis of Late Cenozoic landforms*. Englewood Cliffs: Prentice-Hall, 1991.

BOLT, B. A. *Inside the Earth: Evidence from Earthquake*. San Francisco: W.H. Freeman and Company, 1982. 191 p.

BOULTON, G. S. Glaciers and Glaciation. In: DUFF, P. Mcl. D. (ed.) *Home's Princyples of Physical Geology*, 4. ed. London, 1993.

BRADY, N. C.; WEIL, R. R. *The nature and properties of soils*. 11. ed. Upper Saddle River, N. J.: Prentice-Hall, 1996.

BRAUN, M. *Satellittenbildkarte*: King George Island, South Shetland Islands, Antarktis. Freiburg: Institut fur Physische Geographie, Universitat Freiburg, 2001.

BUCHER, K.; FREY, M. *Petrogenesis of metamorphic rocks*. 6. ed. Berlin; London: Springer-Verlag, 1994. 318 p.

CAMERON, A. Harvard University, in *Astronomy*, 1998(sept.), p. 43.

CANT, D. J.; WALKER, R. G. Fluvial processes and facies sequences in the sandy braided South Saskatchewan River, Canada. *Sedimentology*, 1978, v. 25, pp. 625-48.

CARMICHAEL, I. S. E.; TURNER, F. J.; VERHOOGEN, J. *Igneous Petrology*. McGraw-Hill Book Company, 1974. 739 p.

CAVOSIE, A. J.; WILDE, S. A., LIU, D.; WEIBLEN, P. W.; VALLEY, J. W. Internal zoning and U-Th-Pb chemistry of Jack Hills detrital zircons: a mineral record of early Archean to Mesoproterozoic (4348-1576 Ma) magmatism. *Precambrian Research*, 2004; v. 135, n. 4, pp. 251-79.

CLOUD, P. *Oasis in Space*. New York: W. W. Norton & Company, 1988. 508 p.

CLOUD, P.; GIBOR, A. The oxygen cycle. *Scientific American*, 1970; v. 223, n. 3, pp. 110-123.

CONDIE, K. C. *Earth as an Evolving Planetary System*. Amsterdam: Elsevier Academic Press, 2005. 447 p.

CONDIE, K. C. *Earth as an evolving planetary system*. Elsevier Academic Press, 2005. 447 p.

CRAIG, J. R.; VAUGHAN, D. J.; SKINNER, B. J. *Resources of the Earth*: origin, use and environmental impact. 2. ed. New Jersey: Prentice-Hall,1996. 472 p.

DALRYMPLE, G. B. *The Age of the Earth*. Stanford: Stanford University Press, 1991. 474 p.

DAVIS, G. H.; REYNOLDS, S. J. *Structural geology of rocks and regions*. 2. ed. New York: John Wiley & Sons, 1996. 776 p.

DEMANBORO, A. C. ; MARIOTONI, C. A. O Conceito de Escala e o Desenvolvimento Sustentável: Implicações sobre os Recursos Energéticos e Hídricos. In: VIII Congresso Brasileiro de Energia, 1999, Rio de Janeiro, Anais do VIII Congresso Brasileiro de Energia, 1999.

DEMETRIO, J. G. A. Perfis de temperatura na locação de poços profundos no cristalino do nordeste brasileiro. Tese de Doutorado. Instituto de Geociências da USP. 1998. 96 p.

DOTT Jr., R. L. 1982 SEPM Presidential Address: Episodic sedimentation. How normal is average? How rare is rare? Does it matter? *Journal of Sedimentary Petrology*, 1983; v. 53, n. 1, pp. 5-23.

DOTT, R. H.; BATTEN, R. L. *Evolution of the Earth*. New York: McGraw-Hill, Inc., 1971. 649 p.

EICHER, D. L. *Tempo Geológico*. São Paulo: Edgard Blücher/EDUSP, 1969. 173 p.

ERNST, W. G. Speculations on evolution of the terrestrial lithosphere – asthenosphere system – plumes and plates. *Gondwana Research*, 2007; v.11, pp. 38-49.

EYLES, N. (Ed.). Glacial geology: an Introduction for engineers and Earth scientists. Oxford: Pergamon, 1983. 409 p.

EYLES, N. ; MENZIES, J. The subglacial landsystem. In: Eyles, N. (Ed.) *Glacial geology: an introduction for engeneer and earth scientists*. Oxford: Pergamon, 1983. p. 52.

EYLES, N.; PAUL, M. A. Landforms and sediment resulting from former periglacial climates. In: EYLES, N. (Ed.) *Glacial geology: an introduction for engeneer and earth scientists*. Oxford: Pergamon, 1983. p. 119.

FAUL, H. A history of geologic time. *American Scientist*, 1978. v. 66, pp. 159-65.

FAURE, G. *Principles of Isotope Geology*. 2. ed. New York: John Wiley & Sons, Inc., 1986. 589 p.

GOLDEMBERG, J. Energy, environment and development. London: Earthscan, 1996. 158p.

FLEUTY, M. J. The description of folds. *Proc Geol Ass*, 1964. v. 75, pp. 461-92.

FOSTER, S; ADAMS, B; MORALES, M; TENJO, S. Groundwater protection strategies: a guide towards implementation. IKODA, CPR, WHO-PAHO-HPE Technical Manual. Lima, Peru, 1993. 88 p.

FOSTER, S; HIRATA, R; GOMES, D; D'ELIA, M; PARIS, M. Groundwater quality protection. Washington (DC): The World Bank, 2002. 102 p.

FREEZE, R. A.; CHERRY, J. A. *Groundwater*. 1. ed. New Jersey: Prentice-Hall, 1979. p. 604.

FREEZE, R. A.; CHERRY, J. A. *Groundwater*. Prentice-Hall Inc., 1979. 604 p.

FRIAÇA, A. C. S.; DAL PINO, E.; SODRÉ Jr. L.; JATENCO P. *Astronomia. Uma visão geral do Universo*. São Paulo: Edusp, 2003. 240 p.

FRIEDMAN, G. M.; SANDERS, J. E. *Principles of Sedimentology*. New York: John Wiley & Sons. 1978. 792 p.

FRITZ, W. J.; MOORE, J. N. *Basics of Physical Stratigraphy and Sedimentology*. New York, John Wiley & Sons. 1988. 371 p.

FYFE, W.S.; KERRICH, R. The chemistry of the Earth. In: Smith, D.G. (ed.). *The Cambridge Encyclopedia of Earth Sciences*. Cambridge: Cambridge University Press, 1981. p. 50-67.

GARRELS, R; MACKENZIE, F. *Origin of the chemical compositions of some springs and lakes. Equilibrium Concepts in Natural Water System*. Washington (DC): Ed. R. Gould. American Chemical Society Publications, 1967.

GLEICK, P. H. Water resources. In: SHNEIDER, S. H. (ed.) *Encyclopedia of Climate and Weather*, Nova York: Oxford University Press, 1996. p. 817-23.

GREELEY, R.; BATSON, R. *The Compact NASA Atlas of the Solar System*. Cambridge University Press, 2001. 94 p.

GRIEVE, R. A. F. Impact bombardment and its role in proto-continent growth on the early Earth. *Precambrian Research*, 1980; v. 10, p. 217-47.

HAMBREY, M.; ALEAN, J. *Glaciers*. Cambrigde: Cambrigde University Press, 1992. p. 69.

HAMZA, V. M. (2000) comunicação pessoal.

HARTMANN, W. K.; MILLER, R. *The History of Earth. An Illustrated Chronicle of an Evolving Planet*. New York: Workman Publishing, 1991. 260 p.

HILDEBRAND, A. R.; BOYNTON, W. V. Cretaceous ground zero. *Natural History*, 1991; v. 100, n. 6, p. 46-53.

HIRATA, R. Os recursos hídricos subterrâneos e as novas exigências ambientais. *Revista do Instituto Geológico de São Paulo*, 1993. v.14, n. 1, pp. 39-62.

HOBBS, B. E.; MEANS, W. D.; WILLIAMS, P. F. *An outline of Structural Geology*. John Wiley & Sons, Inc., 1976. 571 p.

HOLMES, A. *Principles of Physical Geology*. Nova York: The Ronald Press, 1965. p. 1288.

JEANLOZ, R.; LAY, T. The Core-Mantle boundary. *Scientific American*, 1993; v. 268, n. 5, pp. 48-55.

JUDSON, S.; RICHARDSON, S.M. *Earth. An Introduction to Geologic Change*. Prentice Hall, Englewood Cliffs, N.J. 1995. 551 p.

KAPITSA, A. P., *et al.* A largedeep freshwater lake beneath the ice of central East Antarctica. *Nature*, 1996, v. 381, pp. 684-6.

KESLER, S. E. *Mineral resources, economics and the environment*. New York: MacMillan College Publishing Company, 1994. 391 p.

KLEIN, C. *Manual of Mineral Science* (after James D. Dana). 2. ed. New York: John Wiley & Sons, 2002. 63 p.

GLASSER, L. S. D. *The Chemistry of Cements*. London: Academic Press, 1964.

KLEIN, C.; HURLBUT, C.S. *Manual of Mineralogy*. 21. ed. New York: John Wiley & Sons, 1999. 281 p.

KOEBERL, C. Impact processes on the early Earth. *Elements*, 2006; v. 2, pp. 211-216.

KUKAL, Z. The rate of geological processes. *Earth-Science Reviews*, 1990; v. 28, n. 1-3, pp. 1-284.

KUKAL, Z. The rate of geological processes. *Earth-Science Reviews*, 1990; v. 28, n. 1-3, pp. 1-284.

LAWRENCE, A. R.; MORRIS, B. L.; Foster S. S. D. Hazards induced by groundwater recharge under rapid urbanisation. *Geol. Soc. Special Publication*, 1998; v.15, pp. 319-328.

LAZNICKA, P. *Handbook of Stratabound and Stratiform Ore Deposits*, 1985, v. 12.

LEEDER, M. R. *Sedimentology; Process and Products*. London: George Allen & Unvin. 1982. 344 p.

LEWIS, C. *The Dating Game: Searching for the Age of the Earth*. Cambridge University Press, UK. 2000. 253 p.

LOCZY, L.; LADEIRA, E. A. *Geologia Estrutural e Introdução à Geotectônica*. Editora Bluncher Ltda., 1976. 528 p.

LOGATCHEV, N. A., The Baikal Rift System. *Episodes*, 1984, v. 7, p. 38-42.

LONG, L. E. *Geology*. 9 ed. Pearson Custom Publishing, EUA. 1999. 558 p.

LOVELOCK, J. *As Eras de Gaia. A Biografia da Nossa Terra Viva*. Rio de Janeiro: Editora Campus, Ltda., 1991. 236 p.

MACKENZIE, F. T. *Our changing planet*. 2. ed. Upper Saddle River, N. J.: Prentice-Hall, 1998. 486 p.

MANSON, B. *Principles of Geochemistry*. 2. ed. New York: John Wiley & Sons, 1952. p. 310.

MARTINS, R. B.; Brito, O. E. A. *História da mineração no Brasil*, 1989. 199 p.

MASSAMBANI, O.; MANTOVANI, M. S. (Orgs). *Marte, novas descobertas*. Instituto Astronômico e Geofísico - USP, 1997.

MATTAUER, M. *Ce que disent les pierres*. Paris: Belin-Pour la Science, 1998. 144 p.

MELO, M. S.; RICCOMINI, C.; ALMEIDA, F. F. M.; HASUI, Y. Sedimentação e tectônica da bacia de Resende - RJ. *Anais da Academia Brasileira de Ciências*, 1985, v. 57, pp. 467-79.

MERCIER, J.; VERGELY, P. *Tectonique, Collection Geosciences*. Paris: DUNOD, 1992. 214 p.

MIALL, A. D. A review of the braided-rivers depositional environment. *Earth Sciences Review*; 1977, v. 13, pp. 1-62.

MIALL, A. D. *Fluvial Sedimentology*. Calgary: Canadian Society of Petroleum Geologists, Memoir 5, 1978. pp.187-193.

MIALL, A. D. Lithofacies types and vertical profile models in braided river deposits: a summary, in: MIALL, A. D. (ed.). *Fluvial Sedimentology*. Calgary: Canadian Society of Petroleum Geologists, Memoir 5, 1978, p. 597-604.

Bibliografia

MILLER, R. *Continents in Collision*.Virginia: Time-Life Books, Alexandria, 176 p.

MURCK, B. W.; SKINNER, B. J.; PORTER, S. C. *Environmental geology*. New York: J. Wiley & Sons, 1996. 535 p.

PATTERSON, C. C. Age of meteorites and the Earth. *Geochimica Cosmochimica Acta*, 1956. v. 10, pp. 230-237.

Pédro, G. *Les grands tendences des sols mondiaux*. Cultivar "Sols et sous-sols", 1984. p. 68-81.

PESSOA, J.; MARTINS, C. C.; HEINRICI, J.; JAHNERT, R. J.; FRANÇA, A. B.; TRINDADE, L. A.; FRANCISCO, C. *Petroleum system and seismic expression in the Campos Basin*. In: Proceedings, International Congress of the Brazilian Geophysical Society, 6, 1999, Rio de Janeiro, Rio de Janeiro: SBGf, 1999. p.

POLLACK, H. N.; HURTER, S. J.; JOHNSON, J. R. Heat Flow From the Earth's Interior: Analysis of the Global Data Set. *Review of Geophysics*, 1993; v. 31, pp. 267-80.

PRESS, F.; SIEVER, R.; GROTZINGER, J.; JORDAN, T. H. *Para Entender a Terra*, 4. ed. Tradução: R. Menegat [*et al.*]. Porto Alegre: Bookman. 2006. 656 p.

RAUP, D. M.; STANLEY, S. M. *Principles of Paleontology*. San Francisco: W. H. Freeman & Sons, 1971. 388 p.

REGINALDO, R. *Marte-Tierra, Una Anatomía Comparada*. Barcelona: Obra Social, Fundación La Caixa, 2007. 47 p.

RICCOMINI, C., *et al.* In: WINGE, M., *et al.*; DNPM, 2005. Ledru, *et al.* *Quaternary Research*, 2005, v. 64, n. 3, pp. 444-50.

RICCOMINI, C.; COIMBRA, A. M. Sedimentação em rios anastomosados e entrelaçados. *Boletim do Instituto de Geociências*, USP, Série Didática, 1993. v. 6, p. 44.

ROUTHIER, P. Où sont lês métaux pour l'avenir? *Mémoire BRGM*, n. 105, 1980.

SÁ, N. C. O *Campo de Gravidade, o Geoide e a Estrutura Crustal na América do Sul: Novas Estratégias de Representação*. Tese de Livre Docência, Universidade de São Paulo, 2004. 121 p., capitulo 6, p. 89. www.iag.usp.br/geofisica/geodesia

SCHOPF, J. W. (ed.). *Major Events in the History of Life*. Boston: Jones and Bartlett Publishers. 1992. 190 p.

SCHOPF, J. W. Ritmo e modo da evolução microbiana pré-cambriana. *Estudos Avançados (USP)*, 1995; v. 23, n. 9, pp. 195-216.

SCHUMM, S. A. Evolution and response of the fluvial system: sedimentological implications, in: ETHRIDGE, F. G. & FLORES, R. (eds.). *Recent and ancient nonmarine depositional environments: models for exploration*. Tulsa, Society of Economic Paleontologists and Mineralogists, Special Publication, 1991; v. 31, pp. 19-29.

SCHUMM, S. A.; KHAN, H. R. Experimental studies of channel patterns. *Geological Society of America Bulletin*, 1972; v. 83, pp. 1755-70.

SCOFFIN, T. P. *Introduction to Carbonate Sediments and Rocks*. New York: Chapman & Hall. 1987. 247 p.

SHARP, R. P. *Living ice: understanding glaciers and glaciation*. Cambridge: Cambridge University Press, 1988. 225 p.

SHORT, N. M.; BLAIR Jr., R. W. *Geomorphology from space*. Houston: National Aeronautics and Space Administration, 1986, 273 plates.

SILVEIRA, J. D. Morfologia do litoral. In: AZEVEDO A. (Ed.). *Brasil: a terra e o homem*. São Paulo: Companhia Editora Nacional, 1964. v. 1, pp. 253-305.

SMITH, D. G. (ed.). *The Cambridge Encyclopedia of Earth Sciences*. Cambridge: Cambridge University Press, 1981. 496 p.

SMITH, D. G.; SMITH, N. D. Sedimentation in anastomosed river systems: example from alluvial valleys near Banff, Alberta. *Journal of Sedimentary Petrology*, 1980; v. 50. pp. 157-164.

SPEAR, F. S. Metamorphic phase equilibria and pressure-temperature-time paths – MSA Monograph Series. Mineralogical Society of America, Washington. 1993, 799 p.

SPEAR, F. S. *Metamorphic phase equilibria and pressure-temperature-time paths – MSA* Monograph Series. Washington: Mineralogical Society of America, 799 p.

SUGDEN, D. E.; JOHN, B. S. *Glaciers and landscape*: a geomorphological approach. London: Edward Arnold, 1976. p. 63.

TARBUCK, E. J.; LUTGENS, F. K. *Earth Sciences*. Columbus: Bell & Howell Company, 1985. p. 129.

TROMPETTE, R. *La Terre - une planète singulière*. Paris: Éditions Belin, 2003. p. 125.

VEEVERS, J. J. Tectonic-climatic supercycle in the billion-year plate-tectonic eon: Permian Pangean icehouse alternates with Cretaceous dispersed-continents greenhouse. *Sedimentary Geology*, 1990; v. 6, pp. 1-16.

VITORELLO, I.; POLLACK, H. N. On the variation of continental heat flow with age and the thermal evolution of continents. *Journal of Geophysical Research*, 1980; v. 85, pp. 983-95.

VOUGIOUKALAKIS, G. *Santorini the Volcano*. Institute for the Study and Monitoring of the Santorini Volcano, 1995. 78 p.

WALKER, R. G. Facies, facies models and modern stratigraphic concepts, in.: WALKER, R. G. & JAMES, N. P. (eds.) *Facies models: response to sea level change*. St. John`s, Geological Association of Canada, 1992, p.1-14.

WALKER, R. G.; CANT, D. J. Sandy fluvial systems, in: WALKER, R.G., (ed.), *Facies models*. Ontario: Geological Association of Canada, 1984. pp. 71-89.

WILSON, M. D; PITTMAN, E. D. Authigenic clays in sanstone: recognition and influence on reservoir properties and paleoenvironmental analysis. *Jour Sedim Petrol*, 1977; v. 47, n. 1, pp. 3-31.

YAMAMOTO, J. K.; Rocha, M. M. Uma revisão das classificações de reservas minerais adotadas no Brasil e Recomendações para cálculo/classificação de reservas. *Rev Bras de Geociências* 1996; v. 26, n. 4, pp. 243-54.

YARDLEY, B. W. D. *Introdução à petrologia metamórfica*. Tradução de Reinhardt A. Fuck. Brasília: Editora Universidade de Brasília, 1994. 340 p.

Índice Remissivo

A

abundância solar 28, 29, 31, 33
ablação 352, 353, 360-362, 365
abrasão 222, 335, 339, 340, 356-358, 360, 362, 372
ação eólica 334, 335, 337-339, 341, 346
acidólise 216, 218-220
acondrito 33, 35, 36, 48
acreção 29-31 33-38, 46- 48, 52, 61, 102, 103, 151, 380, 390, 551
acreção continental 104
acumulação 230, 231, 235-237, 243, 307, 326-328, 333, 350, 352- 354, 361, 365, 373, 374, 512, 521
aglomerados 20, 22, 23
água de degelo 353, 355, 356, 358-362, 365, 367, 369, 370, 372- 375
água juvenil 188, 190, 377
água subterrânea 56, 186-197, 200-206, 208, 274, 317, 332, 335, 449, 452, 456-461, 464, 466-470, 472-474, 476- 479, 481, 484, 485, 504, 559, 574, 579, 582
água termal 466
albedo 335, 337
alitização 218, 220, 224, 225
alterita 210, 211, 226-230
amígdala 162, 167, 600
anã branca 26
andaluzita 408, 414, 415, 418, 587
andesito 157-159, 164, 598
anfibolito 72, 77, 155, 409, 414-419
ângulo de repouso 256, 342
anomalia de irídio 561
anomalia magnética 69, 70, 84, 541
anomalia gravimétrica 62, 63
anortosito 37, 158
anticlinal 432, 433, 496
antofilita 415
antracito 492, 493
Antrópica 125, 233, 235, 314, 328, 399, 452, 459, 466, 470, 471, 480, 498, 556, 563, 571, 576, 606
Antropogênico 111, 330, 459
aquecimento global 124, 125, 127, 349, 373, 498, 503, 507, 534, 571, 572
aquiclude 197
aquífero 197- 200, 203, 204, 208, 239, 272, 335, 448, 449, 452, 454, 458-470, 472-482, 484, 505, 506, 510, 565, 574
aquifugo 197
aquitarde 197, 198, 470
aragonita 133, 147, 205, 222, 252, 272, 414
arcabouço 236, 272, 273, 443
arco de ilhas 100, 101, 103, 184
arco magmático 101, 103

ardósia 273, 274, 404, 409, 410, 417, 418, 599, 600, 602, 603
área-fonte 156-158, 246-249, 251, 301
areia 44, 77, 130, 148, 170, 196, 201, 205, 234, 236, 240-246, 249, 250, 255, 257, 259, 262-270, 272, 274, 276, 277, 319-327, 332-346, 360, 362, 367, 369, 372, 373, 375, 383, 385, 389, 390, 393, 394, 396, 465, 510, 515, 517, 520, 521, 593, 594, 596, 599, 601, 602
argilomineral 218, 219, 224, 228, 234, 273, 408
armadilha ou trapa 421, 495, 497, 512
Arqueano 503, 524, 544-548, 556
arqueano 118, 237, 289, 292, 294, 305, 503, 524, 545-548, 556
Arrasto 313, 339, 344, 362, 432, 434, 440, 521
artesianismo 199, 462
associação petrotectônica 102
assoreamento 239, 328, 342, 394, 489, 494, 566, 567, 573, 575
astenosfera 59, 60, 66, 74, 83, 85-87, 97, 98, 152, 155, 156, 183, 402, 502, 552
asteroide 26, 27, 31 - 35, 37, 46-49, 52, 539, 540, 544, 545, 549, 561, 562
astroblema 329, 330, 332, 412, 559, 560
atalho em colo 324, 325
atalho em corredeira 324, 325
atmosfera 18, 27, 29, 30-32, 36, 38, 39, 43, 40 ,41, 44-49, 53, 76, 100 108-122, 124-127, 150, 151, 169, 170, 172, 188-190, 198, 203, 205, 210, 213, 216, 226, 228, 229, 293, 294, 302, 303, 305, 329, 336, 337, 347, 348, 381, 449, 450, 493, 498, 501, 520, 536, 537, 543, 545, 547-549, 551, 554-560, 572, 579, 583, 607, 609
aurora 69, 111

B

bacia do tipo antearco 102-104
bacia do tipo retroarco 102- 104
bacia hidrográfica 190, 329, 349, 454, 461
bacia sedimentar 223, 247-251, 285, 467, 496, 497, 512
bacia de deflação 339
bacia de drenagem 204-206, 208, 306-311, 322, 328, 332
balanço de massa 226, 352, 353, 374
balanço hídrico 190, 191, 454, 459, 461
bandamento 182, 405, 416, 427
barlavento 341- 344, 346
barra de pontal 324, 325
barragem 90, 236, 239, 328, 333, 421, 427, 433, 488-490, 506, 588, 601
basalto 33, 39, 41, 56, 63, 74, 77, 83, 87, 98, 100, 118, 157-159, 161, 164, 167, 182, 183, 197, 198, 223, 285, 286, 302, 309, 361, 380, 384, 403, 404, 419, 505, 525, 546, 599- 601
batólito 164, 165, 167, 502
bem mineral 475, 509, 528, 529, 533, 534, 572
Berma 390
big bang 18, 22- 24, 26
biodiesel 488, 507
biomassa 115, 186, 190, 487, 488, 507, 573
biotita 221, 222, 227, 300, 404, 406, 408, 413-419, 452, 453, 467, 588, 597, 598, 600
bissialitização 218, 220, 224, 225, 231
blastese 415
boçoroca 200-202, 566, 574
bólido 560, 561
bomba 168-170, 172, 173, 177, 179, 183, 248, 476, 500, 587
brecha 170, 173, 261, 322, 419, 436, 437, 440, 523, 599, 602
brecha tectônica 362
buraco negro 23, 26

C

cabeço 392
caldeira 179, 180, 182, 183, 536
Calisto 43, 44
calor da Terra 76, 348, 405, 503, 504
câmara magmática 156, 158, 163, 175, 176, 178, 180, 182, 522
cambriano 289, 290, 292, 295, 548, 549, 556
canal 172, 206, 311- 315, 321-328, 330, 357, 360, 362, 368, 375, 540
capa 188, 239, 435, 438-440
carbonatito 239, 528, 594
carbonífero 119, 292, 357, 358, 363, 364, 370, 493, 556
cadeia meso-oceânica (ver dorsal)
Carbono 25, 49, 109, 118, 120, 296, 302, 303, 459, 472, 492, 493, 495, 535, 549, 571, 596
carste 202-204, 206, 208, 209
carvão 80, 82, 134, 151, 237, 288, 292, 299, 303, 317, 319, 433, 487, 492-495, 521, 529, 532, 572, 580, 582, 591, 599
carvão betuminoso 492
carvão mineral 134, 151, 487, 492-495, 572
cassiterita 236, 277, 317, 512, 513, 515-517, 521, 532, 585, 591
cataclasito 406, 419, 436, 440
cataclástico 409- 411
catastrofismo 289, 291, 293

613

Índice Remissivo

caverna 123, 187, 200, 202-209, 219, 253, 291, 303, 362, 540, 609
cela de Hadley 112, 113
célula de combustível 491
células fotovoltaicas 490
cenozóico 121, 236, 249, 264, 292, 318, 322, 326, 330, 348, 384, 556, 559
Ceres 27, 31, 45
chaminé 90, 167, 176, 524
cianita 137, 138, 404, 408, 413-415, 418, 587, 595,
cianobactérias 120, 252, 547
ciclo das rochas 130, 150, 151, 188, 190, 209, 215, 419
ciclo de Milankovitch 122, 551, 556
ciclo de supercontinentes 551, 554-556, 563
ciclo de Wilson 106, 551, 552
ciclo hidrológico 186, 188- 191, 213, 306, 450, 464, 574
ciclo –estufa (refrigerador) 556
ciclos astronômicos 536, 543, 550, 551, 556
ciclos geológicos 209, 287, 551, 582
cimentação 194, 197, 198, 269, 270, 271, 273, 341
cimento 147, 148, 236, 250, 251, 271-274, 461, 510, 515, 532, 586, 595, 596, 599, 600- 602
cinturão circum-pacífico ou círculo de fogo do pacífico 92, 93
cinza vulcânica 44, 174, 223, 226, 361, 385, 537
circulação atmosférica 108, 109, 112, 113, 121, 554, 555
circulação oceânica 112- 114, 124, 381, 386-388, 540, 554, 555, 558
circulação termohalina 387
cisalhamento 56, 259, 300, 353, 406, 410, 411, 420, 426, 428, 429, 438, 442, 523, 524
clarke 513, 514
classificação de minerais 130,141,
clasto 245, 246, 248, 270, 363, 364
clasto caído 333, 370
clima 108, 116, 117, 120, 121, 123, 124, 127, 179, 189, 203, 204, 210, 211, 213, 214, 221, 223-227, 230, 231, 234-238, 245, 246, 284, 290, 291, 293, 303, 311-315, 318-320, 326, 331-333, 371, 377, 382, 384, 390, 399, 438, 439, 461, 466, 472, 486, 520, 536, 537, 551, 555-558, 563, 581, 582, 600
clivagem ardosiana 416- 418
clorita 238, 271, 404, 406, 408, 413-418, 515
cloritoide 415, 418
coesita 410, 412
combustível fóssil 115, 118, 125, 487, 491, 492, 494, 498, 502, 506, 508, 521, 532, 556, 563, 567, 571, 572, 575, 591
cometas 26, 31, 36, 46- 48, 109, 540, 544, 560, 561

cominuição 410, 411, 416
commodities 571, 572
compactação 192, 236, 259, 269, 270, 273, 290, 350, 352, 428, 465, 473, 492, 540
complexo ofiolítico 83, 103
composição química 19, 26, 27, 29, 30-32, 34, 38, 45, 46, 51, 59, 74, 75, 110, 132- 138, 144, 145, 150, 151, 154-157, 159, 164, 169, 176, 212, 214, 242, 245, 251-253, 271, 272, 384, 401, 404, 408, 409, 453, 466, 511-513, 517, 522, 584-598, 604, 605
composto orgânico sintético 468
concórdia 301
côndrulo 33, 34
condutividade hidráulica 196, 197, 466, 470
condutividade térmica 53, 294, 502, 503, 511
conduto vulcânico 174, 179
cone cárstico 206, 208
cone vulcânico 182, 310
constante de Hubble 22
constantes de desintegração 297
contaminação (ver poluição)
contaminante 453, 459, 467-475, 478-481, 484, 485
convecção do manto 97, 100
cordierita 414, 415, 418
cordilheira oceânica 380
cornubianito 410
corpo concordante 166
corpo discordante 269
correlação física 284
correlação fossilífera 289
corrente costeira 388, 390
corrente de turbidez 256, 258, 259, 263, 265-268, 331-333, 370, 373, 375, 381, 383, 385, 387, 398, 428, 539, 540
cratera 32-33, 36-39, 41-44, 172, 174, 176, 178, 209, 329, 330, 332, 412, 541, 544, 545, 560-562
cratera de impacto 37-39, 41, 42, 44, 330, 402, 412
cráton 71, 72, 104, 105
Cretáceo 100, 121, 233, 253, 274, 289, 290, 292, 293, 309, 412, 462, 545, 559, 561, 562
crevasse 326, 354, 366, 367
cristalização fracionada 158, 166, 167
crosta 36, 37, 39-41, 47, 51, 58- 60, 62, 65, 66, 70-74, 76-78, 82-89, 91, 95, 98-107, 118, 137, 141, 146-156, 158, 159, 161, 163-169, 172-180, 183-185, 188, 210, 225, 239, 253, 280, 290, 293, 295, 300-302, 304, 330, 331, 347, 369, 374, 377, 378, 380, 383, 400-407, 409-412, 414, 425, 426, 429, 432-434, 437, 439-445, 450, 500, 502, 503, 509-514, 522, 523, 526, 533, 537, 540, 542, 544-547, 554, 555, 561, 563, 579, 581, 582, 595, 596, 598, 600

crosta continental 47, 63, 65, 66, 71, 72, 77, 82, 85-87, 95, 98-102, 104-107, 150, 158, 184, 185, 210, 300, 301, 347, 377, 380, 403-405, 443, 503, 512, 513, 545-547, 554, 555, 579
crosta oceânica 63, 66, 71, 72, 77, 82-87, 91, 98-103, 105- 107, 158, 172, 176-178, 183-185, 380, 383, 403, 503, 523, 546, 554, 563, 579

dacito 163, 164, 182
datação absoluta 226, 281, 294, 299, 305
datação relativa 281, 291, 581
declinação magnética
deflação 339
deformação 55, 62, 101, 104, 105, 144, 194, 198, 248, 255, 269, 279, 286, 290, 330, 353-355, 362-365, 367, 371, 401, 402, 404-408, 410, 411, 419-422, 424- 428, 437, 442, 445, 548, 581
deformação elástica 425
deformação plástica 411, 424-426, 443
demanda de água 457
dendrocronologia 303
densidade crítica 24
deposição 42, 48, 63, 77, 151, 173, 205, 229, 240-243, 246, 247, 250, 251, 255, 258, 261, 263, 266-269, 272, 273, 284-287, 290, 298, 306, 308, 309, 314, 321, 323, 326, 330, 331, 333, 335, 338, 341, 360, 362, 363, 365, 368, 370, 373-375, 379, 381, 385-400, 452, 453, 466, 471, 473, 475, 512, 520-524, 538, 540, 541, 548, 566, 582
depósito aluvial 306, 307, 317-319
depósito (mineral) exógeno 521
depósito hidrotermal 522-525, 592
depósito magmático 521
depósito metamórfico 524, 596
depósito mineral 64, 153, 210, 226, 239, 386, 404, 406, 411, 508, 511- 517, 520, 522-528, 531, 533, 534, 575, 590, 594
depósito sedimentar 123, 204, 205, 246, 247, 264, 268, 269, 272, 273, 284, 317, 318, 323, 330, 332, 339, 364, 370, 372, 373, 375, 380, 384-387, 512, 520, 521, 541, 591, 595
depósito supérgeno ou laterítico 227, 237, 238, 520, 521, 527
depósito vulcano-sedimentar 523
desastres naturais 575, 576
descarga (de aquífero) 449, 454, 457, 460, 466, 467, 471, 476
desconformidade 287, 291
descontinuidade de Conrad 71, 72
descontinuidade de Gutemberg 71
descontinuidade de Mohorovic (Moho) 51, 59, 60, 65, 71-73, 156, 443

614

desenvolvimento sustentável 493, 509, 564, 568, 569, 571, 573, 577
devoniano 289, 292, 492, 550, 556
diabásio 164, 181, 405, 601, 602
diagênese 151, 240, 268-273, 414, 428
diamictito 120, 362-364, 375
diápiro 155, 156
diatrema 185
diferenciação magmática 158, 159
dínamo autossustentável 69
diopsídio 222, 415, 418, 419
diorito 163, 164, 598
dique 39, 72, 83, 90, 100, 103, 164-167, 180, 263, 269, 270, 319, 321, 323-328, 380, 405, 410, 441, 540
dique marginal 324-327
discordância 287, 496
disjunção colunar 167, 177, 198
dissolução 118, 149, 150, 186, 194, 198, 200, 203, 204, 206, 208, 216, 217, 219, 237, 245, 269-273, 307, 330, 407, 597
dobra 254, 261, 262, 269, 270, 365, 420. 427-434, 440, 442, 445, 557
dolina 206, 207, 209, 219
dorsal ou cadeia meso-oceânica 76, 79, 82-85, 87, 92, 97- 100, 103, 106, 158, 177, 183, 384, 402-405, 411, 440, 441, 443, 503, 523, 525, 541, 552, 553, 555
duna fóssil 346
duna barcana 344
duna estacionária ou estática 341, 342
duna estrela 345
duna longitudinal ou *seif* 345
duna migratória 342
duna parabólica 344, 345
duna transversal 343, 344

eclíptica 26, 31, 46
eclogito 73, 74, 102, 401, 410, 414, 415
ecossistema 116, 122, 170, 233, 291, 346, 347, 354, 454, 547, 554, 555, 560, 563, 567, 573, 577
edifício sedimentar bioconstruído 251
edifício sedimentar biogênico 251
edifício sedimentar bioinduzido 251
efeito estufa 36, 39, 40, 47, 49, 108-110, 114, 115, 117, 118, 121, 124-127, 348, 498, 503, 506, 549, 555-557, 571- 573
elemento-filho ou nuclídeo-filho 296-300
elemento-pai ou nuclídeo-pai 296-299
elevação ou sopé continental 379-381, 554

enchente em lençol 315, 320
energia 18, 19, 23-26, 30, 35, 36, 43, 52, 53, 57, 79, 89-91, 94, 97, 106, 108, 111, 114-116, 118, 119, 121, 122, 124, 134, 135, 145, 166, 188, 190, 199, 228, 246, 257-259, 262, 265, 269, 276, 277, 294, 296, 302, 303, 306, 309, 314, 322, 326, 328, 331, 332, 334-337, 358, 374, 389, 396, 407, 408, 410, 412, 451, 486-492, 498-507, 509, 512, 517, 534, 537, 539, 544, 546, 548, 557, 559, 564, 565-567, 571-573, 591, 604
energia das marés 490, 491
energia eólica 489, 490
energia geotérmica 487, 502- 506
energia nuclear 487, 499, 501, 591
energia solar 116, 121, 188, 190, 294, 334-336, 490, 557, 573
enstatita 415, 587
Éon Hadeano 292, 545
episódio glacial 117, 120, 162, 178, 179
episódio interglacial 121, 123-124
Era Cenozoica 95, 108, 120, 121, 292
Era Mesozoica 95, 107, 108, 120, 121, 292, 346, 556, 561
Era Paleozoica 119, 554, 292
Eris 27, 31, 45
erosão 40, 42, 66, 71, 118, 120, 150, 151, 164, 165, 167, 173, 178, 186, 198, 200, 201, 206, 209, 210, 211, 213, 215, 223, 225, 227, 234, 235, 237, 239-243, 245- 247, 250, 258, 265, 282, 284, 286, 287, 290, 293, 301, 306-309, 312, 321, 323, 324, 326, 327, 330, 333, 335, 336, 338, 339, 355-361, 363, 368, 372, 374, 385, 387, 388, 390, 393, 394, 395, 396, 405, 406, 512, 538, 540, 541, 554, 555, 560, 565, 566, 574, 575, 577, 582
escala de tempo geológico 53, 62, 65, 74, 280, 281, 288, 289, 291- 293, 295, 301, 304, 305, 425, 537
escala Mercalli 90
escala Richter 78, 79, 92, 561
escarpa 245-248, 307, 311, 315, 330, 332, 383, 393, 435-437, 439, 441, 443, 444, 449
escoamento superficial 189, 191-193, 197, 201, 204, 205, 225, 314, 315, 319, 328, 449, 454, 566
escorregamento 200, 201, 239, 243, 258, 259, 261-263, 268, 272, 366, 380, 540, 567, 575-577
esfoliação esferoidal 214
esforço 54, 79, 92, 93, 127, 212, 262, 353, 356, 364, 393, 397, 399, 401, 405, 420, 422-426, 428, 438, 440, 507, 527, 572, 584, 602
esgoto 452, 458, 460, 461, 464, 467, 469, 471, 472
eskers 359, 360, 362
espeleogênese 204
espeleotemas 187, 203-205, 253, 299

espelho de falha 435, 436, 440
estalactite 203, 205, 299
estalagmite 203, 205, 299, 303, 332
estaurolita 143, 271, 404, 406, 413-415, 417, 418
esteatito 418, 419, 597,
estilo 169, 176, 270, 311, 532, 541
estratificação cruzada 258, 319, 322, 323, 325, 338, 346, 375
estratificação plano-paralela 257, 320
estratosfera 111, 113, 115, 120, 561
estrias glaciais 357
estrutura 18, 20, 21, 23, 27, 29, 33-35, 37, 39-45, 47, 50, 51, 54, 56, 59, 62, 71, 72, 75, 84, 86-90, 99, 104, 108-111, 117, 130-143, 145, 146, 151, 154, 157, 159-162, 165-167, 172, 173, 175-179, 198, 204, 212, 214, 216, 218, 219, 221, 222, 228-231, 237, 242, 247-250, 252, 253, 259-261, 270-272, 279, 281, 289, 294, 296, 309-311, 314, 317-319, 323, 324, 326, 327, 329, 332, 335, 338, 341-343, 346, 347, 356, 358, 359, 364, 365, 367, 369, 371, 372, 380, 381, 392, 393, 398, 400-402, 404-412, 415-422, 424, 426-428, 432-435, 437-445, 449, 464, 477, 485, 487, 495, 502, 507, 512, 516, 522-524, 526, 527, 553, 574, 580-582, 592, 597, 598, 601-603, 605
estrutura cristalina 75, 130, 132-139, 141-143, 145, 165, 212, 218, 228, 242, 252, 272
estrutura interna da Terra 50, 51, 54, 71
dúctil 74, 256, 259, 411, 419, 425-427, 437, 445
estrutura gnáissica 405
estuário 247, 290, 372-374, 393, 394, 396, 492
etanol 488, 507
ético 570, 577
eucariontes 120
Europa 43-46
evapotranspiração 115, 189, 191, 309, 449, 454
evento Heinrich 123
evento K/T 560, 562
eventos singulares 536, 538, 543, 545, 558, 559, 563
excedente hídrico 457
Exógeno 119, 402, 412, 520, 521
explosão cambriana 22, 23, 25, 26, 35, 169, 179, 248, 487, 501, 548, 559
exsolução 137

fácies 313, 317, 318, 321, 323, 324, 327, 331, 333, 373, 413-415, 417
fácies metamórfica 413-415
fácies xisto azul 414
fácies xisto verde 414, 415, 417
falha 39, 54, 79, 83-85, 87, 88, 90, 91, 93-95,

615

Índice Remissivo

105, 106, 295, 304,309, 311, 402, 419, 420, 422, 433-445, 462, 496, 522-524, 538, 539, 541, 542, 554
falha de empurrão (reversa) 361, 367, 439, 442
falha inversa 437, 439
falha lístrica 259, 439, 444
falha normal (de gravidade) 439-441, 443
falha transcorrente (de rejeito direcional) 439, 441, 539
falha transformante 87, 88, 105, 106, 434, 441
Fanerozoico 119, 120, 282, 292, 294, 305, 524, 544-547, 549, 556
fase cósmica 544, 545
fase pré-placa 552
fase residual 214, 215
fase solúvel 214, 520
felsito 164
fenocristal 162, 163
ferralitização 218, 224, 225
filão 522, 524
filito 403, 404, 406, 409, 417, 418, 600
fissão 303, 304, 499, 500-502, 559
fissão nuclear 499, 501, 502, 558, 572, 578
flambagem 428, 429
flutuações climáticas 117, 124, 346
flúvio-glacial 360, 364, 365, 367, 368
fluxo de base 457, 476, 477
fluxo de detritos 259, 263, 319, 320, 428
fluxo de lama 170, 256, 263
fluxo denso 265, 358, 362
fluxo geotérmico 53, 76, 555
fluxo laminar 338
fluxo piroclástico 170, 173, 174, 177, 178
fluxo térmico 76, 83, 85, 97, 105, 107, 295, 403, 404, 502-504, 540, 543, 573, 581
fluxo turbulento 338
folhelho betuminoso 499, 591
foliação 411, 416- 418, 427, 523
fonolito 164
força de Coriolis 112, 113, 335, 372, 374
forçante climática 115, 118, 124, 127
forma de leito ondulada 257, 258
formações ferríferas bandadas 548, 591
fossa 79, 82, 85- 87, 97, 101, 102, 184, 380, 403, 542
fossa submarina 378, 380
fossa tectônica 184
fronteira agrícola 346, 575
fóssil 68, 117, 288- 293, 295, 346, 492, 546- 548
fratura 54, 83- 85, 103, 106, 143, 155, 166, 167, 175, 176, 180, 183, 194, 198, 203- 206, 212, 213, 245, 259, 354, 356, 358, 359, 386, 404, 406, 411, 323, 433, 512, 522, 523, 599, 600

fumarola 83, 170, 174, 175, 557, 561
fusão nuclear 24, 30, 501, 502

gabro 74, 77, 83, 87, 158, 159, 163, 164, 181, 403, 404, 414, 419, 521, 598
Ganimedes 43, 44
garimpo 516, 518, 519, 606
gás carbônico 39, 41, 108, 110, 114, 118, 119, 170, 188, 203, 205, 251, 252, 302, 452, 453, 466, 498, 549, 554
gás natural 151, 487, 492, 494, 497, 515, 521, 525, 532, 572, 582, 591, 594
gêiser 170, 175, 284, 504, 505
geleira 33, 81, 82, 116, 117, 120, 122, 125, 126, 133, 186, 188, 232, 248, 265, 313, 329-331, 333, 335, 348, 349, 350- 362, 364-375, 448, 450, 542, 551, 556, 557, 564, 582
gemas 148, 151, 276, 510, 532
geminação 143, 249
geocronologia 295, 298-300, 304, 537, 581
geologia econômica 511, 524, 580, 581
geomagnetismo 50, 51, 66, 76, 581
geoquímica isotópica 120, 302, 582
geoterma 73, 74, 77
gerenciamento (do recurso hídrico) 465, 466, 476-479, 573-575
gigante vermelha 25
glaciação *gaskiers* 119
glaciação huroniana 119
glaciação marinoana 119
glaciação moderna 119
glaciação sturtiana 119
glácio-lacustre 369
glácio-marinho 349, 374, 375
glaucofânio 102, 414
globalização 564, 569, 570, 577
gnaisse 77, 191, 197, 212, 302, 403, 404, 409, 410, 416-418, 515, 546, 600-602, 606
Gondwana 80, 81, 121, 493, 553, 563
graben 438, 443-445, 542
gradiente geotérmico 50, 53, 86, 405, 409-410, 414, 427, 452, 502
gradiente hidráulico 196, 197, 360, 438, 464, 469, 488
granada 73, 74, 142, 146, 237, 277, 401, 404, 410, 413-419, 510, 524, 587, 590, 595, 600
granito 47, 56, 63, 64, 72, 74, 77, 131, 149, 158, 159, 161-165, 191, 197, 203, 211, 225, 248, 285, 286, 300, 302, 310
granodiorito 163, 164, 521, 602
granulação 161-163, 165, 167, 172, 173, 244, 250, 256, 257, 259, 262, 272, 311, 314, 317-321, 324, 331, 332, 408, 410, 416-419, 499, 521, 524, 598
grau de cristalinidade 154, 161, 162
grau de visibilidade 161, 162

gravidade 23, 50, 51, 60- 65, 90, 170, 174, 175, 179, 189, 192, 194, 246, 255, 256, 264, 268, 342, 350, 351, 353, 384, 405, 426, 428, 439, 445, 581
gravimetria 51, 60, 62, 526

hábito cristalino 142
Hadeano 118, 292, 305, 544-546, 551, 560
hidratação 151, 216, 219, 222, 228
hidrelétrica 90, 306, 489, 573, 601
hidrocarbonetos 115, 272, 421, 444, 459, 468, 487, 493, 495-498, 572
hidrogênio 19, 22, 24-26, 43-46, 48, 49, 75, 110, 111, 136, 170, 225, 491, 493, 501, 607
hidrograma 190, 191
hidrólise 186, 190, 216- 218
hidrosfera 18, 36, 47-49, 108, 109, 118, 120, 126, 151, 188, 210, 228, 303, 305, 396, 449, 450, 520, 536, 537, 544, 545, 547-549, 560, 583, 607
hidrotermal 385, 386, 409, 411, 412, 503-505, 522, 523, 594, 597
hornblenda 222, 300, 409, 414-416, 418, 419, 588
hornfels 410, 414, 418
horst 438, 444, 538
húmico 228, 492, 493

idade glacial 348
idade do gelo 123, 124
idade 19, 21, 26, 33, 35, 37, 39, 41, 44, 47, 48, 52, 69, 76, 80, 82, 84, 86, 102, 103, 123, 124, 130, 132, 148, 171, 197, 207, 225, 237, 275, 280, 281, 283-286, 289, 292-296, 298, 299-305, 311, 335, 346, 348, 371, 372, 384, 392, 421, 431, 493, 496, 503, 508, 528, 537, 544, 545, 547, 548, 551, 553, 555, 556, 559, 560, 581
ignimbrito 173
iceberg 123, 333, 352, 353, 369, 370, 372-375
impactos esterilizantes 544
inclinação magnética 67, 69
índice de cor 160, 163, 164
indício mineral 511
indústria 115, 147, 210, 228, 239, 273, 274, 276, 340, 399, 451- 453, 457, 463, 469, 473, 483, 494, 495, 497, 505, 508, 510, 511, 518, 527, 532, 534, 535, 568, 572, 580, 582, 584-589, 591-597, 602
infiltração 175, 189, 191- 193, 198, 200, 203-206, 210, 212, 222, 223, 225, 226, 309, 314, 328, 333, 335, 403, 433, 449, 452, 460, 461, 463, 469, 472-474, 482

intemperismo 66, 118, 120, 129, 149, 151, 186, 190, 200, 203, 209, 210-217, 219-229, 234-239, 242, 245-247, 271, 286, 290, 300, 311, 314, 333, 377, 384, 388, 393, 439, 466, 511-513, 517, 520, 521, 555-557, 560, 600, 602-604

intemperismo físico 212, 213, 222-224, 311, 314

intemperismo químico 118, 186, 190, 200, 203, 210, 212-214, 217, 221-226, 311

interceptação 189, 192, 449

intrusão salina 459

inundação 94, 306, 319, 323-329, 331, 396, 464, 488, 489, 498, 563, 567, 594

irrigação 115, 235, 306, 328, 451, 456, 471, 476, 488, 489, 565, 566, 574

Io 43, 44

ionosfera 111

IPCC 125

isóbaro 297

isóbata 381

isócrona 302, 304

isógrada 413

Isomorfismo 136

isostasia 64, 66, 85

isoterma 403

isótono 297

isótopo 31, 35, 48, 52, 120, 135, 197, 296-300, 302-304, 332, 499, 501, 503, 558, 559, 581

jazida mineral 511, 516

junção tríplice 106

juntas de alívio 213

Júpiter 18, 26, 27, 29, 31, 32, 34, 35, 43, 44-49, 349, 496

Jurássico 100, 107, 120, 121, 292, 462, 559

kimberlito 74, 77, 185

komatiíto 163, 164, 546

lacólito 164-167

lago 178, 186-188, 194, 209, 227, 240, 247, 251, 256, 263, 265, 266, 306-309, 315, 325, 327, 329-333, 343, 344, 349, 350, 352, 359, 369, 370, 373, 422, 423, 448-450, 454, 457, 489, 494, 496, 520, 531, 542, 566, 579, 589, 590

lago de meandro abandonado 325

lago relacionado a geleiras 331, 333

lago tectônico 330, 331, 332

lagoa de inundação 327

lahar 170, 174, 175

lapa (muro) 208, 435, 438-440

lapiás 206, 208

lapíli 170-173, 179, 183

laterita 218

laterização 220, 227, 237

lava 37, 42, 77, 83, 84, 87, 100, 103, 105, 134, 152-154, 161, 162, 166-173, 176-181, 183, 226, 248, 505, 541

lava *aa* 171, 172

lavra 236, 275, 427, 516-519, 527, 534, 590, 593, 594, 601, 602, 604

lençol freático 175, 192-194, 196-199, 201, 204-206, 209, 306, 314

lenha 487, 488

leque aluvial 263, 266, 306, 307, 309, 315, 318-320, 323

leque deltaico 307, 315, 332

ligação covalente 136, 135

ligação de Van der Waals 136

ligação iônica 135, 136

ligação metálica 136

limite convergente 87, 92, 102, 104, 105, 183, 184

limite divergente 87, 92, 98, 106, 183, 184

limite de placas 183, 409, 434, 441, 524

linha de charneira 427-431

linhito 492, 493

litosfera 41, 59, 60, 65, 66, 74, 76, 83, 85, 86, 88, 89, 97, 98, 100, 101, 103, 104, 108, 109, 112, 118, 120, 126, 152, 155, 156, 183, 305, 411, 420, 421, 434, 441, 442, 445, 503, 520, 536, 537, 547, 549, 552, 560, 582, 583

loess 330, 341, 347, 372

mafito 164

magma 36, 39, 48, 50, 64, 74, 77, 83, 84, 87, 99, 100, 101, 129, 149-167, 169, 170, 172-177, 179-181, 183-185, 188, 221, 297, 302, 402, 403, 410, 466, 504, 512, 521, 522, 546, 595, 598

magnetização de rochas 68

magnetometria 51, 526

magnitude sísmica 89

manejo (do recurso hídrico) 187, 448, 447, 455, 478, 484, 485

mantélica 39, 72, 97, 100, 106, 178, 185, 402, 403, 410, 542

manto 31, 36-39, 45, 47, 48, 53, 58-60, 62, 63, 65, 69, 71- 79, 82, 84-86, 89, 97-100, 102, 104-107, 118, 137, 141, 146, 149-151, 153, 156, 158, 163, 169, 178, 185, 200, 202, 209, 211, 215, 216, 226, 229, 236, 239, 245, 290, 295, 297, 302, 333, 348-353, 360, 365-367, 369, 402, 403, 405, 414, 420, 421, 425, 433, 441, 443, 503, 512, 520, 521, 540, 542, 544, 551, 552, 554, 556, 557, 560, 561, 563, 579, 602, 603

manto de alteração 211, 215, 226, 239, 245, 433

marca ondulada 242, 257, 274, 275, 285, 319, 338, 341, 344, 346, 369, 370

manto inferior 75, 98, 178, 552

manto superior 59, 60, 62, 63, 65, 72-75, 77, 85, 86, 97, 102, 158, 178, 420, 503, 512, 544, 552

maré 53, 62, 254, 268, 331, 351, 352, 361, 372, 374, 388, 391-393, 396, 397, 464, 487, 490, 491, 539, 549, 550, 573, 607

mares de areia 336, 341, 343, 346

margem continental 83, 91, 96, 103, 105-107, 267, 374, 376, 380-382, 385-387, 392, 397, 398, 439, 440, 445, 523, 524, 554, 555

mármore 149, 194, 203, 204, 400, 401, 404, 414, 415, 417, 418, 515, 524, 600, 602, 603

Marte 18, 26, 27, 29, 31-36, 38, 40-42, 46-49, 186, 337, 347, 349, 536, 537, 542, 543

material piroclástico 167, 172, 176, 179

matéria-prima 52, 130, 131, 149, 227, 246, 273, 276, 283, 472, 473, 492, 495, 506, 526, 529, 532, 564, 565, 567, 571, 572, 582, 594-597

matriz 159, 162, 163, 173, 245-247, 250, 259, 263, 272, 273, 289, 362, 408, 416, 419, 467-470, 487, 488, 492, 573, 599

matriz energética 487, 488, 492, 573

meando abandonado 324, 325

megaleque 309, 315, 316, 320

mélange 102, 105

Mercúrio 18, 27, 29, 31, 36, 38, 39, 44, 49

metabasalto 417

mesozóico 121, 235, 292, 543, 556, 559

metagrauvaca 417

metais pesados 459, 468, 471, 473, 493

metamorfismo cataclástico 410

metamorfismo de impacto 412

metamorfismo de contato 167, 410, 412, 414

metamorfismo dinamotermal 414

metamorfismo hidrotermal 411, 412

metamorfismo isoquímico 409

metamorfismo regional 407, 409, 410, 412, 414, 415, 524, 597

metassomatismo 409

meteorítica 19, 31-33

meteoro 32

método 234U para o 230Th 299, 303

método 40Ar-39Ar 299, 300, 304

método K/Ar 300

método radiocarbono 299, 302, 303

método U-Pb 300- 302, 304

micaxisto 400, 403, 404, 406, 409, 410, 418

migmatito 77, 405, 409, 410, 415, 416

milonito 416, 419, 437, 438, 440-442, 406

mina 50, 53, 185, 254, 294, 475, 493, 494, 501, 516, 517, 519, 526, 584, 593, 604, 606

Índice Remissivo

mineral primário residual 214
mineral secundário neoformado 214-216, 524
mineral secundário transformado 214, 215
mineral 33, 41, 74, 75, 77, 102, 130, 131, 133-135, 141-144, 147, 149-151, 166, 203, 205, 211, 216, 218-222, 228, 230, 234-239, 245, 274, 277, 289, 296-301, 303, 347, 398, 406, 437, 452, 453, 467, 471, 475, 482, 484, 487, 492-495, 508-512, 518, 520, 522, 526, 529, 531-535, 564, 572, 584-598, 600, 604, 606
mineral de ganga (ou ganga) 515, 518, 594
mineral de minério 236- 238, 509, 515, 517, 589, 590-592
mineral félsico 160, 163
mineral índice 413
mineral industrial 515
mineral máfico 159, 160, 162, 164, 221, 404, 598
mineraloide 134
minério 132, 134, 147, 236-239, 276, 277, 302, 406, 421, 475, 494, 499, 508, 509, 511, 513-519, 522-524, 526, 527, 529, 531-533, 548, 558, 559, 566, 571, 572, 584-587, 589, 590-597, 606
minério metálico 276, 277, 285, 515, 589
minério não metálico 515
molhe 394, 397
monossialitização 218, 220, 225
mudanças globais 285, 537, 541, 555, 563N

N

não conformidade 287
nebulosa solar 26, 29, 34, 46, 48, 150
neck vulcânico 164, 167, 176
neomorfismo 272
netunismo 285, 286
Netuno 27, 29, 43, 45, 46, 285
nível de água (d'água) 110, 170, 192-194, 196, 199, 204, 207, 303, 322, 328, 457, 465, 472, 474, 501, 537, 549, 602
nitrogênio 36, 44, 108
nódulo mantélico 155
núcleo 20, 24, 25, 28, 30, 31, 35, 36, 38, 43-48, 51, 53, 57-59, 62, 69, 71, 73, 75-77, 89, 98, 100, 104, 135, 136, 150, 158, 249, 263, 285, 296, 297, 303, 321, 365, 366, 405, 407, 432, 457, 474, 463, 499, 500, 502, 541, 548, 551, 552, 579
nucleogênese 26
nucleossíntese 24, 26, 35
número de coordenação 138
nuvem ardente 170, 172, 173, 179
nuvem de Oort 31, 46, 47
nuvem eruptiva 170

O

oásis 340, 458
obducção 103, 107
obsidiana 134, 161, 599
ofiolito 71, 72, 77, 102, 183, 525
olivina 33, 34, 41, 71, 73-75, 77, 102, 136, 137, 146, 158, 160, 162, 163, 166, 219, 221, 222, 237, 238, 270, 414, 415, 418, 419, 443, 521, 522, 587, 598
onda 8, 22, 24, 51, 53, 54-60, 71-75, 86, 88-90, 95, 111, 114, 115, 137, 142, 144, 256, 257, 312, 388-390, 427, 502, 561
onda Love 55-57
onda P 55, 56, 58, 72, 74, 95
onda Rayleigh 55, 57, 89
onda S 55-59, 88
Ordoviciano 119, 249, 292, 556
organismos eucarióticos 546
organismos procarióticos 546, 547
orogênese 104-105, 305, 551, 554
orógeno acrecionário 104
orógeno colisional 104
oxidação 52, 115, 118, 120, 151, 204, 213, 216, 219, 236, 237, 290, 329, 467, 471, 474, 475, 493, 495, 548, 549, 558-590, 606
ótimo climático 123, 124
oxigênio 26, 36, 48, 49, 75, 77, 100, 107, 108, 110, 119, 120, 122, 146, 147, 156, 157, 213, 216, 236, 251, 303, 329, 331, 332, 372, 466, 473, 493, 495, 522, 537, 547-549, 558, 559, 585

P

paleoclima 331, 521
paleomagnetismo 51, 68
Paleozoico 120, 121, 249, 258, 292, 549, 553, 556, 559, 609
Pangea 80, 104, 106, 119, 335, 553, 554, 556
pântano 115, 118, 319, 327, 457, 458
paragênese mineral 412, 415
parcéis 392
passivo ambiental 473
pavimento desértico 339
pedogênese 129, 200, 210, 211, 229, 230, 254
pegmatito 141, 148, 161, 162, 165, 512, 522, 589, 591-593, 595, 596
percolação 165, 192, 197, 199, 203, 204, 213, 214, 222, 225, 270, 314, 330, 411, 449, 523, 524
perda de solo 211, 233
perfil de alteração 211, 214, 215, 224-226, 236
peridotito 73, 74, 77, 83, 155, 157-159, 162-164, 185, 402, 521, 598
periglacial 371

perímetro de proteção de poço (PPP) 479, 483, 484,
permafrost 230, 371, 450
permeabilidade 194, 196, 198, 204, 205, 271, 314, 462, 495, 499
Permiano 81, 100, 119, 292, 493, 556
pesquisa mineral 526, 527
petróleo 51, 56, 63, 106, 131, 148, 151, 237, 272, 274, 317, 318, 393, 397, 398, 421, 427, 444, 475, 482, 484, 487, 491, 492, 494-499, 503, 506, 507, 515, 525, 532-534, 580-582, 590-592, 594
petrologia experimental 73, 74, 155
piroxenito 163
placa continental 101, 103, 105, 403
placa litosférica 76, 78, 85, 86-89, 91, 92, 97-100, 104, 107, 183, 419, 420-422, 427, 441, 442, 502, 524, 540, 545, 552, 582
placa oceânica 92, 99, 103, 105, 178, 183, 184, 403, 410, 414, 552
Planckiano 23
planeta 18, 19, 23-27, 29-31, 34-41, 43, 45-50, 52-54, 56, 61-63, 66, 73-76, 78, 84-89, 91, 94, 98, 100, 107-114, 119, 122, 126, 148, 150, 163, 168, 170, 176, 178, 186-188, 200, 202, 215, 220, 226, 227, 229, 239, 280, 281, 283, 293-296, 300, 301, 304-307, 329, 330, 335, 336, 348, 351, 376, 377, 379, 384, 388, 392, 393, 396, 399, 402, 412, 420, 421, 423, 428, 434, 443, 447-450, 454, 477, 486, 502, 506, 509, 510, 534, 536- 538, 540, 542-546, 548, 550-552, 554, 556, 558, 559, 560, 562-568, 571-575, 577-580, 582-584
planetésimo 30, 31, 34, 37, 46, 47, 549
planície abissal 266, 380, 381
planície de inundação 319, 324-326, 328
plasma argilo-húmico 228
plataforma continental 95, 96, 248, 267, 290, 371, 374, 378-381, 383, 389, 391, 393, 397, 398, 444, 498, 512, 542
platô ignimbrítico 174
platôs e terraços marginais 370, 381
Pleistoceno 121, 123, 289, 291, 292, 363, 364, 371, 383
pluma do manto ou pluma 39, 97-100, 106, 107, 156, 178, 185, 309, 369, 374, 375, 390, 402, 468-470, 472, 484, 542, 551, 552, 554
plunge 435, 436
Plutão 27, 31, 45, 46, 164, 286
plutonismo 104, 164, 170, 183, 184, 286, 511, 581
podzolização 231
polimorfismo 136
polo ou campo geomagnético 67
poluição (ver contaminação) 235, 449, 459, 466, 470, 471, 475, 478-481, 494, 534, 568, 574, 580, 581, 605, 606
ponto anfidrômico 391
ponto quente ou hot spot 98-100, 106, 178, 386

porfiroblasto 408, 416
porfiroclasto 416, 419
porosidade 193-198, 204, 217, 253, 269, 271, 335, 462, 465, 495, 602, 604
porosidade cárstica 194, 198
porosidade de fratura 194
potencial hidráulico 194
praia 133, 166, 240, 241, 243-250, 252, 257, 263-266, 276, 277, 334, 352, 373, 289, 390, 393-397, 520, 599
Pré-cambriano 208, 209, 237, 282, 285, 292, 295, 305, 358, 363, 364, 414, 441, 546, 547, 550
precipitação (pluvial) 116, 188, 193, 220, 224, 231, 238, 254, 454, 461, 557, 577
precipitação meteórica 188
pressão de fluidos 406, 427
pressão dirigida 406, 409, 411, 416
pressão hidrostática 172, 199, 405, 424-426, 428, 465
pressão litostática 404-407, 409-411, 426
prisma de acreção 102, 103
processo aluvial 307
processo cíclico 286, 305, 543, 564
produção primária 387
Proterozoico 119, 268, 289, 292, 294, 305, 524, 544-546, 549
metamorfismo termal 409, 410
protolito 401, 404, 405, 407-409, 412, 415-419
protomilonoto 419
prótons e nêutrons 135, 296
púmice 161, 162, 172, 173, 177, 179

Q

quartzito 203, 235, 276, 364, 401, 404, 415, 417-419, 429, 510, 515, 517, 596, 600, 602, 603
Quaternário 108, 121, 122, 124, 292, 312, 332, 381, 399
quebra de plataforma 379

R

radiação de fundo 24
radiação solar 36, 53, 111, 112, 114, 115, 117, 118, 124, 189, 353, 491, 556
rake 435, 436
reação metamórfica 405-408, 412
reator 499-502, 558- 590, 593
recurso hídrico 190, 449, 454-457, 460, 463, 465, 475-480, 485, 501, 573, 575, 582
recurso mineral 134, 235, 236, 317, 398, 508-512, 517, 524, 531-534, 537, 571, 572
recurso energético 106, 283, 486, 492, 506, 508, 572
regime térmico 350, 354-356, 358, 374
registro geológico 107, 117, 281, 285, 286, 291-293, 299, 305-308, 317, 331, 333, 334, 341, 347, 349, 388, 537, 539, 546, 551, 554, 556
regolito 192, 193, 198, 211, 228, 230, 538
regressão marinha 381, 395, 555, 538
rejeito 435, 437-441, 444, 471, 493, 499, 501, 506, 518, 572, 597, 606
reologia 256, 259, 267, 424
reserva mineral 511, 526, 528, 531, 533
resíduo 203, 204, 217, 220, 228, 399, 415, 453, 471-473, 476, 481-483
resíduo sólido 472, 473, 476, 482, 483, 491, 493, 502, 503, 509, 520, 564, 567, 574, 576, 577
ressurgência 178, 202, 246
rifte 83, 95, 104-106, 177, 329, 332, 380, 441, 443, 444, 496, 523, 525, 554
rio 93, 95, 130, 147, 166, 190-193, 203, 205, 206, 208, 235, 243, 246, 256, 258, 271, 276, 286-287, 306-316, 320-328, 331, 344, 359, 373, 381, 383, 390, 392, 433, 438, 448, 449, 458, 471, 478, 488-490, 521, 531, 540, 567, 574
rio anastomosado 311, 312, 326, 327
rio entrelaçado 311, 312, 319, 320-323, 326, 360
rio meandrante 276, 311-313, 315, 316, 319, 321, 323-326,
rio retilíneo 311-313
riolito 100, 157, 164, 598, 599
rocha abissal 152
rocha ácida 160, 166
rocha alcalina 160, 164, 238, 320, 522, 597
rocha básica 160, 411, 414, 502, 522
rocha cataclástica 419, 436, 440, 441
rocha encaixante 64, 155, 158, 159, 161, 165, 166, 170, 173, 174, 287, 404, 410, 524
rocha escoriácea 162, 163
rocha hipoabissal 152, 164, 165
rocha holocristalina 161, 162
rocha hololeucocrática 160
rocha leucocrática 160
rocha melanocrática 160
rocha mesocrática 161
rocha metamórfica 71, 77, 87, 151, 153, 191, 299, 301, 400-404, 406, 408, 409, 412, 415-418, 436, 537, 596, 600
rocha metapelítica 414, 415, 417
rocha moutonnée 357-359, 361
rocha plutônica 71, 72, 77, 101, 152, 197, 402, 537, 598
rocha reservatório 495
rocha subvulcânica 152
rocha ultrabásica 158-160, 238, 417, 418, 502, 522, 592
rocha ultramelanocrática 160
rocha vítrea 161, 162, 596
rocha vulcânica 40, 72, 74, 82, 99, 101, 103, 134, 152, 157, 162, 163, 169, 181-183, 198, 223, 414, 537, 542, 546
rocha capeadora 495
rocha industrial 510, 515
rompimento de dique 321, 324, 326, 327
rolamento 256, 257, 313, 389

salinização 193, 489, 565, 566, 573, 574
saltação 256-258, 267, 313, 338, 339, 344
sambaqui 275, 276, 393
saprolito 210, 211, 225, 230
sapropélico ou saprotético 492
satélite 27, 29, 31, 36-38, 43-46, 48, 49, 62, 156, 176, 179, 182, 183, 242, 247, 310, 367, 398, 402, 412, 427, 433, 437-439, 450, 526, 539, 550, 568, 582
Saturno 18, 29, 30, 43-45, 49
sedimento 40, 42, 47, 49, 63, 72, 77, 83, 85, 100-103, 106, 117, 119, 120-123, 130, 150, 183, 184, 191, 192, 194, 196-198, 200, 201, 205, 215, 235, 237, 238, 240-242, 244-251, 253, 256-259, 261, 263-270, 276, 284, 285, 289-291, 294, 304, 306-309, 311-319, 312-326, 328-335, 339, 340, 347, 349, 354, 356, 360, 362-370, 372-375, 379-381, 383-392, 394, 395, 398-400, 403, 411, 428, 429, 441, 443, 444, 448, 450, 452, 464-467, 492, 494-496, 504, 512, 524, 540, 541, 549, 554, 557, 561, 580, 581-583, 595, 599
sedimento autigênico 384, 386
sedimento biogênico 381, 384-386
sedimento terrígeno 381, 384-386, 388
sedimento vulcanogênico 384, 386
sedimento eólico 263, 334, 335, 341, 347
sequencia principal 25, 26
séries de reação de Bowen 149, 158, 166, 221
sialitização 218
siderito 33, 35, 36, 46, 150
siderólito 33, 35, 46
sienito 149, 162-164, 595
silicato 31, 35, 45, 48, 74, 75, 77, 118, 141, 147, 150, 160, 216, 217, 218, 222, 225, 226, 234, 237, 401, 520, 587, 591, 597, 598
sill 164-167, 181, 405, 410, 540
sillimanita 137, 404, 408, 410, 413-415, 418, 587, 595
Siluriano 292, 312, 556
sinclinal 432, 433
sinter 175
sinuosidade 312-316, 323, 324, 326
sismologia 51, 53, 54, 57, 60, 62, 65, 72, 76, 89, 581
sistema climático 116
snow-ball Earth 118
soleira 166, 362, 372, 373, 380

Índice Remissivo

solifluxão 200, 372
solo 32, 41, 89, 90, 115, 118, 147, 150, 175, 179, 180, 188, 189, 191-193, 200, 201, 203, 204, 206, 209, 210, 213, 215, 217-220, 224, 226-236, 239, 245, 246, 251, 253, 260, 261, 291, 319, 326, 333, 338-340, 343, 346, 347, 371, 372, 377, 393, 396, 397, 438, 449, 450, 452, 453, 457, 463, 466, 470-475, 478, 480, 483, 484, 494, 499, 503, 508, 509, 511, 565, 566, 574, 575, 577, 580-582, 586, 588, 595, 597, 605
solo tropical 228, 230, 231, 233, 236
solução de alteração 216
solução de lixiviação 216
solum 211, 225, 230
sotavento 342, 344
stock 164, 165
subducção 85, 93, 94, 97, 101, 103-105, 107, 118, 177, 183, 184, 290, 380, 386, 403, 414, 523, 525, 542, 545, 552-554, 563
subsidência 97, 103, 106, 206, 207, 209, 308, 326, 332, 381, 411, 444, 445, 460, 465, 476, 494, 504, 506, 540-542
substituição 134, 136, 137, 191, 205, 228, 272, 303, 407, 414, 507, 519, 566, 572, 590
sucessão biótica, faunística ou florística 288
sucessão fóssil 288, 291, 293, 295
superexploração 459
superfície axial 428-431
superfície potenciométrica 199
superfície polida 340, 347
supernova 23, 25, 26, 35, 49
superposição 67, 205, 252, 284, 285, 362, 538, 551
suspensão 222, 256, 257, 265-268, 272, 309, 313, 323, 325, 326, 331, 338, 339, 368-370, 375, 385, 521
sustentabilidade 449, 476, 477, 485, 564, 570, 571, 573, 577, 580

talude continental 91, 266, 379- 381, 383, 387, 398
talvegue 312, 324
tectônica global 39, 48, 78-80, 84, 85, 107, 153, 295, 386, 420, 442, 443, 524, 525, 542, 551, 583
tefra 170, 172
teor 48, 154-157, 159, 160, 163, 169, 203, 204, 224, 239, 259, 263, 277, 372, 408, 409, 414, 415, 452, 462, 475, 493, 495, 511, 513, 514, 517, 518, 520, 528, 533, 548, 605
teor de silica 156, 157, 159, 160
teoria da deriva continental 68, 78-82, 84, 85, 97, 107, 237
Terciário 121, 237, 285, 289, 292, 309, 442, 561

termoelétrica 492, 499, 503, 504
Terra 18-20, 22-24, 26-33, 34, 36-42, 44-62, 66-82, 85, 86, 88, 97-100, 102, 104, 105, 107-112, 114-125, 130-132, 134, 150-153, 156, 163, 168-170, 181, 186-188, 190, 200, 202, 209-211, 213, 215, 216, 219, 220, 226-229, 236, 248, 280, 281, 283-287, 290-296, 299, 300, 302-305, 334-337, 346, 348, 349, 369, 372, 374, 376-378, 384, 387, 391, 399, 402, 404, 405, 409, 412, 420, 421, 423, 426, 448, 450, 467, 486, 490-492, 498, 502-504, 512, 524, 527, 533, 536-565, 567-569, 571, 572, 574, 577-584, 594, 607
terra bola de neve 118, 119, 537, 556, 557
terra refrigeradora 551, 556
terremoto 51, 53-56, 58, 78, 79, 88-96, 107, 179, 183, 421, 422, 434, 520, 537, 539, 540, 542, 561, 575, 576
terreno de alta pressão 410
terreno de baixa pressão 410
textura 102, 160-165, 173, 212, 221, 222, 230, 234, 235, 242, 246, 271, 272, 384, 401, 404-412, 416, 417, 522, 598, 599, 600
till 333, 358, 360, 362-367, 372-375
tração 95, 257, 267, 268, 385, 443
Titan 44, 45
tração ou fluxo granular 262, 267
traço 92, 99, 143, 272, 273, 428, 434, 435, 440, 441, 542
traço de fissão 303, 304
transgressão marinha 383, 492, 558
transporte de grãos livres 246, 256
transporte de massa 256, 389
transporte gravitacional 258,
transporte mecânico 245
transporte químico 242, 251
travertino 175, 203
tremolita 415, 418, 419, 588
Triássico 250, 292, 462, 559
Tritão 45
troposfera 110-113, 150
tsunami 78, 91, 92, 94, 107, 537, 539, 541, 561, 575
tubo de lava 172,
tufo 170, 171, 173, 174
turfa 325-327, 492, 493
turfeira 260, 261, 327

ultramilonito 419
uniformitarismo 293, 561
urânio enriquecido 499, 500
Urano 29, 43, 45
urbanização 192, 242, 243, 461, 463, 464, 489, 572

vale cárstico 208
vale cego 206
varvito 211, 274, 333, 370, 541, 543
vazão 190, 191, 193, 196, 197, 333, 452, 454, 456, 459, 460, 477, 555
vazão específica 197, 456
veio 174, 405, 406, 416, 440, 457, 496, 522, 589, 592-594, 596
ventifactos 340
ventos alísios 113
Vênus 18, 27, 29, 31, 36, 38-41, 47-49, 109, 168, 536, 537
vesícula 162, 167, 172, 179, 600
via Láctea 20, 21, 24, 30, 49
vida procariótica 546, 547
viscosidade 59, 85, 155, 169, 170, 172, 176, 177, 196, 246, 254, 255, 259, 260, 262, 263, 265, 272, 347, 427, 522
Vostok 164, 329, 332, 349, 369, 571
vulcanismo 41, 43, 48, 63, 83, 92, 100, 101, 103-105, 118, 152, 156, 168, 169, 170, 174-178, 180, 181, 183,184, 286, 300, 377, 385, 411, 422, 511, 523, 536, 546, 554-556, 561, 581, 606
vulcão 41, 44, 153, 154, 164, 167, 168, 170, 172-180, 183, 248, 505, 536, 542, 557
vulnerabilidade (à poluição) 470, 475, 478- 480

xenólito 74, 155, 182, 287
xisto 77, 102, 277, 406, 408, 413-419, 429, 432, 499, 600
xisto azul 102, 410, 414, 415
xisto verde 413-415, 417, 418

yardangs 340
younger dryas 123,124

zona de Benioff 92
zona de baixa velocidade 59, 71, 73, 74, 86
zona de captura de poço (ZOC) 479, 480
zona de convergência intertropical 113
zona freática 192
zona metamórfica 409, 413, 415
zona não saturada 192, 469, 470
zona saturada 192, 197, 271, 470
zona vadosa 193, 206
zona de aeração 192
zona climática 109, 112, 116, 117, 235, 238

O ANO-TERRA

Ano-Terra		História da Terra		Tempo geológico
Mês	Data	Eventos marcantes e seus registros (idades em milhões de anos = Ma)	Principais tendências e inovações	Subdivisão
Janeiro	Primeiro dia, da meia-noite até 15h35	4.566: Formação da nebulosa solar.	O éon Hadeano é marcado pela acreção do planeta, impactos gigantescos, oceanos de magma e intenso magmatismo, diferenciação e desvolatização do interior do planeta. Do dia 6 ao dia 14 (4.500 e 4.400 Ma) a convecção caótica e a rápida reciclagem das rochas da superfície impedem a formação de placas estáveis. (Fase pré-placa da tectônica global).	ÉON HADEANO (4.566 a 3.850 Ma)
Janeiro	Primeiro dia, da meia-noite até 15h35	4.563: Planetésimos começam a se formar por acreção.		
Janeiro	Primeiro dia, da meia-noite até 15h35	4.558: Planetésimos maiores já exibem magmatismo plutônico e vulcânico.		
Janeiro	Às 11h30 do dia 5	4.510: A Lua se forma quando um planetésimo do tamanho de Marte colide com a Terra, ainda em formação.		
Janeiro	Às 6h45 do dia 6	4500: Transformações no jovem Sol criam um vento solar tão intenso que a atmosfera primordial da Terra é "varrida" para o espaço, arrefecendo a superfície do planeta. Vulcanismo libera grandes quantidades de gás carbônico e vapor de água.		
Janeiro	Às 16h05 do dia 8	4.470: Acreção da Terra e diferenciação do núcleo metálico (Fe, Ni) estão praticamente concluídas e a atmosfera, rica em CO_2, reestabelecida.		
Janeiro	Às 6h30 do dia 14	4.400: Cristais de zircão ($ZrSiO_4$) com esta idade são os mais antigos objetos terrestres datados. São evidências da existência, na época, de crosta continental granítica e da alteração de rochas em meio aquoso (hidrosfera). A Terra se torna propicia à vida primitiva.	No dia 14 de janeiro, (4.400 Ma) aparecem microplacas e, na segunda quinzena de fevereiro, o primeiro protocontinente (4.000 a 3.850 Ma), onde é hoje a Groenlândia.	
Janeiro	Às 0h do dia 17	4.366: Termina a fase de aquecimento do interior do planeta por meio de impactos acrecionários (energia cinética → calor) e diferenciação interna (energia gravitacional potencial → calor).		
Fevereiro	No início do dia 12	4.040: Mais antigas rochas conhecidas – gnaisses de Acasta, Canadá.		
Fevereiro	Às 5h45 do dia 15	4.000: Núcleo interno se cristaliza, dando início ao campo magnético terrestre.		
Fevereiro	Do dia 23 até o dia 2 de março	3.900 a 3.800: Retomada de impactos gigantes criam as maiores crateras da Lua e ameaçam a sobrevivência de quaisquer formas de vida presentes na Terra.		
Março	A partir das 5h45 do dia 27 até o dia 15 de março	3.850-3650: Forma-se o mais antigo registro conhecido de rochas supracrustais, como lavas e rochas sedimentares, agora metamorfizadas (ilha Akília e Isua, SW Groenlândia). Estas rochas evidenciam a existência de pequenos protocontinentes e incluem grafite, interpretado por alguns pesquisadores como a mais antiga evidência de vida na Terra.	O início do éon Arqueano base do registro geológico mais antigo de rochas sedimentares. A fase de microplacas termina no dia 30 de maio (2.700 Ma) após a consolidação de placas litosféricas de dimensões e relevo expressivos. Inicia-se a fase de transição tectônica, que culminará no dia 13 de outubro com o surgimento do "ciclo de Wilson" e a tectônica global moderna. A atmosfera começa a se tornar oxidante a partir do dia 6 de maio (3.000 Ma) devido à expansão de micro-organismos fotossintetizantes, como as cianobactérias. Como consequência, deposita-se quantidade gigantesca de ferro nos oceanos.	ÉON ARQUEANO (3.850 a 2.500 Ma)
Março	Às 5h do dia 27	3.500: Fósseis mais antigos: estromatólitos e microfósseis orgânicos (evidências de vida procariótica já diversificada) – W Austrália. Porções duradouras (cratônicas) se formam nos protocontinentes maiores (oeste da Austrália e sul da África). Intensa atividade vulcânica irrompe na Lua.		
Abril	Às 5h do dia 4	3.400: Rochas mais antigas da América do Sul – o tonalito de São José do Campestre, próximo de Natal, Rio Grande do Norte, Brasil.		
Maio	Às 3h50 do dia 30	2.700: Mais antigas evidências biogeoquímicas (quimiofósseis) de fotossíntese oxigênica (cianobactérias) e de esteróis, compostos produzidos apenas por eucariotos. Formação ferrífera da Serra dos Carajás é depositada.		

Junho	Às 3h35 do dia 15	2.500: O início da era Paleoproterozoica	O **éon Proterozoico** é marcado por profundas modificações na atmosfera, magmatismo, sedimentação, clima e regime tectônico, cada vez mais parecidos com processos modernos.	**ERA PALEOPROTEROZOICA**	**ÉON PROTEROZOICO (2.500 a 542 Ma)**
	Às 3h20 do dia 23	2.400: Formação ferrífera e os estromatólitos mais antigos do Brasil depositam-se no Quadrilátero Ferrífero, Minas Gerais (Brasil)			
Julho	Às 3h20 do dia 1	2.300: Mais antigos depósitos sedimentares continentais avermelhados (*red beds*), considerados como evidência geológica de uma atmosfera oxidante.	A retirada de gás carbônico da atmosfera por processos intempéricos e por organismos fotossintetizantes reduz o efeito estufa do Arqueano e provoca a primeira glaciação de extensão continental no dia 17 de julho (2.100 Ma).		
	Às 3h05 do dia 17	2.100: Mais antigas evidências de glaciação continental extensa (Canadá). Marca paleontológica representada pela microflora procariótica silicificada de Gunflint (Canadá)	A atmosfera se torna oxidante em julho (2.300 a 2.000 Ma).		
	Às 6h45 do dia 23	2.023: Impacto de meteorito em Vredefort, África do Sul (cria cratera de 300 km de diâmetro).			
	Às 2h55 do dia 25	2.000: O fossil enigmático, *Grypania*, talvez represente os primeiros organismos megascópicos (algas eucarióticas?)	Com o aumento de oxigênio na atmosfera e a expansão de áreas de águas rasas habitáveis em torno de continentes, surgem grandes inovações evolutivas: vida eucariótica simples (microalgas) entre o fim de julho (2.000 Ma) e fim de agosto (1.600), algas marinhas pluricelulares microscópicas e sexualidade a partir do dia 27 de agosto (1.200 Ma) e, animais, finalmente, apenas no dia 14 de novembro (600 Ma), ao final da era Neoproterozoica.	**ERA MESOPROTEROZOICA** (1.600 a 1.000 Ma)	
Agosto	Às 2h40 do dia 6	1.850: Impacto de Sudbury, Canadá, forma cratera de 250 km de diâmetro.			
	Às 2h40 do dia 10	1.800: Forma-se o suposto primeiro supercontinente, Nuna			
	Às 2h10 do dia 26	**1.600: Início da era Mesoproterozoica**			
Setembro	Às 1h40 do dia 27	1.200: Mais antiga evidência de multicelularidade eucariótica e de sexualidade – rodofíceas microscópicas (Canadá). Agregação do supercontinente Rodínia se inicia.			
Outubro	Às 1h25 do dia 13	**1.000: Início da era Neoproterozoica.** Agregação final de Rodínia.	Termina a fase de transição na tectônica e inicia-se a fase da tectônica global moderna, caracterizada por ciclos de Wilson (expansão do assoalho oceânico e subducção). Na primeira quinzena de novembro (750 a 600 Ma) a Terra passa por dois episódios de glaciação extrema. No curto intervalo de 14 a 18 de novembro (600 a 542 Ma), a vida animal – pluricelular e megascópica – aparece e diversifica-se, estabelecendo praticamente todos seus principais filos.	**ERA NEOPROTEROZOICA** (1.000 a 542 Ma)	
Novembro	Do dia 2 ao dia 14	750 a 700: Suposta glaciação global ("bola de neve") Sturtiana. Rodínia começa a se fragmentar e dispersar. 630 a 600: Suposta glaciação global ("bola de neve") Marinoana			
	Dia 14 — Às 0h45	600: Mais antigas evidências de animais invertebrados (metazoários) representados por embriões e ovos fosfatizados (China). Inicia-se o período Ediacarano (600 a 542 Ma), importantíssimo para a evolução biológica			
	Dia 14 — Às 19h55	590: Impacto de Acraman, Áustrália, forma cratera de 90 km de diâmetro.			
	Às 15h10 do dia 15	580: Glaciação Gaskiers, extensa mas não global.			
	Entre os dias 16 e 18	575 a 542: Fauna de Ediacara: mais antiga associação de fósseis macroscópicos de supostos metazoários. Distribuição mundial.			
	Às 0h40 do dia 18	550: Mais antigos invertebrados com conchas (exoesqueletos mineralizados), Namíbia e Corumbá, Mato Grosso do Sul, Brasil.			

Mês	Hora	Evento	Descrição	Período	Era	Éon
Dezembro	Às 16h05 do dia 18	**542: Início da era Paleozoica e do período Cambriano.** O período se distingue pela diferenciação evolutiva de praticamente todos os filos de metazoários conhecidos, inclusive os cordados, de 550 a 530 Ma. O supercontinente Gondwana se consolida.	**O éon Fanerozoico** começa com a irradiação evolutiva – a "explosão cambriana" – de organismos capazes de secretar carapaças, conchas e esqueletos. A vida deixa de ser dominada por micro-organismos e se torna visível, macroscópica, organizada em ecossistemas cada vez mais complexos. A biosfera passa a fazer parte física e química do meio ambiente, interagindo intensamente com a hidrosfera, litosfera e atmosfera. A vida animal e vegetal invade e conquista os continentes. Surgem os vertebrados, inclusive os peixes, anfíbios e répteis. Três episódios de glaciação afetam o clima global. Extinções alternam com irradiações evolutivas. A maior de todas as extinções conhecidas ao final do Permiano, termina a era Paleozoica.	Cambriano (542 a 488 Ma)	ERA PALEOZOICA (542 a 251 Ma)	ÉON FANEROZOICO (542 a 0 Ma)
	Às 23h45 do dia 22	**488: Início do Ordoviciano:** Invertebrados com conchas se diversificam. Surgem os peixes e plantas muito simples. Glaciação e importante época de extinção marcam o fim do período. Instalam-se as grandes bacias sedimentares, Paraná, Parnaíba, Amazonas e Solimões, que permanecerão importantes sítios de deposição durante o Paleozoico e Mesozoico.		Ordoviciano (488 a 444 Ma)		
	Às 12h do dia 26	**444: Início do Siluriano:** As plantas e grupos de invertebrados invadem, efetivamente, os terrenos baixos dos continentes.		Siluriano (444 a 416 Ma)		
	Às 17h45 do dia 28	**416: Início do Devoniano:** As plantas conquistam de vez os continentes, desenvolvendo folhas e sementes e constituindo as primeiras florestas. Aparecem os anfíbios e os insetos. Extinção e glaciação ao final do período.		Devoniano (416 a 359 Ma)		
	Às 7h10 do dia 3	**359: Início do Carbonífero:** Acúmulo de grandes depósitos de carvão no hemisfério norte. Extensa glaciação carbonífera-permiana nos continentes do hemisfério sul, inclusive no Brasil. Primeiros répteis.		Carbonífero (359 a 299 Ma)		
	Às 2h10 do dia 8	**299: Início do Permiano:** Expansão dos gimnospermas e diversificação dos répteis. Final da agregação do supercontinente Pangea. Extinção permiana, a mais severa de todas, marca o fim do Permiano e do Paleozoico.		Permiano (299 a 251 Ma)		
	Às 22h05 do dia 11	**251: Início do Triássico.** Surgem os dinossauros, os répteis voadores, os répteis marinhos e os mamíferos, com vantagem para os répteis durante o Mesozoico. Importante época de extinção ao final do período.	**Inicia-se a era Mesozoica**, a era dos répteis, mas também um importante período para as gimnospermas, os peixes ósseos, os moluscos e muitas formas de microplâncton. Clima globalmente muito quente ao longo de toda a era. Pangea começa a se desagregar, antes do fim da primeira quinzena do mês, dando origem, ao longo do resto do ano, aos oceanos, continentes e principais feições fisiográficas da Terra. América do Sul se separa da África. Derrames vulcânicos às 14h28 do dia 21 (130 Ma) enchem a bacia do Paraná com mais de um milhão de quilômetros cúbicos de lavas.	Triássico (251 a 200 Ma)	ERA MESOZOICA (251 a 65,5 Ma)	
	Às 0h14 do dia 16	**200: Início do Jurássico:** Mais antigas aves. Diversificação dos dinossauros.		Jurássico (200 a 146 Ma)		
	Às 7h40 do dia 20	**146: Início do Cretáceo:** Processos iniciados ao final do Jurássico no Gondwana levam à separação da América do Sul e África, com a formação de inúmeras bacias costeiras, que mais tarde virarão sítios de acumulação de petróleo. Surgem os mamíferos placentários. Aparecem as angiospermas (plantas com flores e frutos) que rapidamente se tornam as plantas mais diversificadas. O período e a era terminam com a repentina extinção em massa dos dinossauros, répteis voadores, grandes répteis marinhos e muitos outros grupos de animais e plantas, supostamente por causa do impacto de um asteroide no México.		Cretáceo (146 a 65,5 Ma)		
	Às 18h15 do dia 26	**65,5: Início do período Paléogeno (e do antigo período Terciário) e da época Paleoceno (65,5 a 55,8 Ma):** Irradiação evolutiva dos mamíferos, angiospermas e insetos. Primeiros primatas e cavalos.	**Inicia-se a era Cenozoica:** A Terra assume sua configuração biológica, geográfica e climática moderna. Aves, mamíferos placentários, insetos, roedores, peixes ósseos e angiospermas dominam a biota. Os Alpes, Himalaias e Andes se levantam.	Paléogeno (65,5 a 23,0 Ma) / Terciário (65,5 a 1,8 Ma)	ERA CENOZOICA (65,5 a 0 Ma)	
	Às 12h45 do dia 27	**55,8: Início do Eoceno (55,8 a 33,9 Ma):** Surgem as baleias				
	Às 6h45 do dia 29	**33,9: Início do Oligoceno (33,9 a 23,0 Ma):** Gelo começa a formar o manto polar na Antártica, tornando o clima global mais árido. Com isto as florestas se retraem e as savanas se ampliam, e com eles, as gramíneas e mamíferos adaptados a ambientes abertos.				
	Às 3h50 do dia 30	**23,0: Início do período Neógeno e da época Mioceno (23,0 a 5,3 Ma):** Vulcanismo constrói Fernando de Noronha entre 12 e 2 Ma atrás. Irradiação dos passarinhos e bovinos.	O clima esfria-se e mantos de gelo cobrem os polos, iniciando uma nova idade de gelo no hemisfério Norte entre 17h15 e 18h15 do dia 31 (3,5 a 3,0 Ma). Aparecem inteligência humana e cultura em torno das 20h (2 Ma). Nas quatro horas finais, o homem consegue interferir na natureza como nenhum outro animal antes, com consequências positivas e negativas ainda inadequadamente conhecidas.	Neógeno (23,0 a 0 Ma)		
Dia 31	Às 12h30	**6:** Mais recente ancestral dos chimpanzés e humanos (*Sahelanthropus*), Chade.				
	Às 13h40	**5,3: Início da época Plioceno (5,3 a 1,8 Ma):** A atual era de gelo se instala no hemisfério Norte.				
	Às 19h55	**2:** Surge a inteligência humana e o gênero *Homo*, nosso ancestral direto, se diferencia, culturalmente, dos outros hominídeos.				
	Às 20h25	**1,8: Início da época Pleistoceno (e começo do período Quaternário)** (1,8 a 0,01 Ma). Glaciações se intensificam. O homem se espalha pelo mundo.		Quaternário (1,8 a 0 Ma)		
	Às 23h45	**0,01: Início da época Holoceno (ou Recente)** (0,01 a 0 Ma): As geleiras continentais se retraem, o clima melhora e as primeiras sociedades humanas aparecem.				
	Às 24h	**0: Hoje.** E o futuro? Olhe num espelho próximo e arrisque uma previsão.				